Die

Staatseinrichtungen Englands.

Die

Staatseinrichtungen Englands.

Eine gedrängte Darstellung
des englischen Verfassungs- und Verwaltungsrechts

von

Homersham Cox. M. A.
BARRISTER-AT-LAW.

Aus dem Englischen übersetzt und bearbeitet

von

H. A. Kühne,
Appellationsgerichts-Rath.

Springer-Verlag Berlin Heidelberg GmbH 1867

ISBN 978-3-662-00270-4 ISBN 978-3-662-00290-2 (eBook)
DOI 10.1007/978-3-662-00290-2

Vorrede.

Das Interesse an den Staatseinrichtungen Englands ist in Deutschland in stetem Zunehmen begriffen. Dieses Interesse an einem Staatswesen, in welchem sich der Geist des Fortschritts mit der Ehrfurcht vor dem historisch Ueberlieferten verbindet, ist ein erfreuliches Zeichen; es läßt hoffen, daß man auch in Deutschland die durch diese Verbindung angezeigten Wege einschlagen wird, welche das Inselreich zum Besitze einer gesicherten politischen Freiheit und zu einer sonst nirgends erreichten Stufe der wirthschaftlichen Entwickelung geführt haben.

Außer Gneist's großem Werke giebt es kein deutsches Buch, welches neben der Legislatur auch die gerichtlichen Institutionen und das Verwaltungsrecht Englands in den Bereich seiner Betrachtungen zöge. Auch in England existirte ein solches Buch nicht, bis im Jahre 1863 Homersham Cox die „Institutions of the English Government“ herausgab. Der Verfasser war bereits durch ein früheres Werk: „The British Commonwealth“ bekannt, welches allgemeine Anerkennung gefunden hatte. Sein neues Buch hat als das erste Kompendium des englischen Verfassungs- und Verwaltungsrechts die Aufmerksamkeit der Sachkundigen in hohem Grade in Anspruch genommen, und es ist von der Kritik rühmend hervorgehoben worden.[1]) Mögen manche Abschnitte, namentlich des dritten Buchs,[2]) etwas zu kurz behandelt sein, jedenfalls ist das Cox'sche Werk der einzige, kürzere Wegweiser für diejenigen, welche von den legislativen, gerichtlichen und administrativen Staatseinrichtungen Englands bessere und sicherere Kenntniß zu erlangen wünschen, als sie aus Zeitschriften und politischen Parteiblättern zu entnehmen ist.

Hieraus dürfte es sich rechtfertigen, daß in dem vorliegenden Buche eine deutsche Bearbeitung des Cox'schen Werkes geboten wird.

Diese Bearbeitung ist zum größten Theile eine getreue Uebersetzung des englischen Originals; nur an wenigen Stellen habe ich mir Kürzungen in der Darstellung und eine Umstellung einzelner Sätze erlaubt; niemals ist jedoch dadurch etwas Wesentliches gegen das Original geändert. Auch von den Anmerkungen des Letzteren habe ich nur diejenigen weggelassen, welche entweder den deutschen Leser nicht interessirende Spezialitäten (solche Anmerkungen mögen etwa zehn bis zwanzig weggeblieben sein), oder Bezugnahmen auf schwer zugängliche, englische Bücher, oder eine Polemik gegen solche, oder endlich Citate von weniger wichtigen Gesetzen und anderen Bestimmungen enthalten; alle übrigen Anmerkungen, namentlich diejenigen, welche ein historisches Interesse für den deutschen Leser haben können, sind in die Uebersetzung übernommen. Ich selbst habe eine Anzahl von erläuternden Noten beigefügt, welche, ebenso wie die Verweisun-

---

[1]) Eine eingehende Besprechung hat das Buch in Sybel's historischer Zeitschrift, 1865, erstes Heft, Seite 9 ff. in einem Aufsatze von C. v. Noorden: „Zur Literatur und Geschichte des englischen Selfgovernments“ gefunden.

[2]) Hier fehlte es dem Verfasser, wie er in der Vorrede des Originals klagt, am meisten an zusammenfassenden Vorarbeiten.

gen auf Gneist's großes Werk, hoffentlich nicht unwillkommen sein werden. Bei jenen Noten bin ich im Allgemeinen von dem Gesichtspunkte ausgegangen, daß es meine Aufgabe nicht sei, das Cox'sche Werk zu vervollständigen oder zu kritisiren; ich wollte nur den Lesern zu Hülfe kommen, denen der historische und juridische Apparat nicht zur Hand ist, aus welchem sie sich Auskunft erholen könnten. Cox durfte bei seinen englischen Lesern Vieles als bekannt voraussetzen, worüber bei uns nicht einmal immer sofort Auskunft zu erlangen ist.

Bei Citirung der englischen Gesetze habe ich die in England übliche Methode beibehalten. Alle Gesetze einer Parlamentssession werden unter fortlaufende Nummern (Kapitel) gebracht und nach dem Regierungsjahre des Königs oder der Königin, in welchem das Gesetz erlassen ist, sowie der Kapitelnummer citirt. Dabei wird die Bezeichnung des Regierungsjahres vorangestellt. In dieser Weise wird z. B. die Habeas corpus-Akte citirt: 31. Karl II. cap. 2., d. h., die zweite Akte (cap. 2.) des 31. Regierungsjahres Karl's II. Zuweilen, dann nämlich, wenn mehrere Parlamentssessionen in demselben Regierungsjahre gehalten sind, kommt es vor, daß noch die betreffende Sitzung in dem Citate erwähnt wird; z. B. bei der Bill der Rechte: 1. Wilhelm und Maria sess. 2. cap. 2. — Folgt hinter der Kapitelbezeichnung noch ein s mit einer Zahl, so bedeutet es: sectio, dasselbe, was wir mit Artikel oder Paragraph zu bezeichnen pflegen.

Oefter sind englische Autoren im Texte erwähnt; ich habe, wo es zweckmäßig erschien, dasjenige Werk bezeichnet, auf welches die Erwähnung sich bezieht. Bemerken will ich aber noch, daß der besonders im ersten Buche oft erwähnte Hatsell, der Verfasser eines viel gebrauchten, älteren Werkes über die Parlaments-Praxis („Precedents of Proceedings in the House of Commons“) ist.

Von dem Gneist'schen Werke ist der zweite Haupttheil (Kommunalverfassung) stets nach der zweiten Auflage, Berlin 1863, der erste Haupttheil (Geschichte der Aemter) im ersten Buche des vorliegenden Werkes, also bis Seite 261, stets nach der ersten Auflage, Berlin 1857, citirt. Von Seite 262 an ist, da während des Druckes des zweiten und dritten Buches die zweite Auflage des ersten Haupttheiles des Gneist'schen Werkes im Erscheinen begriffen war, bei den betreffenden Citaten bemerkt, ob sie sich auf die erste oder auf die zweite Auflage beziehen.

Die beiden Werke von Thomas Erskine May: Das englische Parlament und sein Verfahren, und: Die Verfassungsgeschichte Englands, sind durchweg nach den deutschen Bearbeitungen von Oppenheim citirt, weil ich annahm, daß diese den meisten deutschen Lesern eher zugänglich sein werden, als die englischen Original-Ausgaben.

Endlich sage ich Herrn Professor Dr. Gneist für das Wohlwollen, mit welchem er, der gründlichste Kenner des englischen Verfassungsrechts, mir bei meiner Arbeit bereitwilligst Aufklärungen gegeben und anderweit vielfach hülfreiche Hand geboten hat, hierdurch öffentlich meinen aufrichtigsten Dank.

Magdeburg, im October 1866.

H. Kühne.

Inhalt.

Erstes Buch: Die gesetzgebende Gewalt.

Erstes Kapitel: Eintheilung der Regierungsgewalten.

Zweites Kapitel: Die Auktorität des Parlaments.

Drittes Kapitel: Die Entstehung des Parlaments.

Viertes Kapitel: Die Parlaments-Akte.

Fünftes Kapitel: Die legislativen Prärogative der Krone.

Sechstes Kapitel: Die parlamentarischen Befugnisse der Krone.

Siebentes Kapitel: Die Verfassung des Hauses der Lords.

Achtes Kapitel: Die Verfassung des Hauses der Gemeinen.

Neuntes Kapitel: Das Verfahren im Parlamente.

Zehntes Kapitel: Der Staatsrath und der Kabinetsrath.

Elftes Kapitel: Das Petitionsrecht, das Versammlungsrecht und die Presse.

Zweites Buch: Die richterliche Gewalt.

Zweites Kapitel: Die Entstehung der Gerichtshöfe.

Drittes Kapitel: Die Aemter in der Justiz.

Siebentes Kapitel: Die Gerichtsbarkeit des Staatsraths.

Achtes Kapitel: Der Kanzleigerichtshof.

Neuntes Kapitel: Die Reichsgerichte.

Zehntes Kapitel: Kriminalgerichte.

Elftes Kapitel: Civilgerichte mit beschränkter Jurisdiktion.

Drittes Buch: Die Administrativ-Gewalt.

Zweites Kapitel: Die administrativen Prärogative der Krone.

Drittes Kapitel: Der Titel zur Krone.

Viertes Kapitel: Die Entstehung und Sonderung der Verwaltungsämter.

Fünftes Kapitel: Der Staatsrath und seine Abtheilungen.

Sechstes Kapitel: Das Staatssekretariat.

Siebentes Kapitel: Die fiskalischen Verwaltungsämter.

Achtes Kapitel: Militär- und Flottenämter.

Neuntes Kapitel: Die Lokal-Verwaltung.

Erstes Buch.

Die gesetzgebende Gewalt.

Erstes Kapitel.

Eintheilung der Regierungsgewalten.

Der Grund der Regierungsgewalt in jeder bürgerlichen Gesellschaft ist die Nothwendigkeit einer Obrigkeit zum Schutze der Rechte ihrer Mitglieder. Wenn der Regierung die vereinte Stärke der Gesellschaft zur Verfügung steht, so gewährt sie jedem Unterthan eine solche Sicherheit für Person und Eigenthum, wie seine eigene Kraft sie ihm nicht gewähren kann. Es ist klar, daß, wenn eine solche Vereinigung der Kräfte den Angriffen auf die Rechte der Einzelnen nicht entgegenträte, die Gesellschaft sich bald auflösen oder aufhören würde, für sich zu existiren.

In jeder Regierungsform, wie roh und despotisch sie immer sein mag, wird die Thätigkeit des Staates in größerem oder geringerem Umfange durch Gesetze geregelt, das heißt durch Vorschriften, welche gebietend, öffentlich und im Voraus die Rechte und Pflichten feststellen, welche der Staat als erzwingbare anerkennt. Es leuchtet ein, daß eine Regierung, welche nach Gesetzen verfährt, vor einer nur durch Willkür geleiteten Regierung den Vorzug hat, daß die Gesetze, da sie öffentlich bekannt gemacht sind, das Volk von dem Umfange seiner Rechte und Pflichten unterrichten, und, da sie für zukünftige Fälle gegeben sind, eher unparteilich und maßhaltend sein werden, als Beschlüsse, welche von den Dienern der Regierung nur mit Rücksicht auf besondere, bereits eingetretene Fälle gefaßt werden. „Einer der größten Vorzüge des englischen Rechts ist es," sagt Blackstone, „daß nicht allein die Verbrechen, welche es bestraft, sondern auch die Strafen, welche es verhängt, bestimmt und kundbar sind; nichts ist willkürlicher Discretion überlassen. Der König ordnet durch seine Minister das an, was das Gesetz vorher bestimmt hat, aber er ist nicht selbst der Gesetzgeber ... Sir Eduard Coke lehrt uns, daß es eines der charakteristischen Zeichen der Unfreiheit ist, wenn das Recht, welches die Richtschnur für unsere Handlungsweise sein soll, unbekannt oder ungewiß ist; misera est servitus ubi jus est vagum aut incognitum."

Die Untersuchung, auf welchen Grundlagen Gesetze aufgebauet werden müssen, gehört der Gesetzgebungs-Wissenschaft an; Gegenstand der Verfassungskunde ist nur die Verfahrungsweise, in welcher die Gesetze gegeben und in Ausführung gebracht werden. Es ist daher nicht die Absicht, hier in eine Untersuchung und Betrachtung des weiten Feldes der Gesetzgebungs-Wissenschaft einzugehen; unsere Betrachtung beschränkt sich auf den Theil derselben, welcher sich ausschließlich auf das Verfahren bezieht, in welchem die Gesetze in England gemacht und ausgeführt werden.

Die beiden so eben erwähnten Gegenstände der Verfassungs-Wissenschaft correspondiren mit einer Eintheilung der Regierungs-Funktionen in zwei Klassen: die der Gesetz-Gebung und die der Gesetzes-Ausführung. Da die Theilung dieser beiden Funktionen von höchster Wichtigkeit für die Erreichung ihrer Zwecke ist, so erfordern einige von den Konsequenzen, welche sich aus ihrer Vereinigung oder Trennung ergeben, eine besondere Betrachtung.

Zunächst ist es klar, daß wenn die höchste Gewalt, Gesetze zu geben und aufzuheben, denselben Dienern der Regierung gegeben wäre, welche mit der Ausführung betraut sind, die Gesetze der Gefahr ausgesetzt wären, abgeändert oder aufgehoben zu werden, sobald sie die Befugnisse der Exekutive einschränkten und den Plänen derselben ungünstig wären. Die Folge würde sein, daß die Gesetze diejenige Zuverlässigkeit und Beständigkeit verlieren würden, welche hauptsächlich ihren Werth bedingen. Die Geschichte Englands ist reich an Versuchen der Exekutive, die legislative Gewalt in ihre Hand zu nehmen; die Folge dieser Versuche, wenn sie gelangen, ist stets gewesen, daß sie Unsicherheit und Verwirrung in den Gesetzen hervorbrachten. Es mag unvorhergesehene Nothstände geben, in welchen es gerechtfertigt sein kann, der Exekutive die Befugniß zur zeitweisen Suspendirung der Gesetze beizulegen; aber eine derartige Befugniß ist in England, wie wir später sehen werden, in enge Grenzen eingeschränkt.

Gesetzliche Regierung erheischt, daß die Regierenden selbst den

Gesetzen unterworfen sind. In England ist vermöge der Trennung der legislativen und der exekutiven Behörden und der einer jeden von ihnen übertragenen, bestimmt geschiedenen Befugnisse jede dem Gesetze unterworfen. Die Exekutive hat nur die Befugnisse, welche die Gesetze ihr beilegen und sie wird durch Maßregeln, welche wir später näher betrachten werden, verhindert, dieselben zu überschreiten. Die Legislative aber, da ihr die Ausführung der Gesetze nicht zufällt, hat nicht die Macht, deren Wirksamkeit zu Gunsten ihrer Mitglieder zu suspendiren oder abzuschwächen.

Eine kurze Betrachtung wird zeigen, daß diese Folgen ohne diese Trennung mit Sicherheit nicht eintreten würden. Wie präzis die Gesetze auch abgefaßt sein mögen, so wird doch eine Exekutive, welche die Befugniß hat, sie für besondere Fälle aufzuheben oder zu verändern, von dieser Befugniß Gebrauch machen. Sie mag wohl durch die Furcht vor Unpopularität oder vor der Feindseligkeit der mächtigen Klassen der Gesellschaft etwas in Schranken gehalten werden; aber diese Schranken können nicht durchweg wirksam sein.

„Wenn ich gefragt würde," sagt de Lolme, „welche Ereignisse wesentlich zum sofortigen Ruin der englischen Regierungsform führen würden, so würde ich antworten: Die englische Verfassung wird aufhören zu existiren, wenn entweder die Krone in Betreff ihrer pekuniären Hülfsmittel von der Nation unabhängig wird oder wenn die Repräsentanten des Volks an der Exekutiv-Gewalt Theil nehmen."

Die Zerlegung der Regierung in ihre beiden Theile, die Legislatur und die Exkutive, ist das allmählig gewonnene Resultat von Verbesserungen in der Verfassung. In den anfänglichen Zuständen einer Nation ist die exekutive und die legislative Gewalt fast mit Nothwendigkeit ungetrennt, und erst wenn die Verfassung sich ordnet, begreift man die Wichtigkeit der Trennung der beiden Funktionen der Regierung, und besteht darauf.

Wenn die Trennung mit der äußersten Strenge durchgeführt würde, so könnte die Exekutive keinerlei für die Zukunft gültige Maßregel anordnen, welche durch öffentliche Auktorität erzwingbar wäre. Aber es ist klar, daß eine solche Beschränkung der Befugnisse der exekutiven Behörden große Inkonvenienzen zur Folge haben würde. Die Legislatur hat daher für viele Fälle Befugnisse delegirt, welche nach der vorstehenden Definition legislative sind. So hat das Parlament dem Staatsrathe (Privy Council) die Befugniß zur Bestimmung über Anfang und Art der Wirksamkeit von Statuten oft stillschweigend eingeräumt oder ausdrücklich übertragen; es hat den Gerichtshöfen gestattet, Vorschriften für ihr Verfahren zu geben, und ebenso gewissen Korporationen erlaubt, Nebengesetze (Reglements) zu erlassen. Aber in allen solchen Fällen ausdrücklicher oder stillschweigender Delegation legislativer Befugnisse ist nach der englischen Verfassung die übertragene Auktorität von der des Parlaments abhängig. Nach der englischen Verfassung ist die Trennung der Legislatur von der Exekutive nur in dem Sinne durchgeführt, und nur in dem Sinne erforderlich: daß die Legislatur und die Executive, in der Ausübung ihrer gesonderten Funktionen, unabhängig von einander sind.

Dieser Grundsatz begrenzt die Theilnahme der Exekutive an der Gesetzgebung, und die der Legislatur an der Arbeit der Exekutive. In der oben citirten Stelle sagt de Lolme, daß die englische Regierungsform nicht länger bestehen werde, „wenn die Repräsentanten des Volkes an der Exekutiv-Gewalt Theil nehmen würden." Aber daraus ist nicht zu folgern, daß jede Einmischung der Legislatur in die der Regel nach der Exekutive zustehenden Funktionen ein unberechtigter, dem Grundsatz jener Theilung zuwiderlaufender Eingriff ist; denn diese Funktionen enthalten, wie so eben erwähnt ist, häufig Anordnungen legislativer Natur. Daher zieht die Legislatur, wenn sie sich in diese Functionen einmischt, nur einen Theil ihrer delegirten Auktorität wieder an sich. Der fragliche Grundsatz wird nur da verletzt, wo die Legislatur die Ausführung der Gesetze in besonderen bereits vorliegenden Fällen ihrer Kontrolle unterwirft.

Die Exekutiv-Gewalt zerfällt nach der Natur ihrer verschiedenen Funktionen in zahlreiche Faktoren. Die allgemeinste Eintheilung scheidet die rechtsprechenden von den verwaltenden Behörden. Das wesentliche Attribut der ersteren ist die Befugniß, die Gesetze vermöge der ihm beigelegten Auctorität zu interpretiren.[1]) Die Administrativ-

[1]) Eine andere Definition der richterlichen Gewalt, welche vorgeschlagen werden könnte, geht dahin, daß sie die gesetzlichen Folgen der Gesetzesverletzungen bestimmt und die letzteren redressirt, aber diese Definition würde doch nicht ganz exakt sein. Der erste Theil derselben umfaßt die Befugniß zur Gesetzes-Interpretation, welche nach der im Texte gegebenen Definition das Essentiale der Judikatur ist; aber der letzte Theil der vorgeschlagenen Definition erstreckt sich auf Funktionen, welche nicht ausschließlich richterliche sind. Es giebt Fälle, in welchen widerrechtliche Eingriffe mit Recht von den beschädigten Personen selbst redressirt werden können, z. B. die abatement of nuisances. Vergl. Blackstone Buch III. Cap. 1.

(Abatement of nuisance (wörtlich: Entfernung eines beschwerlichen Zustandes) ist ein Rechtsmittel, vermöge dessen der beeinträchtigten Partei erlaubt ist, sich selbst durch Wegräumung des schädlichen Gegenstandes Recht zu verschaffen. Es kommt z. B. bei schädlichen Bauten des Nachbars vor.) (Zusatz des Uebersetzers).

Behörden verrichten diejenigen Funktionen der Executiv-Regierung, welche keine Auktorität zur Gesetzesauslegung erfordern.

Diese Eintheilung der Verrichtungen der Regierung nach den Hauptstücken: Legislatur, Judikatur und Administration ist augenscheinlich die von Aristoteles in seiner Politik angenommene; er sagt dort, daß die Regierung aus drei Theilen bestehe: τὸ βουλευόμενον, τὸ περὶ τὰς αρχὰς, τὸ δίκαιον. Montesquieu in dem „Esprit des Lois" nimmt fast dieselbe Eintheilung an. Er sagt: „In jedem Staate giebt es drei Arten von Gewalten, die gesetzgebende Gewalt, die Exekutiv-Gewalt in Betreff der Angelegenheiten, welche von dem öffentlichen Rechte (droit des gens) abhängen, und die Exekutiv-Gewalt in Betreff derjenigen, welche vom Civilrechte abhängen. Vermöge der ersteren macht derjenige, welcher regiert, Gesetze für eine gewisse Zeit oder für die Dauer. Vermöge der zweiten führt er Krieg oder schließt Frieden, schickt und empfängt Gesandte, sorgt für die öffentliche Sicherheit, verhindert feindliche Einfälle. Vermöge der dritten bestraft er Verbrechen oder entscheidet Privatstreitigkeiten. Diese letztere kann man die richterliche Gewalt nennen, und das übrige einfach die Exekutiv-Gewalt.[1]) Er setzt dann die Folgen auseinander, welche eintreten, wenn diese Gewalten in derselben Person vereinigt werden. — „Wenn die legislative Gewalt mit der exekutiven in derselben Person oder in demselben Beamten-Collegium vereinigt ist, so ist es um die Freiheit geschehen, weil immer die Gefahr vorhanden ist, daß der Monarch oder Senat tyrannische Gesetze macht, um sie in tyrannischer Weise auszuführen. Auch da ist kein Raum für die Freiheit, wo die richterliche Gewalt nicht von der legislativen und der exekutiven getrennt ist. Wenn sie mit der legislativen Gewalt verbunden ist, so ist die Macht über Leben und Tod eine willkürliche; denn der Richter ist der Gesetzgeber. Wenn sie mit der Exekutiv-Gewalt verbunden ist, so hat der Richter die Macht zu unterdrücken."

Es tritt hinzu: Die Wirksamkeit der Gesetze hängt nothwendig in erheblichem Maße von ihrer Auslegung ab. Wenn das Recht, die Gesetze auszulegen, den Administrativ-Behörden gegeben wäre, so würden diese die Mittel in Händen haben, auf einem Umwege die Arbeit der Legislatur in ausgedehnter Weise durch schlechte Auslegung ihrer Verordnungen zu zerstören. Wenn auf der andern Seite die richterliche Gewalt mit der legislativen verbunden wäre, so würde sie die Macht haben, ein Spezialgesetz für jeden speziellen Fall, je nach-

[1]) De l'esprit des lois. Liv. XI. Chap. 6.

dem dieser sich ergiebt, zu machen; sie würde also nicht genöthigt sein, die Gesetze in der Allgemeinheit abzufassen, welche eine der Bedingungen ihrer Güte und Unparteilichkeit ist. Als Beispiel von den übelen Folgen, welche sich aus der Verbindung der richterlichen mit der Administrativ-Gewalt ergeben, mag die Sternkammer erwähnt werden, in welcher die hervorragenden Richter Administrativ-Beamte der Krone waren, und in welcher folglich die richterliche Gewalt zu den schlechtesten politischen Zwecken mißbraucht wurde.[1]) Als Beispiel von den Uebelständen, welche sich aus der Verbindung der richterlichen mit der gesetzgebenden Gewalt ergeben, mögen die ungeheuerlichen Mißbräuche erwähnt werden, welche zu einer gewissen Zeit in Betreff der Privilegien des Parlaments herrschten, als die beiden Häuser, und namentlich das Haus der Gemeinen, ohne im Voraus irgend welche Grundsätze über die Begrenzung dieser Privilegien aufzustellen, in höchst tyrannischer Weise über Fälle angeblichen Privilegienbruchs zu urtheilen pflegten.[2])

Eine Eintheilung der Funktionen der Regierung von ganz anderer Art als die oben erwähnte, scheidet ihre Verrichtungen nach bloß örtlichen Rücksichten in: Regierung der britischen Inseln, Kolonial-Regierung und internationale Regierung. Die Scheidung der legislativen von den administrativen Funktionen ist am vollständigsten durchgeführt in Betreff der Regierung der britischen Inseln; in Betreff der Kolonien geschieht die Gesetzgebungs-Arbeit, so weit sie überhaupt in England vollbracht wird, theils durch das Parlament, theils durch die Administrativ-Regierung. Auch in Betreff der internationalen Angelegenheiten sind die Befugnisse der Legislatur nothwendig sehr verschieden von denen, welche sie bei der Regierung der britischen Inseln übt. Die drei wesentlichen Attribute der Regierung: Gesetze zu geben, auszulegen und zu handhaben, finden sich sowohl bei der Regierung der britischen Inseln, als in der Kolonial-Regierung, als in der internationalen Regierung; aber in jeder derselben in so verschiedener Art, daß es nothwendig ist, die Regierung der britischen Inseln gesondert von der der Kolonien und von den Beziehungen zu fremden Nationen zu betrachten.

---

[1]) Wegen Einrichtung und Abschaffung der Sternkammer vergl. unten Buch I. Cap. 10.

[2]) Diese Fälle werden in einem späteren Abschnitte ausführlicher behandelt werden.

Zweites Kapitel.

Die Auctorität des Parlaments.

Die oberste legislative Gewalt in dem britischen Reiche ist nach der Verfassung desselben dem Parlamente verliehen. „Die gesetzliche Gewalt dieser Versammlung“ sagt Coke, „ist so ausgedehnt, daß sie Gesetze, Statute, Akte, Reglements in kirchlichen Angelegenheiten, in Kapital-, Kriminal-, Gemeinde-, Civil-, Militair-, Schifffahrts- und allen anderen Sachen giebt, erweitert, einschränkt, aufhebt, wieder einschärft und von Neuem zur Geltung bringt.“ Und Blackstone, indem er in derselben Weise von der legislativen Gewalt des Parlamentes spricht, sagt von ihm, es sei „die Stelle, wo jene absolute, despotische Gewalt, welche in allen Regierungsformen irgendwo ihren Sitz haben muß, durch die Verfassung dieser Königreiche ihre Stätte gefunden hat.“ [1])

„Der Wille der Legislatur“ sagt ein neuerer Schriftsteller, „ist das höchste Gesetz des Landes und erheischt vollkommenen Gehorsam. Aber während wir dieß als mit dem englischen Rechte übereinstimmend zugeben, können wir doch nicht umhin, die Unerschrockenheit und das kräftige Rechtsbewußtsein Lord Coke's zu bewundern, die er bewies, als er als Oberrichter (Chief Justice) der King's Bench in dem Prozesse des Doctor Bonham erklärte, „daß das gemeine Recht Englands (common law) eine Schranke für Parlaments-Akte bilde und sie nichtig mache, wenn sie gegen allgemeine Rechtsgrundsätze und gegen die Vernunft verstoßen.“ Vielleicht ist dasjenige, was Lord Coke nach den Prozeßberichten über diesen Punkt sagte, eines von den vielen Dingen gewesen, auf welche König Jakob I. anspielte, als er äußerte, daß in jenen Cokeschen Berichten viele eigenthümliche Ansichten des Richters enthalten seien, welche dieser zum Nachtheile der Krone, des Parlaments und der Unterthanen für Recht ausgegeben habe. [2]) Coke's Worte, auf welche Bezug genommen ist, waren: „Es erhellt aus unseren Büchern, daß in vielen Fällen das gemeine Recht eine Schranke für Parlaments-Acte bildet und letztere zuweilen nichtig erscheinen läßt; denn wenn eine Parlaments-Akte gegen allgemeine Rechtsgrundsätze und die Vernunft verstößt oder

---

[1]) Coke Litt. 110a., Blackstone Buch I. Cap. 2.

[2]) Kent, Commentar über das amerikanische Recht, Thl. III. Lect. 20.

damit im Widerspruche steht oder unmöglich ausgeführt werden kann, so bildet dagegen das gemeine Recht eine Schranke und erklärt eine derartige Akte für nichtig." Der Zusammenhang ergiebt, daß Coke Fälle im Auge hat, wo in Parlaments-Akten offenbar Irrthümer enthalten sind, und daß er den Richtern nicht etwa die Befugniß beimißt, der klar dargelegten Absicht der Legislatur entgegen zu urtheilen.

Es darf nicht übersehen werden, daß in vielen wichtigen Fällen das Parlament systematisch sich der Gesetzgebung enthält oder anderen Körperschaften die Gesetzesabfassung überläßt.

So enthält die Unions-Akte von England und Schottland einige Beschränkungen der Befugnisse des Parlaments und erklärt, daß die Akte, auf welchen die Kirchen-Verfassung in England und Schottland beruhet „immer als Fundamental-Bedingung der gedachten Union gelten, beurtheilt und beobachtet werden soll." Aehnlich trifft die Unions-Akte von Groß-Britanien und Irland [1]) Vorsorge für die fortdauernde Beobachtung der Unions-Artikel, über welche die Parlamente beider Königreiche sich vereinigt haben.

Ferner enthält sich das Parlament der Besteuerung der Kolonien zum Vortheile Englands. Da der Versuch, den Provinzen Nord-Amerikas Steuern aufzulegen, zu der Losreißung jener Staaten von dem britischen Reiche führte, so wurde eine Akte [2]) erlassen, welche man die Colonial-Magna-Charta genannt hat und welche erklärte, daß das Parlament von Groß-Britanien den Kolonien von Nord-Amerika keine Steuern zu Gunsten des Mutterlandes auferlegen wird. Der Grundsatz dieser Akte wird praktisch in Betreff aller britischen Kolonien beobachtet.

Dies sind einige Beispiele, in welchen das Parlament sich systematisch der Gesetzgebung enthält. Es giebt auch Fälle, in welchen das Parlament anderen Körperschaften die Abfassung der Gesetze überläßt. So ist ein großer Theil des Rechts, welcher nicht auf Verordnungen beruht, derjenige, welchen man Juristenrecht (judge-made law) nennt, das heißt Recht, dessen Auktorität auf richterlichen Entscheidungen beruhet. Die Jurisprudenz der englischen Gerichtshöfe ist in großem Umfange von den geschriebenen Landesgesetzen (statute-law) unabhängig, und ein beträchtlicher Theil des gemeinen Rechts (common law) ist älter als irgend ein vorhandenes Statut.

---

[1]) 39 und 40 Georg III. cap. 67.

[2]) 18 Georg III. cap. 12.

Ferner befinden sich unter den Gesetzen, welche von anderen Inhabern obrigkeitlicher Gewalt als dem Parlamente gemacht sind, solche, welche der Landesherr vermöge seiner Prärogative zu geben befugt ist. In anderen Fällen hat das Parlament ausdrücklich den Kolonieen die Befugnisse übertragen, Gesetze für ihre innere Regierung zu machen, und eine einigermaßen ähnliche Befugniß ist den Municipal-Korporationen in England eingeräumt.

Endlich sind durch das gegenseitige Entgegenkommen der Nationen oder durch Staatsverträge viele internationale Rechte festgestellt, welche, weil sie auf wechselseitigem Einverständniß der Nationen beruhen, nicht ohne Weiteres durch die Statuten eines einzelnen Volkes aufgehoben werden können.

Drittes Kapitel.

Die Entstehung des Parlaments.

Es ist kaum möglich, ohne eine kurze Betrachtung der alten Geschichte des Parlaments die jetzige Verfassung desselben klar zu schildern. Aber es wird hinreichend sein, einige wenige geschichtlich feststehende Einzelnheiten summarisch zu erwähnen, welche von der größten Wichtigkeit in Betreff der Verfassung zu sein schienen, ohne daß wir uns auf bestrittene oder solche Fragen einlassen, welche lediglich von antiquarischem Interesse sind.

Wilhelm der Eroberer bestätigte die sächsischen Gesetze und Gebräuche in einem erheblichen Umfange; aber er richtete keine den allgemeinen Versammlungen, wie sie unter den angelsächsischen Königen stattgefunden hatten, ähnliche Nationalversammlungen ein.

Nach den gewöhnlichen Obliegenheiten des Lehnsbesitzes waren die unmittelbaren Vasallen (free tenants, libere tenentes) jedes Lehnsherrn verpflichtet, in seinem Gerichtshofe zu erscheinen; die unmittelbaren Vasallen des Königs mußten in dem des Königs zugegen sein. König Johanns Freibrief anerkennt als bestehendes Recht das allen unmittelbaren Vasallen der Krone (tenants-in-chief, tenentes in capite) oder wenigstens denjenigen, welche zum Kriegsdienste verpflichtet waren, zu einem allgemeinen Rathe des Königreichs entboten zu werden, wenn es sich darum handelte, die Krone zur Erhebung außerordentlicher Steuern zu ermächtigen. Jedoch pflegte der größere Theil der Vasallen solchen Rathsversammlungen nicht beizuwohnen;

wahrscheinlich waren nur diejenigen zugegen, welche eine specielle Einladung erhalten hatten. Auch enthielt der Freibrief König Johanns keine Bestimmung in Betreff allgemeiner Rathsversammlungen, außer den Fällen der Steuerbewilligung.

Starke Gründe sprechen für die Annahme, daß die Entstehung der Repräsentation der Gemeinen in der Unmöglichkeit wurzelte, alle unmittelbare Kronvasallen nach den Bestimmungen des Freibriefs Johanns zu versammeln.

In dem ersten Regierungsjahre von Johanns Nachfolger, Heinrich III., wurde der „Große Freibrief" mit einigen Abänderungen erneuert. Unter den letzteren war die wichtigste die Weglassung der auf die Steuern und auf die Verfassung der allgemeinen Rathsversammlung bezügliche Klauseln.

Heinrich III. lebte in fast ununterbrochenem Hader mit den Baronen, welche auf der Beobachtung der von ihm wiederholt verletzten Magna Charta bestanden. Im zweiundvierzigsten Jahre seiner Regierung versammelte sich ein großes Parlament von Prälaten, Grafen und fast hundert Baronen in Oxford, in welchem der König und die Barone gemeinschaftlich einen Ausschuß einsetzten, um alle den König und das Königreich betreffende Angelegenheiten zu ordnen. Eine Verordnung dieses Parlaments bestimmte, daß in jeder Grafschaft vier Ritter gewählt werden, daß diese die Beschwerden sammeln und daß die Sheriffs die Berichte derselben dem Parlamente einreichen sollten.

Kurz darauf verschaffte sich der König von dem Papste eine Dispensation, welche ihn von den Provisionen von Oxford entband; aber die Barone weigerten sich diese Dispensation anzuerkennen. Im achtundvierzigsten Regierungsjahre Heinrichs III. (am 24. Juni 1264) wurde ein Parlament versammelt, zu welchem Ritter, die von ihren Grafschaften (per assensum ejusdem comitatus) gewählt waren, entboten wurden, um mit dem Könige über die Staatsangelegenheiten zu verhandeln.

Im nächsten Jahre, 1265, wurde ein Parlament gehalten, zu welchem durch königliche Erlasse 122 Prälaten und Geistliche und 22 Grafen und Barone entboten, und die Sheriffs Ritter, die Städte und Burgflecken (boroughs) Bürger und die fünf Häfen (Cinque Ports) Repräsentanten abzuordnen angewiesen wurden.

Die erste deutliche Spur einer Wahl von Repräsentanten der Gemeinen ist in diesen Erlassen enthalten; sie sind zugleich die erste deutliche Spur der Volksvertretung in der Legislatur. Man sieht deshalb jetzt gewöhnlich die Versammlung im neunundvierzigsten Regierungsjahre Heinrichs III. als den Anfang des Hauses der Gemeinen an. Der König war damals als Gefangener in der Gewalt Simons von Montfort, Grafen von Leicester, und es ist wahrscheinlich, daß die Erlasse in Folge von dessen Einwirkung auf den König ergingen.

Von einer späteren legislativen Versammlung, die der des neunundvierzigsten Regierungsjahres Heinrichs III. gliche, ist bis zum dreiundzwanzigsten Regierungsjahre Eduards I. (1295) keine deutliche Spur vorhanden. Zu dieser letzteren Zeit ergingen, so weit uns bekannt ist, die ersten an die Sheriffs gerichteten Aufforderungen zur Veranstaltung von Wahlen der Städte- und Burgfleckenbewohner. Wahrscheinlich wurden die früheren Wahlausschreiben für Städte und Burgflecken an die Municipalbeamten gerichtet.

Während der Regierung Eduards I. kamen große Unregelmäßigkeiten bei Einberufung des Parlaments vor. So wurden einmal zwei Versammlungen von Rittern und Bürgern zu gleicher Zeit berufen, die Repräsentanten der südlichen Grafschaften nach Northampton und die der nördlichen nach York. Aehnliche Beispiele solcher Unregelmäßigkeiten könnten aus dieser Regierungszeit noch mehrere angeführt werden.

Obgleich noch lange Zeit die Zustimmung der Gemeinen nicht überall zum Erlasse von Gesetzen für nothwendig erachtet wurde, so nahm doch während der Regierungszeit Eduards I. das Verfahren der Legislatur eine geregeltere Form an. Die Bestätigung der Freibriefe im Jahre 1297 und das Statut De Talliagio non Concedendo [1]) verpflichteten den König keine Steuern ohne Zustimmung der Gemeinen aufzulegen.

Diese ausdrücklichen Zugeständnisse scheinen für eine Zeit lang die Streitigkeiten zwischen der Krone und ihren Unterthanen über die Befugniß der ersteren, den letzteren Lasten ohne ihre Zustimmung aufzuerlegen, beendigt zu haben. Seitdem wurde der Zusammentritt des Parlaments, wenn die Krone Subsidien verlangte, häufig.

Der Freibrief aus dem ersten Regierungsjahre Heinrichs III. hatte, wie wir erwähnt haben, die Klauseln der Magna Charta über das commune concilium weggelassen. Dasselbe war der Fall bei

[1]) Blackstone sagt: Das Statut de Talliagio sei nur eine Art Umschreibung der Confirmatio Cartarum. Das Statut De Talliagio wird in manchen Sammlungen als aus dem vierunddreißigsten Regierungsjahre Eduards I. herrührend bezeichnet, aber wahrscheinlicher datirt es aus dem fünfundzwanzigsten Regierungsjahre dieses Königs.

vielen späteren Bestätigungen des Freibriefs. Seit der Zeit, wo der Theil des Freibriefes König Johanns, der sich auf jene Versammlung bezog, weggelassen wurde, war die erste feierliche Akte, welche das verfassungsmäßige Bestehen der legislativen Versammlung anerkannte, die aus dem fünfzehnten Regierungsjahre Eduards II. (1322), durch welche bestimmt wurde, daß „Anordnungen, welche den Rechtsstand des Königs und seiner Erben, den des Königreiches und des Volkes betreffen, verhandelt, vereinbart und festgestellt werden sollen im Parlamente durch den König und durch die Zustimmung der Prälaten, Grafen, Barone und die Gemeinen des Königreiches, wie dies früher gebräuchlich gewesen ist.“ Eine große Autorität ist der Ansicht, daß von diesem Statute Alles betroffen sei, was Gegenstand der Gesetzgebung sein kann.[1])

Es ist außer Zweifel, daß früh im vierzehnten Jahrhundert das Recht der Gemeinen, ihre Zustimmung zu den im Parlamente gemachten Gesetzen zu ertheilen, fest stand. Dieses Recht wurde wiederholentlich in den Statuten Eduards III. und seines Nachfolgers, Richards II., anerkannt, obgleich es unter den Regierungen dieser beiden Könige zuweilen willkürlich bei Seite geschoben zu sein scheint.[2])

Keine Spur spricht dafür, daß die Lords und die Gemeinen jemals zusammen votirten, obgleich es wahrscheinlich ist, daß unter Eduard III. die Gemeinen ebenso wie die Lords ihre Sitzungen in der Westminsterhalle abhielten; jedoch scheint ihnen für ihre Berathungen ein besonderer Raum angewiesen gewesen zu sein. Noch am Ende des vierzehnten Jahrhunderts bildeten die Gemeinen nicht immer eine einzige Behörde; denn, wie wir später sehen werden, setzten in jener Zeit die Ritter gewisse Steuern für die Grafschaften, die Bürger andere für die Städte fest.[3])

---

[1]) Der Bericht des Oberhauses über die Peerswürde.

[2]) Die Gemeinen beschwerten sich wiederholt, daß unter Eduard III. Steuern ohne ihre Zustimmung erhoben seien. Sie beschwerten sich auch darüber, daß ihre im Parlamente abgegebenen Erklärungen auf Gesetzesvorschläge ohne ihre Zustimmung verändert seien. — Unter Richard II. wurde ein Statut zurückgenommen, weil die Gemeinen nie ihre Zustimmung dazu ertheilt hatten. Einer der Anklage-Artikel gegen Richard II., welcher im ersten Regierungsjahre Heinrichs IV. vorgebracht wurde, bestand darin, daß Richard II. sehr oft Befehle erlassen hatte, welche bestehenden Statuten zuwiderliefen.

[3]) Coke meint, daß beide Häuser noch 1332 zusammen ihre Sitzungen hielten. Hatsell dagegen ist der Ansicht, daß die Protokoll-Urkunde, auf welche sich Coke beruft, seinen Schluß nicht rechtfertigt, aber daß seine Ansicht aus anderen Gründen wahrscheinlich sei. Die fragliche Urkunde beweist, daß im Jahre 1332

Die Parlamente waren ursprünglich sowohl richterliche als legislative Versammlungen. Da die Gemeinen lediglich Abgeordnete zum Zwecke fiskalischer Beisteuern waren, so nahmen sie an der Ausübung der richterlichen Funktionen nicht Theil. Im Jahre 1399 erkannte eine Petition der Gemeinen und der darauf ergangene Bescheid des Königs (Heinrichs IV.) die legislativen Befugnisse der Gemeinen, zugleich aber den Grundsatz an, daß die Rechtsprechung im Parlamente allein dem Könige und den Lords zustehe.

In der Regierungszeit Eduards I. wurde das Wort: „Parlament" häufig sowohl für die vier großen Gerichtshöfe als für die große Rathsversammlung des Königreichs gebraucht; aber im Anfange der Regierung Eduards II. fing man an, das Wort mehr für eine legislative Versammlung als für den Staatsrath und die großen Gerichtshöfe zu gebrauchen.

Wir werden im nächsten Kapitel sehen, daß noch lange Zeit, nachdem das Recht der Gemeinen zur Theilnahme an der Gesetzgebung bereits anerkannt war, die Parlaments-Akte nicht direct von ihnen beschlossen, sondern gewöhnlich als Bescheide der Krone auf ihre Petitionen abgefaßt wurden.

Die gegenwärtige Verfassung des Parlaments, nach welchem dasselbe aus drei selbstständigen Theilen: 1) der Krone, 2) den weltlichen und geistlichen Lords, welche eine Versammlung bilden, und 3) den Gemeinen, das heißt, den Rittern, Städtern und Burgfleckenbewohnern, welche gleichfalls eine Versammlung bilden, besteht, ist seit jener oben erwähnten Zeit bis jetzt fast unverändert geblieben. Im Jahre 1640, als mehrere auf einander folgende Parlamente die Steuern verweigert hatten, weil ihre Beschwerden nicht gehoben wurden, versuchte Karl I. die große Rathsversammlung der Peers wieder ins Leben zu rufen.[1]) Auch später wurde die regelmäßige Verfassung

---

die Geistlichkeit, die Lords und die Gemeinen jeder für sich beriethen. Dies ist die erste Urkunde, welche eine Trennung der Lords und der Gemeinen erwähnt. — Die erste Urkunde, welche des Versammlungsortes Erwähnung thut, ist aus dem Jahre 1343; sie erklärt die Ursache der Einberufung in der „Chambre de Peynte", in welcher die Gemeinen dann versammelt blieben, während die Lords sich nach der „Chambre Blanche" begaben.

[1]) Macqueen meint: In der ersten Zeit der Regierung Eduards I. seien die Parlamente gewöhnlich vier Mal im Jahre gehalten; in der späteren Zeit derselben Regierung seien die Sitzungen weniger häufig, aber länger gewesen; die Geschäfte hätten eine weniger richterliche als legislative Natur gehabt. Der gelehrte Schriftsteller scheint die doppelte Bedeutung des Wortes: „Parlament" übersehen zu haben. Wir haben bereits erwähnt, daß keine klare Spur von dem Zusammen-

des Parlaments bisweilen suspendirt, wie während des Interregnum und ferner nach der Abdankung Jakobs II.; aber abgesehen von diesen Irregularitäten ist es stets ein Fundamentalsatz der englischen Verfassung gewesen, daß jedes gesetzlich gebildete Parlament aus drei wesentlichen Theilen besteht: dem Könige, den Lords und den Gemeinen.

Viertes Kapitel.

Die Parlaments-Akte.

Es ist bereits erwähnt worden, daß die ursprüngliche Absicht bei der Berufung der Gemeinen zum Parlamente die war, daß sie der Krone Steuern bewilligen sollten. Als sie auf solche Weise versammelt waren, ergriffen sie die Gelegenheit, um Petitionen zum Zwecke der Abhülfe von Beschwerden einzureichen. Um den Anfang der Regierung Eduards III. entstand der Gebrauch, daß die Petitionen mit den Bescheiden des Königs in die Parlaments-Protokolle (Parliament Rolls) eingetragen wurden, und auf Grund dieser wurden, nach dem Rathe der Richter und anderer Mitglieder des Staatsraths, die Akte nach der Auflösung des Parlaments abgefaßt und gewöhnlich in ein Protokollbuch, die „Statute Rolls", eingetragen. Der wesentliche Inhalt wurde den Proklamations-Urkunden[1]) angehängt und die Sheriffs wurden angewiesen, denselben als Gesetz in ihren Grafschaften bekannt zu machen.

Der Gebrauch, nach welchem die Redaktion der Statuten den Richtern überlassen wurde, bot Gelegenheit, die Intentionen der Legislatur zu verfälschen; davon wurde oft Gebrauch gemacht. Als die Gemeinen sich darüber beschwerten, wurde im achten Regierungsjahre Heinrichs IV. auf ihr Verlangen bestimmt, daß einige der Gemeinen bei der Eintragung in das Parlaments-Protokoll gegenwärtig sein sollten. Diese Maßregel erwies sich jedoch als unzureichend. Im zweiten Regierungsjahre Heinrichs V. überreichten die Gemeinen dem Könige eine nachdrückliche Vorstellung, in welcher sie es als ihr altes Recht vertheidigten, daß ohne ihre Zustimmung kein Statut gemacht

treten legislativer Parlamente während der ersten zwanzig Jahre der Regierung Eduards I. vorliegt, und es ist offenbar, daß die legislative Versammlung niemals vier Mal im Jahre oder in ähnlicher Weise häufig berufen wurde.

[1]) Vergl. May das englische Parlament. S. 44 ff. Der Uebers.

werden dürfe, und baten, daß kein Statut mit Zusätzen oder Weglassungen eingetragen werden möge, welche den Sinn und die Absicht ihrer schriftlichen Petition, wie sie durch Vermittelung des Sprechers vorgetragen war, veränderten. Der König antwortete genehmigend, daß fortan keine Gesetzesvorschrift ohne ihre Zustimmung ergehen solle — vorbehaltlich der königlichen Prärogative, ihre Petitionen zu genehmigen oder abzulehnen.

So entstand in der englischen Verfassung der wichtige Grundsatz, daß die Krone einer Bill entweder zustimmen oder sie verwerfen muß, aber sie nicht modificiren kann; woraus sich denn für die Rechtsgültigkeit eines Statutes als unerläßlich ergiebt, daß es sowohl der Form als dem Inhalte nach die gemeinsame Akte aller legislativen Faktoren sei.

Dennoch beseitigte jene Bill Heinrichs V. die Klage, daß die Statuten ungeschickt und nicht sinnentsprechend abgefaßt würden, nicht gänzlich. Selbst dann, wenn die Redactoren mit vollkommener Redlichkeit und mit dem besten Willen handelten, war es offenbar sehr schwer, aus der Petition und einem darauf ertheilten, zuweilen verklausulirten Bescheide [1]) eine Akte abzufassen, welche den Willen des Parlaments genau und vollständig ausdrückte. Um diesem Uebelstande abzuhelfen, wurde gegen das Ende der Regierung Heinrichs VI. der Gebrauch eingeführt oder wieder aufgenommen, die Bills gleich zu Anfang in der Form vollständiger Gesetze in das Parlament einzubringen. Dies wurde fortan feststehende Praxis, welche noch jetzt beobachtet wird. Die Formel der Verordnungsklausel (enacting clause) änderte sich von Zeit zu Zeit; die gegenwärtig gebräuchliche Form war bis zur Zeit Karls II. noch nicht die regelmäßige. [2])

---

[1]) Die Genehmigung der Petition durch den König wurde nicht immer ohne Zusätze ertheilt, sondern enthielt zuweilen Bestimmungen, welche in der Petition nicht vorgesehen waren.

[2]) Ruffhead sagt: Die gegenwärtig gebräuchliche Formel komme zuerst im dreizehnten Regierungsjahre Karls II. stat. 2. cap. 2 vor. Diese Formel lautet: „Es wird verordnet durch des Königs erhabenste Majestät, durch und mit Rath und Beistimmung der geistlichen und weltlichen Lords und der Gemeinen, welche in diesem gegenwärtigen Parlamente versammelt sind, und durch die Auctorität desselben." Lange vor dieser wurde häufig eine Formel angewendet, welche der Sache nach dieselbe war und in welcher die Gemeinen nicht als Bittsteller erschienen. So ist in den Statuten 23 Heinrich VI. (1444), die Formel: „Nostre Seignur le Roi del advys et assent de les Seignurs Espirituels et Temporels et les Communes esteantz en le dit Parlement et par auctorite de mesme le Parlement, fist ordeigner et establier". — Es muß bemerkt werden, daß die

Gemäß einem lange gebräuchlichen Formulare beginnen die Statuten gewöhnlich mit einer Art Vorrede, welche die Veranlassung und den Zweck des Statuts angiebt. „Die Geschichtserzählung oder Vorrede des Statuts," sagt Coke, „ist ein gutes Mittel zur Erkenntniß des Sinnes des Statuts und ein Schlüssel zu seinem Verständniß." Aber obgleich die Vorrede ein Hülfsmittel ist, um zweifelhafte Ausdrücke in einem Statut auszulegen, so darf man doch die klaren Ausdrücke des Statuts nicht nach ihr beurtheilen und deuteln. Wo in der Vorrede ein besonderer Mißstand, welcher die Aufmerksamkeit der Legislatur für sich in Anspruch genommen hat, bezeichnet ist, da hat man häufig die angeordneten Mittel zur Abhülfe auch für andere Mißstände ähnlicher Art für anwendbar erachtet.

Die hauptsächlichste Eintheilung der heutigen Parlaments-Akte ist die in öffentliche und private; die Privat-Akte werden wiederum eingetheilt in persönliche und lokale. Der Ausdruck Statut ist nur für öffentliche Parlaments-Akte gebräuchlich. Diese letztern sind die Richter von Amtswegen zu beachten verpflichtet; Privat-Parlaments-Akte müssen sie nur dann berücksichtigen, wenn die Rechtsuchenden sich förmlich darauf berufen haben. In den Gerichtshöfen ist daher häufig die Frage entstanden, ob eine Akte für eine öffentliche oder eine private zu erachten ist. Für unsern gegenwärtigen Zweck ist es hinreichend als öffentliche Akte diejenigen zu bezeichnen, welche sich auf das Königreich seinem ganzen Umfange nach, und als Privat-Akte diejenigen, welche sich nur auf einzelne Klassen oder Personen beziehen. Freilich wird die Klassification der letzteren häufig zweifelhaft, da sie bei ihrer Gültigkeit nur für gewisse Klassen doch indirect auf den Rest der bürgerlichen Gesellschaft von Einwirkung sind.[1]) Lokal-Akte sind

gewöhnliche, jetzt gebräuchliche Formel zur Einleitung der Bills nicht ohne Ausnahme angewendet wird. So haben die Acts of Attainder und of Pardon sowie die Privat-Akte besondere Formeln. Die wichtigste Abweichung von der gewöhnlichen Formel betrifft die Akte, welche Steuern auflegen. Nach dem Prinzipe, daß die Steuern der Krone allein von den Gemeinen bewilligt sind, werden solche Bills mit Worten eingeleitet, welche von den Gemeinen an die Krone gerichtet sind, und diesen folgt die gewöhnliche Verordnungs-Klausel.

[1]) Bills, welche das Privat-Interesse einzelner Personen ꝛc. betreffen, sind auf ihrem Wege durch das Parlament gebührenpflichtig, und werden sämmtlich Privat-Bills genannt. Nachdem sie die königliche Zustimmung erhalten haben, werden sie eingetheilt in: 1) öffentliche allgemeine Akte (Public General Acts); 2) Lokal- und Personal-Akte, welche für öffentliche erklärt sind und richterlich beachtet werden sollen; 3) Privat-Akte, welche vom Drucker der Königin gedruckt sind und für welche so gedruckte Exemplare als Beweismittel benutzt werden können; 4) nicht

solche, die sich nur auf gewisse Oertlichkeiten beziehen, namentlich auf Brücken, Kanäle, Docks, Eisenbahnen und Chausseen. In Betreff derselben müssen nach den Geschäfts-Ordnungen beider Parlaments-Häuser gewisse Präliminarien bezüglich der Niederlegung von Plänen und Rissen der beabsichtigten Bauwerke und andere besondere Vorschriften von den Antragstellern beobachtet werden. Personal-Akte beziehen sich vornehmlich auf Naturalisationen, Namen, Vermögensrechte und Ehescheidungen einzelner Personen. So sind Grundbesitzveräußerungs-Bills (estate-bills) oft nothwendig, um Verpachtungen oder Verkäufe von Grundstücken zu erleichtern in Fällen, wo wegen Verwickelung der Rechtsverhältnisse oder wegen Mangels in den Befugnissen oder in der Verfügungsfähigkeit der betheiligten Personen die gewöhnlichen Arten gesetzlicher Veräußerungsformen unzureichend sein würden. Auch in Betreff der Personal-Akte beobachtet man verschiedenartige Kautelen, um zu verhindern, daß sie zu Unrecht erlassen werden.

Vor Alters wurden die Akte jeder Parlaments-Session nicht in Kapitel mit verschiedenen Titeln eingetheilt, sondern der Titel pflegte ein allgemeiner für alle Akte derselben Session zu sein.[1]) Bis vor verhältnißmäßig kurzer Zeit galt der Grundsatz, daß, wenn eine Akte nicht das Gegentheil bestimmte, ihre Gültigkeit von dem Anfange der Sitzung zu datiren sei, in welcher sie erlassen worden. Davon war die Folge, daß, wenn die Session eine lange war, eine Akte, welche die königliche Zustimmung erst am Schlusse der Sitzung erhielt, eine Handlung für illegal erklären konnte, welche viele Monate vorher stattgefunden hatte und zu dieser Zeit den Gesetzen entsprach. Diese handgreifliche Ungerechtigkeit wurde durch das Statut 33 Georg III. cap. 13, beseitigt, welches bestimmte, daß die Geltung jeder Akte von dem Datum der königlichen Zustimmungsertheilung beginnen soll, wenn nicht ein anderes Datum dafür bestimmt ist.

Gewisse Parlaments-Akte werden so gefaßt, daß sie nur zeitweise Geltung haben; einige derselben werden jedoch jährlich durch ähnliche Akte ersetzt.

Die Jahres-Akte von der größten Wichtigkeit für die Verfassung

---

gedruckte Privat-Akte. — Nach dem Statute 13 und 14 Victoria cap. 21, 5. 7 soll jede Parlaments-Akte für eine öffentliche erachtet werden, sofern nicht das Gegentheil ausdrücklich bestimmt ist.

[1]) Blackstone meint: Dies sei der Fall gewesen bis zum ersten Regierungsjahre Heinrichs VIII.; aber nach andern Auctoritäten bestand der Gebrauch, den Statuten Titel vorzusetzen, schon im Jahre 1488, und einzelne Beispiele kommen noch früher vor.

sind die Mutiny Acts und die Annual Appropriation Acts, deren Bedeutung wir später erörtern werden. Viele Statuten von zeitlicher Dauer werden von Zeit zu Zeit durch Continuance Acts prolongirt. Durch das Statut 48 Georg III. cap. 106, ist Vorsorge für den Fall getroffen, wenn eine Akte ihre Gültigkeit durch Zeitablauf während einer Parlaments-Session verliert, ehe in dieser Sitzung die Continuance-Akte durchgegangen ist; es ist bestimmt, daß — mit gewissen Ausnahmen — die letztere in einem solchen Falle von dem Zeitpunkte an gelten soll, wo die zu prolongirende Akte ihre Gültigkeit verloren hatte.

Fünftes Kapitel.

Die legislativen Prärogative der Krone.

Der Souverain hat, ohne Mitwirkung der Parlamentshäuser, eine begrenzte legislative Gewalt, vermöge welcher er gesetzliche Vorschriften geben und suspendiren kann. Außerdem hat er in seinem Verhältnisse zum Parlamente wichtige königliche Prärogative, sofern er die Dauer der Sitzungen bestimmen, in verschiedenen Fällen Maßregeln empfehlen, den Bills seine Zustimmung versagen kann.

Die legislativen Prärogative der Krone, welche hier betrachtet werden sollen, betreffen die Dispensationsgewalt und ähnliche Befugnisse, die königlichen Proklamationen und die im Staatsrath ertheilten Befehle (Orders in Council).

Die Befugniß der Krone zu dispensiren und zu suspendiren, ist so definirt worden (von Amos): „Die Dispensations-Gewalt bestand in der ausnahmsweisen Befreiung einzelner Personen von der Wirksamkeit der Strafgesetze; die Suspensions-Gewalt in der Vernichtung der ganzen Wirksamkeit eines Statutes oder einer Anzahl von Statuten.“ Da die eigentliche Basis der britischen Verfassung die legislative Obergewalt des Parlamentes ist, so ist klar, daß der Umfang der Gewalt der Krone zu dispensiren und zu suspendiren von der äußersten Wichtigkeit ist. Augenscheinlich sind beide Gewalten in der Wirkung einander fast gleich; denn die wiederholte Ausübung der Dispensations-Gewalt würde in dem Erfolge der Suspensions-Gewalt gleich stehen.

Wir haben gesehen, daß das Recht der Gemeinen, an dem Erlasse der Gesetze Theil zu nehmen, im vierzehnten Jahrhunderte nach und nach durchdrang, daß es aber trotz erlangter Anerkennung in den Zeiten Eduards I. und seiner Nachfolger mehrfach umgangen wurde. In den Statuten Eduards I. findet sich öfter eine Klausel, welche die Rechte des Königs vorbehält; durch diese Klausel wollte er sich wahrscheinlich das Recht, von den Statuten zu dispensiren, vorbehalten, und dieser Vorbehalt scheint ein Mittel der Bedrückung und Ungerechtigkeit geworden zu sein.[1])

Während der Dynastie der Plantagenets ward die Obergewalt des Parlaments bei weitem strenger bewahrt, als unter ihren Nachfolgern, den Tudors und den Stuarts. Die Gesetzgebungs-Gewalt, welche Heinrich VIII. durch Statuten übertragen war,[2]) enthält eine direkte Verletzung der Verfassung, welche man in der Zeit der Plantagenets nicht ertragen haben würde.[3])

Das Statut 1 Jakob I. cap. 3, enthält die Erklärung des Königs, daß alle Verleihungen und Monopole, das Nachsehen irgend eines Strafgesetzes oder die Gewalt von einem Gesetze zu dispensiren oder eine Geldstrafe nachzulassen, ungesetzlich sind, und es giebt dieser Erklärung Folge. Nichtsdestoweniger sind die Fälle der Uebung der

---

[1]) Folgendes sind Beispiele von solchen Vorbehaltsklauseln: In dem ersten Statute von Westminster 5 Eduard I. cap. 50: „Sintemal der König diese Dinge angeordnet hat zu Gottes und der heiligen Kirche Ehre und für den Staat, und zur Erleichterung derer, welche beschwert sein mögen, so will er doch nicht, daß dies jemals zu seinem oder seiner Krone Nachtheile gereichen könnte, daß vielmehr alle ihm zuständigen Rechte in allen Punkten ihm erhalten bleiben.“ In dem Statute 28 Eduard I. cap. 20 heißt es: „Und bei all diesen Dingen, wie sie vorher erwähnt sind, oder jedem Punkte in demselben wollen und beabsichtigen der König und sein Staatsrath und alle, welche bei dem Erlasse dieser Verordnung gegenwärtig waren, daß die Rechte und Prärogative seiner Krone ihm in allen Dingen erhalten bleiben.“

[2]) Nach dem Statute 31 Heinrich VIII. cap. 8, konnte der König unter dem Beirathe des Staatsraths Proklamationen erlassen mit Androhung solcher Strafen, wie sie ihm und dem Rathe nöthig erscheinen möchten; diese Proklamationen sollten so betrachten werden, als wären sie durch Parlaments-Akte erlassen, jedoch mit einer wichtigen Einschränkung, daß dies dem Erbe oder sonstigen Vermögen, den Aemtern, den Freiheiten oder dem Leben Niemandes nachtheilig werden sollte. — Nach dem Statute 34 Heinrich VIII. cap. 23, konnte jeder, der jenes Statut übertrat, von neun Personen aus dem Staatsrathe abgeurtheilt werden. Beide Statute wurden im ersten Jahre der folgenden Regierung, Eduards VI., aufgehoben.

[3]) In einem vereinzelten Falle (15 Richard II.) gaben die Gemeinen ihre Zustimmung, daß der König unter Beirath der Lords von dem Statute of Provisors sollte dispensiren dürfen; aber sie behielten sich das Recht vor, eine solche Dispensation in der nächsten Sitzungsperiode zu mißbilligen, und legten Verwahrung ein, daß das in diesem Falle beobachtete Verfahren nicht als ein Präcedenzfall sollte betrachtet werden dürfen.

Dispensationsgewalt unter den Stuarts diejenigen, welche wegen der dadurch hervorgerufenen Opposition des Volkes und der unter Wilhelm III. zur Abschaffung dieser Gewalt gethanen Schritte das meiste historische Interesse bieten. Durch die Bill of Rights (1 Wilhelm und Marie) wurde bestimmt, daß von der damaligen Parlamentssitzung an keine Dispensation von den Vorschriften irgend eines Statutes zulässig sein sollte, es sei denn, daß das betreffende Statut eine solche gestattet, und mit Ausnahme der Fälle, welche in der damaligen Parlamentssitzung speziell bezeichnet werden möchten.

Die Veranlassung zu dieser wichtigen Bestimmung war die übermäßige und nicht zu rechtfertigende Art der Ausübung der Dispensationsgewalt durch Jakob II., namentlich in dem Falle von Sir Eduard Hales. Dieser hatte sich nach der Test-Akte, welche den Papisten die Verwaltung gewisser Aemter verbot, strafbar gemacht, und durch einen Kriminalprozeß gegen ihn, welcher unter Mitwirkung des Königs abgekartet war, wurde die Befugniß des Königs, von jener Akte zu dispensiren, richterlich anerkannt.[1]) Nachdem Jakob die Sanktion eines richterlichen Ausspruches für die Dispensation von der Test-Akte erlangt hatte, schritt er unbesonnen zur Suspendirung der hauptsächlichsten, zum Schutze der anglikanischen Kirche gegebenen Gesetze, und einige Richter leisteten schmählicher Weise dieser Ausschreitung Vorschub.[2])

---

[1]) Bischof Burnet sagt: Dieser Prozeß sei eine Komödie gewesen; gefügige Richter seien vorher ausgewählt, und die Sache sei absichtlich mit unziemlicher Lauheit verhandelt. Hume in seiner englischen Geschichte hält es bei Besprechung dieses Falles für klar, daß die Dispensationsgewalt der Krone durch das Landesrecht seit langer Zeit anerkannt gewesen sei und daß sie erst unter der Regierung Wilhelms abgeschafft werden mußte, weil sie mit den damals eingeführten, verfassungsmäßigen Beschränkungen der Krone unverträglich geworden sei. Der Satz Hume's: Daß die Dispensationsgewalt durch das Recht anerkannt gewesen, ist vielfach bestritten worden.

[2]) Jedenfalls war die Dispensationsgewalt schon vorher mit großen Schranken umgeben. Unter Anderen konnte der König nicht von Statuten dispensiren, welche malum in se, sondern nur von denen, welche malum prohibitum verboten, und unter den letzteren nur von denen, welche zum Nutzen des Königs und nicht für das allgemeine Wohl gemacht waren. Diese Ansicht von dem Rechtszustande vor der Bill of Rights stimmt überein mit dem, was Coke sagt: „Wenn eine Parlaments-Akte Jemand für unfähig zu etwas erklärt oder etwas für nichtig oder dem Wohlergehen der Kirche oder des Staates für nachtheilig erklärt, so haben alle Unterthanen des Königs an der Aufrechthaltung dieses Gesetzes Interesse, und deshalb kann der König nicht davon dispensiren, ebenso wenig wie von den Vorschriften des gemeinen Rechts. Aber wenn ein Statut etwas unter Androhung

In dem Versuche, welchen Jakob II. machte, um im voraus die Folgen der Strafgesetze unschädlich zu machen, folgte er nur den Beispielen seiner Vorgänger aus der Dynastie der Stuarts. So erließ unter Anderem Karl II. in den Jahren 1662 und 1672 eine Erklärung gegen die wider die Papisten und Nonkonformisten erlassenen Strafgesetze. Diese Erklärungen wurden kurz nach ihrer Publikation durch Resolutionen des Hauses der Gemeinen mißbilligt.

Nachdem wir die negative Befugniß der Krone, von bestehenden Gesetzen zu dispensiren oder sie zu suspendiren, betrachtet haben, können wir zu der Besprechung der positiven Gewalt der Krone übergehen, neue Gesetze zu proklamiren. Wir haben gesehen, daß unter der Regierung Heinrichs VIII. die Parlamentshäuser ihrem Berufe durch ein Statut entsagten, indem sie den König im Staatsrath (King in Council) autorisirten, Proklamationen zu erlassen, welche mit gewissen Einschränkungen die Kraft von Statuten haben sollten; ferner, daß die so der Krone beigelegte Befugniß sehr bald nachher zurückgenommen wurde. Das Parlament hat seitdem niemals wieder der Krone solche Machtvollkommenheit übertragen; aber es wurden, namentlich in der Zeit der Stuarts, Anstrengungen gemacht, dem Souverain solche Gewalt zu verschaffen.

Unter Jakob I. wurde viele Mühe aufgewendet, um die königliche Prärogative wegen Erlasses von Proklamationen auszudehnen. Lord Kanzler Ellesmere und Bacon ermuthigten zu diesen Versuchen, aber Coke widerstand ihnen in ehrenhafter Weise, indem er argumentirte: der König könne keinen Theil des gemeinen Rechts abändern und durch eine Proklamation keine Handlung zu einer strafbaren machen, welche nicht vorher schon strafbar gewesen wäre; auch habe man noch nie eine Anklage gesehen, welche schlösse: contra regiam proclamationem.[1]) Unter dieser Regierung entschieden die Richter des Schatzkammergerichts (Court of Exchequer), daß Auflagen auf Ausfuhren und Einfuhren gültig durch Proklamationen angeordnet werden könnten. Dieser Entscheidung folgte auf dem Fuße die berühmte Petition der Landesbeschwerden (Petition of Grievances), welche 1610 von

---

einer Geldstrafe verbietet und die Geldstrafe dem Könige zuspricht oder dem Könige und dem Denuncianten, so kann der König von einer solchen Strafe dispensiren; und diese Unterscheidung wird durch unsere Bücher bestätigt."

[1]) Dies geschah im Jahre 1610 in einem Berichte an den Staatsrath, welcher ihn ersucht hatte, seine Meinung über die Gültigkeit von Proklamationen abzugeben, welche neue Gebäude in und um London aufzuführen und Stärke aus Weizen anzufertigen verboten.

den Gemeinen an Jakob I. gerichtet wurde. In dieser merkwürdigen Urkunde erklären die Gemeinen dem Könige unumwunden, daß es „das unbestreitbare Recht des Volkes dieses Königreiches sei, keiner Strafe an Leben, Leib, Land oder Gütern unterworfen zu werden, anders, als daß solche Strafen durch das gemeine Recht dieses Landes oder durch Statuten, welche mit seiner Zustimmung im Parlamente gemacht werden, festgesetzt sind", und daß eine Menge ungesetzlicher Proklamationen von dem Könige erlassen seien, welche das Bestreben verriethen, „eine neue Form willkürlicher Regierung in das Königreich einzuführen." [1])

Unter der Regierung Karls I. wurden viele Proklamationen aus der Rathskammer erlassen und mittels Anklagen und ungesetzlicher Urtheile der Sternkammer durchgesetzt. In der berühmten Petition of Right, welche im Jahre 1627 von den Gemeinen an Karl I. gerichtet wurde,[2]) werden alle Arten von Abgaben, welche ohne die Auktorität des Parlamentes erhoben werden, für gesetzwidrig erklärt. Im Jahre 1640 beseitigte die Legislative das Schiffsgeld fast bei seiner Geburt, indem sie erklärte, daß die Auflage und das gegen John Hampden ergangene, das Schiffsgeld betreffende Urtheil dem Gesetze zuwider seien.

Die Reaktion, welche zu der Restauration Karls II. führte, hatte doch kein Aufgeben des parlamentarischen Rechts der Steuerbewilligung in ihrem Gefolge. Eines der ersten Statute aus der Regierungszeit Karls II. wiederholt geflissentlich den Satz, daß Abgaben auf Einfuhren und Ausfuhren nur mit Bewilligung des Parlaments auferlegt werden können. Der Erlaß ungesetzlicher Proklamationen hatte jedoch keineswegs aufgehört, obgleich sie vielleicht weniger häufig waren, als unter der vorigen Regierung.

Mit Rücksicht auf die Prärogative bei Erlaß von Proklamationen bemerkt Blackstone, daß, obgleich die Abfassung der Gesetze ganz und gar die Arbeit eines besondern Theils — des legislativen Zweiges —

---

[1]) Die Rede, welche Sir Francis Bacon bei Ueberreichung der Petition an den König hielt, ist in einem andern Style abgefaßt. Er bittet den „erhabenen Souverain, daß Hochdieselben den Ton der Beschwerden, obgleich er ernst ist, Ihrem fürstlichen Ohre nicht unangenehm erscheinen lassen mögen. Es ist nur der gemitus columbae, das Seufzen einer Taube, mit der Geduld und Demuth, welche das Theil loyaler und liebevoller Unterthanen ist" u. s. w.

[2]) In dieser Petition of Right, welche von Coke abgefaßt wurde, ist jeder Satz, welcher die Ausschreitungen der königlichen Gewalt mißbilligte, sorgfältig durch Bezugnahme auf das gemeine Recht belegt.

der obersten Gewalt ist, dennoch die Art, Zeit und die Beurtheilung der Umstände, unter denen die Gesetze in Ausführung gebracht werden sollen, häufig dem Ermessen der Exekutiv-Beamten überlassen werden müssen.

Heut zu Tage werden die Proklamationen gewöhnlich in Folge von im Staatsrath gegebenen Befehlen (Orders in Council) erlassen d. h. sie verkünden Befehle, welche von dem Könige auf den Rath des Privy Council[1]) gegeben sind. Die Proklamationen sind entweder solche, welche durch Statuten autorisirt sind, oder solche, welche vermöge der Prärogative erlassen werden.

Was die ersteren betrifft, so hat man es bei der neueren Gesetzgebung häufig angemessen gefunden, die Zeit, sowie die Art und Weise, wie Parlaments-Akte in Kraft gesetzt werden sollen, der Königin im Staatsrathe (Queen in Council) zu überlassen. Es wird hinreichend sein, einige Beispiele von dieser Praxis kurz anzuführen. Nach der Akte 6 Georg IV. cap. 78, sind der Krone umfassende Vollmachten gegeben, um durch Orders in Council Quarantaine-Vorschriften zu erlassen. Durch die Akte von 1835, betreffend die Ordnung der Munizipal-Korporationen, kann die Königin durch Staatsraths-Befehle eine Stadt nach den Bestimmungen jener Akte inkorporiren. Die Königin kann durch solche Befehle das Verfahren ihrer auswärtigen Vice-Admiralitäts-Gerichte ordnen; sie kann die Akte, betreffend die Sanitäts-Polizei der Städte (Health of Towns Act) von 1848, die internationale Nachdrucks-Akte (International Copyright Act), die Akte, betreffend die Kirchen-Kommission,[2]) und viele andere in Wirksamkeit setzen.

Hinsichtlich ihres Einflusses auf das Verfassungsrecht sind die vermöge der königlichen Prärogative erlassenen Orders in Council bei Weitem wichtiger. Viele von denselben sind nur administrativer Natur, und wegen dieser wird das Erforderliche an einem anderen Orte bemerkt werden. Aber viele kraft der Prärogative erlassene Orders in Council haben einen legislativen Charakter.

So werden, wenn vermöge der Prärogative der Exekutivgewalt Krieg erklärt ist, Proklamationen erlassen, welche die ordentlichen, den Handel betreffenden Gesetze ändern und die Beobachtung gewisser Vorschriften für den Verkehr mit neutralen und anderen Staaten zur

---

[1]) Die Functionen dieser Behörde sind wesentlich exekutive; wir werden dieselben bei Betrachtung der „Exekutiv-Regierung" erörtern.

[2]) Vergl. Gneist, Geschichte der Aemter. S. 556. Der Uebers.

Pflicht machen.[1]) Eine Proklamation, durch welche in Kriegszeiten auf alle in englischen Häfen befindlichen Schiffe für einen bestimmten Zeitraum Embargo gelegt wird, ist nach Blackstones Zeugniß ebenso verbindlich, wie eine Parlaments-Akte. Die zeitweise Festhaltung eines Schiffes in einem englischen Hafen durch Embargo liegt in Kriegs- und Friedenszeiten in den Befugnissen der königlichen Prärogative; der Souverain kann in Kriegszeiten den Handel mit dem Feinde sogar gänzlich untersagen oder ihn durch gewisse Bedingungen beschränken; jedoch ist die Befugniß der Krone, auswärtige Häfen im Blokade-Zustand zu erklären, der Gegenstand einer großen Streitfrage gewesen.[2])

Zu Zeiten unvorhergesehener Nothstände sind in neuerer Zeit Staatsrathsbefehle erlassen, durch welche bestehende Gesetze zeitweise suspendirt oder modifizirt wurden. In solchen Fällen haben die Rathgeber der Krone die Verantwortlichkeit für solche Befehle in dem Vertrauen auf sich genommen, daß sie später Indemnität vom Parlamente erlangen würden. So legte im Jahre 1766, weil man eine Hungersnoth im Lande befürchtete, ein Staatsrathsbefehl Embargo auf alle mit Weizen zur Ausfuhr beladenen Schiffe; in der darauf folgenden Parlaments-Session ging eine Indemnitäts-Akte in Betreff jenes Befehles durch. Im Jahre 1797 wurde während einer Geldklemme die Bank von England durch ein Staatsrathsschreiben (Minute of Council) angewiesen, ihre Baarzahlungen zu suspendiren; auch hierfür erging später eine Indemnitäts-Akte. Gegen das Ende des vorigen und im Anfang des gegenwärtigen Jahrhunderts ertheilten verschiedene Statute Indemnität für Befolgung von Staatsrathsbefehlen, welche den Gesetzen über die Ausfuhr, die Einfuhr und die Schifffahrt widersprochen hatten. Diese Befehle waren vermöge der Nöthigung der damaligen Kriege gegen Frankreich erlassen. Auch die oben in Bezug genommenen Staatsrathsbefehle von 1807 und 1808, durch welche Frankreich in Blokade-Zustand erklärt wurde, waren der Gegenstand einer Indemnitäts-Akte. Später wurde ein Staatsrathsbefehl, welcher

---

[1]) So ermächtigte z. B. eine Order in Council vom 15. April 1854 die britischen Unterthanen, innerhalb gewisser Schranken mit allen Hafenplätzen und Städten, welche sich nicht im Blokade-Zustande befanden, trotz des Krieges mit Rußland Handel zu treiben.

[2]) Die Staatsrathsbefehle von 1807 und 1808, durch welche Frankreich im Blokade-Zustand erklärt wurde in Erwiderung auf die in Mailand und in Berlin erlassenen Dekrete Napoleons I., welche die britischen Inseln und Kolonieen im Blokade-Zustand erklärt hatten, hält man jetzt für dem Blokade-Recht widersprechend.

im Widerspruch mit den bestehenden Korn-Gesetzen die Einfuhr von Korn in einer Zeit des Mangels erlaubte, von dem Parlamente gut geheißen. Noch im Jahre 1858 ertheilte eine Akte der Bank von England Indemnität für die Emission von Noten, die, im Widerspruche mit den Gesetzen, in Folge der Suspension der Bank-Akte von 1844 durch die Exekutive ausgegeben waren.

Durch dieses Verhalten hat das Parlament den Grundsatz anerkannt, daß in Zeiten der Noth und Gefahr für das Königreich die Krone befugt ist, die Aktion des Parlamentes zu anticipiren, indem sie gewisse Statute zeitweise außer Wirksamkeit setzt. Dieser Grundsatz kann freilich durch willkürliche Anwendung mißbraucht werden; aber er scheint sowohl durch die Vernunft, als durch das Gewicht der Uebung gerechtfertigt zu sein.

In dem Urtheile gegen Hampden, durch welches er zur Bezahlung des Schiffsgeldes für verpflichtet erklärt wurde, beriefen sich die Richter auf den Grundsatz, daß, wenn das Königreich in Gefahr ist, der König durch einen unter dem großen Siegel ausgefertigten Befehl von seinen Unterthanen die Anschaffung und Hergabe von Schiffen zur Vertheidigung des Königreiches fordern könne; aber dieses Urtheil wurde, wie wir gesehen haben, durch eine Parlaments-Akte für nichtig erklärt.

Die Beamten und Minister der Exekutiv-Regierung sind vor den Gerichtshöfen genau denselben Folgen ihrer ungesetzlichen Handlungen ausgesetzt, wie Privat-Personen. Es würde ein vergebliches Bemühen sein, wenn sich Jemand in einem englischen Gerichtshofe auf den Befehl des Königs zu einer gesetzwidrigen Handlung berufen wollte.[1]) Der König kann weder von dem Gehorsam gegen das Civilrecht entbinden, noch für künftige Vergehen Begnadigung ertheilen. Daher haben Diejenigen, welche im Vertrauen auf Staatsrathsbefehle, wie die oben erwähnten, handeln, keinen anderen Schutz zu erwarten, als den durch parlamentarische Indemnitäts-Akte; und daraus ergiebt sich, daß das Parlament eine höchst wirksame Kontrolle über solche Staatsrathsbefehle hat.[2])

---

[1]) Nach den Statuten 2 Eduard III. cap. 8 und 11 Richard II. cap. 10, sowie andern alten Statuten, soll kein unter dem königlichen Siegel ausgefertigter Befehl den Rechtsgang stören oder verschleppen, und die Richter sollen trotz eines solchen Befehles Recht sprechen.

[2]) Im Jahre 1692 wurde eine Bill in das Parlament gebracht, um den Ministern Wilhelms III. wegen ungesetzlicher Einkerkerung verdächtiger Personen Indemnität zu ertheilen. Bei den Verhandlungen darüber wurde vorgeschlagen, für

Eine wichtige Klasse von Staatsrathsbefehlen von streng legislativem Charakter sind die Befehle, welche die Regierungsformen in gewissen Kolonien der Krone ordnen. In gewissen Kolonien können Verfassungen nur durch Parlaments-Akte eingeführt werden, während für andere die königliche Prärogative allein dazu ausreicht.

Sechstes Kapitel.

Die parlamentarischen Befugnisse der Krone.

Die parlamentarischen Befugnisse der Krone beziehen sich: 1) auf die Einberufung des Parlaments; 2) die Eröffnung der Sitzung; 3) das Verfahren und die Privilegien des Parlaments; 4) die Vertagung, Prorogation und Auflösung des Parlaments.

1. Kein Parlament kann gesetzlich versammelt sein ohne die Auktorität der Krone. Diese Regel, mit der gleich zu erwähnenden Ausnahme, bezieht sich sowohl auf das erste Zusammentreten eines neuen Parlaments, als auf die Wiederversammlung nach einer Prorogation.

In der englischen Geschichte kommen zwei merkwürdige Beispiele von Parlamenten vor, deren Rechtsbeständigkeit anerkannt worden ist, obgleich sie eingestandenermaßen ohne die königliche Auktorität zusammenberufen waren.[1] Das erste war das Convention Parliament von 1660, welches durch eine Verordnung des Langen Parlaments

die Zukunft die Zulässigkeit solcher Verhaftungen durch einige Vorschriften einzuschränken. Alle diese Vorschläge wurden von den Gemeinen verworfen. „Sie waren der Ansicht" — sagt Burnet — „daß solche beschränkende Vorschriften die gesetzliche Befugniß zu Verhaftungen verleihen würden für Fälle, wo diese Vorschriften beobachtet würden; sie hielten es für den korrekteren Weg, dem Ministerium Indemnität zu ertheilen, wenn ersichtlich wäre, daß es nur wegen wirklicher Gefahr Jemanden verhaftet habe, ihm aber dann keine Vorschriften zu geben; denn was die Verhaftung verdächtiger Personen betreffe, so müsse in Fällen, in welchen die Gefahr eine thatsächliche und erkennbare ist, die öffentliche Sicherheit zuerst in Betracht kommen und allen besonderen Gesetzen vorgehen."

[1]) „Ohne Zweifel kann Niemand als der König das Parlament zusammenberufen, und dies ist der Grund, warum Heinrich IV., nachdem er seinen Lehnsherrn, König Richard II., am 20. August 1399 gefangen genommen hatte, die Urkunde, durch welche er das Parlament berief, das ihm die Krone übertrug, vom 19ten desselben Monats datiren und diese Urkunde als per ipsum regem et consilium erlassen bezeichnen, auch sich selbst unter dem Namen Heinrich, Herzog von Lancaster, einberufen ließ." (Elsynge.)

berufen wurde, und welches durch eine Akte, die Karls II. Zustimmung in demselben Jahre, unmittelbar nach seinem Regierungsantritte, erhielt, für rechtsgültig konstituirt erklärt wurde. Das andere Beispiel ist das Convention Parliament von 1688, welches auf Veranlassung des Prinzen von Oranien gewählt wurde. Ein bei der Thronbesteigung Wilhelms III. ergangenes Statut erklärte, diese Konvention enthalte die beiden Häuser des Parlaments, und dieses Statut wurde durch eine Akte des nächsten Parlaments bestätigt.[1])

Das Gesetz bestimmt für einen Fall,[2]) daß das Parlament sich ohne Berufung seitens der Krone versammeln soll. Ein Statut verordnet nämlich, daß das Parlament beim Tode des Souverains nicht aufgelöst werden, sondern, wenn es dann gerade versammelt ist, sechs Monate länger währen soll, es sei denn, daß es durch den folgenden Souverain früher prorogirt oder aufgelöst würde. Wenn die Mandate der Parlamentsmitglieder beim Tode des Souverains noch fortdauern, das Parlament aber dann gerade prorogirt oder vertagt ist, so soll dasselbe sofort zusammentreten und noch sechs Monate währen, es sei denn, daß es früher prorogirt oder aufgelöst würde. Wenn der König nach der Auflösung des Parlaments und vor dem Zusammentreten des neuen Parlaments stirbt, so soll das vorige Parlament sich versammeln und ebenfalls noch sechs Monate währen. Wenn der Thronfolger innerhalb dieser sechs Monate und vor dem Zusammentritt des neuen Parlaments stirbt, so währt das vorige Parlament noch sechs Monate, vom Tode des Thronfolgers gerechnet, kann aber von dem Nachfolger des letzteren prorogirt werden. Wenn der König nach dem Tage, welcher zum Zusammentritt des neuen Parlaments bestimmt ist, stirbt, so soll dieses Parlament zusammentreten und gleichfalls sechs Monate lang währen.[3])

Rücksichtlich der Zeiträume der Berufung und Abhaltung der Parlamente ist nunmehr die Prärogative der Krone, welche nach dem

---

[1]) Der Prinz von Oranien berief alle Peers, die Mitglieder der drei letzten Parlamente, welche damals in London waren, und einige Bürger. In der so gebildeten Versammlung kam man überein, daß der Prinz Aufforderungen (letters-missive) ergehen lassen sollte, um das Convention Parliament zu berufen.

[2]) Durch ein Statut Karls I. war bestimmt, daß, wenn der König die Einberufung drei Jahre lang unterließe, die Peers sich versammeln und die Anordnungen zur Wahl erlassen sollten; wenn aber auch die Peers dies unterließen, so sollten die Wähler von selbst zusammentreten und zur Wahl schreiten. Diese Akte wurde im Anfange der nächsten Regierung aufgehoben durch 16 Karl II. cap. 1.

[3]) 6 Anna cap. 7 seq. 4, 5; 37 Georg III. cap. 127 ss. 3, 4, 5.

alten Rechte des Reiches keinem Zwange unterworfen war, von statutarischen und verfassungsmäßigen Schranken umgeben.

Der Verlauf der Gesetzgebung in England beweist, daß schon sehr früh die Gemeinen dafür sorgten, sich Sicherheiten für das häufige Zusammentreten der Parlamente zu verschaffen. Ein Statut Eduards III. aus dem Jahre 1330 bestimmt, „daß alle Jahre ein Parlament gehalten werden solle und mehrere, wenn es nöthig ist.“ [1]) Ein späteres Statut aus derselben Regierungszeit bestimmt, „daß jedes Jahr ein Parlament gehalten werden soll, wie bereits einmal durch Statut verordnet ist.“ Die Worte: „wenn es nöthig ist,“ waren so schwankend und unbestimmt, — bemerkt Blackstone — „daß diejenigen von unseren Monarchen, welche geneigt waren, ohne Parlament zu regieren, öfter lange Zeit hindurch die Einberufung unter dem Vorwande, daß man es nicht nöthig habe, unterließen. [2])

Die bereits erwähnte Akte Karls I., durch welche verhindert werden sollte, daß durch lange Zwischenräume zwischen den Parlaments-Sitzungen Unzuträglichkeiten entständen, gab Vorschriften zu dem Zwecke, daß das Parlament ohne die königliche Auktorität zusammenträte, wenn der König die Einberufung drei Jahre lang versäumte. Diese Akte wurde durch eine Akte Karls II. aufgehoben, weil sie „wohlbegründete Rechte des Königs und Prärogative, welche von der Herrscherkrone dieses Reiches unzertrennlich“ seien, beeinträchtige. Diese Akte bestimmt jedoch, daß fortan die Parlaments-Sitzungen höchstens drei

---

[1]) „Sintemal viele Personen unter den Verschleppungen in dem Gerichtshofe des Königs leiden, ist es verordnet, daß der König jedes Jahr ein Mal ein Parlament halten soll, oder zwei Mal, wenn es nöthig ist.“ (5, Eduard II.) — „Ensement est accorde qe Parlement soit tenu chascun an une foitz ou plus si mestier soit.” 4 Eduard III. cap. 14. Unter Eduard III. petitioniren die Gemeinen, daß alle Jahre ein Parlament gehalten werden möchte, und daß die Ritter in den Grafschaften durch allgemeine Wahl gewählt werden möchten. „Der König will, daß sie durch allgemeine Zustimmung der ganzen Grafschaft gewählt werden.“ Unter Richard II. antwortet der König auf eine Petition der Gemeinen, daß er alle Jahre ein Parlament halten möge: „Die Statuten über das Zusammentreten des Parlaments sollen gehalten werden.“ Ein Statut Karls II. bestimmt, daß die Einberufung des Parlaments nicht länger als drei Jahre unterlassen werden soll. Das Statut 6 Wilhelm und Maria, cap. 2, bestimmt, keine Parlaments-Periode solle länger als drei Jahre dauern, und das Statut 1 Georg I., stat. 2, cap. 38, bestimmt die Dauer der Parlaments-Periode auf sieben Jahre.

[2]) Lord Northington bewog das Haus der Lords zu der sophistischen Auslegung, daß die Worte: „wenn es nöthig ist,“ sich auf den ganzen vorhergehenden Satz bezögen, und daß daher auch nicht ein Mal in jedem Jahre Parlament gehalten zu werden braucht, außer, „wenn es nöthig ist.“

Jahre lang ausgesetzt werden sollten und daß innerhalb dreier Jahre nach dem Ablaufe jeder Parlaments-Periode, oder wenn Veranlassung dazu vorliegt öfter, die Krone ein anderes Parlament berufen soll. Indessen trifft die Akte keine Vorkehrungen für den Fall, daß der König ihre Vorschriften außer Acht läßt, und folglich wurde sie von Karl II. nicht beachtet.[1])

Diese Akte Karls II. bestimmte nichts über die Dauer der Parlaments-Perioden; das Lange Parlament unter seiner Regierung währte achtzehn Jahre. Die Drei-Jahrs-Akte (Triennial Act) Wilhelms III. setzte die längste Dauer eines Parlaments auf drei Jahre fest und wiederholte zugleich die Vorschrift, daß wenigstens alle drei Jahre ein Parlament gehalten werden solle. In den dieser Akte vorhergehenden Parlaments-Sitzungen war eine ähnliche Bill, welche ihren Ursprung in dem Hause der Lords hatte, durchgegangen, aber von dem Könige verworfen. Burnet's Bemerkungen über diese Bill sind erwähnenswerth, weil sie die hauptsächlichen Gründe für die häufige Erneuerung der Parlamente enthalten. „Vor Alters mochte ein einjähriges Parlament[2]) in Betracht der kurzen Dauer der Sitzungen keine erheblichen Nachtheile für die Nation haben; aber wenn man erwägt, wie bedächtig und langsam man gegenwärtig bei den Sitzungen zu Werke geht, so überzeugt man sich, daß in Friedenszeiten ein einjähriges Parlament geradezu unerträgliche Beschwerden mit sich führen würde. Parlamente von langer Dauer schienen entweder für die Krone oder für die Nation sehr gefährlich zu sein; denn wenn ihnen die Zeitläufte und ihr Verhalten großes Ansehen verschafften, so könnten sie der Krone sehr lästig werden, wie dies zur Zeit Karls I. der Fall war; und unter entgegengesetzten Verhältnissen wäre zu besorgen, daß von dem Hofe so auf sie eingewirkt werden möchte, daß sie alles Geld und alle Freiheiten Englands hingäben, wenn sie nur ihren gehörigen Antheil an dem Gelde erhielten und selbst zu Werkzeugen der

---

[1]) Amos sagt: Diese Akte habe ein gutes Gesetz mit guten Bürgschaften für seine Beobachtung beseitigt, und sei eine mit vielen Prunkworten und vielem Selbstlob verbundene Widerholung desselben ohne alle solche Bürgschaften gewesen. — Das letzte Parlament, welches Karl II. hielt, wurde in Oxford im Jahre 1681 aufgelöst. Am Ende des dritten Jahres nachher weigerte er sich ein neues Parlament zu berufen, weil, wie Burnet bemerkt, keine Sicherungsklauseln in der fraglichen Akte enthalten waren.

[2]) Die Parlamente wurden, mit verhältnißmäßig wenigen Ausnahmen, vom dreiundzwanzigsten Regierungsjahre Eduards I. an bis zur Regierung Heinrichs VIII. alljährlich neu gewählt.

Tyrannei gemacht würden, wie dies anscheinend unter Karl II. der Fall gewesen ist. Man hoffte ferner, daß oft erneuerte Parlamente den großen Ausgaben ein Ende machen würden, zu welchen die Kandidaten sich bei den Wahlen veranlaßt sahen, und daß die Parlamentsmitglieder genöthigt sein würden, in ihrem öffentlichen, wie in ihrem privaten Verhalten so aufzutreten, daß sie sich dadurch ihren Wählern am Ende einer dreijährigen Wahlperiode empföhlen, während, wenn die Parlaments-Perioden viele Jahre dauerten, die Mitglieder, mit Privilegien bedeckt, in der Lage wären, sich mancherlei Freiheiten herauszunehmen, auch vergessend, daß sie die Vertreter Anderer wären, nur für sich selbst sorgten."

Endlich wurde durch eine Akte Georgs I., betreffend die Verlängerung der Parlaments-Perioden, welche als die Sieben-Jahrs-Akte allgemein bekannt ist, bestimmt, daß das damalige Parlament und alle folgenden Parlamente sieben Jahre und nicht länger währen sollen, es sei denn, daß sie früher aufgelöst würden.

Die Dauer der Parlamente ist im Allgemeinen viel geringer, als sieben Jahre. Das erste Parlament des Vereinigten Königreichs von Großbritannien und Irland trat im Jahre 1801 zusammen, und das Parlament des Jahres 1862 ist das achtzehnte des Vereinigten Königreichs, so daß die durchschnittliche Dauer jedes Parlamentes seit der Union zwischen drei und vier Jahre betragen hat. In einigen britischen Kolonien ist die Dauer der Parlaments-Perioden auf fünf Jahre festgesetzt.

Seit der Aufhebung der vorher erwähnten Akte Karls I. ist durch keine Parlaments-Akte Vorsorge dafür getroffen, daß das Parlament berufen wird, falls die Krone die Berufung innerhalb des gesetzlichen Zeitraumes unterläßt. Aber bei mehreren Gelegenheiten wurden Petitionen und Adressen an die Krone gerichtet, welche die Prärogative der Auflösung und Einberufung des Parlaments betrafen. So richtete im Jahre 1678 ein Parlament, welches ein Jahr und einige Monate lang prorogirt gewesen war, eine Adresse an Karl II., in welcher es bat, daß er die Minister entlassen möge, welche ihm die Prorogation gerathen hatten. Im folgenden Jahre kamen aus verschiedenen Theilen des Landes Petitionen um ein neues Parlament, und der König erließ eine Proklamation gegen derartige Petitionen. Als gegen das Ende der Regierung Wilhelms III. das damalige Haus der Gemeinen sehr unpopulär geworden war, wurden zahlreiche Petitionen von dem Volke an den König gerichtet, in welchen man um ein neues Parlament bat. Bald darauf erfolgte die Auflösung, und als in dem neuen

Hause der Gemeinen Klage über die Zulassung jener gegen das frühere Parlament gerichteten Petitionen geführt wurde, gingen Resolutionen durch, welche das Recht zu jenen Petitionen anerkannten. Das Recht, sich für oder gegen die Auflösung des Parlaments an die Krone zu wenden, ist in neuerer Zeit wiederholt geübt worden.[1])

Die große Garantie für dies regelmäßige Zusammentreten des Parlaments besteht übrigens darin, daß einige der für die Exekutiv-Regierung nothwendigsten Befugnisse ihr von dem Parlamente durch Akte übertragen werden, welche alljährlich erneuert werden müssen.

So müssen die zu den Staatsausgaben nothwendigen Gelder alljährlich bewilligt werden. In alten Zeiten waren die erblichen Einkünfte der Krone so reichlich, daß der ordentliche Bedarf der königlichen Regierung in erheblichem Maße von der parlamentarischen Beisteuer unabhängig war. Aber durch unbesonnene Veräußerungen und schlechte Verwaltung wurden die erblichen Einkünfte so verringert, daß seit dem Aufhören ungesetzlicher Besteuerung unter Karl I. die Krone in Betreff der Beisteuern ganz von dem Parlamente abhängig geworden ist. Der Gebrauch, die Beisteuern stets nur für bestimmte Zeiträume zu bewilligen, stellte sich übrigens erst nach der Revolution von 1688 fest. Früher war das Einkommen Karls II., wie Hume sagt, nach den Feststellungen des Langen Parlaments sehr schlecht bemessen. Es war zu gering, wenn man beabsichtigte, ihn für die laufende Verwaltung unabhängig zu machen, und zu groß und für einen zu langen Zeitraum festgestellt, wenn man ihn in völliger Abhängigkeit erhalten wollte. Unter Jakob II. wurde dem Könige das Einkommen für seine Lebenszeit und mit großer Verschwendung bewilligt. Der König sagte in seiner ersten an das Parlament gerichteten Rede: „Es gäbe Leute, welche meinten, der sicherste Weg, häufige Parlamente zu haben, sei der, ihn in Bedürftigkeit zu erhalten; aber sie würden im Gegentheil finden, daß, wenn sie ihm entgegenkämen, dies der beste Grund sein würde, ihn zu bestimmen, sie oft zu versammeln."[2]) Das

---

[1]) Im Jahre 1680 erklärten die Gemeinen: „daß es das unzweifelhafte Recht der englischen Unterthanen ist, Petitionen um Berufung und Abhaltung einer Sitzung des Parlaments und um Abhülfe für alle Beschwerden an den König zu richten."

[2]) Es giebt kein Beispiel seit der Revolution von 1688, daß die Gemeinen durch Verweigerung der Hülfsgelder die anderen Staatsgewalten zu etwas zu zwingen versucht hätten; den Forderungen der Krone für den öffentlichen Dienst ist stets zugestimmt worden und die jährlichen Voranschläge sind ohne Abzüge, abgesehen von wenigen von unbedeutendem Betrage, genehmigt. Aber bei mehreren

Parlament vertrauete dem Versprechen des Königs und wurde nach dem ersten Jahre seiner Regierung nie wieder von ihm einberufen. Das Haus der Gemeinen bewilligte seinem Nachfolger, Wilhelm III., die Zölle und die anderen Einkommensquellen auf fünf Jahre, indem es erwog, daß ein für eine bestimmte und kurze Zeit bewilligtes Einkommen die beste Bürgschaft sei, welche die Nation für häufige Parlamentsversammlungen haben könne. Burnet erzählt, wie er sich bemühet habe, den Widerstand des Königs gegen diese zeitliche Beschränkung seines Einkommens zu überwinden, indem er ihm vorstellte, „daß das Volk ihm nicht mißtraue, wohl aber denjenigen, welche ihm folgen würden, und daß, wenn er die für eine bestimmte Frist erfolgte Bewilligung annehme und dadurch einen Präcedenzfall herbeiführe, man ihn für den Befreier künftiger Geschlechter achten würde, wie er der des gegenwärtigen sei."

Vor der Revolution drang man häufig darauf, daß die Beschwerden vor dem Verlangen der Hülfsgelder in Betracht gezogen werden sollten. So wurde im Jahre 1614 unter Jakob I. im Hause der Gemeinen gesagt, seit fünf und zwanzig Jahren sei es nicht vorgekommen, daß „gleich im Anfange einer Parlamentssitzung der Hülfsgelder Erwähnung geschehen sei, außer in einem Falle, wo Hannibal ante Portas." Unter Jakob I. wurde im Hause der Gemeinen bemerkt: „Hülfsgelder und Beschwerden sollen Hand in Hand gehen," und Sir Eduard Coke beantragte damals einen Ausschuß zur Prüfung der Beschwerden (committee of grievances), indem er geltend machte, daß die Beseitigung derselben das Haus ermuthigen würde,

Gelegenheiten wurde der Antrag gestellt, die Bewilligung der Hülfsgelder zu verschieben; und in einem Falle, im Jahre 1784, als die Majorität gegen die Regierung Pitts war, machten die Gemeinen von ihrer Befugniß, die Bewilligung zu verschieben, Gebrauch. Aber innerhalb weniger Wochen war jene Majorität so geschwunden, daß die Hülfsgelder bewilligt wurden. — (May, Verfassungsgeschichte, Bd. I., S. 97, 395. In der ersten Stelle ist gesagt: das Beispiel von 1784 sei das einzige gewesen; aber wahrscheinlich bezieht sich diese Bemerkung nur auf die neuere Zeit.) Im Jahre 1705 wollten die Lords bei einem Zerwürfnisse zwischen ihnen und den Gemeinen über die „Aylesbury-Männer" die Geld-Bills nicht durchgehen lassen, bis die Erörterungen über jenen Streit beendigt sein würden. — Vor der Revolution wurden die Hülfsgelder vielfach verweigert. Im Jahre 1678 sendete Karl II. eine Botschaft an das Haus der Gemeinen, durch welche er ein Mehreinkommen von 300,000 Pfund Sterling für seine Lebenszeit verlangte. Dieses Ansinnen wurde nach stattgefundener Debatte, ohne förmliche Abstimmung, zurückgewiesen. Vorher hatte Karl, wenn das Parlament ihm seine Hülfe versagte, Geld von dem Könige von Frankreich erhalten.

höhere Hülfsgelder zu bewilligen. Im ersten Regierungsjahre Karls I. gingen die Gemeinen mit der Inbetrachtnahme der Beschwerden vor und wollten die Geldbewilligungen später berathen; darauf wurde das Parlament aufgelöst. Als im vierten Jahre seiner Regierung Karl I. eine Botschaft an die Gemeinen schickte, daß sie die Geldbewilligung beeilen möchten, kamen die letzteren überein, „daß es alter Brauch bei ihnen sei, die Beschwerden vor den Geldbewilligungs-Angelegenheiten in Betracht zu nehmen.“ Ein merkwürdiges, die Bedeutung dieses Grundsatzes klar stellendes Ereigniß fand in demselben Jahre statt, da der König am 10. Juni 1628 durch eine Botschaft darin willigte, die Sitzung so zu verlängern, „daß die Petition of Right und die Geldbewilligung mit einander Hand in Hand gehen können.“

Das alljährliche Zusammentreten des Parlaments ist auch gesichert durch die Nothwendigkeit der Erlassung der Akte, welche als die Mutiny-Act [1]) bekannt ist, und vermöge welcher allein ein stehendes Heer gehalten werden darf. Eine eingehendere Betrachtung des Wesens dieser Akte wird später gegeben werden; hier genügt es zu bemerken, daß der Gebrauch, die Krone in Betreff der jährlichen Erneuerung ihrer Vollmachten zur Haltung einer Armee von dem Parlamente abhängig zu machen, (ebenso wie die alljährliche Bewilligung der Hülfsgelder) nach der Revolution von 1688 entstanden ist. Die erste für ein Jahr gültige Mutiny-Akte ging unmittelbar nach der Thronbesteigung Wilhelms und Marias durch. [2]) Die Bill der Rechte (Bill of Rights) aus dem ersten Jahre ihrer Regierung bestimmt, daß die Aushebung

---

[1]) „Eine Akte betreffend die Bestrafung der Offiziere und Soldaten, welche Meuterei anstiften oder aus dem Dienste Ihrer Majestäten desertiren, gültig bis November 1689 und nicht länger,“ ist der Titel der Akte 1 Wilhelm und Maria sess 1, cap. 5.

[2]) Die parlamentarische Kontrolle über das stehende Heer scheint Wilhelm III. ebenso zuwider gewesen zu sein, wie die parlamentarische Kontrolle über die Hülfsgelder. Einige Jahre lang hielt er Truppen, welche ihm vom Parlamente nicht bewilligt waren, und erst nach einer Abstimmung des Hauses der Gemeinen, welche die Reduktion des Heeres forderte, einer Botschaft des Königs, welche darauf erging, aber die Beibehaltung der holländischen Garde nachsuchte, und einer Antwort der fest bei ihrer Forderung verharrenden Gemeinen wurde jene ungesetzliche Streitmacht aufgelöst. — Im Jahre 1784 wurde während eines Zwiespaltes zwischen den Ministern des Königs und der Majorität des Hauses der Gemeinen die Berathung über die Mutiny-Bill auf einige Tage verschoben, weil man erwartete, daß ihrem Durchgehen die Auflösung des Parlaments unmittelbar folgen werde; die gewonnene Zeit wurde zu einem Versuche, die Minister aus dem Amte zu treiben, benutzt. (May, Verfassungsgeschichte, Bd. I., S. 58.)

oder das Halten eines stehenden Heeres in Friedenszeiten, ohne Zustimmung des Parlaments, gesetzwidrig ist.

Es bleibt zu betrachten, wie das Parlament einberufen wird.

Der Befehl zur Einberufung eines neuen Parlaments wird aus dem Kron-Amte des Lord Kanzlers (Crown Office in Chancery) erlassen.[1]) Wenn das Parlament durch Proklamation — was der gewöhnliche Weg ist — aufgelöst wird, so erwähnt die Proklamation, daß dem Lord Kanzler der Befehl gegeben ist, sofort Anordnungen für die Zusammenberufung eines neuen Parlaments zu erlassen. Auf den Rath des Staatsraths weist die Königin durch einen von ihr vollzogenen Befehl den Lord Kanzler an, Einberufungsschreiben unter dem großen Siegel zu erlassen, welche an einem in dem Befehle bezeichneten Tage wieder einzuliefern sind. Diese Schreiben werden von dem Kron-Sekretair des Lord Kanzlers (Clerk of the Crown in Chancery) ausgefertigt.[2])

Zu jedem neuen Parlamente werden von Neuem Einberufungsschreiben an die Peers und Aufforderungen zur Wahl des Hauses der Gemeinen erlassen.[3]) Damit jedes Parlaments-Mitglied bei der Eröffnung der Sitzung gegenwärtig sein kann, ist es erforderlich, ihm gehörige Kunde von der Zeit und dem Orte der Versammlung zu geben. Demgemäß wurde zuerst durch die Magna Charta bestimmt, daß die Einberufung zu einem bestimmten Tage, wenigstens vierzig Tage vorher, und nach einem bestimmten Orte geschehen sollte. Nach einem neueren Statute (15 und 16 Victoria cap. 23), soll bei der ersten Zusammenberufung des Parlaments durch eine Proklamation nach einer Auflösung die Zeit des Zusammentretens nicht kürzer bestimmt werden, als fünf und dreißig Tage nach der Proklamation.

Das neue Parlament versammelt sich an dem Tage, an welchem die Einberufungsschreiben wieder eingeliefert werden müssen, wenn es zur „Erledigung von Geschäften" zusammentreten soll. Anderen Falles ist es Gebrauch, das Parlament durch eine Order (writ of proroga-

---

[1]) Das Crown Office in Chancery ist ein Bureau des Lord-Kanzlers. Vergl. Gneist, Geschichte der Aemter, S. 518. Der Uebers.

[2]) Der Befehl (warrant) ist zuweilen per breve de privato sigillo, gewöhnlich aber per ipsum Regem oder per ipsum Regem et Consilium erlassen.

[3]) Außerdem werden für jedes neue Parlament auch an diejenigen Richter und juridischen Beamten (law officers) Aufforderungen erlassen, welche Beisitzer („assistants") im Hause der Lords sind. Diese Beisitzer haben keine gesetzgeberischen Befugnisse; ihre hauptsächlichsten Obliegenheiten hängen mit den richterlichen Funktionen des Hauses der Lords zusammen.

tion) zu prorogiren. Diese Order wird in dem Hause der Lords an dem Tage, an welchem die Einberufungsschreiben eingeliefert werden müssen, verlesen. Dieser Prorogation können fernere folgen.

Um das Parlament im Falle der Noth binnen kurzer Frist versammeln zu können, ist bestimmt, daß ein Parlament, welches bis zu einem bestimmten Tage prorogirt ist, nach dem Rathe des Staatsraths durch eine königliche Proklamation früher, aber mit nicht kürzerer als vierzehntägiger Frist zur Erledigung von Geschäften zusammenberufen werden kann. Diese Bestimmung wurde durch das Statut 39 und 40 Georg III. cap. 40 auf den Fall einer Vertagung des Parlaments ausgedehnt.

2. Die Eröffnung der Sitzungen. Wenn das Parlament versammelt ist, so begiebt sich die Königin entweder in Person oder durch Vertreter zu demselben. Ohne diesen Akt kann das Parlament seine Geschäfte nicht beginnen.[1]) Bei dem Zusammentreten eines neuen Parlaments und am Anfange jeder Sitzung nach einer Prorogation muß beiden Häusern zusammen die Veranlassung zur Berufung entweder von dem Souverain in Person oder durch Personen, welche durch königliche Ermächtigung dazu autorisirt sind, eröffnet werden, bevor eines der Häuser an die Erledigung der Geschäfte gehen kann. Am ersten Tage eines neuen Parlaments werden die in dem Hause der Lords versammelten Gemeinen von dem Lord Kanzler benachrichtigt, daß die Veranlassung zur Berufung durch die Krone eröffnet werden wird, sobald die Mitglieder beider Häuser vereidigt sein werden und das Haus der Gemeinen einen Sprecher gewählt haben wird. Jede andere Sitzungs-Periode eines Parlaments außer der ersten wird gleich bei dieser Versammlung durch die Thronrede eröffnet, weil dann kein Sprecher zu wählen ist und keine allgemeine Vereidigung der Mitglieder stattfindet.[2]) Diese Rede wird entweder von dem Souverain in Person oder von dem durch die königliche Ermächtigung Beauftragten gehalten. Vor Alters wurde die Veranlassung zur Berufung durch

---

[1]) Als im Jahre 1789 und im Jahre 1811 die Geisteskrankheit Georgs III. ihn verhinderte, in der gebräuchlichen Art eine mit der Eröffnung des Parlaments zu beauftragende Kommission zu ernennen, wurde der Lord-Kanzler durch Resolutionen beider Häuser autorisirt, das große Siegel der Ermächtigungs-Urkunde anzuheften. (May, Verfassungsgeschichte, Bd. I., S. 129, 147.)

[2]) In jedem der beiden Häuser wird gewöhnlich irgend eine Bill verlesen, ehe die Thronrede in Betracht gezogen wird, weil die Parlamentshäuser das Recht beanspruchen, ohne Rücksicht auf die von der Krone bezeichnete Veranlassung zur Berufung in die Verhandlungen einzutreten.

den Lord Kanzler oder in einigen Fällen (z. B. wenn ein Bischof Lord Kanzler war und die Veranlassung zur Berufung Gegenstände betraf, an welchen der Klerus nach canonischem Rechte nicht Theil nehmen durfte) durch den Lord Chief Justice[1]) auf Befehl des Königs ohne eine formelle Ermächtigung eröffnet.[2])

3. **Die Befugnisse der Krone in Bezug auf das Verfahren und die Privilegien des Parlaments.**

Es ist bereits erwähnt, daß beim Anfange jeder Parlamentssitzung die Veranlassung der Berufung in einer Thronrede verkündet wird. Es ist gebräuchlich, in dieser Rede die Aufmerksamkeit der Legislatur im Allgemeinen auf diejenigen öffentlichen Angelegenheiten hinzuleiten, welche dem Souverain als solche bezeichnet sind, deren Inbetrachtnahme er dem Parlamente anempfehlen möge. Abgesehen von dieser allgemeinen Empfehlung ist der Souverain bei der gesetzgeberischen Initiative nur in gewissen Fällen betheiligt, in welchen die parlamentarischen Maßnahmen speziell die Rechte und Prärogative der Krone betreffen.

Wenn die Krone ein Interesse aus eigenem Rechte bei einer in das Parlament eingebrachten Bill hat, sei es als Patron einer Pfründe oder als Gutsherr oder in ähnlichen Fällen, so ist es erforderlich, daß in einem Stadium der Verhandlungen über die Bill die Zustimmung der Krone zu erkennen gegeben werde; und zwar muß dies im ersten Stadium

---

1) Der Lord Chief Justice ist der Präsident des Gerichtshofes der Queen's Bench. Vergl. Gneist, Geschichte der Aemter, S. 488 ff. Der Uebers.

2) Die folgende Schilderung der Parlaments-Eröffnung — aus den „Staatsprozessen" — wie sie im Jahre 1388 unter Richard II., also beinahe vor fünfhundert Jahren erfolgte, beweist, wie sehr das Parlament an vielen seiner alten Gebräuche festhält: „Nachdem, gemäß dem alten Gebrauche des hohen Hofes des Parlaments, sich der Klerus rechts und der Adel links vom Könige aufgestellt hatte, erklärte der Lord-Kanzler, den Rücken dem Könige zugewendet, auf Befehl des Königs die Veranlassung, weshalb sie zum Parlamente berufen seien, nämlich um in Betracht zu nehmen, durch welche Mittel der Verfall des Königreichs durch schlechte Verwaltung für die Zukunft verhindert, der König besser berathen, die Nation besser regiert, Vergehen strenger bestraft und gute Menschen mehr ermuthigt werden könnten; auch wie das Königreich am besten vertheidigt, die See am besten gehalten, die Grenzmarken von Schottland am besten bewacht, Guyenne geschützt, und endlich wie die Kosten für alle dies am leichtesten aufgebracht werden könnten. Und dann forderte er alle diejenigen, welche im Parlamente Beschwerden vorbringen wollten, deren Beseitigung durch das gemeine Recht nicht wohl zu erreichen sei, auf, ihre Petitionen bei dem Sekretair in dem Kanzleigerichtshofe (Clerk in Chancery), welcher dort ernannt und beauftragt sei, sie in Empfang zu nehmen, anzubringen."

geschehen, wenn das Interesse der Krone ein wesentliches ist (z. B. wenn die Maßregel die erblichen Einkünfte der Krone angeht). Ueber eine Bill, welche das königliche Patronatrecht betrifft, können die Verhandlungen vor Abgabe einer solchen zustimmenden Erklärung nicht begonnen werden.

Bei manchen Bills muß dem Könige Inhalt und Zweck sogar vor ihrer Einbringung mitgetheilt werden, z. B. bei einer Bill zum Zwecke der Aufhebung der Folgen der Verurtheilung zu einer Capitalstrafe (reversal of attainder and for restitution in blood),[1]) oder zum Zwecke der Verleihung eines Ranges oder einer Würde. Eine Begnadigungs-Bill wird zuerst von der Krone unterzeichnet und wird dann in jedem Hause nur ein Mal gelesen.

Die wichtigste Bestimmung über die Anempfehlung von Bills durch die Krone ist diejenige, welche die Geldbewilligungs-Bills (Bills of Supply) betrifft. Nach einer Vorschrift der Geschäfts-Ordnung des Hauses der Gemeinen wird das Haus keinen Antrag auf Bewilligung irgend einer für den öffentlichen Dienst bestimmten Summe Geldes zulassen, wenn er nicht von der Krone empfohlen ist. Diese Bestimmung wird auf alle, wie immer geartete Vorschläge wegen Geldbewilligungen ausgedehnt. Die Empfehlung der Krone geschieht durch eine Rede oder eine Botschaft, und wenn später nach dem Beschlusse des Geldbewilligungs-Ausschusses (Committee of Supply) — dessen Funktionen später ausführlicher betrachtet werden — während der Sitzungsperiode eine Geldbewilligung verlangt wird, so werden bei dem Antrage dieselben Förmlichkeiten beobachtet, wie beim Anfange der Sitzung.

Die einzige Abweichung von dieser Regel wird nach der Praxis des Hauses der Gemeinen dann zugelassen, wenn dasselbe die Krone ersucht, öffentliche Gelder zu gewissen Zwecken zu verwenden, und zugleich versichert, daß dies so zu verwendende Geld durch Bewilligungen in späteren Sitzungsperioden erstattet werden soll. Diese Praxis ist

---

[1]) Ein Mensch, welcher zum Tode verurtheilt oder für geächtet (outlaw) erklärt worden, ist nach englischem Rechte attinctus, d. h. mit einem Makel behaftet, welcher ihn so rechtlos macht, daß er vor dem Gesetze schon todt erscheint. Die Folgen des „attainder" sind Verwirkung des Vermögens (forfeiture) und Auflösung jeder erbrechtlichen Bande in der Art, daß er weder Erbgut behalten, noch etwas erben oder beerbt werden kann (corruption in blood). Soweit diese Folgen durch die neuere Gesetzgebung nicht beseitigt sind, können sie durch eine Parlaments-Akte für die einzelnen Fälle aufgehoben werden. Blackstone, Buch IV., Kap. 29. Der Uebers.

aber durchweg auf kleine Summen und Dienstbedürfnisse, deren Betrag nicht sofort festgestellt werden kann, beschränkt.

Bei verschiedenen Gelegenheiten tritt die Krone durch schriftliche oder mündliche Botschaften, welche von einem im Dienste der Krone stehenden Mitgliede vorgetragen werden, mit den Parlamentshäusern in Verbindung. Diese mündliche Mittheilung ist gebräuchlich, wenn ein Haus von Umständen benachrichtigt wird, welche seine Privilegien betreffen, wie z. B. die Verhaftung eines Mitgliedes auf Instanz der Krone.[1]) Aber wenn die Botschaft bezweckt, irgend eine Verhandlung von Seiten des Parlaments zu veranlassen — wenn z. B. die Vermehrung der Armee oder der Flotte, die Ergänzung eines Kredits, die Bezahlung von Schulden der Civilliste in Rede steht —, dann wird die Botschaft nach dem Gebrauche schriftlich und unter der königlichen Unterschrift ausgefertigt. Dergleichen Botschaften werden gewöhnlich beiden Häusern an demselben Tage mitgetheilt.

„Diese Botschaften," sagt de Lolme, „sind stets sehr allgemein abgefaßt; sie drücken nur den Wunsch aus, daß das Haus gewisse Gegenstände in Betracht ziehen möge; alle Details werden vermieden; die Gemeinen werden nicht veranlaßt, sich zu einer bestimmten Zeit förmlich über die Annahme oder Ablehnung der königlichen Vorschläge zu erklären; kurz, das Haus beobachtet in Betreff solcher Botschaften dasselbe Verfahren, wie bei Petitionen von Privatpersonen. Ein Mitglied macht einen Vorschlag in Betreff des durch die königliche Botschaft bezeichneten Gegenstandes; es wird eine Bill in der gewöhnlichen Weise abgefaßt; diese kann in jedem Stadium der Berathung zurückgezogen werden, und niemals ist es die Proposition der Krone, sondern der Vorschlag eines ihrer Mitglieder, welchen die Häuser diskutiren und endlich annehmen oder verwerfen."

Das Haus der Gemeinen ist schon sehr frühe auf die königliche Einmischung in sein Verfahren eifersüchtig und für die Freiheit seiner Verhandlungen besorgt gewesen.

Seit allen Zeiten ist es Gebrauch, daß der Sprecher des Hauses der Gemeinen, sobald er gewählt worden, sich dem Könige im Hause der Lords vorstellen läßt und dort um Anerkennung der alten Privi-

---

[1]) Vermöge eines Privilegiums muß dem Parlamente von jeder Verhaftung oder Gefangenhaltung eines Mitgliedes, unter Mittheilung des Grundes der Verhaftung, Nachricht gegeben werden. Dies wird selbst bei den geringfügigsten militärischen Vergehen, welche durch ein Kriegsgericht abgeurtheilt werden, wie in andern Fällen ähnlicher Art beobachtet.

legien der Gemeinen, einschließlich der Redefreiheit, bittet.[1]) Schon im Jahre 1400, unter Heinrich IV., bitten die Gemeinen den König, daß er über Anträge im Hause der Gemeinen Niemand Gehör gewähren oder Glauben schenken möge, bevor darüber entschieden und Beschluß gefaßt sei; und der König gewährt diese Bitte.[2]) In Zeiten der Willkür wurde das Recht der Gemeinen jedoch öfter verletzt. Als im zwanzigsten Regierungsjahre Richards II. Thomas Haxey, ein Mitglied des Hauses der Gemeinen, in demselben über die unmäßigen Kosten des königlichen Haushaltes Klage geführt hatte, wurde er als Verräther von dem Parlament zum Tode verurtheilt; jedoch wurde das Urtheil nach der Thronbesteigung Heinrichs IV. für nichtig erklärt. Als im vierten Regierungsjahre Heinrichs VIII. ein Mitglied des Hauses der Gemeinen, Namens Richard Strode, durch einen Lokal-Gerichtshof deshalb zu einer Geldstrafe verurtheilt worden war, weil er einen gewissen Gesetzvorschlag im Parlamente gemacht hatte, ging eine Akte durch, welche alle Prozesse u. s. w., die gegen ihn und „jede andere oder mehrere andere zu dem gegenwärtigen Parlamente gehörenden oder zu irgend einem künftigen Parlamente gehörenden Personen wegen einer Bill oder irgend welcher Aeußerung in Parlaments-Angelegenheiten angestellt seien oder angestellt werden würden,“ für null und nichtig erklärte.

Unter den beiden folgenden Regierungen kamen noch andere Fälle der Beeinträchtigung des Fundamental-Privilegiums der Freiheit des Parlaments vor; aber im Allgemeinen widerstanden die Gemeinen den Angriffen auf ihr Privilegium mit Erfolg. Der Fall Sir Edwyn Sandys' zur Zeit Jakobs I., im Jahre 1621, ist wegen des berühmten Protestes des Hauses der Gemeinen gegen die von dem Könige vorgebrachte Doktrin: „daß ihre Privilegien nicht ein unzweifelhaftes Recht und Erbe, sondern vielmehr von der Gnade und Vergünstigung der Krone abzuleiten seien,“ besonders bemerkenswerth. Das Haus verfaßte mit Beihülfe von Coke, Noy und Glanville einen Protest, in welchem es behauptete, daß die Privilegien des Parlaments das Recht des Volkes seien und daß bei den Verhandlungen „jedes Mitglied des Hauses Redefreiheit hat und haben muß.“ Diesen in die Protokollbücher des Hauses eingetragenen Protest durchstrich der König später mit eigener Hand.

---

[1]) Elsynge sagt: Die Bitte des Sprechers um Gewährung der Redefreiheit werde vor dem dreiunddreißigsten Regierungsjahre Heinrichs VIII. nicht erwähnt.

[2]) Etwas später unter derselben Regierung — im fünften Regierungsjahre Heinrichs IV. — erfolgte auf eine Petition desselben Inhalts eine ähnliche Antwort.

Der wichtige Fall, in welchem das seitdem niemals wieder direkt angefochtene Recht des Parlaments auf Redefreiheit festgestellt wurde, betrifft das Verfahren gegen Sir John Elliot, Hollis und Valentine, wegen aufrührerischer Reden im Parlamente zur Zeit Karls I. im Jahre 1629. Auf die vor dem Gerichtshofe der King's Bench gegen diese Parlaments-Mitglieder erhobenen Anklage, welche sie unter Anderem beschuldigte, daß sie bei den Verhandlungen über das Tonnen- und Pfundgeld aufrührerische Reden im Parlament geführt hätten, erwiderten sie, daß ihre Vergehen im Parlamente begangen sein sollten und daß sie deshalb auch an keinem andern Orte für strafbar erklärt werden könnten. Der Gerichtshof der King's Bench verwarf den gegen seine Kompetenz gerichteten Einwand[1]), und da die Angeklagten jede weitere Auslassung verweigerten, so verurtheilte er sie zu Geld- und Gefängnißstrafen. Im Jahre 1641 erließ das Haus der Gemeinen Resolutionen, welche dieses Verfahren für rechtswidrig erklärten und den Angeklagten pekuniären Ersatz zusprachen. Unter Karl II., im Jahre 1667, beschlossen beide Parlamentshäuser übereinstimmend, daß die oben erwähnte Parlaments-Akte aus dem vierten Regierungsjahre Heinrichs VIII., welche auf Veranlassung von Strode's Fall ergangen war, ein allgemeines, die alten und nothwendigen Rechte und Privilegien des Parlaments deklarirendes Gesetz, sowie daß das Urtheil gegen Elliot und seine Genossen ungesetzlich sei. Im Jahre 1668 endlich wurde jenes Urtheil durch das Rechtsmittel der Kassation (writ of error) vor das Haus der Lords gebracht und aufgehoben.

Nach der Bill of Rights aus dem ersten Regierungsjahre Wilhelms und Marias „soll die Freiheit der Rede, der Debatten und des Verfahrens im Parlament in keinem Gerichtshofe oder anderem Orte außerhalb des Parlaments angefochten oder in Frage gestellt werden.[2])

---

[1]) Der Grund für die Verwerfung war, daß, wenn das Parlament geschlossen sei, ein im Parlamente vorgekommenes Vergehen gegen die Krone auch in einem andern Gerichtshofe zur strafrechtlichen Verhandlung und Aburtheilung gezogen werden könne.

[2]) Während des amerikanischen Krieges versuchte Georg III. die Abstimmungen im Parlamente dadurch zu beeinflussen, daß er seinen persönlichen Unwillen alle Diejenigen fühlen ließ, welche seine Maßregeln nicht unterstützten, und manche Mitglieder, welche Aemter hatten, aus denselben entließ. So wurden Offiziere, welche Parlamentsmitglieder waren, ihrer Befehlshaberstellen entsetzt, Peers aus ihren Lord-Lieutenantsstellen entlassen 2c. Ueber diese Politik beklagte man sich laut im Parlamente, und endlich wurde sie vom Könige aufgegeben. (May, Verfassungsgeschichte, Bd. 1, Kap. 1.) Im Jahre 1783 ging im Hause der Gemeinen

Karl I. suchte bei verschiedenen Gelegenheiten die Freiheit der Parlaments-Debatten zu beeinträchtigen. Im Jahre 1641 spielte er in einer an beide Häuser gerichteten Rede auf eine damals schwebende Bill über das Pressen von Soldaten an; das Haus erließ darauf eine Resolution, daß ihre Privilegien dadurch verletzt seien, daß der König eine noch in der Verhandlung begriffene Bill erwähnt habe. Die Parlaments-Protokolle enthalten bis auf die neuere Zeit hin zahlreiche Resolutionen, welche zu demselben Zwecke ergangen sind. Karl II. wohnte den Verhandlungen des Hauses der Lords, theils um sich zu amüsiren, theils um Stimmen zu werben, bei. Bei seinem ersten Erscheinen während einer Debatte erklärte er, er sei gekommen, um einen lange vernachlässigten Gebrauch seiner Vorfahren zu erneuern. Auch Wilhelm III. und Anna wohnten gelegentlich den Verhandlungen im Hause der Lords bei. Seit der Regierung der Letzteren aber ist es außer Gebrauch gekommen, daß der Souverain, außer den Fällen, wo er Bills genehmigt oder vom Throne zu den Häusern redet, im Parlamente erscheint.

Endlich haben wir die Functionen des Souverains bei Ertheilung der königlichen Zustimmung zu Bills zu betrachten.

Eine Bill wird erst eine Parlaments-Akte, wenn sie die königliche Zustimmung erhalten hat. Mit der bereits erwähnten Ausnahme der Begnadigungs-Akte gehen alle Bills erst durch beide Parlamentshäuser, bevor sie dem Könige zur Ertheilung seiner Zustimmung vorgelegt werden.

Es würde eine Verletzung der Grundregeln des Parlaments sein, wenn eine Bill, welche durch die Häuser durchgegangen ist, dem Könige vorenthalten würde. Im Jahre 1680 veranlaßte Karl II. den Kron-Sekretair (Clerk of the Crown) privatim, eine ihm nicht genehme Bill, welche ihm am Tage der Prorogation hätte vorgelegt werden müssen, zu unterschlagen. Im folgenden Jahre bezeichnete das Haus der Gemeinen diesen Vorgang als eine gröbliche Verletzung der Parlaments-Verfassung.

Die königliche Zustimmung kann in zweierlei Weise ertheilt werden: erstens in der Art, daß der König in Person in einer feierlichen Sitzung des Hauses der Lords erscheint und die Gemeinen an die Schranke entbietet, wo dann die Titel aller durch beide Häuser gegangenen Bills verlesen werden. Die Formel der Zustimmung zu

---

eine Resolution durch, welche Mittheilungen von den Meinungen des Königs über Vorgänge im Parlamente tadelte. (Ebendas. S. 49.)

einer öffentlichen Bill ist: le roy le veult, der König will es; zu einer Geldbewilligungs-Bill: le roy remercie ses loyaux sujets, accepte leur benevolence et aussi le veult. Die Form der Ablehnung ist (oder war): le roy s'avisera, der König will es sich überlegen.[1]) Die zweite Art der Ertheilung der königlichen Zustimmung ist die durch Vollmacht (by commission). Das Patent, welches zu diesem Zwecke ausgefertigt wird, lautet: „Sintemal wir eine Acte eingesehen und vollständig geprüft haben, über welche ihr übereingekommen seid“ u. s. w. Sie kann nicht eher ausgestellt werden, als bis die Bills in beiden Häusern durchgegangen sind. Lord Clarendon erzählt, daß man bei der Prüfung des Vorschlags: Karl I. sollte bei seiner Abreise nach Schottland im Jahre 1641 einigen Personen die Ermächtigung ertheilen, den Akten, über welche beide Häuser übereingekommen sein würden, die Zustimmung zu ertheilen, fand, daß eine Ermächtigung zur Ertheilung der königlichen Zustimmung zu solchen Akten, denen beide Häuser am Datum der Ermächtigungs-Urkunde noch nicht zugestimmt hätten, gesetzlich unzulässig sei.

Das Recht der Krone, die königliche Zustimmung durch Ermächtigung zu ertheilen, ist durch das Statut 33 Heinrich VIII. cap. 21 anerkannt, welches bestimmt, „daß die Zustimmung des Königs durch ein unter dem großen Siegel und mit seiner Unterschrift ausgefertigtes Patent, dessen Inhalt in seiner Abwesenheit den geistlichen und weltlichen Lords und den Gemeinen in einer Versammlung in dem hohen Hause zu erkennen gegeben und bekannt gemacht worden, ebenso rechts-

[1]) Zur Gültigkeit eines Statutes ist die unumwundene Zustimmung unerläßlich. Die erste Antwort Karls I. auf die Petition of Right im Jahre 1628 lautete: „Der König will, daß Recht geschehe nach den Gesetzen und Gebräuchen des Königreiches, und daß die Statuten gebührend vollzogen werden, damit seine Unterthanen keine Ursache haben mögen, sich über Rechtsverletzung oder Unterdrückung zu beklagen, welche ihren begründeten Rechten und Freiheiten zuwider wäre, zu deren Erhaltung er sich in seinem Gewissen ebenso für verpflichtet erachtet, als zu der seiner Prärogative.“ Die Gemeinen, hiermit nicht zufrieden, petitionirten um eine „klare und befriedigende Antwort.“ Die zweite Antwort lautete: „Soit droit fait come il est désiré par la pétition. C. R.“ — In seiner an das Parlament gerichteten Rede erklärte der König aber zugleich, dies bedeute nicht mehr, als was er in seiner ersten Antwort zugestanden habe. — Im Hause der Gemeinen sagte Mr. Selden am 20. Juni 1628: Bei öffentlichen Bills sagt der König: „Le Roi le veult,“ bei Petitionen um Recht: „Soit droit fait comme est il désiré,“ bei Geldbewilligungs-Bills: „Der König dankt seinen Unterthanen herzlich für ihr Wohlwollen.“ D'Ewes sagt, die Form der Zustimmung zu einer öffentlichen Bill zur Zeit der Elisabeth sei gewesen: „La Roigne le veult,“ und zu einer Privat-Bill: „Soit faite come il est désiré.“

gültig und verbindlich ist und immer gewesen ist, als wenn der König in Person dort gegenwärtig gewesen wäre und öffentlich vor ihnen seine Zustimmung erklärt hätte."[1])

Die Form der Ermächtigung setzt, wie wir gesehen haben, voraus, daß die Krone in Wirklichkeit einer jeden Bill zugestimmt hat, auf welche die Ermächtigung sich bezieht. Hiervon wurde in dem Falle der Regentschafts-Bill von 1811 abgewichen; zu derselben wurde die königliche Zustimmung durch Ermächtigung während der Indispositionsfähigkeit Georgs III. ertheilt. Resolutionen beider Häuser ermächtigten in diesem Falle zur Ausfertigung des Patents unter dem großen Siegel behufs Ertheilung der königlichen Zustimmung durch Vollmacht.[2]) Die so eben erwähnte Akte Heinrichs VIII. erforderte die eigenhändige Unterschrift des Patentes durch den König. Georg IV. durfte während seiner letzten Krankheit nach einem zu diesem Zwecke erlassenen Statute seine Unterschrift mittelst eines Stempels beifügen lassen.[3])

Die Ausübung der königlichen Prärogative, die Zustimmung zu Bills zu versagen, welche durch beide Häuser gegangen sind, war schon vor der Revolution von 1688 selten, und hat seit der Regierung der Königin Anna gänzlich aufgehört. Als im Jahre 1693 Wilhelm III. eine Bill, welche dreijährige Parlamente einführen sollte, zurückwies, erregte er großes Mißvergnügen dadurch, daß er auf eine fast obsolete Prärogative rekurrirte.[4]) Zum letzten Male wurde davon im Jahre 1707 Gebrauch gemacht, wo die Königin Anna ihre Zustimmuung zu einer Bill, die Ordnung der schottischen Milizeinrichtungen betreffend, verweigerte.

Später ist kein Fall der Verweigerung der königlichen Zustimmung mehr vorgekommen, weil die Krone auf den Rath von Ministern handelt, welche dem Parlamente verantwortlich sind, und diese Minister dem Parlamente teine Vorschläge gegen den Willen des

---

[1]) Diese Bestimmung ist in der dritten Section des Act of Attainder gegen die Königin Katharina enthalten. Die Akte findet sich in dem Parlaments-Protokoll nicht.

[2]) May, Verfassungsgeschichte, Bd. I., S. 147.

[3]) May a. a. O., S. 149.

[4]) Das Haus der Gemeinen reichte dem Könige eine unterthänige Vorstellung ein, nahm darin auf diesen und zwei andere Fälle der Verweigerung der königlichen Zustimmung Bezug, stellte vor, daß dieses Verfahren ungewöhnlich sei, und tadelte diejenigen, welche dem Könige dazu gerathen hatten. — Die königliche Zustimmung wurde von Wilhelm III. auch im Jahre 1696 und noch einmal (für eine Lokal-Bill) im Jahre 1701 verweigert.

Souverains machen. So verschafften sich im Jahre 1766 die Minister Georgs III., als sie die Nothwendigkeit erkannt hatten, dem Parlamente eine Maßregel vorzuschlagen, welcher der König entgegen war — nämlich die Aufhebung einer Akte, welche den Amerikanern Stempelsteuern auferlegte — vorher die Erklärung des Königs, daß er die Bill genehmigen werde.[1]) In ähnlicher Art verlangten unter Georg IV. die Minister, welche den Widerwillen des Königs gegen die Katholiken-Emancipation kannten, von demselben das Versprechen, daß er der Maßregel zustimmen werde, bevor sie die Bill, betreffend die Befreiung der römischen Katholiken von gewissen Beschränkungen, in das Parlament einbrachten.[2]) Das Haus der Gemeinen konnte durch Vorenthaltung der Geldbewilligungen allezeit eine Veränderung des Ministeriums oder eine Auflösung des Parlaments herbeiführen; und obgleich man in neuerer Zeit zu dem äußersten Mittel der Vorenthaltung der Geldbewilligungen nie gegriffen hat, so ist doch die Macht des Hauses der Gemeinen so groß, daß die Minister, gegen deren Verbleiben im Amte das Haus sich ausspricht, stets ihre Aemter aufgeben oder an ein neues Parlament um Unterstützung appelliren müssen. Wenn die Minister der Krone das Vertrauen des Hauses der Gemeinen nicht besitzen, so mögen sie an das Volk appelliren, welchem die letzte Entscheidung zusteht.

Daß die einzelnen Verordnungen des Parlaments die königliche Zustimmung füglich erhalten müssen, geht auch aus der Betrachtung des Wesens des Krönungs-Eides hervor. Nach der Akte, welche die Bestimmungen über den Krönungs-Eid enthält,[3]) soll der König oder die Königin bei der Krönung schwören: „Das Volk dieses Königreichs England und die dazu gehörigen Lande nach den im Parlamente vereinbarten Statuten und den Gesetzen und Gebräuchen desselben zu regieren.“ Folgeweise wird der Souverain, nachdem er diesen Eid geschworen hat, durch Ertheilung der königlichen Zustimmung zur Beobachtung jedes späteren Statutes verpflichtet.

[1]) May a. a. O., S. 27, 28.

[2]) May a. a. O., S. 95, 96.

[3]) 1 Wilhelm und Maria sess. 1., cap. 6. Die Akte erwähnt, daß „nach Recht und altem Gebrauch dieses Königreiches seine Könige und Königinnen einen feierlichen Eid auf die Evangelien bei der Krönung geleistet haben, die Statuten, Gesetze und Gebräuche besagten Königreiches zu halten“ ꝛc. — Prynne hat in dem zweiten Theile seiner „Merkwürdigen Treue und Ergebenheit von Gottes wahren Heiligen und frommen Christen (und auch von götzendienerischen Heiden) gegen ihre Könige“ verschiedene Gebräuche bei der Krönung alter englischer Könige und die Formeln ihrer Krönungs-Eide mitgetheilt.

4. **Die Vertagung, Prorogation und Auflösung des Parlaments.** Die Vertagung ist nur die Unterbrechung der Fortdauer einer Sitzungsperiode für gewisse Tage und kann seitens jedes Hauses unabhängig von dem anderen erfolgen. Nach dem Ende der Vertagung können die in der Sitzungsperiode bereits begonnenen Geschäfte in dem Stadium wieder aufgenommen werden, in welchem sie sich vor der Vertagung befanden.

Die Prorogation geht von der Krone aus und betrifft beide Häuser gleichmäßig. Sie macht allen Geschäften, mit welchen die Häuser befaßt sind, ein Ende (mit Ausnahme gewisser richterlicher Geschäfte und über Privat-Parlaments-Akte eingeleiteter Proceduren.)[1]

Früher kam es häufig vor, daß die Häuser sich auf ausdrückliches Verlangen des Königs vertagten; aber diese Art der Vertagungen ist außer Gebrauch gekommen. Blackstone sagt, die Häuser hätten der von Seiten des Königs an sie gestellten Anforderung wegen einer Vertagung stets entsprochen; „sonst würde auch, abgesehen von der Unziemlichkeit einer Weigerung, sicher eine Prorogation folgen, die dann sowohl für die öffentlichen Angelegenheiten als für die Privatinteressen oft sehr unzuträglich sein würde.“[2]) So viel ist jedoch sicher, daß seit Jakob I. das Haus der Gemeinen stets darauf bestanden hat, daß dem Könige nicht das Recht zusteht, das Parlament zu vertagen, ohne daß er die Sitzung schließt. Gebräuchlich war es, daß das Haus sich auf so lange vertagte, als in der königlichen Botschaft verlangt war. Jakob I. beanspruchte das Recht, das Parlament zu vertagen, ohne die Sitzung zu schließen. Ueber diesen Anspruch wurde in beiden Häusern viel debattirt, und man holte die Gutachten der Richter darüber ein. Coke und Andere im Hause der Gemeinen bestanden auf dem Rechte des Hauses, sich selbst zu vertagen — was denn auch geschah.[3]) Der Grund, welchen das Haus für sich anführte, war der, daß eine Vertagung durch den König einer Prorogation gleichbedeu-

[1]) Die Ausnahmen begreifen unter sich: Appellationen, welche an das Haus der Lords gebracht sind, Anklagen durch die Gemeinen (impeachments) und gewisse Proceduren über Ehescheidungs-Bills.

[2]) Die Prorogation muß ausdrücklich erfolgen, wiewohl in frühern Zeiten sie für stillschweigend erklärt galt, wenn die königliche Zustimmung zu einer Bill gegeben war, es sei denn, daß (wie oft geschah) die Bill das Gegentheil bestimmt.

[3]) Amos bemerkt: Die Befugniß der Vertagung, wenn sie der Krone zustände, könne mißbraucht werden, insbesondere wenn die Vertagung ausgedehnt oder wiederholt würde, oder mit einer Prorogation oder Auflösung endete. Er führt mehrere Beispiele an, nach welchen man unter Karl II. einen derartigen Gebrauch von Vertagungen machte.

tend sei und die Sitzungs-Periode und die in derselben vorgenommenen Geschäfte abschließe. Es ist klar, daß in Zeiten der Willkür die Krone oft eher geneigt sein möchte, die Hinausschiebung unangenehmer Debatten in einem der Parlamentshäuser vermittels einer Vertagung, als durch eine Prorogation zu bewirken, weil letztere beide Häuser treffen und alle schwebenden Bills beseitigen würde.[1]) In dem nächsten Parlamente nach dem vorher erwähnten Streite wurde der Vorschlag gemacht, zu verordnen, „daß Bills, welche nicht in dieser Sitzungs-Periode durchgehen, bis zur nächsten als in dem Stadium verbleibend angesehen werden sollten, in welchem sie bei der Prorogation waren." Aber diesem Vorschlage widersetzten sich Coke und Andere als einer gefährlichen Neuerung.

Im Jahre 1677 wurden die verfassungsmäßigen Wirkungen der Prorogation und der Vertagung ausführlich im Parlamente erörtert. Damals trat das Parlament wieder zusammen, nachdem es fast fünfzehn Monate lang prorogirt gewesen war. Lord Shaftesbury und Andere behaupteten, daß jenes Parlament, weil es länger als ein Jahr prorogirt gewesen, aufgelöst sei. Das Oberhaus sendete sie in den Tower, weil sie durch ihre Behauptungen die Auktorität des damaligen Parlaments in Frage gestellt hätten.[2])

Die Zeiträume, während welcher die einzelnen Parlamente fortbestanden und während welcher sie prorogirt wurden, sind zu verschiedenen Zeiten sehr verschieden gewesen. Die älteren Parlamente bestanden immer nur eine Sitzungs-Periode lang.[3]) Bis zum Jahre 1381 findet sich kein sicheres Beispiel, daß dasselbe Parlament zwei

---

[1]) Gewöhnlich haben sich beide Häuser zugleich vertagt, wenn der König die Vertagung verlangte. Als im Jahre 1711 die Königin Anna eine Botschaft an das Haus der Lords sendete, in welcher sie eine Vertagung verlangte, entstand darüber eine wichtige Debatte, in welcher gesagt wurde, daß, wenn ein Haus vertagt würde und das andere seine Sitzungen fortsetzte, „dies zu einem gänzlichen Zerfall der Verfassung führen könnte."

[2]) Für jene lange Prorogation erhielt der König (Karl II.) große Geldsummen von Ludwig XIV., welcher besorgte, daß Karl II. Bündnisse schließen möchte, die den Wünschen des Parlaments entsprächen. Die Prorogation auf länger als ein Jahr scheint nicht ohne Präcedenzfall gewesen zu sein. Ein Parlament Heinrichs VIII. versammelte sich im Jahre 1536, nachdem es angeblich vierzehn Monate prorogirt gewesen war.

[3]) Es ist bereits bemerkt worden, daß nach älterem Gebrauch das Wort: Parlament sowohl rechtsprechende, als legislative Versammlungen bezeichnet, und daß die ersteren viel häufiger zusammenberufen wurden, als die letzteren. Die legislativen Parlamente wurden vom dreiundzwanzigsten Regierungsjahre Eduards I. an bis zur Zeit Heinrichs VIII. alljährlich erneuert.

Sitzungs-Perioden gehalten hätte. Das erste Beispiel, daß ein Parlament länger als ein Jahr bestanden hat, ist das von 1445—46, wo das Parlament wegen der Pest auf mehrere Monate prorogirt wurde.[1] Lange Zeit nachher fand man zu Prorogationen besonders nur dann Veranlassung, wenn äußere Ursachen dazu vorhanden waren, wie Jahreszeit-Verhältnisse, Kirchenfeste, Krieg oder Heimsuchung durch die Pest. Ein Parlament Eduards IV., im Jahre 1472, welches einschließlich einiger Prorogationen zwei und ein viertel Jahre lang saß, war das längste, das bis dahin vorgekommen war. Später kommt kein so langes Parlament weiter vor bis 1529, unter Heinrich VIII., wo ein Parlament zusammentrat, welches fünf Jahre und fünf Monate währte. In dem zweiten Jahre beklagte sich dieses Parlament bei dem Könige über Ermüdung und bat um Auflösung; der König erwiderte barsch: wenn die Mitglieder unzeitig aus einander gingen, so hätten sie keine Abhülfe für die verschiedenen Beschwerden zu erwarten, welche sie ihm früher vorgetragen hätten. Man kann annehmen, daß der Gebrauch, nach welchem die Parlamente längere Zeit währten, unter Heinrich VIII. begonnen hat. Unter der folgenden Regierung finden wir ein Parlament von längerer als vierjähriger Dauer. Indessen scheint der Gebrauch, dasselbe Parlament regelmäßig mehrere Jahre lang bestehen zu lassen und es von Jahr zu Jahr zu prorogiren, erst durch Elisabeth eingeführt zu sein.

Bei einigen Gelegenheiten hat man es für angemessen erachtet, das Parlament nur für einige Tage zu prorogiren. So prorogirte der König im Jahre 1689 das Parlament vom 21. bis zum 23. Oktober. In Folge einer Meinungsverschiedenheit der beiden Häuser war nämlich die Bill of Rights durchgefallen, und da es gegen den parlamentarischen Gebrauch ist, in einen solchen Falle dieselbe Bill während derselben Sitzungs-Periode wieder einzubringen, so wurde die damalige Periode durch eine Prorogation beendet, weil man die Bill wieder einbringen wollte. Im Jahre 1707 wurde dasselbe Verfahren in Betreff einer Bill wegen der Einfuhren in Schottland eingeschlagen. Eine Sitzungs-Periode des Jahres 1721 wurde durch eine kurze Prorogation beendet, um das Haus der Gemeinen in den Stand zu setzen, einige Resolutionen in Betreff der Südsee-Kompagnie zu be-

[1]) Das Parlament von 1406, welches durch Prorogationen fast ein Jahr währte, war bis zu jener Zeit das längste, von dem wir wissen. Ueber diese lange Parlamentsdauer wurden von den alten Geschichtsschreibern harte Klagen geführt, weil es eine Neuerung sei und das Volk durch die Ausgaben ihrer Vertreter mit unnöthigen Kosten belaste.

schließen, welche mit einer Parlaments-Akte jener Periode in Widerspruch standen. Es ist nämlich allgemeiner Grundsatz, daß in keinem Hause während derselben Sitzungs-Periode die Entscheidung über dieselbe Frage zwei Mal beantragt werden kann.

Die Prorogation am Ende einer Sitzungs-Periode wird entweder auf Befehl und in Gegenwart der Souverains durch den Lord Kanzler oder Sprecher des Hauses der Lords, oder in Abwesenheit des Souverains durch königliche zu diesem Zwecke bestellte Bevollmächtigte beiden Häusern zusammen verkündet. Nach dem heutzutage herrschenden Gebrauche wird das Parlament während der Zwischenzeit zwischen den Sitzungs-Perioden von Zeit zu Zeit durch königliche Kommission prorogirt; diese Prorogationen werden durch Proklamationen oder Staatsraths-Befehle verlautbart und in der „Gazette" publizirt. Wenn das Parlament nach der Prorogation zur „Erledigung von Geschäften" zusammentreten soll, so wird dies in der Proklamation ausdrücklich erwähnt.

Durch schriftliche Erlasse wird die Prorogation nur bei einem neuen Parlamente angeordnet. In der Proklamation, welche die Berufung eines neuen Parlamentes anordnet, wird die Zeit seines Zusammentretens bestimmt. Wenn das Parlament dann „zur Erledigung von Geschäften" Sitzungen halten soll, so ist keine weitere Proklamation nöthig; wenn dagegen ein solches Parlament vor seinem ersten Zusammentreten prorogirt werden soll, so wird die Prorogation durch einen unter dem großen Siegel ausgefertigten Erlaß an die Lords und an die Gemeinen ausgesprochen. Die Absicht, einen solchen Erlaß zu verkünden, wird durch eine Proklamation bekannt gemacht.

Die Auflösung ist der bürgerliche Tod eines Parlaments. Sie wird herbeigeführt entweder durch Zeitablauf, oder — wie wir bereits gesehen haben — durch Thronerledigung, oder durch den Willen des Souverains, welcher von ihm entweder in Person oder durch Stellvertreter ausgesprochen wird. Denn ebenso, wie allein der König das Recht hat, das Parlament zu berufen, ist es auch in seiner Prärogative einbegriffen, daß er nach Belieben das Parlament zeitweise prorogiren oder dem Bestehen desselben ganz und gar ein Ende machen kann.

„Wenn", sagt Montesquieu,[1] „die Legislative das Recht hätte, sich selbst zu prorogiren, so könnte dies dahin führen, daß sie sich niemals prorogirte; das würde gefährlich sein, wenn sie die Exekutiv-

[1]) Esprit de lois. Liv XI., cap. 6.

Gewalt antasten wollte ... Wenn die Exekutiv-Gewalt nicht das Recht hätte, dem Vorgehen der Legislativ-Gewalt Schranken zu setzen, so würde die letztere eine despotische werden; denn da sie dann sich alle möglichen Rechte beilegen könnte, so würde sie alle andern Rechte vernichten." Blackstone sagt: „Wenn Niemand das Recht hätte, das Parlament zu prorogiren oder aufzulösen, als das Parlament selbst, so könnte es ewig werden. Das würde äußerst gefährlich sein, wenn es einmal in die Exekutiv-Gewalt eingreifen sollte — wie dies der unglückliche König Karl I. in verhängnißvoller Weise erfuhr, der unvorsichtig eine Akte sanktionirte, des Inhalts, daß das damalige Parlament so lange bleiben sollte, bis es sich selbst auflösen würde, und der zuletzt selbst ein Opfer jener regellosen Gewalt wurde, die dem Parlamente unter seiner Zustimmung beigelegt war." [1])

In älterer Zeit erfolgte die Auflösung des Parlaments in der Weise, daß sie beiden Häusern auf Befehl des Königs in seiner Gegenwart verkündet wurde; nach der neueren, seit der Revolution von 1688 beobachteten Praxis wird das Parlament zuerst prorogirt und dann eine Proklamation erlassen, welche die Auflösung anordnet. [2]) In der Proklamation wird gewöhnlich auch gesagt, daß dem Lord Kanzler der Befehl ertheilt sei, die Anordnungen zur Berufung eines neuen Parlaments zu erlassen.

Der verfassungsmäßige Erfolg der Parlaments-Auflösung wird am besten durch die Betrachtung einiger Fälle, in denen das Parlament durch die Ausübung der königlichen Prärogative aufgelöst ist, erhellen. Die vornehmsten Ursachen solcher Auflösungen sind: Opposition der Gemeinen gegen den König oder gegen die Minister des Königs oder gegen das Haus der Lords.

Es wird hinreichend sein, wenn wir, ohne weiter in der Geschichte zurückzugehen, einige Fälle der Auflösung wegen Opposition des Hauses der Gemeinen gegen den König selbst aus der Zeit der Stuarts,

---

[1]) Clarendon nennt die Akte eine Maßregel von „verhängnißvoller Konsequenz" und eine Maßregel geeignet, „die Landmarken des Königthums zu entfernen und die Grundfesten desselben zu zerstören." — Hatsell fügt hinzu: „Wenn man jedoch diese Akte nicht erlangt hätte, so würde es vielleicht unmöglich gewesen sein, den Angriffen des Königs wirksam entgegenzutreten." Diese Bemerkung bestätigt aber den Satz (welcher ganz unabhängig von den andern Fragen ist, welche damals zwischen Karl I. und dem Parlamente streitig waren), daß die Exekutiv-Gewalt die Befugniß haben muß, die Legislatur aufzulösen, um nicht von der letztern über den Haufen geworfen zu werden.

[2]) Im Jahre 1818 wurde das Parlament durch den Prinz-Regenten in Person aufgelöst. May, Das englische Parlament, S. 47.

anzuführen. Als Jakob I. im Jahre 1621 der Streitigkeiten mit dem Hause der Gemeinen wegen ihrer Privilegien und wegen ihrer Schwierigkeit in der Bewilligung von Geldmitteln müde war, löste er plötzlich das Parlament auf, schickte mehrere Mitglieder in das Gefängniß, und durchstrich, wie wir gesehen haben, in den Tagebüchern des Hauses der Gemeinen einen unliebsamen Protest. In einem Erlasse an das neue Parlament sagt er: obgleich er „drei Parlamenten, dem einen nach dem andern, den Hals gebrochen habe," so hoffe er doch, daß das gegenwärtige ein „glückliches Parlament" sein werde. — Im Jahre 1625 löste Karl I. das Parlament auf, weil die Gemeinen mit der Erörterung der Beschwerden vorgingen, die Berathung über die Geldbewilligungen aber verschoben. Im Jahre 1626 löste er das Parlament auf, um der Anklage des Herzogs von Buckingham durch die Gemeinen zuvorzukommen. Bei dieser Gelegenheit erhielten die Lords, welche um Fortdauer der Sitzungs-Periode baten, die Antwort: „Nein, nicht eine Minute!" Das Parlament wurde aufgelöst; der König veröffentlichte eine Erklärung über die Gründe der Auflösung; die Gemeinen antworteten, und durch königliche Proklamation wurde befohlen, daß die Antwort verbrannt werden solle.

In den Jahren 1678 und 1679 löste Karl II. die Parlamente auf, um den Anklagen der Gemeinen gegen Lord Danby und Andere Einhalt zu thun; er erklärte aber in dem zweiten Falle, daß die Auflösung wegen der (später zu erwähnenden) Streitigkeiten zwischen den beiden Häusern erfolge.[1]) Sein viertes Parlament wurde im Jahre 1681 aus Veranlassung eines Streites mit ihm über die Ausschließungs-Bill aufgelöst. — Jakob II. löste im Jahre 1687, nach langen Prorogationen, das Parlament wegen seiner Streitigkeiten mit den Gemeinen über die Suspendirung der Strafgesetze gegen die Römisch-Katholischen auf.

Nach der Thronbesteigung Wilhelms III. wurden die Minister der Krone von der Unterstützung des Parlaments abhängiger, als bisher. Unter der Regierung Wilhelms kommt ein Beispiel vor, daß die Minister von einem neuen Parlamente eine Förderung ihres politischen Einflusses erwarteten, und daß sie, als sie ihre Erwartung getäuscht sahen, ihre Plätze der Oppositions-Partei abtraten. Im Jahre 1700 vermochten nämlich die Minister, welche der Whig-Partei angehörten und eine starke Opposition im Parlamente besorgten, den Kö-

---

[1]) Wie bereits erwähnt, steht es jetzt fest, daß eine Auflösung auf das Verfahren über eine Anklage durch die Gemeinen ohne Einfluß ist.

nig zur Auflösung des Parlaments. Die Wahlen schlugen zu ihrem Nachtheile aus, und kurz darauf wurden ihre Gegner in den Dienst des Königs berufen.

Die nächste Parlaments-Auflösung, welche unter derselben Regierung stattfand, ist merkwürdig, weil sie der heut zu Tage feststehenden Regel, daß die königliche Prärogative der Parlaments-Auflösung dem Rathe der Minister der Krone gemäß ausgeübt werden muß, widerspricht. Im Jahre 1701 wollte nämlich der König das zuletzt erwähnte Parlament auflösen; „das neue Ministerium war einer Auflösung entschieden zuwider, und als es sah, daß der König bei seinem Vorhaben beharrte, schieden einige Minister aus dem Dienste" [1]). Der König scheint zur Auflösung dieses Parlaments durch Zwistigkeiten zwischen beiden Häusern, durch die Unpopularität des Hauses der Gemeinen, endlich durch Adressen bewogen zu sein, „mit denen unter Nachfolge der ganzen Nation die City von London den Anfang machte," und in welchen die Auflösung erbeten wurde. [2])

Im Jahre 1710 beschloß die Königin Anna die Auflösung des Parlaments und die Aenderung des Ministeriums nach ihren Neigungen. Sie hatte von der Tory-Partei bereits eine Anzahl Adressen erhalten, in welchen ihr versichert wurde, daß bei einer neuen Wahl Parlamentsmitglieder von den politischen Ansichten der Tories und der Königin selbst gewählt werden würden. Kurz nach der Berufung Harley's zum Premier-Minister löste sie das Parlament in der Absicht auf, die Partei ihrer Minister im Parlamente zu verstärken.

Die Parlamente unter Georg I. und Georg II. währten fast den ganzen gesetzlich zulässigen Zeitraum. Erst unter Georg III. finden wir wieder das Beispiel einer Auflösung aus dem Grunde, weil die Majorität des Hauses der Gemeinen den Ministern der Krone entgegen war.

Im Jahre 1784 entließ der König die Minister, welche ihm persönlich zuwider waren, obgleich sie durch eine Majorität des Hauses der Gemeinen unterstützt wurden; er berief Pitt in seinen Rath. Das Haus der Gemeinen erließ Resolutionen gegen Pitts Ministerium und richtete eine Adresse an die Krone, in welcher es um die Entlassung desselben bat. Statt abzutreten, rieth Pitt dem Könige, das Parlament aufzulösen; in dem neuen Parlamente erlangte er für sich eine große Majorität.

---

[1]) Burnet, Geschichte seiner Zeit.

[2]) Burnet, a. a. O. Die Resolution des nächsten Hauses der Gemeinen über diese Adressen ist oben erwähnt worden.

„Der Präcedenzfall von 1784," sagt Lord John Russell, „hat den Grundsatz festgestellt, daß Minister, welche von der Krone gewählt sind, aber das Vertrauen des Hauses der Gemeinen nicht besitzen, zu einer Appellation an das Volk, bei welchem die letzte Entscheidung steht, rathen können. Diesen Weg hat man 1807, 1831, 1834 und 1841 eingeschlagen.[1]) In den Jahren 1807 und 1831, gewann, wie im Jahre 1784, die Krone das Vertrauen des neuen Hauses der Gemeinen. In den Jahren 1834 und 1841 fiel die Entscheidung gegen das im Amte befindliche Ministerium aus." Es bleibt zu erwähnen, daß zwar die Minister, wenn sie das Vertrauen des alten Parlaments nicht besitzen, dasselbe auflösen können; haben sie aber einmal an das Land appellirt, damit es sie unterstütze, so ist — wie im Jahre 1841 und später 1859 — ein Votum des neuen Hauses, daß sie das Vertrauen desselben nicht besitzen, entscheidend.[2])

Einen anderen Grund zur Auflösung des Parlaments haben öfter Zwistigkeiten zwischen den Lords und den Gemeinen gegeben. Auch davon sollen einige Beispiele angeführt werden. Karl II. prorogirte im Jahre 1679 sein drittes Parlament, „weil er zu seinem Schmerze sah, daß derartige Differenzen zwischen den beiden Häusern obwalteten, daß er sehr fürchtete, es möchten üble Folgen daraus entstehen." Während der Zeit der Prorogation wurde das Parlament aufgelöst.[3]) Der fragliche Streit war durch die Weigerung des Hauses der Lords veranlaßt, auf eine Anklage der Gemeinen gegen den Lord Schatzmeister Danby einzugehen, weil die Anklage mit Irregularitäten behaftet sei; aber ein anderes Motiv für die Auflösung war

[1]) Von den erwähnten vier Präcedenzfällen trat der von 1807 auf den Rath von Perceval ein, dessen Ministerium gebildet wurde, weil seine Vorgänger sich weigerten, Verpflichtungen zur Verweigerung von Zugeständnissen an die Römisch-Katholischen zu übernehmen. Die Auflösung von 1831 erfolgte, als die Minister in dem Hause der Gemeinen in Betreff der Frage der Parlaments-Reform eine Niederlage erlitten hatten. Im Jahre 1831 beauftragte Wilhelm IV., welcher mit der Politik des Ministeriums Lord Melbourne's in Betreff der irischen Kirche nicht einverstanden war, Sir Robert Peel mit der Bildung eines neuen Ministeriums, obgleich Lord Melbournes Ministerium von einer großen Majorität des Hauses der Gemeinen unterstützt wurde. Peel rieth zur Auflösung des Parlaments, und er resignirte, als er fand, daß das neue Parlament von 1835 ihm entgegen war.

[2]) May, Verfassungs-Geschichte. Bd. 1, S. 384.

[3]) Im Jahre 1675 wurde dasselbe Parlament lange Zeit wegen eines Streites der beiden Häuser über die Jurisdiktion der Lords in Appellations-Sachen, in welchen Mitglieder des Hauses der Gemeinen Partei sind, prorogirt.

die Opposition des Hauses der Gemeinen gegen den Willen des Königs. Wilhelm III. löste im Jahre 1701 das Parlament gleichfalls wegen eines Zwistes der beiden Häuser auf. Diese Auflösung ist bereits erwähnt. Der Streit zwischen den beiden Häusern, welcher mit großer Heftigkeit geführt wurde, betraf die Anklagen gegen Lord Somers und andere Minister des Königs durch die Gemeinen. Im Jahre 1705 wurde eine andere Parlaments-Auflösung durch einen Streit beider Häuser über den wichtigen Fall veranlaßt, welcher als der der „Aylesbury-Männer" bekannt ist. Auf eine gegen ein Urtheil des Court of Queens Bench gerichtete Appellation entschied das Haus der Lords, daß jeder Wähler, dessen Votum bei einer Parlamentswahl vom Wahlkommissar zurückgewiesen worden, gegen diesen vor Gericht klagen könne. Einige Wähler von Aylesbury, welche solche Klagen anstellten, wurden von dem Hause der Gemeinen wegen Mißachtung seiner Gerichtsbarkeit in das Gefängniß gesendet. Das Haus der Lords erklärte dieses Verfahren der Gemeinen in einer an die Königin Anna gerichteten Adresse für rechtswidrig; die Königin prorogirte das Parlament und löste es dann auf, um dem Streite ein Ende zu machen.[1])

Siebentes Kapitel.

Die Verfassung des Hauses der Lords.

Die geistlichen und weltlichen Lords bilden Eine legislative Versammlung. Sie stimmen nicht von einander gesondert, sondern zusammen, so daß sie in ihren legislativen Verrichtungen nur Einen Stand bilden, obgleich sie vor Alters als zwei Stände betrachtet wurden; folglich besteht eine Parlaments-Akte zu Recht, wenn auch keiner von den geistlichen Lords ihr zugestimmt haben sollte.[2])

Unter den ersten Königen nach der Eroberung waren die geistlichen und weltlichen Lords die einzigen Mitglieder der legislativen und richterlichen Versammlungen des Königreichs; denn obgleich man bei außerordentlichen Begebenheiten die Meinungen dieses oder jenes niederen Standes gelegentlich einholte, so war doch den Gemeinen vor

---

[1]) Vergl. Ausführlicheres über diesen Fall unten, Kapitel 7.

[2]) Die Uniformitäts-Akte (1 Elisabeth cap. 2) ging gegen das Votum aller Bischöfe durch. Zu den beiden ersten Parlamenten Karls II. wurden keine Bischöfe berufen.

dem neun und vierzigsten Regierungsjahre Heinrichs III., wo die bereits erwähnte Veränderung eintrat, keine wirkliche Theilnahme an den Geschäften jener Rathsversammlungen gestattet.

1. Die geistlichen Lords. In den älteren Parlamenten war die Zahl der geistlichen Lords im Allgemeinen größer, als die der weltlichen Lords. In dem erwähnten neun und vierzigsten Regierungsjahre Heinrichs III. wurden 120 Prälaten und nur 23 weltliche Lords berufen. Später war das Verhältniß sehr verschieden; aber selten war die Zahl der weltlichen Lords größer, als die der geistlichen. Zu der Zeit, als Heinrich VIII. die Klöster aufhob, waren die geistlichen Lords — Erzbischöfe, Bischöfe, exemte Aebte und Prioren — den weltlichen an Zahl gleich.

Alle Erzbischöfe, Bischöfe, Aebte und Prioren, welche ihre Güter als Barone besaßen, pflegten zum Parlamente berufen zu werden. Sie wurden stets und von Rechtswegen nicht als Bischöfe, Aebte und Prioren, sondern weil sie Barone waren, berufen. Aebte und andere Geistliche, welche nicht als Barone im Lehnsverbande standen, wurden, wenn es dem Könige beliebte, durch einfachen Erlaß berufen; aber solche Berufung verlieh ihnen keine Adelsrechte, sondern machte sie nur zu Beisitzern und Raths-Adjunkten der Lords im Parlamente. Nach der Eroberung wurden die Besitzungen der Bischöfe in Baronieen verwandelt; deshalb wurden die Bischöfe während eines langen Zeitraumes als Barone (barons by tenure) zum Parlamente berufen.[1]) Indessen seit vielen Jahrhunderten haben sie ihre Sitze ohne Rücksicht auf ihre weltlichen Besitzungen oder den durch diese vermittelten Lehnsverband inne. Die Inhaber der neuen, von Heinrich VIII. gestifteten Bischofsstühle haben nie Güter vermöge lehnsrechtlicher Baronie besessen, und sie hatten deshalb keinen anderen Anspruch auf Einberufung zum Parlamente, als ihre Eigenschaften als Kirchen-Prälaten, sowie den alten Brauch, vermöge dessen die Bischöfe zum Parlamente gehört hatten.[2])

[1]) Wilhelm der Eroberer setzte an Stelle des geistlichen Ländereibesitzes der freien Benefizien (frankalmoign, Freies Almosengut), welcher für die Bischöfe unter der sächsischen Regierung bestand, den Lehnsbesitz durch Baronie. Dadurch wurden die geistlichen Güter zu allen bürgerlichen Lasten und Steuern verpflichtet, von denen sie vorher eximirt gewesen waren.

Die von Cox adoptirte Ansicht, daß die geistlichen Lords in ihrer Eigenschaft als Barone berufen seien, ist nicht unbestritten. Vergl. May, Das englische Parlament. S. 8. Anm. des Uebers.

[2]) Nach der Aufhebung der Klöster errichtete Heinrich VIII. durch Patente fünf neue Bischofsitze: Chester, Gloucester, Peterborough, Bristol und Oxford.

Eine der letzten Akte aus der Regierungszeit Karls I. war diejenige, welche die Bischöfe für unfähig erklärte, im Parlamente zu sitzen. Diese Akte wurde in dem Jahre nach der Thronbesteigung Karls II. aufgehoben. Seitdem haben Bischöfe und Erzbischöfe ununterbrochen im Parlamente gesessen.

Außer den beiden Erzbisthümern Canterbury und York giebt es 26 englische Bisthümer. Die beiden Erzbischöfe haben unbedingt Sitz im Parlamente; ebenso die Bischöfe von London, Durham und Winchester. Der Bischof von Sodor und Man hat keinen Sitz. Sämmtliche übrigen Bischöfe, mit Ausnahme des zuletzt ernannten, haben Sitz. Daraus ergiebt sich, daß 24 Bischöfe Sitz im Parlamente haben.[1])

Vier Bischöfe der Kirche von Irland, von denen einer stets Erzbischof ist, sitzen abwechselnd im Hause der Lords.[2]) Die irischen Bischöfe traten bei der Union von Großbritannien und Irland dem Hause der Lords hinzu.

2. Die weltlichen Lords. Es ist bereits bemerkt, daß zur Zeit der Eroberung der Ländereibesitz der Bischöfe in Lehn verwandelt wurde. Eine entsprechende Veränderung trat in Betreff der übrigen Landeigenthümer ein. Die normannische Eroberung hatte einen Umsturz der Besitztitel auf Land zur Folge; dieses wurde von dem

---

Die Patente sind in das Statut 34 und 35 Heinrich VIII. cap. 17, aufgenommen. Die Inhaber dieser Bischofssitze sind stets zu denen gerechnet, welche im Parlamente zu sitzen berechtigt sind.

[1]) Dieses Arrangement wurde gemacht, als das Bisthum Manchester geschaffen wurde. Die Anzahl der geistlichen Lords sollte dadurch nicht vermehrt werden; deshalb wurde bestimmt: „Eine Vakanz unter den geistlichen Lords durch Erledigung eines der Stühle von Canterbury, York, London, Durham oder Manchester, oder eines anderen Stuhls, wenn der letztere durch Versetzung eines bereits im Parlamente sitzenden Bischofs besetzt wird, soll durch den Erlaß der Einberufung von diesen — eine Vakanz durch Erledigung eines anderen Stuhles in England oder Wales aber soll durch den Erlaß der Einberufung an denjenigen Bischof in England oder Wales, welcher vorher noch keine Rechte auf Einberufung hatte, ausgefüllt werden; und kein Bischof, der fortan für einen Stuhl in England oder Wales ernannt werden wird, es sei denn für einen der oben namhaft gemachten fünf Stühle, soll berechtigt sein, seine Einberufung zu verlangen, außer in Folge und gemäß der oben vorgeschriebenen Bedingungen." (10 und 11 Victoria cap. 108).

[2]) Die Unions-Akte enthielt Bestimmungen über den Wechsel unter den irischen Bischöfen, welche berechtigt waren, im Hause der Lords zu sitzen. Diese Bestimmungen wurden unter Wilhelm IV. bei der Verminderung der Zahl der irischen Bischofsstühle modifizirt.

Eroberer unter seine Gefährten und die bisherigen sächsischen Eigenthümer unter Auferlegung lehnsrechtlicher Verpflichtungen vertheilt. Wie nach diesen Verpflichtungen die unmittelbaren Vasallen (free tenants) jedes Lehnsherrn verpflichtet waren, in seinem Gerichtshofe zu erscheinen, so hatten die unmittelbaren Vasallen des Königs eine gleiche Verpflichtung in Betreff des königlichen Gerichtshofes. Der König hatte das Recht zu verlangen, daß seine Barone, sowohl die weltlichen wie die geistlichen, sich einfänden und seiner gewärtig seien; auch die geistlichen, da sie ihre Besitzungen sicut baroniam hatten, mußten, wie die anderen Barone, für ihre Besitzungen ihm huldigen.

Von der Eroberung an bis zum Ende der Regierung Johanns war der Rath des Königs ein Rath der Barone. Wie bereits erwähnt, war ihre Gegenwart in der Rathsversammlung des Königs weit seltener, als man nach den Grundsätzen des Lehnsverbandes hätte erwarten sollen. Der Freibrief Johanns unterscheidet majores barones von den übrigen unmittelbaren Kron-Vasallen (tenants in chief). Die majores barones mögen diejenigen gewesen sein, welche nach der Qualität ihrer Personen und ihrer Besitzungen den Beamten des Königs bekannt waren, und welche deshalb durch Spezial-Erlasse zu den Rathsversammlungen entboten wurden, während der größere Theil der unmittelbaren Kron-Vasallen nur durch eine allgemeine Ladung zum Erscheinen aufgefordert wurde.

Nachdem man es eingeführt hatte, daß Repräsentanten zum Parlament entboten wurden, achtete man nicht mehr darauf, daß Lehnsbesitz das Recht der Barone auf Einberufung zu den Rathsversammlungen des Königs begründete. Jedoch ist uns nicht bekannt, daß vor der Regierung Richards II. sich andere Barone unter den Peers befunden hätten, als solche, welche in der Eigenschaft von Besitzern von Baronieen entboten waren.[1]) Richard II. hat zuerst die Peerswürde, ohne Rücksicht auf Lehnsbesitz, durch Patent verliehen.

Hieraus ist ersichtlich, daß die Peerswürde ursprünglich an den

[1]) Blackstone sagt, die erste Kreirung eines Peers durch Patent sei im Jahre 1388 unter Richard II. erfolgt. Parry erwähnt: „Alle Lords und Barone vor und in dem vierundzwanzigsten Regierungsjahre Eduards III. (1350) waren Barone durch Lehnsbesitz und nicht allein durch Einladung zum Parlamente; denn sie alle wurden regelmäßig in „Fide et Homagio", und nicht in „Fide et Ligeantia" berufen; letzteres geschah im fünfundzwanzigsten Regierungsjahre Eduards III." Parry fügt, auf die Auktorität Prynnes gestützt, hinzu, daß unter mehreren der folgenden Regierungen die meisten Lords sowohl durch Landbesitz, als durch Patent, Berufung zum Parlamente oder Kreirung, Lords waren.

Landbesitz gebunden war; wurde das Land veräußert, so ging die Würde mit über. Als aber die Veräußerungen häufig wurden, wurde die Peerswürde, damit sie nicht mit übergehe, auf die Familie der nobilitirten Person beschränkt.[1]) Unter derselben Regierung, unter welcher die Peerswürde zuerst durch Patent verliehen wurde, erging eine Verordnung, „daß alle und jede Personen und Kommunen, welche fortan zum Parlamente würden entboten werden, kommen sollten, wie es ihre Pflicht sei und wie es der Gebrauch in alten Zeiten gewesen." Dieses Statut bestätigte die Rechte sowohl der weltlichen und geistlichen Peers, als der Grafschaften, Städte und Burgflecken, zum Parlamente entboten zu werden, indem es wegen des Beweises der Rechte derselben auf den Gebrauch verweist. Ein bleibender Rechtstitel wurde so für diejenigen Peers anerkannt, deren Vorfahren zum Parlamente entboten worden waren; die weltlichen Peers haben vermuthlich damals ihre erblichen Rechtstitel als geeignete und gültige feststellen lassen, sofern der betreffende Rechtstitel nach seiner ursprünglichen und bekannten Entstehung geeignet und rechtsgültig gewesen war.

Es giebt, sagt Coke, zwei ordentliche Wege der Verleihung des Peersadels: durch Berufung in das Haus der Lords und durch Patent.[2]) Der letztere ist der jetzt gewöhnlichste Weg; der erstere ist der ältere. Die Einberufung in das Parlament gewährt nur dann den Peersadel, wenn die zum Parlamente entbotene Person dort wirklich ihren Sitz einnimmt.[3]) Daher ist die Kreirung durch Patent der

---

[1]) Man hat gesagt, daß es außer Arundel keine Lehns-Baronie mehr gebe. Aber es steht jetzt fest, daß schon seit langer Zeit kein Fall eines Rechtes, im Hause der Lords auf Grund des Lehnsbesitzes gewisser Ländereien einen Sitz einzunehmen, mehr existirt. — Es ist kein Präcedens bekannt, daß eine Lehns-Baronie ohne die ausdrückliche Zustimmung der Krone an einen Fremden übertragen wäre. — Das auf Lehnsbesitz begründete Recht, zum Parlamente entboten zu werden, ist schon im dreiundzwanzigsten Regierungsjahre Eduards I. abgeschafft.

[2]) Er fügt hinzu: „Denn ich will von der Kreirung durch das Parlament nicht sprechen." Die Kreirung im Parlamente wurde durch den persönlich im Parlamente sitzenden König durch mündliche Rede und Investitur mit Zustimmung und unter Auktorität des Parlaments bewirkt. — Einige Peers-Kreirungen im Parlamente, welche Richard II. und Heinrich V. vornahmen, sind urkundlich erwähnt. Im einundzwanzigsten Regierungsjahre Richards II. wurde die Peerswürde an Einem Tage mehreren Peers und einer Peereß im voll versammelten Parlamente übertragen.

[3]) Coke lehrt, daß Entbietung zum Parlamente durch königlichen Erlaß hinreiche, um eine erbliche Baronie zu verleihen. Aber Prynne hielt diese Meinung aus mehreren Gründen nicht für richtig — unter anderen deshalb nicht, weil die Entbietung durch Erlaß nur für ein einziges Parlament und nicht für alle künfti-

sicherste Weg der Adelsverleihung an einen Mann und seine Erben; denn der Rechtstitel kann nicht dadurch verloren werden, daß der Patentinhaber es unterläßt, an der Parlaments-Sitzung Theil zu nehmen. Wenn aber, wie es zuweilen vorkommt, der älteste Sohn eines Peers bei Lebzeiten seines Vaters in das Haus der Lords berufen wird, so ist es gebräuchlich, den Sohn durch Einberufungs-Erlaß zu entbieten, weil seine Kinder dabei keine Gefahr laufen, des Adels für den Fall verlustig zu gehen, daß er seinen Sitz niemals einnimmt; denn sie folgen ihrem Großvater.[1])

Die Patente bestimmen gewöhnlich, daß die Würde auf die Erben der nobilitirten Person vererblich sein soll; aber der König kann durch das Patent die Vererblichkeit auf die männlichen Erben oder auf die Leibeserben der nobilitirten Person beschränken.[2])

Wenn ein Peer, welchem die Würde für seine Person und seine Erben verliehen ist, stirbt und eine einzige Erbin hinterläßt, so geht die Würde auf sie, wie jedes andere Erbe, über. Aber wenn er mehrere Miterbinnen hinterläßt, so kann der König zur Abwendung der Ungewißheit die Würde auf eine von ihnen nach seinem Gefallen übertragen. Bis dahin, daß der König in dieser Weise das Adelsrecht erneuert, ruht es; man sagt: es sei so lange „in abeyance.“[3]) Es giebt Beispiele, daß eine Baronie erneuert ist, nachdem sie so mehrere Jahrhunderte geruht hatte.

Coke meint, daß der König einen Mann oder ein Weib für ihre Lebenszeit nobilitiren könne, und Blackstone folgt ihm in dieser Ansicht.

---

gen Parlamente gelte. — Das aber steht jetzt fest, daß die Einberufung und die Einnahme des Sitzes in Gemäßheit derselben hinreichen, um die Baronswürde zu erwerben. — Der Grund, weshalb es für die Kreirung durch Patent der Einnahme des Sitzes nicht bedarf, liegt darin, daß wohl ein Einberufungs-Erlaß, nicht aber ein Patent von dem Könige widerrufen werden kann. — Diese Patente werden auf Befehl des Königs an den Lord Kanzler unter dem großen Siegel ausgefertigt.

[1]) Lord Clifford, Sohn und Erbe des Grafen von Burlington, wurde durch Erlaß in das Haus der Lords berufen, und starb bei Lebzeiten seines Vaters. Das Haus der Lords entschied im Jahre 1694, daß Lord Cliffords Sohn und Erbe das Recht, durch Erlaß einberufen zu werden, vermöge des Rechtstitels seines Vaters habe.

[2]) Nach einer Ansicht kann die Baronie einem Manne und seiner Ehefrau in ihrer Eigenschaft als gemeinschaftliche Besitzer eines Lehns verliehen werden.

[3]) Abeyance — von abayer, mit offenem Munde erwarten, — ist von den englischen Juristen in Parallele gestellt mit dem römischen Ausdrucke: hereditas jacens. Es kommt nicht nur in obiger Anwendung, sondern auch in ähnlichen Fällen anderer Art vor. Der Uebers.

Dieselbe ist aber bei einer wichtigen Verhandlung im Hause der Lords über lebenslängliche Peerieen bestritten worden. Im Februar 1856 verwies dieses Haus die Prüfung des Patentes, welches eine solche Peerie an Sir James Parke als Baron Wensleydale verlieh, an einen Ausschuß. Das Haus der Lords entschied, daß das Patent weder für sich, noch in Verbindung mit dem gebräuchlichen, in Folge desselben ausgefertigten Einberufungs-Erlasse dem Beliehenen das Recht gebe, im Parlamente zu sitzen. Es wurde erwogen, daß die Aussprüche von Coke und Anderen, welche die für den Souverain in Anspruch genommene Prärogative, Peers auf Lebenszeit zu ernennen, rechtfertigen sollten, durch keine Präcedenzfälle bestätigt würden, und daß, wenn in alten Zeiten in einzelnen Fällen solche Peerieen verliehen sind, dies unter der Autorität des Parlaments geschehen sei, welches sie natürlich für gesetzlich erklären konnte; daß aber, selbst wenn jene Prärogative des Souverains jemals existirt hätte, dieselbe obsolet geworden sei; denn sicher sei, daß lebenslängliche Peers seit mehreren Jahrhunderten nicht mehr kreirt worden. Auch wurde behauptet, daß das Recht der Krone, solche Peers zu ernennen, von Konsequenzen begleitet sein würde, die für die Unabhängigkeit des Hauses der Lords große Gefahren brächten; denn dann könnten die Rathgeber der Krone gelegentlich, um Unterstützung zu erlangen, die Ausübung jenes Rechts anrathen, ohne davon durch die Rücksicht abgehalten zu sein, daß die Anzahl der Peers dauernd vermehrt würde. — In Folge dieser Entscheidung des Hauses der Lords wurde Lord Wensleydale zum erblichen Peer ernannt.

Peers von Schottland sitzen 16 im Hause der Lords, welche von dem schottischen Adel gewählt werden und denselben vertreten; ihre Wahl gilt nur für Ein Parlament.[1]) Peers von Irland sitzen im Oberhause 28; sie werden auf Lebenszeit von den irischen Peers gewählt. Die Befugniß der Krone, die Anzahl der irischen Peers zu vermehren, ist durch den vierten Artikel der irischen Unions-Akte beschränkt. Ein neuer irischer Peer kann nur bei gewissen in dem Artikel bezeichneten Vakanzen in der irischen Peerie kreirt werden. Die erklärte Absicht jener Bestimmung ist, die Zahl der irischen Peers auf 100 zu erhalten.

---

[1]) Bei der Wahl der schottischen Repräsentativ-Peers dürfen Ansprüche auf Wahlberechtigung in Betreff ruhender oder erloschener schottischer Peerieen nicht geltend gemacht werden. — Ein schottischer Peer kann sich bei der Wahl der schottischen Repräsentativ-Peers dann nicht betheiligen, wenn er zum Peer von Großbritannien ernannt ist. So entschieden im Falle des Herzogs von Queensberry.

Es ist bereits erwähnt, daß bei jedem neuen Parlamente neue Erlasse an die Peers, durch welche sie einberufen werden, und dergleichen zum Zwecke der Wahl des Hauses der Gemeinen ergehen. Die geistlichen und weltlichen Lords haben ein Recht auf die Einberufungs-Erlasse ex debito justitiae. Elsynge sagt: er könne kein Beispiel finden, daß ein Baron, der volljährig gewesen, rectus in curia gestanden und sich innerhalb Landes aufgehalten, übergangen wäre, er hätte denn so geringe Einkünfte gehabt, daß er nicht standesgemäß hätte leben können; von dieser Ausnahme finden sich einige unerfreuliche Fälle. Es giebt viele Beispiele, daß Peers Petitionen an das Haus der Lords richteten, damit die Einberufungs-Erlasse an sie ergingen.[1]) Als im ersten Regierungsjahre Karls I. die Gemeinen den Herzog von Buckingham anklagen wollten, stand einer von den Gegnern des letzteren, der Graf von Bristol, bei dem Könige in Ungnade, und Buckingham veranlaßte, daß seine Einberufung nicht erfolgte. Lord Bristol richtete eine Petition an das Haus der Lords um seine Einberufung, und das Haus richtete eine Adresse an die Krone, daß sie ihm und anderen Lords, die sich in gleicher Lage befanden, den Einberufungs-Erlaß senden möge. Bristols Einberufung erfolgte darauf; aber mit dem Erlasse wurde ihm ein Brief vom Lord Siegelbewahrer zugesendet, welcher ihm zu erkennen gab, daß der König seine Anwesenheit im Parlamente nicht wünsche. Bristol wendete in seiner Antwort auf diesen Brief mit Recht ein: „Der Einberufungs-Erlaß befiehlt mir bei meiner Treue und schuldigem Gehorsam, daß ich nicht verfehlen sollte, mich einzufinden und Seiner Majestät gewärtig zu sein, und dies unter dem großen Siegel von England. In dem anderen Schreiben aber wird mir der Willen Seiner Majestät durch Ew. Lordschaft zu erkennen gegeben, daß ich ihn mit meiner persönlichen Anwesenheit verschonen möchte;" er fährt fort, daß er nicht wisse, welchem Befehle er gehorchen solle. Darauf erging kein Bescheid, weil, wie wir bereits erwähnt haben, während der Verhandlungen gegen den Herzog von Buckingham das Parlament plötzlich aufgelöst wurde.

Ein Peer kann sich seiner Würde nicht entschlagen, noch kann sie ihm entzogen werden, außer durch Parlaments-Akte, durch attainder seiner Person oder, falls seine Kreirung durch Patent erfolgt ist,

[1]) Im Mai 1621 richtete der Graf von Northumberland eine Petition an das Haus der Lords wegen des Erlasses in Betreff seiner Einberufung; es wurde angeordnet, daß er ergehen solle. Ebenso petitionirte damals der Graf von Hertford; es wurde angeordnet, daß der Wille des Königs erkundet werde.

durch scire facias zum Zwecke des Widerrufes des Patentes. Der König kann das Patent nicht zurücknehmen, obgleich er, wenn die Kreirung durch Einberufungs-Erlaß erfolgt ist, den Erlaß vor dem Eintritt in das Parlament widerrufen kann. Da nämlich Patente nach gemeinem Rechte Erwerbstitel sind, so ist der Inhaber des Patentes zu dem Besitze des verliehenen Rechtes titulirt durch eine Urkunde; diese kann nicht anders als durch scire facias auf einen von dem Könige angestellten Prozeß, in welchem dem Inhaber des Patentes die Vertheidigung offen steht, annullirt werden.[1])

Wenn nach dem Tode eines Peers in Betreff des Ueberganges der Würde Zweifel entstehen, und in allen Fällen, wo die Würde lange geruht hat oder sonst von ihr kein Gebrauch gemacht ist, erläßt der Lord Kanzler das Einberufungs-Schreiben an einen etwaigen Reklamanten nicht ohne zuvorige Untersuchung der Sache. In Betreff der schottischen und irischen Peerieen ist solche Untersuchung häufig nöthig, ehe das Recht eines Reklamanten, bei der Wahl von Peers für jene Theile des vereinigten Königreiches mitzustimmen, anerkannt werden kann.

Um zu einer Untersuchung des Anspruchs auf eine Peerie zu gelangen, wendet sich der Reklamant mit einer Petition an die Krone. In alten Zeiten wurden solche Ansprüche gewöhnlich in den Gerichtshöfen des High Constable und Earl Marshal untersucht; heut zu Tage verweist die Krone die Petition stets zunächst an den Attorney-General, welcher nach erfolgter Beweisaufnahme entweder für oder gegen den Anspruch berichtet, oder die Verweisung an das Haus der Lords empfiehlt. Die Verweisung an das Haus der Lords ist der gewöhnliche Weg; jedoch ist in einigen Fällen die Peerswürde ohne diese Verweisung anerkannt.

Auf eine sehr bedeutende Auktorität (Lord Holt) gestützt, behauptet man, daß die Verweisung an das Haus der Lords ganz in die Diskretion der Krone gestellt sei, und daß ohne solche Verweisung das Haus der Lords nicht zuständig sei, über den Anspruch zu entscheiden.[2])

---

[1]) Scire facias ist ein richterlicher Erlaß über Urtheile, Patente und andere Urkunden, um sie in Vollzug zu setzen oder zu annulliren. Ein scire facias zu dem Zwecke, ein Patent rückgängig zu machen, kann auf Instanz des Königs erlassen werden, wenn die Verleihung auf Grund von betrügerischen oder falschen Angaben gewährt ist.

[2]) Charles Knowles erhob den Anspruch, daß er Graf von Banbury sei; das Haus der Lords wies im Jahre 1692 den Anspruch zurück. Nachher wurde

In dem bereits erwähnten Falle der Wensleydale-Peerie verwies jedoch das Haus der Lords das Patent an einen Privilegieen-Ausschuß, ohne daß eine Verweisung an das Haus seitens der Krone erfolgt wäre. Auf den Einwurf, daß ohne eine solche Verweisung das Haus die Rechtsgültigkeit der Peerie nicht in Frage stellen könne, wurde erwidert: das Haus habe vermöge eigener Auktorität das Recht, ein neues Patent zu prüfen, wenngleich es nicht befugt sein möge, den Anspruch auf eine alte Peerie zu untersuchen, wenn seitens der Krone keine Verweisung an das Haus erfolgt sei.[1]) Auch ist zu beachten, daß die Frage, welche das Haus an den Privilegien-Ausschuß verwies, nicht die war, ob die Krone die Würde eines Barons Jemand auf Lebenszeit verleihen könne, sondern die, ob eine derartige Würde das Recht gebe, im Hause der Lords zu sitzen und zu stimmen.

Die Verweisung des Anspruches auf eine Peerie durch die Krone wird durch ein Mitglied in das Haus eingebracht, und dann wird die Petition und die Verweisung an den Privilegien-Ausschuß der Lords verwiesen. Vor diesem Ausschusse wird die Angelegenheit sehr strenge, unter Beobachtung scharfer Beweisregeln, untersucht. Der Ausschuß faßt dann eine Resolution ab, über welche dem Hause Bericht erstattet und welche, wenn das Haus ihr zustimmt, der Krone in Erledigung der Verweisungs-Ordre bekannt gemacht wird. Die Krone verfährt dann gewöhnlich nach dergleichen Resolutionen; aber es sind Fälle vorgekommen, in denen die Krone eine zweite Verweisung an die Lords gewährt hat, und in denen dann die letzteren Resolutionen beschlossen haben, welche den früheren direkt entgegenstanden.

Bis zur Zeit Eduards III. waren die weltlichen Peers alle Grafen oder Barone. Der erste Herzog nach der Eroberung war Eduard, der schwarze Prinz, welcher von Eduard III. kreirt wurde; der erste Marquis wurde von Richard II. kreirt; die Viscount-Würde endlich ist von Heinrich VI. geschaffen.

---

er vor der Kings Bench angeklagt. Er wendete gerichtsablehnend ein, daß er ein Peer sei, und der Gerichtshof erkannte die Einwendung als richtig an. — In einem anderen Fall soll der Gerichtshof die Ansicht angenommen haben, daß der Banbury-Fall, in welchen die Kings Bench über das Recht auf eine Peerie entschieden habe, ein Präcedenzfall sei, dem man keine Folge geben dürfe. — Eine spätere Reklamation wegen des Grafentitels von Banbury, im Jahre 1727, wurde ohne Verweisung an das Haus der Lords für unbegründet erklärt.

[1]) Wenn im Parlamente die Frage über das Privilegium oder den Vorrang eines Lords des Parlaments entsteht, so muß dieselbe durch die Lords des Parlaments im Hause der Lords, wie alle Angelegenheiten, welche die Privilegien oder sonst die Lords betreffen, entschieden werden.

Die Anzahl der weltlichen Peers, welche zum Parlamente entboten wurden, hat seit der regelmäßigen Konstituirung des letzteren aus verschiedenen Ursachen, namentlich durch Erlöschen von Peerieen wegen fehlender Nachkommenschaft oder wegen attainder, sowie in Folge von Kreirung neuer Peers, erheblich variirt. Es ist bereits bemerkt, daß vor der Aufhebung der Klöster die Anzahl der geistlichen Peers die der weltlichen gewöhnlich übertraf. Von der Einsetzung des Repräsentativ-Systems im 49. Regierungsjahre Heinrichs III. bis zum Ende der Dynastie der Tudors unter Elisabeth war die Zahl der zum Parlamente entbotenen weltlichen Peers in der Mehrheit der Fälle etwa fünfzig oder sechszig; in einigen wenigen Parlamenten überstieg ihre Anzahl hundert. Unter Elisabeth schwankte sie zwischen fünfzig und siebenzig. Die Stuarts vermehrten die Zahl der erblichen Peers bedeutend: in der Zeit Karls II. hatte sie einhundert zweiundvierzig und in der Zeit Jakobs II. einhundert undfünfzig erreicht. Einschließlich sechszehn schottischer Repräsentativ-Peers, welche durch die Union in Schottland hinzugekommen waren, war die Zahl der weltlichen Peers beim Regierungsantritte Georgs III. um noch zwanzig gewachsen. Seitdem hat, abgesehen von dem Hinzutreten von acht und zwanzig irischen weltlichen Peers in Folge der Union mit Irland, eine große Vermehrung von erblichen Peers des Parlaments stattgefunden. Ihre Anzahl übersteigt jetzt weit das Doppelte der beim Regierungsantritte Georgs III. vorhanden gewesenen. Da viele Peerieen in der Zwischenzeit untergegangen sind, so ergiebt sich, daß die große Mehrzahl der heutigen Peerieen seit der Thronbesteigung Georgs III. geschaffen ist.

Die Geschichte zeigt mehrere Beispiele, in welchen die königliche Prärogative zur Kreirung vieler Peers auf ein Mal ausgeübt wurde. Diese Befugniß der Krone ist eine verfassungsmäßiges Korrektiv gegen die Rechte des Hauses der Lords; dennoch haben Peersernennungen im großen Maßstabe zu dem Zwecke, eine Majorität im Hause zu erlangen, nur äußerst selten stattgefunden. Unter der Regierung der Königin Anna wurde, wie Burnet sagt, ein Versuch gemacht, welchen vorher keiner unserer Fürsten gemacht hatte: man beschloß ganz plötzlich, zwölf neue Peers auf ein Mal zu kreiren; drei von denselben, welche älteste Söhne von Peers waren, wurden durch königlichen Erlaß einberufen, die neun anderen wurden durch Patent kreirt. Man betrachtete den Vorgang als den Gebrauch einer unzweifelhaften Prärogative, so daß man keinen rechtlichen Grund hatte, die Aufnahme der neuen Lords in das Haus zu verweigern. Auch war es nicht einmal möglich, fügt Burnet hinzu, bei den alten Peers den Gedanken aufkommen zu lassen, daß dem Hause eine Beleidigung zugefügt sei, obwohl der Hof durch sein Verfahren offen erklärte, daß sie in völliger Abhängigkeit und Unterwürfigkeit gehalten werden sollten.[1])

Im Jahre 1776 kreirte Georg III. auf den Rath Lord Norths zehn neue Peers, ehe man die Rückstände der Civilliste zur Sprache brachte.[2]) Kurz vor der zweiten Lesung der Reformbill von 1831 im Hause der Lords wurden sechszehn neue Peers kreirt.[3]) Vor der Annahme der Reform-Akte von 1832 war Wilhem IV. bereit, eine hinlängliche Anzahl von Peers zu kreiren, um die Annahme zu sichern. Aber von dem Wunsche beseelt, dieses Mittel zu vermeiden, überredete der König die gegen die Reform-Bill opponirenden Peers zur Aufgabe ihres Widerstandes, und in Folge dessen ging die Bill durch.

Mit Rücksicht auf die oben erwähnte Kreirung von zwölf Peers durch die Königin Anna ging unter Georg I. im Hause der Lords eine Bill durch, welche die Anzahl der Peers beschränken sollte. Blackstone scheint den Werth dieser Bill in der Verhinderung der Krone, einen zu großen Einfluß auf das Haus der Lords „durch den Schub einer beliebigen Anzahl neu kreirter Lords“ zu gewinnen, gesetzt zu haben. Aber de Lolme bemerkt mit Recht: nie sei eine Bill von größerer Wichtigkeit für die Verfassung im Parlamente besprochen; denn die Folge ihrer Annahme würde die Befreiung des Hauses der Lords als legislativer, wie als richterlicher Behörde von allen verfassungsmäßigen Schranken sowohl der Krone, als der Nation gegenüber gewesen sein.

Wir haben gesehen, daß die Gemeinen eine Kontrolle über die Befugnisse der Krone dadurch haben, daß sie vermöge ihres Privilegs in äußersten Fällen die Steuern verweigern können; die Krone dagegen hat durch ihre Befugniß, das Parlament aufzulösen, eine verfassungsmäßige Kontrolle über das Haus der Gemeinen. Die einzige verfassungsmäßige Schranke dem Hause der Lords gegenüber ist die königliche Prärogative, neue Peerieen zu kreiren; außer diesem

---

[1]) Schon vorher, im Jahre 1702, vermochte die herrschende Partei, „welche eine sichere Majorität in beiden Häusern für die nächste Sitzungs-Periode haben wollte, die Königin, gleich nach der Prorogation des Parlaments vier neue Peers zu kreiren, welche die heftigsten Eiferer der ganzen Partei gewesen waren.“ Burnet, Geschichte seiner Zeit. —

[2]) May, Verfassungs-Geschichte. Bd. I., S. 191.

[3]) May a. a. O., Bd. I., S. 212.

giebt es kein anderes Mittel, die Macht des Hauses der Lords, wenn es den klaren und entschiedenen Wünschen der Krone und des Volkes entgegen ist, in Schranken zu halten oder zu lenken.

Die Dreitheilung der Legislatur: König, Haus der Lords und Haus der Gemeinen, ist in Betreff ihrer Wirkung auf die Verfassung der Gegenstand vielen Streites gewesen. Die Betrachtung der Verfassung des Hauses der Lords würde ohne eine kurze Mittheilung über die Verschiedenheit der Meinungen bedeutender Schriftsteller hierüber unvollständig sein. Der hauptsächlich für das Haus der Lords geltend gemachte Grund ist der aus der bekannten Theorie von dem Gleichgewicht der Gewalten hergeleitete. Diese Theorie wird von de Lolme in der Art gerechtfertigt, daß er auseinandersetzt: es sei für eine gute Regierung wesentliches Erforderniß, daß die Exekutiv-Gewalt und die Legislativ-Gewalt jede auf ihre besondere Sphäre beschränkt seien; nun sei die Exekutive am leichtesten so beschränkt, wenn sie eine einige sei, die Legislative, wenn sie getheilt sei, „weil jeder ihrer Theile als eine Schranke für die Bewegungen der andern dienen kann.“ Blackstone kommt ungefähr zu demselben Resultate und schließt, daß die Regierung so zusammengesetzt sei, „daß nichts sie gefährden oder schädigen kann, als die Zerstörung des Gleichgewichts der Macht zwischen einer Branche der Legislatur mit den übrigen.“ Montesquieu bemerkt bei der Besprechung der englischen Regierungs-Einrichtungen: da die Legislative aus zwei Theilen zusammengesetzt sei, so kontrollire der eine Theil den andern durch das einem jeden zustehende Stimmrecht; beide seien durch die Exekutive in Schranken gehalten, welche ihrerseits wieder durch die Legislative beschränkt werde; alle drei Gewalten stellten das Gleichgewicht her.

Neuere Schriftsteller haben die Richtigkeit des Prinzipes des Gleichgewichtes der Gewalten bestritten. Bentham bemerkt: der bildliche Ausdruck: „Gleichgewicht der Gewalten,“ sei ungenau. Dieser Einwand betrifft indessen mehr den Namen des Prinzipes, als das Prinzip selbst. Die durch den Ausdruck bezeichnete Sache ist vollkommen klar. Indem Bentham die Bedeutung des Ausdruckes dahin versteht, daß jeder Zweig der Legislatur den anderen verhindern könne, etwas zu thun, wendet er ein: was nach dem Urtheile eines von ihnen, dessen egoistischem Interesse entgegen sei, werde nicht gethan werden, und was sie dem gemeinsamen Interesse aller Theile der Legislatur für dienlich erachteten, werde durchgesetzt werden, wenn es auch dem allgemeinen Interesse des Volkes zuwider sei. Diese Einwendungen erscheinen vollkommen unbegründet. Auf die erste ist zu erwidern, daß die Verfassung — wie erwähnt — eine Kontrolle über jede Branche der Legislatur an die Hand giebt, welche sie verhindert, einen maßlosen Gebrauch von ihrem Veto zu machen; es sollen einige Fälle angeführt werden, in denen jene verfassungsmäßige Schranke sich als wirksam erwiesen hat. Die zweite Einwendung ist auf die irrige Annahme gegründet, daß es Maßregeln geben könne, welche dem Interesse aller drei Branchen der Legislatur dienlich und doch dem „allgemeinen Interesse des Volkes" (d. h. dem Reste des Volkes) entgegen wären. Noch nie ist aber der Legislatur eine Maßregel vorgeschlagen, bei welcher die Mitglieder derselben nicht dasselbe Interesse mit einem Theile des Restes des Volkes gehabt hätten. Wenn sich ergäbe, daß der betreffende Theil des Volkes zu klein wäre, so würde die Hülfe in einer Verbesserung der Volksvertretung liegen.

James Mill bezeichnet die Theorie von dem Gleichgewichte der Gewalten als „abenteuerlich, phantastisch, ungeheuerlich"; er fragt: „wenn drei Gewalten da sind, wie ist es dann möglich, zwei von ihnen zu verhindern, daß sie sich vereinigen, die dritte zu verschlingen?" Die Antwort darauf ist, daß die Vereinigung von zwei Gewalten, um die dritte zu vernichten, eben weil es drei sind, weniger wahrscheinlich ist, als die Vernichtung der schwächeren Gewalt durch die stärkere, wenn es sich nur um zwei handelt. Die englische Geschichte bietet viele Beispiele, wo zwei von drei Staatsgewalten sich zum Zwecke der Vertheidigung vereinigt haben, d. h. um den Uebergriffen der dritten Gewalt Widerstand zu leisten, aber keinen Fall einer solchen Vereinigung zum Zwecke der Vernichtung der dritten Gewalt.[1]) Mill meint: die Monarchie und die Aristokratie hätten alle möglichen Motive, um nach der unbeschränkten Gewalt über die Personen und das Eigenthum der Bürger zu streben; sie hätten alle möglichen Motive, sich zu vereinigen, um jene Gewalt zu erlangen, und das Volk

[1]) Der Sturz der königlichen Gewalt in der Person Karls I. widerspricht dieser Annahme nicht; denn das Haus der Gemeinen verfügte die Abschaffung der koordinirten Gewalt des Hauses der Lords vor der Abschaffung der königlichen Gewalt. Am 3. Januar 1649 verordneten die Gemeinen, daß „Mitglieder dieses Hauses und Andere, welche von diesem Hause bevollmächtigt sind, bei irgend einer unter Konkurrenz der Lords vorzunehmenden Anordnung mitzuwirken, hierdurch ermächtigt und angewiesen werden, zu berathen, zu handeln, auszuführen u. s. w., wenn auch die Lords sich ihnen nicht anschließen sollten." Am 4. Januar beschlossen die Gemeinen, daß Alles, was von den Gemeinen im Parlamente verordnet ist, Gesetzeskraft habe ohne Konkurrenz des Königs oder des Hauses der Peers. Am 6. Februar (nach dem Tode des Königs) ward eine Bill eingebracht, um das Haus der Peers im Parlamente abzuschaffen.

sei ohne Schutz, wenn es nicht selbst stark genug sei, um es mit jenen beiden aufzunehmen. Der Ausdruck: „alle möglichen Motive" bedeutet wahrscheinlich weiter nichts, als das einzige Motiv des Eigennutzes; dieses Motiv beherrscht alle drei Gewalten und wird möglicherweise zwei von ihnen verführen, sich gegen die dritte zu verbinden. Es ist offenbar nicht streng logisch, wenn jene Folgen als unvermeidlich hingestellt werden; denn sie könnten aus nur einer von drei möglichen Kombinationen entstehen.

Ueberdem ist es bei Beurtheilung von Verfassungsfragen ein viel sicherer Weg, sich auf geschichtliche Vorgänge, als auf rein spekulative Gründe zu verlassen. Die englische Geschichte bietet reichlichen Beweis für die Tüchtigkeit des Prinzipes des Gleichgewichtes der Gewalten. Erstens haben wir Fälle, in denen das Haus der Lords von seiner Gewalt Gebrauch machte, um die Gewalt der Krone in Schranken zu halten und die Gewalt der Gemeinen zu stützen; und zweitens haben wir Fälle, wo das Haus der Lords von seiner Gewalt Gebrauch machte, um das Haus der Gemeinen von dem Ueberschreiten seiner verfassungsmäßigen Befugnisse abzuhalten.

1. Fälle der ersten Art. — Aus einer genauen Betrachtung der Umstände, welche die Entstehung des Hauses der Gemeinen und die Begründung seiner Autorität begleiteten, erhellt, daß dieses Haus seine Errichtung dem Widerstande der feudalen Barone und ihrer Nachfolger gegen die willkürliche Gewalt der Krone verdankt. Die Magna Charta König Johanns wurde diesem von den Baronen abgerungen; sie ist richtig als ein Friedens-Vertrag zwischen dem Könige auf der einen und den Baronen und dem Volke auf der andern Seite bezeichnet worden. Freilich enthält diese Charta keine Bestimmung, welche die Berufung einer Versammlung für allgemeine gesetzgeberische Zwecke angeordnet hätte; aber sie verordnete zum Zwecke der Festsetzung der Hülfsgelder die Existenz einer allgemeinen Rathsversammlung des Königreichs, zu welcher die Prälaten, die größeren Barone und die unmittelbaren Vasallen der Krone regelmäßig einberufen werden sollten. Aus dieser und aus vielen anderen Bestimmungen dieser Charta, namentlich aus denjenigen, welche die Immunitäten der Städte und Burgflecken und die Freiheit des Verkehrs betreffen, geht deutlich hervor, daß die Barone sich auf die Unterstützung ihrer Sache durch das Volk verließen und dieselbe dadurch zu kräftigen suchten, daß sie dem Volke politische Macht verschafften.

Wir haben gesehen, daß am Anfange der folgenden Regierung Heinrichs III. der Freibrief mit Ausnahme einiger wichtiger Bestimmungen, namentlich der die Zusammenberufung nationaler Versammlungen betreffenden, bestätigt wurde. Die Barone mahnten Heinrich III. wiederholt an die Erneuerung des Freibriefes.[1]) Im zweiundvierzigsten Jahre seiner Regierung wurde eine große Versammlung des ganzen Adels von England, der Prälaten und von fast hundert Baronen zu Oxford abgehalten, um den Zustand des Königreichs zu verbessern. Dieses Parlament (welches Hume in seiner zu weit gehenden Vorliebe für die königliche Gewalt thörichter Weise schmähet) ging offenbar mit großer Umsicht und Mäßigung zu Werke, und erlangte sehr wichtige Beschränkungen der Macht der Krone. Eine von dem Könige und den Baronen gewählte Rathsversammlung erließ Verordnungen, welche den König zur Beobachtung der Magna Charta und dazu verpflichtete, daß er in jedem Jahre drei Mal ein Parlament beriefe. Auch wurde bestimmt, daß vier Ritter in jeder Grafschaft über die vorhandenen Beschwerden Bericht erstatten sollten und daß diese Berichte dem Parlamente von dem Sheriff einzureichen seien.

Der treulose König versuchte, sich diesen Verordnungen zu widersetzen. Der Graf von Leicester, von welchen selbst Hume zugiebt, daß er von dem Volke bei seinen Lebzeiten, wie nach seinem Tode verehrt sei, bildete eine mächtige Partei unter den Baronen und dem Volke, um den König zur Beobachtung der Verfassung zu zwingen. Im fünfundvierzigsten Regierungsjahre Heinrichs III. berief Leicester eine Versammlung von drei Rittern aus jeder Grafschaft, um über die Beschwerden des Königreichs zu verhandeln. Der König widerrief den Befehl zum Zusammentritte dieser Versammlung; dennoch mag in ihr der Vorläufer der Versammlung gefunden werden, welche im neunundvierzigsten Regierungsjahre Heinrichs III. stattfand und zu welchen Vertreter der Grafschaften, Städte und Burgflecken zum ersten Mal berufen wurden, so daß man sie als den Anfang des Hauses der Gemeinen bezeichnet hat.

---

[1]) Prynne hat in seiner Vertheidigungsschrift für die Lords das Verfahren der Barone während dieser langen Regierung in Betreff der Ratifikation und Beobachtung der Magna Charta auf Grund der betreffenden Urkunden vollständig mitgetheilt. Zu der Zeit, als die Statute von Merton gemacht wurden — im zwanzigsten Regierungsjahre Heinrichs III. — schlugen die Barone ohne Erfolg einige Maßregeln vor, welche die Magna Charta nicht in allen ihren Bestimmungen, aber in gewissen Einzelnheiten, betreffend den Schutz des Landbesitzes, abschwächen sollten. Selbst wenn man annimmt, daß diese von den Baronen vorgeschlagene Maßregeln sich nicht rechtfertigen lassen, so berührt dies doch die im Texte ausgesprochene Ansicht nicht, daß die Barone die königliche Macht schwächten und die der Gemeinen vermehrten.

Unter der folgenden Regierung Eduards I. machten die Barone einen ähnlichen Gebrauch von ihre Macht. Unter der Leitung der Grafen von Leicester und Norfolk zwangen sie den König trotz seines heftigen Widerstrebens zur Erneuerung der Magna Charta (1297), und sie erlangten die Verordnung de Tallagio non concedendo, durch welche der König verhindert wurde, ohne die Zustimmung der Prälaten, Lords, Ritter und Bürger neue Steuern aufzulegen. Im achtundzwanzigsten Jahre derselben Regierung wurde die Magna Charta „auf Verlangen der Prälaten, Grafen und Barone" noch einmal durch die articuli super chartas erneuert und eine Vorschrift über die Wahl der Sheriffs durch das Volk erlassen.

Ebenso widerstanden die Barone der Macht der Krone unter der folgenden Regierung Eduards II. In einem Peers-Parlamente, im Jahre 1310, errangen die Barone von dem König die Vollmacht zur Wahl von zwölf Ordnern, welche Gesetze zur Verbesserung des Königreiches entwerfen sollten. Ihre Anordnungen wurden im fünften Regierungsjahre Eduards II. in einem Parlamente von Lords und Gemeinen bestätigt; unter denselben war eine Vorschrift, daß alle Jahr Ein Mal Parlament gehalten werden solle, oder zwei Mal, wenn es nöthig würde.

Aus diesen und anderen Fällen, welche angeführt werden könnten, geht genügend hervor, daß die Magna Charta und die Autorität des Hauses der Gemeinen wesentlich durch das Einschreiten des Hauses der Lords geschaffen wurden. Wenn wir nun zur Betrachtung der nächsten wesentlichen und dauernden Veränderung in der Verfassung, welche bei dem Regierungsantritt Wilhelms von Oranien stattfand, übergehen, so werden wir finden, daß die Peers einen großen Antheil daran hatten. In der Zwischenzeit zwischen der Flucht Jakobs II. und der Ankunft Wilhelms in London übernahmen die Peers die Regierung und erließen eine Erklärung, daß sie bereit seien, mit dem Prinzen von Oranien gemeinsam auf Erlangung eines freien Parlamentes hinzuwirken. Nach der Ankunft des Prinzen trat eine Versammlung von ungefähr sechszig Peers mit ihm zu einem Rathe zusammen, um ihm die besten Mittel zur Ordnung der Regierung an die Hand zu geben. Zwei Tage nachher wurde auf Veranlassung einer Rathsversammlung von neunzig Peers eine Konvention von Parlaments-Mitgliedern berufen; diese erklärte Wilhelm III. zum König und erließ die Bill der Rechte (Bill of Rights), welche die Rechte und Freiheiten der Unterthanen deklarirte, sowie die Thronfolge feststellte.

Unter vielen anderen mögen noch folgende Fälle, in welchen das

Haus der Lords sich unrechtmäßiger Anmaßung von Seiten der Krone widersetzte, kurz angedeutet werden: Die Aufrechterhaltung des Parlaments-Privilegiums in dem Falle des Grafen von Arundel, welcher von Karl I. verhaftet wurde, ohne daß der Grund der Verhaftung angegeben war; [1]) die Konferenzen zwischen den Parlaments-Häusern über die Freiheiten der Unterthanen und ihr gemeinschaftliches Handeln bei der großen Petition der Rechte im dritten Regierungsjahre Karls I.; die Resolution der Lords, welcher der König im sechszehnten Jahre derselben Regierung zustimmte, und welche die Unabhängigkeit der Richter durch Unabsetzbarkeit bei Wohlverhalten sicherte; die Resolutionen der Lords in jenem und dem folgenden Jahre, welche in dem Falle von Hampden das Urtheil über das Schiffsgeld als der Magna Charta widersprechend für nichtig erklärten; die Einsetzung eines Ausschusses der Lords in demselben Jahre, um den König zu bewegen, der Bill über das Tonnen- und Pfundgeld seine Zustimmung zu ertheilen; die Untersuchung der Einrichtung und des Umfanges der Befugnisse der Sternkammer (19. Februar 1641), und der spätere Beitritt der Lords zu der von den Gemeinen an sie gelangten Bill wegen Abschaffung dieses Tribunals. Endlich mag noch erwähnt werden, wie das Haus der Lords die Befugniß der Gemeinen, Personen wegen Staatsverbrechen anzuklagen, aufrecht erhalten hat. Diese Anklagen, welche sich in einigen kritischen Epochen für den Zweck des Widerstandes gegen verfassungswidrigen Gebrauch der Prärogative der Krone durch die Minister als äußerst wichtig erwiesen haben, würden völlig nutzlos sein, wenn die Krone das Recht hätte, solchen Anklagen der Gemeinen Einhalt zu thun. Unmittelbar nachdem das Haus der Gemeinen eine Anklage gegen den Lord Schatzmeister Danby beschlossen hatte, löste Karl II. das Parlament auf (1678); aber im nächsten Parlamente erklärten die Lords, daß die Parlaments-Auflösung in dem Stande einer in dem aufgelösten Parlamente von den Gemeinen an sie gebrachten Anklage nichts ändere, und kurz darauf beschlossen sie, der Prozeß über solche Anklagen könne ohne einen High Steward verhandelt werden, wenn die Krone sich weigere, diesen Beamten zu ernennen.

---

[1]) Lord Arundel wurde 1625—26 in dem Tower gefangen gehalten; der Grund seiner Verhaftung war nicht angegeben; aber es wurde als solcher die Verheirathung seines ältesten Sohnes mit einer Verwandten des Königs vermuthet. Nach einer Reihe entschlossener Vorstellungen gegen diese Verhaftung, als den Bruch eines Parlaments-Privilegiums, entließ Karl I. widerwillig Lord Arundel der Haft.

2. Fälle der zweiten Art. — Rücksichtlich der Ausübung der Befugnisse der Lords, um Anmaßung verfassungswidriger Gewalt von Seiten des Hauses der Gemeinen zurückzuweisen, ist zu bemerken, daß es für die Erhaltung der Verfassung gleichmäßig wichtig ist, das Haus der Gemeinen, wie die Krone von der Anmaßung verfassungswidriger Macht zurückzuhalten.

Die Fälle solcher Verhinderung der Gemeinen durch die Lords sind sehr zahlreich. Es sollen zuerst einige Fälle von Anklagen durch die Gemeinen erwähnt werden, da diese Prozesse eben berührt sind. Während das Haus der Lords die Befugniß der Gemeinen zur Anklage sorgfältig schützte, wachte es ebenso sorgfältig darüber, daß die Gemeinen bei ihren Anklagen die gesetzlichen Formen inne hielten. Als das Haus der Gemeinen im Jahre 1667 mit einer Anklage gegen den Grafen Clarendon vorging, wiesen die Lords den Antrag auf Verhaftung des Grafen zurück, „weil die Anschuldigung nur allgemein auf Verrath lautete, ohne spezielle Anklagepunkte aufzustellen." „Die Peers", sagt Burnet, „meinten, eine so allgemeine Anschuldigung sei nichts als leeres Geschrei, und ihre Peerswürde habe geringe Bedeutung, wenn sie auf ein solches Geschrei ins Gefängniß geschickt werden können". — Als im Jahre 1701 das Haus der Gemeinen eine Anklage gegen Lord Somers und andere Minister Wilhelms III. an die Lords gebracht hatte, that es den bis dahin unerhörten Schritt, daß es, ohne das Urtheil der Lords abzuwarten, eine Adresse an die Krone richtete, in welcher es um die Entlassung jener Minister aus dem Staatsrathe (King's Council) für immer bat. Das Haus der Lords hielt dieses Verfahren für einen Versuch, eine Strafe ohne voraufgegangenes rechtliches Gehör herbeizuführen und ihre Jurisdiktion zu vernichten, und richtete seinerseits eine Adresse an den König, in welcher es ihn bat, keinen Tadel gegen die angeklagten Lords auszusprechen, ehe das Urtheil gegen sie ergangen sein würde. Ihre Namen blieben in den Büchern des Staatsraths eingetragen. In einem weiteren Stadium desselben Anklageprozesses weigerten die Lords die von den Gemeinen beantragte gemeinsame Ernennung eines Ausschusses beider Häuser zur Vereinbarung der Präliminarien jenes Prozesses; sie hielten vielmehr an dem augenscheinlich richtigen Grundsatze fest, daß ein Ausschuß, welchen eine Prozeßpartei ernenne, damit er gleichberechtigt mit den Richtern das Verfahren regele, allen Prozeßprinzipien widerspreche.

Der Kampf zwischen Karl I. und dem langen Parlamente ist der Gegenstand so vielen Streites gewesen, daß es schwer ist, die in jenem Kampfe bestrittenen konstitutionellen Fragen zu erwähnen, ohne politische Kontroversen einzumischen, welche in diesem Werke vermieden werden sollen. Wie man aber auch das lange Parlament beurtheilen möge, so scheint doch das außer Zweifel zu sein, daß es die absolute Gewalt, zu der es gelangte, wesentlich der Akte 16 Karl I. cap. 7, verdankte, in welcher verordnet war, daß jenes Parlament nur durch eine zu diesem Zwecke erlassene Parlaments-Akte sollte aufgelöst werden können. Wenn nun ferner zugegeben wird, daß einer legislativen Versammlung die Funktionen der Exekutive nicht überlassen werden dürfen, so ergiebt sich, daß diese Perpetuirung der Macht des langen Parlaments den ersten Grundsätzen guter Staatseinrichtung zuwider war. Als die fragliche Bill in das Haus der Lords gebracht war, machten letztere den Verbesserungsvorschlag, daß das Parlament ohne Bewilligung beider Häuser binnen zwei Jahren nicht sollte aufgelöst werden dürfen. Indessen war die Macht, welche die herrschende Partei in dem Hause der Gemeinen erlangt hatte, so groß, daß die Lords gezwungen wurden, jenen Verbesserungsvorschlag fallen zu lassen.

Die bereits erwähnte Thatsache, daß vor dem Prozesse des Königs auf Hochverrath das Haus der Gemeinen die Abschaffung des Veto der Lords beschloß, ist ein weiters Zeugniß dafür, daß das Oberhaus unter jener Regierung für die Erhaltung der Verfassung von Einfluß war.

Unter der Regierung der Königin Anna machte das Haus der Gemeinen große Anstrengungen zur Erlangung unumschränkter Gewalt, wurde aber am Erfolge durch die bewundernswerthe Vertheidigung der wichtigsten Volksrechte von Seiten der Lords verhindert. Im Jahre 1702 beschloß das Haus, keine von den Gemeinen heraufgekommene Geldbill durchgehen zu lassen, wenn dieselbe mit einer der Bill fremden Klausel verbunden sein würde. Der Zweck dieses Beschlusses war die Beseitigung eines Mißbrauchs, den das Haus der Gemeinen mit seinem ausschließlichen Rechte, Geldbills vorzuschlagen und zu amendiren, trieb. In den Zeiten Karls II. und Wilhelms III. waren nämlich den Geldbills zuweilen Anhängsel angefügt worden, wogegen das Haus der Lords im Jahre 1698 protestirt hatte; aber unter der Regierung Annas versuchte das Haus der Gemeinen, die Zustimmung des Hauses der Lords zu Anordnungen, welchen dasselbe entgegen war, zu erzwingen, indem es diese Anordnungen in Geldbills einrückte, mit welchen sie keinen Zusammenhang hatten. So schlug man bald nach jener Resolution von 1702 vor, einer Grundsteuer=Bill eine Bill gegen gelegentlichen Anschluß an die Staatskirche (occasional conformity) anzuhängen; der Zweck dieser Bill war, die Dissenters von den Aemtern auszuschließen. Mehrere solcher Bills gegen gelegentlichen Anschluß an die Staatskirche waren vorher von den Gemeinen mit großen Majoritäten angenommen, aber von den Lords verworfen. Burnet bemerkt, der Endzweck bei diesem Plane der Anhangsklauseln sei gewesen „eine Veränderung der ganzen Verfassung und die thatsächliche Ueberführung in die Republik; denn es lag darin thatsächlich eine Entziehung des freien Gebrauches des Veto in der Legislatur nicht allein den Lords, sondern auch der Krone gegenüber."

Eine andere Anmaßung, welche sich das Haus der Gemeinen um dieselbe Zeit herauszunehmen versuchte, betraf die Wahlen für erledigte Parlaments=Sitze. Wenn das Parlament versammelt ist und eine Vakanz im Hause der Gemeinen durch Tod oder in anderer Weise eintritt, so erläßt nach altem Gebrauche der Sprecher auf Anordnung des Hauses einen Befehl zu einem neuen Wahlausschreiben behufs Ausfüllung der Vakanz. Um 1704 erklärte das Haus der Gemeinen die Wahlen für einige Burgflecken, unter dem Vorgeben stattgehabter Bestechungen, für nichtig, unterließ aber die Anordnung neuer Wahlausschreiben da, „wo vorauszusehen war, daß die Wahl nicht auf die Person fallen würde, welche das Haus begünstigte".[1]) In einer Adresse an die Königin vom 31. März 1704 führte das Haus der Lords Beschwerde über diese Unterdrückung der Wahlausschreiben seitens der Gemeinen, „wodurch sie sich selbst zu einer unvollständigen Vertretung machen, in Verletzung der Verfassung, im Unrecht gegen die Burgflecken, welche ein gesetzliches Recht auf ihre Vertretung haben, und in grober Unbill gegen Ew. Majestät, da Ihnen ein unzweifelhafter Anspruch auf den Dienst und die Gegenwart aller Mitglieder des Parlaments zusteht". Die Adresse fährt fort: „Wer kann dafür stehen, daß nicht ein schlechter Fürst solche Präcedenzfälle benutzen und mit demselben Rechte es für erlaubt ausgeben wird, dieses oder jenes Wahlausschreiben zurückzuhalten, wie jetzt die Gemeinen, indem sie das Recht in Anspruch nehmen, Wahlausschreiben zu unterdrücken?"

Der bei weitem erheblichste Angriff auf die Verfassung, welchen die Gemeinen in dieser Zeit unternahmen, lag in ihrem Verfahren in den wichtigen Fällen Ashby wider White und die Aylesbury=Männer. Ashby, ein Bürger von Aylesbury, stellte im Jahre 1704 eine Klage wider den Wahlbeamten jenes Burgfleckens bei der Queens Bench

[1]) Burnet, Geschichte seiner Zeit.

an, weil derselbe ihn verhindert habe, seine Stimme abzugeben; er erhielt auf eine an das Haus der Lords gerichtete Appellation ein obsiegliches Urtheil gegen den Wahlbeamten. Das Haus der Gemeinen beschloß, daß die Frage nach der Befähigung eines Wählers nur zu seiner, des Hauses, Kognition stehe, und daß jedermann, der bei den Gerichten Prozesse anstelle, um Fragen dieser Art zur Entscheidung zu bringen, des Bruches der Privilegien des Hauses der Gemeinen schuldig sei. Trotz dieser Resolution stellten später andere Bürger solche Prozesse an und wurden dafür von dem Hause der Gemeinen nach Newgate ins Gefängniß geschickt. Sie beriefen sich auf die Habeas-corpus-Akte, um ihre Entlassung herbeizuführen; aber vergebens, sie wurden gegen das Votum des Lord Chief Justice, Holt, durch ein Urtheil der Majorität der Richter der Queens Bench in das Gefängniß zurückgewiesen. Die Bürger baten um Zulassung eines Rechtsmittels, des writ of error, um das Urtheil der Queens Bench vor das Haus der Lords zu bringen. Das Haus der Gemeinen beschloß: es sei in diesem Falle jenes Rechtsmittel nicht zulässig, und sie baten die Königin, dasselbe zu versagen. Die Gemeinen fühlten sich in so hohem Grade verletzt, daß sie sogar die Anwälte, welche in der Sache für die Verhafteten fungirt hatten, in das Gefängniß sendeten.

Der Umfang der Jurisdiktion des Hauses der Gemeinen in Fragen über die rechtliche Fähigkeit zur Ausübung des Wahlrechts ist selbst heut zu Tage noch nicht frei von allen Zweifeln; aber zweifellos ist es, daß der Weg, welchen das Haus im Jahre 1704 einschlug, um seine Jurisdiktion zu behaupten, eine grobe Verletzung der Verfassung war, wie dies bündig in der meisterhaften, der Königin am 15. März 1705 überreichten Adresse der Lords dargelegt ist. Der von dem Hause der Gemeinen gegen die Bürger erlassene Verhaftsbefehl gab als Grund der Verhaftung an, daß die Prozesse im Widerspruch mit einer Erklärung des Hauses der Gemeinen angestellt seien. Wenn dieser Grund richtig wäre, so könnten die Gemeinen durch eine Erklärung das Gesetz ändern; denn das Recht, auf welches die Klagen gegründet waren, hatte bereits in der Sache Ashby wider White durch den Gerichtshof, welcher nach der Verfassung in letzter Instanz entscheidet, Anerkennung gefunden. „Wir haben nie gehört", sagt die Adresse der Lords, „daß, so lange ein Haus der Lords existirt und ein König oder eine Königin auf dem Throne ist, das Haus der Gemeinen für sich allein die Befugniß hätte in Anspruch nehmen können, durch eine von ihm abgegebene Erklärung das Gesetz zu ändern oder das Volk von England zu hindern, es zu seinen Gunsten anzurufen ... Die Gewißheit unseres Rechts ist es, die wesentlich das Glück der Engländer ausmacht; aber wenn das Haus der Gemeinen das Recht durch seine Erklärungen ändern kann, oder — was dasselbe ist — wenn es Männer ihrer Freiheit berauben kann, sobald sie sich auf das Recht berufen, so haben wir keine Ursache mehr, hierin auf unsere Verfassung stolz zu sein."

Eine andere Rechtsverletzung in jenem Verfahren lag in dem Versuche, gegen das Urtheil der Queens Bench, welches die Gefangenen in das Gefängniß zurückgewiesen hatte, das Rechtsmittel des writ of error abzuschneiden. Dieses Rechtsmittel, welches die Anfechtung von Urtheilen der niederen Tribunale bezweckt, steht der beschwerten Partei ex debito justitiae, von Rechts wegen und nicht aus Gnade oder Gunst zu. Auch dies wiesen die Lords in ihrer Adresse nach, und dasselbe versicherten zehn von den zwölf Oberrichtern der Königin, als sie darüber von ihnen Bericht erforderte. (Februar 1704—5.)

Zwei von den Anwälten, welche wegen jener Prozesse verhaftet worden waren, ließen dem Serjeant des Hauses der Gemeinen Habeas-Corpus-Dekrete zustellen, um in Freiheit gesetzt zu werden; das Haus wies den Serjeant an, dem Dekrete keine Folge zu leisten.

Die Adresse der Lords an die Königin beurtheilt dieses Verfahren mit großer Strenge, weil die Versagung rechtlichen Beistandes für die Bürger eine gegen dieselben begangene Ungerechtigkeit sei, und weil die Beschlüsse des Hauses der Gemeinen eine direkte Aufhebung der zum Schutze der Freiheit durch Habeas-Corpus-Dekrete gegebenen Gesetze zur Folge haben würden. Die Königin antwortete: „Ich würde das in der Adresse erlangte writ of error gewährt haben; aber da ich es für eine unabweisliche Nothwendigkeit halte, diese Sitzungs-Periode unmittelbar zu schließen, so fürchte ich, daß darauf ein weiteres Verfahren nicht würde stattfinden können". Unmittelbar darauf schloß die Königin die Sitzungs-Periode mit einer Rede, in welcher sie über die Streitigkeiten der beiden Häuser ihr Bedauern aussprach, und darauf wurde das Parlament aufgelöst.

Lord Campbell spricht in seiner Lebensbeschreibung Lord Somers' von dem Verfahren des Hauses der Gemeinen in diesem Falle als von dem Angriffe „eines Ultra-Tory-Hauses auf die wohlerworbenen Rechte der Unterthanen mittels Mißbrauches parlamentarischen Privilegs". Man muß hinzufügen, daß das Verfahren des Hauses der Lords eine edle Vertheidigung jener Rechte war.

Die erwähnten historischen Fälle scheinen den Satz hinlänglich zu rechtfertigen, daß das Haus der Lords bestrebt gewesen ist, das Gleichgewicht in der Verfassung in dem Sinne aufrecht zu erhalten, daß das Haus der Lords in vielen kritischen Fällen seinen Einfluß angewendet hat, die Befugnisse der Exekutive und der Legislative vor gegenseitigen Uebergriffen zu schützen. Man kann einwenden, daß in vielen der erwähnten Fälle das Haus der Lords durch den Wunsch getrieben war, nicht das Gleichgewicht in der Verfassung, sondern seine eigene Machtstellung aufrecht zu erhalten. Dieser Einwand beweist aber nur, daß das Haus der Lords ein nie versagendes Motiv hat, um das Gleichgewicht in der Verfassung aufrecht zu erhalten, und deshalb verstärkt der Einwand den aus den erwähnten Fällen abgeleiteten Satz, statt ihn zu widerlegen.

Der bedeutendste der übrigen Gründe, welche für die Einrichtung des Hauses der Lords angeführt werden, ist von de Lolme in folgender Weise aufgestellt. Er sagt: wegen der Theilung der Legislatur in zwei Theile „wird man sich veranlaßt fühlen, einander nur Vorschläge zu machen, welche wenigstens auf den ersten Anblick annehmbar erscheinen; und so werden alle sehr nachtheiligen Veränderungen, gleichsam ehe sie an das Licht treten, verhindert. Ferner, wenn einer von den Theilen der Legislatur den Erfolg hat, die anderen zur Annahme seiner Vorschläge zu bewegen, so ist das Resultat, daß ein Gesetz zu Stande kommt, welches mit großer Wahrscheinlichkeit gut ist; werden die Vorschläge verworfen, so besteht der schlimmste Erfolg in der Vertagung des vorgeschlagenen Gesetzes, und der Schaden, welchen der Staat dadurch erleidet, reicht nicht weiter, als daß zeitweise ein mehr oder weniger nützlicher Gedanke bei Seite geschoben wird."

Bentham stellt in seinem „Konstitutionellen Kodex" mehrere Gründe gegen die Theilung der Legislatur zusammen. Von diesen sollen diejenigen, welche noch nicht beurtheilt sind, hier kurz erwähnt werden. Er erwägt, daß die nicht von dem Volke gewählte Kammer dazu diene, den Monarchen gegen die gerechte Unzufriedenheit des Volkes zu decken. Hierauf ist zu erwidern, daß der moderne Grundsatz, nach welchem die Minister der Krone dem Hause der Gemeinen verantwortlich sind, mehr dazu beiträgt, die Macht der Legislatur zu sichern, als der Grundsatz, nach welchem man den Souverain persönlich verantwortlich macht. Auf seinen Grund, daß das Oberhaus durch den Glanz seiner Würdenträger einen unberechtigten Einfluß auf das Volk ausüben könnte, ist zu erwidern, daß, wenn die Lords in das

Haus der Gemeinen einträten, — und sie müßten dort zugelassen werden,[1]) wenn sie keine Kammer für sich bildeten —, sie viel mehr ihren Einfluß geltend machen könnten, um sich populären Maßregeln zu widersetzen, als jetzt. Der Einfluß der Lords auf die Verhinderung populärer Maßregeln hat sich in der That nicht durch ihre Kollektiv-Macht als Zweig der Legislatur, sondern (besonders vor der Reform-Akte von 1832) durch die Einwirkung der einzelnen Lords auf die Wahlen der Mitglieder des Hauses der Gemeinen am fühlbarsten gemacht.

Bentham macht auch geltend: das einzige Gute, was man einem zweiten Hause zugestehen könne, sei seine Wirksamkeit als ein Mittel gegen Ueberstürzung; aber wenn das einzige Haus aus den tauglichsten Männern gewählt werde, so sei eben diese Tauglichkeit ein hinreichender Schutz gegen Ueberstürzung. Er argumentirt ferner: wenn das erste Haus in einer Art gewählt werde, welche die besten Männer aus der Wahl hervorgehen lasse, so müsse das zweite Haus in einer weniger befriedigenden oder höchstens in gleich guter Weise gewählt werden.

Es ist zu erwidern, daß das Schutzmittel gegen Ueberstürzung nicht das einzige Gute ist, was der Theilung der Legislatur zugestanden werden kann; denn das Gleichgewicht der Gewalt trägt wenigstens ebensoviel Gutes in sich. Ferner würde das Schutzmittel gegen Ueberstürzung, selbst wenn nur Ein Haus existirte, in der Wahl nicht bloß der tauglichsten Männer, sondern *so vieler* von denselben bestehen, daß das Zusammenwirken vieler Geister in der Debatte und bei der Revision der angenommenen Maßregeln gesichert würde. Das Charakteristische der Gesetzgebung durch ein Parlament ist, wie der Namen anzeigt, im Gegensatze zu der Legislative durch absolute Gesetzgeber, daß jene das Resultat der Debatte und der Gegenüberstellung verschiedener Meinungen ist. Die Theilung der Legislatur ist nur eine Ausdehnung jenes Prinzipes. Wie auch die eine Kammer gewählt werden mag, immer ist es klar, daß die fernere Besprechung ihrer Maßregeln in einer anderen Kammer ein neues Schutzmittel gegen Ueberstürzung ist, selbst wenn die gesetzgeberische Befähigung dieser anderen Kammer derjenigen der ersteren nicht überlegen ist.

Ueberdem wird man bei genauer Betrachtung finden, daß alle

---

[1]) Als im Jahre 1649 die Gemeinen beschlossen, daß eine Akte zu dem Zwecke eingebracht werden sollte, um das Haus der Lords abzuschaffen, erklärten sie, daß die Peers berechtigt sein sollten, sich als Ritter oder Bürger wählen zu lassen, und dieses Zugeständniß benutzten mehrere Peers bald nachher.

Gründe Benthams gegen eine zweite Kammer in gleicher Weise gegen die Gesetzgebung durch Versammlungen statt einzelner Gesetzgeber anwendbar sind. Der Vortheil der Einheit in der Legislatur, der Nachtheil der Verzögerung und der Verwickelung der Gesetzgebung — Gründe, auf welche er sich beruft — bilden Gründe für die Uebertragung der legislativen Gewalt an einen einzelnen Gesetzgeber. Aber eine vorsichtige Nation wird ihrer eigenen Befähigung zur Wahl eines Mannes, der geeignet wäre, eine so furchtbare Gewalt in sich zu vereinigen, mißtrauen und wird sich gegen wahrscheinliche Irrthümer in der Wahl der Gesetzgeber dadurch schützen, daß sie ihre Anzahl vervielfacht.

Die am nächsten liegende Einwendung gegen die Einrichtung des Hauses der Lords — eine Einwendung, welche Bentham an einem andern Orte geltend gemacht hat — ist die Erblichkeit der Peerswürde. Man hat gesagt: der Zufall der Geburt gebe keine Sicherheit für die zum Gesetzgeber erforderlichen Eigenschaften; aber der einzige praktische Weg zur Prüfung dieser Frage ist der, daß man sie nach der Erfahrung, nicht nach bloß spekulativen Gründen betrachtet. Die Peerie wird aus den anderen Klassen der Gesellschaft beständig ergänzt, wie wir oben gesehen haben. Die erblichen Peers, welche an den Debatten des Hauses der Lords häufigen Antheil nehmen, sind regelmäßig Männer, welche sich vorher im Hause der Gemeinen oder in den Gerichtshöfen ausgezeichnet haben; die Annalen des Parlaments von den frühesten Zeiten an sind reich an berühmten Beispielen von Rednern und Staatsmännern, welche im Hause der Lords die Leitung gehabt haben.[1])

Natürlich ist die erbliche Würde eine nur künstliche und indirekte Probe für moralische und intellektuelle Eigenschaften; aber dasselbe gilt von manchen anderen Proben, welche das Gesetz bestimmt hat, z. B. von der Vermögens-Qualifikation der Geschworenen. Es ist kein triftiger Einwand gegen jene Probe, daß Männer, welche moralisch und intellektuell ungeeignet zu Geschworenen sind, zufällig die gesetzliche Qualifikation haben können; die Erfahrung, welche in solchen Dingen der einzige sichere Führer ist, beweist, daß die Vermögens-Qualifikation der Geschworenen in der Regel für den beabsichtigten Zweck genügt, und daraus können wir schließen, daß die Einwendung gegen das

---

[1]) Ein wichtiger Grund für die Theilung der Legislatur wird aus der allgemeinen Anwendung derselben bei konstitutioneller Regierungsform entnommen. Im neunten Jahre der Republik richtete Cromwell ein Oberhaus ein, welches „zwischen ihm und den tumultuarischen, populären Neigungen in dem Hause der Gemeinen" vermitteln sollte.

Willkürliche in der analogen Qualifikation der Peers wenigstens nicht nothwendig richtig ist.

3. Beisitzer (Assistants). Neben den weltlichen und geistlichen Peers sind von sehr frühen Zeiten an gewisse Personen zum Parlamente entboten als „Assistants" für den König und das Haus der Lords. Vor Alters waren diese Beisitzer gewöhnlich diejenigen oberen geistlichen und weltlichen Beamten des Königs, welche nicht Lords und Barone des Reichs waren. In späteren Zeiten wurden gewöhnlich alle Richter der Queens Bench, Barone der Schatzkammer, Serjeants-at-law, der Master of the Rolls, der Attorney-General und der Solicitor-General und einige Masters in Chancery[1]) berufen, um dem Könige und den Lords rechtlichen Rath zu ertheilen, Botschaften, Bills und Ordres von den Lords zu den Gemeinen zu bringen und jenen die Antworten mitzutheilen. Die Beisitzer haben kein Stimmrecht bei den Beschlußfassungen des Hauses der Lords, und mit Ausnahme der Richter können sie Mitglieder des Hauses der Gemeinen sein. In älteren Zeiten wurden die Richter gelegentlich über Bills, welche öffentliche Angelegenheiten betrafen, von dem Hause der Lords um Rath gefragt; aber neuerlich wird ihr Rath hauptsächlich über gewisse Privat-Bills, sowie über Rechtsfragen in Appellations-Sachen, die an das Haus der Lords gebracht sind, gehört. Die Richter als Gehülfen des Hauses der Lords bringen Prärogativ-Bills, welche die Krone und die Königliche Familie betreffen, zu dem andern Parlaments-Hause; gewöhnliche Botschaften wurden den Masters in Chancery anvertraut, bevor die Aemter derselben abgeschafft waren. Jetzt sollen die Sekretaire (clerks) des Hauses der Lords solche Botschaften überbringen.

4. Der Sprecher. Der Lord Kanzler oder der Lord Siegel-Bewahrer ist nach altem Gebrauche Wortführer oder Sprecher des Hauses der Lords. Wenn er verhindert ist, so wird ein Stellvertreter des Sprechers durch königlichen Auftrag ernannt, damit derselbe an seiner Stelle das Amt, so lange es dem Könige beliebt, verwalte. Die Stellvertreter des Sprechers sind gewöhnlich die Oberrichter der Westminster-Gerichtshöfe, und meistens werden drei ernannt, mit der Vollmacht, in Abwesenheit des Lord Kanzlers für ihn einzutreten, der zweite Stellvertreter in Abwesenheit des ersten, der dritte in Abwesenheit des ersten und des zweiten. Wenn der Kanzler und seine

[1]) Vergl. über diese Personen: Gneist, Geschichte der Aemter, S. 488. 491. 503. 522. 510. 519. Der Uebers.

Stellvertreter sämmtlich abwesend sind, so wählen die Lords einen Sprecher pro tempore.

Der Sprecher braucht nicht nothwendig ein Peer zu sein. Im letzten Jahrhundert verwalteten die Lord Siegelbewahrer Wright und Henley lange das Amt des Sprechers, obgleich sie nicht in die Peerie erhoben waren. Im Jahre 1830 fungirte der Lord Kanzler Brougham einen Tag lang als Sprecher, ehe er zum Peer kreirt war.

Der Sprecher hat nicht (wie im Hause der Gemeinen) das Recht, Ordnungs-Fragen zu entscheiden, und die Lords richten ihre Reden nicht an ihn, sondern an das Haus allgemein. Er theilt königliche Adressen mit, stellt die Fragen, vertagt die Sitzung und hat mehrere Funktionen, welche ihm als Diener des Hauses zukommen. Wenn er Peer ist, so kann er sprechen und stimmen, wie jeder andere Peer; im Falle der Stimmengleichheit giebt seine Stimme nicht den Ausschlag. Die Stimmengleichheit wird einer Majorität von Nicht-Einverstandenen (non contents) gleich geachtet, da die Maxime des Hauses der Lords ist: Semper praesumitur pro negante.

Achtes Kapitel.

Die Verfassung des Hauses der Gemeinen.

Das Haus der Gemeinen hat seit dem neunundvierzigsten Regierungsjahre Heinrichs III. regelmäßig aus Vertretern der Grafschaften (knights of the shire), Städtern, welche die Städte repräsentirten, Burgflecken-Bewohnern für die Burgflecken und Vertreter der Fünf Häfen (Cinque Ports) bestanden. Alle diese bilden zusammen Eine Versammlung und beschließen gemeinsam.

Noch lange Zeit, nachdem die Vertreter der Grafschaften, Städte und Burgflecken schon zum Parlamente berufen zu werden pflegten, wurden sie nur gewählt „ad faciendum, quod de communi concilio ordinabatur“, während die Peers berufen wurden „locuturi et super praedictis negotiis tractaturi.“

Seit dem Statute 7 Heinrich IV. cap. 15 aus dem Jahre 1406, welches das Verfahren bei den Wahlen der Vertreter der Grafschaften ordnete, sind zahlreiche Statute über die Wahlen der Parlaments-Mitglieder ergangen. Vor jenem Statute hatte die Krone eine sehr ausgedehnte und unbeschränkte Macht, durch königliche Erlasse die Zahl und Qualifikation der Wahlfähigen und der Wahlkörper zu bestimmen.

Nicht allein war die Zahl der für manche Grafschaften, Städte und Burgflecken gewählten Vertreter zu verschiedenen Zeiten verschieden, sondern die Krone nahm sogar lange die Befugniß in Anspruch, an Orten, welche früher Parlaments-Mitglieder gewählt hatten, solche nicht mehr wählen zu lassen, und durch Patente oder Wahlausschreiben oder durch beides neue Wahlkörper zu kreiren. Noch lange Zeit, nachdem das Haus der Gemeinen seinen Platz in der Staats-Verfassung gefunden hatte, entschied nicht das Haus selbst, sondern der König oder der Staatsrath in Gemeinschaft mit dem Hause der Lords über angefochtene Wahlen. Es ist bereits erwähnt, daß nach einem Statute Richards II. aus dem Jahre 1382 die Parlamente nach der Gewohnheit der alten Zeit zusammengesetzt sein sollten.

Die Vertheilung des Wahlrechts ist in Betreff der Grafschaften stets viel weniger veränderlich und unregelmäßig gewesen, als in Betreff der Burgflecken. Die ersten Erlasse wegen der Wahl von Vertretern der Grafschaften und Burgflecken setzten die Zahl der Vertreter für jede derselben auf zwei fest; bis zu der Reform-Akte war auch (mit Einer Ausnahme) die regelmäßige Zahl der Vertreter jeder englischen Grafschaft zwei. Als aber unter Heinrich VIII. Wales mit England vereinigt wurde, bestimmte man für jede walisische Grafschaft (mit Einer Ausnahme) Einen Vertreter. Bei der Union von Schottland und England (5 Anna cap. 8) und von Irland und Großbritannien (40 Georg III. c. 67) wurde die Vertheilung des Wahlrechts unter die schottischen und irischen Grafschaften genau durch die betreffenden Statuten geregelt. Obgleich das System der Vertretung der Grafschaften im ganzen Königreiche nicht durchaus gleichmäßig ist, so wurde es doch durch das Gesetz nach gewissen Rücksichten und nicht bloß willkürlich bestimmt.

Das Wahlrecht der Städte und Burgflecken unterlag von Zeit zu Zeit erheblichen Veränderungen; bei korporirten Burgflecken beruhte es auf Herkommen und auf den Bestimmungen ihrer Freibriefe. In einzelnen Fällen wählten die Grundbesitzer[1]), in anderen alle Einwohner, in anderen nur die Mitglieder der Korporation[2]). Die Verschiedenheiten in der Zahl der Städte und Burgflecken, welche Vertreter

[1]) „Freeholders in burgage tenure" ist kurz mit „Grundbesitzer" übersetzt, obgleich der englische Kunstausdruck nur eine gewisse Art rentenpflichtiger Grundbesitzer in alten Burgflecken bezeichnet. Ueber das Nähere, worauf es hier nicht ankommt, vergl. Blackstone II, 82. Anm. des Uebers.

[2]) In dem Fall Ashley wider White — 1704 — erklärte man im Hause der Lords: jede Stadt sei ein Burgflecken und sende in dieser Eigenschaft Mitglieder

wählten, entstanden theilweis durch die Laune der Sheriffs. Diese hatten nach den an sie ergangenen Erlassen des Königs die erforderlichen Anweisungen an die Städte und Burgflecken zu richten und übergingen dabei willkürlich einige, während sie andere zur Ungebühr berücksichtigten. Um diesen Uebelstand zu beseitigen, wurde durch das Statut 5 Richard II. stat. 2 cap. 4 vorgeschrieben, daß jeder Sheriff bestraft werden solle, welcher bei den Wahlausschreiben für das Parlament Städte oder Burgflecken übergehen würde, die verpflichtet seien, Vertreter in das Parlament zu schicken und diese Pflicht von Alters her erfüllt hätten.

Eine andere Ursache jener Verschiedenheiten war das Unvermögen mancher armen Burgflecken, die Unkosten ihrer Vertreter zu bezahlen. Solche Burgflecken wurden häufig durch die Sheriffs von der Pflicht, Parlaments-Mitglieder abzuordnen, dispensirt, oder sie wurden auch auf eine an die Krone gerichtete Petition von der letzteren zeitweise oder für immer von der Wahlpflicht entbunden.

Andererseits wurde für manche alte Burgflecken und Häfen, welche hundert oder zweihundert Jahre lang keine Vertreter gesendet hatten, das Wahlrecht durch spezielle Freibriefe oder durch eine allgemeine Klausel in dem Erlasse an die Sheriffs oder, (wie in den Zeiten Karls I.) durch eine Anordnung des Hauses der Gemeinen erneuert.

Die Zahl der Städte, Burgflecken und Häfen, für welche von der Zeit Eduards I. bis zu Eduard IV. Wahlen angeordnet wurden, stellt sich auf 170 heraus. Bei dem Regierungsantritte Heinrichs VIII. war die gesammte Anzahl der Wahlkörper, einschließlich der Grafschaften, auf 147 reducirt. Unter seiner Regierung wurde aber diese Anzahl erheblich vermehrt, namentlich durch den Hinzutritt der Abgeordneten für Wales. Unter allen folgenden Regierungen bis zu der Restauration wurde vielen Burgflecken das Wahlrecht verliehen. Nachdem der Gebrauch entstanden war, daß die Parlaments-Mitglieder selbst ihre Unkosten trugen, forderten viele alte Burgflecken, welche wegen ihrer Armuth früher von der Wahlpflicht entbunden worden waren, ihr Wahlrecht zurück. In dem vierten Parlamente Karls I. war die Anzahl der wahlberechtigten Ortschaften in England und Wales,

---

in das Parlament. Es giebt zwei Arten von Burgflecken: die älteren besitzen Grund und Boden rentenpflichtig (in burgage) und haben deshalb das Recht, Vertreter in das Parlament zu senden; die neueren haben durch Verjährung oder durch ihre Freibriefe das ihren Korporationen zustehende Recht, Vertreter zu senden, erworben.

ausschließlich der Grafschaften, 210. In der Zeit der Stuarts war die Gesammtzahl der Mitglieder des Hauses der Gemeinen ungefähr 500.

Von dieser Zeit an wurde die Anzahl der Mitglieder nicht wesentlich geändert, bis vermöge der Union mit Schottland unter der Königin Anna 45 Vertreter von Schottland hinzukamen. Die nächste beträchtliche Veränderung trat durch die Union mit Irland ein, wodurch im Anfange des gegenwärtigen Jahrhunderts das Haus der Gemeinen durch 100 irische Vertreter vergrößert wurde.[1] Seitdem ist die Zahl der Mitglieder des Hauses der Gemeinen fast die gleiche geblieben, wogegen durch die Reform-Akte erhebliche Veränderungen in Betreff der vertretenen Orte herbeigeführt wurden.

Da das Wahlrecht, wie wir gesehen haben, von einer Menge zufälliger Umstände — dem Belieben der Krone, der Laune der Sheriffs, der Unwillfährigkeit mancher Burgflecken zur Absendung von Vertretern — abhing, so war eine äußerst ungleichmäßige Vertheilung desselben unausbleiblich. Diese Ungleichheit in Verbindung mit den Anomalieen in Betreff der Qualifikationen der Burgflecken-Wähler und ihrer Bestechlichkeit oder Abhängigkeit von mächtigen Patronen ist Jahrhunderte lang der Gegenstand häufiger Klagen gewesen.

Als man in der Zeit Elisabeths und ihrer Nachfolger meistentheils aufgehört hatte, den Parlaments-Mitgliedern die ihnen entstehenden Auslagen zu erstatten, begannen viele Burgflecken, welche der Kosten wegen längere Zeit keine Vertreter abgeordnet hatten, wieder solche zu entsenden. Viele von diesen Burgflecken waren zur Zeit der Wiederaufnahme ihres Privilegs sehr kleine Ortschaften geworden. In

---

[1]) Summarisch angegeben, war die Anzahl der Wahlkörper und der Mitglieder — nach Hatsell — unter den verschiedenen Regierungen die folgende:

	Wahlkörper	Mitglieder
Regierungs-Antritt Heinrichs VIII.	147	296
Dazu kamen unter Heinrich VIII.	32	38
Eduard VI.	22	44
Maria	14	25
Elisabeth	31	62
Jakob I.	14	27
Karl I.	9	18
Karl II.	3	6
Anna	—	45
Georg III.	—	100
	zusammen	661

Im Jahre 1817 war die Anzahl der Mitglieder 658. Von Eduard VI. bis Karl I. einschließlich traten fast nur neue Mitglieder für Burgflecken hinzu.

dem dritten Parlamente der Königin Elisabeth wurde in einer Debatte über Parlaments-Reform behauptet, daß den heruntergekommenen Burgflecken das Wahlrecht entzogen werden müsse, und dabei wurden Fälle angeführt, in denen mächtige Adelige und der Staatsrath der Königin versucht hätten, die Wähler zu der Wahl eines empfohlenen Kandidaten zu bestimmen. Es wurde vorgeschlagen, daß jeden Burgflecken, welcher nach der Empfehlung eines Adeligen wählen würde, eine Strafe von vierzig Pfund Sterling treffen sollte. Kurz darauf wurde einem Burgflecken durch dasselbe Haus der Gemeinen eine Geldstrafe auferlegt, weil derselbe einen Sitz im Parlamente für vier Pfund Sterling verkauft hatte.[1])

Einer der Gegenstände der von Fairfax und seiner Armee an das Lange Parlament im Jahre 1647 gerichtete Vorstellung war der, daß das Wahlrecht „nach einer Regel der Gleichmäßigkeit" vertheilt werden möchte, und daß die Vertretung „armer und unbedeutender Flecken aufhören und die der Grafschaften vermehrt werden möchte."

In dem zweiten unter der Republik zusammengetretenen Parlament im Jahre 1654, wurden an viele kleine Burgflecken keine Wahlausschreiben gerichtet. Ein großer Theil der Mitglieder für die Grafschaften und Städte war von Cromwell und seinen Beamten empfohlen.

Während des zweiten Parlaments Karls II. wurde im Jahre 1669 eine Bill zur Beseitigung der Mißbräuche und Unregelmäßigkeiten bei der Wahl der Parlaments-Mitglieder eingebracht. Ferner wurde am 18. Januar 1671 in dem Hause der Gemeinen angezeigt, daß Versuche gemacht seien, eine freie Wahl durch Schriften, welche für gerichtliche Befehle ausgegeben seien, zu hindern; das Haus beschloß, daß darin eine Verletzung des Wahlrechts liege. Ferner wurde im Jahre 1674 in demselben Parlamente über die Kosten der Wahlen und darüber Klage geführt, daß manche Wahlen „durch Furcht und Gewalt und andere durch List und Geld" durchgesetzt würden, sowie daß eine Anzahl heruntergekommener Burgflecken das Wahlrecht wieder aufgenommen hätte, seitdem sie nicht mehr mit den Kosten ihrer Vertreter belastet würden. Im folgenden Jahre wurde in der De-

---

[1]) Klagen über die Empfehlung von Mitgliedern des Hauses der Gemeinen durch die Krone kommen viel früher vor. Einer der Artikel, welche gegen Richard II. im Parlament eingebracht wurden, enthielt die Anschuldigung, daß Richard, „um in seinem Parlamente seinen hartnäckigen Willen durchsetzen zu können, sehr oft Befehle an die Sheriffs erlassen habe, durch welche sie angewiesen wurden, zu veranlassen, daß gewisse von genanntem Könige bezeichnete Personen als Vertreter der Grafschaften zu seinem Parlamente kämen."

hatte gesagt, daß „unerhörte Bestechlichkeit vorhanden sei"; das Kaufen von Wahlstimmen durch Anstellen von Trinkgelagen ward als Laien-Simonie bezeichnet, und es wurde beschlossen, daß die Verabreichung von Speise und Trank an die Wähler, wenn jene den Werth von fünf Pfund Sterling überstiegen, die Wahl nichtig machen solle. Eine andere Resolution, nach welcher Wahlen wegen vorgekommener Bestechungen oder Bewirthungen nichtig sein sollten, ging in demselben Hause der Gemeinen im Jahre 1677 durch.

Die Bill of Rights hat über die wichtige Materie der Parlaments-Wahlen nur sehr unbestimmte Vorschriften. Es ist darin gesagt: der vorige König habe die Freiheit der Wahl der Parlaments-Mitglieder verletzt, und hinzugefügt: (Art. 8) „daß die Wahl der Parlaments-Mitglieder frei sein soll"; (Art. 13) „daß zur Abstellung aller Beschwerden und zur Verbesserung, Verstärkung und Aufrechthaltung der Gesetze häufig Parlamente gehalten werden sollen." Das sind die einzigen Bestimmungen jenes großen Statutes, welche sich auf die Parlamentswahlen beziehen.

Unter der Regierung Wilhelms III. war die parlamentarische Korruption fortdauernd allgemein. Das Haus der Gemeinen, welches unter Bestechungen gewählt war, war selbst bestechlich. Sir John Trevor, der Sprecher des Hauses der Gemeinen, machte einen Vertrag mit dem Könige, nach welchem dem letzteren Stimmen von Parlaments-Mitgliedern verkauft wurden. Burnet erzählt: er habe dem Könige dagegen Vorstellungen gemacht; derselbe habe jedoch erwidert: er hasse diesen Weg, aber er sei unvermeidlich[1]. Im Jahre 1695 ging in Folge der Wahlmißbräuche, welche unerträglich geworden waren, eine Akte durch, nach welcher alle Parlaments-Wahlen nichtig sein sollten, wenn der Gewählte irgend eine Aufwendung in Speise, Trank oder Geld gemacht hätte, um sich Stimmen zu verschaffen. Dieses Statut ist die erste Parlaments-Akte gegen Bewirthungen bei den Wahlen. Schon einige Jahre vorher waren zwar in Folge von Petitionen viele Wahlen vernichtet, aber hauptsächlich wegen unrichtigen Verfahrens seitens der Wahl-Beamten und in einigen Fällen wegen Bestechung; merkwürdiger Weise wurde in keinem Falle eine Wahl wegen Bewirthung der Wähler oder, wie man es damals nannte, wegen Schwelgerei bei den Wahlen beanstandet, obgleich dieser Mißbrauch ohne Zweifel in großem Umfange vorhanden gewesen war.

[1] Unsere Parlaments-Geschichte ist mit diesem schimpflichen Makel seit der Regierung Karls II. bis weit in die Georgs III. hinein behaftet. Vergl. May, Verfassungsgeschichte Bd. I. S. 258.

Dies reicht hin, um das Alter der Mißbräuche bei den Wahlen zu beweisen. In neuerer Zeit war Pitt im Anfange seiner Laufbahn bemüht, eine Parlaments-Reform herbeizuführen. Diese Bemühungen begannen, ehe er Premier-Minister wurde. Im Jahre 1785, länger als ein Jahr, nachdem er dieses Amt angetreten hatte, brachte er eine Bill ein, welche die Volksvertretung zu verbessern bezweckte und in welcher er eine umfangreiche Neuvertheilung der Wahlberechtigung, sowie die Einziehung des Wahlrechts kleiner Burgflecken vorschlug. Die Entschädigung der Eigenthümer dieser Burgflecken in Geld bildete einen Theil seines Plans. Auch ein früheres Projekt des Herzogs von Richmond, welches eine sehr ausgedehnte Veränderung der Zusammensetzung des Hauses der Gemeinen beabsichtigte, hatte die Entschädigung der Besitzer kleiner Burgflecken vorgeschlagen. Pitts Reform-Bill wurde im Hause der Gemeinen durch eine große Majorität verworfen.

Wenige Jahre nachher bildeten sich in einer bewegten Zeit mehrere politische Gesellschaften, deren Ziel die Reform des Hauses der Gemeinen war. Das Vorgehen der bekanntesten unter diesen Gesellschaften — der Verfassungs-Gesellschaft und der Londoner Korrespondirenden Gesellschaft — veranlaßte im Jahre 1794 eine Reihe merkwürdiger Kriminal-Processe gegen einige ihrer Mitglieder, insbesondere gegen Horne Tooke und gegen Hardy wegen Hochverraths. Diese Processe und ähnliche, welche zu derselben Zeit in Irland und Schottland stattfanden, gewährten einen Einblick in das Wesen einer sehr weit verbreiteten Agitation in allen Theilen des vereinigten Königreichs zum Zwecke der Parlaments-Reform. Unter anderen merkwürdigen Ermittelungen, welche in diesen Processen über den Zustand der Volks-Vertretung gemacht wurden, ward die genügend festgestellte Thatsache hervorgehoben, daß zu jener Zeit fast die Hälfte des Hauses der Gemeinen durch den Einfluß von ungefähr zweihundert Personen gewählt war.

Im Anfange des gegenwärtigen Jahrhunderts wurde die Agitation für die Parlaments-Reform wieder aufgenommen; Sir Francis Burnett wurde der hervorragendste Führer derselben, und von ihm, sowie von Andern wurde dem Hause der Gemeinen eine Menge von Petitionen wegen Verbesserung der Volksvertretung vorgelegt. Lord John Russel unterstützte die Sache der Reform unablässig seit 1820 bis zum Durchgehen der Reform-Akte. Endlich im Jahre 1831, als Lord Grey Premier-Minister war, trat Lord John Russel mit der ersten seiner drei Bills wegen Parlaments-Reform hervor; aber erst die dritte erhielt, nach vielen Fährlichkeiten, im folgenden Jahre Gesetzeskraft. Die erste dieser Reform-Bills nämlich fiel im Hause der Gemeinen durch; unmittelbar darauf wurde das Parlament aufgelöst. In dem folgenden Hause der Gemeinen wurde die zweite Reform-Bill mit großer Majorität angenommen; aber sie fiel im Hause der Lords durch. In Folge dessen wurde das Parlament auf kurze Zeit prorogirt; in der nächsten Sitzungs-Periode wurde die dritte Reform-Bill Ende 1831 in das Haus der Gemeinen eingebracht und ging dort kurz darauf durch. Die Gegner der Bill im Hause der Lords gaben theils aus Besorgniß, daß zur Herstellung einer Majorität eine große Menge Peers creirt werden möchte, theils auf privates Angehen des Königs (Wilhelm IV) ihre Opposition auf, und die Reform-Akte für England (2 Wilhelm IV. c. 45) ging Anfangs 1832 durch. Kurz nachher folgten ihr in demselben Jahre die Statute wegen Verbesserung der Vertretung von Schottland und Irland.

Es ist nun der Erfolg dieser Statute und die gegenwärtige Zusammensetzung des Hauses der Gemeinen zu betrachten.[1]) Wir wollen sie nach folgenden Rubriken behandeln: 1. Die vertretenen Orte. 2. Die erforderlichen Eigenschaften der Wähler. 3. Die Wahlen. 4. Bestechung und Wahlumtriebe. 5. Angefochtene Wahlen. 6. Die erforderlichen Eigenschaften der Mitglieder des Hauses der Gemeinen. 7. Die Erledigung von Parlaments-Sitzen. 8. Die Eide der Parlaments-Mitglieder. 9. Der Sprecher des Hauses der Gemeinen.

1. Die vertretenen Orte. Durch die Reform wurde die Zahl der englischen Grafschafts-Wahlkörper von 52 auf 82 vermehrt, indem mehrere Grafschaften in besondere Wahldistricte getheilt und die Zahl der Grafschafts-Mitglieder von 94 auf 159 gebracht wurde. In Schottland und Irland blieb die Zahl der Grafschafts-Wahlkörper und ihrer Abgeordneten unverändert.

Die Reform-Akte entzog sechsundfunfzig englischen Burgflecken, deren jeder 1831 weniger als 2000 Einwohner hatte, das Wahlrecht; sie hatten zusammen 111 Mitglieder gewählt. Für dreißig Burgflecken, welche jeder weniger als 4000 Einwohner hatten, wurde das Wahlrecht in der Art beschränkt, daß sie jetzt nur Ein Parlaments-Mitglied, statt früher zwei, zu wählen haben. Zwei und zwanzig

---

[1]) Das Recht in Betreff der Wahlen und der Zusammensetzung des Hauses der Gemeinen ergiebt sich erst aus einer großen Anzahl von Statuten und theils richterlichen, theils parlamentarischen Entscheidungen. Nur die wichtigsten Bestimmungen können hier kurz in Betracht gezogen werden.

neuen Burgflecken, von denen jeder 25,000 und mehr Einwohner hatten, wurde das Recht, zwei Mitglieder zu wählen, beigelegt. Ein und zwanzig neuen Burgflecken, von denen jeder 12,000 und mehr Einwohner hatte, wurde das Recht zur Wahl Eines Mitgliedes gegeben.

In Schottland wurden die Vertreter der Städte von funfzehn auf dreiundzwanzig vermehrt, so daß die Zahl der Abgeordneten für Schottland um acht gegen die Zahl (45) vermehrt wurde, welche bei der Union dem Lande zugestanden war.

In Irland wurden keine neuen Burgflecken geschaffen, noch wurden Wahlberechtigungen entzogen; aber es wurden fünfundvierzig großen Städten und der Dubliner Universität zwei Parlaments-Mitglieder statt Eines zugestanden.

Seit der Reform-Akte von 1832 ist zwei Städten in England das Wahlrecht wegen Bestechlichkeit entzogen. Dadurch wurden vier Sitze frei, welche durch Uebertragung des Wahlrechts an einen Burgflecken und an Grafschaften wieder ausgefüllt wurden.[1])

Gegenwärtig ist die gesammte Zahl der Abgeordneten in dem Hause der Gemeinen die folgende:

	Für Grafschaften.	Für Städte und Burgflecken.	Zusammen.
England	162	338	500
Schottland	30	23	53
Irland	64	41	105
		zusammen für das vereinigte Königreich	658

In Ansehung des Verhältnisses der Zahl der Gewählten zu derjenigen der Wähler bestehen in verschiedenen Wahlkörpern noch große Ungleichheiten. So ist das Verhältniß in mehreren großen Städten eins zu sechs- bis siebentausend; in manchen kleinen Burgflecken ist es erheblich unter eins zu zweihundert, so daß das Verhältniß in manchen Städten um das mehr als dreißigfache von dem in andern Städten verschieden ist. Ferner vertritt jedes Grafschafts-Mitglied für England und Wales durchschnittlich drei Mal so viele Wähler und drei Mal so viele Personen, als ein Burgflecken-Mitglied, während

[1]) Sudbury wurde das Wahlrecht durch 7 und 8 Victoria c. 58. Sct. Albans durch 14 und 15 Victoria cap. 9 entzogen. Nach der Akte 24 und 25 Viktoria c. 112, welche den Titel führt: „Eine Akte, betreffend die Uebertragung der durch die Entziehung des Wahlrechts von Sudbury und Sct. Albans erledigten Parlamentssitze" haben Yorkshire zwei, Lancashire einen Vertreter mehr bekommen, und Birkenhead ist ein Burgflecken geworden mit der Berechtigung, ein Parlaments-Mitglied wählen zu dürfen.

rücksichtlich der Vermögens-Qualifikation für die Grafschaften höhere Anforderungen gestellt sind, als für die Burgflecken.

Seit 1832 sind mehrere Bills in das Parlament eingebracht, nach welchen weitere Veränderungen in der Vertheilung des Wahlrechts vorgeschlagen wurden. Im Jahre 1852 brachte Lord John Russel eine Bill ein, nach welcher jeder Burgflecken, welcher weniger als 500 Wähler hätte, zusammen mit angrenzenden Orten wählen sollte. Im Jahre 1854 legte er dem Parlamente eine Bill vor, nach welcher 19 kleinen Burgflecken, welche 29 Mitglieder wählen, das Wahlrecht ganz entzogen, 33 andern die Wahl je eines Parlaments-Mitgliedes genommen und die dadurch erledigten Sitze unter den Grafschaften, den größeren Burgflecken und der Londoner Universität vertheilt werden sollten. Im Jahre 1859 schlug die Regierung Lord Derbys vor, fünfzehn Burgflecken, welche zwei Mitglieder wählen und eine Bevölkerung von weniger als 6000 Einwohner haben, Ein Mitglied zu entziehen, und an Grafschaften acht, an neue Burgflecken sieben von den zu erledigenden Sitzen zu übertragen. Im Jahre 1860 brachte Lord John Russel unter der Verwaltung Lord Palmerstons eine Bill ein, nach welcher einem jeden von fünfundzwanzig Burgflecken, welcher weniger als 7000 Einwohner hatte, einer ihrer Vertreter entzogen und fünfzehn von den zu erledigenden Sitzen an Grafschaften, zehn an neue Burgflecken übertragen werden sollten. Keiner von diesen Reform-Vorschlägen ging im Hause der Gemeinen durch.[1])

2. Die erforderlichen Eigenschaften der Wähler. Die Gesetze, welche die Personen bezeichnen, die berechtigt sind, bei der Wahl der Mitglieder des Hauses der Gemeinen ihre Stimme abzugeben, sind so zahlreich und komplizirt, und durch so viele richterliche Entscheidungen interpretirt, daß in Betreff vollständiger Zusammenstellung dieser Bestimmungen auf besondere Werke, welche darüber existiren, verwiesen werden muß. Hier soll nur eine Uebersicht der wichtigeren Einzelvorschriften über die erforderlichen Eigenschaften der Parlaments-Wähler gegeben werden.

Zuerst von den Qualifikationen der Wähler in den englischen Grafschaften. Man ist im Allgemeinen darüber einverstanden, daß nach der ursprünglichen Zusammensetzung des Hauses der Gemeinen Wähler alle diejenigen Personen waren, welche in den Grafschafts-Gerichten und in den Guts-Gerichten des Königs (county courts

---

[1]) May, Verfassungsgeschichte Band I. Kapitel 6.

and courts-baron of the king) Gerichsfolge leisten mußten.[1]) Dazu waren nur die unmittelbaren Vasallen der Krone, nicht aber die Vasallen von Afterlehnsherren, verbunden. Diese Annahme ist eine unvermeidliche Folgerung aus den Umständen, welche die Entstehung des Hauses der Gemeinen begleiteten (vergl. Kapitel 3).

Ein Statut aus dem Jahre 1406, (7 Heinrich IV. c. 15) über die Wahl der Grafschafts-Vertreter bestimmt, daß die Wahlen in den Grafschafts-Gerichten angekündigt werden, und daß alle Diejenigen Wähler sein sollten, welche im Gerichte gegenwärtig sein würden, sowohl die ausdrücklich für diese Angelegenheit Berufenen, als die sonst Erschienenen.[2])

Nach vielen Schwankungen in der Praxis bestimmte ein wichtiges Statut — 8 Heinrich VI. —, daß die Ritter in jeder Grafschaft durch diejenigen Einwohner derselben gewählt werden sollten, welche freien Grundbesitz (freehold) zum Ertrage von jährlich vierzig Schillingen besäßen; ein späteres Statut — 10 Heinrich VI. — bestimmte, daß der bezeichnete Grundbesitz in der Grafschaft liegen müsse, für welche die Wahl erfolgen sollte.

Bis zu den Reform-Akten waren nur diejenigen Personen Grafschafts-Wähler, welche man in der Volkssprache „Vierzig-Schilling-Freisassen" nannte, d. h. Diejenigen, welche freien Grundbesitz mit einem sicheren Jahres-Ertrage von vierzig Schillingen in den Grafschaften hatten, in welchen sie wählten; Leasehold (abgeleiteter, namentlich lebenslänglicher Pachtbesitz gewisser Art) und Copyhold (Besitz von Zinsgütern, Bauerngütern)[3]) berechtigte nicht zur Wahl in der Grafschaft.

Die Reform-Akte dehnte die Wahlberechtigung in den Grafschaften erheblich aus. Mit geringen Modifikationen hielt sie die einmal bestehenden Qualifikationen der Vierzig-Schilling-Freisassen aufrecht; betreffs derjenigen Personen, welche nach dem alten Gesetze zur Zeit des Erlasses der Reform-Akte das Wahlrecht besaßen, bestimmte sie, daß sie dieses Recht lebenslänglich behalten sollten. Dieser Grundsatz, *bestehende* Rechte unberührt zu lassen, wurde hinsichtlich aller Wähler-Klassen festgehalten, aber von dem nachher zu erwähnenden unerläßlichen Erfordernisse der *Registrirung* abhängig gemacht.

[1]) Vergl. über diese Gerichte: Gneist, Geschichte der Aemter. S. 28.

[2]) „Toutz ceux qe illocques sont presentz sibien suterez duement somonies pur cele cause come autres" (7 Heinrich IV. c. 15.)

[3]) Vergl. Gundermann, Englisches Privatrecht Bd. I. S. 274 ff.

Der Uebersetzer.

Nach dem früheren Rechte hatten die Freisassen (freeholders) das Wahlrecht ohne Unterschied, ob ihr Freehold Erbgut war oder ihnen nur auf Lebenszeit oder für die Dauer mehrerer Lebenszeiten zustand. Hinsichtlich dieser letzteren (der Besitzer von Freehold auf Lebenszeit oder mehrere Lebenszeiten) führte die Reform-Akte die Aenderung ein, daß der Grundbesitz das Wahlrecht nur dann verleihet, wenn er einen jährlichen Reinertrag von 10 Pfund Sterling bringt; es blieb jedoch bei der alten Qualifikation von vierzig Schillingen Ertrag hinsichtlich solcher Freisassen, wenn sie schon zur Zeit des Erlasses der Reform-Akte im Besitze waren oder später durch Heirath, Ausstattung, Erbschaft oder Uebertragung eines Amtes oder einer Pfründe in den Besitz des Freeholds gelangten.

Nach der Akte geben nunmehr aber auch folgende Besitzungen das Wahlrecht: Copyholds zum jährlichen Ertrage von 10 Pfund Sterling; Pachtungen (leaseholds) von gleichem Ertrage, wenn die ursprüngliche Ueberlassung (lease) eine sechszigjährige ist; Pachtungen (leaseholds) zum jährlichen Ertrage von fünfzig Pfund Sterling, wenn die ursprüngliche Ueberlassung eine zwanzigjährige ist. Afterpächter von beiden Arten von Pachtgrundstücken müssen jedoch, um wahlberechtigt zu sein, im wirklichen Besitze der Grundstücke sein.

Eine sehr wichtige Erweiterung der Wahlkörper in den Grafschaften trat durch die sogenannte Chandos-Klausel ein. Sie wurde in das Haus der Gemeinen durch den Marquis von Chandos als ein Verbesserungs-Vorschlag zu der Regierungs-Bill eingebracht und angenommen, und nach ihr steht das Wahlrecht allen Pächtern und Miethern von Land und Häusern in ihren Grafschaften zu, wenn sie einen jährlichen Pacht- oder Miethszins von 50 Pfund Sterling entrichten.

Wenn ein Grundstück, dessen Besitz die erforderliche Qualifikation gewährt, von einem Stellvertreter (on trust) besessen wird, so steht das Wahlrecht nicht dem Stellvertreter, sondern dem vertretenen Besitzer zu. Ein als todtes Pfand[1]) gegebenes Grundstück überträgt das

[1]) „Das todte Pfand (mortuum vadium, mortgage) ist vorhanden, wenn Jemand von einem Anderen ein Darlehn übernimmt und ihm hierfür ein Grundbesitzrecht (estate) unter der Bedingung einräumt, versetzt oder verpfändet, daß er, der Darlehnsnehmer (mortgagor), in das versetzte Grundstück wieder eintreten kann, wenn er in der bedungenen Zeit das Darlehn wieder zurückzahlt. Hält er die Zeit nicht ein, dann ist das Grundstück für ihn für immer verloren oder todt, woher der Name." Gundermann, Englisches Privatrecht Band I. S. 243.

Anm. des Uebers.

Wahlrecht an den Pfandschuldner oder den Pfandgläubiger, je nachdem der eine oder der andere im Besitze des Grundstückes ist.

Besitz, welcher zur Ausübung des Wahlrechts in einem Burgflecken ausreichend sein würde, genügt in manchen Fällen nicht, um das Wahlrecht in den Grafschaften zu gewähren. Copyhold, Leasehold und Miethsbesitz in den Burgflecken verleihen, ohne Rücksicht auf den persönlichen Besitz, kein Wahlrecht; dagegen sind Freeholds in Burgflecken nur dann ausgeschlossen, wenn sie von den Freisassen selbst besessen, bewohnt und bewirthschaftet werden.

Zur Zeit, als die Reform-Akte erlassen wurde, waren die Bedingungen des aktiven Wahlrechts in den Burgflecken viel verschiedenartiger, als in den Grafschaften. Wir haben schon auf einige dieser Verschiedenheiten, sowie darauf hingewiesen, daß sie hauptsächlich auf Lokal-Gewohnheiten und auf den Freibriefen beruhten. In manchen Fällen waren die Erfordernisse äußerst gering, so daß ihnen alle Einwohner genügten, welche Steuern („scot and lot") oder Parochial-Abgaben bezahlten, oder sogar alle „potwallers", d. h. alle Leute, welche selbst für ihre Nahrung sorgten, sie sich selbst kochten; in anderen Fällen dagegen war das Stimmrecht bei wenigen Mitgliedern der Korporation. Die Reform-Akte beabsichtigte, diese ungerechtfertigten Verschiedenheiten zu beseitigen, und Gleichmäßigkeit unter den Wahlkörpern der Burgflecken herbeizuführen. Die Akte ließ die Wahlrechte, welche zur Zeit ihres Erlasses bestanden, für die Lebenszeit der berechtigten Personen unberührt. Für die Zukunft aber wurde ein neues gleichmäßiges Erforderniß geschaffen, welches gewöhnlich als das der „Zehn-Pfund Hausbesitzer" („ten-pounds householders") bezeichnet wird. Abgesehen von gewissen Einschränkungen ist danach jeder Mann, welcher als Eigenthümer oder Miether ein Grundstück oder Ländereien zu einem jährlichen Reinertrage von 10 Pfund Sterling innerhalb des Burgfleckens besitzt, Wähler für den Burgflecken. Die Einschränkungen sind die folgenden: der Besitzer darf nicht gesetzlich unfähig (d. h. nicht minderjährig, weiblichen Geschlechts ꝛc.) sein; er muß sich gehörig haben registriren lassen; er muß zu der Armensteuer gehörig eingeschätzt sein und die Steuer, sowie die anderen festgesetzten Abgaben eine gewisse Zeit lang vor der Registrirung bezahlt haben; er muß in dem Burgflecken oder innerhalb des siebenmeiligen Umkreises[1]) eine bestimmte Zeit lang vor der Wahl gewohnt haben.

Registrirung. Die Reform-Akte hat allgemein die Registrirung

[1]) Also etwa $1\frac{1}{2}$ deutsche Meilen. Der Uebers.

der Wähler sowohl der Grafschaften, als der Burgflecken angeordnet; die betreffenden Bestimmungen sind aber durch spätere Statute erheblich modifizirt. Niemand kann bei der Wahl seine Stimme abgeben, wenn er nicht in die Wählerliste seines Bezirks eingetragen ist.

In den Grafschaften fordern die Armenaufseher[1]) jedes Kirchspiels jährlich alle die Personen, welche auf Grund von Landbesitz innerhalb des Kirchspiels das Wahlrecht beanspruchen wollen, auf, sich binnen einer bestimmten Frist zu melden. In den Burgflecken erfolgen die Meldungen in ähnlicher Weise bei den Stadtschreibern.[2]) Die in Folge der Meldungen aufgestellten Listen werden veröffentlicht. Die mit der Revision beauftragten Advokaten (revising barristers) sollen alle Unrichtigkeiten in den Listen, welche als solche nachgewiesen werden, verbessern und die Namen der unberechtigten oder verstorbenen Personen streichen. Jede Entscheidung der revidirenden Advokaten, soweit sie die Auslegung des Gesetzes betrifft, kann durch Appellation an den Gerichtshof der Common Pleas angefochten werden.

Schottland. Die Fähigkeit der Wähler in Schottland vor der Reform-Akte von 1832 beruhete auf Anomalien, welche noch befremdlicher waren, als diejenigen, welche in England existirten. Das Wahlrecht in den Grafschaften beruhete auf Eigenthum oder „Superiorität" („superiority") an Land von vierzig Schillingen alten Maßes oder von vierhundert schottischen Pfunden geschätzter Rente. Da die „Superioritäten" von dem Eigenthume oder der Angesessenheit unabhängig waren, so wurden sie offen gekauft und verkauft oder von großen Eigenthümern zu dem Zwecke parzellirt, um viele Wahlstimmen zu gewinnen. Die Folge davon war, daß die Anzahl der Personen, welche in direkter Beziehung zu dem Grundbesitze standen, sehr gering, die Zahl der vorgeschobenen Wahlstimmen aber fast eben so groß war, als die der übrigen. In den Burgflecken hatten die selbstgewählten Stadträthe das Wahlrecht; wo ein Burgflecken-Distritt das Wahlrecht hatte, wählte jeder Magistrat einen Wahlmann, und vier oder fünf Wahlmänner wählten ein Parlamentsmitglied. Die große Mehrzahl des Volkes hatte keinen Antheil an der Wahl der Abgeordneten; die

---

[1]) Diese Armenaufseher (overseers) sind nicht bloß Armenpfleger im deutschen Sinne; es sind ihnen mancherlei andre mit der Armenpflege mehr oder minder zusammenhängende Amtsgeschäfte übertragen. Vergl. Gneist, Communal-Verfassung Bd. II. §. 99. Der Uebers.

[2]) Ueber das Amt der Stadtschreiber (town clerk) vergl. Gneist a. a. O. S. 892 und 908. Der Uebers.

Wahl derselben war meistens Gegenstand des Feilschens zwischen den wenigen Wählern und der Regierung.[1])

Die schottische Reform-Akte (2 und 3 Wilhelm **IV.** cap. 65 ss. 6. 7. 9.) machte das Wahlrecht in den Grafschaften demjenigen in England ähnlich. Während die bestehenden Wahlrechte in den Grafschaften für die Freisassen auf ihre Lebenszeit aufrecht erhalten wurden, bestimmte man, daß künftig die aktive Wahlfähigkeit beruhen sollte: auf erblichen Eigenthum, welches ein jährliches Einkommen von 10 Pfund Sterling sicherte, ferner auf Pachtungen von 57 Jahren oder auf Lebenszeit von demselben Einkommen, ferner auf Pachtungen von 19 Jahren mit einem jährlichen Einkommen von 50 Pfund Sterling, endlich auf Pacht- oder Miethsbesitz aller Art, wenn das Recht des Besitzes für mindestens 300 Pfund Sterling erkauft ist.

In den Burgflecken wurde das Wahlrecht den Magisträten und Wahlmännern entzogen und den wahlfähigen Einwohnern übertragen. Wer als Eigenthümer oder als Miether ein Grundstück von mindestens 10 Pfund Sterling Reinertrag besitzt, ist Wähler.

Diejenigen, welche das Wahlrecht beanspruchen, melden sich in den Grafschaften bei den Schulvorstehern ihrer Kirchspiele, in den Burgflecken bei den Stadtschreibern. Die Meldungslisten werden von den Sheriffs revidirt, und die Entscheidungen derselben können durch Appellation an die Rundreise-Gerichte (circuit courts of justiciary) angefochten werden.

Irland. In Irland waren die Mängel der Repräsentation vor der Reform-Akte von 1832 eben so schreiend, wie in England oder Schottland. Bei Gelegenheit der Union beseitigte Pitt viele kleine Wahlflecken (nomination boroughs); aber es blieben doch noch viele übrig, und Orte von größerer Bedeutung befanden sich wegen ihres beschränkten Wahlrechts in ähnlicher Abhängigkeit.[2]) Der Gebrauch, Freeholds zu Wahlzwecken zu vervielfältigen, wurde in verderblicher Weise ausgedehnt, da Freeholds geschaffen wurden, ohne daß der angebliche Freisasse irgend etwas besessen hätte. So waren viele Grafschaften bei der Wahl ihrer Vertreter gänzlich der Willkür einiger weniger großer Grundbesitzer preisgegeben.[3])

Die Akte von 1829, betreffend die Emanzipation der Katholiken, hatte die Wahlfähigkeit in den Grafschaften von dem Besitze eines

---

[1]) May, Verfassungsgeschichte, Bd. I., S. 245.
[2]) May, Verfassungsgeschichte, Bd. I., S. 247.
[3]) May a. a. O.

Freehold von 10 Pfund Sterling, statt der früheren 40 Schilling jährlichen Ertrages abhängig gemacht. Die irische Reform-Akte von 1832 behielt diese Bestimmung bei und verlieh das Wahlrecht außerdem den Besitzern von Copyholds im jährlichen Ertrage von 10 Pfund Sterling und gewissen Klassen von Pächtern.

Für die irischen Städte und Burgflecken war die durch die Reform hervorgebrachte Veränderung noch bedeutender, als für die englischen. In manchen bedeutenden Städten waren die Abgeordneten von einem Dutzend selbst gewählter Bürger gewählt worden. Die irische Reform-Akte, welche gleichfalls die bestehenden Rechte der Vierzig-Schilling-Freisassen in den Burgflecken aufrecht erhielt, erhöhete das Erforderniß in Betreff künftiger Besitzer auf 10 Pfund Sterling jährlichen Ertrages.[1])

Die spätere Gesetzgebung hat die Erfordernisse, soweit das Wahlrecht in Irland von dem Vermögen abhängt, erheblich vermindert. Im Jahre 1850 erging ein Gesetz, nach welchem das Wahlrecht in den Burgflecken den Miethern einer Wohnung von dem jährlichen Ertrage von 8 Pfund Sterling verliehen wurde, und nach welchem in den Grafschaften die Besitzer von Grundstücken zu einem jährlichen Ertrage von 12 Pfund Sterling und die Eigner von Erblehngütern (fee simple), oder von Familienlehen (fee tail), oder lebenslänglicher Lehen zum jährlichen Ertrage von 5 Pfund Sterling Wähler sind.[2])

In den bereits erwähnten Parlaments-Reform-Bills, welche seit 1832 eingebracht sind, wurden verschiedene Vorschläge in Betreff der Aenderung der aktiven Wahlfähigkeit gemacht. Lord John Russels Bill von 1852 schlug vor, das Wahlrecht in den Burgflecken auf die Besitzer von Häusern zu 5 Pfund Sterling jährlicher Rente, das Wahlrecht in den Grafschaften auf Besitzer für unbestimmte Zeit

---

[1]) 2 und 3 Wilhelm IV. cap. 88 ss. 1. 6.

[2]) 13 und 14 Victoria cap. 69. Diese Akte vereinfachte auch die Registrirung in Irland erheblich. Die Vertretungen nach dem Gesetze von 1832 und dem von 1850 sind in folgender Art verglichen worden: „Die beiden großen Uebelstände in der früheren Gesetzgebung — die Basirung des Wahlrechts auf Grundbesitz und das beschwerliche Verfahren bei der Registrirung, welches die Erlangung des Stimmrechts ebenso lästig machte, wie ein gerichtlicher Proceß — verunstalten das irische Repräsentations-System nicht mehr. Das durch das Gesetz von 1831 angenommene System erlag zwei verhängnißvollen Fehlern. Die irischen Wahlkörperschaften waren nahe daran auszusterben (da die gesammte Zahl der Parlaments-Wähler für Irland nur 72,000 war), als Sir William Somerville die Bill einbrachte, welche man die Neue Irische Reform-Bill nennen kann und welche das Wahlrecht in der einfachsten Weise bestimmte.“ (Edinburgh Review, 1851).

(tenants at will), wenn sie ein Einkommen von 20 Pfund Sterling aus dem Besitze hätten, und auf Copyholders und Leaseholders von 5 Pfund Sterling Einkommen auszudehnen, endlich ein neues Wahlrecht denjenigen beizulegen, welche an direkten Staatssteuern 40 Schillinge bezahlen. Lord Russels Bill von 1854 schlug vor, das aktive Wahlrecht in den Burgflecken nur von einem Einkommen von 6 Pfund Sterling abhängig zu machen und einige neue Qualifikationen, von denen das Wahlrecht abhängig sein sollte, zu schaffen, namentlich ein jährliches Einkommen von 10 Pfund Sterling aus Dividenden, Bezahlung von 40 Schillingen an direkten Steuern, oder Besitz eines von einer Universität verliehenen Grades. Die Bill, welche Lord Derbys Verwaltung im Jahre 1859 einbrachte, schlug vor, die Qualifikation in den Grafschaften und in den Städten gleichmäßig zu bestimmen und einige neue Klassen von Wahlberechtigten zu schaffen, namentlich außer denen, welche schon in der Bill von 1854 vorgeschlagen waren, Leute, welche 20 Pfund Sterling jährliche Miethe bezahlen, Geistliche, Justizpersonen, Aerzte und solche Schulvorsteher, welche ein Certifikat des Geheimen Raths besitzen.[1])

Die Eigenschaften, welche Personen sowohl in den Städten, als in den Grafschaften persönlich unfähig zur Ausübung des Wahlrechts machen, sind durch zahlreiche Statute bestimmt. Es wird, ohne daß wir auf alle Einzelnheiten eingehen, die Erwähnung hinreichen, daß Weiber, Minderjährige, Fremde, Finanzbeamte,[2]) Geisteskranke, Personen, welche Armenunterstützung erhalten, und Personen, welche wegen Meineid oder Bestechung verurtheilt sind, von dem Wahlrechte allgemein ausgeschlossen sind; Londoner Polizeibeamte können das Wahlrecht in einzelnen der Hauptstadt benachbarten Grafschaften nicht ausüben; Wahlagenten und andere Personen, deren Hülfe von den Kandidaten zum Zwecke der Wahl in Anspruch genommen ist, können an den betreffenden Wahlen nicht Theil nehmen.[3])

---

[1]) May, Verfassungsgeschichte Bd. I. S. 313. ff.

[2]) Die Wahlunfähigkeit der Finanz-Beamten beruht auf einem Gesetze aus dem Jahre 1782, welches auf Veranlassung des Ministeriums des Lord Rockingham erlassen wurde. Dieses wies nach, daß siebenzig Wahlen vorzugsweise von den Stimmen dieser Beamten abhingen und daß 11,500 Zoll- und Steuer-Beamte Wähler seien. May, Verfassungsgeschichte Bd. I. S. 239.

[3]) Eine sessional resolution (vergl. May, Das englische Parlament S. 168) des Hauses der Gemeinen erklärt, daß kein Peer (außer in gewissen Fällen die irischen Peers) das Recht hat, bei den Wahlen zu stimmen. Wegen der Einmischung der Peers bei den Wahlen siehe unten.

3. **Wahl der Parlaments-Mitglieder.** Wir betrachten zuerst das der Wahl voraufgehende Verfahren und dann das ihr folgende.

Es ist bereits erwähnt, daß alle Wahlen von Parlaments-Mitgliedern in Folge von Ausschreiben aus dem Kronamte im Kanzleigerichtshofe veranstaltet werden. Früher wurden alle diese Wahlausschreiben an die Sheriffs gerichtet, welche aufgefordert wurden, Ritter für ihre Grafschaften, Bürger und Burgfleckenbewohner für die in ihren Grafschaften belegenen Städte und Burgflecken wählen zu lassen. Der Sheriff erließ die erforderlichen Verordnungen an die Wahlbeamten der Städte und Burgflecken, damit diese die Wahlen für diese Orte veranstalteten. Durch ein Statut, 16 und 17 Victoria, cap. 58, ist für die Wahlen in England ein einfacheres Verfahren eingeführt; die Erlasse werden direkt an die Wahlbeamten gesendet; das Verfahren, nach welchem jene Verordnungen von den Sheriffs erlassen wurden, ist abgeschafft. Ebenso werden nach 25 und 26 Victoria, cap. 92 s. 3 die Wahlausschreiben für die Burgflecken in Irland an ihre Wahlbeamten, oder bei Abwesenheit derselben, oder wenn die Stelle nicht besetzt ist, an die Sheriffs der Grafschaften, in welchen die Burgflecken gelegen sind, gesendet.

Für Schottland werden die Wahlausschreiben, sowohl diejenigen für die Grafschaften, als die für die Burgflecken, an die Sheriffs gesendet, weil diese dort für die Grafschaften und auch für die in denselben belegenen Städt Wahlbeamte sind.

Die Wahlausschreiben für die Universitäten Oxford und Cambridge gehen an die Vice-Kanzler.

Wird im Parlamente nach dessen Zusammentreten ein Sitz erledigt, so weist der Sprecher in Folge eines im Hause gestellten Antrages den Kron-Secretair (Clerk of the Crown) durch schriftliche Verfügung an, ein neues Wahlausschreiben auszufertigen. Im Jahre 1672 nahm Lord Shaftesbury, welcher damals Lord Kanzler war, für die Krone das Privileg in Anspruch, während einer Prorogation Wahlausschreiben zu erlassen. Dieser Anspruch seitens der Krone wurde dadurch noch bedenklicher gemacht, das Shaftesbury behauptete, die in Folge solcher Erlasse stattgefundenen Wahlen müßten dem Kanzleigerichtshofe einberichtet werden und seien dort zu prüfen. Das Haus der Gemeinen erklärte jedoch alle in Folge solcher Erlasse vollzogenen Wahlen für ungültig; es erklärte ferner, daß die Befugniß, Wahlausschreiben zum Zwecke der Wiederbesetzung erledigter Parlamentssitze anzuordnen und die Wahlergebnisse zu prüfen, nur dem Hause zustehe.

Wird ein Sitz durch den Tod des Inhabers oder durch seine Erhebung in dir Peerie während der Prorogation oder Vertagung des Parlaments erledigt, so befiehlt der Sprecher die Ausfertigung des Wahlausschreibens nur dann, wenn 1. die Prorogation oder Vertagung von solcher Dauer ist, daß das Ausschreiben wegen der Neuwahl vor dem Zusammentreten des Parlaments in Wirksamkeit treten kann, und wenn 2. zwei Mitglieder des Hauses durch ein von ihnen ausgestelltes Certifikat den Eintritt der Vakanz bezeugen und dieses Certifikat vierzehn Tage vorher in der Gazette publizirt ist. Andere Bestimmungen gelten wegen der Anordnung von Neuwahlen in gewissen Fällen, wenn Parlaments-Mitglieder in Konkurs verfallen oder wenn sie ein Amt annehmen und in Folge dessen ihre Plätze im Parlamente verlieren.

Die Art, in welcher die Ausschreiben für eine allgemeine Wahl ergehen, ist bereits im sechsten Kapitel erwähnt.

Früher entstanden viele Streitigkeiten über die Frage, wer die zuständigen Wahlbeamten seien, und häufig gingen doppelte Wahlberichte von zwei Personen in demselben Orte ein welche beide ihre Zuständigkeit behaupteten. Heut zu Tage steht es fest, wer die zuständigen Wahlbeamten sind. In den englischen Grafschaften sind es die Sheriffs, in den Burgflecken der Regel nach die ersten Magistratsbeamten. Die Reform-Akte bezeichnet für manche Städte selbst die Wahlbeamten und verordnet für andere, daß der Sheriff sie ernennen soll. In den Grafschaften leiten die Sheriffs oder ihre Stellvertreter die Wahlen.

Das erste, was der Wahlbeamte nach dem Empfange des Wahlausschreibens zu thun hat, ist, daß er die Zeit und den Ort der Wahl gehörig bekannt macht. Die Zeit zwischen dem Empfange des Wahlausschreibens und der Wahl selbst beträgt mehrere Tage, deren Anzahl für Grafschaften und Burgflecken verschieden ist.

An dem Ernennungs-Tage (nomination-day) liest der Wahlbeamte zuerst das Wahlausschreiben vor. Dann leistet er einen Eid, durch welchen er die unparteiische Ausübung seines Amtes verspricht. Darauf fordert er die Wähler auf, Kandidaten vorzuschlagen. Jeder von einem Wähler vorgeschlagene Kandidat wird von anderen Wählern unterstützt. Die Kandidaten reden darauf zu den Wählern. Wenn mehr Kandidaten vorhanden, als Parlamentssitze zu besetzen sind, so werden nach allgemeinem Gebrauche die erschienenen Wähler aufgefordert, durch Aufheben der Hände zu erklären, wen sie wählen. Werden nicht mehr Kandidaten ernannt, als nöthig sind, um die ledigen Parlamentssitze zu besetzen, so muß der Wahlbeamte sofort erklären, daß die Ernannten gewählt worden; er darf nicht darauf warten, daß etwa andere Kandidaten aufgestellt werden. Aber wenn die ernannten Kandidaten die Vakanzen an Zahl überschreiten und in Betreff eines Kandidaten, welcher bei der Handerhebung durchgefallen ist, eine Stimmregistrirung (poll) verlangt wird, so ist der Wahlbeamte verpflichtet, die Stimmregistrirung zu bewilligen. Wenn er dieselbe verweigerte und einen der Kandidaten für gewählt erklärte, so würde die Wahl ungültig sein.

Der Stimmregistrirungs-Tag (polling-day) ist in Burgflecken der nächste, in den Grafschaften aber gewöhnlich der dritte Tag nach dem Ernennungstage. Bei allen Wahlen wird eine hinreichende Zahl von Plätzen, bei denen die Stimmen abgegeben werden können, eingerichtet, so daß an jedem solchen Platze nur ein Theil der Wähler seine Stimme abzugeben hat.

Bei der Stimmregistrirung darf in Betreff des Rechts einer Person zur Abgabe ihrer Stimme weiter nichts in Frage gestellt werden, als ob sie diejenige Person ist, deren Namen in der Wählerliste steht, und ob sie bei dieser Wahl schon einmal gewählt hat. Darüber kann die Eidesleistung von ihr verlangt werden, aber über nichts weiter. Dagegen kann in Schottland auch noch ein Eid darüber verlangt werden, daß der Wählende noch gegenwärtig das zur Theilnahme an der Wahl erforderliche Vermögen besitzt.

Die Stimme wird viva voce abgegeben und von dem Wahl-Sekretair (polling-clerk) in ein Stimmregistrirungsbuch eingetragen. Nach der Eintragung kann die Stimme von dem Wähler weder zurückgezogen, noch auf einen anderen Kandidaten übertragen werden. Ein offenbares Versehen des Wahl-Sekretairs kann sofort verbessert werden. Der Wahlbeamte hat kein Recht, zu prüfen, ob eine Stimmabgabe in Ordnung ist oder nicht.

Die Stimmregistrirung dauert jetzt bei allen Wahlen, mit Ausnahme der auf den Universitäten und in der Grafschaft Orkney und Shetland in Schottland, nur einen Tag. Die Verbesserung, welche durch diese Beschränkung der Zeit für die Stimmregistrirung herbeigeführt ist, kann man erst ermessen, wenn man die Berichte über die Unordnungen und die Mißbräuche vergleicht, welche früher an der Tagesordnung waren und die Wahlen in die Länge zogen. Früher währte die Stimmregistrirung zuweilen 30 bis 40 Tage. Diese lange Dauer der Wahlen war die Veranlassung beklagenswerther Unordnungen und Excesse. Von den zahlreichen Beispielen, welche dafür beigebracht werden könnten, soll nur die Wahl von Westminster im Jahre 1784 angeführt werden, bei welcher Fox Candidat war; diese dauerte 40 Tage; Trunkenheit und Gewaltthätigkeiten waren an der Tagesordnung.[1]) Wenn in neuerer Zeit keine andere Reform stattgefunden hätte, so würde schon die Abkürzung der Wahl-Saturnalien ein großer Gewinn für die öffentliche und politische Moral sein.

Nach dem Schlusse der Stimmregistrirung werden die Registrirungs-Bücher versiegelt und unter den Siegeln bis zu der Veröffentlichung der Wahlergebnisse (declaration of the poll) aufbewahrt. Diese geschieht in den englischen Grafschaften durch den Sheriff am folgenden oder am zweiten Tage nach der Wahl; in den englischen Burgflecken kann sie sofort nach dem Schlusse der Stimmregistrirung oder am nächsten Tage erfolgen.

Der Wahlbericht (return) ist eine Urkunde, welche die gewählten Personen namhaft macht, von dem Wahlbeamten unterschrieben und untersiegelt und dann, an das Wahlausschreiben angeheftet, an das Kronamt im Kanzleigerichtshofe eingesendet wird. Der Wahlbeamte ist nicht befugt, zu untersuchen, ob ein Kandidat unfähig ist oder ob einzelne Stimmen ungültig sind: er muß in dem Wahlberichte diejenigen Kandidaten als die Gewählten bezeichnen, welche die Majorität der Stimmen erhalten haben.

Bei der Westminster-Wahl von 1784 verschob der Wahlbeamte, seine Befugnisse überschreitend, den Wahlbericht über den Tag hinaus, an welchem er ihn hätte einsenden müssen. Er enthielt so dem siegreichen Kandidaten Fox den Titel für seinen Sitz für Westminster vor. Damals hatte der Wahlbeamte das Recht, eine Stimmenprüfung eintreten zu lassen. Der Wahlbeamte von Westminster ließ eine solche Prüfung anstellen, welche sich mehrere Monate lang hinzog, bis zuletzt das Haus der Gemeinen trotz des Widerstandes von Pitt, welcher damals Minister war, die sofortige Einsendung des Wahlberichts anordnete. Um solche Mißbräuche für die Zukunft unmöglich zu machen, bestimmte man durch das Statut 25 Georg III. cap. 84, daß unmittelbar oder spätestens am nächsten Tage nach dem Schlusse der Stimmregistrirung, die Veröffentlichung des Wahlergebnisses erfolgen und der Wahlbericht erstattet werden soll, es sei denn, daß eine Stimmprüfung zugelassen wird, in welchem Fall der Wahlbericht in einer durch die Akte bestimmten Frist erstattet werden muß; der Wahlbeamte

---

[1]) May, Verfassungsgeschichte, Bd. 1. S. 241.

selbst hat aber das Recht, eine Stimmprüfung eintreten zu lassen, nicht mehr.

In der Absicht, die Freiheit der Wahlen zu sichern, sind viele Resolutionen des Hauses der Gemeinen gegen die Einmischung von einflußreichen Personen, einschließlich der Minister der Krone, aller Peers (mit Ausnahme der irischen Peers, welche als Kandidaten für das Haus der Gemeinen auftreten) und der Lord Lieutenants, ergangen.[1]) Die Soldaten, welche in der Nähe eines Ortes, wo eine Wahl gehalten wird, einquartiert sind, dürfen nach 10 Victoria cap. 21 ihre Quartiere an dem Ernennungs- und an dem Stimmregistrirungs-Tage nur verlassen, um die Wachen abzulösen oder um ihre Stimmen abzugeben.

4. Bestechung und Wahlumtriebe. Einzelne ältere Versuche der Gesetzgebung, Bestechungen bei den Wahlen zu verhindern, sind bereits erwähnt worden. Daß das Uebel in großem Umfange seit der Zeit Karls II. bis zur Gegenwart vorhanden war, erhellt genügend aus der Menge von Statuten, welche zu seiner Abstellung erlassen sind. Die letzteren sollen hier nicht einzeln aufgeführt werden, da im Jahre 1854 eine Akte ergangen ist, welche die Gesetzgebung über Bestechung und Wahlumtriebe zusammenfaßt und alle Statute über diesen Gegenstand seit der Bewirthungs-Akte (Treating Act) Wilhelms III. bis zur gegenwärtigen Regierung aufhebt. Dieses Gesetz (The Corrupt Practices Act) giebt eine neue und ausgedehnte Definition von Bestechung; es erklärt jede Hingabe, jedes Darleihen oder Anbieten von Geld, Stellen oder anderen Sachen von Werth, geschehe es direkt oder indirekt, an einen Wähler, um ihn zu bestimmen, seine Stimme abzugeben oder nicht abzugeben, oder um ihn für Abgabe seiner Wahlstimme oder für die Nichtabgabe derselben zu belohnen, für Bestechung. Das Vorschießen von Geld zu dem Zwecke, damit es zu Bestechungen verwendet werde, ist selbst Bestechung, ebenso die Erstattung von Geldsummen, welche zur Bestechung verwendet sind. Bestechung ist nicht allein auf Seiten des Bestechenden, sondern auch auf Seiten des Bestochenen strafbar. Jeder Wähler, welcher direkt oder indirekt ein Geschenk zum Zwecke der Be-

---

[1]) Die Wahl-Ausschüsse — des Unterhauses — können ihre Untersuchungen auf solche, der Verfassung zuwiderlaufenden Einflüsse ausdehnen; aber es liegt in ihnen kein Grund, die Gültigkeit einer Wahl anzufechten. — Hatsell sagt: die Einmischung von Peers in die Wahlen der Mitglieder des Hauses der Gemeinen sei von dem letzteren stets für einen Bruch seiner Privilegien erachtet; aber das Haus der Lords habe dies niemals anerkannt.

stechung annimmt oder sich versprechen läßt, ist der Bestechung schuldig; ebenso jede Person, welche dies für einen Wähler thut. Das Gesetz enthält ferner Bestimmungen, um das Bewirthen oder die Wahlumtriebe durch Gewähren von Speise, Getränken und sonstigen Unterhalt zu verhindern; das hierüber früher bestandene Recht ist bedeutend erweitert.

Bestechung ist ein Vergehen (misdemeanor), für welches der Bestechende und der Bestochene nach verschiedenen Abstufungen bestraft wird. Bewirthung (treating) ist auf Seiten des Kandidaten eine Uebertretung (penal offence) und macht die Stimme des bewirtheten Wählers ungültig.

Die Gesetzesübertretung der rechtswidrigen Beeinflussung (undue influence) ist nach dem Gesetze vorhanden, wenn Gewalt, Drohung mit einem Verlust oder einer Beschädigung oder Einschüchterung gegen einen Wähler in Anwendung gebracht oder der Wähler durch gewaltsame Mittel oder durch List abgehalten ist, seine Stimme abzugeben. Auch diese Gesetzesübertretung ist ein Vergehen (misdemeanor).

Ein Kandidat, welcher von einem Wahl-Ausschusse (des Unterhauses) schuldig befunden wird, selbst oder durch seine Agenten Bestechung, Bewirthung oder rechtswidrige Beeinflussung bei der Wahl durch einen Wahlkörper angewendet zu haben, ist unfähig für diese Wahlkörper einen Platz in dem gegenwärtigen Parlamente einzunehmen.

Eine andere Bestimmung der Akte betrifft die Bestellung von Wahl-Beisitzern (election auditors) durch die Wahlbeamten. Der Kandidat darf Wahlunkosten nur durch die dazu bestellten Agenten und die Wahlbeisitzer bezahlen; der Betrag dieser Unkosten soll veröffentlicht werden. Indessen haben diese Bestimmungen ihren Zweck, ungesetzliche Wahlunkosten zu verhindern, nicht erreicht.

Die Akte von 1854 war nur für eine gewisse Zeit erlassen; aber sie ist mehrfach durch Continuance Acts erneuert. Im Jahre 1858 wurde in Betreff der Reisen der Wähler bestimmt, daß ein Kandidat die Wähler auf seine Kosten nach dem Wahlorte befördern lassen, aber daß er ihnen kein Geld geben darf, damit sie selbst die Transportkosten bezahlen.

Außer diesen allgemeinen sind von dem Parlamente Special-Akte erlassen in Fällen und Zeiten besonderer Bestechlichkeit. Dann hat man den strafbaren Wahlkörperschaften ganz oder theilweis das Wahlrecht entzogen. So wurde nach der Reform-Akte von 1832 Sudbury und Sct. Albans das Wahlrecht ganz entzogen, und eine große Klasse von Wählern verlor dasselbe in Yarmouth. In anderen Fällen suspendirte das Haus der Gemeinen für längere Zeit die Ausschreiben für neue Wahlen in Orten, wo ausgedehnte Wahlumtriebe stattgefunden hatten.

Ein anderer Versuch der Legislatur, um das Uebel der Wahlumtriebe zu beseitigen, ist die Akte von 1852, betreffend die Untersuchung der Wahlumtriebe durch Königliche Kommissionen. Wenn ein Ausschuß des Hauses der Gemeinen berichtet hat, daß Wahlumtriebe in einer Wahlkörperschaft vorgekommen sind oder doch wahrscheinlich stattgefunden haben, so soll die Krone, wenn sie darum von beiden Häusern angegangen wird, Kommissäre ernennen, welche diese Umtriebe untersuchen sollen. Die Kommissäre haben sehr ausgedehnte Befugnisse, um Beweis herbeizuschaffen, und betheiligten Personen Straflosigkeit zuzusichern. Die Untersuchung ist nicht auf die letzte Wahl für einen solchen Wahlkörper beschränkt, sondern sie kann auf alle früheren ausgedehnt werden, wenn sich ergiebt, daß die letzte nur eine in der Reihe mehrerer bestochener Wahlen ist. Die Kommissäre berichten über das Ergebniß ihrer Untersuchung, und der Bericht wird dem Parlamente vorgelegt.

5. Angefochtene Wahlen. Das Haus der Gemeinen ist lange eifrig bemüht gewesen, um seine Jurisdiction bei der Entscheidung über angefochtene Wahlen anerkannt zu sehen. In den älteren Zeiten des Hauses der Gemeinen waren die Könige oder ihre Staatsräthe die Richter über ungesetzliche Wahlen.[1]) In einem wichtigen

---

[1]) Parry meint, diese Jurisdiction habe viele Jahre nach 1484 bestanden. Prynne in seiner „Vertheidigung für die Lords und das Haus der Peers" citirt Protokolle, von denen einige bis zum zehnten Regierungsjahre Heinrichs VI. herabreichen, aus welchen er ableitet, daß der König und die Lords vor Alters allein über die Gesetzlichkeit der Wahlen zu urtheilen gehabt hätten und daß die von den Gemeinen beanspruchte Jurisdiktion „eine ganz grundlose Neuerung, wenn nicht Anmaßung sei gegen den König, das Haus der Peers und die Kanzler von England, für welche das Parlamentsrecht keinen Anhalt biete."

Im Jahre 1571 untersuchte ein Ausschuß der Gemeinen die Gültigkeit der Wahlen einiger Burgflecken, welche auf Grund ihrer Freibriefe Parlaments-Mitglieder gewählt hatten. Das Haus ließ sie zu, weil die Gültigkeit der Freibriefe, wenn nöthig, an einem andern Orte untersucht werden müsse.

Im Jahre 1657 beschloß das Haus der Gemeinen, Cromwell die Befugniß zu übertragen, Parlamente, welche in einer bestimmten Weise zusammengesetzt sein sollten, zu berufen. Dabei sollten durch Parlamens-Akte Kommissäre bestellt werden, welche die Gültigkeit der Wahlen prüfen sollten.

Streite zwischen den Gemeinen und König Jakob I. über diesen Gegenstand (1604) behaupteten die Gemeinen, daß bis 1406 alle Parlaments-Wahlausschreiben mit dem Wahlberichte dem Parlamente hätten eingesendet werden müssen, daß, nachdem in dem gedachten Jahre die Form der Wahlausschreiben durch ein Statut geändert sei, der Kron-Secretair stets die Wahlausschreiben und die Wahlberichte vorgelegt habe und daß dann die Gemeinen Ausschüsse bestellt hätten, um die Streitigkeiten in Betreff der Wahlen zu prüfen. Einer der Gründe, welche die Gemeinen für ihre Kompetenz anführten, war, daß wenn die Krone zuständig wäre, der Kanzler die Personen in das Parlament berufen könnte, welche er sich wünschte, und daß jede gegen die Gültigkeit der Wahl gerichtete Anzeige irgend einer Person den Grund abgeben könnte, ein neues Wahlausschreiben zu erlassen.

Viele alte Statute legten den Assisen-Richtern das Recht bei, zu untersuchen, ob die Sheriffs bei den Wahlen ungesetzlich verfahren seien. Nach einem Statute Heinrichs IV. sollten die Sheriffs, wenn in Folge einer Untersuchung ihr Verfahren ungesetzlich gefunden würde, mit einer Geldstrafe bis zu hundert Pfund Sterling bestraft werden und die Gewählten ihre Parlaments-Diäten verlieren. Unter Heinrich VI. wurde ferner bestimmt, daß die Gewählten und die Sheriffs bei solchen Untersuchungen behufs ihrer Vertheidigung gehört werden sollten; die Untersuchung sollte stattfinden, wenn der Wahlbericht nicht in Uebereinstimmung mit den Stimmen der Majorität der gesetzlich befähigten Wähler sei; jeder Ritter, Bürger oder Burgfleckenbewohner, welcher in gesetzlicher Weise gewählt, aber von dem Sheriff in seinem Berichte nicht als der Gewählte bezeichnet war, sollte gegen den Sheriff oder gegen die ungesetzlich als gewählt bezeichnete Person binnen drei Monaten nach dem Anfange des Parlaments beim Gericht klagen können.

In der Debatte des Hauses der Gemeinen über den öfter erwähnten Fall Ashby wider White wurden die eben erwähnten Statute in Bezug genommen. Man behauptete, es gäbe nur zwei urkundliche Fälle, in welchen der König in Betreff ungesetzlicher Wahlen eine Jurisdiktion geübt habe, und diese Fälle seien sehr alt; überdem habe der König in jenen Fällen in Folge von Petitionen der Gemeinen Vollmachten zur Untersuchung über die Wahlen ertheilt; die Kompetenz der Gemeinen stehe seit zweihundert Jahren fest und sei durch ein neues Statut (7 und 8 Wilhelm III. cap. 7) bestätigt. Dieses Statut bestimmt auch, daß jeder Wahlbericht, welcher der letzten Entscheidung des Hauses der Gemeinen über das Wahlrecht in einer Grafschaft u. s. w. widerspreche, unrichtig sei. Ferner bestimmt es, daß jede in gesetzlicher Weise gewählte Person die Beamten und andere Personen, welche einen falschen Wahlbericht erstatten oder veranlassen, gerichtlich auf Entschädigung anklagen kann.

Nachdem der Gebrauch des Hauses der Gemeinen, Ausschüsse zur Untersuchung angefochtener Wahlen zu bestellen, Eingang gefunden hatte, war es eine Zeitlang die Regel, daß man Sonderausschüsse aus Mitgliedern, welche zur Führung der Untersuchung geeignet schienen, wählte; man verordnete dabei, daß in diesen Privilegien-Ausschüssen kein Mitglied außer den gewählten eine Stimme haben sollte[1]). Aber im Laufe der Zeit gab man diesen verständigen Gebrauch auf: jedes Mitglied konnte dem Ausschusse beiwohnen und daraus folgte dann, daß die Entscheidungen desselben, statt den Gesetzen und dem beigebrachten Beweise zu entsprechen, lediglich von dem Partei-Interesse eingegeben waren. Diese Parteilichkeit der Entscheidungen über die Wahlen war unter den Regierungen Jakobs II., Wilhelms III. und Annas an der Tagesordnung; der Mißbrauch blieb unvermindert, bis er theilweise durch die berühmte Akte abgestellt wurde, welche Greenville im Jahre 1770 einbrachte. Nach dieser sollten die Wahlprüfungs-Ausschüsse aus dreizehn Mitgliedern bestehen, welche von den Parteien aus einer Liste von 49 durch Ballot bestimmten Mitgliedern des Hauses gewählt werden sollten. Indessen beseitigte diese Maßregel das Odium, welches an den Wahlprüfungs-Ausschüssen wegen ihrer Parteilichkeit haftete, nur zum Theil. Sie wurde durch Sir Robert Peels Akte von 1839 aufgehoben, nach welcher die Mitglieder der Wahlausschüsse fortan durch den Sprecher ernannt werden sollten. Das hierdurch eingeführte System besteht in der Hauptsache noch; aber es sind Verbesserungen desselben eingeführt, und durch eine Akte aus dem Jahre 1848 (11 und 12 Victoria cap. 98) wurde die Zusammensetzung der Wahlausschüsse in folgender Weise bestimmt.

Kurz nach dem Anfang jeder Sitzungs-Periode ernennt der Sprecher sechs Mitglieder zu einem allgemeinen Wahlprüfungs-Ausschusse (general committee of elections). Die Mitglieder schwören, daß sie ihre Pflichten ohne Furcht und ohne Gunst ausüben wollen. Alle Wahl-Petitionen werden diesem Ausschusse zugewiesen. Wenn mehrere Petitionen dieselbe Wahl betreffen, so werden sie gemeinschaftlich behandelt. Der allgemeine Ausschuß wählt eine hinreichende Anzahl

---

[1]) Resolution des Hauses der Gemeinen im einundzwanzigsten Regierungsjahre Jakobs I.

von Vorsitzenden für die Wahlprüfungs-Ausschüsse und ordnet das Erforderliche wegen Vertheilung der Geschäfte unter dieselben an. Die übrigen Mitglieder des Hauses, welche verpflichtet sind, in den Ausschüssen zu arbeiten, werden dann in fünf Abtheilungen von möglichst gleicher Anzahl eingetheilt [1]). Der Wahlprüfungs-Ausschuß wird vierzehn Tage nach erfolgter Bekanntmachung seiner bevorstehenden Erwählung von dem allgemeinen Ausschusse gewählt. Die Abtheilung der bereits bestimmten Vorsitzenden (the chairmen's panel) wählt an demselben Tage aus ihrer Mitte den Vorsitzenden für diesen Ausschuß und theilt den Namen desselben dem allgemeinen Ausschusse mit, nachdem letzterer die vier Mitglieder gewählt hat, welche außerdem an dem Wahlausschusse Theil nehmen sollen.

Die Parteien, welche bei einer Wahlpetition betheiligt sind, können die ernannten Mitglieder eines Wahl-Sonder-Ausschusses aus Gründen, welche in der Akte aufgezählt sind, ablehnen. Diese Gründe sind: daß das betreffende Mitglied bei der empfohlenen Wahl mitgestimmt hat; daß für dasselbe der Parlamentssitz beansprucht wird; oder daß es mit einer Person, für welche der Sitz beansprucht wird, im ersten oder zweiten Grade nach kanonischer Berechnung verwandt oder verschwägert ist. Es ist bestimmt, wie die Zahl der Ausschußmitglieder ergänzt werden soll, wenn eine solche Ablehnung begründet gefunden wird.

Der Wahl-Sonder-Ausschuß leistet in dem Hause den Eid, daß er die ihm überwiesenen Wahlpetitionen nach dem beigebrachten Beweise beurtheilen will. Der Ausschuß muß, so lange seine Untersuchung einer Wahl dauert, täglich eine Sitzung halten.

Die häufigsten Wahlpetitionen sind diejenigen, in welchen über eine ungesetzliche Wahl oder über einen unrichtigen Wahlbericht Beschwerde geführt wird. Zur Petition berechtigt sind sowohl die aktiven Wähler des Wahlbezirkes, als diejenigen, welche den Parlamentssitz für sich beanspruchen, oder welche Kandidaten bei der Wahl gewesen zu sein behaupten. Die Petitionen müssen im Allgemeinen innerhalb einer bestimmten Frist nach der Sitzungs-Periode oder nach

---

[1]) Aus dem Texte ist der Zweck dieser fünf Abtheilungen nicht ersichtlich. Er erhellt aus folgenden Worten Mays (Das englische Parlament S. 520): „Die Abtheilungs-Listen werden dem Hause mitgetheilt. Der clerk stellt an der Tafel durch das Loos die Reihenfolge fest und numerirt demgemäß eine jede. Der allgemeine Ausschuß erhält sie zurück und die Wahl-Sonder-Ausschüsse werden nach der Reihe, der Nummer gemäß, jedem Abtheilungs-Verzeichnisse entnommen."
Anm. des Uebers.

Eingang des Berichts über die Neuwahl dem Hause eingereicht werden. Die Partei, welche die angefochtene Wahl vertheidigt, ist entweder das gewählte Parlamentsmitglied selbst, oder es sind Wähler, welche mit oder ohne seine Zustimmung die Vertheidigung übernehmen.

Der Grund der Beschwerde kann in Unregelmäßigkeiten, welche bei der Wahl vorgekommen sein sollen, bestehen, z. B. in der Verhinderung der Stimmabgabe, in vorzeitigem Schlusse der Stimmregistrirung und in anderen Ordnungswidrigkeiten, durch welche die Wahl nichtig wird. Die häufigeren Gründe der Wahlanfechtung sind jedoch: Einschüchterung, Bestechung und Bewirthung. Ein Kandidat, welcher schuldig gefunden wird, selbst oder durch seine Agenten Wähler bestochen oder bewirthet zu haben, ist unfähig, die Grafschaft oder den Burgflecken, wo die Gesetzwidrigkeit stattgefunden hat, bis zur nächsten Parlaments-Auflösung zu vertreten.

Der Kandidat ist nicht allein für seine eigenen Handlungen, sondern auch für die seiner Agenten und deren Unter-Agenten verantwortlich, selbst wenn diese ohne sein Wissen gehandelt haben. Offenbar führt dieser Grundsatz nicht selten zu großen Härten und Unbilligkeiten; häufig sind Kandidaten ihrer Parlamentssitze auf Grund von Handlungen verlustig geworden, an denen sie unschuldig waren und welche von Personen begangen wurden, von deren Existenz sie nicht einmal etwas wußten. [1])

Wenn in der Petition behauptet ist, daß der für durchgefallen erklärte Kandidat in Wirklichkeit die Mehrzahl der gesetzlichen Stimmen für sich gehabt habe, so findet zur Feststellung der behaupteten Thatsache eine Prüfung (scrutiny) der Stimmen statt. Wenn eine solche Prüfung beantragt wird, so reicht jede Partei eine Liste der Wähler ein, gegen welche sie Einwendungen macht, und begründet die letzteren. Die Untersuchung über jede solche Wahlstimme wird für sich behandelt; die Anfechtung, Vertheidigung und Entscheidung erfolgt in Betreff einer jeden besonders. Die für ungültig erachteten Wahlstimmen werden in der Abstimmungsliste gestrichen. Der Ausschuß kann seine Untersuchung auf alle Gründe der Ungültigkeit, wie

---

[1]) „Man ließ Verdachtsgründe als Beweise des Auftrages gelten, so daß Abgeordnete ihres Sitzes wegen Handlungen verlustig gingen, welche unberufene Agenten vorgenommen hatten, ohne daß sie einer Wissenschaft oder des Einverständnisses überführt waren. Bei der Anwendung dieses Gesetzes haben Ausschüsse eher durch zu große Strenge, als durch zu große Nachsicht gefehlt.“ May, Verfassungsgeschichte Bd. I. S. 301.

Bestechung, Empfang von Armen-Unterstützung u. s. w. ausdehnen, wenn sie nach der Registrirung der Wähler entstanden sind; auch kann der Anspruch auf das Wahlrecht, welcher von den revidirenden Advokaten durch „ausdrückliche Entscheidung" speziell zugelassen oder verworfen ist, von dem Ausschusse in Betracht gezogen werden, wenngleich sonst das Register in Betreff der Rechte der Wähler allein entscheidend ist.

Die bei der Petition betheiligten Parteien werden vor dem Ausschusse regelmäßig durch Anwälte (by counsel) vertreten, und sie bringen ihre Beweise bei, deren Erhebung und Beurtheilung nach den gesetzlichen Regeln erfolgt (oder erfolgen soll).

Der Ausschuß entscheidet, welche Personen (wenn überhaupt welche) in gesetzlicher Weise gewählt sind, ob die Wahl nichtig ist, und ob ein neues Wahlausschreiben erlassen werden muß. Sein Ausspruch ist endgültig unter den Parteien; er wird dem Hause einberichtet und von dem Hause ausgeführt.

Obgleich die Entscheidungen über die Wahlpetitionen durch das eben beschriebene Verfahren bedeutend besser geworden sind, so ist doch das System immer noch unbefriedigend. Es ist auch schwer abzusehen, wie ein Tribunal zur Prüfung der Wahlen, welches aus Mitgliedern des Hauses der Gemeinen zusammengesetzt ist, befriedigend sein könnte. „Bei der Ernennung der Wahlausschüsse hatte nothwendiger Weise die eine oder die andere Partei die Mehrheit einer Stimme. Obgleich diese Tribunale seit jener Zeit einsichtiger und gerechter zu Werke gegangen sind, so gab die Art ihrer Zusammensetzung und ihr Verfahren doch nur zu oft zu dem Vorwurfe politischer Parteilichkeit Veranlassung." [1])

Es tritt hinzu, daß die Ausschußmitglieder gewöhnlich der Beweisregeln und der anderen gesetzlichen Vorschriften, nach welchen sie entscheiden sollen, nicht gehörig kundig sind, daß sie oft dasjenige als Gesetz annehmen, was der Anwalt dafür ausgiebt und das folgeweise ihrer Entscheidungen, wie allgemein bekannt, mit einander in Widerspruch stehen. Die Trennung der Thatfrage von der Rechtsfrage und die Entscheidung der ersteren durch den einstimmigen Spruch einer Jury, der letzteren durch ein Urtheil gelehrter Richter hat sich durch lange, in den ordentlichen Gerichten des Landes gemachte Erfahrungen als ein unschätzbares Mittel zur Herbeiführung guter Rechtssprüche erwiesen. In den Wahlausschüssen findet eine solche

---

[1]) May, Verfassungsgeschichte. Bd. I. S. 253.

Trennung nicht statt. Die Thatfragen werden durch einen Wahrspruch gewöhnlich mit der Majorität von einer Stimme, die Rechtsfragen durch Männer entschieden, denen juristische Bildung mangelt.

6. **Die erforderlichen Eigenschaften der Mitglieder des Hauses der Gemeinen.** — Die Anzahl der Statuten, welche spezielle Gründe der Unfähigkeit zur Einnahme eines Sitzes im Hause der Gemeinen aufstellen, ist so groß,[1]) daß hier nur eine Uebersicht der wesentlichsten Unfähigkeitsgründe gegeben werden soll.

Folgende Personen sind wegen persönlicher Hindernisse unfähig: Ausländer, Minderjährige, Weiber, Geisteskranke, in Konkurs Verfallene, Verräther, Verbrecher und Personen, welche von dem Hause der Gemeinen für unfähig erklärt sind.

Folgende Personen sind unfähig wegen ihrer Aemter und Stellen: protestantische Geistliche, die Mitglieder des römisch-katholischen Klerus, die Richter von den oberen Gerichtshöfen des gemeinen Rechts und den oberen Billigkeitsgerichtshöfen mit Ausnahme des Master of the Rolls, Peers mit Ausnahme derjenigen irischen Peers, welche nicht zu den gewählten 28 Lords des Parlaments gehören, Gouverneure der Kolonieen, mehrere Personen, welche mit der Verwaltung und Vereinnahmung der Steuern in Beziehungen stehen, Steuer- und Zollbeamte, Beamte (clerks) der Schatzkammer und anderer Regierungs-Departements. Personen, welchen von der Krone solche Aemter übertragen werden, die seit 1705 geschaffen sind, verlieren ihre Sitze, wie dies später erwähnt werden wird.

Jede Person, welche mit der Regierung in ein Kontraktsverhältniß tritt, wird unfähig; jedoch wird dies nicht auf diejenigen ausgedehnt, welche sich bei einer Anleihe der Regierung betheiligen.[2])

Kein Parlamentsmitglied ist vor Aufgabe seines Sitzes für einen anderen Ort wählbar.

Die revidirenden Anwälte sind zeitweise unfähig; die Sheriffs und andere Wahlbeamte können die Wahlkörperschaften nicht vertreten, in Betreff deren sie Wahlberichte zu erstatten haben.

Die gegenwärtig bestehende Gesetzgebung, nach welcher gewisse Beamte („placemen") der Krone nicht Parlamentsmitglieder sein dürfen, begann unter Wilhelm III.[3]) Im Jahre 1693 ging im Hause

---

[1]) Die Anzahl soll mindestens 116 sein. May, Das englische Parlament. Anmerkung zu S. 32.

[2]) May, Das englische Parlament S. 34.

[3]) Eine Bill, nach welcher kein Mitglied des Hauses der Gemeinen ein öffentliches Amt sollte annehmen dürfen, wurde in diesem Hause im siebenundzwan-

der Gemeinen eine Bill durch, nach welcher alle Mitglieder desselben unfähig sein sollten, Vertrauens- und mit einem Einkommen verbundene Stellen, welche von der Krone vergeben würden, inne zu haben; aber das Haus der Lords verwarf die Bill, weil, wie Burnet sagt, dieselbe einen Gegensatz zwischen der Krone und dem Volke statuirte, als wenn denjenigen, welche von der ersteren angestellt wären, von dem letzteren nicht getrauet werden dürfe. Nach mehreren Statuten Wilhelms III. wurden Personen, welche gewisse Regierungsämter bei der Steuer- und Zollverwaltung inne hatten, für unfähig erklärt im Hause der Gemeinen zu sitzen. Nach einer Bestimmung von 12 und 13 Wilhelm III. cap. 2 sollten alle die Personen unfähig sein, welche nach dem Tode des Königs Wilhelm und der Königin Anna eine mit Einkommen oder Pension verbundene Stelle, welche von der Krone dependirte, inne haben würden; aber diese Verordnung wurde, ehe sie in Wirksamkeit trat, durch das Statut 4 Anna cap. 8 aufgehoben. Eine zweite allgemeine Selbstentsagungsbill, wie man sie nannte, ging im Hause der Gemeinen im Jahre 1705 durch. Nach dieser sollten alle diejenigen für unfähig erklärt werden, welche Regierungsstellen inne hätten, welche seit 1684 neu geschaffen wären. Das Haus der Gemeinen ließ diese Bill fallen, indem es Abänderungsvorschläge, welche dazu vom Hause der Lords gemacht waren, seine Zustimmung versagte. Bald darauf wurde jedoch eine Akte (6 Anna cap. 7) durch das Parlament gebracht, welche verschiedene Unfähigkeitsgründe schuf.

In vielen Fällen tritt in Folge der Annahme von Stellen oder Pensionen von der Krone **absolute** Unfähigkeit zur Einnahme eines Parlamentssitzes ein. Dahin gehören alle Stellen, welche seit 1705 geschaffen sind, und alle Pensionen, welche von der Krone auf unbestimmte Zeit (during pleasure) gewährt werden.

Wenn ein bereits gewähltes Parlamentsmitglied ein Regierungsamt annimmt, welches dasselbe nicht absolut unfähig macht, so verliert es seinen Parlamentssitz, und es soll dann ein neues Wahlausschreiben ergehen, in Folge dessen dasselbe Mitglied wieder gewählt werden kann.

Mit Rücksicht auf diese Bestimmung ist entschieden, daß Kommissäre, welche durch eine Parlaments-Akte angestellt werden, ihre

---

zigsten Regierungsjahre Karls II. in Vorschlag gebracht und verworfen. — Derselbe Zweck wurde durch die berühmte „Selbstentsagungs-Ordonnanz“ verfolgt, welche im Hause der Gemeinen, während des Bürgerkrieges unter Karl I., durchging.

Plätze im Parlamente behalten, da sie nicht von der Krone angestellt werden, und daß, wenn ein Amt vor 1705 bestanden hat, die Annahme desselben auch dann nicht unfähig macht, wenn der Namen des Amtes später verändert ist. In einigen neueren Parlaments-Akten, durch welche neue Regierungsämter geschaffen wurden, ist speziell bestimmt worden, daß die Inhaber derselben im Parlamente sitzen können.

Der Erfolg dieser von der Revolution beginnenden und in den folgenden Regierungen fortgesetzten Gesetzgebung ist der, daß die Zahl der Beamten (placemen) im Hause der Gemeinen bedeutend vermindert ist. Im ersten Regierungsjahre Georgs I. war die Zahl der Mitglieder, welche Aemter, Pensionen und Sinekuren inne hatten, 271. Im Jahre 1833 gab es nur 60 Mitglieder des Unterhauses, welche Civilämter und Pensionen inne hatten, ungerechnet Angestellte des Heeres und der Flotte.[1]) Bei jedem Wechsel des Ministeriums wird eine beträchtliche Anzahl von Parlamentssitzen durch die Annahme neuer Aemter erledigt; es kann nicht geleugnet werden, daß die Verfügung über dieselben dem Ministerium erheblichen Einfluß in dem Hause der Gemeinen gewährt.[2])

Der Besitz eines bestimmten Vermögens war bis zur neuesten Zeit ein nothwendiges Erforderniß für die englischen und die irischen Parlamentsmitglieder; im Jahre 1858 sind jedoch alle Vermögenserfordernisse durch ein Gesetz abgeschafft. Im Jahre 1696 sendeten die Gemeinen zum ersten Male eine Bill an die Lords, welche das

---

[1]) May, Verfassungsgeschichte, Bd. I. S. 257.

[2]) Folgende Personen sind nicht unfähig, im Parlamente zu sitzen: die präsumtiven Nachfolger der Peers in ihrer Würde, Gesandte, der Attorney-general, alle Beisitzer oder Hülfsbeamte der Lords mit Ausnahme der Oberrichter, Personen, welche im Wege der Exekution eines Civil-Erkenntnisses verhaftet sind Beamte des Herzogthums Cornwallis, wenn der Prinz von Wales Inhaber desselben ist. Nach dem 28. Abschnitte des Statuts 6 Anna cap. 7, dessen Bestimmungen in dem Texte angeführt sind, soll nichts von dem, was dort bestimmt ist, auf ein Mitglied des Hauses der Gemeinen, welches Offizier in der Landarmee oder in der Flotte ist und eine neue oder andere Stelle darin erhält, anwendbar sein. Indessen ist entschieden worden, daß die Annahme einer ersten Anstellung in der Armee oder der Flotte den Verlust des Parlamentssitzes nach sich zieht. Nach dem Statute 15 Georg II. c. 22 sind viele Beamte vom Sitze im Hause der Gemeinen ausgeschlossen; aber nach der 3. Abtheilung dieser Akte sollen (unter anderen) nicht ausgeschlossen sein: die Staatssekretaire des Schatzamtes und der Admiralität, der Sekretair des Kanzlers der Schatzkammer, die Unter-Staatssekretaire oder irgend eine auf Lebenszeit (during life or during good behaviour) angestellte Person.

passive Wahlrecht für das Parlament auf Personen von einem bestimmten höheren Vermögensbesitze beschränken sollte. Die Lords verwarfen diese Bill. „Sie hielten es für vernünftig," sagt Burnet, „der Nation die bisherige Freiheit in der Wahl ihrer Vertreter im Parlamente zu lassen. Es schien ihnen ungerecht und entwürdigend, einen armen Mann von so gutem Rufe, daß diejenigen, welche ihn zu wählen wünschten, auch bereit wären, ihm seine Unkosten zu bezahlen, wegen seines geringen Vermögens mit dem Makel der Nichtwählbarkeit zu behaften. Wahlumtriebe wären eher von Reichen, als von Armen zu besorgen."

7. Die Erledigung von Parlamentssitzen. — Die Befugniß des Hauses der Gemeinen, die Erlassung neuer Wahlausschreiben anzuordnen, wenn ein Sitz im Hause erledigt wird, ist bereits erwähnt worden. Wenn ein Mitglied nach seiner Wahl durch einen der vorher erwähnten Umstände unfähig wird, so ist sein Sitz erledigt. Ein andere Ursache der Erledigung ist der Wunsch eines Mitgliedes, seinen Platz im Parlamente aufzugeben. Das Aufgeben ist aber in direkter Weise nicht zulässig, weil es ein alter Grundsatz des Parlaments ist, daß ein einmal in gehöriger Art gewähltes Mitglied sich nicht weigern kann, seine Pflichten im Parlamente zu erfüllen. Aber es giebt gewisse, nur nominelle Kronämter (das eines Steward der Chiltern Hundreds [1]) und einige andere), welche seit 1750 Mitgliedern, die das Parlament zu verlassen wünschten, übertragen wurden, um sie in den Stand zu setzen, ihre Sitze aufzugeben. Die gedachten Aemter sind von der Art, daß ihre Annahme gesetzlich die Unfähigkeit zur Folge hat.

In einigen Fällen hat man neue Wahlausschreiben erlassen, wenn der Gewählte sich weigerte, die vorgeschriebenen Eide zu leisten; [2]) andere selbstverständliche Fälle sind, wenn ein Mitglied stirbt oder nach

---

[1]) Chiltern Hundreds ist ein zum größten Theile in Buckinghamshire belegener Landstrich. In demselben befindet sich eine Hügelkette, die Chiltren Hills, welche früher mit dichter Buchenwaldung bedeckt war und welche zahlreichen Räubern zum Zufluchtsorte diente. Um dem Unwesen dieser Strauchdiebe zu steuern, und die Bewohner der Umgegend vor ihren Räubereien zu schützen, wurde ein Kronbeamter, der Steward of the Chiltren Hundreds, angestellt. Dieses Amt hat natürlich als solches schon lange keine Bedeutung mehr; aber es besteht nominell zu dem im Texte angedeuteten Zweck noch fort. Vergl. auch May, Das englische Parlament S. 501. f. Anm. d. Uebers.

[2]) Jedoch geschah dies nicht, als im Jahre 1850 Baron Rothschild, und im Jahre 1851 Salomons sich weigerten, den Eid „auf den Glauben eines Christen" zu leisten.

Einnahme seines Sitzes unfähig wird. Wenn Jemand bei einer allgemeinen Wahl für zwei Orte gewählt ist, so bestimmt er, für welchen derselben er die Wahl annehmen will, sobald die Frist zur Einreichung der Wahlpetitionen abgelaufen ist. Endlich werden neue Wahlausschreiben auf Anordnung des Hauses der Gemeinen erlassen, wenn die Entscheidung der Wahlprüfungsausschüsse auszuführen sind.

Das Haus der Gemeinen hat einige Male Mitglieder ausgestoßen und neue Wahlausschreiben zum Zwecke der Wiederbesetzung ihrer Sitze angeordnet. Die Ausstoßung erfolgte entweder wegen Libells oder anderer gegen das Haus selbst begangener Vergehen, oder wegen gerichtlicher oder sonst genügender Ueberführung eines Verbrechens, einer Unredlichkeit, der Veruntreuung öffentlicher Gelder und der Bestechlichkeit, oder wegen Mißbrauchs der Parlaments-Privilegien,[1]) oder wegen Flucht vor einer Kriminal-Anklage. In dem Falle von John Wilkes, welcher im Jahre 1764 ausgestoßen war, wurde nach mehrjährigem parlamentarischen Kampfe endlich entschieden, daß ein ausgestoßenes Mitglied in Folge eines neuen Wahlausschreibens von seinen früheren Konstituenten wieder gewählt werden kann.

8. Die Eide der Parlamentsmitglieder. — Früher mußten die Parlamentsmitglieder drei Eide leisten: den Huldigungseid (of allegiance), den Suprematseid (of supremacy) und den Abschwörungseid (of abjuration). Durch dieselben wurde der Krone Treue gelobt, jede kirchliche oder geistliche Gerichtsbarkeit oder Auktorität des Papstes oder einer anderen auswärtigen Macht für eine unrechtmäßige erklärt, und dem Prätendenten abgeschworen.[2]) Kein Mitglied des Hauses der Lords konnte stimmen oder seinen Sitz einnehmen, oder einen Bevollmächtigten bestellen, und kein Mitglied des Hauses der Gemeinen konnte stimmen, oder nach der Wahl des Sprechers während der Debatte im Hause bleiben, wenn es nicht diese Eide leistete.

Durch eine Akte vom Jahre 1858 wurde für jene drei Eide ein einziger Eid eingeführt. Durch diesen Eid wird versprochen, daß der Schwörende der Krone treu sein, sie gegen Verschwörungen vertheidigen und solche anzeigen, die Thronfolge, wie sie durch die Bill of

[1]) Im Jahre 1678 wurde ein Mitglied ausgestoßen, weil es Anderen als seinem Hausgesinde Schutz gewährt hatte.

[2]) Um die Thronfolge, wie sie bei und seit der Revolution festgesetzt war, zu sichern, wurden mehrere Statute erlassen, nach welchen die Personen, welche den zur Verleugnung des Prätendenten und seiner Nachkommen vorgeschriebenen Eid zu leisten sich weigerten, bestraft werden sollten.

Rights in der Linie des Hauses Hannover bestimmt ist, aufrecht erhalten will, daß er dem Gehorsam und der Treue gegen alle andere Personen, welche Ansprüche auf die Krone des Landes erheben möchten, entsagt, daß er alle Gerichtsbarkeit und Auktorität, kirchliche wie geistliche, welche von fremden Mächten in dem Königreiche beansprucht werden möchte, für unrechtmäßig erklärt. Der Eid schließt mit den Worten: „Und ich erkläre dies auf den wahren Glauben eines Christen, so wahr mir Gott helfe." Quäker und Mitglieder anderer Sekten, welchen das Gesetz gestattet eine feierliche Versicherung an Stelle des Eides abzugeben, geben diese Versicherung ab.

Die erwähnte Akte läßt die Bestimmungen des Gesetzes (the Roman Catholic Relief Act) in Betreff des Eides der Katholiken unberührt.[1]) Dieser Eid ist fast von demselben Inhalte, wie der oben erwähnte, nur mit der Ausnahme, daß er die Auktorität des Papstes nur in weltlichen Dingen für unrechtmäßig erklärt, und daß er das Versprechen enthält, gegen „die gegenwärtige Kirchen-Einrichtung" nichts zu unternehmen, auch die protestantische Religion oder die protestantische Regierung im vereinigten Königreiche nicht zu beeinträchtigen.

Nach der Akte über die Emancipation der Juden können Parlamentsmitglieder jüdischen Glaubens auf besonderen Beschluß des Hauses die Schlußworte: „Und ich erkläre dies auf den wahren Glauben eines Christen," aus dem Eide fortlassen. Nach einer späteren Akte kann das Haus der Gemeinen dies, statt durch einen Spezialbeschluß, durch eine ein für alle Male zu erlassende Vorschrift der Geschäftsordnung (standing order) bestimmen.[2])

9. **Der Sprecher des Hauses der Gemeinen.** — Wie schon erwähnt worden, liegt kein Beweis dafür vor, daß die Lords und die Gemeinen jemals gemeinschaftlich Beschlüsse gefaßt hätten, obgleich vor der gegenwärtigen Einrichtung des Parlaments die Lords und die Gemeinen zuweilen in der Westminsterhalle zusammen saßen. Wenn die Gemeinen sich zur gesonderten Berathung entfernt hatten, so wurde das Resultat gewöhnlich durch Einen aus ihrer Mitte berichtet. Es liegen mehrere urkundlich bezeugte Fälle vor, daß Personen so gewählt wurden, welche bei bestimmten einzelnen Veranlassungen für die Gemeinen sprechen sollten; aber ein ordentlicher Sprecher

---

[1]) Früher waren die römischen Katholiken unfähig, im Parlamente zu sitzen, da sie den Supremats-Eid verweigerten. Den Huldigungs-Eid und den Abschwörungs-Eid wollten sie schwören.

[2]) 21 und 22 Victoria cap. 49; 23 und 24 Victoria cap. 49.

im gegenwärtigen Sinne des Wortes konnte natürlich erst bestellt werden, als die vollständige Trennung beider Häuser eingetreten war.

Eine Zeit lang nach dieser Trennung wurde auf die Bitte der Gemeinen ein Ausschuß der Lords ernannt, welcher den ersteren behülflich sein und ihnen Rath ertheilen sollte. Dies geschah z. B. im Jahre 1376 und im folgenden Jahre 1377 (unter Eduard III.); damals wurden von Zeit zu Zeit einige Lords bestellt, welche mit den Gemeinen „zur besseren Direktion und Information" konferiren sollten; ferner baten unter Richard II. die Gemeinen den König, daß derselbe wegen ihrer ungenügenden Fähigkeiten (le feeblesse de lour pouairs et sens) gewisse Prälaten und Lords mit ihnen gemeinschaftlich in Berathung treten lassen möge. In den beiden zuletzt erwähnten Fällen wurden Sprecher von den Gemeinen gewählt. Im Jahre 1377 sprach Sir Thomas Hungerford für die Gemeinen im Parlamente (avoit les paroles pur les Communes d'Engleterre) und unter Richard II. hatte Peter de la Mare, Grafschaftsritter für Hereford, das Wort für die Gemeinen (la parole de par la Communité). Dies scheinen die ersten Sprecher zu sein, deren Namen uns erhalten sind.[1])

Seit vielen Jahrhunderten hat das Haus der Gemeinen beim Anfange eines jeden neuen Parlaments in Folge einer gewöhnlich durch den Lord Kanzler mitgetheilten Anweisung des Königs einen Sprecher gewählt. Nur drei Fälle liegen vor, in welchen der Sprecher ohne solche Anweisung gewählt ist, nämlich in dem Convention-Parliament, welches bei der Restauration im Jahre 1660 zusammentrat, in der Konvention zur Zeit der Revolution von 1688, wo das Parlament sich ohne die königliche Auktorität versammelte, und im Jahre 1789, wo das Haus der Gemeinen während der Geisteskrankheit Georgs III. einen neuen Sprecher wählte.

Nach einem alten Gebrauche stellt der von dem Hause gewählte Sprecher sich dem Könige zum Zwecke der Bestätigung vor. Im Jahre 1592 sagte Sir Eduard Coke, als er sich vorstellte: „Dies ist bis jetzt nur ein Vorschlag, nicht eine Bestallung durch Wahl; dazu ist die Billigung und Bestätigung durch Eure Majestät noch nöthig." Im März 1678 wurde Sir Eduard Seymour als Sprecher vorgestellt; König Karl II. versagte der Wahl die Bestätigung. „In Folge

---

[1]) Das Amt des Sprechers ist in verschiedenen Zeiten verschieden bezeichnet: er hatte „la parole de par la Communité", dann hieß er „Commune Parlour," dann nur „Parlour", ferner „Praelocutor" und „Prolocutor".

dessen," sagt Burnet, „entstand eine große Aufregung und eine lange und heftige Debatte. Es wurde gesagt: dem Hause stehe die Wahl des Sprechers zu, und die Vorstellung desselben bedeute weiter nichts, als daß er dem Könige gezeigt würde. Man ließ die Wahl Seymours fallen; aber man stellte fest, daß das Recht zur Wahl dem Hause zustehe und daß die Bestätigung erfolgen müsse. Dann wurde ein anderer Sprecher gewählt." Burnets Behauptung, daß die Rechtsfrage entschieden worden sei, wird von Hatsell bestritten; aber der letztere scheint einen Umstand aus der späteren Geschichte des Sprecheramtes Seymours zu übersehen, nämlich den, daß im April Sir R. Sawyer, „welcher wegen Krankheit Seymours zum Sprecher gewählt war," vom Könige bestätigt wurde, und daß im Mai „Eduard Seymour den Sprecherstuhl wegen Indisposition von Sir R. Sawyer wieder einnahm." Seymours Fall ist nicht der einzige, in welchem der König die Wahl des Hauses der Gemeinen nicht billigte. In dem nächsten Parlamente (1679) wählten die Gemeinen Serjeant Gregory zum Sprecher; der König lehnte ihn ab. Nach einer Prorogation von wenigen Tagen wurde Gregory von den Gemeinen wieder gewählt und dann „ohne Verzug" bestätigt.[1])

Die hauptsächlichsten Pflichten des Sprechers sind: die Anerkennung der Privilegien des Hauses der Gemeinen in der Anrede zu erbitten, welche er nach altem Gebrauche bei seiner Vorstellung an den König beim Anfange eines jeden neuen Parlaments richtet; die Ordnung im Hause aufrecht zu erhalten, die Fragen zu stellen, über welche entschieden werden soll (jedoch nicht im Ausschusse); bei der Abstimmung Stimmzähler zu ernennen; das Haus über die Praxis zu informiren, wenn die sich ergebenden Fragen an ihn gebracht werden; die entscheidende Stimme abzugeben, wenn Stimmengleichheit vorhanden ist;[2]) die nöthigen Anordnungen wegen Erlassung neuer Wahlausschreiben zu treffen, wenn Vakanzen eingetreten sind; die Beschlüsse des Hauses auszuführen, wenn einer Person Dank gesagt oder ihr das Mißfallen des Hauses zu erkennen gegeben werden soll; Geld-

---

[1]) Dieser Fall wird von Parry („die Parlamente") erwähnt, und wenn seine Mittheilung richtig ist, so irrt May (Das englische Parlament, Kapitel 7 S. 175), wenn er annimmt, daß Seymours Fall der einzige gewesen sei, in welchem der König die Bestätigung des Sprechers versagt habe.

[2]) Der Sprecher, wenn er im Stuhle sitzt, kann im Hause der Gemeinen in keinem andern Falle mitstimmen; im Hause der Lords kann er, wie jeder andere Lord, stimmen, und bei Stimmengleichheit hat er keine entscheidende Stimme, da der Grundsatz gilt: Semper praesumitur pro negante.

bills dem Könige zur Zustimmung zu unterbreiten.[1]) Außerdem liegen ihm viele Verpflichtungen ob, welche die Berathung der Privatbills, die Wahlausschüsse und die Beamten des Hauses betreffen.

Im Range ist er der nächste hinter den Peers des Reiches und geht allen anderen Peers und Gemeinen vor.

Nach einer Standing order vom Juli 1855 soll bei unvermeidlicher Abwesenheit des Sprechers der Vorsitzende des Ausschusses der Mittel und Wege (Committee of Ways and Means) sein Stellvertreter (deputy speaker) bis zur nächsten Versammlung des Hauses und ferner von Tage zu Tage sein, bis das Haus eine andere Bestimmung trifft. Wenn das Haus sich auf länger als 24 Stunden vertagt, so soll der stellvertretende Sprecher das Sprecheramt nur noch 24 Stunden nach einer solchen Vertagung ausüben.

Ein Beschluß des Hauses der Gemeinen aus dem Jahre 1604 bestimmt: „Wenn ein Zweifel über eine Bill entsteht, so soll der Sprecher darüber Erläuterungen geben, aber nicht durch Argumente und Erwägungen das Haus im Ungewissen erlassen." Hatsell kommentirt diesen Grundsatz in folgender Weise: „Soll der Sprecher das Haus bei Zweifeln oder über eine Frage der Geschäftsordnung oder des Parlamentsgebrauches informiren, so muß er Alles mittheilen, was er über den Fall aus den Tagebüchern und der Geschichte des Parlaments weiß; aber er soll nicht argumentiren oder aus der mitgetheilten Information Schlüsse ziehen. Er hat nur dazu eine Stimme, daß er der Ansicht des Hauses, wenn diese erklärt ist, Ausdruck giebt. Jedoch theilt der Sprecher, wenn er bei Stimmengleichheit sein entscheidendes Votum abgiebt, gewöhnlich die Gründe für dasselbe mit.

---

[1]) Wenn der König in das Haus der Lords kommt und die Gemeinen rufen läßt, so nimmt der Sprecher der letzteren, wenn eine Geldbill in beiden Häusern durchgegangen und an die Gemeinen zurückgesendet ist, diese Bill mit und legt sie an der Schranke des Hauses der Lords, zum Zwecke der königlichen Zustimmungsertheilung, vor. Dabei redet der Sprecher, wenn der Souverain gegenwärtig ist, ihn an, indem er entweder über den Gegenstand der Bill spricht, oder wenn es am Ende der Sitzungsperiode ist, indem er die hauptsächlichsten Arbeiten der Gemeinen während der Sitzung aufzählt. — Als die Bills im Wege der Petition der Gemeinen und der Antwort des Königs erlassen wurden, trugen die Gemeinen ihre Petitionen durch den Sprecher vor. Der Gebrauch, daß die Gemeinen am Ende der Sitzungsperioden Petitionen vortrugen, herrschte bis zur Regierung Heinrichs VIII. Unter dieser Regierung kommen mehre Fälle vor, wo der König in das Haus der Lords kam, um die Bills, welche bereit waren, die königliche Zustimmung zu empfangen, zu sanktioniren. Der Sprecher hielt dann eine Rede, worauf das Parlament aufgelöst wurde.

In Ausschüssen des ganzen Hauses ist seine Stellung wie die eines gewöhnlichen Mitglieds, und er kann folglich auch reden. In Betreff des Sprechers im Hause der Lords gelten ganz andere Grundsätze; denn dort kann er seine Meinung über jede in das Haus gebrachte Frage äußern und darüber disputiren, wie er will."

Der wichtige Grundsatz der Verfassung, daß der Sprecher der Auktorität des Hauses unterthan ist und diese seine Stellung gegen die Krone nicht außer Augen lassen darf, wird vom dem Hause der Gemeinen auf das strengste beachtet. Dafür giebt es in der Geschichte des Parlaments viele Beispiele. So wurde unter Jakob 1. im Jahre 1621 der Sprecher, weil er ohne Erlaubniß des Hauses seinen Stuhl verlassen und die Fragestellung verwickelt gemacht oder sie aufgeschoben hatte, von mehreren Mitgliedern an seine Pflicht erinnert; man sagte ihm dabei: „er sei nur ein Diener des Hauses, nicht sein Gebieter oder ein Gehülfe des Gebieters." [1]) Ferner wurde unter Karl I. im Jahre 1629 der Sprecher, Sir John Finch, in ähnlicher Weise getadelt, weil er sich weigerte, in Betreff des Tonnen- und Pfundgeldes eine Frage zu stellen, indem er sich damit entschuldigte: der König habe ihm entgegenstehende Befehle ertheilt. Im nächsten Parlamente (1640) beschlossen die Gemeinen: jene Weigerung, die Frage zu stellen, habe einen Privilegienbruch enthalten. Als im Jahre 1642 König Karl I. in das Haus der Gemeinen kam, um fünf Mitglieder desselben zu verhaften und den Sprecher (Lenthall) fragte, wo sie seien, [2]) antwortete der letztere: „Ich habe an dieser Stelle weder Augen zu sehen, noch eine Zunge zu sprechen außer so, wie das Haus, dessen Diener ich hier bin, mich anzuweisen beliebt; und ich bitte Ew. Majestät unterthänigst um Verzeihung, daß ich auf das, was Ew. Majestät mich gefragt hat, keine andere Antwort geben kann, als diese."

---

[1]) „Not a master or a masters mate." Die Worte lassen sich nur unvollkommen übersetzen, besonders verschwindet in der Uebersetzung die Reminiscenz an den Steuermann (master) und den Untersteuermann (masters mate) gänzlich. Der Uebers.

[2]) Die fünf Mitglieder (Hollis, Sir Arthur Hazlerig, Hampden, Pym und Strode) hatten sich kurz vor dem Eintritte des Königs entfernt. — Hume, Geschichte Englands. Kap. 55. Der Uebers.

Neuntes Kapitel.

Das Verfahren im Parlamente.

Viele von den Regeln, welche in Betreff des Verfahrens im Parlamente gelten, sind bereits in den Kapiteln über die parlamentarischen Befugnisse der Krone und die Verfassung der beiden Häuser besprochen. An dieser Stelle sollen andere Regeln über dieses Verfahren, aber nur diejenigen in Betracht gezogen werden, welche von der größten Wichtigkeit für die Verfassung sind und welche die legislative Thätigkeit des Parlaments betreffen; das Verfahren des Parlaments, soweit dasselbe richterliche Funktionen hat, bleibt dem zweiten Buche dieses Werkes vorbehalten.[1])

Das Parlamentsrecht ist nach einem oft citirten Ausspruch Cokes „ab omnibus quaerenda, a multis ignorata, a paucis cognita.“ Die Praxis des Parlaments ergiebt sich theils aus Präcedenzfällen, theils aus standing und sessional orders und theils aus Statuten und königlichen Prärogativen, von denen mehrere bereits erwähnt sind. Das Parlament hat stets großes Gewicht auf Präcedenzfälle, als Beweise seiner Privilegien und der Regeln für sein Verfahren gelegt. Wenn von einem Hause oder von der Krone in dieser Beziehung Zweifel angeregt wurden, so hat man stets Ausschüsse bestellt, um Präcedenzfälle, welche die streitige Frage betrafen, zu ermitteln.

Die Standing Orders sind Bestimmungen über das Verfahren, welche zu verschiedenen Zeiten je nach Bedürfniß angenommen wurden, und welche, falls sie nicht wieder aufgehoben werden, für jedes Parlament die gleiche verbindliche Kraft haben. Jedoch werden sie gelegentlich suspendirt; auch werden manche als veraltet nicht mehr beobachtet. Man hat von den Formen des Verfahrens, welche den Standing Orders ihre Entstehung verdanken, gesagt: nur durch eine strenge Beobachtung derselben „könne die schwächere Partei vor den Unregelmäßigkeiten und Mißbräuchen geschützt werden, gegen welche sie sichern sollen, und welche der Uebermuth der Gewalt nur zu oft

[1]) Das gegenwärtige Kapitel soll nur das Wichtigste mittheilen. Wer sich genauer über das Verfahren im Parlamente unterrichten will, wird auf Mays werthvolles Werk über „das englische Parlament und sein Verfahren“ (übersetzt von Oppenheim. Leipzig 1860) verwiesen.

großen und siegreichen Majoritäten eingeben möchte" (Hatsell). Die Sessional Orders werden beim Beginn jeder Sitzungs-Periode erneuert. Sie sind nicht von großer Wichtigkeit für die Verfassung. Sie unterscheiden sich von den Standing Orders dadurch, daß sie nur für die Sitzungs-Periode gelten, in welcher sie erlassen sind.

Die Regeln des parlamentarischen Verfahrens sind so verschiedenartig, daß eine streng systematische Eintheilung derselben nicht möglich ist. Indessen wird die folgende Anordnung des Stoffes für unsern Zweck genügen; wir unterscheiden Regeln, welche betreffen: 1. Die Sitzungen, die Debatten und die Abstimmungen. 2. Die Urkunden und die Mittheilungen, welche jedes der beiden Häuser empfängt oder erläßt. 3. Die Ausschüsse. 4. Die Behandlung der Bills. 5. Die Geldbewilligungen. 6. Die Befugniß zur Aufrechterhaltung der Rechte und Privilegien des Parlaments.

1. Sitzungen, Debatten und Abstimmungen. Für das Haus der Lords reicht die Anwesenheit von drei Mitgliedern hin, um das Haus beschlußfähig zu machen; für das Haus der Gemeinen ist die Anwesenheit von 40 Mitgliedern erforderlich. Nach einem Beschlusse aus dem Jahre 1640 soll der Sprecher seinen Platz nicht eher einnehmen, als bis wenigstens 40 Mitglieder im Hause gegenwärtig sind. Wenn nach vier Uhr Nachmittags darauf aufmerksam gemacht wird, daß noch nicht 40 Mitglieder gegenwärtig sind, so muß der Sprecher, ohne die Frage zu stellen, das Haus bis zum nächsten Sitzungstage vertagen; wenn das Haus sich vor vier Uhr versammelt, so muß er eine angemessene Zeit lang warten, daß eine hinreichende Zahl von Mitgliedern sich noch einfindet; er darf jedoch nicht dulden, daß vor der Anwesenheit von mindestens 40 Mitgliedern mit den Geschäften vorgegangen wird, sofern er darauf aufmerksam gemacht ist, daß weniger vorhanden seien. Wenn im Ausschusse des ganzen Hauses, vor oder nach vier Uhr, sich herausstellt, daß weniger als 40 Mitglieder anwesend sind, so konstituirt sich das Haus sofort wieder und vertagt sich. Wenn bei einer Stimmzählung in dem Hause oder in einem solchen Ausschusse sich herausstellt, daß weniger als 40 Mitglieder anwesend sind, so tritt sofortige Vertagung ein und der verhandelte Gegenstand bleibt in dem Stande, in welchem er sich vor der Stimmzählung befand.

Nach einer Parlaments-Akte aus der Regierungszeit Heinrichs VIII., welche seitdem längst außer Kraft getreten ist, soll jedes Mitglied, welches sich ohne Erlaubniß vom Sitze des Parlaments entfernt, seine Diäten verlieren. Die Veranlassung zu diesem Statute lag darin, daß „verschiedene Mitglieder, durch die lange Parlaments-Sitzung ermüdet, ohne Urlaub abreisten und nur diejenigen zurückblieben, welche sich böswillig verabredet hatten, um die Majorität der Stimmen für etwas, was sie durchsetzen wollten, zu erlangen."

Bei einzelnen wichtigen Veranlassungen hat das Haus der Gemeinen verordnet, daß der Namensaufruf an einem bestimmten späteren Tage erfolgen solle und daß die dann abwesenden Mitglieder in Haft genommen werden sollen. Die letztere Bestimmung wurde freilich gewöhnlich nicht in Ausführung gebracht.

Alle Entscheidungen beider Häuser ergehen auf Fragen, welche entweder in Folge von Anträgen (motions) einzelner Mitglieder oder in Folge der Tages-Ordnung (orders of the day) gestellt werden; die Geschäfte der Tages-Ordnung sind solche, für welche nach Anordnung des Hauses bestimmte Tage festgesetzt sind.

Nach einem alten Grundsatze des Hauses der Gemeinen ist jede Rede, welche die dem Hause vorliegende Frage nicht betrifft, ordnungswidrig. Aber man läßt in mancher Hinsicht von der Strenge des Grundsatzes nach, z. B. dann, wenn ein Mitglied persönliche Bemerkungen zu machen hat oder wenn an die Minister wegen Behandlung der öffentlichen Angelegenheiten, oder an Mitglieder wegen ihrer Bills Fragen gerichtet werden, und dergleichen mehr. Man pflegt auch über die strengen Regeln der Debatte bei gewissen widerkehrenden Fragen in Betreff der Vertagung hinwegzusehen und bei solchen Gelegenheiten eine zwanglose Besprechung zu gestatten.

Der größte Theil der Geschäfte wird jedoch, wie gesagt, in Folge von Anträgen oder in Folge der Tages-Ordnung verhandelt. Der Regel nach werden im Hause der Gemeinen die Anträge vorher angemeldet. Zu den Ausnahmen gehören z. B. die Anträge auf Vertagung und diejenigen, gegen welche kein Widerspruch erfolgt. Um die fördersame Behandlung der Bills zu erleichtern, hat die Tages-Ordnung an gewissen Tagen jeder Woche den Vorrang vor Anmeldungen von Anträgen. Auch läßt das Haus an diesen Tagen keine angemeldeten Anträge zur Verhandlung zu, wenn nicht vorher alle Gegenstände der Tages-Ordnung erledigt sind.

Eine andere wichtige Bestimmung über die Behandlung der Geschäfte im Hause der Gemeinen ist die, daß an gewissen Tagen Vorlagen der Staatsregierung (Government orders of the day) — d. h., solche, welche von den Ministern eingebracht sind — den Vorrang vor anderen Gegenständen der Tages-Ordnung haben. Die Vorschläge von Mitgliedern, welche nicht mit der Regierung in Verbindung stehen, können folglich nur in einem der Zeit nach beschränkten Theile jeder Sitzungs-Periode zur Verhandlung kommen, und gegen den Schluß der Sitzungs-Periode wird fast die ganze Zeit des Hauses durch Regierungs-Vorlagen in Anspruch genommen.

Die alte Parlaments-Praxis erkannte kein Vorrecht einzelner Mitglieder in Ansehung der Einbringung von Gesetzesvorschlägen an. Der gegenwärtige Grundsatz, nach welchem den Regierungs-Vorlagen ein Vorrang eingeräumt wird, ist eine noch sehr neue Aenderung; er hat das alte Prinzip, daß alle Mitglieder des Parlaments gleiche Rechte haben, auf den Kopf gestellt.

Nach der älteren Praxis entnahm der Sprecher die Ansicht, zu welcher sich das Haus neigte, aus der Debatte, und er stellte danach eine Frage, um durch ihre Beantwortung die Meinung des Hauses festzustellen. Dieses Verfahren ist längst außer Uebung gekommen: gegenwärtig ist der gewöhnliche Weg, daß das Mitglied, welches die Frage über einen Antrag gestellt zu sehen wünscht, dieselbe schriftlich dem Sprecher überreicht; letzterer richtet sie an das Haus, wenn der Antrag unterstützt wird.[1]) Ist dies geschehen, so sagt man, das Haus sei in Besitz der Frage.

Es kommt häufig vor, daß Fragen gestellt werden, über welche das Haus sich nicht auszusprechen wünscht. In einem solchen Falle kann es entweder einen Vertagungs-Antrag oder — wenn die Frage nicht auf der Tages-Ordnung steht — einen Antrag auf Uebergang zur Tages-Ordnung oder einen Antrag auf Stellung der Vorfrage oder Amendements zu dem Vorschlage annehmen. Da diese Anträge für das System der parlamentarischen Verhandlungen wichtig sind, so soll die Wirkung derselben etwas näher betrachtet werden.

In dem ersten Falle geht der Antrag einfach dahin, daß das Haus sich vertagen möge. Wird dieser Antrag angenommen, so ist die Sache bis zum nächsten Sitzungstage verschoben. Wird der Antrag auf Uebergang zur Tages-Ordnung angenommen, so werden die Gegenstände der Tages-Ordnung in der Reihenfolge, in welcher sie darauf stehen, verhandelt. Die dritte Art, um die Abstimmung über einen Antrag zu verhindern, ist der Antrag auf Stellung der Vorfrage (previous question). Die Vorfrage ist der Antrag: daß diese Frage (d. h. die vorgeschlagene Frage) „sofort“ gestellt werde. Wenn die Vorfrage verneint wird, so entscheidet das Haus dadurch,

---

[1]) Vom Hause der Lords kann die Frage an das Haus gerichtet werden, ohne daß der Antrag von einem andern Mitgliede unterstützt wird.

daß die Hauptfrage, auf welche sie sich bezieht, zur Zeit von dem Vorsitzenden nicht gestellt werden soll. Wenn die Vorfrage bejahet wird, so wird die Hauptfrage ohne weitere Debatte von dem Vorsitzenden gestellt. In einer im Jahre 1673 stattgefundenen Debatte wurde gesagt: „Sir Harry Vane sei der Erfinder der Vorfrage, und seitdem sei dieselbe der Vorbote der Beseitigung des fraglichen Gegenstandes." Auch wurde damals gesagt: die Vorfrage sehe ihrem Erfinder ähnlich; denn sie sei lauter Unruhe. Hatsell behauptet aber, es sei ein Irrthum, daß die Vorfrage eine Erfindung Sir Harry Vanes sei; sie sei schon 1604 im Gebrauch gewesen. Grundsatz ist, daß in einem Ausschusse des Hauses keine Vorfrage gestellt werden kann; soll in einem Ausschusse einer Frage ausgewichen werden, so wird gewöhnlich der Antrag gestellt, daß der Vorsitzende seinen Platz verlassen soll.

Bei verwickelten Fragen, d. h. solchen, welche zwei oder mehrere Vorschläge betreffen, wird Vereinfachung entweder durch Verbesserungs-Vorschläge oder durch den Antrag auf Theilung in zwei oder mehrere Fragen erreicht.

In Betreff der Verbesserungs-Vorschläge (amendements) ist allgemein zu bemerken: Die einfachste Form eines Verbesserungs-Vorschlages zu einem Antrage ist die, daß die Einschiebung oder Hinzufügung einzelner Worte beantragt wird. Eine andere Art ist die, daß die Weglassung eines Theiles der Frage oder die Weglassung einzelner Worte und die Einschiebung anderer beantragt wird. In diesen beiden Fällen stellt der Vorsitzende die Frage: ob die Worte, deren Streichung vorgeschlagen ist, als Theil der zu stellenden Frage beibehalten werden sollen? In Betreff der Verbesserungs-Vorschläge gilt die Regel, daß, nachdem der letzte Theil einer Frage amendirt ist, auf den ersten nicht zurückgegangen und dieser dann nicht auch noch amendirt werden kann.

Auch ein Verbesserungs-Vorschlag kann amendirt werden, durch den Antrag nämlich, daß einzelne Worte desselben gestrichen oder Worte eingeschoben werden. Wenn jedoch das Haus bereits beschlossen hat, gewisse Worte einzuschieben oder wegzulassen, so ist ein weiterer Verbesserungs-Vorschlag zu derselben Frage, welche mit jenem Beschlusse im Widerspruche stehen würde, unzulässig. Dieser Grundsatz findet aber keine Anwendung auf die verschiedenen Stadien, welche eine Bill zu durchlaufen hat: in jedem Stadium kann jeder Theil der Bill amendirt werden; deshalb können Worte, welche in einem früheren Stadium eingeschoben sind, wieder verworfen und Worte, welche früher verworfen sind, wieder eingeschoben werden.

Ist die Frage vom Vorsitzenden an das Haus gerichtet worden, so kann jedes Mitglied dafür oder dawider das Wort nehmen, sowohl über die ganze Frage, als über einzelne Theile derselben.[1]) Es gilt die Regel, daß kein Mitglied zwei Mal über dieselbe Frage sprechen darf, jedoch mit folgenden Ausnahmen: 1. es wird öfter gestattet, daß ein Mitglied zum zweiten Mal reden darf, um Aufklärungen zu geben, wenn die erste Rede mißverstanden ist. 2. im Ausschusse des Hauses kann jedes Mitglied so oft reden, als ihm beliebt. 3. jedes Mitglied darf noch einmal reden, wenn vor dem Schlusse der Verhandlung zu einem Antrage ein anderer Antrag gestellt wird, z. B. auf Vertagung oder auf Zulassung eines Verbesserungs-Vorschlages. Derjenige, welcher den Hauptantrag gestellt hat, darf repliziren, nicht aber derjenige, welcher einen Verbesserungs-Vorschlag gemacht oder die Tages-Ordnung beantragt hat, z. B. daß eine Bill zum zweiten Male gelesen werde.

Am Schlusse der Debatte über die Frage wird dieselbe vom Vorsitzenden gestellt, d. h. die Mitglieder werden aufgefordert, ihre Stimmen abzugeben, zuerst die bejahenden, dann die verneinenden.[2]) Wenn es zweifelhaft ist, ob die „Ayes“ (die „Ja“ Antwortenden) oder die „Noes“ (die „Nein“ Antwortenden) in der Mehrheit sind, so pflegt der Sprecher die Frage zum zweiten Male zu stellen, und giebt erst dann seine Meinung über das Resultat ab. Wenn der Sprecher sich „auf den Zuruf“ („upon the cry“) für die Bejahenden oder für die Verneinenden erklärt hat, so kann jedes Mitglied aus der angeblichen Minorität auf förmliche Abstimmung (division) antragen.

Zum Zwecke solcher Abstimmung werden Zähler ernannt. Nach dem heutigen Gebrauche gehen alle votirenden Mitglieder in zwei verschiedene Vorsäle (lobbies). Zwei Sekretaire (Clerks) stellen sich mit Listen der Mitglieder in der Hand an jeden der beiden Eingänge

---

[1]) Der Grundsatz, daß Reden nicht vorgelesen werden dürfen, ist sehr alt. Im Jahre 1674 wurde ein Mitglied, welches eine Rede ablas, zur Ordnung gerufen; nach einer Debatte gestattete man ihm fortzufahren, jedoch mit der Bedingung, daß es in Zukunft nicht wieder geschehen dürfe.

[2]) Wenn sowohl die bejahenden, als die verneinenden Stimmen abgegeben sind, ist eine fernere Debatte nicht zulässig; sind aber erst die bejahenden Stimmen abgegeben, so ist jedes Mitglied berechtigt, auf Wiederaufnahme der Debatte anzutragen.

und machen Zeichen bei den Namen der Mitglieder, welche aus dem Vorsaale zurückkommen. Die Zähler rechnen die Summe der Stimmenden auf und berichten das Resultat. Im Hause der Gemeinen giebt (wie bereits erwähnt) bei Stimmengleichheit die Stimme des Sprechers den Ausschlag; in ähnlicher Weise hat bei den Abstimmungen im Ausschusse des ganzen Hauses der Vorsitzende des Ausschusses die entscheidende Stimme.

Im Hause der Lords kann jeder Peer mit Genehmigung der Krone[1]) sich durch einen anderen Lord des Parlaments bei den in seiner Abwesenheit vorkommenden Abstimmungen vertreten lassen. Ein gleiches Vorrecht steht den Mitgliedern des anderen Hauses nicht zu, da sie selbst nur Stellvertreter Anderer, ihrer Wähler, sind. Bei richterlichen Funktionen, auch für die Lords, werden Stellvertreter nicht zugelassen[2]).

Jeder Peer hat das Recht, seine abweichende Meinung nebst ihrer Begründung in die Tagebücher des Hauses eintragen zu lassen,

---

[1]) Jeder Lord des Parlaments kann mit Genehmigung des Königs, wenn er aus triftigen Gründen abwesend sein muß, einen Stellvertreter ernennen. Die Vollmachten werden ex licentia Regis ertheilt, und die Genehmigung der Krone wird präsumirt. Als im Jahre 1788 der König (Georg III.) durch seine Krankheit unfähig war, seine Einwilligung zu ertheilen, wurde es zweifelhaft, ob die Vollmachten gültig seien.

[2]) Das Privileg der Lords, sich vertreten zu lassen, ist sehr alt. So wurden sie im Jahre 1306 unter Eduard I. aufgefordert, persönlich oder durch genügend bevollmächtigten Anwalt zu erscheinen. Im Jahre 1316 unter Eduard II. sollte der Kanzler die Vollmachten in Empfang nehmen und die Entschuldigungen der nicht Erscheinenden prüfen. — Nach der Einführung des Repräsentativ-Systems wurden die geistlichen Lords zuweilen durch die Einberufungsschreiben ermächtigt, Stellvertreter zu bestellen; in andern Fällen wurde es ihnen gradezu untersagt. Aebte und andere geistliche Personen wurden häufig durch Exemtions-Akte von dem persönlichen Erscheinen dispensirt und durch jene Akte zugleich verpflichtet, demjenigen, was die Stellvertreter des Klerus thun würden, ihre Zustimmung zu geben. — Unter Jakob I. — 1621 — beantragte Lord Kanzler Bacon, daß diejenigen, welche Vollmachten von Lords hätten, die mit Genehmigung des Königs abwesend wären, dieselben dem clerk des Hauses übergeben sollten; und daß ferner jeder Lord dem clerk sein Einberufungsschreiben zustellen lassen sollte, damit ersichtlich würde, wer abwesend wäre. — Aehnliche Anträge wurden auch schon unter den früheren Regierungen gemacht. Unter Karl I. beschloß das Haus der Lords, daß, wenn ein mit Erlaubniß des Hauses abwesender Peer einen Stellvertreter bestellt habe, dann aber wieder selbst an einer Sitzung Theil nehme, dadurch die Vollmacht erloschen sei, und daß er einen neuen Stellvertreter ohne neue Erlaubniß nicht ernennen könne.

wenn ein Beschluß gegen seine Ansicht gefaßt wird. Dies nennt man gewöhnlich einen Protest.

Der erste urkundliche Fall eines Protest „mit Gründen" datirt vom 9. September 1641; aber Proteste ohne Gründe kommen weit früher vor. Lord Clarendon sagt von dieser Praxis: „Es ist ein alter Brauch und ein Privilegium jenes Hauses, daß Jeder, der nach einer förmlichen Debatte dem Beschlusse und Urtheile nicht beistimmt, verlangen kann, daß seine Protestation eingetragen werde und daß dies nicht versagt werden darf." Er fügt hinzu: im Jahre 1641 sei es gewöhnlich geworden, daß die Minorität Protestationen bei gleichgültigen Fällen habe eintragen lassen, und damals „sei die bisherige Form geändert; an die Stelle kurzer allgemeiner Vermerke sei eine Mittheilung des Wesentlichen über den Streitpunkt getreten." Der Gebrauch, Proteste mit oder ohne Gründe eintragen zu lassen, ist in einer Standing Order des Hauses der Lords vom 5. März 1641 anerkannt, in welcher gesagt ist, daß dergleichen Proteste auch ohne besondere Erlaubniß des Hauses eingetragen werden dürfen. Am Ende desselben Jahres wurde ein Versuch gemacht, diesen Gebrauch auch für das Haus der Gemeinen einzuführen; jedoch vergebens. Roger North theilt mit: Bei den Verhandlungen im Hause der Lords über die Anklage gegen Fitzharris seien im Jahre 1681 Einwendungen gegen die Eintragung von Protesten mit Gründen erhoben, weil dadurch nur die Gründe für die eine Meinung — nämlich die der Minorität — urkundlich gemacht würden; aber das Haus habe dennoch die Eintragung der Proteste mit Gründen gestattet. North sagt, das sei der Anfang des in unsern Tagen gebräuchlichen Protestirens mit Gründen gewesen. Allein das ist ein Irrthum, wie aus dem vorher Erwähnten sich ergiebt.

Nach einer Order des Hauses der Lords von 1721 sollen Proteste gegen Beschlüsse des Hauses am folgenden Tage eingetragen werden. Auch diese Order erkennt das Recht, mit oder ohne Gründe zu protestiren, an. Bei einigen Gelegenheiten hat das Haus der Lords für sich das Recht in Anspruch genommen, Proteste aus seinen Tagebüchern zu entfernen[1]).

Wir wollen nunmehr sehen, wie die Verhandlungen der beiden Häuser beurkundet werden. Im Hause der Lords liegen die Pflichten der Urkundsperson dem Clerk of the Parliaments ob. Das Alter

[1]) Die Proteste gegen die Bündnisse, welche die Königin Anna im Jahre 1712 geschlossen hatte, wurden auf Betreiben der Minister entfernt.

dieses Amtes erhellt aus der Bezeichnung desselben, aus welcher hervorgeht, daß es zu einer Zeit entstanden sein muß, wo das ganze Parlament noch Eine Versammlung bildete. Die Anfertigung der Protokolle und die Eintragung aller Verhandlungen des Hauses der Lords in die Tagebücher ist Sache des stellvertretenden Clerks (deputy clerks), welche am Tische des Hauses fungiren.

Im Hause der Gemeinen liegen dem clerk des Hauses ähnliche Verpflichtungen ob. Derselbe wird in seinem Patente „Unter-Clerk der Parlamente zur Dienstleistung bei den Gemeinen" („Under-Clerk of the Parliaments to attend the Commons") genannt. Hatsell vermuthet, derselbe habe die Gemeinen begleitet, als die beiden Häuser sich trennten und zuerst an getrennten Orten Sitzungen hielten. Seine Pflicht ist es, die Befehle und Verhandlungen des Hauses der Gemeinen niederzuschreiben. Dies thut er mit seinem Gehülfen (clerk-assistant) an dem Tische des Hauses durch Eintragung in die Protokoll-Bücher. Aus diesen Protokollen werden die „Votes" auf Anordnung des Sprechers zusammengestellt und gedruckt. Am Ende der Sitzungsperiode wird mit Hülfe der Protokollbücher, der gedruckten Votes und der Urkunden, welche dem Hause vorgelegt sind, das „Tagebuch" („Journal") ausgearbeitet.

Die ältesten Parlaments-Urkunden sind die Rolls of Parliament. Sie sind die bei weitem wichtigsten öffentlichen Urkunden des Königreiches und enthalten anfänglich, außer Statuten, Petitionen und Erlassen vielfältige andere Nachrichten. Indessen werden sie weniger inhaltreich von der Zeit an, wo die Tagebücher der beiden Häuser beginnen. Die erhaltenen Rolls of Parliament fangen unter der Regierung Eduards I. an und sind, obwohl mit einigen Lücken, die folgenden Regierungen hindurch fortgeführt. Die Tagebücher des Hauses der Lords beginnen mit der Regierung Heinrichs VIII., die des Hauses der Gemeinen mit der Regierung Eduards VI. Die ersteren sind stets als öffentliche Urkunden betrachtet worden und folglich Kopieen derselben als gesetzliche Beweismittel zugelassen. Die Tagebücher des Hauses der Gemeinen enthalten bis zur Regierung der Königin Elisabeth nur kurze Notizen über die Lesung von Bills und gelegentlich von anderen Verhandlungen; seit dem Anfange der Regierung Jakobs I. werden sie inhaltreicher. Früher war es zweifelhaft, ob diese Tagebücher als öffentliche Urkunden zu betrachten seien, da der Anspruch des Hauses der Gemeinen, ein Court of Record[1]) zu

---

[1]) Courts of Record sind diejenigen, deren (Pergament-) Urkunden so

sein, bestritten ist; indessen steht es gegenwärtig fest, daß Kopieen dieser Tagebücher als Beweis erster Klasse[1]) zulässig sind.[2])

Bis gegen das Ende des letztvergangenen Jahrhunderts suchten beide Parlamentshäuser die nicht autorisirte Publikation ihrer Verhandlungen zu verhindern. So beschlossen die Gemeinen im Jahre 1641 während des Langen Parlaments: kein Mitglied solle eine Kopie von einer Parlamentsurkunde weggeben oder etwas von dem, was er im Hause spräche, veröffentlichen dürfen, ohne die Erlaubniß des Hauses. Auch gingen in demselben und dem folgenden Jahre mehrere Orders dieses Hauses durch, welche „den Druck von Verhandlungen des Hauses" und „regelwidriges Drucken" verboten, und Diejenigen mit Strafe bedrohten, welche die Verhandlungen drucken würden. Um dieselbe Zeit bestrafte auch das Haus der Lords Leute, welche seine Verhandlungen gedruckt hatten. Die späteren Protokolle des Langen Parlaments enthalten nicht selten Berichte, nach denen man die freie Bewegung der Presse einzuschränken suchte. Aehnlich verfuhr das Parlament unter Cromwell. So beschlossen die Gemeinen am 22. September 1654 einen Ausschuß niederzusetzen, „um die Mißbräuche der Presse in Erwägung zu nehmen und dem Drucken der Tagebücher und Neuen Bücher Einhalt zu thun." Ja es wurde sogar als regelwidrig bezeichnet, daß ein Mitglied sich in dem Hause Notizen machte.

Auch nach der Restauration widersetzte man sich in beiden Häusern der Publikation der im Parlamente gehaltenen Reden. Im Jahre 1675 beschuldigte man im Hause der Gemeinen zwei Mitglieder, daß sie ihre Reden hätten drucken lassen, und ordnete weitere Nachforschungen an. Nach der Revolution von 1688 war das Parlament gegen die Zeitungsschreiber, welche über die Debatten berichteten, strenger, als je. Eine Akte Karls II. war gegen „den häufigen Druck aufrührischer,

---

großen öffentlichen Glauben haben, daß sie nicht angefochten werden können. Der Uebers.

[1]) Das Nähere über Beweis erster Klasse (primary evidence) bei Urkunden vergl. Best, Englisches Beweisrecht. Uebers. von Marquardsen. §. 301 ff. — Der Uebers.

[2]) Abdrücke der Journale, welche die Bemerkung enthalten, daß sie von dem Buchdrucker des betreffenden Hauses gedruckt sind, werden ohne weitern Beweis als Beweis zugelassen (8 und 9 Victoria c. 113. 5. 3). — Der Gebrauch, die Votes zu drucken, ist alt. Im Jahre 1702 stellte das Haus der Gemeinen den Druck ab, weil das Haus der Lords von einem gedruckten Vote Notiz genommen hatte; aber bald darauf führte man den Gebrauch, die Votes des Hauses der Gemeinen zu drucken, wieder ein.

verrätherischer und nicht censirter Bücher und Flugschriften und zum Zwecke der Ordnung des Bücherdruckes und der Druckereien“ erlassen. Diese Akte wurde durch Continuance Acts bis 1694 aufrecht erhalten, wo sie trotz der Anstrengungen der Minister des Königs für ihre Verlängerung erlosch. Seitdem besteht die Freiheit des Druckens ohne Censur; aber die Parlamentshäuser fuhren in Ausübung ihres Rechts, Privilegienbruch zu bestrafen, fort, die Publikation der Debatten zu verhindern, oder sie versuchten es wenigstens. Um das Verbot zu umgehen, ließen die öffentlichen Blätter des vorigen Jahrhunderts in ihren Berichten die Namen der Redner weg oder setzten andere Namen an die Stelle der wahren oder suchten ähnliche Auswege. Im Jahre 1771 beschlossen einige Blätter, diese Mittel zu verlassen und die Debatten mit den wirklichen Namen der Redner zu veröffentlichen. Hieraus entstand ein Kampf zwischen dem Hause der Gemeinen und der Presse, in welchem die letztere von einem großen Theile des Volks unterstützt wurde und welcher damit endete, daß die öffentliche Berichterstattung über die Debatten durchgesetzt wurde. Zur Entschuldigung des Hauses der Gemeinen ist anzuführen, daß bei der Veröffentlichung der Debatten allgemein mit großer Parteilichkeit zu Werke gegangen und daß dieselbe mit vielen possenhaften Bemerkungen begleitet wurde. Im Jahre 1771 erhielten einige Buchdrucker von dem Hause der Gemeinen Verweise, weil sie Reden gedruckt hatten. Andere Buchdrucker weigerten sich, dem Befehle des Hauses, welches ihr Erscheinen angeordnet hatte, zu gehorchen. Ein Abgesandter des Hauses, welcher einen von ihnen kraft der Anordnung des Sprechers verhaftet hatte, wurde angeklagt, sich an der Person des Verhafteten vergriffen zu haben, und drei Magistratspersonen der City von London, unter denen sich der bekannte John Wilkes befand, beschlossen die Verhaftung jenes Abgesandten. Die beiden anderen Magistratspersonen, außer Wilkes, wurden von dem Hause in den Tower geschickt, aber in Folge der bald darauf eintretenden Prorogation des Parlaments wieder entlassen. Ihre Freilassung wurde von dem Volke als ein Triumph gefeiert. Seit dieser Zeit hat das Parlament es aufgegeben, gegen die regelmäßige Veröffentlichung seiner Debatten einzuschreiten. Schon seit vielen Jahren sind den Berichterstattern der Zeitungen besondere Gallerieen im Parlamentshause eingeräumt. Die Häuser haben die Grundsätze, nach welchen die Publikation der Debatten verboten ist, nicht ausdrücklich aufgehoben; aber man hütet sich heut zu Tage, ihnen Folge zu geben, außer in Fällen, wo die Verhandlungen des Parlaments absichtlich entstellt sind.

2. Parlamentarische Urkunden und Mittheilungen. Die wichtigsten für die verfassungsmäßigen Rechte sind die Petitionen. An dieser Stelle sollen nur einige Besonderheiten des parlamentarischen Verfahrens in Betreff der öffentlichen Petitionen erwähnt werden. Von den Privat-Petitionen sollen diejenigen, welche sich auf Privat-Bills beziehen, bei der Betrachtung der letzteren, und diejenigen, welche sich auf Appellationen an das Haus der Lords beziehen, in dem die Judikatur betreffenden Abschnitte dieses Werkes behandelt werden.

Alle Petitionen müssen von einem Mitgliede des angerufenen Hauses überreicht werden; jedoch haben die Korporationen London und Dublin das Vorrecht, ihre Petitionen von ihren Beamten überreichen zu lassen. Früher wurden in beiden Häusern im Anschlusse an die Ueberreichung der Petitionen Debatten über dieselben gestattet; aber die neuerliche große Zunahme der Zahl der Petitionen und die Zeit, welche durch ihre Besprechung in Anspruch genommen wurde, haben im Hause der Gemeinen zu Grundsätzen geführt, durch welche das Recht, die Petitionen zu besprechen, wenigstens in der Allgemeinheit, verloren gegangen ist. Diese Grundsätze sind in Betreff der Ueberreichung öffentlicher Petitionen die folgenden: Jedes Mitglied, welches eine öffentliche Petition überreichen will, muß sich auf die Bezeichnung der Bittsteller, die Angabe der Zahl der Unterschriften und des wesentlichen Inhalts und auf die Verlesung des Petitums beschränken. Wenn es für erforderlich erachtet wird, kann die Petition von dem Clerk an dem Tische vorgelesen werden; aber es wird keine Debatte gestattet, es sei denn, daß die Petition über eine gegenwärtige, persönliche Beeinträchtigung, welche sofortige Abhülfe nothwendig macht, Beschwerde führt. Die öffentlichen Petitionen werden, nachdem die Niederlegung auf den Tisch des Hauses angeordnet ist, dem Ausschusse für öffentliche Petitionen überwiesen. Bezieht sich die Petition auf einen Gegenstand, in Betreff dessen ein Antrag angemeldet ist, so kann sie auf Anordnung des Hauses mit den Votes gedruckt werden. Die wichtigeren Petitionen, welche so an den Ausschuß für öffentliche Petitionen überwiesen sind, werden zuweilen auch gedruckt; von den übrigen erscheinen nur Auszüge und kurze Mittheilungen in den gedruckten Ausschußberichten, welche in Zwischenräumen während der Sitzungsperioden des Parlaments ausgegeben werden[1]).

---

[1]) Es mag noch bemerkt werden: die Petitionen müssen geschrieben, sie dürfen nicht gedruckt sein; einige Unterschriften müssen sich auf demselben Blatte befinden, auf welchem die Petition selbst steht; sie müssen in geeigneten Ausdrücken

Zu den Mittheilungen, welche jedes der beiden Häuser empfängt oder macht, gehören die Botschaften der Krone an die Parlamentshäuser und die Adressen des Parlaments an die Krone. Einige Mittheilungen der Krone an das Parlament sind bereits im sechsten Kapitel besprochen worden.

Die Adressen an die Krone gehen entweder aus eigenem Antriebe der Häuser hervor oder sind Erwiderungen auf Mittheilungen der Krone. Von der ersteren Art sind folgende Beispiele: Beileidsadressen, Adressen über Kriegserklärungen, wegen Bildung eines neuen Ministeriums, wegen Ertheilung der königlichen Zustimmung zu einer Bill[1]), wegen Vorlegung von Urkunden im Parlamente, wegen Erhebung von Anklagen durch den Attorney-General, wegen Verausgabung öffentlicher Gelder, deren Bewilligung vorher von der Krone nicht verlangt ist. Die drei letzteren Arten von Adressen sollen später ausführlicher besprochen werden. Außerdem giebt es gewisse Adressen an die Krone, welche eine gesetzgeberische Wirkung haben, z. B. gemeinsame Adressen auf Bestellung von Kommissionen zur Untersuchung von Wahlumtrieben, oder auf Entlassung von Richtern.

Zu den Adressen, welche Erwiderungen auf Mittheilungen der Krone enthalten, gehören die Antwort-Adressen auf die Thronreden bei Eröffnung der Sitzungen. Nachdem pro forma eine Bill verlesen ist, bringt der Sprecher die Thronrede zum Vortrage und liest sie vor. Dann wird der Antrag auf Erlaß einer Antwort-Adresse gestellt und unterstützt, und ein Sonderausschuß zur Entwerfung der Adresse bestellt. Die Adresse ist, abgesehen von Aenderungen durch angenommene Verbesserungsvorschläge, wesentlich eine Wiederholung der Thronrede mit bloßen Wort-Aenderungen.

Eine gemeinsame Adresse beider Häuser wird entweder von beiden Versammlungen gemeinschaftlich überreicht, wobei der Sprecher zur Seite des Lord Kanzler geht oder in manchen Fällen gemeinschaftlich von Ausschüssen beider Häuser. Eine Adresse des Hauses der Gemeinen allein wird entweder von dem ganzen Hause oder von solchen

abgefaßt sein, und dürfen nichts absichtlich Unehrerbietiges enthalten; eine Petition, welche nur von dem Vorsitzenden einer Versammlung für sich und im Namen Anderer unterzeichnet ist, kann nur als eine Petition des einzelnen Unterzeichners angenommen werden.

[1]) Das Haus der Gemeinen hat wiederholt von dem Rechte Gebrauch gemacht, über Krieg und Frieden und andere Gegenstände der königlichen Prärogative Adressen an die Krone zu richten, obgleich letztere das Parlament nicht zu einem Ausspruche darüber veranlaßt hatte.

einzelnen Mitgliedern, welche zugleich Mitglieder des Staatsraths sind, überreicht. Gewöhnlich wird die Adresse in Folge einer Resolution durch einen Ausschuß vorbereitet; aber häufig werden nur die Resolutionen auf Erlassung einer Adresse von dem ganzen Hause überreicht, ohne daß eine förmliche Adresse redigirt wird.

Der Empfang von Botschaften der Krone wird nicht in allen Fällen vom Hause der Gemeinen durch Antwort-Adressen bestätigt; Botschaften, welche Geldbewilligungen verlangen, werden an den Geldbewilligungs-Ausschuß verwiesen. Aber wenn der König aus Rücksicht auf die Privilegien eines der Häuser dasselbe von der Verhaftung eines Mitgliedes benachrichtigt, so spricht das Haus seinen Dank für die Beobachtung seiner Privilegien durch eine Adresse aus.

Eine andere Klasse parlamentarischer Mittheilungen betrifft den Verkehr zwischen den beiden Häusern. Derselbe wird vermittelt entweder durch Botschaften oder durch Ausschüsse oder durch Konferenzen.

Botschaften werden von dem einen Hause an das andere nur dann gesendet, wenn beide gerade in Sitzungen versammelt sind. Die alte Art der Uebersendung einer Botschaft von den Gemeinen zu den Lords bestand darin, daß der Sprecher ein Mitglied zur Uebersendung der Botschaft auswählte, welches von anderen Mitgliedern begleitet wurde. Die Lords senden bei wichtigen Angelegenheiten die Botschaften durch einige von den Richtern, und gewöhnliche Botschaften sendeten sie durch masters in Chancery; durch die Abschaffung des Amtes der masters in Chancery wurde man aber genöthigt, wegen Beförderung der Botschaften zwischen den beiden Häusern anderweite Vorsorge zu treffen: gegenwärtig können nach einem Beschlusse beider Häuser — in Ergänzung des früher gebräuchlichen Verfahrens — Botschaften durch die Clerks jedes der beiden Häuser überbracht und in Empfang genommen werden, während das Haus als solches oder als Ausschuß sitzt, ohne daß dadurch die dann gerade verhandelten Geschäfte unterbrochen werden. Die gewöhnlichste Veranlassung zu Botschaften zwischen den beiden Häusern bilden die Uebersendung von Bills und der Antrag auf eine Konferenz. Nach einem neueren Grundsatze können die Gründe, aus welchen eines der Häuser an Amendements zu einer Bill festhält oder dieselben verwirft, während das andere Haus die entgegengesetzte Meinung verfolgt, sowohl durch Botschaften, als in Konferenzen mitgetheilt werden.

Gemeinschaftliche Ausschüsse beider Häuser sind heut zu Tage nicht mehr in Gebrauch. In diesen Ausschüssen war die Zahl der von den Gemeinen ernannten Mitglieder die doppelte der von den Lords ernannten. Dieses Verhältniß und der sich daraus für die Lords bei Abstimmungen dieser Ausschüsse ergebende Nachtheil haben wahrscheinlich die Weigerung des Oberhauses, sich ferner an solchen zu betheiligen, veranlaßt. Ein gemeinschaftlicher Ausschuß zu dem Zwecke, um etwas zu untersuchen und Zeugen zu vernehmen, hatte den Vortheil, daß nur Eine Untersuchung für beide Häuser stattzufinden brauchte und daß die darauf veranlaßten Schritte beider Häuser nothwendig dieselbe Information zur Grundlage hatten. Als man im Jahre 1788 in Folge der Geisteskrankheit Georgs III. beabsichtigte, einen Regenten zu ernennen, wurde im Hause der Gemeinen vorgeschlagen, den Gesundheitszustand des Königs durch einen gemeinschaftlichen Ausschuß feststellen zu lassen; aber man gab dem Vorschlage keine Folge, weil man vermuthete, daß das Haus der Lords nicht darauf eingehen würde. Eine Art der Kommunikation zwischen beiden Häusern, welche die meisten Vortheile eines gemeinschaftlichen Ausschusses hat, ist diejenige, welche man bei der Untersuchung wegen der politischen Gesellschaften im Jahre 1794 und später bei der Untersuchung des Zustandes von Irland im Jahre 1801 einführte, die nämlich, daß jedes Haus einen Sonderausschuß bestellte und daß jedem dieser Ausschüsse die Befugniß beigelegt wurde, mit dem anderen zu konferiren.

Konferenzen treten in den häufigsten Fällen zusammen, wenn ein Haus mit den Verbesserungsvorschlägen zu Bills, welche das andere gemacht, nicht einverstanden ist. Man bezweckt damit die Mittheilung der Gründe, aus denen das eine Haus auf den Amendements besteht oder dieselben verwirft. Wenn das eine Haus die Verbesserungsvorschläge des anderen nicht annimmt, so muß es die Bill entweder fallen lassen oder den Versuch machen, die Differenzen durch eine Konferenz beizulegen.

Die Konferenz wird nur dann bewilligt, wenn der Grund, aus welchem sie verlangt wird, so ausreichend angegeben ist, daß das andere Haus ersehen kann, ob das Eintreten in eine Konferenz mit seinen Privilegien verträglich ist. Häufig sind Konferenzen deshalb abgeschlagen worden, weil kein Grund oder kein zutreffender Grund dafür angegeben war. So hat z. B. das Haus der Lords es abgeschlagen, über eine Frage in eine Konferenz einzutreten, welche seine besondere Jurisdiktion betraf.

In der Konferenz ist die Zahl der Mitglieder der Gemeinen, welche Vertreter (managers, Unterhändler) genannt werden, die doppelte von der der Lords. Wenn die Konferenz bewilligt ist, so werden die Vertreter von jedem Hause ernannt; sie werden von Denjenigen, welche die Konferenz beantragt haben, vorgeschlagen, und wenn darauf bestanden wird, muß wegen Ernennung eines jeden Vertreters ein besonderer Antrag gestellt werden.

Darauf werden den Vertretern Instruktionen ertheilt. Wenn nicht eine „freie" Konferenz stattfinden soll, so entwirft der Ausschuß des Hauses, welches die Konferenz beantragt hat, Gründe, welche in der Konferenz vorgetragen werden sollen. Wenn das Haus selbst diesen Gründen zustimmt, so bilden diese die Instructionen für die Vertreter, welche dann in der Konferenz keine anderweiten Vorschläge machen können; die Vertreter des andern Hauses haben keine weitere Befugniß in der Konferenz, als jene Gründe entgegenzunehmen, um sie ihrem Hause wieder vorzutragen.[1])

Die erste Konferenz über eine Bill muß von dem Hause nachgesucht werden, in dessen Besitz die Bill ist; sie wird gewöhnlich nachgesucht, um die Gründe auseinander zu setzen, aus welchen das Haus den Amendements nicht beistimmt, mit welchen die Bill von dem anderen Hause übersendet ist (wenngleich, wie wir gesehen haben, dergleichen Gründe jetzt durch Botschaften, statt in Konferenzen, mitgetheilt werden können). Es ist gegen die Regel, eine Konferenz zu verlangen, um die Gründe des andern Hauses zu erfahren. Ebenso ist es gegen die Regel, daß ein Haus eine Botschaft bloß mit der Nachricht, daß es mit den Amendements des andern Hauses nicht einverstanden sei, sendet, ohne zu gleicher Zeit um eine Konferenz nachzusuchen. Wo solche Unregelmäßigkeiten vorgekommen sind, ist die Bill wieder zurückgegeben worden.

Wenn nach Entgegennahme der Gründe in einer ersten Konferenz das betreffende Haus bei seinen Amendements oder einem Theile derselben beharrt, so sucht dasselbe um eine zweite Konferenz nach, um die Gründe für sein Beharren mitzutheilen. Wenn nach einer zweiten Konferenz das andere Haus seinen Widerspruch gegen die verlangten

---

[1]) Der Gebrauch, die Vertreter für eine erste Konferenz auf ihre schriftlichen Instruktionen zu beschränken, scheint unter der Regierung Jakobs I. entstanden zu sein. Die Lords wendeten im Jahre 1610 gegen dieses Verfahren ein, daß es die Freiheit der Debatte ausschließe, und sie führten ihre Einwendungen in einer Botschaft aus, in welcher sie auf „den Unterschied zwischen einer freien Konferenz und einer bloßen Zusammenkunft" hinwiesen. Der Gebrauch, wie er in dem Texte geschildert ist, wurde indessen bald darauf von beiden Häusern unumwunden anerkannt. Eine nicht freie Konferenz wurde früher mit einem passenderen Namen eine „Zusammenkunft" genannt. So nahmen im zweiten Regierungsjahre Karls I. die Lords „nicht eine Konferenz, wohl aber eine Zusammenkunft" an.

Amendements festhält, so muß es die Bill fallen lassen oder um eine „freie“ Konferenz nachsuchen.

In einer freien Konferenz sind die Vertreter nicht auf den Inhalt ihrer Instruktionen beschränkt, sondern sie dürfen alle, ihnen tauglich scheinenden Argumente vortragen, auch in eine Debatte über die Differenzen zwischen den beiden Häusern eintreten. Sie können sich vorher über gewisse Punkte, auf denen sie bestehen wollen, vereinigen. Nach einer freien Konferenz kann keine andere, als wieder eine freie über denselben Gegenstand stattfinden, und öfter sind mehrere freie Konferenzen über dieselbe Differenz gehalten worden.

Bei der Konferenz stehen die Vertreter der Gemeinen ohne Kopfbedeckung; dagegen sitzen die Lords mit bedecktem Haupte, außer wenn sie ihre Gründe vortragen.

Konferenzen finden nicht ausschließlich nur wegen Amendements zu Bills statt, sondern bei vielen anderen Gelegenheiten. Unter anderen, wenn die Privilegien des einen Hauses durch Mitglieder des andern verletzt sein sollen, wenn es sich um Erlassung einer gemeinsamen Adresse an die Krone oder um Akte des Souverains oder der Minister handelt; auch kommen unter der Regierung Elisabeths und später viele Beispiele von Konferenzen zur Besprechung über den Betrag der der Krone zu bewilligenden Hülfsgelder vor.

Die letzte Art der hier zu erwähnenden Mittheilungen an das Parlament sind Rechenschaftsberichte, Korrespondenzen und Documente, welche einem Hause vorgelegt werden. Letztere sind entweder Vollziehungsberichte (Returns), welche in Folge der Anordnungen des Hauses erstattet sind, oder Dokumente, welche auf königlichen Befehl, oder in Befolgung von Parlaments-Akten überreicht werden, oder Berichte von Parlaments-Ausschüssen. Derartige Dokumente oder Auszüge aus denselben werden gedruckt; sie sind in jeder Sitzungsperiode sehr umfangreich. Sie enthalten unter Anderem sehr umfangreiche Sammlungen statistischer Nachrichten über Staatseinnahmen und Ausgaben, über Handel, Schifffahrt, Besoldungen, Handwerksbetrieb, Manufakturen, Bevölkerungsverhältnisse, Armee und Flotte und über die Verwaltung der Rechtspflege. Die Berichte der Sonderausschüsse beziehen sich auf Fragen des öffentlichen Unterrichts, der politischen Oekonomie, der Kolonial-Verhältnisse und internationalen Beziehungen, auf die öffentliche Gesundheitspflege, öffentliche Arbeiten und andere Gegenstände der Gesetzgebung.

Manche Rechenschaftsberichte und Korrespondenzen werden den Häusern in wiederkehrenden Zwischenräumen nach der Vorschrift verschiedener Parlaments-Akten vorgelegt; andere werden ihnen auf königlichen Befehl überreicht. Viele Rechenschaftsberichte und Korrespondenzen kommen aus den verschiedenen Zweigen der Staatsverwaltung als Vollziehungsberichte (roturns) in Folge von Anordnungen eines Hauses zur Vorlage. Wenn jedoch die königliche Prärogative bei dem betreffenden Gegenstande berührt wird, so fordert das Haus nicht direkt die nöthige Information; sondern es wird dann eine Adresse mit der Bitte um Vorlegung derselben erlassen. Mittels einer solchen Adresse erlangt das Parlament in der Regel die nöthige Information, wenn diese von einem Regierungs-Departement, welches die Prärogativrechte vertritt, z. B. von den Aemtern der Staats-Sekretaire, zu ertheilen ist; die Korrespondenzen und andere Papiere werden in Gewährung des durch die Adresse ausgesprochenen Wunsches in Folge eines königlichen Befehls dem Parlamente vorgelegt. Die Minister verweigern die verlangte Information, wenn sie sich auf Gegenstände bezieht, welche der königlichen Prärogative vorbehalten sind, und wenn sie der Ansicht sind, daß die Mittheilung dem Interesse des öffentlichen Dienstes widersprechen würde. In anderen Fällen widersetzt man sich Anträgen auf Ertheilung von Auskunft oder Verlegung von Papieren nur dann, wenn die zur Ertheilung der Auskunft nöthigen Ermittelungen unnütze Kosten verursachen würden, oder wenn die bereits gemachten Mittheilungen ausreichend erscheinen, oder wenn dasjenige, was man wissen will, nicht das öffentliche Interesse betrifft.

Zu den Dokumenten, welche dem Parlamente auf königlichen Befehl vorgelegt werden, gehören die Berichte der königlichen Kommissare zur Untersuchung von Gegenständen, über welche das Parlament zuverlässige Information erhalten muß. Es sollen hier einige Spezialitäten über diese königlichen Kommissionen mitgetheilt werden, obgleich sie mit dem Verfahren im Parlamente nur in einem zufälligen Zusammenhange stehen.

Untersuchungen durch königliche Kommissare werden entweder lediglich in Ausübung der königlichen Prärogative angestellt oder durch ein Statut näher bestimmt.[1]) Der Souverain autorisirt

[1]) Königliche Untersuchungs-Kommissionen kommen schon sehr früh vor. So bestimmt ein Statut Heinrichs IV. aus dem Jahre 1404 über die Beeinträchtigungen des königlichen Einkommens, daß rechtlichen und zuverlässigen Personen Vollmachten ertheilt werden sollen, die im Namen des Königs erhobenen und schlecht verwendeten Einkünfte festzustellen. — Nach einem Statute Heinrichs V. sollten die Ordinarien durch königliche Vollmachten veranlaßt werden, die Verwaltung und den Zustand der durch königliche Fundationen entstandenen Hospitäler zu untersuchen

durch eigenhändig vollzogene Vollmacht oder durch ein unter dem großen Siegel ausgefertigtes Patent gewisse in der Vollmacht namhaft gemachte Personen, den bezeichneten Gegenstand zu untersuchen und darüber an die Krone zu berichten. Die so ernannten Kommissare sind regelmäßig Personen, die zur Anstellung einer solchen Untersuchung vorzugsweise geeignet sind; sie übernehmen die ihnen übertragenen Arbeiten in den meisten Fällen ohne Anspruch auf Honorar. Die Krone ertheilt solche Vollmachten zuweilen in Folge von Parlaments-Akten, durch welche gewisse Untersuchungen angeordnet worden, zuweilen in Verfolg von Adressen der Parlamentshäuser, und zuweilen nur vermöge ihrer eigenen Initiative.

Die Kommissare erheben Beweise, nehmen schriftliche Mittheilungen von kompetenten Personen entgegen und machen in Fällen wissenschaftlicher Untersuchungen Experimente. Die Mehrzahl der Auktoritäten scheint der Ansicht zu sein, daß solche Kommissionen nur dann ein Zwangsrecht zur Erhebung von Beweisen gegen Dritte haben, wenn sie dazu durch eine Parlaments-Akte autorisirt sind.[1]).

3. Die Ausschüsse der Parlamentshäuser sind entweder Ausschüsse des ganzen Hauses oder Sonder-Ausschüsse (select committees).

Die Ausschüsse des ganzen Hauses wurden früher Große Ausschüsse (Grand Committees) genannt. Die folgende Schilderung ihrer Thätigkeit und ihres Verfahrens durch einen alten Schriftsteller (Elsynge) paßt, so weit sie das Haus der Gemeinen angeht, noch gegenwärtig: —

„Ein großer Ausschuß besteht wenigstens aus eben so vielen Mitgliedern, als für die Beschlußfähigkeit des Hauses nothwendig sind (weniger sind auch als Ausschuß nicht beschlußfähig). Die Mitglieder können Alles in Betracht ziehen, was den an sie verwiesenen Gegenstand betrifft, und ihre Meinungen darüber vortragen, damit die Ge-

---

und das Resultat in dem Kanzleigerichtshofe des Königs anzugeben. — Nach einem Statut Richards II. aus dem Jahre 1386, welches nach der Absetzung der Minister des Königs durchging, sollte von dem Könige eine Kommission mit außerordentlichen Rechten eingesetzt werden, um den Zustand der Gerichtshöfe des Königs und des Reiches zu untersuchen und öffentliche Mißbräuche abzustellen.

[1]) Die Kommissare werden zuweilen durch ihre Vollmacht zu eidlichen Vernehmungen autorisirt. Durch das Statut 14 und 15 Victoria c. 99 s. 16 ist bestimmt: „Jeder Gerichtshof, Richter, Beamte, Kommissar, Schiedsmann und alle anderen Personen, welche jetzt oder später vermöge des Gesetzes oder nach dem übereinstimmenden Willen der Parteien das Recht haben, Beweise zu erheben, sind hiedurch ermächtigt, allen solchen Zeugen einen Eid abzunehmen, welche in gesetzlicher Weise vor sie vorgeladen sind."

genstände oder die Bills, welche vorliegen, für die Beschlußfassung im Hause vermöge der einem jeden Mitgliede eines großen Ausschusses, wie anderer Ausschüsse zustehenden Befugniß, bei gegebener Veranlassung öfter als Ein Mal zu reden — was im Hause nicht erlaubt ist — besser vorbereitet werden. In anderen besonderen Fällen erhalten die großen Ausschüsse ihre Befugnisse und Verhaltungsmaßregeln durch spezielle, ihnen von dem Hause ausdrücklich ertheilte Aufträge, z. B. zur Abhörung von Zeugen, zur Vernehmung von Rechtsanwälten oder zur Bestellung solcher für eine Partei, zur Herbeischaffung von Urkunden ... Wenn eine wichtige Angelegenheit verhandelt wird, welche eine längere Diskussion erfordert, oder wenn eine Bill wegen einer öffentlichen Auflage erlassen werden soll, so pflegt das Haus sich in Folge einer gestellten Frage durch einen Beschluß in einen großen Ausschuß des ganzen Hauses zu verwandeln; der Sprecher verläßt dann seinen Stuhl und der Ausschuß wählt einen Vorsitzenden. Wenn die Stimmenzahl bei der Abstimmung gleich ist, so hat der Vorsitzende ein entscheidendes Votum; sonst hat er keine Stimme in dem Ausschusse .... Wenn der Ausschuß seine Arbeit nicht in derselben Sitzung beendigen kann, so vertagt er sich nicht, wie andere Ausschüsse, sondern es wird dann eine Frage gestellt, ob das Haus um Ertheilung der Erlaubniß dazu, daß der Ausschuß noch einmal in Betreff desselben Gegenstandes eine Sitzung halten dürfe, angegangen werden soll."

Ausschüsse des ganzen Hauses werden niedergesetzt, als: 1. Ausschüsse zur Einleitung gewisser Bills. 2. Ausschüsse, denen gewisse Bills zugewiesen werden, nachdem sie zum zweiten Male gelesen sind. 3. Ausschüsse, welche in allen Sitzungsperioden und auf bestimmte Veranlassungen stattfinden.

1. Ausschüsse zur Einleitung gewisser Bills. Nach einer Bestimmung der Geschäfts-Ordnung vom Jahre 1707, welche auf altem Gebrauche des Hauses der Gemeinen begründet ist[1]), geht das Haus auf keine Petition, keinen Antrag und keine Bill, wenn dieselben Geldbewilligungen betreffen, anders ein, als in einem Ausschusse des

[1]) Im Jahre 1621 bestand eine ähnliche Praxis, wie aus der folgenden Bemerkung in einer damals im Hause der Gemeinen gehaltenen Rede hervorgeht: — „Geldbewilligung und Beschwerden sollen Hand in Hand gehen, und ein Ausschuß des ganzen Hauses soll bestellt werden, um beides in Betracht zu nehmen; aber keine Rede „de quanto." " — Nach einer Resolution vom 18. Februar 1668 sollen Anträge auf Bewilligung von öffentlichen Hülfsgeldern oder von Steuerauflagen in erster Instanz an einen Ausschuß des ganzen Hauses verwiesen werden.

ganzen Hauses. Die Bedeutung dieser Bestimmung soll bei der Besprechung der Geldbewilligungen näher betrachtet werden. Nach einer ähnlichen Bestimmung aus dem Jahre 1772 darf „keine Bill, welche sich auf den Handel oder eine Aenderung der Handels-Gesetze" bezieht, vor das Haus gebracht werden, ehe sie an einen Ausschuß des ganzen Hauses verwiesen gewesen. Eine spätere Bestimmung aus demselben Jahre bestimmt in gleicher Weise, daß „keine Bill, welche sich auf Religion bezieht oder eine Aenderung der dieselbe berührenden Gesetze betrifft", in das Haus gebracht werden soll, bevor sie an einen Ausschuß des ganzen Hauses verwiesen ist. Spätere Auslegung hat diese beiden Bestimmungen beschränkt: — die über die Handels-Bills dahin, daß sie sich nicht auf den Handel allgemein, sondern nur auf gewisse Handelszweige beziehen; die über die Religion-Bills dahin, daß sie nur auf Gegenstände des Glaubens und des Dogmas, nicht auf Kirchenzucht und Temporalien anzuwenden sei.

2. Verweisung von Bills an den Ausschuß nach der zweiten Lesung. — Jede öffentliche Bill wird, nachdem sie zum zweiten Male gelesen ist, an einen Ausschuß des ganzen Hauses zum Zwecke ihrer Prüfung im Einzelnen verwiesen. Hiervon soll weiter unten, wo die Art der Behandlung öffentlicher Bills besprochen wird, geredet werden.

3. In allen Sitzungsperioden und auf bestimmte Veranlassungen stattfindende Ausschüsse des ganzen Hauses. Um die Regierungszeit Jakobs I. begann man am Anfange eines Parlaments fünf ständige Ausschüsse zu bestellen (welche in manchen Fällen Große Ausschüsse oder Ausschüsse des ganzen Hauses waren): für Privilegien, Religion, Beschwerden, Rechtspflege und für Handel und Gewerbe. Diese älteren ständigen Großen Ausschüsse sind außer Gebrauch gekommen; es giebt außer dem Geldbewilligungs-Ausschusse und dem Ausschusse der Mittel und Wege, von denen unten gehandelt werden wird, keine ständigen Ausschüsse des ganzen Hauses mehr.

Jene ständigen Ausschüsse der älteren Zeit hielt man früher für sehr wichtig. Sir Eduard Coke sagt: „Da die zum Parlamente versammelten Gemeinen die allgemeinen Inquisitoren des Reiches sind, so sorgen sie am Anfange jedes Parlaments dafür, Tage für die Ausschuß-Sitzungen zu bestimmen, nämlich für die Ausschüsse für Beschwerden (sowohl die das Kirchen-, als das Staatswesen betreffenden), für die Rechtspflege, für Privilegien und für die Beförderung des Handels und der Gewerbe." Später äußerte sich Karl I. in anderer Weise über dieselben. Als er im Jahre 1629 das Parlament auflöste, sagte er bei Darlegung der Ursachen, welche ihn zu diesem Schritte bewogen hätten: „Wir haben bemerkt, wie sehr dieses Haus in den vergangenen Jahren bestrebt gewesen ist, seine Privilegien dadurch zu erweitern, daß es allgemeine Ausschüsse für Religion, Rechtspflege, Handel und Gewerbe und dergleichen mehr bestellte. Das ist ein bis auf die letzte Zeit unerhörtes Verfahren. Während in älteren Zeiten die Ritter und Bürger dem Hause mitzutheilen pflegten, was sie von ihrer Heimath mitbrachten, sind jetzt die Parlamentssitze nur vorhanden, um alle möglichen Leute auszuforschen, wodurch denn aller Art Mißvergnügen zum unerträglichen Nachtheile und zum Aergerniß der Justiz und der Regierung wach gehalten wird. Da unser Vater und wir selbst dies eine Zeit lang geduldet haben, so ist das Uebel von Tage zu Tage größer geworden".

Der Gebrauch, gewisse Ausschüsse — sowohl Große, als Sonder-Ausschüsse — regelmäßig am Anfange jeder Sitzungsperiode zu bestellen, entstand mit der Einführung der Praxis (welche, wie bereits erwähnt, in der Zeit der Königin Elisabeth zur Regel wurde), dasselbe Parlament von Jahr zu Jahr zu prorogiren. Während Elisabeths Regierung finden wir fast regelmäßig am Anfange jeder Sitzungsperiode von den Gemeinen niedergesetzte Sonder-Ausschüsse für Geldbewilligungen; eine ähnliche Praxis findet sich damals in Betreff der Privilegien-Ausschüsse, welche meistens zur Untersuchung der angefochtenen Wahlen dienten. Ausschüsse aller Art wurden unter Jakob I. sehr häufig; dies erhellt aus den Parlaments-Annalen jener Zeit und aus den Bestimmungen, welche man damals in Betreff der Vertheilung der Geschäfte unter die Ausschüsse erließ[1]). Die Geschäftszunahme in den regelmäßig bestellten Ausschüssen muß wahrscheinlich den wiederkehrenden Prorogationen des Parlaments zugeschrieben werden, einer Neuerung, deren Wichtigkeit für die Verfassung weniger bemerkt zu sein scheint, als sie es verdient. Es leuchtet ein, daß die regelmäßige Wiederkehr der Sitzungsperioden des Parlaments die Regelmäßigkeit in der Behandlung der Geschäfte und folgeweise den Einfluß des Parlaments beförderte.

In dem Ausschusse des ganzen Hauses kann jedes Mitglied so oft reden, als es will. Es leuchtet ein, daß es bei der Prüfung der Details einer Bill im Ausschusse ungeeignet sein würde, die Mitglie-

---

[1]) So bestimmte das Haus der Gemeinen im zwölften Regierungsjahre Jakobs I., daß die Tagesordnungen der Ausschüsse regelmäßig an die Thür des Hauses angeheftet werden sollten.

der durch die strengen Regeln einer regelmäßigen Parlaments-Debatte einzuschränken. Der Ausschuß zieht nur das in den Bereich seiner Erörterungen, was ihm bei seiner Einsetzung oder später durch die „Instruktionen" des Hauses zugewiesen ist.

Im Hause der Lords wird beim Beginne jeder Sitzungsperiode ein Vorsitzender für alle Ausschüsse des ganzen Hauses — außer für diejenigen, für welche andere besondere Bestimmungen getroffen werden, — gewählt. Im Hause der Gemeinen hat der Vorsitzende des Ausschusses der Mittel und Wege, welcher für jede Sitzungsperiode gewählt wird, der Regel nach den Vorsitz in allen Ausschüssen des ganzen Hauses.

Ein Ausschuß des ganzen Hauses der Gemeinen besteht aus wenigstens vierzig Mitgliedern; wenn bemerkt wird, daß so viele nicht gegenwärtig sind, so verläßt der Vorsitzende sofort seinen Sitz, welchen der Sprecher wieder einnimmt.

Ein Ausschuß des ganzen Hauses vertagt sich nicht, wie andere Ausschüsse. Am Ende jeder Sitzung verläßt der Vorsitzende seinen Platz und der Sprecher nimmt die Sitzung des Hauses wieder auf (resumes). Wenn der Ausschuß seine Geschäfte nicht beendet hat und noch einmal eine Sitzung zu halten wünscht, so berichtet — im Hause der Gemeinen — nachdem der Sprecher den Stuhl wieder eingenommen hat, der Vorsitzende über das Abbrechen der Berathung (reports progress), und bittet um die Erlaubniß, wieder eine Sitzung halten zu dürfen. Wenn ein Ausschuß des ganzen Hauses der Gemeinen (ausgenommen die Ausschüsse für Geldbewilligungen und der Mittel und Wege) über das Abbrechen der Berathung berichtet hat und an einem bestimmten Tage wieder eine Sitzung halten soll, so verläßt der Sprecher, nachdem an dem bestimmten Tage der desfallsige Beschluß verlesen ist, den Sitz ohne Fragestellung, und das Haus verwandelt sich dann sofort in einen Ausschuß. Dagegen erfolgt in anderen Fällen die Verwandlung in einen Ausschuß des ganzen Hauses in Folge einer Fragestellung, und dann können Amendements zu der Frage gestellt werden, ob der Sprecher seinen Sitz verlassen soll.

S o n d e r - A u s s c h ü s s e sind entweder Ausschüsse zur Berathung von Bills, oder Ausschüsse, welche für alle Sitzungsperioden bestellt werden, oder in Folge bestimmter Veranlassungen niedergesetzte Ausschüsse. Von den zuerst erwähnten werden wir bei der Betrachtung des die Bills überhaupt betreffenden Verfahrens reden.

Die Mehrzahl der Sonder-Ausschüsse, welche für jede Sitzung bestellt werden, sind die bereits erwähnten für Wahlprüfung und für Privat-Bills. Außerdem giebt es einige andere Sonder-Ausschüsse, welche regelmäßig am Anfange jeder Sitzungsperiode vom Hause der Gemeinen bestellt werden. Wir haben bereits den Ausschuß für öffentliche Petitionen erwähnt, an welchen nach der Geschäfts-Ordnung die Petitionen verwiesen werden, nachdem ihre Niederlegung auf den Tisch des Hauses angeordnet ist. Dieser Ausschuß wird für jede Sitzungsperiode bestellt; ebenso der für die Geschäfts-Ordnung und der für die Drucksachen. Die Functionen des ersteren betreffen Privat-Bills und sollen später betrachtet werden; der letztere wählt und ordnet die Berichte und andere dem Hause vorgelegte Papiere zum Zwecke des Druckes.

Die Gegenstände, für welche bei gegebener Veranlassung Sonder-Ausschüsse niedergesetzt werden, sind zu zahlreich, als daß sie aufgezählt oder nach Rubriken angegeben werden könnten. Jedoch sollen einige beispielsweise angeführt werden. In älterer Zeit wurden öfter Sonder-Ausschüsse zur Entwerfung von Geldbewilligungs-Bills bestellt. Man hat Ausschüsse bestellt zur Abkürzung und Verbesserung der Statuten, zur Untersuchung der Rechtspflege[1]), zur Untersuchung des Verfahrens des Unterhauses bei Erledigung seiner Geschäfte. Es ist bereits bemerkt, daß häufig Ausschüsse zur Entwerfung von Adressen an die Krone und zur Berathung der Gründe, welche bei einer Konferenz geltend gemacht werden sollen, niedergesetzt werden. In neuerer Zeit sind oft Ausschüsse zur Feststellung der Wirksamkeit einzelner Gesetze und der zu ihrer Verbesserung vorgeschlagenen Bills bestellt worden.

Nach einer konstanten Praxis der Gemeinen ernennen sie einen Ausschuß, wenn sie in formeller Weise erfahren haben, was bei den Lords über eine Bill oder eine andere anhängige Maßregel beschlossen worden, und sie beauftragen denselben, die Tagebücher der Lords einzusehen und über dasjenige, was das andere Haus gethan hat, zu berichten. Dieses Recht steht den Gemeinen auch dann zu, wenn der fragliche Gegenstand nicht bei ihnen seinen Ursprung gehabt hat[2]).

---

[1]) Auf den Bericht eines solchen Ausschusses wurde Bacon der Bestechlichkeit angeklagt. 18 Jakob I.

[2]) Die Lords befolgen hinsichtlich der Tagebücher der Gemeinen nicht eine gleiche Praxis, sondern beziehen sich, wenn nöthig, auf deren gedruckte Tagebücher. Hatsell regt die Frage an, ob, wenn die Vervielfältigung durch den Druck auf-

Im Hause der Gemeinen ist die gewöhnlichste Zahl der Mitglieder eines Sonder-Ausschusses (abgesehen von den Ausschüssen für Wahlprüfungen und für Privat-Bills) fünfzehn. Häufig werden einzelne Mitglieder den Ausschüssen später zugewiesen und andere von der Betheiligung an denselben entbunden. Die gewöhnliche, zur Beschlußfähigkeit hinreichende Zahl (das quorum) beträgt fünf; das Haus kann aber etwas Anderes hierüber bestimmen. Man pflegt vor der Ernennung eines Mitgliedes zu einem Sonderausschusse sich seiner Willfährigkeit zur Theilnahme an demselben zu vergewissern; man geht dabei davon aus, daß man kein Mitglied zur Theilnahme nöthigen soll, wenn der Gegenstand, für welchen der Ausschuß bestellt ist, dasselbe nicht interessirt oder ihm gar widerstrebt.

In den Sonder-Ausschüssen wird sehr häufig Beweis erhoben, und nöthigenfalls ertheilt das Haus dem Ausschusse die Befugniß, Personen vorzuladen und Papiere einzufordern. Die Beweisverhandlungen werden gewöhnlich gedruckt. Abgesehen von den geheimen Ausschüssen wird nach der Praxis die Gegenwart von Fremden (Nicht-Mitgliedern) bei den Beweiserhebungen, nicht aber bei den Berathungen der Ausschüsse gestattet. Im öffentlichen Interesse hat man öfter geheime Ausschüsse bestellt, z. B. im Jahre 1810 den Ausschuß zur Vernehmung der Aerzte Georgs III. während seiner letzten Geisteskrankheit, im Jahre 1715 den Ausschuß zur Abhörung der in dem Prozesse Lord Wintown's wegen Hochverraths produzirten Zeugen[1]), im Jahre 1794 den Ausschuß zur Prüfung der Papiere, betreffend die politischen „Correspondirenden Gesellschaften."

In den Ausschüssen der Lords kann der Vorsitzende bei jeder Abstimmung votiren; in den Ausschüssen des Hauses der Gemeinen hat

---

hörte, die Lords berechtigt sein würden, die Tagebücher der Gemeinen einzusehen, und spricht die Meinung aus, daß die Antwort von der Beantwortung der bestrittenen Frage, ob das Haus der Gemeinen ein Court of Record sei, abhänge. — Wenn die Lords Amendements zu einer Geld-Bill oder einer andern Bill angenommen haben, welche die Gemeinen aus Rücksicht auf ihre Sonder-Privilegien sich nicht aneignen können, so ernennen sie nicht selten einen Ausschuß, den sie beauftragen, die Tagebücher der Lords einzusehen und über die Amendements zu berichten, indem sie dabei beabsichtigen, später eine neue Bill mit den Amendements einzubringen.

[1]) Lord Wintown hatte sich mit mehreren anderen Peers (welche sich später schuldig bekannten) bei dem Einfalle des Prätendenten in Schottland im Jahre 1715 zu Gunsten des letztern betheiligt. Cfr. Mahon, History of England. Vol. I. pag. 207 (Tauchnitz edition). Der Uebers.

er nur die entscheidende Stimme bei Stimmengleichheit. Ausgenommen sind die Ausschüsse für Wahlprüfung und für Privat-Bills; in diesen hat er bei allen Abstimmungen Votum und außerdem die entscheidende Stimme.

Die Ausschüsse halten ihre Sitzungen gewöhnlich während der täglichen Vertagungen und während der Vormittags-Sitzungen des Hauses, aber nicht während der am Abend stattfindenden Debatten. Nur mit besonderer Erlaubniß des Hauses dürfen sie während anderer als der täglichen Vertagungen Sitzungen halten; nach der Prorogation des Parlaments können sie sich nicht versammeln.

Manche der wichtigsten Verordnungen der Legislatur sind auf Grund der Feststellungen von Sonder-Ausschüssen ergangen. Wenn der Ausschuß einen Bericht erstattet, so wird in der Regel angeordnet, daß er auf den Tisch niedergelegt und gedruckt werden soll; aber zuweilen stimmt das Haus den Beschlüssen eines Ausschusses ganz oder zum Theil oder mit Amendements sofort bei. —

4. **Die Behandlung der Bills.** Das alte Verfahren bei der Gesetzgebung war, daß die Gemeinen eine Petition an den König richteten und dieser einen Bescheid darauf erließ und daß dann, wenn nöthig, aus beiden (Petition und Bescheid) eine Akte redigirt und in das Statuten-Buch (statute roll) eingetragen wurde, wie dies Alles in einem frühern Kapitel bereits ausführlicher mitgetheilt ist. Hier soll die gegenwärtig und schon seit langer Zeit gebräuchliche Art der Behandlung der Bills betrachtet werden und zwar zunächst die der **öffentlichen Bills.**

Diese können zum größten Theile ohne Unterschied in jedes der beiden Häuser zuerst eingebracht werden. Ausnahmen bilden die Bills, welche die Peerie betreffen, Bills zur Wiederherstellung der durch Rechtsspruch verlorenen Erbfähigkeit und Ehrenrechte und Ehescheidungs-Bills; alle diese werden zuerst bei den Lords berathen[1]). Mit Geldbewilligungs-Bills muß zunächst das Haus der Gemeinen befaßt werden.

Es ist bereits bemerkt, daß nach einem von beiden Häusern befolgten Grundsatze dieselbe Bill oder Frage in derselben Sitzungsperiode nicht zwei mal zur Verhandlung kommen darf. Dieser Grundsatz wird jedoch nicht immer mit gleicher Strenge beobachtet, sondern bezweckt nur, daß in derselben Sitzungsperiode nicht einander wider-

---

[1]) Grundbesitzveräußerungs-Bills (estate bills) und Bills of attainder werden gewöhnlich zuerst in das Haus der Lords eingebracht.

sprechende Beschlüsse gefaßt werden sollen.[1]) Ein anderer Grundsatz über die erste Inbetrachtnahme von Bills ist auch bereits erwähnt, nämlich der, daß gewisse Bills in Ausschüssen des ganzen Hauses anfangen.

Jedes Mitglied des Hauses der Gemeinen kann unter Beobachtung dieser Grundsätze den Antrag stellen, daß ihm die Erlaubniß ertheilt werde, eine öffentliche Bill einzubringen. Bei diesem Antrage wird in der Regel nicht eine vollständige Darlegung des durch die Bill zu behandelnden Gegenstandes und ihres Inhaltes gegeben, sondern die Verhandlung darüber wird meistens der zweiten Lesung vorbehalten. Wenn dem Antrage zugestimmt wird, so wird angeordnet, daß die Bill von dem Antragsteller, und demjenigen, welcher den Antrag unterstützt hat, zuweilen auch von anderen Mitgliedern oder einem Sonder-Ausschusse vorbereitet und eingebracht werde. Jeder Peer kann ohne vorherige Erlaubniß dem Hause der Lords eine Bill vorlegen und auf den Tisch des Hauses niederlegen lassen.

Nicht immer werden die Bills von Mitgliedern in Folge ihrer Anträge eingebracht; manche Bills werden auf Grund von Resolutionen eines Ausschusses des ganzen Hauses entworfen, und auf Anordnung des Hauses eingebracht. Zuweilen werden auch den Mitgliedern der Sonder-Ausschüsse Instruktionen dahin ertheilt, daß sie Bills vorbereiten und einbringen sollen.

Wenn in der Bill etwas vorkommt, was der späteren Beschlußnahme vorbehalten bleiben soll, wie Daten, Strafen, Geldsummen, so wird dieselbe so entworfen, daß man auf dem Papiere leere Stellen läßt (welche, wenn die Bill später gedruckt wird, mit in Kursivschrift gedruckten Worten ausgefüllt werden). So wird der Entwurf vorgelegt. Dann muß die Bill im ordentlichen Gange der Dinge fünf verschiedene Stadien durchlaufen: a) die erste Lesung. b) die zweite

---

[1]) Im Jahre 1606 beschloß das Haus der Lords: „Wenn eine Bill in das Haus eingebracht und darauf verworfen ist, so darf eine Bill über denselben Gegenstand und desselben Inhalts in demselben Hause und in derselben Sitzung nicht von Neuem vorgelegt werden; wenn dagegen eine in dem einen Hause berathene Bill nachher in dem andern Hause Widerspruch erfährt und zurückgewiesen wird, so kann eine denselben Gegenstand betreffende Bill in dem Hause entworfen und wieder eingebracht werden, welchem jene zugesendet worden war; wenn endlich eine Bill in ein Haus eingebracht und von einem Ausschusse, welchem sie zugewiesen worden war, die Ansicht ausgesprochen ist, daß der Gegendstand zweckmäßiger in einer neuen Bill behandelt werde, so ist es gleichfalls zulässig, daß eine neue Bill entworfen und in das Haus eingebracht wird."

Lesung. c) die Verweisung an einen Ausschuß. d) die dritte Lesung. e) den Antrag, daß die Bill durchgehen möge.

a) Nachdem die Bill vorbereitet und vorgelegt ist, wird die Frage gestellt, ob sie zum ersten Male gelesen werden solle. Gegen den desfallsigen Antrag wird selten Widerspruch erhoben; die Bills werden gewöhnlich an demselben Tage, an welchem sie vorgelegt sind, zum ersten Male gelesen, obwohl für die Lesung auch ein späterer Tag bestimmt, oder erst später der Antrag auf die Lesung gestellt werden kann. Wenn ein Mitglied in Folge einer Anordnung des Hauses der Gemeinen eine Bill vorlegt oder eine solche von den Lords eingeht, so wird über die Frage, ob die Bill zum ersten Male gelesen und gedruckt werden soll, ohne Zulassung von Amendements und ohne Debatte, entschieden.

„Bei der ersten Lesung einer Bill", sagt Hakewell, „spricht man nicht über ihren Inhalt, sondern man nimmt sie in Erwägung und wartet bis zur zweiten Lesung. Es ist jedoch nicht durchaus unerhört, daß für und gegen eine Bill schon bei der ersten Lesung gesprochen ist; nur ist es sehr selten und lediglich da vorgekommen, wo der Gegenstand der Bill offenbar unzulänglich und dem allgemeinen Interesse entgegen war."

b) Die zweite Lesung findet gewöhnlich an einem spätern Tage statt, als die erste. Wenn die Bill zum ersten Male gelesen ist, so wird ein späterer Tag für die zweite Lesung bestimmt. Nach Vorlesung der Tagesordnung, welche die zweite Lesung anberaumt hat, wird die Frage gestellt: „Ob die Bill gegenwärtig zum zweiten Male gelesen werden soll?" Dann wird gewöhnlich über die Grundsätze der Bill debattirt. Zuweilen aber vereinigt man sich dahin, daß die Erörterung über die Prinzipien der Bill aufgeschoben wird. Es ist bereits bemerkt, daß in jedem Stadium zu jedem Theile der Bill Verbesserungsvorschläge gemacht werden können.

c) Verweisung an einen Ausschuß. Nach der zweiten Lesung wird die Bill an einen Ausschuß verwiesen[1]). Dies ist entweder ein Ausschuß des ganzen Hauses oder in manchen Fällen zunächst ein Sonderausschuß. Die Verweisung an Sonderausschüsse findet häufig dann statt, wenn der Gegenstand der Bills technischer Natur ist oder wenn das Haus wegen des Gegenstandes vorerst noch Ermittelungen

---

[1]) Eine Vorschrift der Geschäfts-Ordnung des Hauses der Gemeinen vom 13. Februar 1621 erklärt die Verweisung an einen Ausschuß für nicht nothwendig, „wenn Niemand dagegen spricht."

wünscht. Aber auch in den Fällen, in welchen die Bill an einen Sonder-Ausschuß verwiesen ist, muß sie nachher und vor der dritten Lesung durch einen Ausschuß des ganzen Hauses in Betracht genommen werden.

In dem Ausschusse des ganzen Hauses wird die Einleitungsformel öffentlicher Bills zuletzt diskutirt. Der Vorsitzende stellt in Betreff jeder Bestimmung, einer nach der anderen, die Frage: ob sie einen Theil der Bill ausmachen soll? oder wenn ein Verbesserungsvorschlag dazu gemacht ist, ob die Bestimmung mit dem Verbesserungsvorschlage einen Theil der Bill ausmachen soll? Durch Instruktionen, welche das Haus dem Ausschusse ertheilt, wird letzteres öfters in den Stand gesetzt, Klauseln und Bestimmungen in Bills aufzunehmen, welche sonst nicht hätten aufrecht erhalten werden können. Nach einer Vorschrift der Geschäfts-Ordnung des Hauses der Gemeinen gilt für alle Ausschüsse des ganzen Hauses, an welche Bills verwiesen sind, die allgemeine Instruktion, daß sie darin alle Verbesserungsvorschläge berücksichtigen können, welche sie für passend erachten, vorausgesetzt nur, daß sie zu dem Gegenstande der Bill in direkter Beziehung stehen, daß sie aber, wenn ein Verbesserungsvorschlag sich nach dem Titel der Bill nicht rechtfertigt, den letzteren amendiren und darüber besonders dem Hause Bericht erstatten sollen. Auch die Worte, welche mit Kursivschrift gedruckt sind und gewöhnlich „blanks“ (d. i. offene, leere Stellen) genannt werden, gelten für angenommen, wenn sie keinen Widerspruch erfahren haben. Ist eine Zusatz-Klausel im Ausschusse beantragt und angenommen, so wird sie zum ersten Male gelesen, ohne daß deshalb eine Frage gestellt wird. Wenn dagegen eine Bill durch den Ausschuß gegangen ist, kann eine neue Klausel ohne vorherige Anmeldung nicht mehr berücksichtigt werden.

Nach Beendigung der Arbeiten des Ausschusses reicht dessen Vorsitzender die Bill dem Hause mit einem Berichte unverzüglich ein. Sind Amendements in dieselbe aufgenommen, so werden sie ohne Debatte zugelassen, und es wird eine Zeit bestimmt, um sie in Betracht zu nehmen.

Bei der Berathung über den Bericht des Ausschusses, mag dieselbe sofort vorgenommen werden oder auf einen späteren Tag verschoben sein, nimmt das Haus noch einmal die ganze Bill in Betracht und wegen jeder Klausel und jedes Amendements wird wiederholt die Frage gestellt.[1]) Auch in diesem Stadium können ferner Amende-

[1]) „Der clerk muß jedes Amendement und jeden Zusatz zweimal lesen, so daß

ments beschlossen und neue Klauseln hinzugefügt werden. Zuweilen wird die Bill an den Ausschuß zurückverwiesen, und dies geschieht in Beziehung auf die ganze Bill, wenn es nöthig erscheint, daß umfangreiche Aenderungen an derselben vorgenommen werden. Eine Bill kann an den Ausschuß zurückverwiesen werden entweder in ihrer Totalität oder wegen Amendements, welche bei der Berathung über den Bericht gestellt sind, oder mit Instruktionen für den Ausschuß wegen Beifügung von neuen Bestimmungen. Ebenso kann dieselbe Bill mehrere Male an den Ausschuß zurück verwiesen werden.

d) Dritte Lesung. Nachdem die Berathung über den Bericht des Ausschusses des ganzes Hauses abgeschlossen ist, erfolgt die dritte Lesung der Bill. Bei dieser können im Hause der Gemeinen nur solche Verbesserungs-Vorschläge gemacht werden, welche lediglich die Wortfassung betreffen.

e) Wenn die Bill zum dritten Male gelesen ist, stellt der Sprecher die Frage, ob die Bill durchgehen soll. Nach Bejahung dieser Frage wird der Titel der Bill festgestellt. Der Titel ist streng genommen kein Theil der Parlaments-Akte; er wird auch nicht drei Mal gelesen, wie jeder andere Theil eines Gesetzes, sondern erst dann festgestellt, wenn die Bill von dem einen Hause an das andere gesendet werden soll.

Ist auch der Titel beschlossen, so wird die Bill an die Lords mit der Ueberschrift: Soit baillé aux seigneurs, oder, wenn die Bill zuerst bei den Lords durchgegangen ist, mit der Bemerkung: Soit baillé aux communes, übersendet.

Im Jahre 1668 bestimmten die Lords durch eine Standing Order, daß wegen solcher Bills, welche erst gegen den Schluß der Sitzungsperiode zu ihnen gelangen, fortan kein Grund (wie Kürze der Zeit) solle geltend gemacht werden dürfen, um ihr Durchgehen zu übereilen, daß sie vielmehr nach dem Geschäftsgange des Parlaments gehörig erwogen werden müßten. Neuerlich hat das Haus der Lords eine Bestimmung getroffen, nach welcher es Bills, die von den Gemeinen zu ihnen gelangen, nur dann annimmt, wenn in der Sitzungsperiode genügende Zeit übrig ist, um sie im Hause der Lords in Betracht zu ziehen.

Wenn eine in dem einen Hause zuerst behandelte Bill an das andere Haus gelangt ist, so muß sie in letzterem durch die auf einander folgenden Stadien gehen. Wenn eine zuerst im Hause der Lords

---

sie eben so vielen Lesungen unterzogen werden, als hinsichtlich der übrigen Bill schon stattgefunden haben." (Hakewel).

angenommene Bill bei den Gemeinen ohne Zusatz von Amendements durchgeht, so wird sie an die Lords mit der Bemerkung zurückgesendet: a cest bille les communes sont assentus. Wenn eine Bill von den Gemeinen an das Haus der Lords gesendet und dort verworfen wird, so geschieht derselben keine Erwähnung weiter[1]); sie passirt sub silentio, damit kein Anlaß zu unziemlichen Zänkereien gegeben werde. Wenn dagegen die Bill ohne Zusatz von Amendements angenommen wird, senden die Lords eine Botschaft, um den Gemeinen anzuzeigen, daß sie zugestimmt haben[2]), die Bill aber behalten sie bei sich (wenn es nicht eine Geldbewilligungs-Bill ist). Wenn die Annahme nur mit Amendements erfolgt, so werden letztere mit der Bill an die Gemeinen gesendet, und auf die Bill wird der Vermerk gesetzt: a cest bille avecque les amendements a mesme bill annexes les seigneurs sont assentus. Wenn demnächst die Gemeinen den Amendements beitreten, so wird die Bill an die Lords mit dem Vermerke zurückgesendet: a cest bille avecque les amendements les communes sont assentus. Wenn dagegen die Gemeinen die Amendements zurückweisen, kommt es, wie bereits erwähnt, gewöhnlich zu einer Konferenz. Wenn beide Häuser bei ihren Ansichten verharren, so fällt die Bill durch; denn ein Haus ist nicht befugt, nur die Amendements des andern zu verwerfen; es muß vielmehr entweder die Bill mit den Amendements annehmen oder die Bill ganz und gar verwerfen. Dieselben Formen gelten, mutatis mutandis, welches von den beiden Häusern auch die Bill zuerst behandelt haben mag. Wenn eine von dem einen Hause angenommene

---

[1]) Nach einer Resolution des Hauses der Gemeinen, welche bereits erwähnt ist, muß der Antrag auf eine Konferenz von dem Hause ausgehen, welches im Besitze der Bill ist. Daraus folgt, daß, wenn die Lords eine ihnen von den Gemeinen zugefertigte Bill den letzteren nicht wieder zustellen lassen, die letztern keine direkten Mittel haben, um — durch eine Konferenz oder in anderer Weise — eine Vereinbarung herbeizuführen.

[2]) In einigen wenigen Fällen haben Bills, welche in beiden Häusern durchgegangen waren, die königliche Zustimmung vor dieser Botschaft erhalten. — In neuerer Zeit ist es einmal vorgekommen, daß übersehen wurde, daß das eine Haus den Amendements des anderen noch nicht beigetreten war; das Versehen wurde durch eine spätere Parlaments-Akte gut gemacht. Die Akte 10 Georg IV. cap. 63 erwähnt, daß eine die Faktoreien betreffende Akte von den Gemeinen an die Lords gesendet und dort mit einem Amendement angenommen, aber vor der Annahme des Amendements seitens der Gemeinen durch einen Zufall zusammen mit anderen Bills die königliche Zustimmung erhalten habe, und verordnet, daß diese Faktorei-Akte rechtsgültig sein soll.

Bill in dem andern Hause den Zusatz einer Klausel oder einer ganz neuen Bestimmung erhält, so kann das erstere diese Zusätze ablehnen. Allgemein gilt aber als Regel, daß kein Haus aus eigener Bewegung und ohne Anregung seitens des andern Hauses in einer Bill etwas streicht, was es früher angenommen hat. Dies gilt auch in Betreff der Einschiebsel und Zusätze. Aber zulässig sind alle Aenderungen, welche nöthig werden, um den von beiden Häusern angenommenen Amendements die beabsichtigte Bedeutung beizulegen.

Wenn beide Häuser eine Bill angenommen haben, so wird sie im Hause der Lords deponirt, bis sie die königliche Zustimmung erhält; nur Geldbewilligungs-Bills werden nach der Zustimmung der Lords den Gemeinen wieder zugesendet und von dem Sprecher des letztern behufs der königlichen Zustimmungs-Ertheilung vorgelegt.

In dringenden Nothfällen ist es häufig vorgekommen, daß Bills alle Stadien in beiden Häusern an demselben Tage durchlaufen haben; im Oberhause kann jedoch eine Bill mehr als ein Stadium an demselben Tage nur dann durchlaufen, wenn das Haus vorher seine Standing Orders suspendirt hat.

Die Behandlung der Privat-Bills. Wir haben bereits auf den Unterschied zwischen öffentlichen und Privatbills und auf die Schwierigkeit aufmerksam gemacht, in manchen Fällen den Unterschied zu erkennen[1]). Viele Bills, welche als Privatbills bezeichnet werden, berühren in weitem Umfange sowohl öffentliche, als Privat-Interessen, und das Parlament übt bei der Behandlung solcher Bills nicht blos legislative, sondern auch richterliche Funktionen. Die Kombination dieser Funktionen ist aus den bereits angedeuteten Gründen vom staatsrechtlichen Gesichtspunkte uns bedenklich; das Parlament hat die Trennung jener Funktionen bei Behandlung der Bills einigermaßen dadurch herbeigeführt, daß es die Privatbills an Sonder-Ausschüsse verwiesen hat. Aber auch diese Tribunale üben richterliche, wie legislative Funktionen; und auch aus anderen Gründen unterliegt die gegenwärtige Methode in Behandlung der Privatbills erheblichen Bedenken.

Die allgemeinen Vorschriften über die Behandlung der Privatbills

[1]) Die Privatbills, auf welche die Standing Orders anwendbar sind, werden von den letzteren in zwei Klassen eingetheilt. Die erste Klasse enthält zwanzig verschiedene Kategorieen, welche sich vornehmlich auf Korporationen, Freibriefe, Kirchenbauten, lokale Verbesserungs-Maßregeln, Polizei und lokale Verwaltung beziehen. Die zweite Klasse enthält gleichfalls zwanzig Kategorieen, welche sich auf Wege und andere Bauten beziehen.

(welche hauptsächlich in den Geschäfts-Ordnungen der beiden Häuser enthalten sind) können unter folgende Rubriken vertheilt werden: a) die vorbereitenden Schritte zur Petition wegen einer Bill. b) die Petition. c) die erste und die zweite Lesung. d) der Ausschuß. e) die Berathung über den Bericht und die dritte Lesung.

a) Die Privatbills, auf welche die Geschäftsordnungen anwendbar sind, beziehen sich hauptsächlich auf lokale Verbesserungs-Maßregeln, municipale Einrichtungen und öffentliche Bauten. Das Vorhaben, eine Bill zu einem solchen Zwecke einzubringen, muß durch die Zeitungen und öffentlichen Blätter der betheiligten Gegend unter Angabe verschiedener Einzelnheiten über den Umfang der Befugnisse, welche nach der Petition verlangt werden sollen, bekannt gemacht werden. Soll die Befugniß zur Expropriation von Ländereien oder von Häusern nachgesucht werden, so ist dies auch den Eigenthümern und Besitzern derselben gehörig zu verkünden. Sollen Ländereien zur Anlage von Bauwerken und zu ähnlichen Zwecken expropriirt werden, so müssen auch Pläne und Risse, welche das beabsichtigte Werk genügend veranschaulichen, bei den Kreissecretairen (Clerks of the peace)[1]) der Grafschaften, in welchen die Werke hergerichtet werden sollen, und bei gewissen anderen Beamten niedergelegt werden. Pläne und Risse von Eisenbahnen werden im Handelsamte (Board of Trade)[2]) in den dazu bestimmten Bureaux der Parlamentshäuser und bei gewissen Kirchspiel-Beamten niedergelegt.

Bei Eisenbahnbills muß eine Summe, welche acht Prozent des Kostenanschlages, und bei Bills wegen gewisser anderer Bauwerke eine Summe, welche vier Prozent des Kostenanschlages gleichkommt, bei dem Kanzleigerichtshofe in England oder Irland oder bei dem Schatzkammergerichte in Schottland binnen einer bestimmten Frist vor der Einbringung der Bill in das Parlament deponirt werden.

b) Nach der Geschäfts-Ordnung des Hauses der Gemeinen kann eine Privatbill in das Haus nur mittels einer Petition eingebracht werden, welche einige Zeit vorher in dem Privatbill-Bureau niedergelegt worden ist. Jeder Petition wird ein gedrucktes Exemplar der Bill angehängt. Beide Häuser stellen besondere Beamte an, welche examiners of standing orders for private bills genannt werden; diese haben zu untersuchen, ob die Bedingungen der Einbringung der

---

[1]) Vergl. über diesen Beamten Gneist, Communalverfassung Bd. I. S. 563. Der Uebers.

[2]) Vergl. unten Buch III. Cap. 5 und Gneist, Geschichte der Aemter S. 443.

Privatbill in das Parlament erfüllt sind. Nach einer neuerlich eingeführten Verbesserung des betreffenden Verfahrens prüft derselbe examiner dieselben Bills für beide Häuser. Diejenigen, welche die Bill erbitten, müssen nachweisen, daß sie den betreffenden Vorschriften der Geschäfts-Ordnungen beider Häuser Genüge geleistet haben. Sie überreichen dem examiner einen Aufsatz, durch den sie den Nachweis führen, daß alle Erfordernisse erfüllt sind, und in welchem sie bei jedem noch zu beweisenden Umstande den Zeugen benennen, durch den sie den Beweis führen wollen. Darauf werden die Zeugen abgehört, und es wird der sonst nöthige Beweis erhoben. Finden sich Parteien ein, welche behaupten und sich darüber beschweren, daß die Vorschriften der Geschäftsordnungen nicht gehörig beobachtet seien, so müssen sie von dem examiner gehört werden, wenn sie ihm eine genügend begründete Denkschrift in Betreff ihrer Beschwerde eingereicht haben. Nach Anhörung der Petenten und der Opponenten oder ihrer Agenten entscheidet der examiner und schreibt auf die Petition einen Vermerk, ob die Geschäftsordnungen beobachtet sind oder nicht. Der verneinenden Entscheidung muß er seine Gründe hinzufügen.

Wenn die Aufschrift des examiners ergiebt, daß die Geschäftsordnungen beobachtet sind, so thun die Petenten die nöthigen Schritte, um die Erlaubniß zu erhalten, die Bill einzureichen und sie auf den Tisch des Hauses zum Zwecke der ersten Lesung niederlegen zu lassen. Hat aber der examiner seinen Bericht dahin erstattet, daß die Geschäftsordnungen nicht beobachtet sind, so wird die Petition an einen bestimmten Ausschuß (the Standing Orders Committee) verwiesen, welcher darüber zu berichten hat, ob von den betreffenden, nicht beobachteten Vorschriften der Geschäfts-Ordnungen abgesehen werden kann und ob die Petenten die Erlaubniß erhalten sollen, mit der Bill vorzugehen. Wenn auf den Bericht des Ausschusses diese Erlaubniß unter Vorbehalt gewisser in der Bill vorzunehmender Aenderungen ertheilt wird, so muß letztere mit diesen Aenderungen noch einmal gedruckt werden.

c) Um die erste Lesung einer Privatbill im Hause der Gemeinen zu erlangen, wird eine Petition um die Erlaubniß, sie einzubringen, im Privat-Bill-Büreau niedergelegt; war die Petition an den erwähnten Ausschuß verwiesen, so kann erst nachher die Erlaubniß zur Einbringung der Bill ertheilt werden. Zwischen der ersten und der zweiten Lesung muß ein bestimmter Zeitraum liegen, während dessen die Bill in der Verwahrung des Privat-Bill-Büreaus bleibt. Nach der zweiten Lesung wird die Bill an einen Ausschuß verwiesen.

d) Wenn die Bill eine Eisenbahn- oder Kanal-Bill ist, so wird sie an den allgemeinen Ausschuß für dergleichen Bills verwiesen; wenn eine Ehescheidungs-Bill, an den Ausschuß für Ehescheidungs-Bills; alle anderen Bills gehen an das „Committee of Selection.“

Der allgemeine Ausschuß für Eisenbahn- und Kanal-Bills ordnet die Bills nach Gruppen und verweist jede Gegen-Bill oder Gruppe von Bills an einen Ausschuß von fünf Mitgliedern; dessen Vorsitzender wird von jenem allgemeinen Ausschusse ernannt, während die vier anderen Mitglieder von einem anderen Ausschusse, dem „Committee of Selection“ (Auswahl-Ausschuß), bestellt werden.

Alle Sonder-Ausschüsse für Privat-Bills, mit Ausnahme der eben erwähnten und der Ausschüsse für Ehescheidungs-Bills, bestehen aus fünf von dem Committee of Selection ernannten Mitgliedern.

Der auf diese Weise ernannte Sonder-Ausschuß untersucht die in der Bill angeführten Umstände, und hat verschiedene Obliegenheiten, je nachdem die Bill angefochten ist oder nicht.

Außer einigen anderen Fällen wird die Bill dann als eine angefochtene behandelt, wenn gegen sie eine Petition in gehöriger Weise angebracht ist.

Eine solche Petition muß die Gründe des Widerspruches bestimmt und klar darlegen; und sie ist einem der beiden Häuser in den nächsten Tagen nach der zweiten Lesung einzureichen, sie betreffe denn eine erst durch die Verhandlungen des Ausschusses oder ein Amendement oder eine Zusatzbestimmung hervorgerufene Beschwerde. Der Ausschuß hört solche Petenten gegen die Bill, deren Interessen durch dieselbe berührt werden. Bei einer Eisenbahn-Bill untersucht der Ausschuß außer dem Bauplane auch die finanziellen Operationen, welche zur Herbeischaffung der Baukosten stattgefunden haben oder beabsichtigt werden. Eine Menge von Einschränkungen, welche die Konzessionen von Eisenbahn-Gesellschaften betreffen, sind durch verschiedene Standing Orders herbeigeführt, und durch andere Standing Orders hat man den Ausschüssen für Eisenbahn-Bills Instruktionen ertheilt, nach welchen sie in die Bills gewisse Klauseln aufnehmen sollen. Was die Obliegenheiten der Ausschüsse für andere Arten von Privat-Bills betrifft, so wird es, ohne Anführung von Spezialitäten, hinreichen, zu bemerken, daß sie verschiedene Untersuchungen je nach der Natur der Bills anstellen.

Die Sitzungen der Ausschüsse sind öffentlich, jedoch mit Ausnahme der Berathungen unter den Ausschuß-Mitgliedern. Die Petenten und die Opponenten erscheinen in der Regel durch Anwälte vertreten (by counsel). Wenn die Opponenten gegen die Bill sofort oder nach Erörterung des desfallsigen Streites dazu verstattet werden, zum Zwecke ihres Widerspruches als Parteien aufzutreten (locus standi), so verläuft das weitere Verfahren ähnlich, wie ein gerichtlicher Prozeß. Der Anwalt jeder Partei produzirt die Zeugen derselben, unterzieht die der Gegenpartei dem Kreuzverhöre und redet dann zu dem Ausschusse.

Nach dem Schlusse der General-Diskussion zwischen den Parteien entscheidet der Ausschuß gewöhnlich zunächst darüber, „ob die Vorrede der Bill bewiesen ist.“ [1]) Entscheidet er, daß sie nicht bewiesen, so ist die Bill durchgefallen; ergeht die entgegengesetzte Entscheidung, so erörtert der Ausschuß die Bill in ihren Einzelbestimmungen, und hört die Petenten, welche für oder gegen die Aufnahme gewisser Klauseln Anträge gestellt haben.

Hat der Ausschuß seine Verhandlungen beendigt, so erstattet er seinen Bericht. Dieser soll in allen Fällen mittheilen, ob der Ausschuß die Vorrede als richtig anerkannt oder eine Aenderung in der Vorrede oder in einer Klausel vorgenommen oder die Zurückziehung der Bill veranlaßt hat. Nachdem der Ausschuß seinen Bericht vollendet hat, wird eine Abschrift der Bill mit den Amendements dem Privat-Bill-Büreau übergeben; darauf wird die Bill mit den Amendements wieder gedruckt. Vor oder bei der Verhandlung über den Bericht muß der Vorsitzende des Ausschusses der Mittel und Wege dem Hause darüber Auskunft geben, ob die Bill diejenigen Bestimmungen enthält, welche sie nach den Standing Orders enthalten soll.

e) Die nächsten Stadien, welche eine Privat-Bill in dem Hause der Gemeinen zu durchlaufen hat, sind die Verhandlung über den Bericht des Sonder-Ausschusses und die dritte Lesung. Klauseln oder Amendements, welche in diesen Stadien eingehen, werden dem Vorsitzenden des Ausschusses der Mittel und Wege zugewiesen; dieser muß sich darüber aussprechen, ob dieselben von dem Hause anzunehmen oder an das Standing Orders Committee zu verweisen sind. Wenn sie in dieser Weise an den Ausschuß verwiesen werden und dieser berichtet dagegen, so verweigert das Haus in der Regel ihre Aufnahme in die Bill. Auch kann auf den Antrag des Standing Orders Committee oder auf eine selbstständige Anordnung des Hauses die Bill an den

---

[1]) Die Bedeutung dieses Satzes erhellt, wenn man sich des Inhaltes der Vorrede (preamble) zu einer Bill erinnert. Vergleiche oben Kapitel 4.

Der Uebersetzer.

früheren Sonder-Ausschuß zurückverwiesen werden. — Wenn über eine Bill Bericht erstattet ist, so kann das Haus den Amendements des Ausschusses zustimmen oder sie verwerfen oder auch eigene Amendements hinzufügen. Jedoch geschieht dies selten. Bei der dritten Lesung sind nur solche Amendements, welche die Wortfassung betreffen, zulässig. Nach der dritten Lesung geht die Bill durch und dann wird sie dem anderen Hause zugefertigt.

Die Behandlung der meisten Privat-Bills in dem Hause der Lords ist derjenigen im Hause der Gemeinen ähnlich. Jedoch gelten in Betreff der Privat-Bills, welche zuerst in das Haus der Lords eingebracht zu werden pflegen, nämlich Grundbesitzveräußerungs-, Namen-, Ehescheidungs- und Naturalisations-Bills einige besondere Bestimmungen, welche indessen hier nicht weiter in Betracht gezogen werden sollen. Werden bei anderen Privat-Bills Aenderungen vorgenommen oder beantragt, nachdem sie in das Parlament eingebracht sind, so fordern die Lords in den geeigneten Fällen die Niederlegung von Plänen und Rissen, Bekanntmachungen u. dgl. m., ähnlich den Erfordernissen für die Einbringung einer Bill in das Parlament.

Nachdem die Bill zum ersten Male im Hause der Lords gelesen ist, berichtet der examiner, ob die Vorschriften der Geschäftsordnung beobachtet sind. Berichtet derselbe, daß dies nicht der Fall, so wird die Bill an das Standing Orders Committee verwiesen, welches den Bericht in Erwägung zu nehmen und zu prüfen hat, ob man die Beobachtung der betreffenden Bestimmung erlassen kann. Jede Petition gegen eine Bill muß, wenn sie berücksichtigt werden soll, in einer bestimmten Frist nach der ersten Lesung eingereicht werden. Alle Bills, welche von den Gemeinen kommen und gegen welche bei den Lords keine Opponenten auftreten, werden dem Vorsitzenden der Ausschüsse („chairman of committees“) zugewiesen. Diesem steht ein Anwalt Hülfe leistend zur Seite; auf ihm, wie auf dem Vorsitzenden des Ausschusses der Mittel und Wege im Hause der Gemeinen, lastet in Betreff der nicht angefochtenen Bills eine große Verantwortlichkeit. Er kann sich dafür aussprechen, daß eine Privat-Bill, obgleich sie nicht angefochten ist, wie eine angefochtene behandelt werden möge; dann wird sie an einen Sonder-Ausschuß verwiesen, wie eine angefochtene Bill. Die Verweisung solcher Bills findet nach der zweiten Lesung statt.

Das Verfahren vor dem Sonder-Ausschusse der Lords ist dem vor dem Ausschusse der Gemeinen gleichfalls ähnlich. Nachdem der Ausschuß die Antragsteller und die Opponenten gehört hat, macht er seine Amendements und berichtet über die Bill an das Haus. Bei der Verhandlung über den Bericht oder bei der dritten Lesung kann kein Amendement beantragt werden, wenn es nicht vorher dem Vorsitzenden der Ausschüsse eingereicht ist.

Ist die Bill, wie sie von den Gemeinen übersendet ist, bei den Lords nicht verändert, so wird ihr die königliche Zustimmung ertheilt, ohne daß sie an die Gemeinen zurückgelangt. Das Durchgehen solcher Bills bei den Lords wird durch einen Gebrauch erleichtert, nach welchem Abschriften der Bill dem Vorsitzenden der Ausschüsse der Lords und seinem Anwalte schon dann vorgelegt werden, wenn die Bill sich noch bei den Gemeinen befindet, so daß der Vorsitzende schon dann seine Ansicht aussprechen und Winke ertheilen kann, ehe die Bill an das Haus der Lords gelangt. Ist die Bill im Oberhause amendirt, so wird sie mit den Amendements an die Gemeinen zurückgesendet. Werden die Amendements von diesen angenommen, so wird die Bill an das Haus der Lords zurückgesendet und bleibt dort bis zur Ertheilung der königlichen Zustimmung. Machen die Gemeinen Amendements zu den Amendements der Lords, so wird die Bill an die letzteren zurückgesendet. Stimmen die Lords den Amendements der Gemeinen zu, so ist die Bill bereit, die königliche Zustimmung zu empfangen; im entgegengesetzten Falle senden die Lords eine Botschaft mit dem Antrage auf eine Konferenz ab; in ähnlicher Art verlangen die Gemeinen eine Konferenz, wenn sie die Amendements der Lords unannehmbar finden. Kommt man endlich über die Bill überein, so ist letztere für die königliche Zustimmungsertheilung bereit, und können die beiden Häuser sich nicht vereinigen, so fällt die Bill durch.

5. Die Geldbewilligungen („Supply“). Die Einkünfte der Krone sind von zweierlei Art: — prärogative und parlamentarische. Die ersteren, welche gegenwärtig zum größten Theile von der Krone aufgegeben und (wie wir später sehen werden) der Kontrolle des Parlaments unterworfen sind, bestehen aus dem Ertrage von Ländereien, die nach und nach in den Besitz der Krone gelangt sind, zuerst bei der Eroberung, später durch Konfiskation, Heimfall oder in anderer Weise; ferner aus verschiedenen gelegentlichen Einnahmen, welche der Krone kraft gewisser alter Prärogative zukommen.

Alle diese Einkünfte bilden jedoch gegenwärtig nur einen kleinen Theil derjenigen, welche der Krone zum Zwecke des Staatsdienstes zugewiesen sind; denn bei weitem der größte Theil der Einkünfte der Krone besteht aus Hülfsgeldern, welche von dem Parlamente periodisch bewilligt werden. Die der Krone von dem Volke bewilligten

Gelder wurden in alten Zeiten verschieden benannt (aids, talliages, scutages, subsidies.) Das Alter dieser Bewilligungen haben wir bereits erwähnt,[1]) ebenso das durch die Magna Charta Johanns anerkannte Recht der unmittelbaren Kron-Vasallen auf Berufung zu einer allgemeinen Rathsversammlung des Reiches, ohne deren Zustimmung keine außerordentliche Steuer für die Krone sollte erhoben werden können, desgleichen die späteren Bestätigungen dieses Rechts durch spätere Könige. Da das Grundgesetz in diesem Punkte von den späteren Fürsten durch Zwangsanleihen und sogenannte freiwillige, aber ohne wirklichen Konsens erpreßte Steuern schamlos verletzt worden war, so wurde in die im dritten Regierungsjahre Karls I. abgefaßte Petition der Rechte ein Artikel aufgenommen, nach welchem Niemand soll gezwungen werden können, sich dem Verlangen nach einer Gabe, Anleihe, Steuer oder ähnlicher Auflage zu fügen, ohne daß solche in einer Parlaments-Akte durch allgemeinen Konsens bewilligt ist. Endlich wurde durch die Bill of Rights (1 Wilhelm und Maria s. 2. cap. 2) deklarirt, daß die Erhebung von Geldern für die Krone oder zu ihren Zwecken ohne Bewilligung des Parlamentes und für längere Zeit oder in anderer als der bewilligten Art, möge sie auch unter Berufung auf ein angebliches Prärogativ-Recht erfolgen, ungesetzlich sei.

Der Betrachtung des gegenwärtigen Verfahrens bei Behandlung der Geld-Bills müssen wir einige Bemerkungen über die besonderen Befugnisse der beiden Parlamentshäuser in Betreff a) der Initiative, b) der Amendirung, c) der Verwerfung bei solchen Bills vorausschicken.

a) Das Haus der Gemeinen hat gegenwärtig das ausschließliche Recht der ersten Verhandlung über Geldbewilligungen für die Krone. Aber ehe dieses Recht feststand, geschahen solche Bewilligungen von den verschiedenen Ständen besonders. So bewilligten im Jahre 1207 unter Johann die Prälaten und Magnaten für sich eine Steuer, weigerten sich dagegen einer durch den niederen Klerus ausgesprochenen Bewilligung beizutreten, worauf Aufforderungen an den letzteren gerichtet wurden, daß sie besondere Beisteuern geben möchten. Der Klerus trat noch lange nachher zu zwei getrennten, mit dem Parlamente nicht verbundenen Versammlungen zusammen, wenn es sich um Bewilligung von Beisteuern an die Krone handelte, und die Bewilligung erfolgte seitens jeder der beiden Versammlungen besonders und für sich. Der Gebrauch, von dem Klerus besondere Bewilligungen

---

[1]) Oben, Kapitel 3.

zu verlangen, entstand wahrscheinlich aus dem alten Anspruche desselben auf Exemtion von aller weltlichen Gewalt in seiner geistlichen Eigenschaft, folglich auch in Betreff seines Vermögens, welches er als zu den Spiritualitäten gehörig bezeichnete. Diese besondere Besteuerung des Klerus währte bis in die Zeit Karls II. hinein; seitdem hat man den Mitgliedern des Klerus, welchen Benefizien konferirt sind, dagegen gestattet, bei der Wahl die Grafschafts-Vertreter für das Parlament ihre Stimmen abzugeben.[1])

Die Beispiele, in denen die verschiedenen Stände in alten Zeiten besondere Beisteuern bewilligten, würden sich leicht vermehren lassen. Zuweilen bewilligten auch die weltlichen Lords besondere Steuern für sich und die Gemeinen andere für sich;[2]) auch kommt es vor, daß

---

[1]) Im Jahre 1380 behauptete der Klerus, „daß seine Beisteuer niemals im Parlamente bewilligt sei und dort nicht bewilligt werden dürfe.“ Später jedoch wurden die Bewilligungen des Klerus für unverbindlich erachtet, bis sie vom Parlamente bestätigt wären.

[2]) Im Jahre 1306 bewilligten die Prälaten, Barone und die Vertreter der Grafschaften eine Steuer, die Bürger und Burgfleckenbewohner eine andere. Im Jahre 1307 bewilligte der Klerus eine Steuer, die Grafschaften bewilligten eine andere, und die Städte, Burgflecken und die alten Domainen eine dritte. Ebenso im Jahre 1322. Im Jahre 1340 bewilligten die Grafen und Barone eine Steuer für sich, und ihre Peers, und die Gemeinen ebenfalls für sich besondere Steuern. Aehnlich geschieht es im folgenden Jahre. Im Jahre 1344 bewilligten die Gemeinen und der Klerus Steuern, aber die Lords scheinen damals nichts bewilligt zu haben, weil sie sich bereit erklärten, den König in den Krieg zu begleiten. Als im Jahre 1346 die Gemeinen sich in einer Petition über ungesetzliche Besteuerung beschwerten, bestritten sie nicht das Recht der Lords, für sich besondere Steuern zu bewilligen, sondern sie baten nur, daß die Gemeinen nicht durch die Lords zu Steuern herangezogen werden möchten. Als im Jahre 1372 eine gemeinschaftliche Bewilligung durch die Lords und die Gemeinen erfolgt war, wurden die Grafschafts-Vertreter beurlaubt; aber den Repräsentanten der Burgflecken wurde angedeutet, sie möchten noch bleiben, und es wurde dann von ihnen die Bewilligung zur Forterhebung gewisser, schon früher erhobenen Zölle gefordert. Im Jahre 1380 beriethen die Lords für sich über eine Steuer und theilten ihren Beschluß den Gemeinen mit, nach einer langen Berathung bewilligten die Gemeinen eine Kopfsteuer. Im Jahre 1381 beantragten die Gemeinen, „daß die Prälaten für sich, die weltlichen Lords für sich, die Ritter für sich, die Richter für sich und alle anderen Stände gesondert über ihre Steuerbelastung zu berathen veranlaßt werden möchten und daß das Resultat den Gemeinen berichtet werden möge.“ Die Antwort darauf ging dahin: „es sei stets Gebrauch und Regel des Parlaments gewesen, daß die Gemeinen zuerst dem Könige und den Lords des Parlaments ihre Ansicht kund gäben, und nicht umgekehrt; wenn das geschehen sein werde, solle ihnen die Ansicht der Lords kund gethan werden.“ Im Jahre 1382 bewilligten, nach einer Konferenz, die Lords und Gemeinen im Parlament für sich und die ganze Laienschaft einen Zehnten und einen Fünfzehnten.

die weltlichen Lords und die Grafschafts-Vertreter zusammen eine Bewilligung aussprechen und daß daneben die Repräsentanten der Burgflecken eine Beisteuer für sich gewähren. Unter Richard II. scheint es Gebrauch gewesen zu sein, daß die Lords und die Gemeinen mit einander den Betrag der Beisteuern der Laien vereinbarten. Später, unter Heinrich IV. und Heinrich V., wird gewöhnlich gesagt, die Bewilligungen seien durch die Gemeinen „unter Zustimmung der Lords" oder „unter Zustimmung der Bischöfe und der Lords" geschehen.

Im ersten Regierungsjahre Heinrichs IV. bestritten die Gemeinen das Recht, im Parlamente richterliche Entscheidungen zu erlassen, worauf der König antwortete: „Die Gemeinen seien Petenten und Antragsteller und der König und die Lords hätten alle Zeit die Rechtsprechung im Parlamente gehabt, die ihnen auch von Rechtswegen zustehe, vorbehaltlich des Umstandes, daß der König den Rath und die Zustimmung der Gemeinen zu den Statuten, Steuern und Hülfsgeldern und zu Maßregeln für das allgemeine Beste erfordert." Eine große Auktorität[1]) hat die Ansicht aufgestellt, durch diese Antwort sei der Grundsatz festgestellt, „daß Bewilligungen von Hülfsgeldern für die Krone von den Gemeinen ausgehen müßten." Aber dieser Schluß scheint nach den Worten jener Erwiderung nicht gerechtfertigt, wenn nämlich die Meinung dahin geht, daß die Geldbewilligungen zuerst seitens der Gemeinen erfolgen müßten. Eine bestimmtere Anerkennung des Rechts der Gemeinen auf die Initiative bei Geldbewilligungen erfolgte im neunten Regierungsjahre Heinrichs IV. (1407). Damals forderte der König von den geistlichen und weltlichen Lords eine Steuer. Die Lords brachten darauf eine von allen Laien zu erhebende Subsidie in Vorschlag. Der König sendete nun eine Botschaft an die Gemeinen, sie „zu Schritten behufs des Beitritts zu der Erklärung der Lords" auffordernd. Die Gemeinen fanden Anstoß an diesem Verfahren als ihre Freiheiten beeinträchtigend. Darauf erklärte der König auf den Rath und unter Zustimmung der Lords, es sei zulässig, daß die Lords für sich und die Gemeinen für sich den Zustand und die Bedürfnisse des Reiches in Erwägung nähmen, „vorausgesetzt nur, daß die Lords von ihrer Seite, oder die Gemeinen von der ihrigen an unseren Herrn, den König weder über eine Steuerbewilligung, welche von den Gemeinen gewährt und von den Lords gebilligt wäre, noch über die Verhandlungen in Betreff der Bewilligung eher berichten, als besagte Lords und Gemeine eine Vereinba-

---

[1]) Der erste Bericht über die Peerswürde. Seite 353.

rung darüber getroffen haben, wo es dann durch den Mund des zeitigen Sprechers der Gemeinen geschieht, also daß die besagten Lords und Gemeinen übereinkommen mit unserem Herrn, dem Könige."

Es ist bemerkenswerth, wie damals die Gemeinen sich nicht darüber beschwerten, daß die Bewilligung nicht zuerst von ihnen ausgesprochen war, sondern darüber, daß man sie nicht vorher wegen derselben um Rath gefragt hatte. Aus der Bezugnahme auf „Verhandlungen" und auf den früheren Gebrauch geht auch hervor, daß die Bewilligungen in Folge einer Berathung und Vereinbarung unter den beiden Häusern zu erfolgen pflegten; aus den Worten: „Steuerbewilligungen, welche von den Gemeinen gewährt wären," aus dem Umstande, daß die Lords nicht mehr besondere Steuern für sich bewilligten, und aus der Bemerkung, die Steuern sollten fortan von den Gemeinen unter Zustimmung der Lords bewilligt werden, scheint weiter hervorzugehen, daß damals die Steuerbewilligung als wesentlich zu den Rechten der Gemeinen gehörend anerkannt wurde.

In der Zeit der Nachfolger Heinrichs IV. werden die Steuern wiederholt als von den Gemeinen bewilligt bezeichnet, und Bills wegen solcher Bewilligungen als zuerst bei den Gemeinen berathen erwähnt. Jedoch war in letzterer Beziehung die Praxis noch keine konstante. So wurde z. B. im Jahre 1515 unter Heinrich VII. eine Bill, welche eine Steuerbewilligung betraf, in das Haus der Lords eingebracht und von dem Lord Kanzler dann den Gemeinen zugefertigt. Unter der Königin Maria, im Jahre 1558, beauftragten die Gemeinen auf Verlangen der Lords einige Mitglieder, mit einem Ausschusse des Oberhauses zusammenzutreten und mit demselben über den Geldbedarf der Königin und den Zustand des Landes zu konferiren; kurz darauf ging eine Bill wegen einer Laien-Subsidie durch. Unter Jakob I. (1610) setzte der Lord Schatzmeister dem Oberhause auseinander, welcher Subsidien der König bedürftig sei, und er beantragte bei ihm eine Steuerbewilligung; es fanden dann Konferenzen zwischen den Häusern statt, welche zu einer Steuerbewilligung führten — worauf wir sogleich zurückkommen müssen.

Im Jahre 1593, unter Elisabeth, sagte Francis Bacon in einer (gleichfalls wieder zu erwähnenden) Debatte über eine Steuerbewilligung: „Es ist stets Brauch und Privilegium dieses Hauses gewesen, die Steuerbewilligungen von hier an das Oberhaus gelangen zu lassen, es sei denn, daß die Lords diesem Hause eine Bill vorlegen und unsere Zustimmung zu derselben verlangen, in welchem Falle sie ihnen demnächst wieder zugesendet wird." Dieses Zugeständniß Bacons ist um so merkwürdiger, als es in einer Rede gegen die Einmischung des Hauses der Lords in die Behandlung der Geldbewilligung-Bills vorkommt.

Im Jahre 1628 wurde die Einleitung zu den Geldbewilligung-Bills endgültig folgendermaßen festgestellt: „Gnädigster Souverain, wir, Ew. Majestät getreue Gemeinen, haben Ew. Majestät gegeben und bewilligt.“ Diese Formel wurde durch einen Ausschuß entworfen, welcher aus Coke, Glanville, Selden und anderen Mitgliedern bestand. Die Lords erhoben dagegen als gegen eine Neuerung Einsprache, ließen aber endlich die Subsidien-Bill, in welcher sie zuerst erschien, durchgehen. Unmittelbar nach der Restauration (21. Juli 1660) beschlossen die Gemeinen, daß eine das Tonnen- und Pfundgeld betreffende Bill mit den Worten beginnen sollte: „Die im Parlamente versammelten Gemeinen geben u. s. w.“ [1])

„Es ist“ — sagt Blackstone — „das alte und unstreitige Privilegium und Recht der Gemeinen, daß alle Geldbewilligungen oder parlamentarischen Hülfsgelder zuerst in ihrem Hause berathen und zuerst von ihnen gewährt werden, obgleich ihre Bewilligungen nicht in allen Fällen wirksam sind, bevor die anderen beiden Faktoren der Legislatur ihre Zustimmung ertheilt haben. Der gewöhnlich für dieses ausschließliche Privilegium des Hauses der Gemeinen angeführte Grund besteht darin, daß die Steuern von der Gesammtheit des Volkes erhoben würden, und daß folgerichtig die Gemeinen allein das Recht haben müßten, sich zu besteuern. Dieser Grund würde unwiderleglich sein, wenn die Gemeinen nur sich allein besteuerten; aber es ist allbekannt, daß ein sehr großer Theil des Nationalvermögens sich im Besitze der Mitglieder des Oberhauses befindet, daß das Vermögen der letzteren in gleicher Weise der Besteuerung fähig ist, und wirklich wie das Vermögen der Gemeinen besteuert wird. Da nun die Gemeinen nicht die allein Steuerpflichtigen sind, so kann dies nicht der Grund dafür sein, daß sie allein das Recht haben, die Steuern zu bewilligen und die Modalitäten derselben zu bestimmen. Der wahre Grund, welcher aus dem Geiste unserer Verfassung abzuleiten ist, scheint der folgende zu sein: — Da die Lords eine ständige und erbliche Körperschaft bilden und von dem Könige nach seinem Willen kreirt werden, so hält man sie dem Einflusse der Krone mehr aus-

[1]) In einer Konferenz im Jahre 1671 wiesen die Lords nach, daß bis zum Anfange der Regierung Karls I. die Lords und die Gemeinen gemeinschaftlich die Bewilligung ertheilt hätten.

gesetzt, als die Gemeinen, welche eine auf Zeit gewählte, von dem Volke frei bestellte Körperschaft bilden. Es würde deshalb äußerst gefährlich sein, den Lords die Befugniß beizulegen, neue Steuern für die Unterthanen zu bestimmen; es reicht aus, daß sie die Befugniß zur Verwerfung haben, wenn sie glauben, daß die Gemeinen in ihren Bewilligungen verschwenderisch oder unvorsichtig sind."

Blackstone fügt hinzu: „Die ausschließlichen Privilegien des Hauses der Gemeinen in Betreff der Geld-Bills erstreckt sich auf alle Bills, nach welchen Geld von den Unterthanen erhoben werden soll, welches auch der Zweck und die Form der Erhebung sein mag, sei es zu den Bedürfnissen der Regierung oder zum Nutzen Einzelner, mag die Erhebung auch nur in einzelnen Distrikten erfolgen sollen, wie Chausseegeld, Mauthen, Parochial-Abgaben u. dgl. m."

In neuerer Zeit hat jedoch das Haus der Gemeinen, um dem Uebelstande entgegenzutreten, daß in ihm die Berathung aller, Mauthen und Abgaben auflegenden Privat-Bills beginnen mußte, durch eine Standing Order bestimmt, „daß dieses Haus nicht auf seinen Privilegien besteht in Rücksicht der in Privat-Bills enthaltenen Klauseln, welche sich auf Mauthen und Abgaben für geleistete Dienste beziehen und nicht Steuern im eigentlichen Sinne auferlegen, wenn dergleichen Privat-Bills von dem Hause der Lords kommen." Diese neue Order wurde im Jahre 1858 in Folge der Empfehlung des in jenem Jahre eingesetzten Ausschusses für Eisenbahn- und Kanal-Gesetzgebung erlassen. Nach einer Standing Order vom 24. Juli 1849 bestehen die Gemeinen nicht auf ihren Privilegien in Betreff der von den Lords ihnen zugehenden oder an sie zurückgelangenden Bills, in welchen Bestimmungen über Geldstrafen, Konfiskationen oder Gebühren enthalten sind, sofern die Geldstrafe die Befolgung der Akte sichern soll oder die Gebühren für Vortheile oder Dienste nach den Vorschriften der Akte entrichtet werden sollen und nicht einen Theil der Staatseinnahmen bilden, oder sofern die Akte nur eine lokale oder persönliche ist.

b) Die Amendirung der Geld-Bills. Nach feststehender Parlaments-Praxis gestattet das Haus der Gemeinen keine, auch nicht die geringste Aenderung oder Amendirung der sich auf die Besteuerung des Volkes beziehenden Geld-Bills von Seiten der Lords. Wir haben gesehen, daß vor Alters das Quantum der zu bewilligenden Gelder gewöhnlich zwischen den Lords und den Gemeinen vereinbart wurde. In den Konferenzen der beiden Häuser vom Jahre 1671 bezog man sich auf den Präzedenzfall aus dem neunten Regierungsjahre Heinrichs IV. — 1407 —, und der Attorney-General stellte die Behauptung auf, jener Präzedenzfall beweise unter Anderem: „daß die Gemeinen sich mit Recht über einen Bruch ihrer Privilegien beschwerten, weil die Lords verlangt hätten, sie sollten einen Ausschuß zur Abhaltung einer Konferenz über Hülfsgelder bestellen." Der Wortlaut der Erwiderung aus dem Jahre 1407 scheint diese Ansicht, streng genommen, nicht zu rechtfertigen; aber wahrscheinlich bestritt der Attorney-General das Recht der Lords, Konferenzen über Bills wegen Geldbewilligungen zu verlangen, nicht das Recht auf Konferenzen vor Einbringung der Bills.[1]) Aus den bereits erwähnten Fällen geht hervor, daß Konferenzen und Berathungen zwischen den beiden Häusern über Geldbewilligungen für die Krone vor 1407 häufig vorkamen, und auch noch lange nachher kommen Fälle von solchen Konferenzen und Berathungen vor. Wir haben schon diejenigen aus dem vierten und fünften Regierungsjahre Maria's erwähnt. Die gleichfalls bereits berührte Debatte im Jahre 1593, unter Elisabeth, entstand in Folge eines Votums des Hauses der Gemeinen, durch welches gewisse Hülfsgelder bewilligt wurden, und des Verlangens der Lords, darüber in eine Konferenz einzutreten. Bacon widersetzte sich der Gewährung einer Konferenz. „Er sei," sagte er, „für die Geldbewilligung; aber er sei dagegen, daß dieses Haus sie gemeinschaftlich mit dem Oberhause erklären solle .... Wenn wir ihrem Antrage zustimmen, so schädigen wir unseren Beschluß; denn ihnen wird der Dank sein und der Tadel unser, da sie zuerst jenen Antrag gestellt haben. Ich möchte, wir verführen, wie ehedem, allein für uns, und handelten nicht in Gemeinschaft mit ihren Lordschaften." Nach einer langen Debatte wurde jedoch die Konferenz zuletzt beschlossen. Die Lords hatten eine größere Summe bewilligt, als von den Gemeinen votirt war. Die letzteren wendeten gegen die Proposition der Lords ein, es liege darin ein Eingriff gegen ihre Privilegien; sie fügten sich aber schließlich.

---

[1]) Von den Bills wegen Geldbewilligungen redend sagt er: — „Wenn die Verhandlung darüber im Parlamente begonnen hat, so können die Lords weder etwas hinzufügen, noch etwas davon abnehmen; sonst wäre es ja vergebens, sich darüber durch Privat-Konferenzen im voraus zu vereinbaren, wenn die Lords noch später daran ändern könnten. Dies beweist, wie wenig die Protokolle aus dem neunundzwanzigsten Regierungsjahre Eduards III. Nr. 11 und aus dem einundfünfzigsten Regierungsjahr Eduards III. Nr. 18 Ew. Lordschaften unterstützen." — Diese Protokolle waren von den Lords zum Beweise von Präzedenzfällen für Konferenzen über Geldbewilligungen citirt worden.

Unter Jakob I. — 1604 — verlangten die Lords eine Konferenz über eine Subsidienbill, welche sie für mangelhaft hielten. Sie proponirten, daß zugleich ihrer „Lordschaften Wunsch erwogen werden möge, Mittel zur Deckung des Geldbedarfes Sr. Majestät zu finden." Die Konferenz wurde angenommen und fand statt.

Ebenfalls unter Jakob I. — 1610 — wurde von den Gemeinen eine von den Lords über eine Geldbewilligung verlangte Konferenz bewilligt, nachdem der Lord Schatzmeister vorher dem Oberhause den Bedarf des Königs auseinandergesetzt und eine Subsidie verlangt hatte. Das Resultat dieser Konferenz war, daß die Gemeinen von den Lords verlangten, letztere sollten dem Könige ihren Wunsch zu erkennen geben, daß etwas wegen der „Wardships" und „Tenures"[1]) — gewisser Quellen des königlichen Einkommens, deren Abschaffung gegen Entschädigung vorgeschlagen wurde — geschehen möge. Der Betrag der Entschädigung war der Gegenstand fernerer Konferenzen zwischen beiden Häusern.

Unter Karl II. — 1671 — erhoben die Gemeinen in einer Konferenz über eine Subsidienbill Einwendungen gegen eine Klausel, und die Lords erklärten sich mit ihrer Weglassung einverstanden.

Diese Beispiele von Konferenzen zwischen den Parlamentshäusern lassen die stete Zunahme der fiskalischen Befugnisse des Hauses der Gemeinen erkennen. Die heutige Praxis dieses Hauses gestattet keine Diskussion über Geldbills mit dem Hause der Lords und keine Amendements zu jenen Bills seitens desselben; aber diese Praxis wurde erst nach dem 17. Jahrhundert vollständig festgestellt. Im Laufe jenes Jahrhunderts kam es mehrmals vor, daß Geldbills von dem Hause der Lords amendirt wurden. „Es ist unmöglich", sagt ein neuerer Bericht an das Haus der Gemeinen, „nach dem Verlaufe so langer Zeit in allen Fällen genau die Natur solcher Amendements festzustellen. In manchen Fällen wurden sie gemacht, um für die Peers den alten Gebrauch, sich selbst durch ihre Kommissionen einzuschätzen, beizubehalten; in anderen Fällen, um Irrthümer des Klerus zu verbessern oder um den Zweck der Bill zu fördern; in einigen Fällen endlich gaben die Gemeinen aus besonderen Gründen nach, z. B. wegen „des gegenwärtigen Nothstandes, welcher vermöge der Kürze der noch

---

[1]) „Wardships and Tenures" wörtlich: Vormundschaften und Besitze. Die Einnahme-Quellen ergaben sich daraus, daß der minderjährige Vasall unter der Vormundschaft des Lehnsherrn stand und letzterer die Lehnsrevenuen, so weit sie die Bedürfnisse des Minorennen überstiegen, für sich bezog. Der Uebersetzer.

übrigen Sitzungszeit auf ihnen laste." Abgesehen von diesen Ausnahmen geht aus den Tagebüchern der Gemeinen hervor, daß dieses Haus sich das ausschließliche Recht zur Entwerfung solcher Bills vorbehalten hat und daß es deshalb keine Aenderungen materieller Natur von Seiten Anderer zuläßt."

Die Ansprüche des Hauses der Gemeinen in Betreff der Geldbills wurden von den Lords in den Konferenzen der Jahre 1671 und 1678 bestritten. Die in diesen Konferenzen geltend gemachten Gründe enthalten eine genaue Geschichte des stets zunehmenden Widerstandes der Gemeinen gegen die Einmischung der Lords bei Geldbewilligungsbills. Es geht daraus klar hervor, daß bis gegen das Ende der Regierung Karls II. die Gemeinen, obgleich sie darauf bestanden, daß sie solche Bills zuerst abzufassen hätten, das Recht der Lords, dieselben zu amendiren, nicht in Abrede stellten. Als im Jahre 1671 die Lords unter dem Vorgeben, solche Amendements zu machen, Bestimmungen einschoben, „welche Eingriffe in die Privilegien der Gemeinen erkennen ließen", stellten die letzteren den Grundsatz in weiterer Ausdehnung, als bisher dahin auf, „daß bei allen Hülfsgeldern, welche die Gemeinen dem Könige gewährten, der festgestellte Betrag oder die Taxe von den Lords nicht verändert werden dürfe." Wenige Jahre nachher — 1678 — wurde diese Doktrin noch weiter ausgedehnt; die Gemeinen beschlossen, alle Geldbewilligungen seien nur ihre Gabe und die „Ziele, Zwecke, Motive, Bedingungen, Einschränkungen und Modalitäten solcher Bewilligungen" dürften von dem Hause der Lords nicht geändert werden. Seit dem Ende des siebenzehnten Jahrhunderts sind diese Ansprüche von den Lords selten, und dann ohne rechtes Vertrauen bestritten worden.

c) Die Verwerfung der Geldbills. Das Haus der Lords hat wiederholt Bills verworfen, welche die Auflegung oder die Beseitigung von Steuern bezweckten; auch ist ihm dieses Recht wiederholt vom Hause der Gemeinen zugestanden worden. So machten die Lords in den erwähnten Konferenzen von 1671 geltend, daß, wenn sie die Bills nicht amendiren könnten, ihnen nur „eine schwierige und unwürdige Wahl bliebe, entweder die nöthigen Steuern zu verweigern oder zu Besteuerungs-Maßregeln und Beträgen ihre Zustimmung zu geben, welche sie für unzweckmäßig erachteten." In ihrer Erwiderung bestritten die Gemeinen das Recht der Verwerfung nicht, sondern sie wiesen nur darauf hin, daß auch für den König die Alternative offen stehe, wegen deren die Lords sich beklagten. „Der König", sagten sie, „muß jede Bill in ihrem ganzen Umfange annehmen oder sie verwerfen; das beeinträchtigt jedoch sein Veto nicht." Hinsichtlich der Befugniß der Lords zur Verwerfung von Bills aller Art bemerkten die Gemeinen, die beiden Häuser sollten sich gegenseitig kontrolliren; „deshalb steht Ew. Lordschaften die Verwerfung der ganzen Bill zu. Aber andererseits würde es eine doppelte Kontrolle der Angelegenheiten Sr. Majestät sein, wenn der König sich nicht darauf verlassen könnte, das Quantum zu erhalten, welches sein Volk ihm einmal bewilligt hat." Aus dieser Erwiderung geht klar hervor, daß die Gemeinen damals das Recht der Lords, Geldbills ganz und gar zu verwerfen, anerkannten und nur ihren Anspruch, das Quantum zu ändern, bestritten.

Im Jahre 1860 verwarf das Haus der Lords eine ihnen von den Gemeinen zugefertigte Bill wegen Aufhebung der Papiersteuer. Das Haus der Gemeinen bestellte darauf einen Ausschuß, welcher die Tagebücher beider Parlamentshäuser prüfen sollte, um zu ermitteln und darüber zu berichten, welches die Praxis jedes Hauses bei Behandlung der verschiedenen Bills zum Zwecke der Besteuerung und der Aufhebung von Steuern sei. Der Ausschuß sprach keine Meinung über die Praxis in Betreff der Verwerfung von Geldbills durch die Lords aus, führte aber eine ganze Anzahl von Fällen an, in welchen jenes Recht von ihnen geübt worden war, ohne daß die Gemeinen deshalb weitere Schritte gethan hätten, so wie andere Fälle, in denen die Gemeinen nach solcher Verwerfung der Bills andere Bills über denselben Gegenstand angenommen und den Lords zugesendet hatten. Die Daten dieser Präcedenzfälle liegen innerhalb des Zeitraums von 1714 bis 1858.

Nach Empfang dieses Berichts beschloß das Haus der Gemeinen am 7. Juli 1860, daß, wenngleich die Lords mehrmals Bills über Erhebung von Steuern verworfen hätten, doch diese von ihnen geübte Macht von dem Hause mit „besonderem Mißtrauen" betrachtet werde, und „daß, um sich für die Zukunft gegen eine ungebührliche Ausübung jenes Rechts seitens der Lords zu schützen und den Gemeinen ihre rechtmäßige Aufsicht über die Besteuerung und die Geldmittel zu sichern, es in der Hand dieses Hauses liegt, die Steuern in der Art aufzulegen und wieder aufzuheben und die Geldbewilligungsbills in der Weise zu fassen, daß nach Inhalt, Art, Maaß und Zeit eine Verletzung des Rechtes der Gemeinen unmöglich ist." [1]

[1] Die Resolutionen, von denen die letzte oben wörtlich angeführt ist, wurden von Lord Palmerston beantragt. Vergl. May, Verfassungsgeschichte Bd. I. S. 398 f. Der Uebers.

In der folgenden Sitzungsperiode (1861) beschlossen die Gemeinen, ihre bisherige Praxis verlassend, eine Bill (The Customs and Inland Revenue Bill), in welcher die Aufhebung einiger Steuern und die Auferlegung anderer zusammen verfügt wurde. Das Haus der Lords war dadurch verhindert, jede dieser Maßregeln besonders zu behandeln und eine derselben ohne die andere zu verwerfen. Die Lords gaben der Bill ihre Zustimmung, jedoch unter Protest einiger von ihnen gegen das von dem Hause der Gemeinen eingeschlagene Verfahren; denn dasselbe widerspreche dem bisherigen Brauche, und Vorschriften über Geldbewilligungen und Aufhebung von Steuern dürften nicht in derselben Bill mit einander verbunden werden.

Die Aussprüche der Rechtslehrer über das Recht der Lords zur Verwerfung von Geldbills sind einstimmig. So sagt Blackstone: „Es reicht aus, daß sie die Befugniß zur Verwerfung haben, wenn sie glauben, daß die Gemeinen in ihren Bewilligungen zu verschwenderisch oder unvorsichtig sind.“ De Lolme äußert bei Besprechung der Geldbills: „Die Lords haben sie einfach und ohne weitere Wahl entweder anzunehmen oder zu verwerfen.“ In der That scheint es, als ob der Wegfall der Befugniß der Lords zur Verwerfung von Geldbills die Uebersendung derselben an die Lords zu einer eitelen Formalität machen müßte, und daß, wenn man dann diese Formalität aufgäbe, der wesentlichste Antrieb für die Krone zur Berufung des Parlaments, nämlich die Nothwendigkeit alljährlicher Geldbewilligungen, in Beziehung auf jenen Zweig der Legislatur hinwegfallen würde. Ferner würden die Lords, wenn sie nicht das Recht zur Verwerfung von Geldbills hätten, der einzige Stand im Staate sein, welcher bei Auferlegung der öffentlichen Lasten nicht mitzureden hätte, während sie doch diese Lasten gemeinsam mit den übrigen Ständen tragen.

Bei Behandlung der einigermaßen verwickelten heutigen Finanz-Gesetzgebung wollen wir die drei Zweige derselben gesondert betrachten, nämlich: — a) die Steuerbewilligung. b) die „Mittel und Wege“. c) die Geldbills. Der erste betrifft die Bewilligung von Geld für die Krone; der zweite die Mittel, durch welche das Geld herbeigeschafft wird; der dritte die Art, in welcher die Geldbewilligung und die „Mittel und Wege“ durch Akte des ganzen Parlaments in Kraft gesetzt werden. Hoffentlich wird durch eine strenge Auseinanderhaltung dieser Gegenstände die Behandlung der letzteren in hohem Grade vereinfacht werden.

a) Die Hülfsgelder-Bewilligung. Die öffentlichen Ausgaben Englands (abgesehn von den nur lokalen, welche aus örtlichen

Abgaben und Steuern bestritten werden) sind von zweierlei Art, nämlich erstens solche, welche periodisch (gewöhnlich alljährlich) von dem Parlamente sanktionirt werden, und zweitens solche, welche für die Dauer durch verschiedene Statute entweder auf das Staatsvermögen, den konsolidirten Fonds (consolidated Fund), oder auf einzelne Zweige des öffentlichen Einkommens angewiesen sind. Der Consolidated Fund enthält die gesammte Einnahme aus den verschiedenen Steuern und anderen Zweigen des öffentlichen Einkommens, welche in die Bank von England eingezahlt und in einer Art und Weise verausgabt werden, welche später bei Besprechung der Finanz-Verwaltung aus einander gesetzt werden soll[1]).

Die statutarisch auf den Consolidated Fund angewiesenen Ausgaben, welche der jährlichen Prüfung des Parlaments nicht unterliegen, sind sehr zahlreich. Die hauptsächlichsten sind: die Beträge zur Bestreitung der Ausgaben des königlichen Haushaltes, der Civilliste und der königlichen Familie, die Gehälter der Gesandten, Richter und gewisser Justizbeamten u. s. w. Der größte Posten, welcher aus dem Consolidated Fund gezahlt werden muß, besteht aus den Zinsen der National-Schuld.

Eine wesentliche Aenderung wurde bei dem Consolidated Fund durch das Statut 17 und 18 Victoria cap. 94 herbeigeführt. Der Zweck dieses Statutes war, „Einnahmen und Ausgaben des vereinigten Königreichs und der Insel Man im Ganzen und Großen unter die unmittelbarere Aufsicht und Kontrolle des Parlaments zu bringen." Das Statut bestimmt deshalb, daß gewisse Ausgaben, welche früher nicht daraus bestritten worden waren, fortan aus dem Consolidated Fund bezahlt werden sollen, wogegen eine große Zahl von Ausgaben, welche früher auf dem Consolidated Fund und gewissen, dauernden Einkünften lasteten, diesem abgenommen und fortan „aus solchen Hülfsgeldern, die von Zeit zu Zeit bewilligt und von dem Parlament bestimmt werden," bestritten werden müssen.

Die Ausgabe-Posten, welche nach diesem Statute nicht mehr aus den jährlich bewilligten Hülfsgeldern, sondern aus dem Consolidated

[1]) Der Consolidated Fund wurde durch die Akte 27 Georg III. cap. 47 geschaffen, nach welcher verschiedene Zölle und Steuern „in einen daraus zu bildenden Fonds abgeführt werden sollten, welcher der Consolidated Fund genannt werden sollte." Die Consolidated Funds von England und Irland wurden durch die Akte 56 Georg III. cap. 98 mit einander vereinigt; und durch die Akte 1 Victoria cap. 2 wurden verschiedene erbliche Einkünfte der Krone dem Consolidated Fund zugewiesen.

Fund entrichten werden, sind Gehälter gewisser Richter und Justizbeamten in Schottland, Entschädigungen verschiedener Personen für den Verlust von Gebühren und Renten und einiges Andere. Die Summen, welche dem Consolidated Fund abgenommen und auf die jährlich zu bewilligenden Hülfsgelder übertragen sind, werden zu den Gehältern verschiedener Verwaltungs-Beamten und den Ausgaben für die Gerichte, mit Ausnahme der Gehälter der Gerichts-Beamten, verwendet.

Die jährlichen Bewilligungen des Parlaments sind die für den Dienst der Flotte, der Armee und für den Civil-Dienst [1]) bestimmten. Ihre Bewilligung wird Seitens der Krone empfohlen, bevor sie von dem Parlamente votirt werden. Ohne eine solche Empfehlung nimmt nach einer Standing Order das Haus der Gemeinen weder eine Petition um Bewilligung einer zum öffentlichen Dienste zu verwendenden Summe an, noch berücksichtigt es einen Antrag auf Bewilligung von Staatsgeldern. Die Praxis des Hauses hat diese im Jahre 1852 in die Geschäfts-Ordnung aufgenommene Regel schon sehr lange befolgt. Indessen gestattet man die Ausnahme, daß das Haus bei gegebener Veranlassung sich an die Krone mit der Bitte wendet, dieselbe möge Geld für einen besonders bezeichneten Zweck vorschußweise verwenden, und daß es dabei die Versicherung giebt, die so entstandenen Ausgaben würden vom Hause ausgeglichen werden. Die Bedeutung einer solchen Adresse wird aus dem Folgenden erhellen.

Nach dem Grundsatze der so eben erwähnten Standing Order nimmt das Haus der Gemeinen ein Gesuch um eine Geldbewilligung nur dann in Erwägung, wenn eine Botschaft Seitens der Krone dasselbe veranlaßt, oder wenn eine von einem Mitgliede des Hauses mitgetheilte Empfehlung der Krone dafür vorliegt.

Der Geldbewilligungs-Ausschuß (Committee of Supply), wie wie er gewöhnlich genannt wird, ist ein Ausschuß des ganzen Hauses zur Erwägung des Quantums der Hülfsgelder, deren Bewilligung an die Krone das Haus durch ein vorangegangenes Votum beschlossen hat.[2]) Dieser Ausschuß ist durch eine Standing Order vom

[1]) Die Bewilligungen für den Civil-Dienst erfolgen nach sieben Klassen: 1) Oeffentliche Arbeiten. 2) Gehälter und Kosten der Verwaltungs-Stellen. 3) Polizei und Justizverwaltung. 4) Künste, Wissenschaften und Unterricht. 5) Gehälter der Gouverneure und Kolonieen. 6) Pensionen und Unterstützungen. 7) Verschiedene, nicht unter den vorigen Klassen begriffene Dienstzweige.

[2]) Der Gang der Verhandlungen ist folgender: In der Thronrede verlangt die Krone Geldbewilligungen. Darauf beschließt das Unterhaus im Allgemeinen,

Jahre 1667 [1]) eingesetzt, welche im Wesentlichen unverändert noch jetzt gilt, und nach welcher jeder Antrag im Hause wegen Geldbewilligung oder Belastung des Volkes auf einen bestimmten, späteren Tag an einen Ausschuß des ganzen Hauses verwiesen werden muß, bevor eine Resolution oder ein Votum des Hauses selbst durchgehen kann. Der Geldbewilligungs-Ausschuß erwägt, wie viel Geld für das „laufende Jahr" zu votiren ist. Wenn es sich darum handelt, daß Geld nicht für den Dienst des laufenden Jahres bewilligt — z. B. eine Erhöhung der Richter-Gehälter beschlossen werden soll, so liegt keine Regelwidrigkeit darin, wenn ein desfallsiger Antrag in einem anderen Ausschusse des ganzen Hauses und nicht in dem Geldbewilligungs-Ausschusse gestellt wird.

Da dieser Ausschuß auf Veranlassung der Geldforderungen der Krone bestellt wird, so beschränkt sich seine Kognition auf diejenigen den öffentlichen Dienst betreffenden Gegenstände, in Betreff deren dem Hause der Gemeinen auf Betreiben der Krone eine Vorlage gemacht ist. Wenn daher der Geldbewilligungs-Ausschuß es einmal für wünschenswerth hält, eine Summe Geld außer für die Zwecke des Armee-, Flotten-, Artillerie-Dienstes oder andere von der Krone angegebene Gegenstände zu bewilligen, so muß das Haus, um den Ausschuß hierzu in den Stand zu setzen, den letztern durch eine besondere Instruktion dazu ermächtigen. Nach dem Schlusse des Geldbewilligungs-Ausschusses kann derselbe nur in Folge einer neuen Geldforderung Seitens der Krone wieder eröffnet werden.

Die einzigen Ausnahmen von der Regel, daß Vorschläge zur Belastung des Volkes zuerst in einem Ausschusse des ganzen Hauses erwogen werden müssen, besteht in der bereits erwähnten Praxis, nach welcher die Krone gebeten wird, Geld für bestimmte Zwecke im Voraus zu verwenden, verbunden mit der Versicherung, daß das Haus die dadurch erwachsenden Ausgaben erstatten wird. Diese Praxis hat

---

„daß Ihrer Majestät Geldmittel zu bewilligen seien." Dieser Beschluß wird in Betreff des Quantums in dem Ausschusse weiter in Betracht genommen. Vergl. May, Das englische Parlament Seite 467 f. Der Uebers.

[1]) Vor jener Zeit wurden die Geldbewilligungs-Angelegenheiten häufig an Sonder-Ausschüsse verwiesen. So wurde z. B. im Jahre 1593 auf den Antrag von Francis Bacon ein Sonder-Ausschuß ernannt, „um sowohl die Gefahren, welche das Reich bedrohen, als die schleunige Bewilligung von Hülfsgeldern für Ihre Majestät in Betracht zu ziehen." Ebenso wurde im Jahre 1597 ein Sonder-Ausschuß für die Geldbewilligung bestellt. Im Jahre 1601 kommt ein Geldbewilligungs-Ausschuß des ganzen Hauses vor.

sich jedoch im Allgemeinen auf kleinere Summen und auf Ausgaben beschränkt, deren Betrag nicht sofort festgestellt werden kann. Man hat davon meistentheils auch nur gegen das Ende der Sitzungs-Periode Gebrauch gemacht, wenn der Geldbewilligungs-Ausschuß geschlossen und man der Ansicht war, daß die nöthige Summe nicht erheblich genug wäre, um die Weiterungen zu einer Wiedereröffnung jenes Ausschusses zu rechtfertigen. Eine andere Veranlassung zu solcher Adresse liegt dann vor, wenn der Vorschlag von den Ministern der Krone nicht befürwortet wird, und folglich die vorherige Zustimmung der Krone nicht zu erlangen ist. „Das Verfahren, Geld durch eine Adresse zu votiren," bemerkt Hatsell, „widerspricht den Worten und dem Geiste der Standing Order von 1667, und sollte ohne Noth nicht zugelassen werden." Nach einer neueren Standing Order des Hauses (von 1821) gestattet das Haus einen Antrag auf Erlassung einer solchen Adresse nur in einem Ausschusse des ganzen Hauses.

Die Thronrede, in welcher am Anfange jeder Sitzungs-Periode die Veranlassung zur Einberufung des Parlaments angegeben wird, enthält einen Passus: daß die „Voranschläge" für den öffentlichen Dienst dem Hause der Gemeinen vorgelegt werden sollen. Diese Voranschläge werden an den Geldbewilligungs-Ausschuß verwiesen. Die Summen, welche das Haus der Gemeinen für die verschiedenen Dienstzweige votirt, werden so abgemessen, wie sie nach der Berathung über die Voranschläge ausreichend erscheinen. Es ist jedoch nicht selten, daß bei manchen Positionen die votirten Summen überschritten werden; dann muß die Ueberschreitung in einem folgenden Jahre genehmigt und das Erforderliche wegen der Deckung bestimmt werden.[1]) Wenn man nach einem Kriege Maßregeln zur Bezahlung oder Deckung eines Theils der „unfundirten Schuld" vorgeschlagen werden, so ist die regelmäßige Verfahrungsweise die, daß man zuerst im Geldbewilligungs-Ausschusse Resolutionen beschließt, nach welchen so viel Geld bewilligt werden soll, oder daß die nöthige Deckung erfolgen soll, und daß man dann in dem Ausschusse der Mittel und Wege die Art der Abtragung jenes Theils der Schuld beschließt.

Die „unfundirte Schuld" besteht vornehmlich in den Schatzkammerscheinen, welche zur Erhebung von Darlehen für die Regierung

---

[1]) So wurde z. B. in der Appropriations-Akte von 1860 s. 12 eine die Bewilligung des vorigen Jahres für den Dienst der Armee überschreitende Geldverwendung gedeckt. Hatsell klagt darüber, daß in manchen von ihm angeführten Fällen die Bewilligungen so erheblich überschritten seien, daß die Vota des Hauses der Gemeinen und die Appropriations-Bills lächerlich und bedeutungslos wurden.

auf Zeit bestimmt sind. [1]) Vor dem Schlusse des Geldbewilligungs-Ausschusses erfolgen in jedem Jahre Bewilligungen dahin, daß Geld auf Schatzkammerscheine oder durch Aufnahme von Anleihen erhoben werden kann. Diese Bewilligungen erfolgen in Bezug auf Kredit-Voten („votes of credit“). Das gewöhnliche Verfahren ist dies: man votirt in dem Geldbewilligungs-Ausschusse einen Kredit und erläßt dann in dem Ausschusse der Mittel und Wege eine Resolution, daß eine dem eröffneten Kredite gleichkommende Summe durch Anleihen oder durch Ausgaben von Schatzkammerscheinen erhoben werden soll, welche auf die nächsten von dem Parlamente zu bewilligenden Hülfsgelder angewiesen werden. Die Resolutionen des Geldbewilligungs-Ausschusses werden nämlich dem Hause einberichtet. Das Haus kann ihnen entweder beistimmen oder sie ablehnen, oder, wenn es der Ansicht ist, daß der Gegenstand noch nicht gehörig erörtert ist, den ganzen Bericht oder einen Theil desselben an den Ausschuß zurückweisen, damit dieser sich erst genauere Information verschaffe oder die vorgeschlagene Maßregel selbst näher prüfe. Wenn bei der Berathung über den Bericht die Ansicht die Oberhand gewinnt, daß es nothwendig sei, die nach dem Vorschlage des Ausschusses zu bewilligende Summe höher zu bemessen, so müssen die Resolutionen an den Ausschuß zurückgehen. Dagegen kann das Haus die vorgeschlagene Summe ohne die nochmalige Dazwischenkunft des Ausschusses herabsetzen. Die Erhöhung würde die Auferlegung einer in dem Ausschusse nicht beschlossenen Last enthalten. Auf Grund der endlich vereinbarten Resolutionen ergeht dann die gleich zu erwähnende Appropriations-Akte.

Der Vorsitzende des Ausschusses der Mittel und Wege ist nach der Praxis auch Vorsitzender des Geldbewilligungs-Ausschusses; derselbe wird für jede Sitzungs-Periode neu ernannt, und ihm liegen die verschiedenen Funktionen bei Behandlung der Privat-Bills ob, welche wir bereits betrachtet haben.

---

[1]) Nach der Restauration pflegten einige große Banquiers der Krone mit großen Geldsummen auszuhelfen, wegen deren Erstattung sie entweder auf die von dem Parlament bewilligten Steuern oder auf die erblichen Einkünfte der Krone angewiesen wurden; der Schatzkammer wurden Abschnitte der ausgestellten Scheine und Anweisungen gegeben, nach welchen sie Kapital und Zinsen aus den ersten in den verpfändeten Fonds disponiblen Geldern zahlen sollte. In einer Geldbedrängniß schritt Karl II. zu dem verzweifelten Mittel, daß er die Schatzkammer schließen ließ und befahl, daß die fälligen Schulden erst später bezahlt werden sollten. — Die erste Parlaments-Akte, welche die Ausgabe von Schatzkammerscheinen ordnete, scheint das Statut 12 Wilhelm III cap. 1 zu sein: „Eine Akte, betreffend die Erneuerung der Kredit-Scheine, gewöhnlich Schatzkammer-Scheine genannt.“

Es kommt vor, daß nicht alle Bewilligungen für die Dienstbedürfnisse des laufenden Jahres in derselben Sitzungs-Periode des Parlaments erfolgen. So wurden im Jahre 1841, weil die Auflösung des Parlaments bevorstand, die Bedürfnisse der Armee und der Flotte, sowie die Bedürfnisse für die verschiedenen, nicht besonders klassifizirten Dienstzweige, letztere jedoch nur für sechs Monate des Jahres 1841, bewilligt; die übrigen Bewilligungen für das Finanz-Jahr wurden einige Monate später in dem neuen Parlamente votirt. Ein ähnliches Verfahren wurde im Jahre 1857 eingeschlagen.

b) Mittel und Wege. Der Zweck des Ausschusses der Mittel und Wege (Committee of Ways and Means) ist, wie der Name andeutet, der, die Art und Weise zu bestimmen, wie die Geldmittel aufgebracht werden sollen, welche das Haus — auf Grund der von dem Geldbewilligungs-Ausschusse vorgeschlagenen und genehmigten Resolutionen — der Krone bewilligt hat. Der Ausschuß muß bei seinen Berathungen und Beschlüssen streng darauf halten, daß die durch Anleihen, Steuern oder in anderer Weise flüssig zu machenden Gelder die in dem Geldbewilligungs-Ausschusse bewilligte Summe nicht überschreiten. Darin liegt der Grund, aus welchen der Kanzler der Schatzkammer [1]) oder dasjenige Mitglied des Hauses der Gemeinen, welches sonst die Vorschläge wegen der Mittel und Wege für das laufende Jahr macht, dem Hause durch eine Detaillirung der für die einzelnen Dienstzweige bewilligten Summen auseinandersetzen und klar machen muß, daß der Gesammtbetrag dieser Summen in Betreff des zu verwendenden Quantums die Maßregeln und die Steuern rechtfertigt, welche von dem Ausschusse der Mittel und Wege dem Parlamente zu empfehlen sein möchten. Diese Auseinandersetzung giebt meistens der Kanzler der Schatzkammer oder — jedoch selten — der erste Lord des Schatzes, und zwar nach dem Gebrauche in dem Aus-

---

[1]) Aus leicht begreiflichen Gründen überträgt die Krone das Amt des Kanzlers der Schatzkammer einem Mitgliede des Hauses der Gemeinen. Nach altem Gebrauche werden bei eintretender Vakanz die Amtssiegel des Kanzlers der Schatzkammer dem zeitigen Präsidenten (Chief Justice) des Gerichtshofes der King's Bench übergeben, welcher die laufenden Geschäfte bis dahin besorgt, daß ein Nachfolger ernannt ist. So kam es, daß im Jahre 1757 Lord Chief Justice Mansfield länger als drei Monate als Finanz-Minister fungirte. „Man begann," sagt Lord Campbell, „zu erörtern, wie er als Peer es anfangen würde, das Budget darzulegen." —

Ueber das Amt des Kanzlers der Schatzkammer, vergl. Weiteres in dem Kapitel über die fiskalischen Verwaltungs-Beamten.

schusse der Mittel und Wege. Diese finanzielle Darlegung nennt man das Budget. [1])

Da der Ausschuß der Mittel und Wege speziell und lediglich zur Prüfung der Vorschläge für die Aufbringung der für das laufende Jahr bewilligten Hülfsgelder berufen ist, so darf er, streng genommen, nichts Anderes in den Bereich seiner Verhandlungen ziehen, wenn er dazu nicht durch Instruktionen des Hauses besonders ermächtigt ist. Wenn es daher nothwendig befunden wird, Steuern oder andere Lasten aufzuerlegen, welche nicht für die Dienstbedürfnisse des laufenden Jahres zu verwenden sind, so kann dies in dem Ausschusse der Mittel und Wege nur in Folge einer speziellen Autorisation des Hauses beschlossen werden; jedoch geschieht es passender in einem anderen, zu diesem Zwecke besonders bestellten Ausschusse des ganzen Hauses. Aber manchmal sind, unter Hintenansetzung dieser Regeln, Steuern nicht blos für die Deckung der für das gegenwärtige Jahr erfolgten Bewilligungen, sondern weiter hinaus für folgende Jahre in dem Ausschusse der Mittel und Wege ohne besondere vorherige Ermächtigungen votirt werden.

Die Steuern, welche kraft der Auktorität des Parlaments von den Unterthanen erhoben werden, sind entweder solche, die auf gewisse Zeit beschränkt sind, oder fortdauernde, für einen unbestimmten Zeitraum auferlegte. Unter den fortdauernden sind die erheblichsten die Zölle, welche von Ausfuhren und Einfuhren erhoben werden und an die Stelle des alten Tonnen- und Pfundgeldes getreten sind; ferner die Accise, eine binnenländische Auflage, welche von Manufakturen und Verkäufern gewisser Waaren erhoben wird. Die Accise entstand im Jahre 1643 durch einen Beschluß des Parlaments, nach dem Ausbruche der Feindseligkeiten mit Karl I.

---

[1]) Ein parlamentarisches Memorandum des Kanzlers der Schatzkammer aus dem Jahre 1857 enthält Folgendes: „Vor oder kurz nach dem Schlusse jeden Finanzjahres legt der Kanzler der Schatzkammer dem Hause der Gemeinen eine Uebersicht der Resultate der Finanz-Maßregeln, welche in der vorigen Sitzungs-Periode beschlossen waren, vor und giebt eine Uebersicht der Einnahmen und Ausgaben des folgenden Jahres. Er giebt zugleich Eröffnungen darüber, ob die Regierung gewisse Steuern abzuschaffen oder die Erhebung des erforderlichen Geldes durch Steuern, Anleihen oder auf andere Weise zu bewerkstelligen beabsichtigt.... Der Zweck dieser Darlegung des Budgets besteht nicht allein darin, daß dem Hause der Gemeinen der Besteuerungs-Plan für das nächste Jahr vorgelegt werden soll, sondern sie soll das Haus auch überzeugen, daß die in dem Jahre zu erhebenden Einkünfte ausreichen und nur ausreichen, um die Ausgaben zu decken, welche die Regierung für das nächste Jahr zu machen hat." —

Gewisse alte Abgaben gehörten früher zu den erblichen Einkünften der Krone; sie sind aber längst verschwunden, und seit der Revolution sind, wie wir gesehen haben, stets alle Steuern durch das Parlament auferlegt worden. Die parlamentarischen Steuern waren bis zur Zeit Karls II. sämmtlich auf gewisse Zeiten beschränkt. Die Zölle wurden zuerst gewöhnlich für mehrere Jahre, und später für die Lebenszeit des Königs [1]) bewilligt; letzteres geschah unter Karl II. und seinen beiden nächsten Nachfolgern. Zuerst unter der Königin Anna wurden die Zölle zu fortdauernden Abgaben gemacht. Die ersten dauernd auferlegten Accise-Abgaben scheinen die der Krone im Jahre 1660 durch das Statut 12 Karl II. cap. 24 als Entschädigung für die „Wards and Tenures" [2]) bewilligten zu sein. Die nächste für die Dauer durch das Parlament auferlegte Steuer war das Herd-Geld, [3]) welches durch die Statute 14 und 15 Karl II. cap. 10 bewilligt wurde. Diese Statute sind historisch interessant, weil sie den Beginn einer sehr wichtigen Aenderung in dem Finanzsystem Englands bezeichnen.

Die Ausschüsse für die Geldbewilligung und für die Mittel und Wege halten an den Tagen der Woche ihre Sitzungen, an welchen (wie bereits erwähnt) die Vorlagen der Staats-Regierung den Vorrang haben.

Die Resolutionen des Ausschusses der Mittel und Wege können auf den an das Haus erstatteten Bericht ebenso, wie die Resolutionen des Geldbewilligungs-Ausschusses, von dem Hause angenommen, verworfen oder an den Ausschuß zurückgewiesen werden. Blackstone bemerkt über die Beschlüsse des Ausschusses der Mittel und Wege, sie würden, wenn durch ein Votum des Hauses gebilligt, „im Allgemei-

---

[1]) Schon für Heinrich VII. und Heinrich VIII. bewilligte das Parlament Tonnen- und Pfundgelder für ihre Lebenszeit.

[2]) Siehe Seite 164.

[3]) Diese Steuer existirte schon zur Zeit der Eroberung unter dem Namen: Rauchgeld und war unter ähnlichem Namen (fuage oder focage) unter Eduard III. bekannt. Zur Zeit der Revolution war sie so verhaßt, daß sie durch eine der ersten Akte Wilhelms III. aufgehoben wurde; indessen wurde sie bald durch eine Fenster-Steuer ersetzt, und die Fenster- oder Häuser-Steuer besteht bis heute. — Aus den in dem Texte mitgetheilten Daten erhellt, daß in May's Verfassungs-Geschichte. Bd. I. S. 396 ein kleiner Irrthum untergelaufen ist, wenn dort gesagt ist: das im Jahre 1663 auferlegte Herd-Geld sei die erste bleibende Steuer gewesen. May sagt auch: bis zur Revolution scheine es andere Steuern der Art nicht gegeben zu haben; erst nach derselben seien andere bleibende Steuern von Bier, Salz, Papier, Häusern und Kaffee erhoben.

nen für endgültig und die Sache erledigend angesehen. Denn obgleich keine Hülfsgelder von den Unterthanen erhoben werden können, wenn es nicht durch eine Akte des ganzen Parlamentes angeordnet ist, so wird doch Niemand, der Geld dazu vorräthig hat, Bedenken tragen, der Regierung jede beliebige Summe auf den nur durch das Votum des Hauses der Gemeinen begründeten Kredit hin vorzuschießen, wenngleich noch kein einen Kredit eröffnendes **Gesetz** zu Stande gekommen ist."

c) Die Geld-Bills (**Money Bills**) sind Besteuerungs-Bills, Geldbewilligungs-Bills und Appropriations-Bills.

Die Besteuerungs-Bills, welche die Deckung der Bedürfnisse des Dienstes für das laufende Jahr bezwecken, haben, wie bereits bemerkt, die Resolutionen des Ausschusses der Mittel und Wege zur Grundlage. Diese Akte beginnen (von geringen durch besondere Umstände veranlaßten Aenderungen abgesehen) mit folgenden Worten: „Gnädigster Souverain, wir, Ew. Majestät treue und gehorsame Unterthanen, die Gemeinen des vereinigten Königreichs Großbritannien und Irland, die wir im Parlamente versammelt sind, um die Hülfsgelder, welche Ew. Majestät bewilligt worden, zu beschaffen (oder: um die zur Deckung von Ew. Majestät öffentlichen Ausgaben nöthigen Hülfsgelder zu beschaffen und zu dem öffentlichen Einkommen einen dauernden Zuschuß zu gewähren) haben freiwillig und wohlüberlegt beschlossen, Ew. Majestät die nachstehend bezeichneten Steuern zu bewilligen, und bitten Ew. Majestät unterthänig, daß verordnet werden möge, und es sei verordnet durch der Königin erhabenste Majestät, unter Rath und Bestimmung der im gegenwärtigen Parlamente versammelten geistlichen und weltlichen Lords und durch die Auktorität des Parlaments, was folgt." Dergleichen Bills, wie die Geldbewilligungs-Bills, werden zur Ertheilung der königlichen Zustimmung von dem Sprecher des Hauses der Gemeinen vorgelegt.

Wir haben bereits den Gebrauch erwähnt, von Zeit zu Zeit Kredite zu votiren. Auf Grund der Beschlüsse des Ausschusses der Mittel und Wege, nach welchen solche interimistische Hülfsgelder bewilligt werden sollen, werden Geldbewilligungs-Bills eingebracht, welche im Laufe der Sitzungs-Periode nach und nach die Zustimmung des Hauses erhalten.[1])

---

[1]) So wurden z. B. während der Sitzungs-Periode des Jahres 1860 sechs derartige Bewilligungen nach und nach ertheilt. Die erste betrifft die Deckung eines Defizits aus dem vorigen Jahre, die übrigen waren Bewilligungen für den Dienst des laufenden Jahres.

Die Einleitungs-Formel ist derjenigen der Besteuerungs-Bills, welche so eben mitgetheilt ist, ähnlich; nur stehen an Stelle der Worte: „um Hülfsgelder zu beschaffen,“ die: „um für die Hülfsgelder aufzukommen.“ Die Formel einer solchen Bill bestimmt zum Beispiel, daß eine bestimmte Summe auf den Dienst des Jahres verwendet werden soll, daß das Schatzamt Schatzkammerscheine zu dem gedachten Betrage ausfertigen lassen möge, daß die Bank von England diese Schatzkammerscheine nehmen und dafür der Schatzkammer eine, die durch die Akte bewilligte nicht übersteigende, Summe vorschießen dürfe, daß das Schatzamt jene Schatzkammerscheine der Bank von England als Sicherheit für die Vorschüsse ausantworten lassen solle und daß das für diese Schatzkammerscheine erhobene Geld zu einer Zeit von dem Schatzamte zu solchen Dienstausgaben verwendet werden könne, „wie sie dann von den Gemeinen des Vereinigten Königreiches votirt sein werden.“ Die in den Schatzkammerscheinen bezeichneten Summen werden auf die Einkünfte des konsolidirten Fonds, welche bis zum Ende des Quartals, von der Ausgabe der Scheine an gerechnet, eingehen, angewiesen und mit Zinsen aus den Schatzkammer-Fonds an die Bank von England zurückgezahlt.

Nach dem Schlusse der Ausschüsse für die Geldbewilligung und für die Mittel und Wege beschließt das Haus eine Appropriations-Bill (Appropriation Bill), durch welche die Bewilligungen der Sitzungs-Periode in einer der eben erwähnten ähnlichen Form abgeschlossen werden; die früheren Bewilligungen werden darin rekapitulirt, und es wird bestimmt, daß sie sämmtlich zu den Dienstausgaben verwendet werden sollen, welche in der Sitzungs-Periode von dem Geldbewilligungs-Ausschusse votirt sind. Dabei werden die für jeden Zweig des Dienstes bewilligten Summen spezifizirt und es wird ferner angeordnet, daß die Hülfsgelder zu keinen anderen als den in der Appropriations-Akte (Appropriation Act) bezeichneten Zwecken verwendet werden sollen.

Zu der Maßregel, die Bewilligungen für gewisse, genau bezeichnete Dienstzweige zu bestimmen, griff das Parlament bei gegebener Gelegenheit schon in ganz alten Zeiten; aber sie wurde bis zur Restauration selten ausgeführt.[1]) Die Verschwendung Karls II. und

[1]) Ein Bericht des Hauses der Gemeinen aus dem Jahre 1860 nimmt an: die Bestimmung von Hülfsgeldern für bestimmte Ausgabe-Posten sei unter Karl II. eingeführt; und May in seiner Verfassungs-Geschichte ist derselben Ansicht. Aber

seine Gewohnheit, durch allerlei Vorwände die Bewilligung von Hülfsgeldern zu erlangen, welche er sofort zu schlechten Zwecken verwendete, machten diese Verfahrungsweise nothwendig. Deshalb veranlaßte die Rücksicht, daß die bewilligten Gelder zum öffentlichen Nutzen verwendet werden müßten, das Haus der Gemeinen die Maßregel trotz des heftigen Widerspruchs Lord Clarendons und anderer Minister durchzuführen.[1])

Nach der Revolution wurde das System, die Einnahmen für gewisse Zwecke zu bestimmen, viel weiter ausgedehnt, als früher. Alle für den Dienst des laufenden Jahres bestimmten Bewilligungen wurden nunmehr in der Parlaments-Akte, nach welcher den Bewilligungen Folge gegeben werden sollte, bestimmten Zwecken zugewiesen und streng „appropriirt." Die Praxis, alle Bewilligungen in der allgemeinen Appropriations-Akte jeder Sitzungs-Periode zu erwähnen, ist seitdem stets beobachtet, ausgenommen in einigen wenigen Fällen, in denen durch besondere Akte über die Appropriation der Bewilligungen

---

einzelne Fälle kommen viel früher vor. Im Jahre 1320 geschah eine Bewilligung durch ein Statut Eduards III. ausdrücklich zur Bestreitung der Kosten der nationalen Vertheidigung und der Kriege. Nach einem Statute Richards II. soll eine Subsidie ganz auf die Flotte verwendet werden. Einer der Anklage-Artikel gegen Michael de la Pole (1388) beruhete darauf, daß er eine Einnahme, welche das Parlament zu einem bestimmten Zwecke bewilligt hatte, in anderer Weise hatte verwenden lassen, so daß die See nicht bewacht gewesen sei. — Durch das Statut 21 Jakob I. cap. 34 wurden Subsidien ausschließlich zur Wiederherstellung gewisser verfallener Städte und zur Bestreitung der Kosten des bevorstehenden Krieges bewilligt, und Schatzbeamte angestellt, welche die gehörige Verwendung des Geldes überwachen sollten. Unter Karl I. wurde es regelmäßige Praxis, daß die Gemeinen Kommissare zur Erhebung der an die Krone bewilligten Gelder bestellten.

[1]) Die erste Appropriations-Klausel in der Zeit Karls II. wurde von Sir George Downing, einem Beamten der Schatzkammer, vorgeschlagen und sollte danach in eine Geldbewilligungs-Bill aufgenommen werden, deren in gewöhnlicher Form abgefaßter Entwurf eine solche Klausel nicht enthielt. Der König benachrichtigte seine Minister, welche der Aufnahme der Klausel widersprachen, daß dieselbe mit seiner Zustimmung vorgeschlagen sei. Aus dem Berichte Lord Clarendons über die betreffenden Verhandlungen kann man entnehmen, daß ein Motiv des Königs, welches ihn zur Billigung der Klausel bewogen hatte, darin bestand, daß er dadurch der Nothwendigkeit auswich, das Geld zur Bezahlung von Darlehen zu verwenden, welche er von mehreren Banquiers aufgenommen hatte. (Vergl. die Fortsetzung der „Lebensbeschreibung Eduards, Grafen von Clarendon.") — Im Jahre 1680 wurde Sir Eduard Seymour, Schatzmeister der Flotte, angeklagt, weil er Geld zu Zwecken verwendet hatte, zu welchen es vom Parlamente nicht bestimmt war. Das Anklageverfahren wurde durch die Auflösung des Parlaments unterbrochen.

Vorsorge getroffen ist, und in einigen Fällen lokaler und persönlicher Bewilligungen.[1])

Die Appropriations-Klausel in der Bill, durch welche im ersten Regierungsjahre Wilhelms und Marias der Krone ein Zuschuß bewilligt wurde, war auf besonderes Verlangen des Hauses der Gemeinen von Somers, dem damaligen Solicitor-General, und von Sacheverel entworfen. Jene Klausel verordnete: Aus dem in der Schatzkammer befindlichen Gelde sollten bestimmte Summen für speziell bezeichnete Dienstzweige angewiesen (appropriirt) werden; alles von den Steuererhebern eingenommene Geld sollte in gehöriger Weise an die Schatzkammer abgeführt werden, und den Beamten der Schatzkammer wurden sehr schwere Strafen angedrohet, wenn sie es gestatteten, daß irgend welche Summen anders, als die Akte es bestimmte, verwendet würden.

Der Appropriations-Modus war während der Regierung Wilhelms und Marias verschieden. Zuweilen wurde über die Verwendung der Steuereinnahmen in derselben Akte Bestimmung getroffen, nach welcher ihre Erhebung bewilligt war; in anderen Fällen wurden Gelder, welche nach der einen Akte erhoben waren, durch eine andere in derselben Sitzungs-Periode appropriirt; zuweilen wurden Summen in verschiedenen Theilen für einzelne Dienstzweige durch besondere Verordnung angewiesen; ein anderes Mal wurden Summen allgemein für die Armee, die Flotte und das Geschützwesen, ohne daß ein besonderer Betrag für jeden dieser Dienstzweige bestimmt wäre, appropriirt. Gegenwärtig ist es längst unabänderliche Praxis, daß die besonderen Beträge für jeden Dienstzweig, welche während der Sitzungs-Periode votirt sind, in der Appropriations-Akte angeführt werden.

Nach einem schon lange bestehenden Gebrauche verfügt das Schatzamt während der Sitzungs-Periode die Verwendung aller bewilligten Gelder zu den Dienstbedürfnissen, welche von dem Hause der Gemei-

---

[1]) In den Jahren 1727, 1728 und 1734 wurden in die Appropriations-Akte Klauseln aufgenommen, durch welche die Krone ermächtigt wurde, Summen von unbestimmtem Betrage, welche vorher nicht auf dem regelmäßigen Wege votirt waren, zu verausgaben. Die Lords legten im Jahre 1727 Protest gegen die Klausel ein, weil sie die Appropriation öffentlicher Gelder nichtig mache, und im Jahre 1734 erklärten sie in einem weiteren Protest, daß „diese neue Methode, Gelder, welche zu besonderen Zwecken aufgebracht sind, unappropriirt zu lassen, die Weisheit und Vorsicht der Parlamente bei der Bewilligung dieser Gelder nutzlos und wirkungslos mache, da die Bewilligung stets in Folge von Voranschlägen, welche dem andern Hause vorgelegt werden, und für speziell bezeichnete Dienstzweige erfolge."

nen in dieser Sitzungs-Periode votirt sind, und zwar vor dem Erlasse der Appropriations-Akte durch das Parlament. Dieser Gebrauch dient zur Erleichterung der Verwaltung, und er beruhet auf dem Vertrauen, daß vor dem Schlusse der Sitzungs-Periode eine Parlaments-Akte durch Anweisung der Bewilligungen für die verschiedenen Zweige des öffentlichen Dienstes dieses Verfahren bestätigen und nachträglich gut heißen wird. Wenn aber die Sitzungs-Periode geschlossen wird, ohne daß die Beschlüsse des Hauses der Gemeinen Gesetzeskraft erhalten, so ist es gerade so, als ob die Bewilligungs-Vota nie erfolgt wären, und die Beamten des Schatzamtes und der Schatzkammer würden in einem solchen Falle keine Befugniß haben, die Einnahmen für den öffentlichen Dienst zu verwenden.

Im Jahre 1784 erklärte das Haus der Gemeinen in einer Resolution, daß „es ein Verbrechen sein würde, Geld zur Bestreitung der Unkosten für die Dienstzweige, für welche es in der gegenwärtigen Parlaments-Periode votirt ist, nach der Prorogation oder Auflösung des Parlamentes zu verausgaben oder durch andere verausgaben zu lassen, wenn die Prorogation oder Auflösung erfolgen sollte, bevor eine Parlaments-Akte die Hülfsgelder für jene Dienstzweige angewiesen hätte." Diese Resolution wurde von der Opposition in der Absicht, die drohende Parlaments-Auflösung zu verhindern, durchgesetzt. Aber die Auflösung erfolgte dennoch. In der Zwischenzeit bis zur nächsten Sitzungs-Periode wurde ein Theil der Einnahmen, welche durch keine Parlaments-Akte appropriirt waren, für den öffentlichen Dienst verwendet; jedoch war die verwendete Summe unbeträchtlich, und die Verausgabung wurde von dem nächsten Parlamente gut geheißen.

Das heut zu Tage gebräuchliche Formular der Appropriations-Akte beginnt damit, daß die Schlußbewilligung der Sitzungs-Periode ausgesprochen wird. Diese Bewilligung erfolgt genau in derselben Form, wie die früheren auf Abschlag gemachten Bewilligungen, enthält aber diejenige Summe, welche sich ergiebt, wenn sämmtliche für die verschiedenen Zweige des öffentlichen Dienstes votirten Beträge zusammengerechnet werden.[1]) Darauf werden sämmtliche Bewilligungen und demnächst alle für die verschiedenen Dienstzweige votirten

---

[1]) „Der Sprecher des Hauses der Gemeinen vertritt das Haus in allen denselben vorliegenden Finanz-Angelegenheiten und kontrollirt Alles, was in dieser Beziehung geschieht. Im Verlaufe der Sitzungs-Periode trägt er Sorge dafür, daß jede Bill, durch welche dem Schatzamte Mittel und Wege bewilligt werden, sich innerhalb der durch den Betrag der früher bewilligten Hülfsgelder gegebenen Schranken hält, und am Ende der Sitzungs-Periode berechnet er, ob der volle Betrag

Beträge rekapitulirt, worauf verordnet wird, daß die ersteren aus den letzteren bezahlt werden sollen. Dann folgt die Appropriations-Klausel: „Die bezeichneten Zuschüsse und Hülfsgelder, für welche nach Vorstehendem Vorsorge getroffen ist, sollen zu keinem anderen Gebrauch, Vorhaben oder Zwecke, als zu den vorstehend erwähnten oder für die anderen Zahlungen Anweisungen oder Verwendungen, welche nach einer Akte oder nach Akten oder nach besonderen zu diesem Zwecke in einer Akte oder in Akten der gegenwärtigen Sitzungs-Periode des Parlaments enthaltenen Klauseln gemacht oder angeordnet sind, ausgegeben werden." Dann folgt eine Bestimmung, daß die Ausgabe für die Dienstzweige der Armee und der Flotte auf die für jeden von ihnen besonders bewilligte Summe beschränkt werden sollen, daß aber, wenn es unumgänglich nothwendig werden sollte, die für die verschiedenen Abtheilungen eines jeden dieser beiden Dienstzweige angewiesenen besonderen Beträge nicht inne gehalten zu werden brauchen, vorausgesetzt, daß der Totalbetrag, welcher für jeden der beiden Dienstzweige zugestanden ist, nicht überschritten wird. Endlich enthält die Akte einige weitere Bestimmungen wegen des Halbsoldes der Offiziere, welche hier nicht mitgetheilt zu werden brauchen.

Die Art und Weise, in welcher die Beobachtung der Appropriations-Akte sicher gestellt ist, soll in dem Kapitel über die „Fiskalischen Verwaltungs-Beamten" (Buch III Kap. 7) behandelt werden. Hier wird die Andeutung ausreichen, daß die bestimmungsmäßige Verwendung der öffentlichen Gelder theils durch die Vollmachten des General-Kontrolleurs der Schatzkammer (Comptroller General of the Exchequer), eines lebenslänglich angestellten und dadurch von den Ministern unabhängigen Beamten,[1] theils durch die von dem Parlamente alljährlich abzunehmende Rechnungslegung über die Ausgaben garantirt wird.

6. Summarische Jurisdiktion. Unter dieser Rubrik werden wir die selbstständigen Befugnisse eines jeden der beiden Parlamentshäuser zur Aufrechterhaltung seiner Auktorität und seiner Privilegien betrachten.

---

aller bei der Geldbewilligung abgegebenen Voten (einschließlich der zur Deckung der Zinsen für die Schatzkammerscheine erforderlichen Summen) mit dem schließlichen Betrage der bereits gewährten, zur Deckung der Bewilligungen bestimmten Mittel balancirt; er beschränkt den schließlichen Betrag der Mittel und Wege in der Appropriations-Akte auf jenen Betrag." (Das bereits erwähnte Memorandum des Kanzlers der Schatzkammer von 1857.)

[1]) Vergl. Gneist, Geschichte der Aemter. S. 345 ff.

Die Parlaments-Privilegien sind zweierlei Art; entweder nämlich stehen sie den Mitgliedern für ihre Personen zu, oder sie beziehen sich auf jedes der beiden Häuser in ihrer Gesammtheit. Von den ersteren braucht hier nur bemerkt zu werden, daß die persönlichen Parlaments-Privilegien gegenwärtig auf die Freiheit von der Verhaftung in Civilprozeßsachen beschränkt sind. Die Peers sind schon vermöge ihrer Peers-Privilegien unter allen Umständen frei von solcher Verhaftung; die Gemeinen sind es kraft des Parlaments-Privilegiums während der Sitzungs-Perioden und nach der herrschenden Ansicht vierzig Tage lang nach der Prorogation und vierzig Tage vor dem nächsten Zusammentreten des Parlaments; aber dieses Privilegium bezieht sich nicht auf die Freiheit von der Verhaftung in Kriminal-Sachen.[1])

Von denjenigen Privilegien, welche sich auf jedes der beiden Häuser in ihrer Gesammtheit beziehen, haben wir das der Freiheit der Debatte, soweit dasselbe die Unabhängigkeit von der Kontrolle der Krone betrifft, bereits betrachtet. Hier haben wir eingehender die Schutz-Gewalt (vindicative powers) jedes Hauses zu behandeln d. h. jene selbständige Gewalt, seine Auktorität zu schützen und jeden Bruch eines der Gesammtheit zustehenden Privilegs zu bestrafen.

Es scheint unbestreitbar zu sein, daß die zu seinem Schutze dienende summarische Jurisdiktion des Hauses der Gemeinen, wie seine Jurisdiktion in Betreff der angefochtenen Wahlen, ihm nicht von Anfang an zustand, sondern nach und nach durch Usurpation erworben ist. Prynne drückt sich sehr entschieden darüber aus. Nach einer eingehenden Prüfung der bezüglichen Präzedenzfälle sagt er: „Diese aus allen Zeiten gesammelten Präzedenzfälle werden hinreichend darthun, daß die Vorgänge neuerer Zeit, welche die ausschließliche Jurisdiktion der Gemeinen in Privilegien- und Wahl-Fällen, sowie ihre Befugniß beweisen sollen, Mitglieder des Unterhauses zu suspendiren, ihrer Sitze für verlustig zu erklären, mit Geldstrafen zu belegen, nicht zuzulassen und zu verhaften, sowie diejenigen Personen, welche ihre Privilegien verletzen oder falsche Wahlberichte einsenden, mit Strafen zu belegen, nichts sind als eine grundlose Neuerung, oder gar eine Anmaßung

[1]) Im Jahre 1763 wurde Wilkes, ein Mitglied des Hauses der Gemeinen, auf Befehl eines der Staats-Sekretaire wegen eines in Nr. 45 des „North Briton" veröffentlichten, aufrührerischen Libells verhaftet. Er extrahirte ein Habeas-corpus-Dekret und wurde von dem Gerichtshofe der Common Pleas freigelassen, weil ihm das Privileg des Parlaments zur Seite stehe. Später in demselben Jahre beschlossen beide Häuser, „daß das Parlaments-Privileg sich nicht auf den Fall der Abfassung und Veröffentlichung eines aufrührerischen Libells beziehe."

gegen den König, das Haus der Peers und die Kanzler von England, und daß Parlamentsrecht und Parlamentsgebrauch für diese Befugniß keinen Anhalt bieten, (was Sir Eduard Coke irrthümlich annimmt), sondern daß sie denselben sogar widersprechen; daß ferner die Statuten über die Wahlen und über die Theilnahme oder Abwesenheit der Ritter und Bürger .... den Gemeinen nicht im mindesten ein Jurisdiktions-Recht in Wahl- oder Privilegien-Fällen beilegen."[1])

Ueber keinen Theil des Verfassungs-Rechtes ist wohl mehr gestritten worden, als über den Umfang der Strafgewalt der Parlaments-Häuser. Begreiflicher Weise kann diese Quasi-Kriminal-Jurisdiktion das Mißtrauen des Volkes leicht wach rufen, weil sie nicht mit den die Freiheit der Bürger garantirenden Schutzwehren umgeben ist, welche bei den ordentlichen Kriminal-Tribunalen in den Prozedurformen liegen. Wir sehen davon ab, hier die Vergehen aufzuzählen, welche zur Kognition eines jeden der beiden Parlaments-Häuser stehen, zumal viele einschlägige Präzedenzfälle obsolet geworden, andere aber von zweifelhaftem Werthe sind; es sollen nur einige Fälle ausgewählt und besprochen werden, welche am klarsten das Wesen und den Umfang der summarischen Jurisdiktion des Parlaments erkennen lassen.

Die alten Parlamente, welche nur kurze Sitzungs-Perioden hatten, scheinen keine Gewalt, Privilegien-Brüche zu bestrafen, geübt zu haben; es ist kein Fall dafür von Seiten eines der beiden Häuser bis zur Regierung Heinrichs VIII. bekannt, wo der Gebrauch begann, die Parlamente für längere Zeiträume bestehen zu lassen. Vorher wurden die persönlichen Privilegien der Parlaments-Mitglieder durch die Krone, welche in Folge von Petitionen einschritt, oder durch Parlaments-Akte geschirmt. Der erste Fall direkten Eingreifens eines Hauses zum Schutze seiner Privilegien scheint im vierunddreißigsten Regierungsjahre Heinrichs VIII. vorgekommen zu sein, wo die Gemeinen, nach Berathung mit dem Könige und den Richtern durch ihren Serjeant eines ihrer Mitglieder, George Ferrers, welcher wegen Schulden verhaftet war, in Freiheit setzen und die Sheriffs und Bailiffs, welche sich ihrer Auktorität widersetzt hatten, verhaften ließen. Der nächste Fall kommt unter Eduard VI. vor, wo eine Per-

[1]) Prynne (Vertheidigungsschrift für die Lords und das Haus der Peers) leugnet die Gesetzlichkeit der summarischen Jurisdiktion der Gemeinen ganz und gar; aber Hargrave hält dies für eine extreme Ansicht, zu welcher Prynne durch den Wunsch, die Macht der Lords auf Kosten der Gemeinen zu heben, verleitet worden sei.

son in den Tower geschickt wurde, weil sie sich an einem Parlaments-Mitgliede thätlich vergriffen hatte. [1]).

In der Regierungszeit Elisabeths kamen mehrere Fälle vor, daß Personen wegen Thätlichkeiten gegen Parlaments-Mitglieder und anderer Privilegien-Brüche verhaftet wurden. Ebenso kam es damals zuerst vor, daß das Parlament wegen Schmähung oder Libells von seiner Strafgewalt Gebrauch machte. Im Jahre 1559 wurde ein gewisser Trower durch den Serjeant verhaftet, weil er Schmähworte gegen das Haus der Gemeinen ausgestoßen hatte. Im Jahre 1580 wurde Hall, ein Mitglied des Hauses, in den Tower geschickt, mit eine Geldstrafe belegt und aus dem Hause ausgestoßen, weil er ein gegen das Ansehen des Parlaments verstoßendes Buch publizirt hatte. Auch kam in dieser Zeit ein merkwürdiges Beispiel einer Bestrafung durch das Haus der Gemeinen wegen Bestechung vor. Im Jahre 1571 kaufte Thomas Long, „ein sehr einfacher und ungeschickter Mann,“ den Parlamentssitz für Westbury, indem er dem Mayor und einem Anderen 4 Pfund Sterling dafür bezahlte. Das Haus der Gemeinen legte der Korporation und den Einwohnern von Westbury eine Geldstrafe von 20 Pfund Sterling auf und befahl die Zurückzahlung der 4 Pfund Sterling.

Nach dem Regierungs-Antritte Jakobs I. mehrten sich die Beschwerden über Privilegien-Bruch; aber meistens gab dazu die Krone durch ihr Einschreiten gegen die Redefreiheit (worüber wir schon das Erforderliche in einem früheren Kapitel erwähnt haben) oder die Verletzung der persönlichen, civilprozessualischen Immunitäten der Mitglieder oder ihrer Diener Veranlassung.

Das merkwürdigste Beispiel einer Bestrafung durch die Parlaments-Häuser in der Zeit Jakobs I. ist der Fall Floyds. Er ist instruktiv, weil er deutlich die Gefahr erkennen läßt, welche daraus entstehen würde, wenn ein Zweig der Legislatur eine allgemeine Kriminal-Jurisdiktion besäße. Im Jahre 1621 schritt das Haus der Gemeinen gegen Eduard Floyd ein, weil er sich unehrerbietiger Worte gegen Elisabeth, die Tochter Jakobs I., und gegen ihren Gemahl, dem Kurfürsten von der Pfalz, bedient hatte. Es ist nicht denkbar, daß jenes Vergehen als ein Bruch des Privilegiums des

[1]) Hatsell meint: Der zum ersten Male in Ferrers Fall über das Parlaments-Privilegium aufgestellte Grundsatz verdanke seine damalige Anerkennung mehr dem Umstande,' daß Ferrers ein Diener der Krone, als dem, daß er Mitglied des Hauses der Gemeinen war.

Hauses der Gemeinen betrachtet werden könnte, und doch verurtheilte jenes Haus nach einer Debatte,[1]) welche wesentlich aus Vorschlägen verschiedener Mitglieder über verschiedenartige grausame Strafen für Floyd bestand, den letzteren zu einem schimpflichen Ritte durch die Straßen, zur Ausstellung am Pranger und zu einer Geldstrafe von 1000 Pfund Sterling. Am Tage nach dieser flagranten Machtüberschreitung von Seiten des Hauses der Gemeinen erhielt letzteres vom Könige eine die gute Gesinnung anerkennende Botschaft, in welcher er für den bewiesenen Eifer dankte, aber den Zweifel aussprach, „ob das Vorrecht dieses Hauses uns rechtfertigen oder uns die Befugniß geben kann, gegen Jemand eine Strafe zu verfügen, der weder etwas gegen das Haus verbrochen hat, noch Mitglied des letzteren ist." Aus der folgenden Debatte geht hervor, daß die Gemeinen den gethanen Fehltritt erkannten und sich dadurch herauszuziehen versuchten, daß sie die Vollstreckung der Strafe sistirten. Später nahm das Haus der Lords den Fall auf, obgleich er klärlich auch außerhalb seiner Jurisdiktion lag; es sprach eine noch strengere Strafe aus und dem Urtheile gemäß wurde Floyd am Pranger ausgestellt.

Wegen Libells oder wegen Schmähung waren Bestrafungen durch die Parlaments-Häuser bis gegen das Ende der Regierung Karls I. selten; dann aber kamen viele Fälle vor, in welchen Nicht-Mitglieder von dem Hause der Gemeinen in dem Langen Parlamente wegen unehrerbietiger Worte bestraft wurden.

Im Jahre 1676 wurden Lord Shaftesbury und andere Lords von dem Oberhause in den Tower geschickt, weil sie die gesetzliche Existenz des Parlaments nach der langen Vertagung desselben bestritten hatten, und sie wurden erst wieder in Freiheit gesetzt, als sie um Verzeihung baten.

Eine sehr bedenkliche Anwendung seiner summarischen Jurisdiktion nahm das Haus der Gemeinen nach der Restauration Karls II.

---

[1]) In einer Bemerkung des Lord Schatzmeisters Harley zu diesen Debatten ist gesagt: „Zur Ehre der Engländer, ja der menschlichen Natur sollte man annehmen, daß diese Debatten nicht ernstlich gemeint waren; so viele gegen die Gesetze des Landes, das Recht des Parlamentes und die öffentliche Gerechtigkeit verstoßende Anträge finden sich darin." — Es ist heut zu Tage kaum glaublich, daß das Vergehen Floyds, welcher wegen Schulden im Fleetgefängnisse saß, darin bestand, daß er im Gespräche mit einem Mitgefangenen über die Einnahme von Prag gesagt hatte: „Onkel Pfalzgraf und Tante Pfalzgräfin sind nun hinausgeworfen," oder ähnliche Worte gleichen Inhalts. Dabei sollte er andere unehrerbietige Reden geführt haben, wie z. B. daß er, besagter Floyd, eben so viel Recht auf das Königreich Böhmen habe, wie der Pfalzgraf.

in Anspruch. Burnet sagt bei Besprechung der Verhandlungen des Parlaments im Jahre 1680: „Die Gemeinen behaupteten auch das Recht des Volkes, um ein neues Parlament zu petitioniren, und da einige Personen in Gegen-Petitionen ihren Abscheu gegen solches Verfahren ausgesprochen hatten, so erklärten die Gemeinen diese Gegner für Verächter der Freiheiten der Nation. Einen gewissen Aitkins stießen sie aus dem Hause, weil er eine von den Gegen-Petitionen unterzeichnet hatte. Auch sendete das Haus seinen Serjeant in ganz England umher, um die Personen, welche in den Gegen-Petitionen ihren Abscheu ausgesprochen hatten, als Verbrecher vorzuführen; worauf denn die Frage nach dem Rechte der Gemeinen zur Verhaftung eines Nicht-Mitgliedes vielfach erörtert wurde; ohne dieses Recht — sagte man — würden sie Niemand zur Ablegung eines Zeugnisses zwingen, auch Angeschuldigte nicht nöthigen können, vor ihnen zu erscheinen. Vieler Orten weigerten sich diejenigen, nach denen sie ihren Serjeant ausgesendet hatten, der Ladung Folge zu leisten. Man fand, daß ein derartiges Verfahren ohne gesetzliche Basis und vor der Zeit der Königin Elisabeth nicht vorgekommen war."

North in seinem „Examen" theilt die willkürlichen Schritte des Hauses der Gemeinen und die Geschichte des Widerstandes gegen dieselben ausführlicher mit. Das Haus hatte die Verhaftung eines gewissen Stavel angeordnet, weil er als Vorsteher einer großen Jury eine im Sinne der „Abscheubezeugung" verfaßte Adresse unterzeichnet hatte. Stavel verweigerte seine Unterwerfung unter den Verhaftsbefehl, indem er geltend machte: es sei ungesetzlich, ihn seiner Freiheit wegen einer Handlung zu berauben, welche er als Mitglied einer großen Jury in einem Gerichtshofe vorgenommen hatte. „Das", sagt North, „war ein Guß kalten Wassers, der die bei der Sache entstandene Hitze völlig niederschlug; die Sache wurde beigelegt, indem die Einen sagten: Stavel sei krank, Andere, er sei nicht aufzufinden; und so geschah denn endlich nichts weiter gegen ihn."

Nach der Revolution von 1688 entstand eine Reihe von Streitigkeiten zwischen den Parlamentshäusern und der Presse wegen Publikationen in Verletzung der Privilegien. In einigen Fällen waren die Publikationen Schmähschriften; in anderen bestand das Vergehen nur darin, daß man die Debatten und Beschlüsse des Parlaments veröffentlicht hatte. Wir haben die Bemühungen des Parlaments nach der Revolution, die Veröffentlichung seiner Verhandlungen zu verhindern, oben bereits erwähnen müssen.

Im Jahre 1689 benachrichtigte Topham, Serjeant des Hauses

der Gemeinen, das Haus in einer an dasselbe gerichteten Petition: es seien gegen ihn von Sir Charles Neal und anderen Personen, welche er in den Jahren 1679 und 1680 auf Befehl des Hauses wegen „Vergehen gegen die Privilegien des Hauses" verhaftet hatte[1]), Klagen wegen ungerechtfertigter Gefangenhaltung angestellt; er habe zu seiner Vertheidigung den ihm ertheilten Befehl des Hauses angeführt; dennoch hätten die Richter ihn verurtheilt. Die Gemeinen faßten neue Resolutionen ab, nach welcher sie das Urtheil in einem der erwähnten Prozesse (Jay wider Topham) für ungesetzlich erklärten, und zugleich die Richter, Sir F. Pemberton und Sir Thomas Jones, vorluden, damit sie die Gründe für ihr Urtheil darlegten. Die Richter gehorchten. Nach den mitgetheilten Gründen bestritten die Richter nicht die Gültigkeit jener Befehle des Hauses, machten aber geltend, daß die Art, in welcher der betreffende Befehl zum Zwecke der Vertheidigung geltend gemacht worden, prozessualisch unzulässig sei, weil der Einwand, wenn er zugelassen wäre, die Richter verhindert haben würde, zu untersuchen, ob der Sheriff den Befehl des Hauses der Gemeinen in gesetzlicher Weise ausgeführt habe. Das Haus, mit dieser Erklärung nicht zufrieden, befahl die Verhaftung der Richter, welche erst in Folge der Prorogation des Parlaments wieder in Freiheit gesetzt wurden.[2])

Außer den die Presse betreffenden Vorgängen mögen noch einige merkwürdige Fälle der Ausübung der summarischen Jurisdiktions-Befugnisse der Parlamentshäuser aus dem 18. Jahrhundert hier angeführt werden.

Im Jahre 1701 reichten einige Friedensrichter und Mitglieder der großen Jury der Grafschaft Kent dem Hause der Gemeinen eine Petition ein, in welcher sie das Haus baten, dem Könige Hülfsgelder zur Unterstützung seiner Verbündeten zu bewilligen. Die Petition war in ehrerbietiger Sprache abgefaßt, wurde aber dennoch von dem Hause der Gemeinen als „anstößig, unverschämt und aufrührisch" bezeichnet und der Serjeant des Hauses wurde angewiesen, die Petenten

---

[1]) Ohne Zweifel sind dies die in den angeführten Worten Burnet's und North's in Bezug genommenen Befehle. Tophams Eifer bei Ausführung jener Befehle hatte die Redensart entstehen lassen: „Faß ihn, Topham!", mit der man auf einen willkürlichen Befehl anzuspielen pflegte.

[2]) Lord Ellenborough hat in dem Prozesse Burdett wider Abbot von diesem Falle gesagt: „Es muß Wunder nehmen, wie ein Richter von dem Hause der Gemeinen wegen eines Urtheils gefangen gehalten werden konnte, mit welchem jeder Richter, der jemals auf diesem Platze gesessen hat, übereinstimmen mußte."

zu verhaften. „Dies", sagt Burnet, „erfuhr harten Tadel. Man sagte: die Gemeinen seien die Geschöpfe des Volkes, welche bei allen anderen Gelegenheiten zu Petitionen aufforderten und sie begünstigten. Deshalb wurde jenes harte Verfahren als unnatürlich und bisher unerhört verurtheilt. Man warf die Frage auf, ob die Gemeinen wirklich das Recht hätten, Jemanden, der nicht Mitglied des Hauses sei und auch kein Privileg desselben verletzt habe, verhaften zu lassen. Aber die herrschende Partei glaubte, durch solche Strenge Andere abzuhalten, dem Beispiele der Grafschaft Kent zu folgen."

Im Jahre 1704 ereignete sich der berühmte Fall Ashby wider White und die „Aylesbury-Männer", welchen wir im siebenten Kapitel bereits mitgetheilt haben. Im Laufe der durch denselben hervorgerufenen Konferenzen theilten die Lords den Gemeinen verschiedene im Oberhause beschlossene Resolutionen mit, deren wesentlicher Inhalt, so weit er die summarische Jurisdiktion des Hauses der Gemeinen betrifft, der folgende ist:

1. Keines von den beiden Parlamentshäusern hat das Recht, sich durch einen Beschluß oder eine Deklaration ein neues, in den anerkannten Gesetzen und Gebräuchen des Parlaments nicht garantirtes Privileg zu verschaffen.

2. Die Anstellung und Verfolgung eines Prozesses gegen eine (durch ein Parlaments-Privileg nicht geschützte) Person enthält nie einen Privilegien-Bruch.

3. Das Haus der Gemeinen hat seine Befugnisse überschritten, indem es die Personen verhaften ließ, welche eine Klage gegen die Wahlbeamten von Aylesbury deshalb angestellt hatten, weil sie ihre Stimmen nicht annehmen wollten, und indem es dafür anführte, daß die Anbringung einer solchen Klage einer Deklaration des Hauses des Gemeinen widerspreche.

4. Jeder Engländer hat das Recht auf ein Habeas-corpus-Dekret, auf welche Auktorität hin er auch verhaftet sein mag.

5. Es ist gesetzwidrig, daß das Haus der Gemeinen Personen Verweise ertheilt, oder sie bestraft hat, weil sie Gefangenen zur Erlangung eines Habeas-corpus-Dekrets Beistand geleistet haben.

Die Gemeinen antworteten auf die erste Resolution zustimmend; auf die zweite erwiderten sie, die Anstellung eines Processes über einen lediglich der Kognition des Parlaments unterliegenden Gegenstand würde zur Zerstörung der Privilegien des letztern führen; in Betreff der dritten Resolution wollten die Gemeinen ihr Verfahren dadurch rechtfertigen, daß sie für die Entscheidung in Wahlangelegenheiten ausschließlich kompetent zu sein behaupteten; auf die vierte Resolution antworteten sie, „daß keine wegen Unehrerbietigkeit oder Privilegienbruch auf Veranlassung der Gemeinen verhaftete Person mittels eines Habeas-corpus-Dekrets oder durch irgend eine andere Auktorität, als die des Hauses während der Sitzungsperiode des Parlaments in Freiheit gesetzt werden kann;" auf die fünfte endlich bemerkten sie, sie hätten die Advokaten verhaften lassen, weil sie einen Streit zwischen den beiden Parlaments-Häusern angestiftet und versucht hätten, die Priviligien der Gemeinen zu vernichten: dieses Recht hätten die Lords in gleichen Fällen oft geübt.[1])

Nach der Restauration und im Laufe des vorigen Jahrhunderts ging man in den Ansprüchen auf persönliche Parlaments-Privilegien am weitesten; beide Häuser verhängten vermöge ihrer summarischen Jurisdiktion Strafen wegen angeblichen Privilegien-Bruches für allerlei Handlungen. Heut zu Tage würden manche Fälle dieser ausgedehnten Machtübung unglaublich erscheinen, wenn sie nicht durch gute Zeugnisse außer Zweifel gestellt würden. Mehrfach kommen Fälle vor, wo reine Civilrechts-Fragen, z. B. Eingriffe in das Eigenthumsrecht auf Land, welches einem Parlamentsmitgliede gehörte, als Privilegienbruch behandelt und in solcher Weise entschieden werden sollten.[2]) Es ist klar, daß, wenn dieser Mißbrauch ungehindert fortbestanden hätte, die Parlamentshäuser die Gerichtshöfe aus einem großen Theile ihrer Jurisdiktions-Befugnisse verdrängt haben würden, und daß die beiden Häuser sich in Gerichte zur Entscheidung von Civilrechts-Strei-

[1]) Als Lord Shaftesbury im Jahre 1676 auf Anordnung des Hauses der Lords im Tower gefangen gehalten wurde, erhielt er von den Lords einen Verweis, weil er den Erlaß eines Habeas-corpus-Dekrets nachgesucht hatte; indessen scheint gegen seinen Anwalt nichts geschehen zu sein. Im Jahre 1680 wurde das ganze gegen ihn stattgehabte Verfahren von den Lords als dem Parlaments-Rechte widersprechend für nichtig erklärt.

[2]) Solche Fälle sind unter Karl II. sehr häufig. Die folgenden, welche sämmtlich einem Blatte von Parry's „Parlamenten" entnommen sind, werden als Beläge genügend sein. Im Oberhause wurde es im Jahre 1662 als ein Privilegienbruch behandelt, daß ein Pächter gegen einen Lord auf Schutz im Besitze klagte. Im Unterhause wurde es als Privilegienbruch behandelt, daß Jemand die gerichtliche Prüfung des Besitztitels eines Mitgliedes beantragt hatte; — daß Salz, das Eigenthum eines Mitgliedes, von Jemand retinirt worden war; — daß Jemand ein Mitglied an Einsammlung des Zehnten gehindert hatte. Im vorigen Jahrhunderte erklärten die Gemeinen für Privilegienbruch: 1733 das Graben nach Sir Robert Grosvenors Blei; 1739 die Jagd auf Lord Galways Kaninchen; 1742 den Angriff auf Sir W. Wynns Portier; 1753 das Fischen in Mr. Jolliffes Weiher; 1759 das Uebergreifen in Admiral Griffins Fischerei.

tigkeiten zwischen ihren Mitgliedern und anderen Personen verwandelt haben würden.

Im Jahre 1799 ließ das Haus der Lords Benjamin Flower wegen Privilegienbruches verhaften, weil er eine Schmähschrift gegen den Bischof von Llandaff veröffentlicht hatte. Der Fall kam in Folge eines Habeas-corpus-Dekrets vor den Gerichtshof der King's Bench. Man machte dort vergebens geltend, das Haus der Lords habe seine Befugnisse überschritten, indem es die Verhaftung wegen eines Vergehens verfügt habe, welches weder im Hause begangen sei, noch zu seiner Kognition stehe. Der Gerichtshof der King's Bench entschied, die Westminster-Gerichtshöfe dürften keine, die Parlaments-Privilegien betreffende Frage entscheiden, welche nicht als „Incidentstreitfall“ vor sie gebracht würde. Das Gericht lehnte deshalb die Freilassung des Gefangenen ab.

Im gegenwärtigen Jahrhunderte haben zwei Fälle, welche Parlaments-Privilegien betrafen, die größte Aufmerksamkeit des Volkes erregt, nämlich der von Sir Francis Burdett im Jahre 1810 und der Prozeß Stokdale wider Hansard im Jahre 1836. Diese Fälle sind auch deshalb wichtig, weil sie sehr viel dazu beigetragen haben, die Rechtsgrundsätze in Betreff der Befugnisse der Parlamentshäuser zum Schutze ihrer Privilegien festzustellen. Im Jahre 1810 wurde Sir Francis Burdett, ein Mitglied des Hauses der Gemeinen, auf Befehl dieses Hauses in den Tower eingeschlossen, weil er eine „Aergerniß veranlassende Schmähschrift über die rechtlich dem Hause zustehenden Privilegien“ veröffentlicht habe. Um die Gesetzlichkeit des von dem Hause gegen ihn beobachteten Verfahrens feststellen zu lassen, erhob er bei Gericht Klagen gegen den Sprecher und den Serjeant des Hauses. Ein von dem Unterhause eingesetzter Sonder-Ausschuß berichtete, die Erhebung dieser Klagen wegen Handlungen, welche den Befehlen des Hauses gemäß vorgenommen worden, sei ein Privilegienbruch; in früheren Fällen habe das Haus die Anwälte und andere bei Erhebung solcher Klagen betheiligte Personen verhaften lassen; dadurch aber würde dem Prozesse nicht nothwendig Einhalt gethan werden. Der Ausschuß schlug deshalb vor, der Sprecher und der Serjeant sollten der Ladung Folge leisten und sich gegen die Klagen vertheidigen. Dies geschah und in beiden Prozessen wurde gegen Sir Francis Burdett entschieden.

Die Klage gegen den Sprecher wurde bei der King's Bench eingebracht, als Lord Ellenborough Präsident dieses Gerichtshofes war. Sie war wegen Rechtsüberschreitung (trespass), gewaltsamen Eindringens in das Haus des Klägers und Verhaftung des letztern angestellt. Der Sprecher berief sich zu seiner Rechtfertigung auf den Befehl des Hauses der Gemeinen. Bei der Erörterung über diesen Einwand wurde zunächst die Frage aufgestellt, ob der Gerichtshof in einem Streit über ein Parlaments-Privilegium kompetent sei; es wurde ferner geltend gemacht, daß in dem Verhaftsbefehle des Sprechers der Grund der Verhaftung bestimmt hätte angegeben werden müssen (was Lord Ellenborough in Zweifel zog). Von Seiten der Klage wurde weiter ausgeführt, die Richter seien verpflichtet, über Fragen der Parlaments-Privilegien zu entscheiden, wenn sie als Incidentstreitpunkte ihnen vorgelegt würden, wenngleich sie sich weigern möchten, Privilegien-Fragen zu prüfen, wenn sie direkt bei ihnen erhoben würden, wie z. B. in Folge des Berichtes auf Habeas-corpus-Dekrete, wenn in denselben Privilegienbruch als Grund der Verhaftung angegeben sei[1]). Der Anwalt des Sprechers gab diesen Grundsatz zu; aber Lord Ellenborough fragte, wo die Grenze sei. Er bemerkte: „Man könne sagen, die Frage entstehe dann direkt, wenn sie als die direkte und unmittelbare Folge der Entscheidung des anderen Hofes auftrete, welcher für die letztere ausschließlich zuständig sei."

In seinem sorgsam durchdachten Urtheile sagte Lord Ellenborough: „Eine Kompetenz, wegen jeden Vergehens und in allen Fällen Verhaftungen anzuordnen, hat niemals ein Parlamentshaus für sich behauptet oder in Anspruch genommen; insbesondere nimmt das Haus der Gemeinen keine allgemeine Kriminal-Jurisdiktion für sich in Anspruch. Aber wenn die Richter, welche hierüber in Folge von Habous-corpus-Dekreten zu entscheiden hatten, zu der Ueberzeugung gelangten, daß die Häuser nicht die entfernteste Befugniß zur Verhaftung hatten, oder wenn sie sofort aus den erstatteten Berichten ersehen hätten, daß die Häuser ihre Macht unrichtig und außerhalb aller durch die betroffenen Personen und das Gesetz gegebenen Schranken geübt hätten, — würden sie dann nicht ihre Pflicht verletzt haben, wenn sie die für die Verhaftung angegebenen Gründe nicht geprüft hätten? ... Wenn eine Verhaftung allgemein als wegen Unehrerbietigkeit gegen das Haus der Gemeinen und wegen Verletzung seiner Rechte erfolgt bezeichnet ist, so würde ich bei jenem Hause, wie bei einem anderen oberen Gerichtshofe, jede fernere Erörterung einstellen; aber wenn das

[1]) In dem Prozesse Stokdale wider Hansard sagte Lord Denman, dieser Grundsatz sei schwer anzuwenden. Der Parlamentsbericht über die Veröffentlichung der Druckschriften aus dem Jahre 1837, welcher sich hierauf bezieht, enthält über denselben weitere Ausführungen.

Haus nicht ausspricht, daß es die Verhaftung wegen Unehrerbietigkeit und Verletzung jener Rechte angeordnet hat, sondern aus dem Berichte hervorgeht, daß die Verhaftung wegen einer Handlung erfolgt ist, welche vernünftiger Weise nicht als eine Verletzung des die Verhaftung anordnenden Hofes betrachtet werden kann . . ., dann müssen wir die Sache prüfen und darauf, was Rechtens ist, entscheiden, von welchem Hofe auch der Verhaftsbefehl ausgegangen sein mag." Der Gerichtshof entschied einstimmig zu Gunsten des Beklagten, und dieses Urtheil wurde auf eingelegte Appellation vom Hause der Lords bestätigt.

Das Urtheil in dem Prozesse Burdett wider Abbot ist, obgleich in demselben wegen der besonderen Umstände des Falles die Auktorität der Gemeinen anerkannt wurde, doch deshalb sehr wichtig, weil es die verfassungsmäßigen Schranken der Befugnisse des Unterhauses und das Recht der Gerichtshöfe, die Ausübung dieser Befugnisse in jene Schranken zurückzuweisen, bestimmt erkennbar macht.

Die Aussprüche der Richter über die Parlaments-Privilegien widersprechen sich in hohem Grade. In der Mehrheit der Fälle lehnten die Richter jeden materiellen Ausspruch über Privilegien-Fragen ab[1]), und die herrschende Meinung war im vorigen Jahrhunderte entschieden gegen die Zulässigkeit solcher Erkenntnisse. Aber spätere Entscheidungen sind den Befugnissen der Gerichtshöfe in dieser Beziehung günstiger. Der Prozeß Stockdale wider Hansard ist denn auch eine Auktorität für den Satz geworden, daß das Haus der Gemeinen sich lediglich durch seine Resolutionen keine Privilegien beilegen kann, und wenn eine derartige Resolution in einem Prozesse geltend gemacht wird, so sind die Gerichtshöfe zu der Entscheidung darüber berechtigt, ob dem Hause der Gemeinen ein solches Privileg, wie die Partei behauptet, wirklich zusteht.

Der Prozeß Stockdale wider Hansard, welcher im Jahre 1839 von dem Gerichtshofe der Queen's Bench entschieden wurde, war einer aus der Reihe von Prozessen, welche Stockdale gegen die Buchdrucker der Gemeinen anstellte, weil sie in einem auf Befehl des Hauses der Gemeinen gedruckten Berichte gewisse, für seinen Ruf nachtheilige Behauptungen veröffentlicht hatten[2]). Von den Beklagten wurde eingewendet, daß das Haus beschlossen habe, „die

[1]) Wohl alle Auktoritäten über diesen Gegenstand sind in dem Processe von Flower, Burdett wider Abbot, Burdett wider Colmann und Stockdale wider Hansard angezogen worden.

[2]) Das Nähere über das Thatsächliche des Falles bei May, Verfassungsgeschichte, Bd. I., S. 375. ff.

Befugniß, diejenigen Berichte, Voten und Verhandlungen des Hauses, deren Druck ihm nothwendig oder dem öffentlichen Interesse förderlich erscheint, zu veröffentlichen, gehöre wesentlich zu dem verfassungsmäßigen Rechte des Parlaments, insbesondere des Hauses der Gemeinen, als der Volksvertretung." Der Gerichtshof der Queen's Bench verwarf den Einwand einstimmig. Lord Denman sagte darüber in einem späteren Processe: „es gebe in England keine Gewalt, welche darüber erhaben wäre, daß ihre Rechtmäßigkeit nach dem Gesetze geprüft werden dürfte." In dem vortrefflichen Urtheile in einem jener Prozesse sagte derselbe Richter ferner: „daraus, daß eins von den beiden Häusern eine Ansicht über den Umfang seiner Privilegien hat, folgt keineswegs, daß diese Ansicht richtig oder seine Erklärung darüber bindend ist," und er setzt dann den Fall, daß die beiden Häuser einander widersprechende Ansprüche auf Privilegien machen, wie das wirklich in dem Falle Ashby wider White vorgekommen sei, nimmt auch Bezug auf Fälle, in denen das Haus der Gemeinen zu verschiedenen Zeiten zu entgegengesetzten Beschlüssen gekommen sei, wie in dem Falle von Wilkes. In diesen Fällen könnten die geltend gemachten Ansprüche nicht beide begründet sein, da sie sich widersprächen. Lord Denman nahm auch darauf Bezug, daß in verschiedenen Fällen die persönlichen Parlaments-Privilegien auf unerträgliche Weise ausgedehnt worden seien und dadurch zu den ungeheuerlichsten Mißbräuchen geführt hätten, welche klärlich der Prüfung der Gerichtshöfe unterlägen, und er kommt endlich zu dem von den übrigen Mitgliedern des Gerichtshofes vollständig gebilligtem Schlusse, daß es, „da die Gerichtshöfe über Privilegiensachen als Incidentpunkte erkennen dürfen, klar sei, daß sie die Möglichkeit haben müßten, ein richtiges Urtheil zu fällen, und daß sie folglich eine von der der Parlamentshäuser abweichende Meinung müssen geltend machen dürfen."

In dem eben angezogenen Falle hat das Haus der Gemeinen seinen Buchdruckern gestattet, sich auf die Klage einzulassen. In einen später von Stockdale gegen Hansard angestellten Proceß ließen die Drucker sich nicht ein und wurden in contumaciam verurtheilt. Die Sheriffs vollstreckten wegen der für Stockdale festgesetzten Entschädigungssumme Exekution durch den Verkauf von Sachen, die den Herren Hansard gehörten; das Haus der Gemeinen befahl ihnen, das gelöste Geld den Herren Hansard auszuzahlen, und als sie sich weigerten, diesem Befehle zu gehorchem, wurden sie von dem Serjeant-at-Arms in Haft genommen. Der betreffende Verhaftsbefehl des Sprechers enthielt als Grund der Verhaftung, daß sie „der Unehrerbietigkeit gegen das Haus der Gemeinen und des Bruches seiner Privilegien schuldig seien", aber er gab die Art der begangenen Mißachtung nicht näher an. Bei den Verhandlungen, welche nunmehr zum Zwecke der Befreiung der Sheriffs in Folge eines Habeas-corpus-Dekrets vor der Queen's Bench stattfanden, hielt der Gerichtshof an seiner Entscheidung in dem früheren Prozesse fest, sprach aber aus, daß der gegen die Sheriffs erlassene Verhaftsbefehl in Ordnung sei, obgleich er die Thatsachen nicht ersehen ließ, aus welchen die angebliche Mißachtung hervorgehen sollte, und daß der Gerichtshof die Richtigkeit der Thatsachen nach den beigebrachten eidlichen Zeugnissen nicht prüfen könne. „Es würde unschicklich sein", sagte Lord Denman, „anzunehmen, daß eine Körperschaft, welche in einer Eigenschaft, wie der eines Parlamentshauses handelt, bei Erlassung ihrer Verhaftsbefehle Thatsachen unterdrücken könnte, welche, wenn sie festgestellt würden, die verhaftete Person zu dem Verlangen, in Freiheit gesetzt zu werden, berechtigen würden." Die Sheriffs wurden deshalb zur Haft zurückgewiesen. Betreffs der Veröffentlichung der parlamentarischen Schriftstücke wurde die Frage des Parlaments-Privilegiums übrigens bald darauf durch eine Parlaments-Akte (3 und 4 Victoria cap. 9) entschieden, durch welche den zur Publikation solcher Schriftstücke berufenen Personen mittels eines kurzen Verfahrens Schutz gegen Civil- und Kriminal-Prozesse gewährt ist.

Aus den bereits angegebenen Gründen soll hier nicht der Versuch gemacht werden, die Vergehen aufzuzählen, welche unter den Benennungen: „Unehrerbietigkeit (contempt) oder Privilegienbruch" zur Kompetenz des Parlaments stehen. Nach dem gegenwärtigen Stande der Gesetzgebung würde jede solche Aufzählung leicht Irrthümer enthalten. Indessen werden diejenigen Vergehen, welche am häufigsten von den Parlamentshäusern zu bestrafen sind, in der folgenden, zwei Berichten des Hauses der Gemeinen entnommenen Klassifikation enthalten sein.

In einem Berichte an das Haus der Gemeinen aus dem Jahre 1771 ist gesagt, daß Privilegienbrüche und Unehrerbietigkeiten gegen dieses Haus unter folgende allgemeine Rubriken fallen: 1) Ausflüchte (evasion). 2) Thätlicher Widerstand (force). 3) Vorgeben rechtlichen Verfahrens (colour of law). Vergehen, welche unter die erste und die zweite dieser Rubriken fallen, liegen vor, wenn Jemand einer Ladung durch Entweichen aus dem Wege geht, wenn er einem Beamten des Hauses offenen Widerstand leistet, wenn ein Civilbeamter den Serjeants oder Boten des Hauses seine Hülfe versagt oder sich weigert, Personen, welche auf das Parlaments-Privileg Anspruch haben, aus dem Gefängnisse zu entlassen. In diesen Fällen hat das Haus zur Aufrechterhaltung seiner Privilegien folgende Wege eingeschlagen: 1) Es hat Adressen an die Krone gerichtet, um den Erlaß von Proklamationen zum Zwecke der Ergreifung der ungehorsamen Personen zu erbitten. 2) Es hat seine gegen solche Personen gerichteten Befehle erneuert und sie in einer neuen Sitzungsperiode verhaften lassen. 3) Es hat Befehle an Mayors, Bailiffs, Sheriffs u. s. w. erlassen, damit sie zur Ergreifung solcher Personen behülflich seien. 4) Es hat dergleichen Beamte, wenn sie ihre Hülfe verweigerten, verhaften lassen. 5) Es hat die Personen, welche die Freilassung von Gefangenen, denen die Privilegien des Hauses zur Seite standen, verweigerten, einkerkern lassen.

Die unter die dritte Rubrik fallenden Vergehen, d. h. also Privilegienbrüche und Unehrerbietigkeiten gegen das Haus, welche unter dem Vorgeben rechtlichen Verfahrens begangen worden, sind: die Freilassung von Personen, welche das Haus hat verhaften lassen; die Erhebung gerichtlicher Klagen gegen Personen, welche wegen des Gegenstandes der Klage durch das Parlamentsprivileg geschützt sind; die Anbringung von Anklagen wegen Worte oder Handlungen, welche vermöge der Auktorität des Hauses gesprochen oder gethan sind; die Beschuldigung zu dem Zwecke, solche Worte oder Handlungen unter dem Vorgeben, daß sie durch das Privileg nicht geschützte Vergehen enthalten, zur Kognition der Gerichtshöfe zu bringen. In diesen Fällen hat das Haus folgende Schritte gethan: 1) Es hat die ohne Befehl des Hauses freigelassenen Personen in die Gewahrsam seiner Beamten nehmen lassen. 2) Es hat den Sprecher angewiesen, an die Richter zu schreiben, daß sie die Prozesse sistiren. 3) Es hat Beschlüsse gefaßt, nach welchen das Verfahren aufhören sollte und dasselbe als Verletzung des Privilegs bezeichnet wurde. 4) Es hat die Richter verhaften lassen, welche das Verfahren gegen privilegirte Personen geleitet und Urtheile darauf erlassen hatten.

Der Bericht des Ausschusses an das Haus der Gemeinen über die Angelegenheit Sir. F. Burdetts theilt die Fälle des Privilegienbruches in drei Klassen: 1) Reden und Schriften, welche die Ehre des Hauses oder eines seiner Mitglieder angreifen, — wo dann das Haus zuweilen die Verfolgung der Schuldigen vor Gericht hat eintreten lassen, öfter aber seinen Privilegien kraft eigener Auktorität Achtung verschafft hat. 2) Strafprozesse oder Civilklagen gegen Mitglieder oder Beamte des Hauses wegen Reden oder Handlungen, welche durch die

Auktorität des Parlaments gedeckt sind. 3) Einzelne prozessualische Maßregeln gegen Parlamentsmitglieder oder ihre Diener, während dieselben unter dem Schutze des Parlamentsprivilegiums stehen.

Bezüglich der Strafen, welche die beiden Parlamentshäuser auferlegen, waltet zwischen diesen ein Unterschied ob: — das Haus der Lords beansprucht das Recht, Geldstrafen und der Dauer nach bestimmte, auch über die Sitzungsperiode hinausreichende Freiheitsstrafen vollstrecken zu lassen; das Haus der Gemeinen hat längst aufgehört, Gefängnißstrafen über die Dauer der Sitzungsperiode hinaus anzuordnen und ordnet auch keine Geldstrafen mehr an, legt jedoch dem Schuldigen gewöhnlich die Bezahlung der Gebühren als eine Bedingung des Absehens von weiterer Strafe auf.

Diese Befugnisse der beiden Häuser sind der Gegenstand vielen Streites gewesen. So viel steht indessen fest, daß das Haus der Gemeinen den Anspruch, Geld- und Freiheitsstrafen auf bestimmte Zeit zu verordnen, aufgegeben hat. Seit der Restauration ist kein derartiger Fall vorgekommen, und die frühern Fälle werden allgemein als Jurisdiktions-Ueberschreitungen angesehen.[1])

Das Haus der Lords hat wiederholt von seiner Befugniß Gebrauch gemacht, Geldstrafen und Freiheitsstrafen über die Dauer der Sitzungsperiode hinaus zu erkennen. Das letztere ist noch ganz neuerlich geschehen.

Ein bedeutender Rechtslehrer (Hargrave), welcher darüber genaue Untersuchungen angestellt hat, hält die betreffenden Präcedenzfälle weder für alt, noch für unbedenklich. Er bemerkt, die von dem Hause der Lords beanspruchte Befugniß stehe mit dem Fundamental-Rechte des Volkes auf ein Urtheil durch Geschworene und mit einer gesetzlich geordneten Justizpflege in Widerspruch; auch sei die beanspruchte Befugniß weder durch ein Statut, noch durch das Haus der Gemeinen, noch durch irgend eine richterliche Entscheidung sanktionirt; jedoch sei dieselbe heut zu Tage durch den Gebrauch in so weit unanfechtbar geworden, daß wahrscheinlich die Richter auf ein Habeas-corpus-Ver-

[1]) Lord Mansfield sagte bei Erwähnung des Falles der Stadt Westbury, welche — wie bereits angeführt — mit einer Geldstrafe belegt wurde, weil sie das Recht, sie zu vertreten, verkauft hatte: es müsse auf einem Irrthum beruhen, daß das Haus der Gemeinen eine Geldstrafe verordnet habe, da dieses Haus dazu kein Recht habe. — Auch Lord Denman erklärte es in dem Prozeß Stockdale wider Hansard für unbedenklich, daß eine solche Befugniß dem Hause der Gemeinen nicht zustehe.

fahren den Gefangenen im Widerspruche mit jener Praxis nicht in Freiheit setzen würden [1]).

In Libellfällen haben die Parlamentshäuser zuweilen, statt von ihrer summarischen Jurisdiktion Gebrauch zu machen, einen Weg eingeschlagen, der nicht denselben staatsrechtlichen Bedenken ausgesetzt ist; sie haben nämlich gerichtliche Verfolgungen beschlossen. In einigen Fällen haben die Häuser die Krone in einer Adresse gebeten, daß der Attorney-General angewiesen werden möge, Anklage zu erheben; in anderen Fällen haben sie kraft eigener Auktorität den Attorney-General veranlaßt, in dieser Weise vorzugehen. So wurde Wilkes im Jahre 1763, in Folge einer gemeinschaftlichen Adresse beider Parlamentshäuser, wegen eines in Nr. 45 des „North Briton" veröffentlichten aufrührischen Libells gerichtlich angeklagt und zu Geld- und Freiheitsstrafen verurtheilt. Zuweilen aber haben solche Anklagen die Freisprechung der Angeschuldigten zur Folge gehabt, wie in den Prozessen gegen John Stockdale wegen eines gegen das Haus der Gemeinen gerichteten Libells im Jahre 1789, und gegen John Reeves wegen eines in seiner Flugschrift über die englische Verfassung enthaltenen Libells im Jahre 1796. Diese Prozesse sind merkwürdig, weil in denselben die Entscheidungen des Hauses der Gemeinen durch die Wahrsprüche der Geschworenen virtuell umgestoßen wurden.

Zehntes Kapitel.

Der Staatsrath und der Kabinetsrath.

Die englischen Souveraine haben seit den ältesten Zeiten Rathsversammlungen zur Seite gehabt, welche ihnen bei Ausübung der königlichen Prärogativrechte helfen und rathen sollten. Abgesehen von manchen, bei einzelnen Vorkommnissen besonders vom Parlamente bestellten Rathsversammlungen, kommen dergleichen vor, die mehr in die gewöhnliche Staatsordnung hineingehörten, und welche vor Alters von der Krone kraft ihrer Prärogativrechte abhängig waren. Sie werden von den verschiedenen Auktoritäten nicht in gleicher Weise erwähnt.

---

[1]) Den Unterschied in den Befugnissen der beiden Parlamentshäuser in Betreff der Erkennung von Geld- und Freiheitsstrafen hat man zuweilen daraus zu erklären gesucht, daß das Haus der Lords die fraglichen Befugnisse in seiner Eigenschaft als Court of Record habe und daß das Haus der Gemeinen kein Court of Record sei. Hargrave aber bestreitet die Richtigkeit dieses Grundes.

Blackstone, welcher hierin Coke folgt, zählt vier auf, nämlich: 1. Das Parlament. 2. Die Peers des Reiches, welche seit der Einsetzung zweier Parlamentshäuser in manchen Fällen als eine besondere Rathsversammlung berufen wurden. 3. Die Richter für die Rechtssachen, und 4. Den Staatsrath (Privy Council). Sir Matthew Hale erwähnt folgende vier Rathsversammlungen: 1. Das Consilium privatum et assiduum, jetzt gewöhnlich das Privy Council genannt; 2. das Consilium ordinarium, welches aus den Mitgliedern des des Privy Council, gewissen hohen Staatsbeamten, den Richtern und Andern bestand; 3. das Magnum consilium oder die geistlichen und weltlichen Lords in Verbindung mit den Mitgliedern des Consilium ordinarium, und 4. das Commune Consilium oder beide Häuser des Parlaments.

Mit Ausnahme des Parlaments und des Staatsraths (Privy Council) sind diese Versammlungen im Laufe der Zeit außer Gebrauch gekommen.

Unter den Normannischen Königen unterschied man Concilium, Magnum Concilium und Commune Concilium. Von diesen Versammlungen war die erste der ordentliche Rath des Königs, welchen er sich selbst wählte und welchem der oberste Richter (Chief Justiciar), der Kanzler, die Richter und andere Staatsbeamten assistirten. Er war nicht bloß ein Staatsrath, sondern auch der oberste Gerichtshof (Curia Regis) und trat mehrmals in jedem Jahre zusammen. Das Magnum Concilium war eine größere Versammlung, welche bei außerordentlichen Gelegenheiten berufen wurde und aus den nach Stand und Vermögen angesehensten Personen des Königreichs bestand. Das Commune Concilium war die oberste gesetzgebende Versammlung. Das Commune Concilium der Magna Charta ist dort nur in Rücksicht der Auferlegung von Lehnsdiensten und Steuern erwähnt und bestand nur aus den unmittelbaren Kronvasallen.

Am Ende der Regierung Heinrichs III. wurde die Curia Regis das Parlament des Königs genannt, — mit welchem Ausdrucke man damals eine berathende Versammlung bezeichnete. Man nimmt an, daß diese Versammlung nur dieselbe Kompetenz, wie später die vier Gerichtshöfe: des Kanzlers, der King's Bench, der Common Pleas und der Schatzkammer, gehabt habe.

Der ordentliche Rath des Königs leistete ihm bei der Ausübung seiner Prärogativrechte Hülfe und beglaubigte seine Akte. Der König hatte ein beschränktes Recht, auf seine alleinige Auktorität hin Gesetze zu erlassen; aber jenseit der Schranken war die Zustimmung einer größeren Versammlung, des Magnum oder Commune Concilium, nothwendig.

Verfassung und Funktionen dieser Rathsversammlungen sind jedoch aus den alten Urkunden nicht genau zu erkennen. Ohne Zweifel haben in den unruhigen und gesetzlosen Zeiten der Nachfolger des Eroberers viele Unregelmäßigkeiten in der Ausübung der Befugnisse dieser Versammlungen stattgefunden.

Es ist bereits erwähnt, daß vor der Einsetzung der beiden Parlamentshäuser dem Könige im Rath (King in Council) ausgedehnte legislative Befugnisse zustanden. Es erhellt, daß im dreizehnten Jahrhunderte die Mitglieder des Staatsrathes in weitem Umfange an der parlamentarischen Gesetzgebungsarbeit Theil nahmen. Nach Sir Matthew Hale's Bericht haben die Lords im Parlamente den großen Hof des Parlaments mit dem ordentlichen Rathe um die Zeit Eduards I. verschmolzen, und ihm zufolge beriethen und stimmten damals das Concilium Regis, die hohen Staatsbeamten und die Richter mit im Parlamente. Diese Ansicht ist von einem gelehrten Autor (Macqueen) bestritten; aber aus den Statuten Eduards I. geht deutlich hervor, daß eine nicht geringe Anzahl derselben nach Berathschlagung zwischen den Lords und den Mitgliedern des ordentlichen Rathes des Königs erlassen wurde.[1]) Außerdem läßt sich auch aus anderen Umständen erkennen, daß im dreizehnten Jahrhunderte dem Rathe des Königs ausgedehnte legislative Befugnisse zustanden, und daß diese zuweilen

---

[1]) Das erste Statut von Westminster (1275) ist erlassen vom Könige „par son conseil et par lassentement des Ercesvesques, Evesques, Abbes, Priours, Countes, Barons et la communalte de la terre". Das sogenannte Bigamie-Statut (1276) beginnt mit den Worten: „In Gegenwart einer Anzahl ehrwürdiger Väter, Bischöfe von England, und anderer Personen aus dem Rathe des Königreiches England sind die nachstehenden Konstitutionen verlesen und darauf von dem Könige und seinem Rathe gehört und publicirt; denn sowohl der gesammte Rath des Königs, als die Richter und Andere stimmten zu, daß sie zum beständigen Gedächtnisse schriftlich verwahrt bleiben sollten"; der Schluß des Statutes endlich erwähnt, daß die Konstitutionen im Parlamente abgefaßt seien. In dem zweiten Statute von Westminster wird erwähnt, daß das wichtige Statut von Gloucester (1278) an dem letztgedachten Orte von dem Könige, nachdem er die Prälaten, Grafen, Barone und seinen Rath berufen, erlassen sei. Das Statut Articuli super Chartas — 28 Eduard I. stat. 3 — erwähnt, daß es auf Ansuchen der Prälaten, Grafen und Barone erlassen sei, und schließt mit der Klausel: „der König und sein Rath und Alle, welche bei dem Erlasse dieser Verordnung thätig gewesen sind, erklären es als ihren Willen und ihre Absicht, daß das Recht und die Prärogative der Krone dem Könige in allen Dingen unverkürzt verbleiben."

ohne vorherige Berathschlagung mit der legislativen Versammlung des Königreiches, zuweilen nach solcher ausgeübt wurden.

In demselben Jahrhunderte, noch vor der Entstehung des Hauses der Gemeinen, finden wir, daß die Barone bei mehreren Gelegenheiten eine Kontrolle über die Minister und Rathgeber des Königs ausübten. So z. B. weigerten sich im Jahre 1233, unter Heinrich III., die Grafen und Barone, zum Parlamente zu kommen, und sie droheten einen andern König zu wählen, wenn der König den Bischof von Winchester, den er zum Kanzler auf Lebenszeit ernannt hatte, und andere Mitglieder seines Rathes nicht entließe. Der König gab im Parlamente des folgenden Jahres dem Verlangen der Prälaten und Barone nach und entließ die Rathsmitglieder. Im Jahre 1238, in der Regierungszeit desselben Königs, wurde eine Rathsversammlung in London gehalten, in der die Magnates bewaffnet erschienen; in Folge derselben leistete der König nach langen Debatten einen Eid darauf, daß er sich von einer bestimmten Zahl „zuverlässiger Männer" leiten lassen wolle, welche zu diesem Zwecke bestellt werden sollten. Im Jahre 1244, gleichfalls unter Heinrich III., wurde eine andere große Rathsversammlung von Prälaten und Baronen gehalten und von diesen ein Ausschuß zur Entwerfung gewisser Artikel bestellt, in welchen dem Könige Anweisungen für seine Regierung und über die bei der Wahl seiner Minister zu befolgenden Grundsätze gegeben werden sollten. Ferner bestanden im Jahre 1249 in einer Versammlung zu London die Magnaten darauf, daß gewisse Beamte, der Oberrichter, der Kanzler und der Schatzmeister ihrem Rathe gemäß gewählt werden sollten. Dieselbe Forderung wurde im Jahre 1255 mit dem Hinzufügen wiederholt, daß die bezeichneten Beamten ohne Konkurrenz der allgemeinen Rathsversammlung des Reiches nicht absetzbar sein sollten. Im Jahre 1258 wurde in dem Parlamente zu Oxford eine den Rath des Königs betreffende Einrichtung beschlossen, welche den König fast ganz seiner Macht beraubte. Der König und die Barone wählten einen Ausschuß von zwölf Personen, dem thatsächlich die Befugniß zugestanden wurde, den mit der Regierung des Königreichs betrauten Staatsrath zu ernennen. Dieser Ausschuß traf dann die Anordnung, daß der oberste Richter, der Kanzler, der Schatzmeister und andere Beamte alljährlich von den Ausschußmitgliedern ernannt werden sollten.

Im folgenden, dem vierzehnten Jahrhunderte, finden sich viele Beispiele von parlamentarischer Aufsicht über die Rathgeber der Krone.

Einer der frühesten[1]) Fälle parlamentarischen Einschreitens gegen die Minister der Krone nach der Einrichtung der beiden Parlamentshäuser war der von Piers Gaveston. Eduard I. hatte auf Veranlassung des Parlaments Gaveston wegen seines vertrauten Verhältnisses zu dem Prinzen, späteren Eduard II., verbannt. Nach seinem Regierungsantritte rief Eduard II. ihn zurück; aber im fünften Regierungsjahre dieses Königs (1312) „fand man durch eine von Prälaten, Grafen, Baronen, Rittern und anderen angesehenen Personen des Reiches geführte Untersuchung, daß Piers de Gaveston den König übel berathen" und sich anderer Vergehen, namentlich der Beeinträchtigung des königlichen Ansehens durch Abschließung von Bündnissen, der Erschleichung königlicher Dotationen für sich selbst, und des unrechtmäßigen Gebrauches des großen Siegels schuldig gemacht hatte; man verurtheilte ihn zu lebenslänglicher Verbannung.

Bald nachher findet sich ein anderer Fall des Einschreitens bei der Besetzung des Rathes des Königs von Seiten des Parlaments. Im Jahre 1316 wurde der Graf von Lancaster von dem Parlamente zum Präsidenten des königlichen Rathes bestellt, und er nahm dieses Amt unter der Bedingung an, „daß kein das Königreich angehender Akt ohne Anhörung des Rathes geschehen dürfe und daß jedes Rathsmitglied, welches eine dem Königreiche nachtheilige Handlung vornehmen oder einen nachtheiligen Rath ertheilen möchte, bei der nächsten Parlamentsversammlung abgesetzt werden sollte."

Auf dem Parlamente von York im Jahre 1320 wurde beschlossen, daß Hugh le Despencer der Jüngere Kammerherr sein sollte, und daß gewisse Prälaten und andere angesehene Männer abwechselnd sich in der Umgebung des Königs aufhalten sollten, um ihn besser zu berathen; ohne letztere sollte kein wichtiges Geschäft erledigt werden dürfen. Zugleich wurde Hugh le Despencer der Aeltere aus dem Rathe des Königs ausgeschlossen. Kurz darauf, in demselben Jahre wurden die Despencers, welche über das Meer entflohen waren, angeklagt, daß sie dem Könige übelen Rath ertheilt, die angesehensten Männer des Reiches und gute Rathgeber von dem Könige entfernt, und sich selbst die Königliche Macht angemaßt hätten. Diese Beschuldigungen sind urkundlich in einem im Parlamente abgefaßten Urtheile („award")

---

[1]) Schon im Jahre 1305 wurde ein Verfahren gegen Nicholas de Segrave, einen in hoher Gunst stehenden Baron, welcher in Schottland kommandirte, eingeleitet, und es wurde gegen ihn ein Urtheil gesprochen von dem Könige, den Grafen, Baronen, Magnaten und anderen zum Rathe gehörigen Personen.

enthalten, durch welches die Peers des Landes, die Grafen und Barone, in Gegenwart des Königs Hugh le Despencer den Vater und Hugh le Despencer den Sohn zur Verbannung verurtheilten. Um dem Urtheile Kraft zu verleihen, erging im funfzehnten Regierungsjahre Eduards II. ein Statut, so viel bekannt das erste Beispiel einer Strafverhängung im Wege der Gesetzgebung, einer Bill of pains and penalties.[1])

Um diese Zeit ging eine merkwürdige Aenderung in den Befugnissen des engeren Rathes des Königs vor. Wir haben bereits (in Kapitel 3) erwähnt, wie im funfzehnten Regierungsjahre Eduards II. (1322) der staatsrechtliche Grundsatz Anerkennung fand, daß die gesetzgebende Gewalt nur den im Parlamente versammelten drei Faktoren, dem Könige, den Lords und den Gemeinen, zustehe. Seitdem wurden die Befugnisse des Rathes erheblich geschmälert; seine Funktionen wurden wesentlich konsultative, und so beschränkt blieben sie bis zum Ende der Dynastie der Plantagenets. Fast bis zum Regierungsantritte Eduards III. (1327) scheint der engere Rath einen großen Theil der Parlaments-Geschäfte besorgt zu haben, und die „Curia Regis“ bestand im Ganzen und Großen nur aus einem engeren Rathe, in welchem neben anderen Personen der oberste Richter, der Kanzler und die anderen Oberrichter saßen, und welcher eine andere Behörde bildete, als die zum Parlamente versammelten Prälaten, Grafen und Barone. Der engere Rath fungirte, wenn er zum Parlamente mit versammelt war, sowohl als Gerichtshof der ersten, als der Appellations-Instanz. Ein Theil dieser Jurisdiktion steht gegenwärtig den Lords zu. Man weiß nicht, wann jene Jurisdiktion des eingeschworenen Rathes des Königs aufhörte, und wann der davon bis heute übrig gebliebene Antheil auf die Lords übertragen wurde: der erste Beweis dafür, daß die Uebertragung stattgefunden hatte, ist in den Parlamentsurkunden des ersten Regierungsjahres Eduards III. enthalten.

---

[1]) Im folgenden Jahre, 1322, ging eine Akte durch, welche die Strafe der Verbannung aus mehreren Gründen aufhob; einer dieser Gründe war, daß das Urtheil (award) in Abwesenheit des Angeklagten und im Widerspruche mit der Magna Charta ergangen sei, welche bestimmt, daß „kein freier Mann verbannt oder sonst an Leib oder Leben gestraft werden dürfe anders als durch gesetzliches Urtheil seiner Peers“. Die Aufhebung des Exils der Despencers wurde durch das Statut 1 Eduard III. cap. 2 widerrufen, und dieses den Widerruf enthaltende Statut wurde selbst wieder durch ein unter Richard II. auf eine Petition Thomas le Despencer's erlassenes Statut widerrufen.

Sir Matthew Hale ist der Ansicht: das Recht des Staatsraths, im Parlamente mitzustimmen, habe noch nach Eduard I. fortbestanden; erst um die Zeit Richards II. seien die hohen Staatsbeamten und die Richter bloße Beisitzer (assistants) mit nur berathender Stimme geworden, während die Entscheidung legislativer Fragen und die Rechtsprechung lediglich auf das Haus der Lords übergegangen sei. Er meint, das Concilium Regis lasse sich noch jetzt in dem Oberhause erkennen; denn zu demselben werden die hohen Staatsbeamten und die meisten, wenn nicht alle Mitglieder des Staatsraths berufen, sie werden aber von den Lords durch die Förmlichkeiten bei ihrer Berufung, die ihnen im Oberhause angewiesenen Plätze und den Umfang ihrer Befugnisse unterschieden. [1])

Eine wichtige Aenderung in der Zusammensetzung des Rathes trat unter Eduard III. dadurch ein, daß man nur Laien in die obersten Staatsämter zuließ. Im Jahre 1371 erwähnten nämlich die Gemeinen in einer Petition, es sei dem Könige durch alle Grafen, Barone und Gemeinen in dem vorigen Parlamente bereits vorgetragen, daß die Regierung zum großen Schaden des Königreiches lange Zeit in den Händen der Geistlichen gewesen sei, und sie baten, daß nur befähigte Laien als Kanzler, Schatzmeister und in anderen hohen Aemtern angestellt werden möchten. Der König antwortete: er würde die Sache nach Einholung des Gutachtens seines Rathes prüfen; und

---

[1]) Daß der Rath des Königs am Ende des vierzehnten Jahrhunderts als eine berathende Behörde angesehen wurde, welche in ihrer Mitwirkung bei der Gesetzgebung dem Parlamente untergeben war, geht aus den Anklage-Artikeln gegen Richard II. hervor, welche im Jahre 1399, bei dem Regierungsantritte Heinrichs IV. im Parlamente vorgebracht wurden. Einer dieser Artikel beschuldigt Richard, daß er sich allein die legislative Gewalt angemaßt, und ein anderer, daß er im Widerspruche mit dem von ihm geleisteten Krönungseide von der Beobachtung gewisser Statuten dispensirt habe. Der dreiundzwanzigste Anklageartikel enthält Folgendes: — „Wenn die Lords des Reiches, die Richter und andere Personen, welche berufen waren, den König getreulich in seinen Angelegenheiten und denen des Staates zu berathen, in den großen Rathsversammlungen des Königs ihm ihren Rath nach ihrer besten Ueberzeugung ertheilten, so wurden sie sehr häufig von dem Könige angefahren und so heftig geschmähet, daß sie nicht wagen durften, bei Ertheilung ihres Rathes zum Besten des Königreiches die Wahrheit zu sagen.“ Sir Harris Nicholas bemerkte über den Rath des Königs im vierzehnten und funfzehnten Jahrhundert, die exekutiven und die legislativen Funktionen der Regierung seien in ihm vielfach vereinigt gewesen. Sir Francis Palgrave sagt über dieselbe Zeit: „die Statute wurden von diesem Rathe entworfen und in das Parlament eingebracht, und alle parlamentarische Petitionen wurden regelmäßig an den Rath mit dem Könige gerichtet.“

er berief kurz darauf Laien für die Aemter des Kanzlers und des Schatzmeisters an Stelle zweier Prälaten.

Gegen das Ende des 14. Jahrhunderts kommen die ersten Anklagen vor, in welchen das Haus der Gemeinen die Rolle des Anklägers übernahm. Eines der ältesten Beispiele, wenn nicht das älteste, einer solchen Anklage enthält der Prozeß gegen William Latimer und andere Personen wegen Verschleuderung der öffentlichen Einkünfte im Jahre 1376. Die betreffende Parlamentsurkunde erwähnt, Latimer sei durch die Stimme der Gemeinen angeklagt (empecher et accuser per clamour des dits communes). Er wurde von den Lords im versammelten Parlamente zu Geld- und Freiheitsstrafe verurtheilt, worauf der König ihn, auf den Antrag der Gemeinen, für immer aus seinem Rathe verwies.

Die bald darauf eingeleiteten Prozesse gegen Michael de la Pole, Grafen von Suffolk, und andere Mitglieder des Staatsraths veranschaulichen die staatsrechtliche Stellung der Rathgeber des Königs zu jener Zeit. Diese Prozesse wurden im Jahre 1386 durch Klagen der Peers und der Gemeinen, so wie durch die Bitten des Adels veranlaßt, daß der König (Richard II.) ein Parlament halten möge, um die vorhandenen Beschwerden abzustellen. In Folge dessen wurde ein Parlament berufen, worauf der Schatzmeister und der Kanzler de la Pole ihrer Aemter enthoben und der letztere gleich darauf von den Gemeinen wegen Veruntreuung und anderer Vergehen angeklagt wurde. In dem vorigen Parlamente hatte man neun Lords zu dem Zwecke bestellt, um die Hülfsmittel des Königs und den Zustand des Königreiches zu untersuchen und dann ihre Ansicht darüber auszusprechen, wie man bessernd eingreifen könne; der Kanzler hatte im versammelten Parlamente versprochen, daß dem Gutachten der neun Lords gemäß verfahren werden sollte. Einer der gegen ihn gerichteten Anklageartikel beruhete darauf, daß er dieses Versprechen aus Nachlässigkeit unerfüllt gelassen habe, er, der oberste Beamte und Minister. Bezüglich der Beschuldigungen, welche gegen ihn in seiner Eigenschaft als Minister und Mitglied des Rathes des Königs erhoben waren, hielten der König und die Lords des Parlaments dafür, daß er nicht allein und abgesondert von den übrigen Rathsmitgliedern angeklagt werden könne. Die übrigen Beschuldigungen bestanden darin, daß er sich unrechtmäßiger Weise Zuwendungen von der Krone verschafft, und daß er eine Steuer, welche von den Gemeinen zu einem bestimmten Zwecke bewilligt worden, in anderer Weise hatte verwenden lassen, so daß die See nicht in der beabsichtigten Weise geschützt war. De la Pole wurde in Betreff einiger Anklagepunkte schuldig befunden und zu Geld= und Freiheitsstrafen verurtheilt. Diese Punkte sollen so vollständig bewiesen gewesen sein, daß der Graf die darauf beruhenden Beschuldigungen nicht in Abrede stellen konnte; er konnte deshalb auch, als er aufgefordert wurde, sich zu vertheidigen, nichts für sich anführen, worauf der König, für ihn erröthend, das Haupt schüttelte und ausrief: „Wehe, wehe, Michael, sieh, was Du gemacht hast!"

Aber das Parlament begnügte sich nicht hiermit, sondern bestellte, um ferner für das Wohl des Staates zu sorgen, auf einstimmigen Beschluß des Königs, der Prälaten, Barone und Gemeinen, Bevollmächtigte mit unbeschränkter Befugniß, in Betreff der öffentlichen Angelegenheiten Anordnungen nach ihrem letzten Ermessen zu treffen. Die ihnen ertheilte königliche Vollmacht erwähnt, der König habe auf den Antrag seiner Lords und Gemeinen die hohen Staatsbeamten gewechselt und elf namentlich bezeichnete Bevollmächtigte bestellt, welche für das nächste Jahr seinen großen und beständigen Rath bilden und das Recht haben sollten, den Zustand des Staats zu untersuchen, die öffentlichen Einkünfte zu erheben, überhaupt Alles, was sie wollten, in dem Königreiche anzuordnen und in allen Dingen Verbesserungen nach ihrem Ermessen einzuführen. Es muß bemerkt werden, daß dieses Parlament im zehnten Jahre der Regierung Richards II. und im zwanzigsten seines Lebensalters gehalten wurde.

Hierdurch mit Wuth erfüllt belagerten bald darauf — 1387 — Michael de la Pole und Genossen das Ohr des Königs mit der Einflüsterung, diese Statute verstießen gegen die Ehre der Krone und beeinträchtigten die fürstliche Prärogative. De la Pole ließ sich von den Richtern Gutachten geben,[1]) welche die ihn verurtheilende Entscheidung des Parlaments für unrichtig erklärten, und er wußte seine Freilassung aus dem Gefängnisse zu erwirken. Ein großer Theil des Adels versammelte seine Streitkräfte, um die bestellten Kommissäre zu unterstützen und de la Pole Widerstand zu leisten. In einem folgenden Parlamente,[2]) — gehalten am 3. Februar 1388 — wurden de la Pole und vier andere von den früheren Räthen des Königs durch

[1]) Diese Gutachten sind in einem späteren Statute 21 Richard II cap. 12 in Bezug genommen. Die Richter, welche die Gutachten ertheilt hatten, wurden deshalb sämmtlich (mit Ausnahme des Chief Justice, welcher wegen eines anderen Verbrechens bereits hingerichtet war) von den Gemeinen angeklagt, des Verrathes schuldig befunden und im Jahre 1388 verbannt.

[2]) Von einigen Historikern wurde es, „das Parlament, das Wunder that," von anderen „das unbarmherzige Parlament" genannt.

fünf Adelige, (welche als „Appellanten" bezeichnet werden) des Hochverrathes angeklagt; die „Appellanten" ließen ihre „Appellation" durch Robert Pleasington, ihren Sprecher, vortragen. Die Anklage-Artikel, welche die Beschuldigungen des Eingriffs in die königliche Gewalt durch Entfernung guter Rathgeber von dem Könige, der Veruntreuung und des gewaltsamen Widerstandes gegen die Auktorität des Parlamentes enthielten, wurden vorgelesen, und die appellirenden Lords brachten ihre Beweise bei. De la Pole und drei andere Angeklagte waren geflohen und wurden nach gehöriger Vorladung im Wege der Gesetzgebung verurtheilt.[1]) Sir Nikolas Brambre, Mayor von London, der einzige verhaftete Angeklagte, wurde unter Anklage vor das Parlament gestellt. Er wollte seine Unschuld durch Zweikampf beweisen. „Als die Appellanten diese muthige Herausforderung hörten, antworteten sie sofort, sie nähmen den Kampf an, und warfen die Fehdehandschuhe vor dem Könige auf den Boden. Darauf warfen alle Lords, Ritter, Esquires und Gemeinen ihre Handschuhe so dicht neben einander herab, daß sie aussahen wie Schneeflocken an einem Wintertage, und riefen: „Auch wir nehmen den Kampf an und wollen auf dein Haupt, Du verfluchter Verräther, beweisen, daß diese Artikel wahr sind." Aber die Lords entschieden, daß in diesem Falle Zweikampf nicht zulässig sei, daß sie vielmehr die Anklage-Artikel, soweit sie besagten Nikolas beträfen, prüfen und sich auf gerechten, nothwendigen und nützlichen Wegen Aufklärung über die Sache verschaffen würden, damit sie in ihrem Gewissen zu einem richtigen Urtheil gelangten zur Ehre Gottes, zum Besten des Königs und des Königreichs, wie sie es vor Gott nach Brauch und Recht des Parlaments verantworten könnten." Brambre wurde verurtheilt und hingerichtet.[2])

Dieser Fall beweist, daß, obgleich unter Richard II. die Gemeinen die Rolle der Ankläger in Staatsprozessen bereits übernommen hatten, doch die Anklage zuweilen auch von Anderen vertreten wurde. Später unter derselben Regierung (1397) wurde die Anklage gegen den Herzog von Gloucester und andere Personen von „appellirenden" Lords erhoben. Aber zwei Jahre später, nach dem Regierungsantritte

[1]) Dies scheint die älteste, im Statute Book enthaltene Act of Attainder zu sein.

[2]) Das gegen Michael de la Pole ergangene Urtheil wurde nach seinem Tode durch das Statut 21 Richard II. cap. 12 und 13 aus den von den Richtern, wie oben angeführt, früher dafür geltend gemachten Gründen, daß das im Parlamente gegen ihn gefällte Urtheil unrichtig sei, aufgehoben.

Heinrichs IV. wurden alle derartigen Appellationen [1]) durch ein Statut des neuen Königs beseitigt. Dieses Statut sollte verhindern, daß Anklagen bei dem Hause der Lords durch einzelne Lords oder Privatpersonen erhoben werden könnten; aber die Anklagen durch das Haus der Gemeinen wurden von dem Statute nicht berührt. [2])

Die Statute des vierzehnten Jahrhunderts geben nicht viel Aufschluß über die Verfassung des Rathes des Königs; der Inhalt derselben beweist aber, daß jener Rath damals wesentlich eine Verwaltungs-Behörde war, [3]) daß ferner hinsichtlich einiger bestimmt bezeichneter Vergehen das Parlament dem Rathe eine Gerichtsbarkeit übertragen, [4]) aber demselben die Ausübung einer allgemeinen Jurisdiktion ausdrücklich untersagt hatte, und daß trotz dieses Verbotes der Rath den Versuch gemacht hat, sich eine solche Jurisdiktion anzumaßen. Eine andere Pflicht, welche das Parlament dem Rathe auferlegte, war

---

[1]) Das Wort: Appellation („appeal") wurde damals nicht in dem heutigen Sinne eines Rechtsmittels, durch welches die Streitsache von einem unteren an einen höheren Gerichtshof gebracht wird, gebraucht, sondern bezeichnete eine Kriminal-Anklage durch einen Privatankläger.

[2]) So von den Richtern entschieden, als im Jahre 1663 der Graf von Bristol gegen den Grafen Clarendon Anklage-Artikel abgefaßt hatte.

[3]) Nach einem Statute Eduards III. sollen an mehreren Orten, welche der König und sein Rath zu bestimmen haben, Geldwechsel-Banken etablirt werden. — Nach einem Statute desselben Königs sollen Verzögerungen in der Rechtspflege im Parlamente nach Anhörung gewisser Personen aus dem Rathe des Königs Abhülfe finden. Nach dem Statute 25 Eduard III. stat. 5 cap. 4 soll Niemand auf einen Antrag oder eine Petition bei dem Könige oder seinem Rathe verurtheilt werden, sondern nach dem Gesetze. Ein späteres Statut bestimmt dasselbe und erwähnt, daß Personen zu Unrecht vor den Rath vorgeladen seien. Nach einem Statute Richards II. kann scandalum magnatum bei dem Rathe untersucht und dort bestraft werden. Nach dem Statute 20 Eduard III. cap. 1 sollen die Richter über jede ungesetzliche, an sie gerichtete Aufforderung zur Vorenthaltung der Justiz an den Rath berichten. Nach dem Statute 16 Richard II. cap. 5 soll das verbotswidrige Einbringen päpstlicher Bullen in das Königreich von dem Rathe untersucht und bestraft werden. Nach einem Statute Richards II. sind die Nachkommen von Personen, welche auf parlamentarische Anklage verurtheilt sind, unfähig, im Rathe des Königs zu sitzen. Nach einem Statute Heinrichs IV. sollen die Zoll- und Steuerbeamten von dem Schatzmeister, unter Beistimmung des Rathes, ihre Anweisung erhalten.

[4]) Blackstone (Kommentar I, 229) meint, das in der vorigen Note citirte Statut 16 Richard II cap. 5 spreche von einem aus den Richtern des Königs bestehenden Rathe. Aber Coleridge bezweifelt die Richtigkeit dieser Ansicht in einer Anmerkung zu der citirten Stelle, und stellt die Ansicht auf, der in dem Statute gemeinte Rath sei ein Billigkeitsgerichtshof gewesen, aus welchem der Kanzleigerichtshof und die Sternkammer im Laufe der Zeit entstanden seien.

die: er sollte darauf achten, daß dem ordentlichen Gange der Rechtspflege durch Versuche angesehener Personen, ihren Einfluß bei den Richtern geltend zu machen, keine Hindernisse bereitet würden.

Seit dem Anfange des funfzehnten Jahrhunderts ist das Haus der Gemeinen stets der Ankläger in parlamentarischen Anklage-Prozessen gewesen, obgleich parlamentarische Untersuchungen in Ansehung schlechter Verwaltung der Minister der Krone nicht immer nach den Regeln des parlamentarischen Anklage-Prozesses geführt wurden. So z. B. war das Verfahren gegen Beaufort, Bischof von Winchester, im Jahre 1426 durch eine Anklage des Herzogs von Gloucester gegen den Bischof veranlaßt, welche schriftlich in Artikeln abgefaßt nebst den Erwiderungen auf die letzteren dem Parlamente eingereicht wurde.

Das Verfahren gegen de la Pole, Grafen von Suffolk, den Enkel des vorher erwähnten de la Pole, unter Heinrich VI. im Jahre 1451, läßt die damaligen Abweichungen bei den parlamentarischen Anklagen erkennen. De la Pole, welcher damals die Stellung eines Premier-Ministers einnahm, wurde von den Gemeinen auf Artikel angeklagt, welche sie den Lords einreichten und dem Könige auf Verlangen der letzteren mittheilten. Die Anklagepunkte betrafen unter Anderem Veruntreuung, Verleitung des Königs zu Geldverschleuderungen, Verrath der Geheimnisse des Königs an die Franzosen und die Abschließung eines Friedens-Vertrages ohne Zustimmung des Staatsrathes. Der Kanzler erkannte auf Befehl des Königs gegen de la Pole auf fünfjährige Verbannung. Nach Erlaß dieses Urtheils beantragten die Lords „die Beurkundung, daß das gedachte Urtheil auf Befehl des Königs und nicht mit ihrer Zustimmung ergangen sei;“ und sie protestirten dagegen, daß sie oder ihre Erben auf diese Weise der Rechte ihrer Peerie und ihrer Privilegien verlustig werden könnten.

Unter der langen und schwachen Regierung Heinrichs VI. wurden vielfache andere Klagen der Gemeinen gegen den Rath des Königs laut. So z. B. baten sie im Jahre 1451 den König, daß er den Herzog von Somerset und einige andere für immer aus seinem Rathe entlassen möge, und der König ging theilweis auf ihre Wünsche ein. Ferner baten die Gemeinen im Jahre 1453, nach der Ernennung des Herzogs von York zum Stellvertreter des Königs, um die Einsetzung „eines weisen Rathes aus besonders besonnenen und klugen Lords und anderen Personen.“

Von dieser Zeit an fand lange keine parlamentarische Kontrolle über den Rath des Königs statt. Während des ganzen Zeitalters der Tudors und bis zur Regierung Jakobs I. kommen keine Anklagen durch das Haus der Gemeinen vor.[1]) Jenes wirksamste Mittel, um die Minister des Königs in Schranken zu halten, wurde nicht mehr angewendet, und durch unrechtmäßige Anmaßung, wie durch statutarische Ausdehnung der Jurisdiktion der Sternkammer erhielt der Rath des Königs einen übermäßigen Zuwachs seiner richterlichen und gesetzgeberischen Befugnisse.

Hatsell schreibt das Aufhören der Anklagen durch die Gemeinen zwei Ursachen zu: — der Uebertragung der Jurisdiktion für viele Fälle, welche bisher Gegenstand parlamentarischer Anklagen gewesen waren, auf die Sternkammer, und der Verfolgung von Verrathsfällen durch Bills of attainder. Man muß aber eine dritte Ursache hinzufügen, — die Unterwürfigkeit des Parlaments; denn wenn das Haus der Gemeinen den Gebrauch, Staatsverbrechen von seiner Seite zu verfolgen, nicht aufgegeben hätte, so würde die Möglichkeit, einzelne dieser Verbrechen auf einem andern Wege zu ahnden, nicht ohne Weiteres das Aufhören der parlamentarischen Anklagen erklären.

Die Sternkammer war ein Ausschuß des Staatsrathes. Im dritten Regierungsjahre Heinrichs VII. ging eine Akte durch, welche diesem Tribunale neue Gewalten beilegte, obwohl dasselbe in dem Statute nicht mit dem Namen: „Sternkammer" bezeichnet ward. Das Statut erwähnt: durch ungesetzliche Mittel u. s. w. „unrichtiges Verfahren der Sheriffs bei Aufstellung der Geschworenenlisten und ihre falschen Berichte, durch Annahme von Geschenken seitens der Geschworenen, durch große Volksaufläufe und ungesetzliche Versammlungen seien Ruhe und gute Ordnung in diesem Reiche fast untergraben." Dann wird bestimmt, der Kanzler, der Schatzmeister, der Geheimsiegel-Bewahrer, oder zwei von ihnen, sollten zusammen mit einem Bischofe und einem weltlichen Lord und zwei Richtern dergleichen Vergehen untersuchen, wenn sie zur Kenntniß des Kanzlers gebracht würden. Dieses Tribunal wurde ermächtigt, die angeschuldigten Personen vor sich zu laden, Beweise zu erheben und „die Ange-

[1]) Das parlamentarische Verfahren gegen Kardinal Wolsey (1529) bildet keine Ausnahme; denn dasselbe ging vom Hause der Lords aus. Aber die Anklage-Artikel sind lehrreich, da sie sich auf sein Verhalten als Minister und verantwortlicher Rathgeber der Krone beziehen. Er wurde unter Anderem beschuldigt, ohne Wissen des Königs und seines Rathes Staatsverträge geschlossen, Konferenzen mit Gesandten gepflogen und diplomatische Korrespondenzen unterhalten zu haben. Diese Artikel wurden offenbar deshalb entworfen, weil man dem Könige gefällig sein wollte. Sie wurden von den Lords an die Gemeinen gesendet und dort verworfen. „Thomas Cromwell vertheidigte den Kardinal, seinen Herrn, so geschickt, daß man ihm keinen Verrath zur Last legen konnte."

schuldigten nach dem Grade ihrer Verschuldung gemäß den darüber ergangenen Statuten ebenso zu bestrafen, als wenn sie in dem ordentlichen Rechtsgange überführt worden wären." [1])

Durch dieses Statut wurden die Befugnisse der Sternkammer sehr erweitert; aber sie existirte als Gerichtshof schon viel länger; sie war eine der ältesten Kriminalgerichtshöfe im Königreiche.[2]) Bacon in seiner Geschichte Heinrichs VII. ergeht sich in Lobsprüchen über die Sternkammer, weil, „wie der Kanzleigerichtshof die prätorische Billigkeit walten lassen könne, so die Sternkammer mit censorischen Befugnissen Verbrechen, welche nicht Kapitalstrafen nach sich ziehen, ahnden könne;" er betrachtet also die Sternkammer in Beziehung auf ihre Kriminal-Jurisdiktion (es stand ihr nämlich auch eine Civil-Jurisdiktion zu) als einen Kriminal-Billigkeits-Gerichtshof. Indessen widerspricht denn doch diese Idee einer strafrechtlichen Billigkeit d. h. eines Systems der Kriminal-Jurisprudenz, durch welches das gemeine Recht korrigirt und ergänzt werden soll, sicherlich den Prinzipien der englischen Gesetzgebung. Die Verfassung der Sternkammer war mit einem Grundfehler behaftet, nämlich der Verbindung richterlicher und administrativer Geschäfte; eine solche Verbindung ist, wie wir oben gezeigt haben (Kapitel 1), mit einer guten Rechtspflege unverträglich.

Eine gewichtige staatsrechtliche Auktorität, Lord Somers, hat von der Entstehung und der Kompetenz der Sternkammer gesagt: — „Wir haben in England einen Staatsrath mit ausgedehnten und verschiedenartigen Befugnissen gehabt; wir haben lange und viel darunter gelitten. Alle Parlaments-Rollen sind angefüllt mit Klagen und Abhülfe-Versuchen; aber es half nichts bis zur Zeit Karls I. Die Sternkammer war nur ein Schößling unseres Staatsraths und führte jenen Namen, weil sie ihre Sitzungen in einem mit Sternen geschmückten Saale hielt. Als eigentlicher Gerichtshof entstand sie durch ein in sehr unverfänglichen Worten abgefaßtes Statut im dritten Regierungsjahre Heinrichs VII.; sie sollte große Tumulte bestrafen, Verbrecher, die zu frech für die Aburtheilung im ordentlichen Rechtswege wären, im Zaume halten, oder, wie man heut zu Tage sagt, den öffentlichen Frieden bewahren. Aber in kurzer Zeit machte sie die Nation zittern. Der Staatsrath gelangte endlich dahin, daß er durch Proklamationen

---

[1]) Nach dem Statute 21 Heinrich VIII. cap. 20 trat der Präsident des Staatsraths der Sternkammer noch bei.

[2]) In einer Abhandlung über die Sternkammer von Sir Thomas Mallet wird behauptet, sie sei wahrscheinlich der älteste Gerichtshof, die Mutter-Gerichtsstelle des Königreiches, gewesen.

Gesetze erließ, und die Sternkammer richtete die zu Grunde, welche solchen Gesetzen nicht gehorchen wollten. Zuletzt fielen beide über den Haufen." [1])

Bezüglich der Machtstellung des Staatsraths in der Zeit Heinrichs VIII. muß man sich der Statute aus dieser Regierung erinnern, welche den Proklamationen des Königs Gesetzeskraft beilegten.[2])

Macqueen ist der Ansicht, daß der Staatsrath in den Zeiten Heinrichs VIII. und Elisabeths durch die langen Zwischenzeiten zwischen den Parlamenten zu seiner damaligen großen Bedeutung gekommen sei, und daß Elisabeth ihre Regierung fast nur mit Hülfe des Staatsraths geführt, das Parlament aber nur als ein Werkzeug zur Besteuerung betrachtet habe. Diese Ansicht kann indessen in Betreff beider Regierungen nur mit Einschränkungen anerkannt werden. Unter Heinrich VIII. kamen nur zwei längere Parlaments-Pausen vor, und die Sitzungs-Perioden währten sogar länger, als unter den früheren Regierungen. In den letzten siebenzehn Jahren Heinrichs VIII. trat das Parlament alljährlich zusammen, und es hielt öfters mehr als eine Sitzungs-Periode in demselben Jahre. Unter Elisabeth waren die Parlaments-Pausen häufiger. Sie regierte 43 Jahre, und in zwanzigen derselben wurden Parlaments-Sitzungen gehalten. In ihren häufigen Zwistigkeiten mit dem Parlamente trug das letztere oft den Sieg davon. So entstand im achten Jahre ihrer Regierung ein Zwist auf Veranlassung eines Befehls der Königin an die Gemeinen, daß sie auf eine Petition wegen ihrer Verheirathung nicht eingehen sollten. Die Gemeinen zogen einen Antrag in Erwägung, der die Frage betraf, ob der Befehl der Königin nicht gegen ihre Freiheiten verstieße. Darauf sendete ihnen die Königin einen Befehl zu, daß sie von der Debatte abstehen sollten, „und," fügte sie hinzu, „wenn Jemand hiermit nicht zufrieden gestellt ist und dafür Gründe hat, so laßt ihn vor den Staatsrath kommen, wo er sie vortragen kann." Aber eine Woche später „erklärt der Sprecher, daß Ihre Hoheit geruhet haben, Ihre beiden früheren Befehle zurückzunehmen, was von dem Hause freudig aufgenommen wurde."

Es läßt sich jedoch nicht bezweifeln, daß Elisabeth und ihre Rathgeber bestrebt waren, das Parlament dem Staatsrathe unterzuordnen. So eröffnete in ihrem dreizehnten Regierungsjahre der Lord Siegel-

---

[1]) Lord Somers Rede im Hause der Lords über die Bill wegen Abschaffung des schottischen Staatsraths.

[2]) Vergl. oben Kap. 5.

bewahrer den Gemeinen, als sie ihren Sprecher vorstellten, daß sie „gut thun würden, wenn sie sich nur mit solchen Staatsangelegenheiten, die ihnen vorgelegt werden würden, und mit anderen Gegenständen der öffentlichen Wohlfahrt beschäftigten.“ Auch dieses Parlament wurde aufgelöst, nachdem die Königin in der Thronrede die Einmischung der Parlaments-Mitglieder „in Dinge, die sie nichts angingen, und die auch jenseits des Bereiches ihres beschränkten Verstandes lägen,“ getadelt hatte. Viele andere Fälle ähnlicher Art beweisen, daß schon unter dieser Regierung der Hof und die Gemeinen um die oberste Gewalt stritten.

Der folgende Fall läßt das Verhältniß klar erkennen, welches Elisabeth zwischen ihrem Staatsrathe und dem Parlamente eingeführt zu sehen wünschte, sowie dasjenige, welches wirklich bestand. Am Ende der Sitzungs-Periode des fünfunddreißigsten Regierungsjahres Elisabeths sagte der Lord Siegelbewahrer: die Königin erkenne die Dienste und die Ergebenheit des Parlamentes an, aber sie habe mißfällig bemerkt, „daß man den Mitgliedern des Staatsraths so wenig Ehrerbietung erweise, da dieselben doch nicht wie gewöhnliche Ritter und Bürger in dem Hause betrachtet werden könnten; denn letztere seien Rathgeber nur so lange, als das Parlament dauere, während die ersteren ständige Rathgeber seien, und wegen ihrer Weisheit und wichtigen Dienste Staatsräthe genannt würden.“

Die parlamentarische Kontrolle des Staatsraths, welche, wie wir gesehen haben, in der Zeit der Tudors ruhete, wurde unter der nächsten Dynastie wieder ins Leben gerufen. Nach Elisabeths Tode ließ ihr Nachfolger, Jakob I., eine Zeit lang ihre bedeutendsten Rathgeber in ihren Aemtern, und in der ersten Zeit seiner Regierung blieb dem Staatsrathe seine wichtige Aufgabe, der Krone in den Staatsangelegenheiten regelmäßig Rath zu ertheilen. Dagegen war in der späteren Zeit seiner Regierung die Verpflichtung, der Krone Rath zu ertheilen, ein Monopol seiner zu Ministern ernannten Günstlinge geworden; die übrigen Mitglieder des Staatsrathes waren davon ausgeschlossen. Einer der Gründe für die Anklage der Gemeinen gegen den Herzog von Buckingham im Jahre 1626 war die Mehrheit der Staatsämter, welche er unter Jakob I. und Karl I. in seiner Person vereinigte. Die Gemeinen, erklärte Sir Robert Cotton im Parlamente, verlangten, daß, da der König weise und ehrenwerthe Diener habe, er mit ihnen berathschlagen „und sich nicht von einem einzelnen jungen Rathgeber leiten lassen“ solle.

Das Verfahren gegen den Herzog von Buckingham ist merkwürdig, weil es, nach langer Unterbrechung, den ersten neuen Fall einer Minister-Anklage wegen der Krone ertheilten Rathes bildet. Unter Jakob I. waren allerdings wieder Anklagen durch die Gemeinen erhoben, aber nur zu dem Zwecke, um Bestechungen und Veruntreuungen zu bestrafen; selbst in dieser Anwendung war die Wiederaufnahme der Anklagen durch die Gemeinen dem Könige zuwider.[1]) Die Anklage-Artikel gegen den Herzog von Buckingham, welche die Gemeinen den Lords unter Karl I. (1626) einreichten, enthielten die Beschuldigungen, daß er sich mehrere Staatsämter „mit übertriebenem Ehrgeize und zu seinem eigenen Vortheil und Nutzen" angeeignet, daß er die ihm als Groß-Admiral des Königreichs obliegende Pflicht, die See zu bewachen, vernachlässigt, daß er Richterstellen verkauft und des Königs Einkünfte verschleudert habe. Die Gemeinen beschlossen, eine Vorstellung an den König zu richten, um die Entlassung des Herzogs aus seinen Aemtern und aus dem Rathe des Königs zu erwirken. Karl I. widersetzte sich dem Verfahren gegen Buckingham und gebot ihm endlich durch eine plötzliche Parlaments-Auflösung Einhalt. Kurz darauf wurde Buckingham ermordet.

Die letzte Zeit der Regierung Karls I. war reich an Ereignissen, welche für die Geschichte des Staatsraths wichtig sind. Die übermäßige Gewalt, welche diese Behörde in der Sternkammer erhalten hatte, wurde im Jahre 1640 durch eine Akte, welche diesen Gerichtshof aufhob, vernichtet. Die in der Akte enthaltenen thatsächlichen Angaben enthalten den glaubwürdigsten Bericht über die durch seine Jurisdiktion geübte Unterdrückung. Es ist dort erwähnt, daß die Richter in diesem Gerichtshofe ihre gesetzlichen Befugnisse überschritten, Verordnungen erlassen und Strafen verfügt haben, welche durch kein Gesetz gerechtfertigt waren; daß die Gründe, welche die Errichtung und das Bestehen dieses Gerichtshofes rechtfertigten, nicht mehr vorhanden wären; daß sein Verfahren despotische Regierung eingeführt habe; daß die Kammer neuerlich, dem Gesetze entgegen, sich das Recht angemaßt habe, in Civil-Prozesse und reine Privat-Interessen einzu-

[1]) Das erste Urtheil, welches die Lords unter Jakob I. auf eine Anklage der Gemeinen fällten, war das gegen den Lord Kanzler Bacon, am 3. Mai 1620. Der König hatte in einer Botschaft an die Gemeinen vorgeschlagen, daß die Untersuchung gegen Bacon von einer Kommission, bestehend aus sechs Mitgliedern des Oberhauses und zwölf Mitgliedern des Unterhauses, geführt werden möge. Aber Sir Eduard Coke rieth den Gemeinen, „sich vorzusehen, daß die Kommission nicht zu einem Hindernisse für unsere parlamentarischen Prozesse wird;" und man folgte diesem Rathe.

greifen. Das Statut verordnet die gänzliche Beseitigung dieses Gerichtshofes und einiger Lokalgerichte von gleicher Jurisdiktion, verbietet auch die Wiedereinsetzung eines solchen Gerichtshofes für alle Zukunft.

Ein Kabinets-Rath — d. h. eine engere Versammlung nur derjenigen Mitglieder des Staatsraths, welche die hauptsächlichsten Rathgeber der Krone sind, wird unter diesem Namen zuerst unter Karl I. erwähnt, obwohl offenbar, so lange der Staatsrath bestand, die Souveraine sich immer einzelne Mitglieder desselben zu ihren hauptsächlichsten Rathgebern gewählt haben. Clarendon sagt bei Besprechung der Zeit des Prozesses gegen den Grafen Strafford (1640—41),[1]) es sei damals Gebrauch gewesen, viele Personen von untergeordneten Fähigkeiten in den Staatsrath aufzunehmen, bloß um ihnen eine Ehre zu erweisen, und dadurch sei die Zahl der Rathsmitglieder so groß geworden, daß „deshalb und wegen jener Unfähigkeit vieler Mitglieder Ausschüsse von tüchtigen Männern aus der Rathstafel zur Besorgung der Geschäfte bestellt seien.“ Er erzählt auch: einer der Gründe der Verurtheilung Straffords sei eine „in dem Ausschusse des Staatsraths, welchen man den Kabinetsrath nannte,“ von ihm gehaltene Rede gewesen. Für diesen Prozeß gab Karl I. seine Einwilligung zur eidlichen Vernehmung von Mitgliedern des Staatsraths über Gegenstände, welche an der Rathstafel vorgekommen waren; denn ohne Bewilligung des Königs durften die Rathsmitglieder nach ihrem Amtseide von den Vorgängen im Staatsrathe nichts mittheilen. Clarendon bemerkt über die Folgen dieser Einwilligung: „Die Rathsmitglieder erschraken, als sie sahen, daß sie wegen jeden hastigen, jeden unüberlegten, jeden herrischen Ausdruckes oder Wortes, das sie im Rathe gebraucht hatten, angeklagt werden könnten; sie wurden deshalb geneigter zu knechtischen Redensarten. Aller Freimuth war für immer aus der Behörde und den Personen verscheucht, von denen Seine Majestät Rath in seinen größten Bedrängnissen erwarten sollte; Alle rechtfertigten sich vor sich selbst damit, daß sie nicht mehr verpflichtet sein könnten, dort ihre Meinung unumwunden zu erklären, wenn sie dafür an einer anderen Stelle angeklagt werden könnten.“ [2])

In der „unterthänigen Petition und Vorstellung beider Häuser

---

[1]) Geschichte der großen Rebellion. Bd. 1, Buch 3.

[2]) Clarendon hatte nicht immer solche Bedenken gegen Mittheilungen über die Verhandlungen des Staatsraths. Einige der Anklage-Artikel, welche gegen ihn im Jahre 1667 eingebracht wurden, gründeten sich auf seine dem Könige im Staatsrathe gegebenen Rathschläge. In seiner „Rechtfertigung“ theilte er die Verhandlungen mit, welche in dem Staatsrathe stattfanden, als er jene Rathschläge gab.

des Parlaments mit neunzehn Propositionen und dem Antrage," welche Karl I. im Jahre 1642 eingereicht wurde, war die erste Proposition die, daß Niemand zum Mitgliede des Staatsraths sollte ernannt werden können, der nicht beiden Häusern genehm wäre. In der zweiten Proposition war das Verlangen ausgesprochen, daß keine, die Angelegenheiten des Königreichs betreffende öffentliche Akte, welche innerhalb der Kompetenz des Staatsraths erlassen worden, für verbindlich und von der königlichen Auktorität ausgehend, erachtet werden sollte, wenn sie nicht von der Majorität des Staatsrathes beschlossen und dies mit den Unterschriften der letzteren attestirt wäre, sowie daß der Staatsrath nur eine bestimmte Anzahl von Mitgliedern, nicht über fünfundzwanzig und nicht unter funfzehn, haben sollte. Karl erwiderte auf diese Propositionen: er finde sich nicht veranlaßt, einen seiner Rathgeber bloß deshalb zu entlassen, weil er nicht mit den Ansichten oder Bills, welche im Parlamente angenommen seien, übereinstimmte; die Bedeutung der zweiten Proposition sei die, daß man die königliche Würde ihm abnehme, sie den neuen Rathsmitgliedern übertragen, ihm aber gleich diesen nur ein Votum im Staatsrathe lassen wolle. Es kann nicht geleugnet werden, daß, wenn diese Vorschläge in Ausführung gebracht worden wären, die Grundlagen der Verfassung des Königreiches verändert sein würden, und daß vermöge der parlamentarischen Befugniß, den Staatsrath zu besetzen, und der Vorschrift, nach welcher die Machtvollkommenheit des Königs im Staatsrathe der Majorität des letzteren übertragen würde, die Exekutiv-Gewalt in großem Umfange auf die gesetzgebenden Körperschaften übergegangen sein würde.

Unmittelbar nach der Restauration, 1660, wurde der Staatsrath wiederhergestellt, und aus seinen Mitgliedern wurde ein Ausschuß für die auswärtigen Angelegenheiten gewählt; aber dieser Ausschuß nahm kein Geschäft von Bedeutung vor, ohne sich an die Rathsversammlung selbst zu wenden. Zu dieser Zeit war die Doktrin von der Nothwendigkeit der Uebereinstimmung der Rathsmitglieder in ihren politischen Ansichten noch nicht durchgedrungen, wie daraus hervorgeht, daß viele neue Mitglieder ernannt wurden, welche in ihren Ansichten und Grundsätzen über Kirche und Staat denen der älteren Rathgeber des Königs gegenüberstanden.

Im Jahre 1679 richtete Karl II. auf Anrathen Sir William Temples den Staatsrath nach einem neuen Plane ein.[1]) Der Staats-

---

[1]) Irrthümlich hat man Sir W. Temple auch die erste Einrichtung eines Kabinetsrathes zugeschrieben; aber aus dem Mitgetheilten erhellt, daß ein solcher schon unter Karl I. bestand.

rath sollte aus nicht mehr als dreißig Personen bestehen und von diesen sollten funfzehn die obersten Beamten der Krone, letztere aber Rathsmitglieder virtute officii sein. Die anderen funfzehn sollten aus zehn Lords und fünf Mitgliedern des Hauses der Gemeinen bestehen, und vom Könige aus charakterfesten, von dem Hofe unabhängigen, oder solchen Männern, welche in beiden Parlamentshäusern den vornehmlichsten Einfluß hätten, gewählt werden. Man setzte voraus, die Rathsmitglieder ex officio würden stets auf der Seite des Königs stehen und im Nothfalle den Ausschreitungen der Parteileidenschaft entgegentreten. Der Versuch wurde gemacht und schien zuerst zu allgemeiner Zufriedenheit auszuschlagen. Vier Mitglieder der neu gebildeten Behörde, sagt Hume, bildeten „eine Art Kabinetsrath, in welchem alle Geschäfte zunächst eingeleitet und behandelt wurden." Das alte Amt der Lord Präsidenten des Staatsraths [1]) wurde wieder ins Leben gerufen und dem Grafen von Shaftesbury übertragen. Die Ernennung des letzteren und der Rathsmitglieder, welche dem Hofe opponirten, führte bald zu Zwistigkeiten und zum Aufgeben des neuen Planes.

Die Bill der Rechte, welche bei dem Regierungsantritte Wilhelms und Marias erlassen wurde, enthielt nichts über den Staatsrath; aber eine wichtige Bestimmung über diese Behörde findet sich in der Akte 12 und 13 Wilhelm III cap. 2, welche für die Thronfolge Vorsorge traf, im Falle Wilhelm III. und Anna ohne Nachkommenschaft sterben sollten. Es wurde verordnet, daß dann „alle Geschäfte, welche nach den Gesetzen und Gebräuchen dieses Reiches zur Kompetenz des Staatsraths gehören, dort verhandelt werden sollen, und daß alle auf solche Verhandlungen gefaßten Beschlüsse von denjenigen Mitgliedern des Staatsrathes, die denselben zugestimmt haben, unterzeichnet werden sollen." Diese Bestimmung wurde indessen, ehe sie in Wirksamkeit trat, durch die Akte 4 Anna cap. 8 s. 24 aufgehoben. Hallam bemerkt über die Vorschrift wegen der Unterzeichnung der Beschlüsse durch die betreffenden Rathsmitglieder: „Man beabsichtigte, durch die Aufnahme dieser Bestimmung in die Thronfolge-Akte (Act of Settlement) einen alten Grundsatz wieder zur Anerkennung zu bringen, daß nach dem Regierungsantritte des Hauses Hannover alle Regierungs-Maßregeln im Staatsrathe berathen und die Beschlüsse von den Anwesenden unterzeichnet werden sollten. Aber

[1]) Nach einem Statute Heinrichs VIII. rangirt der Lord-Präsident des Staatsraths zunächst hinter dem Lord-Kanzler und dem Lord-Schatzmeister.

sei es, daß wirkliche Bedenken diesem Artikel entgegenstanden, sei es, daß die Minister sich vor einer derartigen Verantwortlichkeit scheueten, sie bewirkten seine Aufhebung wenige Jahre später. Die Pläne der Regierung werden in einem Kabinetsrathe berathen und beschlossen, der allerdings nur ein Theil der größeren Behörde, aber in seinem besonderen Bestehen und hinsichtlich spezieller Befugnisse dem Gesetze unbekannt ist. Obgleich mir die Mittel nicht zu Gebote stehen, die Sache ganz klar zu stellen, so glaube ich doch, daß diese Aenderung im ausgedehntesten Maße die direkte Macht der Staats-Sekretaire, namentlich in Betreff der inneren Angelegenheiten, vermehrt hat, da sie die Befehle des Königs in erster Instanz untergeordneten Beamten und Magistraten in Fällen zugehen lassen, über welche wenigstens bis zur Zeit Karls I. der Staatsrath vorher hätte befinden müssen. Indessen werden Proklamationen und Verordnungen immer noch, wie das Gesetz es vorschreibt, vom Staatsrathe aus erlassen; in einigen seltenen Fällen sind auch innere Angelegenheiten dem Staatsrathe zur Begutachtung vorgelegt worden. Allgemein wird übrigens angenommen, daß kein Mitglied des Staatsraths an einer Sitzung Theil zu nehmen hat, wenn es nicht dazu einberufen ist.“ [1])

Burnet meint, die Aufhebung jener Bestimmung, nach welcher die Mitglieder des Staatsraths ihre Beschlüsse unterzeichnen sollten, sei erfolgt, weil sie „unpraktisch war, da es einleuchtete, daß unter solchen Bedingungen Niemand Mitglied des Staatsraths würde sein wollen.“ Aber er bringt für seine Ansicht keine Gründe bei. Die fragliche Bestimmung als solche würde keine Aenderung in der Verantwortlichkeit der Minister hervorgebracht, sondern nur den Beweis erleichtert haben; und selbst in Betreff des Beweises führte das Statut nichts durchaus Neues ein, sondern es würde nur den bereits bestehenden Gebrauch, nach welchem in vielen Fällen die Rathschläge der Staatsminister beurkundet wurden, verallgemeinert haben. Nach alter Praxis wird über die wichtigsten Staats-Akte und die Betheiligung der Minister der Krone bei denselben für urkundlichen oder anderen authentischen Beweis gesorgt. Authentischen Beweis würden unter dem königlichen Insiegel (Signet) und dem Geheimsiegel (Privy Seal) ausgefertigte Befehle (welche zur Vollziehung vieler Staats-Akte noth-

[1]) Hallam, Verfassungsgeschichte Kapitel 15. Unter Heinrich V. wurde jede Staatsraths-Akte, deren noch viele existiren, auf ein besonderes Blatt geschrieben und von allen gegenwärtigen Mitgliedern, mit Ausnahme der Beamten, unterzeichnet. Diese Urkunden wurden dann abschriftlich in das allgemeine Register oder Buch des Staatsraths übertragen.

wendig sind) zur Ueberführung von Staats-Sekretairen und Lords-Siegelbewahrern, [1]) Schatzanweisungen [2]) zur Ueberführung von Lords Schatzmeistern und Schatz-Kommissären, und das große Reichssiegel zur Ueberführung von Lords Kanzlern [3]) gewähren. Es ist klar, daß in noch vielen anderen Fällen die Theilnahme der Minister der Krone an gewissen Beschlüssen genügend durch ihre amtlichen Akte und die sie begleitenden Umstände bewiesen werden kann. [4])

Hallam bemerkt: „Während der Regierung Wilhelms sei die Unterscheidung des Kabinets von dem Staatsrathe und die Ausschließung des letzteren von den Staatsgeschäften weiter entwickelt.“ „Dies hatte“ — sagt er — „eine bedenkliche Folge in Betreff der Verantwortlichkeit der Rathgeber der Krone; zu derselben Zeit, wo die kontrollirende und strafende Gewalt des Parlaments in weitestem Umfange anerkannt wurde, beseitigte man sie stillschweigend durch die Heimlichkeit, in welche die Gegenstände der parlamentarischen Untersuchung sich einhüllen konnten. So würde in dem Falle des Abschlusses eines Vertrages, welchen das Haus der Gemeinen für verderblich und schimpflich erachtet, der Kanzler natürlich verantwortlich sein, weil er dem Vertrage das große Siegel beifügte; aber es ist nicht in gleicher Weise unzweifelhaft, daß der erste Lord des Schatzes und andere Personen, welche der Leitung der auswärtigen Politik näher stehen, mit einiger Aussicht auf Erfolg wegen eines Akts würden angeklagt werden können, bei welchen ihre Theilnahme nicht nach den gesetzlichen Regeln bewiesen wäre.“ [5]) Darauf ist zu erwidern, daß, wenngleich ein Minister durch äußerste Vorsicht es möglich machen könnte, jeden direkten Beweis für seinen der Krone ertheilten Rath zu beseitigen,

[1]) Das Verfahren bei Ausfertigung von Urkunden unter diesen Siegeln und dem großen Siegel ist durch ein Statut 27 Heinrich VIII. cap. 11 geordnet.

[2]) Vergl. Buch 3 Kap. 7.

[3]) So wurde z. B. unter Wilhelm III. Lord Kanzler Somers angeklagt, weil er das große Staatssiegel an den „Theilungs-Vertrag“ angehängt hatte.

[4]) Aus den Anklage-Artikeln gegen den Grafen von Oxford (Harley), welche im dritten Regierungsjahre Georgs I. eingebracht wurden, ist ersichtlich, daß die Gemeinen folgende Beweise für die Ertheilung des Rathes an die Krone gegen den Beschuldigten anführten: — Konferenzen mit einem geheimen Abgesandten des Königs von Frankreich; die Unterzeichnung eines Vertrages durch die Staats-Sekretaire mit Oxfords Vorwissen; die auf seinen Rath erfolgte Mittheilung dieses Vertrages an die General-Staaten; Patente, welche auf seinen Vorschlag ertheilt wurden; seine Kontrasignatur königlicher Befehle; eine eigenhändige Denkschrift für die Krone; Empfang einer des Hochverraths schuldigen Person als Minister eines fremden Souverains u. s. w.

[5]) Hallam, Verfassungsgeschichte Kapitel 15.

doch wahrscheinlich bei wichtigen Dingen seine Papiere und amtlichen Akte im Allgemeinen erkennen lassen würden, was er gerathen hat. Gerade der Fall, welchen Hallam setzt, lag bei der Anklage gegen den Grafen von Oxford vor: einer ihrer Gründe war sein Rath zur Abschließung eines Vertrages, und das Haus der Gemeinen brachte umfangreiche Beweismittel dafür bei, daß der Vertrag auf sein Anrathen geschlossen war.

Unter Wilhelm III. war der Kabinetsrath als ein Zweig des Staatsraths fast in derselben Weise eingerichtet, wie unter den zwei oder drei vorhergehenden Regierungen, d. h. er war ein Ausschuß des Staatsrathes, in welchem Minister von verschiedenen politischen Ansichten die Staatsgeschäfte beriethen. Die Doktrin der politischen Einheit des Kabinets ist eine spätere Erfindung. So nahm der König im Jahre 1690 verschiedene Veränderungen in seinem Ministerium vor, um die Jakobitische Partei zu versöhnen, so daß — wie Burnet sagt — „Whigs und Tories damals fast in gleicher Anzahl vertreten waren.“ Ebenso geschah es in der ersten Zeit der Regierung Annas. Wir finden den Staatssekretair Harley im Jahre 1707 in demselben Ministerium mit seinem politischen Widersacher, dem Lord Schatzmeister Godolphin; der erstere „begann auf seiner Meinung zu bestehen und nicht mehr nach der Anweisung des Lord Schatzmeisters zu handeln“; das Haupt des Kabinets veranlaßte Harleys Entfernung. Als im Jahre 1710 die Königin ihr Ministerium zu ändern und Harley zu ihrem Premier-Minister zu machen beschlossen hatte, entließ sie den Staatssekretair Lord Sunderland, und versprach öffentlich, keine weiteren Veränderungen vorzunehmen. Zwei Monate später entließ sie den Lord Schatzmeister Godolphin, und nach anderen zwei Monaten den Lord Kanzler, den Lord Präsidenten des Staatsraths und andere hohe Beamte. Diese Auflösung des Ministeriums nahm den Zeitraum von vier Monaten ein, und doch sagt Burnet: „eine so plötzliche und so durchgreifende Aenderung des Ministeriums ist wohl in unserer Geschichte noch nicht vorgekommen.“

Die Geschichte der Praxis, nach welcher das ganze Kabinet gleichzeitig geändert wird, ist wichtig wegen gewisser politischer Doktrinen über Partei-Regierung, welche seit jener Zeit die herrschenden wurden. In den unruhigen Zeiten der älteren Könige haben wir Beispiele plötzlicher Entlassung von Günstlingen auf Verlangen des Parlaments gefunden; aber in diesen Fällen wurden die Günstlinge nicht wegen ihrer politischen Ansichten, sondern wegen grober Pflichtverletzungen, deren sie sich als Executiv-Beamte schuldig gemacht hatten, entlassen.

Von der Reformation bis zur Zeit der Königin Anna kommt kein Beispiel einer gleichzeitigen Entlassung aller Minister und einer Berufung ihrer politischen Widersacher an ihre Stellen vor. Der erste Fall dieser Art findet sich unter Georg I. Bei seinem Regierungsantritte, unmittelbar nach seiner Ankunft in England, nahm er plötzlich eine totale Aenderung in der Besetzung aller hohen Kronämter vor; aber diese Aenderung geschah nicht auf den Wunsch des Parlaments, sondern wegen der starken, persönlichen Abneigung des Königs gegen die Minister der verstorbenen Königin.

Rücksichtlich der neuerlich gebräuchlichen Zusammensetzung des Kabinets ist es wichtig, die Entstehung der beiden modernen Grundsätze 1) der Abhängigkeit des Kabinets von den parlamentarischen Majoritäten, und 2) der politischen Einheit des Kabinets, zu betrachten.

Der Grundsatz, daß der König in seiner staatsrechtlichen Stellung kein Unrecht thun kann,[1]) d. h., daß Alles, was in der Leitung der öffentlichen Angelegenheiten Tadelnswürdiges vorkommt, nicht dem Könige persönlich, sondern seinen verantwortlichen Rathgebern zuzurechnen ist, war vor der Revolution von 1688 nur theilweise anerkannt. Nach der Revolution wurden die Minister abhängiger von dem Parlamente, obwohl grundsätzlich diese Abhängigkeit auch früher bestand. Burnet sagt: „Unsere Fürsten pflegten die Minister, welche ihnen treu dienten, nicht zu entlassen, es sei denn, daß sie von einem Hause der Gemeinen gedrängt wurden, welches ihnen die Geldmittel bis dahin verweigerte, daß die Entlassung erfolgt sein würde.“ Im Jahre 1700

---

[1]) Cook, Solicitor der Republik, prüfte die Maxime: „der König kann kein Unrecht thun“ („the king can do no wrong“) in der Rede, welche er für den Fall zu halten beabsichtigte, wenn Karl I. in seinem Prozesse im Jahre 1649 sich mit derselben vertheidigt hätte. Der folgende Auszug aus derselben enthält einige ältere Aussprüche darüber: „Unter Heinrich VII. sagte ein Oberrichter: Wenn der König einen Menschen tödtet, so liegt darin keine Felonie, welche die ordentlichen Gerichtshöfe zu ihrer Kognition ziehen könnten; aber ohne Zweifel könnte das Parlament ihn zur Verantwortung ziehen oder andere Personen beauftragen, ihn zu richten. Wir finden Fälle, wo der König wegen seiner Handlungen sogar mit Civil-Klagen verfolgt ist. Im dreiundvierzigsten Regierungsjahre Eduards III. wurde in einer Akte ausgesprochen, daß alle Klagen gegen den König wie gegen einen Lord zulässig seien, und im vierundzwanzigsten Regierungsjahre Eduards III. sagte Wilby, ein gelehrter Richter, es gäbe eine Klage: Praecipe Henrico Regi Angliae. Eduard I. erließ sogar eine Staats-Akte, daß man ihn im Wege der Petition verklagen könne; dieselbe erlangte jedoch nicht die Zustimmung im Parlamente.“ Einige andere Auktoritäten hierüber sind in der Rede des Lord Chief Baron Bridgman, welche er vor dem Erlasse des Urtheils gegen einige von den Regiciden am 16. October 1660 hielt, angeführt.

änderte Wilhelm III. sein Ministerium theilweis, beseitigte nach und nach die Whigs und zog die Tories in seinen Dienst. Einige von diesen Aenderungen waren mit veranlaßt durch die Abnahme der Whigpartei im Parlamente, aber nicht allein dadurch. Die Aenderungen waren in erheblichem Maße durch die Günstlinge des Königs oder seine persönlichen Neigungen herbeigeführt.[1]) Dasselbe gilt von den Aenderungen des Ministeriums in der Zeit Annas und bei der Thronbesteigung Georgs I., wie sie oben erwähnt sind. Erst im Jahre 1721 finden wir einen unzweifelhaften Fall, wo eine Aenderung im Ministerium nicht nach dem Wunsche des Souverains, sondern durch den Einfluß der Partei, welche im Parlamente die Oberhand hatte, herbeigeführt wurde. In jenem Jahre wurde durch den Einfluß der leitenden Whigs, welche eine große Majorität im Parlamente hatten, ein Arrangement getroffen, nach welchem Sir Robert Walpole als Premier-Minister an die Spitze des Schatzamtes gestellt wurde. Dieses Arrangement war den Wünschen des Königs entweder entgegengesetzt oder doch von ihm nicht veranlaßt[2]).

Dieses Beispiel gab einen wichtigen Präcedenzfall für die künftigen Beziehungen zwischen dem Kabinette und dem Parlamente ab. Um dieselbe Zeit trat eine andere wesentliche Aenderung in diesen Beziehungen ein. Die politischen Anklagen hörten auf. Mehrere Minister Wilhelms III. und Annas wurden von den Gemeinen, nachdem sie ihrer Macht entsetzt waren, wegen ihrer der Krone ertheilten Rathschläge angeklagt. Die letzte solche Anklage war die gegen Harley, Grafen von Orford, im Jahre 1717. Seitdem blieben die Anklagen der Gemeinen auf eine andere Klasse von Vergehen, namentlich auf Bestechung und Veruntreuung, beschränkt; das Haus der Gemeinen fand, daß es eine ausreichende Kontrolle über das Kabinet durch seine Abstimmungen besaß, durch welche es direkt oder indirekt seinen Mangel an Vertrauen zum Ministerium aussprach[3]).

---

[1]) Die Aenderung, welche Wilhelm III. gegen das Ende seiner Regierung in dem Ministerium vornahm, schreiben die Whigs allgemein dem Einflusse des Herzogs von Shrewsbury zu.

[2]) Der begünstigte Minister des Königs war Lord Sunderland, und Coxe sagt: „Sunderland, welcher den unbedingtesten Einfluß auf den König hatte, war nur mit großer Mühe zu bewegen gewesen oder vielmehr genöthigt worden, zu dem vorgeschlagenen Arrangement seine Zustimmung zu geben.“

[3]) Als Sir Robert Walpole sein Amt niederlegte, schlug man vor, ihn anzuklagen. Das Haus der Gemeinen bestellte einen Sonder-Ausschuß zur Untersuchung seiner Verwaltung; aber das Verfahren gegen ihn wurde durch die Prorogation des Parlamentes unterbrochen und später nicht wieder aufgenommen.

Sir Robert Walpole, dessen Ernennung zum ersten Schatzkommissär im Jahre 1720 wir eben erwähnt haben, blieb während der ganzen übrigen Regierungszeit Georgs I. und während eines großen Theiles der Regierung Georgs II. im Amte. Im Jahre 1741 wendete sich nach einer neuen Parlaments-Wahl die Majorität gegen ihn, worauf er resignirte. Dies ist merkwürdig als der erste Fall der Resignation eines Premier-Ministers in Befolgung des Willens des Hauses der Gemeinen, welcher während der Herrschaft des Hauses Hannover vorgekommen ist. Die Resignation Sir Robert Walpoles hatte übrigens nur eine theilweise Aenderung des Ministeriums zur Folge.

Ein der Einsetzung Walpole's in das Amt eines Premier-Ministers gegen den Wunsch Georgs I. ähnlicher Fall kam unter seinem Nachfolger vor. Im Jahre 1744 wurde Lord Carteret, der damals zum Grafen Granville und Premier-Minister ernannt worden war, durch die Feindschaft des Herzogs von Newcastle und Pelhams, welche im Parlamente viel vermochten, genöthigt, sein Amt aufzugeben, obgleich er fortwährend die Gunst des Königs besaß. Der König wurde „gezwungen" und „durch Drohungen genöthigt," seinen Lieblings-Minister zu entlassen, und die Pelhams bildeten ein neues Kabinet aus ihren Anhängern.[1]) Diese Aenderung des Ministeriums war ein merkwürdiges Beispiel von der Gewalt weniger einflußreichen Politiker, und kann keineswegs auf einen Widerstreit zwischen den politischen Prinzipien der alten und der neuen Minister zurückgeführt werden; denn in dieser Beziehung wußte man nichts von einer Differenz unter ihnen. Im Jahre 1746 war Graf Granville bestrebt, seine alte Stelle im Kabinet wieder zu erlangen, und der König begünstigte ihn dabei. Die Pelhams resignirten in Folge dessen, und Lord Granville trat wieder in das Amt, war aber nach drei Tagen genöthigt, seinen mächtigeren Widersachern wiederum Platz zu machen.

Georg III., wahrscheinlich von dem Wunsche beseelt, das Beispiel

---

[1]) May in seiner „Verfassungsgeschichte" Band I. S. 6 sagt, Georg I. und Georg II. hätten der Ueberlegenheit ihrer Minister „gern nachgegeben". Aber Lord John Russell hat bewiesen, daß Georg II. mit betrübtem Herzen genöthigt wurde, seine Minister nach dem Willen der mächtigen Whigfamilien zu wählen; er berichtet eine Unterredung zwischen dem Könige und dem Lord Kanzler Hardwicke über diesen Gegenstand, zu welcher das folgende Zwiegespräch gehört: — „Der König: ‚Ich habe Alles gethan, was ihr von mir verlangtet. Ich habe alle meine Macht in euere Hände gelegt und ich denke, ihr werdet sie benutzen!' — Kanzler: ‚Die Besetzung der Stellen bedeutet wenig, wenn Ew. Majestät sich die Mühe nehmen, der Welt zu zeigen, daß Sie Ihr eigenes Werk mißbilligen! — Der König: — ‚Was? Mein Werk! ich bin gezwungen! ich wurde durch Drohungen genöthigt!' — "

seiner beiden hannöverischen Vorfahren zu vermeiden, begann seine Regierung mit dem festen Entschlusse, dem Systeme der Partei-Regierung ein Ende zu machen. Er berieth sich mit seinen Günstlingen, welche nicht seine wirklichen Minister waren, aber eine Art geheimes Kabinet bildeten. Jedoch wurde dieses System mehr oder weniger erfolgreich von seinen verschiedenen Ministern bekämpft. Obgleich Grenville's Ministerium mit den politischen Principien des Königs nahezu einverstanden war, so bestand es doch darauf, daß der geheime Einfluß Lord Butes und anderer Privat-Rathgeber des Königs aufhören müsse. Es folgte eine Aenderung im Ministerium auf die andere, nicht vermöge eines Votums des Parlaments, — denn der König hatte sich dort durch verschiedenartige Mittel eine Majorität zu sichern gewußt —, sondern in Folge seines Verlangens, sich von Zeit zu Zeit unbequemer Minister zu entledigen und möglichst ohne sie zu regieren. Dieses System bestand unter Georg III. ununterbrochen zwanzig Jahre lang. Erst 1782 resignirte einer seiner Minister, weil er dem Willen des Parlaments nachgab. In dem gedachten Jahre wurde Lord North's Ministerium von dem Hause der Gemeinen gestürzt. Als Lord North wenige Monate nach der Neuwahl eines Parlaments sich ohne Majorität in dem letzteren fand, dankte er, trotz des bestimmt ausgesprochenen Willens des Königs, welcher sein Verbleiben im Amte verlangte, ab; und es wurde eine neue Verwaltung unter dem Marquis von Rockingham gebildet [1]).

Dieser Fall bildet eine Grenzmarke in der Geschichte der Kabinette; denn es war der erste Fall seit der Revolution, wo eine totale Aenderung des Ministeriums unmittelbar als Folge einer Aenderung der Partei-Verhältnisse im Parlamente eintrat. Wir haben einen Fall unter Wilhelm III. gesehen, wo die Minister nach und nach theils aus persönlichen Neigungen des Königs, theils in Folge von Aenderungen in den Verhältnissen der Parteien in dem Parlamente gewechselt wurden. Wir haben auch einen Fall theilweiser Aenderung in dem Ministerium zur Zeit Georgs II. bei der Abdankung Sir Robert Walpoles gesehen. Aber der Eintritt von Lord Rockinghams Ministerium in das Amt (1782) war bemerkenswerth, weil es eine gleichzeitige Aenderung des ganzen Ministeriums lediglich in Folge der Macht des Parlaments war.[2])

---

[1]) May, Verfassungsgeschichte, Bd. I. S. 41.

[2]) Freilich behielt der Lord Kanzler Thurlow sein Amt beim Eintritte des neuen Ministeriums bei; aber er gehörte nicht dazu und blieb nur auf ausdrückliches Verlangen des Königs im Amte. May, Verfassungsgeschichte, Bd. I., S. 44.

Bald darauf trat ein anderes Ereigniß ein, welches seitdem stets als ein wichtiger Präcedenzfall in Betreff der Beziehungen des Staatsrathes zu dem Parlamente betrachtet ist, nämlich nach der Einführung jener Praxis, das ganze Kabinet auf Ein Mal zu wechseln, der erste Fall einer Appellation des Ministeriums an die Nation, um das Uebergewicht einer Partei im Parlamente zu beseitigen. Dies geschah im Jahre 1784, wo der damalige Premier-Minister, Pitt, nachdem von der Opposition viele ihm feindliche Resolutionen im Hause der Gemeinen durchgebracht worden waren, dem Könige rieth, das Parlament aufzulösen. Bei der Neuwahl triumphirte der Minister vollständig. Wir haben bereits (im Kapitel 6) die Grundsätze erwähnt, welche sich aus diesem Präcedenzfalle entwickelten und einige Fälle bemerklich gemacht, in welchen dieselben zur Geltung gekommen sind.

Es sei gestattet, einige Worte über ein Princip hinzuzufügen, welches in neuerer Zeit oft vertheidigt ist, welches sich aber, wie wir sehen werden, in der Praxis äußerst verschieden gestaltet hat — nämlich über die politische Einheit des Kabinets. Unter dieser „politischen Einheit" versteht man nicht bloß eine Einigkeit, ein Zusammenwirken der Minister in ihrer Eigenschaft als Verwaltungsbeamte, sondern eine wirkliche oder angebliche Uebereinstimmung derselben bei Befürwortung oder Bekämpfung legislativer Maßregeln im Parlamente. Dies Prinzip steht im engsten Zusammenhange mit dem anderen, so eben betrachteten der Abhängigkeit des Kabinets von den Parlaments-Majoritäten.

Sicher existirte eine derartige Einheit noch viele Jahre nach der Restauration Karls II. nicht. Nach dem Plane Sir William Temples zur Rekonstruirung des Staatsraths (1679) sollten offenbar hervorragende Persönlichkeiten aus den verschiedenen Parteien im Staatsrathe berathschlagen; die Berufung Lord Shaftesburys und der dem Hofe opponirenden Partei führte ja, wie wir bemerkt haben, zu Zwistigkeiten im Kabinette und zu Aenderungen im Ministerium. Die Ministerien Wilhelms III. bestanden größtentheils aus Personen, von entgegengesetzten politischen Prinzipien. Dasselbe war eine Zeit lang unter Anna der Fall, bis sie, wie wir mitgetheilt, Harley zu ihrem Premier-Minister machte. Die Absicht bei jenem Wechsel war, ein Ministerium von denselben (Tory-) Principien zusammenzusetzen, wie die Königin sie hegte; aber selbst damals wurde keine politische Einheit erreicht. Harley was als Dissenter ein entschiedener Vertheidiger religiöser Toleranz (was damals ein Prüfstein auch für das politische Glaubensbekenntniß war); man hatte ihn im Verdachte hannöverischer

Tendenzen; er soll sogar Schritte zur Versöhnung mit der Whig-Partei gethan haben. Lord Bolingbroke, sein bedeutendster Kollege, war dagegen ein heftiger Widersacher der Whigs und der Dissenters; die Jakobiten erwarteten sogar von ihm Unterstützung. Die Zwistigkeiten zwischen den beiden Ministern waren heftig und nicht selten. Der Sitzungssaal des Staatsraths wurde ein Kampfplatz für hartnäckigen Streit und bittere Reden; selbst in Gegenwart der Königin ließen der Schatzmeister und der Staatssekretair nicht ab von gegenseitigen übelen Nachreden und Vorwürfen.

Unter der nächsten Regierung entstanden bis zu der Zeit, wo Walpole Premier-Minister wurde (1721) durch die Intriguen und Eifersüchteleien der mächtigen Whig-Familien, welche damals den größten Einfluß im Staate hatten, häufig Parteiungen im Kabinette. Walpole führte ein System vollständiger Subordination unter den Mitgliedern seiner Verwaltung ein. Unter Georg II. zog er die Zügel der Oberleitung der öffentlichen Angelegenheiten fast noch straffer an; durch Patronage und Bestechung sicherte er sich im Hause der Gemeinen auf die Dauer eine Majorität, die seine Macht begünstigte, und unter seinen Kollegen duldete er keinen Widerstand gegen seine Auktorität. Als er im Jahre 1742 durch die „Land-Partei" aus dem Amte getrieben wurde, hörte dieses System politischer Einheit unter den Ministern der Krone wieder auf. Unter der folgenden Verwaltung der Pelhams kennzeichnete unverbrüchliche Nachgiebigkeit gegen den Premier-Minister nicht länger die untergeordneten Mitglieder des Kabinets. Es war nichts Ungewöhnliches, daß man die hohen Beamten der Regierung in der parlamentarischen Debatte auf verschiedenen Seiten kämpfen sah, und daß man den Kriegs-Sekretair mit großer Heftigkeit eine Klausel angreifen hörte, welche der Kanzler der Schatzkammer vorgeschlagen hatte. Nach dem im Jahre 1754 eingetretenen Tode Pelhams folgte ihm als Premier-Minister sein Bruder, der Herzog von Newcastle. Auch damals waren die Minister der Krone in hohem Grade im Parlamente von einander unabhängig. Pitt und Fox, welche im Jahre 1785 zusammen Minister und selten in irgend einer Angelegenheit mit einander einverstanden waren, bekämpften gemeinschaftlich die Maßregeln Sir Thomas Robinsons, des Staatssekretairs.

Während der ersten zwanzig Regierungsjahre Georgs III. verhinderte die Art, in der er sich — wie wir gesehen haben — persönlich in die Regierung einmischte, wirksam jede politische Einheit unter den Ministern und jene Unterordnung unter den Premier-Minister, welche bei Walpole an der Tages-Ordnung gewesen war. Viele von den Freunden des Königs, welche Aemter in der Regierung oder in dem königlichen Haushalte inne hatten, holten von dem Könige, und nicht von dessen Ministern ihre Instruktionen ein, und handelten deshalb zuweilen in Opposition gegen die letzteren. So geschah es — um ein Beispiel aus vielen herauszugreifen —, daß im Jahre 1766 die von Lord Rockingham's Ministerium beantragte Aufhebung der Stempel-Akte — des Hauptanlasses zu den Streitigkeiten mit den amerikanischen Kolonieen — auf Anstiften des Königs von den Mitgliedern der Hofpartei, welche Regierungsämter inne hatten, bekämpft wurde[1]).

Dieses System hörte auf, als im Jahre 1783 Pitt Premier-Minister wurde. Der König war nun nicht mehr sein eigener Minister, sondern er gab der höheren Einsicht seines ersten verfassungsmäßigen Rathgebers nach. Pitts Ministerium gebot über eine unwiderstehliche Majorität im Parlamente und fand keine Opposition von Seiten seiner Mitglieder oder anderer Diener der Krone. Dies währte, bis das Widerstreben des Königs gegen die Katholiken-Emancipation im Jahre 1801 zur Abdankung Pitts führte. Nach einer kurzen Zwischenzeit, in welcher Addington, später Lord Sidmouth, Premier-Minister war, wurde Pitt im Jahre 1804 ins Amt zurückgerufen. Addington stellte sich nun im Hause der Gemeinen an die Spitze der Freunde des Königs, welche zuweilen gegen Pitt stimmten; später aber, als Addington in das Ministerium des letzteren eintrat, unterstützte er ihn durchweg. Während des Ministeriums Grenvilles im Jahre 1807 — nach Pitts Tode — nahm der König sein System der Opposition gegen seine eigenen Minister wieder auf; nur die Zurückziehung ihrer Maßregel wegen der Katholiken-Emancipation verhinderte die Freunde des Königs, im Parlamente gegen sie zu stimmen. Nach der Bildung des Ministeriums Perceval's im Jahre 1807 herrschte die Tory-Partei im Staatsrathe und im Parlamente bis zum Ende der Regierung Georgs III., ohne daß eine Opposition von Seiten der Partei der „Freunde des Königs“ zu bemerken gewesen wäre.[2])

Im Jahre 1812 schlug Lord Wellesley auf Befehl des Prinz-Regenten den Whig-Lords vor, das Kabinet so zusammenzusetzen,

---

[1]) May, Verfassungsgeschichte Bd. I. S. 28.

[2]) May, Verfassungsgeschichte Band I. Kap. 1 am Ende.

daß letztere die Majorität von einer Stimme haben sollten. Dies wurde abgelehnt, weil die Bildung eines Kabinets nach einem Systeme der Kompensationen mit der Verfolgung einer einheitlichen und wohlthätigen Politik unverträglich sei.

Man sieht also, daß mit Ausnahme der Perioden, wo zwei ungewöhnlich begabte Minister, Sir Robert Walpole und Pitt, im Amte waren, das Prinzip politischer Einheit der Minister der Krone im Parlamente bis zum Schlusse der Regierung Georgs III. nicht beobachtet wurde. Das Princip ist in der That ein modernes; es scheint durch Sir Robert Walpole eingeführt, dann unter den Administrationen seiner weniger kräftigen Nachfolger vernachlässigt, durch Pitt wieder aufgerichtet, aber von ihm nicht gleichmäßig gegen den Einfluß der Krone festgehalten zu sein. Unter den späteren Regierungen ist es die Praxis aller verantwortlichen Minister der Krone gewesen, bei Maßregeln von Wichtigkeit einander im Parlamente nicht zu opponiren; ausgenommen sind nur die seltenen Fälle, in welchen nach einer unter den Ministern vorher getroffenen Vereinbarung gewisse vor das Parlament gebrachte Fragen als „offene" behandelt wurden d. h. Fragen, bei denen es den Ministern gestattet ist, entgegengesetzte Ansichten zu vertreten, ohne daß einer nöthig hätte, abzudanken. Wenn die Minister der Krone sich mit dem Premier-Minister über die in dem Parlamente einzunehmende Stellung nicht vereinigen können, so legen die dissentirenden nach der Praxis des jetzigen Jahrhunderts ihr Amt nieder. So geschah es, daß unter dem Ministerium Lord Greys im Jahre 1834 Lord Stanley und andere Mitglieder des Kabinets abtraten, weil sie sich mit Lord Grey über die Verwendung der Einkommens-Ueberschüsse der Kirche von Irland nicht vereinigen konnten.

Natürlich vermehrt die Einigkeit der Minister im Parlamente ihren legislativen Einfluß, und wenn sie von einer willfährigen, immer folgsamen Majorität unterstützt werden, so geht schließlich die Gesetzgebungs-Arbeit von dem Parlamente auf die Regierung über, — ein Resultat, das die eifrigsten Vertheidiger der Partei-Regierung wohl kaum befürworten möchten. Und doch bestimmen sie bei ihren Vertheidigungen dieses Regierungs-Systems niemals die Grenzen der Partei-Verpflichtungen! Die einstimmige Ansicht aller staatsrechtlichen Auktoritäten erklärt sich gegen die Vereinigung der Funktionen der Verwaltung und der Gesetzgebung; aber wenn die Minister der Krone mittels einer gehorsamen Partei die oberste Gewalt im Parlamente besitzen, so ist diese Vereinigung offenbar eine fast vollständige. Die Erfahrung bestätigt die theoretischen Gründe, welche gegen eine solche Vereinigung sprechen; denn die Herrschaft einer übermächtigen Partei ist einer maßhaltenden und unparteiischen Gesetzgebung stets ungünstig gewesen. Der blinde Gehorsam der Majorität des Parlaments gegen ihre Führer, wie derselbe früher existirte, war in bedeutendem Umfange dem Umstande zuzuschreiben, daß ein großer Theil der Parlaments-Mitglieder unfähig war, sich ein selbstständiges Urtheil über die ihnen vorgelegten Maßregeln zu bilden, und deshalb es sich gern gefallen ließ, geleitet zu werden. Aber in dem heutigen Hause der Gemeinen sind Bildung und Fähigkeit durchgängig viel bedeutender geworden; es giebt da heut zu Tage eine große und noch immer im Wachsen begriffene Zahl von Mitgliedern, welche im Stande sind, den Werth der ihnen vorgelegten legislativen Maßregeln selbständig zu prüfen, und welche den durch Annahme ihres Mandates übernommenen Verpflichtungen genügen können; diese Verpflichtungen erheischen aber, daß sie ihrem eigenen Urtheile gemäß handeln, und nicht alle ministeriellen Maßregeln ohne Unterschied unterstützen oder bekämpfen.

Die Doktrin der Partei-Verpflichtungen ist, wie wir gesehen haben, verhältnißmäßig neu. Es kommt bis zu der verderbten Zeit Sir Robert Walpoles kaum eine Spur davon vor. In neuerer Zeit ist über die Wichtigkeit dieser Verpflichtungen viel, über die Grenzen derselben aber wenig oder nichts geredet worden. Aber wenn sie überhaupt vorhanden sind, so müssen sie auch ihre Grenzen haben; denn Niemand wird behaupten wollen, daß die Partei-Verpflichtungen ein Parlamentsmitglied nöthigen, unter allen Umständen mit seinem Führer zu stimmen. Wenn nun die Verpflichtung nicht so weit geht, in welchen Fällen kann denn das Mitglied seinem eigenen Urtheile folgen und von seinem Führer abweichen? Wann muß es anderseits sein eigenes Urtheil und seine Ueberzeugungen denen seines Führers unterordnen? Daß dies zuweilen geschehen muß, ist klar, weil sonst Partei-Verpflichtungen überall nicht denkbar sein würden. Die erste und unerläßlichste Voraussetzung einer fruchtbringenden Erörterung fehlt bei der über die Parteiverpflichtungen: sie sind nirgend definirt.

Die Folgen der Partei-Verpflichtungen sind der Gegenstand so vielen politischen Streites gewesen, daß hier nicht auf alle die Gründe eingegangen werden kann, welche gewöhnlich für diese Verpflichtungen geltend gemacht werden. Aber diese eine allgemeine Bemerkung wollen wir jenen Gründen entgegenstellen: — sie beruhen alle auf spekulativen und nicht auf historischen Betrachtungen. Einige meinen: wenn die Initiative bei der Gesetzgebung nicht hauptsächlich den Ministern anvertraut wäre, so würde die Legislatur unter der Menge der Vorschläge unabhängiger Parlamentsmitglieder erdrückt werden. Andere dagegen — unter ihnen Bentham[1]) — sind der Ansicht: wenn die Pflicht, Gesetze zu entwerfen und vorzuschlagen, nicht bestimmten Personen obläge, so würde die Legislatur zur Unthätigkeit verurtheilt sein. — Sie vergessen sämmtlich, daß in der Parlamentsgeschichte in einem nur sehr kleinen Zeitraume Partei-Regierung obgewaltet hat, und daß sie nur in verhältnißmäßig kurzen und nicht zusammenhängenden Perioden des vorigen und des gegenwärtigen Jahrhunderts an der Tagesordnung gewesen ist. Wir suchen vergebens eine Spur davon in den besten Epochen der Parlamentsgeschichte, solchen z. B. wie der letzte Theil der Regierung Jakobs I. und der Anfang der Regierung Karls I. — den Epochen der Großen Ausschüsse für Landesbeschwerden und der Petition der Rechte.

Es erübrigen noch einige Bemerkungen über Anstellung, Qualifikation, Verpflichtungen und Befugnisse der Mitglieder des Staatsraths.

Die Mitglieder des Staatsraths werden vom Könige ohne Patent und ohne besondere Förmlichkeit ernannt; nach der Ableistung des Amtseides sind sie sofort Mitglieder des Staatsrathes für die Lebenszeit des Königs, der sie ernannt hat; aber sie sind nach dem Belieben desselben absetzbar.

Die auserwählten Mitglieder dieser Behörde, welche das Kabinet bilden, sind der Erste Lord des Schatzes (nach der heut zu Tage gebräuchlichen, Frankreich entnommenen Benennung: Premier-Minister), der Lord Kanzler, die Staatssekretaire, der Kanzler der Schatzkammer und die Vorstände einiger anderer Exekutiv-Departements; gelegentlich giebt es auch Kabinetsmitglieder, die kein solches Amt haben.

Was die Qualifikation der Mitglieder des Staatsraths betrifft, so kann jeder geborne Engländer Mitglied des Staatsraths werden. Damit jedoch Personen, welche auswärtige Verbindungen und Neigungen haben, sich nicht in solche wichtige Vertrauensstelle einschleichen, wie dies unter Wilhelm III. in vielen Fällen geschah, so ist in der Thronfolge-Akte (12 und 13 Wilhelm III. cap. 2) bestimmt, daß

---

[1]) Essay über die politische Taktik. Kap. 7.

Niemand, der außerhalb der Besitzungen der englischen Krone — es sei denn von englischen Eltern — geboren, fähig ist, in den Staatsrath einzutreten, selbst dann nicht, wenn er vom Parlamente naturalisirt worden. Die Akte 1 Georg I. st. 2 cap. 4 geht noch weiter; sie verordnet, daß keine Naturalisations-Bill angenommen werden soll, wenn sie nicht eine Klausel enthält, nach welcher die zu naturalisirende Person für unfähig erklärt wird, in den Staatsrath, das Parlament oder ein Kron-Amt einzutreten. Wollte man zu Gunsten einer zu naturalisirenden Person von diesen Bestimmungen abweichen, so erließ man zuerst eine Parlaments-Akte, nach welcher zu Gunsten dieser Person jene Statute aufgehoben wurden, und dann erging eine Naturalisations-Akte ohne Einschränkung. So verfuhr man in dem Falle des Prinzen Albert, des Gemahls der Königin Victoria. Indessen sind seitdem die erwähnten Bestimmungen der Akte aus dem ersten Regierungsjahre Georgs I. aufgehoben.

Die Verpflichtungen eines Mitgliedes des Staatsraths erhellen aus seinem Amtseide, welcher aus sieben Artikeln besteht. Es gelobt: 1) dem Könige nach seinem besten Wissen und Willen Rath zu geben. 2) für die Ehre des Königs und die Wohlfahrt des Volkes ohne Parteilichkeit und ohne alle andere Rücksicht zu sorgen. 3) die Pläne des Königs geheim zu halten. 4) sich nicht bestechen zu lassen. 5) die Vollziehung der Beschlüsse des Staatsraths zu unterstützen und zu fördern. 6) allen Personen Widerstand zu leisten, welche anders handeln wollen. 7) Alles zu beachten, zu bewahren und zu thun, was ein guter und wahrhaftiger Rathgeber seinem Könige und Herrn schuldig ist.

Die Befugnisse der Mitglieder des Staatsraths, welche sie als Rathgeber der Krone haben, sind bereits erwähnt. Daneben stehen ihnen gewisse richterliche und administrative Befugnisse zu, welche in den Abschnitten von der Judikatur und der Administration behandelt werden sollen. Die richterlichen Befugnisse des Staatsraths werden heut zu Tage wesentlich von dem Justiz-Ausschusse desselben geübt, dessen Verfassung und Zuständigkeit durch ein Statut näher geregelt sind, wie später mitgetheilt werden soll. Die administrativen Befugnisse des Staatsraths stehen hauptsächlich anderen Ausschüssen, namentlich dem Unterrichts-Ausschusse und dem Handelsamte zu; auch diese sollen in einem späteren Abschnitte behandelt werden.

Elftes Kapitel.

Das Petitionsrecht, das Versammlungsrecht und die Presse.

Der Einfluß der öffentlichen Meinung auf die Gesetzgebung ist so groß, daß eine Darstellung der Legislatur ohne eine Betrachtung des Rechtes, welches in Betreff der hauptsächlichsten Mittel zum Ausdrucke der öffentlichen Meinung gilt, unvollständig sein würde. Diese Mittel sind: 1) Petitionen. 2) Politische Reden. 3) Politische Gesellschaften und Versammlungen. 4) Die Presse.

1) Petitionen. Wir haben gesehen, daß eine Zeit lang nach der Bildung der beiden Häuser des Parlaments die Gesetzgebung durch die Petitionen, welche die Gemeinen an die Krone richteten, und durch die Antworten auf diese Petitionen zu Stande kam. Hier soll von einer anderen Art Petitionen gehandelt werden, welche an die Krone oder an eines der Parlamentshäuser gerichtet werden.

Die ältesten derartigen Petitionen waren diejenigen, welche lediglich Privatbeschwerden betrafen. Aus den Parlaments-Rollen der Regierungen Eduards I., Eduards II. und Eduards III. geht hervor, daß von Personen jeden Standes und Ranges Petitionen über Dinge aller Art angebracht wurden. Man scheint damals angenommen zu haben, daß das Parlament eine Versammlung zur Beseitigung jeden Unrechts sei, das Jemand an Person oder Eigenthum erlitten hätte. Um die Petitionen, welche füglich als zur Kompetenz des Parlaments gehörig angesehen werden konnten, von denen zu sondern, bei denen dies nicht der Fall war, wurden besondere Personen zur Empfangnahme und Vorprüfung der Petitionen („Receivers and Triers") angestellt. Nach stattgehabter Prüfung mußten sie die Petitionen mit einem Vermerke versehen, durch welche den Petenten gesagt wurde, was sie weiter zu thun hätten; sie verwiesen sie nach Verschiedenheit der Fälle entweder an das versammelte Parlament, oder an den Staatsrath oder an einen Gerichtshof. Die „Receivers and Triers" werden noch gegenwärtig in dem Hause der Lords bestellt, obgleich sie längst keine Amtspflichten mehr haben.[1])

Der Gebrauch, sich mit Petitionen um Abstellung öffentlicher Beschwerden an das Parlament zu wenden, scheint vor der Regierung Karls I. nicht allgemein gewesen zu sein, obwohl einige ältere Bei-

---

[1]) Zu den ersten Fällen der Anstellung von „Receivers and Triers" gehören folgende: Im Jahre 1305 bestellte Eduard I. vier Personen zur Empfangnahme

spiele solcher Petitionen vorkommen.[1]) Im Langen Parlamente Karls I. wurde eine Menge öffentlicher Petitionen eingereicht und gewöhnlich mit einem Verweise abgefertigt, sobald die Ansichten der Petenten nicht mit denen der herrschenden Partei übereinstimmten.[2]) Im Jahre 1642 erließen beide Parlaments-Häuser eine Resolution wider Gegen-Petitionen, „da Niemand um eine gesetzlich geregelte Regierung zu petitioniren braucht, weil sein Wunsch schon erfüllt ist; dagegen können diejenigen, welche eine Aenderung des Bestehenden wünschen, ihren Wunsch auf keine andere Weise kund thun, und müssen deshalb begünstigt werden." Als im Jahre 1648 eine Petition in tumultuarischer Weise „von mehreren Tausenden, Rittern, Landedelleuten und Freisassen der Grafschaft Surrey" überreicht worden war, verordneten die Parlaments-Häuser, daß alle Petitionen von nicht mehr als zwanzig Personen überbracht und den Rittern oder Bürgern übergeben werden sollten, welche die Grafschaft, die Stadt oder den Burgflecken, von welchen die Petition käme, verträten.

In dem Langen oder Pensionärs-Parlamente Karls II., welches

---

aller Petitionen, welche dem Parlamente in den beiden Sitzungsperioden des gedachten Jahres eingereicht werden würden. Nach dem Statute 14 Eduard III. cap. 5 sollen in jedem Parlamente ein Prälat, zwei Grafen und zwei Barone gewählt werden, welche die Beschwerden aller Petenten über Verzögerungen im Hofe des Kanzlers und den Gerichtshöfen des gemeinen Rechts zu hören haben.

[1]) So reichten unter Heinrich V. — 1414 — mehrere Grundbesitzer in Kent eine Petition ein, in der sie darüber Beschwerde führten, daß sich gewisse Lehne mit Unrecht von dem Beitrage zu den Diäten für die Parlaments-Mitglieder jener Grafschaft ausschlossen. Unter Elisabeth — 1584 — wurden vier Petitionen verlesen, betreffend „die Freiheit frommer Prediger, ihr Amt auszuüben und die schleunige Anstellung fähiger und tüchtiger Männer in verschiedenen Stellen, welche gegenwärtig der ordentlichen Mittel des Heils entbehren."

[2]) So wurde am 2. März 1642 eine Konferenz über eine von Kent eingegangene Petition gehalten, in welcher die Wiedereinsetzung der Bischöfe und die Herstellung der Liturgie beantragt war; man erklärte diese Petition für aufrührerisch und gegen das Parlaments-Privileg verstoßend. Am 21. April verordneten die Gemeinen, daß die Vertreter der Petition aus Kent zur Untersuchung gezogen werden sollten. Am 11. April 1646 beschlossen die Gemeinen, daß eine Petition, welche von dem Vereine der Geistlichen eingereicht war, ein Privilegienbruch wäre. Am 11. April 1649 (in der Zeit der Republik) ging eine Petition von „mehreren gut gesinnten Personen in London, Westminster und Southwark ꝛc. zu Gunsten des Oberst-Lieutenant Lilburne und Anderer" ein. Beschlossen: „daß den Petenten ein scharfer Verweis zu ertheilen." Am 17. April 1650 wurde auf eine Petition der City von London beschlossen: „daß die Absicht derselben dahin gehe, die gerechten und nothwendigen Gesetze des Landes zu schmähen und herabzusetzen, und daß sie an den Staatsrath abzugeben sei."

in dem Jahre nach der Restauration (1661) saß, wurde das Petitionsrecht durch das Statut 13 Karl II. s. 1 cap. 5 anerkannt, indem das letztere verordnete, daß Niemand von einer Person den Beitritt zu einer Petition an den König oder eines der Parlaments-Häuser um eine Veränderung in Kirche oder Staat erbitten solle, wenn diese Petitionen vorher schon von zwanzig Petenten unterstützt wäre, es sei denn, daß der Gegenstand der Petition von drei Friedensrichtern, oder der Mehrheit der großen Jury der Grafschaft, und in London von dem Lord-Mayor, den Aldermännern und dem Stadtrathe unterstützt wäre; auch solle keine Petition von mehr als zehn Personen gemeinschaftlich überreicht werden. Die Vorbehaltsklausel in der Akte lautet: „daß weder diese Akte, noch eine darin enthaltene Bestimmung so ausgelegt werden soll, daß sie eine Person oder Personen, wenn sie die vorbesagte Anzahl von zwanzig nicht überschreiten, abhielte oder hinderte, irgend eine öffentliche oder private Beschwerde oder Klage an ein Mitglied oder an Mitglieder des Parlaments nach Erwählung und während des Bestehens des Parlamentes oder an des Königs Majestät mit der Bitte um die zulässige Abhülfe einzureichen."

Im Jahre 1680 erließ das Haus der Gemeinen einstimmig folgende Resolution: „Es war stets und ist noch das unzweifelhafte Recht der Unterthanen Englands, Petitionen wegen Berufung und Abhaltung von Parlamenten und wegen Abhülfe von allen Beschwerden an den König zu richten. Solche Petitionen als Verletzung der schuldigen Pflicht bezeichnen und die Anbringung derselben Seiner Majestät als etwas Tumultuarisches und Aufrührerisches darstellen, heißt die Freiheit der Unterthanen verrathen, und läßt die Absicht erkennen, die alte gesetzliche Verfassung dieses Königreiches umzustoßen, und willkürliche Gewalt einzuführen." Zugleich bestellte das Haus einen Ausschuß zur Ermittelung aller derjenigen Personen, welche „sich gegen die Rechte des Volkes vergangen" hätten. Wir haben bereits mitgetheilt (Kapitel 9 ad Nr. 6), daß das Haus eines seiner Mitglieder ausstieß, weil dasselbe sich einer Petition an die Krone angeschlossen hatte, in der ein Abscheu gegen Petitionen um Berufung von Parlamenten ausgesprochen war, und daß das Haus in seinem Verfahren gegen andere solchen Abscheu bezeigende Personen zu illegalen Mitteln griff, denen man mit Erfolg widerstand.

Der berühmteste Fall der Uebung des Petitionsrechts betraf die Einreichung einer Petition von sieben Bischöfen an König Jakob II. am 18. Mai 1688. Die Bischöfe beantragten darin die Zurücknahme der Proklamation, in welcher der König die Verlesung der Toleranz-Proklamation in den Kirchen befohlen hatte. Eine bei der King's Bench gegen die sieben Bischöfe kurz nachher erhobene Anklage beschuldigte sie, in böslicher und aufrührerischer Absicht eine falsche, boshafte, verderbliche und aufrührerische Schmähschrift, welche in der Petition enthalten sein sollte, abgefaßt, geschrieben und veröffentlicht zu haben. Im Laufe des Prozesses wurde es von den Richtern mehrmals zugegeben, daß jeder Unterthan das Recht habe, dem Könige sowohl im Parlamente, als außerhalb desselben Petitionen zu überreichen. Der Präsident (Wright) belehrte aber die Jury dahin, daß die Uebergabe der Petition an den König eine Veröffentlichung derselben enthalte, und daß es eine Rechtsfrage sei, ob die Petition die Natur einer Schmähschrift habe. Er definirte: „Alles, was der Regierung Ungelegenheiten und Störungen bereite, Unfug anstifte und das Volk aufrege," sei eine Schmähschrift, und er gab seine Meinung dahin ab, daß die Petition eine Schmähschrift sei. Der Richter Holloway aber erklärte der Jury, es müsse ihr überlassen bleiben, zu erwägen, ob „die böse Absicht des Aufruhrs" vorliege, und daß, um die Petition als eine Schmähschrift erscheinen zu lassen, sie falsch, boshaft und in aufrührerischer Absicht abgefaßt sein müsse. Der Richter Allybone ferner gab zu, daß Jedermann in Angelegenheiten seines Privat-Interesses, aber nicht in Regierungs-Angelegenheiten petitioniren könne. Diese Ansicht wurde von dem Richter Powell als unrichtig bestritten. Die Jury sprach die Bischöfe frei.

Die Bill der Rechte, welche nach der Revolution erlassen wurde (1 Wilhelm und Maria sess. 2 cap. 2) erwähnt diesen Prozeß mit der Angabe, der vorige König Jakob II. habe versucht, „die protestantische Religion und die Gesetze und Freiheiten dieses Königreiches zu untergraben und auszurotten." Als eines der dazu angewendeten Mittel wird bezeichnet: „Die Verhaftung und Anklage mehrerer würdigen Prälaten deshalb, weil sie in aller Ehrerbietung um Entbindung von der Mitwirkung zur Begünstigung der Dispensations-Gewalt petitionirt hatten." Dann deklarirt die Akte: „daß es das Recht der Unterthanen ist, Petitionen an den König zu richten, und daß alle Verhaftungen und Anklagen wegen solcher Petitionen ungesetzlich sind."

Es ist zuweilen die Frage entstanden, ob diese Bestimmung der Bill der Rechte die ältere Akte Karls II. über die Beschränkung des Petitionsrechts aufgehoben habe. Blackstone spricht seine Ansicht ausdrücklich dahin aus, daß das in dem neueren Statute anerkannte Petitionsrecht den Beschränkungen der Bestimmungen des älteren Statutes unterliege; und Lord Chief Justice Mansfield belehrte die Jury in dem Prozesse Lord George Gordons wegen Hochverraths im Jahre 1781 dahin, daß weder die Bill der Rechte, noch ein anderes Statut die Akte Karls II. aufgehoben habe. Die Handlung, durch welche Lord George Gordon einen Verrath begangen haben sollte, bestand nämlich darin, daß er einen Volkshaufen versammelt hatte, welcher mit einer Petition der „Associirten Protestanten“ in das Haus der Gemeinen eindrang und mancherlei Gewaltthätigkeiten beging. Die Jury sprach den Angeklagten frei.[1])

Der gelehrte Herausgeber Cokes bezweifelt die Richtigkeit der Ansicht Blackstones, daß die Vorschriften der Akte Karls II. durch die Bill der Rechte nicht aufgehoben seien. Die Frage ist indessen von keiner Wichtigkeit; denn in der Praxis hat man von jenen Vorschriften längst abgesehen, und die Parlamentshäuser nehmen ohne Bedenken Petitionen an, mögen dieselben auch von noch so vielen Personen unterzeichnet sein.

Trotz der Deklaration des Petitionsrechts in der Bill der Rechte ward die freie Uebung desselben doch noch während eines langen Zeitraumes angefochten. Im Jahre 1701 wurde die bekannte Petition aus Kent an das Haus der Gemeinen von dem letzteren in der bereits erwähnten Weise geahndet. Die Petition war in sehr ehrerbietiger Weise abgefaßt und beantragte, daß „an die Stelle loyaler Adressen Geldbewilligungs-Bills treten möchten.“ Sie war von mehr als zwanzig Friedensrichtern und von der großen Jury der Vierteljahrs-Sitzungen zu Maidstone unterzeichnet. Das Haus beschloß, die Petition sei aufrührerisch, und ließ fünf der Petenten, welche sie überreicht hatten, ins Gefängniß bringen.

Gegen das Ende des vorigen Jahrhunderts vermehrte sich die Zahl der an das Parlament gerichteten Petitionen bedeutend. Zuerst trat dies bei den Petitionen wegen Abschaffung des Sklaven-Handels im Jahre 1787 oder bei denen wegen der Parlaments-Reform im Jahre 1779 ein. Eine Petition aus jener Zeit war von mehr als 5000, eine andere von mehr als 8000 Wählern unterzeichnet. Die oben erwähnte Petition der Genossen Lord George Gordons war von mehr als 120,000 Personen unterzeichnet.[2]) Die mit den meisten

---

[1]) Nach dem Statute 57 Georg III. cap. 19 s. 23 sind Versammlungen von mehr als fünfzig Personen auf Straßen oder offenen Plätzen innerhalb einer Meile von Westminster, zu dem Zwecke, um dem Könige oder dem Parlamente, während dasselbe eine Sitzung hält oder während die Richter in den Westminster-Gerichtshöfen Sitzung halten, eine Petition zu überreichen, ungesetzlich.

[2]) May, Verfassungsgeschichte, Bd. I. S. 365 ff.

Unterschriften versehenen Petitionen, welche je an das Parlament gelangt sind, waren die im Jahre 1848 eingereichten, in welchen das allgemeine Stimmrecht beantragt wurde: 577 solche Petitionen hatten mehr als zwei Millionen Unterschriften.

2. Politische Reden. Das Recht wegen Beschwerden über öffentliche Angelegenheiten zu petitioniren, setzt das Recht voraus, solche Beschwerden zu erörtern. Die Gesetze über politische Versammlungen, Associationen und Reden sind sehr zahlreich, kommen aber heut zu Tage selten zur Anwendung. Die Gesetze über das Recht der politischen Diskussion bilden zwei Gruppen, welche von einander gesondert betrachtet werden sollen, nämlich: solche, welche politische Reden betreffen, und solche, die sich auf Versammlungen und Associationen beziehen.

Nach einem sehr wichtigen Grundsatze des englischen Rechts kann ein Verrath (treason) nicht durch bloße Worte begangen werden. Sir Michael Foster sagt in seinem „Kron-Rechte" darüber: „Lord Chief-Justice Hale war der Ansicht, daß bloße Worte keinen Verrath enthalten können. Coke war derselben Meinung. Hale hat diesen Gegenstand sehr ausführlich behandelt, und ich will seine Gründe nicht wiederholen; aber ich muß sagen, ich glaube, diese Gründe, obgleich aus nur für gewisse Zeiten erlassenen oder seitdem aufgehobenen Gesetzen hergeleitet, sind unwiderleglich; denn da die darin bezeichneten Reden als Verbrechen (felony) oder Vergehen (misdemeanour) bestraft werden sollen, so hätte die Legislatur sie nicht ohne die größte Inkonsequenz als solche behandeln können, wenn sie der Ansicht gewesen wäre, daß jene im höchsten Grade aufrührerischen Reden unter die Bestimmungen des Statuts of Treasons fielen." [1])

Aber die humane Bestimmung unseres Rechts, nach welcher zu jedem Verrathe eine bestimmte, weniger unzweideutige Versuchshandlung als eine bloße Rede gehört, ist nicht immer beobachtet worden. Die englische Geschichte enthält mehrere grausame Fälle vom Gegentheil. Blackstone führt zwei Beispiele an, in denen unter Eduard IV. Personen wegen verrätherischer Worte hingerichtet sind. Der erste Fall betraf einen Bürger, welcher gesagt hatte, er wolle seinen Sohn zum Erben der „Krone" machen — dies war nämlich das Schild seines

[1]) Cast (Vertheidigungsreden) sagt: „Es steht gegenwärtig fest, daß bloße Worte, die sich nicht auf eine beabsichtigte Handlung beziehen, wie ruchlos, unanständig oder tadelnswerth sie auch sein mögen, als solche nie einen strafbaren Hochverrath enthalten können, sondern höchstens ein nach gemeinem Rechte mit Geldstrafe und Gefängniß oder anderen Leibesstrafen zu ahnendes Vergehen (misprision).

Hauses, — der andere einen Herrn, dessen gezähmten Rehbock der König auf der Jagd erschossen hatte und welcher demnächst angeklagt wurde, weil er gesagt hatte: er wünschte, der Rehbock wäre sammt seinen Hörnern im Leibe des Königs. In dem letzteren Falle zog Chief Justice Markham es vor, seine Stelle niederzulegen, statt an dem Urtheile Theil zu nehmen. Der Angeklagte hieß Burnet und war ein Beamter des Herzogs von Clarence, welcher selbst wegen einiger von ihm gebrauchter Worte des Verraths schuldig erklärt, verurtheilt und, wie erzählt wird, in einem Fasse Malvasierwein ertränkt wurde. Das Urtheil erging wegen „aufrührerischer Reden," weil er dem Könige wegen des Spruches gegen Burnet Ungerechtigkeit, außerdem aber Zauberei zur Last gelegt, und weil er öffentlich ausgesprochen habe, der König sei ein Bastard und regierungsunfähig.

Die weisen und humanen Grenzen, in welche die Gesetze unter Eduard III. die Begriffe des Verrathes und des entfernten Verrathes (misprision of treason) eingeschlossen hatten, wurden unter Richard II. und später von dem servilen Parlamente Heinrichs VIII., welches im fünfundzwanzigsten und sechsundzwanzigsten Jahre seiner Regierung versammelt war, bei Seite geschoben. Die im fünfundzwanzigsten Regierungsjahre Heinrichs VIII. erlassene Thronfolge-Akte erklärte die erste Ehe des Königs für nichtig, bestätigte seine Ehe mit Anna Boleyn, erklärte jeden Angriff auf die Person des Königs oder sein Recht und jede Verunglimpfung seiner Ehe durch Schrift, Druck oder irgend eine andere Handlung oder Aeußerung für Hochverrath, erklärte es ferner für entfernten Verrath, „durch bloße Worte ohne Schrift oder eine andere Handlung oder Aeußerung" etwas böslich zum Nachtheil des Königs oder zur Verunglimpfung seiner Ehe zu verbreiten, und verpflichtete Jedermann, eidlich die Beobachtung dieses Statuts anzugeloben, indem die Verweigerung dieses Eides für Theilnahme am Verrathe erklärt wurde. Ein Statut aus der nächsten Sitzungsperiode des Parlaments ging noch einen Schritt weiter in der Strafbestimmung wegen bloßer Worte. Der in dem früheren Statute angedrohete entfernte Verrath war kein Kapital-Verbrechen; aber nach dem neueren Statute sollte derjenige wegen Hochverraths bestraft werden, der „durch Wort oder Schrift" böslich dem Könige etwas Unangenehmes wünschen oder ihm durch Kunstgriffe etwas Unangenehmes zu bereiten oder ihn seiner Würde, seines Rechts oder Namens zu berauben versuchen, oder durch „Wort oder Schrift" ihn als einen Ketzer bezeichnen würde.

Ein früheres Statut aus derselben Sitzungsperiode erklärte den

König für das oberste Haupt der Kirche. Nach diesen Bestimmungen zusammen wurden Sir Thomas More, Bischof Fisher und einige Karthäuser-Mönche kurz nachher wegen Hochverraths verurtheilt, weil sie den Supremat des Königs nicht anerkennen wollten. Bischof Burnet hat eine sonderbare Vertheidigung für diese Verurtheilung; er sagt, es sei „eine unverschämte Lüge," daß viele Personen wegen Verweigerung des Suprematseides hingerichtet seien; „denn nicht eine Person sei deshalb am Leben gestraft . . . Es kann doch nicht geleugnet werden," fährt er fort, „daß eine gesetzliche Bestimmung, Niemand dürfe bei Todesstrafe das Thronrecht des Königs bestreiten, und die Anwendung dieser Bestimmung von der Erzwingung des Suprematseides völlig verschieden ist." [1]) Aber durch diese Unterscheidung kann die Hinrichtung Sir Thomas Mores nicht gerechtfertigt werden; denn dieser vermied es sorgfältig, sich zu einem Bestreiten der kirchlichen Oberhoheit des Königs verleiten zu lassen, und der Attorney-General sagte deshalb ausdrücklich zu ihm in seinem Prozesse: „Obgleich wir Euch kein Wort und keine That vorwerfen können, so haben wir doch Euer Schweigen, welches ein deutliches Zeichen der Verstocktheit Eures Herzens ist." [2])

Die blutigen Gesetze Heinrichs VIII. über den Verrath wurden unmittelbar nach der Thronbesteigung seines Nachfolgers Eduard VI. aufgehoben. Es wurde verordnet, daß „keine Handlung oder Aeußerung oder Rechtswidrigkeit, welche durch Parlaments-Akte oder Statut für Verrath oder entfernten Verrath erklärt ist, mag sie durch Wort, Schrift, Zeichen, Handlung oder in irgend einer anderen Art began-

---

[1]) Burnet, Geschichte der Reformation.

[2]) Ein ausgezeichneter Schriftsteller, Hargrave, sagt über Burnets Vertheidigung jener Bestrafungen, nachdem er sie historisch widerlegt hat: „Die entgegenstehenden Thatsachen würden ihm nicht entgangen sein, „wenn der gelehrte Bischof nicht, ohne es zu bemerken, durch die Furcht beeinflußt wäre, daß der Gerechtigkeit und Nothwendigkeit der Reformation durch die Grausamkeit der von Heinrich im Anfange derselben angewendeten Maßregeln Abbruch geschehen möchte. Aber der Sache der Wahrheit hilft man nie durch einen schlechten Grund. Die Reformation ruhet auf einer besseren Basis, als die Handlungen Heinrichs sind." — Die blutige Gesetzgebung des fünfundzwanzigsten und sechsundzwanzigsten Regierungsjahres Heinrichs VIII. und die sich daran schließenden Verfolgungen haben auch einen neueren Vertheidiger gefunden. Froude (Geschichte von England) sagt, von Heinrichs Verraths-Akte redend: „Die Nation stand mit gezücktem Schwerte dem bewaffneten Europa gegenüber, und man durfte keine Zwistigkeiten im eigenen Lager dulden. Duldung ist ein gutes Ding; aber auch die besten Dinge haben ihre Zeit; und wenn wir auch bedauern können, daß in diesem großen Freiheitskampfe

gen werden, für Hochverrath oder entfernten Verrath, gehalten, erklärt und geachtet werden soll," wenn sie nicht unter das Statute of Treasons oder das gegenwärtige Statut fällt. Das Statut erklärt dann das Bestreiten der kirchlichen Oberhoheit des Königs und das Bestreben ihn abzusetzen u. s. w., „wenn dasselbe in offenen Predigten oder ausdrücklichen Worten oder Reden offenbar wird," im zweiten Rückfalle für Verrath; werden dieselben Gesetzwidrigkeiten durch Schrift, Druck oder die Absicht unmittelbarer Ausführung kundgebende Handlungen begangen, so werden sie schon im ersten Falle für Verrath erklärt.

Das erste unter der folgenden Regierung Marias erlassene Statut ging noch weiter, und brachte die Verraths-Gesetzgebung ganz auf den alten unter Eduard III. begründeten Standpunkt zurück. Nach der Erwähnung, daß durch harte Gesetze Personen oft „umgarnt und verstrickt seien, zuweilen sogar, weil sie nur Worte gesprochen hatten, und ohne daß ihnen eine andere Handlung hätte zur Last gelegt werden können" und daß hochstehende Personen und Andere neuerlich wegen bloßer Worte schmählichen Tod erlitten hätten, bestimmte die Akte, daß keine Handlung oder Gesetzwidrigkeit, möge sie durch Wort, Schrift, Zeichen, Handlungen oder in anderer Weise begangen werden, als Verrath oder entfernter Verrath behandelt werden sollte, wenn sie nicht durch das Statute of Treasons aus dem fünfundzwanzigsten Regierungsjahre Eduards III. dafür erklärt ist. Diese löbliche Wiederherstellung des alten Rechts wurde indessen bald durch eine andere Akte (1 und 2 Philipp und Maria cap. 10) wieder aufgehoben, nach wel-

---

ein Erfolg nur durch Maßregeln möglich war, welche an Unterdrückung grenzten, so bereitete doch auch hier die Hand der Gerechtigkeit nur denen den Becher, welche denselben Andere bis auf die Hefen kosten ließen. Nur diejenigen hatten die Verraths-Akte zu fürchten, welche seit Jahrhunderten der Folterbank und dem Scheiterhaufen Märtyrer ihres Glaubens zugeführt hatten." — Der letzte Satz ist natürlich nicht buchstäblich zu verstehen. Wahrscheinlich ist gemeint, daß die Opfer der Akte wohl verantwortlich gemacht werden könnten für Grausamkeiten, welche andere Personen in früheren Jahrhunderten begangen hatten. Dies ist denn doch eine befremdliche Ansicht von der „Hand der Gerechtigkeit." Der andere Grund, welchen Froude für das Statut anführt, ist seine Nothwendigkeit. Das ist gewöhnlicher Einwand, wenn keine andere Vertheidigung möglich ist. Rich, der Solicitor-General, wurde zu More in den Tower geschickt, um ihn in einem Gespräche zu fangen. War das auch nothwendig? oder war es nothwendig, daß der Staatsrath — wie er es that — „ihn mit allen möglichen Argumenten in die Enge trieb, damit er die kirchliche Oberhoheit des Königs in direkten und offenen Worten anerkennen oder sie unumwunden in Abrede stellen sollte?"

cher, so lange die Ehe des Königs und der Königin bestehen würde, Jeder, der durch ausdrückliche Worte oder Reden die Absicht oder den Wunsch ausdrückte, daß die Königin u. s. w. abgesetzt werden möchte, im ersten Rückfalle mit den Strafen des Hochverraths belegt werden sollte.

Für begrenzte Zeiträume gegebene Gesetze aus der Regierung Elisabeths (13 Elis. cap. 1 und 14 Elis. cap. 2) erklärten in gewissen Fällen das öffentliche Aussprechen von Worten und die Veröffentlichung von Schriften für Verrath.

Unter Karl I. beschlossen die Richter in dem Prozesse eines gewissen Pyne, „Worte, wenn sie auch noch so frevelhaft wären, könnten nie den Thatbestand des Verrathes herstellen." Dieser wichtige Grundsatz wurde im Jahre 1649 durch eine Akte der Republik bei Seite geschoben, nach welcher das absichtliche und bösliche Aussprechen der Behauptung, daß die bestehende Regierung ungesetzlich sei, geschehe es durch Wort, Schrift oder Druck, einen Verrath enthalten sollte.

Nach der Restauration ging eine Akte (13 Karl II. cap. 1) durch, nach welcher Jeder, der während der Regierung Karls II. den Tod des Königs herbeiwünschen und dies durch Druck, Schrift oder absichtliche undböswillige Worte kund geben würde, den Strafen des Hochverraths verfallen sein sollte. In Gemäßheit dieses Statutes wurde William Stayley im Jahre 1678 verurtheilt und hingerichtet. Scroggs hatte in seinem Prozesse den Vorsitz und haranguirte die Jury gegen den Angeklagten in der heftigsten Weise; sobald die Jury ihr Verdikt verkündet hatte, sagte Scroggs zu dem Angeklagten: „Nun könnt Ihr als römischer Katholik sterben, und bei Eurem Tode, fürchte ich, wird sich auch noch finden, daß Ihr ein Pfaffe seid."

Serjeant Maynard war in diesem Prozesse einer der Vertreter der Anklage, beschränkte sich aber darauf, der Jury die Beweisfrage zu erläutern. Unter Jakob II. finden wir ihn bei einem besseren Thun. Im Jahre 1682 wurde eine Akte vorbereitet, nach welcher Worte für Verrath erklärt werden sollten, und die betreffende Bestimmung war so gefaßt, daß jedes Wort, welches die Person oder die Regierung des Königs herabzusetzen geeignet wäre, für Verrath erklärt wurde. Dem widersetzte sich hauptsächlich Serjeant Maynard, der in einer eindringlichen Rede die Unangemessenheit einer Vorschrift, nach welcher Worte Verrath sein sollten, darlegte; sie würden oft unrichtig gehört und mißverstanden, und könnten leicht durch eine unbedeutende Veränderung verdrehet werden. In der Leidenschaft und in der Erregung des Weines sagten Leute Dinge, die sie nicht überlegt hätten; er hoffe deshalb, man werde an dem Gesetze aus dem fünfundzwanzigsten Regierungsjahre Eduards III. festhalten, nach welchem zum Beweise der verrätherischen Absicht eine unzweideutige, vorbereitende Handlung nothwendig sei. Er führte als Beispiel die Worte unseres Heilandes an: „Brechet diesen Tempel," und zeigte, indem er die Worte in syrischer Sprache wiedergab, daß die Laute für „den Tempel" denen für „diesen Tempel" so nahe verwandt seien, daß der Unterschied kaum bemerkbar war.[1])

Die Bill ging nicht durch, und seit das Statut Marias die Verraths-Gesetzgebung auf ihren alten Standpunkt zurückgeführt hat, ist — abgesehen von den oben erwähnten, nur für gewisse Zeiten bestimmten Ausnahmen — keine Akte wieder durchgegangen, durch welche Worte für Verrath erklärt worden wären. Aber wenn auch bloße Worte, welche sich auf keine Handlung oder keinen Anschlag beziehen, nicht den Thatbestand des Verrathes ausmachen können, so können doch Worte in Verbindung mit Thaten, oder wenn sie die dabei verfolgte Absicht ausdrücken, unter Umständen Denjenigen, welcher die Worte gesprochen hat, nach dem Statute of Treasons als strafbar erscheinen lassen.

Obwohl nun politische Reden, wie anstößig sie immer sein mögen, für sich allein niemals einen Verrath ausmachen können, so sind sie doch in manchen Fällen theils nach statutarischen Bestimmungen, theils nach gemeinem Rechte in hohem Grade strafbar. Es mag nur erwähnt werden: Nach dem Statute 13 Karl II. cap. 1 ist es für ein Praemunire[2]) erklärt, wenn Jemand böswillig und absichtlich in Wort oder Schrift behauptet, das Parlament habe auch ohne Theilnahme des Königs legislative Gewalt. Nach dem Statute 6 Anna cap. 7 sollte die bösliche und direkte, „in Predigt, Lehre oder bedachter Rede" enthaltene Vertheidigung des Satzes, daß dem Prätendenten ein Recht auf den Thron zustehe oder daß der König und das Parlament nichts über die Thronfolge bestimmen könnten, ein Prae-

---

[1]) Vergl. Evang. Johannis Kap. 2. Vers 19—21. Evang. Marci Kap. 14. Vers 58. 59. — Ueber Maynard siehe auch Macaulay, Geschichte von England. Kap. 8. (Er lehnte ab, an der Anklage gegen die sieben Bischöfe Theil zu nehmen.) Anmerk. des Uebers.

[2]) Mit dem Worte Praemunire wird eine Klasse von Vergehen bezeichnet, welche im Allgemeinen in Eingriffen in die Auktorität des Königs und der Regierung bestehen. Die Bezeichnung ist aus den Anfangsworten der solche Anklagen einleitenden Verfügung: „Praemunire facias" — d. h. du sollst laden — entstanden. — Vergl. auch Buch 2 Kap. 5 und 10. Anmerk. des Uebers.

munire sein. Nach dem Statute 11 Victoria cap. 12 enthält der Anschlag, die Königin abzusetzen, sie zu bekriegen, um sie durch Gewalt oder Drohung zu zwingen, ihre Maßregeln oder Vorhaben zu ändern, so wie der Anschlag, das Parlament zu etwas zu zwingen oder an etwas zu verhindern, oder einen feindlichen Einfall in das Reich und seine Zubehörungen herbeizuführen, eine Felonie, wenn der Anschlag auch nur durch die Veröffentlichung einer Schrift oder eines Druckes oder durch offene und bedachte Reden an den Tag getreten ist.

Das Verbrechen des „Aufstandes“ [1]) ist nicht genau definirt. Man hat gesagt, es fielen darunter alle verächtlichen, unziemlichen oder boshaften Bemerkungen über die Person und die Regierung des Königs, welche darauf berechnet seien, ihn in der Achtung seiner Unterthanen herabzusetzen oder seine Regierung zu schwächen oder Argwohn gegen ihn im Volke zu erregen, mag dies durch Wort, Schrift oder Zeichen geschehen. Blackstone giebt fast dieselbe Definition von „Unehrerbietigkeit und Verletzung der Achtung gegen die Person und die Regierung des Königs.“ Aber hier entsteht eine sehr wichtige Frage: — Wo ist die Grenze zwischen aufrührerischen Reden und gesetzlich erlaubter Diskussion und Kritik politischer Maßregeln? Es ist sehr schwer, die Linie mit Genauigkeit zu ziehen. Vielleicht kann sie nicht deutlicher bestimmt werden, als es ein berühmter Jurist (Starkie) in den folgenden Worten gethan hat: „Es ist das unzweifelhafte Recht jedes Mitgliedes des Staates, seine Ansichten über alle Gegenstände des öffentlichen und allgemeinen Interesses kund zu geben, und so lange der Staatsbürger von diesem unschätzbaren Vorrechte ohne Hintergedanken, ehrlich und aufrichtig in der Absicht Gebrauch macht, der Gesellschaft zu nützen, ist er vor dem Strafgesetze nicht verantwortlich. Dies ist die deutliche Demarkations-Linie .... Wenn dagegen öffent-

[1]) Aufstand (sedition) ist nach englischem Rechte kein besonderes Verbrechen, sondern kommt nur mit anderen verbunden als Verbrechen vor. Es soll niemals eine Anklage allein wegen des Verbrechens des Aufstandes vorgekommen sein. Man gebraucht im englischen Rechte das Wort (sedition) selten substantivisch, wohl aber ist das von demselben Stamme abgeleitete Adjektivum allgemein gebräuchlich, wie z. B. „eine aufrührische Schmähschrift“ („seditious libel”), „aufrührische und verläumderische Nachrichten ꝛc.“ — Nach schottischem Rechte ist Aufstand (sedition) als ein besonderes Verbrechen anerkannt: „wörtlicher Aufstand“ oder „unehrerbietige Reden (leasing-making) liegt danach dann vor, wenn Jemand Worte äußert, welche Zwietracht zwischen dem Könige und seinem Volke hervorrufen sollen; thätlicher Aufstand wird begangen durch rechtswidrige Zusammenbringung einer erheblichen Volksmenge unter dem Vorwande, eine öffetliche Beschwerden beseitigen zu wollen.

licher Unfug der Zweck der Handlung ist und die gebrauchten Mittel zur Erreichung dieses Zweckes gewählt sind, dann ist das öffentliche Auftreten des Thäters ein schuldhaftes, die Gesellschaft gefährdendes und deshalb strafbares."

3) Politische Gesellschaften und Versammlungen. Es soll hier nur ein kurzer Abriß der die politischen Gesellschaften und Versammlungen betreffenden Gesetzgebung gegeben werden. Dieselbe ist in den verflossenen Jahrhunderten vielfach geändert; das geltende Recht ist in einer fast unübersehbaren Menge von politischen Prozessen behandelt und erörtert. Dazu kommt noch, daß viele der darüber aufgestellten Lehren, welche früher vollkommen unangefochten blieben, in unseren ruhigeren Zeiten, obgleich nicht ausdrücklich beseitigt, doch obsolet geworden sind.

Wir wollen zunächst betrachten, in wiefern politische Gesellschaften von der Verraths-Gesetzgebung betroffen werden. Ein Fall des Verrathes liegt nach dem Statute of Treasons Eduards III. dann vor, „wenn Jemand gegen unseren Herrn den König in seinem Reiche Krieg beginnt;" nach einer Auslegung dieser Statutsbestimmung muß das Beginnen des Krieges mit Waffengewalt nicht nothwendig zu dem Zwecke erfolgt sein, um den König vom Throne zu stoßen, sondern es genügt danach, wenn der Zweck darin bestanden hat, die Religion oder die Gesetzgebung zu ändern, ein Gesetz zu beseitigen, schlechte Rathgeber zu entfernen oder andere, wirkliche oder vorgebliche, Beschwerden abzustellen. Denn, sagt Blackstone, „das Gesetz kann keinem Privatmanne oder keiner Privatgesellschaft gestatten, mit Gewalt bei Angelegenheiten von solcher Wichtigkeit einzuschreiten, zumal es zu jenen Zwecken ausreichend durch die Einsetzung des hohen Hofes des Parlamentes gesorgt hat." Die hier aufgestellte Ansicht giebt zu keinem Bedenken Veranlassung, wenn die in dem Satze enthaltenen Worte: „mit Gewalt" gehörig berücksichtigt werden; aber der Grad der Gewalt, welcher zu dieser Gattung „konstruktiven Verrathes" [1]) nothwen-

[1]) Die technische Bezeichnung: „constructive treason" ist wörtlich übersetzt, weil eine andere, kurze Bezeichnung nicht möglich ist. Es werden darunter Fälle begriffen, welche nach dem strengen Wortlaute des Gesetzes keinen Verrath ausmachen, in welchen aber aus den begleitenden Umständen auf die verrätherische Absicht geschlossen wird. Die Engländer halten die Annahme des „constructive treason" für eine große Gefahr der Freiheit, und es ist deshalb, besonders gegen Ende des vorigen Jahrhunderts, die Zulässigkeit der Annahme vielfach bestritten worden. — Der berühmteste Angriff dagegen ist in Erskines Vertheidigungsrede für Lord George Gordon enthalten. Anm. des Uebers.

dig ist, ist niemals gehörig festgestellt worden. In einigen älteren Fällen hat man sehr entfernte Drohungen mit Gewalt für das Beginnen von Krieg erklärt, und eine große Auktorität, Richter Foster, meint, es seien nicht einmal kriegerische Vorbereitungen und Waffen zu dem Verbrechen wesentlich. Die Richtigkeit dieser Ansicht ist mit gewichtigen Gründen bestritten worden. So viel ist klar, daß eine durchaus friedliche Versammlung nicht unter den Begriff fällt. Ein ausgezeichneter Richter [1]) hat sich über den Begriff des „konstruktiven Verrathes" so ausgesprochen: „Ein Aufstand — d. h. die Erhebung einer Volksmasse — zu dem Zwecke der Erreichung eines Privatinteresses oder der Befriedigung der Privatrache ist niemals Hochverrath und kann nie eine Befehdung des Königs sein; aber wenn der Aufstand zu dem Zwecke der Erreichung eines öffentlichen Interesses unternommen wird, dann liegt im Sinne des Gesetzes das Beginnen eines Krieges vor. Es gehört also dazu: 1. ein Aufstand, 2. thätliche Gewalt als Begleiterin des Aufstandes, 3. ein öffentliches Interesse als Zweck des Aufstandes. Wenn diese drei Requisite zusammentreffen, so reicht dies hin, um den gesetzlichen Begriff des „Beginnens eines Krieges" als erfüllt anzunehmen." [2])

Ein Tumult wegen der Beschwerde eines Einzelnen oder im Privatinteresse Mehrerer ist höchstens ein Aufruhr (riot), da darin keine allgemeine Herausforderung gegen die Regierung liegt. Die Aufruhr-Akte (Riot Act) — 1 Georg I. st. 2 cap. 5 — bewirkte eine große Veränderung des damaligen Rechts über konstruktiven Verrath; denn sie gab Vorschriften wegen derselben Vergehen, die man bis dahin als konstruktiven Verrath betrachtet hatte. Die Aufruhr-Akte definirt den Aufruhr als eine gesetzwidrige Versammlung von zwölf oder mehr Personen zur Störung des Friedens; sie autorisirt die Friedensrichter und Andere, den Befehl zum Auseinandergehen durch öffentliche Aufforderung an die Versammelten zu erlassen und erklärt die Nichtbeachtung eines solchen Befehls für Felonie. Es ist anerkannt, daß das

[1]) Lord Chief Baron Richards in dem Prozesse gegen Brandreth.

[2]) Einer der berühmtesten Prozesse wegen konstruktiven Verrathes auf Grund von Befehdung des Königs war der gegen Lord George Gordon deshalb anhängig gemachte, weil dieser einen Volkshaufen versammelt hatte, welcher eine Petition nach dem Parlamentshause brachte und nachher eine Menge Gewaltthätigkeiten in verschiedenen Theilen Londons beging. Dr. Johnson soll über diesen Prozeß gesagt haben: „Ich freue mich, daß Lord George Gordon frei ausgegangen ist, weil ich keinen Präzedenzfall aufgestellt sehen möchte, daß ein Mensch wegen konstruktiven Verraths gehängt wäre."

bloße Zusammentreten einer Menschenmenge keinen Aufruhr enthält; es müssen damit solche Gewaltthätigkeiten oder derartige Vorbereitungen zu solchen verbunden sein, daß sie mit vernünftigem Grunde den Unterthanen der Königin Furcht oder Schrecken verursachen können.

Politische Versammlungen und Gesellschaften fallen in gewissen Fällen unter den Begriff des Komplotts (conspiracy). Dieses Verbrechen besteht in dem Uebereinkommen zweier oder mehrerer Personen zur Vollbringung einer ungesetzlichen Handlung oder einer gesetzlichen Handlung mit ungesetzlichen Mitteln. Das Komplott kann unter den Begriff des Verraths fallen, kann aber auch ein geringeres Vergehen sein. Ein Uebereinkommen, durch den gewöhnlichen Einfluß, welchen politische Gesellschaften und Versammlungen zu üben pflegen, möglichst eine Aenderung in der Gesetzgebung herbeizuführen, enthält ohne Zweifel kein Komplott; es muß vielmehr das Bestreben oder die Absicht der Anwendung thätlicher Gewalt gegen eine gesetzliche Autorität nachgewiesen werden. Lord Chief Justice Eyre sprach in den Prozessen gegen Hardy und Horne Tooke (1794) bei der Anrede der großen Jury die Ansicht aus, daß ein Uebereinkommen, um Veränderungen in der Verfassung durch „eine usurpirte Gewalt, mit Uebergehung der gesetzlichen Autorität des Königs, der Lords und der Gemeinen", herbeizuführen, ein verrätherisches Komplott enthalte; aber er stellte es als zweifelhaft hin, ob dies Verbrechen aus „dem Plane, das Volk gegen die legislative Autorität des Landes zusammenzubringen, nicht um die Funktionen der Legislatur zu usurpiren, sondern um das Parlament einzuschüchtern und dadurch den König, die Lords und die Gemeinen, welche zum Parlament versammelt sind, zur Erlassung eines Gesetzes zu bewegen," abgeleitet werden könne.

Das Gutachten der Richter in dem Appellations-Prozesse wider O'Connell und seinen Genossen, welches sie im Jahre 1844 im Hause der Lords abgaben, ist in Beziehung auf diesen Zweifel der Sache näher getreten und hat gezeigt, inwiefern das Gesetz große politische Versammlungen, welche keine thätliche Gewalt anwenden, zuläßt. Die Appellanten hatten sehr große Volksversammlungen in Irland veranstaltet, in welchen O'Connell und einige von den anderen Appellanten politische Reden über die Union Groß-Britanniens und Irlands und andere sie angebliche beschwerende Umstände gehalten hatten. Die Appellation war gegen ein Urtheil der irischen Queen's Bench gerichtet, nach welchem die Appellanten auf eine Anklage wegen Komplotts für schuldig erklärt waren. Auf eine durch das Haus der Lords an sie erfolgte Verweisung gaben die englischen Richter über die rechtliche Zulässigkeit mehrerer Klagepunkte ein einstimmiges Gutachten ab. Einige von diesen Klagepunkten beschuldigten die Appellanten, daß sie übereingekommen seien, Unzufriedenheit und Mißvergnügen gegen die Regierung und die Gesetze des Reiches unter den Unterthanen der Königin zu erregen, und die verschiedenen Klassen der Unterthanen der Königin, namentlich das Volk Englands und das Irlands gegen einander zu Groll und Feindschaft aufzuhetzen. Die Richter erklärten ein solches Uebereinkommen für Komplott. Nach anderen Anklagepunkten wurden die Appellanten beschuldigt, daß sie sich verabredet hätten, eine große Menge von Leuten zu versammeln, um „mittels der dadurch verursachten Einschüchterung und der durch diese Versammlungen zur zur Anschauung gebrachten großen physischen, ihnen zur Verfügung stehenden Gewalt" Veränderungen in der Regierungsweise und in den Gesetzen herbeizuführen. Die Richter hielten diese Anklagepunkte für unbegründet, weil nicht zu ersehen sei, gegen wen das Mittel der Einschüchterung habe gerichtet werden sollen und mit welchem Gebrauche der physischen Gewalt gedrohet sein solle. Dagegen wurde ein Anklagepunkt, welcher die Beschuldigung einer Verabredung, durch ähnliche Mittel die Parlamentshäuser einzuschüchtern und dadurch Veränderungen in der Gesetzgebung herbeizuführen, enthielt, für eine rechtlich begründete Beschuldigung des Komplotts erachtet.

Nach dem Statute 37 Georg III. cap. 123, welches durch die Akte 52 Georg III. cap. 104 ergänzt ist, wurde es für Felonie erklärt, Jemandem einen Eid abzunehmen, durch welchen der Schwörende sich verpflichtete, sich an einem meuterischen oder aufrührerischen Unternehmen zu betheiligen, oder den öffentlichen Frieden zu stören oder Mitglied einer zu einem solchen Zwecke gebildeten Association, Gesellschaft oder Verbindung zu sein. Ein anderes Statut (39 Georg III. cap. 79)[1]) verbietet die Gesellschaften der „Vereinigten Engländer" und die „Lon-

[1]) Eine nur für drei Jahre und bis zum Ende der nach Ablauf dieser drei Jahre nächsten Parlaments-Sitzungsperiode gültige Akte wurde im Jahre 1796, in einer Zeit großer politischer Erregung, erlassen. Nach ihr waren alle politischen Versammlungen von mehr als funfzig Personen verboten, wenn sie nicht vorher von sieben Hausvätern in einer Zeitung angekündigt waren u. s. w; Lokale zur Lektüre oder Besprechung über angebliche öffentliche Beschwerden, wenn für den Eintritt etwas bezahlt wurde, sollten ohne Konzession nicht gestattet werden. Ein Abschnitt in dem oben erwähnten Statute 39 Georg III. cap. 79 erklärt jedes Lokal zur Vorlesung, Besprechung oder Lektüre von Zeitungen oder Büchern, wenn für den Eintritt etwas bezahlt wird, für ein im Sinne des erwähnten Statutes aus dem Jahre 1796 verbotenes. Aber da das letztere nicht mehr gilt, so ist auch der erwähnte Abschnitt der späteren Akte außer Wirksamkeit getreten.

doner korrespondirende Gesellschaft," sowie jede Gesellschaft, deren Mitglieder ungesetzliche Eide leisten, oder in denen der Name eines Mitgliedes geheim gehalten wird, oder welche geheime Ausschüsse oder geheime Beamte hat, oder deren einzelne Abtheilungen unabhängig von den andern handeln und besondere Beamte oder Bevollmächtigte dieser Abtheilungen haben. Ausgenommen von diesen Bestimmungen sind die Gesellschaften für religiöse und wohlthätige Zwecke und die Freimaurer-Logen. Nach dem Statute 57 Georg III. cap. 19 s. 25 ist jede Gesellschaft und jeder Klub verboten, der einen Ausschuß, Delegirten, Vertreter oder Abgesandten zur Kommunikation mit einer anderen Gesellschaft oder einem anderen Klub oder einem Ausschusse desselben oder zur Anwerbung von Mitgliedern für die Gesellschaft oder den Klub erwählt und bestellt; auch ist es für strafbar erklärt, mit einer solchen Gesellschaft zu korrespondiren oder sie zu unterstützen. Neuerlich sind durch die Akte 9 und 10 Victoria cap. 27 s. 9 Gesellschaften zur gegenseitigen Unterstützung in Unglücksfällen (friendly societies) von den Bestimmungen der letztgedachten beiden Statute ausgenommen.

4) Die Presse. Die Geschichte der Presse ist so oft geschrieben worden, daß hier nur einige Thatsachen zu erwähnen sein werden, um die geltenden Grundsätze des englischen Rechts über diesen wichtigen Gegenstand klar zu machen. Schon vor der Erfindung der Buchdruckerkunst kamen Einschränkungen in der Freiheit der Bücher-Publikation vor; dieselben haben, von verschiedenen Gewalten in dem Staate veranlaßt, fast ununterbrochen bis in die neueste Zeit fortgedauert. Die ersten Kreuzzüge gegen Bücher waren gegen dergleichen von religiösem Inhalte gerichtet; so wurde z. B. unter Heinrich IV. (1400) ein Statut de heretico comburendo erlassen, welches das Abfassen oder Abschreiben eines jeden gegen den katholischen Glauben gerichteten Buches verbot und allen Personen, welche solche Bücher besaßen, unter Androhung schwerer Strafen befahl, sie an ihre Diöcesanen abzuliefern. Ferner wurde im ersten Regierungsjahre Heinrichs V. ein strenges Statut zur Unterdrückung der Ketzerei der Lollards erlassen, und nach Konstitutionen der Konvokation der Prälaten und des Klerus der Provinz Canterbury wurden zwölf Inquisitoren zur Ermittelung der Ketzer und Aufsuchung der Bücher Wickliffes bestellt. Nach der Einführung der Buchdruckerkunst in England wurden ähnliche Anstrengungen gemacht, die Verbreitung der gedruckten Bücher Tindals und anderer Protestanten zu verhindern. Im Jahre 1525 bestellte Heinrich VIII. Wolsey zum Groß-Inquisitor und ordnete eine strenge

Nachforschung nach verbotenen Büchern an. Im Jahre 1527 wurde eine große Anzahl gedruckter Bibeln in Wolseys Gegenwart bei der St. Pauls-Kathedrale in London verbrannt. Nach dem Statute 34 und 35 Heinrich VIII. cap. 1 wurde den Buchdruckern und Buchhändlern verboten, Tindals Bibel-Uebersetzung und Bücher über nicht autorisirte religiöse Lehren in Umlauf zu setzen. Nach demselben Statute sollte Niemand Bücher gegen das Sakrament u. s. w. in seinem Besitze behalten, und Weiber, welche Männern unter dem Range der Freisassen dienten, so wie gewisse andere Personen, sollten das neue Testament nicht in englischer Sprache lesen.

Unter Eduard VI. fuhr man fort, religiöse Bücher öffentlich zu verbrennen; aber es findet sich vor der Regierung Marias kein allgemeines, gegen politische Schriften gerichtetes Verbot. Im Juni 1558 erschien eine königliche Proklamation, welche erwähnt, es seien verschiedene „Bücher voll von Ketzerei, Aufruhr und Verrath" veröffentlicht; in denselben sei Gott gelästert und zum Ungehorsam gegen die legitimen Fürsten aufgefordert. Dann erklärt die Proklamation jeden, der im Besitze solcher Bücher betroffen wird oder der, wenn er dergleichen antrifft, sie nicht verbrennt, für einen Rebellen, der wegen jenes Verbrechens ohne Verzug nach Kriegsrecht hingerichtet werden soll. Am 16. November desselben Jahres wurde eine Bill zur Beschränkung der Presse in das Haus der Gemeinen eingebracht, welche jedoch nicht Gesetz wurde, weil die Königin am folgenden Tage starb.

Die strengen Statute der Tudors gegen gesprochene Worte sind bereits erwähnt; sie enthalten ähnliche Bestimmungen gegen Schrift und Druck. Die Akte 1 und 2 Philipp und Maria cap. 10 erklärt jedes durch Druck oder Schrift bekundete Bestreben, während der Ehe des Königs mit der Königin den ersteren vom Thron zu stoßen 2c. für Hochverrath. Eine ähnliche Bestimmung enthält das Statut 1 Elisabeth cap. 5. Nach einem späteren Statute (22 Elisabeth cap. 2) ist das Schreiben, Drucken oder Publiziren eines Buches, welches aufrührerische Dinge oder Verleumdungen der Königin enthält, für Felonie erklärt. Dieses Gesetz wurde von den Richtern in einer Weise ausgelegt, daß sich darin eine wirksame Handhabe zur Unterdrückung jeder politischen Erörterung bot. John Udal, ein puritanischer Geistlicher, wurde nach diesem Statute im Jahre 1590 verurtheilt, weil er ein Buch veröffentlicht hatte, welches mehrere tadelnde Bemerkungen über die Bischöfe enthielt. Die Richter sprachen die Ansicht aus, daß, da die Bischöfe von der Krone ernannt werden, darin ein Verbrechen gegen die Königin persönlich liege und daß deshalb das Statut anzuwenden sei.[1])

Dieser Prozeß, wie viele andere unter Elisabeth, wurde vor der Sternkammer verhandelt, welche überhaupt in der Unterdrückung mißliebiger Bücher sehr thätig war. Unter derselben Regierung wurde auch durch Dekrete der Sternkammer das Drucken von Flugschriften und Abhandlungen, ehe sie „eingesehen und gebilligt" wären, verboten; auch wurde angeordnet, daß an keinem Orte außer London, Oxford und Cambridge Druckerpressen geduldet werden sollten.[2])

Seit dieser Zeit bis zu ihrer Aufhebung war eines der Hauptgeschäfte der Sternkammer die Bücher-Censur und die Beaufsichtigung der Presse. Sie übte in diesen Dingen eine legislative Gewalt aus. Freilich ging diese Anmaßung parlamentarischer Befugnisse nicht ohne Widerspruch seitens des Parlaments hin; aber die Parlamentshäuser selbst gefielen sich in Angriffen gegen die Preßfreiheit.[3]) Im Jahre 1629 beklagte man sich im Hause der Gemeinen darüber, daß nur der Bischof von London und seine Kapläne zu Censoren bestellt wären, und daß diese häufig zu Unrecht die Druckerlaubniß verweigerten. Da sagte der gelehrte Selden: „Es giebt in England kein Gesetz, nach welchem der Druck eines Buches gehindert werden könnte, nur ein Dekret der Sternkammer. Deshalb ist es eine große Beeinträchtigung der Freiheit der Unterthanen, wenn Jemand darum an seinem Vermögen oder an seiner Freiheit gestraft wird."

Unter Karl I. waren die Preßprozesse vor der Sternkammer häufiger, als jemals vorher. Im Jahre 1630 wurde Dr. Alexander Leighton wegen einer Schrift: „Appellation an das Parlament oder Vertheidigung gegen die Prälatur" von der Sternkammer zu einer sehr grausamen, körperlichen Strafe verurtheilt. Prynne, einer der gelehr-

---

[1]) Die Richter belehrten die Jury ausdrücklich, sie habe nur zu erwägen, ob der Angeklagte der Verfasser des Buches sei; der Inhalt des Buches gehe sie nichts an. — Dies ist ein sehr alter Fall, in dem das in dieser Doktrin enthaltene, höchst wirksame Mittel, die Freiheit der Presse dem Schutze der Geschworenen zu entziehen, zur Anwendung gebracht ist.

[2]) Dekret der Sternkammer vom 11. Juli 1637.

[3]) Im Jahre 1624 und ferner 1626 beschlossen die Gemeinen, dem Hause der Lords den Bischof Montague als einen Missethäter zu denunziren, weil seine Bücher Arminianische Doktrinen enthielten. — Im Jahre 1628 erhielt Dr. Manwaring auf Betreiben des Hauses der Gemeinen vom Hause der Lords einen Verweis und er ward für höhere geistliche Aemter für unfähig erklärt, weil er Predigten unter dem Titel: „Religion und Unterthanenpflicht" publizirt hatte. — Montague und Manwaring wurden beide von Karl I. begnadigt.

testen Staatsrechts-Lehrer Englands, erlitt (1632—33) ein ähnliches Schicksal wegen seiner „Histrio-Mastix" (Buch gegen die Schauspiele), von welcher Schrift man annahm, sie sei gegen das Mode-Vergnügen des Hofes und die Betheiligung der Königin dabei gemünzt. Prynne wurde in barbarischer Weise gefoltert und verstümmelt. Als er im Jahre 1637 in Folge seiner ersten Verurtheilung noch im Gefängnisse saß, wurde eine neue Anklage gegen ihn erhoben, und die Sternkammer erließ ein zweites grausames Urtheil; mit ihm duldeten Dr. Bastwick und Burton. Damals war die Sternkammer auf der Höhe ihrer usurpirten Gewalt. Sie stellte Censoren an, erließ Bücherverbote und verfügte Strafen, Alles ohne jede Kontrolle. Sie beehrte einen ihrer Beamten mit dem Titel: „Preß-Courier" („Messenger of the Press"): demselben war nach einem Dekrete von 1637 die Vollmacht übertragen, an allen Orten, wo sich Druckereien befanden, nachzuforschen, ob die Drucker uncensirte Bücher druckten; wenn er dabei Bücher fand, deren Inhalt ihm „gegen die Lehre und Disciplin der Kirche von England oder gegen die Staatsordnung oder die Regierung" zu verstoßen schien, so sollte er sie mit Beschlag belegen und dem Erzbischof von Canterbury oder dem Bischof von London zusenden.[1])

Dennoch war die ungesetzliche Gewalt der Sternkammer beinahe an ihrem Ende angekommen. Die eben erwähnten Prozesse fanden in dem langen Zeitraume statt, wo Karl I. kein Parlament berufen hatte. Kurz nachdem im Jahre 1640 das lange Parlament berufen war, wendeten sich Bastwick, Burton und Prynne mit Petitionen um Genugthuung an das Haus der Gemeinen; die Petitionen wurden an den Ausschuß verwiesen, welchen man zur Untersuchung des Verfahrens der Sternkammer und des Oberkirchenrathes (High Commission Court)[2]) bestellt hatte. Die Petenten waren in Folge der gegen sie ergangenen Urtheile im Gefängnisse, und das Haus, welches sich scheuete, Erkenntnisse einer obersten Behörde mit Mißachtung zu behandeln, war in Verlegenheit, was zu thun sei. Aber aus dieser Verlegenheit half der Umstand heraus, daß die Urtheile ungesetzlich vollstreckt waren; denn die Petenten waren zur Einkerkerung in London verurtheilt, während sie nach entfernten Orten des Königreiches transportirt worden waren. Der Sprecher erließ deshalb den Befehl, daß sie in guten Gewahrsam nach London gebracht werden sollten. Auf

---

[1]) Dekret der Sternkammer vom 11. Juli 1637 sect. 26.

[2]) Vergl. Gneist, Geschichte der Aemter. S. 195. Der Uebers.

den Bericht seines Ausschusses beschloß das Haus, daß das Verfahren und die Urtheile gegen die Petenten ungesetzlich und daß sie berechtigt seien, von den Richtern Schadloshaltung zu verlangen. Aehnliche Beschlüsse ergingen rücksichtlich Dr. Leightons und Lilburns, welche von der Sternkammer wegen Libells verurtheilt waren. In demselben Jahre (1640—41) wurde sie, wie wir gesehen haben, aufgelöst.[1])

Aber wenngleich das lange Parlament den Opfern der Preßverfolgungen durch die Sternkammer Gerechtigkeit wiederfahren ließ, so war es doch keineswegs geneigt, der Presse ihre Fesseln abzunehmen; dieser war es vielmehr, vor wie nach dem Bruche mit Karl I., mindestens ebenso feindlich, wie irgend einer ihrer früheren Feinde. Die Schritte dieses Parlaments wurden in unzähligen Flugschriften und Büchern kritisirt; das Haus antwortete darauf mit Verbrennung der Schriften und, wo es anging, mit Bestrafung der Verfasser und Drucker. Der Krieg gegen die Presse war unablässig und wurde von den Lords wie von den Gemeinen mit gleichem Eifer geführt. Das Parlament erließ verschiedene Verordnungen über die Bücher-Censur, welche wesentlich dem Sternkammer-Dekrete von 1637 nachgebildet waren; zu ihrer Ausführung wurden Censoren angestellt. Um mißliebige Bücher besser verfolgen zu können, hatten die Gemeinen Ausschüsse bestellt, deren besondere Aufgabe es war, solche Bücher zu prüfen und über die Maßregeln zu berichten, welche in Ansehung derselben ergriffen werden sollten.[2])

Dasselbe Repressiv-System blieb unter der Republik (1649—1653) und unter Cromwell (1653—1658) bestehen.[3]) Nach der Restauration erging es der Presse nicht besser. Da zu Anfang der Regierung Karls II. kein Gesetz existirte, welches die Presse den Beschränkungen

---

[1]) Die Akte, welche die Auflösung anordnete, erhielt die königliche Zustimmung am 5. Juli 1641.

[2]) Nach einer Ordonnanz der Lords und der Gemeinen vom Jahre 1643 cap. 12 wurden die Buchhändler-Korporation und gewisse Beamte der beiden Häuser ermächtigt, nach nicht konzessionirten Druckerpressen Haussuchungen zu halten. — Die Verordnungen der Lords und der Gemeinen aus dem Jahre 1643, daß kein uncensirtes Buch gedruckt werden sollte, war durch Miltons berühmte Abhandlung: „Areopagitica; eine Rede zur Vertheidigung der Freiheit von der Censur der Presse" veranlaßt. Im Dezember 1644 beschwerte man sich im Parlamente, daß John Milton und eine andere Person häufig anstößige Bücher drucken ließen.

[3]) Unter Anderen erließ das Parlament im Jahre 1652 eine Ordonnanz unter dem Titel: „Uncensirte und anstößige Bücher zu unterdrücken." Am 30. August 1653 wurde der Staatsrath angewiesen, auf anstößige, aufrührerische und beunruhigende Schriften oder Worte, welche zur Beeinträchtigung der Auktorität des Par-

eines Censur-Systems unterwarf, so rekurrirte man an die Gerichtshöfe des gemeinen Rechts, um die Verfasser und Verleger mißliebiger Bücher zur Bestrafung zu ziehen. Auf Betreiben der Krone oder der Parlaments-Häuser wurden Prozesse anhängig gemacht, um die Angeschuldigten nach den Gesetzen über verrätherische und aufrührerische Schriften verurtheilen zu lassen. Das erste Beispiel eines solchen Prozesses ist ein berühmtes. Im Juni 1660 veranlaßte das Haus der Gemeinen den „Attorney-General gegen John Milton wegen zweier Bücher: „Pro Populo Anglicano Defensio" und „Portrait Seiner Geheiligten Majestät" einzuschreiten." — Im Jahre 1663 wurde John Twyn auf Verrath angeklagt, weil er eine Abhandlung zur Vertheidigung der Lehre: daß das Volk zur Absetzung ungerechter Könige berechtigt sei, gedruckt hatte. Twyn wollte den Verfasser nicht nennen, wurde verurtheilt und gehängt. Andere Personen wurden um dieselbe Zeit wegen Vergehen (misdemeanour) angeklagt, weil sie anstößige Bücher geschrieben, veröffentlicht und verkauft hatten, und sie wurden zu Geldstrafen, Ausstellung am Pranger und Einkerkerung verurtheilt. Merkwürdig ist es dabei, daß vor der Zeit Karls II. in den Gerichtshöfen des gemeinen Rechts keine Prozesse wegen aufrührerischer Libelle vorkommen; die Erklärung dafür liegt wahrscheinlich darin, daß, so lange die Sternkammer bestand, der Attorney-General aus guten Gründen es vorzog, dort einzuschreiten.

Im Jahre 1662 wurde eine Akte (13 und 14 Karl II. cap. 33) zur Verhinderung des Druckes „uncensirter Bücher" erlassen. Diese Akte ermächtigte den Staats-Sekretär,[1]) Befehle zur Ermittelung und Beschlagnahme uncensirter Bücher zu erlassen. Diese Censur-Akte galt nur bis 1679. Im ersten Regierungsjahre Jakobs II. (1685) wurde

laments gerichteten, Acht zu haben. Am 23. Oktober 1656 wurde ein Ausschuß zur Unterdrückung heimlicher Pressen, zur Ordnung des Buchdruckereiwesens und zur Unterdrückung und Verhinderung anstößiger Bücher und Flugschriften bestellt. — Einer der merkwürdigsten Prozesse dieser Zeit war der gegen Oberst-Lieutenant Lilburne, welcher sich nach der Parlaments-Akte der Republik von 1649 — die es für Verrath erklärte, durch Schrift oder Wort die Ansicht zu verbreiten, daß die Regierung tyrannisch sei — eines Hochverraths schuldig gemacht haben sollte. Lilburne wurde zum großen Jubel des Volkes freigesprochen.

[1]) Auch der Gerichtshof der King's Bench bestrebte sich, die Publikation von Büchern zu verhindern. Einer der Anklage-Artikel gegen Chief Justice Scroggs beruhete darauf, daß jener Gerichtshof einen Grundsatz aufgestellt hatte, nach welchem die Publikation des „Wöchentlichen Packets von Nachrichten aus Rom" verboten worden war; das Haus der Gemeinen erklärte jenen Grundsatz für ungesetzlich und für eine Anmaßung legislativer Gewalt.

sie für sieben Jahre wieder in Wirksamkeit gesetzt. Als nach der Revolution die Zeit ihrer Wirksamkeit eben abgelaufen war (1692), wurde sie durch das Statut 4 und 5 Wilhelm und Maria cap. 24 s. 14 noch einmal auf ein Jahr und bis zum Ende der dann nächsten Parlaments-Sitzung erneuert. In Folge dessen erlosch die Gültigkeit der Akte im Jahre 1694, und sie wurde nie wieder in Wirksamkeit gesetzt, obgleich die Regierung in den späteren Jahren Wilhelms III. wiederholt Versuche machte, sie wieder ins Leben zu rufen, und obgleich ein Vierteljahrhundert später die Frage der Wiederherstellung der Censur wiederholt im Parlamente verhandelt wurde.[1])

Aber obgleich das System der Bücher-Censur im Jahre 1694 zu Grabe getragen war, so blieben doch noch lange zwei Schranken für die Preßfreiheit bestehen. Die eine war die summarische Jurisdiktion der Parlaments-Häuser, die andere der schwere Druck der Libell-Gesetze.

Es ist in einem früheren Kapitel dargelegt worden, daß die Parlaments-Häuser eine summarische Jurisdiktion übten, um die Verfasser, Drucker und Verleger von Schriften, welche man als Beeinträchtigungen der Ehre und des Ansehens des Hauses oder seiner Mitglieder betrachtete, wegen Privilegienbruchs zu bestrafen. Schon unter Elisabeth — 1580 — übten die Gemeinen diese Jurisdiktion, indem sie ein Parlaments-Mitglied, Namens Hall, in den Tower schickten, ihm eine Geldstrafe auferlegten und ihn ausstießen, weil er ein Buch gegen die Auktorität des Hauses veröffentlicht hatte. Viele andere Präcedenzfälle derselben Art könnten aus der Zeit vor und nach der Revolution angeführt werden. Diejenigen des vorigen und des gegenwärtigen Jahrhunderts betreffen vornehmlich Zeitungs-Berichte über die Verhandlungen im Parlamente; bis 1771, wo das Recht zur Publikation solcher Berichte praktisch anerkannt wurde, sind die Herausgeber von Zeitungen oft in Verhaft genommen, weil sie über die Parlaments-Verhandlungen Berichte aufgenommen hatten.

---

[1]) Als die Censur-Akte am Ende der Regierung Karls II. erlosch, ließ der König die zwölf Richter des Reiches zusammentreten, damit sie sich darüber erklären sollten, ob die Presse nicht ebenso wirksam nach dem gemeinen Rechte in Schranken gehalten werden könne, wie es nach jenem Statute geschehen war. Die Richter beschlossen: es sei nach gemeinem Rechte strafbar, nicht bloß aufrührerische Schriften und falsche Nachrichten zu schreiben und zu veröffentlichen, sondern auch irgend welche Nachrichten, wenngleich sie wahr und unschuldig wären, ohne Erlaubniß des Königs mittels der Presse zu publiziren. Dieser Beschluß der zwölf Richter wurde in dem Prozesse Entick wider Carrington von Lord Chief Justice Camden für ungesetzlich erklärt.

Ein anderer Weg, auf welchen die summarische Jurisdiktion des Parlaments gegen die Presse in Anwendnng gebracht wurde, war der, daß das öffentliche Verbrennen mißliebiger Bücher verfügt wurde. Die Verhandlungen des langen Parlaments unter Karl I. und der Republik ergeben wiederholt Fälle solcher Verfügungen. Der Gebrauch schimpflicher Verbrennung von Büchern stammt — wie wir gesehen haben — schon aus der Zeit Wolseys her und herrschte noch bis tief in das achtzehnte Jahrhundert hinein.[1])

Im gegenwärtigen Jarhunderte sind noch einige Fälle vorgekommen, in denen das Haus der Gemeinen von seiner summarischen Jurisdiktion wegen beleidigender Schriften Gebrauch gemacht hat. Im Jahre 1810 wurde Gale Jones nach Newgate ins Gefängniß geschickt, weil er ein beleidigendes Plakat veröffentlicht hatte, in welchem er als Gegenstand der Besprechung in einer Debattir-Gesellschaft das Verhalten zweier Parlaments-Mitglieder ankündigte. Sir Francis Burdett wurde in den Tower geschickt, weil er eine Adresse an seine Wähler publizirt hatte, in welcher er diese Handlungsweise des Hauses tadelte und das Recht des letzteren, Freiheitsstrafen aufzuerlegen, bestritt. Zwanzig Jahre später würde man sich wahrscheinlich um beide Angriffe nicht bekümmert oder höchstens deshalb Verweise ertheilt haben. — Im Jahre 1819 wurde Hobhause nach Newgate ins Gefängniß geschickt, weil er in einer Flugschrift sich einer heftigen, wenn nicht aufrührerischen Redeweise schuldig gemacht hatte. Wenige Jahre später würde ein solches Vergehen, wenn man überhaupt Notiz davon genommen hätte, dem Attorney-General und dem Gerichtshofe der Queen's Bench zur Verfolgung überwiesen sein.[2])

Das parlamentarische Einschreiten gegen Autoren hat sich nicht auf die Ausübung der summarischen Jurisdiktion der beiden Häuser beschränkt. So z. B. wurde gegen den bekannten Dr. Sacheverell im Jahre 1710 der Weg der Anklage bei dem Hause der Lords wegen der von ihm veröffentlichten Predigten eingeschlagen. Burnet theilt mit, der damalige Solicitor-General und Andere hätten den kürzeren Weg, die Predigten zu verbrennen und Sacheverell während der

---

[1]) Unter den Büchern, welche im vorigen Jahrhunderte auf Befehl des Parlaments verbrannt wurden, befand sich: Defoes „Kürzestes Verfahren mit den Dissentern" (1703); Dr. Sacheverells Predigten wurden nach einem Befehle des Hauses der Lords (1710) verbrannt; eine Druckschrift mit dem Titel: „Verfassungs-Fragen, der gewissenhaften Erwägung jedes guten Briten ernstlich empfohlen," wurde im Jahre 1751 auf gemeinsame Anordnung der Lords und der Gemeinen verbrannt.

[2]) May, Verfassungsgeschichte Bd. 1 S. 361 f.

Sitzungsperiode im Gefängnisse sitzen zu lassen, für den besseren gehalten; aber unglücklicher Weise wurde der feierlichere Weg der Anklage bei den Lords gewählt. Sacheverell wurde des aufrührerischen Bestrebens, die protestantische Thronfolge zu beseitigen, das Gedächtniß Wilhelms III. zu beschimpfen und die Revolution zu schmähen, angeklagt. Das Haus der Lords erkannte, daß er innerhalb dreier Jahre nicht solle predigen dürfen und daß die veröffentlichten Predigten durch den Henker verbrannt werden sollten.

Aus Gründen, welche bereits angedeutet sind, wurden Libell-Prozesse in den Gerichtshöfen des gemeinen Rechts zuerst nach der Restauration anhängig gemacht. Damals ließ das Parlament die Verfasser mißliebiger Bücher bei diesen Gerichtshöfen verfolgen. Die dort übliche Prozeßform setzte die Angeklagten in den Stand, sich vor Geschworenen zu vertheidigen; indessen war diese Schutzwehr, wie wir gleich sehen werden, fast ohne Wirkung in Folge gewisser Grundsätze, welche die Richter damals in Betreff der Libellsachen hegten. Entweder veranlaßte das Haus den Attorney-General zur Erhebung der Anklage, oder es wendete sich mit einer Adresse an die Krone, um diese zum Einschreiten behufs der Anklage aufzufordern. Der erste Weg wurde gewöhnlich eingeschlagen, wenn es sich um Vergehen gegen das Haus oder seine Mitglieder handelte, der letztere, wenn Vergehen allgemeiner Natur gegen das öffentliche Recht des Landes in Rede waren.[1])

Der erste Fall einer von dem Hause der Gemeinen veranlaßten Anklage wegen Libells war der bereits erwähnte, wo Milton wenige Wochen nach der Restauration zur Untersuchung gezogen wurde. Seitdem bis gegen das Ende des letztverflossenen Jahrhunderts wurden ähnliche Prozesse von Zeit zu Zeit anhängig gemacht. Einer derselben, nämlich der gegen Stockdale im Jahre 1789, trug durch seinen Ausgang erheblich zur Befreiung der Presse bei. Stockdale wurde in Folge einer Adresse des Hauses der Gemeinen an den König von dem Attorney-General angeklagt, weil er in einer von ihm veröffentlichten Flugschrift das Verfahren der Gemeinen in dem Staatsprozesse gegen Warren Hastings hart getadelt hatte. Die Jury sprach Stockdale frei. Diesen Prozeß bezeichnete Lord Kenyon, welcher in demselben den Vorsitz hatte, später als ein merkwürdiges Beispiel des Schutzes, welchen das Geschworenengericht dann gewähre, wenn die Anklage auf Veranlassung des Hauses der Gemeinen erhoben sei. Er bemerkte,

[1]) May, Das englische Parlament S. 81 ff.

Stockdale sei gekommen als ein „einzelner Mann, um einer solchen Anklage entgegenzutreten; er war nicht gebeugt durch das Gewicht der Ankläger; die Jury befand über die Sache ohne irgend eine vorgefaßte Meinung; sie urtheilte über den Fall nicht, wie das Haus der Gemeinen darüber geurtheilt hatte, und folgte nicht der Ansicht des letzteren, daß die Flugschrift ein Libell und deshalb strafbar sei, sondern sie machte von ihrem Rechte Gebrauch, sich selbst ihr Urtheil darüber zu bilden. Sie trat für dieses Recht in letzter Instanz ein, und erklärte in jenem Prozesse die Partei, welche das Haus der Gemeinen anklagen ließ, für nichtschuldig." [1])

Neben den auf Anstehen des Parlamentes erhobenen Anklagen machte der Attorney-General in der letzten Hälfte des vorigen Jahrhunderts eine große Menge von Prozessen wegen aufrührerischer Libelle ex officio anhängig. Die betreffenden Schmähschriften waren durch die Unzufriedenheit mit dem willkürlichen Regimente der ersten Minister Georgs III., mit dem Zustande der Vertretung im Parlamente und endlich durch den ansteckenden Einfluß der französischen Revolution hervorgerufen, durch welchen eine große politische Gährung und die Organisation gefährlicher politischer Associationen veranlaßt wurde. Unter den merkwürdigsten dieser Prozesse befinden sich: der gegen John Wilkes wegen eines aufständischen Libells in Nr. 45 des „North Briton" im Jahre 1763; die in den Jahren 1769 und 1770 gegen die Drucker und Herausgeber des Briefes von Junius an den König anhängig gemachten; der gegen John Horne im Jahre 1777 wegen eines die amerikanischen Kolonieen zum Aufstande auffordernden Libells; der gegen Thomas Paine im Jahre 1792 wegen eines in den „Menschenrechten" enthaltenen Libells; und die sehr zahlreichen Prozesse, welche in den folgenden zwei oder drei Jahren in England, Schottland und Irland wegen Libelle anhängig wurden, die theils durch die Sympathie mit der französischen Revolution und theils durch die Unzufriedenheit mit dem Zustande der Volksvertretung eingegeben waren.

Im Jahre 1792 wurde eine sehr wichtige Aenderung in der Libell-Gesetzgebung vorgenommen. Vor dem Erlasse der Libell-Akte aus diesem Jahre waren die Richter übereinstimmend der Ansicht, daß es in einem Kriminal-Prozesse wegen Libells nicht darauf ankomme, ob der Inhalt der den Gegenstand der Anklage bildenden Schrift wahr

[1]) Lord Kenyons Resume in dem Prozesse gegen John Reeves wegen eines Libells über die englische Verfassung. (1798.)

sei oder nicht und daß die Jury darüber nicht zu urtheilen habe. In einem Civilprozesse könne der Beklagte zu seiner Rechtfertigung die Einrede der Wahrheit erheben; denn da handle es sich um Entschädigung des Klägers wegen der ihm zugefügten Injurie und deshalb stehe die begründete Einrede der Wahrheit des Libells dem Anspruche auf Entschädigung entgegen. Aber in Kriminalprozessen wegen Libells sei die Frage der böslichen Absicht nur aus dem formellen Inhalte der Schrift zu folgern und bedürfe deshalb keines Beweises. Das Verbrechen, sagte man, bestehe in der Publikation des Libells, und die verbrecherische Absicht des Verfassers gehöre nach gemeinem Rechte nicht zu den Erfordernissen dieses Verbrechens. Wer senge, brenne und morde, sei ea ratione vor dem Strafrechte verantwortlich; der Ankläger brauche nicht erst noch die bösliche Absicht desselben zu beweisen, und der Angeklagte werde nicht gehört, wenn er fragen wolle: Habe ich nicht bloß gescherzt? — So lautete die Antwort der Richter, als sie während der Verhandlungen über die Libell-Akte von 1792 von dem Hause der Lords zum Gutachten aufgefordert worden waren.

Diesen Grundsätzen gemäß hatten die Richter in Prozessen wegen aufrührerischer Libelle die Geschworenen stets angewiesen, nur die Frage in Erwägung zu nehmen, ob die Veröffentlichung des Libells und die in der Anklage darüber aufgestellten Behauptungen und Inneundos,[1]) daß die einzelnen Theile des Libells gegen bestimmte Personen gerichtet seien, bewiesen wären. Die Frage nach der strafbaren Natur des Libells selbst hielt man für eine allein von den Richtern zu beantwortende. — Schon lange vor der Beseitigung dieser Lehre hatten die Geschworenen sich häufig den ihnen durch dieselbe auferlegten Beschränkungen widersetzt. So z. B. erging der Wahrspruch in dem Prozesse gegen Woodfall wegen Veröffentlichung des Junius-Briefes an den König (1770) dahin: „nur des Druckens und Publizirens schuldig." Der Gerichtshof war der Ansicht, daß das Wort: „nur" nicht außer Acht gelassen werden könne, und verwies die Sache an ein anderes Schwurgericht. — Endlich, nach langen Erörterungen und nachdem

[1]) „Ein Inneundo ist die Behauptung, daß Jemand eine bestimmte Person, oder daß ein Ausdruck, ein Zeichen ꝛc. eine bestimmte Sache habe bezeichnen wollen. Wenn es mit dem Thatbestande selbst in untrennbarer Verbindung steht, so ist es die Behauptung der ganzen untrennbaren Anschuldigung, nach welcher letztere der Beurtheilung der Jury unterbreitet wird, und nach welcher der Gerichtshof die Strafbarkeit beurtheilen muß." (Lord Chief Justice Grey in dem Libell-Prozesse gegen John Horne.)

vorher verschiedene, denselben Zweck verfolgende Bills verworfen waren, erweiterte die Libell-Akte von 1792 (32 Georg III. cap. 60), die Befugnisse der Geschworenen in Anklageprozessen „wegen Abfassung oder Publikation eines Libells“ sehr erheblich. Die Akte bestimmt nämlich, daß in solchen Prozessen die Jury einen Wahrspruch auf: Schuldig oder Nichtschuldig über den ganzen, bei Feststellung des Thatbestandes des Verbrechens in Betracht kommenden Inhalt der Anklage abgeben könne, und nicht auf die Beurtheilung des für die Publikation der als Libell bezeichneten Schrift oder für den Sinn derselben erbrachten Beweises beschränkt sei.

Die wohlthätige Wirkung der Libell-Akte ist (von Ridgway) in einer Anmerkung zu Erskines Reden mit folgenden Worten klar geschildert: „Die Libell-Bill überträgt der Jury keine Jurisdiktion über dem Gesetze, welche mit den Grundsätzen der Verfassung im Widerspruch stehen würde; aber da die Frage: ob eine Libell vorliegt oder nicht? häufig mehr thatsächlicher als rechtlicher Natur ist, und in vielen anderen Fällen Thatfrage und Rechtsfrage untrennbar mit einander verbunden sind, so muß der Richter nach der Bill, wie in anderen Fällen, der Jury gegenüber seine Ansicht über den gesammten Inhalt der Anklage, einschließlich der Frage: ob Libell oder nicht Libell? aussprechen, und ihr überlassen, ihren Wahrspruch auf den ganzen ihr vorgeführten Thatbestand zu gründen, wie dies ebenfalls in allen andern Kriminalprozessen geschieht .... Vor dem Statute war es dem verworfensten Pasquillanten, wenn er sich der böswilligsten Verleumdungen von Privatpersonen schuldig gemacht hatte, leicht, seine Sache mit dem großen Privileg der Jury, die Unschuld zu beschützen, zu identifiziren. Wenn der Richter nach dem alten Systeme der Jury Anleitung gab, einen Wahrspruch auf Schuldig in Folge der Thatsache der Publikation zu finden und die Qualität der publizirten Schrift gänzlich von ihrer Betrachtung auszuschließen, so pflegten schlaue Anwälte die Gelegenheit zu ergreifen, um einen Schuldigen unter der Maske, als ob sie ein großes öffentliches Recht vertheidigten, vor Strafe zu schützen; und die Geschworenen, um zu beweisen, daß sie sich nicht für verpflichtet hielten, nur auf solchen Beweis hin Wahrsprüche auf Schuldig abzugeben, ließen sich nur zu leicht bewegen, ungerechtfertigte Freisprechungen zu erkennen. Dagegen haben seit der Libell-Akte, wo die ganze Anklage ihrer Beurtheilung unterworfen ist, wo die Qualität der publizirten Schrift von dem Ankläger und dem Vertheidiger erörtert wird, die Geschworenen stets mit Aufmerksamkeit und Vertrauen auf die Belehrungen des Richters gehört, ohne, abgesehen von abstrakten Rechtsfragen, in ihren Gewissen durch seine Ansicht beengt zu sein."

Zur Verfolgung von Schmähschriften (defamatory libels), welche gegen Privatpersonen gerichtet sind, giebt es zwei Rechtsmittel, nämlich eine Civilklage (die „action on the case"), welche auf Schadenersatz gerichtet ist, und, da jedes Libell einen Friedensbruch enthält, eine kriminelle Anklage wegen öffentlichen Vergehens. Zur Begründung der Civilklage gehört der Nachweis, daß das Libell falsch ist, und daß es außerdem dem Kläger ein Aergerniß giebt; denn wenn die in dem Libell enthaltene Beschuldigung wahr ist, so ist dem Kläger kein privatrechtliches Unrecht geschehen, und er hat folglich keinen Grund, eine Entschädigung für sich zu fordern, wie groß auch das in der Handlung des Beleidigers liegende Vergehen gegen den öffentlichen Frieden sein mag. Darum ist gegen die Civilklage die Einrede der Wahrheit der Beschuldigung mit voller Wirksamkeit stets zuläßig gewesen. Dagegen war bis auf die neueste Zeit bei krimineller Verfolgung die Tendenz aller Libelle, Erbitterung hervorzurufen und Störungen des öffentlichen Friedens zu verursachen, das Einzige, was in Betracht kam; folglich wurde in solchen Prozessen nichts weiter ermittelt als, erstens die Urheberschaft oder Veröffentlichung des Libells seitens des Angeklagten, und zweitens die Strafbarkeit seines Inhaltes an sich. Wenn Beides gegen den Angeklagten festgestellt wurde, so lagen die Erfordernisse des Vergehens gegen das Gemeinwesen vor. Der Jury war aber — wie oben erwähnt — nach der Libell-Akte, unbenommen, über die Strafbarkeit des angeblichen Libells zu befinden. Die Gesetzgebung hat diese Grundsätze durch das Statut 6 und 7 Victoria cap. 96 s. 6 modifizirt; nach diesem sind gegenwärtig auch im Kriminalprozesse wegen verleumderischen Libells Ermittelungen über die Wahrheit der angeblichen Verleumdung zuläßig; aber die darauf gestützte Vertheidigung führt nicht unbedingt, wie eine peremtorische Einrede im Civilprozesse, die Lossprechung von der Anklage herbei, sondern die Freisprechung **kann** nur dann der Erfolg sein, wenn die in dem Libell enthaltenen Beschuldigungen im öffentlichen Interesse publizirt sind. Wenn der Angeklagte sich damit vertheidigen will, daß jene Beschuldigungen wahr seien, so muß er nicht allein diese Wahrheit, sondern auch das öffentliche Interesse, welches ihn zur Publikation der Beschuldigungen bewogen hat, nachweisen. Wird dann die Anklage für begründet befunden, so kann der Gerichtshof bei seinem Urtheile in Erwägung ziehen, ob die Schuld des Angeklagten in Folge jener Vertheidigung vergrößert oder gemindert erscheint.[1])

Die Wahrheit eines aufrührerischen Libells kann der Angeklagte zur Rechtfertigung der Publikation desselben oder auch nur als Milderungsgrund niemals vorschützen. Die eben erwähnte Akte bezieht sich nur auf private oder persönliche Schmähschriften.

In gewissen Fällen ist die Publikation von Beschuldigungen, welche unter gewöhnlichen Umständen strafbar sein würden, privilegirt. Wie wir bereits erwähnt haben, schützt nach einem neueren Statute ein solches Privileg die auf Anordnung eines Parlamentshauses erfolgte Publikation von Urkunden.[2]) Ein Parlamentsmitglied kann die Veröffentlichung von Gegenständen, in welchen ein Libell enthalten sein soll, dadurch rechtfertigen, daß es beweist, sie sei in einer von ihm im Parlamente gehaltenen Rede erfolgt. Dies bezieht sich jedoch nur auf die mündliche Rede im Parlamentshause; denn wenn das Mitglied nachher die Rede noch einmal veröffentlicht, so ist es ebenso wie jede andere Person verantwortlich.[3]) Auch gewährt der Umstand gegen Verfolgung wegen Libells Schutz, daß die Veröffentlichung in den regelmäßigen Verhandlungen eines Gerichtshofes vorgekommen oder in einem treuen Berichte über einen Prozeß enthalten ist; jedoch entschuldigt dieser Umstand nicht in allen Fällen, weil es in einem Prozesse vorkommen kann, daß schmähliche, gotteslästerliche und sittenverderbliche Dinge vorgelesen werden müssen, deren Wiederveröffentlichung

---

[1]) Nach dem zweiten Abschnitte desselben Statutes kann der Beklagte in einem Civilprozesse wegen eines in einer Zeitung oder einer Zeitschrift enthaltenen Libells einwenden, daß es ohne böse Absicht oder ohne grobe Fahrlässigkeit eingerückt sei, und daß wegen der Publikation Genugthuung angeboten ist. — Nach dem ersten Abschnitte kann der Beklagte das Anbieten von Genugthuung auch zum Zwecke der milderen Abmessung der Entschädigung beweisen. — Nach dem Statute 6 und 7 Wilhelm IV. cap. 76 müssen verschiedene Thatsachen über die Drucker, Herausgeber und Eigenthümer der Zeitungen bei dem Stempelamte registrirt und in den Zeitungen veröffentlicht werden, um dadurch die Personen festzustellen, welche für die in den Zeitungen enthaltenen Libelle verantwortlich sind. — Die Stempel-Abgabe von den Zeitungen ist durch das Statut 18 und 19 Victoria cap. 27 abgeschafft.

[2]) Vergl. oben Kap. 9 S. 194.

[3]) Im Jahre 1795 wurde der Graf Abingdon von der King's Bench auch zu einer Gefängnißstrafe deshalb verurtheilt, weil er eine im Parlament gehaltene beleidigende Rede durch den Druck veröffentlicht hatte. Im Jahre 1813 wurde Creevey von der Kings's Bench zu 100 Pfund Sterl. Geldstrafe wegen eines gleichen Vergehens verurtheilt, und das Haus der Gemeinen verwarf seine Beschwerde über den Gerichtshof, welcher durch sein Urtheil einen Privilegienbruch begangen haben sollte.

durch den Druck nicht erlaubt sein würde. Dasselbe gilt von Berichten über Verhandlungen vor Magistratspersonen und insbesondere von einseitigen Vor- und Anträgen einer Partei.[1])

[1]) Die Courts of Record haben das Recht, die Publikation der Verhandlungen zu verbieten, so lange ein länger anhängiger Prozeß oder eine Reihe von Prozessen schweben, und den Ungehorsam gegen ein solches Verbot zu bestrafen. So wurde ein Verleger zu einer Geldstrafe verurtheilt, weil er einer Aufforderung zur Unterlassung der Publikation der Verhandlungen während des Prozesses nicht Folge geleistet hatte. Diese Aufforderung war an die Zeitungs-Verleger gerichtet worden, nachdem auf Antrag des Angeklagten in dem betreffenden Kriminalprozesse die von der Anklage produzirten Zeugen aus dem Gerichtssaale entfernt waren, damit sie nicht erführen, was die anderen aussagten. — Auf eine Gegenvorstellung erklärte der Gerichtshof der King's Bench, daß die Strafe mit Recht auferlegt sei.

Zweites Buch.

Die richterliche Gewalt.

Erstes Kapitel.

Einleitung.

Man darf in einem Handbuche, wie das vorliegende, nicht eine vollständige Darstellung der englischen Justiz-Verwaltung suchen; denn die Mannigfaltigkeit der Gerichtshöfe, ihrer Procedurformen und der von ihnen anzuwendenden Rechtsnormen ist so groß, daß sogar die Elemente des englischen Systems der Rechtspflege nur durch das Studium von besonderen Abhandlungen darüber vollständig begriffen werden können. In dem allgemeinen Ueberblicke, der hier versucht werden soll, werden wir uns auf keine Details der Rechtspflege einlassen, welche nicht von allgemeinem, staatsrechtlichem Interesse sind; unser Hauptgesichtspunkt ist der, daß wir den Zusammenhang der verschiedenen Bestandtheile der Judikatur und die Mittel schildern wollen, durch welche die Befugnisse eines jeden dieser Bestandtheile geschützt und innerhalb ihrer verfassungsmäßigen Schranken gehalten werden.

Um den sehr verwickelten Gegenstand unserer Betrachtung möglichst zu vereinfachen, wird es nöthig sein, einige Worte über die Anordnung unserer Abhandlung vorauszuschicken. Wenn die folgende Eintheilung auch nicht durchaus wissenschaftlich sein mag, so hat sie doch die Vorzüge der Durchsichtigkeit und Einfachheit. Wir werden zunächst die Entstehung der Gerichtshöfe im Allgemeinen, die Bestimmung der einzelnen Aemter in der Justiz und die allgemeinen Grundsätze des gerichtlichen Verfahrens behandeln. Darauf werden wir die Mittel zur Aufrechterhaltung der Auktorität der richterlichen Gewalten betrachten, und endlich die einzelnen Gerichtshöfe besprechen, nämlich zunächst die oberen, deren Jurisdiktion sich über das ganze Land erstreckt, oder welche die vor den Untergerichten verhandelten Prozesse in höherer Instanz zu revidiren haben, und dann die Untergerichte selbst, deren Jurisdiktion lokal begrenzt ist.

Zweites Kapitel.

Die Entstehung der Gerichtshöfe.

Nach der im ersten Kapitel des ersten Buches gegebenen Definition ist es die wesentliche Bestimmung der richterlichen Gewalt, die Gesetze vermöge der ihr beigelegten Auktorität zu interpretiren. Ein Gerichtshof, sagt Sir Eduard Coke, ist „eine Stelle, wo in den rechtlichen Formen Justiz administrirt wird.“ Die Auktorität zur Auslegung der Gesetze steht verfassungsmäßig den in regelrecht organisirten Gerichtshöfen fungirenden Richtern zu. Freilich ist eine beschränkte Befugniß zur Auslegung der Gesetze in einigen wenigen Fällen auch anderen Behörden beigelegt; aber diese Ausnahmen sind verhältnißmäßig unbedeutend. So kommen Fälle vor, in denen zur Ersparung von Zeit und Kosten Verwaltungs-Beamte Zweifel über die Auslegung einiger in Parlaments-Akten enthaltenen Bestimmungen von untergeordneter Bedeutung entscheiden können.[1]) Das Gesetz anerkennt für Civilrechtsstreitigkeiten die Befugniß von Schiedsrichtern zur Entscheidung sowohl von Rechts- als von Thatfragen, welche durch die Uebereinkunft der Parteien ihnen vorgelegt sind; dies ist jedoch als Folge eines Vertrages der Parteien keine wahre Ausnahme von jener Regel. — Bei milden Stiftungen, welche von Privatpersonen begründet sind (Hospitälern und Stipendienstiftungen), haben die Inspektoren („visitors") nach Bestimmung der Stifter oder nach der Praxis die Befugniß, über Streitfragen bei Auslegung der Stiftungs-Statuten zu entscheiden, und diese Entscheidungen können durch Appella-

[1]) Beispiele: Nach dem Statute 18 und 19 Victoria cap. 27 s. 6 entscheidet der General-Postmeister über Fragen, welche die Begünstigung der Zeitschriften in Ansehung der Versendung durch die Post betreffen. Nach den Akten, betreffend die Wohlthätigkeits-Kommissäre (Charity Commissioners) für England und Wales ist den Kommissären eine beschränkte Befugniß zur Anstellung und Absetzung von Kuratoren und zu anderen Anordnungen beigelegt, welche gelegentlich die Entscheidung von Rechtsfragen enthalten können. (23 und 24 Victoria cap. 136; 25 und 26 Victoria cap. 112).

tion an die Gerichtshöfe nicht angefochten werden.[1]) — Von diesen und wenigen anderen Ausnahmen abgesehen, ist es durchgehender Grundsatz der englischen Verfassung, daß nur den Richtern in gesetzlich konstituirten Gerichtshöfen das Recht zusteht, über die Auslegung der Gesetze zu entscheiden.

Der Souverain ist die Quelle der Gerechtigkeit, fons justitiae, und in dieser Eigenschaft hat er das Recht, Gerichtshöfe einzusetzen, wiewohl dieses Recht durch Parlaments-Akte vielfach eingeschränkt ist. Alle Jurisdiktions-Befugniß der Gerichtshöfe ist, mittelbar oder unmittelbar, von der Krone abzuleiten; sie verfahren im Namen des Souverains und ihre Urtheile und Verfügungen werden von Beamten der Krone vollstreckt. Wahrscheinlich hat in den ältesten Zeiten der König in Person häufig Parteistreitigkeiten gehört und entschieden; gegenwärtig ist nach dem gleichmäßigen Gebrauche vieler Menschenalter die richterliche Gewalt in ihrem ganzen Umfange den Richtern in ihren Gerichtshöfen delegirt; letztere sind die großen Depositare der Fundamental-Gesetze des Königreichs und sind im Besitze einer kundbaren, anerkannten und durch gewisse Regeln geordneten Gerichtsbarkeit, welche selbst die Krone nur mittels Parlaments-Akte ändern kann. Der Grundsatz, daß der König die Quelle der Gerechtigkeit ist, bezieht sich gleichmäßig auf die höchsten Tribunale wie auf die unteren.[2]) Zur römischen und angelsächsischen Zeit scheint der König mit den Peers wirklich zu Gericht gesessen und an der Verhandlung der Rechtsstreitigkeiten im Parlamente Theil genommen zu haben. Eduard I. hat anscheinend häufig bei Prozessen im Parlamente den Vorsitz geführt. Wenn der König nicht wirklich gegenwärtig war, so wurde seine Uebereinstimmung mit dem Urtheile des Hauses der Lords

---

[1]) Wenn der Inspektor eines Kollegs auf einer der Universitäten sich weigert, den ihm obliegenden Verpflichtungen zur Annahme einer Klage und Entscheidung über dieselbe zu genügen, so erläßt der Gerichtshof der King's Bench auf Anrufen ein Mandamus, um ihn zu seiner Pflicht anzuhalten. Aber wenn der Inspektor den Rechtsstreit gehört und darüber entschieden hat, so hat der Gerichtshof kein Recht, sein Urtheil in Frage zu stellen. (So entschieden in dem Prozesse Freud's.)

[2]) Nach der aufgehobenen Akte, „betreffend die Wahl der Bischöfe" (1 Eduard VI. cap. 2), sollten alle Prozesse, außer den vor den geistlichen Gerichten anhängigen, im Namen des Königs verhandelt und entschieden werden. Nach dem Statute 1 Elisabeth cap. 1 s. 17 wurde die geistliche Gerichtsbarkeit von der Krone abhängig gemacht. In dem Prozesse Bastwick's (1637) versicherten die Richter der Sternkammer: Prozesse in geistlichen Sachen brauchten nicht im Namen des Königs oder nach den Prozedurformen der Gerichte des Königs verhandelt zu werden.

fingirt. Bis zu der neuerlichen (später zu erwähnenden) Abschaffung des an das Parlament gerichteten Rechtsmittels der Kassation (writ of error in Parliament) befahl die Einleitungsverfügung (writ) dem Chief Justice, die Akten an „Ihre Majestät im Parlamente" einzusenden. Ferner wird in Ansehung des Gerichtshofes der Queen's Bench insbesondere fingirt, daß die Verhandlungen coram Rege stattfinden. Als indessen König Jakob in demselben den Vorsitz übernehmen wollte, belehrten ihn seine Richter, er sei nicht befugt, mitzureden.

Die Gerichtshöfe sind theils von dem Parlamente, theils durch Patente eingesetzt, theils bestehen sie seit unvordenklicher Zeit. Auf andere Weise ist das rechtliche Bestehen eines Gerichtshofes nicht möglich. Zur angelsächsischen Zeit war die Rechtspflege eine wesentlich lokale; sie bauete sich von den kleineren Gerichten allmählig zu den höheren auf. Die kleinsten Gerichte waren die der Stadtgemeinde. Dann kam der Gerichtshof der Hundertschaft (Hundred Court), welcher jeden Monat ein Mal zusammentrat und aus alten Thanen und Grundbesitzern bestand, deren Ländereien innerhalb der „hundred" lagen. Der nächst höhere Gerichtshof war der der Grafschaft (County Court oder Schyremote); in diesem hatten der Bischof der Diöcese, in welchem die Grafschaft lag, und der Graf (Earldorman) den Vorsitz, und sie brachten beziehungsweise das geistliche und das bürgerliche Recht zur Anwendung. Der oberste Gerichtshof war die Wittenagemote, die allgemeine Rathsversammlung, welche mehrmals im Jahre zusammentrat.[1])

In Folge der Eroberung erlitt diese Gerichtsverfassung erhebliche Aenderungen. Die Justizverwaltung wurde in dem Könige als der Quelle der Gerechtigkeit centralisirt. Dieses System der Centralisation wurde, von den Grundsätzen des Lehnsverbandes begünstigt, im Laufe der Jahrhunderte zu einem solchen Grade durchgeführt, daß es in großem Umfange die alten Lokal-Jurisdiktionen verschlang und die Bildung anderer verhinderte. Der Eroberer setzte in seinem Pallaste einen ständigen Gerichtshof ein, welchen die alten Autoren Aula Regis oder Aula Regia nennen. Dieser bestand aus den hohen Staatsbeamten des Königs, denen die Justiziarien des Königs oder Richter und die großen Barone assistirten, unter dem Vorsitze des Ober-Justiziars (Chief Justiciar), des ersten Staats-Ministers. Dieser Ge-

---

[1]) Vergl. über die angelsächsischen Gerichte: Gneist, Kommunal-Verfassung Bd. 1 S. 19, 48. Der Uebers.

richtshof hatte eine allgemeine Civil- und Kriminal-Jurisdiktion. Zu gleicher Zeit wurde die geistliche von der weltlichen Gerichtsbarkeit getrennt. Die angelsächsischen Gesetze wurden von den normannischen Justiziarien unterdrückt, und die Grafschaftsgerichte verfielen; die Bischöfe erschienen nicht mehr in ihnen, und nach einem Freibriefe des Eroberers durften in geistlichen Angelegenheiten die Parteien sich nur an die Bischöfe wenden.[1]) Aber nach den auf einer großen Rathsversammlung von Prälaten und Baronen zu Clarendon im Jahre 1165 (unter Heinrich II.) angenommenen Konstitutionen sollte auch in geistlichen Sachen die endliche Berufung gegen die Entscheidungen des Erzbischofes an den König gehen. Dadurch wurde die Macht des Pabstes und des Klerus in Schranken gehalten, und die Exemtion von der weltlichen Gerichtsbarkeit, welche der Klerus für sich in Anspruch nahm, wurde dadurch auf ein erheblich kleines Feld zurückgeführt.

Eine andere wichtige Aenderung in der Gerichtsverfassung, welche nach der gewöhnlichen Annahme derselben Periode angehört, war die Einsetzung der reisenden Richter (Justices in Eyre — in itinere). Der König theilte das Königreich in Reisebezirke (circuits), und beauftragte die neu eingesetzten Richter in den verschiedenen Grafschaften Justiz zu administriren und Assisen abzuhalten. Diese reisenden Richter sollen von Heinrich II. im Jahre 1184 geschaffen sein; sie verhandelten — gewöhnlich alle sieben Jahre — Civil- und Kriminalprozesse im ganzen Königreiche.

Die Einrichtung der Geschworenengerichte (trial by jury) zur Entscheidung der von der Rechtsfrage getrennten Thatfrage fällt gleichfalls in die Zeit Heinrichs II.; aber die Jury bestand damals, und noch lange nachher aus Zeugen, wie in einem späteren Kapitel ausführlicher auseinandergesetzt werden soll.

Das nächste, in der Geschichte der englischen Justizverwaltung Epoche machende Ereigniß war der Erlaß des großen Freibriefes Johanns und seine Bestätigung durch Heinrich III. im Jahre 1225. Die Bestätigung ordnete die Einrichtung des ständigen Gerichtshofes der Common Pleas zu Westminster an,[2]) damit die Parteien nicht

[1]) Nach dem Statute 52 Heinrich III. cap. 10 waren die Erzbischöfe, Bischöfe, Aebte, Priore, Grafen, Geistlichen, Mönche und Nonnen von den Gerichten des Sheriffs (außer für Fälle, in denen sie besonders zu erscheinen angewiesen waren) eximirt.

[2]) „Communia placita non sequantur curiam nostram, sed teneantur in aliquo loco certo." (9 Heinrich III. cap. 11.) Der Herausgeber der dritten Aus-

länger unter dem Uebelstande leiden sollten, der Person des Königs auf allen seinen Zügen folgen zu müssen; zugleich verlegte sie die Verhandlung der Civilprozesse dicht vor die Thüren der Freisassen, indem sie verordnete, daß Assisen in ihren Grafschaften stattfinden und alljährlich Rundreisen gehalten werden sollten. Ebenso wurde bei jener Bestätigung den Sheriffs und den unteren Justizbeamten verboten, Kronprozesse (Pleas of the Crown), unter denen die im Namen der Krone angestellten Kriminalprozesse begriffen sind,[1]) vor sich verhandeln zu lassen; ferner ward dadurch Zeit und Ort für die Sitzungen der unteren Gerichtshöfe (Grafschaftsgerichte, Sheriffsturn und Ortspolizeigerichte) bestimmt. Die wichtigste und berühmteste Bestimmung des bestätigten Freibriefes war jedoch die, daß kein Freier sollte seiner Freiheit oder seines Eigenthums beraubt, bestraft oder abgeurtheilt werden können, anders, als durch ein gesetzmäßiges Urtheil seiner Genossen oder durch das Gesetz des Landes, und daß der König Niemand Recht und Gerechtigkeit verkaufen, verweigern oder vorenthalten sollte.[2])

Die erwähnte Bestimmung des Großen Freibriefes, nach welcher der Gerichtshof der Common Pleas zu einem ständigen statt eines der Person des Königs stets folgenden gemacht wurde, führte zu großen Veränderungen in der Gerichtsverfassung. Eine Folge davon war die Anstellung eines Ober-Richters und mehrerer Richter an dem neuen Gerichtshofe, und die Verringerung des Umfanges der Gerichtsbarkeit des Chief Justiciar. Die Auktorität der Aula Regia, welcher ein großer Theil ihrer Macht genommen war, sank unter Heinrich III.

---

gabe von Gilberts Geschichte der Common Pleas legt diese Worte so aus, daß die Grafschafts- und Hundertschafts-Gerichte an einem bestimmten Orte in jeder Grafschaft gehalten werden sollten.

[1]) „Nullus Vicecomes, Constabularius, Coronator, vel alii ballivi nostri teneant placita coronae nostrae." (9 Heinrich III. cap. 17). — Die Kron-Prozesse sind sehr verschiedenartig, z. B. Anklagen, welche in der Grafschaft erhoben werden, wo die King's Bench Sitzung hält, oder welche dahin durch Certiorari gebracht sind rc., Mandamus an Beamte, Habeas-corpus für Personen, welche wegen Kriminalsachen zur Haft gebracht sind.

[2]) Nullus liber homo capiatur, vel imprisonetur aut disseisiatur de libero tenemento suo, vel libertatibus, vel liberis consuetudinibus suis, aut autlagetur, aut exuletur, aut aliquo modo destruatur; nec super eum ibimus, nec super eum mittemus, nisi per legale judicium parium suorum vel per legem terrae. Nulli vendemus, nulli negabimus aut differemus rectum vel justiciam." (9 Heinrich III. cap. 29). — Die Worte: Nec super eum ibimus, nec super eum mittemus sind ihrer Bedeutung nach bestritten.

(1216—73), und wurde unter seinem Nachfolger, Eduard I.,[1]) noch geringer.

Die wichtigste Epoche in der Geschichte der Entstehung der Gerichtshöfe ist unzweifelhaft die Zeit Eduards I., Eduards II. und Eduards III. In diese Zeit fällt die Vertheilung der richterlichen Gewalt, welche die Grundlage der englischen Justizorganisation bildet und mit unerheblichen Aenderungen seitdem stets aufrecht erhalten ist, unter 1) die drei Reichsgerichte, 2) die Assisenhöfe, 3) das Haus der Lords, 4) den Kanzleigerichtshof, 5) die geistlichen Gerichte und 6) die Lokalgerichte.

1. Die drei Reichs-Gerichte (The three Superior Courts of Law). Eduard I. gebührt die Ehre, die englische Gerichts-Organisation von Neuem geschaffen, und die Jurisdiktions-Verhältnisse so bestimmt zu haben, wie sie im Wesentlichen noch heute bestehen. Die Absonderung der Common Pleas von der Aula Regia begann einige Jahre vor dem Freibriefe Johanns und wurde unter Heinrich III. vollständig durchgeführt. Die Gerichtshöfe der King's Bench und der Schatzkammer waren ebenfalls unter Johann selbständig geworden; ihre Gerichtsbarkeit wurde jedoch erst später geordnet. Beide Gerichtshöfe zogen „common pleas" d. h. Prozesse zwischen Privatpersonen, bis zur Regierung Eduards I. vor sich. Dieser König erklärte den Gerichtshof der Common Pleas zuerst für dergleichen Prozesse allein zuständig, und beschränkte die Gerichtsbarkeit der King's Bench auf die Kron-Prozesse. Unter seiner Regierung scheint auch die Jurisdiktion der Schatzkammer zuerst mit Erfolg auf Finanzsachen beschränkt zu sein; vorher nämlich zog die Schatzkammer, trotz der entgegenstehenden Bestimmungen, welche unter Johann und Heinrich III. in die Magna Charta aufgenommen waren, auch common pleas vor sich.[2]) Diese Ordnung der Jurisdiktions-Verhältnisse, wonach Prozesse zwischen Privatpersonen dem Gerichtshofe der Common Pleas, Kron-

[1]) Dieser König ist „mit Recht der englische Justinian genannt worden; denn in seiner Zeit gelangte das Recht plötzlich zu einer solchen Vollkommenheit, daß Sir Matthew Hale nicht anstand, es auszusprechen, daß in den ersten dreizehn Jahren seiner Regierung mehr gethan sei, um Recht und Gerechtigkeit im Königreiche herzustellen, als in der ganzen Zeit nachher zusammengenommen." (Blackstone IV., 425).

[2]) Coke spricht von der King's Bench, als wenn sie vor der Magna Charta existirt hätte; allein dies scheint ein Irrthum zu sein. — Nach dem Statute 28 Eduard I. stat. 3 cap. 4 sollen in der Schatzkammer common pleas nicht verhandelt werden. Nach cap. 5 ebendas. sollen der Kanzler und die Richter der King's Bench in der Begleitung des Königs sein.

Prozesse der King's Bench, und Streitigkeiten in Finanzsachen der Schatzkammer zugewiesen waren, wurde später durch direkte und indirekte Uebergriffe der beiden letztgedachten Gerichtshöfe wieder über den Haufen geworfen, — wie wir dies später sehen werden.

2. Die Assisen (Assizes). — Die zweite wichtige Aenderung, welche unter Eduard I. stattfand, war die Einrichtung von Assisen und die Aufstellung eines regelmäßigen Systems, nach welchem bestimmte „Nisi-prius-Richter" („judges of nisi prius")[1]) aus den königlichen Westminster-Gerichtshöfen in gewissen Zeiträumen Rundreisen machen sollten, um zur Verhandlung reife Prozesse, in denen Thatfragen zu entscheiden waren, und welche zur Kompetenz der Westminster-Gerichtshöfe gehörten, vor sich verhandeln zu lassen; dadurch sollten die durch die Reisen der Geschworenen nach Westminster entstehenden Kosten gespart werden. Dieses System der Assisen und der Nisi prius wurde durch das wichtige „zweite Statut von Westminster" begründet, welches bestimmte: fortan sollten zwei vereidete Richter, um die in dem Statute bezeichneten Civilprozesse vor sich verhandeln zu lassen, ernannt werden; diese sollten sich einen oder zwei der besonnensten Ritter aus der Grafschaft, in welche sie kommen würden, beigesellen; sie sollten in dieser Weise jährlich höchstens drei Mal Assisen halten und in jeder Grafschaft vor ihrer Abreise den Tag ihrer Wiederkehr bestimmen. Die bei den Assisen stattgefundenen Verhandlungen sollten dem vorgesetzten Gerichtshofe eingereicht und dann sollte das Urtheil gesprochen und protokollirt werden.[2]) Durch die Assisen verloren die oben erwähnten, von der Aula Regia delegirten Reise-Richter, welche zuerst nur alle sieben Jahre und seit der Magna Charta alle Jahre ihre Rundreisen machten, ihre Bedeutung.[3])

Dieses wichtige Statut bestimmt, daß nur den Richtern aus einem der Gerichtshöfe oder den Reise-Richtern Aufträge zu Verhandlungen über Verbrechen im „oyer et terminer" (wegen Verbrechen, welche

---

[1]) Sie wurden Nisi-prius-Richter genannt, weil die Prozesse zu Westminster verhandelt werden sollten, wenn nicht vorher („nisi prius") die Assisen-Richter in die Grafschaft kämen, in welcher der Rechtsstreit erwachsen war. Die Formel der einen solchen Prozeß vor Geschworenen einleitenden Verfügung ist in dem im Texte citirten Statute Eduards I. enthalten.

[2]) 13 Eduard I. stat. 1 cap. 30.

[3]) Die Reise-Richter (Justices in Eyre) wurden aber erst unter Eduard III. gänzlich abgeschafft; nach dem „zweiten Statute von Westminster" kommen noch mehrere Statute vor, in denen sie erwähnt werden. Unter Eduard III. wurde auch die Aula Regia durch Abschaffung des Amtes des Grand Justiciar vollends beseitigt.

eine Felonie enthalten) ertheilt werden dürfen, es sei denn ein so verruchtes Verbrechen, daß schleuniges Einschreiten nothwendig und unser Herr, der König, es nützlich befinde, einen Spezial-Auftrag zu ertheilen. Auf Grund dieser Bestimmung[1]) werden bei dringenden Gelegenheiten Spezial-Kommissäre „of oyer et terminer" von der Krone ernannt; dies geschieht aber nur bei Verbrechen, welche eine sofortige Aburtheilung erfordern, oder welche vor den ordentlichen Kommissionen „of oyer et terminer"[2]) nicht füglich verhandelt werden können.

Ein anderes wichtiges Statut Eduards I. dehnte das Assisen-System, wie es oben beschrieben ist, auf die Kriminal-Prozesse aus. Durch das Statut 27 Eduard I. stat. 1 cap. 3 ist nämlich bestimmt, daß die zur Abhaltung der (Civil-) Assisen in jeder Grafschaft bestimmten Richter nach Beendigung derselben die Gefängnisse der Grafschaften von allen ihren Gefangenen nach der gebräuchlichen Weise entledigen sollen. Der Auftrag zur Entledigung der Gefängnisse („of gaol delivery") war früher den alten Reise-Richtern ertheilt worden; vermöge desselben wurden nun die Assisen-Richter ermächtigt, über jeden Gefangenen verhandeln zu lassen und ihn in Freiheit zu setzen, der irgend eines Verbrechens angeschuldigt, im Gefängnisse saß, als die Richter auf ihrer Rundreise in der Stadt, wo die Sitzungen zu halten waren, ankamen.

Das durch Eduard I. eingeführte System der Prozeßverhandlung vor Assisen wurde durch eine Anzahl von Statuten aus seiner und seiner beiden Nachfolger (Eduard II. und Eduard III.) Regierung weiter ausgebildet. Nach dem Statute 27 Eduard I. stat. 1 cap. 4 sollte das Nisi prius vor einem Richter desjenigen Gerichtshofes, welcher für den Prozeß der kompetente war, verhandelt werden; ungefähr das-

---

[1]) So nach der vom Richter Jermin in dem Prozesse gegen Lilburne wegen Hochverraths (1649) ausgesprochenen Ansicht. Lilburne bezog sich auf eine Stelle in Hydes „Parlamentsreden," wo gesagt ist, jene Spezial-Kommissionen seien unter Heinrich VIII. in Gebrauch gekommen, um die häufigen Aufstände in der Zeit vom siebenundzwanzigsten bis zum dreißigsten Jahre jener Regierung zu unterdrücken, und seien später unter Eduard VI., Maria und Jakob I. beibehalten. In neueren Zeiten sind Spezial-Kommissionen für Prozesse häufig ernannt worden. Das Verfahren ist dabei im Wesentlichen dasselbe wie das der ordentlichen Kommissionen of Oyer et Terminer.

[2]) Commission of „oyer et terminer" wörtlich übersetzt: Die Vollmacht zu hören und zu entscheiden, ist die gewöhnliche Weise der Auftragsertheilung zur Abhaltung einer Assise in einer Kriminalsache, insbesondere außerhalb der „Commission of gaol delivery." Anm. des Uebers.

selbe wurde in dem Statute 12 Eduard II. stat. 1 cap. 3 bestimmt. Diese Beschränkung wurde jedoch durch das Statut 14 Eduard III. stat. 1 cap. 16 aufgehoben, in welchem bestimmt wurde, daß das Nisi prius in einer zur Kompetenz der King's Bench gehörigen Sache vor einem Richter der Common Pleas verhandelt werden dürfe und umgekehrt, und daß, wenn kein Richter aus den gedachten Gerichtshöfen in die Grafschaft käme, das Nisi prius vor dem Chief Baron der Schatzkammer,[1]) wenn dieser ein Jurist wäre, und wenn dieses nicht der Fall, vor einem Assisen-Richter verhandelt werden dürfe, vorausgesetzt, daß dieser letztere Mitglied eines der ordentlichen Gerichtshöfe oder Königlicher Rath (King's Serjeant)[2]) sei.

3. **Das Haus der Lords.** In der Zeit der drei Eduarde hörte auch die allgemeine (nicht bloß auf Appellationen beschränkte) Rechtsprechung des Hauses der Lords auf. Wir haben bereits bemerkt, daß noch lange nach der Einrichtung von zwei Parlaments-Häusern ein großer Theil der Parlaments-Geschäfte in der Aburtelung von Rechtsstreitigkeiten, in der ersten und in der Appellations-Instanz, bestand; das Parlament zählte diese Rechtsprechung zu seiner Kompetenz. Gegen das Ende der Regierung Eduards I. gab das Parlament einen großen Theil seiner Zuständigkeit als Gerichtshof erster Instanz auf, behielt aber als eine besondere Gerichtsbarkeit die eines Revisionshofes (Court of Review) bei.[3]) Wir haben auch gesehen, daß — zufolge Sir Matthew Hale — die Mitglieder des Staatsraths ihre Stimmen

---

[1]) Vergl. über dieses Amt des Präsidenten der Schatzkammer Gneist, Geschichte der Aemter, S. 339, (2. Aufl.)

[2]) Die graduirten Advokaten (Serjeants) werden, wenn ihnen eine besondere Auszeichnung zu Theil werden soll, zu „Königlichen Räthen" — King's Serjeant, jetzt gewöhnlichen King's (oder Queen's) Counsel — ernannt. Die vornehmsten unter diesen sind der Attorney-general und der Solicitor-general. Abgesehen von diesen verleihet die Ernennung zum Queen's Counsel im Wesentlichen nur einen Titel. Vergl. auch unten Kap. 3 zu Nr. 3. Anm. des Uebers.

[3]) Im 18ten Regierungsjahre Eduard's I. erging, „in Erwägung, daß die Leute, welche das Parlament des Königs antreten, zu ihrer eigenen und des Gerichtshofes großen Beschwerde, in Folge der großen Menge von eingereichten Petitionen, von denen die meisten von dem Kanzler und den Richtern abgemacht werden könnten, häufig Verzug und Störung erleiden," eine Parlaments-Ordre, nach welcher die Petitionen zuerst an den Kanzler und die Richter gehen, und daß diese, wenn sie nicht darauf verfügen könnten, dieselben dem Könige und seinem Rathe einreichen sollten. Im Jahre 1666 behauptete das Haus der Lords in dem Streite mit den Gemeinen über den Skinnerschen Prozeß, jene Ordre sei nur eine temporäre gewesen und enthalte keineswegs einen immer wirkenden Verzicht auf alle Gerichtsbarkeit des Oberhauses für Prozesse erster Instanz.

im Parlamente abgaben, obgleich sie um die Zeit Eduards III. bloße Beisitzer der Lords für die richterlichen Geschäfte wurden.[1])

Das Statut 14 Eduard III. cap. 5 erwähnt, es seien viele Uebelstände durch die Verzögerung der Entscheidungen im Kanzleigerichtshofe, in der King's Bench, in den Common Pleas, im Schatzkammergerichte und bei den Richtern des Oyer und Terminer entstanden, und es errichtet einen (seitdem wieder eingegangenen) Gerichtshof, der aus einem Prälaten, zwei Grafen und zwei Baronen, unter Beistand bestimmter Richter, bestehen und gegen solche Verzögerungen einschreiten oder in sehr schwierigen Fällen die Sachen vor das nächste Parlament bringen sollte. Es scheint, daß dieser Gerichtshof eingerichtet wurde, um dem sich daraus ergebenden Mangel abzuhelfen, daß während der langen Zwischenräume zwischen den Parlamentssitzungen kein oberster Appellhof existirte.

4. Der Kanzleigerichtshof. Indem wir unsere Aufmerksamkeit immer noch auf die Periode der ersten drei Eduarde beschränken, finden wir in derselben eine andere Veränderung in der Gerichtsorganisation, welche zum Umsturz der alten feudalen Besitzrechte und zur Aufrichtung neuer Gesetze führte. Am Ende der Regierung Eduards III. fing man nämlich an, fideikommissarische Besitzrechte[2]) an Grundstücken anzuerkennen; dadurch entstand eine besondere Gerichtsbarkeit des Kanzleihofes, welcher diese Besitzrechte schützte, während sie von den Gerichtshöfen des gemeinen Rechts nicht anerkannt wurden. Das Amt des Kanzlers bestand damals schon lange; aber die Obliegenheiten desselben bestanden bis dahin besonders in der Bewahrung des großen Siegels, in der Erlassung von Verfügungen zur Einleitung von Prozessen vor den Gerichtshöfen des gemeinen Rechts,[3]) in der Rathsertheilung an den König und in der Theilnahme an der Verhandlung und Entscheidung der Prozesse, welche beim Parlamente anhängig waren. Die Zeit, zu welcher die besondere Billigkeits-Jurisdiktion des Kanz-

---

[1]) Die heutige, besondere Jurisdiktion des Staatsrathes als eines Appellhofes entstand viel später. Vergl. unten Kap. 7.

[2]) „Trusts," auch „uses" genannt. — Das Nähere darüber, wie sie namentlich zum Besten der Kirchen und Klöster von dem Klerus nach dem Vorbilde der römisch-rechtlichen Fideikommisse eingeführt wurden, vergl. bei Blackstone II., 328 ff. III. 52. Der Uebers.

[3]) Früher wurde nämlich beim Beginne eines jeden Prozesses, welcher bei den oberen Gerichtshöfen des gemeinen Rechts anhängig wurde, eine Verfügung aus den Bureaux des Kanzlers an den Sheriff der betreffenden Grafschaft erlassen, daß er dem Beklagten befehlen solle, entweder den Kläger klaglos zu stellen, oder in einem jener Gerichtshöfe zu erscheinen.

lers entstand, ist der Gegenstand einer Kontroverse; sie kann aber wohl nicht mit Bestimmtheit angegeben werden, weil jene Jurisdiktion sich sehr allmählig ausbildete. Schon aus den Zeiten Eduards I. und Eduards II. haben wir unzweideutige Beweise von einer Gerichtsbarkeit der Kanzlei in Civilsachen; denn häufig wurden damals Petitionen an den König, welche solche Sachen betrafen, an den Kanzler oder an den Master of the Rolls [1]) zur Erledigung abgegeben. Die neueren Forschungen über die englische Rechtsgeschichte scheinen die Ansicht Blackstone's zu bestätigen, daß die Entstehung des Kanzleigerichtshofes als eines selbständigen Tribunals, welches nach eigenen Prozedurnormen und eigenen Rechtsgrundsätzen verfährt, in die Zeit Eduards III. verlegt werden muß.[2])

5. Die geistlichen Gerichte. Eine weitere, die Gerichtsverfassung betreffende Aenderung derselben Epoche war die Ordnung der Jurisdiktion der geistlichen Gerichte. Wir haben bereits erwähnt, daß der Eroberer diese Jurisdiktion anerkannte, und daß sie durch die Kon-

[1]) Dieser ist im Mittelalter der Bureauchef des Lord Kanzlers. Vergl. Gneist, Geschichte der Aemter S. 522. (I. Aufl.). Anm. des Uebers.

[2]) Es ist die Ansicht aufgestellt worden, daß durch das Statut 28 Eduard I. stat. 3 (Articuli super Chartas — 1300 —) ein Billigkeitsgerichtshof eingerichtet sei, weil dort (cap. 5) bestimmt worden: „Der König will, daß der Kanzler und die Richter der King's Bench ihm folgen sollen, damit er alle Zeit einige Rechtskundige um sich habe, welche alle solche Angelegenheiten, wie sie zu allen Zeiten an den Hof gelangen können, gehörig ordnen mögen, wenn es nöthig ist." Aber dies bezieht sich, so weit es den Kanzler angeht, wohl nur auf seine Pflichten als Minister. Eine besondere Gerichtsbarkeit wurde durch das Statut 36 Eduard III. stat. 1 cap. 9 dem Kanzler übertragen; aber diese betrifft nur die Erledigung der Beschwerden, welche auf den vorhergehenden Artikeln jenes Statutes beruhen, und diese letzteren betreffen hauptsächlich nur die Verpflichtungen der Lieferanten des Königs. Coke, welcher die Jurisdiktion des Kanzleihofes mit entschiedener Feindseligkeit betrachtet, will ihren Anfang erst in die Zeit Richards II. verlegen. Indessen geht aus einer Petition der Gemeinen aus dem fünfundvierzigsten Regierungsjahre Eduards III. klar hervor, daß dem Kanzler schon vorher eine besondere Jurisdiktion zugestanden hatte. Diese Petition verlangt, „daß künftig kein Prozeß in der Kanzlei verhandelt werden möge, wenn er nicht den König direkt angeht oder der Gegenstand desselben die Gerichtsbarkeit der Kanzlei betrifft, und daß alle dort schon anhängigen Prozesse an die Gerichtshöfe des gemeinen Rechts abgegeben werden mögen, und daß Niemand, der bei den letzteren oder bei dem Staatsrathe eine Klage erhebt, vergebens auf die ihm gebührende Abhülfe für seine Beschwerde warten möge." — Diese Petition anerkennt also, daß es Sachen giebt, welche der Gerichtsbarkeit des Kanzlers unterliegen — vielleicht die in dem Statute 27 Eduard III. cap. 26 betreffend die Kaufleute, und in dem oben citirten Statute 36 Eduard III. stat. 1 erwähnten.

stitutionen von Clarendon beschränkt wurde. Der Umfang der besonderen geistlichen Gerichtsbarkeit war vor und lange nach diesen Konstitutionen der Gegenstand heftigen Streites zwischen dem Klerus einerseits und dem Parlamente und den Gerichtshöfen des Staats andererseits. Wiederholt kamen Kollisionsfälle zwischen den Richtern und den Bischöfen über die Gerichtsbarkeit der letzteren vor, und die Gerichtshöfe erließen häufig „Prohibitionen" gegen Prozesse, welche in den geistlichen Gerichten anhängig gemacht waren, aber nach den Gesetzen nicht zur Kompetenz der letzteren gehörten. Im Anfange der Regierung Eduards I. wurde eine Parlaments-Akte erlassen, welche den Titel führt: Prohibitio formata de statuto Articuli Cleri; in derselben sind die Sachen aufgezählt, welche zur Kompetenz der weltlichen Gerichte gehören; den geistlichen Gerichten (Courts Christian) verblieben danach nur die Testaments-, Ehe- und die Spiritualien betreffenden Sachen. Unter derselben oder der folgenden Regierung [1]) erwirkte der Klerus das Statut Circumspecte Agatis, durch welches die Jurisdiktion der geistlichen Gerichte, ohne Abweichung von dem früheren Statute, näher bestimmt und in welchem die Richter angewiesen wurden, die geistlichen Gerichte, wenn sie Bußen für eine Todsünde auferlegten, die Kirchhöfe schützten und andere in dem Statute bezeichnete Kirchensachen behandelten, in ihrer Gerichtsbarkeit unangefochten zu lassen. Ferner wurde die geistliche Gerichtsbarkeit noch in den Articuli Cleri (9 Eduard II. stat. 1 — 1315 —) näher bestimmt. Dennoch nahmen die Streitigkeiten zwischen den weltlichen und den geistlichen Gerichten kein Ende. Unter Eduard III. (1327) beklagten sich die Gemeinen, daß Personen, welche in aller Form Rechtens angeklagt und zur Untersuchung gezogen seien, nachher in den geistlichen Gerichten gegen die Ankläger Entschädigungsklagen wegen Verleumdung anstellten, — worauf verordnet wurde, daß gegen solche in den geistlichen Gerichten angestellte Klagen auf Anrufen ein Prohibitions-Dekret gewährt werden solle. Nach dem Statute 25 Eduard I. stat. 3 cap. 4 (1350) sollten Clerks, mochten sie bei geistlichen oder weltlichen Behörden beschäftigt sein, wenn sie einer, nicht gegen den König gerichteten, Felonie oder eines Verrathes gleicher Art von weltlichen Richtern schuldig befunden würden, an ihre Ordinarien zur Bestrafung ausgeliefert werden. Endlich wurden durch das Statut 50

[1]) Das Statut Circumspecte Agatis soll nach Einigen, im dreizehnten Regierungsjahre Eduards I. erlassen sein, nach Anderen, und mit mehr Wahrscheinlichkeit, im neunten Regierungsjahre Eduards II.

Eduard III. cap. 4, welches einem früheren Statute desselben Königs eine erweiterte Wirksamkeit gab, zum Schutze der Jurisdiktion der geistlichen Gerichte der Kanzler und die Oberrichter autorisirt, zur Fortsetzung von Prozessen in den geistlichen Gerichten, gegen welche Prohibitionen zu Unrecht ergangen waren, dann zu ermächtigen, wenn sie der Ansicht wären, daß diese Prozesse zur Kompetenz der geistlichen Gerichte gehörten; und dann sollte eine fernere Prohibition gegen diese Prozesse unstatthaft sein.

6. Die Lokal-Gerichtshöfe. Wir haben gesehen, wie wichtig die lokale Rechtspflege in der angelsächsischen Zeit war, und daß nach der Eroberung den Reichsgerichten eine allgemeine Gerichtsbarkeit in Betreff der Civilsachen beigelegt wurde. Die lokale Rechtspflege hörte aber deshalb nicht auf. Die Lokalgerichte waren bis zur Zeit Eduards I. namentlich das Grafschaftsgericht (County Court), der Sheriffsturn (Sheriff's Tourn) und das Ortspolizeigericht (Court Leet) oder das Freipflegegericht.[1]) Ueber die Sitzungen der letzteren ertheilt die Magna Charta, wie sie von Heinrich III. bestätigt war, nähere Bestimmungen. Das Grafschaftsgericht war das alte Schyremote, welches, wie wir gesehen haben, nach der Eroberung eines großen Theiles seiner Rechte und seines Ansehens beraubt worden war. In diesem Gerichte waren die Freisassen die wirklichen Richter; der Sheriff war darin nur ministerieller Beamter. Der Sheriffsturn war das Rundreisegericht des Sheriffs, vermöge dessen er in den verschiedenen Theilen seiner Grafschaft zu Gericht saß. Das Ortspolizeigericht war ein in einer Hundertschaft, einer Herrschaft oder auf einem Gute durch ein dem Herren der Hundertschaft oder des Gutes verliehenen Freibrief eingesetztes Gericht. Diese Gerichtshöfe hatten für minder wichtige Sachen Civil- und Kriminal-Gerichtsbarkeit. Unter Eduard I. wurde bestimmt, die Sheriffs sollten in ihren Grafschaften, wie früher, Prozesse wegen Rechtsverletzungen (of trespass) vor sich verhandeln lassen, und diese Prozesse sollten nicht vor die Gerichtshöfe des Königs gebracht werden, wenn der Werth des Streitgegenstandes nicht wenigstens vierzig Schillinge betrüge. Die Prozesse wegen Rechtsverletzun-

[1]) Im gewöhnlichen Sinne waren „frank pledge" (Freipflege) und „Leet" (Ortsgericht) synonym; in der Magna Charta ist jedoch „free pledge" in einem engeren Sinne gebraucht; das Wort bezieht sich dort nur auf den Theil der Geschäfte des Ortsgerichtes, welche Stellung von Bürgschaften (oder „free pledges" — „franeplegia") — für Wohlverhalten — für jede unter der Gerichtsbarkeit des Ortsgerichts stehende Person betrifft. — [Vergl. Gneist, Kommunalverfassung Bd. 1. S. 68 ff. S. 89 ff. S. 94. Der Uebers.]

gen (of trespass) und wegen Schulden wurden auch in den Grafschaftsgerichten, den Gerichten der Hundertschaften, den Gutsgerichten (Court Baron) und ähnlichen verhandelt, wenn die Schuld oder die geforderte Entschädigung weniger als vierzig Schillinge betrug. Bei den Verhandlungen konnten Geschworene zugezogen werden, und gegen die Urtheile war die Appellation an die Gerichtshöfe des Königs zuläßig.

Die wichtigste Neuerung der Epoche der drei Eduarde in Betreff der niederen Gerichtsbarkeiten war die Anstellung von Grafschafts-Friedensrichtern (county-justices of the peace), welche von dem Könige ernannt wurden, um den Frieden in ihren Grafschaften aufrecht zu erhalten. Es ist behauptet worden, es seien solche Friedensrichter zum ersten Male von der Krone im ersten Regierungsjahre Eduards III. bestellt worden.[1]) Wie dem auch sein mag, so viel scheint sicher zu sein, daß bis zur Zeit Eduards III. diese Beamten nur Bewahrer des Friedens waren, und kein Recht hatten, Verbrechen zu bestrafen. Dieses Recht scheint ihnen durch das Statut 2 Eduard III. cap. 6 verliehen zu sein; dieses erwähnt: die ernannten Richter hätten nach dem Statute von Westminster Gesetzwidrigkeiten untersuchen und darüber an den König im Parlamente berichten sollen; diese Bestimmung sei ohne Erfolg gewesen; deshalb wird bestimmt, daß die Richter „berechtigt sein sollen, die Ungehorsamen und Widerspänstigen zu bestrafen." Ihre Befugnisse wurden durch das Statut 34 Eduard III. cap. 1 bedeutend erweitert. Dieses bestimmte: in jeder Grafschaft sollten zur Aufrechterhaltung des Friedens ein Lord und drei oder vier

---

[1]) 1 Eduard III. stat. 2 cap. 16: „Zur besseren Aufrechterhaltung und Bewahrung des Friedens will der König, daß in jeder Grafschaft gute und gesetzmäßige Männer, welche nicht die Unordnung begünstigen oder Zänkereien in der Grafschaft anstiften, angestellt werden, um den Frieden aufrecht zu erhalten." — Blackstone sagt, bei Gelegenheit dieses Statuts sei die Wahl der Friedensbewahrer dem Volke genommen und auf den König übertragen, indem das „Anstellen" so verstanden sei, daß es durch eine Bestallung von Seiten des Königs geschehen sollte. (Kommentar I. 351). — Zur Zeit der Eroberung hatten die Herren der Städte (Lords of the Townships) ein Recht, welches: das Recht, den Dieb einzufangen (of Infang Thief), genannt wurde und eine summarische Bestrafung von Verbrechern, die auf frischer That ergriffen waren, zuließ. Als aber die Regierungsgewalt sich konsolidirte, unterdrückten die obersten Gerichtshöfe derartige territoriale Privilegien, und die überwiegende Autorität der königlichen Richter und Friedensbewahrer verursachte ihren gänzlichen Verfall. Nach Eduard III. ist nur ein Beispiel der Uebung jenes Privilegiums des „Infang Thief" bekannt: in Halifax blieb es nämlich mit einer auf angelsächsischen Rechtsgewohnheiten begründeten Gerichtsverfassung bis in eine verhältnißmäßig neuere Zeit hinein bestehen.

andere Personen bestellt werden, welche unter Anderem das Recht haben sollten, auf Betreiben des Königs über alle in der Grafschaft begangene Felonien und Rechtsverletzungen zu Gericht zu sitzen und darüber zu urtheilen; und es sollten ihnen Dekrete of Oyer and Terminer gewährt werden. Jedoch ließen diese Richter nur selten, wenn überhaupt jemals, über bedeutendere Verbrechen als geringe Felonieen verhandeln; denn ihre Vollmacht bestimmte auch: in schwierigeren Sachen sollten sie nur in Gegenwart eines der Richter des Königs das Urtheil fällen. Um dieselbe Zeit wurde bestimmt, daß die Friedensrichter in ihrer Grafschaft alljährlich vier regelmäßige „Quartals-Sitzungen," außerdem aber noch nach Bedürfniß Sitzungen halten sollten.

Die wesentlichen Theile der englischen Gerichtsverfassung rühren hiernach aus den Zeiten der ersten drei Eduarde her. Seitdem sind andere Gerichte geschaffen worden; aber sie haben meistens die Probe der Zeit nicht bestanden, weil sie zur Verwaltung der Justiz nach dem englischen Rechte nicht paßten. Dagegen ist die von Eduard I. eingeführte und von seinen unmittelbaren Nachfolgern verbesserte Gerichtsorganisation, ohne daß sie auf die Dauer irgend eine wesentliche Aenderung erlitten hätte, bis auf den heutigen Tag von Bestand geblieben.[1])

Wenngleich der Krone vermöge ihrer Prärogative das Recht zusteht, neue Gerichtshöfe zu errichten, so muß doch die Prozedur dieser Gerichtshöfe den Grundsätzen des gemeinen Rechts (Common Law) entsprechen; Abweichungen von denselben kann nur das Parlament anordnen.

Die ungeschriebenen Maximen und Gebräuche, welche ursprünglich das gemeine Recht (Common Law) ausmachten, haben über Menschengedenken hinaus, schon vor der Normannischen Eroberung bestanden. Um die Zeit der letzteren machte der Klerus große Anstrengungen, um Grundsätze des alten römischen Civilrechts in England zur Anerkennung zu bringen und sie mit lehnsrechtlichen Gewohnheiten zu verschmelzen. Streitig ist es, wie weit das vornormannische Recht aus diesem Civilrechte entlehnt war. Die alten Lehrer und Richter des Common Law bestritten jede Verbindung zwischen beiden Rechtsquellen, und machten kein Geheimniß aus ihrer herzlichen

[1]) Blackstone hat in dem letzten Kapitel seines Kommentars viele von den großen Verbesserungen aufgezählt, welche Eduard I. für das englische, namentlich für das gemeine Recht, einführte; aber so wichtig diese Aenderungen auch sind, so enthalten sie doch nur einen Theil der völligen Neubildung der Judikatur, welche in jener Epoche erfolgte.

Feindschaft gegen das römische Civilrecht. Indessen geht doch aus einer Vergleichung beider Systeme hervor, daß das Common Law zu dem römischen Rechte in manchen Beziehungen stand;[1]) dies ist ohnehin wahrscheinlich, wenn man bedenkt, daß die lange Besetzung Englands durch die Römer nothwendig ihren Einfluß auf das Recht ausgeübt haben muß. Wie dem aber auch sein mag, sicher ist es, daß nach der Eroberung der Klerus eifrig bemühet war, das römische Civilrecht einzuführen, und daß man von Seiten der Laien ebenso eifrig bemühet war, diese Einführung zu verhindern. Das Volk, welches die Folgen der Normannischen Neuerungen schon drückend genug in einem Lande empfunden hatte, in welchem bis dahin ein mildes und rationelles Rechtssystem bestanden hatte, hing ferner fest an den Satzungen des Common Law.

Parlament wie Volk widersetzten sich der Einführung des römischen Rechts. Ein Beispiel dieses Widerstandes ist das oft angeführte, durch das Statut von Merton (1235) beurkundete. Die Prälaten wünschten ein Gesetz, nach welchem, in Uebereinstimmung mit dem kanonischen Rechte, uneheliche Kinder, welche von später mit einander verheiratheten Eltern erzeugt waren, durch die nachfolgende Ehe für legitimirt erachtet werden sollten. Die Grafen und Barone verweigerten ihre Zustimmung zu einem solchen Gesetze. „Una voce responderunt, quod nolunt leges Angliae mutare, quae usitatae sunt et approbatae."

Die älteren Statute enthalten reichlichen Beweis für das Festhalten des Parlaments an der Forderung, daß Civil- und Kriminal-Sachen nach den Vorschriften des Common Law behandelt werden sollten. So sollte nach der bereits erwähnten Klausel der Magna Charta Heinrichs III. kein Freier seiner Freiheit oder seines Eigenthums anders beraubt werden können, als durch ein gesetzmäßiges Urtheil seiner Standesgenossen oder durch das Gesetz des Landes (nisi per legale judicium parium suorum vel per legem terrae).[2]) Das Statut 25 Eduard III. st. 5 cap. 4, welches auf das zuletzt

[1]) „Ein Verdacht, der durch die häufigen Citate Justinians bei Bracton und Fleta wohl begründet ist." (Blackstone) „Ein deutlicher Beweis des indirekten guten Einflusses, welchen unser gemeines Recht den römischen Rechtsbüchern zu verdanken hat." (Spence).

[2]) Reeves übersetzt diese Worte: — „Das Urtheil seiner Standesgenossen (peers) oder ein anderes dem Gesetze und dem Falle entsprechendes Verfahren." Der Unterschied zwischen judicium parium und Geschworenengericht ist unter Buch 2 Kap. 3 erwähnt.

citirte Statut Bezug nimmt, verordnet, „daß fortan Niemand mehr auf eine an unseren Herrn, den König oder an seinen Rath gerichtete Petition oder Anzeige anders verhaftet werden soll, als in Folge eines ordnungsmäßigen Beschlusses oder eines Berichtes guter und rechtschaffener Männer aus der Nachbarschaft des Ortes der That oder in Folge einer nach gemeinem Rechte erhobenen Anklage; und daß Niemand seines freien Besitzes entsetzt werden soll, wenn er nicht ordnungsmäßig zur Vertheidigung aufgefordert und wenn er darauf nicht durch Urtheil in der Form Rechtens desselben für verlustig erklärt ist." Nach dem Statute 28 Eduard III. cap. 3 soll Niemand, weß Standes oder Ranges er auch sein mag, aus seinem Grund und Boden oder Besitzthum entsetzt, oder verhaftet, oder eingekerkert, oder seines Erbrechts für verlustig erklärt oder hingerichtet werden, ohne daß er in gehörigem Wege Rechtens sich hätte verantworten können.

Obgleich diese Statute klärlich die Errichtung von Gerichtshöfen untersagten, deren Grundsätze und Verfahren nicht dem Common Law entsprächen, so wurden dennoch später verschiedene solcher Tribunale eingesetzt; man wich von dem reinen Common Law in der Art ab, daß man in den verschiedenen Gerichtshöfen, welchen theils nur lokale, theils eine allgemeine Gerichtsbarkeit beigelegt war, verschiedene Rechtsnormen zur Anwendung brachte. Die Gerichtsbarkeit der geistlichen Gerichte, welchen das römische und das kanonische Recht[1]) zur Norm diente, war, wie wir gesehen haben, durch Parlaments-Akte geordnet. Die Schifffahrts-Gerichte, welche auch theilweise römisches Recht anwenden, betrachtete man wahrscheinlich von den die Anwendung des Common Law vorschreibenden Statuten eximirt, weil dieselben — nämlich das Admiralitätsgericht und der die höhere Instanz für dasselbe bildende Appellhof — über Rechtsverletzungen urtheilten, welche auf der See oder in Gegenden außerhalb des Bereiches des Common Law, aber innerhalb der Gerichtsbarkeit des Admiralitätsgerichts stattgefunden hatten. Das Parlament erkannte die Jurisdiktion auch dieses Gerichts schon früh an. Das Statut 13 Richard II. stat. 1

[1]) Neben den päbstlichen Dekreten-Sammlungen ist ein Theil des kanonischen Rechts, welches zur Anwendung kam, englischen Ursprunges, nämlich so weit es aus Konstitutionen der Landes- oder Provinzial-Synoden der englischen Kirche, welche vor der Reformation gehalten wurden, bestand. Die Gültigkeit des kanonischen Rechts in England beruhet auf dem Statute 25 Heinrich VIII. cap. 19, nach welchem bis zu einer durch das Statut angeordneten (aber niemals zu Stande gekommenen) Revision des kanonischen Rechts die bestehenden Canones etc. in Anwendung gebracht werden sollten, so weit sie dem Landesrechte nicht widersprächen.

cap. 5 erwähnt, daß das Admiralitätsgericht zum Nachtheile des Common Law sich Uebergriffe erlaubt habe, und bestimmt dann, daß die Admiräle oder ihre Stellvertreter fortan sich nicht in Dinge einmischen sollen, „welche in dem Königreiche vorgekommen sind, sondern nur Sachen vor sich ziehen dürfen, welche Ereignisse auf der See betreffen, wie es der Gebrauch in der Zeit des edlen Fürsten, Königs Eduard, Großvaters unseres Herrn, des jetzigen Königs, gewesen ist."

Das wichtigste Beispiel einer Gerichtsstelle, welche nach der Magna Charta begründet ist, welcher aber die Regeln des Common Law nicht zur ausschließlichen Richtschnur dienten, war das Kanzleigericht (Court of Chancery). Die Billigkeits-Jurisdiktion des Kanzlers nahm in großem Umfange das römische Recht zur Richtschnur, und erfuhr deshalb seitens der Gemeinen vielen Widerstand. Wir haben gesehen, daß die letzteren bei Eduard III. petitionirten, gewöhnliche Civilprozesse möchten nach gemeinem Rechte, und nicht in der Kanzlei oder im Staatsrathe verhandelt werden. Unter Richard II. währte der Streit zwischen den Gemeinen und dem Kanzleihofe fort. Im dreizehnten Jahre seiner Regierung (1389) petitionirten die Gemeinen, daß der Kanzler oder der Rath des Königs sich nicht in Sachen einmischen möchten, in denen das gemeine Recht Abhülfe gewähre. Der König antwortete darauf: er werde seine königliche Würde aufrecht erhalten, wie es seine Vorfahren gethan hätten; und viele ähnliche Petitionen hatten dasselbe Schicksal. Endlich wurde ein Statut erlassen, welches die Gerichtsbarkeit des Kanzleihofes anerkannte, indem es dieselbe in gewisse Schranken einschloß. Das Statut 17 Richard II. cap. 6 (1393) bestimmte: da Leute vor den Rath des Königs oder vor die Kanzlei in Folge von unwahren Klagen geladen würden, so sollte der Kanzler sofort, nachdem die Angaben sich als unwahr erwiesen hätten, den unrechtmäßig verfolgten Parteien nach seinem Ermessen Entschädigungen zusprechen. Das Statut 31 Heinrich VI. cap. 2 (1452) erkannte die Gerichtsbarkeit des Kanzlers gleichfalls an und erweiterte sie in einzelnen Beziehungen. Es erhellt, daß die Jurisdiktion des Kanzleihofes ursprünglich auf der Prärogative des Königs beruhete, aber zuletzt durch indirekte Anerkennung seitens der Legislatur bestätigt wurde.

Eine andere nicht von den Normen des Common Law abhängige Jurisdiktion übte die Sternkammer; ihre ursprünglich ebenfalls auf der königlichen Prärogative beruhende Gerichtsbarkeit wurde, wie wir gesehen haben, unter Heinrich VII. durch ein Statut erweitert. Ein weiteres Beispiel der Nichtberücksichtigung des Common Law war ein Statut aus derselben Regierung (11 Heinrich VII. cap. 3), welches Assisen- und Friedens-Richter ermächtigte, über alle Vergehen, — mit Ausnahme von Verrath, Mord und Felonie — auf Information, ohne die regelmäßigen Formen des Auflage-Prozesses auf Betreiben des Königs zu entscheiden; dieses Statut wurde jedoch im ersten Jahre der folgenden Regierung wieder aufgehoben. Ferner war der Court of Requests, welcher unter Heinrich VIII. errichtet wurde, von dem Common Law eximirt. Dieses Tribunal entstand durch den Staatsrath als ein Billigkeits-Gericht für arme Parteien; seine Gerichtsbarkeit war zweifellos eine ungesetzliche, bis sie durch das Statut 3 Jakob I. cap. 15 bestätigt wurde.[1])

Die Geschichte der Gerichte der Universitäten Cambridge und Oxford giebt einen deutlichen Beweis für den wichtigen, staatsrechtlichen Grundsatz, daß der König, wenngleich er neue Gerichtshöfe einsetzen kann, doch durch das Errichtungs-Patent das anzuwendende Recht nicht ändern darf. Wegen dieses Grundsatzes hielt man nämlich die alten Freibriefe, welche den Universitäten Gerichtsbarkeit beilegten, für ungültig, und deshalb wurde unter Elisabeth eine Parlaments-Akte (13 Elisabeth cap. 29) erlassen, welche alle jene Freibriefe bestätigte. Diese „gesegnete Akte" — wie Sir E. Coke sie nennt — stellte das Privileg außer Zweifel und Anfechtung. Sir Matthew Hale läßt sich über die Bedeutung des gemeinen Rechts und jener Parlaments-Akte ausführlicher so aus: „Obgleich König Heinrich VIII. im vierzehnten Jahre seiner Regierung der Universität einen Freibrief mit einem unbeschränkten Privileg, nach dem Gebrauche der Universität d. h. in einer dem römischen Rechte sich vielfach nähernden Weise Recht zu sprechen, verliehen hatte, so war doch jener Freibrief nicht ausreichend,

[1]) Ursprünglich war dieser Gerichtshof der Staatsrath selbst. Unter Heinrich VIII. wurde er aus den Lord Geheimsiegel-Bewahrer und den Masters of Requests zusammengesetzt, welche wie die Masters in Chancery — gewöhnlich Doktoren des römischen Rechts waren. Er hielt bis zum einundvierzigsten Regierungsjahre Elisabeths regelmäßig seine Sitzungen. Damals aber wurde er, weniger glücklich als die ihm verwandten Gerichte, in seinem Ansehen und seiner Autorität durch eine Entscheidung der King's Bench vernichtet; die letztere erließ nämlich ein Urtheil, in welchem sie aussprach, der sogenannte „Court of Requests oder das Whitehall" sei kein Gerichtshof, dem richterliche Befugnisse zuständen. — Bacon sagt in seiner Geschichte Heinrichs VII.: in Angelegenheiten des Staates habe dem Rathe des Königs stets eine hohe und unveräußerliche Kompetenz zugestanden; wenn diese Angelegenheiten Kriminalsachen betroffen hätten, so habe der Staatsrath in einem Zimmer, genannt die Sternkammer, wenn sie Civilsachen betroffen hätten, in der Weißen Kammer oder Whitehall gesessen.

um dazu ohne Hülfe einer Parlaments-Akte zu berechtigen. Deshalb wurde im dreizehnten Regierungsjahre Elisabeths eine Akte erlassen, durch welche jenem Freibriefe Gesetzeskraft verliehen wurde. Daher kommt es, daß die Universität noch heutigen Tages [1]) selbst in Sachen, welche an sich nach gemeinem Rechte zu behandeln sein würden, nach einer Art (römischen) Civilrechts verfährt, wenn eine der Parteien privilegirt ist."

Das letzte hier anzuführende Beispiel von Tribunalen, welche nicht nach dem Common Law verfahren, — und zwar ein sehr wichtiges — bilden die Kriegsgerichte (Courts Martial). Aus der älteren Geschichte dieser Gerichte sollen hier nur wenige Thatsachen erwähnt werden. Die Verfassung Englands gestattet für das Heer ein von dem gemeinen Rechte verschiedenes Militär-Recht. Aber wie alle nicht von dem gemeinen Rechte abhängigen Gerichte, wurden die militärischen Tribunale stets mit Mißtrauen betrachtet und durch ältere Statute beschränkt. Denn dem militärischen Rechte wird nur wegen der Nothwendigkeit der Disziplin der Armee ein Platz eingeräumt; es darf daher in Fällen, welche zur Kompetenz der ordentlichen Gerichtshöfe gehören, nicht angewendet werden. Deshalb wurde auch das gegen Thomas, Grafen von Lancaster, zu Pontefract im fünfzehnten Regierungsjahre Eduards II. nach Kriegsrecht ergangene Urtheil unter Eduard III. (1327) aufgehoben, weil es in Friedenszeiten ergangen war.[2]) Die Militärgerichte wurden damals von dem Constable und dem Marshal gehalten. Unter Richard II. (1389) beschwerten sich die Gemeinen darüber, daß das Gericht des Constable und des Marshal in die Civil-Jurisdiktion des Common Law übergegriffen habe; und es wurde deshalb ein deklaratorisches Statut erlassen, wonach die Jurisdiktion des Constable sich nur erstrecke „auf Kontrakte betreffend Waffen und die Kriegführung außerhalb des Königreiches, sowie auf solche Angelegenheiten der Kriegführung im Inlande, welche nach gemeinem Rechte nicht verhandelt und entschieden werden können." Dies bezog sich auf die Civil-Jurisdiktion des Constable. Aber dieser Ge-

[1]) Die Akte 17 und 18 Victoria cap. 81 s. 45 hat seitdem bestimmt: „Das Gericht des Vice-Kanzlers von Oxford soll in allen Rechtssachen nach dem gemeinen und dem Statuten-Rechte des Königreiches und nicht nach den Regeln des (römischen) Civilrechts verfahren."

[2]) Ein Statut aus demselben Jahre (1 Eduard III. stat. 2 cap. 15) erwähnt: Unter der Regierung des Vaters des Königs hätten sich viele Personen schriftlich verpflichtet, dem Könige mit Waffengewalt beizustehen, und es verbietet für die Zukunft die Uebernahme solcher Verpflichtungen.

richtshof hatte auch Kriminal-Jurisdiktion, und zu seiner Kompetenz gehörten alle Anklagen wegen Verbrechen, die außerhalb des Königreiches begangen waren. Er verfuhr nach (römischem) Civilrecht. Nach dem Statute 1 Heinrich IV. cap. 14 sollten alle Anklagen wegen Verbrechen, welche innerhalb des Königreiches begangen waren, nach dem Rechte des Königreiches, und alle Anklagen wegen Verbrechen, welche außerhalb desselben begangen waren, bei dem Constable und dem Marshal verhandelt und entschieden werden.[1])

Das Amt des Hoch-Constable (High Constable) wurde unter Heinrich VIII. abgeschafft, und sowohl die Civil- wie die Kriminal-Gerichtsbarkeit des Court of Chivalry ist längst gänzlich in Vergessenheit gekommen. Im dritten Regierungsjahre Karls I. beschwerte sich das Parlament darüber, daß der König Kommissäre ernannt habe, welche Soldaten und Matrosen innerhalb des Landes wegen Verbrechen nach Kriegsrecht bestrafen, und den Prozeß gegen dieselben nach den zu Kriegszeiten gebräuchlichen Normen verhandeln lassen sollten. Die Petition of Right aus dem dritten Regierungsjahre Karls I. beruft sich auf die Bestimmungen der Magna Charta und andere Statute, welche durch Einsetzung jener Kommissionen verletzt seien, fordert die Aufhebung der letzteren und spricht die Erwartung aus, daß in Zukunft dergleichen nicht wieder ernannt würden.

Heut zu Tage werden die Kriegsgerichte durch die jährliche Mutiny-Akte sanktionirt. Die erste solcher Akte ging im Anfange der Regierung Wilhelms III. durch (1 Wilhelm und Maria sess. 1 cap. 5 — 1688 —) und ist betitelt: „Eine Akte, betreffend die Bestrafung der Offiziere und Soldaten, welche Meuterei anstiften oder aus dem Dienste Ihrer Majestäten desertiren, gültig bis November 1689 und nicht länger.“ Das System, nach welchem alljährlich eine Mutiny-Akte erlassen wird, ist seitdem bis heute beibehalten worden. Diese

---

[1]) Blackstone sagt, der Court of Chivalry habe, wenn der Lord High Constable zusammen mit dem Earl Marshal als Kriminalgericht Sitzung gehalten hätte, Gerichtsbarkeit in Prozessen über Leben und Glieder gehabt, wenn diese Prozesse aus Fehde-Angelegenheiten oder im Kriege begangenen Thaten entstanden seien, wobei es gleichgültig gewesen sei, ob dieselben sich außerhalb des Königreiches oder innerhalb desselben zugetragen hätten. — Die Gerichtsbarkeit des Earl Marshal mit oder ohne Theilnahme des Constable ist der Gegenstand einer alten Kontroverse gewesen. — Coke sagt: Wenn ein Mann in Frankreich tödtlich verwundet ist und in Folge dieser Verwundung in England stirbt, so könne er nach dem oben citirten Statute 1 Heinrich IV. cap. 14 angeklagt werden, wogegen ein solches Verbrechen nach gemeinem Rechte nicht strafbar sei. Gegenwärtig ist es jedoch nach dem Statute 9 Georg IV. cap. 31 s. 8 strafbar.

Akten erwähnen zunächst: „Niemand kann in Friedenszeiten an Leib oder Leben innerhalb dieses Reiches nach Kriegsrecht oder in anderer Weise verurtheilt oder bestraft werden, als durch das Urtheil seiner Standesgenossen und nach den bekannten und feststehenden Gesetzen des Königreiches." Darauf autorisiren sie die Krone, Kriegs-Artikel für das Heer zu erlassen, bestimmen die Personen, welche denselben unterworfen sein sollen, und ermächtigen die Krone, Kriegsgerichte zur Verhandlung der Strafprozesse gegen Personen, welche in der Armee dienen, zusammentreten zu lassen. Aehnliche Befugnisse werden den Lords der Admiralität über die Matrosen und ihre Offiziere durch eine andere jährliche Akte, „betreffend die Ordnung Ihrer Majestät Marine, so lange sie am Lande ist," übertragen.

Drittes Kapitel.

Die Aemter in der Justiz.

Zu jeder Gerichtsverhandlung gehören mindestens drei Personen: actor, reus und judex; der actor oder Kläger oder Ankläger, welcher sich über ein zugefügtes Unrecht beklagt; der reus oder Beklagte (Angeklagte), welcher dafür aufkommen soll; und der judex oder Vertreter der richterlichen Gewalt, welcher die Wahrheit der behaupteten Thatsachen ermitteln, das auf die Thatsachen anzuwendende Gesetz bestimmen, und wenn ein Schaden zugefügt ist, die Mittel zur Abhülfe feststellen soll. Nach englischem Rechte liegen die Funktionen des judex nicht in allen Fällen allein den Richtern ob; sondern sie sind in vielen Fällen zwischen ihnen und den Geschworenen in einer unten näher zu erörternden Weise getheilt. Auch sind die Prozeß-Parteien in der Regel nicht genöthigt, ihre Rechte selbst zu verfolgen oder zu vertheidigen, sondern sie können sich durch Advokaten und Attorneys vertreten lassen. Endlich sind bei allen Gerichten verschiedene, den letzteren untergeordnete Beamte zum Beistande für die Richter und zur Vollstreckung ihrer Urtheile angestellt. Wir müssen deshalb die Funktionen folgender Personen betrachten: 1) Der Richter. 2) Der Geschworenen. 3) Der Advokaten (counsel) und der Attorneys. 4) Der untergeordneten Beamten der Gerichte. Dabei werden wir uns möglichst auf die Bestimmungen beschränken, welche von staatsrechtlichem Interesse sind.

1. Die Richter. Ein Richter in der weitesten Bedeutung des

Wortes ist eine Person, welche von Amtswegen in Civil- und Kriminalsachen Prozeßverhandlungen anzuhören und Rechtsstreitigkeiten in einem Gerichtshofe zu entscheiden hat. Aber das englische Recht läßt in vielen Fällen über Thatfragen in anderer Weise entscheiden als über Rechtsfragen, indem es die letzteren den eigentlichen Richtern zuweist, über die ersteren dagegen in anderer Art, namentlich durch Geschworene urtheilen läßt.[1]) In ganz ähnlicher Weise waren die Funktionen des Magistrates und des Richters (judex) zur Zeit der römischen Republik von einander getrennt: der erstere untersuchte die Rechtsfrage, der letztere die Thatfrage. Wenn der Magistrat die Rechtsfrage und die Thatfrage zu seiner Kognition zog, so verfuhr er „extra ordinem." Aehnlich entscheidet in vielen englischen Tribunalen derselbe Richter sowohl über die Rechts- als über die Thatfrage, wie wir bei Besprechung der einzelnen Gerichtshöfe sehen werden.

Die am häufigsten in Betreff des Unterschiedes in den Funktionen des Richters und der Jury citirte Auktorität ist die folgende Stelle aus Sir Eduard Coke, in welcher er nach Besprechung der Qualifikationen der Geschworenen sagt: „Die gewöhnlichste Art der Feststellung von Thatsachen sei die durch zwölf solche Männer; denn ad quaestionem facti non respondent judices, während die rechtliche Erörterung und Beurtheilung den Richtern obliege, denn ad quaestionem juris non respondent juratores." Dieses Decantatum, wie Lord Chief-Justice Vaughan den Ausspruch wegen seiner häufigen Anführung in den Büchern bezeichnet,[2]) wurde der Gegenstand eines

---

[1]) In den Reichsgerichten können heut zu Tage in einzelnen Fällen auch Thatfragen von den Richtern ohne Zuziehung einer Jury entschieden werden. (Vergl. unter Kap. 9.) In den heutigen Grafschaftsgerichten werden die Thatfragen meistens von dem Richter entschieden, manchmal aber auch durch Geschworene. (Vergl. unten Kap. 11.) — Es giebt einige andere Weisen, um Thatfragen zu entscheiden, welche indessen nur selten und in beschränkter Art zur Anwendung kommen. Die wichtigste ist die Ermittelung durch Einsicht von Protokollen (trial by record), welche dann zur Anwendung kommt, wenn es streitig ist, was in einem der höheren courts of record bei einer richterlichen Verhandlung vorgekommen ist. — Andere Weisen zur Feststellung von Thatsachen, welche früher gestattet waren, jetzt aber abgeschafft sind, waren der Zweikampf (wager of battle) und das Gottesurtheil. (Vergl. Blackstone IV. Kap. 27).

[2]) „Jenes Decantatum unserer Bücher: Ad quaestionem facti non respondent judices, ad quaestionem legis non respondent juratores, ist, buchstäblich genommen, richtig . . . Aber bei allen allgemeinen Anträgen, wie z. B. wenn bei außerkontraktlichen Schadenszufügungen der Antrag darauf geht, daß den Beklagten keine Verschuldung treffe („not culpable"), giebt die Jury nicht — wie bei einem Spezial-Verdikte — einen Ausspruch bloß über die einzelnen Thatsachen ab,

mit großer Heftigkeit verhandelten Streites insbesondere bei Verhandlungen über Libelle, die öffentliche Angelegenheiten betrafen, wie dies bereits in einem früheren Kapitel (Buch 1 Kap. 11) erwähnt ist. Die Berichte über die betreffenden Prozesse und die Parlaments-Verhandlungen über Fox' Libell-Akte (1792) enthalten das ganze Material der Kontroverse. Die folgenden Resultate, welche mit einigen Abkürzungen einer hervorragenden Auktorität entlehnt sind, bezeichnen im Wesentlichen die Grenzen des Gebietes, auf welches die Juries sich in den Prozessen zu beschränken haben.

Einerseits ist es, da die Jury, sobald sie es angemessen findet, einen „allgemeinen Wahrspruch" („general verdict")[1]) abgeben kann, unbestreitbar, daß sie in dieser Weise sowohl Rechts- als Thatfragen entscheiden kann, weil ein solcher Wahrspruch nothwendig beide betrifft. Andererseits scheint es doch klar, daß allgemein und passender die Rechtsfragen von den Richtern entschieden werden müssen, weil diese vermöge ihrer durch langes Studium und lange Praxis erworbenen juridischen Kenntnisse dazu geeignet sind. Wenn die Prozeß-Parteien über die Thatsachen einig sind, so kann die Sache niemals vor eine Jury gebracht werden; denn die Regel gilt ohne Ausnahme, daß Rechtsfragen stets durch die Richter und nur Thatfragen durch die Jury zu entscheiden sind. Man erachtet sogar die Jury für so wenig geeignet, das Recht zu finden, daß dem präsidirenden Richter die Pflicht obliegt, die Geschworenen über die in Betracht kommenden Rechtspunkte zu informiren; um in dieser Beziehung den Richter in Schranken zu halten, kann jede Partei gegen die den Geschworenen gegebene Belehrung des Richters schriftlich ihre Einwendungen anbringen und verlangen, daß sie dem Protokoll einverleibt werden, damit darauf später eine Appellation begründet werden kann.[2]) In allen Fällen steht aber

---

indem sie die Rechtsanwendung dem Gerichte überläßt, sondern sie findet zu Gunsten des Klägers oder des Beklagten einen Wahrspruch, durch welchen sie die mit einander untrennbar verbundenen Fragen des Rechts und der That, und nicht bloß die Thatfragen entscheidet."

[1]) Ein General-Verdikt ist ein solches, welches den Streit definitiv zu Gunsten des Klägers oder des Beklagten entscheidet. Z. B. „Wir finden für den Kläger: Entschädigung 100 Pfund Sterling, Kosten 50 Pfund Sterling."

Anm. des Uebers.

[2]) Der schriftliche Einspruch gegen die Belehrung des Richters (bill of exceptions) ist nach dem unter Eduard I. erlassenen Statute von Westminster zulässig, und ist eine vortreffliche Schranke gegen Uebereilung oder Böswilligkeit der Richter; denn er setzt die Parteien in den Stand, daß sie die Ausdrücke, in denen der präsidirende Richter die Rechtsbelehrungen gegeben hat, genau niederschreiben

der Jury frei, ein Spezial=Verdikt abzugeben. Ein solches stellt nur die sämmtlichen streitigen Thatsachen fest und überläßt die Rechtsanwendung den Richtern. Wenn die Jury über die Thatsachen ein Spezial=Verdikt abgiebt und ihre rechtlichen Konklusionen demselben beifügt, so ist dies für die Richter nicht bindend, sondern letztere haben das Recht, das Verdikt zu prüfen, und das Gesetz ihrer Ansicht gemäß anzuwenden. Die Gerichte haben sich lange Zeit die Befugniß beigelegt, in Civilsachen eine neue Verhandlung des Prozesses zu bewilligen, wenn die Jury einen allgemeinen Wahrspruch abgegeben hatte und das Gericht der Meinung war, daß wegen der Schwierigkeit der Rechtsanwendung ein Spezial=Verdikt hätte abgegeben werden sollen.

Das Resultat ist, daß das unmittelbare, direkte Recht zur Entscheidung von Rechtsfragen nur den Richtern zusteht, daß die Geschworenen es incidenter haben, daß die letzteren bei der Ausübung dieses zufällig (incidenter) ihnen anvertrauten Rechts der Kontrolle der Richter unterworfen sind, und daß deshalb in Betreff aller Rechtspunkte die Geschworenen den Rath und die Empfehlung der Richter mit der größten Rücksicht und dem ehrerbietigsten Vertrauen aufnehmen sollten. Daß die Geschworenen dies wirklich thun, dafür bietet ihr Verhalten reichlichen Beweis; denn zu ihrer Ehre muß es gesagt werden, daß die Beispiele, wo sie der Rechtsbelehrung des Richters nicht folgten, selten sind, abgesehen freilich von den Fällen, wo sie durch die Plumpheit des Richters selbst und seine Unzuverlässigkeit zur Opposition herausgefordert oder wo durch falsche Angaben und schlechte Umtriebe Anderer ihnen ein ungerechtfertigter Verdacht gegen seine Integrität beigebracht war. In Civilprozessen, namentlich dann, wenn es sich um die Beurtheilung eines Titels auf Grundbesitz handelt, geben die Geschworenen fast ohne Ausnahme Spezial=Verdikte ab, sofern der Richter sie dazu auffordert; und wenn in Kriminalprozessen Spezial=

---

und verlangen können, daß der Richter die Schrift durch Beidrückung seines Siegels beglaubigt. Verweigert der Richter letzteres, so ist deshalb eine Klage gegen ihn gegeben. — Die Sache gelangt mittels des Rechtsmittels der Kassation (writ of error) an ein höheres Tribunal, wo dann die von dem Richter aufgestellten Rechtsgrundsätze geprüft werden und entweder bestätigt oder (zusammen mit dem Urtheile) kassirt werden. Auf ein Gesuch um Bewilligung eines neuen Beweisverfahrens (motion for a new trial) konstatirt dagegen der Richter mündlich nach bestem Wissen, wie er die Rechtsgrundsätze hingestellt hat; gegen seine Angabe ist der Gegenbeweis nicht zulässig. — Es scheint die herrschende Meinung zu sein, daß der schriftliche Einspruch in Kriminalprozessen wegen Vergehen (misdemeanour) zulässig ist; aber es wird bezweifelt, ob er in anderen Kriminalprozessen statthaft ist.

Verdikte nicht gerade häufig vorkommen, so beruhet dies doch nicht in der Abneigung der Geschworenen gegen dergleichen, sondern in dem Wesen der Kriminalsachen, deren Entscheidung im Allgemeinen mehr eine Beurtheilung des Beweises der Thatsachen erfordert, als daß die Gesetzanwendung Schwierigkeiten darböte. Nicht das kleinste Verdienst dieser Einrichtung besteht darin, daß vermöge derselben jeder Angeklagte durch die allgemeine Auslassung: „Nicht schuldig!" sich den Schutz einer Prozeßverhandlung verschaffen kann, in welcher Richter und Jury, einer durch den andern in Schranken gehalten werden. Dieses schützende Verfahren ist nur bei solchen kleinen Vergehen versagt, deren Aburtelung der summarischen Jurisdiktion des Friedensrichters überlassen ist. Freilich ist diese Ausnahme in Folge der im Laufe der Zeit sich ergebenden Nothwendigkeit, fortwährend ausgedehnt; aber man kann bei der Erstreckung der Ausnahme auf neue Gegenstände nicht vorsichtig genug sein. Die Scheidung der Funktionen des Richters und der Jury verdient — das lehrt die Erfahrung — unsere Verehrung und die rücksichtsvollste Behandlung. Möge diese weise Scheidung der beiderseitigen Befugnisse noch lange, weder durch dünkelhafte Uebergriffe schlecht berathener Richter, noch unbesonnene Anmaßung zügelloser Geschworenen gestört, blühen und ihre Segnungen verbreiten!

Es scheint zweckmäßig, noch folgende, vom Chief Justice Vaughan in dem Prozesse Bushell's (1670) gemachte Bemerkungen über die Scheidung zwischen den Funktionen des Richters und der Jury hinzuzufügen: — „Keine Jury kann mit der Untersuchung und Beantwortung einer reinen Rechtsfrage beauftragt werden; niemals wurde einer Jury Beweis darüber vorgelegt, was Gesetz ist und was nicht, noch kann dies geschehen; auch kann von einer Jury kein Eid erfordert oder von ihr geleistet werden, welcher sie verpflichtete, Rechtsfragen zu prüfen; es giebt auch kein Verfahren, in dem solch ein falscher Eid verfolgt werden könnte . . . . . Wenn es sich um Abgabe eines Spezial-Verdikts handelt, die Jury bereit ist, ihren Wahrspruch zu fällen und der Richter sie fragt: ob sie einen bestimmt bezeichneten Umstand bewiesen findet? oder: ob die Thatsachen sich so verhalten, wie ein Zeuge ausgesagt hat? wenn dann die Jury antwortet, daß die Thatsachen sich so verhalten; wenn dann der Richter seine Ansicht dahin ausspricht: da ihr die Thatsachen so, wie geschehen, festgestellt habt, so giebt das Gesetz dem Kläger Recht und ihr müßt deshalb euren Wahrspruch zu seinen Gunsten abgeben; wenn dann die Geschworenen dennoch zu Gunsten des Beklagten entscheiden: dann —

das muß man zugeben — kann darin die Entscheidung einer Rechtsfrage gegen die Anweisung des Gerichtshofes gefunden werden; denn in einem solchen Falle hat die Jury zuerst die Thatsachen festgestellt, wie sie solche für bewiesen erachtet hat, und der Richter hat erläutert, was aus diesen Thatsachen rechtlich folgt .... Deshalb soll der Richter als diskreter und loyaler Beistand der Jury seine Anweisungen stets hypothetisch und unter Aufstellung von gewissen Voraussetzungen und niemals positiv oder so, daß er die Jury zu einem bestimmten Ausspruche zwingen will, einrichten: z. B. wenn ihr die Thatsachen so findet (wobei er ihnen überläßt, wie die Geschworenen sie feststellen wollen), so müßt ihr euren Wahrspruch zu Gunsten des Klägers abgeben; wenn ihr dagegen die Thatsachen so findet, müßt ihr für den Beklagten entscheiden." [1])

Ein großer Theil des englischen Rechts besteht in Grundsätzen, welche in richterlichen Entscheidungen zur Geltung gebracht und aus solchen abgeleitet sind. Alles richterliche oder Juristen-Recht (judge-made law) ist jedoch von dem durch die Legislatur verkündeten abhängig und ihm untergeordnet. Das richterliche Recht, wie es bei der Entscheidung von Rechtsfällen sich manifestirt hat, kann man deshalb als eine Ergänzung des statuarischen Rechts (statute law) betrachten. Es ist oft behauptet, aber anscheinend niemals bewiesen worden, daß alles Recht direkt durch Vorschriften im Wege der Gesetzgebung entstehen müßte.[2]) Aber es würde, selbst wenn es möglich wäre, theils wegen der Verwickelung unserer geselligen Zustände, theils wegen der Unvollkommenheit der Sprache ein gewagtes Unternehmen sein, alle Rechte und Verbindlichkeiten durch allgemeine Sätze bestimmen zu wollen, und auf solche allgemeine Sätze würden sich die Parlaments-Akte nothgedrungen beschränken müssen. Wie sorgfältig solche Sätze auch redigirt werden mögen, so lehrt die Erfahrung doch, daß sie nicht alle möglichen, verwickelten Fälle berücksichtigen können; besonders tritt

[1]) „Ich bin gewiß darüber" — sagt Sir Eardley Wilmot in seinem Urtheile in dem Prozesse Rex versus Almon — „und es bedarf dazu keiner großen Vorhersehungsgabe, daß der Prozeß mit Jury in demselben Grade mit der Auktorität der Gerichtshöfe, welche die Geschworenen beherrschen wollen, begraben werden würde."

[2]) Bentham schlägt vor, das ganze Recht zu kodifiziren und den Richtern die Pflicht aufzuerlegen, jedes Mal, wenn sie in dem Texte des Gesetzbuches eine der Verbesserung bedürftige Stelle finden, einen Verbesserungs-Vorschlag unter bestimmter Angabe der von der Legislatur eventuell in das Gesetzbuch aufzunehmenden Worte zu machen. (Bentham, Vorschläge für Errichtung eines Billigkeits-Gerichtshofes.)

dies bei den an die Gerichtshöfe gelangenden Fällen, welche Streitigkeiten über Eigenthum und Besitz betreffen, hervor. Deshalb muß nothwendig die Bildung eines großen Theils des Rechts den richterlichen Entscheidungen überlassen bleiben.[1])

Wenn das Recht nur auf der Willkür der Richter beruhete, so würde es das Recht von Tyrannen sein; denn es würde veränderlich und ungewiß sein: Misera est servitus ubi jus est vagum aut incognitum. Aber das Recht beruhet nicht auf der absoluten Willkür der Richter. Das Verfahren der Gerichte bietet verschiedene Mittel, um die Auktorität des Juristenrechts, seine Gleichförmigkeit und genaue Beobachtung sicher zu stellen. Die Sicherungsmittel sind besonders die folgenden: 1) Die Auktorität der Präzedenzfälle. 2) Die Zulässigkeit von Rechtsmitteln. 3) Die Unverbindlichkeit außergerichtlich ausgesprochener Ansichten der Richter. 4) Der Gebrauch, nach welchem die Richter die Gründe ihrer Entscheidungen öffentlich angeben müssen.

1. Die Auktorität der Präzedenzfälle (Präjudizien). Es ist, sagt Blackstone, ein feststehender Grundsatz, an früheren Entscheidungen festzuhalten, wenn dieselben Rechtsfragen von Neuem zu beantworten sind. Dies geschieht, damit die Wage der Justiz gleichmäßig wäge und nicht, von der Ansicht jeden neuen Richters beeinflußt, in unregelmäßige Schwankungen gerathe; ferner aber auch deshalb, weil man dasjenige, was in jenem früheren Falle in einer vorher für unsicher oder gleichgültig gehaltenen Materie für Recht erklärt ist, in Folge dieses Ausspruches nunmehr als unveränderliche Norm betrachtet, von welcher kein Richter in einem späteren Falle, seinen besonderen Ansichten gemäß, nach Belieben abweichen soll; denn der Richter hat geschworen, nicht nach seinen Privatansichten, sondern nach den zur Anerkennung gekommenen Gesetzen und Gewohnheiten des Landes zu urtheilen; er hat nicht neues Recht aufzustellen, sondern das alte aufrecht zu erhalten und zu entwickeln. Indessen giebt es doch einige Beispiele, in denen Präjudizien durch spätere Entscheidungen als un-

[1]) Aus dem Code Napoléon wurde wegen der Schwierigkeit, die Grenzlinie zwischen den beiden Arten der Gesetzes-Interpretation — der nur der legislativen Gewalt erlaubten und der der Doktrin gestatteten — zu bestimmen, das Wort: Interpretation in dem betreffenden Artikel weggelassen. Derselbe (Art. 5) lautet deshalb: „Il est défendu aux juges de prononcer par voie de disposition générale et réglementaire sur les causes qui leur sont soumises.“ Die englischen Richter haben in manchen Fällen von der Gesetzes-Interpretation in einem Umfange Gebrauch gemacht, daß die Auslegung einem neuen Gesetze fast gleichkam.

richtig aufgehoben sind, weil man erkannte, daß sie auf einem Mißverständnisse des wirklich bestehenden Rechts beruheten; aber die Fälle, in denen man einen konstanten Gerichtsgebrauch — d. h. einen durch eine Reihe übereinstimmender Entscheidungen festgestellten Rechtsgrundsatz — in späteren Entscheidungen aufgegeben hätte, sind äußerst selten. Man kann füglich das Bedenken aufstellen, ob es nicht am besten wäre, wenn solche Rechtsgrundsätze durch keine andere Auktorität als die des Parlaments beseitigt werden könnten. Die obigen über das Gewicht der Entscheidungen mitgetheilten Grundsätze sind von Blackstone zunächst nur in Betreff der Gerichtshöfe des gemeinen Rechts aufgestellt; sie sind aber auf alle anderen Gerichte in gleicher Weise anwendbar: auch diese sind zur Beobachtung ihrer Präjudizien verpflichtet. Insbesondere gilt dies von den Billigkeits-Gerichtshöfen, den Admiralitäts- und den geistlichen Gerichten; die Jurisprudenz derselben besteht aus einem Systeme sorgsam durchgearbeiteter Rechtssprüche. Die Dekrete des Kanzleigerichtshofes wurden in älterer Zeit, wo derselbe noch zu keinen bestimmten Prinzipien gelangt war, selbst von gelehrten Männern als völlig willkürlich bezeichnet. So z. B. sagte Selden: „Für das Recht haben wir einen Maßstab und wir wissen, daß wir uns darauf verlassen können; die Billigkeit hängt von den Ueberzeugungen und dem Gewissen desjenigen ab, der gerade Kanzler ist; je nachdem dieses Gewissen enger oder weiter ist, so auch die Billigkeit. Es ist gerade so, als wenn man den Fuß des Kanzlers zum Normalmaße machen wollte. Welche Unsicherheit würde dann in den Maßbestimmungen eintreten! Ein Kanzler hat einen großen, der andere einen kleinen, der dritte einen mittelmäßigen Fuß. Ebenso ist es mit den Ueberzeugungen und dem Gewissen des Kanzlers." Wenn auch dieser Vorwurf wohl begründet sein mochte, als der Kanzleigerichtshof, veranlaßt durch die in manchen Fällen in Folge zu strenger Beobachtung technischer Regeln hervortretende materielle Ungerechtigkeit, sich in die Vollstreckung gemeinrechtlicher Urtheile einmischte, so ist dies doch längst anders geworden. Während der letzten beiden Jahrhunderte sind die Entscheidungen des Kanzleigerichtshofes in ununterbrochener Folge gesammelt, und diese Entscheidungen werden dort als ebenso verbindlich erachtet, wie die gemeinrechtlichen Präjudizien in den Westminster-Gerichten.[1])

[1]) Die erste Sammlung der Präjudizien des Kanzleigerichtshofes (von Totbill) beginnt mit der Regierungszeit Elisabeths. — Aus der Vorrede zu einer andern alten Sammlung (aus der Zeit Karls I., Karls II. und Jakobs II.) erhellt,

2. **Rechtsmittel.** Die Sicherheit, Gleichförmigkeit und das Ansehen des durch richterliche Entscheidungen gebildeten Rechts ist in großem Umfange durch die Zulässigkeit der Appellation gegen Entscheidungen der Gerichte der unteren Instanzen gesichert. Die obersten Appellhöfe sind das Haus der Lords und die Justiz-Abtheilung des Staatsraths (Judicial Committee of the Privy Council). Fast alle Entscheidungen unterer britischer Rechtshöfe können in letzter Instanz an eines dieser beiden Tribunale zur Revision und Entscheidung in Betreff der Rechtsfrage gebracht werden. Das Urtheil, welches das Haus der Lords in Folge einer Appellation in der Sache selbst erläßt, ist absolut unanfechtbar; so konsequent hält man an diesem Grundsatze fest, daß in einem Richterspruche (von Lord Eldon) gesagt worden ist, es sei besser, daß das Haus der Lords, selbst wenn es die Irrthümlichkeit seiner Entscheidung erkännte, diese dennoch aufrecht erhielte, als daß es eine neue Appellation gestattete. Auch das Urtheil, welches durch eine Ordre im Staatsrathe auf den Bericht der Justiz-Abtheilung angenommen worden, ist endlich und unabänderlich; eine neue Verhandlung über das Urtheil ist unstatthaft. „Es ist" — sagte Lord Chief Justice North in seinem Urtheil in dem berühmten Prozesse Barnardistons und Soames — „der wesentlichste Nutzen der Rechtsmittel der Kassation (writ of error) und der Appellation, daß dadurch einer Aenderung des Rechts vorgebeugt wird; deshalb bringen die Kassation im gemeinen Rechte und Appellationen im Civilrechte Urtheile und Dekrete zur Prüfung an die höheren Gerichte, bis sie an die höchsten gelangen, denen man zutrauen muß, daß sie das Recht nicht ändern werden . . . . . Denn sonst würde es den Richtern sehr leicht sein, durch Konstruktion und Interpretation selbst das geschriebene Recht zu ändern; und am leichtesten wäre es den Richtern des gemeinen Rechts Englands, welches nicht geschriebenes, sondern Gewohnheits-Recht ist, eine solche Aenderung herbeizuführen . . . . Ich gebe zu, daß das Recht dem Geiste der Nation entsprechen muß; aber

---

daß die Dekrete der Kanzlei in jener Zeit sehr häufig von späteren Kanzlern umgestoßen wurden, so daß zu der Zeit, wo Selden schrieb — im siebenzehnten Jahrhunderte — seine oben erwähnte bittere Bemerkung über jenen Gerichtshof keineswegs aus der Luft gegriffen war. — Die Urtheile aller höheren Gerichtshöfe werden sorgfältig gesammelt und wenn irgend eine bedenkliche Frage entsteht, so wird auf dieselben Bezug genommen, sofern die Vorentscheidungen zur Aufklärung beitragen können. Die am gewöhnlichsten citirten Präjudizien sind in gedruckten Sammlungen enthalten, welche von Berichterstattern, die nicht Beamte der Gerichtshöfe sind, zusammengestellt werden.

wenn dieser Geist sich ändert, so hat nur das Parlament darüber zu urtheilen; dieses allein darf das Recht durch eine Aenderung dem Geiste der Nation anpassen. Aber wenn die Richter sagen dürften: dies ist gemeines Recht, weil es dem Geiste der Nation entspricht, dann könnten sie eben so gut den ganzen Rechtszustand ändern wie einen Theil des Rechts. Die Konsequenzen davon sind leicht ersichtlich."

3. Außergerichtliche Aussprüche der Richter. Nur diejenigen Entscheidungen der Richter sind (als Präjudizien) verbindlich, welche richterlich d. h. bei der Aburtelung von Prozessen in den Gerichten innerhalb ihrer Kompetenz, abgegeben sind. Lord Chief Justice Camden erwähnte in seinem berühmten Urtheile in dem Prozesse Entick wider Carrington (1765) ein Gutachten aller Richter, welches sie auf Befehl König Karls II. abgegeben hatten und sagte darüber: „Das ist die Ansicht aller zwölf Richter von England; eine große, Ehrfurcht gebietende Auktorität! Können aber die zwölf Richter durch die Erklärung, daß etwas nach ihrer Ansicht Recht sei, dies zum verbindlichen Rechte für das Königreich machen? Ich sage: Nein! Ein Richter, der das Gegentheil versicherte, würde harten Tadel verdienen. Die Ansicht der Richter muß auf vorher schon feststehenden Prinzipien oder Auktoritäten begründet sein; sonst ist sie null, und nur Unwissenheit kann den Richter entschuldigen, welcher sie ohne solche Begründung unterschreibt."

Aber wenngleich die Richter außergerichtlich keine verbindliche Urtheile über das, was bestehendes Recht ist, abgeben können, so kennt doch das Gesetz Fälle, in denen die Richter außerhalb ihrer Gerichtshöfe über Rechtsfragen gutachtlich gehört werden dürfen. Die englischen Richter werden (wie wir gesehen haben) regelmäßig als Beisitzer zum Parlamente entboten, und haben so seit vielen Jahrhunderten im Hause der Lords als Rathgeber fungirt. Sie geben ihre Gutachten gewöhnlich über abstrakte, ihnen von dem Hause vorgelegte Fragen ab; aber diese Gutachten sind, selbst wenn mit Einstimmigkeit abgegeben, für die Entscheidung des Hauses nicht präjudizirlich. Sir Eduard Coke sagt: für Rechtssachen seien die Richter die Rechtskonsulenten des Königs (the king's counsel); aber er spricht sich nicht darüber aus, ob man sie wegen der in ihrer richterlichen Eigenschaft in den Gerichtshöfen des Königs ausgesprochenen Ansichten oder wegen ihrer im Parlamente bei den Lords abzugebenden Rathschläge oder wegen der außergerichtlich auf Erfordern des Königs von ihnen zu erstattenden Gutachten so nenne. Coke selbst war entschieden dagegen, daß Richter außergerichtlich ihre Rechtsansichten gutachtlich erklärten; in dem berühmten Falle der Commendams[1]) unter Jakob I. weigerte er sich unerschrocken, als er dazu vor dem Staatsrathe vom Könige aufgefordert worden war, seine Ansicht in dieser Weise auszusprechen.[2])

In der Akte Karls I. (16 Karl I. cap. 14), welche das Urtheil wegen des Schiffsgeldes für nichtig erklärte, wurde auch das außer-

---

[1]) Commendam (commenda, ecclesiae commendata) ist die Uebertragung eines geistlichen Benefizium an eine Person bis zur Ernennung eines neuen Pfründners durch die Krone. — Jakob I. hatte ein commendam an einen Bischof gegeben; die Gültigkeit der Verfügung des Königs wurde in einem Prozesse von dem betreffenden Anwalte bestritten. Jakob I. verbot den Richtern, in der Sache eher zu urtheilen, bis er mit ihnen geredet haben würde. Die Richter protestirten, weil ihr Eid sie verpflichte, trotz solchen königlichen Befehls Recht zu sprechen. In die Rathskammer entboten, wurden sie vom Könige zurechtgewiesen; Coke allein vertheidigte das Verfahren der Richter. Darauf legte der König den Richtern die Frage vor: Ob sie sich nicht für verpflichtet hielten, einen Prozeß, bei dem die königliche Prärogative in Frage komme, auf seinen Befehl bis dahin zu sistiren, daß er mit ihnen Rath gepflogen haben würde? Alle anderen Richter bejaheten die Frage; nur Coke antwortete: Wenn ein solcher Fall einträte, würde er thun, was er für seine Richterpflicht halte; jetzt halte er es weder für passend noch für gerechtfertigt, die Frage zu beantworten. — Vergl. über das Nähere dieses Falles: Hallam, Verfassungsgeschichte, Kap. 6. Anm. des Uebers.

[2]) In dem Prozesse gegen Peacham, welcher wegen einer von ihm geschriebenen, aber nicht gesprochenen Predigt unter Jakob I. (1615) des Verrathes beschuldigt war, wurde Bacon von dem Könige beauftragt, privatim Coke's Ansicht zu erkunden darüber, ob das Vergehen des Beschuldigten einen Verrath enthalte? — In einem Briefe an den König berichtete Bacon in folgender Weise über seine Unterredung mit Coke: — „Er wiederholte den Einwand, den er schon an der Rathstafel geltend gemacht hatte, daß Richter nicht einzeln, sondern nur in ihrer Gesammtheit Gutachten abgeben dürften und dann nur dem in einer Berathung gefaßten Beschlusse gemäß, und daß dieses Einfordern von Gutachten von den einzelnen Richtern besonders und von Mund zu Ohr neu und gefährlich sei. Er gebrauchte noch stärkere Ausdrücke, welche ich nicht wiederholen will. Ich erwiderte in höflichen und einfachen Ausdrücken, ich wünschte, daß seine Lordschaft, um meiner Freundschaft für ihn willen, sich eines Besseren besinnen möge u. s. w." — Coke selbst berichtet. „Chief Justice Hussey bat den König Heinrich VII., er möge von den Richtern nicht verlangen, daß sie ihm ihre Ansichten in Betreff Humphrey Staffords vorher sagen sollten; denn sie glaubten, die Sache könne zur Aburtelung an die King's Bench gelangen, und dann würden sie thun, was das Recht erfordere; und der König gab ihnen Gehör. Die Richter müssen ihre Meinungen nicht im Voraus, auf den Vortrag und die Beweismittel einer Partei hin, in Abwesenheit des Angeklagten abgeben, besonders dann nicht, wo die Sache eine so wichtige ist, und die That mit einer so hohen, der äußersten Strafe bedroht ist; denn wie können Diejenigen unbefangen sein, welche ihre Ansicht im Voraus, ohne Anhörung der anderen Partei, abgegeben haben, während ein kleiner Zusatz oder ein kleiner Abzug den Fall gänzlich ändern kann?" —

gerichtliche Gutachten der Richter, welche von dem Könige über die Gesetzlichkeit jener Auflage um Rath gefragt waren, getadelt. Jedoch sind viele Fälle vorgekommen, in denen der König die Richter um ihre Meinung gefragt hat;[1]) einige davon sind in der Zeit nach der Revolution vorgekommen. Namentlich geschah dies in dem Prozesse der Aylesbury-Männer unter der Königin Anna, wo — wie wir gesehen haben — die Richter in Betreff des Rechts der Appellation an das Haus der Lords um Rath gefragt wurden; ferner unter Georg I., wo man die Frage stellte, ob die Bestimmung über die Erziehung und die Verheirathung der Kinder des Prinzen von Wales dem Könige oder dem Prinzen, als ihrem Vater, zustehe, und unter Georg III. in dem Prozesse des Admiral Byng.[2]) Aber wie zahlreich und unwiderleglich die Beispiele auch sein mögen, in denen die Richter über Fragen, die das Interesse der Krone betrafen, um ihre Ansicht gefragt sind, so kann ein Recht dazu doch nur mit vielen Vorbehalten zugestanden, und es sollte jedenfalls mit großer Zurückhaltung geübt werden. Besonders sollten die Richter sich davor hüten, ihre Ansichten über schwebende Prozesse auszusprechen: ein weiser und rechtschaffener Richter wird stets die äußerste Vorsicht beobachten, wenn er einmal einer derartigen Frage nicht ausweichen kann. Selbst im Hause der Lords haben die Richter bei Verhandlungen über öffentliche Bills, obgleich sie denselben beiwohnen müssen, es abgelehnt, auf Fragen zu antworten, welche möglicherweise in den unteren Gerichtshöfen zu ihrer Entscheidung gelangen könnten.

4. Oeffentliche Verkündung der Entscheidungen mit Gründen. Die letzte Garantie für die Gerechtigkeit und Genauigkeit der richterlichen Entscheidungen, welche wir hier zu besprechen haben, ist in dem Grundsatze enthalten, daß die Entscheidungen und die Gründe für dieselben öffentlich verkündet und angegeben werden. Zu allen Urtheilen von einiger Wichtigkeit theilen die Richter die Gründe mit, auf denen ihre Entscheidungen beruhen; wenn die Richter bei der Entscheidung nicht einstimmig sind, so pflegen sie ihre

---

[1]) Zu Cokes Zeit kamen Anfragen des Staatsraths bei den Richtern nicht selten vor. Der zwölfte Band von Cokes Prozeßberichten enthält die Antworten der Richter — wie der Titel besagt: — „in Rechtsfällen, meist berühmter Art, welche auf des Königs Spezialbefehl von der Rathstafel verwiesen wurden und die Prärogative betreffen."

[2]) Derselbe wurde 1757 von einem Kriegsgerichte verurtheilt, weil durch seine Schuld den Engländern Minorca verloren gegangen sei, und erschossen.

Anm. des Uebers.

Gründe seriatim mitzutheilen. Dies ist wenigstens der Gebrauch im Hause der Lords, den Gerichtshöfen des gemeinen Rechts und den Billigkeitsgerichten; anders verfährt dagegen die Justiz-Abtheilung des Staatsraths: wenn unter den Mitgliedern derselben eine Meinungsverschiedenheit obwaltet, so werden die Gründe der Minorität nicht bekannt gemacht, die Entscheidungsgründe aber stets ausführlich von einem Mitgliede der Justiz-Abtheilung angegeben und nach dem Gebrauche in einem schriftlichen Urtheile redigirt. Aehnlich ist die Berathung der Richter in den Gerichten des gemeinen Rechts geheim.

Ueber die Wichtigkeit der öffentlichen Urtelsverkündigung in Kriminalsachen hat Lord Mansfield bemerkt: „Die Gerechtigkeit gegen die Krone und gegen den Angeklagten erfordert es nicht bloß, daß in jedem zweifelhaften Kriminalfalle die Urtheilsgründe mit Sorgfalt abgewogen werden, sondern es ist auch äußerst wichtig, daß sie mit Sorgfalt und Präzision in öffentlichem Gerichte dargelegt werden, besonders dann, wenn die zur Entscheidung gekommenen Fragen eine allgemeinere Bedeutung haben und Gegenstände betreffen, welche früher nicht vollständig erwogen und entschieden sind, damit das Strafrecht des Landes gewiß und kundbar sei."

In alter Zeit, vor Eduard III., pflegten die Urtheilsgründe in schwierigeren Fällen in das Protokoll eingetragen zu werden; später wurden sie stets von dem Gerichte verkündet, damit sie in die Sammlungen der Entscheidungen und die Mittheilungen der Berichterstatter aufgenommen werden konnten. Wenn die Praxis nicht diese wäre — hat man richtig bemerkt [1]) — „so würde Niemand wissen, was das Recht Englands ist; denn die Jahrbücher und Berichte sind nichts, als eine Relation dessen, was die Anwälte und dann die Richter bei Fällung des Urtheils gesagt haben; diese enthalten die Urtelsgründe, welche in der Urtels-Urkunde selten enthalten sind. Es ist ebenso sehr

[1]) Bemerkungen über den Prozeß gegen Fitzharris von Sir John Hawkes, Solicitor-General unter Wilhelm III. Er theilt mit, daß die korrumpirten Richter, welche bei den grausamen Verfolgungen wegen Hochverraths in dem letzten Theile der Regierung Karls II. betheiligt waren, den Gebrauch einführten, ihre Urtheile zu verkünden, ohne die Gründe anzugeben. — Burnet sagt bei Besprechung des berühmten Quo Warranto-Prozesses unter dieser Regierung: „Die Richter pflegten früher bei Angabe ihrer Meinungen ausführliche Gründe zu entwickeln, in denen sie die rechtlichen Erwägungen, von denen sie ausgegangen waren, auseinandersetzten. Das waren wichtige Belehrungen für die Lernenden und die Anwälte; aber sie waren seit Hale's Zeit außer Gebrauch gekommen."

die Pflicht eines dissentirenden Richters, seine Zweifelsgründe anzugeben, als des Richters, welcher mit dem Urtheile einverstanden ist, seine Argumente darzulegen. Es giebt Leute, welche sich scheuen, sich öffentlich zu Gründen zu bekennen, von denen sie befriedigt zu sein behaupten, wenn sie dieselben geheim halten können. Zudem haben wir eine unbestreitbar sehr nützliche Maxime in unserem Prozeßrechte, nämlich die, daß Jedermann einen Gerichtshof oder einen Richter als „amicus curiae," als Freund des Gerichtshofes, öffentlich oder privatim, rektifiziren oder belehren kann. Kann dies aber geschehen, wenn die Zuhörer die Gründe nicht erfahren, auf denen das Urtheil des Gerichts beruhet?" . . . .

„Wenn Jemand das objektiv Wahre beschwört, als habe er es wahrgenommen, ohne daß er es wirklich wahrgenommen hat, so hat er zwar nicht objektiv, aber moralisch falsch geschworen; und wenn ein Richter ein Urtheil nach den Gesetzen spricht, während er nicht weiß, daß es den Gesetzen gemäß ist, also z. B. wenn er sich der Gründe zur Zeit der Urtelsverkündigung nicht bewußt ist, sondern sich dieselben erst später zurecht legt, so ist der Spruch ungerecht, wenngleich man das Urtel als gesetzlich gelten lassen muß. Deshalb müssen die Richter verpflichtet werden, die Gründe ihrer Entscheidungen öffentlich anzugeben, und sie dürfen dieselben nicht durch erst später gefundene Gründe rechtfertigen."

Anstellung der Richter. Es ist wahrscheinlich, daß in alten Zeiten manche von den höchsten Aemtern in der Justiz käuflich waren.[1]) Das Statut 5 und 6 Eduard VI. cap. 16 verbot das Kaufen und Verkaufen einer großen Zahl bestimmter Aemter, und unter diesen befanden sich diejenigen, „welche in irgend einer Beziehung zur Justizverwaltung stehen;" zugleich bestimmte aber die Akte, daß durch

[1]) In Madox' Geschichte der Schatzkammer wird erwähnt, daß Richard Fitz-Alured unter König Stephan fünfzehn Mark Silber dafür bezahlte, daß er Kron-Prozesse vor sich verhandeln lassen konnte; auch werden Beispiele des Kaufes der Kanzlerstelle unter Stephan und Johann erwähnt. — „In alten Zeiten" — sagt ein Bericht — „waren die gelehrten Clerks die besten Rechtsgelehrten. Deshalb besetzte der Klerus fast alle Justizstellen; Nullus Clericus nisi causidicus. Nach der Eroberung war (so sagt man) Eduard I. der großen Gewalt des Chief Justice von England überdrüssig, und ernannte deshalb auch Laien zu Richtern. Sie legten die Roben der bisherigen Richter an, und in Folge dessen tragen die Richter solche bis auf den heutigen Tag." — Unter Eduard III. petitionirten die Lords und die Gemeinen, daß Laien zu Kanzlern ernannt werden möchten; aber bis zur Regierung Heinrichs VIII. waren doch in den meisten Fällen Geistliche Kanzler.

diese Vorschriften kein Handel berührt oder nichtig werden solle, welcher vor Eintritt der Wirksamkeit der Akte abgeschlossen wäre.[1])

Die Richter aller höheren Gerichtshöfe erster Instanz, sowohl die der Gerichte des gemeinen Rechts als die der Billigkeits-Gerichte, werden von der Krone ernannt; sie werden aus den ausgezeichneten und älteren Advokaten (barristers) ausgewählt. Der Lord Kanzler wird dadurch kreirt, daß ihm das große Siegel zur Verwahrung übergeben wird. Die anderen Richter des Kanzleigerichtshofes werden durch königliche Patente bestellt; ebenso die Richter der gemeinrechtlichen Westminster-Gerichte. Nach dem Statute 27 Heinrich VIII. cap. 24 ist das Recht, Assisenrichter, Friedensrichter und Kriminalrichter (justices of gaol delivery) zu ernennen, dem Könige allein vorbehalten.

Dieses Statut erging zum Zwecke der Abhülfe gegen verschiedene Unzuträglichkeiten, welche sich aus der Menge der damaligen Lokalgerichte mit ausschließlichen Jurisdiktions-Befugnissen ergaben. Nach altem Rechte wurden alle besonderen Gerichtsstände dadurch gerechtfertigt, daß man die Gesetzesübertretungen als gegen den Frieden desjenigen verstoßend betrachtete, in dessen Gericht der Prozeß verhandelt wurde: in einem Ortspolizeigerichte (court-leet) contra pacem domini, in dem Gerichte einer Korporation contra pacem ballivorum, im Grafschaftsgerichte oder im Sheriffsturn contra pacem vicecomitis. Andere Gerichte mit lokaler Jurisdiktion sind die der Grafschaften Chester, Durham und Lancaster, welche Pfalzgrafschaften genannt werden. Seit sehr alter Zeit hatten in diesen Grafschaften beziehungsweise der Graf von Chester, der Bischof von Durham und der Herzog von Lancaster jura regalia ebenso vollständig, wie der König in seinem Palaste, und folglich ließen die Herren dieser Pfalzgrafschaften die Justiz durch Richter verwalten, welche von ihnen und nicht von der Krone bestellt waren. Die erwähnte Akte nahm ihnen jedoch dieses Anstellungsrecht und übertrug es auf die Krone, so weit es die Ernennung der Reiserichter, der Assisenrichter, der Friedensrichter und der Kriminalrichter (justices of gaol delivery) mit umfaßte, jedoch blieb die Autorität der Bischöfe von Durham und ihrer zeitigen Kanzler, welche zugleich Friedensrichter waren, vorbehalten. Seitdem sind noch verschiedene Statute erlassen, durch welche die Privilegien besonderer Jurisdiktions-Befugnisse theils ganz beseitigt, theils

[1]) In Frankreich waren von Ludwig XII. an bis zur Revolution die meisten Justizämter erblich und käuflich, jedoch unter gewissen Einschränkungen in Betreff der Qualifikation der Personen, an welche die Aemter übertragen wurden.

auf engen Grenzen beschränkt sind und das Recht zur Bestellung der Richter auf die Krone übertragen wurde. Indessen existiren doch noch viele Gerichte, deren Richter von anderen Auktoritäten angestellt werden.

Richter, welche nicht von der Krone ernannt werden, sind vornehmlich die folgenden: — die Richter der geistlichen Gerichte. Zu diesen gehören: die Richter der Gerichte der Archidiakonen, welche von den letzteren ernannt werden; die der Konsistorialgerichte, welche von den Bischöfen der betreffenden Diöcesen angestellt werden; endlich die der erzbischöflichen Gerichte. — Ferner: die Richter an den Gerichten der Kanzler und der High Stewards bei den Universitäten; die Richter an den Gerichten der Sheriffs, (als deren Stellvertreter); und die Richter an den Gerichten mancher Städte und Burgflecken (z. B. der City von London), welche nach alten Freibriefen oder durch Verjährung das Recht erworben haben, selbst ihre Justizbeamten zu wählen. Die meisten Gerichte der Munizipal-Korporationen unterliegen jedoch gegenwärtig den Bestimmungen der Munizipal-Korporations-Akte von 1835 (5 und 6 Wilhelm IV. cap. 76), welche der Krone das Recht übertragen hat, für die in der Akte benannten Burgflecken Recorders [1]), Friedensrichter und besoldete Polizei-Magistrate zu ernennen. Zu den nicht von der Krone angestellten Richtern gehören auch die der Pfalzgrafschaften Durham und Lancaster, welche einen Theil ihrer alten, ausschließlichen Gerichtsbarkeit beibehalten haben, und ferner die Richter der Zinnbergwerks-Gerichte von Cornwall (Stannaries Courts of Cornwall), welche, wenn ein volljähriger Herzog von Cornwall vorhanden ist, [2]), von diesem, und nur im anderen Falle von der Krone ernannt werden.

In den Zeiten Karls I., Karls II. und Jakobs II. wurden Richter der gemeinrechtlichen Gerichte häufig aus politischen Gründen abgesetzt, um für andere, welche sich den Wünschen des Hofes williger fügten, Platz zu machen. Aus den zahlreichen Beispielen solcher Absetzungen wollen wir folgende anführen: — Im zehnten Regierungsjahre Karls I. wurde der Präsident des Gerichtshofes der Common Pleas, Sir Robert Heath, abgesetzt, um für Sir John Finch Platz zu machen, welcher den Absichten des Hofes in Betreff des Schiffs-

---

[1]) Vergl. Gneist, Kommunalverfassung Bd. 2 S. 908 (920).

[2]) Herzog von Cornwall ist der älteste Sohn des Königs (der Königin) vermöge Geburtsrechts — während er zum Prinzen von Wales und Grafen von Chester besonders ernannt wird. — Ist kein Kronpzinz vorhanden, so existirt auch kein Herzog von Cornwall. Anm. des Uebers.

geldes günstiger gestimmt war.[1]) Sir Robert Atkins, ein Richter der Common Pleas, wurde 1679 von Karl II. aus seinem Amte entfernt, aller Wahrscheinlichkeit nach, weil er mit der Partei in Verbindung stand, welche sich damals aus dem Staatsrathe zurückzog.[2]) Sir Francis Pemberton, Chief Justice der King's Bench, wurde 1683 von Karl II. abgesetzt, weil Sir Edmund Saunders in dem berühmten Quo warranto-Prozesse[3]) gegen die City von London präsidiren sollte, in welchem er alle Schriftsätze für die Krone angefertigt hatte. Sir Francis Pemberton wurde damals zum Präsidenten des Gerichtshofes der Common Pleas ernannt, aber noch in demselben Jahre (1683) wegen seines Verhaltens in dem Prozesse gegen Lord Russel oder, wie Kennet sagt, weil er „nicht im Stande gewesen sei, auf alle neue Maßregeln des Hofes einzugehen," removirt. Unter Jakob II.

---

[1]) Unter den beiden vorhergehenden Regierungen finden wir einige Beispiele von richterlicher Unabhängigkeit. In ihrem neunundzwanzigsten Regierungsjahre befahl Elisabeth den Richtern, einen ihrer Diener zu einem Amte in dem Gerichtshofe der Common Pleas zuzulassen; auf die Weigerung der Richter sendete sie ihnen einen peremtorischen Befehl. In einer nunmehr eingereichten Gegenvorstellung machten die Richter die Königin darauf aufmerksam, daß sie geschworen habe, die Gesetze zu beobachten, und sie setzten die Gründe auseinander, aus denen sie nicht nachgeben könnten. Die Königin erkannte diese Gründe als gerechtfertigt an. — Unter Jakob I. kamen die bereits erwähnten Fälle vor, in denen Coke große richterliche Unabhängigkeit bewies. — Die Servilität mehrerer Richter unter Karl I. erhellt aus ihrem Verfahren in dem Prozesse gegen Elliot und Genossen wegen aufrührischer Reden im Parlamente (1629) und aus dem Urtheile wegen des Schiffsgeldes (1637); im letzteren Falle stimmten jedoch einige Richter gegen die Krone. — Kennet in seiner „Vollständigen Geschichte von England" erzählt: Huntly, ein Geistlicher in Kent, habe eine Klage wider einige Richter des Oberkirchenrathes (High Commission Court) bei der King's Bench angebracht, worauf Karl I. (1630) dem Präsidenten dieses Gerichtshofes eine Botschaft zusendete, in welcher er verlangte, das Verfahren solle bis dahin eingestellt werden, daß der Chief Justice mit dem Könige gesprochen haben würde. Die Richter faßten den Beschluß: „nach ihrer Ueberzeugung vertrage sich eine solche Botschaft nicht mit ihren Eiden." Der König sendete eine zweite Botschaft, in welcher er befahl, „daß die Beklagten nicht zur Beantwortung der Klage veranlaßt werden sollten;" aber die Richter blieben fest und erwiderten, „sie könnten ohne Eidbruch jenem Befehle nicht gehorchen."

[2]) Bei den Verhandlungen des Hauses der Gemeinen über die Anklage gegen den Chief Justice Scroggs (1680) wurde behauptet, daß einige Richter, welche nach dem Erlöschen der Censur-Akte die Existenz eines Rechts zur Verhinderung des Druckens bestritten hatten, abgesetzt seien, um anderen Platz zu machen, welche dann den Beschluß gegen die Preßfreiheit zu Stande brachten.

[3]) Vergl. Gneist, Kommunalverfassung Bd. 2 S. 831. 912. 1199. In Folge jenes Prozesses wurde der Freibrief der City von London für verwirkt erklärt. Vergl. Hallam, Verfassungsgeschichte Kap. 12. Der Uebers.

kamen folgende Absetzungen vor: Sir Thomas Jones, Chief Justice der Common Pleas wurde 1686 beseitigt, weil er es ablehnte, sich für die Dispensationsgewalt der Krone zu erklären.[1]) William Montague Chief Baron des Schatzkammergerichts, Sir Job Charlton, Richter bei den Common Pleas, und Sir Eduard Nevil, ein Baron des Schatzkammergerichts, wurden in demselben Jahre aus gleicher Ursache abgesetzt. Die Absetzungen Sir Eduard Herberts und Sir Francis Wythers' als Richter der King's Bench gehören zu den erheblichsten Beschuldigungen gegen Jakob II. Der Grund ihrer Beseitigung bestand darin, daß sie sich weigerten, auf Befehl des Königs eine ungesetzliche Verfügung zu erlassen. Powell und Holloway, die beiden anderen Richter der King's Bench, wurden im Jahre 1688 wegen ihres Verhaltens in dem Prozesse der sieben Bischöfe abgesetzt.

Im November 1680 that das Haus der Gemeinen die ersten Schritte zu einer Anklage gegen einige der Richter Karls II., und im Dezember 1680 beschloß es die Einbringung einer Bill: „daß die fortan zu ernennenden und zu bestellenden Richter ihre Aemter und Gehälter behalten sollen, quamdiu bene se gesserint, daß auch auf Mittel Bedacht genommen werden soll, um willkürlichem Verfahren gegen die Richter vorzubeugen." Indessen wurde keine solche Bill zum Gesetze bis zu dem Statute 12 und 13 Wilhelm III. cap. 2.[2]) Dieses

[1]) Roger Coke giebt die näheren Umstände der Absetzung Sir Thomas Jones' durch Jakob II. so an: „Der König will zur Herbeiführung einer vollständigen Umgestaltung der Dinge das gemeine Recht durch die Richter von Westminster Hall morden lassen, ebenso wie der König und sein Bruder das Parlament durch sich selbst morden zu lassen beabsichtigten. Zu diesem Ende wollte der König vor der Anstellung der Richter mit ihnen ein Abkommen treffen, daß sie sich für das Recht des Königs, außerhalb des Parlamentes von der Beobachtung der gegen Verweigerer des Testeides erlassenen Strafgesetze zu dispensiren, erklären sollten. Aber bei diesem Versuche strauchelte der König schon an der Schwelle; man sagt nämlich, er habe den ersten Versuch mit Sir Thomas Jones gemacht, welcher sich so viel Verdienste in dem Prozesse gegen Cornish und im Westen erworben hatte. Aber hier stutzte Sir Thomas Jones doch; er antwortete dem Könige: er könne das verlangte Versprechen nicht geben. Darauf antwortete der König: er würde schon zwölf Richter finden, welche seiner Ansicht seien; und Sir Thomas Jones erwiderte: Zwölf Richter, welche seiner Ansicht seien, könne er wohl bekommen; aber schwerlich würde er zwölf Juristen finden. — Ich habe diese Geschichte nur von Hörensagen; aber sie ist glaubwürdig, wenn man das Verfahren des Königs bei Ernennung der Richter betrachtet, welche (mit Ausnahme des Lord Chief Baron Atkins und des Richters Powell) aus einem Pack bestehen, wie es bisher noch niemals in der Westminster-Halle gesessen hat."

[2]) Diese Akte bestimmt im dritten Abschnitte: „Nachdem besagte Beschränkung," (nämlich der Thronfolge auf das Haus Hannover) „wie bestimmt, stattge-

Statut hat den Zweck, die Würde und Unabhängigkeit der Richter zu sichern und bestimmt deshalb, daß ihre Anstellungen nicht mehr, wie früher, erfolgen sollen für so lange, als es der Krone belieben würde (during the pleasure of the Crown), sondern während Wohlverhaltens (during their good behaviour)[1] und daß ihre Gehälter festgestellt und gesichert werden sollen; daß sie jedoch in Folge einer von beiden Parlamentshäusern an die Krone gerichteten Adresse abgesetzt werden dürfen.[2] Der Grundsatz der lebenslänglichen Anstellung der Richter ist noch weiter anerkannt und ausgedehnt durch die Akte 1 Georg III. cap. 23, nach welcher die Richter ihre Aemter während Wohlverhaltens trotz einer Thronerledigung behalten sollen; früher nämlich verloren sie durch einen Thronwechsel ihre Stellen.

Der Lord Kanzler hat sein Amt nur so lange, als es der Krone beliebt; nach dem Gebrauche resignirt er bei der Auflösung des Kabinets, dessen Mitglied er ist.[3] Der Master of the Rolls wird von

---

funden hat, sollen die Anstellungen der Richter erfolgen, quamdiu se bene gesserint, und ihre Gehälter festgestellt und gesichert werden; aber es soll gesetzlich zulässig sein, sie in Folge einer Adresse beider Parlamentshäuser abzusetzen." — Burnet erzählt: schon im Jahre 1692 sei dem Könige am Ende der damaligen Parlamentssitzung eine Bill zur Sicherstellung der Richtergehälter vorgelegt, aber von ihm verworfen, weil einige von den Richtern vorgestellt hätten: „es sei nicht angemessen, daß sie aus aller Abhängigkeit zom Hofe herausträten." — Schon im sechszehnten Regierungsjahre Karls I. erließen die Lords eine Resolution, welcher der König beistimmte, des Inhalts, daß die Richter während Wohlverhaltens im Amte bleiben sollten. Sir John Walter, Chief Baron unter Karl I., war angestellt, quamdiu se bene gesserit. Er fiel bei dem Könige in Ungnade wegen einer von ihm ausgesprochenen Ansicht über die Unabhängigkeit des Parlaments, wurde deshalb durch eine Botschaft des Königs von seinen Amtspflichten entbunden und saß niemals wieder zu Gericht, obgleich er seine Stelle bis zu seinem, im Jahre 1631 erfolgten Tode behielt.

[1]) Während Wohlverhaltens (during good behaviour) bedeutet: lebenslänglich. Die Exekutivgewalt kann nicht etwa sagen, daß das Wohlverhalten nicht mehr vorliege; Disziplinarhöfe für Richter, welche darüber urtheilen dürften, existiren in England nicht. Solche Disziplinarhöfe würden dort wohl demselben Urtheile begegnen, welches Cox über die Idee Bacons betreffend einen Kriminal-Billigkeits-Gerichtshof ausgesprochen hat. (Vergl. oben S. 210). Anm. des Uebers.

[2]) Die Absetzung in Folge einer gemeinsamen Adresse der beiden Parlamentshäuser ist ein Akt der Gesetzgebung (vergl. S. 131). Anm. des Uebers.

[3]) Vor Alters wurden die Kanzler zuweilen durch Patent für ihre Lebenszeit ernannt. Dies geschah z. B. bei Walter Grey, Bischof von Chester, unter König Johann. — Meistentheils wurden sie nur vom Könige erwählt und ernannt; zuweilen aber hatten sie Patente vom Könige, wurden aber als Kanzler durch Zustimmung der drei Stände bestätigt. Letzteres geschah z. B. bei Ralph Nevill, Bischof von Chester, unter Heinrich III.

der Krone durch Patent angestellt und hat sein Amt unter gleichen Verhältnissen inne, wie die Richter des gemeinen Rechts, d. h. während Wohlverhaltens. Die Lords Justices und die Vice-Kanzler des Kanzleigerichtshofes[1]) sind ebenfalls lebenslänglich angestellt.

Das Amt des englischen Friedensrichters ist kein lebenslängliches, sondern die Friedensrichter sind nach Belieben der Krone absetzbar; thatsächlich werden sie aber heut zu Tage nur in Folge schlechter Führung ihrer Aemter entsetzt. Nach einigen alten Statuten soll der Kanzler unter Mitwirkung des Staatsrathes die Friedensrichter ernennen; aber nach einem schon seit mehreren Jahrhunderten bestehenden Gebrauche erfolgt die Ernennung durch den Kanzler allein.[2])

Diese Unabhängigkeit der Richter ist in England durch wirksame Garantien vor politischen und Privat-Einwirkungen gesichert, namentlich aber durch ihre lebenslängliche Anstellung. Die Gefahr, daß unfähige Richter angestellt werden könnten, ist in Folge des Einflusses der öffentlichen Meinung und ganz besonders der Meinung des Juristenstandes eine sehr geringe. Da jedoch diese Anstellungen von den Ministern der Krone ausgehen, so läßt sich nicht leugnen, daß wenigstens einigermaßen politische Rücksichten — wie bei anderen Anstellungen durch die Minister — öfter dabei in Betracht kommen. Es mag folglich zuweilen vorkommen, daß Personen angestellt werden, welche, wenngleich nicht unfähig, doch nicht die fähigsten sind, welche hätten gefunden werden können. Da aber die Richter aus den hervorragendsten Mitgliedern des Advokatenstandes entnommen werden, so sind sie fast ausnahmslos Männer von seltener Geschicklichkeit und Gelehrsamkeit. Der Uebelstand, daß Richter von den Ministern mit Rücksicht auf ihre politischen Ansichten angestellt werden, ist so lange

---

[1]) Vergl. über diese unter dem Lord Kanzler stehenden Beamten Gneist, Geschichte der Aemter. S. 522. (1. Aufl.) und unten Kap. 8. Anm. des Uebers.

[2]) Nach dem Statute 13 Richard II. cap. 7 war die Ernennung der Friedensrichter dem Kanzler, dem Schatzmeister und einigen anderen Beamten übertragen. Dagegen konnte nach dem Statute 18 Heinrich VI. cap. 1 der Kanzler allein sie anstellen, wenn sich in der Grafschaft geeignete Männer fänden. Prynne war der Ansicht, daß, wenn dieser Fall nicht vorläge, die Ernennung immer noch nach den Bestimmungen des älteren Statutes erfolgen müsse. Seit jener Zeit werden jedoch alle Friedensrichter auf Spezial-Vollmacht des Königs unter dem großen Siegel von dem Kanzler ernannt, und dieser setzt sie auch nach seinem Ermessen ab. — Unter Wilhelm III. gab Lord Somers zu großem Mißvergnügen dadurch Veranlassung, daß er eine Anzahl Friedensrichter absetzte, welche sich nicht hatten bereit finden lassen, die berühmte Associations-Urkunde zu Gunsten des Königs zu unterzeichnen.

unvermeidlich, als die Prärogative der Krone zur Anstellung der Richter durch Rathgeber ausgeübt wird, welche selbst ihre Aemter dem Einflusse ihrer Partei zu verdanken haben. Uebrigens sind Klagen darüber, daß richterliche Entscheidungen durch politische Neigungen beeinflußt worden wären, im gegenwärtigen Menschenalter niemals gehört worden; was theils daraus erklärlich ist, daß die Richter durch ihre Anstellung von allen politischen Banden unabhängig werden, theils daraus, daß Prozesse, bei denen die Vorliebe für eine bestimmte politische Richtung in Frage käme, jetzt äußerst selten vorkommen. Die bestehende Art der Ernennung der Richter ist auch anscheinend die beste, welche in England hätte gewählt werden können; ohne Zweifel ist sie unendlich viel besser als die Ernennung durch Volkswahlen, welche unvermeidlich mit großen Gefahren für die Unabhängigkeit der Richter verbunden ist. „Ein nach Volksgunst strebender Richter," sagt Bacon, „ist ein mißgestaltenes Wesen; Beifallsklatschen gehört sich für Schauspieler und nicht für Magistratspersonen. Thue dem Volke Gutes; liebe es und gewähre ihm Gerechtigkeit, aber laß es sein, wie der Psalm sagt, nihil inde expectantes; strebe weder nach Lob noch nach Vortheilen." [1])

Es kommen viele Beispiele vor, daß in alten Zeiten Richter, welche absichtlich ihren Eiden zuwider handelten, mit furchtbaren Strafen belegt wurden. So wurde unter Eduard III. Sir William Thorpe gehängt, weil er sich hatte bestechen lassen. Andere Beispiele haben wir schon bei Gelegenheit des Prozesses gegen Scroggs und andere Richter aus der Zeit Karls II. erwähnt (Buch 1 Kap. 11). Noch im Jahre 1725 wurde der Lord Kanzler Macclesfield auf eine Anklage der Gemeinen vom Hause der Lords verurtheilt, weil er sich dafür hatte bestechen lassen, daß Aemter im Kanzleigerichtshofe bestimmten

[1]) Rede Bacons in der Sternkammer im Jahre 1617. — Nach der Verfassung der Vereinigten Staaten von Nord-Amerika ernennt der Präsident, auf den Rath und unter Zustimmung des Senates, die Richter des obersten Bundesgerichts und einige andere Richter. Kent (Kommentar über das amerikanische Recht) billigt diese Art der Ernennung und bemerkt dabei: „Die geeignetsten Männer würden wahrscheinlich zu viel Zurückhaltung beobachten und zu strenge Moralprinzipien verfolgen, als daß man ihre Wahl durch allgemeines Stimmrecht für gesichert ansehen könnte; auch die Ernennung durch eine große, berathende Versammlung kann nicht unbedingt empfohlen werden; es giebt da zu viel Veranlassung und zu viel Versuchung zu Intriguen, zu viele Partei-Vorurtheile und Lokal-Interessen, als daß eine solche Versammlung bei einer derartigen Ernennung mit genügender Unbefangenheit und mit alleiniger Rücksicht auf das allgemeine Beste zu Werke gehen könnte."

Personen übertragen worden waren; er wurde kassirt, zu einer Geldstrafe von 30,000 Pfund Sterl. und zur Einkerkerung bis dahin, daß die Strafe bezahlt sein würde, verurtheilt.

Aber wie einerseits die Richter sich schweren Strafen aussetzen, wenn sie absichtlich ihre Pflichten verletzen, so beschützt das Gesetz sie andererseits im ausgedehntesten Maße bei der redlichen Erfüllung derselben, selbst wenn sie dabei irren sollten. Das Recht gewährt keine Klage gegen einen Richter wegen etwas, das er in seiner richterlichen Eigenschaft gethan hat, selbst dann nicht, wenn der Kläger behauptet, der Richter habe falso, malitiose et scienter gehandelt; denn diejenigen, welchen das Richteramt anvertraut ist, sollen keinen Chikanen ausgesetzt sein, damit sie ihre Entscheidungen ohne alle Besorgnisse treffen können. Deshalb giebt es keine Klage gegen den Richter, sobald er innerhalb seiner Jurisdiktions-Befugnisse gehandelt hat. Liegt eine solche Verletzung der richterlichen Pflichten wirklich vor, so giebt es keinen anderen Weg, um den Schuldigen zur Bestrafung zu ziehen, als daß derselbe in Folge einer Adresse beider Parlamentshäuser von der Krone seines Amtes entsetzt und dann von den Gemeinen vor dem Hause der Lords angeklagt wird.

Die Friedensrichter sind in der redlichen Verwaltung ihres Amtes durch eine Reihe von Statuten geschützt; unter Anderem können sie wegen keines Versehens verantwortlich gemacht werden, wenn sie nicht vorher aufmerksam auf den betreffenden Umstand gemacht sind, und alle anderen Klagen werden sofort sistirt, wenn der Friedensrichter einwendet, daß er zur Genugthuung bereit gewesen sei (on tender of sufficient amends).[1]) Aber auf der anderen Seite wird jeder bösliche oder tyrannische Mißbrauch des Friedensrichter-Amtes streng bestraft; alle Personen, zu deren Gunsten ein Wahrspruch gegen einen Friedensrichter wegen absichtlicher oder gar böslicher Rechtsverletzung ergeht, haben außerdem Anspruch auf Ersatz doppelter Kosten.

II. Geschworene (Juries). Eine Jury ist eine Versammlung von Personen, welche durch das Gesetz autorisirt sind und welche sich durch Eid oder eine gleichstehende Versicherung verpflichten, Thatsachen zu untersuchen oder festzustellen. In den Gerichtshöfen entscheiden

---

[1]) „Tender" ist der technische Name einer Einrede, durch welche der Beklagte einwendet, „daß er jeder Zeit bereit gewesen sei, die geforderte Summe zu bezahlen, und daß er vor dem Beginne des Prozesses dieselbe dem Kläger angeboten habe, und sie nun bei dem Gerichte zu Händen desselben deponire." Rüttimann, Der englische Civilprozeß §. 307. Anm. des Uebers.

die Juries Thatfragen, welche unter den Parteien bei der Verhandlung von Kriminal- oder Civil-Prozessen streitig geblieben sind; und dergleichen Juries meint man gewöhnlich, wenn man den Ausdruck: Untersuchung durch eine Jury (trial by jury) gebraucht. Aber außer diesen giebt es andere Juries, welche zwar nicht zur Entscheidung von Thatfragen, aber doch zu Untersuchungen autorisirt sind. Wenn die Jury bloß zu untersuchen und Information einzuziehen hat, wird sie manchmal „Inquest" oder „Inquisition" genannt, z. B. in den Fällen der amtlichen Untersuchungen („inquest of office") vor den Sheriffs, den Coroners und anderen Personen,[1]) in den Fällen der Anordnung einer Untersuchung zur Feststellung einer Entschädigung,[2]) der Matronen-Juries[3]) und der großen Juries.

Dasjenige Verfahren mit Geschworenen, welches wir hier vorzugsweise zu betrachten haben ist das zur Feststellung von Thatsachen

---

[1]) Eine Inquisition oder ein „inquest of office" ist eine Untersuchung durch einen Beamten des Königs — (Sheriff, Coroner, Fiskal) — oder durch Spezial-Kommissarien über Ansprüche der Krone auf heimgefallene Lehne, konfiszirte Güter u. dgl. m. So ist die Jury des Coroners, welche die Todesart eines felo de se (Selbstmörders) oder eines durch Fahrlässigkeit Getödteten untersucht, ein inquest of office; denn früher hatte die Krone Anspruch auf das „deodand" — (i. e. Deo dandum) —; die Sache, welche den Tod herbeigeführt hatte, war nämlich verwirkt. In ähnlicher Weise waren die Inquisitionen de lunatico inquirendo auch inquests of office, weil der Krone Rechte auf das Vermögen der Geisteskranken zustanden. — Das Reichsgrundbuch (Domesday Book) wurde von Kommissarien Wilhelms des Eroberers, welche Größe, Werth und Besteuerungsfähigkeit der Ländereien in England untersuchen sollten, zusammengestellt. Sie zogen die erforderliche Information an Ort und Stelle ein. Das damals beobachtete Verfahren wurde unter den folgenden Regierungen beibehalten, wenn es sich darum handelte, die Rechte der Krone auf heimgefallene Lehne u. s. w. festzustellen, und wurde so eine Schranke für die Ausübung der fiskalischen Prärogativrechte des Königs.

[2]) Die Anordnung einer Untersuchung zur Feststellung einer Entschädigung (writ of inquiry for damages) ist dann erforderlich, wenn dem Kläger, ohne daß eine Jury im Prozesse zugezogen worden, durch gerichtliches Urtheil das Recht auf eine Entschädigung zugesprochen ist. Da in diesem Falle wegen der unterbliebenen Zuziehung einer Jury die Höhe der Entschädigungssumme im Prozesse nicht festgestellt werden konnte, so ordnet das Gericht nach Erlassung des Urtheils eine Untersuchung durch den Sheriff und eine Jury der betreffenden Grafschaft an, damit durch diese der Betrag bestimmt werde.

[3]) Eine Jury von Matronen wird bestellt, wenn ein Weib zum Tode verurtheilt ist, und angiebt, daß sie schwanger sei, um ihre Hinrichtung zu inhibiren; ferner zum Schutze eines Erben gegen Unterschiebung von Kindern, und in einigen anderen Fällen. — Wenn eine Wittwe erklärt, daß sie schwanger sei, um den nach einem Kinde nächsten Erben auszuschließen, so wird in Folge eines Dekrets de ventre inspiciendo eine Jury von Weibern bestellt.

bei der Civil- und Kriminal-Rechtspflege, in welchem zwölf gesetzlich gewählte Männer nach den ihnen vorgeführten Beweisen über die streitigen Thatfragen zu entscheiden haben.

1. Die Fälle, in welchen Wahrsprüche von Geschworenen erforderlich oder zuläßig sind. Es ist lange darüber gestritten worden, ob der Prozeß mit Geschworenen in England angelsächsischen oder normannischen Ursprunges sei. Indessen scheint es gegenwärtig genügend festgestellt zu sein, daß die angelsächsischen Institutionen nichts enthalten haben, was dem Prozesse mit Geschworenen in seinen wesentlichen Merkmalen ähnlich sähe.[1]) Ohne jedoch auf die Einzelnheiten dieser Kontroverse einzugehen, wollen wir unseren Blick nur bis auf die Zeit zurückwerfen, in welcher der Prozeß mit Geschworenen als eine Procedurform des gemeinen Rechts in regelmäßigen Gebrauch kam. Vor Heinrich II. fand dies nicht statt; der Prozeß mit Geschworenen kam früher nur in wenigen bestimmten Fällen vor, welche sämmtlich oder der Mehrzahl nach bei Glanvilla aufgezählt sind. Aber unter dem genannten Könige wurde ein Gesetz gegeben, welches die Zuziehung der jurata patriae oder eine Untersuchung durch zwölf Männer bei gewissen Streitigkeiten über Titel auf Landbesitz für zuläßig erklärte, während vorher solche Zwiste nur durch Zweikampf (wager of battle) entschieden zu sein scheinen. Die neue Art der Untersuchung, welche man Assisen-Rekognition (recognition of assize) nannte, wurde so populär, daß die Prozeßparteien aus eigenem Antriebe oder auf Anleitung des Gerichtshofes sich über die Anwendung derselben auch in Fällen vereinbarten, für welche sie nach

---

[1]) Vergl. Sir Francis Palgrave, Geschichte des englischen Gemeinwesens. Kap. 8; Reeves, Englische Rechtsgeschichte; Hallam, Mittelalter Kap. 8, Abthl. 1; — Blackstone meint: Das Geschworenen-Gericht sei auf Grund der Bestimmung der Magna Charta: daß kein Freier an Person oder Eigenthum beeinträchtigt werden dürfe „nisi per legale judicium parium suorum vel per legem terrae," entstanden. Auch Coke betrachtet das Geschworenen-Gericht als gleichbedeutend mit dem Judicium Parium. Aber spätere Untersuchungen haben nachgewiesen, daß beides verschiedene Dinge sind, wenngleich das Judicium Parium das Geschworenen-Gericht begünstigt und man im Laufe der Zeit die Absicht des Gesetzes auch dahin verstanden haben mag. — Die Pares waren ständige Richter des Grafschafts-Gerichts und sprachen Urtheile (judgment). während die Jury ohne Rücksicht auf Stand oder andere Verhältnisse der zu Geschworenen berufenen Personen zusammengesetzt wird, dem Richter untergeordnet ist und nur ein Verdikt abgiebt, auf welches das Urtheil des Gerichts basirt wird. Es ist kein Beispiel bekannt, daß in den alten Urkunden die Geschworenen pares oder ihr Verdikt judicium genannt wären.

der Verordnung Heinrichs II. nicht bestimmt war. Dieses durch Vereinbarung oder Anordnung des Gerichts eingeleitete Verfahren (welches jurata ex consensu genannt wurde und aus welchem sich der heutige Prozeß mit Geschworenen entwickelt hat) wurde seit der Zeit Glanvillas immer beliebter, und schon zur Zeit Bractons war dasselbe für die Entscheidung von Thatfragen die Regel geworden.

Es ist nicht ersichtlich, daß schon unter Heinrich II. Geschworene in den Kriminalprozessen mitgewirkt hätten; die ersten Fälle davon scheinen unter Johann vorgekommen zu sein, wo ihre Zuziehung gelegentlich als eine Begünstigung gestattet wurde. Aber nach und nach verdrängten sie die barbarischen Prozedurformen des Zweikampfes und des Gottesurtheils, und unter Heinrich III. war der Prozeß mit Geschworenen schon zu dem gewöhnlichen Verfahren in Kriminalsachen geworden.

Offenbar bestand die Jury in alter Zeit aus Zeugen der Thatsachen, oder die die Jury bildenden Personen hatten wenigstens eine gewisse persönliche Kenntniß von denselben. Sie gaben also in ihren Wahrsprüchen nicht — wie heut zu Tage — dasjenige an, was sie durch Schlüsse aus den ihnen vorgeführten Beweisen gefunden hatten, sondern die Wahrsprüche enthielten Zeugnisse über Thatsachen, von denen sie schon vorher Kenntniß gehabt hatten. Demgemäß wurde auch die Jury nicht, wie jetzt, aus sämmtlichen Bewohnern der Grafschaft ausgewählt, sondern aus den unmittelbaren Nachbaren des Ortes der That, und aus den Personen, welche die beste Kenntniß von der Sache haben konnten [1])

Bis etwa zur Zeit Heinrich VI. dauerte der Zustand fort, daß die Jury aus Zeugen bestand. Ungefähr um diese Zeit trat die erheblichste Veränderung in den Funktionen und in der Zusammensetzung der Juries ein. Die ersten Spuren davon, daß den Geschworenen Beweismittel vorgeführt wurden, kommen nämlich unter Heinrich VI. vor; aber es ist deutlich zu erkennen, daß noch längere Zeit nachher die Funktionen der Geschworenen und der Zeugen nicht völlig geschie-

[1]) So wesentlich war nach dem alten gemeinen Rechte die Zuziehung der Nachbaren, daß, wenn aus dem Protokoll hervorging, daß der „visne" von einem unrechten Orte berufen war, darin ein triftiger Grund gefunden wurde, das Urtheil nicht zu vollstrecken und es aufzuheben. — Die Nothwendigkeit der Zuziehung von Zeugen zu der Jury ist auch in dem zweiten Statute von Westminster (13 Eduard I. stat. 1 cap. 38) anerkannt, welches bestimmt, daß die Geschworenen ein gewisses Vermögen besitzen müssen, aber hiervon diejenigen ausnimmt, „welche Zeugen in Urkunden oder anderen Schriften sind, deren Gegenwart nothwendig ist."

den waren; die gänzliche Trennung trat erst in den Zeiten Eduards VI. oder Marias ein.

Noch lange herrschte in den Gerichtshöfen die Lehre, daß dasjenige, was die Geschworenen von den streitigen Thatsachen privatim erfahren hätten, eben so gut ihre Ueberzeugung und ihr Urtheil bestimmen dürfe, als der ihnen vorgeführte schriftliche oder mündliche Beweis; ja noch im Jahre 1670 begründete der Chief Justice Vaughan in dem berühmten, durch die Einkerkerung eines Geschworenen, Eduard Bushell's, veranlaßten Prozesse sein Urtheil theilweise dadurch, daß jeder Geschworene das Recht habe, seinen Mitgeschworenen privatim Beweise mitzutheilen, welche vor dem Gerichtshofe nicht produzirt wären. Dem steht die gegenwärtig anerkannte Doktrin direkt entgegen; denn nach dieser soll ein Geschworener, welcher Kenntniß von der Sache hat, über welche er urtheilen soll, und welcher deshalb etwas zum Beweise der Thatsachen beitragen kann, das, was er weiß, den übrigen Mitgliedern der Jury nicht privatim mittheilen, sondern er soll dem Gerichtshofe anzeigen, daß er solche Wissenschaft besitze, worauf er denn wie ein Zeuge dem Verhör und dem Kreuzverhör unterworfen werden muß.

Während das Verfahren mit Geschworenen bei den Prozessen in den Gerichtshöfen des gemeinen Rechts in der erwähnten Weise begünstigt wurde, fand es weniger Eingang in die Gerichtshöfe, welche mehr den Prinzipien des Civilrechts folgten. Selbst heut zu Tage entscheiden letztere in einer großen Menge von Fällen Thatfragen ohne Zuziehung von Geschworenen. Im Kanzleigerichtshofe entscheiden — wie später näher dargelegt werden soll — die Richter selbst die größere Zahl der vor ihnen aufgeworfenen Thatfragen; sie überlassen solche Streitpunkte verhältnißmäßig selten der Entscheidung von Geschworenen. Auch in den geistlichen Gerichten entscheiden die Richter die Thatfragen ebenso, wie die Rechtsfragen.[1])

Ein anderes Tribunal, in welchem dieselben Personen als Richter und als Geschworene fungiren, ist das Haus der Lords als Kriminalgericht über angeklagte Peers, während das Parlament versammelt ist. Die Peers in ihrer Gesammtheit sind in solchen Prozessen Richter des Rechts und der Thatsachen; der Lord High Steward, votirt wie die übrigen Lords, vermöge seines Rechtes als Peer. — Dagegen ist in dem Gerichte des Lord High Steward, welches in der Zeit, wo das Parlament nicht versammelt ist, zusammentritt, der Lord High

---

[1]) Vergl. unten Buch 2 Kap. 6.

Steward der einzige Richter des Rechts und die „Lords Triors" entscheiden nur die Thatfragen.[1])

Andere Beispiele von Gerichtshöfen, in denen die Funktionen der Richter und der Geschworenen mit einander vereinigt sind, bilden die später zu erwähnenden Tribunale, welchen eine summarische Jurisdiktion über kleinere Vergehen zusteht, und die modernen Grafschaftsgerichte, in denen alle Rechts- und Thatfragen durch einen Einzelrichter untersucht und entschieden werden, wenn nicht eine von den Parteien ausdrücklich die Zuziehung einer Jury verlangt.

Nach einem neuen Prozeßgesetze für die höheren Gerichtshöfe des gemeinen Rechts zu Westminster ist bestimmt, daß in Folge einer Vereinbarung der Parteien Thatfragen von dem Richter ohne Dazwischenkunft einer Jury entschieden werden dürfen.[2]) Diese Verordnung erging in Folge des zweiten Berichtes der Kommission für die Pflege des gemeinen Rechts (Common Law Commissioners' Second Report), in welchem die Gründe für und gegen die Beibehaltung des Verfahrens vor Geschworenen im Civilprozesse ausführlich erörtert sind. Die Kommissäre waren der Ansicht, daß für eine große Menge von Prozessen die Zuziehung einer Jury entbehrlich, und daß für andere die Zuziehung wegen der Unfähigkeit der Geschworenen zu ihrer Beurtheilung geradezu schädlich sei. Die erste Klasse wird von den Fällen gebildet, in denen es sich lediglich um die gesetzlichen Folgen des beigebrachten Beweises oder unbestrittener Thatsachen handelt, und in welchen der Wahrspruch der Jury nothwendig der Anweisung des Richters gemäß ergehen muß. Die zweite Klasse begreift alle die Fälle unter sich, welche nothwendiger Weise der Jury entzogen und dem schiedsrichterlichen Verfahren zugewiesen werden müssen, z. B. Klagen, welche die Prüfung verwickelter Rechnungen betreffen. In Betreff solcher Prozesse verleibet die Common Law Procedure Act von 1854 dem Richter in beschränkter Weise das Recht, die Parteien kompulsorisch auf schiedsrichterliches Verfahren zu verweisen.

In Schottland sind seit langer Zeit alle Vergehen, mit Ausnahme geringfügiger Uebertretungen, im Prozesse mit Geschworenen verhandelt worden. Im Jahre 1815 ging nach heftigem Widerstande ein Statut durch, welches das Verfahren mit Geschworenen auch für Civil-

---

[1]) So geschah es in dem Prozesse gegen Lord Delamere, in welchem Lord Jeffries Lord High Steward war, im Jahre 1686. Vergl. Macaulay, Geschichte von England Kap. 6.

[2]) Common Law Procedure Act von 1854; 17 u. 18 Victoria cap. 125 s. 1.

prozesse in Schottland einführte. Dieses Statut führte das Geschworenengericht (jury court) als ein dem Court of Session Hülfe leistendes für die Verhandlung derjenigen Sachen ein, welche die Richter des Court of Session nach ihrem Ermessen zum Prozesse mit Geschworenen verweisen möchten. Diese Akte wurde durch das Statut 59 Georg III. cap. 35 weiter entwickelt, welches erwähnt, daß die Einführung des Prozesses vor Geschworenen für Civilsachen sich als wohlthätig erwiesen habe. Durch das Statut 1 Wilhelm IV. cap. 69 wurde der „jury court" als besonderer Gerichtshof abgeschafft, und es wurde bestimmt, daß die Prozesse, welche nach Anordnung des Court of Session mit Geschworenen zu verhandeln sind, in diesem Gerichtshofe selbst instruirt werden sollen.

2. Die Zusammensetzung der Juries. — Wir beschränken unsere Betrachtungen auf die gewöhnlichen englischen [1]) Juries, welche Thatfragen in Civil- und Kriminalprozessen zu beurtheilen haben.

Bis zu dem Statute von Westminster (13 Eduard I. stat. 1 — 1296 —) war das einzige Erforderniß für einen Geschworenen, daß er ein wahrhaftiger und gesetzliebender Mann sein sollte. Dasselbe Statut erwähnt (cap. 38), daß reiche Leute Bestechungen anzuwenden pflegten, um sich dem Geschworenendienste zu entziehen, und daß die Juries in Folge dessen oft aus ärmeren Leuten beständen. Um diesem Uebelstande abzuhelfen, bestimmte das Statut, daß die Geschworenen Leute sein sollten, welche Grundbesitz von einem gewissen Werthe hätten. Später wurden viele andere Statute über die Qualifikationen der Geschworenen erlassen; sie wurden aber sämmtlich durch die Jury-Akte — 6 Georg IV. cap. 50 — beseitigt, welche das darüber geltende Recht konsolidirte. Die Akte nennt drei Klassen von Personen, welche als Geschworene sowohl in Civil-, wie in Kriminalsachen fungiren können, nämlich: 1) Freeholders oder Copyholders. 2) Leaseholders (Pächter). 3) Householders (Inhaber eines Hausstandes). Die ersten müssen Land zum jährlichen Ertrage von 10 Pfd. Sterl. besitzen oder ein Einkommen von gleicher Höhe aus Ländereien haben, welches ihnen als Lehn oder für Lebenszeit übertragen ist. Die zweiten müssen ein jährliches Einkommen von 20 Pfund Sterl. aus Ländereien haben, welche ihnen auf einundzwanzig Jahre oder auf Lebenszeit verpachtet sind. Die dritten müssen bei der Armensteuer zu einem Einkommen von 20 (in Middlesex 30) Pfund Sterl. eingeschätzt sein oder ein Haus

[1]) Ueber die Juries in Irland giebt es eine besondere Akte: 3 und 4 Wilhelm IV. cap. 91.

von wenigstens funfzehn Fenstern bewohnen. Die Akte gestattet mancherlei Befreiungen von Geschworenendienste. Befreit sind unter Anderen: Personen unter 21 oder über 60 Jahren, Peers, Richter, Geistliche — auch die der Dissenters, — Barristers, Advokaten, Attorneys u. s. w., wenn sie in Aktivität sind, Aerzte und Chirurgen, Offiziere des Landheeres und der Flotte in vollem Gehalte und verschiedene andere, speziell bezeichnete Beamte.[1])

Niemand ist zum Geschworenen qualifizirt, der nicht ein geborener Engländer ist, ausgenommen bei Juries „de medietate linguae" d. h. solchen, bei denen die Hälfte der Geschworenen englischer, die andere einer fremden Zunge (Sprache) ist. Das Privileg der Ausländer auf eine solche Jury ist sehr alt; das Statut 23 Eduard III. cap. 13 verordnet, daß, wenn eine Partei ein Ausländer ist, die eine Hälfte der Jury aus Naturalisirten (denizens) und die andere aus Ausländern — wenn so viele an dem Orte vorhanden sind — zur Beförderung eines unparteiischen Verfahrens bestehen soll. Die Jury-Akte aus dem sechsten Regierungsjahre Georgs IV. beschränkt dies Privilegium auf Fälle von Felonie und misdemeanour. Für Fälle des Hochverraths gilt es nicht; aber die Krone kann es für solche Fälle gewähren. Die Ausländer brauchen nicht aus demselben Lande zu sein, wie der Angeklagte, und wenn der letztere versäumt, sich auf das Privilegium zu berufen, ehe die Jury eingeschworen ist, so kann er darauf, daß ihm das Privileg nicht gewährt ist, keinen Einwand gegen die Gültigkeit des Verfahrens herleiten.

Die Listen der zum Geschworenendienste qualifizirten Personen werden alljährlich von den Kirchenvorstehern (churchwardens)[2]) und den Armenaufsehern (overseers) für ihre Kirchspiele aufgestellt und an die Friedensrichter der Grafschaften eingesendet, welche sie in den zu diesem Zwecke gehaltenen Sitzungen prüfen, berichtigen und bestätigen. Dann werden die Listen in das Verzeichniß der Geschworenen (juror's book), welches für den Sheriff auf ein Jahr zum Gebrauche bestimmt ist, übertragen.

Für Prozesse aller Art, bei welchen Geschworene zugezogen werden, Civil- und Kriminalsachen — mögen sie durch die Assisen oder bei den Quartal-Sitzungen verhandelt werden — bestimmt der Sheriff

---

[1]) Die Bürger der Burgflecken, in welchen besondere Quartal-Sitzungen gehalten werden, sind zu Geschworenen qualifizirt und brauchen an keinem anderen Orte in der Grafschaft Geschworenendienste zu thun. (5 und 6 Wilhelm IV. cap. 76 ss. 121. 122).

[2]) Vergl. Gneist, Kommunalverfassung Bd. 2 S. 970 ff. Anm. d. Uebers.

eine genügende Anzahl von Geschworenen, welche ausschließlich aus dem juror's book für das laufende Jahr ausgewählt werden.

In Burgflecken, welche ihre eigenen Friedensgerichts-Sitzungen haben, müssen alle Bürger — mit Ausnahme der nach den obigen Bestimmungen befreieten und nicht qualifizirten — Geschworenendienst leisten. Die Juries für die Burgflecken-Sitzungen werden von dem Clerk of the Peace des Burgfleckens berufen.[1])

Auch der Kanzleigerichtshof ist berechtigt, an die Sheriffs Anweisungen zur Berufung von Juries zu erlassen, welche in dort anhängigen Prozessen fungiren oder Entschädigungen bei den Nisi-prius-Richtern oder bei den Assisen festsetzen sollen.

Wenn der Sheriff nicht ohne Interesse ist, z. B. wenn er mit einer der bei einem Prozesse betheiligten Personen verwandt ist, so kann die Aufforderung zur Berufung der Jury statt an ihn an den Coroner ergehen, und wenn auch gegen diesen Einwendungen vorhanden sind, an zwei „elisors" oder Auswähler (electors), die die Geschworenen ohne jede Rücksicht auswählen sollen. Auch der Coroner oder die „elisors" müssen die Geschworenen aus dem juror's book für das laufende Jahr auserwählen. Uebrigens sind die Verrichtungen des Sheriffs bei der Auswahl der Geschworenen heut zu Tage so viel weniger wichtig, als früher, daß es schon lange nicht mehr vorgekommen ist, daß gegen den mit der Berufung der Jury beauftragten Sheriff Einwendungen erhoben wurden.

Personen, welche des Hochverraths oder des entfernten Verrathes angeklagt sind, können — mit Ausnahme der Fälle des direkten Angriffs auf die Person des Königs — verlangen, daß ihnen die Liste der kleinen Jury einige Zeit vor der Verhandlung zugestellt werde. Dies Recht steht den wegen Felonie Angeklagten nicht zu.

Spezial-Juries können berufen werden sowohl für Civilprozesse, wenn sie zu verwickelt oder zu wichtig für die gewöhnlichen Juries (common juries) erscheinen, als auch für wichtige Strafprozesse wegen misdemeanour. Die Jury-Akte Georgs IV. ermächtigt die Richter der oberen Gerichtshöfe des gemeinen Rechts, die Bestellung einer Spezial-Jury anzuordnen, wenn eine Partei für einen Civil- oder Kriminalprozeß (jedoch mit Ausnahme der Strafprozesse wegen Verraths und wegen Felonie) darauf anträgt. Spezial-Geschworene sind die in der Liste der Geschworenen genannten Personen, welche dort

---

[1]) Vergl. Gneist, Kommunalverfassung Band 2 S. 907.

Anm. des Uebers.

dem Range nach mindestens als Esquires oder als Banquiers oder als Kaufleute bezeichnet sind.

In jedem Falle eines Prozesses mit Zuziehung der gewöhnlichen Jury werden die Namen aller einberufenen Geschworenen auf besondere Zettel geschrieben, welche wie Loose aus einer Urne gezogen werden. Die zwölf Personen, deren Namen zuerst aus der Urne gezogen sind, werden als Geschworene vereidigt, wenn keiner von denselben abwesend, abgelehnt oder entschuldigt ist. Auch die Spezial-Juries werden durch das Loos bestimmt und in der Reihenfolge berufen, in welcher die Zahlen aus der Urne gezogen werden, welche den Nummern der Namen in der Liste der Spezial-Geschworenen entsprechen.[1])

Die Ablehnungen sind zweierlei Art; sie betreffen nämlich entweder die ganze Liste der berufenen Geschworenen (challenge to the array) oder einzelne Geschworene (challenge to the poll).

Die challenge to the array ist zulässig wegen Parteilichkeit oder eines anderen Mangels in der Person des Sheriffs oder seines Beamten, welcher die Geschworenen-Liste aufgestellt hat (array the panel). Der Einwand muß in dem Ablehnungs-Gesuche speziell angegeben sein, und der Gegner kann entweder die rechtliche Zulässigkeit des Einwandes („demur" to the challenge) oder die zur Begründung angeführte Thatsache bestreiten („traverse" the challenge). Im ersteren Falle entscheidet der Gerichtshof, im letzteren bestellt derselbe zwei Prüfer (triers), welche zum Zwecke der Untersuchung der bestrittenen Thatsachen vereidet werden, die Beweise vor sich aufnehmen lassen, die Ausführungen der Anwälte hören und das Resume des Richters entgegennehmen, Alles wie in einem gewöhnlichen Prozesse. Wenn die Triers zu Gunsten des Ablehnenden entscheiden, so wird die Sache vertagt, und es kann eine neue Jury berufen werden; im entgegengesetzten Falle wird mit dem Prozesse vorgegangen, als wenn keine Ablehnung erfolgt wäre. Challenges to the array sind in Civilsachen seitens jeder Partei und in Kriminalsachen sowohl seitens der Krone, als des Angeklagten zulässig. Bei der Verhandlung des Prozesses O'Connell und Genossen wider die Königin im Oberhause war die Majorität der Lords, welche über die Appellation entschied, der Ansicht, daß, seitdem die wesentlichsten Funktionen der Sheriffs bei der Berufung der Geschworenen ihnen abgenommen und auf an-

---

[1]) Das Verfahren, die Geschworenen durch das Loos zu bestimmen, bestand schon nach dem Statute 6 Georg II. cap. 25, welches früher die Bestellung der Juries für Civil- und Kriminalsachen ordnete. Von diesem Statute Näheres unten.

dere Beamte übertragen worden, die challenge to the array auf Akte dieser letzteren und Mängel in ihrer Person anwendbar sei.

Challenges to the poll (in capita), gegen die einzelnen Geschworenen, können darauf begründet werden, daß sie die nach den gesetzlichen Vorschriften nöthigen Qualifikationen nicht besitzen, daß sie durch Verbrechen ehrlos geworden seien, oder daß ein genügender Verdacht der Parteilichkeit vorliege. Dieser letzte Grund ist dann zulässig, wenn offenbare Verdachtsmomente vorliegen (z. B. wenn der Geschworene mit einer der Parteien verwandt ist), in welchem Falle die Ablehnung eine prinzipale (a principal challenge) genannt wird; er ist aber auch dann zulässig, wenn die Verdachtsmomente nicht offenbar, sondern nur wahrscheinlich sind (wie im Falle näherer Bekanntschaft u. dgl.), wo dann die Ablehnung als gegen die Befangenheit gerichtet (challenge to the favor) bezeichnet wird. Es bleibt den Triers überlassen, ob sie diese Ablehnung für begründet oder für unbegründet erklären wollen.

Ablehnungen aus einem der bezeichneten Gründe werden „Ablehnungen aus Ursachen" (challenges for causes) genannt, und unterliegen sowohl in Civil-, als auch in Kriminalsachen keinen Einschränkungen. Aber in Kriminalsachen giebt es noch eine andere Art von Ablehnungen, nämlich die „peremtorischen Ablehnungen" (peremptory challenges), welche allen wegen Felonie oder wegen eines Kapital-Verbrechens Angeklagten, nicht aber den nur eines misdemeanour Beschuldigten zustehen. Wenn ein Angeklagter einen Geschworenen peremtorisch ablehnt, so braucht er keinen Grund dafür anzugeben; er kann aber in Prozessen wegen Hochverrathes nicht mehr als fünfunddreißig Personen, d. h. eine weniger als drei volle Juries ausmachen, und in Prozessen wegen Mordes oder einer anderen Felonie nicht mehr als zwanzig Personen peremtorisch ablehnen. Der Krone steht ein der peremtorischen Ablehnung des Angeklagten analoges Recht zu; die Krone soll nämlich keinen Geschworenen ohne Grund ablehnen, aber sie braucht den Grund der Ablehnung erst dann anzugeben, wenn das ganze Verzeichniß der berufenen Geschworenen durchgegangen ist, und dann keine volle Jury ohne die so abgelehnten Geschworenen zu Stande gebracht werden kann. Wenn in Folge von Ablehnungen oder aus anderen Ursachen eine hinreichende Anzahl von Geschworenen nicht übrig bleibt, so kann dem Mangel durch ein „tales de circumstantibus" abgeholfen werden, d. h. es werden so viele von den im Gerichte sonst anwesenden Personen zugezogen, als erforderlich sind, um die Zahl zwölf zu ergänzen. In Kriminalsachen ist es nicht gebräuchlich, ein Tales zu verfügen, sondern wenn die Geschworenenliste erschöpft ist, befiehlt der Richter dem Sheriff, eine neue Liste von Geschworenen instanter, ohne weitere Anweisung, aufzustellen und die dazu Bezeichneten zu berufen.

Ein Ueberblick über die Geschichte der wichtigsten Veränderungen in der Zusammensetzung der Juries wird am besten die Wichtigkeit einiger der eben erwähnten Vorschriften erkennen lassen.

Vor Alters und bis zur Regierung Wilhelms III. stand das Recht, die Juries zu wählen und die sich daraus ergebende Verantwortlichkeit wesentlich bei den Sheriffs. Die Verrichtungen derselben bei der Bildung der Juries sind aber jetzt fast ganz bedeutungslos dadurch geworden, daß einige Jahre nach der Revolution ein System eingeführt wurde, nach welchem der Sheriff die Geschworenen aus den Listen auszuwählen hat, welche ihm von den zu den Quartals-Sitzungen versammelten Friedensrichtern zugestellt werden. Vorher gewährte das Recht der challenge to the array nur ein unvollkommenes Schutzmittel gegen die Parteilichkeit des Sheriffs bei der Bildung der Juries.[1]) Daraus ist es erklärlich, daß die Hofpartei zur Zeit Karls II. so großes Gewicht auf die Auswahl der Sheriffs legte. Darin lag auch eine der wesentlichsten Veranlassungen zu dem großen Quo warranto-Prozesse unter Karl II. (1682), welcher von der Krone angestellt wurde, um die Freibriefe der City von London für verwirkt erklären zu lassen; denn die City hatte bis dahin das Recht gehabt, selbst ihre Sheriffs zu ernennen. Roger North, ein Parteigänger des Hofes mit einem sehr weiten Gewissen, sagt bei Besprechung der Wahlen der Munizipal-Beamten in dem vorhergehenden Jahre, die „fak-

---

[1]) Harris in seinem „Leben Cromwells" bemerkt, daß „Cromwell sich gelegentlich parteiisch zusammengesetzter Juries bediente und Richter absetzte, welche sich weigerten, seinen betreffenden Anweisungen zu folgen." In einer Note fügt er hinzu: „Hier sind meine Beweise dafür! Richter Hale erfuhr auf einer Rundreise, daß der Protektor die Zusammensetzung einer Jury für einen Prozeß angeordnet hatte, bei welchem er mehr als gewöhnlich interessirt war. Auf diese Nachricht fragte Hale den Sheriff darüber aus; dieser wußte nichts davon, weil er — wie er sagte — alle solche Angelegenheiten dem Unter-Sheriff überließ; auf Nachfrage bei dem Unter-Sheriff fand er, daß die Jury nach Cromwells Befehl zusammengesetzt war. Nun wies er auf das Statut hin, nach welchem alle Juries durch den Sheriff und seine gesetzlichen Beamten gewählt werden sollen; er entließ die Jury, weil dies nicht nach Vorschrift des Gesetzes geschehen sei, und wollte die Sache nicht verhandeln lassen. Darüber war der Protektor äußerst ungehalten und erklärte ihm nach seiner Rückkehr von der Rundreise im Zorne, er tauge nicht zum Richter. Darauf antwortete Hale nichts weiter, als: Das sei sehr wahr."

tiöse Partei" habe sich der Wahl der Lord Mayors nicht sehr widersetzt, weil „sein Amt nichts mit der Ernennung der Geschworenen zu thun hatte, welche ihr Palladium bildeten; deshalb vereinigte sie sich nicht zu seiner Ausschließung, wie sie es that, um die Wahl der Sheriffs durchzusetzen." Und in seiner Erzählung des Quo warranto-Prozesses sagt er mit Bezug auf das Recht der großen Juries, die Anklagen der Krone zu ignoriren: „Diese große Stadt war unter den ersten, welche mit einer Klage auf Verwirkung ihrer Privilegien vor Gericht gezogen wurde; und ich stehe nicht an zu behaupten: mit mehr Grund, als irgend eine andere Stadt in England. Denn was, im Namen der Gerechtigkeit! sollte die Regierung thun, als Ignoramus [1]) in cathedra stand und allem Staats-Kriminalrechte Einhalt gethan war, von dem gewöhnlichen Strafrechte und dem Civilrechte nicht zu reden? Und wie faktiös parteiisch wurde dieses in London und Middlesex gepflegt!" Nachdem Karl II. den Prozeß gegen die City gewonnen hatte, machte er das Anerbieten, die Freibriefe mit gewissen Bedingungen wieder in Kraft zu setzen; eine der wesentlichsten dieser Bedingungen war die, daß er das Recht haben sollte, „die Sheriffs für London und Middlesex für das folgende Jahr zu ernennen, wenn er die dazu gewählten Personen nicht bestätigen wollte." Die City lehnte es jedoch ab, darauf einzugehen.[2])

Die Sheriffs, welche in fast allen Grafschaften von der Krone [3]) ernannt wurden, hatten, wie gesagt, damals umfassende Befugnisse, welche es ermöglichten, daß sie die Juries im Interesse der Krone zusammensetzen konnten. Einer der in der Bill der Rechte enthaltenen

---

[1]) In älteren Zeiten schrieb die große Jury auf eine zurückgewiesene Anklage das Wort: „Ignoramus," wie sie jetzt darauf schreibt: „no true bill" oder „not found." Vergl. unten Buch 2 Kap. 10. Anm. des Uebers.

[2]) Bei der Erwähnung des abscheulichen Prozesses gegen Colledge wegen Hochverraths (1681) sagt North: „Als der gerechte Anspruch auf eine Anklage durch die große Jury von Middlesex zurückgewiesen war, beschloß man, Colledge in Oxfordshire anklagen zu lassen ... Es ist kaum zu beschreiben, welch ein Donnerschlag es für die Bande war, als man erfuhr, daß eines ihrer hauptsächlichsten Werkzeuge zur Verantwortung gezogen, ja sogar wegen Verrathes angeklagt werden sollte. Bis dahin hatte man geglaubt, daß die ganze Partei hinter den Sheriffs von London und Middlesex und ihren Ignoramus-Gehülfen sicher verschanzt und daß das Gesetz ihr gegenüber kraftlos sei."

[3]) Bis vor kurzer Zeit war das Sheriff-Amt der Grafschaft Westmoreland erblich; erst die Akte 13 und 14 Victoria cap. 30 hat das Ernennungsrecht der Krone verliehen. — Die City von London ernennt die Sheriffs von London und Middlesex. Vergl. weiter unten.

Erwägungsgründe erwähnt, daß „in den verflossenen Jahren parteiische, bestochene und unqualifizirte Personen zu Geschworenen berufen seien und als solche fungirt haben,. namentlich sei dies in Hochverraths-Prozessen geschehen, in denen mehrfach Geschworene fungirt hätten, welche nicht Freisassen gewesen seien.“ Unter Wilhelm III. wurden einige wichtige Aenderungen in Ansehung der die Juries betreffenden Bestimmungen vorgenommen;[1]) dennoch dauerten die Klagen über ihre Zusammensetzung unter jener Regierung und auch noch später fort. So z. B. beklagte sich Peter Cook, welcher im Jahre 1696 wegen Hochverraths angeklagt war, darüber, daß der Sheriff die Namen der Geschworenen in dem Verzeichnisse, aus welchem die Jury gewählt werden sollte, so geordnet hatte, daß diejenigen, von welchen man voraussetzte, daß sie dem Angeklagten günstig sein würden, an das Ende gestellt waren und deshalb wahrscheinlich nicht aufgerufen werden würden. Der Sheriff stellte eine solche Absicht feierlich und anscheinend aufrichtig in Abrede, und die Richter erklärten sich überzeugt, daß er eine solche nicht gehabt habe. Aber eine solche Beschwerde darf gar nicht möglich sein; und sie wurde durch das Statut 3 Georg II. cap. 25 unmöglich gemacht, da nach demselben die in dem Verzeichnisse enthaltenen Namen der Geschworenen in der Reihenfolge aufgerufen werden sollen, in welcher sie durch den dazu bestellten Beamten aus der Loos-Urne gezogen werden.[2])

In dem Prozesse der Krone gegen John Horne, später Horne Tooke, wegen Libells, im Jahre 1777, erhob der Angeklagte eine ähnliche Beschwerde darüber, daß die Jury nicht ohne Hintergedanken ausgewählt sei. Der Prozeß wurde vor einer Spezial-Jury verhandelt, welche aus der allgemeinen Jury-Liste durch Auswahl der geeigneten Namen zusammengesetzt war. Der Angeklagte beschwerte sich, weil die Namen nicht geradeweg in der Reihenfolge ausgezogen wären, in welcher sie in der Liste standen, daß vielmehr die Agenten der Krone durch

---

[1]) Die Akte 1 und 5 Wilhelm und Maria cap. 21 u. 15 gab über die Vermögens-Qualifikationen der Geschworenen Vorschriften; die Akte 7 und 8 Wilhelm und Maria cap. 32 bestimmt, daß der Sheriff die Juries aus den Listen berufen soll, welche er von den zu den Quartals-Sitzungen versammelten Friedensrichtern erhält.

[2]) Der durch das Statut 7 und 8 Wilhelm und Maria cap. 32 eingeführte Grundsatz, nach welchem die zu den Quartals-Sitzungen versammelten Friedensrichter die Listen der zu Geschworenen qualifizirten Personen an den Sheriff senden sollten, wurde durch dieses Statut Georgs II. wesentlich ausgedehnt, denn nach demselben sind die Friedensrichter für berechtigt erklärt, Namen, welche zu Unrecht übergangen oder aufgenommen sind, nachträglich einzuschreiben oder auszustreichen.

falsche Angaben über den Tod oder eingetretene Unfähigkeit mancher Personen es dahin gebracht hätten, daß die Namen derselben übergangen seien. Mag die Beschwerde begründet oder unbegründet gewesen sein, jedenfalls kann eine gleiche jetzt nicht mehr vorkommen; denn nach dem jetzt geltenden Gesetze (6 Georg IV. cap. 50 ss. 31. 32) müssen die Namen der Spezial-Geschworenen in einer besonderen Liste der Reihenfolge nach numerirt werden; die in der Liste enthaltenen Nummern werden einzeln auf Stücke von Pergament oder steifem Papier geschrieben und in eine Loos-Urne gelegt; die achtundvierzig Personen, aus welchen die Spezial-Jury entnommen wird, sind diejenigen, deren Namen in der Liste bei den achtundvierzig Nummern stehen, welche zuerst aus der Urne gezogen werden.

Der letzte Fall einer Beschwerde über die Zusammensetzung der Jury, welchen wir hier erwähnen wollen, kam in einem Prozesse vor, der auch anderweit von großem staatsrechtlichen Interesse ist, nämlich bei der Appellation O'Connells und seiner Genossen wider die Königin an das Haus der Lords im Jahre 1844. Die Appellanten waren wegen Komplotts angeklagt worden und hatten in dem vor Geschworenen in Dublin verhandelten Prozesse eine Challenge to the array geltend gemacht. Der Grund für die Ablehnung der Jury war folgender: Nach dem Gesetze, welches die Juries in Irland ordnet (3 und 4 Wilhelm IV. cap. 91), mußten mehrere Listen von Personen, welche zu Geschworenen qualifizirt sind, von gewissen Beamten (den Collectors) aufgestellt und dem Recorder eingesendet werden; der letztere hatte aus diesen Listen eine allgemeine Jury-Liste zusammenzustellen. Die Beschwerde beruhete darauf, daß in diese allgemeine Liste nicht alle Namen der eingesendeten Spezial-Listen aufgenommen, vielmehr viele Namen böswilliger Weise weggelassen seien. Die englischen Richter wurden von dem Oberhause gutachtlich über die Appellation gehört und sprachen die Ansicht aus: eine Challenge to the array sei nur wegen „Parteilichkeit oder Mängel in der Person des Sheriffs" gestattet; im vorliegenden Falle aber sei diesem nichts zur Last gelegt. Die Majorität der rechtsgelehrten Lords (Law Lords), welche über die Appellation entschieden, schloß sich jedoch dieser engen Auffassung des Rechts der Challenge to the array nicht an; sie erwog, daß dieses Recht nicht dadurch geschmälert sein könne, daß die neuere Gesetzgebung den Sheriffs viele Funktionen in Ansehung der Juries abgenommen und dieselben auf andere Beamte übertragen habe; diejenigen, welche mit den nach gemeinem Rechte den Sheriffs obgelegenen Verrichtungen betraut worden, seien, soweit das Recht der

Ablehnung in Frage stehe, unter der Bezeichnung: „Sheriff" mit zu verstehen.

Die große Fürsorge des englischen Rechtes für die unparteiische und gesetzliche Zusammensetzung der Juries ist der Gegenstand häufiger Lobsprüche von Seiten englischer und fremder Juristen gewesen. „Wir müssen hier wieder inne werden und sind dadurch zur Bewunderung gezwungen" — sagt Blackstone — „wie gewissenhaft, vorsichtig, unparteiisch und gerecht das englische Gesetz sich bei der Zusammensetzung und dem Aufbau eines Tribunals erweist, welches so vortrefflich geeignet ist, die Wahrheit zu ermitteln und zur Geltung zu bringen. Dies wird am deutlichsten 1) dadurch, daß Fälschungen und geheimen Umtrieben durch die Auslosung der zwölf Geschworenen aus dem ganzen Verzeichnisse vorgebeugt wird. 2) Durch die darin liegende Gewähr gegen Parteilichkeit, daß die ganze Geschworenenliste abgelehnt werden kann, wenn gegen den Beamten, welcher sie aufgestellt hat, der Verdacht vorliegt, daß er nicht ohne Interesse ist, — und daß einzelne Geschworene zurückgewiesen werden können, wenn ihre freundliche oder feindliche Gesinnung für oder gegen eine der Parteien wahrscheinlich gemacht wird." Außerdem kommt dabei noch das von Blackstone nicht erwähnte Recht der peremtorischen Ablehnungen für gewisse Kriminalsachen in Betracht. De Lolme bemerkt: „Die Personen, denen das Gesetz in dieser Weise ausschließlich das Recht zur Entscheidung darüber anvertrauet hat, ob eine Strafe eintreten soll — diese Männer, ohne deren Ausspruch die Exekutive und die richterliche Gewalt nichts thun können, bilden keine ständige Behörde, welcher die Zeit gelassen wäre, ihre Privat-Absichten und Interessen zu verfolgen; sie sind Männer, die plötzlich aus dem Volke herausgenommen werden, die vielleicht niemals vorher zu einer gleichen Funktion berufen waren und nicht wissen können, ob sie jemals wieder dazu werden berufen werden. Da das ausgedehnte Ablehnungsrecht auf der einen Seite den geheimen Umtrieben derer einen Riegel vorschiebt, welche so vielen entmuthigenden Umständen gegenüber dennoch versuchen möchten, die richterliche Gewalt ihren Privat-Absichten dienstbar zu machen, und auf der anderen Seite den Einfluß aller persönlichen Beziehungen zu beseitigen geeignet ist, so bleibt als einziges Interesse für diejenigen, welche allein berufen sind, während der kurzen Zeit ihrer Amtsführung die Staatsgewalt in Thätigkeit zu setzen, der Umstand übrig, daß ihr eigenes Schicksal als Mitglieder der Gesellschaft in wesentlichem Zusammenhange steht mit dem Schicksale der Menschen, über deren Schuld sie entscheiden sollen. Kurz, so segensreich ist diese Institution, daß die richterliche Gewalt, welche an sich so furchtbar ist, weil sie ohne Widerstand über Eigenthum, Ehre und Leben der Unterthanen zu entscheiden hat, und weil sie trotz aller Beschränkungen immer in einem erheblichen Umfange arbiträr sein muß, in England den beabsichtigten Zweck vollständig erfüllt und sich doch dauernd in den Händen Niemandes befindet."

Die Vorzüge des Prozesses mit Geschworenen ergeben sich jedoch nicht bloß durch die Art der Zusammensetzung der Juries, sondern sind Folgen auch anderer Umstände; einer der wesentlichsten ist die Trennung der Funktionen der Jury von denen der Richter und der Zeugen.

3. Das Zustandekommen der Wahrsprüche. Das gesammte Verfahren vor den Geschworenen findet unter Aufsicht und Leitung des vorsitzenden Richters oder der vorsitzenden Richter statt. Diese entscheiden alle Rechtsfragen über die Zulässigkeit der Beweismittel und geben der Jury über alle bei der rechtlichen Beurtheilung des erbrachten Beweises in Betracht kommenden gesetzlichen Vorschriften die nöthige Belehrung, damit sie durch ihren Wahrspruch den richtigen Schluß aus den Beweisen zieht. Nach Vorführung des Beweises, den Reden der Anwälte und dem Resumé (charge) des Richters, giebt die Jury ihren Wahrspruch (verdict) ab, welcher nach englischem Rechte einstimmig beschlossen sein muß.

Das Erforderniß der Einstimmigkeit scheint dem englischen Rechte eigenthümlich zu sein und ist keineswegs ein allgemeines für alle Tribunale Englands. So z. B. wird in Prozessen gegen angeklagte Peers, welche vor dem Oberhause verhandelt werden, der Wahrspruch von der Majorität der Peers beschlossen. Auch in den Kriegsgerichten und in den schottischen Kriminalgerichten entscheidet die Majorität. Es ist von Schriftstellern über das Militärrecht behauptet worden, daß die Wahrsprüche der Kriegsgerichte deshalb denen der ordentlichen Juries vorzuziehen seien, weil in ordentlichen Juries häufig einige Geschworene ihre Ansicht aufzugeben gezwungen seien, während die Wahrsprüche der Kriegsgerichte der wirklichen Meinung der Majorität entsprächen.

Bei der Vergleichung der beiden Systeme muß man zwei Fragen unterscheiden, — die nach dem inneren Werthe des Wahrspruches, und die nach der sittlichen Zulässigkeit oder Angemessenheit eines Zwanges gegen dissentirende Geschworene zum Aufgeben ihrer Ansichten.

Was den inneren Werth des Wahrspruches betrifft, so muß man

in Betracht ziehen, daß unter der Voraussetzung des gleichen Werthes jeder einzelnen Stimme die Wahrscheinlichkeit der Richtigkeit desselben um so größer, je kleiner die Zahl der dissentirenden Stimmen ist. Nun aber ist das Verhältniß der Dissentirenden zu der ganzen Zahl der Geschworenen bei den ordentlichen Juries erfahrungsmäßig meist sehr klein, wogegen es in den Kriegsgerichten und im Hause der Lords häufig sehr beträchtlich ist.[1])

Was die sittliche Angemessenheit jenes Zwanges betrifft, so läßt sich nicht in Abrede stellen, daß ein Geschworener, welcher die Ueberzeugung von der Richtigkeit seiner Ansicht hat, die letztere nicht aufgeben kann, ohne seinen Eid zu verletzen. Der einzige Fall, in welchem er sich der Ansicht der Majorität der Geschworenen anschließen kann, ist, wenn er über die Richtigkeit seiner Ansicht Zweifel hat. — Und, streng genommen, zwingt ihn das Gesetz nicht, seine Ansicht aufzugeben, wenngleich eingestanden werden muß, daß früher in manchen Fällen mit großer Härte auf einen einstimmigen Wahrspruch hingewirkt wurde.

Ursprünglich wurde von den Juries in Civilprozessen keine Einstimmigkeit verlangt. Bracton sagt bei Besprechung des in seiner Zeit (unter Heinrich III.) geltenden Prozeßrechts: „Es kommt oft vor, daß die Geschworenen nicht einstimmig sind, wenn sie ihren Wahrspruch abzugeben haben. In diesem Falle kann der Gerichtshof die Jury (Assise) um so viele Mitglieder vermehren, als die Majorität der Dissentirenden beträgt oder wenigstens um vier oder sechs; diese treten den übrigen hinzu oder berathen, ohne die anderen, über den Wahrspruch, und antworten auch für sich allein; und dann soll der Wahrspruch derjenigen angenommen und für richtig erachtet werden, mit denen sie übereinstimmen.“ [2])

Diese Praxis bestand auch noch unter der folgenden Regierung,

---

[1]) In dem Falle Sir John Fenwicks (1696), in welchem — wenngleich der Angeschuldigte im Wege der Gesetzgebung verurtheilt wurde — dem Erfolge nach ein richterliches Verfahren stattfand, wo jedes Parlamentshaus die Stelle einer Jury einnahm, war das Verhältniß der Stimmen folgendes: im Hause der Gemeinen für die Bill 189, dagegen 156; im Hause der Lords für die Bill 66, dagegen 60. — In dem Prozesse Staffords, eines der „Fünf Päbstlichen Lords,“ welcher 1680 vor dem Oberhause verhandelt wurde, war das Stimmenverhältniß folgendes: für Schuldig 55, für Nichtschuldig 31.

[2]) „Contingit etiam multotiens quod juratores in veritate dicenda sunt sibi contrarii, ita quod in unam declinare non possunt sententiam. Quo casu, de consilio curiae affortietur assisa, ita quod apponantur alii juxta numerum majoris partis quae dissenserit, vel saltem quatuor vel sex, et adjungantur

unter welcher „Fleta“ geschrieben haben soll. Aber der Richter war berechtigt, darauf zu bestehen, daß die zuerst bestellte Jury ein einstimmiges Verdikt abgeben sollte, und wahrscheinlich deshalb, weil die Hinzufügung neuer Geschworenen zu der Weitläuftigkeit Veranlassung gab, daß der Prozeß noch einmal verhandelt werden mußte — und so „toties quoties“ — kam es dahin, daß zuletzt die Richter der Beschleunigung und Erleichterung wegen in allen Fällen auf der Einstimmigkeit der ersten Jury bestanden.[1])

In Kriminal-Prozessen war die Praxis eine andere. Aus den Quellen ergiebt sich, daß in denselben kein Verdikt angenommen wurde, ohne daß alle Geschworenen demselben zugestimmt hätten; Fleta spricht ausdrücklich von dem Erfordernisse der Einstimmigkeit. Wenn sie alle auf ihren Eid erklärten, daß sie nichts von der Thatsache wüßten, so wurden andere auf ihre Plätze gesetzt, welche etwas davon wußten.

Coke sagt: „Nach dem Rechte Englands müssen die Geschworenen nach der Beweisaufnahme an einem passenden Orte ohne Speise und Trank, ohne Feuer und Licht versammelt bleiben — was manche Bücher eine Gefangenschaft nennen; sie dürfen dann auch mit Niemand außer dem Bailiff sprechen, und mit diesem auch erst, wenn sie einstimmig geworden sind. Wenn dies der Fall ist, sollen sie in Parteisachen einen Wahrspruch abgeben, und wenn der Gerichtshof nicht mehr versammelt ist, sollen sie es einem Richter besonders verkünden, und dann können sie essen und trinken; und am anderen Morgen können sie in öffentlicher Sitzung des Gerichts das dem Richter besonders abgegebene Verdikt entweder bestätigen oder ändern, und dasjenige, was sie im Gerichtshofe abgegeben haben, soll gelten. Dagegen können sie in Kriminalprozessen um Leib und Leben das Verdikt nicht besonders

---

aliis; vel etiam per se ipsos, sine aliis, de veritate discutiant et judicent et per se respondeant; et eorum veredictum allocabitur et tenebit cum quibus ipsi convenerint.“ Bracton, de legibus. Lib. IV. de Assisa cap. 19.

[1]) Fleta theilt als bestehendes Recht mit, daß bei Uneinigkeit der Geschworenen es in der Wahl des Richters gestanden habe, entweder die Jury durch Vermehrung der Zahl der Geschworenen zu verstärken, oder die Einstimmigkeit dadurch herbeizuführen, daß er den Sheriff anwies, die Geschworenen ohne Speise und Trank eingeschlossen zu halten, bis sie sich über den Wahrspruch vereinigt haben würden. — Die Annahme eines Wahrspruches „ex dicto majoris partis juratorum,“ wenngleich sie mit der alten Praxis vereinbar war, kam gegen das Ende der Regierung Eduards I. außer Gebrauch; denn in dem vierzigsten Jahre seiner Regierung wurden Geschworene von den Richtern in eine Geldstrafe genommen, weil elf derselben ihren Wahrspruch ohne Zustimmung des zwölften abgegeben hatten. (Reeves, Englische Rechtsgeschichte).

einem Richter gegenüber abgeben; sondern sie müssen es öffentlich im Gerichtshofe verkünden.[1]) Und hieraus erklärt sich eine andere Eintheilung der Verdikte, nämlich in öffentliche Verdikte, welche öffentlich im Gerichtshofe abgegeben werden, und in Privat-Verdikte, welches, wie vorher erwähnt, außerhalb der Gerichtssitzung vor einem der Richter besonders abgegeben werden. Eine mit einer Kriminal-Sache wegen Leib und Leben befaßte Jury kann durch den Gerichtshof oder einen Anderen ihrer Pflichten nicht entbunden werden, sondern muß ein Verdikt abgeben." [2])

Die Lehre, daß eine Jury, welche mit einer Kriminalsache wegen Leib und Leben befaßt ist, ihrer Pflichten nicht entbunden werden könne, wird von Coke zu weit ausgedehnt, und wird in dieser Ausdehnung nicht mehr anerkannt. Heut zu Tage gilt der Grundsatz, daß der vorsitzende Richter zu erwägen hat, ob er die Jury entlassen will oder nicht; er wird jedoch dieselbe nur in Fällen dringender Nothwendigkeit entlassen. Diese neuere Praxis, nach welcher die Entlassung erlaubt ist, wenn die Geschworenen über ein Verdikt nicht übereinkommen können, hat die vom Standpunkte der Sittlichkeit aus gegen das Erforderniß der Einstimmigkeit erhobenen Einwendungen, wie uns scheint, beseitigt.

Als das oben erwähnte Gesetz (55 Georg III. cap. 42) wegen Einführung der Jury für Civilsachen in Schottland erlassen werden sollte, wurden dem Parlamente viele Petitionen eingereicht, in denen behauptet war, es würde der Jury oft unmöglich sein, ein einstimmiges Verdikt abzugeben, ohne daß einzelne von den Geschworenen ihren Eid verletzten. Um diesen Einwand zu beseitigen, wurde in jener Akte bestimmt, daß, wenn die Jury nach zwölfstündiger Berathung nicht einstimmig sei, sie entlassen werden und eine neue Verhandlung der Sache stattfinden solle.

---

[1]) In Schottland wurde früher das Verdikt von dem „Kanzler" der Jury abgegeben, und die Jury selbst durfte nicht eher auseinandergehen, als bis das Verdikt schriftlich abgefaßt und besiegelt war. — Die Akte 9 Georg IV. cap. 29 s. 15 bestimmt, daß es hinreicht, wenn ein einzelner Richter im Gerichtshofe zurückbleibt, um den Wahrspruch entgegenzunehmen; und dadurch ist der Gebrauch schriftlicher Verdikte fast ganz verschwunden.

[2]) „Und man ist der Ansicht," sagt Blackstone — „daß, wenn die Geschworenen sich nicht vereinigen, bevor die auf der Rundreise begriffenen Richter die Stadt verlassen, die Richter — wenngleich sie die Geschworenen nicht bedrohen oder einkerkern dürfen — doch nicht verpflichtet sind, auf die Geschworenen zu warten, sondern die letzteren auf einem Karren auf der Rundreise von Stadt zu Stadt mit sich nehmen können."

Der zweite Bericht der Kommission für die Pflege des gemeinen Rechts (vom 30. April 1853) hat das Erforderniß der Einstimmigkeit der Verdikte vertheidigt, aber eine Vorschrift empfohlen, nach welcher den Geschworenen während der Berathung die erforderlichen Erfrischungen nicht vorenthalten werden möchten.

4. Die Kraft des Wahrspruches. In älteren Zeiten konnte, wenn der Wahrspruch in einer Civilsache offenbar falsch war, die Jury in vielen Fällen bestraft und der Wahrspruch selbst durch ein Rechtsmittel (writ of attaint) aufgehoben worden. Die Jury, welche den früheren Wahrspruch prüfte, war eine große Jury von vierundzwanzig Personen; wenn diese fand, daß der Wahrspruch falsch sei, so wurden die früheren Geschworenen mit Konfiskationen und anderen schweren Strafen belegt, welche erst durch spätere Statute gemildert wurden. Aber der Gebrauch, die Wahrsprüche bei Seite zu schieben und die nochmalige Verhandlung der betreffenden Civilsache (new trial) anzuordnen, ist an die Stelle jenes Verfahrens der attaints getreten; die letzteren kamen nach dem sechszehnten Jahrhunderte nur noch sehr selten vor und sind gegenwärtig abgeschafft.

Eine neue Verhandlung („new trial" eigentlich: neues Beweisverfahren) kann nur dann bewilligt werden, wenn Thatsachen vorliegen, aus denen sich deutlich ergiebt, daß die Jury von ihren Befugnissen nicht den gesetzlichen oder ordnungsmäßigen Gebrauch gemacht hat oder hat machen können; denn im Allgemeinen gilt der wichtige Grundsatz, daß die Entscheidung der Jury über Thatfragen unwiderruflich ist. Die wesentlichsten Gründe, aus denen die höheren Gerichtshöfe eine neue Verhandlung bewilligen, sind: Fehler des leitenden Richters; Widerspruch des Wahrspruchs mit dem Beweise; Entdeckung neuer Beweismittel nach dem Prozesse; Uebermaß der dem siegenden Kläger als Streitwerth (damages) zugesprochenen Summe; ungebührliches Betragen der Jury oder eines Geschworenen.[1]) Ein anderes Rechtsmittel zur Herbeiführung einer neuen Verhandlung, aber mit einem verschiedenen technischen Namen (Venire facias de novo) wird durch Irregularitäten des früheren Verfahrens begründet,

---

[1]) Zur Erläuterung dieses Grundes dienen folgende Beispiele aus Rüttimanns Engl. Civilprozeß §. 406: Es „wurde ein neues Beweisverfahren bewilligt, weil der Vormann der Jury sich geäußert hatte, der Kläger müsse nicht obsiegen, wenn er auch noch so viele Zeugen producire; und in einem anderen Falle, weil die Geschworenen einig geworden waren, ihren Ausspruch vom Loose abhängig zu machen."
Anm. des Uebers.

z. B. wenn die Jury gesetzwidrig zusammengesetzt war, oder wenn sie ein doppelsinniges oder unvollständiges Verdikt abgegeben hat.[1])

Wenn im Kriminalprozesse die Jury den Angeklagten für schuldig erklärt hat, so kann ebenfalls zu seinen Gunsten ein neues Verfahren bewilligt werden; dagegen ist es nie vorgekommen, daß ein solches bewilligt wäre, wenn der Angeklagte einmal freigesprochen ist.

Appellationen gegen die Entscheidungen der unteren Tribunale an die oberen Gerichtshöfe des gemeinen Rechts können nur auf rechtliche Verstöße gegründet werden. Nachdem die „attaints" gegen Wahrsprüche abgeschafft sind, giebt es, um eine unrichtige Entscheidung über die Thatsachen umzustoßen, kein Mittel als ein neues Verfahren. Dieser Grundsatz hat rücksichtlich des höchsten Appellhofes, des Hauses der Lords, nicht immer gegolten; aber in neueren Zeiten ist kein Beispiel vorgekommen, daß an dasselbe ein bloß auf thatsächliche Verstöße begründetes Rechtsmittel gegen die Entscheidung eines Gerichts gelangt wäre.

In Civilprozessen, in welchen Thatfragen durch Geschworene entschieden sind, folgt dem Verdikte der Jury in der Regel das darauf begründete Urtheil (judgment) der Richter. Gewöhnlich läßt man zwischen dem Verdikte und dem Urtheile einige Tage verstreichen, deshalb findet auch vorher keine Exekution statt. Aber der bei dem Verfahren vor den Geschworenen vorsitzende Richter kann in den geeigneten Fällen die sofortige Exekution anordnen z. B. wenn die Gefahr vorliegt, daß die Partei entweicht oder ihre Habe bei Seite bringt. Auf der andern Seite kann der Richter in den geeigneten Fällen auch den Urtelsspruch und die Exekution über die gewöhnliche Zeit hinaus verschieben, z. B. dann, wenn er erhebliche Zweifel hegt, ob das Verdikt aufrecht erhalten werden kann.[2])

In manchen Fällen folgt nicht nothwendig auf das Verdikt ein auf dasselbe basirtes Urtheil. Dies sind die Fälle, in denen eine Partei aus technischen Gründen, welche hier nicht im Einzelnen angegeben zu werden brauchen, verlangen kann, daß kein Urtheil auf das Verdikt gegründet werde (arrest of judgment), weil ein Fehler in dem Verfahren vorgekommen ist, — und ferner die Fälle, in denen der Kläger trotz des zu Gunsten des Beklagten ausgefallenen Verdikts die

---

[1]) Die Fälle des Venire facias de novo sind vom Gesetze genau begrenzt, die des new trial unterliegen mehr dem richterlichen Ermessen. Vergl. Rüttimann a. a. O. §. 408. Anm. des Uebers.

[2]) Common Law Procedure Act 1854. s. 120.

Verurtheilung des letzteren beantragen kann (judgment non obstante veredicto), — nämlich dann, wenn der Kläger nachweist, daß das Verdikt einen für das zu erlassende Urtheil unerheblichen Streitpunkt betrifft. In anderen Fällen, in denen die durch die Jury entschiedene Frage sich als unerheblich erweist, müssen die Parteien de novo verhandeln, um die Streitfrage in zweckentsprechender Weise festzustellen.

Wenn in einem Kriminalprozesse die Jury den Angeklagten freispricht, so ist der letztere berechtigt, seine sofortige Loslassung zu verlangen, ohne daß er irgend welche Gebühren zu bezahlen braucht. Wird der Angeklagte für schuldig erklärt, so kann er Einwendungen erheben, um den Antrag zu rechtfertigen, daß kein Urtheil auf das Verdikt gegründet werde (arrest of judgment), z. B. daß die Anklage materiell mangelhaft sei (d. h. daß die ihm Schuld gegebene That keine strafbare sei); und wenn der Angeklagte keinen Antrag auf arrest of judgment macht, so kann dennoch der Gerichtshof, wenn er findet, daß die That des Angeklagten vom Gesetze nicht mit Strafe bedrohet ist, von Amtswegen die Urtheilsfällung ablehnen. Ist dies geschehen, so hört jedes weitere Verfahren über die Anklage auf; aber die Erhebung einer neuen Anklage wird dadurch nicht ausgeschlossen. Rechtsfragen, welche in Folge eines Antrags auf arrest of judgment entstehen, kann der Richter für die Entscheidung des Kriminal-Appellationsgerichts (Court of Criminal Appeal) vorbehalten.

5. Die Unverantwortlichkeit der Geschworenen. Niemand ist wegen eines Wahrspruches, welchen er in einem Kriminalverfahren abgegeben hat, verantwortlich. Eine sehr bedeutende Autorität (Hawkins) bemerkt hierüber: „Da der Schutz der Unschuldigen und die Strafe der Schuldigen in so hohem Grade von der Redlichkeit und Tüchtigkeit der Geschworenen abhängt, so ist es von der größten Wichtigkeit, daß dieselben so viel als irgend möglich von jeder Leidenschaft fern gehalten werden. Deshalb läßt das Gesetz keinen Weg für die Verfolgung oder Klage gegen einen Geschworenen offen; denn bei ihm darf die Besorgniß nicht aufkommen, daß ein chikanöser Prozeß gegen ihn angestellt werden könnte, weil er nach seinem Gewissen gehandelt hat — eine Gefahr, die dann dringend werden könnte, wenn angesehene Personen sich einer Sache annehmen, für deren Gerechtigkeit sie in bestem Glauben und mit voller Ueberzeugung ein Vorurtheil haben. Freilich wurden in älteren Zeiten öfter Geschworene vor der Sternkammer zur Verantwortung gezogen, weil sie einen offenbaren Verbrecher für Nichtschuldig erklärt hätten; aber solche Untersuchungen wurden stets für die ärgsten Bedrückungen gehalten,

und seitdem in dem Prozesse gegen Bushell das geltende Recht festgestellt worden, ist es sicher, daß gegen Geschworene wegen ihrer in Kriminalsachen abgegebenen Wahrsprüche keinerlei Klage oder Untersuchung statthaft ist."

In älteren Zeiten finden wir viele Beispiele, in denen Geschworene wegen ihrer Wahrsprüche bestraft oder wenigstens angefahren und bedrohet wurden. So z. B. wurde im ersten Jahre der Regierung Marias (1554), nachdem Sir Nikolas Throckmorton von der wegen Theilnahme an dem Aufstande Wyatts gegen ihn erhobenen Hochverraths-Anklage freigesprochen war, die Jury von dem mit dem Verdikte unzufriedenen Gerichtshofe in das Gefängniß geschickt, und die Geschworenen wurden dann noch nach mehrmonatlicher Einkerkerung von der Sternkammer zu schweren Geldstrafen verurtheilt. Diese Strenge war für Sir John Throckmorton verderblich; denn dieser wurde auf denselben Beweis für schuldig erklärt, auf welchen hin sein Bruder war freigesprochen worden. Zur Zeit Elisabeths finden wir Beispiele, daß Geschworene von den Richtern zu Geldstrafen verurtheilt wurden, weil sie Personen, die des Mordes angeklagt waren, freigesprochen hatten. Unter dem Protektorate Cromwells (1653) wurde John Lilburne zur Untersuchung gezogen, weil er aus der Verbannung zurückgekehrt war. Die Jury, welche ihn freigesprochen hatte, wurde vor den Staatsrath geladen, damit sie sich dort verantworte. Sie wurde mit großrr Strenge nach den Gründen des Verdikts gefragt; aber die meisten Geschworenen verweigerten die Auslassung. Anscheinend fand ein weiteres Verfahren gegen die Jury nicht statt. Unter Karl II. nahm Lord Croke eine Jury in eine Geldstrafe, weil sie Personen freigesprochen hatte, welche angeklagt waren, daß sie sich zu Konventikeln versammelt hätten; und in einem anderen Falle büßte er eine Jury, weil sie einen Angeklagten gegen die Anweisung des Gerichtshofes nur des Todtschlags, und nicht des Mordes schuldig gefunden hatte. Im Jahre 1667 berichtete ein Ausschuß des Hauses der Gemeinen, daß in einigen Fällen Lord Chief Justice Keeling gegen Juries einen willkürlichen und ungesetzlichen Zwang ausgeübt habe. Keeling wurde auf sein Verlangen von dem Hause mit seiner Vertheidigung gehört, und das Haus beschloß sodann, „daß es in der Sache gegen ihn keine weiteren Schritte thun wolle." Es wurde eine Bill eingebracht, nach welcher die Verhängung von Geld- und Gefängnißstrafen gegen Geschworene für ungesetzlich erklärt werden sollte; dieselbe ging aber nicht durch.

Lord Chief Justice Hale schrieb unter Karl II. über die Zunahme der damaligen Praxis, über Geschworene Geldstrafen zu verhängen, Folgendes: „Obgleich es jetzt bei solchen Richtern gebräuchlich geworden ist, willkürliche Geldstrafen nicht allein gegen die große Jury, sondern sogar gegen die kleine Jury in Kriminalfällen festzusetzen, wenn die Geschworenen einen der richterlichen Anweisung zuwiderlaufenden Wahrspruch abgeben, so hat dies doch für mich wenig Gewicht. Denn ich habe Willkürlichkeiten, wenn sie einmal Fuß gefaßt hatten, von Schritt zu Schritt sich ausbreiten sehen; man fing mit den Geldstrafen gegen die großen Juries an; dann erkannte man solche gegen die kleinen Juries, weil sie ihre Verdikte nicht nach den Anweisungen der Gerichtshöfe abgaben; dann legten Nisi-prius-Richter den Geschworenen Geldstrafen in Civilsachen auf, wenn sie, selbst über Thatfragen, Verdikte abgaben, welche den Anweisungen nicht entsprachen.“ Endlich führt er einige Fälle an, in welchen er in Gemeinschaft mit anderen Richtern sich der Auferlegung solcher Geldstrafen mit Erfolg widersetzt habe.

Dieses willkürliche System erhielt einen wirksamen Stoß durch das Urtheil gegen Bushell (1670), durch dessen treffliche Begründung zu Gunsten der Rechte der Geschworenen Lord Chief Justice Vaughan berühmt geworden ist. Penn und Mead, zwei Quäker, wurden im Jahre 1670, unter Karl II., vor dem Lord Mayor, dem Recorder und den Aldermännern von London angeklagt, weil sie in der Gnadenkirchen-Straße (Gracechurch Street) eine tumultuarische Versammlung veranlaßt und vor dem Volke gepredigt hätten. Die Beweisaufnahme ergab, daß Penn vor dem Volke gepredigt hatte und daß Mead dabei zugegen gewesen war; dafür aber, daß die Versammlung eine tumultuarische gewesen, wurde kein Beweis erbracht, und Penn berief sich darauf, daß er zu der Predigt durch sein religiöses Pflichtgefühl getrieben sei. Die Jury erklärte Penn „schuldig, vor einer Versammlung geredet und gepredigt zu haben.“ Der Recorder erklärte der Jury: „Wir werden mit Gottes Hülfe schon ein Verdikt bekommen, oder ihr sollt verhungern.“ Nachdem die Jury die ganze Nacht hindurch eingeschlossen gewesen war, wurde sie wieder nach dem Verdikte gefragt. Der Vormann der Jury erwiderte: „William Penn ist schuldig, in der Gnadenkirchen-Straße geredet zu haben.“ Mayor: „Zu einer gesetzwidrigen Versammlung?“ Bushell: „Nein, Mylord, wir geben kein anderes Verdikt ab, als gestern Abend; wir können kein anderes Verdikt abgeben.“ Mayor: „Ihr seid ein frecher Bursche; ich weiß mit Euch umzuspringen!“ Ein Aldermann: „Ich wußte vorher, daß Mr. Bushell nicht nachgeben würde.“ Bushell: „Sir Thowas, ich habe nach meinem Gewissen gehandelt.“ Mayor: „Euer Gewissen würde Euch erlauben, mich umzubringen.“ Bushell: „Nein, Mylord, das würde ich niemals thun.“ Mayor: „Aber ich werde Euch umbringen, sobald ich kann.“ Recorder: „Er hat die Jury verleitet. Er hat auch Eingebungen. Ich glaube, ich beurtheile ihn richtig. Ich will ein Verdikt haben, mit dem sich etwas anfangen läßt, oder Ihr sollt verhungern.“ Endlich sprach die Jury beide Angeklagte frei, und jeder Geschworene wurde deshalb in eine Geldstrafe von vierzig Mark, sowie zur Einkerkerung bis dahin, daß die Strafe bezahlt sein würde, verurtheilt.

Die Jury wurde ins Gefängniß gebracht, aber in Folge eines Habeas-corpus-Verfahrens von dem Gerichtshofe der Common Pleas in Freiheit gesetzt. In diesem Verfahren (in dem Bushell'schen Prozesse) führte Lord Chief Justice Vaughan überzeugend aus, daß keine Jury wegen eines unrichtigen Verdikts bestraft werden könne, es sei denn, daß die Unrichtigkeit eine absichtliche wäre, und daß sie insbesondere nicht blos deshalb bestraft werden könne, weil ihr Verdikt nicht den Anweisungen des Richters entspreche.

Dieses Urtheil hemmte die Praxis, den Juries Zwang anzuthun; aber sie verschwand doch noch nicht gänzlich. Die große Jury Londons ging auf die Anklage gegen Colledge, „den protestantischen Schreiner,“ im Jahre 1681 nicht ein; „deshalb wurde“ — sagt Kennet — „Mr. Wilmore, der Vormann der Jury, ohne alles Recht verhaftet, vor dem Staatsrathe am 16. August verhört, in den Tower gesendet, und später mußte er über die See entfliehen.“ [1])

III. Counsel und Attorneys. Die Personen, welche die Rechtssachen Anderer in den höheren Gerichtshöfen des gemeinen Rechts und im Kanzleigerichtshofe vertreten können, sind die „Barristers“ und nach einer neueren Vorschrift die Advokaten („advocates“), welchen

[1]) Kennet, Lebens- und Regierungsgeschichte König Karls II. — North in seinem „Examen“ stellt mit großem Eifer in Abrede, daß Wilmore wegen seines Verhaltens in der großen Jury verhaftet sei, und behauptet einen anderen Grund dafür. Er giebt indessen zu, daß jener Umstand nicht außer Betracht geblieben sei; denn er sagt: „Wilmore stand in Folge seines meineidigen Ignoramus nicht gerade in Gunst bei dem Könige“ — und ferner: „Mr. Wilmore und alle anderen Theilnehmer an seiner frechen Anmaßung müssen auf ihrer Huth sein; denn man wird sie doch noch einmal unversehens ertappen.“ — Als die Richter jener Zeit die Juries für den Fall, daß sie mißliebige Verdikte abgäben, nicht mehr offen bedrohen konnten, stand es ihnen wenigstens noch frei, sie zu insultiren. Im Jahre 1680 erklärte Jeffries einer Jury, sie habe sich eines Meineides schuldig gemacht, den Gott im Himmel unmöglich verzeihen könne.

letzteren früher die Praxis nur in den geistlichen und in den Admiralitätsgerichten zustand. Barristers und Advokaten werden häufig unter dem Namen: „Counsel", — einer Abkürzung für „Counsellor" (Rathgeber) — zusammengefaßt. Wir wollen hier zuerst die Art der Anstellung der „Counsel"[1]) und dann ihre Obliegenheiten und Vorrechte betrachten.

Wenngleich der besondere Stand und die Bezeichnung der „Barristers" — wie Blackstone annimmt — nicht vor dem zwanzigsten Regierungsjahre Eduards I. vorkommen mögen, so ist doch nachweisbar, daß rechtsgelehrte, in der Behandlung der Prozesse erfahrene Leute schon unter Wilhelm Rufus vorhanden waren. Bracton erwähnt unter Heinrich III. ausdrücklich: Counsel, Sachwalter (pleaders) und Advokaten. Es gab nicht bloß Personen von diesen Berufsarten, sondern es scheint anerkannter Grundsatz gewesen zu sein, daß Niemand, als ein ordentlicher Advokat einen Prozeß führen konnte, der nicht ihn selbst als Partei betraf.

Blackstone nimmt an, daß die Einrichtung des ständigen Gerichtshofes der Common Pleas zu Westminster durch die Magna Charta Johanns und Heinrichs III. die Entstehung der benachbarten Inns of Court[2]) als Rechtsschulen veranlaßt habe. Unter Eduard I. verlieh die aus diesen Rechtsschulen gebildete Universität zwei Grade, als den höheren den der „Serjeants" (servientes ad legem), als den niederen den der „Barristers". Die Serjeants werden in dem alten Richterspiegel (Mirror of justices) und von Bracton — unter Heinrich III. — erwähnt, und in den ältesten gerichtlichen Protokollen finden wir sie bei dem Gerichtshofe der Common Pleas beschäftigt.[3])

---

[1]) Um das englische Wort nicht fortwährend gebrauchen zu müssen, wird für dasselbe in der Uebersetzung in der Regel das Wort Advokaten gesetzt werden; wo dieses Wort in der technischen Bedeutung für das englische: advocates vorkommt, wird dies durch Anführungszeichen („Advokaten") erkennbar gemacht werden.

Anm. des Uebers.

[2]) Inn ist in der nächsten Bedeutung das Haus, in welchem Jemand untergebracht wird. Deshalb Inn of Court das Kollegiengebäude für die Mitglieder der Innung der Juristen. Es giebt in London vier solche Inns of Court, nämlich: the Inner Temple, the Middle Temple, Lincoln's Inn und Gray's Inn. — Das Wort wird aber auch sehr häufig für die Gesellschaft der Juristen, die betreffende Advokaten-Innung gebraucht. Anm. des Uebers.

[3]) „Nach normannischem Rechte konnten sowohl der Kläger, wie der Beklagte in den oberen Gerichtshöfen durch ihre „conteurs" verhandeln lassen, und der Ausdruck: „conter" wurde ohne Unterschied auf die Vorträge des Klägers und die des Beklagten angewendet . . . Die Gebühren, welche die „countor" bezogen, scheinen

Die Käppchen („coifs"), welche sie tragen, sollen nach einer Konjektur dadurch gebräuchlich geworden sein, daß bei der Trennung der geistlichen und weltlichen Gerichtshöfe die Kleriker, welche bei den letzteren blieben, dadurch ihre Tonsur verdecken wollten. Schon das erste Statut von Westminster (aus dem dritten Regierungsjahre Eduards I.) warnte die Serjeants vor falschen Kunstgriffen.[1])

Barristers sollen nach Blackstone zuerst durch eine Verordnung aus dem zwanzigsten Regierungsjahre Eduards I. ernannt sein. Zweifelhaft ist es, wenn ihnen zuerst erlaubt wurde, in den Gerichtshöfen als Advokaten aufzutreten; jedenfalls aber wurden sie erst später, als die Serjeants zugelassen. Unter Eduard IV. ließ man die Barristers im Gerichtshofe der Common Pleas plaidiren, aber wahrscheinlich nur dann, wenn keine Serjeants vorhanden waren.[2]) Im Jahre 1574 (unter Elisabeth) wurde durch eine Staatsraths-Ordre der Königin Folgendes bestimmt: „Item soll Niemand zum Plaidiren in einem der Gerichtshöfe zu Westminster zugelassen werden, oder berechtigt sein, eine Klage, Eingabe oder einen Schriftsatz zu unterschreiben, wenn er nicht ein Lektor (reader) oder Vorstandsmitglied einer Rechtsinnung (bencher in court) oder seit fünf Jahren Außen-Barrister (utter barrister) ist und zu der Zeit seine Studien noch fortsetzt, oder wenn er nicht wenigstens seit zwei Jahren Lektor bei der Kanzlei (reader in Chan-

---

Wilhelm den Eroberer oder einen seiner nächsten Nachfolger bewogen zu haben, das Amt als das dienstthuender Beamten anzusehen und sich das Recht beizulegen, Leute zu diesem Amte zu ernennen. Dies geschah in Folge eines in der feierlichsten Form unter dem großen Siegel erlassenen Mandates und zwar mittels Erlasses rücksichtlich der bei der Aula Regia praktisirenden Serjeants, später auch hinsichtlich der bei dem Gerichtshofe der Common Pleas beschäftigten, und durch Patent rücksichtlich der in Dublin praktisirenden Serjeants." (Manning, „Serviens ad Legem."

[1]) Wenn ein Serjeant, Sachwalter (countre) oder ein Anderer im Gerichtshofe des Königs sich irgend welcher falschen Kunstgriffe oder Kollusionen schuldig macht, oder solche zur Täuschung des Gerichtshofes oder einer Partei zugiebt, und dessen überführt wird, so soll er ein Jahr und einen Tag lang eingekerkert werden und soll nie wieder in dem Gerichtshofe für Jemand plaidiren. (3 Eduard I. cap. 29).

[2]) Blackstone (I. 24 n.) sagt, die Barrister seien zuerst „apprentices" — von appendre, lernen — genannt worden. Wenigstens ist es klar, daß unter Eduard IV. die „apprentices" von den Serjeants unterschieden wurden; denn in dem Prozesse Paston wider Genny, welcher im elften Regierungsjahre Eduards IV. verhandelt wurde, sagte Littleton: „Wenn die Serjeants alle todt wären, könnten wir hier, von der Nothwendigkeit gedrängt und um dem Volke zu Hülfe zu kommen, die apprentices plaidiren hören."

cery) ist.“ Heut zu Tage kann ein Barrister, sobald er zur Barre berufen ist, plaidiren; der Unterschied, welcher früher zwischen Außen- und Innen-Barristers gemacht wurde, existirt nicht mehr.[1])

In dem Gerichtshofe der Common Pleas durften bis vor Kurzem während der Terminszeiten[2]) nur Serjeants plaidiren; ein Statut von 1846 hat aber den Barristers dieselben Befugnisse zur Praxis bei dem gedachten Gerichtshofe verliehen, wie den Serjeants.[3])

Der Grad eines Barrister wird den Studirenden der vier Inns of Court, durch die Vorsteher derselben, welche „Bencher“ (Mitglied der Bank) genannt werden, verliehen. Obgleich man die vier Inns als eine Juristen-Universität betrachtet, so besteht doch unter ihnen nicht jene Verbindung, welche die Kollegien der englischen Universitäten mit einander vereinigt. Jede Innung beruft für sich ihre Mitglieder zur Barre, während in Cambridge und Oxford die Grade von der Universität, und nicht von den Kollegien verliehen werden. Die Befugniß der Innungen zur Zulassung zur Barre wird als ihnen von

---

[1]) In Stow's „Annalen oder allgemeine Chronik von England“ (1631) wird in einem Anhange, welcher die Universitäten in England betrifft, von den Studirenden der Inns of Court gesagt: „Nach einigen Jahren fleißigen Studiums des bürgerlichen Rechts Englands, erhalten sie den Grad oder Titel eines Inner-Barrister, und nach sieben Jahren werden sie zu Außen-Barristers befördert, und dann sagt man von ihnen, sie seien zur Barre berufen; und kurz darauf wird ihnen gestattet, ihren Beruf öffentlich zu verfolgen und in allen Gerichtshöfen zu praktisiren, und dann werden sie auch rechtliche Rathgeber oder gelehrte Advokaten genannt.“

[2]) Die Terminszeiten (term times) sind die Zeiten, in denen die Westminster-Gerichtshöfe regelmäßig jeden Tag Sitzung halten. Sie sind:

1. Hilarius-Termin	11. Januar	bis	31. Januar.
2. Oster- „	15. April	„	8. Mai.
3. Trinitatis- „	22. Mai	„	12. Juni.
4. Michaelis- „	2. Novbr.	„	25. November.

Zu allen anderen Zeiten haben die Westminster-Gerichtshöfe Ferien, welche indessen streng nur in der Zeit vom 10. August bis 24. Oktober gehalten werden; in dieser Zeit darf ohne Einwilligung des Gegners in Civilprozessen keine Parteischrift eingereicht oder insinuirt werden. Anm. des Uebers.

[3]) 9 und 10 Victoria cap. 54. Im Jahre 1840 entschied der Gerichtshof der Common Pleas, das ausschließliche Recht der Serjeants, in diesem Gerichtshofe zu prakticiren, stehe durch langen Gerichtsgebrauch so fest, daß den Serjeants dieses Recht durch einen königlichen Befehl von 1834 nicht habe entzogen werden können. Dasselbe könne ihnen auf keinem anderen Wege als durch Parlaments-Akte genommen werden. Schon vorher hatten die Serjeants sich mit einer Petition an die Krone gewendet, in welcher sie ausführten, daß der königliche Befehl von 1834 ungesetzlich sei.

den Richtern delegirt betrachtet, und diese Gesellschaften selbst sind der Kontrolle der Richter als Inspektoren (visitors) unterworfen.

Nach neueren Statuten[1]) sind die „Advokaten" der geistlichen und der Admiralitätsgerichte zur Praxis in dem Kanzleigerichtshofe und in den Gerichtshöfen des gemeinen Rechts verstattet worden. Die „Advokaten" der Admiralitätsgerichte und des Arches Court, des ersten geistlichen Gerichts der Provinz Canterbury,[2]) müssen Doktoren der Rechte sein, und ihre Zulassung zur Praxis erfolgt durch ein Reskript des Erzbischofes.

Königliche Räthe (Queen's Counsel oder Her Majesty's Counsel) in rechtlichen Angelegenheiten sind diejenigen Barristers, welche kraft dieser einen Ehrentitel verleihenden Ernennung zu Dienern der Krone gewisse Rechte des Vortrittes in der Barre haben. Sie haben als Diener der Krone ein nur nominelles Gehalt, und dürfen keine Mandate gegen die Krone ohne deren ausdrückliche Erlaubniß annehmen; die letztere wird indessen niemals verweigert. Für andere in den Gerichtshöfen des gemeinen Rechts und in den Billigkeitsgerichten anhängige Prozesse ist die Praxis der königlichen Räthe durch ihre Ernennung nicht beschränkt.

Was das Amt und die Rechte der Anwälte betrifft, so besteht in England ein Unterschied zwischen Advokaten (counsel) und Prokuratoren (attorneys), ähnlich dem Unterschiede zwischen den Patronen und den Prokuratoren in Rom und den avocats und avoués in Frankreich. Der Barrister erhält der Regel nach seine Instruktionen nicht direkt von der Partei, sondern mittelbar durch den „Attorney", wenn es sich um einen Prozeß bei einem Gerichtshofe des gemeinen Rechts, oder durch den „Solicitor", wenn es sich um einen bei einem Billigkeitsgerichte zu betreibenden Prozeß handelt. Die wesentliche Pflicht des Barrister ist es, in dem Prozesse den Rechtspunkt auszuführen, und vor den Richtern oder den Geschworenen die

---

[1]) Das Statut 20 und 21 Victoria cap. 77 s. 40 verstattete die „Advokaten" in den geistlichen Gerichten zur Praxis bei dem Court of Probate, und die Barristers wurden für Sachen der streitigen Gerichtsbarkeit in demselben Gerichtshofe zur Praxis zugelassen; nach einer Akte von 1858 können Serjeants und Barristers in allen Sachen bei dem Court of Probate praktisiren und nach einer späteren Akte ebenso bei den Admiralitätsgerichten.

[2]) Arches Court (curia de arcubus) ist der Appellationsgerichtshof des Erzbischofs von Canterbury. Sein Name rührt daher, daß er in alter Zeit seine Sitzungen in der Kirche Sancta Maria de arcubus hielt. — Gegenwärtig hält auch er seine Sitzungen in der Westminster-Halle. Anm. des Uebers.

Beweisfragen zu erörtern, Zeugen zu verhören, sowie sie dem Kreuzverhöre zu unterwerfen, wenn mündlicher Beweis angetreten ist, und ihren Klienten mit Rath während des Prozesses zur Hand zu gehen. In manchen Fällen fertigen die Barrister auch die Schriftsätze (pleadings) an, durch welche die unter den Parteien vor Gericht zu verhandelnden Streitpunkte festgestellt und die Verhandlungen selbst vorbereitet werden sollen. Attorneys und Solicitors treten in den oberen Gerichtshöfen nicht auf; in manchen unteren Gerichtshöfen ist ihnen die Praxis gestattet. Ihre wesentlichen Verrichtungen bestehen darin, daß sie den Advokaten für die Klienten mit Information versehen, die Beweismittel sammeln und für die Klienten Benachrichtigungen, Verfügungen und andere Mittheilungen während des Prozesses zustellen lassen und in Empfang nehmen.

Früher durften die Advokaten in Strafprozessen wegen Felonie vor den Geschworenen keine Vertheidigungsrede halten, sondern nur die Zeugen verhören, mit ihnen das Kreuzverhör anstellen, und die dabei entstehenden Rechtsfragen erörtern. Heut zu Tage aber steht — nach dem Statute 6 und 7 Wilhelm IV. cap. 114 — auch allen wegen Felonie Angeklagten das volle Recht der Vertheidigung durch Advokaten zu. In allen anderen, sowohl Civil- als Kriminalprozessen kann jede Partei sich ebenfalls durch einen Advokaten vertreten lassen.

Es ist eine häufig aufgeworfene Frage, ob es gerechtfertigt ist, daß ein Advokat eine Sache vertritt, die er selbst nicht für gerecht hält. Die Antwort hängt von dem Wesen des Streitpunkts ab. Ist dieser nur rechtlicher Natur, so besteht die Verpflichtung des Advokaten darin, daß er die Belege für die zur Anwendung kommenden Rechtsgrundsätze beibringt und ihre Anwendbarkeit beweist; und da die Richter vermöge ihrer eigenen Kenntnisse und Fähigkeiten das Gewicht der Beläge und Argumente zu beurtheilen im Stande sind, so scheint kein Anstandsgesetz die Vertretung von solchen nur rechtlich streitigen Sachen zu verbieten oder einzuschränken, vorausgesetzt nur, daß die Advokaten bei Anführung der Gesetze und Auktoritäten redlich verfahren. — Häufiger ist jene Frage für den Fall erörtert worden, daß die Streitpunkte thatsächlicher Natur sind. Um nach dieser Seite die Frage zu beantworten, muß in Betracht gezogen werden, wie solche Streitpunkte entschieden werden. Sie werden entschieden nach den in dem Prozesse beigebrachten Beweisen, nicht nach den Darstellungen der Advokaten oder anderer Personen, welchen keine Auktorität zukommt, sondern nach gesetzlichen Beweisen, deren Zulässigkeit und Kraft nach strengen Rechtsregeln bestimmt wird. Weder Richter noch Geschworene dürfen sich durch eine Darstellung des Sachverhalts beeinflussen lassen, welche nicht streng dem erbrachten Beweise entspricht; bei Schwurgerichten ist es eine der wichtigsten Pflichten des Richters, die Geschworenen zu veranlassen, lediglich den erbrachten Beweis zu berücksichtigen, wie es Pflicht des Advokaten ist, darauf zu achten, daß keine Thatsache von dem Gegner herbeigezogen wird, welche nach den bestehenden Beweisregeln nicht festgestellt ist. Der Geschworene darf, wie wir gesehen haben, seine Privatwissenschaft nicht maßgebend sein lassen, sondern er muß, wenn nöthig, wie ein anderer Zeuge seine Aussage machen. Auch darf kein Richter dasjenige, was er privatim von den streitigen Thatsachen weiß, für Beweis ausgeben, wenn er nicht seine Wissenschaft mit dem Zeugeneide bekräftigt hat.[1]) Dasselbe gilt von den Advokaten: sie mögen aus den produzirten Beweisen die ihnen zulässig scheinenden Schlüsse ableiten, und Richter und Jury haben zu beurtheilen, ob diese Schlüsse gerechtfertigt sind; aber kein Advokat darf in einem Prozesse unbewiesene Thatsachen als bewiesene behandeln oder Thatsachen unterschieben.

Auf der anderen Seite würden sich aus der Annahme, daß die Advokaten nur solche Sachen vertreten dürften, welche sie selbst für gerecht und unschuldig erachten, unhaltbare Konsequenzen ergeben. Ist es nicht klar, daß sie sich dadurch die Funktionen der Richter und der Geschworenen anmaßen würden? Der richtigste Weg, um die Wahrheit an das Licht zu bringen, ist der, daß man Alles erwägt, was zur Sache Gehöriges von beiden Seiten gesagt werden kann. Dies würde aber wahrscheinlich nur in unvollkommenerer Weise geschehen, wenn die Sache von der Partei selbst vertreten würde, welche mit den Regeln des Beweisverfahrens und dem Gerichtsgebrauche nicht gehörig bekannt ist, als wenn ein mit beiden vertrauter Advokat sie vertheidigt. „Von dem Augenblicke an“ — sagt Erskine[2]) — „wo es für erlaubt erachtet wurde, daß ein Advokat sagte, er wolle sich nicht zwischen die Krone und den Angeklagten stellen, der vor dem Gerichtshofe steht, in welchem der Advokat täglich seine Praxis betreibt, von dem Augenblicke an wäre es mit den Freiheiten Englands zu Ende. Wenn der Advokat wegen seiner Ansicht über die Anklage oder die Vertheidigung die Vertretung der Sache ablehnt, so maßt er sich die

[1]) In dem Prozesse gegen Oberst Hacker, einen der Regiciden, im Jahre 1660, kamen zwei von den Richter-Kommissaren von der Richterbank herab, leisteten den Zeugeneid und wurden vernommen.

[2]) In dem Prozesse gegen Thomas Paine.

Rolle des Richters an, ja er thut dies sogar ehe die Sache spruchreif ist, und er wirft das Gewicht seiner vielleicht irrthümlichen Ansicht gegen den Angeklagten in die Wagschale, welche nach Verhältniß seiner Stellung und seines Ansehens mehr oder weniger schwer wiegen wird; gegen den Angeklagten, für welchen nach den gerechten Prinzipien des englischen Rechtes alle Vermuthungen sprechen, und dessen Anwalt nach diesem Rechte sogar der Richter[1]) sein soll."

Zur Beförderung der Redefreiheit für die Vertheidigung ihrer Klienten gilt für die Advokaten der Grundsatz, daß sie für nichts verantwortlich sind, was sie zur Sache Gehöriges und den ihnen ertheilten Instruktionen Entsprechendes geredet haben, mag es auch die Ehre eines Anderen beeinträchtigen und völlig ohne Grund sein; wenn dagegen ein Anwalt etwas sagt, was nicht zur Sache gehört, mag er selbst es ausgesonnen haben oder mag es den ihm ertheilten Instruktionen entnommen sein, so kann er deshalb von dem dadurch Beleidigten vor Gericht belangt werden.

Seit langer Zeit ist es ein rechtlich anerkannter Grundsatz, daß die Advokaten in Rechtsstreitigkeiten der Krone wegen ihrer Rechte und Prärogative auch gegen die Krone auftreten dürfen, wenngleich wir in älterer Zeit einige Beispiele finden, in denen Advokaten aus Furcht vor persönlichen übelen Folgen die Erfüllung ihrer Pflichten in Fällen solcher Art verweigert haben.[2]) So wird berichtet, daß ein Barrister, Namens Whitelocke, von Bacon, als dieser Attorney-General war, vor der Sternkammer angeklagt wurde, weil er in Ausübung seines Berufes eine Ansicht ausgesprochen hatte, daß eine von der Krone beanspruchte Prärogative nicht begründet sei; Whitelocke entging der Strafe nur dadurch, daß er eine Erklärung unterzeichnete, in wel-

---

[1]) Anspielung auf die Parömie: „Der Richter ist der Anwalt des Angeklagten." Anm. des Uebers.

[2]) Eines der denkwürdigsten Beispiele, in denen die Unabhängigkeit der Barre sich nicht bewährte, kam unter Karl I. — 1637 — vor, wo die Advokaten sich weigerten, die Erklärungen Bastwicks, Burtons und Prynnes in einer vor der Sternkammer gegen sie anhängig gemachten Untersuchung wegen aufrührerischer Libelle zu unterzeichnen. — In dem auf Anstehen Sir Thomas Daniels deshalb eingeleiteten Habeas-corpus-Verfahren, weil er im Jahre 1627 auf Befehl des Attorney-General verhaftet worden war, erschien Daniel durch einen Anwalt vertreten, erklärte aber, daß viele Advokaten sein Mandat abgelehnt hätten und daß er ohne Beihülfe des Gerichtshofes keinen Rechtsbeistand für das fernere Verfahren erhalten könne. Lord Chief Justice Hyde und der Attorney-General erklärten darauf übereinstimmend, es solle keinem Anwalte ein Vorwurf gemacht werden, wenn er als Rechtsbeistand für Sir Th. Daniel aufträte.

cher er sein Unrecht anerkannte. Hargrave bemerkt über diesen Fall: „Heut zu Tage würde man es für eine monströse Doktrin erklären, wenn Jemand die Ansicht ausspräche, daß es den Anwälten nicht freistehe, gegen ihre Klienten ihre Ansichten über Fragen der königlichen Prärogative auszusprechen. Selbst für die Zeit Lord Bacons kann man wenig zur Vertheidigung einer solchen Lehre anführen; denn niemals hat ein Gesetz es den Unterthanen untersagt, vor den Gerichten des Königs Fragen der Prärogative zu kontestiren; und wenn dem so ist, wie konnte es dann rechtlich unzulässig sein, daß ein Advokat über dergleichen rechtlichen Rath ertheilte? In der That bestreitet Lord Bacon nicht das Recht, in einem solchen Falle einen Advokaten um Rath zu fragen, und das Recht des letzteren, diesen Rath zu ertheilen .... Der richtige Grundsatz scheint zu sein, daß der Advokat seine Ansicht über jede den König oder seine Prärogativrechte betreffende Frage, welche Gegenstand eines Prozesses zwischen der Krone und einem Unterthan werden kann, aussprechen darf, daß er aber bei Ausübung dieses Rechts in den Schranken bleiben muß, welche durch das Aussprechen seiner Rechtsansicht gegeben sind, daß er also nicht unter dem Vorwande, eine solche auszusprechen, durch die Art seiner Aeußerungen privates oder öffentliches Aergerniß geben darf." [1])

Wenn es den Advokaten nicht gestattet wäre, die politischen Rechte ihrer Klienten zu vertreten, so würde offenbar eine der besten Schutzwehren gegen willkürliche Anmaßung rechtswidriger Gewalt — das Recht der freien, gerichtlichen Verhandlung — beseitigt sein. Aus diesem Gesichtspunkte sind die Privilegien der Advokaten von großem, staatsrechtlichen Interesse. Diese Privilegien sind deshalb auch nicht allein von der Krone, sondern auch von anderen Staatsgewalten häufig angefochten worden. So z. B. ließen in dem wichtigen Streite der beiden Parlamentshäuser in dem Appellationsprozesse Dr. Shirleys (in dem es sich um die Jurisdiktion des Hauses der Lords in Appellationssachen handelte) die Gemeinen den Advokaten, welcher die Appellation in dem Hause der Lords betrieb, wegen Privilegienbruchs verhaf-

[1]) Cook, welcher in dem „Hohen Justizhofe" („High Court of Justice") Vertreter der Anklage gegen Karl I. gewesen war, wurde im Jahre 1660 als Regicide vor Gericht gestellt. Cook wendete ein, er habe nur in seiner Eigenschaft als Anwalt gehandelt und er habe nichts weiter geredet, als daß er den Antrag auf Vorlesung der schriftlichen Anklage und auf Verurtheilung des Königs gestellt habe. Der Gerichtshof erkannte, daß die Vorlesung der Anklage, deren Inhalt Cook gekannt habe, ein offener Akt von Verrath sei; Cook wurde verurtheilt und hingerichtet.

ten. In dem Kampfe der beiden Parlamentshäuser, welcher im Jahre 1704 durch den Prozeß Ashby wider White veranlaßt war, fühlte das Haus der Gemeinen sich durch die auf seine Anordnung verhafteten Personen so stark verletzt, daß es sowohl ihre Advokaten als ihre Prokuratoren gefangen nehmen ließ. Das Haus der Lords bemerkte darüber in seiner an die Königin Anna gerichteten Petition: — „Hierin liegt ein so großer Exzeß, daß es kaum möglich ist, dafür die richtigen Worte zu finden." Darüber, daß Cromwell den Advokaten Maynard in den Tower sendete, weil er einem gewissen Coney in einem Habeas-corpus-Prozesse rechtlichen Beistand leistete, hat ein berühmter Schriftsteller seine verurtheilende Ansicht in folgenden Worten ausgesprochen: „Es war dies der größte Akt der Tyrannei, den England je gesehen hat. Dadurch wurde das Recht selbst in engem Gewahrsam genommen, damit Niemand Hülfe von demselben erwarten oder Zutritt dazu haben sollte." [1])

Die Attorneys entsprechen den procuratores oder Prokuratoren (proctors) der römisch-rechtlichen und kanonischen Juristen; sie nehmen die Stelle oder Rolle der Partei zur Betreibung der Rechtsangelegenheiten der letzteren ein. Viele alte Statute erlauben die Vertretung abwesender Parteien durch Attorneys zum Zwecke der Verfolgung oder Vertheidigung der Privatrechte der ersteren; in Kriminalprozessen dagegen mußte der Angeschuldigte nach denselben in Person erscheinen. Die Attorneys werden zu ihrem Amte durch die höheren Gerichtshöfe verstattet; diejenigen, welche von einem derselben zugelassen sind, können auch bei den anderen praktisiren. Die Solicitors werden in ähnlicher Weise zur Praxis von den Billigkeitsgerichtshöfen verstattet. Die Attorneys sind berechtigt als Solicitors (d. h. bei den Billigkeitsgerichten) und umgekehrt Solicitors als Attorneys (d. h. bei den Gerichten des gemeinen Rechts) zu praktisiren. Nach einem neuen Gesetze (20 und 21 Victoria cap. 77 s. 45) sind sowohl die Attorneys als die Solicitors auch zur Praxis in den geistlichen Gerichten zugelassen.

---

[1]) Der in Bezug genommene Fall betrifft einen Kaufmann, Namens Coney, welcher sich im Rechtswege der Bezahlung einer ohne Zustimmung des Parlaments auferlegten Steuer widersetzte. Ludlow berichtet: „Cromwell ließ die Advokaten Coneys, nämlich Serjeant Maynard, Serjeant Twysden und den Anwalt Wadham Windham, in den Tower gefangen setzen, um solch gefährlichem Beginnen Einhalt zu thun. Die Verhafteten waren nur drei oder vier Tage im Tower, als sie unwürdiger Weise um ihre Freilassung baten, indem sie anerkannten, Unrecht gethan zu haben, und versprachen, daß es nicht wieder vorkommen solle."

Die Richter des gemeinen Rechts und der Master of the Rolls ernennen Examinatoren zur Prüfung der Personen, welche als Attorneys und Solicitors zugelassen zu werden wünschen; Niemand wird jetzt mehr ohne Examen zur Praxis zugelassen.

Das zweite Statut von Westminster (13 Eduard I. cap. 10) gestattete zuerst allgemein die Parteivertretung durch einen Attorney. Vorher war dazu ein Spezialbefehl der Krone erforderlich. Jedoch durfte schon lange vor jenem Statute jede Partei, nachdem sie auf die erste Ladung in Person erschienen war, einen Responsalis bestellen, welcher sie im ferneren Verlaufe des Prozesses zu vertreten hatte und dessen Stellung der eines Attorney ähnlich war.

In den geistlichen Gerichten heißen die Vertreter der Parteien: Prokuratoren (proctors); sie stehen zu den Parteien in einem ganz ähnlichen Verhältnisse wie die Attorneys und Solicitors zu ihren Klienten in den Gerichtshöfen des gemeinen Rechts und beziehungsweise in den Billigkeitsgerichten. Ueber die Stellung der Prokuratoren (proctors) sind verschiedene Statute ergangen; nach dem neuesten (20 und 21 Victoria cap. 77 s. 45) sind sie auch zur Praxis in den gemeinrechtlichen und in den Billigkeitsgerichten zugelassen.

IV. **Untergeordnete Beamte der Gerichte.** Zur Unterstützung der Gerichtshöfe sind verschiedene untergeordnete Beamte angestellt, von denen die einen *richterliche*, die anderen *ministerielle* (dem Gerichtsdienst betreffende) Geschäfte haben. Hier sollen die Amtsbefugnisse dieser Beamten nicht im Detail behandelt werden; aber die Betrachtung einiger weniger allgemeiner Unterscheidungszeichen, welche sich in dem Wirkungskreise der verschiedenen Gerichte finden, wird zur Aufklärung für den nicht eingeweiheten Leser beitragen; die Verschiedenheit der Jurisdiktions-Befugnisse der verschiedenen Gerichte selbst bereitet dem Verständnisse des letzteren häufig Schwierigkeiten.

Die gerichtlichen Beamten können — wie bereits angedeutet ist — in richterliche und ministerielle eingetheilt werden. Die ersteren haben eine der Aufsicht der Gerichte unterworfene diskretionäre Gewalt; die Pflicht der letzteren besteht einfach in der Ausführung von Anordnungen und Dekreten, wobei keine diskretionären Befugnisse gestattet sind.

Was die ersteren, also die Beamten mit richterlichen Befugnissen betrifft, so ist zu bemerken, daß ihre Geschäfte in den Gerichtshöfen des gemeinen Rechts weit weniger schwierig sind, als in dem Kanzleigerichtshofe. Die Urtheile der gemeinrechtlichen Gerichte sind, mit den Dekreten des Kanzleigerichtshofes verglichen, äußerst einfach. Diese verhältnißmäßige Einfachheit ist vornehmlich zwei Umständen zu danken, von denen der eine die Parteien, der andere die in den beiden Arten von Gerichten zulässigen Klagen und Anträge betrifft. In den Gerichten des gemeinen Rechts giebt es immer nur zwei Parteien, von denen die eine das Gegentheil von dem beantragt, was die andere verlangt. Im Kanzleigerichtshofe dagegen kommt in vielen Fällen eine Mehrheit von Parteien vor: zuweilen haben einige Beklagte gleiche Interessen mit den Klägern, oder ihre Interessen widersprechen denen der Kläger nur theilweis; auch kommt es vor, daß einige Beklagte einander widerstreitende Interessen haben u. dgl. m. Der Kanzleigerichtshof hat folglich in solchen Fällen zahlreiche Rechte durch seine Dekrete und Beschlüsse zu berücksichtigen und jeder einzelnen Partei das ihr Zustehende zu adjudiciren, während durch die gemeinrechtlichen Urtheile über angestellte Klagen absolut nur für die Kläger oder die Beklagten nach Maßgabe der gestellten Anträge entschieden wird.

Ferner sind die in den Billigkeitsgerichten zulässigen Mittel der Rechtsverfolgung häufig so verwickelt, daß eine besondere Maschinerie nothwendig ist, um sie in Wirksamkeit treten zu lassen; z. B. wenn der Gerichtshof die Theilung von Grundstücken zwischen mehreren Parteien anordnet [1]) oder verfügt, daß sie Urkunden ausstellen sollen, deren Fassung außerhalb des Gerichts festgestellt werden muß. — Nach gemeinem Rechte ordnet das Urtheil des Gerichts nur einfache Handlungen an, so daß ein nur mit ministeriellen Befugnissen ausgestatteter Beamter, zur Vollstreckung leicht im Stande ist, wie z. B. wenn eine Partei Geld bezahlen, eine Sache herausgeben, bestimmte Handlungen vornehmen oder unterlassen soll. Diese Anordnungen der gemeinrechtlichen Gerichte werden durch Gebote — „mandamus", — welche die Erfüllung der Rechtspflichten anbefehlen, oder durch Verbote — „injunction", — welche gegen rechtswidrige Handlungen gerichtet sind, erzwungen; die Macht der Gerichte ist in beiden Fällen praktisch beschränkt, weil ihnen nicht die Mittel zu Gebote stehen, um die Vollstreckung ihrer Befehle im Detail zu betreiben und zu leiten.

Die vornehmlichsten Beamten der gemeinrechtlichen Gerichte mit richterlichen Befugnissen sind die bei diesen Gerichten angestellten „Masters" (magistri), deren diskretionäre Befugnisse sich wesentlich

---

[1]) Der gemeinrechtliche Theilungsprozeß vor Sheriff und Jury war, wenn die Titel einigermaßen unklar waren, so schwierig durchzuführen, daß er schon seit langer Zeit außer Gebrauch gekommen und jetzt abgeschafft ist.

auf Einziehung der Gerichtsgebühren, Entscheidung von Streitigkeiten über die zu erstattenden Kosten, Feststellung des Entschädigungsquantums in manchen Fällen, wo dasselbe wesentlich von einer Berechnung abhängt, und die Leitung von Vernehmungen in gewissen, den Prozessen und Entscheidungen voraufgehenden oder ihnen nachfolgenden Prozeduren bezieht. Die Richter haben auch die Befugniß dann, wenn Streitpunkte lediglich von Berechnungen abhängen und nicht füglich im gewöhnlichen Rechtswege erörtert werden können, sie an einen von den Parteien zu bestellenden Schiedsrichter oder an einen Beamten des Gerichts oder an einen Richter eines Grafschaftsgerichts zu verweisen.[1])

Der vornehmlichste ministerielle Beamte der gemeinrechtlichen Gerichte ist der Sheriff. Amt und Namen desselben sind angelsächsischen Ursprungs;[2]) letzterer wird abgeleitet von shire gerefa d. h. der Vogt (reeve, Graf) oder Beamte der Grafschaft (shire).

Die Sheriffs wurden früher von den Freisassen ihrer Grafschaften gewählt. Nach dem Statute 28 Eduard I. st. 3 cap. 8 „hat der König es seinem Volke bewilligt, daß ihm die Wahl des Sheriffs in jeder Grafschaft zustehen soll (wo das Sheriffsamt nicht zu Lehn geht), wenn es gewünscht wird.“ Hierin lag indessen nur die Anerkennung eines bestehenden Rechts; es wurde dadurch kein neues Recht verliehen. Nach dem späteren „Sheriffs-Statute“ („Statute of Sheriffs“) — 9 Eduard II. s. 2 — wurde die Ernennung der Sheriffs dem Kanzler, dem Schatzmeister, den Baronen der Schatzkammer und den Richtern übertragen. Nach einem schon lange bestehenden Gebrauche versammeln sich die Richter und andere hohe Staatsbeamte alljährlich ein Mal in der Schatzkammer zum Zwecke der Ernennung der Sheriffs. Die Richter schlagen drei geeignete Personen für jede Grafschaft vor und eine von diesen wird dann von der Krone ernannt.[3])

---

[1]) Das Verfahren der gemeinrechtlichen Gerichte ist neuerlich in wesentlichen Punkten, namentlich auch in Betreff der gedachten Verweisungen geordnet durch die Common Law Procedure Act von 1854.

[2]) In jedem angelsächsischen Gemeindeverbande gab es einen Gerefa, Tun-Gerefa oder Reeve, welcher die Gemeinde in den Folksmoots oder Gerichtsversammlungen vertrat. Wie auch andere Bezeichnungen für Aemter und Würden hatte das Wort: Gerefa eine sehr weite Bedeutung, und wurde für Beamte von sehr verschiedenem Range gebraucht.

[3]) Einer der parlamentarischen Anklage-Artikel gegen Richard II. machte geltend, daß er Sheriffs ernannt habe, welche nicht von seinen Beamten unter Zuziehung der Richter und von Staatsraths-Mitgliedern vorgeschlagen gewesen seien. — Nach der Akte 3 und 4 Wilhelm IV. cap. 99 betreffend die Vereinfachung des bei

Außer den Sheriffs der Grafschaften giebt es einige Sheriffs in Städten, welche nach ihren alten Freibriefen für sich Grafschaften bilden und selbst ihre Sheriffs anstellen. Das Recht, die Sheriffs von London, welche auch Sheriffs von Middlesex sind, zu ernennen, wurde der City von London durch einen Freibrief Heinrichs I. (bestätigt von König Johann) unter der Bedingung übertragen, daß die City dafür jährlich 300 Pfund Sterling an die Schatzkammer des Königs bezahlen sollte.

Coke sagt, der Sheriff habe einen „dreifachen Schutz, triplicem custodiam, zu gewähren, nämlich: — erstens vitae justiciae, denn keine Klage werde erhoben und kein Rechtshandel habe Fortgang ohne die Hülfe des Sheriffs; auch müsse er unparteiische Geschworene für die Prozesse über Leben, Freiheiten, Land und Güter der Menschen auswählen u. s. w.; — zweitens: vitae legis; denn er müsse die Exekution vollstrecken, die das Leben und die Frucht des Gesetzes sei; — drittens vitae reipublicae; denn er sei principalis conservator pacis in der Grafschaft, und der Frieden sei das Leben des Gemeinwesens, vita reipublicae pax."

Als Coke die obigen Worte schrieb, und noch lange nachher begannen alle Prozesse im Gerichtshofe der Common Pleas regelmäßig mit „Original=Dekreten" („original writs"), welche an den Sheriff gerichtet wurden und ihm aufgaben, daß er den Beklagten veranlasse, zu erscheinen; heut zu Tage sind diese Dekrete fast überall abgeschafft. Wenn in den vor den oberen Gerichtshöfen des gemeinen Rechts verhandelten Prozessen der Beklagte ungehorsam ausblieb, so konnte sein Vermögen mit Beschlag belegt, und er selbst konnte in den meisten Fällen durch den Sheriff auf ein Incidentverfahren (on mesne process) vor dem Ende des Hauptprozesses verhaftet werden. Diese Prozeduren sind auch fast ganz durch andere verdrängt. Die Verhaftung auf ein Incidentverfahren ist jetzt nur noch gegen flüchtige Schuldner, welche England zu verlassen beabsichtigen, zulässig. Wenn dem Gerichtshofe zur Ueberzeugung dargethan wird, daß ein Beklagter sich der Ladung entzieht, so kann er auch dem Kläger gestatten, die Sache so zu betreiben, als wenn die Ladung zugestellt wäre.

Heut zu Tage beschränken sich die Verrichtungen des Sheriffs

Ernennung der Sheriffs zu beobachtenden Verfahrens, wird die Ernennung des Sheriffs jeder Grafschaft in England und Wales, mit Ausnahme der Pfalzgrafschaft Lancaster, in der „London Gazette" bekannt gemacht und dem Ernannten durch eine von dem Sekretair des Staatsraths unterzeichnete Urkunde, ohne Ausfertigung eines Patentes mit dem großen Siegel, notifizirt.

für einen Civilprozeß im Allgemeinen darauf, daß er (wie bereits erwähnt) die Geschworenen auszuwählen hat, und auf die Vollstreckung des Urtheils des Gerichts. Wenn es sich um eine Geldzahlung handelt, so kann der Sheriff auf die betreffenden Exekutions-Verfügungen hin den Beklagten verhaften, oder seine Mobilien mit Beschlag belegen und verkaufen, oder den Gläubiger bis zu seiner Befriedigung in den Besitz der Grundstücke des Schuldners einweisen. In den Fällen, wo dem Kläger das Recht zum Besitze von Grundstücken durch das Urtheil zugesprochen ist, vollstreckt der Sheriff das letztere dadurch, daß er die Uebergabe an den Kläger erzwingt. Wenn gemäß der neuerlichen Ausdehnung der Befugnisse der gemeinrechtlichen Gerichte der Beklagte zu gewissen kontraktlichen oder ihm sonst obliegenden Handlungen verurtheilt ist und sich weigert, diese Handlungen vorzunehmen, so kann ein „attachment" (d. i. ein Dekret in Folge dessen er von den Sheriff verhaftet wird) gegen ihn erlassen werden, oder der Gerichtshof kann verordnen, daß der Kläger oder eine andere von dem Gerichte dazu bestellte Person die fraglichen Handlungen auf seine, des Beklagten, Kosten verrichtet. Ebenso kann im Falle des Ungehorsams gegen Verbote („injunctions") diesen durch ein „attachment" Nachdruck gegeben werden.

Auch in Betreff der Vollstreckung der Kriminal-Urtheile hat der Sheriff verschiedene Obliegenheiten. Die Exekution der Todesurtheile leitet in der Regel sein Stellvertreter. Die Gefängnisse jeder Grafschaft (mit einigen Ausnahmen) sind seiner Aufsicht unterworfen; der Sheriff stellt den Gefangnenwärter an und ist für die gehörige Bewachung der Gefangenen verantwortlich. Heut zu Tage indessen ist die Verwaltung der Gefängnisse wesentlich Sache der zu den allgemeinen Sitzungen versammelten Magistrate,[1]) und unterliegt der Oberaufsicht der Gefängniß-Inspektoren und des Staats-Sekretairs für das Innere.[2])

---

[1]) Vergl. Gneist, Kommunalverfassung Bd. 2 S. 747 ff. Anm. des Uebers.

[2]) Es sollen hier nicht alle ministeriellen Beamten der Gerichte des gemeinen Rechts und der Kriminalgerichte aufgezählt werden; aber die Erwähnung der folgenden erscheint wegen ihrer Wichtigkeit zweckmäßig: — Die Assisen-Sekretaire („Clerks of Assize"), begleiten die Richter auf ihren Rundreisen und haben für den Gerichtshof verschiedene Verrichtungen ministerieller Natur z. B. den Erlaß von Subpoenas und anderen Verfügungen und die Protokollirung der Verhandlungen. — Den Kreis-Sekretairen („Clerks of the Peace") liegen die gleichen Geschäfte in jeder Grafschaft und jedem Orte ob, wo Quartals-Sitzungen gehalten werden. — In den Westminster-Gerichtshöfen werden die Protokolle über die Verhandlungen von den dort angestellten „Associates" (Adjunkten) geführt.

Im Kanzleigerichtshofe sind, wie bemerkt, die Beamten mit richterlichen Funktionen zahlreicher, und sie haben mehr Antheil an den gerichtlichen Geschäften als die Beamten der Gerichtshöfe des gemeinen Rechts. Das Nähere über die Beamten des Kanzleigerichtshofes wird in dem dieses Gericht betreffenden Abschnitte dieses Buches mitgetheilt werden. Hier sei nur bemerkt, daß der Sheriff ein wichtiger ministerieller Beamter ebensowohl für den Kanzleigerichtshof wie für die Gerichte des gemeinen Rechts ist. Wer auf eine Klage von dem Kanzleigerichtshofe als Beklagter geladen, ungehorsam ausbleibt oder sich nicht ausläßt, kann auf ein an den Sheriff erlassenes Attachment-Dekret verhaftet werden. In ähnlicher Weise kann der Kanzleigerichtshof für seine sonstigen Dekrete und Anordnungen sich Gehorsam erzwingen. Auch können die Verordnungen dieses Gerichts, nach welchen ein Verurtheilter etwas bezahlen soll, ebenso wie nach gemeinem Rechte, dadurch vollstreckt werden, daß der Sheriff beauftragt wird, die Habe des Schuldners zu verkaufen oder den Gläubiger in den Besitz der Grundstücke desselben bis dahin einzusetzen, daß der Betrag der Schuld aus den Erträgen der Grundstücke gedeckt ist.

Viertes Kapitel.

Allgemeine Grundsätze des gerichtlichen Verfahrens.

Der Verlauf eines Prozesses ist nothwendig je nach der Natur der zu verhandelnden Sache verschieden; aber allen Prozessen sind gewisse Grundsätze des Verfahrens gemeinsam, und es wird zum Verständnisse der Methode der englischen Rechtspflege beitragen, wenn diese Grundsätze einer kurzen Betrachtung unterzogen werden.

Jeder gerichtliche Rechtsstreit, welcher Art er auch sein mag, hat bei regelmäßigem Verlaufe mindestens diese Bestandtheile: — 1) Die Ladung des Beklagten (Angeklagten) oder Aufforderung zu seiner Vertheidigung — Summons. — 2) Die Parteiverhandlungen zur Feststellung der Streitpunkte — Pleading. — 3) Das Beweisverfahren — Evidence — (wenn Thatsachen zu beweisen sind). 4) Die Rechtsausführungen — Argument of the cause. — 5) Das Urtheil — Judgment. — 6) Die Exekution — Execution. — Die vier ersten Bestandtheile sollen hier betrachtet werden; die beiden letzten sind theilweis bereits behandelt, und wir werden außerdem Gelegenheit haben, auf dieselben bei Besprechung der einzelnen Gerichtshöfe noch zurückzukommen.

1. Die Ladung des Beklagten. Es ist durchgehender Grundsatz, daß kein Rechtsstreit verhandelt werden kann, bevor der Beklagte persönlich aufgefordert ist, mit seiner Vertheidigung hervorzutreten. Dennoch giebt es einige Fälle — wenn nämlich ein Beklagter sich der Ladung entzieht oder sich außerhalb des Bereiches der richterlichen Gewalt befindet, — in denen eine Sache in Abwesenheit des Beklagten verhandelt werden kann.

In den oberen Gerichtshöfen des gemeinen Rechts beginnen jetzt alle Prozesse, mit sehr wenigen Ausnahmen mit einem Ladungs-Dekrete (writ of summons), in welchem der Beklagte aufgefordert wird, auf die Klage seines Gegners im Gerichte zu erscheinen. Wenn dem Gerichtshofe zur Ueberzeugung dargethan wird, daß dieses Dekret zur Kenntniß des Beklagten gekommen ist, oder daß er sich absichtlich der Zustellung desselben entzogen hat, so kann dem Kläger gestattet werden, vorzugehen, als wenn die Zustellung erfolgt wäre (15 und 16 Victoria cap. 76 s. 17). Wenn der Beklagte trotz der Zustellung des Ladungs-Dekrets nicht erscheint, so kann der Kläger auf Erlassung des Urtheils gegen ihn antragen.

In dem Kanzleigerichtshofe ist das Verfahren in Betreff der Ladung und des Erscheinens des Beklagten ähnlich. Der ordentliche Prozeß beginnt dort mit einer Klageschrift („Bill"), auf welche ein Vermerk gesetzt wird, der den Beklagten auffordert, in einer bestimmten Frist zu erscheinen. Wenn dem Gerichtshofe nachgewiesen wird, daß der Beklagte innerhalb der letzten zwei Jahre in England gewesen ist, und sich der Zustellung entzieht, so kann der Kläger nach gewissen näheren Bestimmungen autorisirt werden, in der Weise vorzugehen, daß die Klage „pro confesso" erachtet wird; und ähnlich ist das Verfahren, wenn der Beklagte nicht erscheint, obgleich die Zustellung erfolgt ist. — Es giebt auch noch einige andere Fälle, in denen der Prozeß gegen abwesende Parteien, wenn sie sich außerhalb des Bereiches der richterlichen Gewalt befinden, betrieben werden kann, z. B. wenn ihre Interessen genügend durch andere zu dem Prozesse zugezogene Parteien vertreten sind.

Die Grundsätze des Kriminalprozesses sind hiervon ganz verschieden; denn in den Kriminalgerichten ist, mit einigen nachher zu erwähnenden Ausnahmen, kein Verfahren in Abwesenheit der angeklagten Person zuläßig. Keine Verhandlung wegen Verbrechen (felony) kann stattfinden, wenn der Angeklagte nicht dabei gegenwärtig ist; über eine

Anklage wegen Vergehens (misdemeanour) kann in Abwesenheit des Angeklagten verhandelt werden, wenn er sich bereits über die Anschuldigung ausgelassen hat.[1]) So z. B. wurden im Jahre 1763 zwei Untersuchungen gegen den bekannten John Wilkes eingeleitet; die eine wegen aufrührerischen Libells (Nr. 45 des „North Briton"), die andere wegen eines obscönen und gotteslästerlichen Libells („Essay über das Weib"). Nachdem Wilkes einige Zeit vor der Beweisverhandlung „Nicht schuldig" plaidirt hatte, entfloh er nach dem Kontinente. In jener Verhandlung trat kein Vertheidiger für ihn auf und er wurde für schuldig erklärt. Darauf wurde ein Prozeß auf Achtserklärung gegen ihn angestellt. Nachdem er geächtet war, kehrte er nach England zurück, gestellte sich und nahm das Urtheil des Gerichtshofes entgegen, welches ihn zu Geld- und Gefängnißstrafe verurtheilte.

Der Prozeß auf Achtserklärung (outlawry), durch welchen man bezweckt, Jemand des Schutzes der Gesetze für verlustig zu erklären, kam früher in Civil- und in Kriminalfällen gegen Abwesende sehr oft vor, um sie zum Erscheinen und zur Auslassung zu zwingen; zuweilen hat man auch — wie der eben angeführte Fall ergiebt — davon in Kriminalfällen nach der Schuldigerklärung Gebrauch gemacht. Gegenwärtig ist dieses Verfahren, soweit es bezweckte, Jemand zum Er-

---

[1]) So nach dem Statute 28 Eduard III. cap. 3, welches bestimmt: „Niemand, weß Standes oder Ranges er auch sein mag, soll seines Besitzes entsetzt oder verhaftet oder eingekerkert oder seines Erbrechts für verlustig erklärt oder hingerichtet werden, ohne daß er im gesetzlichen Verfahren zu seiner Vertheidigung aufgefordert wäre," (saunz estre mesne en repons par due proces de lei) — (Eine Akte des schottischen Parlaments (11 Act, 2 Parl. Car. II.) erklärte die Verhandlung des Kriminalprozesses gegen abwesende Personen in Fällen verrätherischen bewaffneten Aufstandes und offener, unzweideutiger Rebellion für zulässig. Aber in gewöhnlichen Kriminalfällen kann auch nach schottischem Rechte ein Verditt nur dem gegenwärtigen Angeklagten gegenüber abgegeben werden; entflieht derselbe während der Verhandlung vor den Geschworenen, so darf der Prozeß keinen weiteren Fortgang haben, sondern es kann nur ein „Fugitations-Urtheil" (sentence of „fugitation") gegen ihn erlassen werden, als wenn er niemals erschienen wäre. — Nach der oben erwähnten Akte wurden die Gordons von Earlstown und andere Personen im Jahre 1680 in ihrer Abwesenheit wegen Hochverraths verurtheilt. — Nach Hugo Arnot (Sammlung schottischer Kriminalprozesse) soll nach der Revolution nur Ein Fall vorgekommen sein, in welchem eine Person in ihrer Abwesenheit angeklagt und verurtheilt ist, wobei Arnot bemerkt: „Das erste Beispiel einer solch tyrannischen Verfahrungsweise war die ungesetzliche Verurtheilung der aufständischen Covenanters nach der Schlacht von Pentland, welche später durch das Parlament aufgehoben wurde. Die Rebellen von Bothwell Bridge erfuhren eine gleiche Behandlung, und dasselbe Verfahren wiederholte sich noch einmal nach der Niederlage Monmouth's."

scheinen im Civilprozesse zu nöthigen, abgeschafft; dagegen nehmen die neueren Schriftsteller an, daß dasselbe noch zulässig sei, wenn eine Anklage wegen Verbrechen oder Vergehen gegen einen Abwesenden von der großen Jury zugelassen, und das gewöhnliche summarische Verfahren zum Zwecke seiner Gestellung ohne Erfolg gewesen ist. Die Folgen der Achtserklärung in Civilsachen waren die Verwirkung der beweglichen Habe und der Einkünfte aus Grundstücken sowie Verfügungsunfähigkeit im gewissen Umfange. In Kriminalfällen steht die Achtserklärung der Verurtheilung wegen des in der Anklage bezeichneten Verbrechens in der Art gleich, daß die Sache so angesehen wird, als sei der Verbrecher durch eine Jury für schuldig erklärt. In älteren Zeiten sind häufig Personen, welche eines Kapital-Verbrechens beschuldigt waren, auf Grund von Achtserklärungen hingerichtet worden.[1])

Ein anderer Fall, in dem ein Angeschuldigter in seiner Abwesenheit verurtheilt werden kann, ist der der Anklage durch Bill of Attainder im Parlamente. Ursprünglich schlug man dieses Verfahren ein, wenn die Angeschuldigten sich durch die Flucht der Anklage und dem ordentlichen Prozesse vor einem Kriminalgerichtshofe entzogen hatten; aber in der Zeit der Tudors erfolgte die Verurtheilung durch

---

[1]) Unter den grausamen Staatsprozessen der Regierung Karls II. ist keiner so abscheulich wie der gegen Sir Thomas Armstrong, welcher im Jahre 1684 auf Grund einer Achtserklärung wegen Verrathes hingerichtet wurde. Er wurde wegen Verrathes angeklagt und demnächst gerichtet, während er sich in Holland befand, wohin er entflohen war, um sich dem Prozesse wegen des Rye-Haus-Komplotts zu entziehen. Noch innerhalb des nächsten Jahres ließ man ihn im Auslande ergreifen und vor den Gerichtshof der King's Bench in England stellen. Er berief sich auf die Bestimmung des Statutes 5 und 6 Eduard VI. cap. 11, nach welchem der Aechtungsprozeß gegen einen außerhalb des Königreiches befindlichen Verräther freilich für zuläßig erklärt, zugleich aber bestimmt war, daß der Geächtete, wenn er sich innerhalb eines Jahres nach der Achtserklärung vor dem Chief Justice von England gestelle, die Anklage bestreiten könne und daß dann, wie gewöhnlich, darüber verhandelt werden solle. Chief Justice Jeffries war der Ansicht, daß Armstrong sich nicht im Sinne des Statutes vor ihm gestellt habe, weil er als Gefangener ihm zugeführt sei; er ließ Ausführungen der Anwälte über diese Rechtsfrage nicht zu, und sprach in brutaler Weise das Todesurtheil über Armstrong aus. — Im Jahre 1689 wurde dieser Prozeß vom Hause der Gemeinen geprüft; das Haus beschloß, die Berufung auf das Statut Eduards VI. sei begründet, und die Verurtheilung auf Grund der Achtserklärung sei ein „Justizmord" gewesen. — Ein in Betreff der einschlagenden Rechtsgrundsätze ähnlicher Fall kam im Jahre 1800 in Irland vor. Tandy und Morris waren im Auslande innerhalb der Frist gefangen, welche ihnen durch eine Act of Attainder für ihre Gestellung gesetzt war; eine Jury entschied, daß ihre Verhaftung sie genügend dafür entschuldige, daß sie sich nicht gestellt hätten.

Attainder, gegen alle Prinzipien der Gerechtigkeit, in Beziehung auf Personen, welche zwar nicht gegenwärtig waren, aber sich in Haft befanden. Nach der in dieser Weise erfolgten Verurtheilung des Herzogs von Somerset, unter Eduard VI., ging eine Akte durch, welche bestimmte, daß, wenn der Angeklagte vorgeführt werden kann, die Zeugen, wenn sie noch leben, in seiner Gegenwart abgehört werden sollen. In späteren Fällen hat man den Angeklagten gestattet, sich durch Advokaten vor beiden Parlamentshäusern vertheidigen, auch Vertheidigungszeugen abhören zu lassen. Obgleich in neueren Zeiten kein Attainder mehr vorgekommen, und ein derartiges Verfahren mit den Grundsätzen des gemeinen Rechts nicht zu vereinbaren ist, so ist es doch immerhin noch möglich, daß das Parlament in Zeiten der Gefahr von seiner obersten Gewalt Gebrauch machen und Acts of Attainder (oder of pains and penalties — Strafen und Bußen —) gegen Personen, die wegen Staatsverbrechen angeklagt sind, erlassen könnte.[1])

2. **Die Parteiverhandlungen zur Feststellung der Streitpunkte.** Es ist begreiflicherweise für eine befriedigende Entscheidung

---

[1]) Die Zulässigkeit und der Werth von Bills of Attainder wurde in dem Prozesse gegen Sir John Fenwick, welcher im Jahre 1696 verurtheilt und hingerichtet ward, von allen Seiten beleuchtet. In diesem Falle war eine Verurtheilung im ordentlichen Rechtswege nicht zu erlangen, weil es an dem für Hochverrathsprozesse gesetzlich erforderlichen Beweise ermangelte. Das Nähere über Fenwick's Prozeß vergl. bei Macaulay, Geschichte von England Kap. 22. — Die merkwürdigste Bill of Pains and Penalties aus neuerer Zeit war die wegen Entsetzung der Königin Caroline aus ihrer königlichen Würde, welche im Jahre 1820 in das Haus der Lords eingebracht wurde. Die Bill führte den Titel: „Eine Akte, um ihre Majestät Caroline Amalie Elisabeth des Titels der Prärogative, Rechte, Privilegien und Exemtionen einer Königin Gemahlin dieses Reiches für verlustig zu erklären, und um die Ehe zwischen seiner Majestät und der besagten Caroline Amalie Elisabeth aufzulösen;" sie wurde am 3. Juli 1820 vorgelegt, nach erfolgter Verhandlung und Beweisaufnahme am 4. November 1820 zum zweiten Male gelesen und zufolge einer Resolution am 9. November 1820 fallen gelassen. — Ein sehr merkwürdiges Beispiel einer thatsächlichen Verurtheilung ohne rechtliches Gehör war das John Bernardi's und anderer Personen, welche unter Wilhelm III. wegen Verdachtes ihrer Betheiligung an dem Komplotte zur Ermordung des Königs verhaftet waren. (Vergl. Macaulay a. a. O. Kap. 21). Diese Menschen, die niemals vor ein Gericht gestellt wurden, sollten nach einer Akte aus dem achten Regierungsjahre Wilhelms III. „bis zum 1. Januar 1697, ohne daß die Freilassung gegen Bürgschaft zulässig wäre, detinirt im Gefängnisse bleiben." Diese Gefangenschaft wurde durch spätere Akte derselben und der folgenden Regierungen Annas, Georgs I. und Georgs II. verlängert; Bernardi starb im Jahre 1736 in Newgate, nachdem er ungefähr vierzig Jahre lang dort als Gefangener gesessen hatte.

jeder Streitsache wesentlich, daß vor der gerichtlichen Verhandlung derselben die streitigen Fragen genau festgestellt werden. Sonst würde der Rechtsstreit sich in das Unbestimmte verlaufen, und die Aufmerksamkeit des Gerichts würde durch endlose und vage Zänkereien auf Nebendinge abgelenkt werden. Deshalb ist offenbar nichts nothwendiger als der sowohl für die Gerichtshöfe des gemeinen Rechts als die Billigkeitsgerichte geltende Grundsatz, daß die Parteien bei dem Vortrage der Sache sich auf diejenigen Fragen zu beschränken haben, welche durch die Vorverhandlungen („pleadings") zwischen ihnen als die streitigen festgestellt sind. Das zu diesem Zwecke dienende Verfahren ist bei den verschiedenen Gerichtshöfen in wesentlichen Punkten verschieden; aber bei allen dienen zu diesen Vorverhandlungen Schriftsätze, welche „pleadings" (Plaidoyers) genannt werden [1]) und welche vor der Hauptverhandlung die Parteien einander mittheilen, um den Gerichtshof über die Streitfragen, welche zu entscheiden sein werden, informiren zu können.

Einige Analogien und Verschiedenheiten der Vorverhandlungen in den verschiedenen Gerichtshöfen sollen hier angeführt werden, weil sie einen Einblick in das Wesen dieser Gerichte selbst gewähren. Bei den Klagen („actions"), welche in den oberen Gerichtshöfen des gemeinen Rechts verhandelt werden, ist der wichtige Zweck der Vorverhandlung der, daß die Parteien bestimmte von einander gesonderte Angaben darüber beibringen, ob und über welche rechtlichen und thatsächlichen Fragen sie streitig sind. Es ist bereits bemerkt, daß in den Prozessen über solche Klagen bloße Rechtsfragen von den Richtern, die Thatfragen aber der Regel nach von den Geschworenen entschieden werden. Diese Theilung zwischen den Funktionen der Richter und der Geschworenen macht es nothwendig, die Rechtsfragen von den Thatfragen zu scheiden. Freilich ist diese Scheidung in den Vorverhandlungen bei den gemeinrechtlichen Gerichten keine absolute und vollständige; denn die betreffenden Prozeßregeln lassen die Aufstellung vieler Streitpunkte als thatsächlicher zu, welche untergeordnete Rechtsfragen in sich enthalten. Daher kommt es denn auch, daß die Geschworenen häufig mit einer Thatfrage incidenter auch eine Rechtsfrage zu entscheiden haben, wozu sie gewöhnlich von dem Richter die

[1]) Pleading — Plaidoyer — bedeutet (auch in England) im Sprachgebrauche des gewöhnlichen Lebens eine mündliche Rechtsausführung vor Gericht; aber das ist nicht die technische Bedeutung in der Rechtssprache.

nöthige Anleitung erhalten, wenngleich eine reine Rechtsfrage niemals einer Jury zur Beantwortung vorgelegt werden kann.

In dem Kanzleigerichtshofe, den Gerichtshöfen des Civilrechts und den geistlichen Gerichten, sowie in den schottischen Gerichten, welche manche Grundsätze des römischen Rechts beobachten, werden in vielen Fällen Thatfragen und Rechtsfragen gleichmäßig von den Richtern entschieden. In diesen Fällen liegt also die Nothwendigkeit jener Sonderung nicht in gleichem Maße vor, wie in den Gerichtshöfen des englischen gemeinen Rechts. Die Vorverhandlungen erfolgen frei („at large") d. h. die Thatfragen werden in denselben von den Rechtsfragen nicht geschieden. Da das Verfahren vor Geschworenen im Civilprozesse in der bereits mitgetheilten Weise in die schottische Gerichtsorganisation eingeschoben ist, so wurde es natürlich nothwendig, unter den Parteien die durch eine Jury zu untersuchenden Streitfragen festzustellen; aber die betreffenden Fragen werden nicht bloß durch die Vorverhandlungen selbst, sondern durch einen selbständigen Akt des Gerichtshofes ermittelt und festgestellt.[1]) Ebenso werden die Streitpunkte, welche von der Jury zu entscheiden sind, von dem englischen Kanzleigerichtshofe unter Zuziehung der Parteien festgestellt, wenn bei diesem mit Geschworenen verhandelt wird.

In den oberen Gerichtshöfen des gemeinen Rechts in England erfolgen die Vorverhandlungen in Klagesachen in der Weise, daß die eine Partei ihre Behauptungen, die andere ihre Gegenbehauptungen aufstellt, in Folge deren durch successive Zugeständnisse der Streit in jedem Stadium der Vorverhandlungen sich auf immer engere Grenzen zusammenzieht, bis er sich zuletzt auf gesonderte und bestimmte Streitfragen beschränkt. Die Vorverhandlungen beginnen mit der Klage (declaration), welche den Klagegrund und eine Bezeichnung des Verlangens des Klägers enthält. Die Antwort des Beklagten ist verschiedenartig, je nachdem er sich in diesem Prozeßstadium entschließt, seine Vertheidigung lediglich auf den Rechtspunkt oder auf thatsächliche Erwiderungen zu begründen. Im ersteren Falle giebt er eine Erklärung ab, welche „demurrer" heißt.[2]) Mittels dieser giebt er die von dem Kläger angeführten Thatsachen als wahr zu, wendet aber ein, daß sie

---

[1]) Die Materialien, aus welchen der Gerichtshof die Streitfragen ermittelt, sind Parteianführungen von einer eigenthümlicheren und gedrängteren Art, als die englischen Plaidoyers, die „condescendencies" und „answers".

[2]) Die Ableitung des Wortes ist zweifelhaft; die gewöhnliche ist die aus dem lateinischen demorari: sonst auch von dem französischen demeurer.

Anm. des Uebers.

rechtlich die Klage nicht begründen oder daß der Klagevortrag an Mängeln leidet, welche das Gesuch des Klägers als ungerechtfertigt erscheinen lassen. — Im letzteren Falle setzt der Beklagte der Klage thatsächliche Erwiderungen entgegen, er plaidirt (dieses Wort im engeren Sinne gebraucht) d. h. er führt ein nicht schon in der Klage enthaltenes Faktum an, oder bestreitet die Behauptungen des Klägers (plea). Die von dem Beklagten angeführten Thatsachen können entweder nur formelle Einwendungen betreffen — z. B. wenn er die Einrede der Unzuständigkeit des Gerichts erhebt — oder sie können materielle Einwendungen begründen, durch welche das Recht des Klägers ganz und gar bestritten wird. Wenn in einem solchen Falle die Erwiderung (plea) nicht ein völliges Bestreiten der Klage enthält („traverse"), so kann der Kläger repliciren. Und wenn die Replik („replication") nicht ein völliges Bestreiten der Erwiderung (plea) des Beklagten enthält, so kann letzterer dupliciren („rejoin") und so weiter. Es kommt in der Praxis selten vor, daß die Vorverhandlungen über die Duplik ausgedehnt werden; meistens gehen sie noch nicht so weit; denn jede Erwiderung soll einfach und bestimmt sein, und die Plaidirregeln sind der Art, daß die Streitpunkte unter den Parteien schnell festgestellt werden. Alsdann sagt man von der Sache, sie sei reif zur Verhandlung (brought to an „issue")[1]. Das „issue" (exitus) ist der Zweck aller Vorverhandlungen und betrifft entweder That- oder Rechtsfragen.

Hinzuzufügen ist noch, daß jeder Partei in jedem Stadium der Vorverhandlungen ein Demurrer entgegengesetzt werden kann, weil die letzte Auslassung keinen genügenden Rechtsgrund für die Klage, die Einrede, die Replik u. s. w. enthalte.

Diese Methode, nach welcher die zur Verhandlung zu stellenden Streitfragen von den Parteien selbst ermittelt und ausgeworfen werden, scheint dem englischen gemeinen Rechte eigenthümlich zu sein. Im Kanzleigerichtshofe existirt ein solches Verfahren nicht. Dort verlauft die Vorverhandlung im gewöhnlichen Prozesse in Klageschrift („Bill") und Klagebeantwortung („Answer"). Die Klageschrift ent-

[1]) Das Wort: „issue" kommt schon im ersten Regierungsjahre Eduards II. vor. Die Ausdrücke: „issue en ley" und „issue en fet" kommen im dritten Regierungsjahre desselben Königs vor. Das Wort: „issue" ist in dem Jahrbuche aus dem einundzwanzigsten Regierungsjahre Eduards IV. so definirt: „Exitus" idem est quod finis sive determinatio placiti. — Die kurze, oben gegebene Uebersicht über das Stadium des Plaidirens ist natürlich eine bloße Skizze von einer sehr schwierigen und sorgfältig durchgebildeten Wissenschaft.

hält in Form einer Petition an den Lord Kanzler eine Darstellung des von dem Kläger behaupteten Sachverhaltes und schließt an dieselbe die Bitte um die Rechtshülfe, zu welcher der Kläger berechtigt zu sein glaubt. In der Klagebeantwortung gesteht der Beklagte die Behauptungen der Klage zu oder stellt sie in Abrede oder giebt nähere Aufklärungen über dieselben; zugleich enthält sie die selbständigen Behauptungen, welche der Beklagte zu seiner Vertheidigung beibringt (Einreden). Die Klagebeantwortung hat theilweis die Natur eines vorbereitenden Schriftsatzes (pleading), theilweis ist sie schon ein Beweismittel; denn gewöhnlich sind darin schon die eidlichen Erklärungen auf die Interrogatorien („interrogatories") enthalten, welche der Kläger — nachdem der Beklagte in der ihm gestellten Frist erschienen ist — vor erfolgter Klagebeantwortung aufgestellt hat, um den Beklagten zur Aufdeckung von Umständen zu nöthigen, welche er nach den Grundsätzen des Billigkeitsprozesses nicht verheimlichen darf.

Auf die Klagebeantwortung kann der Kläger eine Replikschrift („replication"), welche eine allgemeine Erwiderung auf die Klagebeantwortung enthalten soll, einreichen. Diese Erwiderung ist formell einem gemeinrechtlichen „issue" ähnlich, wird auch wohl so genannt; materiell aber sind beide ganz verschieden; denn die Erwiderung, welcher in den Vorverhandlungen bei den Billigkeitsgerichten der Name „issue" gegeben wird, ist eine allgemeine und ohne bestimmten Abschluß. Der Richter stellt erst nach der mündlichen Verhandlung aus dem Resultate der „pleadings" die Streitfragen fest.

Etwas dem weiteren schriftlichen Vorverfahren des gemeinrechtlichen Prozesses Aehnliches existirt noch insofern in der Praxis des Kanzleigerichtshofes, als es dem Kläger erlaubt ist, die Klage zu verbessern („amend"), wenn ihm dies nach der Klagebeantwortung erforderlich erscheint, und daß dann der Beklagte auf die verbesserte Klage eine anderweite Antwort einbringen kann. Dieses Verfahren zur Verbesserung der Klage und die anderweite Beantwortung derselben kann mehrmals wiederholt werden.

Auch das Demurrer kommt in dem Prozesse der Billigkeitsgerichte vor. Wenn der Beklagte unter der Voraussetzung, daß alle thatsächlichen Anführungen richtig seien, glaubt, daß dieselben den Kläger zu seinem Petitum oder zu seiner Forderung von Aufklärungen (auf die gestellten Interrogatorien) nicht berechtigen, so kann er seine desfallsige Einwendung durch ein gegen den ganzen Inhalt der Klage oder einen Theil derselben gerichtetes Demurrer geltend machen. Ebenso kann er verfahren, wenn er die ursprüngliche Klage beantwortet hat, die von dem Kläger hierauf angebrachten Emendationen aber für rechtlich unerheblich erachtet.[1])

Die Analogien zwischen den Vorverhandlungen in den gemeinrechtlichen Gerichten und in den Billigkeitsgerichten waren in älterer Zeit größer als heut zu Tage. Ehe nämlich die Praxis dem Kläger gestattete, die Klage zu verbessern, wurde es häufig nothwendig, daß auf die Klagebeantwortung nicht bloß wie jetzt eine allgemeine Replikschrift, sondern spezielle Erklärungen abgegeben wurden, welche dann zu Dupliken und Tripliken führten, ganz ähnlich wie im gemeinrechtlichen Prozesse.[2]) Die Praxis, nach welcher Verbesserungen der „pleadings" zugelassen werden, führt zur Vernachlässigung der Sorgfalt bei ihrer Abfassung, und da diese Praxis neuerlich auch in den Gerichtshöfen des gemeinen Rechts immer mehr Anerkennung gefunden hat, so werden die bei ihnen vorkommenden „pleadings" in manchen Beziehungen wahrscheinlich denen bei dem Kanzleigerichtshofe stattfindenden sehr ähnlich werden.

Im (gemeinrechtlichen) Kriminalprozesse wegen Verbrechen („crimes") und wegen Vergehen („misdemeanours") gleichen die pleadings in manchen Beziehungen den civilprozessualischen. Sie beginnen (abgesehen von kleinen Uebertretungen, welche summarisch bestraft wer-

---

[1]) Auch von den Vorverhandlungen in den Billigkeitsgerichten konnte nur eine Skizze mitgetheilt werden; denn es konnte nicht beabsichtigt werden die Mysterien des englischen Plaidirens auseinanderzusetzen: nur das allgemein Interessante gehört hierher.

[2]) Mehrere technische Ausdrücke sind aus dem gemeinrechtlichen Vorverfahren auf das bei dem Kanzleigerichtshofe stattfindende übertragen. Zwei derselben sind bereits in dem Texte erwähnt: „Demurrer" und „replication." — Ein anderer solcher Ausdruck ist: „Plea" —: dieser hat jedoch im Kanzleigerichtshofe eine besondere Bedeutung. Wenn nämlich der Beklagte der Ansicht ist, daß er durch Anführung von Thatsachen, welche in der Klage nicht erwähnt sind, den Rechtsstreit oder einen Theil desselben durch den Antrag auf Entscheidung einer einzelnen Thatfrage, von welcher der Ausfall des Prozesses abhängt, vereinfachen kann, so kann er sich nach der Kunstsprache des Kanzleigerichtshofes durch ein „plea" vertheidigen. Wird das „plea" zugelassen, so braucht er die Klage oder den Theil derselben, welchen das „plea" deckt, nicht zu beantworten. — Andere Analogien zwischen den Vorschriften über die pleadings bei den gemeinrechtlichen und den Billigkeitsgerichten kommen mehrfach vor. So wird durch das Wort: „departure" (Abweichung) in beiderlei Gerichten die Verletzung der Prozeßregel bezeichnet, daß der Kläger in seiner Replik nichts Neues beibringen darf, was nicht zur Bekämpfung des in der Klagebeantwortung Vorgebrachten geeignet ist. Auch können in beiderlei Gerichten gegen Repliken Demurrers geltend gemacht werden.

den können) der Regel nach[1]) mit einer Anklage („indictment") d. h. einer die Anschuldigung enthaltenden Schrift. In Folge der Anklage wird der Angeklagte zur Verantwortung gezogen („arraigned"), d. h. er wird aufgefordert, sich auf die Anklage auszulassen. Darauf kann er, wie im Civilprozesse, entweder plaidiren (Erklärungen über die behaupteten Thatsachen abgeben), oder der Anklage ein Demurrer entgegensetzen. Mit letzterem wendet er gegen die Anklage ein, daß die behauptete Thatsache keine gesetzlich strafbare Handlung enthalte. Er kann aber auch speziell plaidiren, daß der Gerichtshof nicht zuständig sei, oder daß er früher wegen derselben Anschuldigung schon freigesprochen sei oder dergl. m. Endlich — und das ist der gewöhnlichste Fall — kann er „Schuldig" oder „Nichtschuldig" plaidiren. Wenn er keine Erklärung abgiebt, so kann der Gerichtshof den betreffenden Beamten anweisen, einzutragen, daß der Angeklagte „Nichtschuldig" plaidirt habe.[2])

Man nimmt an, daß das System schriftlicher Vorverhandlungen (pleadings) in den Gerichtshöfen des gemeinen Rechts um die Mitte der Regierung Eduards III. entstanden ist, und daß vorher dieselben mündlich erfolgten. Aus einzelnen bei Glanvilla vorkommenden Stellen geht hervor, daß sie zur Zeit Heinrichs II. mündlich waren; in einer dieser Stellen werden die Parteien als persönlich vor Gericht erscheinend aufgeführt: der Kläger trägt seine Klage mündlich vor, und der Beklagte wird dann aufgefordert, zu wählen, wie er sich vertheidigen will.[3]) Ebenso geht aus Bracton hervor, daß zur Zeit Hein-

---

[1]) Die Ausnahmen — der Prozeß auf Information oder auf Inquisition des Coroner — werden später erwähnt werden.

[2]) Wenn auf ein einer Anklage entgegengesetztes Demurrer ein Urtheil zu Gunsten des Angeklagten ergeht, so wird er freigesprochen; wenn es in einem Prozesse wegen misdemeanour gegen ihn ausfällt, so ist die Folge dieselbe wie bei dem Demurrer im Civilprozesse, und der Gerichtshof hat hier das Recht, dem Beklagten (Angeklagten) zu erlauben, daß er weiter antworte. Demurrers gegen Anklagen wegen Felonie sind bisher so selten gewesen, daß man bezweifelt hat, welches Urtheil gegen den Angeklagten in einem solchen Falle gesprochen werden müsse. Man hat die Meinung geltend gemacht, daß „in favorem vitae" dem Angeklagten gestattet sein müsse, weiter zu plaidiren; aber gegenwärtig steht fest, daß das auf ein allgemeines Demurrer ergehende Urtheil zu Gunsten der Krone die Sache endgültig entscheidet, wenngleich es bei einem Spezial-Demurrer anders ist.

[3]) Utro litigantium apparente in curia, petens ipse loquelam suam et clameum ostendat in hunc modum: „Peto versus istum H. etc." Audita vero loquela et clameo petentis, in electione petentis erit, se versus petentem defendere per duellum etc.

richs III. die Vorverhandlungen mündlich waren.[1]) Man vermuthet, daß dies nach und nach durch einen Gebrauch beseitigt wurde, nach welchem die Plaidirenden, statt ihre Behauptungen wechselweise vor dem Gerichtshofe vorzutragen, dieselben auf die Pergamentrolle schrieben, welche für das Protokoll bestimmt war, und daß dann später der Gebrauch entstand, die pleadings schriftlich einem Beamten des Gerichtshofes einzureichen, damit dieser sie in einem späteren Stadium des Prozesses in das Protokoll übertrage.

Die selbständige Billigkeits-Gerichtsbarkeit des Kanzleigerichtshofes kam, wie wir gesehen haben, erst unter Eduard III. zur Anerkennung, und damals entstand der Gebrauch schriftlicher pleadings in den Gerichtshöfen des gemeinen Rechts. Wahrscheinlich waren seit jener Zeit wenigstens bei den Billigkeitsgerichten alle pleadings schriftlich; vorher mag wohl der Kanzler zuweilen summarisch, ohne schriftliche pleadings Recht gesprochen haben.

In den alten Grafschafts- und anderen Lokalgerichten, welche nicht „courts of record" waren, wurden die Verhandlungen nicht so feierlich beurkundet, wie in den Courts of record; deshalb kannte man dort auch das System schriftlicher pleadings nicht. In den Grafschaftsgerichten begann der Kläger seinen Prozeß nicht mit einem Schriftsatze, sondern mit einer weniger förmlichen Eingabe („plaint"), in welcher er kurz dasjenige vortrug, was ihm zur Beschwerde gereichte. Dasselbe Verfahren wird in den heutigen Grafschaftsgerichten beobachtet, in welchen das Plaidoyer fast nur mündlich erfolgt. Freilich ist die Klage („plaint") schriftlich; aber die Vertheidigung braucht — von wenigen Ausnahmefällen abgesehen — nicht schriftlich zu sein.

Bei den Appellationen an das Haus der Lords und an die Justiz-Abtheilung des Staatsraths legen die Parteien ihre Darstellungen des Sachverhaltes, welche die Natur der pleadings haben, gedruckt vor („printed cases"). Davon wird in denjenigen Kapiteln dieses Buches die Rede sein, welche sich auf die Gerichtsbarkeit des Parlaments und des Staatsraths beziehen.

3. Das Beweisverfahren. Alle Thatfragen, mögen sie von den Richtern oder von Geschworenen untersucht werden, müssen auf Grund von Beweismitteln entschieden werden, über deren Zulässigkeit oder Verwerflichkeit sehr strenge Regeln gelten. Diese Regeln sind

---

[1]) Z. B. Audito brevi de recto dicat sic petens vel ejus advocatus in praesentia justitiariorum pro tribunali residentium: „Hoc ostendit vobis A" etc.

fast ganz dieselben für die Gerichtshöfe des gemeinen Rechts in Civil- und Kriminalsachen, für den Kanzleigerichtshof und für die unteren Gerichte; sie werden vom Hause der Lords bei Ausübung der Gerichtsbarkeit desselben, wenn Thatfragen zu entscheiden sind, gleichfalls sehr genau beobachtet; sie sollen auch bei den parlamentarischen Ausschüssen für Privatbills berücksichtigt werden; freilich geschieht es hier häufig nur unvollkommen, weil die Ausschußmitglieder in der Regel mit den Beweisregeln nicht gehörig bekannt sind.

Diese Regeln können hier nicht näher betrachtet werden; es bedarf aber einiger weniger Bemerkungen über diejenigen von ihnen, welche zu Gunsten der Freiheit der Staatsangehörigen eingeführt sind. Zunächst liegt die Beweislast im Allgemeinen derjenigen Partei ob, welche die Affirmative einer Thatfrage behauptet. Daraus ergiebt sich für den Kriminalprozeß als nothwendige Folge der Grundsatz, daß die Rechtsvermuthung stets für die Unschuld des Angeklagten spricht, und daß die Schuld bewiesen werden muß. Strenges Festhalten an den Regeln des Beweisverfahrens ist von großer Wichtigkeit; besonders in Kriminalsachen wird sehr genau darauf gehalten. Das Gesetz fordert den Beweis der Schuld so gebieterisch, daß danach, wie Blackstone sagt, „es besser ist, daß zehn Schuldige frei ausgehen, als daß ein Unschuldiger bestraft wird." Dieser Satz ist von dem Archidiakonus Paley (Grundsätze der Moral-Philosophie) bestritten worden. Er sagt: „Wenn mit dem Worte: Besser, gemeint ist, daß es für das öffentliche Wohl zuträglicher sei, so kann man den Satz nach meiner Meinung nicht vertheidigen. Die öffentliche Sicherheit, das unerläßliche Mittel jeden Wohlbefindens, deren Unterbrechung allgemeines Elend und grenzenlose Verwirrung zur Folge haben würde, wird wesentlich durch die Furcht vor Strafe geschützt." Sir Samuel Romilly antwortet treffend auf diesen Einwand, es sei richtig, daß die öffentliche Sicherheit wesentlich durch die Furcht vor Strafe geschützt werde, das heiße aber „vor Strafe als der Folge einer Verschuldung, nicht vor Strafe, welche ohne Unterschied auf diejenigen fällt, welche sie sich durch ihre Verbrechen zugezogen haben und auch auf diejenigen, welche nichts Strafwürdiges begangen haben." .... „Man darf nicht außer Acht lassen" — fährt er fort — „daß der Zweck der Strafgesetze Schutz und Sicherheit der Unschuldigen ist; daß man deshalb die Schuldigen bestraft. Entgeht der Schuldige der Strafe, so hat das Gesetz in einem solchen Falle seinen Zweck nicht erreicht; es hat freilich dann nichts Gutes gewirkt, aber auch keine üblen Folgen gehabt Aber wenn Unschuldige dem Gesetze zum Opfer fallen, dann ist dasselbe nicht bloß wirkungslos, es verfehlt dann nicht bloß seinen Zweck, sondern dann beschädigt es diejenigen, denen es Schutz gewähren soll, es erzeugt dann gerade das Uebel, gegen welches es Abhülfe gewähren, und vernichtet die Sicherheit, welche es erhalten soll." Diese Bemerkungen haben eine furchtbare Bedeutung, wenn man sich erinnert, daß sie zu einer Zeit (1810) gemacht wurden, als das Hängen im großen Maßstabe an der Tagesordnung war und von den am Ruder befindlichen Personen als das beste Mittel zur Verhütung von Verbrechen betrachtet wurde.

Ein anderer wichtiger Grundsatz des Beweisverfahrens ist, daß jede bei einem Prozesse betheiligte Partei Zeugen produziren und die Zeugen ihres Gegners, wenn sie noch am Leben sind und vorgeführt werden können, dem Kreuzverhör unterwerfen kann. Es giebt allerdings Fälle, in welchen der Grundsatz, daß die Zeugen in der Hauptverhandlung eines Prozesses zum Zwecke des Kreuzverhörs produzirt werden müssen, theilweis außer Anwendung bleibt. So z. B. kann im Kriminalprozesse von vorher abgelegten Zeugnissen zuweilen Gebrauch gemacht werden, wenn die Zeugen gestorben, oder auf Veranlassung des Angeklagten abwesend, oder wenn sie durch Krankheit zum Erscheinen vor dem Gerichtshofe verhindert sind.[1]) Der Zweck des Kreuzverhörs ist entweder die Ermittelung der ganzen Wahrheit, wenn der Zeuge nur mit einem Theile derselben hervorgetreten ist und Lücken in der Aussage zu Gunsten der kreuzverhörenden Partei auszufüllen sind, oder die Aufklärung von Zweideutigkeiten in der bisherigen Aussage, oder, wenn der Zeuge nicht die Wahrheit gesagt hat, die Entdeckung der Unwahrheit durch Fragen, deren Beantwortung Widersprüche in der Aussage feststellt, oder endlich die Ermittelung von Umständen, welche in Ansehung des Charakters oder des Interesses des Zeugen zur Sache seine Glaubwürdigkeit betreffen. Bei dem Kreuzverhör ist dem Verhörenden viele Freiheit gestattet; aber alle seine Fragen müssen entweder den Streitpunkt oder die Glaubwürdigkeit des Zeugen betreffen. In letzterer Beziehung kann das Kreuzverhör am leichtesten gemißbraucht werden; es gehört zu den Pflichten des Richters, den Zeugen vor Stellung ungehöriger Fragen zu schützen. Der Zeuge braucht keine Frage zu beantworten, deren Beantwortung für ihn eine Strafe zur Folge haben könnte; und wenn er bei einem Kreuzverhör ein Verbrechen begangen zu haben leugnet, welches ihm schuld gegeben wird, um seine Glaubwürdigkeit zu schwä-

[1]) 11 und 12 Victoria cap. 42 s. 17.

chen, so kann die kreuzverhörende Partei dafür, daß der Zeuge das Verbrechen dennoch begangen habe, keinen anderen Beweis führen, als daß sie das gerichtliche Protokoll über seine Verurtheilung beibringt.

Die bei den Kreuzverhören früher vorgekommenen (und noch heut zu Tage, wenngleich in geringerem Maße vorkommenden) Uebergriffe sind nicht selten Gegenstand tadelnder Bemerkungen gewesen. So z. B. bemerkt ein Schriftsteller über das schottische Kriminalrecht (Burnet): „Wir gestatten dem Advokaten nicht jene Freiheit, man kann wohl sagen, Zügellosigkeit, bei dem Kreuzverhöre, wie in England, wo man nicht selten die streitige Frage ganz außer Augen läßt und dem Zeugen beliebige Fragen vorlegt, um seine Glaubwürdigkeit oder, wie man in vielen Fällen sagen sollte, seine Geduld auf die Probe zu stellen. Dadurch kann ein einfacher und ehrlicher Zeuge leicht verwirrt gemacht, und ein reizbarer zu rücksichtslosen Aeußerungen gebracht werden, welche ebenso unpassend dem Gerichtshofe gegenüber als nachtheilig für die Sache der Wahrheit und Gerechtigkeit sind. Redliche und ehrenhafte Zeugen — welche, um die Worte eines kaiserlichen Reskripts zu gebrauchen, simpliciter visi sint dicere, qui non unum eundemque meditatum sermonem attulerint, sed ad ea quae interrogaveras, ex tempore verisimilia responderint — haben auf den Schutz des Gesetzes den begründetsten Anspruch, und sollten nicht durch den Scharfsinn eines Sachwalters in Verlegenheit gesetzt oder zu anscheinenden Widersprüchen veranlaßt werden dürfen." [1])

---

[1]) Wenn die hier gerügte Zügellosigkeit schon bei der Anwaltschaft verwerflich ist, wie viel mehr die von der Richterbank ausgehende! — Von diesem Mißbrauch folgendes Beispiel, welches den Zustand der Rechtspflege unter Jakob II. erkennen läßt: — In dem Prozesse gegen Lady Alice Lisle wegen Hochverraths, im Jahre 1685, wurde ein Zeuge, Namens Dunne, von Lord Chief Justice Jeffries einem langen und schrecklichen Verhöre unterworfen, in welchem letzterer wiederholt den Zorn Gottes gegen ihn anrief und ihn mit einer Menge von Schimpfworten — wie „lügenhafter, presbyterianischer Spitzbube," „Schurke," „unverschämter Schlingel" u. s. w. — belegte. Nach einem derartigen Ergusse sagte der bestürzte Mann: „Mylord, ich bitte, mir die Frage noch einmal vorzulegen, und ich werde sie Euch beantworten." Nach einer nochmaligen langen Anrede über die Gefahr des Verlustes der Seligkeit des Zeugen kam Jeffries diesem Verlangen nach. Da Dunne's Antwort ihm nicht gefiel, brach er los: „Was! Denkst Du, Du könntest nach all' der Mühe, welche ich mir genommen habe, um eine Antwort auf meine Frage zu bekommen, mich mit solchem Unsinn zum Besten haben? Haltet ihm das Licht vor's Gesicht, damit wir seine eherne Stirn sehen können!" . . . .

Nach einer alten Praxis, welche an das römische Recht anknüpfte, durfte ein wegen eines Kapitalverbrechens angeklagter Mensch keinen Vertheidigungsbeweis durch Zeugen führen. Sir Eduard Coke bekämpfte diese Praxis heftig, weil sie durch keine gesetzliche Vorschrift gerechtfertigt sei, und nach und nach wurde sie minder streng. Nach einem Statute Wilhelms III. wurde der Zeugenbeweis für den Angeklagten in gewissen Verrathsfällen für zulässig erklärt; und endlich wurde durch ein Statut Annas bestimmt, daß in allen Prozessen wegen Verrath oder Felonie alle Vertheidigungszeugen eidlich, in gleicher Art wie die Belastungszeugen vernommen werden sollen.

Geständnisse und Einräumungen müssen, um im Kriminalprozesse berücksichtigt werden zu können, freiwillig und auf eigenen Antrieb abgelegt sein; sie sind unzulässig, wenn sie durch Versprechungen oder Drohungen Seitens des Anklägers oder einer mit Amtsgewalt bekleideten Person hervorgerufen sind. Bei der vorläufigen Vernehmung eines Angeklagten durch einen Beamten, muß dieser ihn fragen, ob er etwas auf die gegen ihn erhobene Anschuldigung erwidern will, zugleich aber ihm bekannt machen, daß er nichts zu sagen braucht, daß jedoch das, was er erwidert, gegen ihn in seinem Prozesse benutzt werden kann. In Ansehung der Einräumungen ist das Recht für Kriminalsachen strenger, als in Civilsachen; denn im Kriminalprozesse werden dieselben, wenn sie von den beiderseitigen Attorneys zu Protokoll erklärt sind, doch nur dann berücksichtigt, wenn sie von dem Angeschuldigten oder seinem Advokaten bei der Hauptverhandlung wiederholt werden.

Nach neuerlichen, wichtigen Aenderungen in der Gesetzgebung über die Zulässigkeit der Beweismittel ist kein Zeuge wegen Verurtheilung

---

Dunne: „Mylord, ich bin so verwirrt, daß ich nicht weiß, was ich sage. Sagt mir, was ich sagen soll; denn man hat mich von Sinnen gebracht.“ — Später kam noch ein weiteres, ergötzliches Beispiel von der Verwirrtheit des Zeugen und Jeffries' Wuth vor. Jeffries beschuldigte den ersteren, daß er mit Rebellen gemeinsam Sache gemacht habe. Jeffries: „Es scheint, Ihr habt Barter erzählt, Ihr hieltet sie für Rebellen?“ Dunne: „Ich sie als Rebellen festhalten, Mylord?“ Jeffries: „Nein doch! nein! Ihr hieltet sie nicht als Rebellen fest, aber Ihr verstecktet sie als Rebellen. Aber sagtet Ihr zu Barter, daß Ihr annahmt, es seien Rebellen?“ Dunne: „Ich sie als Rebellen annehmen?“ Jeffries: „Ihr Dummkopf! ich frage Euch, ob Ihr ihm das erzählt habt?“ „Dunne: „Ich Barter das erzählen?“ Jeffries: „Ja; ist das nicht eine einfache Frage?“ Dunne: „Ich bin rein von Sinnen; ich weiß nicht was ich sage.“ Ein Licht wurde ihm noch näher vor die Nase gehalten. (Ueber den Prozeß der Lady Alice Lisle vergl. Macaulay, Geschichte von England Kap. 5.)

zu einer Kriminalstrafe oder wegen seines Interesse zur Sache unfähig sein Zeugniß in einer Civil- oder Kriminalsache abzulegen;[1]) in jedem Prozesse können die bei demselben betheiligten Hauptparteien oder die sonst dabei interessirten Personen Zeugniß ablegen und zur Aussage gezwungen werden; jedoch erstreckt sich dies nicht auf den wegen einer strafbaren Handlung Angeklagten, und es kann auch Niemand gezwungen werden, auf eine Frage zu antworten, wenn er sich selbst dadurch anschuldigen müßte. Der Ehegatte einer Partei ist zur Ablegung des Zeugnisses für jeden Theil verpflichtet; er braucht aber nichts von demjenigen auszusagen, was er von dem anderen Ehegatten während der Ehe erfahren hat. In Kriminalsachen sind Ehegatten als Zeugen gegen einander unzulässig.

In Prozessen, welche bei den geistlichen Gerichten verhandelt wurden, konnte früher der Richter die Parteien anhalten, sich eidlich über jede gegen dieselben vorgebrachte Thatsache, wie strafwürdig sie auch sein mochte, auszulassen.[2]) Nach dem Statute 13 Karl II. cap. 12 s. 4 darf jedoch kein geistlicher Richter einen Eid abnehmen, um Jemand zu nöthigen, sich anzuschuldigen oder sich von der Anschuldigung einer strafbaren Handlung zu reinigen. Vor der Sternkammer angeklagte Personen mußten eidlich auf die Anschuldigung antworten, und konnten nach Artikeln (interrogatories) verhört werden. Dieses Verfahren war eine der wesentlichsten Ursachen des allgemeinen Hasses gegen jenen Gerichtshof, welcher seinen Untergang herbeiführte. Die Praxis des Kanzleigerichtshofes, die Beklagten nach Interrogatorien zu verhören, ist sehr alt und besteht noch heut zu Tage. Jetzt kann auch der Beklagte, nachdem er eine gehörige Klagebeantwortung abgegeben hat, Interrogatorien zur Abhörung des Klägers aufstellen (15 und 16 Victoria cap. 86 s. 19). Nach einer neueren Bestimmung kann bei den oberen Gerichten des gemeinen Rechts jede Partei in einem frühen Stadium des Prozesses von ihrem Gegner die Vorlegung der im Besitze des letzteren befindlichen, den Streitgegenstand betreffenden Urkunden verlangen und Frageartikel (interrogatories) zum Zwecke seiner Vernehmung über alle erheblichen Umstände aufstellen.[3])

4. Die Rechtsausführungen. — Die Rechtsgründe, welche bei der mündlichen Verhandlung einer Sache von den beiderseitigen Advokaten geltend gemacht werden, heißen bei den Civilrechts-Juristen

---

[1]) 6 und 7 Victoria cap. 85.

[2]) Coke sagt: Die eidliche Abhörung eines Verbrechers sei inventio Diaboli ad destruendas miserorum animas ad infernum.

[3]) Common Law Proced. Act 1854 ss. 50–52.

(Englands) Informationen („informations"). In dem vorigen Kapitel ist bereits erwähnt, daß die Parteien in jedem Prozesse durch Advokaten vertreten erscheinen können; sie können aber auch ihre Prozesse in Person führen, wenn sie wollen.[1])

In dem Verfahren vor Geschworenen zur Entscheidung von Thatfragen wird natürlich das Recht zur ersten Anrede an die Jury und zur Replik als ein sehr wichtiges betrachtet. Im Civilprozesse hat diejenige Partei, welcher die Beweislast obliegt, das erste Wort an die Jury; nach der Anrede bringt sie ihre Beweise bei. Ob sie zur Replik berechtigt ist, hängt davon ab, ob der Gegner Gegenbeweismittel beibringt oder nicht. Im letzteren Falle führt die beweispflichtige Partei nach dem Schlusse der Beweiserhebung aus, was das Beweisergebniß sei, und sie ist nicht berechtigt, noch einmal zu den Geschworenen zu sprechen; der Gegner hält demnächst seine Anrede und damit enden die Ausführungen. Wenn aber der Gegner nach seiner Anrede gleichfalls Beweismittel beibringt und seinerseits über das Ergebniß des von ihm beigebrachten Beweises geredet hat, so hat die erste Partei das Recht zu repliziren.[2]) — In Kriminalsachen hat der Privat-Ankläger kein Recht zur Replik, wenn der Angeklagte keine Zeugen produzirt; aber in einem Prozesse, welchen der Attorney-General auf Information ex officio anhängig gemacht hat, kann der letztere auch dann repliziren, wenn der Angeklagte keine Zeugen hat aufrufen lassen.

---

[1]) Die in das Haus der Lords und die Justiz-Abtheilung des Staatsraths eingebrachten Appellationsschriften und gedruckten Darstellungen des Sachverhaltes müssen jedoch von einem Advokaten unterzeichnet sein. Ebenso müssen im kanzleigerichtlichen Prozesse die „pleadings" von einem Advokaten unterzeichnet sein. Dasselbe galt früher auch für die Prozesse in den Gerichtshöfen des gemeinen Rechts; aber gegenwärtig ist bei diesen für die „pleadings" die Unterschrift eines Anwaltes nicht mehr erforderlich (15 und 16 Victoria cap. 76 s. 85). — Alle diese Gerichte gestatten einer Partei, welche ihre Armuth gehörig nachweist, „in forma pauperis" zu klagen und sich zu vertheidigen; Advokat und Solicitor oder Attorney werden derselben zugeordnet, ohne daß sie diesen etwas zu bezahlen hat. Dies ist für die Courts of Record schon durch das Statut 11 Heinrich VII. cap. 12 bestimmt.

[2]) Common Law Proc. Act 1854 s. 18.

Fünftes Kapitel.

Das Gesetz die höchste Gewalt.

Der Umfang, in welchen die verschiedenen Klassen von Personen in England den Gesetzen unterworfen sind, und die Mittel, durch welche das Gesetz zur Anerkennung gebracht wird, bilden den Gegenstand dieses Kapitels. Die Durchführung des Grundsatzes, daß das Gesetz die höchste Gewalt ist, ist in der englischen Verfassung mit wirksamern Garanticen umgeben, als in irgend einer andern uns bekannten; diese Garanticen können aber nur durch eine Betrachtung der Jurisdiktionsbefugnisse der Gerichte über die verschiedenen Mitglieder des Gemeinwesens klar gemacht werden.

Eine vollständige Erörterung dieses wichtigen Gegenstandes würde das Eingehen auf viele schwierige Rechtsfragen nöthig machen, welche zu endlosen Streitigkeiten Veranlassung gegeben haben. Um uns auf engere Grenzen zu beschränken, wollen wir unsere Aufmerksamkeit nur auf die hervorragendsten Punkte richten, in welchen die Obergewalt des Gesetzes besonders zur Anerkennung gelangt ist. Wir wollen zuerst die gesetzliche Verantwortlichkeit und die Immunitäten 1) der Krone, 2) der Gesandten, 3) der ministeriellen und richterlichen Beamten und 4) gewisse zeitweise Immunitäten betrachten. Dann wollen wir auf die wichtige Geschichte der Staatsprozesse eingehen. Endlich werden wir die Garanticen für die Beobachtung der Gesetze erörtern, namentlich: 1) die Mittel gegen ungesetzliche Verhaftungen und Bestrafungen; 2) die Mittel, um die Gerichte zur Erfüllung ihrer Pflichten zu zwingen; 3) die Mittel zur Geltendmachung des Gesetzes gegen mächtige Personen.

1) Die gesetzliche Unverantwortlichkeit der Krone. Die erste und in manchen Beziehungen schwierigste Frage ist die: inwiefern ist die Krone den Gesetzen unterthan? Schon Bracton sagte: „Ipse autem Rex non debet esse sub homine, sed sub Deo et sub lege, quia lex facit Regem". Aber ist hiernach die Superiorität der richterlichen Gewalt eine absolute und zwingende oder nur eine gestattete? Was die gewöhnlichen Gerichte betrifft, so scheint es unzweifelhaft, daß ihre Auktorität zur Ausübung der Justizgewalt gegen die Krone nur eine gestattete ist.

„Der Abstand zwischen dem Souverain und seinen Unterthanen," sagt Blackstone, „ist ein so großer, daß es nur selten vorkommen kann, daß der Fürst persönlich einem Privatmanne ein unmittelbares und direktes Unrecht zufügt; und wegen der Seltenheit des Falles präsumirt das Gesetz schicklicher Weise, daß er nie vorkommen wird oder kann, weil es seine Unfähigkeit anerkennt, eine passende Abhülfe zu gewähren, ohne die Würde der Krone durch Zulassung einer höheren Auktorität, welche berechtigt wäre, den König zur Rechenschaft zu ziehen, zu beeinträchtigen und die Souverainität seiner Person zu vernichten. Der daraus entstehende Nachtheil, daß möglicher Weise ein Unrecht ungesühnt bleibt, wird — wie Locke bemerkt — vollkommen aufgewogen, durch den öffentlichen Frieden und die Sicherheit der Regierung, welche sich daraus ergeben, daß die oberste Magistratsperson sich außerhalb des Bereiches jeden Zwanges befindet." [1])

Der Grundsatz: „der König kann kein Unrecht thun," wird freilich von Blackstone an derselben Stelle als ein nothwendiger und für die englische Verfassung fundamentaler betrachtet; aber man wird ihn schwerlich früher anerkannt finden, als lange nachdem die Verfassung ihre gegenwärtige Gestalt angenommen hatte. Die normannischen Barone betrachteten, in Uebereinstimmung mit den Prinzipien des Lehnrechts, ihre Verpflichtung zur Treue als eine lediglich vertragsmäßige, und verweigerten sie deshalb in mehreren Fällen, oder brachten es dahin, daß durch Vereinbarung oder Zwang neue Bedingungen der Erfüllung der Lehnspflicht festgesetzt wurden. So z. B. bestimmt die Magna Charta Heinrichs III. (cap. 37) ausdrücklich: „Für unsere Zugeständnisse und Zusicherungen dieser Freiheiten und anderer, welche in dem die Freiheiten unserer Waldungen betreffenden Freibriefe enthalten sind, haben die Erzbischöfe, Bischöfe, Aebte, Prioren, Grafen, Barone, Ritter, Freisassen und unsere übrigen Unterthanen uns den fünfzehnten Theil ihrer beweglichen Habe gewährt; und wir haben ihnen für uns und unsere Erben zugesichert, daß weder wir selbst noch unsere Erben etwas veranlassen oder thun wollen, wodurch die in dieser Charta bezeichneten Freiheiten beeinträchtigt oder geschädigt würden."

In anderen Fällen, wie in denen der Könige Heinrich III., Eduard II. und Richard II., entzogen die Barone der Krone thatsächlich einen großen Theil ihrer Rechte, und sie zwangen den Souverain, die von ihnen ernannten Personen als einen ihnen gesetzten Verwaltungsrath anzunehmen. Ein anderes Mal, im Jahre 1233, erklärten die Barone dem Könige (Heinrich III.), daß, wenn er ihre

[1]) 3 Blackstone 255.

Bedingungen nicht annähme, sie an seiner Stelle einen anderen König wählen würden.

Als im Jahre 1327 Eduard II. sich in der Gefangenschaft des Grafen von Lancaster befand, kam man im Parlamente überein, daß der König abgesetzt und sein Sohn Eduard III., damals ein Knabe von vierzehn Jahren, an seiner Stelle König sein sollte. Walsingham sagt,[1]) der ganze Adel habe sich am Morgen des Epiphaniasfestes im Parlamente versammelt und beschlossen, daß der König regierungsunfähig sei und aus verschiedenen Gründen abgesetzt werden müsse. In ähnlicher Weise wurde Richard II. im Jahre 1339 durch das Parlament abgesetzt. In beiden Fällen beobachtete man dieselben Förmlichkeiten. Der König mußte dem Throne entsagen; förmliche Anklage-Artikel wurden in das Parlament eingebracht; die Lords gaben über diese Artikel ein Urtheil ab; mehrere Prälaten und andere von den Lords und den Gemeinen zu Kommissarien ernannte Personen verkündeten die Absetzungs-Sentenz des Parlaments öffentlich; alle Stände des Reichs entsagten darauf der Lehnspflicht und Treue gegen den König und ließen dies ihm persönlich durch Bevollmächtigte des ganzen Parlaments anzeigen; nachdem dann der Thron für erledigt erklärt war, wurde der neue König von dem Parlamente anerkannt. Nach dem Regierungsantritte Heinrichs IV., des Nachfolgers Richards II., berief der König ein neues Parlament. Rapin (Geschichte von England) erzählt: in diesem Parlamente hätten die Gemeinen gerügt, daß Richard II. in einer sehr unregelmäßigen Art abgesetzt sei; sie hätten verlangt, daß er förmlich angeklagt werden müsse und deshalb bei Heinrich IV. petitionirt. In einer Note bemerkt Rapin, daß nach Hollingshead die Adresse der Gemeinen des Inhalts gewesen sei, daß, da König Richard resignirt habe und mit Recht seiner königlichen Würde entsetzt sei, ein rechtliches Urtheil gegen ihn erlassen werden möge. Rücksichtlich der Absetzung Richards II. ist es auch bemerkenswerth, daß damals eine einzige dissentirende Stimme, die des Bischofs von Carlisle, die Ansicht aufstellte, es gäbe keine Autorität, welche berechtigt wäre, einen König von England abzusetzen.

Die Doktrin von der persönlichen Verantwortlichkeit des Souverains ist in einem dem Statute: Exilium Hugonis le Spencer (13 Eduard II. — 1320 —) einverleibten, sehr merkwürdigen Doku-

[1]) Walsingham, Historia Angliae, erwähnt auch: Nach der Flucht Eduards II. und vor den oben erwähnten Ereignissen, sei sein Sohn durch ein Dekret des Adels zum „Custos Regni“ bestellt.

mente in folgender Weise aufgestellt Le Despencer und einige andere Lords, welche von dem zu York gehaltenen Parlamente zu Rathgebern der Krone bestellt waren, erklärten gegen einander: „Lehnspflicht und Eid der Treue gelten mehr der Krone als der Person des Königs gegenüber; dies geht auch daraus hervor, daß vor dem Anfall der Krone der zu derselben berechtigten Person keine Treue verschuldet wird. Wenn also der König das ihm als Träger der Krone zustehende Recht mißbraucht, so sind seine Vasallen vermöge des der Krone geleisteten Eides verpflichtet, den König abzusetzen und die Krone vor Mißbrauch zu bewahren; anderenfalls würde der Eid nicht gehalten sein. Dann fragte man, ob man gegen den König im Rechtswege oder mit Gewalt vorgehen müsse (mener le Roi ou per sute de lei ou per asperte). Im Rechtswege ist es nicht möglich; denn er hat keinen Richter. Daraus folgt, daß, wenn der König nicht vernünftig verfährt und nur Irrthümer begeht und keine Abhülfe für die Beschwerden seines Volkes schafft, das letztere zur Bewahrung seiner Eidespflicht zur Gewalt greifen muß; denn der König ist eidlich verpflichtet seine Vasallen zu regieren, und die Vasallen sind verpflichtet für ihn und gegen ihn den Staat zu lenken." [1])

Die hier aufgestellte Doktrin scheint mit dem damals in Europa herrschenden Lehnrechte in vollkommener Uebereinstimmung zu sein. In den berühmten Ordonnanzen Ludwigs des Heiligen, einem von Ludwig IX. von Frankreich im dreizehnten Jahrhunderte erlassenen Gesetzbuche, ist ausdrücklich verordnet: „wenn ein Lehnsherr seinen Vasallen aufforderт, ihm mit Waffengewalt gegen den Souverain beizustehen, weil dieser ihm Justiz versagt habe, so soll der Vasall zum Könige gehen und ihn fragen, ob er in der angegebenen Weise die Gerechtigkeit verweigert. Und wenn dann der König antwortet, daß er in seinem Gerichtshofe nicht Recht sprechen lassen will, so soll der

[1]) Coke sagt in dem Prozesse Calvins diese Doktrin Le Despencers sei von zwei Parlamenten verurtheilt — zuerst durch ein Statut Eduards II., welches „Exilium Hugonis le Spencer" genannt werde, und dann durch das Statut 1 Eduard III. cap. 1. Allein eine Prüfung dieser Parlaments-Akte ergiebt, daß die Verurtheilung der Le Despencers hauptsächlich deshalb erfolgte, weil sie andere hohe Personen vom Rathe des Königs ausgeschlossen und einen frühern Beschluß des Parlaments unbeachtet gelassen hatten: „daß gewisse Prälaten und andere hohe Personen der Reihe nach zu bestimmten Zeiten des Jahres in der Umgebung des Königs sein sollten, um ihn besser zu berathen, und daß ohne ihre Anhörung kein wichtiges Geschäft vorgenommen werden sollte." — Außerdem bildet die Verurtheilung der Le Despencers kein Präjudiz, da sie später aufgehoben ist.

Vasall sofort zu seinem Lehnsherrn zurückkehren, und dieser soll ihn auf seine Kosten ausrüsten; und wenn dann der Vasall ihm nicht folgen will, so soll er sein Lehn verlieren von Rechts wegen." [1])

Das Statut Praemunire (16 Richard II. cap. 5) erklärt: die Krone Englands sei alle Zeit so frei gewesen, daß sie keiner irdischen Macht, sondern nur unmittelbar Gott in allen Dingen unterworfen sei. Aber der Zusammenhang ergiebt deutlich, daß die irdische Oberhoheit, welche hier geleugnet wird, die des Papstes ist, und daß die Beziehungen zwischen dem Könige und seinen Unterthanen von dem Statute nicht berührt werden. Die absolute Oberhoheit der Krone ist noch lange nachher in keinem Statute anerkannt. Der Adel bewies durch seine Kämpfe mit den Königen der normannischen und der ihr folgenden Dynastie deutlich, daß er ein solches Recht nicht anerkannte; die Kirche bewies in jener Periode dasselbe, indem sie mehr oder weniger auf der Oberhoheit des Papstes bestand. Noch unter Heinrich VII. findet sich ein Statut, welches der Doktrin: daß der König vermöge Erbrechts ein unveräußerliches Recht auf die Treue und den Gehorsam seiner Unterthanen habe, direkt entgegen steht. Das Statut 11 Heinrich VII. cap. 1, welches nach Blackstone das gemeine Recht nur deklarirt, erklärt alle diejenigen für straflos, welche einem de facto Könige beistehen oder ihm gehorchen, selbst wenn der letztere nur ein Usurpator ist. Das Statut erklärt, die Unterthanenpflicht bestehe auch darin, „daß man dem Fürsten und souverainen Herrn, der dies gerade ist, im Kriege dient," und daß Niemand später wegen dieser Dienstleistungen bestraft werden dürfe, wenn das Glück des Krieges sich gegen jenen gewendet hat. Das erste Statut, in welchem von einem göttlichen, durch Erbgang erworbenen Rechte auf die Krone die Rede ist, ist die Akte 25 Heinrich VIII. cap. 22, in welcher es heißt: „der Bischof von Rom und der apostolische Stuhl haben gegen die großen und unverletzlichen Rechte, welche Gott unmittelbar den Kaisern, Königen und Fürsten mittelst Erbganges verliehen hat, sich in vergangenen Zeiten angemaßt, diejenigen, welche ihnen gefielen, mit Anderer Königreichen und Herrschaften zu belehnen." Diesem Statute folgte im nächsten Jahre dasjenige, welches den König für das oberste Haupt der Kirche erklärte.

In dem Prozesse Karls I. vor dem hohen Justizhofe (1649) berief sich der Lord Präsident Bradshaw in seinem Urtheile auf das Verfahren der normannischen Barone in England und auf Beispiele

---

[1]) Vergl. Hallam, Mittelalter. Bd. 1, Kap. 2, Abth. 11.

aus der Geschichte Griechenlands, Roms und Arragoniens dafür, daß dem Volke das Recht zustehe, den König zur Rechenschaft zu ziehen. Der Vertreter der Anklage, Cook, gab zu, daß nach dem Rechte Englands der König wegen Mord oder wegen einer anderen Felonie nicht bestraft werden könne, und daß es auch kein geschriebenes Gesetz gäbe, nach welchem es Verrath wäre, wenn der König sein eigenes Volk zu Grunde richtet; aber er argumentirte, ein solches Gesetz bestehe nur deshalb nicht, weil „unsere Vorfahren sich niemals vorstellten, daß ein König von England so verzweifelt von Sinnen sein könnte, um gegen das Parlament und sein eigenes Volk Krieg zu beginnen;" er fügte dann hinzu: „wenn unsere Gesetzbücher schweigen, so müssen wir auf das Natur- und Vernunftrecht zurückgreifen."

Viele der „Regiciden," welche bei dem Prozesse Karls I. betheiligt waren, wurden im Jahre 1660 wegen Verraths vor Gericht gestellt. Bei diesem Verfahren behauptete der vorsitzende Richter, Lord Chief Baron Bridgman, sehr entschieden die Richtigkeit des Satzes, daß der König kein Unrecht thun könne und keiner Gewalt unterthan sei. Er suchte dies aus der Geschichte alter Zeiten nachzuweisen; aber die einzigen Statute, auf welche er sich für die Zeit vor Heinrich VIII. berief, waren die bereits erwähnten, das Exil der Despencers betreffenden und das Statut Praemunire aus der Zeit Richards II. Diese Statute citirte er nach den obigen Bemerkungen über dieselben ungeschickt oder wenigstens irrthümlich. Es ist bemerkenswerth, daß er jenen Satz sehr vorsichtig aufstellte, indem er sagte: „Ich rede nur von der Person des Königs. Ich lasse die zwischen dem Könige und den Unterthanen und unter den letzteren allein etwa bestehenden Rechte außer Betracht.... Der König von England war bei seiner Krönung mit Oel gesalbt, durch welche jene absolute — ich sage nicht Regierungsgewalt — aber jene absolute Gewalt versinnlicht wurde, vermöge deren er Gott allein für das verantwortlich wurde, was er that. Das Gesetz sagt: der König thut Niemand Unrecht; nicht daß der König nicht auch mit den Unvollkommenheiten und Schwächen anderer Menschen behaftet sein könnte, — aber in seiner Person kann er kein Unrecht thun. Wenn der König Jemand befiehlt, mich zu schlagen oder mich des Besitzes meines Grundstücks zu entsetzen, so steht mir die Rechtshülfe gegen denjenigen zu, der auf Befehl des Königs gehandelt hat, aber nicht gegen den König. Das Gesetz läßt in allen Fällen die Person des Königs unangetastet; aber was seine Diener gegen das Gesetz gethan haben, müssen sie vor dem Gerichte verantworten."

Nachdem im Jahre 1688 die Peers in dem Convention-Parliament von 1688 den Prinzen von Oranien gebeten hatten, die Regierung zu übernehmen, schlugen die Gemeinen eine Erklärung vor, daß Jakob II. „von der Regierung abgedankt habe und daß dadurch der Thron erledigt sei." Die Lords schlugen vor, für: „von der Regierung abgedankt" zu substituiren: „die Regierung verlassen," weil das Wort: Abdankung (abdication) dem gemeinen Rechte unbekannt sei, verschieden ausgelegt werden könne und auf einen freiwilligen Akt der Entsagung hindeute, der im vorliegenden Fall nicht vorgekommen sei. Endlich aber schlossen die Lords sich dem Votum der Gemeinen, ohne auf der Aenderung zu bestehen, an. In der Revolution von 1688 gaben Parlament und Nation die Doktrin von der Unstatthaftigkeit des Widerstandes implicite auf. Die Bill of Rights erklärte: Jakob II. habe von der Regierung abgedankt; dadurch sei der Thron erledigt, und es habe dem allmächtigen Gotte gefallen, den Prinzen von Oranien zu dem ruhmwürdigen Werkzeuge der Befreiung des Königreichs von Papstthum und willkürlicher Gewalt zu machen. Eine andere Akte derselben Sitzungsperiode erwähnt, daß mehrere Civilbeamte und Militärs, zur Unterstützung Wilhelms zur Zeit der Revolution, Personen, welche zum Widerstande geneigt waren, verhaftet und andere Handlungen vorgenommen hätten, welche unter gewöhnlichen Umständen nicht zu rechtfertigen gewesen sein würden, und ertheilt ihnen deshalb Indemnität. Die Grundsätze von der Unstatthaftigkeit des Widerstandes und dem passiven Gehorsam gegen die Krone wurden in Folge der Anklage Dr. Sachevarells (1710) durch die Gemeinen einer gründlichen Erörterung unterzogen; das Haus der Lords verurtheilte diese Grundsätze durch das Urtheil gegen den Angeklagten und die von ihm zur Vertheidigung jener Prinzipien gehaltenen Predigten.

Die Regentschafts-Bill von 1811, welche während der Geisteskrankheit Georgs III. erlassen wurde, betrifft zwar nicht direkt die Verantwortlichkeit des Souverains, ist aber doch für die Frage von der Obergewalt der Krone insofern von Bedeutung, als sie einen Beweis dafür giebt, daß in Fällen absoluter Nothwendigkeit das Parlament, ohne Zustimmung des regierenden Herrn, die Rechte des letzteren auf einen Andern übertragen kann. Diese Akte, welche die königliche Zustimmung durch Kommission zu einer Zeit erhielt, wo der König geistig unfähig war, die Kommission zu autorisiren, ernannte den Prinzen von Wales zum Regenten mit der Befugniß, die königliche Gewalt und Prärogative im Namen des Königs so lange zu üben, bis der letztere dazu selbst wieder im Stande sein würde.

Es ergiebt sich also, daß der Souverain in keinem ordentlichen Gerichtshofe ohne seine Einwilligung belangt werden kann; — daß aber in den Zeiten des Feudalismus (in den Fällen Eduards III. und Richards II.) die geistlichen und weltlichen Peers das Recht beanspruchten, gegen den König ein Urtheil zu erlassen und ihm im Namen des ganzen Parlaments Treue und Huldigung zu kündigen; daß (in dem Falle Karls I.) das Haus der Gemeinen ein Tribunal, um über den König zu urtheilen, aufgerichtet hat; daß (in dem Falle Jakobs II.) die Lords die Iniative ergriffen, um einen Nachfolger für den König, dessen Abdankung angenommen wurde, zu ernennen und daß das ganze Parlament ihnen zustimmte; daß endlich (in dem Falle Georgs III.) das Parlament wegen geistiger Unfähigkeit des Königs die Rechte desselben einem Regenten übertragen hat.

Die Maxime: „der König kann kein Unrecht thun," wurde ursprünglich in einem ganz anderen Sinne verstanden, als gegenwärtig. Der alte Sinn derselben war offenbar der, daß der König keine Gesetzwidrigkeit, für welche der gewöhnliche Rechtsweg bei den Gerichten Abhülfe gewährte, begehen könne. In neuerer Zeit hat man der Maxime einen weiteren und bedeutenderen Sinn beigelegt, nämlich den, daß der König für seine politischen Akte persönlich überhaupt nicht verantwortlich ist, daß die Verantwortlichkeit für dieselben vielmehr seine Rathgeber trifft. Diesen Grundsatz kann man als den Schlußstein des Baues der heutigen englischen Verfassung ansehen. Aus ihm haben sich die zwei wichtigen Folgen ergeben: daß die Sicherheit der Krone durch Ablenkung des Odiums gehässiger Regierungs-Maßregeln auf die Minister vermehrt, — und daß die Macht des Parlaments durch sein Recht, gegen die Minister der Krone wegen Mißregierung einzuschreiten, gewachsen ist.

Gegen Rechtsverletzungen seitens der Krone, welche Vermögensrechte betreffen, gewährt das Gesetz in mehrfacher Weise Abhülfe; eines der betreffenden Mittel ist die Petition um Recht („petition of right"), deren Schöpfung Eduard I. zugeschrieben wird.[1]) Dieses Mittel wird für den Fall gewährt, daß Erbgut oder bewegliche Habe

[1]) Das Statut 14 Eduard III. cap. 14 bestimmt das Verfahren für den Fall, wenn Jemand durch eine Petition bei dem Parlamente Ländereien in Anspruch nimmt, welche sich im Besitze des Königs befinden. Danach sollen diejenigen, welche den König vertreten, den Anspruch beantworten und den Besitz der Ländereien nach dem Gesetze in einer bestimmten Zeit vertheidigen.

sich im Besitze der Krone befindet und der Petent den Besitztitel der letzteren bestreitet. Auf eine solche Petition wird die Verfügung gesetzt: „Soit droit fait al partie." Dann wird eine Vollmacht zur Untersuchung der Behauptungen des Petenten ertheilt, und die Sache wird dann materiell ebenso behandelt, wie Prozesse unter gewöhnlichen Parteien. Ein ähnliches Verfahren ist das des „monstrans de droit." Es tritt dann ein, wenn der Besitztitel des Königs und der der Privatperson, welche Ansprüche erhebt, durch gerichtliche Urkunden bescheinigt werden. Ueber die Entstehung dieses Verfahrens ist gestritten worden; Lord Somers nimmt an, daß es durch das Statut 36 Eduard III. cap. 13 entstanden sei, nach welchem Personen, welche Ansprüche auf Ländereien erheben, die sich kraft Heimfallsrechtes im Besitze des Königs befinden, im Kanzleigerichtshofe ihr Recht nachweisen sollen („monstrer son droit").

Die Petitionen um Recht gehören heut zu Tage zur Kompetenz der oberen Gerichte des gemeinen Rechts und der Billigkeit; Gerichtsgebräuche und Procedurnormen sind für sie dieselben wie in Prozessen zwischen Unterthanen. Das Urtheil, nach welchem das Recht des Klägers anerkannt wird, hat dieselbe Wirkung, wie ein früher sogenanntes amoveas manus-Urtheil, nach welchem, wie Blackstone sagt: „die Krone sofort außer Besitz kommt, so daß keine unziemliche Einmischung der Beamten derselben zum Zwecke der Besitzübertragung von dem Souverain auf den Kläger nöthig wird."

2. Die Immunitäten der Gesandten. Die Personen, welche in Ansehung ihrer Exemtionen, den Gerichten gegenüber, der Krone am nächsten stehen, sind die Gesandten. Es ist viel darüber gestritten worden, ob die Exemtion der Gesandten sich nur auf diejenigen strafbaren Handlungen bezieht, welche mala prohibita, oder auch auf diejenigen, welche mala in se sind. Hale sagt: „Selbst diejenigen, welche die Privilegien der Gesandten am weitesten ausdehnen, scheinen darüber einverstanden zu sein, daß ein Gesandter, welcher nicht blos eine Verschwörung zur Ermordung des Königs oder zum Zwecke einer Rebellion gegen denselben anstiftet, sondern etwas unternimmt, was, wenn auch nicht die Vollendung, doch den Versuch eines solchen Verbrechens enthält, als Landesfeind zu behandeln und nach Völkerrecht mit dem Tode bestraft werden kann." Hierzu bemerkt Foster (Kron-Prozesse), daß ein solcher Fall wohl „stets mehr nach Rücksichten der Politik oder der sogenannten Staats-Raison, als nach bestimmten gesetzlichen Regeln zu beurtheilen sein wird; denn da die

Gesandten im Allgemeinen nach den Instruktionen und Befehlen ihrer Souveraine handeln, so ist man gegen sie selten weiter gegangen, als daß man sie festgenommen, ihre Papiere mit Beschlag belegt und sie unter Bewachung über die Landesgrenze befördert hat." Sowohl Foster als Hale halten es für unbestreitbar, daß die Gesandten wegen Mord und anderer Kapital-Verbrechen keine Exemtion von dem ordentlichen Laufe der Justiz zu beanspruchen haben. Blackstone dagegen meint, sowohl England als das übrige Europa folge jetzt der Ansicht des Hugo Grotius, nach welcher die Sicherheit der Gesandten zu wichtig sei, als daß sie wegen irgend eines Verbrechens bestraft werden dürften; und daß deshalb im Laufe des letzten Jahrhunderts wenige oder keine Fälle vorgekommen seien, in denen ein Gesandter wegen einer verbotenen, wenn auch noch so verabscheuungswürdigen Handlung bestraft worden wäre. Rücksichtlich der gegen sie geltend gemachten Civil-Ansprüche sind die Gesandten und ihre Diener von der Personalhaft, der Auspfändung und der Beschlagnahme ihrer Sachen eximirt.

3. Immunitäten ministerielller und richterlicher Beamten. Früher gab es eine Menge von Exemtionen von der Gewalt der Gerichte, welche jetzt nicht mehr bestehen. Die weitgreifendste war das privilegium clericale. Dieses wurde nach zwei Richtungen hin geltend gemacht; einmal nämlich schützten geweihete Orte vor Verhaftung wegen Verbrechen, welcher Grundsatz die Entstehung der Asyle veranlaßte,[1]) und zweitens waren in bestimmten Fällen die Personen der Kleriker von der kriminellen Verfolgung durch die weltlichen Richter eximirt. Diese Exemtionen bestanden theilweis bis in die neuere Zeit hinein, sind aber jetzt gänzlich beseitigt. Die heut zu Tage noch bestehenden Exemtionen sind von zweierlei Art: 1) Personen in gewissen Aemtern sind gegen Verfolgungen und Klagen hinsichtlich der Handlungen geschützt, welche sie kraft ihres Amts gethan haben, und 2) andere Personen, welche gewisse öffentliche Pflichten zu erfüllen haben, sind von der gerichtlichen Verfolgung eximirt, weil eine solche sie hindern würde, ihre Pflichten zu erfüllen. In beiden Fällen besteht die Exemtion aus Rücksichten des öffentlichen Wohls. Die einzige Ausnahme hiervon bildet das persönliche Privileg der der Peers und Peeressen, vermöge dessen sie in Civilprozessen von der Personalhaft befreit sind; aber dasselbe gilt nur für Civilprozesse

---

[1]) Das Privileg der Asyle wurde durch mehrere Statute Heinrichs VIII. beschränkt und durch die Akte 21 Jakob I. cap. 28 s. 7 gänzlich abgeschafft.

und gewährt nur Schutz für die Personen nicht für das Vermögen der Privilegirten.[1])

Fälle der ersteren Art, wo Rücksichten des öffentlichen Wohles für die Exemtionen entscheiden, bilden die Unverantwortlichkeit der Parlaments-Mitglieder für Alles, was sie im Parlamente thun oder reden, und die der Richter und Magistrate wegen alles dessen, was sie in ihrer richterlichen Eigenschaft thun. Fälle der zweiten Art bilden das persönliche Privileg der Parlaments-Mitglieder hinsichtlich der Verhaftung, durch welche sie verhindert sein würden, sich im Parlamente einzufinden; das Privileg der Beamten und Privat-Ankläger, vermöge dessen sie ebenfalls von der Verhaftung befreit sind, weil sie sonst verhindert werden könnten, vor dem Gerichte zu erscheinen; das Privileg der Gouverneure der Kolonieen, militärischer Befehlshaber und anderer Personen, vermöge dessen sie im Wege der Exekution nicht festgehalten werden können, wenn sie dadurch verhindert werden würden, nach dem Orte ihrer Bestimmung abzureisen. Das in dieser Beziehung geltende Recht soll hier nicht vollständig erörtert werden; es ist aber leicht zu begreifen, daß der Mißbrauch derartiger Exemtionen durch Personen, denen eine große Amtsgewalt zusteht, dahin führen kann, daß letztere ungestraft despotisch handeln können; und deshalb hat der Antrag auf Bewilligung solcher Exemtionen nicht selten zu Erörterungen von großem staatsrechtlichen Gewichte Veranlassung gegeben.

Hinsichtlich der Verantwortlichkeit der Beamten für ungesetzliche Handlungen ist zwischen ministeriellen und richterlichen Beamten, und hinsichtlich der letzteren wieder zwischen Handlungen zu unterscheiden, welche sie zu Unrecht innerhalb ihrer Gerichtsbarkeit, und Handlungen, welche sie in Ueberschreitung ihrer Gerichtsbarkeit gethan haben.

Wenn gegen einen Richter eine Klage angestellt wird, weil er

---

[1]) Das alte feudale Privileg der Barone hinsichtlich des Personal-Arrests in Civilsachen soll auf der Präsumtion beruhen, daß auf ihren Baronieen stets hinlängliche Mittel zur Befriedigung der Gläubiger zu finden seien. — „Gegen einen Peer giebt es kein capias, da die Vermuthung dafür spricht, daß er Grundbesitz hat." (Gilbert.) — Noch 1776 entging die Herzogin von Kingston der Strafe für die Bigamie, deren sie schuldig gefunden war, dadurch, daß sie sich auf gewisse Statute berief, von denen eines (1 Eduard VI. cap. 12) die Peers von den Strafen für gewisse von ihnen zum ersten Male begangene Felonieen eximirte. Nach dem Statute 4 und 5 Victoria cap. 22, sind auf die Peers dieselben Strafgesetze anwendbar wie auf andere Unterthanen.

sich in seiner richterlichen Eigenschaft eines Irrthums schuldig gemacht hat, so kann er nach englischem Rechte einwenden, daß er innerhalb seiner Gerichtsbarkeit und als Richter gehandelt habe; diese Einrede ist durchgreifend. Eine merkwürdige Anwendung fand dieser Grundsatz in mehreren Prozessen, welche sich an den oben erwähnten Fall Bushells anschlossen. Es ist bereits erwähnt, daß Bushell der Vorsteher der Jury in einem Kriminalgerichte, welches von dem Lord Mayor gehalten wurde, gewesen, und daß die Jury von diesem Gerichte mit Geld- und Gefängnißstrafen belegt war; daß aber später entschieden war, diese Strafen seien durch das Gesetz nicht gerechtfertigt. Als nun ein Geschworener eine Klage gegen den Lord Mayor wegen ungesetzlicher Verhaftung anstellte, erkannte der Gerichtshof der Common Pleas trotz jener Entscheidung, daß eine solche Klage nicht zulässig sei. Die Richter erwogen: da dem Gerichtshofe, welcher die Strafen gegen die Geschworenen erkannte, Gerichtsbarkeit für jenen Prozeß und vermöge dieser auch die Befugniß zugestanden habe, die Vergehen der Geschworenen zu bestrafen; da er ferner dafür gehalten habe, daß es ein Vergehen sei, daß die Geschworenen die Angeklagten freisprachen, während dies nicht richtig wäre; so liege ein Irrthum im Urtheile vor, auf welchem keine Klage begründet werden könne.

Hale setzt folgenden Fall, in welchem ein Richter wegen Ueberschreitung seiner Gerichtsbarkeit kriminalrechtlich verantwortlich sein würde: „Wenn derjenige, welcher ein Todesurtheil gegen eine Person spricht, keinen Auftrag zur Abhaltung der Kriminalsitzung hat, wenn er dann die Vollziehung des Todesurtheils anordnet, und der Verurtheilte hingerichtet wird, so hat derjenige, welcher diese Anordnung erlassen hat, einen Mord begangen; denn Alles ist coram non judice geschehen.“ [1])

---

[1]) Wenn ein Auftrag zur Abhaltung einer Kriminal-Assise an mehrere Kommissare ergeht und nach dem Auftrage A. oder B. an der Sitzung Theil nehmen sollen, dann aber die übrigen Kommissare, ohne Zuziehung von A. oder B., procediren, so liegt darin seitens der procedirenden Richter ein in hohem Grade strafbares Vergehen, „und wenn eine in dieser Weise verurtheilte Person hingerichtet wird, so ist das nicht weit (wenn überhaupt) vom Morde entfernt“. — 4 Blackstone, 391. — „Wenn ein Statthalter oder ein anderer Beamter, der Kriegsgericht halten lassen darf, zur Friedenszeit Jemand unter dem Vorgeben der Anwendung des Kriegsrechts hängen oder sonst hinrichten läßt, so ist das Mord; denn seine Handlung ist der Magna Charta zuwider.“ (Coke.) — Das wichtigste neuere Statut zum Schutze der Friedensrichter vor chikanösen Klagen wegen ihrer amtlichen Handlungen ist die Akte 11 und 12 Victoria cap. 44. Nach derselben muß jede Klage gegen einen Friedensrichter wegen einer innerhalb seiner Jurisdiktion ver-

Jurisdiktions-Ueberschreitung durch einen Richter oder eine in richterlicher Eigenschaft handelnde Person macht diese nicht allein kriminalrechtlich, sondern auch civilrechtlich der beeinträchtigten Person gegenüber verantwortlich. In einem Falle, wo eine dem Kriegsgerichte nicht unterworfene Person durch ein solches zu körperlicher Züchtigung verurtheilt worden war, wurde ein Gouverneur, welcher nicht weiter bei der Sache betheiligt gewesen war, als daß er jenes Erkenntniß bestätigt hatte, verurtheilt, eine große Entschädigungssumme an den Gezüchtigten zu bezahlen.

Von jeher hat man Richter wegen Bestechung bei dem Hause der Lords angeklagt, und derartige Fälle sind bereits erwähnt worden.[1]) Auch giebt es Fälle, in denen die Richter durch Statute mit Strafen bedrohet sind. So z. B. soll nach der Akte, betreffend die Aufhebung der Sternkammer (16 Karl I. cap. 10 s. 6), jeder Richter, welcher gegen dieses Statut verstößt, große Geldstrafen bezahlen; und nach der Habeas-corpus-Akte (31 Karl II. cap. 2 s. 9) soll der Lord Kanzler und jeder Richter der oberen Gerichtshöfe des gemeinen Rechts, welcher das durch diese Akte vorgeschriebene Habeas corpus versagt, fünfhundert Pfund Sterling an die verhaftete Person verwirken.

Der wichtige Prozeß Bernardistons und Soames läßt die verschiedene Stellung richterlicher und ministerieller Beamten rücksichtlich der Verantwortlichkeit für ihre amtlichen Handlungen deutlich erkennen. Dieser Prozeß betraf eine Klage gegen einen Sheriff, weil derselbe in böslicher Absicht einen unrichtigen Bericht über die Wahl von Parlamentsmitgliedern erstattet haben solle. Man war in dem Prozesse darüber einverstanden, daß eine Klage gegen einen richterlichen Beamten wegen eines ungerechten richterlichen Akts, selbst wenn dabei eine böse Absicht obgewaltet hätte, nicht zuläßig sei. Aber es war eine von den Streitfragen, ob der Sheriff bei Erstattung jenes

---

genommenen Handlung auf die Behauptung und auf Beweise begründet werden, daß der Friedensrichter in böslicher Absicht und ohne vernünftige oder wahrscheinliche Veranlassung gehandelt hat. Dagegen ist eine Klage wegen einer in Ueberschreitung seiner Jurisdiktion vorgenommenen Handlung zuläßig, ohne daß es einer solchen Behauptung bedürfte. — Da die Prüfung, ob Jemand gegen Bürgschaft freizulassen, ein richterlicher Akt ist, so ist wegen der Zurückweisung eines betreffenden Antrages keine Klage gegen einen Magistrat anders begründet, als wenn bewiesen wird, daß die Zurückweisung wider besseres Wissen aus böser Absicht geschehen ist.

[1]) Oben Buch 2 Kap. 3.

Wahlberichts in seiner richterlichen Eigenschaft gehandelt habe. Lord Chief Justice North, als einer von den Richtern, welche ihn für nicht verantwortlich erklärten, begründete seine Ansicht auch darauf, daß der Sheriff in seiner richterlichen Eigenschaft gehandelt habe. Sir Robert Atkins als einer von den Richtern, welche der Ansicht waren, daß der Sheriff wegen seines unrichtigen Wahlberichts auf Entschädigung belangt werden könne, machte geltend, daß der letztere in seiner Eigenschaft als ministerieller, nicht als richterlicher Beamter gehandelt habe.

Dieselbe Streitfrage entstand in einem anderen Prozesse von großem staatsrechtlichen Interesse, Fabrigas wider Mostyn. Im Jahre 1773 wurde eine Klage gegen den Gouverneur der Insel Minorca angebracht, weil er den Kläger ungesetzlich verhaftet und von der Insel ausgewiesen haben sollte. Die Jury, vor welcher der Prozeß verhandelt wurde, fand ein Verdikt für den Kläger, nach welchem ihm eine bedeutende Entschädigung zugesprochen wurde. Dieses Verdikt gelangte zur Prüfung an den Gerichtshof der King's Bench, und dort ging man davon aus, daß die Verantwortlichkeit des Gouverneurs vor dem Gerichte davon abhänge, ob er bei jener Verhaftung und Ausweisung einen richterlichen oder einen Administrativ-Akt vorgenommen habe. Die King's Bench war der Ansicht, daß er als Gouverneur und nicht als Richter gehandelt habe, und daß er deshalb verantwortlich geworden sei. „Es hat deduzirt werden sollen" — sagte Lord Mansfield — „daß in einer überseeischen, aber unter der Herrschaft der englischen Krone stehenden Kolonie gegen den Gouverneur wegen begangener Beeinträchtigung keine Klage erwachsen könne, obgleich dieselbe gegen andere Personen erwachsen sein würde. Ich aber habe aus vielen Gründen die Ueberzeugung, daß, wenn die Klage gegen Niemand anders erwachsen wäre, dies doch gerade gegen den Gouverneur der Fall ist.... Wenn auch nur im Civilprozesse auf Entscheidung gegen den Gouverneur geklagt ist, so hat doch die gegen ihn erhobene Beschuldigung etwas Kriminelles an sich; es liegt ein Angriff auf die Person, welcher nach den Gesetzen Englands strafbar ist, und zugleich ein Mißbrauch der Auktorität vor, welche dem Gouverneur durch das unter dem großen Siegel ausgefertigte Patent des Königs verliehen ist. Wenn nun auch über Alles in den Gerichtshöfen eines unter englischer Oberhoheit stehenden Landes verhandelt werden kann, was in diesem Lande vorgegangen ist, so muß doch über den Umfang der Befugnisse, welche das königliche Patent übertragen hat, hier verhandelt werden; denn über nichts was die Oberherrlichkeit betrifft, kann an dem Orte verhandelt werden, welcher unter derselben steht. Daraus folgt, daß gegen den Gouverneur gerade in England geklagt werden muß, wenn es darauf ankommt zu untersuchen, ob er jene Autorität gesetzlich und in geeigneter Weise ausgeübt hat, welche ihm durch das Patent des Königs verliehen ist, oder ob er jene Autorität gemißbraucht hat gegen das Recht Englands, nach welchem das Patent zu beurtheilen ist, kraft dessen er angestellt ist. Es ist viel gewagt, wenn in einem englischen Gerichtshofe solche monströse Behauptungen aufgestellt werden, wie die, daß ein Gouverneur, welcher kraft eines unter dem großen Siegel ausgefertigten Patentes handelte, willkürlich verfahren dürfe, daß er nur Gott und seinem Gewissen verantwortlich sei; und wenn hier ausgesprochen wird, daß jeder Gouverneur an seinem Platze absoluter Herrscher sei, daß er also rauben, plündern und Leib und Freiheit seiner Untergebenen beeinträchtigen dürfe und dafür Niemand verantwortlich sei, so ist das eine unhaltbare Lehre; denn wenn er in diesem Gerichtshofe nicht verantwortlich gemacht werden kann, so kann er es nirgends. Der König im Staatsrathe hat in diesem Falle keine Jurisdiktion; dorthin gehört die Sache in keiner Rücksicht; dort kann nicht auf Entschädigung erkannt werden; dort kann man dem Beeinträchtigten keine Genugthuung verschaffen; dort wird nicht auf Strafe erkannt; kurz, dort kann in keiner Weise der Prozeß verhandelt werden. Wenn man sich klagend an den König im Staatsrathe gewendet hat, so geschah es in der Absicht, die Absetzung des Gouverneurs zu erwirken, um ihm die Vollmacht zu entziehen, welche er nach dem Belieben der Krone hatte. Angenommen aber, er hat nichts mehr von der Krone, sein Amt als Gouverneur ist beendet und er wohnt in England, dann hat der Staatsrath keine Jurisdiktion, um der beeinträchtigten Partei Genugthuung zu verschaffen; er hat dann keine Jurisdiktion um in irgend Weise den Mann zu bestrafen, welcher das Unrecht gethan hat."

Ein anderer Fall, welcher die Prinzipien des englischen Rechts über die Verantwortlichkeit der Administrativ- und richterlichen Beamten der Krone deutlich erkennen läßt, ist der des Gouverneur Picton, welcher im Jahre 1804 in England wegen eines Vergehens angeklagt wurde, dessen er sich gegen ein Weib schuldig gemacht haben sollte, als er Gouverneur der Insel Trinidad war. Das Weib war des Diebstahls angeklagt gewesen; auf die Autorität eines Richters gestützt, hatte man den Gouverneur um Folterung des Weibes gebeten, um ein Geständniß zu erzwingen; auf Befehl des Gouverneurs war das Weib dann auch gefoltert worden. Diese Thatsachen wurden durch ein Spezial-Verdikt der Geschworenen festgestellt. Die letzteren erklärten auch, unter Verneinung einer böslichen Absicht des Angeklagten: bei der Abtretung der Insel an England habe das damals dort geltende spanische Recht die Folter gestattet. Dieses Verdikt gelangte gleichfalls zur Prüfung an die King's Bench. Zwar ließ man die Anklage, welche auf Kosten der Regierung stattgefunden zu haben scheint, vor der Entscheidung des Gerichtshofes fallen; aber die rechtlichen Erörterungen, welche in dem Prozesse stattfanden, werfen ein helles Licht auf die uns gegenwärtig vorliegenden Fragen. Der Angeklagte wendete ein: was er gethan, habe er in Ausübung seiner richterlichen Funktionen gethan, und deshalb könne seine Handlung nicht Gegenstand eines Civil- oder Kriminalprozesses sein. Die hauptsächlichsten Gründe der Anklage bestanden darin, daß das spanische Recht, soweit es die Anwendung der Folter gestattete, nach den Grundsätzen der britischen Verfassung in dem Augenblicke aufgehoben sei, wo die Insel ein Theil der britischen Besitzungen geworden sei, daß deshalb die Folter gesetzlich unzulässig gewesen und folglich der Befehl des Gouverneurs Picton, selbst wenn man ihn als einen richterlich ertheilten ansehen wollte (was nicht zugegeben wurde), eine Ueberschreitung der Jurisdiktionsbefugnisse enthalten habe. Es scheint von dem Advokaten des Angeklagten zugegeben gewesen zu sein, daß das bloße Nichtvorhandensein persönlicher böser Absicht zur Rechtfertigung des Befehls nicht ausreichend wäre, sofern nicht der Angeklagte als in seiner richterlichen Eigenschaft handelnd, angesehen würde.

Ein wichtiger Grundsatz in Ansehung der Immunitäten der Beamten der Krone wurde in dem Prozesse Hill wider Brigge aufgestellt. In demselben entschied der Staatsrath für die Kompetenz eines Gerichts auf Trinidad für einen Prozeß gegen den zeitigen Gouverneur der Insel, wenngleich das Urtheil gegen denselben, so lange er Gouverneur sei, vielleicht nicht vollstreckt werden könne. Lord Brougham verkündete das Urtheil des Staatsraths, nahm dabei auf zahlreiche Fälle Bezug, in denen früher die Krone ihren Dienern Schutz gegen gerichtliche Verfolgung gewährt hatte, und bemerkte dann: „Diesen Schutz gewährte das alte Recht den Personen zu ihrer Sicherheit, welche sich außerhalb des Königreiches im Dienste der Krone befanden, also den Gesandten, den Befehlshabern von Armeen und zweifellos auch den Gouverneuren auswärtiger Besitzungen. Daraus, daß wir es für zulässig halten, einen Gouverneur zu verklagen, folgt also keineswegs, daß wir die Personalhaft gegen ihn für zulässig erklären, so lange er im Dienste ist, d. h. so lange er an dem Orte, wo er Gouverneur ist, residirt ..... Die Unzuträglichkeiten, welche sich daraus ergeben würden, daß ein Oberbefehlshaber oder ein Gesandter im Wege der Exekution kurz vor der Abreise nach seinem auswärtigen Posten verhaftet werden könnte, oder die Uebelstände, welche für die Rechtspflege daraus erwachsen würden, wenn ein Richter jederzeit im Wege der Exekution arretirt werden könnte, sind unbestreitbar. Aber ebenso gewiß ist es, daß diese Unzuträglichkeiten keinen Grund dafür abgeben, daß dergleichen Beamte nicht, wie alle anderen Unterthanen des Königs, im Wege des Prozesses belangt werden könnten."

4. Zeitweise Immunitäten. — Die vermöge des Parlaments-Privilegs bestehenden Befreiungen von gerichtlicher Verfolgung sind bereits berührt. Das Privileg wurde früher so weit ausgedehnt, daß es nicht nur die Parlamentsmitglieder selbst, sondern auch ihre Diener für den betreffenden Zeitraum vor jedweder gerichtlichen Klage schützte; gegenwärtig aber ist es in der Art beschränkt, daß nur die Parlamentsmitglieder selbst und diese nur von der Verhaftung im Wege des Civilprozesses befreit sind. Diese Immunität gehört der zweiten der oben erwähnten Klasse an, nämlich derjenigen, welche wegen des öffentlichen Interesses Exemtionen gewährt. „Es giebt," sagt Hatsell, „nicht ein einziges Beispiel, in welchem ein Parlamentsmitglied sich auf sein Privileg berufen hätte, um sich der strafrechtlichen Verfolgung zu entziehen; für Vergehen gegen den öffentlichen Frieden haben sie sich allezeit den Gesetzen ihres Vaterlandes gegenüber für verantwortlich erachtet. Sie begnügten sich damit, daß sie wirksam vor den Gewaltthätigkeiten der Krone und ihrer Minister geschützt waren; aber sie unterwarfen sich willig dem Prozesse vor der King's Bench, dem gesetzlichen Kriminalgerichtshofe, eingedenk dessen, daß ein Privileg, welches im Interesse des öffentlichen Dienstes für den Staat gewährt ist, nicht zur Gefährdung des Staates geltend gemacht werden darf."

Außer diesen Befreiungen von der gerichtlichen Verfolgung giebt es noch einige andere, welche nach Zeit und Art beschränkt sind. Dahin gehört das Privileg von Prozeßparteien und anderer bei den Gerichten beschäftigten Personen, nach welchem sie von der Personalhaft befreit sind. Eine nähere Untersuchung würde ergeben, daß diese Privilegien sämmtlich auf Rücksichten des öffentlichen Interesses beruhen, da diese Exemtionen mögliche Hinderungen der Erfüllung öffentlicher Pflichten beseitigen sollen. Dahin gehören ferner die Immunitäten der Befehlshaber des Landesheeres und der Flotte, nach welchen dieselben vor den ordentlichen Gerichten für die Strafen nicht verantwortlich sind, welche sie nach den darüber bestehenden Gesetzen (nach der Mutiny-Akte so wie den durch dieselbe autorisirten Kriegs-Artikeln, und hinsichtlich der Flotte nach den betreffenden permanenten Parlaments-Akten) haben vollstrecken lassen.[1]) Wenn ein Befehlshaber in Ueberschreitung der ihm gesetzlich zustehenden Befugnisse Jemand ein Unrecht zugefügt hat, zu dessen Beurtheilung die ordentlichen Gerichte kompetent sind, so gewähren die letzteren dem in seinem Rechte Gekränkten die gesetzliche Genugthuung. So wurde in dem bereits erwähnten Falle ein militärischer Befehlshaber zur Bezahlung einer großen Entschädigungssumme an eine Person verurtheilt, welche in Folge eines kriegsgerichtlichen Urtheils körperlich gezüchtigt war, demnächst aber bewies, daß das Kriegsrecht auf sie keine Anwendung finde. In einem neuerlich vorgekommenen Falle wurde ein Offizier, welcher sich in Indien eines Todtschlages schuldig gemacht hatte, dort zu einer Gefängnißstrafe verurtheilt; die militärischen Auktoritäten sendeten ihn in Verkennung ihrer Befugnisse und ohne Beobachtung der erforderlichen Formalitäten zur Strafverbüßung nach England. Die Queen's Bench erkannte, wenngleich widerwillig, daß der Gefangene in Freiheit gesetzt werden müsse, weil er kein Verbrechen begangen hätte, über welches die Gerichtshöfe des gemeinen Rechts in England befinden könnten; und der Offizier erhielt dann in mehreren Prozessen, welche er gegen verschiedene Personen wegen ungesetzlicher Gefangenhaltung anstellte, obsiegliche Urtheile.

Außerdem gewährt die Suspension der Habeas-corpus-Akte, welche für bestimmt bezeichnete Zwecke und genau begrenzte Zeiträume von dem Parlamente verfügt werden kann, gewisse Exemtionen. Aber abgesehen von diesen Ausnahmen kann man mit Sicherheit behaupten, daß jede Behörde und jede Person im Staate der Verfolgung im ordentlichen Rechtswege ausgesetzt ist. Daraus ergiebt sich das wichtige Resultat, daß in England nur solche Fälle des Ausschlusses des Rechtsweges vorkommen, die das Gesetz selbst ganz genau und mißtrauisch definirt hat, und daß diese Fälle lediglich aus Rücksichten des öffentlichen Interesses zugelassen sind. Dieses Resultat zeigt am deutlichsten den Kontrast zwischen der englischen Verfassung und den Verfassungen aller anderen Länder; denn schwerlich wird man bestreiten können, daß in keinem anderen Lande die Oberherrschaft des Gesetzes in so weitem Umfange anerkannt ist.

---

[1]) Vergl. unten Buch 3 Kap. 8.

Die Geschichte der Staatsprozesse und Verhaftungen steht mit dem hier behandelten Gegenstande in manchem Zusammenhange und soll deshalb hier betrachtet werden.

Es ist ein wichtiger Grundsatz des gemeinen Rechts, daß es zwischen Verbrechen gegen den Staat und anderen Verbrechen keinen Unterschied macht. Bei den im Jahre 1638 stattgehabten parlamentarischen Konferenzen über die „Freiheit der Unterthanen" wurde Serjeant Ashley, der für die Ansprüche der Krone eintrat, verhaftet, weil er gesagt hatte: „Der König und sein Rath hätten gesetzlich das Recht, Verbrechen gegen den Staat durch Einkerkerung zu bestrafen, ohne daß sie eine bestimmte Ursache dann anzugeben brauchten, wenn durch diese Angabe Regierungsangelegenheiten offenbart werden müßten." Er wurde erst dann wieder in Freiheit gesetzt, als er wegen dieser Rede um Verzeihung gebeten hatte.

Aber wenngleich jener Grundsatz des gemeinen Rechts feststeht, und wenngleich das Gesetz keine Art von Verbrechen bezeichnet, welche als Staatsverbrechen zu behandeln oder in einer vom Gesetze nicht besonders vorgeschriebenen Weise zu bestrafen wären, so muß man doch anerkennen, daß diejenigen Prozesse, welche man gewöhnlich als Staatsprozesse bezeichnet, bis zu einer verhältnißmäßig neuen Zeit selten zu Freisprechungen führten. In älterer Zeit, namentlich unter Heinrich VIII., als die Bürgerkriege unter dem alten Adel aufgeräumt und noch andere Ursachen das Gleichgewicht in der Verfassung aufgehoben hatten, war das Uebergewicht der Krone ein ungemessenes geworden; es scheint damals seinen Höhepunkt erreicht zu haben; eines Verbrechens gegen den Staat angeklagt und deshalb verurtheilt werden, war fast gleichbedeutend. Die Verurtheilung war der Regel nach eine so sichere Folge der Anklage, daß — abgesehen von dem Prozesse gegen Lord Dacre unter Heinrich VIII. und dem gegen Sir Nicholas Throckmorton unter Maria — die Beispiele vom Gegentheile sehr selten sind. Es konnte auch kaum anders sein, bevor die Geschworenen unabhängig waren.

Gewöhnlich wird angenommen, daß das Recht der Krone oder ihrer Minister, Verhaftungen vorzunehmen, auf dem ersten Statute von Westminster (3 Eduard I. cap. 5) beruhe, in welchem bestimmt ist, wann die Sheriffs verhaftete Personen gegen Bürgschaft oder Sicherheit freilassen („replevy") können. Die Akte erwähnt gewisse Fälle, in welchen schon früher die Freilassung nicht zulässig gewesen sei, und darunter den Fall, wenn Jemand auf Befehl des Königs oder seiner Richter verhaftet werde („per commaundement le Roi ou ses justices"); sie bestimmt dann unter Anderem, daß Personen, „welche wegen Verrathes gegen den König selbst verhaftet sind, niemals gegen Bürgschaft oder Sicherheit freigelassen werden dürfen." [1])

Seit dem Erlasse dieses Statuts war das Recht der Westminster-Gerichtshöfe, Personen, welche auf Veranlassung des Rathes des Königs oder der Minister verhaftet waren, gegen Bürgschaft freizulassen, der Gegenstand häufiger Streitigkeiten unter fast jeder Regierung. Um nicht weiter zurückzugehen, als bis zur Regierung Elisabeths, so finden wir unter ihr zahlreiche Verhaftungen durch den Staatsrath, wegen welcher die Richter eine artikulirte Beschwerde an den Lord Kanzler und den Lord Schatzmeister mit dem Antrage richteten, daß „kein Unterthan auf Befehl eines Adeligen oder eines Rathsmitgliedes gegen die Gesetze des Reiches verhaftet oder im Gefängnisse festgehalten werden möge." Auf die Frage, in welchen Fällen die Richter Personen, die auf Befehl der Königin oder des Staatsrathes verhaftet sind, nicht freilassen dürften, antworteten die Richter nur: in Hochverrathsfällen dürften solche Personen vor ihrem Prozesse nicht freigelassen werden; zugleich aber bemerken sie, daß in allen Fällen die Ursache der Verhaftung angegeben werden müsse. Nach Einreichung dieser Beschwerde wurden solche Verhaftungen seltener.

Im Jahre 1628, unter Karl I., fand der denkwürdige Streit zwischen dem Parlamente und der Krone statt, welcher damit endete, daß der König der Petition der Rechte zustimmte. Sir Thomas Darnel und andere angesehene Männer weigerten sich, Geld zu einer Anleihe herzugeben, welche der König verlangt hatte; sie wurden deshalb verhaftet und stellten zum Zwecke der Erlangung ihrer Freiheit ein Habeas-corpus-Verfahren bei den King's Bench an. Der auf das Habeas-corpus-Dekret erstattete Bericht lautete dahin: sie seien „auf Spezial-Befehl Sr. Majestät" in Haft. Nach einer langen und mit Aufbietung vieler Gelehrsamkeit geführten gerichtlichen Debatte erkannten die Richter: der angegebene Grund sei genügend, und die Gefan-

[1]) „Sintemal bisher nicht festgesetzt war, welche Personen gegen Bürgschaft freigelassen werden dürften und welche nicht, sondern nur, daß die Freilassung derjenigen nicht zulässig war, welche wegen Tödtung eines Menschen oder auf Befehl des Königs oder seiner Richter oder wegen Frevel in den königlichen Waldungen verhaftet waren: so wird bestimmt und vom Könige befohlen, daß Gefangene, welche geächtet waren oder sich eidlich verpflichtet hatten, das Königreich auf immer zu verlassen . . . . oder wegen Verrathes gegen den König selbst verhaftet sind, niemals gegen Bürgschaft oder Sicherheit freigelassen werden sollen." —

genen müßten in das Gefängniß zurückgeführt werden. In Folge dieser Entscheidung fand im Hause der Gemeinen eine Debatte statt, und an dieselbe schlossen sich außerordentlich lange Konferenzen mit dem Hause der Lords an, welche zu den gründlichsten Nachforschungen über das Recht der Krone zu Verhaftungen führten. Sir Eduard Coke war einer der eifrigsten Gegner der Ansprüche der Krone; man hielt ihm entgegen, daß er früher die Ansicht ausgesprochen habe, es bedürfe der Angabe des Grundes der Verhaftung nicht, wenn die Verhaftung „per mandatum concilii" erfolgt sei, und daß, wenn der Staatsrath Jemand verhaften lasse, kein Gerichtshof ihn gegen Bürgschaft freilassen dürfe. Coke erwiderte: zu der ihm entgegen gehaltenen Entscheidung sei er durch ein Buch verleitet, dem er getrauet habe; die Einsicht der Original-Urkunden habe ihn von seinem Irrthume überzeugt. Diese Urkunden wurden herbeigeschafft und von Coke, Selden und anderen hervorragenden Juristen in dem mit den Lords stattgehabten Konferenzen geprüft. In Folge dieser Konferenzen stimmten beide Häuser der Petition der Rechte zu, in welcher rücksichtlich der Verhaftungen auf Befehl des Königs gesagt ist, daß mehrere Unterthanen „im Widerspruche mit den zu diesem Zwecke gegebenen guten Gesetzen und Statuten des Königreiches" ohne Angabe des Grundes verhaftet, und daß sie auf ein Habeas-corpus-Verfahren in das Gefängniß zurückgesendet seien, obgleich „kein weiterer Grund der Verhaftung bescheinigt war, als daß sie auf einen von den Lords des Staatsraths beglaubigten Spezialbefehl Ew. Majestät gefangen gehalten waren." Die Petition enthielt den Antrag, „daß kein freier Mann in solcher Weise verhaftet oder gefangen gehalten werden möge," und wurde endlich genehmigt. (Vergl. S. 42 Anm. 1).

Die Regierungen Karls II. und Jakobs II. bilden in der Geschichte der persönlichen Freiheit — oder wie man in England häufig sagt: der Freiheit der Unterthanen (Liberty of the Subject) — eine wichtige Epoche. Dabei mag eine oft gemachte Unterscheidung zwischen der theoretischen und der praktischen Vollkommenheit des Rechtszustandes erwähnt werden. Diese Unterscheidung, nach welcher man die Möglichkeit annimmt, daß das Gesetz in der Theorie vollkommen, in der Praxis aber unwirksam sein könne, ist keine reelle; denn die Anwendbarkeit und die Ausführbarkeit ist ein wesentliches Erforderniß eines Gesetzes; sind diese nicht vorhanden, so ist dasselbe in einem wesentlichen Punkte mangelhaft. Blackstone macht aber jene Unterscheidung in der folgenden Stelle: „Die Zeit, zu welcher nach meiner Meinung unser öffentliches Recht auf den höchsten Punkt theoretischer Vollkommenheit gelangt war, ist das Jahr 1679, nachdem die Habeas-corpus-Akte angenommen und die Akte über die Censur der Presse erloschen war, wenngleich die unmittelbar folgenden Jahre in der Praxis Zeiten großer Unterdrückung waren." [1]) Diese Bemerkung giebt Veranlassung zu den Fragen: Was war der Grund der Mißbräuche in jener Periode? Welche Verbesserungen sind seitdem eingeführt, die heut zu Tage für eine gute Rechtspflege Sicherheit gewähren? Die Behauptung Blackstone's: daß im Jahre 1679 der Rechtszustand Englands zur theoretischen Vollkommenheit gelangt sei, ist in dem Sinne richtig, daß damals alle die großen Mittel zum Schutze der persönlichen Freiheit, welche die Verfassung gewährt, existirten. Diese sind namentlich: Anklagen durch die Gemeinen, Prozeß vor den Peers, Geschworenengerichte, das Habeas-corpus-Dekret und einige andere ähnliche Schutzwehren des Rechts, die Entlassung der Gefangenen durch die Richter (gaol delivery) und Klagen wegen ungerechtfertigter Verhaftung. Alles dies existirte 1679 nahezu in derselben Form wie heut zu Tage. Der Unterschied zwischen jener Zeit und der heutigen ist nicht der Erfindung neuer Schutzwehren, sondern der erst später gewährten Garantie für die Unabhängigkeit der Richter und der Geschworenen zuzuschreiben.

Der Mangel an Schutz für die persönliche Freiheit durch das Gesetz, welcher unter Karl II. und Jakob II. so stark hervortrat, ist um so merkwürdiger, als erst unter Karl I. die zum Zwecke der An-

---

[1]) Hierzu bemerkt Fox in seiner „Geschichte der Regierung Jakobs II.:" „Also wären wir hier bei der besten Zeit der besten Verfassung angekommen, welche menschliche Weisheit jemals geschaffen hat. Was folgte? Eine Zeit voll von Unterdrückung und Elend, nicht verursacht durch äußere oder zufällige Gründe wie Krieg, Pestilenz oder Hungersnoth, auch nicht durch eine Veränderung der Gesetzgebung, welcher man einen Verfall jener gerühmten Vollkommenheit zuschreiben könnte, sondern hervorgerufen durch eine schlechte, korrumpirte Verwaltung, welche alle jene bewunderten Garantieen der Verfassung nicht hatten verhüten können. Wie leer also, wie eitel, wie eingebildet ist die Meinung, daß Gesetze etwas wirken können! und wie schwächlich und verderblich ist der darauf basirte Grundsatz, daß man sich auf gesetzliche Vorschriften verlassen könne, und daß die Männer, welche dieselben ausführen sollen, unwesentlich seien!" — Wäre dieser Schluß richtig, so würde es ziemlich gleichgültig sein, unter was für einer Verfassung wir leben; denn gewiß ist es das erste Erforderniß einer guten Verfassung, daß durch dieselbe unparteiisches Recht gewährleistet wird. In den folgenden Seiten soll gezeigt werden, daß die Verfassung zu der von Blackstone und Fox bezeichneten Zeit keineswegs theoretisch vollkommen, sondern mangelhaft war, weil sie — was erst später geschah — für die Unabhängigkeit der Richter und der Geschworenen keine Garantieen bot.

erkennung dieser Freiheit von einigen der größten englischen Rechtsgelehrten und Staatsmänner abgefaßte Petition der Rechte zwischen Parlament und König vereinbart war. Dieselbe gewährte freilich keine neuen Schutzwehren, sondern enthielt nur eine Erklärung über bestehende Rechte und Proteste gegen ungesetzliche Verhaftungen, sowie sie Abhülfe von gewissen Landesbeschwerden über Soldaten und Kriegsgerichte herbeiführen sollte.

Später wurde die Sternkammer abgeschafft, und durch das Statut 16 Karl I. cap. 10 das Rechtsmittel des Habeas-corpus erheblich erweitert. Das letztere wurde dann noch weiter durch die berühmte Habeas-corpus-Akte aus dem einunddreißigsten Regierungsjahre Karls II. ausgedehnt. Die hierdurch herbeigeführte Verbesserung des Habeas-corpus-Verfahrens erwies sich als ausreichend für den beabsichtigten Zweck, ungesetzliche Verhaftungen zu verhindern. Auch scheinen dergleichen Verhaftungen nur zum kleinsten Theile zu der „Unterdrückung" beigetragen zu haben, von welcher Blackstone redet. Wenigstens ist so viel klar, daß gegen das Ende der Regierung Karls II. und unter Jakob II. häufig und mit Erfolg von dem Habeas-corpus-Verfahren Gebrauch gemacht wurde, wenngleich die ungesetzlichen Verhaftungen damals noch nicht ganz aufgehört hatten. Die Klagen des Volkes über die Rechtspflege gründeten sich aber darauf, daß der Richterstand und die Geschworenen korrumpirt waren, und daß Rechtsverletzungen nicht, wie früher, trotz der Gerichte, sondern unter ihrer Mitwirkung geschahen.

Die Richter selbst waren sich dieses Aergernisses bewußt. In einem im Jahre 1684 verhandelten Prozesse sagte Lord Chief Justice Jeffries: „Ich freue mich, daß wir diese Sache mit Männern des Juristenstandes verhandeln sollen; denn neuerlich hat man seltsame Ansichten laut werden lassen, als ob die Richter heut zu Tage befremdlichen Meinungen folgten und als ob Personen, welche der Barre zur Schande gereicht hätten, herangezogen würden, um auf der Richterbank zu bestimmten Zwecken verwendet zu werden." Die öffentliche Meinung, insbesondere des Juristenstandes selbst, fand im Hause der Gemeinen einen Wiederhall. Bei den Debatten über die Anklage des Lord Chief Justice Scroggs im Jahre 1680 sagte ein Mitglied, Sir H. Capel: „Diese Richter sind allmächtig geworden; sie haben Dinge gethan, welche hätten ungeschehen bleiben sollen. Es ist in der That eine schöne Einrichtung, daß die Richter, welche zu Gericht sitzen sollen, auf ihrem Wege nach der Westminsterhalle in Whitehall vorfahren müssen; und ich kann mir denken, wie unser Rechtszustand sein muß, wenn sie Instruktionen von denen erhalten, welche den Rath zu der Proklamation gegen das Petitioniren gegeben haben." Ein anderes Mitglied, Sir F. Winnington, sagte: „Sir, ich glaube, wir sind wieder in jene alten Zeiten zurückversetzt, wo die Richter den Anspruch erhoben, daß sie nicht bloß nach dem Gesetze, sondern auch nach gouvernementalen Rücksichten zu verfahren hätten, und ich meine, daß die Richter demgemäß handeln." Die Anklageartikel des Hauses der Gemeinen gegen Scroggs beschuldigten ihn einer Menge parteiischer Handlungen und des Mißbrauchs seines Amtes. Zu gleicher Zeit beschloß man die Anklage gegen mehrere andere Richter, gab aber diesem Beschlusse später keine Folge.

Wir haben bereits gesehen, daß die Praxis, nach welcher die Willfährigkeit der Richter der Krone gegenüber durch die häufige Absetzung unabhängiger Richter sicher gestellt wurde, unter Karl II. und seinem Nachfolger zur allgemeinen wurde. Unter Karl I. war diese Praxis nicht unbekannt; sie war jedoch wahrscheinlich durch den Beschluß des Hauses der Lords, welches sich für die lebenslängliche Anstellung der Richter ausgesprochen hatte, in Schranken gehalten. Aber erst unter Wilhelm III. wurde der Grundsatz der lebenslänglichen Anstellung, nicht ohne erhebliches Wiederstreben seitens des Königs und seiner Rathgeber, von dem Parlamente zum gesetzlichen erhoben.

Ein anderer wichtiger Grund für die Klagen über die Rechtspflege unter Karl II. und Jakob II. bestand in der Art der Auswahl der Geschworenen. Der Sheriff hatte damals weit ausgedehntere Befugnisse, um die Juries nach seinem Gefallen zusammensetzen zu können, als heut zu Tage, und darauf basirte eines der wesentlichsten Mittel des Hofes, um die richterliche Gewalt seinen Zwecken dienstbar zu machen. Die Staatsprozesse unter Karl II. sind abschreckende Beispiele der Schändung der richterlichen Gewalt für politische Zwecke. Die Krone setzte, wie wir gesehen haben, Alles daran, um die Möglichkeit, parteiische Juries zu bestellen, beizubehalten. Wenn es nicht gelang, die Jury in dieser Weise zusammenzusetzen, so hatte die Hofpartei noch ein anderes Mittel, sie sich willfährig zu machen: sie wurde durch Geld- und Freiheitsstrafen gezwungen, ein liebsames Verdikt abzugeben. Dieser letztere Mißbrauch erhielt gegen das Ende der Regierung Karls II. seinen Todesstoß; aber der erstere — die parteiische Zusammensetzung der Juries mittels des Sheriffs — wurde erst nach der Revolution nachhaltig beseitigt.

Der Kampfplatz der Hofpartei zur Erlangung unumschränkter Gewalt wurde unter Karl II. mehr in die Gerichtshöfe als in das Parlament verlegt. Die Gerichte erreichten damals einen Grad von Verworfenheit, welcher glücklicherweise in keiner anderen Periode ihrer Geschichte erreicht worden ist. Das Parlament bestrebte sich freilich, sie aus ihrer Erniedrigung wieder empor zu heben, ließ aber in den Händen der Exekutive die Mittel, vermöge deren letztere die Gerichte zu ihren Werkzeugen machen konnte; und von diesen Mitteln wurde der vollste Gebrauch gemacht. Hierdurch wird die Behauptung Blackstone's, daß die Verfassung damals theoretisch vollkommen gewesen sei, in das richtige Licht gestellt, und es wird zugleich hieraus klar, weshalb trotz dieser angeblichen Vollkommenheit die Krone und die Minister im Stande waren, die Unterdrückung, welche er beklagt, in das Werk zu setzen.

Der Satz, daß die Gesetze theoretisch vollkommen und doch praktisch schlecht sein können, verdient die sorgfältigste Prüfung; denn er greift die Wissenschaft des Staatsrechts an der Wurzel an. Der gelehrte Herausgeber der Staatsprozesse, Emlyn, welcher 1730 schrieb, bemerkt über die Gesetze zum Schutze der persönlichen Freiheit und über die Art ihrer damaligen Anwendung: „Man kann einwenden: wenn es Gesetz ist, daß kein Unterthan gezwungen werden kann, dem Könige außerhalb der Grenzen des Königreiches zu dienen, wie geht es dann zu, daß eine Menge von Unterthanen (und nicht bloß Matrosen) nach obrigkeitlichen Befehlen gepreßt, gewaltsam an Bord der Schiffe geschleppt und über die See weggeführt sind? wenn es ferner gesetzwidrig ist, Jemand anderswo als in den gewöhnlichen alten Gefängnissen gefangen zu halten, wie geht es denn zu, daß so viele Personen durch Staatsboten (Messengers) verhaftet sind, welche sie in ihren eigenen Häusern, nicht zwei oder drei Tage (den Zeitraum, innerhalb dessen sie hätten verhört werden müssen) sondern Wochen und Monate lang gefangen gehalten und welche dadurch ihre Häuser zu Gefängnissen gemacht haben, obgleich sie dazu weder ein Recht hatten, noch eine Parlaments-Akte für sich anführen konnten? Das sind Fragen, auf welche ich keine befriedigende Antwort geben kann; ich will die Beantwortung Anderen überlassen, welche die Sache näher angeht, und welche deshalb dazu besser im Stande sein mögen. Ich kann nur sagen: was thatsächlich auch geschehen sein mag, so ist mir doch nicht bekannt, daß solche Vorkommnisse jemals durch eine richterliche Entscheidung gut geheißen sind, und ich für mein Theil muß mich außer Stande bekennen, sie mit den Gesetzen des Landes in Uebereinstimmung zu bringen."

Auf die aufgeworfenen Fragen kann heut zu Tage eine befriedigendere Antwort gegeben werden, als damals. Die erwähnten Fälle ungesetzlicher Gefangennahme sind von zweierlei Art: 1) Die auf Autorisation zum Soldatenpressen verübten, und 2) Die Verhaftungen durch Staatsboten („messengers"). Die Praxis, Matrosen für den königlichen Dienst zu pressen, ist eine sehr alte, lange beobachtete, und sie ist durch richterliche Entscheidungen und neuere Statute wiederholt anerkannt. Das Pressen von Personen, welche nicht Seeleute und nicht zu den durch Gepreßte zu verrichtenden Diensten verwendet werden sollen, ist seitdem durch richterliche Entscheidungen beseitigt nach welchen in solch ungesetzlichem Pressen eine Rechtsverletzung (trespass) liegt, welche zur Entschädigungsforderung berechtigt.[1]) Ferner: Die von den Staats-Sekretären an Boten des Königs (Kings Messengers) erlassenen Haftbefehle ermächtigten zur Festnahme von Personen, welche als Autoren, Drucker oder Verleger von aufrührerischen Libellen bezeichnet waren; diese Haftbefehle wurden im Jahre 1765 durch mehrere richterliche Entscheidungen und Beschlüsse des Hauses der Gemeinen für ungesetzlich erklärt.

Die Befugniß der Minister des Königs, Verhaftungen vornehmen zu lassen, war nämlich der Gegenstand wichtiger Prozesse im Jahre 1765, welche durch verschiedene politische Schriften, unter anderen die oft erwähnte Nummer 45 des „North Briton" veranlaßt waren. Lord Halifax erließ einen Verhaftsbefehl an mehrere Staatsboten, durch welche er sie anwies, die Autoren, Drucker und Verleger jenes Blattes fest zu nehmen. Einer der Verhafteten, Leach, stellte gegen die Staatsboten eine Klage wegen ungesetzlicher Verhaftung an, und die letzteren wurden zur Zahlung von Entschädigung verurtheilt. Die Sache gelangte an den Gerichtshof der King's Bench; dieser bestätigte das vorige Urtheil, weil nicht bewiesen worden, daß der Verhaftete einer von den in dem Haftbefehle bezeichneten Personen sei. Die meisten Richter sprachen auch bestimmt die Meinung aus, daß der Erlaß *allgemeiner* Haftbefehle durch einen Staatssekretair, d. h. solcher, in denen die zu verhaftende Person nicht namentlich oder sonst nach genauen Merkmalen bezeichnet wäre, ungesetzlich sei. In einem ähnlichen Falle,

[1]) Eine Festnahme und Festhaltung kraft einer Autorisation zum Pressen kann möglicherweise in gutem Glauben vorgenommen sein; aber der Pressende handelt auf seine Gefahr; denn wenn er Jemand festnimmt, der nicht gepreßt werden darf, also z. B. eine Person, welche niemals Seedienste gethan hat, so ist er einer ungesetzlichen Verhaftung schuldig. (So entschieden in dem Prozesse Gewster wider Royle).

über welchen das Gericht in demselben Jahre verhandelte, hatte Lord Halifax einen Haftbefehl an mehrere Boten des Königs erlassen, nach welchem sie John Entick als den angeblichen Autor des „Monitor" verhaften und seine Bücher und Papiere mit Beschlag belegen sollten. Die Papiere wurden saisirt. Entick stellte eine Klage gegen die Boten an, welche zu großen Entschädigungssummen verurtheilt wurden. Die in dem Prozesse zur Sprache gekommenen Rechtsfragen wurden von dem Gerichtshofe der King's Bench geprüft, und die Entscheidung desselben wurde von Lord Chief Justice Camden in einem trefflichen Urtheile wiedergegeben, in welchem er das Recht des Staatsraths und eines Staatssekretairs, Verhaftungen und Beschlagnahmen von Papieren vornehmen zu lassen, ausführlich erörterte. Er unterschied zwischen Verhaftsbefehlen von Mitgliedern des Staatsraths im Staatsrathe und von solchen Mitgliedern für ihre Person allein, und erkannte, allein für sich hätten sie ein solches Recht nur in Verrathsfällen; das Amt eines Staatssekretairs verleihe eine derartige Befugniß überhaupt nicht; auch könne ein Staatssekretair keine Papiere saisiren lassen. Diesem Urtheile folgten im Jahre 1766 Resolutionen des Hauses der Gemeinen, welche die Beschlagnahme von Papieren in Libellfällen, und allgemeine Haftbefehle in Libell- und allen anderen Fällen, für welche durch Parlaments-Akte nicht besondere Bestimmung getroffen worden, für ungesetzlich erklärten.

Lord Mansfield erklärte in einer im Hause der Lords gehaltenen Rede: allgemeine Haftbefehle seien, da sie Niemanden, der verhaftet werden solle, namhaft machten, überhaupt keine Haftbefehle. Er sagte dies gegen die so eben erwähnte deklaratorische Resolution des Hauses der Gemeinen, indem er darauf hinwies, daß Deklarationen der Gesetze durch eines der Parlamentshäuser für die Gerichte nicht bindend seien und keine Gesetzeskraft haben.

Die Mittel zur Sicherung der Beobachtung der Gesetze. —

1. Mittel gegen Verhaftung und Bestrafung ohne gerichtliches Verfahren. Von hervorragender Wichtigkeit ist dieser Gegenstand mit Rücksicht auf die Befugniß der Krone und ihrer Minister, beschuldigte Personen verhaften zu lassen.

Die obige Ueberschau über die Geschichte der persönlichen Freiheit („Liberty of the Subject") wird den besten Beitrag zur Würdigung des Werthes der Schutzwehren geben, welche das Gesetz gegen ungesetzliche Verhaftungen gewährt. Eine vortreffliche Zusammenstellung derselben ist in der Vorrede zu den „Staatsprozessen" in folgender Weise gegeben: „Unser Recht übertrifft die Gesetzgebungen anderer Nationen nicht allein rücksichtlich der gewährten Sicherheit für das Leben der Unterthanen gegen böswillige Angriffe, sondern auch rücksichtlich der Vorsorge für die persönliche Freiheit. Wie unumschränkt die Herrscher anderer Nationen auch sein mögen, der König von England kann nicht den geringsten seiner Unterthanen nur nach seiner Willkür und seinem Belieben fest nehmen oder gefangen setzen lassen; es ist eines der durch die Magna Charta bestätigten Rechte, daß Niemand anders, als kraft des Landesgesetzes in seiner persönlichen Freiheit beeinträchtigt werden soll, d. h. wie Lord Coke sagt, nicht anders als auf Anklage durch den Spruch der großen Jury (indictment) oder auf Anzeige (presentment) guter und gesetzliebender Männer oder auf die durch die ordentlichen Gerichtshöfe erlassenen Dekrete des Königs oder auf andere gesetzliche Haftbefehle. Nun muß aber jeder Haftbefehl auf einer eidlichen Angabe basirt sein, deutlich und speziell den Grund der Verhaftung angeben, unter Handschrift und Siegel einer dazu autorisirten Person, welche dabei ihre amtliche Stellung und ihr Recht zur Ausstellung von Verhaftsbefehlen anzugeben hat, ausgefertigt sein, und mit den Worten schließen: „bis der Verhaftete vor Gericht gestellt werden wird," nicht etwa mit den Worten: „bis auf weiteren Befehl" oder mit ähnlichen Schlußbestimmungen. Auch hat das Gesetz nicht blos bestimmt, was zu einer gesetzlichen Verhaftung erforderlich ist, sondern es gewährt auch verschiedene Rechtsmittel für den Fall, daß Jemand in ungesetzlicher Weise verhaftet oder gefangen gehalten wird. Die beeinträchtigte Partei hat eine auf der Magna Charta begründete Anklage, ferner die Civilklage wegen ungerechtfertigter Verhaftung (action of false imprisonment), ferner das Recht auf ein Dekret de homine replegiando, und endlich auf ein Dekret de otio et atia."

„Aber ein so kostbares Gut ist die persönliche Freiheit im Auge des Gesetzes, daß es auch diese Rechtsmittel noch nicht für ausreichend erachtet hat, weil sie nicht so schleunige Abhülfe gewährten, wie die Dringlichkeit des Falles erfordert. Deshalb gewährt das Gesetz noch ein anderes Rechtsmittel, nämlich das Habeas-corpus-Dekret, welches man das festinum remedium genannt hat. Auf dieses Dekret muß der Gefangnenwärter den Gefangenen in Person sofort dem Lord Kanzler oder einem der zwölf Richter Englands vorführen und bescheinigen, durch wen und weshalb der Gefangene verhaftet ist. Dann muß der Lord Kanzler oder der Richter (wenn der Gefangene nicht wegen eines Verbrechens verhaftet ist, welches die Freilassung gegen

Bürgschaft gesetzlich ausschließt) den Gefangenen entlassen oder ihn zur Bürgschaftsbestellung auffordern, ausgenommen in Fällen von Verrath und Felonie, wenn diese deutlich und speziell in dem Haftbefehle bezeichnet sind. Selbst in diesen Fällen muß dem Gefangenen binnen einer angemessenen Frist der Prozeß gemacht werden, damit er nicht für den Fall, daß er unschuldig wäre, durch lange Gefangenschaft gequält und zu Grunde gerichtet werden kann. Denn wenn er in der nächsten Terminszeit[1]) oder bei der nächsten Assisensitzung nach seiner Verhaftung trotz seines Antrages nicht angeklagt wird, so soll er am letzten Tage der Terminszeit oder der Assisensitzung zur Bestellung von Bürgschaft zugelassen werden, es werde denn dem Gerichtshofe durch eidliche Zeugnisse nachgewiesen, daß die Zeugen für die Anklage bisher nicht haben produzirt werden können. Wird aber im nächsten Termine oder in der nächstfolgenden Assisensitzung die Anklage nicht gegen ihn erhoben und nicht verhandelt, so soll er von der Anschuldigung gänzlich entbunden werden. (31 Karl II. cap. 2)."

„Da aber alle diese Maßregeln zu Gunsten der persönlichen Freiheit möglicherweise dadurch vereitelt werden könnten, daß der Verhaftete in entlegene oder in Privatgefängnisse geschleppt werden könnte, wodurch er der Rechtswohlthat, welche durch die Vollmachten des Königs zur Entledigung der Gefängnisse (gaol delivery) gewährt werden soll, verlustig gehen könnte, und weil die gerichtlichen, im Namen des Königs erlassenen Dekrete dadurch unwirksam werden könnten, daß man nicht weiß, an wen sie zu richten, so hat das Gesetz ferner bestimmt, daß kein englischer Unterthan irgendwohin über die See als Gefangener gesendet werden darf, mag der Ort innerhalb oder außerhalb der Besitzungen des Königs liegen (31 Karl II. cap. 2 s. 12); auch darf Niemand gegen seinen Willen im Dienste des Königs außerhalb des Landes geschickt werden, damit er nicht unter dem Vorgeben, daß er als Gesandter oder in ähnlicher Weise fungiren solle, in der That in die Verbannung gesendet werden kann. Ferner darf innerhalb des Landes Niemand an einem anderen Orte, als in dem gewöhnlichen Grafschafts-Gefängnisse oder einem anderen ordentlichen öffentlichen Gefängnisse gefangen gehalten werden. Aus diesem Grunde kann kein Gefängnißaufseher durch irgend welchen Befehl autorisirt werden, einen Gefangenen der Gewahrsam einer ihm unbekannten Person zu überliefern. Endlich kann nach Lord Coke's Ansicht kein Ge-

[1]) Vergl. S. 333 Anm. 2.

fängniß anders als in Folge einer Parlaments-Akte neu errichtet werden. Durch ein Statut (5 Heinrich IV. cap. 10) ist bestimmt, daß Niemand durch die Friedensrichter — was Manche von allen anderen Richtern verstehen — anders als in dem gewöhnlichen Grafschaftsgefängnisse gefangen gehalten werden dürfe, vorbehaltlich der Rechte der Lords und anderer Personen, denen das Halten von Gefängnissen zusteht."

Diese Stelle ist ausführlich wiedergegeben, weil sie genau und in aller Kürze die Rechtsmittel erwähnt, kraft deren das Gesetz die persönliche Freiheit schützt. Einige Spezialitäten über dieselben sollen im Anschlusse an jene Stelle mitgetheilt werden.

Die oben zuerst erwähnten Rechtsmittel gegen ungesetzliche Verhaftung sind: Anklage (indictment) oder die Civilklage wegen ungesetzlicher Verhaftung (action for false imprisonment). Ungesetzliche Verhaftung ist nach gemeinem Rechte ein Vergehen (misdemeanour), und wird auf erhobene Anklage mit Geld- oder Freiheitsstrafe oder mit beiden zugleich bestraft. Der Ankläger hat in einem solchen Prozesse nichts weiter zu beweisen, als die stattgefundene Verhaftung; dem Angeklagten liegt es ob, die Gesetzlichkeit der Verhaftung nachzuweisen, und er kann dies dadurch, daß er einen der folgenden Gründe anführt: daß der Ankläger im ordentlichen Rechtsgange eines vor einem Reichs- oder vor einem anderen zuständigen Gerichte verhandelten Civilprozesses verhaftet sei, — oder daß er kraft des Verhaftsbefehls einer Magistratsperson wegen eines Verbrechens verhaftet worden, für welches die Magistratsperson zuständig ist, — oder daß er zwar ohne Verhaftsbefehl verhaftet sei, daß aber einer der Fälle vorliege, wo solche Verhaftung zulässig ist, weil der Verhaftete ein mit öffentlicher Anklage zu verfolgendes Verbrechen begangen oder zu begehen gedrohet hat oder dringend verdächtig ist, ein solches begangen zu haben, — oder daß die Verhaftung geschehen sei wegen Unehrerbietigkeit gegen den Gerichtshof auf dessen Anordnung — und andere Fälle gesetzlich autorisirter Verhaftung. So z. B. kann eine Magistratsperson einen wichtigen Zeugen bis zur Gerichtssitzung verhaften lassen, wenn derselbe sich weigert, zu erscheinen oder für sein Erscheinen Sicherheit zu bestellen. Offiziere der Flotte und des Landheeres haben in manchen Fällen das Recht, Matrosen und Soldaten verhaften zu lassen; aber wenn sie ihre Auktorität mißbrauchen — was z. B. dann der Fall ist, wenn die Gefangenhaltung in grausamer Art vollstreckt oder unnöthiger Weise in die Länge gezogen wird, — so liegt ein mit einer Anklage zu verfolgendes Vergehen vor.

Das Rechtsmittel, durch welches der Verhaftete sich wegen des ihm durch ungesetzliche Verhaftung zugefügten Unrechts Genugthuung verschaffen kann, ist die Klage wegen ungerechtfertigter Verhaftung (action of false imprisonment). Dieselbe ist gewöhnlich und fast unvermeidlicher Weise mit der Beschuldigung des thätlichen Angriffs und der Mißhandlung verbunden. Durch eine solche Klage kann die beeinträchtigte Partei Entschädigung verlangen, welche eine Jury nach Verhältniß des zugefügten Unrechts abmißt.[1]) Mehrere der wichtigsten Rechtsgrundsätze über die persönliche Freiheit sind mittels solcher Klagen festgestellt worden, welche wiederholt erfolgreich gegen hohe Beamte der Krone, sowie gegen niedere Offizianten und gegen Privatpersonen durchgeführt sind. Dieses Rechtsmittel führt sicherer zum Erfolge, als die Anklage; denn erstens kann durch dasselbe der Kläger Ersatz des ihm erwachsenen Schadens erlangen, und zweitens kann der Civilklage nicht durch das Noli prosequi des Attorney-General Einhalt

[1]) Folgendes sind Beispiele solcher Klagen: Im Jahre 1630 stellte ein gewisser Huntley, welcher von dem hohen Kommissionshofe einen Verweis erhalten hatte und verhaftet war, eine Klage wegen ungerechtfertigter Verhaftung gegen den Gefängnißaufseher und einige Richter des Kommissionshofes an; die Richter der gemeinrechtlichen Gerichtshöfe erklärten die Klage für zulässig. (Vergl. oben S. 300 Anm. 1). In dem Prozesse Ashby wider Simons wurde der Beklagte zur Zahlung von Entschädigung verurtheilt, weil der Kläger in Essex auf Grund eines nur zur Verhaftung in London berechtigenden Haftbefehls festgenommen war. In den Prozessen Leach gegen drei Boten des Königs und Entick wider Carrington (1765) waren die Klagen angestellt, weil die Boten den Kläger auf Grund eines von einem Staatssekretair ausgestellten Haftbefehls verhaftet hatten. In beiden Prozessen wurde bestritten, daß einem Staatssekretair die magistratualische Befugniß, Verhaftungen vorzunehmen, zustehe, und in beiden Prozessen siegten die Kläger ob. Der Prozeß Wilkes wider Wood (1763) betraf einen ähnlichen Fall, und in demselben erstritt der bekannte John Wilkes 1000 Pfund Sterl. Entschädigung, weil er auf Grund eines Haftbefehls eines Staatssekretairs verhaftet war. Im Jahre 1769 erstritt Wilkes durch eine ähnliche Klage gegen Lord Halifax 4000 Pfund Sterl.; die Prozeßkosten des Beklagten wurden von der Krone bestritten. In dem bereits erwähnten Falle Fabrigas wider Mostyn erstritt der Kläger 3000 Pfund Sterl. von dem Gouverneur von Minorca, welcher ihn zu Unrecht hatte verhaften und aus der Insel hatte ausweisen lassen. In dem Prozesse Wright wider Fitzgerald (1799) handelte es sich um eine Klage gegen den High Sheriff von Tipperary, wo im Jahre 1798 das Kriegsrecht kraft einer Parlaments-Akte proklamirt war. Der Beklagte hatte den Kläger auf unmenschliche Weise züchtigen lassen, weil er ihn im Verdachte unloyaler Gesinnungen hatte, aber ohne daß die Strafe durch irgend ein Verfahren erkannt wäre. Der Beklagte berief sich auf eine Indemnitäts-Akte; aber die Richter erkannten, daß diese ihm für sein Verfahren nicht zu Statten komme, und verurtheilten ihn zu 500 Pfund Sterl. Entschädigung.

geboten werden, während dieser das Recht hat, im Namen der Krone jeden von Seiten der letzteren angestellten Kriminalprozeß zu beseitigen.[1])

Die folgende Klasse von Rechtsmitteln sind das Dekret de homine replegiando und das Dekret de otio et atia. Das sind zwei alte Rechtsbehelfe, durch welche verhaftete Personen in gewissen Fällen ihre Freilassung gegen Bürgschaft erlangen konnten, wenn sie dem Sheriff Sicherheit dafür bestellten, daß sie sich zur Verantwortung über die gegen sie erhobenen Beschuldigungen gestellen würden.[2]) Diese Rechtsbehelfe sind als Mittel zur Abwendung ungerechtfertigter Verhaftung längst durch die Habeas-corpus-Dekrete, die berühmtesten des englischen Rechts, beseitigt.

Es giebt verschiedenartige Dekrete, welche man Habeas-corpus-Dekrete nennt, und kraft welcher Leute den Gerichten zu verschiedenen Zwecken vorgeführt werden. Gewöhnlich aber werden die Worte: habeas corpus zur Bezeichnung des Dekretes Habeas corpus ad subjiciendum gebraucht. Der Zweck dieses Dekretes ist es, den Gefangenen, für welchen es erlassen ist, vor ein zuständiges Gericht zu stellen, damit dieses die Gesetzlichkeit der Verhaftung untersuche und nach Verschiedenheit des Falles den Gefangenen entweder freilasse, oder Bürgschaft von ihm erfordere, oder ihn in das Gefängniß zurücksende. Das Dekret wird auf Antrag von dem Richter gewährt, und darf, sofern irgendwie ein scheinbarer Grund dafür angeführt wird, daß der Gefangene ohne gerechte Ursache verhaftet ist, nicht verweigert werden. Bei jeder Verhaftung muß der Grund derselben ausdrücklich angegeben werden, damit der Gerichtshof in Folge eines Habeas corpus ihn prüfen kann. Das Dekret verfügt, daß der Tag und die Ursache der Festnahme und Gefangenhaltung bei dem zu erstattenden Berichte (return), der Antwort auf das Dekret, bescheinigt werden soll. Der

---

[1]) Im Jahre 1771 ließ das Haus der Gemeinen einen Buchdrucker, Namens Miller, verhaften, weil er die Debatten desselben veröffentlicht hatte. Die Staatsboten, welche die Verhaftung ausgeführt hatten, wurden auf Instanz des Buchdruckers angeklagt; aber der Attorney-General gebot dem Verfahren durch ein Noli prosequi Einhalt.

[2]) North sagt in seinem „Examen" von dem Dekrete de homine replegiando: „Dies war das alte Rechtsmittel zum Schutze der persönlichen Freiheit, und es ist in der That wirksamer und schleuniger als ein Habeas corpus. Der Unterschied besteht darin, daß das erstere für die Regierung geschaffen ist, welche die Freiheit des Volkes den hohen Herren gegenüber, welche es tyrannisirten, schützte (weshalb die Leute sich Unterthanen des Königs zu nennen liebten), während das letztere hauptsächlich gegen die Regierung selbst und den Mißbrauch ihrer Gewalt gerichtet ist."

Grund der Verhaftung muß den Richtern, welche über den Bericht zu urtheilen haben, so speziell und deutlich dargelegt werden, wie er dem Gerichte oder der Person, welche die Verhaftung veranlaßt hat, vorlag; sonst ist der Bericht ungenügend.

Die Gesetzlichkeit des Grundes der Verhaftung wird nach dem Inhalte des Berichtes geprüft. Bei dieser Prüfung wird angenommen, daß der angegebene Grund richtig ist; seine Richtigkeit kann bei diesem Verfahren nicht bestritten werden, denn das Rechtsmittel des Habeas corpus ist nicht gegeben und nicht so eingerichtet, daß auf dasselbe streitige Thatsachen entschieden werden können; eine solche Entscheidung steht nicht den Richtern, sondern Geschworenen zu. Die Richter entscheiden daher nur darüber, ob der Bericht einen gesetzlich genügenden Grund für die Verhaftung enthält, nicht darüber, ob der Bericht materiell richtig oder unrichtig ist. Die in dem Berichte enthaltenen Angaben können nur durch eine Klage wegen falscher Berichterstattung oder in manchen Fällen durch eine Kriminal-Anklage widerlegt werden; denn die Erstattung eines falschen Berichts ist ein öffentlich zu verfolgendes Verbrechen. Obgleich aber der auf ein Habeas corpus erstattete Bericht durch eidliche Bescheinigungen nicht angefochten oder widerlegt werden kann, so ist der Gerichtshof doch berechtigt, den Verhaftenden festnehmen und zur Untersuchung ziehen zu lassen, wenn aus den produzirten eidlichen Bescheinigungen hervorgeht, daß derselbe den Anderen mit unrechtmäßiger Gewalt festgenommen und dadurch ein Verbrechen oder ein Vergehen begangen hat.

Das Habeas-corpus-Dekret ist ein alter, im gemeinen Rechte begründeter Behelf; aber recht wirksam ist es erst durch die Gesetzgebung der Zeit Karls I. und Karls II. geworden. Unter diesen beiden Königen verzögerten die Richter in mehreren Fällen dieses Verfahren für zu Unrecht verhaftete Personen, oder verweigerten es denselben geradezu. Wir haben bereits erwähnt, wie unter Karl I. die King's Bench ungesetzlicher Weise Personen das Habeas corpus versagte, welche ohne Angabe des Grundes auf Befehl des Königs verhaftet waren, und wie dann die Petition of Right bestimmte, daß fortan Niemand auf diese Weise verhaftet oder gefangen gehalten werden dürfe. Diese Vorschrift wurde jedoch von den Richtern bei Seite geschoben, und dadurch wurde eine neue Hülfe nöthig: das Statut 16 Karl I. cap. 10 s. 8 bestimmt, daß Jeder, der auf Veranlassung des Königs oder des Staatsraths oder eines Mitgliedes des letzteren verhaftet ist, zu einem Habeas corpus in der King's Bench oder in den Common Pleas berechtigt sein soll, und daß der Gerichtshof binnen drei Tagen (court-days) nach Eingang des Berichts die Gesetzlichkeit der Verhaftung prüfen und darüber entscheiden soll. Dennoch versagten sowohl der Chief-Justice als der Lord Kanzler im Jahre 1676 das Dekret einem Gefangenen, welcher auf Befehl des Königs (Karl II.) im Staatsrathe wegen einer in der Guildhall gehaltenen Rede verhaftet war, aus dem Grunde, daß das Dekret während der Gerichtsferien nicht erlassen werden könne.[1]) Noch andere Mängel des Habeas-corpus-Verfahrens hatten sich fühlbar gemacht; namentlich konnte der Verhaftende das erste Dekret unbefolgt lassen und das zweite und das dritte — welche das alias und das pluries genannt wurden — abwarten, ehe er den Gefangenen vorführte. Dadurch wurde das Statut 31 Karl II. cap. 2 veranlaßt, welches den Titel führt: „Eine Akte zur besseren Sicherstellung der persönlichen Freiheit und zur Verhütung von Einkerkerungen jenseits des Meeres"[2]) und welche häufig als die zweite Magna Charta des Königreiches bezeichnet ist.

Die wesentlichen Bestimmungen dieses Statutes sind in Kürze die folgenden:

Jeder Gefangene — er sei denn wegen Verrath oder Felonie verhaftet und dies in dem Haftbefehle deutlich ausgedrückt — muß in einer bestimmten Frist nach Zustellung des Habeas corpus (welche Frist in keinem Falle länger als zwanzig Tage ist),[3]) an denjenigen, welcher ihn in Haft hält, dem Gerichtshofe oder Richter vorgeführt werden, an welchen der Bericht (return) erstattet werden muß (sect. 2).

Der Antrag auf Erlassung des Dekrets wird während der Gerichtsferien in folgender Art gestellt: — Jeder wegen eines Verbrechens Verhaftete (mit Ausnahme derjenigen, welche wegen Verrath oder Felonie oder in Folge einer Schuldigerklärung oder zur Vollstreckung der in gesetzlichem Verfahren erkannten Strafe gefangen gehalten wer-

---

[1]) Vor der Habeas-corpus-Akte (31 Karl II. cap. 2) war die Praxis in Betreff des Erlasses des Dekrets während der Gerichtsferien schwankend.

[2]) In der Ursprache lautet der Titel der Habeas-corpus-Akte: An Act for the better securing the liberty of the subject, and for prevention of imprisonments beyond the seas. Anm. des Uebers.

[3]) Die Fristen sind nämlich nach Maßgabe der Entfernung des Ortes, wo der Gefangene sitzt, von dem Orte wo der Richter sich befindet, verschieden. Dabei darf man nicht außer Acht lassen, daß der Gefangene in der Regel nach London — wo die betreffenden Richter residiren — gebracht werden muß, die Entfernung also eine sehr große sein kann. Anm. des Uebers.

den) kann um Erlaß des Dekrets nachsuchen; ebenso kann es jeder Andere für ihn. Der Antrag wird an den Lord Kanzler oder einen der Richter der oberen Gerichtshöfe des gemeinen Rechts gerichtet; diese müssen, wenn ihnen der Haftbefehl oder eine Abschrift desselben vorgelegt oder Beweis dafür beigebracht wird, daß die Ertheilung einer Abschrift verweigert ist, das Dekret bewilligen, in Folge dessen immediate an den Kanzleigerichtshof oder eines der oberen Reichsgerichte Bericht zu erstatten ist. Der Gefangene muß binnen der oben erwähnten Frist dem Gerichte vorgeführt werden und dann soll er binnen zwei Tagen von diesem Gerichte freigelassen oder zur Bürgschaftsbestellung aufgefordert werden, sofern nicht erhellt, daß er in Folge eines gesetzlichen Verfahrens oder Befehls verhaftet ist (sect. 3).

Beamte und andere Personen, welche dem Dekrete nicht Gehorsam leisten, verfallen in Geld- und andere Strafen; ebenso wenn sie die verlangten Abschriften der Haftbefehle nicht ertheilen (sect. 5).

Niemand, der in Folge eines Habeas corpus in Freiheit gesetzt ist, darf wegen desselben Vergehens wieder verhaftet werden (sect. 6).

Personen, welche wegen Verrath oder Felonie verhaftet worden, sind berechtigt, ihre Freilassung zu verlangen, wenn der Prozeß wider sie nicht binnen einer bestimmten Frist nach der Verhaftung zur Verhandlung kommt (sect. 7).

Wegen eines Kriminalverbrechens verhaftete Personen dürfen, außer in den von der Akte spezifizirten Fällen, nicht von einem Gefängnisse in ein anderes gebracht werden (sect. 9.).

Die Richter, welche ein nach der Akte zu ertheilendes Habeas corpus verweigern, verfallen in eine Strafe von 500 Pfund Sterl. (sect. 10).

Niemand, der in England wohnt, darf außerhalb Englands eingekerkert werden, ausgenommen diejenigen, welche in gesetzlicher Weise zur Transportation verurtheilt sind, und diejenigen, welche in einem anderen Theile der britischen Besitzungen Kapitalverbrechen begangen haben und zur Aburtelung nach dem Orte der That gesendet werden (sect. 12—16).

Nachdem die Assisensitzung für eine Grafschaft proklamirt ist, soll kein Gefangener auf ein Habeas corpus aus dem Grafschafts-Gefängnisse fortgebracht werden, damit bei den Assisen seinetwegen verfahren werden kann (sect. 18).

Auf Personen, welche in Folge einer Felonie auf gesetzliche Weise verhaftet sind oder sonst nicht gegen Bürgschaft freigelassen werden können, sollen die Bestimmungen der Akte über die Vorführung und Freilassung gegen Bürgschaft keine Anwendung finden (sect. 21).

Diese berühmte Akte fand nur auf Verhaftungen wegen Verbrechen Anwendung; in Betreff aller anderen Verhaftungen blieb es bei den Bestimmungen des gemeinen Rechts über das Habeas corpus. Nach dem Statute 56 Georg III. cap. 100 kann aber jeder Richter der oberen Gerichtshöfe des gemeinen Rechts (wenn durch eidliches Zeugniß bescheinigt wird, daß Grund zur Beschwerde vorhanden ist) während der Gerichtsferien ein Habeas corpus erlassen, über welches sofort zu berichten ist und nach welchem jede in ihrer persönlichen Freiheit auch in anderer Weise beeinträchtigte Person — mit Ausnahme jedoch der in Folge eines Civilprozesses verhafteten — vorgeführt werden muß.

Das Dekret konnte bis in die neueste Zeit nach jeder auswärtigen Besitzung der englischen Krone erlassen werden, wo ein britischer Unterthan ungesetzlich in Haft sein sollte. Aber das Statut 25 Victoria cap. 20 hat vorgeschrieben, daß das Dekret aus England nach einer Kolonie nicht mehr erlassen werden soll; die Kolonial-Gerichtshöfe sind berechtigt, das Dekret zu erlassen und sollen für die Ausführung desselben sorgen.

Durch die Suspendirung der Habeas-corpus-Akte hat das Parlament zuweilen die Krone ermächtigt, verdächtige Personen ohne Angabe von Gründen verhaften zu lassen. Die Wirkung einer solchen Suspendirung besteht darin, daß die Verhafteten kein Recht darauf haben, während der Zeit der Suspension zur Bürgschaftsbestellung zugelassen, prozessirt oder in Freiheit gesetzt zu werden, sofern die Suspendirungs-Akte darüber nicht Bestimmungen enthält. Dabei bleibt jedoch der Magistrat oder derjenige, welcher die Verhaftung veranlaßt hat, in vollem Umfange verantwortlich, wenn sein Verfahren sich als ungesetzlich erweist. Deshalb hat man, wie Blackstone bemerkt, in der Regel später Indemnitäts-Akte erlassen, um denjenigen Schutz zu gewähren, welche entweder sich gegen eine Klage wegen ungerechtfertigter Verhaftung deshalb nicht vertheidigen konnten, weil sie sonst in unzuträglicher Weise Aufschlüsse über Mittheilungen hätten geben müssen, auf Grund deren sie verfahren waren, oder welche in einer mit dem strengen Rechte nicht in Uebereinstimmung zu bringenden Weise gehandelt hatten, obgleich sie durch die Noth des Augenblickes gerechtfertigt waren.[1])

---

[1]) Folgendes sind Beispiele der Suspendirung der Habeas-corpus-Akte und von Indemnitäts-Akten: — 1 Wilhelm und Maria sess. 2 cap. 8: „Eine Akte zur

Das letzte hier zu betrachtende Rechtsmittel ist das Verfahren der Entledigung der Gefängnisse („gaol delivery"). Die Vollmacht zur Entledigung der Gefängnisse (commission of gaol delivery) ist einer der Aufträge, welche den Richtern ertheilt werden, die periodisch in den Grafschaften die Assisen halten; sie ermächtigt den betreffenden Richter, jeden Gefangenen vor Gericht zu stellen und „freizulassen," welcher sich bei der Ankunft des Richters in der Stadt, in welcher die Rundreise-Sitzung gehalten wird, (circuit town) in dem Gefängnisse befindet, wo und von wem auch der Gefangene angeklagt oder weswegen er auch verhaftet sein mag. Der Zweck dieser Vollmacht besteht darin, daß Niemand lange Zeit im Gefängnisse detinirt werden soll, ohne daß ihm der Prozeß gemacht wird. Die Wirksamkeit des Verfahrens der gaol delivery hängt wesentlich davon ab,

---

Verhinderung chikanöser Prozesse gegen diejenigen, welche sich bei der Einsetzung ihrer Majestäten betheiligt oder in ihrem Dienste gehandelt haben." (Die Akte erwähnt, daß zur Zeit des Regierungsantritts Wilhelms III. mehrere mißvergnügte Personen nothwendig ohne gesetzlichen Haftbefehl hätten gefangen gesetzt werden müssen). 2 Wilhelm und Maria sess. 2 cap. 13: „Eine Akte zur Verhinderung chikanöser Prozesse gegen diejenigen, welche im Dienste ihrer Majestäten zur Vertheidigung des Königreichs handelten." — Nach dem Statute 1 Wilhelm und Maria cap. 7 wurde die Habeas-corpus-Akte für eine bestimmte Zeit suspendirt und zugleich vorgeschrieben, daß Personen, welche während jener Zeit wegen Verdachts des Hochverraths auf einen von sechs Mitgliedern des Staatsraths oder einem Staatssekretair unterzeichneten Haftbefehle verhaftet sind, ohne Zulassung von Bürgschaftsbestellung in Haft behalten werden können. Eine Akte derselben Sitzungsperiode (1 Wilhelm und Maria cap. 19) bestimmte Aehnliches für einige weitere Monate. Ebenso die Akte 7 und 8 Wilhelm III. cap. 11 für eine Zeit in den Jahren 1695—96. Aehnlich ist ferner die Suspensions-Akte 6 Anna cap. 15. Andere Statute wurden zu demselben Zwecke unter Georg I., Georg II. und Georg III. erlassen. Alle diese Akte suspendiren die Wirksamkeit der Habeas-corpus-Akte für genau bestimmte Perioden, aber alle nur für Personen, welche wegen Verdachts des Verraths auf den Haftbefehl von sechs Mitgliedern des Staatsraths oder eines Staatssekretairs verhaftet sind, und sie bestimmen zugleich, daß solche Gefangene nicht ohne die Verfügung von sechs Staatsrathsmitgliedern prozessirt oder zur Bürgschaftsbestellung zugelassen werden sollten. — Ueber die Suspensions-Akten aus der Zeit Wilhelms III. bemerkte das Haus der Lords in seiner wegen des Falles Ashby wider White an die Krone gerichteten Adresse, 1704: „Für so heilig hielt man dieses Gesetz, daß jene Akte nur nach großem Widerstreben durchgingen; einer der Gründe, für die Suspendirung, der am meisten zur Annahme derselben beitrug, bestand darin, daß man dadurch für alle Zukunft unwiderleglich beweisen werde, daß diese Akte niemals durch eine geringere Auktorität, als die der ganzen Legislatur suspendirt werden könne." — In dem bereits erwähnten Falle Bernardi's wurden unter Wilhelm III., Anna, Georg I. und Georg II. Statute erlassen, nach welchen Bernardi und andere Personen, welche beschuldigt daß kein eines Verbrechens Beschuldigter in ein von dem Gesetze nicht gestattetes Gefängniß gebracht werden darf. Das bereits erwähnte Statut 5 Heinrich IV. cap. 10 verbietet den Friedensrichtern, Gefangene anderswo unterzubringen, als in dem gewöhnlichen Gefängnisse, „vorbehaltlich der Rechte der Lords und anderer Personen, denen das Halten von Gefängnissen zusteht." Dieser Vorbehalt bezieht sich auf Gefängnisse, deren Leitung und Verwaltung durch Verjährung oder königliche Verleihung Privatpersonen übertragen war;[1]) gegenwärtig jedoch stehen alle Gefängnisse unter öffentlicher Verwaltung, welche durch zahlreiche Statute geregelt ist. Die letzteren enthalten Bestimmungen über die Klassifikation der Gefangenen und die Aufsicht über dieselben; auch kann kein neues Gefängniß anders als in Folge einer Parlaments-Akte errichtet werden.[2]) Um die vollständige Entledigung

---

waren, an der Verschwörung zur Ermordung Wilhelms III. Theil genommen zu haben, das Rechtsmittel des Habeas corpus entzogen wurde; sie wurden viele Jahre lang gefangen gehalten. — Ueber die Wirkung der Indemnitäts-Akte, welche zum Schutze der bei der Unterdrückung der irischen Rebellion im Jahre 1798 betheiligten Magistrate und anderer Personen erlassen wurde, vergl. den Fall Wright wider Fitzgerald (oben S. 393 Anm. 1). — Blackstone vergleicht die Gesetze Englands zum Schutze der persönlichen Freiheit mit denen anderer Länder und konstatirt dabei, daß unter der milden Verwaltung des Kardinal Fleury allein auf Grund der Bulle Unigenitus über 54,000 lettres de cachet erlassen wurden. Diese lettres, welche von dem Könige unterzeichnet und von einem Staatssekretaire kontrasignirt wurden, befahlen dem Gouverneur der Bastille oder eines anderen Gefängnisses, die genannte Person bis auf weitere Ordre gefangen zu halten. Bis zur Zeit Ludwigs XIV. scheinen sie für Staatszwecke selten zur Anwendung gekommen zu sein; sie wurden offen verkauft und dienten der Privatrache. Die französische Revolution beseitigte sie.

[1]) So z. B. stand unter Eduard IV. dem Abte von Sct. Albans das Recht ein Gefängniß zu halten und der gaol delivery zu, welches er dadurch verwirkte, daß er die Ertheilung der Vollmacht zur gaol delivery ungebührlich verzögerte. Um dieselbe Zeit verwirkte der Abt von Croyland sein Recht zum Halten eines Gefängnisses dadurch, daß er Gefangene noch länger detinirte, obgleich sie freigesprochen waren und die Kosten bezahlt hatten. In dem betreffenden Prozesse wurde ausgesprochen: die Krone könne ein Gefängniß Jemand auf Lebenszeit oder in Lehn oder auf unbestimmte Zeit, nie aber auf bestimmte Jahre überlassen. Der Besitz des Gefängnisses konnte durch Mißbrauch verwirkt werden, z. B. dadurch, daß der Besitzer Gefangene entweichen ließ; und dann konnte der Besitz einem Andern übertragen werden. Dies geschah im Jahre 1690 in Ansehung der Verwaltung des Fleetgefängnisses in London. Dieselbe war früher von Karl II. durch ein Patent an Sir Jeremy Whichcot und seine Erben für immerwährende Zeiten übertragen, und dieser hatte mit Rücksicht auf diese Verleihung das Gefängniß auf seine Kosten neu ausgebauet.

[2]) Die Gefängnißgesetzgebung ist durch die Akte 4 Georg IV. cap. 64 kon-

der Gefängnisse zu sichern, bestimmt ein altes Statut — 3 Heinrich VII. cap. 3 — daß jeder Sheriff und jede andere Person, welcher das Recht zusteht, Gefängnisse zu halten oder Personen wegen Felonie in Gewahrsam zu haben, „die Namen jedes in ihrer Gewahrsam befindlichen Gefangenen und jedes ihnen wegen solcher Ursache überlieferten Gefangenen bei der nächsten allgemeinen Entledigung der Gefängnisse, in jeder Grafschaft oder Herrschaft, wo solches Gefängniß oder solche Gefängnisse sich bisher schon befinden oder künftig sein werden, angeben soll, damit sie von den mit der Entledigung des gedachten Gefängnisses beauftragten Richtern registrirt (kalendared) werden." [1])

2. Prozeduren, um die Tribunale zu ihrer Pflicht anzuhalten. Die gegen die unteren Gerichte zu diesem Zwecke in Anwendung kommenden Mittel sind hauptsächlich das Dekret (writ) of mandamus und das of prohibition.

Gegen Rechtsverweigerung und Verzögerung ist das writ of mandamus gegeben, welches nur von dem Gerichtshofe der Queen's Bench, aber von keinem anderen der Westminster-Gerichte erlassen werden darf.[2]) Das writ wird unter Anderem an die Richter eines niederen Gerichts erlassen, wenn ihnen aufgegeben werden soll, nach ihrer Amtspflicht Justiz zu üben, falls dieselbe verzögert ist; denn der Queen's Bench steht die Aufsicht über alle unteren Gerichte zu und

---

solidirt. Spätere Gesetze sind ergänzend in großer Anzahl dazu gekommen. — Das Gesetz ist schon seit alter Zeit gegen die Gefängnißaufseher, welche sich Grausamkeiten oder Bedrückungen gegen die Gefangenen zu schulden kommen ließen oder sonst ihr Amt mißbrauchten, sehr streng gewesen. Wenn durch harte Behandlung seitens des Gefängnißbeamten der Tod eines Gefangenen herbeigeführt wird, so wird dies als Mord bestraft. Stirbt Jemand in einem Gefängnisse, wenn auch in Folge einer Krankheit oder eines Zufalls, so muß der Coroner stets durch ein inquest die Todesursache feststellen. — Das Gesetz wurde jedoch in älterer Zeit schamlos mißachtet und der Bericht des Hauses der Gemeinen über den Zustand der Gefängnisse aus dem Jahre 1729 deckte ein erschreckliches System der Grausamkeiten auf, welches damals im Fleetgefängnisse herrschte.

[1]) Das Kalendar of prisoners, eine von dem Sheriff aufgestellte und von dem Richter beglaubigte Liste der Gefangenen, dient noch jetzt zur Kontrolle der Sheriffs und der Gefängnißbeamten; die in dieselben von dem clerk of the assize eingetragenen Urtheile geben zugleich dem Sheriff den nöthigen Anhalt für die Strafvollstreckung. Anm. des Uebers.

[2]) Dies gilt nur von dem privilegirten writ of mandamus; ein anderes writ of mandamus, durch welches Jemand angehalten wird, einer Privatverpflichtung zu genügen, kann von jedem der anderen oberen Gerichte des gemeinen Rechts in einem Mandamus-Prozesse erlassen werden. (Comm. Law Proced. Act 1854 s. 68.)

vermöge derselben hat sie darauf zu achten, daß die letzteren von ihren Befugnissen den erforderlichen Gebrauch machen. Deshalb kann die Queen's Bench an die Gerichte der City von London ein Mandamus erlassen, daß sie ein Urtheil sprechen sollen, an die geistlichen Gerichtshöfe, daß sie eine Administration einleiten sollen u. s. w. Das writ wird zunächst alternativ dahin erlassen, daß die Richter die betreffende Handlung vornehmen oder den Grund anzeigen sollen, weshalb dies nicht geschehen kann; wenn der Bericht oder die Antwort auf das writ einen solchen genügenden Grund nicht nachweist, so ergeht ein peremtorisches Mandamus. In alter Zeit untersuchte die Queen's Bench die Richtigkeit des auf das erste Mandamus erstatteten Berichts nicht, sondern prüfte unter Annahme seiner Wahrheit nur, ob der angegebene Grund rechtlich genügend war. Die durch einen unrichtigen Bericht beeinträchtigte Partei konnte nur gegen denjenigen, welcher den falschen Bericht erstattet hatte, auf Entschädigung klagen. Die writs of mandamus wurden in dieser Beziehung den Habeas-corpus-Dekreten ganz ähnlich behandelt. Es war rechtlich nicht zulässig, daß die Richtigkeit der Berichte bestritten wurde, weil die thatsächliche Untersuchung im ordentlichen Verfahren vor einer Jury erfolgen mußte. Im neunten Regierungsjahre Anna's erging jedoch eine Parlaments-Akte, nach welcher die Berichte, welche auf Mandamus-Dekrete über gewisse Amtsverrichtungen erstattet werden, thatsächlich bestritten werden können, und später sind die Bestimmungen jener Akte ausgedehnt, so daß den Berichten auf alle Mandamus-Dekrete heut zu Tage Bestreitung, Einreden oder Demurrer entgegengesetzt werden können. Das in Folge dessen erlassene Urtheil kann durch Appellation im Wege des „error" angefochten werden.

Die Rechtsverletzung, welche den Gegensatz zu der eben erwähnten bildet, besteht in der ungesetzlichen Anmaßung richterlicher Gewalt, nämlich darin, daß Jemand coram non judice geladen wird. Dagegen gewährt das gemeine Recht das Rechtsmittel des writ of prohibition. Das Prohibitions-Dekret, welches von der Queen's Bench und in manchen Fällen von dem Kanzleigerichtshofe, den Common Pleas und dem Schatzkammergerichte erlassen wird, befiehlt dem Richter und den Prozeß-Parteien bei einem unteren Gerichte den Prozeß einzustellen, weil für denselben das Gericht nicht zuständig ist. Dieses Dekret kann sowohl an die niederen Gerichte des gemeinen Rechts, als an andere z. B. die geistlichen und die Admiralitäts-Gerichte erlassen werden.

Das Prohibitions-Dekret ist in der englischen Verfassungsgeschichte durch die häufigen, dadurch veranlaßten Streitigkeiten zwischen den weltlichen und den geistlichen Gerichten berühmt geworden. Das Erforderliche hierüber ist schon im ersten Kapitel dieses Buches erwähnt. Der Streit wurde unter Jakob I. (1608) durch den Erzbischof Bancroft erneuert, welcher im Namen des Klerus dem Staatsrathe eine artikulirte Beschwerde über den Mißbrauch der Prohibitionen einreichte. Die Artikel dieser Beschwerde beantworteten alle Richter der Reihe nach.

Das heutige Verfahren zum Zwecke der Erlangung eines Prohibitions-Dekrets ist das folgende: Die Partei, welche darum nachsucht, fordert zugleich den betheiligten Gegner und den Richter, an welche die Prohibition erlassen werden soll, auf, ihre Gründe gegen die Erlassung der Prohibitions-Verfügung anzubringen. Hierauf erfolgt die Prohibition entweder sogleich oder dem Antragsteller wird aufgegeben, eine förmliche „Deklaration" einzureichen; in dieser trägt er vor, was bei dem Untergerichte geschehen ist, und bittet um Erlassung der Prohibition. Dieser Deklaration kann der Gegner ein Demurrer (exceptio juris) entgegensetzen, oder er kann die vorgetragenen Thatsachen bestreiten, oder er kann neue Thatsachen vorbringen, durch welche die Erlassung des Dekrets abgewendet werden soll. Auf diese schriftlichen Vorträge wird der Erlaß des oberen Gerichts basirt.

Ueber die Rechtsverzögerungen in den oberen Gerichtshöfen scheint das Haus der Lords zu der Zeit, als es noch Prozesse der ersten wie der zweiten Instanz vor sich verhandeln ließ, Beschwerden entgegengenommen, und darauf die Richter zur Abhülfe angewiesen zu haben. Viele derartige Fälle wurden in dem Streite der beiden Parlamentshäuser über die Gerichtsbarkeit der Lords im Jahre 1666 angeführt. So z. B. petitionirte unter Eduard III. Sir Jeffry Stanton bei dem Könige im Parlamente mit einer Beschwerde darüber, daß er von den Richtern der Common Pleas kein Urtheil über einen von ihm erhobenen Anspruch auf gewisse Ländereien erlangen könne. Die Lords verfügten darauf, daß ein Dekret unter dem großen Siegel an die Richter ergehen sollte, mit dem Befehle, daß, wenn die Sache sich so verhielte, sie ohne Verzug das Urtheil erlassen sollten. Als die Richter nicht gehorchten, erging ein Alias an sie, und als sie auch diesem nicht nachkamen und Sir Jeffry seine Petition erneuerte, schickten die Lords ihren Clerk zu den Richtern, damit er letztere auffordern sollte, das Urtheil zu erlassen, oder mit den vollständigen Akten im Oberhause zu erscheinen. Die Richter kamen demgemäß; es wurde entschieden, daß der Anspruch Sir Jeffry's begründet sei, und an die

Richter wurde ein Dekret unter dem großen Siegel gesendet, wonach sie demgemäß das Urtheil erlassen sollten. — Aber eine derartige Kontrolle über die höheren Gerichte ist längst außer Gebrauch gekommen. Im Jahre 1692 wurden Lord Chief Justice Holt und ein anderer Richter der King's Bench vor das Haus der Lords geladen, um die Gründe für ein Urtheil des gedachten Gerichtshofes anzugeben, welches dem Urtheile des Hauses der Lords in einem Peerie-Falle zu widersprechen schien. Die Richter weigerten sich, die Gründe für ihr Urtheil anzugeben, weil sie wegen desjenigen, was sie kraft ihres Richteramts gethan hätten, sich nicht zu verantworten brauchten, und weil der geeignete Weg, ihr Urtheil anzufechten, der des Rechtsmittels des writ of error sei. Heut zu Tage giebt es keine andere Kontrolle über das Verfahren der oberen gemeinrechtlichen und Billigkeits-Gerichte durch eine vorgesetzte richterliche Behörde, als die durch die zulässigen Rechtsmittel gegen die Urtheile gewährte.

3. Mittel zur Verhütung des Uebelstandes, daß einflußreiche Personen sich der Justiz entziehen. — Viele alte Statute beweisen, daß die Gesetze gegen einflußreiche Uebertreter derselben nicht in Wirksamkeit gesetzt werden konnten. Das Statut von Marleberge (52 Heinrich III. cap. 1) erwähnt, daß hochgestellte und andere Personen sich weigerten, bei dem Könige und seinem Gerichtshofe Recht zu suchen, und selbst von ihren Nachbarn gewaltsam Genugthuung erzwängen. Das Statut 4 Eduard III. cap. 11 erwähnt, daß hochgestellte und andere Personen Bündnisse und Komplotte gemacht hätten, um sich in ihren Rechtsstreitigkeiten mit Gewalt beizustehen, daß dadurch manche Leute zu Unrecht ihres Erbes verlustig geworden, andere nur gegen Lösegeld losgelassen und ruinirt seien, und daß endlich andere aus Furcht vor Mißhandlungen und Gewaltthätigkeiten nicht wagten, ihre Rechte gerichtlich zu verfolgen. Aehnliche Statute könnten noch mehrere angeführt werden.[1])

Das Haus der Lords scheint in alter Zeit häufig eingeschritten zu sein, um Hindernissen entgegenzutreten, welche der Rechtspflege von einflußreichen Personen bereitet wurden, insbesondere dann, wenn man ihren Einfluß auf die Geschworenen befürchtete. So z. B. überwältigte unter Heinrich IV. Sir Philipp Courtney, ein in seiner Gegend

[1]) Nach dem Statute 20 Eduard III. cap 1. sollen die Richter ohne Rücksicht auf die zur Störung des Rechtsganges an sie gelangenden Briefe, Schreiben und Befehle Recht sprechen, solche ungesetzlichen Befehle aber dem Könige und seinem Rathe einreichen.

mächtiger Mann, einen gewissen Pontyngdon und entsetzte ihn aus seinem Grundbesitze. Der letztere bat die Lords um Gottes Willen, als um ein Werk der Barmherzigkeit, daß sie ihm helfen möchten. Die Lords übertrugen die Angelegenheit dem Erzbischof von Canterbury zur Schlichtung; vor diesem gestellten sich die Parteien zur Entscheidung ihres Streites. Um der unrechtmäßigen Beeinflussung der Geschworenen vorzubeugen, richteten die Lords eine Verfügung an die Assisen-Richter, nach welcher Niemand zum Mitgliede einer Jury berufen werden sollte, wenn er nicht 40 Pfund Sterling Reineinkommen aus Grundstücken hätte. Dieser und andere ähnliche Fälle[1]) wurden in dem Streite der beiden Parlamentshäuser über die Angelegenheit Skinner's (1666) zur Unterstützung der Ansprüche der Lords beigebrcht; die letzteren behaupteten nämlich damals eine Jurisdiktion, vermöge welcher sie einem armen Manne, der durch eine reiche Gesellschaft unterdrückt war, zu Hülfe kommen könnten.[2]) „Diese

[1]) Ein merkwürdiger Fall der Rechtsprechung in erster Instanz durch das Parlament wird von Coke erwähnt. Die Korporation von Cambridge hatte einen Tumult gegen die Universitäts-Kollegien erhoben, den Vice-Kanzler verhaftet und von den Universitäts-Mitgliedern zwei Verzichtleistungen und die Uebernahme einer Verpflichtung erpreßt. Nach Anhörung der Sache erkannte der König (Richard II.) unter Zustimmung der Lords und der Gemeinen, daß die Freiheiten der Korporation eingezogen und andere ertheilt werden sollten. Dabei ist zu bemerken, daß die Korporation die Jurisdiktion des Parlaments bestritt, daß aber die Einrede verworfen wurde.

[2]) Der öfter erwähnte Skinner'sche Fall kam unter Karl II. vor. Skinner, ein Kaufmann, war in Ostindien von Beamten der ostindischen Kompagnie, wie er behauptete, seiner Schiffe und seines sonstigen Eigenthums beraubt, auch des Besitzes einer Insel entsetzt, welche er von einem eingeborenen Fürsten gekauft haben wollte, weil die Kompagnie nach den ihr zustehenden Privilegien und Monopolen den Konkurrenten beseitigen zu dürfen glaubte. Nach vergeblichen Versuchen, die Sache auszugleichen, verwies der König die an ihn gerichtete Petition Skinner's an das Haus der Lords, welchem er empfahl, dem Petenten zu seinem Rechte zu verhelfen. Das Oberhaus forderte die ostindische Kompagnie zur Beantwortung der Petition auf; diese wendete Inkompetenz des Oberhauses ein; letzteres verwarf die Einrede und verurtheilte, nachdem die Kompagnie sich eingelassen hatte, die letztere zur Bezahlung von 5000 Pfund Sterling Entschädigung an Skinner. Inzwischen hatte sich die Kompagnie mit einer Petition an das Unterhaus gewendet, in welcher sie um Schutz bat, insbesondere deshalb, weil den Lords keine Gerichtsbarkeit erster Instanz zustehe. Daraus entstand ein langer Streit zwischen beiden Parlamentshäusern, welche schon aus anderen Ursachen gegen einander gereizt waren; die Gemeinen ließen Skinner, die Lords Sir S. Bernardiston, welcher Präsident der ostindischen Kompagnie und Mitglied des Unterhauses war, wegen Privilegienbruchs verhaften. — Vergl. Hallam, Verfassungsgeschichte. Kap. 13.

Anm. des Uebers.

Erwägung," sagten die Lords, „ist in allen Zeiten für das Haus bestimmend gewesen; denn dasselbe besteht aus Personen von edelmüthiger Gesinnung, welche arme Leute nicht unterdrückt sehen können, ohne in ihren Herzen den Wunsch und das Verlangen zu empfinden, denselben zu helfen." Das Haus der Gemeinen bestritt, daß dem Hause der Lords zur Zeit noch eine andere als die Gerichtsbarkeit in Appellationssachen zustehe, und widersetzte sich entschlossen der Einmischung der Lords in den gewöhnlichen Rechtsgang, für welchen, nach der Behauptung der Gemeinen, die gemeinrechtlichen Gerichtshöfe ausreichend wären. Der Streit der beiden Häuser über den Skinner'schen Fall wurde 1669—1670 dadurch beendet, daß beide auf den Vorschlag des Königs eingingen, nach welchem sie alle, diese Angelegenheit betreffenden Protokolle aus ihren Tagebüchern entfernen sollten. „Dieses Kompromiß," sagt Hargrave, „war ein so tödtlicher Streich für den Anspruch der Lords auf Gerichtsbarkeit erster Instanz, daß die Ausübung einer solchen in Civilsachen seitdem vollständig aufgegeben ist."

In den frühesten Zeiten seiner Geschichte mischte sich der Kanzleigerichtshof aus ähnlichen Gründen in Gegenstände, welche zur Kompetenz der Gerichte des gemeinen Rechts gehörten. Heinrich IV. antwortete auf eine Beschwerde der Gemeinen über das Rechtsprechen im Hofe des Kanzlers: die bestehenden Statute sollten beobachtet werden, ausgenommen jedoch wenn eine Partei so vornehm und reich und die andere so arm wäre, daß letzterer auf andere Weise nicht geholfen werden könne. Unter Heinrich V. wurden Klagen wegen thätlicher Mißhandlung und andere zur Kompetenz der gemeinrechtlichen Gerichte gehörige Sachen im Hofe des Kanzlers mit solchen Anführungen des Klägers eingebracht, wie: „daß er zu arm sei, um bei den Gerichen des gemeinen Rechts zu klagen, und daß der Beklagte zu mächtig oder daß er zu reich sei." Aber nach und nach gab der Kanzleigerichtshof die Einmischung in Sachen, welche zur Kompetenz der gemeinrechtlichen Gerichte gehörten, auf.

Auch die Sternkammer übte eine Gerichtsbarkeit zum Schutze gegen die Unterdrückung der Machthaber. Nach den Worten Lord Somers (vergl. Seite 210) wurden unter Heinrich VII. ihre Befugnisse ausgedehnt, „um große Tumulte zu bestrafen, Verbrecher, die zu frech für die Aburtheilung im ordentlichen Rechtswege wären, im Zaume zu halten, oder, wie man heut zu Tage sagt, den öffentlichen Frieden zu bewahren." Aber wir haben gesehen, daß die Sternkammer in ein Werkzeug zu politischer Unterdrückung verwandelt und daß ihre Aufhebung unter Karl I. durch den Mißbrauch ihrer Befugnisse herbeigeführt wurde.

Die erstinstanzliche Gerichtsbarkeit der Sternkammer war ihr wahrscheinlich vom Staatsrathe delegirt. Sicher ist es, daß in alten Zeiten das consilium regis eine sehr ausgedehnte Civil- und Kriminal-Jurisdiktion hatte; aber dieselbe wurde durch Statute unter Eduard III. und den folgenden Königen vielfach beschränkt. Unter anderen Gründen, welche diese Gerichtsbarkeit einengten, wirkte besonders dazu die Ernennung von auditores petitionum, welche nunmehr die aus den in das Parlament eingebrachten Petitionen erwachsenden Geschäfte besorgten. Die Gemeinen führten fortwährend über jene Rechtsprechung des Staatsraths Beschwerde; aber sie hörte gänzlich erst im dritten Regierungsjahre Heinrichs VII. auf.

Alle unregelmäßigen und außerordentlichen Prozedurarten sind den Grundsätzen der englischen Verfassung zuwider. Daraus erklärt sich die Opposition des Volkes gegen die Einmischung des Hauses der Lords, des Staatsrathes, des Hofes des Kanzlers und der Sternkammer in den ordentlichen Rechtsgang, welche selbst dann hervortrat, wenn dadurch angeblich der Schwächere vor dem Stärkeren Schutz finden sollte. Denn dieser Schutz ist nicht zu finden in der Annahme außerordentlicher, gegen mächtige Personen in Anwendung zu bringender Prozedurarten, sondern in den Mitteln zur Sicherung der Unparteilichkeit und Unabhängigkeit der Richter und der anderen bei der Rechtspflege betheiligten Personen. In Ansehung der Civilsachen giebt es zwischen den Klagen gegen einflußreiche Personen und anderen Klagen keinen Unterschied, welcher unsere Aufmerksamkeit in Anspruch nehmen müßte. Dagegen bieten die Mittel, durch welche die Strafgesetze gegen mächtige Personen in Wirksamkeit gebracht werden, einige Eigenthümlichkeiten dar, welche hier rücksichtlich der Verfolgung der Verbrechen (des Prozesses und des Urtheils) und der Vollstreckung des Erkenntnisses betrachtet werden sollen.

Blackstone sagt: „Alle Verbrechen sind entweder gegen den Frieden des Königs oder gegen seine Krone und Würde gerichtet, und darauf beruhet jede Anklage." Er sagt weiter: „der König ist die geeignete Person, um wegen aller öffentlichen Verbrechen und wegen jeden Friedensbruches Anklage zu erheben; denn er ist im Auge des Gesetzes der Verletzte." Man darf hieraus nicht etwa ableiten wollen, daß die Verbrechen von dem Gesetze stets lediglich als Angriffe gegen den Staat betrachtet seien; zur Zeit Blackstone's und viele Jahrhunderte vor ihm konnten Privatpersonen Andere wegen grober

Verbrechen durch „Anklage wegen Felonie" („appeal of felony") verfolgen; diese konnte wegen Verbrechen erhoben werden, welche gegen die Privatankläger selbst oder — in Fällen von Mord oder Todtschlag — gegen ihre Verwandten begangen waren. So streng wurde dieses Anklagerecht als ein Privatrecht betrachtet, daß Jemand durch Privatanklage („appeal") selbst dann verfolgt werden konnte, wenn er vorher schon anderweit wegen desselben Verbrechens angeklagt gewesen und freigesprochen war, oder wenn er seinen Frieden mit dem Könige gemacht hatte; auch konnte ein auf Privatanklage für schuldig Erklärter von der Krone nicht begnadigt werden; denn der Prozeß galt als der eines Privatmannes, der Genugthuung für ein ihm zugefügtes Unrecht (private wrong) forderte.

Diese Art der Verfolgung von Verbrechen ist jetzt abgeschafft; aber so lange sie bestand, lag darin ein Mittel, um Verbrecher zur Strafe zu ziehen, welche die Krone zu verfolgen sich weigerte. Jene Verfolgungen waren auch ohne Zweifel nicht unbedenklich, weil die Ankläger sich mit Geld abfinden lassen konnten; und da die Krone die Ankläger nicht zwingen konnte, den Prozeß fortzusetzen, so unterblieb möglicher Weise die rechtliche Ahndung.

Es ist zweifelhaft, ob Blackstone der Ansicht war, daß die Verfolgung der Verbrechen allein der Krone zustehen müsse; jedenfalls würde es unzweckmäßig sein, wenn den Privatpersonen alle Mittel zur Erhebung einer Anklage entzogen würden. So weit ist das englische Recht niemals gegangen. Der gewöhnliche Weg zur Verfolgung von Verbrechen ist der, daß die betreffende Privatperson einen von ihr extrahirten Spruch der großen Jury (indictment) vorlegt. Wenn eine große Jury ein indictment gefunden hat, so muß der König der Anklage die Sanktion seines Namens geben, obwohl der Attorney-General das Recht hat, ein nolle prosequi eintragen zu lassen und dadurch zu jeder Zeit von dem Spruche der großen Jury an bis zum Urtheil den Prozeß sistiren kann.[1])

Die große Jury hat auch das für die Verfassung wichtige Recht, ein „presentment" einzubringen, d. h. Verbrechen anzuzeigen aus eigener Initiative und Kenntniß oder Beobachtung des Sachverhaltes, ohne daß ihr eine Anklageschrift (bill of indictment) auf Betreiben der Krone vorgelegt ist. In Folge des Presentment muß der Beamte des Gerichtshofes eine Anklageschrift (indictment) abfassen.

---

[1]) Die Queen's Bench überläßt in dieser Beziehung Alles der Diskretion des Attorney-General.

Die Formel des von der großen Jury zu leistenden Eides beginnt mit den Worten: „Ihr sollt sorgfältig nachforschen und getreuliche Anzeige von allen solchen Punkten, Gegenständen und Dingen machen, wie sie euch zur Beurtheilung werden vorgelegt werden, und auch von allen anderen Gegenständen und Dingen, welche zu eurer Privatkenntniß kommen und euren gegenwärtigen Dienst betreffen." In einem berühmten Aufsatze, welcher Lord Somers zugeschrieben wird,[1] heißt es: „Die großen Juries haben ein weites Feld für ihre Nachforschungen, und sind in vielen Beziehungen besser im Stande, solche mit Genauigkeit anzustellen, als die kleinen Juries. Die letzteren sind bei ihrer Untersuchung auf die Person und das Verbrechen beschränkt, welche in der Anklage bezeichnet sind; die ersteren aber sollen Alles zu ermitteln suchen, was mit dem ihnen vorliegenden Falle in irgend einem Zusammenhange steht.... Wenn der objektive Thatbestand des Verbrechens klar ist, so soll die große Jury nach den Personen forschen, welche in irgend einer Weise bei demselben betheiligt sind.... Dagegen liegt die Nachforschung nach allen diesen Gegenständen, welche das möglichste Eindringen erforderlich macht und für die öffentliche Gerechtigkeit und Sicherheit von der größten Wichtigkeit ist, gänzlich außerhalb des Amtes und der Macht der kleinen Jury.... Diese muß sich innerhalb der Schranken halten, welche ihr durch die von der großen Jury festgestellten Anklage (indictment) gesteckt sind; denn die letztere soll bestimmen und die Verbrechen spezificiren, weshalb der Angeschuldigte von der kleinen Jury angeklagt wird."

Die große Jury hat daher das Recht, eine Anklage auch in solchen Fällen wenigstens einzuleiten, in denen die Krone vielleicht sehr ungern verfolgen möchte. Die Bedeutung dieses Rechts erhellt recht klar aus dem bekannten Verfahren der großen Jury von Middlesex im Jahre 1680: sie wollte damals eben ein Presentment gegen den Bruder König Karls II., den Herzog von York, anbringen, weil er als Katholik den Supremat des Königs anzuerkennen sich weigerte, als sie plötzlich und ehe sie ihr Presentment beendigt hatte, von Lord Chief Justice Scroggs entlassen wurde. Das Haus der Gemeinen beschloß darauf: „Die Entlassung einer großen Jury durch einen Richter vor dem Ende der Terminszeit, der Assisen oder Quartal-Sitzungen, während ihr noch Gegenstände zur Erwägung vorliegen

---

[1] „Die Sicherung des Lebens der Engländer, oder Amt, Gewalt und Pflicht der großen Juries."

und ehe sie ihr Presentment vorgebracht hat, ist willkürlich, ungesetzlich, der öffentlichen Gerechtigkeit verderblich, eine offenbare Verletzung des Richtereides und ein Mittel um die Fundamentalgesetze des Königreichs zu vernichten." Das erwähnte Verfahren Scroggs bildete den Gegenstand eines der Artikel der später gegen ihn erhobenen Anklage.

Das verfassungsmäßige Recht der großen Juries wurde in dem Falle des Grafen Macclesfield wider Starkey unter Karl II. (1684) umständlich erörtert. Der Beklagte Starkey war Mitglied einer großen Jury gewesen, welche Lord Macclesfield als einen der Anstifter „einer aufrührischen Anrede und eines lärmenden Empfanges, welche dem Herzog von Monmouth zu Theil geworden", in einem Presentment bezeichnet hatte. Lord Macclesfield beantragte die Verurtheilung des Beklagten zur Entschädigung, weil in jenem Presentment ein böswilliges Libell enthalten sei. Die hauptsächlichste Rechtsfrage war nun, ob die große Jury bei Abfassung ihres Presentment innerhalb ihrer Befugnisse gehandelt habe. Es wurde behauptet, daß, wenn die große Jury dafür hält, daß der Frieden des Landes gefährdet sei, sie ihre Besorgnisse und Befürchtungen den Gerichtshöfen mitzutheilen habe. Das Urtheil des Gerichtshofes sprach sich dahin aus, daß der Beklagte wegen der in dem Presentment enthaltenen Angaben gerichtlich nicht verantwortlich gemacht werden könne.

Das englische Recht gewährt für die Verfolgung hochgestellter Personen den Weg der Anklage durch die Gemeinen (impeachment) vor dem Hause der Lords. Es werden hier einige Andeutungen über diese Einrichtung genügen; das betreffende Verfahren wird später besprochen werden.

Die Verfolgung hochgestellter Personen durch Anklage seitens des Hauses der Gemeinen beruhet nach Blackstone auf der Erwägung, daß „Jemand, der mit der Verwaltung öffentlicher Angelegenheiten betrauet ist, möglicher Weise die Rechte des Volkes verletzt und sich derartiger Verbrechen schuldig macht, daß die gewöhnliche, obrigkeitliche Person sie nicht zu bestrafen wagt oder nicht bestrafen kann. Ueber solche Verbrecher können die Vertreter des Volkes im Hause der Gemeinen nicht wohl richten, weil ihre Konstituenten die Verletzten sind; sie können deshalb nur anklagen. Aber vor welchem Gerichtshofe soll eine solche Anklage verhandelt werden? Nicht vor den ordentlichen Tribunalen, da sie natürlich durch die Autorität eines so mächtigen Anklägers beeinflußt werden möchten. Daraus folgt, daß der Zweig der Legislatur, welcher das Volk vertritt, seine Anklage vor den anderen Zweig der Legislatur bringen muß, der durch den Adel des Landes gebildet wird und der weder dieselben Interessen noch dieselben Leidenschaften hat, wie Versammlungen, welche aus dem Volke hervorgegangen sind."

Der alte Grundsatz des englischen Rechts, daß Jeder von seinen Peers (pares) oder von seines Gleichen[1]) abgeurtheilt werden soll, bezieht sich auch auf den Fall des Anklageverfahrens gegen einen weltlichen Lord des Parlaments vor seinen Peers wegen Verrath oder Felonie oder Begünstigung dieser Verbrechen. Es soll dadurch offenbar dem Einflusse der Vorurtheile für oder gegen den Peer vorgebeugt werden, welche entstehen könnten, wenn er durch ein weniger hohes Tribunal gerichtet würde.

Ein Peer, welcher nur eines Vergehens (misdemeanour) angeklagt ist, wird nicht von seinen Peers, sondern von einer Jury gerichtet. Hierüber bemerkt Barrington: es sei auffällig, daß die Peers (die, wie andere Stände, sonst sehr auf ihren Vorrechten beständen) nicht darauf gedrungen haben, auch wegen Vergehen von ihren Peers und nicht von einer gewöhnlichen Jury gerichtet zu werden, zumal man glauben sollte, daß die Vorurtheile einer solchen Jury bei einem Vergehen mehr zur Geltung kommen, als bei einem Kapital-Verbrechen. „Gewiß," fügt er hinzu, „sind die Worte: Nullus liber homo capiatur aut imprisonetur aut aliquo alio modo destruatur, nisi per legale judicium parium suorum, so vorsichtig gefaßt, damit sie jede Art eines Kriminalverfahrens unter sich begreifen. Die Bestimmung der Magna Charta ist auch keine exceptionelle, sondern dieselbe Vorschrift scheint überall in Europa gegolten zu haben, wo die Grundsätze des Lehnrechtes Eingang gefunden hatten."

Privat-Anklagen („appeals") wegen verschiedener Verbrechen wurden vor der Zeit Heinrichs IV. häufig bei dem Parlamente erhoben. Wahrscheinlich wurde von solchen Anklagen häufig Gebrauch gemacht,

[1]) Barrington (Bemerkungen zu der Magna Charta) sagt: „Ich vermuthe, daß das Verfahren per pares, welches im neunundzwanzigsten Kapitel der Magna Charta erwähnt wird, sich hauptsächlich auf die Anklage gegen Barone vor ihren Peers bezog; freilich ist zum Glücke für die Freiheiten Englands die Bestimmung so ausgelegt worden, daß Jedermann durch eine Jury gerichtet werden müsse." — In dem Prozesse gegen Lord Audley (1631) erkannten die Richter: ein Peer des Reiches könne nicht darauf verzichten, von seinen Peers gerichtet, und könne nicht verlangen vor eine Jury gestellt zu werden; denn das Verfahren vor den Peers sei kein Privileg, sondern zwingendes, durch die Magna Charta festgestelltes Gesetz. — Ebenso entschieden die Richter unter Heinrich VIII. in dem Prozesse gegen Lord Dacre.

um gegen hochgestellte Verbrecher Gerechtigkeit zu erlangen. Aber durch das Statut 1 Heinrich IV. cap. 10 wurde bestimmt, daß fortan solche Privatanklagen vor dem Parlamente nicht mehr zulässig sein sollten.

Nach der Zeit Heinrichs IV. hat das Haus der Lords sich selten in Kriminalprozesse eingemischt, welche nur Gemeine (Nicht-Peers) betrafen. Aber unter Heinrich IV. und unter seinem Vorgänger geschah dies häufig, namentlich aus Veranlassung großer Aufstände oder wenn die Bestrafung der Unterdrückung und der Gewaltthätigkeit mächtiger Personen durch die Gerichte des gemeinen Rechts Hindernisse fand; dann beseitigten die Lords durch ihr Einschreiten solche Hindernisse und veranlaßten in der Regel, daß bei den ordentlichen Gerichten das Recht seinen Weg gehe. In allen Fällen, wo der Thatbestand nicht durch Geständniß oder Notorietät feststand, konnte der Beschuldigte verlangen, vor eine Jury gestellt zu werden. Dann wurde die Sache — und dies war die Regel — an die King's Bench zur Verhandlung verwiesen, oder es wurden besondere Untersuchungs-Kommissionen bestellt, oder — und dies war seltene Ausnahme — die Sache wurde mit einer Jury coram rege et concilio, wahrscheinlich dem Parlamente, verhandelt.

Die gegen Peers und andere hochgestellte Delinquenten erkannten Strafen können durch die Prärogative des königlichen Begnadigungsrechts wirkungslos gemacht werden. Das letztere sucht Blackstone dadurch zu rechtfertigen, daß er sagt: es sei konsequent, daß derjenige, welcher verletzt sei, auch das Recht habe, zu verzeihen. Wenn das Begnadigungsrecht durch keine besseren Gründe vertheidigt werden könnte, als mittels der gesetzlichen Fiktion, daß die Verbrechen Verletzungen des Friedens des Königs sind, so würde das Begnadigungsrecht durch den gesunden Menschenverstand längst verurtheilt sein. Es ist hier nicht der Ort, die wirklich vorhandenen besseren Gründe zu erörtern. Es sei nur bemerkt, daß dieses Recht in älterer Zeit ohne Zweifel öfter mißbraucht wurde.[1]) Heut zu Tage

[1]) Um nur Ein recht schlagendes Beispiel anzuführen, erinnern wir an die Begnadigung des Grafen und der Gräfin von Somerset, welche wegen der Ermordung Sir Thomas Overbury's verurtheilt waren, durch Jakob I. (1621). Barington sagt bei Besprechung des Artikel 34 der Magna Charta: „Einer der Wege, auf denen die Könige nicht allein von England, sondern auch anderer europäischer Länder, sich damals Geld verschafften, war die Begnadigung wegen Verbrechen für große Summen." — Bei Besprechung der Statute 2 Eduard III. bemerkt derselbe: „Im zweiten Kapitel ist bestimmt, in welchen Fällen Begnadigungen von dem Kö-

übt die Krone ihr Begnadigungsrecht nur, wenn ihre Minister dazu rathen, und die Verantwortlichkeit der letzteren dem Parlamente gegenüber gewährt einen wirksamen Schutz dagegen, daß Begnadigungen nicht bloß nach Gunst erfolgen. Es tritt hinzu, daß die erfolgte Begnadigung wegen eines der Beurtheilung der großen Jury unterliegenden Verbrechens nicht vor dem Erlasse des indictment geltend gemacht werden darf, so daß die Begnadigung nie die Folge haben kann, das Verbrechen zu verheimlichen; denn der Spruch der großen Jury zieht es an das Licht. Nach der Thronfolge-Akte (12 und 13 Wilhelm III. cap. 2) kann kein unter dem großen Siegel von England ausgefertigter Pardon gegen eine Anklage der Gemeinen im Parlamente geltend gemacht werden; aber wenn über eine solche Anklage entschieden ist, kann der König begnadigen.

De Lolme ist begeistert für das englische Recht über das Verfahren vor den Peers und die Anwendung der Gesetze gegen hochgestellte Personen. Von den Oberhaus-Prozessen gegen Personen, denen die Vorrechte der Peerie zustehen, bemerkt er: „Durchforschen wir die Sammlung der Staatsprozesse, oder werfen wir unseren Blick auf die Geschichte von England, so finden wir wenige oder keine Beispiele dafür, daß ein Peer, der wirklich des ihm zur Last gelegten Verbrechens schuldig war, einen Vortheil dadurch gehabt hätte, daß er nicht von einer aus Gemeinen bestehenden Jury gerichtet wurde.“ De Lolme sagt ferner: „Die eigenthümliche Stellung der englischen Richter zu den drei höchsten Staatsgewalten (wie die Ehrfurcht gebietende Unterstützung, welche sie von denselben zu erhalten sicher sein können, so lange sie treue Diener der Gerechtigkeit sind) hat der englischen Rechtspflege eine so große Unparteilichkeit, den Gerichtshöfen eine so große Rücksichtslosigkeit dem Einflusse und dem Reichthume der Par-

---

nige auf seinen Eid bewilligt werden sollen, c'est à sçavoir ou homme tue autre soi defendant ou en cas fortuit. Wegen eines solchen Unglücksfalles (denn ich kann es kein Verbrechen nennen, weil ein solches stets bösen Willen voraussetzt) sollte der König nach dem Statute durch seinen Eid genöthigt sein, Begnadigung eintreten zu lassen. Der erwähnte Eid ist ohne Zweifel der Krönungseid.“ — Ueber den Prozeß Bigby wider Kennedy (1770) sagt Blackstone: „Es war freilich ein ganz abscheulicher Mord; aber durch die Vermittelung einer Schwester der Betheiligten, welche mit einigen hochgestellten Personen nahe befreundet war, verschaffte man Matthew, welcher den Streich führte, eine Begnadigung zur Transportation.“ Er setzt hinzu: es seien von mehreren Personen, welche in heftiger Opposition zu der Regierung standen, Schritte gethan, „um über eine so schlecht berathene Begnadigung Mißvergnügen und Volksbeschwerden laut werden zu lassen.“

teien gegenüber, Jedermann aber so leichten Zutritt zu den Gerichten und so sichere Aussicht auf Hülfe gegeben, daß kein anderer Staat in dieser Beziehung mit England gleichgestellt werden kann."

Sechstes Kapitel.

Die Gerichtsbarkeit des Parlaments und der Lords.

Wenn das Haus der Peers in seiner richterlichen Eigenschaft fungirt, so ist jedes Verfahren in demselben, mag es durch eine Appellation, durch eine Anklage der Gemeinen, oder eine andere Anklage veranlaßt sein, rechtlich ein Verfahren vor dem Könige im Parlamente (King in Parliament). Deshalb wird in allen jenen Fällen das Oberhaus der Gerichtshof unseres Herrn, des Königs im Parlamente genannt. Dieser Gerichtshof besteht seit unvordenklicher Zeit vermöge Rechts und Gebrauches des Parlaments; er bildet einen Theil des ursprünglichen Systems der englischen Verfassung. So lange das Parlament dauert, hat er alle vermöge seiner Gerichtsbarkeit ihm zustehenden Befugnisse; er wird bei Eröffnung des Parlaments gleichfalls eröffnet und mit der Schließung desselben geschlossen.

Die im Parlamente beruhende Gerichtsbarkeit[1]) erstreckt sich jetzt nur noch auf: 1) Die strafrechtlichen Verurtheilungen im Wege der Gesetzgebung (bills of attainder oder of pains and penalties). 2) Die Anklagen des Hauses der Gemeinen. 3) Die Anklagen gegen Peers (in Folge eines Spruches der großen Jury). 4) Die an das Oberhaus gebrachten Appellationen. Außerdem können die Lords gesetzlich, wenn das Parlament nicht versammelt ist, als Gerichtshof des Lords High Steward zum Richterspruche über einen Peer berufen werden.

1. Der hohe Hof des Parlaments ist das höchste Gericht des Königreiches zur Bestrafung großer Verbrecher, mögen dieselben Lords oder Gemeinen sein; das Verfahren findet über bills of attainder oder of pains and penalties oder in Folge einer Anklage durch das Haus der Gemeinen statt.

Die Bestrafung durch Bills of attainder und in ähnlicher

[1]) Gewisse Parlaments-Ausschüsse üben Funktionen richterlicher Natur; aber die Beschlüsse derselben haben nicht die Kraft von Urtheilen. Dergleichen Ausschüsse sind die für Privatbills (vergl. S. 150 ff.) und für Privilegien (vergl. S. 62).

Weise durch Bills of pains and penalties im Wege der Gesetzgebung war bis zur Regierung Eduards IV. sehr selten, und beschränkte sich auf solche Fälle, in denen der Verbrecher wegen Abwesenheit nicht in regelmäßiger Weise vor Gericht gestellt werden konnte.[1]) Unter Eduard IV. (1461—83) wurden durch Parlaments-Akte viele Personen verurtheilt, welche sich an den Bürgerkriegen zwischen den Häusern York und Lancaster betheiligt hatten. Im Anfange der Regierung Heinrichs VII. ging eine Act of Attainder gegen Personen durch, welche sich auf die Seite Richard III. gestellt hatten; ebenso mehrere ähnliche Akte wegen verrätherischer Anschläge gegen den König. Unter Heinrich VIII. gewann diese Methode zur Bestrafung von Staatsverbrechen eine furchtbare Ausdehnung. Bis dahin war noch kein Beispiel vorgekommen, daß ein Angeschuldigter, wenn er sich gestellte, ohne Prozeß verurtheilt wäre; selbst wenn die Angeschuldigten die Flucht ergriffen hatten, war man in den ältesten Fällen nur mit äußerstem Widerstreben dazu geschritten, sie in ihrer Abwesenheit zu verurtheilen. Heinrich VIII. jedoch legte im Jahre 1539 aus Veranlassung mehrerer Anklagen und Exekutionen, welche im Parlamente heftige Opposition fanden, den Richtern die Frage vor: „Ob Jemand, der bereit sei, sich zu gestellen und nicht zur Verantwortung aufgefordert sei, wegen Hochverrathes vom Parlamente verurtheilt werden könne?" Die Richter erwiderten: „Das sei eine schwierige Frage; der hohe Hof des Parlaments müsse den unteren Gerichten das Beispiel geben, wie man nach Recht und Gerechtigkeit zu verfahren habe; die unteren Gerichte *könnten* in jener Weise nicht procediren, und sie meinten, der hohe Hof des Parlaments *würde es niemals thun*." Aber durch ausdrücklichen Befehl des Königs zu einer direkten Antwort gedrängt, erklärten sie: „Wenn der Angeschuldigte vom Parlamente verurtheilt sei, so könne es nachher nicht in Frage kommen, ob er zur Verantwortung aufgefordert sei oder nicht." Burnet theilt bei Erzählung dieser Vorgänge in seiner Geschichte der Reformation mit: Damals seien zum ersten Male Personen im Parlamente verurtheilt, welche im Gefängnisse gesessen und doch nicht vor Gericht gestellt seien. „Sechszehn Personen wurden auf diese Weise verurtheilt; wenn überhaupt Zeugen verhört wurden, um sie zu überführen, so geschah dies in der Sternkammer oder vor dem Staatsrathe: denn keine Spur von einer Beweiserhebung findet sich in den Tagebüchern" — näm-

[1]) So in den Fällen der Despencers und Michaels de la Pole. Vergl. S. 201. 204.

lich des Parlaments. — Sir Eduard Coke sagt von der im folgenden Jahre (1540) gegen Lord Cromwell erlassenen Act of Attainder: „Wenngleich ich die vom Parlamente erlassene Verurtheilung eines Unterthans wegen Hochverraths finde, der im Tower gefangen saß, sich verantworten wollte und doch niemals einem der Parlamentshäuser zum Verhör vorgeführt ist, so sage ich von dieser Procedur: (wennschon ich die gesetzliche Gewalt des Parlaments nicht in Frage stelle, da ohne Zweifel der Verurtheilung die Rechtskraft beiwohnt) dennoch: Auferat oblivio si potest; si non, utcumque silentium tegat."

Nach Burnet stimmten die Peers der unter Eduard VI. (1549) stattgefundenen Verurtheilung Lord Seymour's durch Bill of attainder ohne Anstand bei; denn sie hatten sich unter Heinrich VIII. an die Annahme solcher Bills gewöhnt. Die Bill wurde den Gemeinen mit einer Botschaft zugesendet: wenn die Gemeinen verfahren wollten, wie es bei den Lords geschehen sei, so sollten die Lords, welche im Oberhause vernommen seien, sich gestellen und ihre Aussagen wiederholen. Die Bill fand jedoch bei den Gemeinen Widerstand. Viele von ihnen erklärten sich gegen solche Verurtheilungen in Abwesenheit der Beschuldigten und verlangten, daß Seymour mit seiner Vertheidigung gehört werden solle. Es wurde nun ein regelmäßigeres Verfahren eingeleitet: der Beweis wurde vor beiden Häusern aufgenommen. — Bei dem Verfahren vor den Peers gegen den Herzog von Somerset wegen Verrath und Felonie — 5 Eduard IV. — verurtheilte man den Angeschuldigten wegen Felonie auf Grund schriftlicher Aussagen. Hieraus nahm man Veranlassung zur Aufnahme einer Bestimmung in die „Akte wegen Bestrafung verschiedener Arten von Verrath" — 5 und 6 Eduard VI. cap. 11 —, nach welcher Niemand wegen Verrath anders angeklagt, zur Verantwortung gezogen oder verurtheilt werden soll als auf Grund seines Geständnisses oder der Aussage zweier gesetzlich zulässiger Belastungszeugen, welche, wenn sie noch am Leben sind, dem Beschuldigten bei seiner verantwortlichen Vernehmung gegenübergestellt werden sollen.[1]) In dem Jahre, in welchem diese Akte erlassen wurde (1552), legte man den Gemeinen eine Bill of attainder gegen den Bischof von Duresme mit Beweisverhandlungen vor,

[1]) Burnet (Geschichte der Reformation) sagt: „Diese Bestimmung wurde offenbar mit Rücksicht auf das Verfahren gegen den Herzog von Somerset aufgenommen, in welchem die Zeugen nicht produzirt wurden, um ihre Behauptungen dem Beschuldigten ins Gesicht zu sagen; und dadurch wurde er des Vortheils beraubt, welchen er durch Anstellung des Kreuzverhörs gehabt hätte."

welche aus einigen bei den Lords abgegebenen Zeugenaussagen bestanden. Die Gemeinen weigerten sich, mit der Bill vorzugehen, weil sie entschlossen waren, jene Praxis für die Zukunft zu verdammen.

Das Verfahren bei Bills of attainder ist in den späteren Fällen sehr verschieden gewesen. In dem Falle Lord Straffords (1640) erhoben die Gemeinen zunächst eine Anklage bei den Lords, indem sie Anklageartikel aufstellten und sie mit Beweismitteln belegten. Ehe jedoch die Lords ihr Urtheil abgaben, ließen die Gemeinen die Anklage fallen und nahmen eine Bill of attainder an, welcher die Lords dann mit Widerstreben zustimmten.[1]) — In dem Falle Sir John Fenwicks (1696) wurden die Beweismittel für die Bill durch den das Attainder vertretenden Advokaten produzirt, und Fenwick durfte durch seine Advokaten alle Rechte der Vertheidigung wahrnehmen lassen; letzterer stellte das Kreuzverhör mit den Zeugen an, erörterte mehrfach Beweisfragen und hielt eine Vertheidigungsrede in jedem Parlamentshause. Die Veranlassung des Attainder gegen Sir John Fenwick bestand darin, daß ein wichtiger Belastungszeuge, welchen die große Jury vor ihrem Beschlusse über die Anklage gehört hatte, fortgeschafft war. Die Bill ging im regelmäßigen Wege in beiden Häusern durch und erhielt dann die Zustimmung des Königs.[2])

2. Von der Entstehung der Anklagen durch die Gemeinen (impeachments) haben wir bereits geredet. Ueber die staatsrechtliche Bedeutung derselben wollen wir noch folgende Stelle aus einem im Jahre 1791 erschienenen Aufsatze, welcher Spencer Perceval zugeschrieben wird, anführen: „Die Vortheile, welche solche Anklagen als Zügel und Abschreckung für schlechte Minister gewähren, sind so offenbar und so groß, daß sie allein schon unsere Aufmerksamkeit in Anspruch nehmen und daß man allein in ihnen die Rechtfertigung eines solchen Verfahrens gefunden hat. Es giebt jedoch noch einen anderen Grund, aus welchem jeder Engländer diese Anklagen schätzen muß, nämlich den, daß sie das wirksamste Schutzmittel gegen eine korrumpirte Rechtspflege gewähren; nach den gemachten Erfahrungen sollten

---

[1]) Die Akte, betreffend die Aufhebung der Verurtheilung Lord Strafford's (13 und 14 Karl II. cap. 29) erwähnt: Der Zweck der Act of Attainder sei gewesen, den Grafen „auf Grund mehrerer, zusammen einen Verrath ausmachenden Handlungen, von denen keine für sich ein Verrath war, und welche deshalb auch zusammen ein solcher nicht sein konnten," zu verurtheilen. Jene Akte beschreibt auch die Gewaltthätigkeiten und Einschüchterungen, welche bei der Annahme der Act of Attainder vorgekommen seien.

[2]) Vergl. Macaulay, Geschichte von England. Kap. 22. Anm. des Uebers.

sie uns aus diesem Grunde vielleicht noch mehr werth sein, als aus einem andern; denn in dieser Richtung sind sie mit weniger Beisatz von rachsüchtigen oder sonst unlauteren Motiven zur Anwendung gekommen, als da, wo ihre Schrecken gegen Günstlinge und Minister geltend gemacht wurden. Daß heut zu Tage die Minister die Grundsätze der Verfassung nicht verletzen und daß die Rechtspflege jetzt auch von dem geringsten Flecken oder Verdachte der Bestechlichkeit frei ist, kann keinen Grund für die Abschaffung dieser Verfahrungsweise abgeben; denn es ist unmöglich, zu beurtheilen, wie viel von der Sicherheit der Verfassung und der Freiheiten, deren wir uns erfreuen, und wie sehr die Genugthuung, mit welcher wir auf die über jeden Verdacht erhabenen Charaktere sehen, die jetzt zur Ehre der Gerichtshöfe in denselben sitzen, gerade dieser Einrichtung zu danken ist. Da die Abwendung schlechter Handlungen der Bestrafung derselben vorzuziehen ist, so kann die wohlthätige Wirkung derselben nicht besser bewiesen werden, als durch die aus den wenigen Fällen ihrer Anwendung in der Neuzeit zu ziehenden Schlüsse." [1])

Rücksichtlich des Verfahrens und der Gegenstände bei solchen Anklagen ist zu betrachten: wer angeklagt werden kann; — das Verfahren vor dem Prozesse; — das Verfahren in und nach dem Prozesse.

Blackstone behauptet, ein Gemeiner könne wegen eines Kapital-Verbrechens nicht bei den Lords angeklagt werden, sondern nur wegen Vergehen im Amte (high misdemeanour); aber ein Peer könne wegen jeder Verletzung eines Strafgesetzes im Oberhause angeklagt werden, wenngleich die Lords wegen Vergehen, wie Libelle, Aufläufe u. s. w., wie die Gemeinen vor ein Geschworenengericht gestellt zu werden pflegten. Die Behauptung Blackstones, daß ein Gemeiner wegen eines Kapital-Verbrechens nicht bei dem Hause der Lords angeklagt werden könne, ist stark angefochten worden, und der Beschluß des Hauses der Lords, den dasselbe im Jahre 1689 nach langen Debatten über die Präzedenzfälle dahin faßte, daß Blair und andere Gemeine wegen Hochverrath bei dem Oberhause angeklagt werden sollten, spricht entscheidend gegen die Ansicht Blackstones; auch hat dieser für seine Meinung keine jüngeren Präcedenzfälle, als aus der Regierung Wilhelms III. beigebracht. Sir William Jones (1681) bemerkt: Wenn

---

[1]) Das letzte Beispiel einer parlamentarischen Anklage bei den Lords war die Anklage gegen Lord Melville wegen Mißbrauches öffentlicher Gelder im Jahre 1805. Im Jahre 1816 legte Lord Cochrane im Hause der Gemeinen Anklage-Artikel gegen Lord Chief Justice Ellenborough vor; aber das Haus lehnte es ab, darauf einzugehen.

Gemeine wegen Hochverraths bei dem Oberhause nicht angeklagt werden könnten, so würde es in der Macht der Krone stehen, „nur Gemeine zu Staatsministern zu ernennen und durch ihre Umtriebe die Regierungsform zu zerstören. Die hohe Stellung derselben würde sie außerhalb des Bereiches der gewöhnlichen Gerichtshöfe erhalten oder vielleicht fielen ihre verrätherischen Handlungen nicht streng unter das Statut, sondern wären der Art, daß kein anderer Gerichtshof als das Parlament über dieselben zu urtheilen kompetent wäre."

Es entsteht die Frage, was für verrätherische Handlungen hier gemeint sind. Das Statute of Treasons (25 Eduard III. cap. 2) definirt die Verbrechen, welche als Verrath betrachtet werden sollen, und fügt dann hinzu, daß andere sogenannte Verrathsfälle von den Richtern nicht als Verrath beurtheilt werden sollen, „bevor die Umstände, welche beurtheilen lassen, ob ein Verrath oder eine andere Felonie vorliegt, dem Könige und seinem Parlamente dargelegt sind." Diese Bestimmung ließ die Gesetzgebung über den Verrath, welche klar und bestimmt sein muß, in erheblichem Grade in Ungewißheit. Deshalb verordnete das spätere Statut 1 Heinrich IV. cap. 10, daß keine andere Handlung für Verrath erachtet werden solle, als die in dem Statute Eduards III. bestimmt bezeichneten. In dem Verfahren gegen den Grafen von Strafford wurde mit überzeugenden Gründen geltend gemacht, daß das Statut Heinrichs IV. die erwähnte Bestimmung aufgehoben habe, und Sir Matthew Hale sagt: durch die Bestimmung habe die Entscheidung darüber, ob casus omissi, dem Könige und dem Parlamente vorbehalten bleiben sollen, „und der regelmäßige und ordentliche, zu diesem Zwecke einzuschlagende Weg sei der durch Erlassung einer deklaratorischen Bill." Man kann mit Sicherheit annehmen, daß heut zu Tage Niemand eines Verrathes, weder auf Anklage der Gemeinen bei den Lords noch in einem gewöhnlichen Gerichtshofe, anders als auf Grund des bestehenden Rechts oder einer Parlaments-Akte für schuldig erklärt werden kann.

Das dem Prozesse selbst voraufgehende Verfahren besteht wesentlich in einer durch ein Mitglied des Hauses der Gemeinen an der Schranke des Oberhauses mündlich vorgetragenen Anklage, durch welche im Auftrage des Unterhauses die namhaft gemachten Personen der gegen sie geltend gemachten Verbrechen und Vergehen beschuldigt werden, und in schriftlicher Darlegung der Behauptungen, welche die Natur der pleadings haben. Diese enthalten zunächst die auf Anordnung der Gemeinen abgefaßten und den Lords vorzutragenden Anklage-Artikel. Gewöhnlich hat man dem Angeklagten gestattet, seine

Auslassung (answer) auf diese Artikel in einer bestimmten Frist einzubringen. Diese Auslassung beantwortet die einzelnen Artikel. Es sind aber auch Fälle vorgekommen, daß der Angeklagte statt einer Auslassung der Anklage eine prozeßhindernde Einrede (plea) z. B. die Einrede der Begnadigung, entgegengesetzt hat. Die Auslassungs- oder Einredeschrift wird den Lords übergeben und von diesen den Gemeinen mitgetheilt. In dem ersteren Falle können die Gemeinen eine Erwiderung (replication) auf die Auslassung einreichen, in welcher sie kurz die Wahrheit ihrer Behauptungen versichern und sich zum Beweise derselben erbieten. Wenn dagegen der Angeklagte, statt sich auszulassen, eine Einrede erhoben hat, so scheint es zulässig zu sein, daß das Haus der Gemeinen der Einrede ein Demurrer entgegensetzt, statt materiell zu repliciren.[1])

Für das fernere Verfahren bestellt das Haus der Gemeinen, wenn nicht die Angeklagten Schuldig plaidiren, Vertreter der Anklage (managers); wenn die Angeklagten Schuldig plaidiren, so scheint Gebrauch zu sein, daß die Gemeinen erst dann Vertreter bestellen, wenn das Urtheil gegen die Angeklagten gesprochen werden soll. Bei Anklagen wegen Hochverraths nimmt ein Lord High Steward den Platz des gewöhnlichen Sprechers des Hauses der Lords ein, nicht aber (wie es scheint) in bloßen Vergehensfällen. Der Lord High Steward ist Sprecher pro tempore und wird von der Krone in Folge einer Adresse der Lords bestellt. Er nimmt an der Berathung und Abstimmung Theil wie jeder andere Lord. Bei dem Anklageverfahren gegen die „fünf katholischen Lords" — 1679 — beschloß jedoch das Oberhaus, daß es das Recht habe, mit dem Prozesse vorzugehen, wenn der König keinen High Steward ernennt. Das Haus der Gemeinen ist bei dem Verfahren selbst als Ausschuß des ganzen Hauses gegenwärtig. Die Vertreter der Anklage eröffnen die Verhandlungen durch ihre Reden und produziren ihre Beweise. Der Advokat des Angeklagten spricht dann zu den Lords und producirt die Vertheidigungsbeweise. Die Gemeinen haben das Recht zu repliciren. Der Lord High

---

[1]) So z. B. plaidirte Lord Danby auf die Anklage der Gemeinen im Jahre 1678 einen ihm gegebenen Pardon, und der Sprecher des Hauses der Gemeinen setzte an der Schranke des Oberhauses der Einrede das Demurrer entgegen: „daß dieselbe ungesetzlich und bedeutungslos sei." — Goudet und andere Personen setzten der im Jahre 1698 gegen sie erhobenen Anklage der Gemeinen an der Schranke des Hauses der Lords Einreden entgegen; es wurde ihnen aber später gestattet, dieselben zurückzuziehen und ihre Auslassungen einzureichen, auf welche dann die Gemeinen Erwiderungen einbrachten.

Steward (oder im Falle ein solcher nicht ernannt ist, der Sprecher des Oberhauses) stellt die Fragen einzeln an die Lords: ob der Angeklagte der in den verschiedenen Artikeln der Anklage behaupteten Verbrechen schuldig ist? Jede Frage wird durch die Majorität der Stimmen beantwortet. Wenn der Angeklagte für schuldig erklärt wird, so erlassen die Lords das Urtheil gegen denselben. Sowohl in den Prozessen über Anklagen der Gemeinen als in denen über Anschuldigungen, welche durch eine große Jury für gerechtfertigt erklärt sind, vereinigen die Lords die Funktionen der Richter und der Geschworenen in sich. Hierin gleichen die Prozesse im Parlamente dem alten judicium parium, wie die Magna Charta sie kennt, viel mehr als das Geschworenengericht.

Die Lords sprechen das Erkenntniß gegen die durch das Haus der Gemeinen Angeklagten nicht eher, als bis das Urtheil von den Gemeinen beantragt ist. Es ist bereits erwähnt, daß die Auflösung oder Prorogation des Parlaments auf das Verfahren ohne Einfluß ist und daß durch den Einwand des erhaltenen Pardons die Anklage nicht aufgehalten wird. (Vergl. oben Kap. 5 a. E.).

3. Anklagen gegen Peers (in Folge eines Spruches der großen Jury). Wenn ein Peer durch den Spruch einer großen Jury wegen eines Kapitalverbrechens oder einer Felonie[1]) angeklagt wird, während das Parlament versammelt ist, so wird das Indictment durch Certiorari zur Verhandlung an das Haus der Lords gebracht. Das Verfahren vor den Peers ist, wie wir gesehen haben, schon der Magna Charta bekannt, und es ist wahrscheinlich noch viel älter. Das Verfahren vor den Peers im Parlamente findet unter Zuziehung des ganzen Oberhauses statt. Es wird ein Lord High Steward bestellt, welcher als Sprecher pro tempore fungirt und vermöge des Rechts seiner Peerie wie die übrigen Lords votirt; die versammelten Peers sind Richter der That- wie der Rechtsfrage.

4. Der Gerichtshof des Lord High Steward. Wenn

[1]) Blackstone sagt, die Indictments, welche durch Certiorari an den Gerichtshof des Lord High Steward verwiesen werden könnten, seien: Verrath, Felonie und Theilnahme an solchen Verbrechen. — Hale behauptet, das einzige bekannte Beispiel, daß ein Peer anders als durch seine Peers prozessirt worden, sei das des Thomas von Barclay, welcher unter Eduard III. wegen seiner Theilnahme an der Ermordung Eduards II. mit Hülfe einer Jury, welche aus Rittern und Esquires bestanden habe, an der Schranke des Hauses der Lords prozessirt sei. Hatsell erklärt aber diese Angabe Hales für einen Irrthum, und weist darauf hin, daß das Protokoll Thomas de Berkeley Miles als den Angeklagten bezeichne.

ein Peer wegen Verrath oder Felonie oder wegen Theilnahme an einem dieser Verbrechen durch die große Jury für belastet erklärt ist, so wird das Indictment durch Certiorari an den Gerichtshof des Lord High Steward gebracht, falls das Parlament prorogirt ist oder gerade kein Parlament besteht. Der Hof des High Steward ist ein nach altem Gebrauche durch eine Vollmacht der Krone, welche die Natur der commission of oyer et terminer hat, zu bestellender Gerichtshof. In demselben ist der Lord High Steward der einzige Richter über Fragen des Rechts und der Praxis; die zur Theilnahme an den Verhandlungen berufenen Peers sind nur Triers und Richter der Thatfrage.[1])

Früher pflegte man nur eine beschränkte Anzahl von Peers zur Theilnahme an den Verhandlungen dieses Gerichtshofes zu berufen. Dieser Gebrauch gab den Beamten der Krone eine monströse Gewalt, da sie vermöge desselben im Stande waren, nur Peers zu berufen, welche der am Ruder befindlichen Partei genehm waren. So z. B. beabsichtigte man den Grafen Clarendon von einer auserwählten Anzahl von Peers richten zu lassen, als er bei Karl II. in Ungnade gefallen war, weil man bezweifelte, daß das ganze Oberhaus sich dazu verstehen würde, nach den Absichten des Hofes zu handeln. In dem Prozesse gegen Lord Delamare, unter Jakob II. (1686), waren viele von den Triers ergebene Anhänger des Hofes; bei den parlamentarischen Konferenzen des Jahres 1691 schrieb man ihre Auswahl unlauteren Motiven zu. Nach dem Statute 7 und 8 Wilhelm III. cap. 3 sollen aber jetzt bei allen Anklagen gegen Peers wegen Verrath oder Theilnahme am Verrathe alle Peers, denen das Recht zusteht, im Parlamente zu sitzen und zu stimmen, zur Theilnahme an dem Verfahren und an der Abstimmung berufen werden.[2])

5. Gerichtsbarkeit in Appellationssachen. Das Haus der Lords ist der oberste zu dem Zwecke bestehende Gerichtshof, um in Folge von Appellationen und Irrthumsklagen (proceeding in „error")

[1]) In den Konferenzen der beiden Parlamentshäuseer, welche wegen des Verfahrens in Verrathsprozessen im Jahre 1691 stattfanden, wurde behauptet, der Prozeß im Hofe des High Steward sei unter Heinrich VIII. entstanden, wo der Gerichtshof von dem Könige zu dem Zwecke eingesetzt sei, diejenigen zu beseitigen, welche ihm verhaßt waren. Als Beispiel wurde der Prozeß gegen den Herzog von Buckingham angeführt.

[2]) Das neueste Beispiel eines solchen Prozesses vor den Lords war der im Jahre 1841 gegen den Grafen Cardigan wegen versuchten Mordes (eines Duells) verhandelte. In demselben wurde Lord Chief Justice Denman als Peer des Parlaments zum Lord High Steward bestellt.

gegen jede in den untergeordneten Gerichten stattgefundene Ungerechtigkeit oder falsche Gesetzes-Anwendung Abhülfe zu schaffen. Blackstone erklärt den Umstand, daß die Gerichtsbarkeit in Appellationssachen bei dem Hause der Lords verblieben ist, während es die Gerichtsbarkeit erster Instanz verlor, in folgender Weise: Diese Gerichtsbarkeit sei bei der Auflösung der Aula regia auf die Lords übergegangen; „denn da die Barone des Parlaments Mitglieder jenes Gerichtshofes waren und die übrige Gerichtsbarkeit desselben auf andere Tribunale übertragen wurde, denen von nun an die hohen Beamten, welche mit jenen Baronen zu Gericht gesessen hatten, präsidiren sollten, so wurde gefolgert, daß das Recht zur Annahme von Appellationen und zur Kontrollirung der Rechtsprechung aller anderen Gerichte, bei der hohen Versammlung geblieben sei, von welcher alle anderen oberen Gerichte abgezweigt waren." Die Ansicht Blackstone's ist nicht im Anklange mit der Sir Matthew Hale's, welcher aus vielen alten Auktoritäten folgert, daß dem Hause der Lords niemals eine selbständige, mit der der Krone nicht konnexe Gerichtsbarkeit zugestanden habe. Dabei muß man bevorworten, daß die Jurisdiktion des Oberhauses in Appellationssachen zur Zeit Hale's hauptsächlich in Folge von Kassationsgesuchen (Klage gegen Irrthum, writ of error) gegen die Erkenntnisse der englischen Gerichte des gemeinen Rechts und in Folge von Appellationen gegen die Erkenntnisse des englischen Kanzleigerichtshofes geübt wurde.

Die Appellationsgerichtsbarkeit des Hauses der Lords bei Anfechtung gemeinrechtlicher Urtheile durch das Rechtsmittel der Kassation wurde ihm früher von der Krone für jeden einzelnen Fall delegirt. Es gab zwei Wege, welche eingeschlagen werden konnten, um eine Sache wegen Nichtigkeit (error) des Urtheils zur Kognition des Parlaments zu bringen. Der ältere Weg war der der Petition an den König oder an den König und seinen Rath oder an den König und das Parlament, in Folge deren eine Verfügung auf die Petition gesetzt wurde, welche die Prozedur im Parlamente gestattete; der andere Weg war der einer gerichtlichen Verfügung (writ), welche auf eine an die Krone gerichtete Petition bewilligt wurde. Diese Verfügung, sagt Hale, erging in älterer Zeit per regem oder per warrantum domini regis; wegen der Abwesenheit des Königs wurde aber während des langen Parlaments die Verfügung auf Anordnung des Attorney-General erlassen, und diese Praxis wurde nach der Restauration beibehalten. Die Verfügung mußte mit dem erforderten Berichte an das Parlament zurückberichtet werden, damit (nach dem alten Formulare der Verfügung) Recht geschehe durch die Krone auf den Rath der geistlichen und weltlichen Lords und der Gemeinen.[1])

Die andere Appellationsgerichtsbarkeit der Lords — betreffend die Appellationen gegen Urtheile des Kanzleigerichtshofes — entstand, wie man jetzt allgemein annimmt, durch Usurpation im siebzehnten Jahrhundert. Vorher war der regelmäßige Weg der Appellation gegen ein Urtheil des Kanzleigerichtshofes der der Petition an den König; dieser wurde in der Petition gebeten, den Streitfall vor sich selbst oder vor von ihm zu bestellenden Kommissären noch einmal verhandeln zu lassen; auch konnten die Dekrete (wie die Urtheile des Kanzleigerichts genannt werden) durch Parlaments-Akte aufgehoben werden. Noch im Jahre 1624 baten die Lords die Krone aus Veranlassung einer an das Oberhaus eingereichten Petition gegen ein Dekret des Kanzleigerichtshofes, daß gewisse Lords zu Kommissaren zur Entscheidung der Sache bestellt werden möchten. Die ersten direkten, ohne Autorisation der Krone, über Appellationen gegen kanzleigerichtliche Dekrete erlassenen Urtheile der Lords wurden während des im Jahre 1640 begonnenen langen Parlaments gesprochen.

Die Appellationsgerichtsbarkeit des Hauses der Lords war der Gegenstand eines heftigen, unter Karl II. (1675) durch den Fall von Shirley wider Fagg veranlaßten Streites zwischen den beiden Parlamentshäusern. Zuerst bestritten die Gemeinen nur, daß Prozesse gegen Mitglieder des Unterhauses an das Oberhaus gebracht werden könnten; aber in einem späteren Stadium des Streites beschlossen sie: „Wer eine Sache gegen irgend einen englischen Gemeinen durch Appellation von einem Billigkeitsgerichtshofe vor das Haus der Lords bringt oder dort betreibt, soll als ein Verräther an den Rechten und Freiheiten der Gemeinen von England erachtet und behandelt werden." Der Streit wurde durch eine lange Prorogation unterbrochen. Nach dem Beginne der nächsten Parlamentssitzung ließen die Lords Appellationen vor sich verhandeln, ohne daß die Gemeinen weiter Einspruch gethan hätten. Hargrave schreibt diese Aenderung der Stimmung der

[1]) „Ut, de consilio et advisamento Dominorum spiritualium et temporalium ac communitatum in Parliamento nostro existentium ulterius pro errore corrigendo fieri faciamus quod de jure etc." — In den durch den Fall Ashby wider White (1704) veranlaßten Konferenzen beklagten sich die Gemeinen darüber, daß das Formular der Verfügung dadurch verändert sei, daß man die Gemeinen nicht mehr darin erwähnte. — Unter Eduard I., Eduard II. und Eduard III. wurde über die Kassationsgesuche zuweilen „in pleno Parliamento," aber häufig auch durch die Lords allein entschieden.

Gemeinen der Besorgniß derselben zu, daß, wenn die Appellationsgerichtsbarkeit den Händen der Lords entwunden würde, dadurch die Macht der Krone zu sehr vermehrt werden möchte; denn die Folge würde die Rückkehr zur Gerichtsbarkeit königlicher Kommissäre gewesen sein.

Seitdem hat die Appellationsgerichtsbarkeit des Hauses der Lords in Prozessen, welche von den Billigkeitsgerichten an dasselbe gelangten, ohne Unterbrechung bestanden. Ungefähr um dieselbe Zeit erklärte sich das Haus der Lords in Sachen der geistlichen Gerichtsbarkeit für inkompetent. Trotz der Opposition Lord Shaftesbury's, welcher behauptete, daß die Auktorität des Hauses als eines Revisionshofes auf dem Grundsatze einer allgemeinen, alle — Civil-, Kriminal- und geistliche — Gerichte des Königreiches umfassenden Ueberwachung der Rechtspflege beruhe, beschloß das Haus im Jahre 1678, keine Appellationen anzunehmen, welche Fragen der geistlichen Gerichtsbarkeit beträfen.

Seit jener Zeit ist die Appellationsgerichtsbarkeit der Lords in Prozessen aus England im Wesentlichen unverändert geblieben. Aber dieselbe ist in doppelter Richtung erweitert worden, nämlich durch die Appellationen aus Schottland und aus Irland.

Appellationen gegen Urtheile der schottischen Gerichte gelangten an das Haus der Lords zuerst nach der Union von England und Schottland. Die Unions-Artikel und die in Folge derselben erlassenen Statute enthalten sonderbarer Weise nichts über solche Appellationen. Diese Omission beruhete jedoch nicht auf einem Versehen, sondern darauf, daß man annahm: Da das britische Parlament an die Stelle des schottischen trete, so gehe die Appellationsgerichtsbarkeit des letzteren selbstverständlich auf das erstere über. Zur Zeit der Union bestand dort unzweifelhaft das Recht der Appellation („for remeid of law") gegen Urtheile des Court of Session an den König und das Parlament von Schottland.

Das Recht der Revision der Verhandlungen der irischen Gerichtshöfe war im Jahre 1698 der Gegenstand eines Streites zwischen dem englischen und dem irischen Hause der Lords. Im Jahre 1783 wurde durch eine Akte des britischen Parlaments dem irischen Hause der Lords eine Gerichtsbarkeit in Appellationssachen gewährt (oder vielleicht zurückgegeben); dieselbe wurde aber später durch den Unions-Vertrag an das Parlament von Großbrittannien und Irland übertragen und steht jetzt dem britischen Hause der Lords zu.[1])

---

[1]) Durch das Statut 6 Georg III. cap. 5 wurde deklarirt, daß dem Hause der Lords von Irland keine Jurisdiktion in Appellationssachen zustehe. In einem

Was die Fälle betrifft, in denen die Appellation an das Haus der Lords zulässig ist, so sind die häufigsten Fälle die der Anfechtung von Entscheidungen der englischen und irischen Billigkeitsgerichte. Aber nicht jedes Dekret derselben kann durch die Appellation angefochten werden. Insbesondere sind Verfügungen, welche der Lord Kanzler innerhalb seiner Jurisdiktion auf Petitionen wegen Bevormundung von Blödsinnigen und Wahnsinnigen erläßt, nicht durch Appellation an das Haus der Lords, sondern an den König im Rathe anfechtbar, weil die Fürsorge für Geisteskranke zu der Prärogative des Königs gehört.[1])

Die Rechtsmittel gegen Dekrete und Verfügungen des Master of the Rolls und der Vice-Kanzler des englischen Kanzleihofes gehen an den Appellhof in der Kanzlei (Court of Appeal in Chancery), und von den Entscheidungen des letzteren kann an das Haus der Lords appellirt werden. Wenn aber nicht rechtzeitig auf nochmalige Verhandlung der Sache bei dem Appellhofe in der Kanzlei angetragen ist, so kann ein Dekret des Vice-Kanzlers oder Master of the Rolls direkt durch Appellation an das Haus der Lords gebracht werden.

Von Alters her war es zulässig, daß in der Appellations-Instanz Zeugen vernommen wurden; jetzt aber ist es durchgreifender Grundsatz, daß kein Beweis beachtet wird, der nicht schon in der unteren Instanz produzirt war. In Fällen, wo seit dem Erlasse des angefochtenen Dekrets neue Beweismittel entdeckt sind, hat das Oberhaus sich zuweilen bewogen gefunden, die Sache in die untere Instanz zum Zwecke der Erhebung des neuen Beweises zurückzuverweisen.

Vor der mündlichen Verhandlung über die Appellation haben die Appellanten und die Appellaten dem Hause von jeder Seite eine gedruckte Darstellung des Rechtsfalles („printed case") einzureichen, in welcher die Thatsachen und Rechtsgründe, auf welche sie sich für

---

früheren Prozesse (des Gouverneurs von Ulster wider den Bischof von Derry) hatte das englische Haus der Lords entschieden, daß die Appellationen von dem irischen Kanzleigerichtshofe an dasselbe und nicht an das irische Haus der Lords gingen.

[1]) Nach dem Statute 15 und 16 Viktoria cap. 87 s. 15 kann die Gerichtsbarkeit, welche nach verschiedenen Parlaments-Akten dem Lord Kanzler in Ansehung der Geisteskranken übertragen ist, den Personen zur Ausübung anvertrauet werden, welchen durch königlichen Erlaß die Fürsorge für Geisteskranke übertragen ist. Gegenwärtig wird diese Gerichtsbarkeit sowohl von den Lord Justices des Appellhofes in der Kanzlei, als auch von dem Lord Kanzler ausgeübt.

ihre Intentionen berufen, so wie die in der früheren Instanz geltend gemachten Beweise, soweit sie dieselben noch für sich geltend machen, vorgetragen werden. Diese „printed cases" müssen in gleicher Weise wie die Reden der Advokaten an den Schranken als gerichtliche Vorträge beachtet werden.

Andere Appellationen an das Haus der Lords betreffen die Revision von Urtheilen der Gerichtshöfe des gemeinen Rechts mittelst der Klage wegen Irrthum (by proceedings in „error", Kassations-Rekurs). Das Rechtsmittel geht von den unteren Courts of record in England an die Queen's Bench, von der letzteren an die Exchequer Chamber,[1]) und von dieser endlich an das Haus der Lords. Das Rechtsmittel kann sowohl in Civil- als in Kriminalsachen nur aus Rechtsgründen geltend gemacht werden, welche sich sofort aus den bisherigen Verhandlungen ergeben, so daß keine neue Beweiserhebung nothwendig ist, um es zu substantiiren oder zu begründen. Denn es giebt keinen anderen Weg, um einen in einem Verdikte enthaltenen thatsächlichen Irrthum gut zu machen, als ein neues Beweisverfahren (new trial).[2])

In Kriminalfällen ist dieses Rechtsmittel gegen alle Urtheile der unteren Kriminalgerichte, welche nach gemeinem Rechte verfahren, an dieselben höheren Gerichte zulässig, wenn ein wesentlicher Mangel („substantial defect") vorgekommen ist, welcher sich aus dem Protokolle ergiebt und wegen welches das Indictment hätte kassirt werden sollen, oder welcher durch Demurrer oder durch den Antrag auf Aussetzung des Urtheils (arrest of judgment) mit Erfolg hätte geltend gemacht werden können.

Wenn eine Rechtsfrage durch Demurrer angeregt ist, so ist die darauf ergangene Entscheidung nur in der bereits angegebenen Weise durch die Klage wegen Irrthums anfechtbar. Aber eine Menge von Rechtsfragen, welche in Kriminalsachen entstehen, können zur endlichen Entscheidung an den Gerichtshof für die reservirten Kron-

---

[1]) Vergl. unten Buch 2 Kap. 9 ad 5.

[2]) Es giebt jedoch Fälle, in denen das Rechtsmittel wegen eines thatsächlichen Irrthums zulässig ist, welcher sich nicht aus dem Protokolle ergiebt, z. B. wenn eine Partei, wegen Minderjährigkeit oder weil sie unter ehemännlicher Vogtschaft (coverture) steht, handlungsunfähig ist und dies aus dem Protokoll nicht hervorgeht. (Comm. Law Proced. Act 1852 sect. 158.)

Ruttimann, engl. Civilprozeß § 421 bemerkt, ein solcher aus dem Protokolle nicht ersichtlicher Nichtigkeitsgrund werde „sonderbarer Weise error in fact, faktischer Irrthum, genannt." Vergl. auch unten Kap. 9 am Ende. Zusatz des Uebers.

prozesse („Court for Crown Cases Reserved") gebracht werden, welcher in Kapitel 10 weiter erwähnt werden wird.

Früher begann die Einleitung jeder „Klage wegen Irrthums" mit einer Weisung an den Unterrichter: das Protokoll, Inhalts dessen der Irrthum vorgekommen sein sollte, an das Revisionsgericht einzureichen. Diese Weisung erging aus dem „Petty Bag" d. h. einem Büreau des Kanzleigerichtshofes, dessen hauptsächlichstes Geschäft der Erlaß verschiedenartiger Verfügungen ist.[1]) Unter der Königin Anna, 1704, wurde entschieden, daß in allen Prozessen, welche geringere Vergehen als Verrath und Felonie betreffen, die Verfügung (writ of error) nicht eine Gnadensache ist, sondern ertheilt werden muß.[2]) In Prozessen wegen Verrath und Felonie ist sie nach strengem Rechte immer noch von dem Ermessen der Krone abhängig und wird „ex gratia regis" ertheilt. Auch in Prozessen wegen Vergehen (misdemeanours) wird die Verfügung nicht ohne Prüfung erlassen; aber der Attorney-General darf sie nicht verweigern, sobald ein plausibler Nichtigkeitsgrund (probable grounds) geltend gemacht ist. Die Queen's Bench nimmt nicht die Befugniß in Anspruch, in dieser Beziehung das Ermessen des Attorney-General zu kontrolliren.[3])

Die Common Law Procedure Act von 1852 (sect. 148) bestimmt, daß (in gemeinrechtlichen Civilprozessen) nie eine Verfügung erlassen zu werden braucht, und setzt an die Stelle derselben eine Note des dazu bestimmten Beamten.[4])

Alle Urtheile der Exchequer Chamber von England und der Exchequer Chamber von Irland können mit der Irrthumsklage bei dem Hause der Lords angefochten werden. Nach dem Statute 11 Georg IV. und 1 Wilhelm IV. cap. 70, welches das Verfahren bei der Irrthumsklage gegen Entscheidungen der englischen Gerichtshöfe der Queen's Bench, der Common Pleas und der Schatzkammer ordnet, sollen „die writs of error gegen die Urtheile der gedachten Gerichte" an die Exchequer Chamber gehen; gegen die Urtheile

---

[1]) Petty Bag bedeutet wörtlich: kleiner Sack. Gneist, Geschichte der Aemter, Seite 522 (erste Aufl.) sagt: „Writs dieses Departements welche sich auf Kronangelegenheiten bezogen, wurden in einem kleinen Sack, parva baga, die, welche sich auf die Rechte der Unterthanen bezogen, in einem geflochtenen Korbe, in hannaperio aufbewahrt; daher die Ausdrücke Hannaper und Petty Bag Office." Anm. des Uebers.

[2]) Vergl. oben Seite 74, 75.

[3]) Vergl. Glaser, engl. Schwurgericht, Seite 433. Anm. des Uebers.

[4]) Vergl. Rüttimann, engl. Civilprozeß, §. 423. Anm. des Uebers.

der letzteren geht das Rechtsmittel an den hohen Hof des Parlaments.

Durch die Akte 20 und 21 Viktoria cap. 77 s. 39 ist rücksichtlich des englischen Court of Probate[1]) bestimmt, daß „jeder, der sich durch ein endliches oder interlokutorisches Dekret oder eine Verfügung des Court of Probate beschwert findet, dagegen an das Haus der Lords appelliren kann.“ Dieselbe Bestimmung ist für den irischen Court of Probate in der Akte 20 und 21 Viktoria cap. 79 s. 45 enthalten.

Die Appellationen in schottischen Sachen sind hauptsächlich gegen die Urtheile des Court of Session in Schottland gerichtet, und das Verfahren ist gegenwärtig durch mehrere Statute geordnet. Nach einer Akte aus dem Jahre 1808 (48 Georg III. cap. 151) „sollen dergleichen Appellationen nur gegen Urtheile und Dekrete, durch welche die Sache selbst materiell endlich entschieden wird, zulässig sein,“ ausgenommen in bestimmten Fällen, in welchen die Appellation auch gegen interlokutorische Urtheile gestattet ist, welche die Deputirten Lords (Lords Ordinary) des Court of Session gesprochen haben und welche demnächst schon von dem Gerichtshofe revidirt sind, zu welchem der betreffende Deputirte Lord gehört.

Im Jahre 1815 wurde, wie wir gesehen haben, eine Akte erlassen, welche die Civil-Jury in Schottland einführte. Nach dieser Akte sind die Entscheidungen der schottischen Gerichtshöfe darüber, ob eine Jury zuzuziehen ist oder nicht, durch Appellation an das Haus der Lords nicht anfechtbar; wohl aber ist die Appellation zulässig auf Grund von Einspruch (exceptions) gegen die von dem Richter der Jury ertheilten Anweisungen und Rechtsbelehrungen und wegen unrichtiger Anwendung des Gesetzes in Folge des Wahrspruchs.

Je nachdem die von dem Hause der Lords zu beurtheilenden Appellationen von dem einen oder dem anderen Gerichte an dasselbe gelangen, ist auch das Wesen dieses Appellhofes ein verschiedenes: wenn die Appellation gegen ein Urtheil eines gemeinrechtlichen Gerichtshofes gerichtet ist, so entscheidet auch das Oberhaus als Gericht des gemeinen Rechts; wenn die Appellation gegen die Entscheidung eines Billigkeits-Gerichtshofes geht, so erläßt das Oberhaus dasjenige Dekret, welches das Gericht der unteren Instanz hatte erlassen sollen. Bei schottischen und irischen Appellationen entscheidet das Haus auf

[1]) Vergl. unten Kap. 11.

Grund seiner eigenen Kenntniß des zur Anwendung kommenden Rechts.

Gegenwärtig hat das Haus der Lords seine Befugnisse als Appellhof den rechtsgelehrten Lords („law lords") d. h. denjenigen Lords, welche in hohen Justizämtern stehen oder gestanden haben, delegirt. Mit Ausnahme sehr weniger Fälle ist man schon im vorigen, wie im gegenwärtigen Jahrhundert nach diesem Grundsatze verfahren, und seit dem Prozesse O'Connell wider die Königin ist er als allgemeine Regel anerkannt. In diesem Prozesse erklärten mehrere nicht rechtsgelehrte Lords (lay lords), daß sie beabsichtigten, über die Frage: ob das Urtheil des unteren Gerichts aufgehoben werden solle? mit abzustimmen; aber auf die Vorstellung der rechtsgelehrten Lords entfernten sie sich zuletzt.[1])

Sowohl bei der Ausübung der Gerichtsbarkeit in Appellationssachen, als in den oben erwähnten Prozeduren der ersten Instanz, pflegt das Haus der Lords in zweifelhaften Fällen das Gutachten der Richter einzuholen, welche, wie früher erwähnt, zu jedem Parlamente einberufen werden; aber das Haus ist an die Ansicht der Richter nicht gebunden.

In den Sitzungen für Appellationssachen führt der gewöhnliche Sprecher des Oberhauses, der Lord Kanzler, der Regel nach den Vorsitz; es ist seine Pflicht, die Rechtsausführungen in ihrem ganzen Umfange anzuhören. Darüber, daß eine gleiche Verpflichtung den übrigen rechtsgelehrten Lords nicht obliegt, ist häufig geklagt worden.

Wenn der Lord Kanzler an der Sitzung Theil zu nehmen verhindert ist, so wird regelmäßig ein stellvertretender Sprecher (Deputy-Speaker) von der Krone ernannt. Gewöhnlich, aber nicht durchaus nothwendig, wird dazu ein Peer bestellt. Wenn — wie es bei dem Lord Siegelbewahrer Henley, ehe er zum Lord Kanzler ernannt und

[1]) Wie die Praxis des Hauses des Lords in dieser Beziehung um 1770 war, geht aus folgender Stelle der Autobiographie Dr. Alexander Carlyle's, welche den berühmten Douglas'schen Prozeß betrifft, hervor. Er erzählt: „Ich hatte einige Tage vor der Entscheidung den Herzog von B. gefragt, wie die Sache ablaufen werde; er antwortete mir: wenn die rechtsgelehrten Lords verschiedener Ansicht wären, so ließe sich nicht bestimmen, wie sie ablaufen werde, da die Peers, nicht genügend im Stande, sich selbst ein Urtheil zu bilden, denjenigen Richtern sich anschließen würden, welchen sie am meisten vertrauten; aber wenn die rechtsgelehrten Lords einig mit einander wären, so würde die Sache nach ihrer Ansicht entschieden werden, da es die Praxis des Oberhauses sei, in allen Justizsachen den rechtsgelehrten Lords beizutreten."

zum Peer kreirt war, geschah — das große Siegel einem Gemeinen als Lord Siegelbewahrer anvertrauet ist, so kommt dieser in eine ganz anomale Stellung; er kann dann vom Wollsacke aus nur die Frage stellen, darf aber nichts weiter reden. Henley beklagte sich häufig darüber, daß er zum Zwecke der Aufhebung seiner eigenen Dekrete thätig sein müsse, ohne daß ihm gestattet wäre, ein Wort zu ihrer Vertheidigung zu äußern.

In den Sitzungen für Appellationssachen, wie in den anderen Sitzungen des Oberhauses, müssen drei Peers gegenwärtig sein; aber es ist gleichgültig, ob die Anwesenden rechtsgelehrte Lords sind oder nicht. Sie pflegen nach einer gewissen Reihenfolge brieflich vom Sprecher zur Theilnahme an den Sitzungen aufgefordert zu werden.

Die Verfassung des Hauses der Lords als richterliche Behörde ist häufig der Gegenstand von Klagen und Verbesserungsvorschlägen gewesen. Einen Hauptgrund der Klagen bildet die Unsicherheit und Unregelmäßigkeit der Theilnahme der rechtsgelehrten Lords an der Verhandlung und Entscheidung der Appellationssachen; denn nur die Theilnahme des Lord Kanzlers ist obligatorisch. So kann es geschehen, daß außer dem Lord Kanzler kein rechtsgelehrter Lord im Hause gegenwärtig ist, und daß in Folge dessen er allein über eine Appellation gegen seine eigene Entscheidung zu befinden hat. Dieser Mangel trat früher, wo die Zahl der rechtsgelehrten Lords kleiner war, mehr hervor als jetzt. Lord Eldon hat vorgeschlagen, man solle die Zahlung der Pensionen der Ex-Kanzler davon abhängig machen, daß sie als rechtsgelehrte Lords an der Verhandlung und Entscheidung der Appellationssachen Theil nähmen. Im Jahre 1856 wollte man der mangelhaften Besetzung des Hauses der Lords als richterlicher Behörde durch Kreirung lebenslänglicher Peerieen abhelfen; aber das Oberhaus widersetzte sich, wie wir gesehen haben,[1]) solchen Kreirungen mit Erfolg. Lord Sct. Leonards ist der Ansicht, daß die Entscheidungen des Hauses der Lords sich nicht durch jene Konsequenz und vollkommene Uebereinstimmung auszeichnen, welche zur Fixirung der Rechtsgrundsätze nothwendig ist. Er sagt: „Kein Appellhof wird denkende Männer befriedigen, wenn er nicht, so lange es die Verhältnisse irgend gestatten, aus denselben Personen besteht, deren ausschließliche Beschäftigung es ist, über Appellationen zu entscheiden und welche für ihre Entscheidungen verantwortlich sind, und wenn ihm nicht ein aus-

[1]) Vergl. oben Seite 59.

gezeichneter Jurist als Präsident vorsteht, auf den die Berufsgenossen und die Parteien mit Vertrauen hinblicken können." [1])

Der Ausschuß, welchen das Haus der Lords im Jahre 1856 zur Untersuchung der Appellations-Gerichtsbarkeit desselben bestellte, empfahl die Anstellung zweier rechtsgelehrter Lords als besoldeter Stellvertreter des Sprechers (deputy speakers), damit diese dem Hause bei der Erfüllung seiner richterlichen Obliegenheiten die nöthige Hülfe leisten. Dieser Vorschlag ist indessen nicht in Ausführung gebracht.

Siebentes Kapitel.

Die Gerichtsbarkeit des Staatsraths.

Neben dem Hause der Lords existirt ein anderes oberstes Appellations-Tribunal — die Königin im Rathe (the Queen in Council) — deren richterliche Funktionen der Justiz-Abtheilung des Staatsraths (Judicial Committee of the Privy Council) delegirt sind. Diese Gerichtsbarkeit der Justiz-Abtheilung umfaßt hauptsächlich die Revision der Urtheile der Kolonial-, geistlichen und Admiralitäts-Gerichte.

Ueber die Entstehung der Appellations-Gerichtsbarkeit in den Kolonialsachen sind verschiedene Ansichten vorhanden. Macqueen (in seinem Buche über die Appellations-Gerichtsbarkeit) meint, daß diese Gerichtsbarkeit vor Alters dem Parlamente zugestanden habe, und bis zur Zeit der Tudors von diesem gelegentlich an den Staatsrath delegirt sei, daß aber unter den Tudors der letztere angefangen habe, sich eine eigene Jurisdiktion in Ansehung der aus den Dependenzen der Krone kommenden Appellationen beizulegen. Er behauptet auch, daß vorher dem Parlamente „die oberste und endliche Gerichtsbarkeit" über die normannischen Inseln zugestanden habe. Es scheint indessen von ihm nicht genügend beachtet zu sein, wie das Parlament die fragliche Gerichtsbarkeit erlangt hat. Die Idee, daß dem Hause der Lords eine ursprüngliche, von Anfang an mit ihm verbundene Gerichtsbarkeit zustehe, ist zwar von Prynne wacker vertheidigt worden, aber durch

---

[1]) Das System der Appellations-Gerichtsbarkeit des Hauses der Lords und die Mängel desselben sind in mehreren Schriften besprochen und haben in den Beweisverhandlungen, welche vor dem Ausschusse der Lords über die Appellations-Gerichtsbarkeit stattgefunden haben, und in dem Berichte dieses Ausschusses (1856) eine ausführliche Erörterung gefunden.

spätere Forschungen vollständig widerlegt; es kann kaum noch bezweifelt werden, daß die Gerichtsbarkeit des Parlaments, wie jede andere, von der Krone als fons justitiae ausgegangen und abzuleiten ist. Es scheint in Ansehung der Appellationen aus den auswärtigen Besitzungen der Krone eine ähnliche Entwickelung stattgefunden zu haben, wie in Betreff der Anfechtungen gegen englische, gemeinrechtliche Erkenntnisse mittels der Irrthumsklage. So z. B. ist in einem Präcedenzfalle aus dem achtzehnten Regierungsjahre Eduards II., auf welchen Macqueen sich besonders beruft, die Appellation gegen ein auf den Kanal-Inseln gesprochenes Urtheil mittels einer Petition an den König und seinen Rath („a nostre Seigneur le Roy e a son Conseyle") gerichtet, und die Antwort lautet: „Laßt jeden, der sich beschwert fühlt, nach der Kanzlei kommen, wo er in seinem Prozesse eine Verfügung erhalten soll, um seine Anfechtungsgründe zum Zwecke der Abhülfe an den König zu bringen." Der Rath, an welchen die Appellations-Petition sich richtet, ist offenbar nicht das Parlament, sondern das concilium ordinarium, welches aus dem Staatsrathe und mehreren Richtern und Kronbeamten bestand; denn nach Sir Matthew Hale's Bemerkung „erhellt es, daß dieses der Rath ist, welcher in den Parlamentsrollen und auch sonst erwähnt wird als derjenige, an welchen gewöhnlich die Petitionen „al Roy et son Councell, ou al Councell le Roy" gerichtet werden." Diese Petition ist zwar in dem Parlaments-Protokolle verzeichnet; aber aus den Förmlichkeiten dieser und anderer, von Macqueen nicht citirter Petitionen aus derselben Zeit und den Antworten auf dieselben geht klar hervor, daß ursprünglich auch die Appellations-Gerichtsbarkeit des Parlaments vom Könige abgeleitet wurde, wenngleich schon zur Zeit Eduards I. das Recht des Parlaments durch die Praxis befestigt war.

Macqueen meint: zuerst seien unter Heinrich VIII. die Appellationen von der Insel Jersey an den Staatsrath verwiesen, und sagt dann: „Nachdem diese besondere und selbstständige Gerichtsbarkeit einmal zugelassen war, wurde sie nach und nach ausgedehnt, zuerst auf die Kolonieen, dann auf Ostindien, bis zuletzt die Abhängigkeit des Staatsraths von dem Parlaments-Hofe außer Acht gelassen und vergessen ward." Aber man muß die Richtigkeit der Annahme, daß die Kolonial-Gerichtsbarkeit des Staatsraths auf einer Usurpation der Befugnisse des Parlaments-Hofes beruhe, bezweifeln; denn wenn auch über die aus den Dependenzen der Krone kommenden Appellationen gelegentlich im Parlamente erkannt sein mag, so folgt doch daraus noch nicht, daß dies stets geschah, oder daß der Staatsrath jemals seine Jurisdiktion gänzlich aufgegeben hat. Sir Francis Palgrave („die ursprüngliche Auktorität des Rathes des Königs“) hat auf die Schwierigkeit, allgemein gültige Grundsätze über die Jurisdiktion des Staatsraths in der älteren Zeit aufzustellen, hingewiesen. „Es ist nicht leicht,“ sagt er, „zu bestimmen, wie die Kompetenz des Staatsraths sich von der des Parlaments unterschied. Aber es läßt sich erkennen, daß die Urtheile des Staatsraths dadurch an verpflichtender Kraft und an Ansehen gewannen, daß sie im Parlamente publizirt wurden.“

Es giebt auch positive Beweise dafür, daß wenigstens in einigen Fällen der Staatsrath schon vor Heinrich VIII. über Appellationen aus den Dependenzen der Krone erkannt hat. Folgendes sind Beispiele dafür, welche gewiß würden vermehrt werden können. Unter Heinrich VI. (1449) baten die Gemeinen: über Beschwerden, welche durch Urtheile des Mayor und der Constables von Calais zugefügt wären, möchte der Kanzler von England und der Rath des Königs („the Chauncellor of England and the Kynges Counseill“) erkennen, und der König bewilligte diese Petition mit einigen, hier nicht wesentlichen Modificationen. Ferner ist in einem vom 3. November 1494 datirten Freibriefe, welchen Heinrich VII. der Insel Jersey ertheilte, bestimmt, daß bei Streitigkeiten zwischen den Gouverneuren und den Richtern der Insel die Sachen an den König im Rath zur Entscheidung und Aburtelung gebracht werden sollten. Eine Staatsraths-Ordre der Königin Elisabeth aus dem Jahre 1565, welche sich offenbar auf eine sehr alte Praxis bei Behandlung der Appellationssachen aus den Kanal-Inseln bezieht, schreibt vor, daß „die Appellationen gegen Urtheile, welche in den gedachten Inseln erlassen sind, nicht hierher gerichtet werden sollen, sondern den Worten ihrer Freibriefe gemäß, au Roy et a son conseil, was, wie Sir Hugh Paulet angiebt, mit der früher gebräuchlichen Form und Ordnung übereinstimmt.“ Es ist auch bemerkenswerth, daß nach einem Statute Heinrichs VIII. die Kolonial-Appellationen unter dem großen Siegel an Kommissäre verwiesen werden konnten.[1])

[1]) Das Statut 25 Heinrich VIII. cap. 19 s. 4 bestimmt: „Wenn in einem der Gerichte der Erzbischöfe dieses Reiches oder in einer der auswärtigen Besitzungen des Königs nicht Recht geschehen ist, so sollen die beschwerten Parteien an des Königs Majestät in dem königlichen Kanzleihofe appelliren dürfen; und in Folge einer jeden solchen Appellation soll ein unter dem großen Siegel auszufertigender Auftrag an diejenigen Personen, welche des Königs Hoheit, seine Erben oder Nachfolger benennen werden, ergehen, über solche Appellationen

Es ist unzweifelhaft, daß die Zuständigkeit der Krone für die Appellationen in Kolonialsachen gegenwärtig ein Prärogativrecht derselben ist, welches ihr nur durch ausdrückliche Bestimmung einer Akte der Legislatur, der auch die Krone zustimmen mußte, entzogen werden kann; und die Krone kann in Ausübung dieser Prärogative Appellationen selbst in solchen Fällen annehmen, welche nach den legislativen Akten der Kolonieen für nicht appellabel erklärt sind.[1])

Die Krone hat auch das Prärogativrecht, sogar in Kriminalsachen Appellationen aus allen Dependenzen des britischen Reiches anzunehmen; aber die Justiz-Abtheilung des Staatsrathes hat solche Appellationen wegen der Unzuträglichkeit, welche durch die Verschleppung der Vollstreckung der Kriminal-Urtheile sonst entstehen würde, nie zugelassen. Jedoch hat die Abtheilung in einem Falle, in welchem ein Mann durch einen Kriminalgerichtshof in Indien in unregelmäßiger Weise für schuldig erklärt und verurtheilt war, den Bittstellern den Rath ertheilt, daß sie sich mit einem Gesuche um Prüfung des Urtheils an die Krone wenden möchten, und hat sie zugleich zu der Angabe autorisirt, daß die Justiz-Abtheilung sich für jene Prüfung ausgesprochen habe.

Nach dem Statute 3 und 4 Wilhelm IV. cap. 41 wurde ein permanenter Justiz-Ausschuß des Staatsraths zur Behandlung der Appellationssachen und anderer Gegenstände, welche die Königin im Rath an diesen Ausschuß verweist, gebildet.

Dieser Ausschuß (die Justiz-Abtheilung des Staatsraths — Judicial Committee of the Privy Council —) besteht nach der ge-

---

verhandeln zu lassen und zu entscheiden, wie in den Fällen der Appellation gegen Urtheile des Admiralitäts-Gerichts." — Im dreiundzwanzigsten Regierungsjahre Eduards I. bestellte der König bestimmte Personen, welche die Petitionen aller derjenigen im Empfang nehmen sollten, welche ihre Petitionen an das damalige Parlament einreichen wollten. Später beauftragte der König bestimmte Personen mit Beantwortung aller derjenigen Petitionen aus Gasconien, welche ohne Mitwirkung des Königs beantwortet werden könnten (qe poeynt estre reponduz saunz le Roy), und andere Personen mit Beantwortung von Petitionen derselben Art aus Guernsey. Die Petitionen wurden in Folge dessen von den mit ihrer Empfangnahme beauftragten Personen an die mit der Prüfung derselben beauftragten abgegeben. — In Prynne's „Kurzen Bemerkungen zu dem vierten Theile von Coke's Institutionen" findet sich eine lange Reihe von Bezugnahmen auf Protokolle, welche die Gerichtsbarkeit über die Kanal-Inseln betreffen.

[1]) In der Sache Louis Marois entschied die Justiz-Abtheilung des Staatsraths im Jahre 1862, daß in einem Falle, in welchem das ergangene Urtheil nach einer Akte der Legislatur von Kanada endgültig war, eine Petition um Zulassung

dachten Akte aus Mitgliedern des Staatsraths, welche Richter bei den oberen Gerichten des gemeinen Rechts und den oberen Billigkeitsgerichten, sowie bei bestimmten anderen Gerichten sind oder früher gewesen sind, und aus zwei anderen Mitgliedern des Staatsraths, welche die Krone ernennt.[1])

Alle Urtheile der auswärtigen Gerichtshöfe, von denen die Appellation früher an die Admiralitäts- oder an die Prisen-Gerichte in England ging, unterliegen der Prüfung durch diesen Ausschuß. Alle Appellations-Gerichtsbarkeit, welche der Königin im Rathe zusteht, wird von diesem Ausschusse ausgeübt. Derselbe hört die von der Krone an ihn verwiesenen Prozesse und erstattet dann einen Bericht oder ein Gutachten an die Krone, welches stets in öffentlicher Sitzung publizirt wird.

Appellationen in Kolonial-Sachen. — Das ordentliche Verfahren in Ansehung der aus den Pflanzungen, Kolonieen und auswärtigen Niederlassungen kommenden Appellationen beginnt damit, daß der Appellant binnen einer bestimmten, von dem Datum des angefochtenen Urtheils zu berechnenden Frist, sich an den betreffenden Gouverneur oder das Gericht, gegen dessen Erkenntniß appellirt werden soll, mit der Bitte wendet, daß die Appellation an ihre Majestät im Rathe zugelassen werde. Ist die Sache appellabel, so muß die gehörig eingelegte Appellation von Rechts wegen zugelassen werden. Nach der Zulassung wird eine beglaubigte Abschrift aller wesentlichen Verhandlungen und Beweisstücke an den Staatsrath eingesendet. Die an die Königin zu richtende Appellations-Petition muß in einer bestimmten Frist eingereicht werden. Dann reichen die Parteien ihre gedruckten Darstellungen des Rechtsfalles („printed cases") ein, welche den bei den Appellationen an das Haus der Lords einzureichenden ähnlich sind. Die Verhandlungen selbst gehen auch ebenso vor sich, wie die im Hause der Lords. Der darauf erstattete Bericht der Justiz-Abtheilung ist das Urtheil des Gerichtshofes; die Gründe desselben werden nach dem Gebrauche schriftlich abgefaßt und in öffentlicher Gerichtssitzung verkündet. In der nächsten Staatsraths-Sitzung, nach der Verkündung jenes Berichts, wird derselbe der Königin zur Bestätigung vorgelegt; darauf wird eine Staatsraths-Ordre entworfen, welche

---

der Appellation zu gewähren sei, weil jene Akte eine Bestimmung enthielt, nach welcher alle Prärogativrechte der Krone vorbehalten waren. Aber die Appellation wurde damals auf einseitigen Antrag zugelassen und konnte noch durch eine Gegenpetition, die Appellation als unstatthaft zu verwerfen, beseitigt werden.

[1]) Vergl. Gneist, Geschichte der Aemter, Seite 325 (erste Aufl.) Der Uebers.

den Bericht in Bezug nimmt, ihn gutheißt und demgemäß den Rechtsspruch abgiebt, welchen der betreffende Gouverneur oder das Untergericht vollstrecken zu lassen angewiesen wird.

Die nochmalige Verhandlung der Sache ist nicht gestattet, nachdem der Bericht der Justiz-Abtheilung von der Königin im Rathe bestätigt ist.[1])

Appellationen in geistlichen und Seerechts-Sachen. — Unter Heinrich II. wurde, wie bereits erwähnt, durch die Konstitutionen von Clarendon bestimmt, daß in den geistlichen Sachen die schließliche Appellation von den Erzbischöfen an den König gehen sollte. Aber trotz dieser und anderer späterer Bestimmungen, durch welche die Appellationen an den römischen Stuhl unterdrückt werden sollten, kamen doch bis zur Zeit Heinrichs VIII. solche Appellationen häufig vor. Das Statut 24 Heinrich VIII. cap. 12 „zur Unterdrückung von Appellationen" erwähnt: es seien verschiedene Unzuträglichkeiten, zu deren Beseitigung die früheren Statute nicht ausreichten, „durch die aus diesem Reiche an den römischen Stuhl gerichteten Appellationen in Testaments-, Ehe- und Ehescheidungs-Sachen, über Zehntrechte, Oblationen und Accidenzien" entstanden, und es verbietet für die Zukunft alle solche Appellationen. Diese Akte enthielt auch Bestimmungen über den Instanzenzug bei den Appellationen von den niederen an die höheren geistlichen Tribunale, und schrieb vor, daß die Urtheile der Erzbischöfe endgültig und nicht appellabel sein sollten. Das spätere Statut 25 Heinrich VIII. cap. 19 s. 4 schrieb aber vor: „Wenn in einem der Gerichte der Erzbischöfe

[1]) Unter der Regierung der jetzigen Königin sind mehrere die Justiz-Abtheilung betreffende Statute ergangen. — Nach 6 und 7 Viktoria cap. 38 sollen an den Sitzungen zur Verhandlung der Appellationen mindestens drei Mitglieder der Justiz-Abtheilung Theil nehmen, und die Appellationen können vor denselben Personen und Beamten verhandelt werden, als wenn die Appellationen in denselben Sachen an die Königin im Kanzleihofe, den hohen Hof der Admiralität oder die Kommissäre für Prisen-Sachen gelangt wären. Nach 7 und 8 Viktoria cap. 69 kann die Justiz-Abtheilung, wenn mehrere Appellations-Petitionen bei ihrer Majestät im Rathe eingelegt sind, durch eine allgemeine Verweisungs-Ordre zur Verhandlung der Appellationen ermächtigt werden, ohne daß eine Spezial-Ordre für jeden Fall erforderlich ist. Die Justiz-Abtheilung kann ferner allgemein anordnen, daß die Kolonial-Gerichtshöfe die Notizen des Richters über die Beweiserhebung und die von den Richtern für oder gegen das erlassene Urtheil geltend gemachten Gründe mit einsenden. Das Statut 14 und 15 Viktoria cap. 83 s. 15 bestimmt, daß die Richter des Appellationsgerichts im Kanzleihofe, wenn sie Staatsräthe sind, Mitglieder der Justiz-Abtheilung sein sollen. Dasselbe ist hinsichtlich des Richters des Court of Probate durch 20 und 21 Viktoria cap. 77 s. 115 bestimmt.

dieses Reiches oder in einer der auswärtigen Besitzungen des Königs nicht Recht geschehen ist, so sollen die beschwerten Parteien an des Königs Majestät in dem königlichen Kanzleihofe appelliren dürfen; und in Folge einer jeden solchen Appellation soll ein unter dem großen Siegel auszufertigender Auftrag an diejenigen Personen, welche des Königs Hoheit, seine Erben oder Nachfolger benennen werden, ergehen, über solche Appellationen verhandeln zu lassen und zu entscheiden, wie in den Fällen der Appellation gegen Urtheile des Admiralitäts-Gerichts." Ein noch späteres Statut, 8 Elisabeth cap. 5, bestimmte, daß die Urtheile, „welche in einer Civil- oder Seerechts-Sache auf gehörig eingelegte Appellation an der Königin Majestät in ihrer Hoheit Kanzleihof von solchen Kommissären oder Delegaten, wie ihre Majestät sie ernennen und bestellen wird," gesprochen werden, endgültig sein sollen.

Das Gericht, welches aus den nach diesen Akten ernannten Kommissären gebildet wurde, bezeichnete man gewöhnlich als den „High Court of Delegates." Dies war der große Appellhof für die geistlichen und Admiralitäts-Sachen. Dieser Gerichtshof wurde aber durch das Statut 2 und 3 Wilhelm IV. cap. 92 abgeschafft und seine Kompetenz sowohl in Betreff der geistlichen als auch der Seerechts-Sachen ging auf den König im Rathe über. Nach dem Statute 3 und 4 Wilhelm IV. cap. 41 sollen alle Appellationen in Prisen-Sachen und in Prozessen, welche bei den Admiralitäts- und Vice-Admiralitäts-Gerichten, sowie bei anderen auswärtigen Gerichten verhandelt sind — in welchen Fällen die Appellation früher an den Admiralitäts-Gerichtshof in England ging — an den König im Rathe gehen.

Auch für die Appellationen gegen Entscheidungen, welche auf Petitionen in Wahnsinnigkeits- und Blödsinnigkeits-Sachen erlassen sind, ist der Staatsrath kompetent. Der Krone gebührt als Prärogativrecht die Fürsorge für die Personen und das Vermögen der Wahnsinnigen, Blödsinnigen, überhaupt aller Geisteskranken, welche dafür nach stattgehabter Untersuchung erklärt sind; sie delegirt aber die ihr hiernach obliegenden Pflichten. Die Fürsorge für die Geisteskranken war früher durch Bestallung unter der königlichen Unterschrift, dem Lord Kanzler allein anvertrauet, ist aber jetzt in ähnlicher Weise den Lords Richtern des Appellhofes in der Kanzlei übertragen (15 und 16 Viktoria cap. 87 s. 15). Die Justiz-Abtheilung des Staatsraths entscheidet auch in gewissen Fällen über Verlängerung der Erfindungs-Patente.

Achtes Kapitel.

Der Kanzleigerichtshof.

Eine der merkwürdigsten Eigenthümlichkeiten des englischen Rechts ist die, daß zwei verschiedene Systeme des Eigenthumsrechts neben einander bestehen, von denen das eine den Gerichtshöfen des gemeinen Rechts, das andere den Billigkeitsgerichten zur Norm dient, und welche häufig denselben Gegenstand betreffen, so daß dieselbe Sache, welche ein Gerichtshof des gemeinen Rechts als dem Einen gehörig anerkennt, ein Billigkeitsgericht dem Anderen zuspricht.

Die Gerichtsbarkeit des Kanzeigerichtshofes bildete sich ohne Zweifel ursprünglich als eine Ergänzung der Rechtsprechung der Gerichtshöfe des gemeinen Rechts und zu dem Zwecke, da Abhülfe zu schaffen, wo nach der Strenge des gemeinen Rechts oder aus einer anderen Ursache der Partei nicht zu helfen gewesen wäre. Der Kanzleigerichtshof ging dann aber weiter, so daß, wie wir gesehen haben, zur Zeit Heinrichs V. die bloße Behauptung des Klägers, er sei zu arm, um bei den gemeinrechtlichen Gerichten zu klagen, oder der Gegner sei zu mächtig, als daß gegen ihn bei den ordentlichen Tribunalen etwas durchzusetzen sei, genügte, um die Gerichtsbarkeit des Kanzleigerichtshofes in Sachen, welche sonst lediglich nach gemeinem Rechte zu beurtheilen gewesen wären, eintreten zu lassen.

Die Jurisdiktion des letzteren wurde jedoch nach einiger Zeit wieder auf engere und bestimmtere Grenzen beschränkt; nach und nach entwickelte sich ein vollständiges Rechtssystem, welches mit dem Namen: Billigkeit („Equity") bezeichnet wurde, und nur so weit, wie die Grundsätze des letzteren, reichte dann auch die Kompetenz des Kanzleigerichtshofes.

Um zu wissen, wie weit die Zuständigkeit der Gerichtshöfe des gemeinen Rechts und wie weit die der Billigkeitsgerichte geht, muß man natürlich die Grenzscheide zwischen dem gemeinen Rechte und der Billigkeit kennen. Aber leider existirt kein Grundsatz, nach welchem jene Grenzscheide allgemein zu bestimmen wäre, und ein solcher kann auch nicht existiren; denn die beiden Rechtssysteme sind nicht nach einem im Voraus durchdachten Plane aufgebauet, sondern sind, unabhängig von einander, allmählig entstanden und fortwährend theils durch Statute, theils durch Gerichtsgebrauch verändert. Es ist (von Story) gesagt worden: ein Billigkeitsgericht „ist kompetent, wenn das geltend zu machende Recht von der örtlichen Jurisprudenz anerkannt und geschützt wird, während ein leichtes, passendes und genügendes Rechtsmittel nach gemeinem Rechte für dieses Recht nicht vorhanden ist." Diese Grenzbestimmung war zu einer gewissen Zeit im Allgemeinen gewiß richtig; aber sie kann jetzt vor einer eingehenden Kritik nicht bestehen, und sie leidet außerdem an dem Mangel, daß sie nur negativ ist und deshalb keinen sicheren Aufschluß über den Unterschied zwischen gemeinem Recht und Billigkeit giebt.

Die Gegenstände, über welche im Kanzleigerichtshofe erkannt werden kann, sind nach den folgenden Rubriken klassifizirt worden: gemeinrechtliche, — speziell delegirte, — Billigkeits-, — und durch Statute dem Kanzleihofe zugewiesene Sachen. Rücksichtlich der beiden ersten Rubriken werden hier wenige Worte genügen. Der Lord Kanzler hat eine beschränkte Gerichtsbarkeit in gemeinrechtlichen Sachen, welche das gemeine Recht selbst anerkennt; vermöge derselben entscheidet er über die Einziehung von Patenten, über Petitionen um Recht (petition of right) und einige andere Gegenstände; aber solche Sachen kommen im Kanzleihofe selten vor. Die speziell delegirten Sachen sind diejenigen, welche die Verwaltung des Vermögens der Kinder, Wahnsinnigen und Blödsinnigen betreffen; aber diese Sachen sind von der Krone nicht dem Kanzleigerichtshofe, sondern dem Lord Kanzler und den Lords Richtern *persönlich* als Kommissären der Krone zugewiesen.

Die wichtigsten Zweige der Gerichtsbarkeit des Kanzleigerichtshofes sind die *Billigkeit-Jurisdiktion* und die *durch Statuten begründete* Gerichtsbarkeit. Die erstere wurde ihm ursprünglich von der Krone ohne Sanktion des Parlaments verliehen; die letztere beruhet auf Parlaments-Akten.

Wir wollen zur Gewinnung einer bessern Uebersicht die *Billigkeits-Sachen* unter zwei Abschnitten behandeln: 1) Billigkeits-Rechte (equitable rights) und 2) Billigkeits-Rechtsmittel (equitable remedies). Die ersteren sind unabhängig von den letzteren, weil man ein Recht haben kann, ohne daß die Nothwendigkeit eintritt, gegen die Verletzung desselben in einem Gerichtshofe Hülfe zu suchen.

1) *Billigkeits-Rechte.* Es ist bereits erwähnt, daß in manchen Fällen als Eigenthümer bestimmter Sachen das gemeine Recht andere Personen betrachtet als die Billigkeit. Diese Verschiedenheit erklärt sich hauptsächlich aus den Grundsätzen des gemeinen Rechts über den Besitz durch Fiduciare (property held on

trust).[1]) Die Gerichtshöfe des gemeinen Rechts erkennen die Verpflichtungen des Fiduziars (trustee) nicht an, und betrachten ihn im Allgemeinen als den unbeschränkten Eigenthümer des Fideikommisses (trust property), während gerade darin die hauptsächlichste Eigenthümlichkeit des von dem Kanzleigerichtshofe anerkannten Rechtssystems besteht, daß er die Fiduziare zwingt, die Verpflichtungen inne zu halten, welche ihnen als Fideikommiß-Besitzern obliegen. Ein Fideikommiß (trust) ist dann vorhanden, wenn Jemand nach gemeinem Rechte (nominell) das Eigenthum an einer Sache zusteht, derselbe aber zugleich die durch ein Billigkeitsgericht erzwingbare Verpflichtung hat, die Sache zum Besten Anderer zu verwenden.[2]) Von den letzteren sagt man, daß sie kraft eines Benefiziums oder der Billigkeit zur Sache interessirt oder berechtigt seien.

Die Trennung des gemeinrechtlichen Eigenthums von dem benefiziarischen ist sehr alt. Blackstone meint, daß die Unterscheidung rücksichtlich des Eigenthums an Grundstücken schon unter Eduard III. eingeführt sei. Trusts an Grundstücken wurden damals und noch lange nachher „uses" genannt; man sagte: Der trustee besitze das Land zum Nutzen (use) der benefiziarisch interessirten Personen. Diese „uses" wurden hauptsächlich zu zweierlei Zwecken geschaffen. — Der eine ging dahin, daß man gewissen Schwierigkeiten rücksichtlich der Disposition über Grundstücke ausweichen wollte, welche sich aus dem Besitze nach Lehnrecht ergaben. Ohne näher in dieses schwierige Thema einzugehen, wird hier die Bemerkung genügen, daß das englische Lehn-

[1]) Es ist streng genommen nicht ganz richtig, wenn im Texte die Worte: „trust" mit Fideikommiß, und „trustee" mit Fiduziar übersetzt sind; es ist dies nur der Kürze wegen, und weil das Rechtsverhältniß mit dem römischen fideicommissum die meiste Aehnlichkeit hat, geschehen. „Unter trust versteht man jedes Verhältniß, vermöge dessen Jemandem (dem trustee) das Eigenthum und der Besitz eines Gutes bloß nominell und zum Besten eines Anderen (dem cestui que trust, welcher zwar nicht dem Namen nach, aber in der That der Eigenthümer oder Besitzer ist) übertragen wird." Rüttimann, Engl. Civilprozeß §. 10. — Vergl. die folgende Anmerkung. — (Die Analogieen, welche hier das römische Recht in dem Nebeneinanderbestehen des jus civile und des jus praetorium bietet, sind auch von den englischen Juristen schon früh bemerkt worden). Anm. des Uebers.

[2]) Zu bemerken ist, daß nicht jeder fiduziarische Besitz (fiduciary possession) ein trust enthält. Ein trust in der strengen Bedeutung des Wortes ist nur in equity und nicht nach gemeinem Rechte erzwingbar; dagegen giebt es manche fiduziarische Besitzübertragungen von gewissen Sachen (chattels) auf Zeit, welche von dem gemeinen Rechte unter dem Namen: bailments (Depositum, Leihe u. s. w.) anerkannt werden. Ein häufig vorkommender Fall eines bailment ist die Uebergabe von Gütern an einen Frachtführer.

recht bei der Veräußerung oder Uebertragung von Grundstücken von einem Besitzer auf den anderen die persönliche Gegenwart der Betheiligten bei der Uebergabe erforderte.[1]) Hieraus entstanden eine Menge von Hindernissen für Veräußerungen von Grund und Boden, welche durch die Verhältnisse nicht selten erfordert wurden. So z. B. war es hiernach nicht möglich, die Uebertragung in der Weise vorzunehmen, daß der Erwerber das Grundstück erst von einem künftigen Zeitpunkte an Eigenthümer desselben werden sollte; denn nach dem englischen Lehnrechte erforderte die Veräußerung eines Freehold zu ihrer Gültigkeit die gleichzeitige Besitzübergabe unter Gegenwärtigen. Diesen Grundsatz umging man dadurch, daß man das Grundstück an einen nominellen Eigenthümer veräußerte mit der Verpflichtung, daß dieser das Grundstück an einem bestimmten zukünftigen Zeitpunkte an einen Anderen übertragen sollte. Das gemeine Recht betrachtete den zuerst erwähnten Eigenthümer als den ausschließlich Berechtigten; aber der Kanzleigerichtshof erklärte die übernommene Verpflichtung zur künftigen Weiterübertragung für erzwingbar.

Der andere Zweck, welcher durch die Zulassung der „uses" erreicht wurde, war die Uebertragung von Grundstücken an die todte Hand, an geistliche Korporationen. Die Geistlichen erfanden dazu den Weg, daß man die Grundstücke nicht direkt an sie selbst und ihre Institute, sondern an nominelle Eigenthümer zum Nutzen („to the use") ihrer Kirchen, Klöster u. s. w. übertrug. Diese „uses" wurden von dem Kanzleigerichtshofe, der damals unter dem Einflusse des Klerus stand,[2]) geschützt. Auf diese Weise wurden die Gesetze gegen die Veräußerung an die todte Hand umgangen, bis das Statut 15 Richard II. cap. 15 diesen Umgehungen mit Erfolg entgegentrat. — Die fideikommissarischen Veräußerungen (conveyances on trust) wurden auch vielfach zu dem Zwecke angewendet, um die Konfiskation wegen Hochverraths unmöglich zu machen; besonders geschah dies während der Bürgerkriege unter Heinrich IV. und während der Kämpfe zwischen den Häusern York und Lancaster.

Außerdem aber sind solche fideikommissarische Veräußerungen (trusts) später zu vielen anderen, komplizirteren Zwecken zur Anwendung gebracht. Jetzt wendet man sie in zweckmäßiger Weise insbe-

[1]) Vergl. Gundermann, Engl. Privatrecht Bd. 1 S. 208.

[2]) Der Kanzler war im Mittelalter ein Geistlicher. Vergl. S. 297 Anm. 1, ferner unten, und Gneist, Geschichte der Aemter S. 236 ad 6. (2. Aufl.).
Anm. des Uebers.

sondere dann an, wenn man ein Vermögen ganz oder zum Theil oder nur dessen Revenüen Personen zuwenden will, welche aus irgend einem Grunde zum Besitze oder zur Verwaltung jenes Vermögens gesetzlich unfähig sind. So z. B. kann ein Testator mittels solcher trusts dafür Vorsorge treffen, daß seine Kinder nach seinem Tode aus den Revenüen seines Immobiliar- wie seines Mobiliar-Vermögens alimentirt und erzogen werden; ferner kann ein Schuldner durch eine vertragsmäßige fideikommissarische Veräußerung (trust deed) die Verwaltung seines Vermögens und die Vertheilung der Revenüen desselben unter seine Gläubiger durch Fiduziare (trustees) anordnen.

Die Verpflichtungen, welche mit dem fiduziarischen Besitze verbunden sind, entstehen nicht bloß durch ausdrückliche Bestimmungen der Person, welche das Fideikommiß (trust) anordnet, sondern auch stillschweigend und folgerungsweise durch die Regeln der Billigkeit (des Rechts der Billigkeitsgerichte), welche zu Gunsten der Betheiligten als Rechtsregeln gelten. So z. B. wird in vielen Fällen derjenige, welcher wissentlich von einem trustee kauft, selbst wieder nur Fideikommißbesitzer (trustee); in vielen anderen Fällen werden Personen, welche in den Besitz von fideikommissarisch veräußerten Gegenständen (trust property) gelangen, ohne zu trustees bestellt zu sein, nach den Regeln der Billigkeit für diese Gegenstände verantwortlich.

Außer den trusts giebt es viele andere Rechte, welche nach den Regeln der Billigkeit, aber nicht nach gemeinem Rechte erzwingbar sind. Die nächst den trusts wichtigsten sind wohl die der Besteller todter Pfänder (mortgagors), d. h. diejenigen, welche ihre Grundstücke zur Sicherheit für empfangene Darlehne veräußern.[1]) Nach gemeinem Rechte wird der Darlehnsgeber, dem Inhalte der Pfandbestellung gemäß, unbeschränkter Eigenthümer des verpfändeten Grundstücks, wenn das Darlehn nach der bedungenen Zeit nicht zurückgezahlt ist; aber nach den Grundsätzen der Billigkeit bleibt der Darlehnsnehmer berechtigt, das verpfändete Grundstück durch Zahlung der schuldigen Summe wieder einzulösen: der Pfandbesteller oder Darlehnsnehmer kann darnach dieses Einlösungsrechtes nicht verlustig werden, ohne daß ihm eine Frist zur Einlösung gegeben wird. — Andere Billigkeitsrechte werden in dem folgenden Abschnitte gelegentlich erwähnt werden.

2. **Billigkeits-Rechtsmittel.** Im Kapitel 3 ist bereits auf die Unterschiede zwischen den Mitteln der Rechtsverfolgung in den

---

[1]) Vergl. S. 91 Anm. 1.

gemeinrechtlichen und den Billigkeitsgerichten und darauf hingewiesen, daß durch die neuere Gesetzgebung diese Unterschiede theilweis beseitigt, manche jedoch stehen geblieben sind, weil dem Kanzleigerichtshofe ein weit umfangreicherer Apparat zur Ausführung seiner Dekrete und Anordnungen zu Gebote steht, als den gemeinrechtlichen Gerichten.

Von den wichtigeren Billigkeits-Rechtsmitteln mögen die folgenden hier erwähnt werden, aus welchen die große Mannigfaltigkeit und der bedeutende Umfang der Befugnisse des Kanzleigerichtshofes genügend erhellen wird: Prozesse wegen Rechnungslegung (account). — Liquidation von Erbschaften (administration). — Vernichtung und Ausstellung oder Vollstreckung von Urkunden (cancellation and execution of deeds). — Regresse unter Mitverpflichteten (contribution). — Verbote (injunctions). — Gerichtliche Deposition von Geldern (investment and appropriation of funds in Court). — Theilungsklagen (partition.) — Prioritätsverfahren (priorities). — Bestellung von Sequestern (receivers). — Durch Urtheil angeordnete Verkäufe (sales under decrees). — Erzwingung von Handlungen (specific performance). — Bestimmung über die Verwendung von Stiftungsfonds (schemes of charities).

Die Rechnungsprozesse bilden einen erheblichen Theil der Geschäfte des Kanzleigerichtshofes. Sie kommen bei Auflösung und Abwickelung von Societätsgeschäften, in Prozessen zwischen Prinzipalen und Bevollmächtigten, in Prozessen gegen Fiduziare (trustees) wegen Verletzung ihrer Verbindlichkeiten und in vielen anderen Fällen vor. Die Rechnungslegung erfolgt vor den Ober-Sekretären (chief clerks) der Billigkeitsrichter. Die Gerichte des gemeinen Rechts sind nach ihren Einrichtungen viel weniger zur Leitung der Rechnungsabnahme geeignet; deshalb wird der Umstand, daß bestrittene Rechnungen für das gemeinrechtliche Verfahren zu verwickelt sind, für genügend erachtet, um die Zuständigkeit des Billigkeitsgerichts zu begründen.

Die Liquidation des Vermögens eines Verstorbenen im Kanzleigerichte erfolgt entweder auf den Antrag der Personen, welche für die Vertheilung des Vermögens verantwortlich sind, oder derjenigen, welche Ansprüche auf dasselbe geltend machen. Die Geschäfte des Kanzleigerichts bestehen in diesem Falle der Regel nach darin, daß vor ihm die erforderlichen Rechnungen gelegt, die Aktiva des Nachlasses zusammengestellt und daß dieselben unter die Gläubiger und die zu dem Nachlasse berechtigten Personen vertheilt werden.

Wenn die Vernichtung von Urkunden über nicht erfüllte,

wegen Ungesetzlichkeit oder Immoralität des verfolgten Zweckes oder wegen Betruges oder wegen Irrthums ungültige Verträge nothwendig wird, so ordnet der Gerichtshof diese Vernichtung an. Die Ausstellung oder Vollstreckung von Urkunden wird von dem Gerichtshofe in vielen Fällen angeordnet. Dies geschieht z. B. wenn das Instrument aus Mißverständniß eine der Absicht der Kontrahenten nicht entsprechende Fassung erhalten hat; dann kann der Gerichtshof das Mißverständniß verbessern und die Ausstellung einer neuen Urkunde anordnen. In einem Prozesse wegen Einlösung eines todten Pfandes kann die Zurückgabe desselben an die zur Einlösung berechtigten Personen angeordnet werden. In einem Prozesse wegen Erfüllung eines Miethś- oder Pachtvertrages kann das Gericht die Uebergabe des vermietheten oder verpachteten Grundstückes anordnen.

Das Recht des Regresses kommt da vor, wo mehrere Personen gemeinschaftlich (solidarisch) zu einer Zahlung verpflichtet sind und einige von ihnen mehr als ihren Antheil bezahlt haben. Wenn z. B. dieselbe Sache bei mehreren Assekuradeurs versichert ist, so kann derjenige, welcher den stattgehabten Verlust ersetzt hat, von den übrigen Assekuradeurs verhältnißmäßigen Ersatz (contribution) fordern.

Die Verbote (Injunktionen), welche zu den wichtigsten durch den Kanzleigerichtshof gewährten Rechtshülfen gehören, werden gewöhnlich in zwei Klassen getheilt. Die der ersten Art bezwecken die Inhibirung von Prozessen bei den gemeinrechtlichen und bei anderen Gerichten, und sind in manchen Beziehungen den Prohibitionen ähnlich, welche, wie wir gesehen haben, die Gerichtshöfe des gemeinen Rechts erlassen, um Prozessen vor den geistlichen oder anderen Gerichten entgegenzutreten, — jedoch mit dem Unterschiede, daß die Injunktionen nicht an das Gericht erlassen werden, vor dem der Prozeß anhängig ist oder anhängig gemacht werden soll, sondern an die Prozeßparteien. Der Grund für solche Injunktionen liegt darin, daß bei der betreffenden Sache Billigkeitsrechte zu berücksichtigen sind, über welche in dem sistirten Prozesse nicht erkannt werden kann. Eine solche Injunktion kann entweder zu dem Zwecke gewährt werden, um den bei dem gemeinrechtlichen Gerichte aufgetretenen Kläger zu verhindern, über sein Recht erkennen zu lassen, oder, wenn das Urtheil bereits erlassen ist,[1])

[1]) Das Recht, Injunktionen noch nach dem Urtheile zu erlassen, ist der Gegenstand eines heftigen Streites gewesen. Unter Heinrich VIII. war es Gegenstand eines Anklage-Artikels gegen Wolsey, daß er noch nach Erlaß des Urtheils nach gemeinem Rechte die betreffenden Sachen im Kanzleigerichtshofe geprüft habe. Dieses Recht bildete auch den Hauptstreitpunkt zwischen Lord Kanzler Ellesmere

um ihn zu verhindern, dasselbe vollstrecken zu lassen. — Die Injunktionen der zweiten Art sollen Civilrechtsverletzungen verhindern, z. B. einen Fiduziar (trustee) von einer beabsichtigten Verletzung seiner Verbindlichkeiten, oder Jemanden von Zufügung eines unheilbaren Schadens abhalten. Zu diesen Fällen von Injunktionen gehören auch die gegen „waste" (Verwüstung), wenn Jemand nur ein beschränktes Recht an einem von ihm besessenen Grundstücke hat und in verwüstender Weise die Waldungen umhauen zu lassen oder das Gut sonst nachhaltig zu beschädigen droht;[1]) ferner die Injunktionen gegen drohende Beeinträchtigung des Verlagsrechts durch Nachdruck oder des Patentrechts durch Nachbildung, Injunktionen gegen die Verbauung alter Fenster u. s. w.

Gerichtliche Deposition von Geldern. Der Kanzleigerichtshof ist der Verwahrer sehr großer Geldsummen, deren Deposition zum größten Theile von dem Gerichte zur Sicherung der darüber streitenden Parteien angeordnet, und zum anderen Theile freiwillig von den Nichteigenthümern des Geldes bewirkt ist, weil diese sich von der Verantwortlichkeit der Aufbewahrung befreien wollten. Die Gelder der Prozeßparteien waren früher in der Gewahrsam der Masters in Chancery. Im Anfange des vorigen Jahrhunderts entdeckte man jedoch, daß einige von diesen das in sie gesetzte Vertrauen gröblich gemißbraucht und große Summen unterschlagen hatten. Die Entdeckung dieser Mißbräuche und die Mitschuld des Lord Kanzlers Macclesfield[2]) an denselben führte zur Anklage des letzteren durch das Haus der Gemeinen und zu einer vollständig anderen Art der Aufbewahrung der Parteien-Gelder. Diese Gelder werden jetzt auf das Conto eines Beamten des Kanzleigerichtshofes, des Accountant-General[3]) an die Bank von England eingezahlt; dieser, unter Anleitung und Aufsicht des Gerichtshofes, nimmt die Gelder der Parteien ein, belegt sie bei der Bank

und Lord Chief Justice Coke; der Streit wurde bei diesem Punkte von Jakob I. zu Gunsten der Gerichtsbarkeit des Kanzleihofes entschieden.

[1]) „Wer ein eventuelles, zur Zeit noch nicht wirksames Recht an ein Grundstück hat, kann gegen Schädigung desselben durch den gegenwärtigen Besitzer den Schutz eines Billigkeitshofes anrufen." — Rüttimann, Engl. Civilprozeß §. 10.
Anm. des Uebers.

[2]) Vergl. Mahon, History of England Vol. II. pag. 74 (Tauchnitz edition).
Anm. des Uebers.

[3]) Gneist, Geschichte der Aemter S. 520 (1. Aufl.) übersetzt die Bezeichnung mit einem passenden, besonders dem preußischen Juristen leicht verständlichen Ausdrucke: „Deposital-Rendant der Chancery." Vergl. ebendas. Näheres über die Geschäfte und die Stellung dieses Beamten. Anm. des Uebers.

und zahlt sie wieder aus. Möglicherweise bleiben derartige Kapitalien, wenn sie demjenigen, zu dessen Sicherheit sie deponirt sind, erst in einem ungewissen späteren Zeitpunkte definitiv zufallen, lange Zeit in der Verwahrung des Gerichtshofes z. B. wenn eine Person lebenslänglich die Zinsen von einem solchen Deposital-Kapitale zu beziehen hat und nach dem Tode derselben das letztere einem Anderen zufallen soll. In einem solchen Falle wird der Accountant-General angewiesen, die jährlichen Erträgnisse des Kapitals der ersteren in gewissen Zeiträumen auszuzahlen, und nach dem Tode des zum Zinsgenuß Berechtigten erhält er ferner die Anweisung, das Kapital denjenigen, welchen es zugefallen ist, auszuhändigen. Ein großer Theil des General-Depositalfonds (Suitors' Fund oder General Suitors' Fund) besteht aus Kapitalien und Dividenden, welche sich dadurch, daß seit langer Zeit Niemand Ansprüche daran geltend gemacht hat, angehäuft haben.

Theilungsklagen. Die gemeinrechtlichen Theilungsklagen sind wegen ihrer Schwierigkeiten obsolet geworden.[1]) Die Theilungsklagen sind zuläſſig, wenn mehrere Personen Miteigenthümer desselben Grundstückes sind. Der Kanzleigerichtshof beauftragt auf Anrufen geeignete Personen, das Grundstück zu vermessen und zu bonitiren und die betreffenden Parzellen zu vertheilen. Die Vertheilung wird dann dadurch in Ausführung gebracht, daß die bisherigen Miteigenthümer sich einander den Besitz an den einzelnen Theilen in der gewöhnlichen Weise übertragen. Wenn das Grundstück eine genau entsprechende Theilung nicht zuläßt, so treten neben der Theilung unter den Betheiligten Ausgleichungen in baarem Gelde ein.

Prioritätsverfahren kommen am häufigsten in den Fällen vor, wenn dieselbe Sache mit verschiedenen Pfandrechten oder anderen Lasten behaftet ist, — wo dann der Gerichtshof über die Priorität der Ansprüche zu entscheiden hat — oder wenn ein Grundstück unter Aufsicht des Gerichtshofes verwaltet ist und sich nun, auch ohne daß ein Streit obwaltet, findet, daß dasselbe zur Befriedigung aller darauf geltend gemachten Ansprüche nicht ausreicht. In solchen Fällen kommt es selten vor, daß alle Berechtigten gleiche Rechte haben und deshalb „pari passu" zu befriedigen sind; dann liegt es dem Gerichtshofe ob, die Ordnung der Befriedigung zu bestimmen und das Prioritätsurtheil zu vollstrecken.

Ein Sequester wird bestellt, wenn ein Grundstück oder eine

[1]) Vergl. oben S. 341 insbes. Anm. 1.

Geldsumme den Gegenstand eines gerichtlichen Verfahrens bildet und Niemand zum Besitze berechtigt ist, oder wenn die berechtigte Person Sachen, an welchen nach Billigkeit Anderen Ansprüche zustehen, mißbraucht. Ein Beispiel für den ersten Fall liegt dann vor, wenn für das Grundvermögen eines Kindes kein trustee bestellt ist; ein Beispiel des zweiten Falles dann, wenn einer von mehreren Gesellschaftern gemeinschaftliches Eigenthum in seine Hände bekommen hat und seine Mitgesellschafter von der Theilnahme an demselben ausschließen will. Die Sequester sind der fortwährenden Kontrolle des Gerichtshofes unterworfen und haben häufig schwierige Verpflichtungen, z. B. dann wenn mit der Sequestration die Verwaltung eines Gutes verbunden ist.

Durch Urtheil angeordnete Verkäufe. Ein Urtheil (decree) bestimmt häufig, daß ein Grundstück unter Leitung des Gerichtshofes verkauft werden soll. So z. B. wird in vielen Fällen der Verkauf von verpfändeten oder sonst mit Lasten beschwerten Grundstücken zur Befriedigung der betreffenden Gläubiger angeordnet. In ähnlicher Weise kann bei der Liquidation des Nachlasses eines Verstorbenen der Verkauf der Grundstücke desselben zur Deckung von Schulden angeordnet werden. Diese Verkäufe werden von Personen, welche der Gerichtshof dazu bestellt, und unter Bedingungen, welche derselbe bestätigt hat, bewirkt. Die Auszüge aus den Legitimations-Urkunden (abstracts of title and conveyances), welche die verkauften Grundstücke betreffen, können auf Anordnung des Gerichtshofes von dem hierzu bestellten Advokaten (conveyancing counsel) angefertigt werden, und das ganze Verfahren bis zur Perfektion des Verkaufes unterliegt der gerichtlichen Kontrolle und Bestätigung.

Die Erzwingung von Handlungen ist eine andere wichtige Branche der Gerichtsbarkeit des Kanzleihofes. Wir haben bereits erwähnt, daß früher den Gerichtshöfen des gemeinen Rechts nur in den seltensten Fällen die Mittel zu Gebote standen, um die Leistung einer Handlung, zu welcher Jemand sich kontraktlich verpflichtet hatte, zu erzwingen, weil ihre Befugnisse in Ansehung der Personal-Klagen [1]) fast ausschließlich auf die Verschaffung pekuniären Ersatzes für das erlittene Unrecht beschränkt waren. Es ist aber klar, daß in vielen

---

[1]) „Alle Civilklagen sind entweder Real- oder Personal- oder gemischte Klagen. Diese Eintheilung hat nicht die mindeste Verwandtschaft mit dem Gegensatze zwischen actiones in rem und actiones in personam im römischen Rechte; vielmehr hängt sie mit der Unterscheidung zwischen Real- und Personalvermögen zusammen, welche im englischen Rechte von der größten Wichtigkeit ist . . . .

Fällen der bloß pekuniäre Ersatz ein sehr unzureichendes Mittel ist, wo die Leistung bestimmter Handlungen versprochen, aber das Versprechen nicht erfüllt ist. Die Befugnisse der Gerichtshöfe des gemeinen Rechts zur Gewährung von Abhülfe in solchen Fällen sind heut zu Tage etwas größer, finden aber doch in den für den betreffenden Zweck ungenügenden Einrichtungen dieser Gerichte ihre Schranken. Die Befugnisse des Kanzleihofes sind in diesen Beziehungen weit freiere; er erzwingt und kontrollirt die Erfüllung von solchen Kontrakten bis ins Einzelne. Natürlich ordnet er die spezifische Leistung der Handlung nicht an, wenn dieselbe unmöglich ist, oder wenn der Beklagte nicht wohl gerichtlich gezwungen werden kann, den Vertrag seinem Inhalte nach zu erfüllen. Es ist klar, daß kein Gerichtshof mit Aussicht auf Erfolg einen Schriftsteller zwingen kann, den Vertrag zu erfüllen, durch welchen er sich verpflichtet hat, ein Buch zu schreiben, oder einen Schauspieler, seiner vertragsmäßigen Verpflichtung gemäß auf einem Theater eine Rolle zu spielen, wenn es ihn auch verhindern kann, unter Verletzung seiner kontraktlichen Verpflichtungen auf einem Konkurrenz-Theater aufzutreten. Zu den Fällen, in welchen der Kanzleigerichtshof die übernommenen Vertragspflichten erzwingen kann und erzwingt, gehören diejenigen, wo Jemand sich verpflichtet hat, Grundstücke zu kaufen oder zu verkaufen, oder pachtweise zu überlassen u. s. w., also Fälle, in welchen für die Nichterfüllung durch Entschädigung nicht wohl vollständiger Ersatz geleistet werden kann.

Bestimmung über die Verwendung von Stiftungsfonds. Die Pflegschaft über Institute zu wohlthätigen und anderen öffentlichen Zwecken hat lange zu der Kompetenz des Kanzleihofes gehört und gehört noch dazu.[1]) Ein Theil der ihm deshalb obliegen-

---

Die Personalklagen bezwecken die spezifische Zurückerstattung von Personalvermögen oder Schadenersatz." Rüttimann, Engl. Civilprozeß. §§. 31. 32.

Anm. des Uebers.

[1]) Die Charitable Trusts Act von 1853 hat eine ständige Behörde geschaffen, welche die der Charity Commissioners für England und Wales genannt wird. Diese Behörde hat eine subsidiäre Jurisdiktion und ausgedehnte Befugnisse zur Beaufsichtigung der Verwaltung und des Zustandes von Instituten zu milden Zwecken. Dieser Behörde steht auch die Befugniß zu, provisorisch die Pläne zur Wiederherstellung verschiedenartiger solcher Institute zu billigen; diese Pläne unterliegen dann aber der späteren Bestätigung durch Parlaments-Akte. Gegenwärtig steht dieser Behörde nach der Akte 23 und 24 Victoria cap. 136 auch eine beschränkte Befugniß zu, gewisse gerichtliche Verfügungen zu erlassen, gegen welche an den Kanzleigerichtshof appellirt werden kann.

den Geschäfte betrifft die Feststellung von Plänen („schemes") für die Verwendung von Fonds zu wohlthätigen Zwecken in Fällen, wo der Stifter über die Art ihrer Verwendung nicht genügend detaillirte Bestimmungen getroffen hat, oder wo im Laufe der Zeit und durch veränderte Umstände die ursprünglich vorgeschriebenen Bestimmungen unausführbar geworden sind. Bei der Bestätigung solcher Pläne hat der Gerichtshof die Absichten und Zwecke des Stifters, so weit dies nach den Gesetzen möglich ist, zu berücksichtigen, und sie denselben entsprechend in Ausführung zu bringen.

Diese kurze Aufzählung und Betrachtung der Billigkeits-Rechtsmittel wird die Vielseitigkeit der Geschäfte des Kanzleigerichtshofes genügend verdeutlichen. Diese Rechtsmittel werden meistentheils in regelmäßigem Prozeßgange durch Klage (bill) und Klagebeantwortung (answer), (wovon wir bereits im vierten Kapitel kurz gehandelt haben) in Wirksamkeit gesetzt.[1]) Jene Schriftsätze — welche nach den jetzt geltenden Vorschriften gedruckt werden sollen — enthalten der erstere die Sachdarstellung des Klägers, der letztere die des Beklagten. Im Allgemeinen hat jede Partei das Recht, von der anderen die Angabe aller ihr bekannten Umstände und die Herausgabe aller in ihrem Besitze befindlichen oder ihr zugänglichen Urkunden, welche etwas zum Beweise des Rechts des Gegners beitragen können, zu verlangen. Diese Inquisitions-Maxime hat sich im Allgemeinen insofern bewährt, als sie die Unterdrückung wesentlicher Thatsachen verhindert. Die Procedur-Methode mittels Klage und Klagebeantwortung gehört dem ursprünglichen oder nicht durch Statute bestimmten Verfahren des Gerichtshofes an; eine summarischere Prozedur ist für bestimmte Fälle durch Statute vorgeschrieben. Wir werden dieselben sogleich betrachten.

Die statutarische Gerichtsbarkeit des Kanzleihofes ist ihm

[1]) Ueber die Klageschrift bestimmt die Chancery Procedure Act von 1852 (15 und 16 Victoria cap. 86 s. 10): „Jede bei dem befugten Gerichtshofe nach dem Eintritt der Geltung dieser Akte anzubringende Klageschrift soll, so gedrängt als möglich, eine Darstellung der wesentlichen Thatsachen und Umstände enthalten, auf welche der Kläger sich stützt. Die Darstellung soll in numerirte Absätze getheilt werden, und jeder Absatz soll möglichst eine selbständige Behauptung und ein Petitum, zu dem der Kläger sich für berechtigt hält, enthalten, wie die Klage auch ein allgemeines Petitum enthalten muß." — Ein Prozeß, welcher sich auf Rechte der Krone oder Rechte, welche unter dem Schutze der Krone stehen, bezieht, wird auf eine „Information" angestellt, welche von dem Attorney-General geprüft wird. Die „Information" unterscheidet sich, außer in den Förmlichkeiten, wenig von einer Klageschrift.

nicht ursprünglich von der Krone, sondern durch Statute zugewiesen; sie wird größtentheils auf dem Wege der Petition und nicht auf dem Wege der formelleren Prozedur mittels Klage und Klagebeantwortung angerufen. Petitionen kommen im regelmäßigen Verlaufe eines Prozesses bei Incidentpunkten nicht selten vor; aber die Prozedur mittels Petition ist nicht das im Laufe eines Prozesses vorkommende Zwischenverfahren, sondern das durch ein Statut angeordnete summarische Verfahren. Es würde unnütz sein, hier alle Fälle aufzuzählen, in welchen durch Parlaments-Akte eine solche kurze Prozedur zweckmäßig vorgeschrieben ist. — Diese Petitionen sind schriftliche Vorträge, welche sich materiell von Klagen nicht wesentlich unterscheiden; aber in dem folgenden Verfahren ist eine Beantwortung derselben oder ein Schriftsatz von der Natur eines pleading nicht gerade nothwendig. Denn viele Petitionen sind der Art, daß der Gerichtshof außer den Petenten selbst keine andere Partei hört; wenn es aber erforderlich ist, so muß die Petition denjenigen zugestellt werden, welche ein Recht haben, mit ihrer Auslassung gehört zu werden und ihre Beweise beizubringen.

Die durch Statute begründete Gerichtsbarkeit des Kanzleihofes ist zu mannigfaltig, als daß sie im Allgemeinen charakterisirt werden könnte; nur das kann man sagen, daß sie sich im Allgemeinen auf fideikommissarisch besessenes Vermögen (trust property) oder auf Vermögen von Personen bezieht, welche in der einen oder anderen Weise handlungsunfähig sind, und daß dadurch die Verwaltung und Benutzung solchen Vermögens erleichtert wird. Von den häufigeren hierher gehörigen Fällen mögen die folgenden erwähnt werden: — Petitionen, um Auszahlung des Kaufgeldes, welches dem Gerichte eingezahlt ist in Gemäßheit von Parlaments-Akten, die den Verkauf von Vermögensstücken zu öffentlichen Zwecken, z. B. zur Erbauung von Eisenbahnen, gestatteten; Petitionen um Auszahlung von Geldern, welche von trustees gerichtlich deponirt sind, weil die letzteren auf Grund von Statuten befugt waren, sich durch gerichtliche Einzahlung von der Verantwortlichkeit für die Verwaltung dieser Gelder zu befreien; Petitionen von trustees, welche sich an das Gericht um Ertheilung von Anweisungen, betreffend die Erfüllung ihrer Pflichten, wenden; Petitionen um Bestellung neuer trustees, wenn es unmöglich oder schwierig oder unzweckmäßig sein würde, dieselben ohne Zuthun des Gerichts zu bestellen; Petitionen um Ertheilung der Autorisation zum Verkaufe oder zur Verpachtung von Grundstücken, auf welchen mehreren Personen Successionsrechte zustehen („settled" estates); Petitionen um Liquidirung („winding up") von Handelsgesellschaften, wenn sie sich wegen Insolvenz oder aus anderen Gründen auflösen: in solchen Fällen sollen die Aktiva der Gesellschaft unter der Leitung und Oberaufsicht des Kanzleigerichtshofes eingezogen und unter die berechtigten Personen vertheilt werden.[1])

Die Richter des Kanzleigerichtshofes sind jetzt: Der Lord Kanzler, der Master of the Rolls, zwei Lord Justices und drei Vice-Kanzler.[2])

Der Lord Kanzler ist der höchste ministerielle und richterliche Beamte im Königreiche. Sein Amt hat schon in den ältesten Zeiten, in denen England als selbständiges Reich existirte, bestanden. Es ist kaum zweifelhaft, daß es bereits zur angelsächsischen Zeit, wenngleich mit geringerer Bedeutung, als ihm später beigelegt wurde, bestand. Die ältesten Geschäfte des Kanzlers bestanden in der Ausfertigung königlicher Freibriefe und in der Bewahrung des großen Siegels. Bis nach der Eroberung scheint das Amt keine große politische Bedeutung gehabt zu haben. Zur Zeit Wilhelms I. war der Ober-Justiziar nächst dem Könige die bedeutendste politische Persönlichkeit im Königreiche; aber durch die Verminderung der Bedeutung des Amtes des Ober-Justiziars wuchs die Auktorität des Kanzlers, und schon unter Heinrich I. oder Richard I. scheint er das vornehmste Mitglied des Rathes des Königs gewesen zu sein. Da er zugleich Geistlicher und mit dem (römischen) Civilrechte bekannt war, so war es natürlich, daß die besondere Billigkeits-Gerichtsbarkeit, welche um jene Zeit sich entwickelte, ihm anvertraut wurde. Die Ernennung von Klerikern zu Kanzlern hörte von Eduard III. an auf, die Regel zu sein; im fünfundvierzigsten Regierungsjahre dieses Königs richteten die Lords und die Gemeinen eine Petition an die Krone, daß Laien zu diesem Amte berufen werden möchten; aber auch später, und bis zur Regierung Heinrichs VIII., wurden sehr häufig Geistliche zu Kanzlern ernannt. Kardinal Wolsey war einer der Kanzler Heinrichs VIII. und noch unter Maria bekleidete Bischof Gardiner dieses Amt.

Bis 1813, wo nach dem Statute 53 Georg III. cap. 24 ein Vice-Kanzler ernannt wurde, war der Master of the Rolls neben dem Lord Kanzler der einzige andere Richter im Kanzleihofe. Der Lord Kanzler ließ sowohl Prozesse der ersten Instanz als Appellatio-

[1]) Die Vorschriften über die Liquidirung von Gesellschaften sind in dem Statute 25 und 26 Victoria cap. 89 konsolidirt.

[2]) Vergl. Gneist, Geschichte der Aemter S. 514. 522. (1. Aufl.).

Anm. des Uebers.

nen gegen Urtheile des **Master of the Rolls** vor sich verhandeln; aber seit 1813 hört der Lord Kanzler, wenn er als Billigkeitsrichter sitzt, nur Appellationen. Bei Ausübung der Jurisdiktion der Appellations-Instanz stehen ihm gegenwärtig zwei **Lords Justices** zur Seite, deren Aemter durch die Akte 14 und 15 Victoria cap. 83 geschaffen wurden. Der so zusammengesetzte Appellhof soll nach der gedachten Akte alle dem Lord Kanzler als Richter in dem Kanzleihofe zustehende Gerichtsbarkeit ausüben. Der Lord Kanzler kann allein oder mit einem oder beiden **Lord Justices** zu Gericht sitzen; ebenso können die beiden letzteren zusammen ohne den Lord Kanzler Sitzung halten. Die Entscheidung der Majorität der Richter soll als Entscheidung des Gerichtshofes gelten; aber wenn das Gericht bei der Abstimmung über ein durch Appellation vor dasselbe gebrachtes Urtheil gleich getheilt ist, so soll das letztere bestätigt werden.

Die Behandlung der in dem Kanzleigerichtshofe anhängigen Prozesse erster Instanz liegt jetzt fast ausschließlich dem **Master of the Rolls** und drei Vice-Kanzlern ob, welche sämmtlich besonderen Abtheilungen des Gerichts vorstehen. — Das Amt des **Master of the Rolls** ist von hohem Alter. Er war ministerieller Beamter — Verwahrer der Akten (rolls) betreffend die Verleihungen durch den König — schon zur Zeit Wilhelms des Eroberers. Nach der Entstehung der besonderen Gerichtsbarkeit des Kanzlers leistete dem letzteren bei Ausübung derselben ein Kollegium Hülfe, welches aus dem **Master of the Rolls** und anderen **Masters**, deren Aemter abgeschafft sind, bestand. Aber noch lange scheint der Kanzler allein die richterlichen Geschäfte besorgt zu haben. Freilich sind unter Eduard IV. Klageschriften an den **Master of the Rolls** adressirt, aber wahrscheinlich nur in seiner Eigenschaft als g e l e g e n t l i c h e r Verwahrer des großen Siegels. In einer unter Elisabeth veröffentlichten Abhandlung wird von dem **Master of the Rolls** gesagt: er sei berechtigt, „in Abwesenheit des Kanzlers" Prozesse vor sich verhandeln zu lassen; und noch unter Georg II. sah man sich in Folge eines Streites über die richterlichen Befugnisse des **Master of the Rolls** veranlaßt, durch eine Parlaments-Akte zu deklariren: „Daß alle Urtheile und Verfügungen des **Master of the Rolls**, mit Ausnahme derjenigen, welche nach dem Gerichtsgebrauche der Lord Kanzler selbst erlassen muß, gültig sind mit Vorbehalt der Appellation an den Lord Kanzler" (3 Georg II. cap. 30). Aber erst 1833 erlangte der **Master of the Rolls** die Befugniß, unbeschränkt in allen Fällen Prozesse der ersten Instanz in jedem Stadium zu behandeln; denn bis dahin konnte er weder über Motionen,[1]) noch über Pleas,[2]) noch über Demurrers befinden; das Recht dazu wurde ihm erst damals zugestanden. Ein Vice-Kanzler wurde zuerst im Jahre 1813 nach Anordnung des bereits erwähnten Statutes angestellt. Im Jahre 1841 wurde in Folge der Vermehrung der Geschäfte die Zahl der Vice-Kanzler auf Drei vermehrt und diese Zahl ist später für die permanente erklärt.[3]) Der Master of the Rolls und jeder Vice-Kanzler hört und entscheidet die Prozesse und Rechtssachen, welche an sie eingehen oder welche ihnen von dem Lord Kanzler zugewiesen werden. Eine Appellation von einem von ihnen an den anderen findet nicht statt.

Die Subaltern-Beamten, welche bei der Ausführung und Vollstreckung der Urtheile und Verfügungen des Gerichtshofes vornehmlich thätig sind, sind die Ober-Sekretäre („Chief Clerks") des Master of the Rolls und der drei Vice-Kanzler. Diese sitzen in den Büreaus (chambers) der gedachten Richter und bearbeiten unter der unmittelbaren Aufsicht der letzteren die mannigfaltigsten Geschäfte. Einen großen Theil derselben bilden Rechnungslegungen, welche vor ihnen stattfinden, und Beweisaufnahmen. Die Resultate ihrer Arbeiten bilden die Grundlage des Urtheils oder der Verfügung, welche demnächst der Gerichtshof erläßt. Dieser Theil ihrer gerichtlichen Geschäfte in den Büreaus wird ihnen durch die Verweisungen des rechtsprechenden Richters übertragen; ein anderer Theil aber betrifft Sachen, welche sofort an die Büreaus gelangen und dort zu Ende gebracht werden, ohne daß überall eine Verhandlung vor dem Gerichtshofe erfolgt. In dieser Weise wird z. B. die Administration über Grundstücke Verstorbener in vielen Fällen ohne ein regelmäßiges prozessualisches Verfahren in wenig kostspieliger und sehr kurzer Weise eingeleitet. Durch Statute sind den Ober-Sekretären umfassende Befugnisse beigelegt, Parteien und Zeugen kompulsorisch vorzuladen und Beweise zu erheben, damit sie die ihnen übertragenen Geschäfte erledigen können.

Eine andere Klasse von Personen, welche zwar streng genommen nicht Beamte des Gerichtshofes sind, aber ihre Hülfe zur Ausführung der Urtheile und Verfügungen desselben leihen, sind die instrumen-

---

[1]) „Entscheidungen, welche ein Gericht auf summarischem Wege faßt, werden rules genannt. Die Thätigkeit einer Partei, durch welche ein solcher Entscheid hervorgerufen wird, heißt motion." Rüttimann, Engl. Civilprozeß. §. 133. Anm. des Uebers.

[2]) Vergl. S. 354. Anm. 2. Anm. des Uebers.

[3]) 5 Victoria cap. 5 s. 19; 15 und 16 Victoria cap. 80 s. 52.

tirenden Advokaten („Conveyancing Counsel"). Diesen wird eine Menge von Fragen, bezüglich des Rechts auf Grundstücke zugewiesen, auch häufig die Entwerfung von Urkunden, welche nach der Anordnung des Gerichtshofes ausgefertigt werden sollen, übertragen. Den „Registrars" liegt es ob, die Urtheile und Verfügungen, welche häufig sehr mühselig und komplizirt sind, abzusetzen; dabei müssen die betheiligten Parteien häufig zugezogen werden. Wenn ein Zweifel darüber entsteht, ob die Konzepte von Urtheilen, wie sie von den Registrars entworfen sind, mit dem Spruche des Gerichtshofes übereinstimmen, so kann über den Zweifel vor dem Richter verhandelt und von ihm darüber entschieden werden.

Die erwähnten Beamten sind die ordentlichen Beamten des Kanzleigerichtshofes; andere werden nur bei bestimmten Veranlassungen bestellt. Zu diesen gehören die Sequester („receivers"), welche wir bereits erwähnt haben; ferner die von dem Gerichtshofe bestellten Kommissäre („commissioners"); diese werden mit der Ausführung von Erkenntnissen, welche eine Theilung (partition) anordnen, und mit anderen Geschäften beauftragt.

Alle diese Beamten haben ausgedehnte diskretionäre Befugnisse, wodurch sie sich von den Beamten der Gerichtshöfe des gemeinen Rechts unterscheiden, welchen im Allgemeinen wenig diskretionäre Gewalt zusteht. Zu den Beamten des Kanzleigerichtshofes, denen keine diskretionäre Befugnisse zustehen, welche vielmehr lediglich als ministerielle Beamte dem Gerichtshofe Gehorsam verschaffen sollen, gehören vor allen die Sheriffs; sie vollstrecken die Urtheile und Verfügungen des Gerichts durch Verhaftung (attachment) der ungehorsamen Personen oder durch Exekution in ihr Real- und Personal-Vermögen.

Der Gerichtshof entscheidet That- und Rechtsfragen sowohl wenn er vermöge seiner Billigkeits-Jurisdiktion, als wenn er kraft seiner statutarischen Gerichtsbarkeit verfährt. Die Thatfragen werden entweder von dem Richter sofort in der Sitzung entschieden, oder es werden Erörterungen in den Büreaus der Richter (at judges chambers) von ihm angeordnet, oder das Gericht kann auch, wenn eine Thatfrage durch widersprechende oder ungenügende Zeugnisse zweifelhaft bleibt, die Verhandlung eines Streitpunktes vor einer Jury anordnen. Diese Verhandlungen vor einer Jury fanden bis vor Kurzem in der Regel in einem gemeinrechtlichen Gerichtshofe statt; neuerlich ist dem Kanzleigerichtshofe durch Statut die Befugniß beigelegt, jede Thatfrage, welche in einem bei ihm anhängigen Prozesse oder sonstigen Verfahren entsteht, vor einer Jury bei sich selbst verhandeln zu lassen. Der Zweck der Verhandlung vor Geschworenen geht nicht dahin, daß das Gericht gebunden werden soll, sondern nur dahin, daß es seinem Gewissen Genüge thue, und das Gericht kann, wenn es den Wahrspruch nicht für richtig erachtet, gegen denselben entscheiden oder eine neue Verhandlung über den Streitpunkt anordnen.[1])

Neuntes Kapitel.

Die Reichsgerichte.

(The Superior Courts of Common Law).

Die Anwendung des gemeinen Rechts Englands steht hauptsächlich den drei Reichsgerichten: der Queen's Bench (während der Regierung eines Königs: King's Bench), den Common Pleas und dem Schatzkammergerichte (the Exchequer) zu. Ursprünglich war die Gerichtsbarkeit dieser Rechtshöfe eine durchaus verschiedene; jetzt konkurriren sie vielfach. Der Gerichtshof der King's Bench ist, wie bereits erwähnt, ein Ueberbleibsel der Aula Regia, des großen allgemeinen Reichsgerichtes, welches Wilhelm der Eroberer in seinem Palaste errichtete und welches dem Könige überall dahin, wo er Hof hielt, folgen mußte. Deshalb sind alle von diesem Gerichte angeordneten Prozeßhandlungen vorzunehmen „ubicunque fuerimus in Anglia," wenngleich dasselbe seit Jahrhunderten in Westminster seinen Sitz gehabt hat. Die Common Pleas dagegen wurden durch

---

[1]) Nach dem Statute 8 und 9 Victoria cap. 109 s. 19 kann in allen Fällen, wo ein gemeinrechtlicher oder ein Billigkeits-Gerichtshof eine Thatfrage durch Geschworene entschieden zu sehen wünscht, der Gerichtshof anordnen, daß eine Jury berufen werde. Die Akte 21 und 22 Victoria cap. 27, nach welcher der Kanzleigerichtshof ermächtigt wurde, vor sich selbst mit einer Jury zu verhandeln, änderte an der bestehenden Praxis, nach welcher derartige Verhandlungen in den Gerichtshöfen des gemeinen Rechts veranlaßt wurden, wenig. Aber nach einem Statute aus dem Jahre 1862 (25 und 26 Victoria cap. 42) soll der Kanzleigerichtshof bei jeder Verhandlung über eine nach Billigkeit (equity) zu entscheidende Sache „jede rechtlich erhebliche Rechts- oder Thatfrage, welche in dem Prozesse vorkommt und zu deren Entscheidung ein Gerichtshof des gemeinen Rechts kompetent sein würde," selbst entscheiden. Die Billigkeitsgerichte können jedoch noch immer die Verhandlungen über Thatfragen an die Assisen oder an die Sitzungen in London oder Middlesex, welche dazu stattfinden, verweisen, sofern eine derartige Verhandlung für angemessener erachtet wird.

die bereits erwähnte Bestimmung der Magna Charta an einem bestimmten Orte eingerichtet — „communia placita non sequantur regi, sed teneantur in aliquo certo loco.“ [1])

Der letztgedachte Gerichtshof ist, wie sein Namen ergiebt, zur Verhandlung gewöhnlicher Prozesse (common pleas), d. h. der Prozesse zwischen Privatpersonen, zuständig. Die King's Bench war ursprünglich für die Kronprozesse, mit Ausnahme der fiskalischen Sachen kompetent; und das Schatzkammergericht hatte die Jurisdiktion über Sachen, welche das königliche Einkommen betrafen. Die Auskunftsmittel und Fiktionen, welche die beiden letzteren Gerichtshöfe zu Hülfe nahmen, um einen Theil der gewinnbringenden Jurisdiktion der Common Pleas an sich zu reißen, waren sehr seltsamer Art. Die King's Bench machte geltend, daß ihr die Gerichtsbarkeit in gewöhnlichen Prozessen gegen „Gefangene des Hofes“ zustehe. Deshalb war die gewöhnliche Einleitung (oder das Vorspiel, wie man es richtiger nennen könnte) zu einer dort anzustellenden Klage, daß der Beklagte auf Grund einer fingirten Kriminal-Anklage gegen Rechtsverletzung (trespass) als verhaftet betrachtet wurde; man sah ihn dann als einen Gefangenen des Hofes an, so daß er bei der King's Bench mit der beabsichtigten Klage belangt werden konnte. Das Schatzkammergericht behauptete, Personen, welche dem Könige etwas schuldig seien, könnten bei ihm klagen; deshalb wurde, um die Kompetenz zu begründen, die Erfindung einer fingirten Annahme, nach welcher der Kläger Schuldner der Krone sein sollte, gemacht.

Durch solche Mittel verschafften sich die King's Bench und das Schatzkammergericht eine Gerichtsbarkeit, welche hinsichtlich der Personalklagen, d. h. der nicht Grundstücke betreffenden Klagen, mit der der Common Pleas fast konkurrirte. Dagegen blieb für Realklagen, welche auf die spezifische Zurückerstattung von Freehold gerichtet waren, der Gerichtshof der Common Pleas ausschließlich kompetent. Durch eine andere Reihe von Fiktionen, welche darauf beruheten, daß die anderen Gerichtshöfe, wenn sie auch über das Recht auf Freehold nicht erkennen dürften, doch Entschädigungen wegen Störung im Pachtbesitze zusprechen könnten, kamen diese anderen Gerichte jedoch dahin,

---

[1]) In einer Note zu Gilbert's Geschichte des Gerichtshofes der Common Pleas heißt es: „Es ist bemerkenswerth, daß Briton, ein Zeitgenosse Heinrichs III., unter welchem dieser Gerichtshof gestiftet wurde, nicht sagt, daß die Common Pleas mit absoluter Nothwendigkeit in der Westminster-Halle ihren Sitz haben; er erwähnt vielmehr ausdrücklich, sie sollen zu Westminster „ou aillours la ou nous voudrons ordiner“ gehalten werden.“

daß sie mittels einer Besitzstörungsklage (action of „ejectment") über fast alle Ansprüche auf Grundstücke, auf welchen Rechten dieselben auch beruhen mochten, ob Freehold oder Leasehold (Pacht) der Grund war, verhandeln ließen und erkannten.

Heut zu Tage sind jene Fiktionen beseitigt; Personalklagen können jetzt in allen drei Gerichtshöfen in gleicher Weise durch eine Ladung eingeleitet werden, welche dem Beklagten befiehlt, in einer bestimmten Frist auf die Klage zu erscheinen.[1])

Wenn aber auch die Gerichtsbarkeit der drei Gerichtshöfe für die meisten Fälle eine konkurrirende geworden ist, so hat doch jeder von ihnen auch noch eine ihm eigenthümliche Jurisdiktion beibehalten, welche wir zunächst betrachten wollen.

1. Die ausschließliche Gerichtsbarkeit eines jeden der drei Gerichtshöfe. Die Fälle der ausschließlichen Gerichtsbarkeit sind jetzt bei Weitem weniger zahlreich, als die der konkurrirenden Jurisdiktion, während nach der alten Verfassung der drei Gerichtshöfe dieselben selten oder nie konkurrirten, weil jeder für besondere Zwecke eingerichtet war. Da die King's Bench und das Schatzkammergericht sich einen großen Theil der ursprünglichen Zuständigkeit des Gerichtshofes der Common Pleas angemaßt haben, so wird die ausschließliche Gerichtsbarkeit eines jeden Gerichtshofes wesentlich durch seine alte Jurisdiktion, soweit diese durch jene Anmaßungen nicht beeinträchtigt ist, bestimmt.

Die Queen's Bench ist der oberste Gerichtshof des gemeinen Rechts im Königreiche. Der wesentlichste Theil seiner ausschließlichen Gerichtsbarkeit betrifft die Kronprozesse („pleas of the Crown"),[2]) unter welchen alle Prozesse wegen Verbrechen und Vergehen einbegriffen sind, in denen die Krone im öffentlichen Interesse als Klägerin (Anklägerin) auftritt. Der Gerichtshof ist in eine Kron-Abtheilung (Crown side) und eine Prozeß-Abtheilung (plea side) getheilt. Die letztere hat die Civil-Jurisdiktion. Die Kron-Abtheilung oder das Kron-Amt („Crown Office"[3]) ist für alle Kriminalprozesse vom Hochverrath an bis zu den geringfügigsten Vergehen oder Friedens-

---

[1]) 15 und 16 Victoria cap. 76 s. 2. Das Statut 2 Wilhelm IV. cap. 39, welches unter dem Titel: Uniformity of Process Act bekannt ist, beseitigte die Verschiedenheit der Einleitungs-Verfügungen für Personalklagen in den verschiedenen Gerichten.

[2]) Vergl. auch oben S. 267 insbes. Anm. 1.

[3]) Ueber die Einrichtung des Kronamtes: 6 und 7 Victoria cap. 20; 23 und 24 Victoria cap. 54.

brüchen herab kompetent; diese Abtheilung ist der erste und wichtigste Kriminalgerichtshof im Königreiche. Daraus erklärt es sich, daß wenn früher der Gerichtshof der Queen's Bench in eine Grafschaft kam, dadurch ipso facto alle früher ertheilten commissions of gaol delivery [1]) erloschen; dieser Grundsatz ist jedoch durch spätere Statute modifizirt, nach welchen die Kriminalgerichte von Westminster und Middlesex Sitzungen halten können, obgleich die Queen's Bench sich in Westminster befindet.

Die Kriminal-Gerichtsbarkeit der Queen's Bench wird durch die Evokation des Indictment von einem unteren Gerichte mittels des Writ of certiorari begründet. [2]) Diese Verfügung wird von dem Kronamte der Queen's Bench erlassen. Am häufigsten wird davon zu dem Zwecke Gebrauch gemacht, um die Rechtsgültigkeit eines Indictment und der in Folge desselben stattgehabten Verhandlungen besser prüfen und darüber entscheiden zu können, oder um die Gefahr eines parteiischen oder ungenügenden Verfahrens in dem zunächst zuständigen Gerichte zu beseitigen. Auf den Antrag der Krone **muß** das Writ of certiorari erlassen werden, wenn der Attorney-General oder ein anderer Beamter der Krone als Ankläger oder als Vertreter der von Seiten der Krone geführten Vertheidigung darum nachsucht. Dagegen wird die Verfügung auf den Antrag einer Privatperson nicht ohne Weiteres erlassen, sondern diese muß einen genügenden Grund dafür nachweisen, z. B. daß das untere Gericht befangen sei oder daß der Prozeß die Entscheidung schwieriger Rechtsfragen nothwendig macht. Die Verfügung kann sowohl vor als nach Abgabe des Indictment durch die große Jury beantragt werden; sie ist aber nicht mehr zulässig, nachdem die Jury zur Verhandlung eingeschworen ist.

Ein anderer Zweig der Kriminal-Jurisdiktion der Queen's Bench betrifft die mittels „Information" [3]) von Seiten des Kronamtes entweder „ex officio" durch den Attorney-General, oder auf Antrag einer Privatperson durch den Master of the Crown Office angestellten Prozesse wegen Vergehen. [4]) Solche „Informationen" sind nur we-

[1]) Vergl. Seite 399.

[2]) Vergl. Glaser, engl. Schwurgericht, Seite 22 ad 3. Seite 425 Anm. 2. Anm. des Uebers.

[3]) Die Anklagen, welche ohne Mitwirkung einer Jury entstanden sind, führen den gemeinsamen Namen: Information. Vergl. unten Kap. 10 ad II. 3 und Glaser, engl. Schwurgericht, Seite 2 ff. Anm. des Uebers.

[4]) Die Informationen sind so alt wie das gemeine Recht selbst. Informationen auf Betreiben von Privatpersonen werden nur angestellt, wenn die Anzei-

gen Vergehen (misdemeanours) und nicht wegen Verrath und Felonie zulässig; denn das Gesetz erfordert für jede Anklage wegen der letzteren die Garantie durch den Eid einer großen Jury: ehe eine solche die Anklage nicht für gerechtfertigt erklärt hat, kann der Angeschuldigte nicht vor Gericht gestellt werden. Die gewöhnlichen Objekte für Informationen ex officio sind Vergehen, welche die Störung der Regierung der Königin bezwecken, z. B. aufrührerische Libelle, aufrührerische Aufstände oder Widersetzlichkeiten gegen Beamte der Krone bei Ausübung ihres Amtes. Die Objekte für andere Informationen, welche auf die Anzeige von Privatpersonen erhoben werden, sind auffallende Vergehen, welche nicht in hervorstechender Weise die Störung der Regierung der Königin bezwecken, die aber, wie Blackstone sagt, „wegen des verderblichen Beispiels die möglichste öffentliche Ahndung verdienen." Die häufigsten Fälle solcher Informationen scheinen zu sein: Bestechungsversuche gegen öffentliche Beamte, Libelle gegen Magistratspersonen und andere Beamte, besonders Libelle, welche die Einschüchterung der letzteren bezwecken, und absichtlicher Mißbrauch des Amtes. Wenn eine Information auf Betreiben des Attorney-General oder einer Privatperson anhängig gemacht ist, so muß darüber von einer Spezial- oder kleinen Jury in der Grafschaft befunden werden, in welcher das Vergehen begangen ist; wird dann der Angeklagte schuldig befunden, so muß der Antrag auf Bestrafung bei der Queen's Bench gestellt werden.

Die „Information mit dem Wesen eines Quo warranto" ist ein der Krone gegen Personen, welche sich ein Amt oder ein Privilegium anmaßen, zustehendes Rechtsmittel. Mittels einer solchen Information wird der civilrechtliche Anspruch auf ein Privilegium un-

---

gen beeidigt sind; anders die Informationen des Attorney-General. — Das Statut 11 Heinrich VII. cap. 3, welches unter der folgenden Regierung wieder aufgehoben wurde, gestattete den Assisen- und den Friedensrichtern auf bloße Information der Krone über Zuwiderhandlungen gegen diese Akte verhandeln zu lassen und zu erkennen. Coke sagt, diese Akte habe dem Fundamentalrechte der Magna Charta widersprochen und habe zu großen Bedrückungen geführt. — Im Jahre 1688 beschloß das Haus der Gemeinen auf die Empfehlung eines Ausschusses, daß in die Bill of Rights eine Bestimmung aufgenommen werden sollte, nach welcher die Informationen bei der King's Bench wegfallen sollten; aber die Bestimmung fand, wahrscheinlich wegen des Widerspruchs des Hauses der Lords, keine Aufnahme in das Statut. — Im Jahre 1771 fand eine merkwürdige Debatte im Hause der Gemeinen über den Antrag von Phipps, später Lord Mulgrave, auf Beseitigung des Rechts des Attorney-General zur Erhebung von Kriminal-Informationen ex officio statt.

tersucht, wenngleich das Verfahren, wie andere Informationen, der Form nach eine strafrechtliche Verfolgung gegen denjenigen ist, welcher der Usurpation beschuldigt wird.[1])

Ein anderes ausschließliches Jurisdiktionsrecht des Gerichtshofes der Queen's Bench besteht in dem Erlasse der privilegirten Mandamus-Dekrete, welche wir oben (Seite 401) bereits betrachtet haben. Die Definition, welche Blackstone von diesem Dekrete giebt, bezeichnete es als „einen im Namen der Königin von der Queen's Bench an eine Person, eine Korporation oder untergeordnetes Gericht innerhalb der Besitzungen der Königin erlassenen Befehl, durch welchen diese angewiesen werden, etwas zu thun, was zu ihren Pflichten gehört und was der Gerichtshof der Queen's Bench bereits als gesetzlich erkannt oder wovon er wenigstens vorläufig angenommen hat, daß es dem Rechte entspreche." Das Dekret wird auf Anrufen der in ihren Rechten beeinträchtigten Partei und auf ihren eidlichen Vortrag erlassen, wenn ihr die Justiz versagt ist.[2]) Das Prohibitions-Dekret, welches auch bereits erwähnt ist, konnte als ein Prärogativ-Dekret der Königin früher auch nur von der Queen's Bench erlassen werden; aber zur Förderung der Rechtspflege ist in einigen Fällen jetzt die Erlassung den Common Pleas und dem Schatzkammergerichte gestattet.

Die Queen's Bench ist der Kassationshof (Court of Error) für die Gerichte (Courts of Pleas) von Lancaster und von Durham.

Der Gerichthof der Common Pleas wird von Sir Eduard Coke als derjenige bezeichnet, welcher das gemeine Recht unter Schloß und Riegel habe; denn nur bei ihm konnten Real-Klagen angestellt werden, und auch jetzt noch steht ihm die ausschließliche Gerichtsbarkeit über die noch existirenden Real-Klagen zu. Die meisten älteren Real-Klagen sind abgeschafft, weil die oben bereits erwähnte Besitzstörungsklage (action of ejectment) für die meisten Fälle ein leichteres Mittel zur Verfolgung der Rechte auf Grundstücke gewährt. Die noch gebräuchlichen Real-Klagen beziehen sich auf die Rechte der

---

[1]) Vergl. wegen des großen Quo warranto-Prozesses unter Karl II. oben Seite 316, 317.

[2]) Die Common Law Procedure Act von 1854, durch welche die Anwendbarkeit des Mandamus in allen Gerichtshöfen des gemeinen Rechts zum Zwecke der Erzwingung von Privatrechten sehr erweitert ist, behält (Sect. 75) die Erlassung des privilegirten Mandamus-Dekrets, von welchem hier die Rede ist, der Queen's Bench vor.

Wittwe an dem nachgelassenen Vermögen des Ehemannes [1]) und auf kirchliche Patronatsrechte. Neben dieser ausschließlichen Gerichtsbarkeit über die wenigen noch gebräuchlichen Real-Klagen hat der Gerichtshof der Common Pleas als Appellhof die exklusive Jurisdiktion in Betreff der Beschwerden über die Entscheidungen der revidirenden Advokaten. [2]) Auch kompetirt diesem Gerichtshofe nach dem Statute 17 und 18 Victoria cap. 31 eine summarische Jurisdiktion letzter Instanz zur Entscheidung über Beschwerden gegen Eisenbahn- und Kanalgesellschaften, wenn diese der Leichtigkeit des Verkehrs auf Eisenbahnen oder Kanälen ungerechtfertigte Hindernisse entgegensetzen.

Der Schatzkammerhof hatte nach seiner ursprünglichen Einrichtung im Wesentlichen den Zweck, Ordnung in Betreff der Einkünfte der Krone aufrecht zu erhalten und die Forderungen und Steuern des Königs einzuziehen. Er zerfällt in zwei Abtheilungen: die für die Verwaltung, die Einnahme-Abtheilung (Receipt of Exchequer) — welche wir unter den Verwaltungsbehörden betrachten werden — und eine Justiz-Abtheilung, das Schatzkammergericht (Court of Exchequer). Dieses Gericht hatte bis vor Kurzem eine Billigkeits-Jurisdiktion, welche aber auf den Kanzleigerichtshof übergegangen ist. Es steht ihm eine ausschließliche gemeinrechtliche Gerichtsbarkeit in Ansehung des Vermögens und der fiskalischen Rechte der Krone zu. Die betreffenden Prozesse werden durch Informationen, welche bei der Schatzkammer angebracht werden, veranlaßt. Die in dieser Weise von dem Attorney-General angebrachten Informationen betreffen vornehmlich Abgaben, welche an die Krone zu zahlen sind, z. B. Erbschaftsstempel-Abgaben, Strafen wegen Uebertretung der Steuer- und Zollgesetze, Ersatz für Schäden, welche Kronländereien zugefügt sind, und dergl. mehr. [3])

---

[1]) Nach dem Common law gebührt der Wittwe der lebenslängliche Genuß des dritten Theiles des Realvermögens des verstorbenen Ehemannes. Action of dower heißt die Real-Klage, mittels welcher die Wittwe ihren dritten Theil vindicirt. Rüttimann, Engl. Civilprozeß, §. 70. Anm. des Uebers.

[2]) Vergl. oben Seite 93.

[3]) In einem Prozesse untersuchte Lord Somers die Verfassung der Schatzkammer eingehend. Er unterschied drei verschiedene Abtheilungen: 1) Die Kammer des Schatzhofes (the Exchequer Chamber), welche aus dem Lord Kanzler und dem Lord Schatzmeister besteht und vor welcher die Appellationen gegen Entscheidungen der Barone des Schatzhofes verhandelt werden. 2) Den Billigkeitshof aus dem Schatzmeister, Kanzler und den Baronen bestehend. 3) Die Prozeß-Abtheilung (Court of Pleas) aus den Baronen bestehend, zu deren Kompetenz die Prozesse wegen Forderungen der Krone und wegen unerlaubter Handlungen der

2. Die konkurrirende Gerichtsbarkeit der Reichsgerichte — d. h. diejenige, welche allen dreien gemeinsam ist — betrifft hauptsächlich die Personal-Klagen. Dies sind (nach Blackstone) Klagen „durch welche Jemand den Anspruch aus einer Schuldforderung oder persönlichen Verpflichtung, oder auf Entschädigung an Stelle derselben geltend macht, so wie solche, durch welche Jemand Genugthuung in Gelde für ein seiner Person oder seinem Vermögen zugefügtes Unrecht fordert." Der Zweck der großen Mehrheit der Personal-Klagen ist Entschädigung für ein erlittenes Unrecht; freilich steht jetzt, weil die Entschädigung häufig nicht genügend ist, um den Kläger zu seinem Rechte zu verhelfen, den Gerichtshöfen des gemeinen Rechts eine ausgedehnte Befugniß zu, auf die wirkliche, „spezifische" Erfüllung („specific performance") kontraktlicher und anderer Verpflichtungen zu erkennen und der Begehung drohenden Unrechts vorzubeugen.[1])

Früher begannen alle gemeinrechtlichen Prozesse mit einem „Originalschreiben" („original writ").[2]) Dieses war jeder Art von Klagen besonders angepaßt; Fälle, für welche keines der Formulare der gebräuchlichen Originalschreiben paßte, gehörten nicht zur Kompetenz der gemeinrechtlichen Gerichtshöfe. In dieser Beziehung war das englische Recht dem römischen ähnlich, welches auch bestimmte Formeln — formulae — für das Verfahren kannte. Schon Bracton erklärte die Originalschreiben, mit welchen früher alle Prozesse bei den englischen Gerichtshöfen begonnen werden mußten, für so feststehend und unabänderlich, daß nur das Parlament sie modifiziren könne.

Die ältesten Originalschreiben kommen schon so früh vor, daß ihre Entstehungszeit nicht zu bestimmen ist; sie betreffen die gewöhnlichsten Klagen. Durch die Entwickelung der gesellschaftlichen Verhältnisse entstanden Fälle, für welche jene Originalschreiben nicht

---

königlichen Einnehmer gehören. Er erkannte, daß die Barone der Schatzkammer keine Kontrolle darüber hätten, was aus der Schatzkammer zu zahlen sei. Aber auf Appellation an das Haus der Lords wurde Lord Somers Urtheil geändert, und die Entscheidung der Barone der Schatzkammer bestätigt, nach welcher angeordnet war, daß gewisse Summen aus den Einnahmen der Schatzkammer an diejenigen, welche die Krone verklagt hatten, gezahlt werden sollten.

[1]) Vergl. oben Buch 2 Kap. 3 gegen das Ende.

[2]) Diese „original writs" wurden im Namen der Krone vom Kanzler ausgefertigt. Ueber das Nähere vergl. Rüttimann, Engl. Civilprozeß, § 151.
Anm. des Uebers.

paßten; deshalb wurde durch das zweite Statut von Westminster (13 Eduard I. cap. 24) den Beamten des Kanzleihofes die Befugniß beigelegt, wenn es nöthig würde, „für einen analogen Fall („in consimili casu"), welcher unter den gleichen rechtlichen Gesichtspunkt fällt und dieselbe Abhülfe erheischt," wie die früher anerkannten Fälle, neue Schreiben (Formeln) zu entwerfen. In Folge dieser Akte entstanden viele neue Originalschreiben, und andere sind ihnen von Zeit zu Zeit durch ausdrückliche Anordnungen der Legislatur hinzugefügt worden. Durch diese Originalschreiben wurde die Kompetenz der Gerichtshöfe des gemeinen Rechts auf bestimmte Grenzen beschränkt, und diese Folge jener Formeln dauert noch fort, obgleich die früheren Verschiedenheiten der Formen der Ladung, mit welchen Prozesse über Personal-Klagen begonnen wurden, nicht mehr existiren.

Die allgemeinste Eintheilung der Personal-Klagen unterscheidet Kontrakts-Klagen und Delikts-Klagen. Zu den ersteren gehören alle Klagen aus Verträgen, mögen diese durch ein ausdrückliches Versprechen abgeschlossen sein oder nicht; zu den letzteren gehören alle Klagen aus außerkontraktlichen Rechtsverletzungen (trespasses), wegen beschwerender Zustände und Anlagen (nuisances), wegen körperlicher Angriffe und Bedrohungen (assaults), wegen Verleumdungen (defamatory words) und dergleichen mehr. Ein Delikt („tort") liegt vor, wenn das Gesetz eine Verpflichtung aus bestimmten Thatsachen, unabhängig von einem voraufgegangenen Kontrakte, ableitet und diese Verpflichtung nicht erfüllt wird. Der Unterschied zwischen Kontrakts- und Delikts-Klagen ist jedoch nicht überall frei von Schwierigkeiten, weil in vielen Fällen der Zweifel entsteht, ob die Obligation auf einem stillschweigenden („implied") Versprechen beruhet oder ganz unabhängig von einem Versprechen ist. Um die aus dieser Schwierigkeit entstehenden Weiterungen zu beseitigen, ist neuerlich (durch die Common Law Proced. Act von 1852 s. 74) bestimmt worden, daß wenn es zweifelhaft ist, ob eine Klage als Kontrakts- oder Delikts-Klage anzusehen ist, keine Einrede darauf soll begründet werden können, daß die Deklaration [1]) sie als auf Kontraktbruch oder auf einem Delikte beruhend behandelt.

Die Gerichtsbarkeit der Höfe des gemeinen Rechts kann, wie die des Kanzleigerichtshofes, eher durch eine Aufzählung der einzelnen zu

---

[1]) „Declaration" heißt die Klageschrift bei Personal-Klagen vor den Gerichten des gemeinen Rechts. Rüttimann, Englischer Civilprozeß, §. 225 ff.
Anm. des Uebers.

ihrer Kompetenz gehörigen Sachen, als durch eine allgemeine Definition klar gemacht werden. Die wichtigsten dazu gehörigen Sachen sind die folgenden:

a) Ausdrücklich abgeschlossene Verträge (express contracts). — Die auf ausdrückliche Vereinbarungen zu begründenden Klagen sind verschieden, je nachdem dieselben durch ein Instrument unter Siegel beurkundet sind oder nicht. Die Klage aus einem unter Siegel gegebenen Versprechen ist die action of convenant (de conventione); die Klage aus einem formlos d. h. mündlich oder schriftlich, jedoch nicht unter Siegel gegebenen Versprechen, ist die action of assumpsit oder kurz nur „assumpsit"[1]) oder auch die Versprechens-Klage (action of promise) genannt. Unter die letztere fallen eine Menge verschiedenartige Klagen, z. B. die Klagen aus Verpflichtungsscheinen (promissory notes) und anderen kaufmännischen Papieren, aus der Uebernahme der Ausführung eines Bauwerkes, aus Bürgschaften, Käufen u. s. w.

b) Stillschweigende Verträge (implied contracts) sind diejenigen, welche nicht durch Worte, sondern durch konkludente Handlungen geschlossen sind. Auch gehören hierher die Rechtsgeschäfte, welche ohne ausdrückliche Uebereinkunft Obligationen erzeugen. Die letzteren sind den Quasikontrakten des römischen Rechts nahe verwandt.[2]) Zu den Assumpsit-Klagen, welche auf stillschweigenden Vereinbarungen beruhen, gehören die auf Bezahlung für geleistete Arbeiten oder Dienste oder für Waaren ohne Vereinbarung eines Preises, oder auf Erstattung für gemachte Auslagen gerichteten. Im ersten Falle sieht das Gesetz die Verpflichtung zur angemessenen Belohnung, im zweiten die zur Bezahlung eines angemessenen Preises,

---

[1]) Der Name ist aus dem barbarischen Latein des Mittelalters erklärlich: „super se assumpsit" d. h. er hat eine Verbindlichkeit übernommen.

Anm. des Uebers.

[2]) Ein gelehrter Autor über das alte Recht (Maine) hat bemerkt: „Englische Schriftsteller haben häufig die Quasikontrakte mit den stillschweigenden Konkrakten indentifizirt; aber irrthümlich: denn stillschweigende Verträge sind wahre Verträge; die konkludenten Handlungen stehen den ausdrücklichen Worten gleich. Ein Quasikontrakt dagegen ist gar kein Konkrakt. Das gewöhnlichste Beispiel eines solchen ist das Verhältniß, in welchem zwei Personen zu einander stehen, von denen die eine irrthümlich Geld an die andere gezahlt hat. Das Gesetz verpflichtet aus Moralitätsgründen den Empfänger zur Zurückzahlung; aber aus dem Wesen des Verhältnisses ergiebt sich, daß diese Verpflichtung keine kontraktliche ist." — Wenn aber die oben aufgestellte Definition der stillschweigenden Verträge angenommen wird, so sind darunter (durch den zweiten Satz) auch die Quasikontrakte begriffen.

im dritten die zur Erstattung der Auslagen als stillschweigend übernommen an. Eine sehr wichtige Klasse von stillschweigenden „Assumpsits" bilden die Klagen, durch welche der Kläger Geld fordert, das der Beklagte für ihn inne hat, weil das Gesetz ein Versprechen des letzteren supponirt, das Geld an denjenigen zu zahlen, dem es zukommt. Diese Klage ist fast in allen Fällen anwendbar, wenn der Beklagte Geld empfangen hat, welches er ex aequo et bono herausgeben muß, z. B. wenn es ihm irrthümlich oder in Folge einer Erpressung oder zu einem nicht zu erreichenden Zwecke gezahlt ist.

c) Absichtlich zugefügte widerrechtliche Handlungen (wilful injuries). Diese entsprechen den delicta des römischen Rechts und sind die eine Art der oben bezeichneten „torts." Solche Handlungen sind entweder gegen die Person oder gegen das Vermögen gerichtet. Zu den ersteren gehören: „assault" d. i. der Versuch oder die Drohung, Jemand körperlich zu mißhandeln, und „battery" d. i. die wirkliche körperliche Mißhandlung; ferner wörtliche Beleidigung („slander"), Beleidigung durch Schrift, bildliche Darstellung u. s. w. („libel"), ungesetzliche Verhaftung („false imprisonment"), Entführung der Frau oder eines Kindes des Klägers, Verführung der Tochter des Klägers (wobei als Grund der Klage die Entziehung der Arbeit und der Dienste der Tochter angesehen wird). Zu jenen, gegen das Vermögen gerichteten Handlungen, welche Personalklagen erzeugen, gehört die ungerechtfertigte Entziehung des Besitzes von Personalvermögen und die Beschädigung solchen Vermögens. Eine Klage wegen ungerechtfertigter Besitzentziehung ist die action of „replevin," so genannt, weil der Kläger vor Anstellung der Klage die ihm entzogene Sache wieder einlöst (replevies), indem er Sicherheit dafür bestellt, daß er sie zurückgeben wird, wenn er den Prozeß verliert. Diese Klage war schon unter Heinrich II. gebräuchlich; sie ist statthaft, wenn Sachen gepfändet oder von dem Sheriff zur Deckung einer Rente oder aus einem anderen gesetzlichen Grunde mit Beschlag belegt sind. Eine andere Klage wegen ungesetzlicher Wegnahme von Sachen ist die action of „trespass," welche auf Entschädigung für den an den Sachen erlittenen Schaden gerichtet ist, — oder, wenn die Sachen ohne wirkliche oder fingirte Gewalt weggenommen sind, die action of „trover and conversion" (eigentlich: Fund- und Unterschlagungs-Klage). Diese Klage ist eine der am häufigsten vorkommenden Deliktsklagen; sie findet statt sowohl wegen ungesetzlicher Wegnahme, als wegen ungesetzlichen Zurückbehaltens von Sachen, wenn sich aus den Umständen die Absicht der Unterschlagung ergiebt. Ursprünglich wurde sie angewendet, um Schadenersatz von einem Beklagten zu erlangen, welcher die Sachen eines Anderen gefunden und unterschlagen hatte; jetzt ist sie in allen Fällen anwendbar, wenn der Beklagte die Sachen eines Anderen für sich verwendet hat. Wegen Beschädigung von Personalvermögen, welches im Besitze des Klägers geblieben ist, kann Schadenersatz mit einer action of trespass gefordert werden; ist die Beschädigung keine direkte, sondern nur eine mittelbar entstandene, so ist die Klage die action „of trespass on the case."

d) Nicht absichtlich zugefügte widerrechtliche Handlungen (injuries not wilful). Diese entsprechen den Quasidelikten des römischen Rechts und können auch entweder der Person oder dem Vermögen zugefügt sein. Zu den ersteren gehören Beschädigungen der Gesundheit durch Nachlässigkeit oder Ungeschicklichkeit z. B. durch den Verkauf ungesunder Nahrungsmittel, den Betrieb eines schädlichen Gewerbes, durch Kunstfehler eines Arztes oder Chirurgen. Für solche Fälle ist ebenfalls die action of trespass on the case gegeben, deren Namen aus den oben erwähnten Worten des solche Klagen zulassenden zweiten Statutes von Westminster: „in consimili casu" abzuleiten ist. Obgleich wegen solcher Beschädigungen Rechtshülfe gegeben war, so konnten doch nach gemeinem Rechte der Ehemann, die Ehefrau, der Vater, die Mutter oder das Kind einer durch das Versehen eines Anderen getödteten Person keinen Ersatz des ihr durch den Tod des Verwandten erlittenen Schadens fordern. Diesem Mangel des gemeinen Rechts wurde durch die Akte 9 und 10 Victoria cap. 93 abgeholfen, nach dieser kann der Testaments-Exekutor oder der Intestaterbe des Getödteten in den Fällen, wenn die ungesetzliche Handlung den Tod nicht zur Folge gehabt hätte und dann durch dieselbe die Verpflichtung zum Schadenersatze nach gemeinem Rechte eingetreten wäre, den Schuldigen für die gedachten Verwandten auf Ersatz des den letzteren durch den Tod entstandenen vermögensrechtlichen Schadens in Anspruch nehmen. Auf Grund dieses Statuts sind häufig die Eisenbahngesellschaften wegen des in Folge eines Versehens eingetretenen Todes von Personen zum Schadenersatz verurtheilt worden. Die action of trespass on the case ist auch zulässig wegen Schadens, der aus Mangel an Aufmerksamkeit entstanden ist, z. B. wenn das Vieh des Klägers durch ein bösartiges Thier des Beklagten, welcher es frei hat umherlaufen lassen, beschädigt wird. Es sind jedoch nicht alle in Folge von Mangel der erforderlichen Aufmerksamkeit entstandenen Schadenszufügungen als „torts" anzusehen;

viele davon fallen unter den Gesichtspunkt der stillschweigenden Verträge, wie z. B. wenn ein Attorney seinen Klienten durch Nachlässigkeit bei Besorgung der Geschäfte des letzteren beschädigt, oder wenn ein Frachtführer die ihm anvertrauten Sachen verloren hat.

Außerdem haben die Reichsgerichte eine konkurrirende Jurisdiktion zum Zwecke der Erlassung von Habeas-corpus-Dekreten, Prohibitions-Dekreten und Certiorari-Dekreten, welche letzteren für verschiedene Fälle die Abberufung einer Sache von einem unteren Gerichte an ein Reichsgericht bezwecken.

Einen anderen Theil dieser konkurrirenden Jurisdiktion bilden die Appellationen gegen Entscheidungen der Friedensrichter und besoldeten Magistratspersonen in Sachen, über welche diese summarisch zu befinden haben. Neuerlich ist durch die Akte 20 und 21 Victoria cap. 43 ein kurzes Verfahren für solche Appellationen vorgeschrieben. Das Gericht, welches das angefochtene Urtheil erlassen hat, muß auf den Antrag der sich beschwert fühlenden Partei den Fall vortragen und der Entscheidung des Reichsgerichtes über die Rechtsfrage unterbreiten (to state the case). Wenn die Unterrichter sich dessen weigern, so kann die Queen's Bench darum angegangen werden, daß sie ihnen aufgebe, es zu thun. Die Entscheidung erfolgt dann durch einen Richter der Reichsgerichte, und sie ist endgültig. Nach der Akte 13 und 14 Victoria cap. 61 s. 14 geht auch die Appellation gegen die Entscheidungen der Grafschaftsgerichte an eines der Reichsgerichte; die Appellation ist aber nur rücksichtlich der Rechtsfragen, nicht rücksichtlich der Thatfragen zulässig.

3. Die Zusammensetzung der Reichsgerichte.[1]) — Der Gerichtshof der Queen's Bench bestand früher aus einem Chief Justice und drei anderen Richtern („puisne justices"); die Zahl der letzteren ist aber auf vier vermehrt. Ganz ähnlich besteht der Gerichtshof der Common Pleas aus fünf Richtern, einem Chief Justice und vier anderen. Jakob I. stellte für den größeren Theil seiner Regierungszeit fünf Richter in den Gerichtshöfen der King's Bench und der Common Pleas an, um für den Fall der Meinungsverschiedenheit ein entscheidendes Votum zu haben, und damit die Rundreise-Gerichte stets mit den Richtern der Reichsgerichte genügend besetzt werden könnten. Später wurde bei dauernder Behinderung eines Richters zuweilen ein fünfter ernannt. Endlich hat das Statut 11 Georg IV. und 1 Wilhelm IV. cap. 70, indem es erwähnt, daß es

---

[1]) Vergl. Gneist, Geschichte der Aemter S. 488 ff. (1. Aufl.). Der Uebers.

angemessen erscheine, an jedem der Reichsgerichte noch einen Richter anzustellen, bestimmt, daß wenn die Krone für gut befinde, an einem der Reichsgerichte eine solche Anstellung zu bewirken, „die Richter (puisne judges) solchen Gerichtshofes bei der Theilnahme an den Sitzungen in jeder Terminszeit oder in anderer Weise, wie sie es unter einander verabreden werden, abwechseln sollen, so daß nie mehr als drei von ihnen zu gleicher Zeit auf der Richterbank („in banc") [1]) während der Terminsperioden zur Verhandlung von Geschäften sitzen sollen, außer bei Abwesenheit des Lord Chief Justice oder des Lord Chief Baron, und daß es gesetzlich zulässig sein soll, daß ein Richter der gedachten Gerichtshöfe, wenn sich dazu eine Veranlassung ergiebt, für sich allein Sitzung hält, während die anderen Richter desselben Gerichtshofes auf der Bank („in banc") sitzen."

Seit dieser Bestimmung besteht auch das Schatzkammergericht, wie die beiden anderen Reichsgerichte, aus fünf Richtern. — Von der Eroberung an bis zur Regierung König Johanns waren die Personen, welche in der Schatzkammer präsidirten und zu Gericht saßen: der Ober-Justiziar, der Kanzler, der Schatzmeister, und die Barone der Schatzkammer. Nach dem Verfalle des Amtes des Ober-Justiziars waren der Schatzmeister, der Kanzler der Schatzkammer und die Barone der Schatzkammer die oberen Beamten derselben. Die Barone waren öfter Lords des Parlaments; die Bezeichnung: „Baron" war jedoch damals auch für Personen anderer Stände, außer den Peers, gebräuchlich; die Richter des Schatzkammerhofes haben den Namen: Barone beibehalten, obgleich sie nicht Lords des Parlaments sind.[2]) Der Gerichtshof besteht jetzt aus einem Chief Baron und vier Puisne Barons.

4. Das Verfahren der Reichsgerichte ist bei Erwähnung der Funktionen der Richter und der Juries, des Schriftenwechsels

---

[1]) D. h. als Kollegium. Vergl. unten zu 4. Der Uebers.

[2]) Spelman (Glossarium) sagt jedoch: „Barones dicuntur quod olim essent e majoribus Baronibus regni." — Der Kanzler der Schatzkammer ist der oberste Beamte der letzteren als fiskalischen Gerichts; aber er ist nicht Mitglied des gemeinrechtlichen Schatzkammergerichts, des eigentlichen Prozeßgerichts. Der Kanzler der Schatzkammer nimmt nach seiner Vereidigung seinen Platz auf der Richterbank ein; dann wird ein gleichgültiger Antrag vor ihm gestellt und darauf entfernt er sich. — Als Sir Robert Walpole Kanzler der Schatzkammer war, saß derselbe wirklich in einer Sache mit zu Gericht, in welcher die vier Barone nach gleichen Stimmen getheilt waren. — Wenn kein Schatzkanzler ernannt ist, so werden die richterlichen Geschäfte desselben von dem Chief Justice der King's Bench verrichtet.

(pleading), und in manchen anderen Einzelnheiten bereits betrachtet. Hier ist nur noch über die Vertheilung der Geschäfte in den verschiedenen Gerichtshöfen kurz zu berichten.

Ueber manche Rechtsfragen, z. B. wenn über die Statthaftigkeit von Demurrers, oder über Einspruch im Beweisverfahren (bills of exceptions), oder über Spezialfälle (special cases), oder über Anträge auf Bewilligung eines neuen Beweisverfahrens (new trial) verhandelt wird, erkennt jeder Gerichtshof in versammeltem Kollegium („sitting in banc — in banco —"). Sind die Meinungen getheilt, so entscheidet die Majorität. Diese Sitzungen „in banc" fanden früher nur während der Terminsperioden, welche jetzt durch Statut bestimmt sind,[1]) statt; aber in Folge der Vermehrung der Geschäfte sind die Gerichtshöfe jetzt ermächtigt, auch während der Ferien Sitzungen „in banc" anzuberaumen.

Einer der Richter eines jeden Gerichtshofes pflegt während der Terminsperioden täglich für sich allein („at chambers") Sitzung zu halten; er behandelt summarisch die kleineren und Neben-Streitfälle, wie z. B. Anträge auf Emendation der pleadings, oder auf Beseitigung eines Urtheils wegen unregelmäßiger Unterzeichnung[2]) desselben, oder auf Sistirung des Prozesses, oder auf Bestimmung der Plaidirfrist.

Das Verfahren mit Geschworenen fand vor Alters vor den gemeinrechtlichen Gerichtshöfen selbst statt; von wenigen Fällen abgesehen ist dies längst nicht mehr der Fall, sondern jenes Verfahren wird von gleich zu erwähnenden Hülfs-Tribunalen geleitet. Wenn aber die zu verhandelnde Sache sehr wichtig ist oder große Schwierigkeiten darbietet, so kann das Verfahren auch noch jetzt vor den Richtern des Reichsgerichtes stattfinden. Die Prozedur wird dann technisch als ein Prozeß an der Schranke (trial at „bar") bezeichnet, während das gewöhnliche Verfahren mit Geschworenen Trial at „nisi prius" genannt wird.

Die Nisi prius- und Assisenhöfe, von deren Entstehung wir bereits gehandelt haben (vergl. S. 269) werden von verschiedenen Richtern und zu verschiedenen Zeiten im Jahre dirigirt. Die Nisi prius-Prozeduren in London und Middlesex finden innerhalb wie außerhalb der Terminsperioden vor den Richtern der drei Reichsgerichte statt.[3])

---

[1]) Vergl. S. 333 Anm. 2. Der Uebers.

[2]) Vergl. Rüttimann, Engl. Civilprozeß §. 417. Der Uebers.

[3]) Nach der Common Law Proced. Act von 1854 s. 2 kann ein jeder solcher Richter Sachen, welche zum Nisi prius-Verfahren in Westminster oder Lon-

Zum Zwecke der Abhaltung der Nisi prius-Sitzungen (ebenso der Assisen in Kriminalsachen) sind die übrigen Grafschaften von England und Wales in Rundreisebezirke (circuits) eingetheilt, und in diesen werden während der Ferien von besonders durch die Krone damit beauftragten Personen, zu welchen gewöhnlich zwei Richter der Reichsgerichte für jeden Rundreisebezirk gehören, Assisen abgehalten.

Die Aufträge enthalten verschiedene Vollmachten: theils beziehen sie sich auf die Kriminal-, theils auf die Civilsachen, welche bei den Assisen zu verhandeln sind. Was die Civilsachen betrifft, so beruhen sie auf dem zweiten Statute von Westminster, nach welchem zwei vereidete Richter dazu bestellt werden sollen, welchen ein oder zwei angesehene Ritter aus jeder Grafschaft beitreten. Die Aufträge werden jetzt an die Richter, einige Advokaten, welche zu Queen's counsel ernannt sind,[1]) und an Serjeants gegeben; vermöge derselben werden diese ermächtigt, alle thatsächlichen Streitigkeiten, welche zur Kompetenz der Westminster-Gerichtshöfe gehören und reif für das Verfahren vor den Geschworenen sind, im Beweisverfahren verhandeln zu lassen. Um Verzögerungen vorzubeugen, wird auch bestimmt, daß wenn nicht alle ernannten Kommissäre gegenwärtig sein können, die Gegenwart von zweien (worunter ein Richter oder ein Queen's counsel oder Serjeant) zur Vornahme der Geschäfte genügen soll.

Die Gerichtshöfe des Sheriffs und anderer Lokalgerichte werden gelegentlich auch als Hülfs-Tribunale für die drei Reichsgerichte verwendet. Das Gericht des Sheriffs muß kraft eines an dasselbe erlassenen writ of inquiry die Entschädigung festsetzen, welche dem Kläger nach einem Kontumazialverfahren zukommt. Nach dem Statute 3 und 4 Wilhelm IV. cap. 42 s. 17 kann jedes Reichsgericht einen bei ihm anhängigen Prozeß zur Verhandlung „an den Sheriff der Grafschaft, aus welcher solche Klage angebracht ist, oder an einen Richter eines Court of Record der Grafschaft verweisen," wenn die Summe, deren Bezahlung verlangt wird, zwanzig Pfund Sterl. nicht übersteigt.

Endlich können nach der Common Law Proced. Act von 1854 s. 1 mit Einwilligung der Parteien auch Thatfragen von demjenigen

---

den verwiesen sind, in einem der drei Gerichtshöfe verhandeln lassen, während ein anderer Richter desselben Gerichtshofes an diesen Orten ebenfalls zu Gericht sitzt.

[1]) Nach dem Statute 13 und 14 Victoria cap. 25 können Queen's Counsel und Barristers, welchen durch königliches Patent das Ehrenrecht des Vortritts beigelegt ist, als Assisenrichter fungiren, wenn sie auch nicht den Grad des Käppchens (Degree of the Coif) haben.

Richter entschieden werden, welcher sonst bei dem Verfahren mit Geschworenen den Vorsitz gehabt haben würde. Die Kommission zur Untersuchung des Verfahrens in den Gerichten des gemeinen Rechts sprach in ihrem zweiten, im Jahre 1853 erstatteten Berichte, auf Grund dessen jene Bestimmung getroffen wurde, die Ansicht aus, daß in manchen Fällen das Verfahren mit Geschworenen besser nicht einträte; aber sie glaubte die Ausschließung desselben ohne Uebereinstimmung der Parteien, mit Ausnahme bloßer Rechnungssachen, nicht empfehlen zu dürfen. Nach der dritten und der sechsten Sektion der Akte ist den Richtern das Recht beigelegt, solche Rechnungssachen vor oder nach dem Beweisverfahren kompulsorisch an Schiedsrichter zu verweisen.

5. Der Gerichtshof der Exchequer Chamber. Gegen die Urtheile eines jeden der drei Reichsgerichte ist die Appellation an die Exchequer Chamber zuläſſig. Dieser Gerichtshof wurde durch das Statut 31 Eduard III. cap. 12 zur Entscheidung über die Appellationen gegen die Urtheile der Barone der Schatzkammer eingesetzt, und bestand aus dem Lord Kanzler und dem Lord Schatzmeister, „unter Zuziehung der Richter oder anderer weiser Männer nach ihrem Ermessen;“ er sollte seine Sitzungen „in einer Rathskammer nächst der Schatzkammer“ halten.

Ein Statut Elisabeths (27 Elis. cap. 8) erwähnt, daß unrichtige Urtheile der King's Bench nur durch den hohen Hof des Parlaments geändert werden könnten, und bestimmte zur Abhülfe gegen die sich hieraus ergebende Justizverzögerung, daß Urtheile in Prozessen, in welchen die King's Bench in erster Instanz erkannt habe, — mit Ausnahme derjenigen, in welchen die Königin Partei ist — durch ein writ of error an die Richter der Common Pleas und die Barone der Schatzkammer, welche in der Exchequer Chamber zusammenträten, zur Prüfung durch diese oder durch wenigstens sechs von ihnen gebracht werden könnten; gegen das Urtheil der letzteren sollte dann noch die Ober-Appellation an das Parlament zulässig sein. Ein späteres Statut (31 Elisabeth cap. 1) bestimmte, daß die Exchequer Chamber über Appellationen gegen Urtheile der Schatzkammer nur in Gegenwart des Lord Kanzlers und des Lord Schatzmeisters sollte erkennen dürfen. Man war damals der Ansicht, daß diese beiden Beamten das Urtheil allein nach ihrer Ansicht abzugeben hätten, wenn auch die Mehrzahl der beisitzenden Richter anderer Meinung wäre, und daß die letzteren nur Assistenten wären. Zu Coke's Zeit wurden schwierige Fälle sowohl von den Common Pleas als von den beiden anderen Gerichtshöfen an die Exchequer Chamber verwiesen, um dort von allen Richtern erörtert zu werden.

Durch das Statut 11 Georg IV. und 1 Wilhelm IV. cap. 70 wurde der Gerichtshof der Exchequer Chamber neu gestaltet. Nach diesem Statute bildet er den Appellhof für die drei Reichsgerichte; er wird jedesmal so zusammengesetzt, daß für jede Appellation gegen das Urtheil des einen Gerichts die Richter der beiden anderen, von denen mindestens sieben gegenwärtig sein müssen, das Appellationsgericht bilden. Die Appellation wird durch die Irrthumsklage (proceedings in error) „gegen jedes Urtheil eines der gedachten Gerichtshöfe" geltend gemacht. Es ist erkannt worden, daß diese Bestimmung auch die von der King's Bench in Folge eines Indictment gegen den Angeklagten gesprochenen Urtheile umfasse; und ferner, daß die Irrthumsklage gegen ein Urtheil der Common Pleas, wenn sie auf einen „faktischen Irrthum" begründet ist, nicht an die Exchequer Chamber, sondern an die King's Bench zu richten sei. Der gedachte Fall liegt dann vor, wenn das Urtheil wegen eines aus dem Protokolle nicht ersichtlichen Grundes („error of fact") [1]) nichtig ist, z. B. wenn die Partei, welche unterlegen hat, ein Kind ist.

Zehntes Kapitel.

Kriminalgerichte.

Einer der merkwürdigsten Theile des englischen Rechts betrifft das Kriminalverfahren. Dasselbe ist wegen seiner philosophischen, von dem Geiste der Gerechtigkeit geleiteten Durchbildung vielfach von Juristen bewundert worden, welche das englische Recht mit den Rechten anderer Länder verglichen haben. Natürlich ist das englische System des Kriminalprozesses nach und nach entwickelt und bei hervortretendem Bedürfnisse verbessert; aber schon in den ältesten Zeiten der englischen Verfassung hat man die Nothwendigkeit, das Verfahren bei Untersuchung und Bestrafung von Verbrechen sorgfältig festzustellen, viel deutlicher, als in anderen Staaten erkannt.

In allen civilisirten Ländern unterscheidet man zwischen Civil- und Kriminalprozessen. In den rohesten Staatsformen ist der Unterschied kein bedeutender; aber beim Fortschreiten der Civilisation wird

---

[1]) Vergl. S. 427 insbes. Anm. 2. Anm. des Uebers.

er immer deutlicher und bestimmter. Die Römer unterschieden zwischen jus publicum — quod ad statum rei Romanae spectat — und jus privatum — quod ad singulorum utilitatem pertinet. Oeffentliche Prozesse waren diejenigen, welche Verbrechen betrafen, die durch ein Gesetz für öffentliche erklärt waren, und die der Regel nach durch irgend Jemand aus dem Volke verfolgt werden konnten, wenngleich derselbe bei der Verfolgung kein besonderes Interesse hatte. Privatprozesse waren diejenigen, durch welche Abhülfe gegen ein einem Individuum zugefügtes Unrecht gesucht wurde, und welche mittels einer Klage angestellt wurden, die nur der beeinträchtigten Partei zustand. — Der Unterschied zwischen öffentlichen und Privatvergehen ist in verschiedener Weise bestimmt worden. Blackstone sagt: „Die Rechtsverletzungen (wrongs) sind von zweierlei Art: private (private wrongs) und öffentliche (public wrongs). Die ersteren sind Eingriffe in Privat- oder Civilrechte einzelner Personen als Individuen betrachtet, und werden deshalb häufig als Civil-Injurien (civil injuries) bezeichnet; die letzteren enthalten Verletzungen öffentlicher Rechte oder Pflichten, welche das Gemeinwesen als solches betreffen, und welche mit den härteren Ausdrücken: Verbrechen (crimes) und Vergehen (misdemeanours) bezeichnet werden.“ Diese Definition ist jedoch nicht ganz richtig; denn die Privat-Rechtsverletzungen gehen das ganze Gemeinwesen ebensowohl an wie die öffentlichen, weil das ganze Gemeinwesen ein Interesse hat, beiden entgegenzutreten.

„Die Unterscheidung zwischen öffentlichen Verbrechen und privaten Rechtsverletzungen,“ sagt Professor Christian in einer Anmerkung zu Blackstone, „scheint lediglich durch positive Gesetze geschaffen zu sein, und sie bezieht sich nur auf besondere Staatseinrichtungen. Jede Verletzung eines Moralgesetzes oder einer natürlichen Verbindlichkeit ist ein Unrecht, wegen dessen der Schuldige den Personen, welche unmittelbar darunter leiden, zur Genugthuung verpflichtet ist; und sie ist ein Verbrechen (crime), für welches derselbe in dem Maße bestraft werden sollte, daß sowohl er selbst als Andere von einer Wiederholung abgeschreckt werden. In den positiven Gesetzen werden diejenigen Handlungen Rechtsverletzungen (injuries) genannt, für welche die Legislatur nur civilrechtliche Genugthuung oder Schadenersatz bestimmt hat; wenn sich aber durch die Erfahrung ergiebt, daß dies nicht hinreicht, um gewisse Rechtsverletzungen in Schranken zu halten, dann muß die legislative Gewalt sie für Verbrechen (crimes) erklären, um sie durch die Furcht vor der Strafe oder durch das Schwert der Obrigkeit abzustellen. Das Wort: Verbrechen („crime") ist als technisches dem Rechte Englands unbekannt."

Daß die Unterscheidung zwischen öffentlichen und Privat-Rechtsverletzungen eine künstliche oder auf positiven Bestimmungen beruhende ist, erhellt daraus, daß Rechtsverletzungen, welche von einer Nation oder in einem Zeitalter als civilrechtliche angesehen sind, häufig von einer anderen Nation oder in einem anderen Zeitalter zu den Verbrechen gezählt werden. So z. B. ist nach englischem Rechte der Ehebruch mit keiner Kriminalstrafe bedrohet, während die Gesetze mancher anderen Nationen ihn mit hohen Kriminalstrafen, manche Rechte, wie das mosaische und das römische, sogar mit dem Tode bestrafen. Ferner war nach englischem Rechte bis vor kurzer Zeit die Brandstiftung an stehendem Getraide nur eine Civilrechtsverletzung. Endlich werden manche Rechtsverletzungen sowohl als civilrechtliche als auch als strafrechtliche betrachtet. So z. B. sind Körperverletzung (battery) und Libell Injurien, welche mit civilrechtlichen Klagen verfolgt werden können; sie können aber auch im Wege des Strafprozesses geahndet werden.

Der wesentliche Unterschied zwischen öffentlichen und Privatprozessen besteht darin, daß mittels der letzteren die beeinträchtigte Person Zurückerstattung oder Ersatz erhält, während mittels der ersteren dem Uebelthäter Strafe auferlegt wird, welche von der privaten Genugthuung oder Zurückerstattung unabhängig ist. Freilich kann das Gesetz neben der Bestrafung die Verpflichtung zur Erstattung bestimmen; aber daraus folgt nicht die Abhängigkeit des einen von dem anderen. So z. B. hatte nach gemeinem Rechte die Verurtheilung des Diebes die Restitution der gestohlenen Sachen an den Bestohlenen nicht zur Folge, weil die Anklage wegen Diebstahls auf Betreiben der Krone erhoben wird; durch Statut ist das gemeine Recht in dieser Hinsicht geändert; aber die Bestrafung des Diebes ist unabhängig von der Restitution des gestohlenen Gutes.

Die Grenzlinie zwischen Civilrechtsverletzungen und strafbaren Verbrechen war auch in England lange eine sehr unbestimmte. Bei den Angelsachsen wurden schwere Verbrechen durch Geldstrafen gesühnt; die Höhe des Wehrgeldes (Weregild), der Entschädigung wegen eines Mordes, hing von dem Range der erschlagenen Person ab. Nach der Eroberung konnte ein im Civilprozesse Verurtheilter wegen des Verzuges in Erfüllung seiner Verbindlichkeiten in eine an die Krone zu zahlende Geldbuße (amerciament) genommen werden.[1]) Dieser längst beseitigte Gebrauch[2]) beweist, daß zur Zeit seines Bestehens der Unterschied zwischen öffentlichen und Privatprozessen noch nicht gehörig erkannt war.

Die nach englischem Rechte strafbaren Verbrechen sollen hier nicht aufgezählt werden; wohl aber müssen wir die Hauptklassen erwähnen, in welche die strafbaren Handlungen eingetheilt werden. Das gemeine Recht kennt zwei Klassen: Felonien und Vergehen (misdemeanours). Im Allgemeinen ist jede strafbare Handlung (crime), einschließlich des Verrathes, welche nach gemeinem Rechte die Konfiskation (forfeiture) von Grundstücken oder anderer Habe zur Folge hatte, eine Felonie. Vergehen (misdemeanours) sind alle strafbaren, mit öffentlicher Anklage zu verfolgenden Handlungen (indictable offences), welche keine Konfiskation zur Folge haben.[3])

Diese Eintheilung ist in mehrfacher Beziehung von Konsequenzen begleitet; sie ist jedoch offenbar willkürlich. — Blackstone theilt die strafbaren Handlungen nach ihrem Wesen: in solche, welche gegen die Religion, in solche, welche gegen das Völkerrecht, in solche, welche gegen die Krone und den Staat, in solche, welche gegen das Publikum, und in solche, welche gegen einzelne Personen gerichtet sind.

Eine andere Eintheilung der Verbrechen und Vergehen betrifft die Art des Prozesses, mittels dessen sie verfolgt werden. In dieser Hinsicht unterscheidet man: 1) diejenigen strafbaren Handlungen, über welche in einem summarischen Verfahren vor Friedensrichtern oder anderen dazu autorisirten Personen ohne Zuziehung einer Jury verhandelt wird, und 2) diejenigen, über welche mit Zuziehung einer Jury verhandelt wird.

Wir wollen hier nur betrachten, wie nach dem Gesetze die Un-

---

[1]) Vergl. Gneist, Geschichte der Aemter. (2. Aufl.) S. 173 f.
Anm. des Uebers.

[2]) Coke hat gezeigt, daß dieser Gebrauch zur Zeit Heinrichs II. existirte und von der Magna Charta anerkannt wurde. Er unterscheidet zwischen den amerciaments für die Krone bei Real- und Personalklagen und denen bei strafrechtlichen Anklagen; die ersteren sollten per pares, die letzteren von den Richtern festgesetzt werden.

[3]) Es gab früher außer den Felonieen und den Vergehen noch eine andere Klasse strafbarer, mit öffentlicher Anklage zu verfolgender Handlungen, nämlich die Praemunire. Die Strafen für dieselben wurden ursprünglich durch Statute zur Verhütung päpstlicher Usurpationen bestimmt; später wurden auch andere Handlungen, welche keine päpstlichen Usurpationen enthielten, als Praemunire für strafbar erklärt. (Vergl. S. 241. Anm. 2). Anklagen auf Grund dieser Statute waren jedoch sehr selten und kommen heut zu Tage gar nicht mehr vor.

tersuchung und Entscheidung von Kriminalfällen erfolgt; wir werden uns dabei auf eine Uebersicht von folgenden Gegenständen beschränken: 1) Die Kriminalgerichte. 2) Das Verfahren mit Geschworenen. 3) Das Verfahren ohne Geschworene.

I. Die Kriminalgerichte. Einige Kriminalgerichte haben eine allgemeine Gerichtsbarkeit über das ganze Königreich, während anderen nur eine besondere, auf bestimmte Theile des Königreichs beschränkte Jurisdiktion zusteht.

Die obersten Kriminalgerichte sind der hohe Hof des Parlaments für die durch das Haus der Gemeinen erhobenen Anklagen und für die Anklagen gegen Peers, und der Gerichtshof des Lord High Steward ebenfalls für die Verhandlung von Anklagen gegen Peers. Ueber diese beiden Gerichtshöfe haben wir schon in Kapitel 6 das Erforderliche erwähnt.

Das zunächst höchste Kriminalgericht ist die Queen's Bench, von welcher wir im vorigen Kapitel gehandelt haben. Dort ist auch bereits erwähnt, daß die Kron-Abtheilung dieses Gerichtshofes zur Verhandlung der Prozesse über die größten Verbrechen wie über die kleinsten Uebertretungen kompetent ist, und in welcher Art sie vor dieselbe gezogen werden. Die Gerichtsbarkeit der Queen's Bench kommt jedoch verhältnißmäßig selten zur Anwendung.

Von den Lokal-Kriminalgerichten sind die wichtigsten die Gerichtshöfe „of Oyer et Terminer" und „of general gaol delivery." Dies sind die von Spezial-Kommissären der Krone abgehaltenen Assisen, in welchen jene auch Civilprozesse als Nisi-prius-Richter verhandeln lassen. (Vergl. S. 260 f.). Die Vollmachten, vermöge deren den Assisen-Richtern ihre gewöhnliche Kriminalgerichtsbarkeit zusteht, sind drei: 1) Die Friedens-Kommission (commission of the peace, Auftrag zur Bewahrung des Friedens), vermöge deren ihnen dieselbe Jurisdiktion zusteht, wie den ordentlichen Friedensrichtern.[1]) 2) Die Kommission „of oyer et terminer," „zu untersuchen, zu hören und zu entscheiden" alle ihnen vorkommenden Verraths-, Felonie- und Vergehens-Fälle, d. h. zu untersuchen mit Hülfe der großen Jury, zu hören und zu entscheiden mit Hülfe der kleinen Jury; vermöge dieser Kommission lassen die Richter nur über diejenigen Anklagen der großen Jury (indictments) in den Assisen verhandeln, welche die große Jury

---

[1]) Vergl. Gneist, Kommunalverfassung S. 179 ff. Die Friedenskommission überträgt den Assisen-Richtern auch eine „Jurisdiktion" in Ansehung der sonst den Friedensrichtern zustehenden Polizeigeschäfte. Anm. des Uebers.

während derselben Assise gefunden hat. Darum erhalten die Richter 3) einen Auftrag zur Entledigung der Gefängnisse (commission of gaol delivery), vermöge dessen sie ermächtigt werden, über jeden Gefangenen verhandeln zu lassen und ihn in Freiheit zu setzen („deliver"), der sich zur Zeit der Ankunft der Richter in der Stadt, wo die Rundreise-Sitzung zu halten ist (circuit town), im Gefängnisse befindet. Der Sheriff der Grafschaft muß deshalb zu der bestimmten Zeit alle im Gefängnisse befindlichen Gefangenen den Richtern vorführen. Wir haben bereits (vergl. S. 399 f.) auf die Wichtigkeit dieser Kommission hingewiesen; in Folge derselben werden die Gefängnisse alljährlich zwei Mal, in stark bevölkerten Distrikten drei Mal, möglichst entleert. Wenn die große Jury entlassen ist, werden alle noch in dem Gefängnisse befindlichen Personen, gegen welche keine Beschuldigung bei der großen Jury erhoben ist, so wie diejenigen, gegen welche die angebrachten Anklageschriften („bills") für nicht begründet („not true") befunden sind, mittels einer in dem Gerichtshofe verkündeten Proklamation freigesprochen und entlassen („discharged by proclamation").

Nach der Habeas-corpus-Akte (31 Karl II. cap. 2 s. 7) muß jeder wegen Verrath oder Felonie Verhaftete auf seinen Antrag in der nächsten Terminsperiode oder in der nächsten Sitzung „of oyer et terminer" oder „of gaol delivery" bei der großen Jury beschuldigt werden; sonst müssen ihn die Richter am letzten Tage der Termins- oder Sitzungsperiode zur Bürgschaftsbestellung zulassen, wenn nicht eidlich erhärtet wird, daß die Zeugen der Krone noch nicht produzirt werden können. Wenn der Verhaftete auf seinen Antrag: daß über ihn verhandelt werde, auch in der zweiten Termins- oder Sitzungsperiode nach seiner Verhaftung noch nicht bei der großen Jury beschuldigt und demnächst prozessirt wird, so soll er freigesprochen und entlassen werden.

Die außerordentlichen Kommissionen of oyer et terminer sind bereits (S. 270) erwähnt worden.

Der Regel nach kann die große Jury einer Grafschaft keine Thatsache untersuchen, welche sich außerhalb der Grafschaft ereignet hat, wenn sie nicht durch eine Parlaments-Akte besonders dazu ermächtigt ist. Nach gemeinem Rechte konnten insbesondere Felonieen nur in den Grafschaften untersucht und abgeurtheilt werden, in denen sie begangen waren; die Strenge des gemeinen Rechts ist jedoch in dieser Beziehung für viele Fälle durch Statute ermäßigt, so z. B. kann eine strafbare Handlung, welche innerhalb fünfhundert Yards von der

Grenze zwischen zwei Grafschaften begangen ist oder welche in der einen Grafschaft begonnen und in der anderen vollendet ist, in jeder der beiden Grafschaften untersucht werden. Mord und Todtschlag (manslaughter), welche von britischen Unterthanen in einem nicht zum Vereinigten Königreiche gehörigen Lande begangen sind, können in der Grafschaft untersucht und abgeurtheilt werden, welche zu diesem Zwecke besonders bezeichnet wird. Ueber alle strafbaren Handlungen, welche auf der hohen See oder an anderen unter der Gerichtsbarkeit der Admiralität stehenden Orten begangen sind, kann bei jedem Gerichtshofe „of oyer et terminer" oder „of general gaol delivery" verhandelt werden.

Seit alten Zeiten gab es einen Gerichtshof of gaol delivery für London und Middlesex, welcher in der City von London seine Sitzungen hielt. Heut zu Tage ist der im Jahre 1834 errichtete Central-Kriminal-Gerichtshof (Central Criminal Court) zur Untersuchung und Aburtelung aller Verraths-, Mord-, Felonie- und Vergehens-Fälle kompetent, welche in London, Middlesex und den benachbarten Theilen der angrenzenden Grafschaften begangen sind. Ebenso ist er, wie die anderen Gerichtshöfe of oyer et terminer, für alle strafbaren Handlungen zuständig, welche auf der hohen See oder an anderen Orten, wo die Admiralität Gerichtsbarkeit hat, vorgekommen sind. Der Central-Kriminal-Gerichtshof hält jährlich zwölf Mal, und wenn es nöthig ist noch öfter, Sitzungsperioden ab. Unter den Richtern, welche in den zur Abhaltung der Sitzungen dieses Gerichts ertheilten Aufträgen ernannt werden, befinden sich die Richter und früheren Richter verschiedener Gerichte;[1]) in der Praxis führt jedoch gewöhnlich einer der Richter der Reichsgerichte oder einer der juridischen Beamten der City von London unter Assistenz eines oder mehrerer der Aldermänner von London den Vorsitz.

Die General- und Quartal-Sitzungen[2]) der Friedens-

[1]) „In der vom Lord Kanzler ausgefertigten commission wird der Lord Mayor noch Ehrenhalber an erster Stelle genannt, doch ohne an dem richterlichen Geschäft im eigentlichen Sinne Theil zu nehmen." — „Die Richterkommission lautet hier auf den Lord Mayor, den Lord Kanzler, sämmtliche Richter der Westminsterhöfe, die Aldermen, den Recorder und Common Serjeant der City von London, die Richter des Sheriffshofes u. s. w." — Gneist, Kommunalverfassung S. 921. Geschichte der Aemter (1. Aufl.) S. 501. Anm. des Uebers.

[2]) Die Quartal-Sitzungen sind nur besondere General-Sitzungen, welche in den vier Jahres-Quartalen nach statutarischer Vorschrift gehalten werden. Außer diesen Quartal-Sitzungen können aber, wenn die laufenden, friedensrichterlichen Geschäfte es nöthig machen, andere General-Sitzungen gehalten werden. Auf spe-

richter der Grafschaften und der Bezirke in den Grafschaften[1]) haben gewisse, besondere Friedens-Kommissionen und werden regelmäßig in jedem Quartale, zu den durch Statut[2]) bestimmten Zeiten gehalten, um die Prozesse wegen gewisser Felonieen und Vergehen verhandeln zu lassen und verschiedene Verwaltungs-Angelegenheiten zu besorgen. Die Geschäfte der Grafschafts-Richter — oder, wie sie gewöhnlich genannt werden, Magistrate — sind 1) solche, die sie in den Versammlungen der General- oder Quartal-Sitzungen der Richter der ganzen Grafschaft oder eines Bezirkes der Grafschaft erledigen; 2) solche, die sie in Spezial-Sitzungen besorgen, und 3) solche, die sie besonders in kleinen Sitzungen („petty sessions") für kleinere Distrikte abmachen. — Die wichtigeren Geschäfte sollen zuerst erwähnt werden.

Das Kriminalverfahren bei den Quartal-Sitzungen ist in vielen Beziehungen dem bei den Assisen beobachteten ähnlich. Ohne daß wenigstens zwei Friedensrichter gegenwärtig sind können diese Sitzungen weder stattfinden noch vertagt werden. Wenn die erforderliche Anzahl von Friedensrichtern gegenwärtig ist, so sagt man: sie bilden ein Quorum. Dieser Ausdruck ist einer Klausel der von der Krone ertheilten Kommission, durch welche die Magistrate ernannt werden, entnommen. Die Kommission wurde früher lateinisch abgefaßt, und die fragliche Klausel lautete: „Quorum A vel B vel C etc. unum esse volumus" (von denen A. oder B. oder C. einer sein soll.)[3])

Nach dem Statute 34 Eduard III. cap. 1 konnte ein so konstituirter Gerichtshof über jede Felonie und jedes Vergehen verhandeln; freilich verhandelten sie selten, wenn jemals, über Kapital-Verbrechen

---

zielle Veranlassungen, zur Erledigung bestimmter Geschäfte gehaltene Sitzungen werden Spezial-Sitzungen genannt. [Vergl. auch Gneist, Kommunalverfassung S. 690 ff. 709 ff. Anm. des Uebers.]

[1]) Vergl. Gneist, Kommunalverfassung S. 686 ff. Anm. des Uebers.

[2]) Nach 1 Wilhelm IV. cap. 70 s. 55 sollen in Middlesex alle Monate zwei Mal Sitzungen gehalten werden. Der Geschäftskreis dieser Sitzungen ist ähnlich dem der Quartal-Sitzungen in den Grafschaften. (Vergl. auch 14 und 15 Victoria cap. 55 s. 13).

[3]) Die Klausel hatte in älterer Zeit die Bedeutung, daß unter den anderen Friedensrichtern „eine höhere Klasse von Rechts- und Geschäftskundigen in der Kommission hervorgehoben wurde, von denen Einer zu den wichtigeren Geschäften zugezogen werden mußte" . . . „Seit dem achtzehnten Jahrhundert wird es aber überhaupt Sitte alle ernannten Friedensrichter in der Quorum Klausel zu wiederholen, d. h. alle zugleich mit der höheren Qualifikation zu ernennen." Gneist, Kommunalverfassung S. 181, 550, 555. Anm. des Uebers.

oder andere als geringere Felonieen und über Vergehen.[1]) Heut zu Tage ist der Umfang der Kriminalgerichtsbarkeit der Quartal-Sitzungen durch ein Statut bestimmt; nach demselben sind von ihrer Kompetenz ausgeschlossen: Verrath, Verbrechen gegen die Königin oder das Parlament, Verbrechen gegen die Religion, Meineid, Fälschung, Brandstiftung an Getreide u. s. w., Bigamie, Entführung, Verheimlichung der Geburt, Libell, Bestechung, Diebstahl an gerichtlichen Protokollen oder Besitz-Urkunden und einige andere Verbrechen. Durch ihre Kommission sind die Friedensrichter ferner angewiesen: „daß, wenn ihnen ein schwieriger Fall vorkommt, sie zur Urtheilsfällung nur in Gegenwart eines Richters aus den höheren Gerichtshöfen (of one of the benches) oder eines Assisen-Richters schreiten sollen.“ In Uebereinstimmung mit dieser Kautel können Anklagen, welche von der großen Jury in den Quartal-Sitzungen beschlossen werden und für welche die letzteren kompetent sind, ohne Certiorari an die Assisen abgegeben werden.[2])

Die vier Quartal-Sitzungen werden in gleicher Weise zu den bestimmten Zeiten abgehalten. Aber außerdem können zwei Friedensrichter, von denen einer zu dem Quorum gehören muß, jederzeit eine General-Sitzung berufen.

Die zur Sitzung zusammengetretenen Friedensrichter wählen einen Vorsitzenden. Sie können sich zur Beschleunigung der Geschäfte der Sitzungsperiode in zwei Höfe theilen und für die zweite Abtheilung einen zweiten Vorsitzenden ernennen.

Außer der Kriminalgerichtsbarkeit erster Instanz steht den zu den Sitzungen versammelten Friedensrichtern nach mehreren Statuten eine Civil-Jurisdiktion, theils erster, theils zweiter Instanz, zu. Diese betrifft unter Anderem die Verwaltung der Kreisgefängnisse und der Kreis-Korrektionshäuser, die Konzession öffentlicher Lokale, die Ausschreibung der Kreisjustiz- und Polizeisteuern (county rates.).

Bei weitem der größte Theil der Civilrechts-Angelegenheiten der Friedensrichter-Sitzungen gelangt an sie in der Appellations-Instanz. Die zu den General-Sitzungen versammelten Friedensrichter sind nämlich durch mehrere Statute ermächtigt, Appellationen gegen richterliche Verfügungen, welche die einzelnen Magistrate außerhalb der General-Sitzungen erlassen haben, anzunehmen.

In gewissen Fällen geht die Appellation gegen die im summa-

---

[1]) Vergl. oben S. 177.

[2]) 5 und 6 Victoria cap. 38.

rischen Verfahren erlassenen Strafurtheile („convictions") der einzelnen Friedensrichter an die Quartal-Sitzungen; ebenso die Appellation gegen Resolute („orders") der Friedensrichter, welche sie kraft verschiedener Statute in Armensachen, Wegeangelegenheiten und anderen ihre Civil-Jurisdiktion betreffenden Sachen erlassen.[1])

Die Protokolle oder Akten (rolls) der Sitzung werden einem der Richter des Quorum, welcher Custos Rotulorum heißt, zur Aufbewahrung übergeben. Der Custos Rotulorum wird von der Krone ernannt; gewöhnlich ist es der Lord Lieutenant der Grafschaft.

Städtische Quartal-Sitzungen. (Borough Quarter Sessions.) Außer den Quartal-Sitzungen der Friedensrichter der Grafschaften oder der Bezirke der letzteren giebt es in vielen korporirten Städten besondere Quartal-Sitzungen der städtischen Richter. Denselben steht für ihre Bezirke dieselbe Kriminal-Jurisdiktion zu, wie den General-Quartal-Sitzungen der Grafschaften. Die städtischen Quartal-Sitzungen bestehen theils seit rechtsverjährter Zeit theils auf Grund eines Statuts. Die Städte-Ordnung von 1835 (The Municipal Corporations Act, 6 und 7 Wilhelm cap. 76.) stellt zwei Listen von Städten auf; die Städte der ersten Liste sollen besondere

---

[1]) Auch die Entscheidungen über Ansprüche aus der unehelichen Schwängerung (orders in bastardy) gehören zur Kompetenz der Friedensrichter, in erster Instanz jetzt vor die kleinen Sitzungen, in zweiter Instanz vor die Quartalsitzungen. — Die Verpflichtungen des unehelichen Vaters wurden bis in die neueste Zeit nur vom Gesichtspunkte der Armenpflege behandelt. Deshalb waren auch nur die Organe der Armenverwaltung zur Klage legitimirt, und sie mischten sich nur dann ein, wenn der Vater oder die Mutter nicht für das uneheliche Kind sorgten. „Durch 7 und 8 Victoria cap. 101 (1844) wird das Recht der Paternitätsklage von der Armenverwaltung auf die Mutter des Kindes übertragen, und damit aus einer polizeilichen Maßregel der Armenverwaltung zu einem Alimentationsanspruch aus Quasi-Verwandschaft umgebildet. Die Mutter kann während der Schwangerschaft oder binnen 12 Monaten nach der Geburt, oder binnen 12 Monaten nachdem der Vater aufgehört hat, freiwillig Alimente zu zahlen, selbigen vor eine kleinen Bezirksitzung laden lassen. Nach gehöriger Verhandlung zwischen beiden Parteien (oder beim Ausbleiben des Beklagten in contumaciam) wird sodann, wenn das eidliche Zeugniß der Mutter durch andere Beweise in mehreren wesentlichen Einzelnheiten bestärkt wird, in Gestalt eines Resoluts (order) die natürliche Vaterschaft anerkannt und der Beklagte zur Zahlung von wöchentlich $1\frac{2}{3}$ Thaler für die nächsten sechs Wochen nach der Geburt, und von da an zu wöchentlich $\frac{5}{6}$ Thaler Alimenten verurtheilt, bis das Kind das 13te Jahr vollendet hat, oder stirbt, oder die Mutter sich verheirathet. Bleiben die Alimente rückständig, so tritt Mobiliar-Exekution ein (bis zu deren Ausgang der Beklagte vorläufig verhaftet werden kann), und nach fruchtloser Exekution Gefängnißhaft auf drei Monate." Gneist, Kommunalverfassung S. 695, 731 ad 3, 744. Der Uebers.

Friedens-Kommissionen haben, während den in der anderen Liste genannten solche besondere Kommissionen auf eine Petition des Gemeinderaths von der Krone verliehen werden können. Das Gesetz autorisirt die Krone für jede Stadt die Zahl der Friedensrichter zu bestimmen. Auch kann die Krone für jede Stadt, deren Gemeinderath ein besonderes Quartal-Sitzungs-Gericht zu haben oder zu behalten wünscht, ein solches besonderes Gericht bewilligen, und sie ernennt dann einen Barrister zum Stadtrichter (recorder of the Borough) Das Gericht hält wenigstens vier Mal im Jahre Sitzungen; der Stadtrichter, der einzige Richter in demselben, ist für alle Gegenstände, mit Ausnahme gewisser Verwaltungs-Sachen, kompetent, für welche die Grafschafts-Quartal-Sitzungen zuständig sind. Die Grafschafts-Friedensrichter, in deren Bezirk eine Stadt liegt, welche kein besonderes Quartal-Sitzungs-Gericht hat, haben in ihren Sitzungen auch über diese Stadt Gerichtsbarkeit.[1])

Kleine Sitzungen („Petty Sessions") sind vorhanden, wenn zwei oder mehrere Friedensrichter zu Geschäften zusammentreten, für welche entweder das Gesetz ihr Zusammenwirken erfordert oder welche sie aus eigenem Antriebe gemeinschaftlich vornehmen; die meisten Geschäfte der kleinen Sitzungen betreffen die summarische Jurisdiktion, welche durch zahlreiche neuere Parlaments-Akte zwei Friedensrichtern übertragen ist. — Eine Spezial-Sitzung („Special-Session") ist vorhanden, wenn mehrere Friedensrichter nicht nach eigener Wahl und besonderer Vereinbarung, sondern nach vorgängiger Ladung aller zur Theilnahme berechtigten Friedensrichter eines Bezirkes zusammentreten, um gewisse den Spezial-Sitzungen übertragene Geschäfte z. B. die Ernennung von Lokal-Beamten vorzunehmen. Der wichtige Unterschied zwischen „petty sessions" und „special sessions" liegt also in der Nothwendigkeit der vorgängigen Ladung **aller** Bezirks-Friedensrichter zu den letzteren.

Den einzelnen Friedensrichtern steht, unabhängig von der ihnen in den Sitzungen kompetirenden Jurisdiktion, eine besondere Gerichtsbarkeit zu. Vermöge ihrer Kriminal-Gerichtsbarkeit können sie Friedensbürgschaften (sureties of the peace) oder Sicherheiten für gutes Verhalten (recognizances for good behaviour) fordern und zur Unterdrückung eines Aufruhrs (riot) einschreiten;[2]) auch steht ihnen

---

[1]) Vergl. Ausführlicheres über die Borough Quarter Sessions: Gneist Kommunalverfassung, Seite 905. Der Uebers.

[2]) Vergl. Gneist, Kommunalverfassung, Seite 574, 608. Der Uebers.

vermöge derselben eine ausgedehnte Befugniß zur summarischen, ohne Zuziehung einer Jury anzuordnenden, Bestrafung vieler Uebertretungen zu.

Die Zahl der strafbaren Handlungen, welche summarisch, ohne Zuziehung einer Jury, zu ahnden sind, übersteigt die Zahl der im ordentlichen Verfahren abzuurtheilenden Verbrechen (indictable offences); es fallen darunter eine große Menge kleiner Verbrechen[1]) z. B. kleine Vermögens- und Körper-Beschädigungen, kleine Diebstähle, Landstreicherei und Bettelei, ferner Uebertretungen der Reglements der Eisenbahn-Gesellschaften und der Gesetze über das öffentliche Fuhrwesen.

Das summarische Kriminal-Verfahren ist durch verschiedene Statute eingeführt und neuerlich, wie wir unten bei der Besprechung der Prozedurformen sehen werden, auf neue Fälle vielfach ausgedehnt.

Die Friedensrichter sind entweder durch Kommission ernannt oder sie sind Municipal-Beamte der Städte. Die Funktion eines von der Krone durch Kommission ernannten Friedensrichters hört nach dem Belieben der Krone auf, entweder direkt dadurch, daß er mittels eines unter dem großen Siegel ausgefertigten Erlasses dimittirt wird, oder indirekt dadurch, daß sein Name in der neuen Friedens-Kommission übergangen wird. Es ist bereits erwähnt (Seite 303), daß die durch Kommission ernannten Friedensrichter auf Empfehlung des Lord Kanzlers bestellt werden. Nach der Städte-Ordnung von 1835 kann die Krone eine Anzahl Personen durch Kommission zu Friedensrichtern für die in dem Gesetze bezeichneten Städte ernennen. In den Städten, für welche jene Städte-Ordnung nicht gilt, bestimmen gewöhnlich die Freibriefe derselben, daß gewisse Municipal-Beamte zugleich Friedensrichter sein sollen, und wie bei eintretender Vakanz die Ergänzung erfolgen soll.

Die Friedensrichter sind unbesoldet. Es giebt aber außer denselben in manchen Städten und an volkreichen Orten besoldete Polizei-Magistrate. — Nach der Städte-Ordnung von 1835 kann die Krone auf Ansuchen des Gemeinderaths für eine Stadt ein oder mehrere

[1]) Ueber diese Verbrechen wurde in älterer Zeit in den Ortsgerichten (Courts Leet) mit Zuziehung einer Jury verhandelt. Blackstone beklagt den Verfall des Sheriffsturn und des Ortsgerichts, der alten Gerichte des Königs, und das Ueberhandnehmen der Geschäfte der Friedensrichter, deren Gerichtsbarkeit, wie er sagt, so weit ausgedehnt ist, „daß, wenn nicht bei Zeiten eingeschritten wird, man das Aufhören unseres bewunderungswürdigen und echt englischen Geschwornengerichts, außer vielleicht für Kapital-Sachen, befürchten muß.“

Polizei-Magistrate ernennen. Diese sind nach dem Belieben der Krone absetzbar, und werden aus den städtischen Kassen besoldet.

Zahlreiche Parlaments-Akte bestimmen die Organisation der Polizeigerichte von London (metropolitan police courts.) Nach denselben giebt es mehrere solche Gerichte, und der Königin im Rath steht das Recht zu, die Zahl derselben bis auf sieben und zwanzig zu vermehren. Die Polizeirichter (magistrates) sind Barristers und besoldet. Sie verhandeln und entscheiden in der Regel als Einzelrichter, und haben als solche innerhalb des Londoner Polizeibezirks im Allgemeinen dieselbe Kompetenz, wie sie zwei Friedensrichtern außerhalb der General-Sitzungen zusteht.

In vielen Städten und Bezirken sind auf Anordnung lokaler Parlaments-Akte besondere Polizeigerichte eingerichtet und besoldete Polizeirichter angestellt. Die letzteren können, wie die Londoner Polizeirichter, im Allgemeinen, ebenfalls als Einzelrichter von ihrer summarischen Gerichtsbarkeit Gebrauch machen.[1])

II. Das Kriminal-Verfahren mit Geschworenen. Das Verfahren mit Geschworenen bildet als das gemeinrechtliche die Regel; das Verfahren ohne Geschworene beruhet zum größten Theile auf Statuten.

1. Verhaftung oder Ladung. Wenn eine Anzeige oder schriftliche Denunciation: daß eine zur Kompetenz der großen Jury gehörige strafbare Handlung entweder in dem Jurisdiktionsbezirke des Friedensrichters oder von einer in diesem Bezirke sich aufhaltenden Person begangen sei, oder daß dafür Verdacht vorliege, unter eidlicher Versicherung der Wahrheit bei einem Friedensrichter angebracht wird, so kann dieser einen Haftbefehl, Vorführungsbefehl (warrant of apprehension) gegen den Beschuldigten erlassen, oder er kann ihn zunächst zu seiner Verantwortung vorladen und zur Erlassung eines Haftbefehls erst schreiten, wenn der Ladung nicht Folge geleistet wird. Der Haftbefehl muß den Grund der Verhaftung ersehen lassen und die zu verhaftende Person namentlich oder sonst bestimmt bezeichnen. Ein allgemeiner Haftbefehl, nach welchem alle eines bestimmten Verbrechens verdächtigen Personen ohne genauere Bezeichnung derselben

---

[1]) Nach der Towns Improvement Clauses Act von 1847 s. 75 kann die summarische Gerichtsbarkeit in den Städten und Orten, für welche diese Akte gilt, von Einzelrichtern ausgeübt werden. Nach der Akte 11 und 12 Victoria cap. 44 s. 33 kann jeder Londoner Polizeirichter und jeder besoldete Richter eines Polizeigerichts einer Stadt oder eines Ortes jene summarische Gerichtsbarkeit ebenfalls als Einzelrichter ausüben.

verhaftet werden sollen, ist, wie wir gesehen haben (Seite 389), ungesetzlich. Ein von dem Richter eines Bezirkes erlassener Haftbefehl kann in einem anderen Bezirke vollstreckt werden, wenn er von dem zuständigen Friedensrichter des anderen Bezirkes indossirt („backed") ist. In gleicher Weise ist die Vollstreckbarkeit der Haftbefehle gegen Personen, welche in England Verbrechen begangen haben und nach Irland, Schottland, den Kanal-Inseln oder einer der Kolonieen entkommen sind, ermöglicht. Auslieferungs-Verträge mit fremden Staaten sichern die Ergreifung gewisser Verbrecher in anderen Ländern. Die Verbrechen, auf welche diese Verträge sich erstrecken, sind in den verschiedenen Verträgen verschieden bestimmt; im Allgemeinen sind es gemeine, grobe Verbrechen. Die Verträge beruhen auf Gegenseitigkeit. Die Auslieferung des Flüchtigen von einem Staate an den anderen erfolgt, nachdem auf Grund eines von einer Magistratsperson des requirirenden Landes erlassenen Haftbefehls oder einer ähnlichen Urkunde, in welcher die Beschuldigung genau angegeben werden muß, der Beschuldigte vorgeführt, und den Behörden des Landes, in welchem er betroffen worden, genügender Beweis dafür beigebracht ist, daß die Verhaftung nach den Gesetzen dieses Landes sich rechtfertigt. Mehrere Statute sind behufs der Ausführung dieser Verträge in Ansehung der in England vorzunehmenden Verhaftungen erlassen.

In gewissen Fällen können Friedensrichter, Constables und andere Personen ohne Haftbefehl Verhaftungen vornehmen, insbesondere in Fällen, wenn Verbrechen oder Polizei-Uebertretungen in ihrer Gegenwart vorkommen.

2. Voruntersuchung, Untersuchungshaft-Befehl und Bürgschaft. (Commitment and Bail.) Wenn der Beschuldigte auf die an ihn ergangene Ladung erscheint oder dem Friedensrichter vorgeführt wird, so erhebt der letztere den Belastungsbeweis; der Beschuldigte kann das Kreuzverhör mit den Zeugen anstellen. Das Verhör ist der Regel nach öffentlich; der Magistrat kann aber die Ausschließung der Oeffentlichkeit anordnen, wenn ihm dies zweckmäßig erscheint. Die Aussagen der Zeugen werden niedergeschrieben und dann Depositionen („Depositions") genannt.

Die Depositionen werden dem Beschuldigten vorgelesen; darauf wird er gefragt, ob er sich in irgend einer Weise über die Beschuldigung auslassen will; dabei wird er aber ausdrücklich darauf aufmerksam gemacht, daß er zu keinerlei Auslassung verpflichtet ist. Wenn er sich ausläßt, so wird das, was er sagt, niedergeschrieben und wenn die Sache zum Hauptverfahren verwiesen wird, mit den Depositionen an das betreffende Gericht übersendet.

Wenn der vorhandene Beweis zur Unterstützung der Beschuldigung nicht genügt, so wird das Verfahren eingestellt und der Beschuldigte entlassen („discharged"). Im entgegengesetzten Falle, wird der Angeschuldigte zum Hauptverfahren überwiesen („committed"). Zugleich wird seine Verhaftung bis zur Hauptverhandlung angeordnet [1]) oder er wird aufgefordert, Bürgschaft („bail") dafür zu geben, daß er sich zur Hauptverhandlung gestellen werde. Wenn sich herausstellt, daß das Verbrechen nicht in dem Jurisdiktionsbezirke des untersuchungsführenden Magistrats begangen ist, so kann die Zuführung des Beschuldigten an den kompetenten Richter angeordnet werden. In älterer Zeit war die Kautionsleistung in Feloniefällen nicht zulässig; nach neueren Statuten kann bei gewissen Verbrechen und Vergehen der Magistrat nach seinem Ermessen den Beschuldigten zur Kautionsbestellung zulassen, und bei gewissen anderen Vergehen (misdemeanours) muß die Freilassung gegen Kaution erfolgen. (11 und 12 Victoria cap. 42 s. 23.)

Der Gerichtshof der Queen's Bench hat eine diskretionäre Gewalt, den Angeschuldigten in allen Fällen von Verrath, Felonie oder Vergehen in dem dafür bestimmten Verfahren zur Bürgschaftsbestellung zuzulassen. Dagegen soll nach dem Gesetze kein Friedensrichter einen des Verrathes Angeschuldigten anders als auf Anordnung eines Staats-Sekretärs oder der Queen's Bench gegen Kaution freilassen dürfen.

Die große Zahl der gesetzlichen Bestimmungen, welche seit den ältesten bis auf die neuesten Zeiten über das Recht zur Kautionsbestellung ergangen ist, läßt das Mißtrauen erkennen, mit welchem das englische Recht für die persönliche Freiheit besorgt ist. Schon das erste Statut von Westminster (3 Eduard I. cap. 15) bestimmte: „Wenn Jemand einem Gefangenen, der zur Kautionsbestellung zugelassen werden muß, seine Freiheit vorenthält, nachdem er genügende Sicherheit angeboten hat, so soll derselbe dem Könige eine schwere Geldbuße zahlen." Die Habeas-Corpus-Akte ordnet die Entlassung solcher Gefangenen an, die gesetzlich zur Kautionsbestellung zugelassen und im Habeas-corpus-Verfahren einem Richter vorgeführt sind.

---

[1]) Das „commitment" im eigentlichen Sinne ist der Befehl zur Abführung in das Gefängniß, welcher bei der Ueberweisung des Straffalls an die Assise oder Quartal-Sitzung ertheilt wird. Diese Untersuchungshaft kann dann durch Bestellung einer Kaution abgewendet werden. — Gneist, Kommunalverfassung S. 580, 678.

Der Uebers.

Die Bill der Rechte (1 Wilhelm und Maria s. 2 cap. 2) erwähnt, daß übermäßige Kautionen von Personen gefordert seien, welche in Kriminalfällen verhaftet worden, und schreibt vor, daß keine übermäßigen Kautionen gefordert werden sollen.

3. Die Anklage. (Prosecution.) Der nächste Schritt in dem Verfahren ist die Anklage. Diese kann in dreifach verschiedener Weise erhoben werden: entweder durch Indictment oder durch Inquisition oder durch Information.

Das Indictment ist eine Anklageschrift, welche der großen Jury eingereicht und über welche von der letzteren befunden wird.

Die große Jury besteht aus einer Anzahl von Geschworenen nicht weniger als zwölf und nicht mehr als drei und zwanzig, probi et legales homines. Zur Zeit Bracton's geschahen die amtlichen Anzeigen (presentments) über vorgekommene Verbrechen durch eine Jury, zu welcher jede Hundertschaft in der Grafschaft zwölf Personen stellte. Gegen das Ende der Regierung Eduard's III. wurde es jedoch Gebrauch, daß der Sheriff eine Liste von Rittern aufstellte, welche man „le graunde inquest" nannte. Die Inquests der Hundertschaften machten noch ferner ihre Presentments, aber nur für ihre einzelnen Hundertschaften. Da die großen Inquests ihre Untersuchungen über die ganzen Grafschaften ausdehnten, so verfielen natürlich die Inquests der Hundertschaften, bis zuletzt das Geschäft, Presentments zu machen und über Indictments zu befinden, ausschließlich auf die großen Inquests überging und die Hundertschafts-Männer (hundredors) nur noch zu den Urtheils-Juries berufen wurden.

Die großen Juries (Grand Juries) kommen nur bei den Kriminalgerichten vor[1]); es liegt ihnen ob, die ihnen vorgelegten Anzeigen über Verbrechen bei den Assisen oder Quartal-Sitzungen zu prüfen, und darüber zu entscheiden, ob sie zum Hauptverfahren über das Indictment zu verweisen sind. Bei der Eröffnung der Assise oder Quartal-Sitzung hält der vorsitzende Richter eine Anrede an die große Jury über die Fälle, welche ihr voraussichtlich zur Beurtheilung werden vorgelegt werden; dann zieht sich die große Jury zurück, um die Indictments in Empfang zu nehmen. Die letzteren werden ihr im Namen der Königin, aber auf Betreiben eines Anklägers (prosecutor) vor-

---

[1]) Die Qualifikation der Mitglieder einer großen Jury ist dieselbe wie die der Mitglieder der kleinen Juries, so weit es sich um Grafschafts-Sitzungen handelt. Für die Mitglieder der großen Juries bei den Assisen und bei den städtischen Quartal-Sitzungen ist keine Vermögens-Qualifikation erforderlich.

gelegt.[1]) Die große Jury läßt den Anklage-, nicht aber den Vertheidigungs-Beweis erheben, und entscheidet dann, ob der Angeschuldigte genügend belastet ist, um zur Verantwortung gezogen zu werden. Wenn die Jury diese Frage mit Stimmenmehrheit, aber mit mindestens 12 Stimmen, bejaht, so wird auf das Indictment der Vermerk gesetzt: „a true bill" (eine wahre, richtige Anklage); im entgegengesetzten Falle wird darauf geschrieben: „no true bill" (keine wahre Anklage) oder: „not found" (nicht gefunden). Erst dann, wenn die Anklageschrift für gerechtfertigt erklärt ist, bildet sie ein Indictment im strengeren Sinne dieses Worts. Dasselbe wird öffentlich im Gerichtshofe verkündet.

Außer den Indictments kann die große Jury aus eigener Bewegniß, vermöge eigener Kenntniß oder Beobachtung, und ohne daß ihr eine Anklageschrift vorgelegt ist, „Presentments" z. B. wegen Zuwiderhandlungen gegen die öffentliche Ordnung, wegen Schmähschriften u. dgl. m. abgeben. In einem solchen Falle muß dann der Beamte des Gerichtshofes eine Anklageschrift (indictment) anfertigen, ehe der Angeklagte zur Verantwortung aufgefordert werden kann.[2])

Die meisten Anklagen sind auf Indictments begründet; aber der Anklagebeschluß des Inquest eines Coroner steht dem einer großen Jury gleich. Eine Person kann wegen Mordes oder wegen Todtschlags auf Grund einer „Inquisition" d. h. eines Protokolls über den Befund einer Jury, welche zur Untersuchung über die Todesursache eines Menschen „super visum corporis" eingeschworen ist, angeklagt werden. Die Pflichten des Coroner in Fällen, „wo ein Mensch erschlagen oder plötzlich gestorben ist," sind durch ein Statut aus dem vierten Regierungsjahre Eduard's I. bestimmt, nach welchem der Coroner in solchen Fällen die Todesursachen ermitteln und die nach der Inquisition schuldigen Personen verhaften und in das Gefängniß senden soll. Nach dem Statute 3 Heinrich VII. cap. 3 muß der Coroner die Inquisitions-Urkunden den Richtern der nächsten gaol delivery in der

[1]) Folgendes ist ein Beispiel der Formel eines Indictments: „Middlesex zu wissen. — Die Geschworenen unserer Herrin der Königin zeigen auf ihren Eid an, daß A. B. am . . . ten Tage des . . . . im Jahre unseres Herrn . . . . in böslicher Absicht einen Rock, gehörig zum Vermögen und der beweglichen Habe des C. D., gestohlen, genommen und weggetragen hat."

[2]) Vergl. S. 408. — Personen, welche wegen Vergehen (misdemeanours) und wegen gewisser Arten von Verrath angeklagt sind, haben das Recht zu verlangen, daß ihnen vor dem Prozesse Abschrift des Indictment ertheilt werde; dagegen steht den wegen Felonie Angeklagten ein gleiches Recht nicht zu. Aber alle Personen, gegen welche ein Indictment ergangen ist, sind berechtigt, Abschrift der „Depositionen" zu verlangen.

Grafschaft, wo die Inquisition stattgefunden hat, übergeben. Die Richter sollen dann gegen die Mörder, wenn sie verhaftet sind, verfahren, oder, wenn dies nicht geschieht, die Inquisition der King's Bench vorlegen. Die Inquests finden in dem Bezirke desjenigen Coroner und an dem Orte statt, wo die Leiche sich befindet, wenn auch die Ursache des Todes außerhalb seines Jurisdiktionsbezirks entstanden ist.

Die letzte Art der Anklage ist die durch Information, welche wir bei Betrachtung der ausschließlichen Jurisdiktion des Gerichtshofes der Queen's Bench bereits erwähnt haben.[1]) Informationen kommen nur bei Vergehen (misdemeanours) und nicht bei Felonieen vor; sie werden bei der Queen's Bench oder, in fiskalischen Sachen, bei dem Schatzkammergerichte angebracht. Die Informationen, welche von dem Attorney-General nur im Namen der Krone ex officio eingebracht werden, betreffen meistens Vergehen, welche unmittelbar gegen die öffentliche Ordnung verstoßen, z. B. Libelle gegen die Organe der Regierung, Widersetzlichkeiten gegen Finanz-Beamte u. s. w. Im Allgemeinen gehört die Verhandlung über diese Informationen vor die Nisi prius-Abtheilung des Gerichtshofes der Queen's Bench, und das Verfahren ist dasselbe wie das über ein Indictment wegen eines Vergehens (misdemeanour) bei den Assisen stattfindende. Andere Informationen sind diejenigen, welche im Namen des Master of the Crown Office eingebracht werden; der letztere ist der zu diesem Zwecke bestellte Beamte des Publikums, wie der Attorney-General der Diener der Krone ist.[2]) Diese Informationen zerfallen in zwei Klassen: die gegen Privatpersonen wegen mannichfacher Vergehen erhobenen, wie z. B. wegen Libells gegen Magistrate und Verletzungen des öffent-

---

[1]) Vergl. Seite 459 ff.

[2]) Aus mehreren Stellen dieses Buches (z. B. S. 407 f. vergl. mit S. 393 f.) ergiebt sich, daß in England eine Privatanklage in dem Sinne der Geltendmachung eines Rechts des Anklägers — wie die Sache in Deutschland nicht selten verstanden wird — nicht existirt. Der Privat-Ankläger ist im Kriminalprozesse niemals Partei; der Prozeß wird auch im Falle der Privat-Anklage rubrizirt: Regina versus X.; der Attorney-General kann auch im Falle einer Privat-Anklage durch ein Nolle prosequi dem Verfahren ein Ende machen u. s. w. Anderentheils existirt aber auch kein „Anklagemonopol" des Staats (der Staatsanwaltschaft), wie wir es auf dem Kontinent leider so häufig finden; und obgleich in England die Anstellung eines „public prosecutor" vielfach gewünscht wird, so denkt doch dort Niemand an die Möglichkeit, demselben eine ausschließliche Berechtigung zur Erhebung von Anklagen beizulegen — wie denn eine solche auch der schottischen Staatsanwaltschaft nicht zusteht. Vergl. Glaser, engl. Schwurgericht S. 20 f., Gneist, Kommunalverfassung S. 775 f. Anm. des Uebers.

lichen Friedens; und die gegen Beamte wegen Amtsvergehen gerichteten.

4. Arraignment und Pleading. Die Aufforderung des Angeklagten, gegen welchen die große Jury ein Indictment gefunden hat (arraignment), besteht aus drei Theilen: 1, zunächst wird der Angeklagte bei seinem Namen (behufs Feststellung seiner Identität) an die Schranke gerufen; 2, dann wird ihm die Anklage (das Indictment) vorgelesen; 3, endlich wird er gefragt, ob er der ihm zur Last gelegten strafbaren Handlung schuldig ist oder nicht. Das Verfahren, wenn eine coroner's inquisition statt eines Indictment vorliegt, ist dasselbe.

Das nächste Stadium [1]) des Prozesses bilden die Erwiderungen (das Plaidiren, pleading) auf die Anklage. Wenn in älterer Zeit der Angeklagte jede Auslassung verweigerte und absichtlich stumm blieb, so war dies in Prozessen wegen Verraths, kleinen Diebstahls und wegen aller Vergehen (misdemeanours) einer Schuldigerklärung gleich; dagegen verfiel in Prozessen wegen anderer Felonieen der Angeklagte durch solches Verhalten der schrecklichen „peine forte et dure." [2]) Nach dem Statute 7 und 8 Georg IV. cap. 27 kann der Gerichtshof, wenn der Angeklagte die Auslassung verweigert, den betreffenden Beamten anweisen, einzutragen, daß Nichtschuldig plaidirt sei, und demgemäß wird dann weiter verhandelt.

Die Plaidirweise des Kriminal-Prozesses ist, wie wir bereits be-

---

[1]) Der Antrag auf Vernichtung des Indictment (to „quash" an indictment) kann von dem Angeklagten vor jeder anderen Erwiderung und von Seiten des Anklägers vor der Beweisverhandlung, oder ehe ein dem Angeklagten günstiges Urtheil über ein von ihm der Anklage entgegengestelltes Demurrer ergangen ist, gestellt werden. Der Antrag muß bei dem Gerichtshofe gestellt werden, bei welchem das Indictment gefunden ist, in manchen Fällen aber bei der Queen's Bench, an welche dann die Akten vorher von dem Untergerichte in Folge eines Certiorari abgegeben sind. Ein Indictment kann vernichtet werden, wenn es so mangelhaft ist, daß darauf kein Urtheil erlassen werden könnte, wenn der Angeklagte für schuldig erklärt würde. Es kommt jedoch selten vor, daß ein Gerichtshof ein Indictment wegen einer Felonie oder eines größeren Vergehens auf den Antrag des Angeklagten vernichtet. Wenn der Antrag von dem Ankläger gestellt wird, so muß er vorher eine andere Anklageschrift (bill) wegen derselben strafbaren Handlung bei der großen Jury eingereicht und letztere muß dieselbe schon für gerechtfertigt erklärt haben.

[2]) Das erste Statut von Westminster (3 Eduard I. cap. 12) bestimmte, daß solche Angeklagte „soient mys en la prisone fort et dure." Sie wurden in eine niedrige, dunkele Zelle gebracht, mußten nackt auf dem harten Boden liegen, bekamen als Nahrung abwechselnd an einem Tage nur drei Bissen schlechtes Brod und am andern Tage drei Schluck Wasser und blieben, obgleich die Folter in England nie

merkt haben, der des Civilprozesses ähnlich.[1]) Der Angeklagte kann entweder einwenden, daß das Gericht unzuständig sei („plea to the jurisdiction"), oder er kann der Anklage ein Demurrer entgegensetzen, indem er einwendet, daß die behauptete Thatsache nach dem Gesetze nicht strafbar sei, oder er kann „in abatement" plaidiren d. h. eine Einrede erheben, daß er unrichtig benannt sei. Alle diese Einreden sind jedoch heut zu Tage aus verschiedenen Gründen unpraktisch. Wichtiger sind: 1, die „special pleas in bar" (peremtorische Spezial-Einreden) nämlich: die Einreden der früher schon erfolgten Freisprechung, der bereits erfolgten Verurtheilung und der Begnadigung. Wenn der Angeklagte in der erforderlichen Art beweist, daß er wegen des zur Anklage stehenden Verbrechens in gesetzlicher Weise bereits verurtheilt oder freigesprochen oder begnadigt ist, so ist er durch seine peremtorische Einrede („bar") gegen die Anklage geschützt. 2, der Angeklagte kann aber auch, und das ist der gewöhnlichste Fall, mündlich an der Schranke „Schuldig" („guilty") oder „Nichtschuldig" („not guilty") plaidiren. Wenn er „Schuldig" plaidirt, so hat der Gerichtshof nichts zu thun, als das Urtheil zu fällen; aber die Gerichtshöfe sind der Annahme einer solchen Erklärung meist abgeneigt, und rathen, namentlich in Kapital-Fällen, dem Angeklagten gewöhnlich, die Erklärung zurückzuziehen und „Nichtschuldig" zu plaidiren.

Wenn der Angeklagte ein Demurrer oder eine peremtorische Spezial-Einrede geltend gemacht hat, und das Urtheil über das Demurrer oder die Einrede gegen ihn ausfällt, so wird in einigen Fällen der Prozeß weiter verhandelt, als wenn keine solche Einwendung ge-

---

zuläſſig geweſen iſt, in dieſem Zuſtande — welchen die ſpätere Praxis durch Belaſtung des Körpers des Angeklagten mit ſchweren Gewichten abzukürzen ſuchte — „bis ſie ſtarben," oder, wie in der älteren Zeit in dem Urtheile geſagt wurde, „bis ſie antworteten." Dieſe Barbarei kam wegen der Zweifel über ihre Geſetzlichkeit ſelten zur Anwendung. Blackſtone erklärt ſie aus der Gier der „feudalen Tyrannen des Mittelalters nach den heimfallenden Lehngütern" der Angeklagten, die, wenn ſie ſich nicht ausließen, nicht zum Tode verurtheilt werden konnten. Das Statut 12 Georg III. cap. 20 ſtellte das alte gemeine Recht wieder her, nach welchem die Verweigerung der Auslaſſung einer Schuldig-Erklärung gleich ſtand. (Blackſtone IV. 325 f.) Bald wurden Stimmen laut, daß die Geſetzgebung das Schweigen des Angeklagten für ein Nichtſchuldig-Plaidiren erklären möge, was dann durch das oben citirte Statut geſchah. Anm. des Ueberſ.

[1]) Vergl. oben S. 354, 355. „Dieſe Vertheidigungsmittel haben durchaus die ſtreng techniſche Form, welche der der Hauptverhandlung vorausgehende Schriftenwechſel im Civilprozeß (pleadings) hat, wenn die Schriften auch mitunter erſt nachträglich dem Protokoll beigefügt werden." Glaſer, engl. Schwurgericht, S. 114. Der Ueberſ.

macht wäre, in anderen Fällen aber ist das Urtheil ein Endurtheil. So z. B. ist in Prozessen wegen Vergehen (misdemeanour) ein zu Gunsten der Krone ausgefallenes Urtheil über ein plea in abatement oder über die Einrede der bereits erfolgten Freisprechung oder Verurtheilung ein Endurtheil; dagegen wird in Felonie-Fällen nach einem solchen, zum Nachtheile des Angeklagten ausgefallenen Urtheile zur Verhandlung in der Hauptsache geschritten. Wenn der Angeklagte der Anklage ein Demurrer entgegensetzt und dasselbe wird als unbegründet verworfen, so ist in einigen Fällen dieses Erkenntniß ein Endurtheil, in anderen Fällen ist es dem Angeklagten noch gestattet, sich auf die Sache selbst einzulassen.[1])

5. Beweisverhandlung (trial) und Urtheil. Wenn der Angeklagte „Nichtschuldig" plaidirt, so muß der Ankläger jede Thatsache und jeden Umstand beweisen, welcher zur Feststellung des in dem Indictment oder in der Information behaupteten strafbaren Handlung gehört. Auf der andern Seite kann dann der Angeklagte Alles beweisen, wodurch die Behauptungen der Anklage widerlegt werden sollen oder was zu seiner Entschuldigung oder Rechtfertigung dient.

Anklagen wegen Verraths oder Felonie müssen vor einer gewöhnlichen Jury verhandelt werden; dagegen kommt es in Prozessen wegen Vergehen (misdemeanours) häufig vor, daß eine Partei die Sache vor einer Spezial-Jury verhandelt zu haben wünscht, und die Westminster-Gerichtshöfe haben die Befugniß, in allen Fällen, welche nicht Anklagen wegen Verraths oder Felonie betreffen, auf den Antrag der einen oder der anderen Partei die Verhandlung der Sache vor einer Spezial-Jury anzuordnen.

Nachdem der Angeklagte „Nichtschuldig" plaidirt und sich „auf sein Vaterland" (d. h. die Geschworenen) berufen hat, wird zunächst die Jury berufen.

---

[1]) In dem Prozesse Algernon Sidney's wegen Hochverraths (1683) wollte der Angeklagte, als er zur Erklärung aufgefordert wurde, einige Einwendungen gegen die Anklage vorbringen; der Gerichtshof belehrte ihn jedoch, er müsse plaidiren oder ein Demurrer geltend machen. „Macht eine Einrede (plea) geltend, welche Ihr wollt," sagte Lord Chief Justice Jeffries zu ihm, „aber wenn Ihr eine Spezial-Einrede erhebt, und der Attorney-General dagegen ein Demurrer geltend macht, so kann das zu einem Todesurtheil gegen Euch führen, und Ihr verzichtet dadurch auf die Vertheidigung gegen die Behauptungen der Anklage." Als Sidney erklärte, eine Sprzial-Einrede geltend machen zu wollen, sagte Richter Withins zu ihm: „Bleibt Ihr dabei? Bedenkt Euch; es handelt sich um Euer Leben. Wenn Ihr diese Einrede erhebt, der Attorney-General dagegen ein Demurrer geltend macht, und Ihr mit der Einrede nicht durchdringt, so ist es um Euer Leben geschehen."

Bei den Assisen und den Quartal-Sitzungen wird die Beweisverhandlung gegen Personen, welche wegen Felonie angeklagt sind, gewöhnlich unmittelbar oder nach einem kurzen Zwischenraume an die Aufforderung zur Verantwortung (an das arraignment) angeschlossen. Dagegen ist es in Prozessen wegen kleinerer Vergehen nicht ungewöhnlich, daß die Beweisverhandlung ausgesetzt wird, wenn der Angeklagte Kaution dafür bestellt, daß er bei der nächsten Assisen- oder Quartal-Sitzung erscheine. Uebrigens hat der Gerichtshof das Recht, auch in Feloniefällen die Beweisverhandlung bis zu einer späteren Assise oder Quartal-Sitzung auszusetzen, so weit dies mit den bereits erwähnten Bestimmungen der Habeas-corpus-Akte verträglich ist. (Vergl. S. 396 f. und oben zu I.)

Wenn der Angeklagte nicht verhaftet ist, so ist in Prozessen wegen kleiner Vergehen sein persönliches Erscheinen bei der Beweisverhandlung nicht nothwendig, sondern er kann sich durch einen Attorney vertreten lassen. In Prozessen wegen anderer Vergehen und wegen Felonie wird der Angeklagte beim Beginne des Beweisverfahrens an die Schranke gerufen, und die Jury wird in seiner Gegenwart vereidigt, so weit er nicht vorher Ablehnungen geltend gemacht hat. (Vergl. S. 314 f.)

Wenn die Jury vereidigt ist, so wird in Verraths- und Felonie-Fällen die Beweisverhandlung selbst dadurch eröffnet, daß ein Beamter des Gerichtshofes den Geschworenen den Inhalt der Anklage und die Erklärung des Angeklagten: „Nichtschuldig" mittheilt und sie instruirt, daß es ihre Pflicht sei, „zu untersuchen, ob er schuldig oder nichtschuldig ist, und die Beweise zu hören." Der Ankläger oder für ihn sein Advokat eröffnet dann die Verhandlungen behufs des von der Anklage zu führenden Beweises, indem er die Umstände des Falles erzählt und die Beweismittel, welche er zu produziren gedenkt, gruppirt. Dann erfolgt die Beweiserhebung für die Anklage. Wenn der Angeklagte einen Advokaten zum Vertheidiger hat, so kann dieser mit jedem Zeugen des Anklägers das Kreuzverhör anstellen; hat der Angeklagte keinen Vertheidiger, so kreuzverhört er selbst die Zeugen, oder der Richter thut es für ihn. Wenn die Beweiserhebung für die Anklage geschlossen ist, redet der Angeklagte oder sein Advokat zur Jury zum Zwecke der Vertheidigung, und produzirt den etwa erforderlich erscheinenden Defensionalbeweis. Wenn solcher Beweis erhoben ist, so hat der Ankläger (mit Ausnahme des Falles, wenn dieser Beweis nur den Leumund des Angeklagten betrifft) das Recht zu repliziren; und wenn zum Zwecke der Vertheidigung bei der Beweiserhebung neue Thatsachen zur Sprache gebracht sind, von deren bevorstehender Geltendmachung der Ankläger nichts wissen konnte, so kann er Gegenbeweis beibringen. Der Attorney-General ist, wie wir bereits erwähnt haben (Seite 362), bei einer Information ex officio in allen Fällen berechtigt zu repliziren, mag von Seiten des Angeklagten eine Beweiserhebung erfolgt sein oder nicht.

Ein wichtiger Theil des Prozesses ist das Resumé (summing up oder charge) des Richters, in welchem er nach dem Schlusse der Verhandlungen eine Uebersicht über den ganzen Prozeß giebt, die wesentlichen Beweisverhandlungen rekapitulirt und die Jury über die bei Beurtheilung derselben in Betracht kommenden gesetzlichen Vorschriften belehrt.

Dann wird die Jury angewiesen, über den Wahrspruch in Berathung zu treten; derselbe muß, wie wir gesehen haben (S. 321.) einstimmig beschlossen werden. Der Wahrspruch ist entweder ein General-Verdikt — „Schuldig" oder „Nichtschuldig" — oder ein Spezial-Verdikt, in welchem die von der Jury für bewiesen erachteten Thatsachen festgestellt werden, indem die Jury es dem Gerichtshofe überläßt, durch das Urtheil zu bestimmen, was aus diesen Thatsachen gesetzlich folgt. (Vergl. S. 286 ff.)

Wenn der Wahrspruch auf: „Schuldig" lautet, oder wenn der Angeklagte „Schuldig" plaidirt, so ist er überführt (verurtheilt, „convicted"). Die einer solchen Verurtheilung wegen Felonie folgende Strafe wird geschärft, wenn der Angeklagte schon früher wegen Felonie oder gewisser anderer strafbaren Handlungen verurtheilt ist. Wenn dem Angeklagten in dem Indictment eine solche frühere Verurtheilung zur Last gelegt ist, so kann die Jury, nachdem sie den Angeklagten des ihm neuerdings zur Last gelegten Verbrechens schuldig erklärt hat, aber nicht vorher[1]), mit der Untersuchung: ob der Angeklagte

[1]) Dadurch ist das trügliche und anderwärts sehr gemißbrauchte Indicium welches aus Vorbestrafungen des Angeklagten abgeleitet zu werden pflegt, im englischen Strafprozesse beseitigt. Sorgfältig enthält man dort den Geschworenen alles dasjenige vor, „was sie bestimmen könnte, sich mit einem an sich unbefriedigenden oder doch minder verläßlichen Beweise zu begnügen, bloß weil ihnen die Person des Angeklagten Verdacht einflößt." Der Beweis über früheres unmoralisches und verbrecherisches Leben des Angeklagten seitens des Anklägers ist nur zur Widerlegung von Entlastungsbeweisen, welche seinen untadelhaften Lebenswandel darthun sollen, zulässig, und selbst in diesem Falle darf in der Regel nur der Ruf, nicht eine bestimmte strafbare Handlung zum Gegenstande des Beweises gemacht werden. — Die prozessumaliche Behandlung der Vorbestrafung als Strafschärfungsgrund ist diese: die Anklageschrift erwähnt die Vorbestrafung in einem besonderen

in der angegebenen Weise schon früher verurtheilt ist, beauftragt werden.[1])

Nachdem der Angeklagte des ihm zur Last gelegten Verbrechens für schuldig erklärt ist, wird er gefragt, ob er einen Grund geltend zu machen hat, aus dem der Gerichtshof nicht zur Urtheilsfällung schreiten sollte. Diese Procedur (welche das „allocutus" genannt wird) ist in Prozessen wegen Vergehen (misdemeanour) nicht nothwendig. In diesem Stadium des Prozesses d. h. also nach der Schuldigerklärung (conviction) und vor der Urtheilsfällung, kann der Angeklagte bei dem Gerichtshofe den Antrag stellen, daß kein Urtheil auf das Verdikt gegründet werde (motion in arrest of judgment).[2]) Dieser Antrag kann nur auf einen Fehler gegründet werden, welcher sich aus den Protokollen ergiebt; und wenn der Angeklagte den Antrag nicht stellt, so kann der Gerichtshof dennoch, wenn er findet, daß der erstere einer strafbaren Handlung nicht ordnungsmäßig für schuldig erklärt ist, aus eigener Bewegniß die Urtheilsfällung ablehnen; in Folge dessen hört das Verfahren auf und wird ungültig; eine neue Anklage ist jedoch dadurch nicht ausgeschlossen.[3]) Auch die erfolgte Begnadigung kann zur Begründung des Antrags auf arrest of judgment geltend gemacht werden.

Wenn die Urtheilsfällung in solcher Weise nicht abgelehnt wird, so erkennt der Gerichtshof die durch das Gesetz angedrohete Strafe und verkündet das Urtheil. Wenn jedoch in dem Prozesse eine Rechts-

---

letzten Abschnitte. Erst wenn der Angeklagte des neuen Verbrechens, wegen dessen er jetzt vor den Schranken steht, für schuldig erklärt ist, wird er gefragt, ob er schon früher wegen eines Verbrechens verurtheilt worden ist, und wenn er dies nicht zugesteht, wird dieser neue Streitpunkt zur Entscheidung der Jury gestellt. Vergl. Glaser, engl. Schwurgericht. Seite 93. Anm. des Uebers.

[1]) 25 und 26 Victoria cap. 96. ff. 7, 8, 9, 116.

[2]) Vergl. Seite 326. f.

[3]) Nach dem Statute 14 und 15 Victoria cap. 100. s. 25 sollen Einwendungen wegen formeller, sich aus der Anklageschrift (indictment) ergebender Mängel derselben durch Demurrer oder durch Antrag auf Vernichtung des Indictment geltend gemacht werden, ehe die Jury vereidigt ist. Der Gerichtshof kann dann die Anklageschrift (indictment) verbessern lassen, und dnan findet die Verhandlung so statt, als wäre der gerügte Mangel nicht vorhanden gewesen. — Wenn sich Verschiedenheiten („variances") zwischen dem, was in dem Indictment aufgestellt ist, und dem Ergebnisse der Beweiserhebung in Ansehung der Namen von Personen u. s. w. im Laufe der Verhandlung herausstellen, so kann der Gerichtshof, wenn er die Abweichung für unwesentlich und für so angethan erachtet, daß der Angeklagte dadurch in seiner Vertheidigung nicht beschränkt wird, die Verbesserung des Indictment und die angemessene Vertagung des Prozesses anordnen.

frage der Entscheidung des Kriminal-Appellations-Gerichts (Court of Criminal Appeal) vorbehalten ist, so kann die Urtheilsfällung ausgesetzt werden.[1]) Dasselbe kann in einigen anderen Fällen geschehen z. B. wenn der Gerichtshof einer längeren Ueberlegung für die Bestimmung der Strafe bedarf.

b) Bewilligung eines neuen Beweisverfahrens (new trial). Appellation und Aufhebung des Urtheils (reversal of judgment). — Nach der Schuldigerklärung kann in manchen Fällen die Queen's Bench, aber kein niedrigeres Gericht ein neues Beweisverfahren bewilligen.

Für Prozesse wegen Verraths und Felonie scheint es unbestritten zu sein, daß niemals ein neues Beweisverfahren bewilligt werden kann, wenn die Prozedur eine regelmäßige gewesen ist; wenn aber dem Richter die erfolgte Schuldigerklärung nicht gerechtfertigt erscheint, so kann er die Hinausschiebung der Vollstreckung anordnen, um den Angeklagten zur Einreichung eines Begnadigungs-Gesuches die nöthige Frist zu verschaffen. Bei erfolgter Freisprechung durch die Geschworenen („acquittal") kann in Feloniefällen niemals, und in Prozessen wegen Vergehen (misdemeanour) im Allgemeinen nur dann ein neues Beweisverfahren bewilligt werden, wenn das Verdikt durch Betrug oder eine andere Irregularität z. B. durch Beseitigung von Anklage-Zeugen erschlichen ist. Außerdem kann die Bewilligung erfolgen, wenn durch den Prozeß materiell über ein Civilrecht entschieden wird z. B. bei Anklagen wegen versäumter Reparatur von Wegen.[2]) Ein in Feloniefällen zu Gunsten des Angeklagten ergangenes Verdikt kann nicht so bei Seite gesetzt werden, selbst wenn es dem erhobenen Beweise und den Anweisungen des Richters widerspricht.

Der Antrag auf Bewilligung eines neuen Beweisverfahrens kann darauf begründet werden, daß die Ladung zu dem stattgehabten Verfahren nicht gehörig erfolgt sei, oder daß das Verdikt dem Beweise widerspreche, oder daß der vorsitzende Richter den Geschworenen unrichtige Belehrungen ertheilt habe, oder daß zu Unrecht Beweise zugelassen oder verworfen seien, endlich auf jeden anderen Grund, durch welchen dem Gerichtshofe glaublich gemacht wird, daß eine nochmalige Verhandlung die Gerechtigkeit fördern werde.[3])

Ein dem Antrage auf Bewilligung eines neuen Beweisverfahrens

---

[1]) 11 und 12 Victoria cap. 78. Vergl. unten ad 6.

[2]) Vergl. Gneist, Kommunalverfassung Seite 1164 ad 9, 1173 ad II. Der Uebers.

[3]) Vergl. oben S. 325 f.

analoges und im Erfolge gleichstehendes Rechtsmittel ist das venire de novo, welches besonders dann zulässig ist, wenn die Geschworenen ein Spezial-Verdikt abgegeben haben und dieses so unvollständig ist, daß darauf kein Urtheil begründet werden kann, oder wenn dasselbe offenbar irrthümlich ist, oder wenn es durch eine Irregularität des Verfahrens nichtig ist.

Das Kriminal-Appellationsgericht. (Court of Criminal Appeal oder Court for Crown Cases reserved). Wenn früher ein bei den Assisen für schuldig erklärter Angeklagter im Laufe der Verhandlungen Einwendungen gegen die Anklage oder die Beweise erhob, so wurden die sich daraus ergebenden Streitpunkte häufig zwar vorläufig vom vorsitzenden Richter entschieden, aber, wenn der Prozeß zum Nachtheile des Angeklagten ausfiel, den sämmtlichen Richtern der Reichsgerichte zur nochmaligen Erwägung vorbehalten. Wurden diese Streitpunkte dann von der Majorität der Richter in dem dem Angeklagten günstigen Sinne entschieden, so wurde auf Begnadigung angetragen. Den Quartal-Sitzungs-Gerichten stand die Befugniß, Einwendungen in dieser Weise der Erwägung der Richter vorzubehalten, nicht zu. Um diese Anomalie und die sonstigen Unvollkommenheiten dieses Verfahrens zu beseitigen, wurde im Jahre 1848 ein Statut (11 und 12 Victoria cap. 78) erlassen, welches ein Tribunal zur Oberentscheidung der vorbehaltenen Rechtsfragen in Kriminal-Prozessen (Crown cases reserved) schuf. Wenn Jemand in Folge einer Anklage bei einem Gerichtshofe of oyer et terminer oder of gaol delivery oder bei einem Quartal-Sitzungs-Gerichte für schuldig erklärt ist, so kann der Gerichtshof jede Rechtsfrage der Oberentscheidung der Richter der drei Reichsgerichte vorbehalten, und entweder die Fällung des Urtheils oder die Vollstreckung aussetzen, bis die Rechtsfrage entschieden sein wird. Die Richter der drei Reichsgerichte bilden den „Court for Crown Cases Reserved", welcher die seiner Oberentscheidung vorbehaltenen Rechtsfragen endgültig zu entscheiden und entweder das Urtheil zu bestätigen, beziehungsweise dem unteren Gerichte die Urtheilsfällung aufzutragen oder den Spruch der Geschworenen aufzuheben hat. An der Entscheidung müssen mindestens fünf Richter, einschließlich eines der Präsidenten der drei Reichsgerichte Theil nehmen.

Das Kriminal-Appellations-Gericht ist nur befugt, solche Rechtsfragen zu entscheiden, welche sich durch den Beweis oder durch Zweifel darüber, ob ein Urtheil auf das Verdikt gegründet werden kann (arrest of judgment) oder durch Bedenken über die Zulänglichkeit der Anklage ergeben. Ausgeschlossen sind Rechtsfragen, welche ein geltend gemachtes Demurrer betreffen; denn da das Gericht endgültig („finally") entscheiden soll, so würde es sich mit einer solchen Frage nicht befassen können, ohne daß dadurch der Angeklagte der Appellation an die Queen's Bench, die Exchequer Chamber und zuletzt an das Haus der Lords verlustig würde.[1])

Die Irrthumsklage (Richtigkeitsbeschwerde, Proceedings in error.) — In dem so eben bezeichneten und in anderen Fällen ist die Irrthumsklage, über welche wir bereits das Nöthige erwähnt haben (vergl. S. 422 und 427) das zuständige Rechtsmittel. Dasselbe ist in Kriminalsachen zulässig wegen offenbarer Fehler im Urtheile oder in dem Protokolle, z. B. wenn Jemand des Meineides schuldig befunden ist und dann wegen Felonie verurtheilt wird,[2]) oder wenn die Merkmale der strafbaren Handlung in der Anklage nicht genügend angegeben sind.

Aufschiebung der Exekution und Begnadigung. (Reprieve and Pardon.) Ein ertheilter Straf-Aufschub suspendirt die Vollstreckung eines Strafurtheils auf Zeit und kann entweder von dem Richter gewährt werden z. B. wenn er das Verdikt für unrichtig hält (zum Zwecke etwaiger Begnadigung), oder wenn ein zum Tode verurtheiltes Frauenszimmer schwanger ist — oder von der Krone, wo der Aufschub gewöhnlich auf Veranlassung eines Staatssekretärs ertheilt wird, z. B. wenn ein Verurtheilter nach seiner Verurtheilung wahnsinnig wird.

Das Recht der Begnadigung ist ein altes Prärogativrecht der Krone; es war aber durch alte Statute beschränkt. Das Statut 2 Eduard III. cap. 2 bestimmte, daß für Felonieen und andere Zuwiderhandlungen gegen den Frieden Begnadigung nur erfolgen soll, „wenn der König es nach seinem Eide thun kann, d. h. wenn Jemand einen Anderen aus Nothwehr oder durch einen unglücklichen Zufall tödtet." Das Statut 13 Richard II. s. 2. cap. 1 dehnte das Begnadigungsrecht der Krone durch Anwendung auf analoge Fälle weiter aus. Gegenwärtig kann die Krone wegen aller Verbrechen, mit wenigen Ausnahmen, Begnadigung ertheilen.[3]) Die Wegführung eines Men-

[1]) Eine vortreffliche, kurze Darstellung des Verfahrens vor dem Kriminal-Appellations-Gerichte enthält: Glaser, engl. Schwurgericht Seite 446—459.
Der Uebers.

[2]) Meineid ist ein misdemeanour. Der Uebers.

[3]) Das Statut 27 Heinrich VIII. cap. 24. s. 1 verordnet, daß Niemand das Recht haben soll, Begnadigung zu ertheilen „wegen Verraths, Mordes, Todtschlags

schen in ein Gefängniß außerhalb des Königreiches ist nach der Habeas-Corpus-Akte ein Verbrechen, wegen dessen die Krone keine Begnadigung ertheilen kann. Dasselbe gilt von solchen öffentlichen Schadenszufügungen (public nuisances) bei denen, wenngleich sie im Wege des Strafprozesses zu verfolgen sind, die Begnadigung eine Beeinträchtigung des Privatrechts des Beschädigten zur Folge haben würde. Ferner kann die Krone keine Strafe erlassen, so weit dieselbe nach dem Strafgesetze zu Gunsten des Denunzianten verfallen ist; jedoch giebt es mehrere Ausnahmen von dieser Regel.[1])

Die Begnadigung muß gegen die Anklage wegen eines von der großen Jury zu rügenden Verbrechens geltend gemacht werden: vor der verantwortlichen Auslassung (arraignment), wenn die Begnadigung vorher erfolgt ist; durch den Antrag auf Nichterlassung des Urtheils (arrest of judgment), wenn sie später, aber vor dem Urtheile erfolgt ist; und vor der Strafvollstreckung, wenn sie nach dem Erlasse des Urtheils erfolgt ist. Eine im Wege der Gesetzgebung erfolgte Begnadigung braucht nicht plaidirt zu werden. Eine Begnadigung unter dem großen Siegel kann gegen eine Anklage durch das Haus der Gemeinen nicht geltend gemacht werden; aber wenn die Verurtheilung in Folge einer solchen Anklage erfolgt ist, kann die Krone Begnadigung ertheilen.

Die Prärogative des Begnadigungsrechts ist von so großer staatsrechtlicher Wichtigkeit, daß es angemessen erscheint, hier einiges Speziellere über die Art, in welcher früher die Begnadigungen erfolgten, und über das gegenwärtig dabei beobachtete Verfahren mitzutheilen. In alter Zeit beanspruchten die Lords Marchers und andere Große, welchen durch Verleihung seitens der Krone oder durch Verjährung jura regalia zustanden, auch das Begnadigungsrecht in ihren Bezirken.

---

und Felonieen, wie sie auch heißen mögen, auch nicht wegen Theilnahme am Verrath, am Morde, am Todtschlage oder an Felonieen und wegen Aechtung für solche Verbrechen .... daß aber des Königs Hoheit, seine Erben und Nachfolger, die Könige dieses Reiches, das volle und alleinige Recht dazu haben sollen."

[1]) Nach dem Statute 5 Wilhelm und Maria cap. 20, s. 31, über die Inkorporation der Bank von England, kann wegen Bußen, Geldstrafen und anderer gegen die Korporation in Prozessen gegen dieselbe verfolgten Strafen keine Begnadigung ertheilt werden. — Ueber bedingungsweise Begnadigungen durch die Krone, die Gouverneure der Kolonieen und den Lord Lieutenant von Irland, so wie über die widerrufliche Entlassung von Gefangenen existiren besondere gesetzliche Vorschriften.

Durch ein Statut Heinrich's VIII. wurde jedoch bestimmt, daß das Begnadigungsrecht allein der Krone zustehen soll.[1])

Die Begnadigungs-Ordres wurden früher unter dem großen Siegel ausgefertigt, und wahrscheinlich wurden sie, ehe die Staatssekretäre die große Macht erlangten, welche ihnen in neuerer Zeit beigelegt ist, regelmäßig auf das Gutachten des Staatsraths ertheilt. Daß letzteres wenigstens die Regel war (von welcher freilich in Folge geheimer Einflüsse wohl oft abgewichen sein mag), erhellt daraus, das alle unter dem großen Siegel ertheilten Bewilligungen gewisse Formalitäten voraussetzten, welche die Mitwirkung mehrerer Staatsminister nothwendig machten.[2]) Unter Richard II. schritt das Parlament mehrmals ein, um ungerechtfertigten Begnadigungen durch die Krone entgegenzutreten. Im Jahre 1389 baten die Gemeinen den König (Richard II.), daß es für strafbar erklärt werden möchte, Begnadigungen bei der Krone nachzusuchen, daß dieser Vorschrift zuwider nachgesuchte Begnadigungen als nichtig betrachtet werden möchten, und daß keiner Begnadigungs-Ordre ohne schriftlichen Befehl des Lord Geheimsiegel-Bewahrer das große Siegel sollte angehängt werden dürfen. Die Krone ertheilte zu dieser Petition ihre Zustimmung mit einigen Modifikationen, welche die Fassung der Begnadigungs-Ordres und die Art der Bewilligungs-Erklärung betrafen; und auf Grund dieser Petition und der darauf ertheilten Antwort wurde ein Statut erlassen, welches unter Anderem bestimmte, daß Kronbeamte, welche Begnadigungs-Ordres wegen Mordes und gewisser anderer schwerer Verbrechen kontrasigniren würden, harten Strafen verfallen sein sollten. Diese Bestimmung des Statuts wurde jedoch bald nachher wieder aufgehoben, weil dadurch böswillige Anklagen gegen unschuldige Personen begünstigt würden, indem nun Niemand wagte, sich für deren Begnadigung zu verwenden. Unter der folgenden Regierung petitionirten die Gemeinen bei der Krone, daß Bewilligungen unter dem großen Siegel nur nach Anhörung des Staatsraths ertheilt würden und daß

---

[1]) 27 Heinrich VIII. cap. 24. Bei Erwähnung der vielfachen Klagen über die Begnadigungen in alten Zeiten stellt Barrington („Bemerkungen zu den Statuten") die Vermuthung auf, „daß nicht bloß die Mißbräuche seitens der Krone, sondern die Folgen, welche mit den Begnadigungen für die Säckel der Barone verbunden waren, jene Klagen veranlaßten. Die meisten Barone hatten sehr ausgedehnte Jurisdiktionsbefugnisse und Rechte auf Konfiskate. Der letzteren gingen sie durch die Ausübung des Begnadigungsrechts seitens des Königs verlustig, et hinc illae lacrymae."

[2]) Vergl. unten Buch 3, Kap. 6.

insbesondere keine Begnadigung anders als auf dessen Rath gewährt werden möchte.[1])

Wenn der Einwand der erfolgten Begnadigung im Prozesse gegen die Anklage geltend gemacht wird, so muß noch jetzt, mit Ausnahme des Falles der Begnadigung durch Statut, nachgewiesen werden, daß die Begnadigungs-Ordre unter dem großen Siegel ausgefertigt ist. Dagegen ist dies in Ansehung der nach erfolgter Schuldig-Erklärung bewilligten Begnadigungen nicht mehr erforderlich; solche späteren Begnadigungen werden jetzt fast ausnahmlos unter der königlichen Unterschrift mit der Kontrasignatur eines Staatssekretärs ertheilt. Es möchte schwer sein, zu bestimmen, wann diese Aenderung in der Praxis eingetreten ist: jedenfalls war es unter Georg III. der herrschende Gebrauch, daß der König seinen Willen zu begnadigen durch seine Unterschrift zu erkennen gab, und diese Willenserklärung genügte damals den Richtern, um den Angeklagten zur Kautionsbestellung zuzulassen; aber sie wurde noch nicht mit einer unter dem großen Siegel ausgefertigten Begnadigungs-Ordre für gleichbedeutend erachtet.[2]) Endlich bestimmte ein Statut Georg's IV. (6 Georg IV. cap. 25) sowohl für die bereits bewilligten, als für zukünftige Begnadigungen, daß die unter der königlichen Unterschrift ertheilten Begnadigungs-Ordres für verurtheilte Verbrecher dieselbe Kraft haben sollten, wie die unter dem großen Siegel ausgefertigten.

Das Begnadigungsrecht wird von dem Souverain auf Empfehlung des Ministers des Innern ausgeübt.[3]) Wenn ein Richter, unter dessen Vorsitz ein Angeklagter zu einer Kapitalstrafe verurtheilt ist, die Aufschiebung der Exekution anordnet und durch Vermittelung des Ministers für die Begnadigung berichtet, so wird dieselbe stets bewilligt. Gelegentlich nimmt der Minister auch aus einer Petition des Angeklagten oder seiner Freunde Veranlassung, die vorliegenden Belastungsmomente und die Umstände, welche die Verurtheilung herbeigeführt haben, zu prüfen; und wenn er dann der Ansicht ist, daß das Verbrechen nicht genügend bewiesen sei oder daß hinreichende Ent-

[1]) Die Worte der Petition, so weit sie die Begnadigungen betreffen sind die folgenden: „et que le ditz Chanceller, Tresorer, et Gardeyn de Prive Seal et autre officers ne facent en celles causes, sinoun per advis du dit Conseil, toutes voies de Chartres de Pardon de cryme," etc.

[2]) Eine nur unter der königlichen Unterschrift ertheilte Begnadigung wurde für widerruflich erachtet und genügte deshalb den Richtern nur für die Zulassung zur Kautionsleistung.

[3]) Vergl. unten Buch 3, Kap. 6.

schuldigungsmomente vorliegen, so empfiehlt er der Krone die theilweise oder gänzliche Begnadigung.

Es ist oft behauptet worden, daß die Krone das Begnadigungsrecht nicht haben dürfe. Bentham[1]) faßt die für diese Ansicht von ihm geltend gemachten Gründe so zusammen: „Wenn die Gesetze zu streng sind, so ist das Begnadigungsrecht ein nothwendiges Korrektiv; aber dieses Korrektiv ist selbst ein Uebel. Gebt gute Gesetze: dann bedarf es keines Zauberstabes, mittels dessen sie annullirt werden können. Wenn die Strafe nothwendig ist, so darf sie nicht erlassen werden; wenn sie nicht nothwendig ist, so sollte der Ueberführte auch zu keiner Strafe verurtheilt werden.“ Diese Argumentation ist gegen die aus Motiven der Milde erfolgenden Begnadigungen gerichtet, nicht gegen die aus Motiven der Gerechtigkeit gewährten, welche z. B. dann vorliegen, wenn nach dem Prozesse Thatsachen entdeckt werden, aus denen sich die Unschuld des Verurtheilten ergiebt.[2]) Das gegenwärtig zur Untersuchung solcher Thatsachen durch den Minister gebräuchliche Verfahren mag nicht gerade das beste sein; aber es ist offenbar, daß es einen Weg geben muß, um solche Thatsachen zu untersuchen und eine Verurtheilung unschädlich zu machen, die man als eine irrthümliche erkannt hat.

Die wesentlichen Einwendungen, gegen das gegenwärtig bei Begnadigungen auf den befürwortenden Bericht eines Staatssekretärs beobachtete Verfahren (und das große Gewicht dieser Einwendungen kann nicht verkannt werden) bestehen darin, daß die Ermittelungen, auf Grund deren der Minister seinen Entschluß faßt, geheim und nicht in einem geregelten Verfahren vorgenommen werden. Es wäre wohl der Erwägung werth, ob diese Einwendungen nicht dadurch beseitigt werden könnten, daß man zu dem alten Grundsatze zurückkehrte, nach welchem die Begnadigungen von dem Staatsrathe befürwortet werden müßten. Diese Befürwortung könnte auf Grund einer öffentlichen Untersuchung durch die Justiz-Abtheilung des Staatsraths oder

---

[1]) „Theorie der Gesetzgebung. Strafgesetzbuch.“

[2]) Durch dieses Beispiel ist Bentham schwerlich widerlegt; denn für einen solchen Falle erfordert die Gerechtigkeit, daß dem Verurtheilten nicht durch Begnadigung, welche die erfolgte Verurtheilung bestehen läßt, sondern durch eine im Rechtswege zu erkennende in integrum restitutio geholfen werde. Leider fehlt dafür nicht bloß in England, sondern auch in vielen anderen Ländern das geeignete Rechtsmittel. — Die Gründe, welche der Verfasser gegen eine andere Ansicht Bentham's geltend gemacht hat (vergl. Seite 289), reichen, analog angewendet, auch zur Rechtfertigung des Begnadigungsrechts aus. Anm. des Uebers.

einer ähnlichen Abtheilung desselben erfolgen. Wir haben bereits bemerkt (S. 435.), daß in einem neueren Appellations-Falle aus Indien die Justiz-Abtheilung, die doch sonst im Allgemeinen den Appellationen in Kriminal-Sachen nicht günstig ist, ihre Auktorität in die Wagschaale warf, um einen an die Krone zu richtenden Antrag auf Prüfung einer anscheinend ungerechtfertigten Verurtheilung zu unterstützen.

III. Das Kriminal-Verfahren ohne Geschworene. Dem gemeinen Rechte ist nach Blackstone das summarische Kriminalverfahren, mit Ausnahme der Bestrafungen wegen Unehrerbietigkeit, unbekannt. Dieser Ansicht kann man jedoch nur mit der Einschränkung beitreten, daß in einigen von den Fällen, welche sogleich aufgeführt werden sollen, ein Kriminal-Verfahren ohne Zuziehung von Geschworenen seit unvordenklicher Zeit stattgefunden hat und für dieselben nicht etwa durch Statute eingeführt ist.

Die Fälle, in welchen in England ein Strafverfahren ohne Beihülfe einer Jury stattfindet, können unter folgende Abtheilungen gebracht werden: 1) Die Anklagen der Gemeinen und andere Strafprozesse vor dem Oberhause, bei welchen die Funktionen des Richters und der Jury in den Personen der Lords vereinigt sind. 2) Die Fälle, in welchen die Parlaments-Häuser das Recht haben, zur Aufrechterhaltung ihrer Auktorität Verletzungen ihrer Privilegien summarisch zu bestrafen, und in welchen den Gerichtshöfen ein ähnliches Recht zur Bestrafung von Verletzungen der schuldigen Ehrerbietung zusteht. 3) Die Fälle, in welchen, aus verschiedenen Gründen, die civilrechtlichen (römischrechtlichen) Procedurnormen in den Admiralitäts-, geistlichen und einigen anderen Gerichtshöfen zur Anwendung kommen. 4) Die einzelnen Fälle, in denen der gewöhnliche Kriminal-Prozeß mit Geschworenen durch Acts of Attainder „pro re nata" (d. h. für den vorliegenden Fall) ausgeschlossen ist. 5) Die Fälle kleinerer, durch niedere Magistrate abzuurtheilenden Vergehen, für welche allgemeine gesetzliche Vorschriften das summarische Verfahren vorgeschrieben oder gestattet haben. (Dies sind die häufigsten Fälle.) Endlich 6) die Fälle, in denen nach Parlaments-Akten Kriegsgerichte zu erkennen haben.

Mehrere von diesen Fällen sind bereits genügend besprochen.[1])

---

[1]) Vergl. Seite 414 ff., 181 ff., 282 ff., und Buch 3, Kap. 8. — Abgeschafft sind die gleichfalls ohne Geschworene verhandelten Prozesse vor der Sternkammer und dem High Commission Court. Seite 209 ff., 248 f., 281 Anm. — Der Earl Marshal und der High Constable verhandelten auch ohne Jury Prozesse wegen Tödtung im Auslande, wenn der Getödtete und der Angeklagte beide englische Unterthanen waren. Vergl. Seite 282 f.

Nahe verwandt mit der Jurisdiction der Parlamentshäuser zur Wahrung ihrer Privilegien ist das Recht mancher Gerichtshöfe, Verletzungen der schuldigen Ehrerbietung (contempts of court) zu bestrafen. Diese Verwandtschaft ist in richterlichen Entscheidungen häufig geltend gemacht. In dem berühmten Falle des Lord Mayor Braß Crosby, welcher im Jahre 1771 auf Befehl des Hauses der Gemeinen in das Gefängniß geschickt [1]) und dann dem Gerichtshofe der Common Pleas vorgeführt wurde, erkannten die Richter, daß der Lord Mayor aus folgendem Grunde in die Haft zurückgebracht werden müßte: Alle Verletzungen der schuldigen Ehrerbietung könnten entweder von dem Gerichtshofe, gegen welchen gefehlt worden, oder von einem höheren Gerichtshofe bestraft werden; da es nun über dem Parlamente einen höheren Gerichtshof nicht gebe, so könne Verletzung der Ehrerbietung gegen eines der Parlamentshäuser nur von ihm selbst bestraft werden.

In keinem Falle einer Verletzung der Ehrerbietung gegen einen Gerichtshof ist eine besondere Anklage (presentment) erforderlich; denn da sie in facie curiae begangen werden, so genügt es, daß ein Protokoll darüber aufgenommen wird; die Strafe kann dann richterlich festgesetzt und vollstreckt werden. Selbst diejenigen Gerichtshöfe, denen sonst keine Kriminal-Jurisdiktion zusteht, wie der Gerichtshof der Common Pleas, können wegen Verletzung der schuldigen Ehrerbietung Strafen erkennen.

In dem bereits erwähnten Falle Bushell's (vergl. S. 329 f.) wurde entschieden, daß eine wegen Verletzung der Ehrerbietung von einem niederen Gerichtshofe verhaftete Person von einem der höheren Gerichtshöfe im Habeas-corpus-Verfahren entlassen werden könne, wenn sich aus dem auf das Habeas-corpus-Dekret erstatteten Berichte nicht ergebe, daß ein gesetzlicher Grund zur Verhaftung vorliege; es wurden dabei Fälle angeführt, in denen von der King's Bench Personen, welche der Kanzler wegen Verletzung der Ehrerbietung hatte verhaften lassen, so in Freiheit gesetzt waren, weil der Bericht die Verletzung der Ehrerbietung nicht ausdrücklich als Grund der Verhaftung angab.

Die höheren Gerichte haben seit unvordenklicher Zeit das Recht geübt, Verletzungen der Ehrerbietung in einem Attachment-Verfahren [2]) zu bestrafen. Diese Verletzungen sind entweder direkte, z. B.

---

[1]) May, Verfassungsgeschichte, Band 1, Seite 350 ff.

[2]) „Attachment" heißt das diskretionäre Verfahren, in welchem die Richter auf bloße Anzeige oder auf Grund eigener Wissenschaft „contempts" summarisch bestrafen. Der Uebers.

offenbare Insulten gegen den Gerichtshof oder indirekte. Fälle der letzteren Art sind insbesondere die folgenden: Ungehorsam niederer Richter und Magistrate gegen die von einem vorgesetzten Gerichte erlassenen Verfügungen; Mißbrauch der Amtsbefugnisse von Seiten der Bailiffs oder anderer Beamten; Pflichtwidrigkeiten der Attorneys gegen ihre Klienten; Ausbleiben der Geschworenen oder Zeugen trotz erfolgter Ladung; Ungehorsam der Prozeßparteien gegen gewisse Verfügungen des Gerichts z. B. wegen Bezahlung von Kosten u. s. w.

Die Verletzungen der zweiten Art sind solche nur durch Auslegung der betreffenden Handlung oder Unterlassung; sie werden mehr als Verstöße gegen civilrechtliche Verpflichtungen denn als öffentliche Vergehen angesehen. Deshalb wurden sie auch durch die in älteren Zeiten öfter erlassenen allgemeinen Amnestieen [1]) nicht betroffen. Die Befolgung einer Verfügung des Gerichts, welche eine Zahlung befiehlt, kann übrigens in allen Fällen auch auf dem gewöhnlichen, civilprozessualischen Wege erzwungen werden.

Das Attachment-Verfahren wegen Verletzung der Ehrerbietung steht nur den Westminster-Gerichtshöfen zu; niedere Gerichte können wegen solcher Verletzungen Geldbußen und Gefängnißstrafen erkennen, wenn sie Courts of Record sind, wie die Quartal-Sitzungs-Gerichte und die Gerichtshöfe of oyer et terminer. Gerichte, die nicht Courts of Record sind, haben an sich im Allgemeinen nicht das Recht, Geld- und Gefängnißstrafen aufzuerlegen, aber den meisten derselben ist die Befugniß, Verletzungen der schuldigen Ehrerbietung zu bestrafen, durch Statute beigelegt. [2])

Die dritte Gattung von Kriminal-Prozessen ohne Geschworene findet in den Gerichtshöfen statt, welche dem (römischen) Civilrechte folgen.

Das Admiralitätsgericht hat gegenwärtig keine Kriminal-Jurisdiktion mehr: die Verbrechen, welche früher bei demselben verfolgt wurden, gehören jetzt vor das Central-Kriminalgericht und vor die

---

[1]) Allgemeine Amnestieen durch Parlaments-Akte waren unter manchen Regierungen, namentlich unter Elisabeth und unter Jakob I., häufig. Die letzte solche Akte ist das Statut 20 Georg II. cap. 52 (durch welches wegen der Theilnahme an dem Aufstande zu Gunsten des Prätendenten — jedoch mit Ausnahmen — Amnestie ertheilt wurde.)

[2]) So z. B. steht nach 9 und 10 Victoria cap. 95, s. 113 den (neueren) Grafschafts-Gerichten ein beschränktes Recht zu, solche Verletzungen durch Geld- und Gefängnißstrafen zu ahnden. — In einem Falle wurde erkannt, daß ein Court of gaol delivery die Veröffentlichung der Verhandlungen eines schwebenden Prozesses verbieten und Uebertretungen dieses Verbotes durch Geldstrafen ahnden könne.

Assisen. Früher war das Admiralitätsgericht für Kriminal-Prozesse wegen der Verbrechen kompetent, welche auf der See oder an der Küste („out of the body of any county") begangen waren. Das gemeine Recht nahm von Feloniecn und namentlich von Seeräubereien, welche auf hoher See begangen waren, keine Notiz, und deshalb gehörten dergleichen strafbare Handlungen konsequent lediglich zur Kompetenz des Admiralitätsgerichts. Da jedoch in dem Kriminalverfahren dieses Gerichts ohne Geschworene verhandelt wurde, so erregte diese Gerichtsbarkeit bei dem englischen Volke großen Anstoß; ein Statut Heinrich's VIII. bestimmte deshalb, daß die Prozesse über die erwähnten Verbrechen mit Geschworenen verhandelt werden sollten.[1])

Die Kriminal-Jurisdiktion der geistlichen Gerichte betrifft die Kirchen-Disciplin und die „Korrektion" von geistlichen Vergehen. Die geistlichen Gerichte schreiten pro salute animae und zur gesetzlichen „Korrektion" der Sitten ein. Zu den hierher gehörigen strafbaren Handlungen gehören: die Vergehen der Geistlichkeit, z. B Vernachlässigungen der geistlichen Amtspflichten, Immoralität, die Vertheidigung heterodoxer Lehren; ebenso manche Vergehen von Laien, z. B. Incest und geschlechtliche Ausschweifungen. Freilich ist diese Jurisdiktion über Laien so gut wie obsolet.[2]) Die Fälle der geistlichen

---

[1]) Eine alte Auktorität sagt: „Die Souverainität des Königs von England erstreckt sich über die britischen Meere; der König hat aber unzweifelhaft auch, in Konkurrenz mit anderen Staaten, das Recht zur Bestrafung aller Seeräubereieen, welche auf den Meeren der entferntesten Theile der Welt vorkommen. Daraus folgt, daß, wenn Jemand (Inländer oder Ausländer, mit dessen Vaterlande wir in Frieden und Freundschaft leben) auf der See beraubt wird, eine zur Kompetenz des Admiralitätsgerichts gehörende Seeräuberei vorliegt." — Wenn die beraubten Personen Unterthanen eines Landes sind, mit welchem England Krieg führt, so ist, wenn auch Seeräuberei vorliegt, kein englisches Admiralitätsgericht zur Verhandlung über das Verbrechen zuständig. — Seeräuberei ist Felonie, mag sie von einem Inländer oder von einem Ausländer begangen sein. — Zur Unterdrückung des Sklavenhandels sind zahlreiche Verträge mit fremden Staaten abgeschlossen worden; die Krone ist durch Statute ermächtigt, dieselben in Vollzug zu setzen. Nach dem Statute 7 und 8 Victoria cap. 26 kann die Krone durch Staatsraths-Ordres Tribunale zur Entscheidung aller durch solche Verträge sich ergebenden Fragen, zur Kondemnation von Sklavenhändler-Schiffen, zur Bestrafung der Verletzungen der Verträge, und zur Beitreibung der Geldstrafen für solche Verletzungen errichten.

[2]) Die Jurisdiktion der geistlichen Gerichte in Injuriensachen und über Laien wegen Störung des Friedens der Kirchen und der Kirchhöfe („brawling") ist durch 23 und 24 Victoria cap. 32 abgeschafft. Diese Akte bestimmt ausdrücklich, daß sie die Statute 1 Maria sess. 2, cap. 3 und 1 Elisabeth cap. 2, s. 18, nach welchen die geistlichen Gerichte das Recht haben, Störungen des Gottesdienstes zu bestrafen,

Jurisdiktion werden „Korrektions-Sachen" genannt. Die geistlichen Strafen, welche sowohl über Geistliche als auch über Laien verhängt werden, sind: Ermahnung, Kirchenbuße und Exkommunikation; diejenigen, welche nur über Geistliche verhängt werden, sind: Sequestration, Suspension, Entziehung der Pfründe und Degradation. Die Exkommunikation ist die härteste Kirchenstrafe, welche ein geistlicher Richter erkennen kann. Nach dem Statute 53 Georg III. cap. 127 kann dieselbe nicht wegen Ungehorsams oder Unehrerbietigkeit gegen die geistlichen Gerichte, sondern lediglich als eine geistliche Buße für kirchliche Vergehen erkannt werden; sie ist auch von keiner Unfähigkeit zu Aemtern u. s. w. begleitet, und kann keine andere, nicht kirchliche Strafe, außer Gefängniß von höchstens sechsmonatlicher Dauer, zur Folge haben.

Nach der Kirchen-Disciplin-Akte (3 und 4 Victoria cap. 86) können Vergehen der Geistlichen gegen die Kirchengesetze von gewissen, durch den Bischof zu ernennenden Kommissionen, und in prima facie Fällen von dem Bischofe oder seinem Bevollmächtigten unter Zuziehung von drei Assessoren untersucht werden.

Die Gerichte der Kanzler der Universitäten Cambrigde und Oxford sind zuständig zur Aburtelung von Vergehen der Studenten und anderer des Universitäts-Privilegiums theilhaftiger Personen, sofern sie geringer sind als Verrath, Felonie und Verstümmelung; das Verfahren findet vor dem Kanzler oder dem Vice-Kanzler ohne Zuziehung einer Jury statt. Die Gerichtshöfe der High Stewards beider Universitäten können auch die Kriminal-Prozesse gegen Studenten und andere Universitätsmitglieder wegen Verraths, Felonie und Verstümmelung, welche in gewöhnlicher Weise durch den Spruch einer großen Jury veranlaßt sind, vor sich ziehen; aber in diesen Fällen müssen sie mit Geschworenen verhandeln.

Der Kriminal-Prozeß ohne Geschworene ist am häufigsten bei den niederen Magistraten, denen durch Statute „summarische Gerichtsbarkeit" zur Aburtelung kleinerer Vergehen übertragen ist.

Die Befugniß des Friedensrichters, einen Angeschuldigten im summarischen Verfahren, ohne Zuziehung von Geschworenen, zu verurtheilen, enthält eine Abweichung vom gemeinen Rechte. Daraus folgt, daß, wenn eine Parlaments-Akte dem Friedensrichter eine solche Befugniß beigelegt hat, diese Bestimmung strikt interpretirt werden

---

nicht aufhebt. — Nach 1 Heinrich VII. cap. 4 können Geistliche von ihren Ordinarien wegen Ausschweifungen mit Gefängniß bestraft werden.

muß, und daß der Friedensrichter, trotz der unterlassenen Beiziehung von Geschworenen, in jeder andern Rücksicht so prozediren muß, wie es durch das gemeine Recht für das Verfahren mit Geschworenen vorgeschrieben ist; er muß nur sich selbst als am Platze der Jury und des Richters stehend betrachten.

Der summarische Strafprozeß ist besonders durch ein Statut der jetzigen Königin (11 und 12 Victoria cap. 43) geregelt. Dasselbe enthält Bestimmungen über ein Verfahren, welches für die Mehrzahl der Fälle gilt, in denen die Friedensrichter außerhalb der (Quartal- 2c.) Sitzungen summarisch Strafurtheile oder Resolute (in Civilsachen) erlassen können.

Im Allgemeinen[1]) ist der erste Schritt zu einem solchen Strafurtheile eine Anzeige („information"): daß Jemand eine durch den Friedensrichter zu ahnende strafbare Handlung begangen habe oder derselben verdächtig sei. Der Friedensrichter erläßt dann eine Ladung in vorgeschriebener Form, in welcher der Inhalt der Anzeige kurz angegeben ist und durch welche der Beschuldigte aufgefordert wird, zu erscheinen und sich zu verantworten. Wenn der Letztere der Ladung keine Folge leistet, so kann ein Haftbefehl gegen ihn erlassen werden. Auch kann der Friedensrichter, wenn die Anzeige beeidigt ist, sofort einen Haftbefehl erlassen, sofern der Beschuldigte der Flucht verdächtig oder Gefahr vorhanden ist, daß die Untersuchung sonst erfolglos bleiben möchte.

Wenn die Anzeige auf ein Statut gegründet ist, nach welchem über das betreffende Vergehen vor Einem oder mehreren Friedensrichtern verhandelt werden soll, so wird demgemäß verfahren. Wenn eine besondere Bestimmung darüber in dem Statute nicht enthalten ist, so wird über die Anzeige vor Einem Friedensrichter des Ortes oder der Grafschaft verhandelt, wo das Vergehen vorgekommen ist.[2]) Die Verhandlung ist öffentlich; das Publikum hat freien Zutritt. Sowohl der Denunziant (Ankläger) als der Beschuldigte können sich durch

[1]) Das Gesetz gestattet in manchen Fällen, daß auf kriminelle Beschuldigungen Verhaftungen ohne Haftbefehl vorgenommen werden; jene Fälle betreffen nicht bloß Anschuldigungen größerer Verbrechen, sondern (in manchen Bezirken) auch Vergehen, welche in der oben bezeichneten Weise summarisch zu ahnden sind. So enthält z. B. das Statut 2 und 3 Victoria cap. 64 seqq. Bestimmungen über solche Verhaftungen in London.

[2]) Jeder Polizeirichter in London und jeder besoldete Polizeirichter in einer Stadt oder an einem anderen Orte kann alle Handlungen allein vornehmen, welche nach der Parlaments-Akte von einem oder mehreren Friedensrichtern vorzunehmen sind. — 11 und 12 Victoria cap. 43 s. 33.

einen Advokaten oder Attorney vertreten, und jeder kann die Zeugen des anderen kreuzverhören lassen. Wenn der Beschuldigte anderen Beweis, als über seinen guten Leumund beibringt, so kann der Gegner dagegen Beweis führen. Am Ende der Verhandlung entscheiden der oder die Richter: sie sprechen den Angeschuldigten entweder frei oder verurtheilen ihn. — Die hier in Bezug genommenen Bestimmungen beziehen sich nicht auf Anklagen wegen Zoll- oder Steuer-Vergehen, wegen deren mehrere besondere Statute ergangen sind.

Vermöge der durch neuere Parlaments-Akte geschaffenen summarischen Gerichtsbarkeit über jugendliche Verbrecher können zwei Friedensrichter Personen unter sechszehn Jahren wegen Vergehen bis zum einfachen Diebstahle summarisch bestrafen. Dieselbe Jurisdiktion steht jedem einzelnen londoner Polizeirichter und jedem einzelnen besoldeten Polizeirichter zu.[1]

In einigen Fällen ist es von der Einwilligung der Angeklagten abhängig gemacht, ob die Friedensrichter summarisch verfahren sollen. Wenn Jemand bei zwei zu einer Sitzung zusammengetretenen Friedensrichtern oder bei einem londoner Polizeirichter oder bei einem besoldeten Polizeirichter eines kleinen Diebstahls angeklagt ist, so soll derselbe nach geschlossener Beweiserhebung für die Anklage gefragt werden: ob er damit einverstanden sei, daß die Sache summarisch abgeurtheilt werde, oder ob er verlange, daß sie zum schwurgerichtlichen Verfahren verwiesen werde. Verlangt er letzteres, so hat das summarische Verfahren ein Ende; willigt er aber in die summarische Behandlung der Sache, so können die Richter demgemäß verfahren. In einigen anderen Fällen können die Richter den Beschuldigten zu Gefängniß und schwerer Arbeit von nicht länger als sechsmonatlicher Dauer verurtheilen, wenn er sich schuldig bekennt und, so viel bekannt, früher noch nicht wegen einer Felonie verurtheilt ist.[2]

Elftes Kapitel.

Civilgerichte mit beschränkter Jurisdiktion.

Die Civiljurisdiktion der höheren gemeinrechtlichen und Billigkeits-Gerichtshöfe, von welchen wir bisher gehandelt haben, erstreckt sich über ganz England und Wales. Neben diesen giebt es eine

[1]) 10 und 11 Victoria cap. 82; 13 und 14 Victoria cap. 37.

[2]) 18 und 19 Victoria cap. 126.

Menge Gerichtshöfe, welche eine entweder lokal oder sachlich beschränkte Civilgerichtsbarkeit haben. Es liegt nicht im Plane dieses Buches, über alle diese Gerichtshöfe zu berichten; es sollen vielmehr nur die wichtigeren von ihnen erwähnt werden.

Sie zerfallen in zwei Klassen: 1. diejenigen, welche einem allgemeinen Systeme der Gerichtsorganisation angehören. 2. gewisse besondere Gerichte.

Zu der ersten Klasse gehören die geistlichen Gerichte, der Court of Probate, das Ehegericht, die Admiralitäts-Gerichte, die Grafschafts-Gerichte und die Bankrutthöfe.

Die geistlichen Gerichte sind die Gerichte der Erzbischöfe, Bischöfe und ihrer Stellvertreter.[1] Ihre Gerichtsbarkeit zerfällt in streitige und nicht streitige. Diejenigen Gerichte, denen nur freiwillige oder nicht streitige Gerichtsbarkeit zusteht, brauchen hier nicht erwähnt zu werden, da ihre Funktionen nicht richterlicher Natur sind. Sie haben — um mit Blackstone, der sie offenbar nicht bewunderte, zu reden — „nur Dinge abzumachen oder sich bezahlen zu lassen, denen Niemand opponirt; sie haben dazu ein offenes Geschäft z. B. zur Er-Ertheilung von Dispensationen, Konzessionen, Fakultäten (geistlichen Privilegien) und wie die Ueberbleibsel päbstlicher Erpressungsmittel sonst heißen mögen.“ Von diesen Gerichten ist das hauptsächlichste das Fakultäts-Gericht des Erzbischofs von Canterbury. Die freiwillige Gerichtsbarkeit aller dieser Gerichte in Testaments- und Nachlaß-Sachen ist neuerlich auf den Probate Court übergegangen.

Die ordentlichen geistlichen Gerichte sind die „Provinzial-“ oder erzbischöflichen Gerichte der Kirchen-Provinzen von Canterbury und York, und die „Diöcesanhöfe“ jeder bischöflichen Diöcese.

Zu den Diöcesanhöfen gehören erstens die „Konsistorial-Gerichte“ der Bischöfe, denen die Gerichtsbarkeit über die ganze Diöcese zusteht; zweitens die Gerichte der von den Bischöfen bestellten Kommissäre, und die Gerichte der Archidiakonen oder ihrer Offizialen, denen eine beschränkte Gerichtsbarkeit innerhalb der Diöcese zusteht. Die Sitzungen des Konsistorial-Gerichts wurden früher im Schiffe der bischöf-

[1]) Ueber die Entstehung der geistlichen Gerichte vergl. Seite 273 ff. — Nach dem Statute 1 Elisabeth cap. 1 betitelt: „Eine Akte zur Wiedereinsetzung der Krone in ihre alten Jurisdiktionsrechte in Kirchen- und geistlichen Sachen und zur Beseitigung aller auswärtigen Befugnisse, welche mit denselben in Widerspruch stehen,“ ist alle kirchliche Jurisdiktion, welche die Aufsicht über das Vermögen der Kirche und die Geistlichen, sowie die Ahndung strafbarer Handlungen betrifft, der Krone des Reiches übertragen.

lichen Kathedrale oder in einem Seitenflügel oder einer Kapelle derselben unter dem Präsidium des Bischofs gehalten; heut zu Tage finden sie unter dem Vorsitze des bischöflichen Kanzlers an einem passenden Orte in der Diöcese statt.

Gegen die Entscheidungen der Archidiakonatsgerichte kann an die Bischöfe und gegen die Entscheidungen der bischöflichen Gerichte an die koordinirten Gerichte der Erzbischöfe von Canterbury und York appellirt werden. Der Appellhof der Provinz Canterbury ist der „Court of Arches", so genannt, weil er früher seine Sitzungen in der Kirche Sancta Maria de Arcubus (jetzt: Saint Mary-le-Bow) hielt. Von dem erzbischöflichen Gerichte geht die Ober-Appellation an die Justiz-Abtheilung des Staatsraths.

Neben den ordentlichen geistlichen Gerichten giebt es viele besondere für eximirte Bezirke („Peculiars"). So hat der Erzbischof von Canterbury einen Court of Peculiars, dem die Gerichtsbarkeit über mehrere, nicht in der Diöcese Canterbury belegene Dekaneien zusteht. Auch giebt es viele andere Peculiars, welche zu Gunsten des Königs, oder eines Dekans oder eines Rectors oder eines Vikars oder eines Gutsherrn u. s. w. von der ordentlichen, geistlichen Gerichtsbarkeit des Bischofs oder des Archidiakonus u. s. w. eximirt sind. Die Jurisdiktion der Peculiars umfaßt sowohl die streitige als auch die freiwillige Gerichtsbarkeit; aber daß die erstere zur Anwendung kommt, ist selten, und ein großer Theil der letzteren ist durch die Akte, welche den neuen Probate Court schuf, beseitigt.

Die Sachen, welche früher zur Kompetenz der geistlichen Gerichte gehörten, wurden in Benefizial-, Ehe-, Testaments-, und Kriminal-Sachen eingetheilt. Die Gerichtsbarkeit in Testaments-Sachen steht gegenwärtig dem Probate Court und anderen Gerichten, die Gerichtsbarkeit in Ehesachen, mit Ausnahme der Ertheilung von Dispensationen, dem Gerichtshofe für Ehe- und Ehescheidungs-Sachen zu. Wegen der Kriminal-Jurisdiktion ist das Erforderliche schon in dem vorigen Kapitel bemerkt.

Die Benefizial-Jurisdiktion betrifft hauptsächlich die Einziehung von geistlichen Abgaben und Gebühren, sowie gewisse Streitigkeiten über Patronatsrechte und über die Gültigkeit von Präsentationen zu Pfründen. Auch gehören dahin die Streitigkeiten des Pfründners mit seinem Vorgänger, oder, wenn derselbe gestorben ist, mit seinen Erben und Testamentsexekutoren, wegen nicht gehöriger Instandhaltung des Kirchenchors und des Pfarrhauses.

Die (schriftlichen) Plaidoyers in den geistlichen Gerichten sind denen im Kanzleigerichtshofe ähnlich; denn sie sind frei („at large") und schließen nicht mit einem bestimmten „issue" ab[1]). Der Prozeß beginnt mit einer „Citation" des Beklagten. Dann folgen die Pleadings. Abgesehen von den Kriminal- und den summarischen Sachen ist der erste Schriftsatz der „Libell" des Klägers, welcher der gemeinrechtlichen „Deklaration" oder der kanzleigerichtlichen „Bill" entspricht, und in welchem der Kläger seinen Anspruch vorträgt und begründet. Dann folgt die eidliche Klagebeantwortung, in welcher der Beklagte den Anspruch ganz oder theilweise bestreitet. In gewissen Fällen kann der Beklagte auch eine „Defensional-Allegation" vorbringen, wodurch der Kläger zu einer eidlichen Auslassung über dieselbe genöthigt wird. An die Pleadings schließt sich das Beweisverfahren („proofs") an. Früher wurden, ebenso wie im Kanzleigerichtshofe, die Zeugenaussagen von einem Beamten des Gerichts niedergeschrieben; aber jetzt (17 und 18 Victoria cap. 47) können die Zeugen in jedem Verfahren bei den geistlichen Gerichten mündlich in öffentlicher Gerichtssitzung verhört werden.

Der Court of Probate. Der Umfang der Gerichtsbarkeit der geistlichen Gerichte ist durch die Statute aus dem Jahre 1857 über die Einrichtung des Court of Probate und des Gerichtshofes für Ehe- und Ehescheidungs-Sachen wesentlich kleiner geworden.

Alle freiwillige und streitige Gerichtsbarkeit der geistlichen und anderer Gerichte in Testaments- und Nachlaßsachen[2]) ist dadurch diesen Gerichten entzogen und auf andere übertragen, von denen der wichtigste der „Court of Probate"[3]) ist. Dieser Gerichtshof hat seinen Sitz in London und der Richter desselben wird von der Krone er-

---

[1]) Vergl. Seite 351 f.

[2]) Die gerichtliche Einmischung des Gerichts, wenn Jemand stirbt, ohne ein Testament errichtet zu haben, beschränkt sich darauf, daß das letztere dem nächsten Verwandten „letters of administration" ertheilt, und unter Umständen die letzteren revozirt. Der „administrator" hat dieselben Verpflichtungen, wie bei der testamentarischen Erbfolge der vom Testator ernannte „executor" (die Ernennung eines solchen soll der Regel nach jedes Testament enthalten); sie reguliren den Nachlaß. Im Texte ist das Wort: Nachlaßsachen für: das Bestellen oder die Wiederentfernung des Administrators gebraucht. Anm. des Uebers.

[3]) Die Bedeutung des Namens ergiebt sich aus dem Folgenden. — Wenn ein Testament produzirt wird, so muß zunächst die Echtheit eventuell auch die Gültigkeit desselben in der vorgeschriebenen Art bewiesen werden. Dann wird das Original gerichtlich deponirt; der Exekutor erhält eine auf Pergament geschriebene, mit dem Gerichtssiegel versehene Ausfertigung nebst einem Certifikate darüber, daß die Echtheit des Testaments bewiesen ist. Dies Alles zusammen heißt technisch das „Probate". Anm. des Uebers.

nannt; er hat Gerichtsbarkeit über ganz England. (20 und 21 Victoria cap. 77.)

Diese Gerichtsbarkeit ist theils freiwillige, theils streitige. Die freiwillige Gerichtsbarkeit kommt bei der Ertheilung des „Probate" für ein Testament und bei der Bestellung eines Administrators, wenn dabei kein Streit obwaltet („in common form"), zur Anwendung; die streitige dann, wenn der Ertheilung des „Probate" oder der Bestellung des Administrators widersprochen ist.

Die Ertheilung des „Probate" für einen letzten Willen bestätigt („authenticitates") das Recht des durch denselben bestellten Testamentsvollstreckers („executor") zur Verwaltung des Personal-Vermögens des Testators und zur Vollstreckung des Testaments. Wenn Jemand, ohne einen letzten Willen errichtet zu haben, oder ohne daß er einen Testamentsvollstrecker ernannt hat, stirbt, oder wenn der Ernannte das Amt nicht annehmen kann oder will, so können „letters of administration" bewilligt werden, wodurch dem „administrator" die Verwaltung und Regulirung des Nachlasses übertragen wird. Das Probate oder die Administration in der „common form" werden jetzt entweder bei dem Haupt-Registrirungs-Büreau (Principal Registry) in London oder bei den über ganz England und Wales nach Bestimmung der Parlaments-Akte verbreiteten Distrikt-Registrirungs-Büreaus ertheilt.

Wenn dagegen über das Recht auf ein Probate oder eine Administration Streit obwaltet, oder das Recht darauf zweifelhaft ist, so wird darüber richterlich entschieden. Die Gründe, aus denen das Recht bestritten werden kann, sind von mancherlei Art, z. B. daß der Testator geisteskrank gewesen sei, oder daß das Testament der gesetzlichen Förmlichkeiten ermangele, oder daß Derjenige, welcher die Administration für sich beansprucht, dazu nicht berechtigt sei.

Personen, welche auf das Vermögen eines Verstorbenen Ansprüche zu haben glauben, können bei dem kompetenten Registrirungs-Büreau „Caveats" für sich eintragen lassen; dann müssen sie vor Ertheilung des Probate oder Bestellung des Administrators benachrichtigt werden, damit sie erscheinen und Widerspruch erheben können. Der Exekutor oder Derjenige, welcher das Probate für ein Testament nachsucht, kann von den Interessenten provozirt werden, oder kann seinerseits nach einer Citation der letzteren vorgehen, die Gültigkeit des Testaments in „solenner Form" („in solemn form") zu beweisen. Wenn in Folge der Citation die Interessenten nicht erscheinen, so sind sie im Allgemeinen mit dem Widerspruche gegen die Ertheilung des Probate ausgeschlossen. Ein Probate oder eine Administration können auch in Folge eines ähnlichen Verfahrens „revozirt" werden.

Die streitige Gerichtsbarkeit in Testaments-Sachen steht, abgesehen von den Fällen, wo sie wegen Geringfügigkeit des Nachlasses den nachher zu erwähnenden Grafschafts-Gerichten übertragen ist, allein dem Court of Probate zu. In den Fällen, in denen die Grafschafts-Gerichte zuständig sind, ist die Appellation an den Court of Probate in Ansehung der zur Entscheidung gekommenen Rechtsfragen und der Streitpunkte, welche Zulassung oder Verwerfung von Beweisen betreffen, zulässig. Der Court of Probate kann jede in Prozessen bei ihm entstehende thatsächliche Streitfrage entweder bei sich selbst durch Beweiserhebung untersuchen lassen, oder dieselbe zum Beweisverfahren an eines der Reichsgerichte verweisen.[1])

Der Gerichtshof für Ehe- und Ehescheidungs-Sachen. (The Court for Divorce and Matrimonial Causes). Durch ein Statut aus dem Jahre 1857 ist die früher den geistlichen Gerichten in Ehesachen zustehende Gerichtsbarkeit, mit Ausnahme der Dispensationen, auf den Gerichtshof für Ehe- und Ehescheidungssachen übertragen. Dieses Gericht hat das Recht, die richterliche Separation zu erkennen (was dieselbe Bedeutung hat, wie die früheren Dekrete der geistlichen Gerichte auf separatio a mensa et thoro); ferner kann es Dekrete (d. i. Urtheile) über die Nichtigkeit von Ehen, über die Restitution ehelicher Rechte,[2]) und über falsche Berühmung mit einem Ehebündnisse (jactitatio matrimonii) erlassen. Auch hat die Parlaments-Akte diesem Gerichtshofe das Recht beigelegt, auf Ehescheidung zu erkennen — ein Recht, welches den geistlichen Gerichten nicht zustand.

Der ordentliche Richter des Court of Probate ist zugleich ordentlicher Richter des Ehe- und Ehescheidungs-Gerichts. Der Lord Kanzler und die Richter der drei Reichsgerichte sind auch Richter an diesem Gerichte, und in Abwesenheit des ordentlichen Richters, kann einer der Billigkeits-Richter oder der Admiralitäts-Richter ihn vertreten.

Der ordentliche Richter kann für sich allein die ganze dem Hofe zustehende Gerichtsbarkeit ausüben; wenn er es aber für angemessen erachtet, so kann er bei der Verhandlung oder Entscheidung einer

---

[1]) 20 und 21 Victoria cap. 77. 21 und 22 Victoria cap. 95.

[2]) Darunter werden die Fälle verstanden, wenn ein Ehegatte dem anderen seine Hülfe entzieht, oder ohne gerechten Grund getrennt von ihm lebt. Auf den Antrag einer Partei schreitet das Gericht zur Wiederherstellung des ehelichen Zusammenlebens ein. Der Uebers.

Sache einen der anderen Richter zuziehen, und er kann auch anordnen, daß die Sache bei voll besetztem Gerichte verhandelt werde.

Der Antrag auf Restitution ehelicher Rechte oder auf richterliche Separation wegen Ehebruchs, Mißhandlung oder Desertion kann bei dem Ehescheidungs-Gerichte oder bei den Assisenhöfen gestellt werden. Auf Scheidung a vinculo matrimonii konnten die geistlichen Gerichte nur dann erkennen, wenn die Ehe von Anfang an z. B. wegen zu naher Verwandtschaft nichtig war; in anderen Fällen z. B. wegen Ehebruchs konnte eine Ehe nur durch Parlaments-Akte geschieden werden. Ueber die Gewährung oder Ablehnung einer solchen Parlaments-Akte entschied praktisch nur das Haus der Lords in seiner richterlichen Eigenschaft. Seit der Errichtung des neuen Ehescheidungs-Gerichts sind die parlamentarischen Ehescheidungen selten geworden. Das Ehescheidungs-Gericht kann auf Auflösung der Ehe erkennen wegen Ehebruchs der Frau, wegen blutschänderischen Ehebruchs des Mannes und wegen gewisser anderer Vergehen des letzeren. Das Ehescheidungs-Dekret ist zunächst nur ein Nisi-Dekret und tritt erst nach Verlauf von mindestens drei Monaten[1]) in Rechtskraft. In der Zwischenzeit kann es angefochten werden, weil es durch Kollusion erschlichen worden, oder weil wesentliche Thatsachen dem Gerichte nicht vorgetragen seien; der Prokurator der Königin kann bis zum rechtskräftigen Dekrete jederzeit interveniren und der Ehescheidung wegen vorgekommener Kollusion widersprechen. Im Ehescheidungs-Prozesse kann jede Partei verlangen, daß bestrittene Thatfragen durch eine Jury geprüft werden. In allen anderen Prozessen, welche zur Kompetenz des Ehegerichts gehören, kann dieses, nach seinem Ermessen, die streitigen Thatfragen entweder unter dem Vorsitz eines oder mehrerer seiner Richter durch eine Jury untersuchen und entscheiden lassen oder es kann dieselben zu diesem Zwecke an eines der Reichsgerichte oder an Assisen verweisen.

Ein Statut aus dem Jahre 1858 hat diesem Gerichtshofe auch das Recht beigelegt, über Anträge, nach welchen eine Ehe für eine gültige oder ein Kind für ein legitimes oder Jemand als der Rechte

---

[1]) Die Appellationsfrist beträgt „mindestens“ drei Monate; sie kann unter Umständen länger sein, nämlich dann, wenn gegen die Entscheidung des vollbesetzten Gerichtshofes an das Haus der Lords appellirt wird, und das Parlament bei dem Ende dieser drei Monate nicht versammelt ist; dann endet das Fatale erst 14 Tage nach dem nächsten Zusammentreten des Parlaments. Der Uebers.

eines geborenen Engländers für theilhaftig erklärt werden soll, deklaratorisch zu erkennen.[1])

Das Admiralitäts-Gericht. — Nach der bereits erwähnten Aufhebung der Kriminal-Jurisdiktion des Admiralitäs-Gerichts, hat dasselbe nur Civilgerichtsbarkeit behalten; diese ist aber durch die neuere Gesetzgebung erheblich erweitert. Es wird in dem Admiralitätsgerichte der „Instance Court"[2]) und der „Prize Court" (Prisen-Gericht) unterschieden.

Der Instance Court ist kompetent für alle Seerechts-Sachen, welche auf dem Meere oder in Landestheilen außerhalb des Bereiches des gemeinen Rechts (namentlich auf dem Strande) erwachsen sind oder auf der See erfüllt werden sollen. Man kann die Gegenstände, welche zur Jurisdiktion dieses Gerichts stehen, unter folgende Rubriken vertheilen: 1. Streitigkeiten zwischen Miteigenthümern oder Eigenthums-Prätendenten über das Eigenthum oder den Besitz oder die Verwendung eines Schiffs. 2. Bodmerei-Sachen und Schiffs-Verpfändungen und, damit verbunden, Streitigkeiten wegen Schiffsreparaturen. 3. Heuerfälle. 4. Havereifälle. 5. Streitigkeiten über Berge- oder Hülfslohn, Lootsengeld u. s. w.

Das Statut 3 und 4 Victoria cap. 65 hat das Verfahren bei dem Gerichte verbessert: danach kann dasselbe Beweise viva voce oder vor Kommissaren erheben lassen, oder auch Thatfragen zur Erörterung an die Nisi prius-Sitzungen in London oder Middlesex oder an die Assisen verweisen.

Regelmäßig assistiren bei der Verhandlung jedes Prozesses wegen eines durch Zusammenstoß von Schiffen entstandenen Schadens und gelegentlich auch in Prozessen wegen Bergelohns zwei ältere „Brüder" der Trinitatis-Korporation.[3]) Die Assessoren haben nur berathende Stimmen.

---

[1]) Das Ehe- und Ehescheidungs-Gericht betreffen folgende Statute: 20 und 21 Victoria cap. 85; 21 und 22 Victoria cap. 93; 23 und 24 Victoria cap. 144. Die beiden wichtigsten von denselben hat Oppenheim im Preußischen Justiz-Ministerial-Blatte 1857 Seite 366 (vergl. Seite 254, 355), 1859 Seite 334 in Uebersetzung nebst den Motiven mitgetheilt. Anm. des Uebers.

[2]) „Instance Court" ist das Gericht zur Entscheidung der Prozesse, Fälle (instances), welche dem Admiralitäts-Richter nach Inhalt seines Ernennungs-Patentes zur Entscheidung überwiesen wird. Anm. des Uebers.

[3]) Die Corporation of the Trinity House zu Deptford Strond ist eine alte Lootsengilde, welcher Heinrich VIII. im Jahre 1515 Korporationsrechte verlieh. Sie konzessionirt die Lootsen, beaufsichtigt die Leuchtthürme, Bojen, Baaken u. s. w. Sie besteht aus 31 „älteren Brüdern" (Elder Brethern) und einer unbeschränkten

Der „Prize Court" (Prisen-Gericht) entscheidet alle Angelegenheiten und Streitfragen über Prisen, welche in Kriegszeiten in die englischen Häfen eingebracht werden. Er ist von dem „Instance Court", sowohl was seine Gerichtsbarkeit als was die von ihm beobachteten Rechtsgrundsätze betrifft, gänzlich geschieden. Dem Instance Court dienen das (römische) Civilrecht, die Rooles d'Oléron und das Gewohnheitsrecht der Admiralität, wie dieselben durch Statute modifizirt sind, zur Richtschnur; der Prize Court dagegen entscheidet nach dem Style der Admiralität und dem Völkerrechte. Er hat die Gegenstände, welche für gute Prise erklärt werden sollen, bis zur erfolgten Kondemnation mit Beschlag zu belegen, dieselben den Berechtigten herauszugeben, wenn kein genügender Grund zur Kondemnation vorliegt, oder, wenn sie wirklich gute Prise sind, sie zu kondemniren.

Einer der obersten Grundsätze des Prisenrechts ist der, daß jede Prise dem Staate, in Monarchieen dem Souverain gehört. Als die englische Schifffahrt Bedeutung gewann, verfolgte die Krone die Politik, daß sie die Prisen denjenigen ließ, welche sie aufgebracht hatten. So sind denselben die Prisen ganz oder theilweis zuweilen durch Statut und zuweilen durch königliche Proklamation übereignet. Durch die Prisen-Akte von 1707 wurden die ganzen in dem damaligen Kriege aufgebrachten Prisen von der Krone den Aufbringern überlassen. Im Jahre 1854 bestimmte die Königin durch Proklamation, daß die Netto-Erträge, welche sich durch die von ihren Kriegsschiffen in dem damaligen Kriege mit Rußland aufgebrachten Prisen ergeben würden, ganz den Aufbringern überlassen werden sollten.[1]) Von jeher hat die Admiralität die aufgebrachten Güter zu vertheilen gehabt. Da die Jurisdiktion der Admiralität in Prisensachen in Friedenszeiten natürlich ruhete, so pflegte dieselbe in älteren Zeiten im Kriege jedesmal durch eine Spezial-Kommission der Krone wiederhergestellt zu werden; aber seit Elisabeth hat man dies nicht mehr für nöthig gehalten.

Anzahl jüngerer Brüder. Die ersteren werden von den letzteren, die letzteren von den englischen Schiffs-Capitainen durch Ballot gewählt. Von den älteren Brüdern sind 11 Ehrenmitglieder, welche aus den vornehmsten Personen im Staate gewählt werden; nur die übrigen 20 sind Rheder und Schiffer, und werden aus den jüngeren Brüdern entnommen. Anm. des Uebers.

[1]) Die betreffende Proklamation ist in die Flottensold- und Prisen-Akte von 1854 aufgenommen, welche über die Verwendung und Vertheilung von Erträgen aus Schiffen, welche als Kriegs-Prisen, Piraten, Sklavenhändler oder sonst in Folge einer Parlaments-Akte oder einer königlichen Proklamation kondemnirt werden, allgemeine Bestimmungen enthält. Danach sollen die Reinerträge unter die Mannschaft der aufbringenden Schiffe vertheilt werden.

Zur Entscheidung der Frage: ob rechtlich eine gute Prise vorliege? haben alle seefahrende Nationen Europa's besondere Gerichte bestellt, weil diese Fragen nach dem Völkerrechte, und nicht nach den bürgerlichen Gesetzen zu entscheiden sind. In allen Fällen, wo Sachen zur Zeit eines Krieges zwischen England und einem anderen Lande[1]) auf der See weggenommen und auf englisches Territorium gebracht sind, ist das Admiralitätsgericht als Prisengericht zur Entscheidung darüber, ob die Sachen gesetzlich gute Prise sind, kompetent. Dasselbe gilt, wenn englische Schiffe aus der Gewalt des Feindes zurückerobert sind und nun die Frage entsteht, ob sie denjenigen, welche sie aufgebracht haben, oder den früheren Eigenthümern gehören. Nach dem Statute 3 und 4 Victoria cap. 65 soll dieses Prisengericht auch Fragen entscheiden, welche die von dem Landheere gemachte Kriegsbeute betreffen, wenn sie von dem Staatsrathe an dasselbe verwiesen sind.

Der Bankrutthof. (Court of Bankruptcy). Ein Kridar (bankrupt) ist ein Schuldner, dessen Vermögen durch ein gesetzliches Zwangsverfahren unter seine Gläubiger vertheilt wird. Das älteste darüber erlassene Statut ist 34 und 35 Heinrich VIII. cap. 4 gegen Personen, „welche Bankrutt machen." Diese Akte war hauptsächlich gegen Gewerbtreibende gerichtet, welche Sachen, namentlich Kaufmannswaaren, von Anderen erwarben, dann damit nach dem Auslande entwichen oder in übermäßigem Luxus lebten, und so ihre Gläubiger betrogen. Die älteren Bankrutt-Gesetze waren gegen die Kridare sehr hart;[2]) die neueren berücksichtigen dagegen gleichmäßig die Grundsätze der Humanität gegen den Schuldner und der Gerechtigkeit gegen die Gläubiger. Die letzteren haben das Recht zu fordern, daß das Vermögen ihres Schuldners unter sie vertheilt werde; aber dieser

---

[1]) Blackstone behauptet, die Jurisdiktion des Prize Court erstrecke sich auch auf die Entscheidung von Prisenstreitigkeiten zwischen zwei anderen Nationen. Aber eine andere Auktorität (Browne) bemerkt mit Recht: Dies sei, wenn es sich auf zwei Nationen beziehen solle, welche gegen einander Krieg führen, mit denen aber England im Frieden ist, durchaus falsch; im Gegentheil würde es ein feindlicher Akt sein, wenn ein Neutraler Sachen eines Kriegführenden zu Gunsten des anderen kondemniren ließe. Dagegen ist es zulässig, Prisen in neutrale Häfen zu bringen, um sie dort zu verkaufen.

[2]) Nach dem Statute 21 Jakob I. cap. 19 s. 7 soll der Kridar, wenn er sein Vermögen betrüglich verheimlicht „oder wenn er den besagten Kommissären nicht nachweist, daß er durch Unglück unverschuldete Verluste erlitten hat, welche ihn außer Stand setzen, seine Schulden zu bezahlen," solchen Vergehens überführt, „auf einem öffentlichen Platze zwei Stunden lang an den Pranger gestellt, mit einem Ohre an den Pranger angenagelt, und dieses Ohr dann abgeschnitten werden."

wird durch die Cession seines Vermögens, von gewissen Fällen des Betruges oder sonstiger Verschuldung abgesehen, von der ferneren Verbindlichkeit für die Schulden frei.

Bis zur neuesten Zeit konnten nur Gewerbtreibende („traders") für bankrutt erklärt werden. Die Definition dieses Wortes beruhete auf einer Menge von Statuten und richterlichen Entscheidungen, welche sich darüber aussprachen, ob Personen, welche dieses oder jenes Geschäft betrieben, Gewerbtreibende im Sinne der Bankrutt-Gesetze seien. Ein Gewerbtreibender konnte durch verschiedene freiwillige und unfreiwillige Akte bankrutt werden, die in ähnlicher Weise bestimmt waren. Der Zweck der Bankrutt-Gesetze war im Allgemeinen die Herbeischaffung aller Vermögens-Gegenstände des bankrutten Gewerbtreibenden und die Vertheilung derselben nach Billigkeitsrecht durch ein Zwangsverfahren, sowie demnächst Sicherstellung des Schuldners gegen Verhaftung und Befreiung von allen durch das Bankruttverfahren betroffenen Schulden. Nach einer öffentlichen Bekanntmachung in der „London Gazette" hörte der Gerichtshof den Antrag des Kridars auf Entlastung und die Anträge der opponirenden Gläubiger. Dann wurde geprüft, ob der Schuldner die Requisite der Bankruttgesetze erfüllt habe, und entschied mit Rücksicht auf das Verhalten desselben vor und nach eingetretenem Bankrutt über die gegen die Ertheilung eines Entlastungs-Certifikats angebrachten Oppositionen. Das Certifikat konnte ertheilt, verweigert, vorläufig versagt, oder unter Bedingungen gewährt werden.

Dieses Verfahren fand, wie gesagt, nur bei Gewerbtreibenden statt. Die Lage insolventer Schuldner, welche nicht zu diesen gehörten, war bis 1813 eine sehr übele. Damals wurde das erste allgemeinere Statut (53 Georg III. cap. 102) zur Erleichterung zahlungsunfähiger Personen erlassen. Demselben folgten viele andere Parlaments-Akten, und durch das Statut 1 und 2 Victoria cap. 110 wurde die Gesetzgebung konsolidirt; dieses schuf systematisch Hülfe für verhaftete Schuldner durch die Exekutionskommission (Court for the Relief of Insolvent Debtors). Dergleichen Personen konnten dieses Gericht um Entlastung angehen; dasselbe Gesuch konnte von denjenigen gestellt werden, welche ein Interesse dabei hatten, daß das Vermögen des Schuldners distribuirt würde. Auf ein solches Gesuch erließ das Gericht in dem vorgeschriebenen Verfahren ein Resolut (order), durch welches das Vermögen des Schuldners Kuratoren überwiesen wurde, und diese ergriffen Besitz von demselben. Der Schuldner mußte alle seine Aktiva und Passiva angeben. Das Gericht konnte die einzelnen

Vermögensstücke herbeischaffen und für die Gläubiger verwenden lassen. In Folge gehöriger Bekanntmachung wurden die Gläubiger mit ihren Anträgen auf sofortige Entlastung des Schulders oder auf Aussetzung derselben für eine bestimmte Zeit wegen vorliegender Verschuldung gehört. Der Schutz, welchen dieser Insolvenz-Hof gewährte, war jedoch nicht von dem Umfange, wie der Schutz des Bankrutthofes: der Insolvente wurde niemals von allen seinen, von dem Insolvenz-Verfahren betroffenen Schulden frei; er konnte nur nicht ohne Erlaubniß des Gerichts wegen solcher Schulden von Neuem verfolgt werden. Wenn der Insolvente später in die Lage kam, etwas auf seine Schulden bezahlen zu können, oder wenn er starb und Vermögen hinterließ, welches von Gläubigern anzugreifen war, so konnte das Gericht die Exekution in das später erworbene Vermögen gestatten.

Wesentlich geändert ist die Bankrutt- und Insolvenz-Gesetzgebung durch ein Statut aus dem Jahre 1861 (24 und 25 Victoria cap. 134), durch welches die Gerichtsbarkeit der Exekutionskommission dem Bankrutthofe übertragen ist. Die Grafschafts-Gerichte haben dieselbe Jurisdiktion wie die Distrikts-Bankrutthöfe, und wenn die Aemter der Kommissäre der letzteren vakant werden, so soll die Gerichtsbarkeit derselben nach und nach auf die Grafschafts-Gerichte übergehen. Die Exekutionskommission ist abgeschafft, hat aber die Sachen zu erledigen, welche zu der Zeit, wo die Parlaments-Akte Gesetzkraft erhielt, noch bei ihr schwebten.

Das Appellationsgericht im Kanzleihofe ist, nach wie vor der Akte, Appellhof für die Bankruttsachen; jede Entscheidung des Londoner Bankrutthofes, wie der Distritts-Bankrutthöfe oder eines Grafschafts-Gerichtes in einer Bantruttsache unterliegt der Anfechtung bei diesem Apgellhofe.

Die oben erwähnte Unterscheidung zwischen Gewerbtreibenden und Nicht-Gewerbtreibenden ist beseitigt: auf alle Schuldner, gleich viel ob sie Gewerbtreibende sind oder nicht, findet die Akte Anwendung. Nur insofern waltet noch ein Unterschied ob, als die Gründe, aus welchen ein Nicht-Gewerbtreibender für bankrutt erklärt werden kann, besondere sind. Die folgenden sind die hauptsächlichsten Fälle, in denen Jemand für bankrutt erklärt werden kann: wenn ein Nicht-Gewerbtreibender in böslicher Absicht gegen seine Gläubiger das Königreich verläßt oder sein Vermögen zum Nachtheil seiner Gläubiger veräußert, so kann er nach erfolgter Ladung für bankrutt erklärt werden; ebenso ein Gewerbtreibender oder Nicht-Gewerbtreibender, der in der vorgeschriebenen Weise seine Zahlungsunfähigkeit erklärt; ebenso ein Gewerbtreibender, welcher wegen Schulden über einen gewissen Betrag Mobiliar-Exekution gegen sich vollstrecken läßt; ebenso ein Gewerbtreibender oder Nicht-Gewerbtreibender, welcher unter gewissen Voraussetzungen gerichtlichen Urtheilen, Befehlen u. s. w. zuwider gewisse Verpflichtungen binnen bestimmter Fristen nicht erfüllt.

Der Antrag (petition) auf Bankrutterklärung kann entweder von dem Schuldner oder von den Gläubigern ausgehen, und muß im Allgemeinen bei dem Bankrutthofe des Distrikts angebracht werden, in welchem der Schuldner wohnt. Wenn die Schulden den Betrag von 300 Pfund Sterling nicht übersteigen, so muß der den Antrag stellende Schuldner, sofern er nicht in London wohnt, sich mit seinem Gesuche an das betreffende Grafschafts-Gericht wenden.

Nach der Bankrutterklärung muß ein Beamter, welcher der offizielle Kurator („official assignee", einstweiliger Verwalter) genannt wird, Besitz von dem Vermögen des Schuldners ergreifen und dasselbe verwalten, bis die Gläubiger Kuratoren („creditors' assignees" oder „chosen assignees", definitive Verwalter) bestellt haben und diese in Besitz gesetzt sind; dann wird der offizielle Kurator entlassen. Die Akte bestimmt, daß die Gläubiger zusammenberufen werden sollen, um unter Anderem darüber Beschluß zu fassen, ob der Konkurs-Prozeß fortgesetzt, oder eine Administration des Vermögens auf Grund eines Vergleichs eingeleitet oder die Sache in anderer Weise beigelegt werden soll; das Gericht kann dann die Beschlüsse der versammelten Gläubiger bestätigen, in Vollzug setzen lassen und, wenn nöthig, die Bankrutterklärung aufheben.

Wenn der Konkurs-Prozeß fortgesetzt wird, so muß der Kridar vor seiner letzten Vernehmung und ehe er den Antrag auf Entlastung stellen kann, eine Uebersicht seines Vermögensstandes geben. Das Gericht kann die Entlastung aus verschiedenen Gründen, wegen Verschuldungen oder Vergehen des Kridars, verschieben oder sie ganz versagen. Das Entlastungs-Resolut hat, von wenigen Ausnahmen abgesehen, die vollständige Befreiung des Schuldners von allen Schulden und Ansprüchen, welche von dem Bankrutt-Verfahren betroffen werden, zur Folge.

Die Grafschafts-Gerichte. Die alten, angelsächsischen Grafschafts-Gerichte (vergl. Seite 265, 275) sind jetzt fast ganz durch die auf Grund einer Parlaments-Akte aus dem Jahre 1846 (9 und 10 Victoria cap. 95) errichteten neuen Grafschafts-Gerichte verdrängt. Diese Akte erwähnt: die Rechtspflege der alten Grafschafts-Gerichte sei langsam und theuer gewesen und bestimmt, daß die Grafschaften behufs Errichtung von Grafschafts-Gerichten für Bagatell-Prozesse durch Staatsraths-Ordres sollen in Bezirke getheilt werden können. Auch zählt die Akte in angehängten Verzeichnissen eine große Anzahl Gerichte auf, welche nach und nach durch Parlaments-Akte in verschiedenen englischen Städten für Bagatell-Prozesse errichtet waren, und ermächtigt die Krone, diese Lokal-Gerichte den Grafschafts-Gerichten gleichzustellen. [1])

Durch mehrere spätere Statute sind diese Gerichte organisirt. Ihre Kompetenz erstreckt sich auf alle Prozesse, in denen der Werth des Streitobjekts fünfzig Pfund Sterling nicht übersteigt. Prozesse, deren Gegenstand Titel auf Grundstücke, Erbgut, Mauthen und gewisse unkörperliche Rechte (franchises) sind, ebenso Klagen wegen falscher Denunciation, Libells, Verläumdung, Ehebruchs, Verführung oder Bruchs des Eheversprechens gehören im Allgemeinen nicht zur Kompetenz dieser Gerichte; aber mit Konsens beider Parteien können alle Prozesse, für welche eins der Reichsgerichte zuständig ist, bei ihnen verhandelt und entschieden werden.

Die Grafschafts-Gerichte halten wenigstens ein Mal allmonatlich, an vielen Orten aber weit häufiger, Sitzung. Wenn der geltend gemachte Anspruch fünf Pfund Sterling übersteigt, so kann jede Partei die Zuziehung einer Jury verlangen; bei geringeren Objekten kann der Richter eine solche bewilligen. Wenn die Zuziehung einer Jury nicht beantragt wird, entscheidet der Richter sowohl die That- als die Rechtsfragen. Derselbe kann verordnen, daß die Schuld ratenweise bezahlt wird, und in gewissen Fällen, z. B. wegen betrüglichen Beiseiteschaffens von Zahlungsmitteln und wegen absichtlichen Ungehorsams, Gefängnißstrafen verhängen.

Der Prozeß bei den Grafschafts-Gerichten beginnt mit einer Klage („plaint"), welche bei dem Registrar des Gerichts angebracht wird und den Klagegrund im Allgemeinen („the substance of the action") enthalten soll. Der Beklagte braucht keinen Schriftsatz einzureichen; wenn er aber die Einrede der Kompensation gegen die Forderung des Klägers, oder die Einrede der Minderjährigkeit, der Vogtschaft des Ehemannes, der Klageverjährung oder der nach den Bankrutt- oder Insolvenz-Gesetzen erfolgten Entlastung erheben will, so kann

---

[1]) Durch das Statut 21 und 22 Victoria cap. 74 ist Vorsorge dafür getroffen, daß die Bezirke der Grafschafts-Gerichte von Zeit zu Zeit durch den Lord Kanzler geändert werden können, und bestimmt, daß bis auf weitere Anordnung des Parlaments die Zahl der Grafschafts-Richter sechszig nicht übersteigen soll.

der Kläger verlangen, daß ihm die betreffende Spezial-Einrede notifizirt wird.

In Prozessen über Beträge von mehr als 20 Pfund Sterling kann gegen die Entscheidung des Grafschafts-Gerichts an die Westminster-Gerichte appellirt werden, wenn die Beschwerde die Entscheidung einer Rechtsfrage, oder Fragen über Zulassung oder Verwerfung von Beweisen, nicht aber wenn sie Thatfragen betrifft. —

Besondere Gerichte. Außer den bisher erwähnten Gerichten, welche in das allgemeine System der Gerichts-Organisation hineingehören, giebt es einige andere, deren Gerichtsbarkeit eine isolirte, auf bestimmte Orte beschränkte ist. Sie bestehen auf Grund von Verjährung, oder königlicher Verleihung, oder besonderer Parlaments-Akten. Dergleichen königliche Verleihungen kommen schon sehr früh vor. Wilhelm der Eroberer verlieh mehreren von den begünstigten normannischen Baronen besondere und ausschließliche Jurisdiktionsrechte, oder, wie man sie später nannte, Pfalzgrafschaftsrechte in der Art, wie sie die angelsächsischen subreguli oder Vicekönige besessen hatten. Ein Statut Heinrich's VIII. (20 Heinrich VIII. cap. 24) erwähnt, daß „mehrere von den ältesten Prärogativen und Justizhoheits-Rechten, welche der Krone dieses Reiches zugehören, durch Verleihungen der hohen Vorfahren des Königs zum großen Schaden des Rechtsstandes des letzteren und zur Benachtheiligung und großen Verzögerung der Justiz abgelöst und weggegeben seien.“ Die Akte entzieht dann allen Privatpersonen das Recht der Begnadigung, der Ernennung von Assisen-Richtern, justices of gaol delivery und Friedensrichtern. Sie bestimmt, daß in den Pfalzgrafschaften und anderen privilegirten Orten die richterlichen Erlasse und die Indictments im Namen des Königs ergehen sollen; aber sie läßt die Gerichtsbarkeit der Pfalzgrafschaften und die altbegründeten Rechte verschiedener Städte und Burgflecken, ihre eigenen Friedensrichter zu ernennen, bestehen.

Viele alte besondere Gerichte sind in Laufe der Zeit durch Parlaments-Akte beseitigt. Wie bereits erwähnt, hat das die neuen Grafschafts-Gerichte begründende Statut viele durch Parlaments-Akte geschaffene Lokal-Gerichte in Grafschafts-Gerichte verwandelt. Einige Lokal-Gerichte bestehen jedoch, von keinem Statute beseitigt, fort, und die Befugnisse anderer sind sogar durch neuere Parlaments-Akte erweitert. Hier sollen nicht alle besonderen Gerichte aufgeführt, sondern nur einige von den wichtigeren kurz erwähnt werden.

Das Gericht der Kammer des Herzogthums Lancaster ist ein Spezial-Gericht, dessen Richter der Kanzler des Herzogthums oder sein Stellvertreter ist, und zu dessen Kompetenz alle nach Billigkeitsrecht zu beurtheilende Angelegenheiten wegen des Besitzes von Kronländereien, welche dem Herzoge von Lancaster verliehen und deren Besitz auf Andere übertragen ist, gehören. Das Verfahren dieses Gerichts ist dem des Billigkeitsgerichts im Kanzleihofe ähnlich. Das Gericht der Kammer des Herzogthums Lancaster muß von dem der Pfalzgrafschaft Lancaster unterschieden werden.

Die Gerichte der Pfalzgrafschaften Lancaster und Durham sind sowohl für solche Prozesse, welche nach gemeinem Recht, als für solche, die nach Billigkeit zu beurtheilen sind, kompetent. Eine Pfalzgrafschaft („county palatine") ist ein königliches Lehn („Feodum Regale"), welches ein Graf, als Besitzer der ganzen Grafschaft inne hat. Nachdem die besondere Jurisdiktion der alten Pfalzgrafschaft Chester abgeschafft ist, existiren jetzt nur noch zwei dergleichen, nämlich die von Lancaster [1]) und die von Durham, die erstere als ein weltliches Lehn und die letztere als ein ehemaliges geistliches Lehn für den Bischof von Durham. Durch ein Statut aus dem Jahre 1836 wurden die pfalzgräfliche Jurisdiktion und die jura regalia des Bischofs von Durham von dem Bisthum abgetrennt und auf die Krone übertragen; die besondere Jurisdiktion der Gerichte dieser Pfalzgrafschaft wurde aber von der Akte nicht aufgehoben.

Das Verfahren der gemeinrechtlichen Prozeßgerichte („Courts of Common Pleas") zu Lancaster und Durham ist durch mehrere Statute dem der Reichsgerichte zu Westminster ähnlich gestaltet. Die Appellation gegen ihre Entscheidungen geht an die Queen's Bench. Die Gerichtsbarkeit der „Kanzlei" von Lancaster ist der des hohen Kanzleihofes ähnlich; sie ist eine ausschließliche, wenn sich sowohl der Streitgegenstand als der Wohnort der Parteien in der Pfalzgrafschaft befinden, und sie ist hauptsächlich durch zwei Statute aus der Regierungszeit der jetzigen Königin geregelt. Die Lords Justices des Appellationsgerichts in dem Kanzleigerichtshofe und der Kanzler des Herzogthums bilden den kanzleigerichtlichen Appellhof für die Pfalzgrafschaft.

Die Billigkeits-Jurisdiktion der „Kanzlei" von Durham ist ähnlich; sie konkurrirt mit der des Hohen Kanzleihofes. Ehe die Gerichtsbarkeit der Pfalzgrafschaft Durham auf die Krone überging, wurde

---

[1]) Die Grafschaft Lancaster wurde zuerst von Eduard III. zu einer Pfalzgrafschaft gemacht; dieser König schuf durch Patent das Herzogthum Lancaster und verlieh zugleich dem Herzoge jura regalia für seine Lebenszeit.

der Kanzler von dem Bischof und im Falle der Vakanz des bischöflichen Stuhls von der Krone ernannt.

Die Berggerichte der Zinnbergwerke (Stannary Courts) von Devonshire und Cornwall wurden den Bergleuten dieser Grafschaften durch Freibriefe König Eduard's I. verliehen; ein Statut Karl's I. bestimmte ihre Jurisdiktion näher. Die Akte 6 und 7 Wilhelm IV. cap. 106 hat die Gesetzgebung über dieselben konsolidirt; danach besteht für alle jene Zinnbergwerke nur noch ein Gericht, dem die Gerichtsbarkeit erster Instanz in allen bergrechtlichen Sachen aus den Grafschaften zusteht. Gegen die Entscheidungen des Vice-Warden dieses Gerichts geht die Appellation an den Lord Warden, welchem drei oder mehrere Mitglieder der Justiz-Abtheilung des Staatsraths assistiren; demnächst findet noch die Ober-Appellation an das Haus der Lords statt.

Die Billigkeits-Jurisdiktion des Gerichtshofes des Vice-Warden erstreckt sich auf die Prozesse wegen Zahlung der Beiträge für den Bergwerksbetrieb, wegen der gegen die Bergwerke geltend gemachten Ansprüche und auf Prozesse zwischen den Bergwerks-Interessenten. Die gemeinrechtliche Abtheilung des Gerichts ist für summarische Prozesse wegen kontraktlicher und nicht kontraktlicher Geldschulden oder Entschädigungs-Verbindlichkeiten, deren Betrag fünfzig Pfund Sterling nicht übersteigt, zuständig.

Die City von London hat mehrere eigene Gerichte; die wichtigsten sind der Court of Hustings und das Lord Mayors-Gericht. Der Court of Hustings [1]) ist das oberste Gericht Londons, und ist zuständig für alle Real- und gemischten Klagen mit Ausnahme der Besitzstörungsklagen (ejectments); dagegen ist er für Personalklagen nur zuständig, wenn gegen Entscheidungen der Sheriffs-Gerichte an ihn appellirt wird. — Das Lord Mayors-Gericht hat gemeinrechtliche und Billigkeits-Jurisdiktion; kraft der ersteren ist es für alle Personal- und gemischten Klagen aus der City und dem weiteren Jurisdiktionsbezirke von London zuständig; kraft der letzteren ist es für die gewöhnlichen Billigkeitssachen, außerdem aber für einige andere, das besondere Londoner Gewohnheitsrecht betreffende Sachen kompetent. Die Appellation gegen seine Entscheidungen geht an das Haus der Lords. — Die Londoner Sheriffs-Gerichte sind für Personalklagen zuständig. Ihr Verfahren ist nach einer neueren Parlaments-Akte

[1]) Das Wort wird aus dem Angelsächsischen abgeleitet von hus, Haus, und thing, Ding, Prozeß, Urtheil — domus causarum.

(15 und 16 Victoria cap. 77) dem der neuen Grafschafts-Gerichte ähnlich geordnet.

Die Gerichte der Universitäten Cambridge und Oxford (vergl. Seite 281) sind kompetent für alle Civilsachen, wenn eine von beiden Parteien der Universitätsprivilegien theilhaftig ist, jedoch mit Ausnahme des Falles, wenn das Recht auf Freehold in Frage steht. Diese Civilgerichtsbarkeit wird vom Vice-Kanzler oder einem Kommissar desselben ausgeübt; gegen die Entscheidungen derselben kann an Delegate, welche von der Universität ernannt sind, und schließlich an Delegate der Krone appellirt werden.

Drittes Buch.

Die Administrativ-Gewalt.

Erstes Kapitel.

Einleitung.

Im Anfange dieses Werkes ist darauf hingewiesen, daß die Administrativ-Behörden diejenigen Funktionen der Regierung verrichten, welche keine Auktorität zur Gesetzesauslegung erfordern. Die Administrativ-Behörden sind deshalb sehr mannigfaltig; denn sobald die Ausführung der Gesetze die Mitwirkung der Regierung erfordert und diese Mitwirkung ohne Anrufung der richterlichen Gewalt möglich ist, treten die Administrativ-Behörden ein.

Vorweg ist zu bemerken, daß das Parlament manche Funktionen administrativer Natur verrichtet. Dahin gehören diejenigen, welche durch gewisse Abstimmungen geltend gemacht werden; z. B. wenn durch letztere die Resignation oder die Entlassung der Minister herbeigeführt werden soll, die sich nicht mehr der Unterstützung des Parlaments erfreuen; ferner die gemeinsamen Adressen der beiden Parlaments-Häuser wegen der Absetzung von Richtern; und die allgemeine Aufsicht über die Verwaltung, mittels Interpellationen, Anträge und Debatten über Administrativ-Maßregeln. Diese Funktionen des Parlaments sind bereits genügend betrachtet.

Die Administrativ-Institutionen Englands können eingetheilt werden: in solche, die so eng mit der Legislatur und der Judikatur in Verbindung stehen, daß sie wesentliche Faktoren der Verfassung sind, — und in solche, die trotz ihrer großen Wichtigkeit für die Gesellschaft doch mit den anderen Faktoren der Verfassung in keinem nothwendigen Zusammenhange stehen. Nun haben wir schon im Anfange dieses

Werkes darauf hinwiesen, daß Gegenstand der Verfassungskunde nur die Verfahrungsweise ist, in welcher die Gesetze gegeben und in Ausführung gebracht werden; und da unsere Betrachtung sich auf die Verfassungskunde beschränkt, so scheiden wir von derselben zweckmäßig die Institutionen der zweiten Art aus. Deshalb müssen wir viele wichtige Einrichtungen bei Seite lassen, z. B. die öffentliche Armenpflege, die Postverwaltung u. s. w.; denn dieselben haben keinen nothwendigen Zusammenhang mit der Verfassung, welche ohne sie ebenso bestehen könnte und in älteren Zeiten wirklich bestanden hat.

Die Einrichtungen also, welche uns vorzugsweise angehen, sind diejenigen, welche so untrennbar mit der Verfassung verbunden sind, daß ohne sie oder ohne eine gleichbedeutende Einrichtung die britische Regierungsform in der bisherigen Weise nicht würde fortbestehen können. Alle diese Einrichtungen sind ursprünglich durch die königliche Prärogative, nicht durch Statute geschaffen; freilich sind die Befugnisse und die Verfassung der betreffenden Behörden später vielfach durch Statute modifizirt.

Die Central- und einige lokale Verwaltungs-Behörden bringen Prärogativrechte und Gewalten der Krone zur Anwendung. Deshalb werden wir zunächst diese Prärogativrechte und Gewalten, sowie den Rechtstitel der Krone betrachten; dann werden wir zur Entstehung und Eintheilung der Administrativ-Departements übergehen; endlich werden wir diejenigen Verwaltungs-Behörden der Central- und der Lokal-Regierung besprechen, welche wesentliche Theile der Verfassung sind.

Zweites Kapitel.

Die administrativen Prärogative der Krone.

Die Prärogative umfaßt nach Coke „jede Gewalt, jeden Vorrang und jedes Privilegium, welche das Gesetz der Krone beilegt." Coke bemerkt dabei, die Prärogative sei von den alten Autoren verschieden bezeichnet, als libertas oder privilegium regis, droit le roy, jus regium, und jus regium coronae. Häufig ist das Wort: Prärogative von Staatsrechtslehrern in einem engeren Sinne gebraucht werden; in diesem Sinne bezieht es sich nur auf diejenigen Gewalten der Krone, welche ihr nicht durch Statut übertragen sind, und in diesem Sinne wird das Wort hier gebraucht werden.

Die administrativen Prärogativen der Krone betreffen: 1. den

Frieden der Königin; 2. die öffentliche Vertheidigung; 3. die auswärtigen Angelegenheiten; 4. das königliche Einkommen; 5. den Handel; 6. Franchises.

1. Der Frieden der Königin. Der Souverain ist kraft seiner Prärogative der oberste Bewahrer des Friedens des Königreiches und kann Andere mit der Aufrechthaltung dieses Friedens beauftragen. Vermöge dieser und der anderen Prärogative, nach welcher der Souverain die „Quelle der Gerechtigkeit" ist, steht das Land unter allgemeinen und lokalen Behörden („Jurisdiktionen") mit Beamten, welche die Anordnungen und Urtheile der ersteren zu vollstrecken haben. Die angelsächsische Eintheilung des Landes in Grafschaften oder shires und der Grafschaften in Hundertschaften, welche ihre Grafschafts- und Hundertschafts-Gerichte hatten (vergl. Seite 365), hing mit dem damaligen Polizeisysteme zusammen. Danach war die Grafschaft oder Hundertschaft für die in ihnen begangenen Verbrechen verantwortlich; auch waren sie verpflichtet, jeden zu ergreifen, der sich gegen einen Unterthan des Königs vergangen hatte.[1]) Nach der Eroberung wurde dieses System im Ganzen und Großen beibehalten. Wenn auch der Sheriff (wie wir gesehen haben) einen großen Theil seiner richterlichen Gewalt verlor, so behielt er doch die ministerielle mit dem Rechte, derselben durch das „posse comitatus" Nachdruck zu geben. Diesem posse comitatus waren alle Bewohner der Grafschaft unterworfen, die das fünfzehnte Lebensjahr überschritten und nicht den Rang eines Peers hatten.[2]) Jedoch trat in Ansehung des Sheriffs-Amtes eine große Aenderung ein: Der Sheriff wurde nicht mehr, wie früher, vom Volke gewählt, sondern von der Krone ernannt.[3]) Der Zweck dieser Aenderung bestand offenbar darin, daß man die Verwaltung des Lan-

---

[1]) Nach Palgrave (Entstehung des engl. Gemeinwesens) wurde die Heerstraße des Königs von je vier Männern von jeder in einer Hundertschaft belegenen Hufe bewacht. Dieselben standen unter dem Befehle eines Wacht-Grafen, welcher für jede Nachlässigkeit persönlich verantwortlich war. — Nach dem Statute von Winchester (13 Eduard I. stat. 2) sind die Graf- und Hundertschaften für die in ihnen vorgekommenen Räubereien und anderen Felonieen verantwortlich.

[2]) Nach dem zweiten Statute von Westminster sollte der Sheriff persönlich die Vollstreckung leiten, wenn eine obrigkeitliche Verordnung auf Widerstand stieß, und er sollte zu diesem Zwecke die bewaffnete Macht der Grafschaft aufbieten („assumpto secum posse comitatus").

[3]) Das alte Recht, die Sheriffs zu wählen, wurde im 28. Regierungsjahre Eduard's I. dem Volke zurückgegeben, dann aber durch das Statut 9 Eduard II. stat. 2 ihm wieder genommen, worauf durch das Statut 12 Richard II. cap. 2 das Verfahren bei der Ernennung der Sheriffs näher bestimmt wurde.

des unter die Kontrolle der Centralgewalt bringen wollte; indessen erhellt doch aus zahlreichen, zur Abstellung von Mißbräuchen erlassenen Statuten, daß trotz der Aenderung die Sheriffs in Erfüllung ihrer Pflichten nachlässig waren oder ihre Auktorität sogar absichtlich mißbrauchten.

Außer den Beamten zur Bewahrung des Königs-Friedens in den Kreisen, in welche das ganze Land eingetheilt war, existirten hier und da kraft Verleihung seitens der Krone oder durch Verjährung besondere Amtsbezirke, welche ihre eigenen Friedens-Beamten hatten und von der im Namen des Königs geübten Exekutivgewalt eximirt waren. Die in diesen besonderen Amtsbezirken begangenen strafbaren Handlungen wurden nicht als gegen den Frieden des Königs, sondern als gegen den Frieden desjenigen verstoßend angesehen, in dessen Gerichtshofe darüber verhandelt wurde. So war es in den Pfalzgrafschaften, den Bezirken der Gutsgerichte, der Korporationen (contra pacem domini, contra pacem vicecomitis etc.). Zur Zeit Heinrich's VIII. wurden jedoch, wie wir gesehen haben, dergleichen anderen Personen zustehende jura regalia auf enge Grenzen beschränkt. Die alten Jurisdiktionen ließ man zwar bestehen; aber alle Anklagen wegen Verbrechen, welche unter denselben begangen waren, und alle Verhandlungen darüber geschahen fortan im Namen des Königs.

In neuerer Zeit sind über die Ernennung und die Rechte der zur Aufrechthaltung des Friedens bestimmten Beamten Statute erlassen, welche die Materie ziemlich erschöpfend ordnen. Näheres darüber soll bei Besprechung der Municipal-Regierung mitgetheilt werden.

2. Krieg und öffentliche Vertheidigung. Der Souverain allein hat das Recht, ein Landheer und eine Kriegsflotte zu halten. Diese wie andere Prärogative der Krone sind bestritten worden und haben Veranlassung zu Kämpfen mit dem Parlamente gegeben. Vor und noch lange nach der normannischen Erorberung hatten in England, ähnlich wie in anderen Staaten Europa's, die Lords und Landeigenthümer Vasallen und anderes Gefolge in Waffen. Jeder Freie war nach allgemeinem Landesrechte verpflichtet, dem Rufe des Staates zu den Waffen zu folgen; der Vasall aber war zur persönlichen Vertheidigung seines Lehnsherrn bei allen militärischen Unternehmungen verpflichtet. Das Parlament war schon sehr früh zu der Nothwendigkeit gedrängt, die militärische Gefolgschaft mächtiger Unterthanen auf Grenzen zu beschränken. Ein Statut Eduard's I. (1279) verordnete, daß zu allen Parlamenten und anderen Versammlungen Niemand mit Waffen oder Streitkräften kommen dürfe; und es anerkannte als Prä-

rogative der Krone die Befugniß, das Tragen von Waffen und Halten von Streitkräften gegen den Frieden der Krone zu untersagen.[1]) Nach einem Statute Eduard's III. soll Niemand, groß oder klein, Tags oder Nachts bewaffnet gehen oder reiten bei Verlust der Waffen und bei Gefängnißstrafe; ausgenommen waren nur die Diener und Beamten des Königs, andere Personen aber bei friedlichen Waffenübungen.

Die militärische Organisation, welche zur Zeit Eduard's I. zum Zwecke der Friedensbewahrung stattfand, beruhete auf den durch das Statut von Winchester (13 Eduard I.) verbesserten angelsächsischen Einrichtungen, nach welchen jede Graf- und Hundertschaft für die in denselben vorgekommenen Felonieen verantwortlich war. Sir Francis Palgrave (Entstehung des englischen Gemeinwesens) hat darauf aufmerksam gemacht, daß diese militärische Organisation im Laufe der Zeit zu einer bloß polizeilichen Einrichtung wurde: der Constable wurde aus dem panzergeschmückten Anführer der Hundertschafts-Miliz noch vor dem sechszehnten Jahrhunderte zum einfachen Friedensbeamten.

In dem berühmten Schiffsgeld-Prozesse, der unter Karl I. (1637) vor allen Richtern in der Exchequer Chamber verhandelt wurde, bezeichnete man es allerseits als einen unbestreitbaren Eingriff in die königliche Prärogative, wenn Jemand eine Land- oder Seemacht zur öffentlichen Vertheidigung aufstelle. In all den damaligen, gründlichen Ausführungen der Advokaten und Richter über die Militärhoheit der Krone wurde von Niemand bezweifelt, daß dem Parlamente keine andere Kontrolle über Heer und Flotte zustehe, als die ihm vermöge des Rechts der Bewilligung oder Versagung von Hülfsgeldern beiwohnende. Als aber wenige Jahre später (1642) der König sich hatte verleiten lassen, die Sorge für die Wiederherstellung des Friedens in Irland dem Parlamente zu übertragen, benutzten dies beide Häuser zur Annahme einer Bill, nach welcher der Oberbefehl über die Miliz,

---

[1]) „Die Prälaten, Grafen und Barone und die Gemeinen unseres Reichs, welche zu diesen Geschäften hier versammelt sind, haben gesagt, daß wir kraft unserer königlichen Herrlichkeit Waffen und alle Streitkräfte gegen unseren Frieden alle Zeit, wenn wir uns dazu veranlaßt finden, verbieten könnten und möchten." (7 Eduard I. stat. 1). — Aus Glanvilla ist ersichtlich, daß unter Heinrich II. die Vasallen oder Belehnten eines Lords verpflichtet waren, ihm in seinen Privat-Fehden beizustehen. Dieser Rechtszustand scheint bis zur Zeit Bracton's gewährt zu haben; aber in der Praxis kam nichts mehr davon zur Anwendung, und etwa ein halbes Jahrhundert später hielt man für ungesetzlich, was früher Recht gewesen war. — Uebrigens sind, so viel uns überliefert worden, größere Privat-Fehden in England nach der Eroberung — außer in Zeiten der Gährung und bürgerlicher Unruhen — äußerst selten gewesen.

alle Festungen, Schlösser und Garnisonen Parlaments-Kommissären zustehen sollte, auf welche sie sich verlassen konnten. Als der König dieser Bill seine Zustimmung versagte, bot das Parlament die Miliz auf, und damit begann der Krieg gegen Karl I. Nach der Restauration wurde durch das Statut 13 Karl II. cap. 6 erklärt, daß „der alleinige Oberbefehl und die ganze Verfügung über die Miliz wie über die ganze Land- und Seemacht, und über alle Festungen und Forts nach den Gesetzen Englands das unzweifelhafte Recht Seiner Majestät und seiner erlauchten Vorfahren, der Könige und Königinnen von England, ist und stets gewesen ist; und daß keines der Parlamentshäuser, auch nicht beide zusammen, Ansprüche darauf machen können oder dürfen." Seitdem ist dieses Recht der Krone nie wieder in Frage gestellt.

In engem Zusammenhange damit steht die ausschließliche Prärogative der Krone, Krieg zu erklären und Frieden zu schließen. Wie alle anderen wichtigen Prärogative der Krone, so wird auch dieses Recht auf den Rath und unter Verantwortlichkeit der Minister ausgeübt, welche wegen ungerechtfertigter Erklärung oder schlechter Führung des Krieges, so wie wegen nachtheiligen Friedensschlusses vom Parlamente getadelt oder angeklagt werden können.

Die wichtige Prärogative der Krone, Krieg zu erklären, scheint aus Grundsätzen des Feudalismus abgeleitet zu sein. Nach der angelsächsischen Verfassung stand dieses Recht nicht dem Souverain, sondern der großen National-Versammlung, dem Wittenagemote, zu, und es wurde vermöge des allodialen Rechtsstandes der Mitglieder als von dieser Versammlung untrennbar angesehen. Noch nach der Einrichtung des normannischen Staatswesens finden wir zahlreiche Fälle, wo der König das Parlament wegen der Kriegserklärung um Rath anging und wo Fragen über Krieg und Frieden von dem Parlamente entschieden wurden.[1])

[1]) Im fünften Regierungsjahre Eduards II. wurden Verordnungen erlassen, welche die königlichen Rechte in manchen Beziehungen beschränkten und unter Anderem bestimmten, daß der König ohne Zustimmung der Barone im Parlamente keinen Krieg sollte erklären können; diese Verordnungen wurden jedoch 10 Jahre später aufgehoben, weil sie die königliche Prärogative beeinträchtigten. — Im Jahre 1331 wurde im Parlamente beschlossen, Aquitanien herauszugeben und nicht deshalb mit Frankreich Krieg zu führen. Im Jahre 1369 fragte Eduard III. das Parlament wegen eines Streites mit dem Könige von Frankreich um Rath, und es wurde in Folge dessen beschlossen, von Neuem Krieg zu erklären. Im Jahre 1384 baten die „armen Gemeinen" Richard II., daß er ihnen die Ertheilung eines

Die Verfassungen vieler Länder geben das Recht der Kriegserklärung ihren gesetzgebenden oder höchsten Versammlungen. In den Republiken Griechenlands und Roms war dieses Recht bei dem Volke. Nach der schwedischen Verfassung von 1772 war es der legislativen Körperschaft vorbehalten. Nach der Verfassung der Vereinigten Staaten von Amerika von 1787 hat der Kongreß das Recht der Kriegserklärung. In der schweizerischen Eidgenossenschaft steht der Bundesversammlung das Recht zu, Krieg zu erklären, Frieden zu machen, Handels- und Allianz-Verträge zu schließen. Die Vertheidiger der Prärogative, wie sie in England besteht, stützen sich darauf, daß die Furcht vor der Rüge des Parlaments und das Recht des letzteren zur Verweigerung der Hülfsmittel für die Führung des Krieges genügenden Schutz vor dem Mißbrauche derselben gewährten. Aber unglücklicherweise ist der Antrag der Minister auf Bewilligung der für den Krieg erforderlichen Hülfsgelder regelmäßig durch den Grund unterstützt, daß es zu spät sei, umzukehren, weil der Krieg bereits erklärt worden.

Das Recht der Krone zur Ertheilung von Kaperbriefen mag hier, nicht wegen seiner praktischen Wichtigkeit (denn sie sind in England längst außer Gebrauch), sondern deshalb erwähnt werden, weil dieses Recht früher zu den wichtigsten Prärogativen der Krone gehörte, und die Anerkennung oder Beseitigung der Kaperei bei anderen Nationen für das Völkerrecht des Krieges von großem Interesse ist. Kaper- und Repressalien-Briefe sind Erlaubnißscheine des Souverains für Unterthanen, gegen die Unterthanen anderer Staaten Repressalien zu üben. Solche Briefe können vor der Kriegserklärung ertheilt werden, um durch die Arrestirung von Gütern und Personen der Unterthanen des Staates, gegen welchen Repressalien geübt werden sollen, ohne Einschreiten der Staatsgewalt Genugthuung zu schaffen. Auch

---

Gutachtens in Ansehung gewisser Friedensbedingungen erlassen und die Sache mit dem Staatsrathe überlegen möge; und zu einer Antwort gedrängt, erklärten sie dann: „sie möchten lieber Frieden." — Prynne, in seiner „Vertheidigungsschrift für die Lords," führt mehrere Fälle aus der Zeit Eduards III. an, in denen der König das Parlament über Fragen: ob Krieg oder Friede? konsultirte. Im 21sten Jahre der Regierung dieses Königs lehnten die Gemeinen es ab, wegen eines Krieges mit Frankreich Rath zu ertheilen, versprachen aber zugleich, jedem Beschlusse, den der König mit den Lords darüber fassen werde, zuzustimmen. Im 28sten Jahre derselben Regierung überließen die Gemeinen die Abschließung der Friedensverträge mit Frankreich dem Könige und seinem Adel. Im 36sten Jahre derselben Regierung gaben nur die Lords dem Könige Rath wegen Einstellung der Feindseligkeiten mit Schottland.

im Kriege hat man in England früher häufig die Admiralität durch Statute zur Ertheilung von Vollmachten an Privatpersonen ermächtigt, kraft deren die letzteren Kaperschiffe zum Aufbringen von Schiffen des feindlichen Volkes ausrüsteten.

Auf der von den größeren Staaten Europa's beschickten Pariser Konferenz vom Jahre 1856 wurde in Betreff solcher Vollmachten unter Anderem erklärt: „Die Kaperei ist und bleibt abgeschafft."

3. Auswärtige Angelegenheiten. Der Souverain ist in England der Vertreter des Volkes bei allen Unterhandlungen mit auswärtigen Mächten. In dieser Eigenschaft ist er allein berechtigt, Gesandte an fremde Staaten zu senden und Gesandte in England zu empfangen. Auch gehört zur Prärogative der Krone das Recht, Verträge und Bündnisse mit fremden Staaten zu schließen. Denn nach dem Völkerrechte ist es zur Gültigkeit eines Staatsvertrages wesentlich, daß derselbe von der souverainen Gewalt geschlossen sei; ist dies geschehen, so ist der Vertrag für alle Mitglieder des Staats verbindlich; in England aber ist die souveraine Gewalt bei der Krone. Die Ausübung dieses Rechts ist der parlamentarischen Kontrolle unterworfen; vermöge dieser werden die Minister getadelt oder angeklagt, wenn sie die Abschließung eines Vertrages angerathen haben, der die Ehre oder die Interessen der Nation beeinträchtigt. Die englische Geschichte enthält zahlreiche Beispiele dafür, daß das Parlament Minister der Krone wegen schlechter Leitung diplomatischer Angelegenheiten getadelt hat. So z. B. wurde in einem bereits (S. 208) erwähnten Falle schon unter Heinrich VI. im Jahre 1451 de la Pole, Graf von Suffolk angeklagt, weil er einen Friedensvertrag ohne Zustimmung des Staatsraths abgeschlossen hatte. Die Anklage-Artikel gegen Wolsey im Hause der Lords (1529) beschuldigten den Kardinal unter Anderem, daß er ohne Wissen des Königs Verträge geschlossen, Konferenzen mit Gesandten gehalten und diplomatische Korrespondenzen geführt habe. Und in neuerer Zeit (1701) wurde der Graf von Orford von den Gemeinen im Parlamente angeklagt, weil er zum Abschlusse von Verträgen zur Theilung der Besitzungen Spaniens gerathen hatte.

Das Recht zur Vertretung des Volkes in den internationalen Angelegenheiten, welches nach der englischen Verfassung dem Souverain zusteht, ist in anderen Ländern anderen politischen Auktoritäten übertragen. Die Verfassung der Vereinigten Staaten (Artikel 2, §. 2) ermächtigt den Präsidenten, unter Zuziehung und Konsens des Senats Verträge zu schließen und Gesandte sowie andere diplomatische Agenten und Konsuln zu ernennen.

4. Das königliche Einkommen. Die königlichen Revenüen — einschließlich des Einkommens, welches die Verfassung dem Souverain für öffentliche Zwecke überwiesen hat — sind von zweierlei Art: erbliche und statutarische. Die letzteren sind heut zu Tage bei weitem die beträchtlichsten.

Die erblichen Revenüen zerfallen wiederum in: 1) Territorial-Revenüen, welche aus den Erträgen des der Krone gehörigen Grund und Bodens, den bei Verleihung alter Kronländereien vorbehaltenen Abgaben und Diensten, und aus den Lehnsabgaben bestehen; und 2) in gewisse gelegentliche Revenüen, welche der Krone aus Prärogativen zukommen, die nicht direkt mit dem Grundbesitze in Verbindung stehen.

Die alten Einrichtungen zum Zwecke der öffentlichen Vertheidigung hingen mit dem Grundbesitze zusammen. Nach der normannischen Eroberung pflegte man bei Verleihung von Kronländereien Dienste verschiedener Art für die Krone zu reserviren. Manche derartige Dienste waren Naturaldienste (services „in kind"), z. B. Ritterdienste, vermöge deren die Belehnten verpflichtet waren, Bewaffnete für den Kriegsdienst des Königs zu stellen. Zuweilen aber wurden an Stelle der Naturaldienste Hülfsgelder für die Krone zum Zwecke der Vertheidigung des Königreichs gegeben. Ferner kam es von Zeit zu Zeit vor, daß Kronländereien durch Heimfallsrecht oder Verwirkung zurückfielen, und außerdem hatte die Krone vermöge ihrer Prärogative mancherlei zufällige Einnahmen. Einige derartige Rechte, z. B. das auf gefundene Schätze, stehen bis auf den heutigen Tag der Krone zu.

Außer den erwähnten Einnahmen bezog der König auch die Erträge aus seinen Gütern und Ländereien. Im sechsten Regierungsjahre Richards II. petitionirten die Gemeinen: der König möge seinen Lebensunterhalt aus seinen laufenden Revenüen bestreiten; heimgefallene oder verwirkte Lehne und andere zufällige Einnahmen der Krone dagegen möchten für das Königreich und die Vertheidigung desselben verwendet werden.

Alle bisher erwähnten Einnahmen der Krone waren erbliche oder ihr vermöge der Prärogative zustehende; sie waren nicht vom Parlament bewilligt. Aber schon sehr früh bewilligte das Parlament, wie wir gesehen haben, der Krone Subsidien und andere Zuschüsse zu dem königlichen Einkommen. Es ist der Gegenstand wiederholten, in den verschiedensten Formen geführten Kampfes zwischen der Krone und dem Parlamente gewesen, ob die Krone außer den erwähnten lehnrechtlichen, territorialen und statutarischen Revenüen irgend welche andere ohne Autorisation des Parlaments zu fordern berechtigt sei. Wir haben bereits mehrere Statute erwähnt, welche die Ungesetzlichkeit der Besteuerung ohne Consens des Parlaments aussprachen. Doch waren diese Akte nicht so bestimmt gefaßt, daß dadurch die Krone abgehalten wäre, später jene Frage dennoch zu bejahen. So behauptete unter Jakob I. die Krone, daß ihr ein Prärogativ-Recht zustehe, Zölle auf importirte und exportirte Waaren zu legen. In dem Falle des Kaufmanns Bates — dem wichtigen Falle der Auflagen, wie er genannt worden ist[1]) — entschied das Schatzkammergericht, daß die Krone das Recht habe, Abgaben auf ausländische in den Häfen ankommende Waaren zu legen. Beunruhigt durch dieses Urtheil führte das Haus der Gemeinen im Jahre 1610 eine Debatte über den Anspruch der Krone herbei. Einige in dieser Debatte vorgetragene Rechtsausführungen sind uns erhalten; sie zeigen eine erstaunliche, historische und juristische Gelehrsamkeit über das Thema der fiskalischen Prärogative der Krone. Coke sprach sich dafür aus, daß die Zölle durch Parlaments-Bewilligung im dritten Regierungsjahre Eduard's I. entstanden seien. Bacon dagegen behauptete, daß Zölle („Customs") dem gemeinen Rechte von Anfang an bekannt gewesen,[2]) nicht durch Parlamentsbewilligungen eingeführt seien, namentlich aber vor der Bewilligung gewisser Zölle, welche das Parlament im dritten Regierungsjahre Eduard's I. zugestanden, existirt hätten. Für diese Ansicht wurden mehrere nicht zu verachtende Auktoritäten angeführt. Jedenfalls aber wurde so viel klar, daß seit der Zeit Eduard's III. bis zur Zeit Maria's niemals Prärogativ-Zölle in den Häfen erhoben waren. Das Resultat der großen Debatte des Jahres 1610 war, daß die Gemeinen ihre berühmte Petition der Landesbeschwerden einreichten, welche unter Anderem den Antrag enthielt, daß durch ein Gesetz „deklarirt werden möge, daß alle Auflagen, mit welchen Euer gutes Volk, seine

[1]) Jakob I. hatte einen Zoll auf Korinthen gelegt. Bates weigerte sich, diesen Zoll zu bezahlen. In Folge einer bei dem Schatzkammergerichte angebrachten Information wurde er verurtheilt aus Gründen, „die noch schlechter waren als die Entscheidung selbst." — Vergl. das Nähere bei Hallam, Verfassungsgeschichte Kap. 6. Anm. des Uebers.

[2]) Der Grund Bacon's beruhet auf einem Wortspiele, da „Custom" sowohl Zoll, als: Gewohnheit, Gewohnheitsrecht bedeutet. Nach dieser Probe ist es wohl glaublich, daß Hallam (a. a. O.) Recht hat, wenn er von der Rede des großen Philosophen — der selten eine Gelegenheit unbenutzt ließ, wo er sich servil zeigen konnte — urtheilt: „Die große Inferiorität Bacon's, der die Sache der Prärogative vertrat, muß Jedem in die Augen springen." Anm. des Uebers.

Habe oder Kaufmannswaare belastet ist oder künftig belastet werden könnte, ungültig sind und sein werden, wenn sie nicht die Zustimmung des Parlaments haben." Die Antwort des Königs, soweit sie die Anträge wegen der Zölle betraf, erkannte den Grundsatz, für welchen die Gemeinen eintraten, implicite an; denn der König versprach, daß die Auflagen, über welche man sich beschwert hatte, ferner nicht erhoben werden sollten, und gab als Grund für die Abschaffung einer dieser Auflagen an: „sie scheine das Mißtrauen seiner geliebten Unterthanen wach zu rufen, daß daraus ein Präcendenzfall für Steuerauflagen im Lande hergeleitet werden könnte."

Dieser Petition folgten in späteren Parlamenten viele Vorstellungen über denselben Gegenstand. Die Petition der Rechte, welcher Karl I. seine Zustimmung gab, erklärte, daß gesetzlich Niemand gezwungen werden könne, dem Könige ein Darlehn zu geben oder zu einer Steuer, Abgabe oder Auflage zu kontribuiren, welche nicht durch gemeinsame Bewilligung im Parlamente festgesetzt sei.

Der Sieg des Parlaments in dem Kampfe mit dem Hause Stuart über die Besteuerung kraft der Prärogative wurde aber erst 1640 vollständig. Um das Jahr 1634 erfand man den merkwürdigen Ausweg, unter dem Namen: „Schiffs-Geld" klingende Münze in die Schatzkammer zu bringen. Die Ausschreibung des Schiffsgeldes soll von dem Attorney-General Noy angerathen sein, der sich auf alte, im Tower befindliche Urkunden dafür berief, daß die Regierung zur Ausrüstung einer Flotte in Zeiten der Gefahr Geld erheben könne. Die ersten Ausschreiben, welche auf diese Auktorität hin an die Hafenorte und andere Seeplätze von der Regierung Karl's I. gesendet wurden, scheinen nur geringen Widerstand gefunden zu haben. Später aber wurden solche Ausschreiben überall hin über das ganze Königreich verbreitet und wurden nun aller Orten im Binnenlande und in den Seeplätzen zurückgewiesen. Im Jahre 1636 ertheilten alle Richter dem Könige ein schriftliches Gutachten, nach welchem er berechtigt sein sollte, durch königlichen Erlaß allen Unterthanen zu befehlen, für die Vertheidigung des Reiches Schiffe mit Mannschaften und Proviant zu stellen. Später traten einige Richter von diesem Gutachten zurück und erklärten: sie hätten dasselbe nur unterzeichnet, um ihren Dissens nicht erkennbar zu machen. Bei den Schiffsgeld-Ausschreibungen für die Grafschaft Buckingham wurde John Hampden zu zwanzig Schillingen behufs Beschaffung eines Schiffes für die Grafschaft eingeschätzt. Er verweigerte die Zahlung. Durch ein scire facias vor das Schatzkammergericht geladen,[1]) setzte er dem Anspruche das Demurrer entgegen, daß derselbe ungesetzlich sei. Darüber wurde dann von beiden Parteien sehr weitläuftig und unter Aufbietung großer Gelehrsamkeit verhandelt. Auch die Richter motivirten ihre Abstimmungen eingehend, und diejenigen von ihnen, welche für die Legalität der Auflage votirten, zogen eine große Menge von Präcedenzfällen an, wo namentlich zu den Zeiten Eduard's I., Eduard's II. und Eduard's III. Schiffsgeld-Ausschreibungen erfolgt waren. Sie prüften auch das Statut de tallagio non concedendo und andere alte Statute, welche die Besteuerung ohne Bewilligung des Parlaments untersagten, und sie behaupteten, daß die Worte jener Statute sich auf Schiffsgeld-Forderungen nicht bezögen. Die Richter, welche die entgegengesetzte Ansicht vertraten, waren der Meinung, daß jene Statute sich auch auf derartige Auflagen wie das Schiffsgeld bezögen und daß die alten Präcedenzfälle die Einforderung wenigstens im Binnenlande nicht rechtfertigten. Schließlich fiel das Urtheil zu Gunsten der Krone aus. Dasselbe veranlaßte dann große Debatten im Parlamente und Konferenzen zwischen beiden Häusern (1640). Bemerkenswerth ist dabei, daß Hyde, später Lord Clarendon, dessen Geschichte der Rebellion eine mühsame Apologie für Karl I. ist, das in Ansehung des Schiffsgeldes eingeschlagene Verfahren der Regierung sowohl in seiner Geschichte als in der eben erwähnten Debatte verurtheilt hat. Das Statut 16 Karl I. cap. 14 (1640) erklärte dann das Vorgehen in Betreff des Schiffsgeldes für ungesetzlich und die Urkunden und gerichtlich deshalb gethanen Schritte für nichtig.

Eine der ersten, nach der Restauration erlassenen Parlaments-Akten (12 Karl II. cap. 4) betraf eine Bewilligung von Tonnen- und Pfundgeld, wobei aber ein Theil der früheren Erklärungen gegen die Besteuerung kraft der Prärogative wiederholt wurde; denn man nahm ängstlich einen Vorbehalt auf, daß „Steuern auf Kaufmannswaaren, die von Inländern oder Ausländern importirt oder exportirt werden, nicht anders als mit Bewilligung des Parlaments gelegt werden können.“ Nach der Revolution von 1688 erklärte die Bill der Rechte (1 Wilhelm und Maria sess. 2. cap. 2) „daß die Erhe-

---

[1]) Scire facias (vergl. die Anm. des Verf. S. 61) ist der Name der actio judicati. Durch das scire facias wird nämlich der Sheriff aufgefordert, dem Schuldner kund zu machen (daher der Namen), daß er zu einer bestimmten Zeit oder binnen einer bestimmten Frist vor dem Gerichte zu erscheinen habe, um den Grund anzugeben, weshalb die Exekution wegen der Forderung nicht stattfinden sollte. Rüttimann, engl. Civilprozeß §. 49, §. 447. Anm. des Uebers.

bung von Geld zum Nutzen der Krone unter dem Vorgeben eines Prärogativrechts und ohne Bewilligung des Parlaments für längere Zeit oder in anderer Weise, als es nach der Bewilligung geschehen sollte, ungesetzlich ist."

Das bisher Gesagte betrifft nur die parlamentarische Kontrolle über die durch Steuern erhobenen Revenüen der Krone; eine ähnliche Kontrolle besteht in Ansehung der territorialen und Prärogativ-Revenüen derselben.

Der Rechtstitel der Krone auf Ländereien ist bis in die Zeiten lange vor der normannischen Eroberung zurück verfolgt worden. Die freien Privat-Grundstücke (bôcland, Buchland) des Königs waren geschieden von dem Folkland (ager publicus), dem Gesammteigenthum des Staats; erstere wurden nicht an die Nachfolger in der Königswürde, sondern als Privateigenthum (Allod) vererbt.[1]) Diese Unterscheidung wurde noch bis in die späteren Zeiten des angelsächsischen Staats beibehalten; die Scheidung zwischen Privateigenthum des Königs und Gesammteigenthum des Staats wurden aber verwischt, als an Stelle der Wahlmonarchie das erbliche Königthum trat. Wilhelm I. nahm von den sehr umfangreichen königlichen Domainen Besitz und bemächtigte sich kraft eines angeblichen Rechts auch der Ländereien derjenigen, welche gegen ihn Waffen getragen hatten. In dem Jahre nach der Schlacht bei Hastings vertheilte er einen großen Theil dieser Ländereien unter seine Barone, behielt sich selbst jedoch umfangreiche Domainen vor.

Zu dem in dieser Weise bei der Eroberung erworbenen königlichen Grundbesitze traten später von Zeit zu Zeit beträchtliche neue Erwerbungen, welche die Krone theils kraft ihrer Prärogative, theils in Folge von Statuten machte. Nach der Einführung des Lehnrechts wurde es Grundsatz, daß der König Obereigenthümer aller Grundstücke im Königreiche sei, und daß alle Ländereien der Unterthanen theils mittelbar, theils unmittelbar von ihm verliehen seien. Eine Konsequenz dieser Doktrin war es, daß der Grundbesitz der Krone von Zeit zu Zeit große Zuwüchse durch Heimfall erhielt, d. h. durch die Erledigung des Besitzes wegen Mangels an Nachkommenschaft oder wegen Felonie, durch welche letztere der Grundbesitz verwirkt wurde.

Einen enormen Zuwachs erhielt der Grundbesitz der Krone in Folge der Aufhebung der Klöster unter Heinrich VIII. Durch das Statut 27 Heinrich VIII. cap. 28 wurde der Besitz aller kleineren Klöster und kirchlichen Stiftungen, die weniger als zweihundert Pfund

[1]) Vergl. Gneist, Kommunalverfassung. S. 4. Der Uebers.

Sterling Revenüen aus Grundstücken hatten, mit allem Zubehör dem Könige und seinen Erben übereignet; dasselbe geschah rücksichtlich aller Klöster, Abteien und Prioreien, welche in dem Jahre vorher sich aufgelöst hatten oder supprimirt waren. Durch eine spätere Akte (31 Heinrich VIII. cap. 13) wurden die Grundstücke der Klöster und Stiftungen, welche vor dem Erlasse derselben aufgelöst oder supprimirt waren oder später aufgehoben werden würden, in ähnlicher Weise dem Könige und seinen Erben übereignet.[1])

Während aber einerseits der königliche Grundbesitz in dieser Weise wuchs, traten andererseits Umstände ein, welche eine erhebliche Verminderung desselben herbeiführten. Heut zu Tage sind die Kronländereien von viel geringerem Umfange als früher, weil sie durch leichtsinnige Verleihungen an Privatpersonen stark angegriffen sind. Das Parlament schritt wiederholt ein, um solche Verleihungen zu verhindern; insbesondere wurde unter der Königin Anna eine Akte (1 Anna stat. 1, cap. 7) erlassen, nach welcher die Verleihung von Kronländereien über einen bestimmten Zeitraum hinaus nichtig sein, und wonach bei allen Verleihungen gewisse, dem Betrage nach bestimmte Renten vorbehalten werden sollen.[2]) Diese Akte kam zu spät, um die Veräußerung von mehr, als einem verhältnißmäßig kleinen Theile der Kronländereien zu verhindern. Indessen hatte die Veräußerung die gute Folge, daß die Krone wegen der Geldmittel von dem Parlamente abhängig wurde.[3])

---

[1]) Man hat den jährlichen Ertrag der in dieser Art von Heinrich VIII. erworbenen Grundstücke auf 1,600,000 Pfund Sterling, und den Werth derselben auf mehr als 30 Millionen Pfund berechnet.

[2]) Nach dem Statute 39 u. 40 Georg III. cap. 88 können der König und seine Erben, Ländereien, welche durch Schenkung, Vermächtniß oder Kauf für Chatoullgelder erworben und nicht für den öffentlichen Dienst bestimmt sind, wieder verleihen, verkaufen, verschenken oder letztwillig vergeben. — Durch das Statut 1 und 2 Victoria cap. 95. s. 4 wurden die Bestimmungen der oben erwähnten Akte Anna's, wegen Beschränkung der Veräußerungen von Kronländereien, auf Irland und Schottland ausgedehnt.

[3]) Burnet (Geschichte seiner Zeit) sagt bei der Relation der Ereignisse der Regierung Jakob's I.: Die Krone habe ein großes Einkommen aus dem ganzen Lande gehabt, welches aus Zeitverpachtungen gegen geringen Zins hergerührt habe. Die meisten großen Familien der Nation seien Pächter der Krone gewesen, und viele Städte hätten nur von solchen Pachtungen existirt. Die Erneuerung der Pachtungen habe außerdem der Krone und den hohen Staatsbeamten Gebühren eingebracht, und dann habe die Besorgniß, daß die Pacht nicht erneuert werden möchte, Alle in Abhängigkeit von der Krone erhalten. König Jakob habe von dem Parlamente die Befugniß erhalten, die Grundstücke zu verleihen, d. h. verkaufen, wobei

Bei der Thronbesteigung Georg's III. trat bezüglich der Vereinnahmung der erblichen Revenüen der Krone eine wichtige Veränderung ein. Nach dem Statute 1 Georg III. cap. 1 wurden von nun an die Erträge aus den Ländereien des Königs, mit Ausnahme derjenigen des Herzogthums Cornwall, nicht mehr vom Könige erhoben, sondern bildeten fortan einen Theil des öffentlichen Einkommens des Königreichs. Dagegen wurde dem Könige für seine Lebenszeit ein jährliches festes Einkommen gesichert. Das ganze Arrangement galt nur für diese Lebenszeit; aber mit allen späteren Souverainen sind bei ihrem Regierungsantritt ähnliche Abkommen, gültig für ihre Lebenszeit, getroffen worden.

Die zufälligen Revenüen der Krone sind Gegenstand ähnlicher Arrangements gewesen; nach denselben sind auch sie gegenwärtig Theil des öffentlichen Einkommens. Nach einem Abkommen zwischen Karl II. und dem Parlamente wurden verschiedene Einnahme-Quellen der Krone ganz beseitigt; dahin gehören die Wardships oder Einnahmen aus den Grundstücken der Minorennen,[1] die Liveries oder Gebühren für die Uebergabe der Grundstücke an den volljährig gewordenen Erben, die bereits erwähnten Ritterdienst-Gelder und viele andere. Um den König für den Verlust dieser Revenüen zu entschädigen, bewilligte das Parlament ihm und seinen Erben für immerwährende Zeiten gewisse Waarensteuern (Accisen) und Eingangszölle. (12. Karl II. cap. 24.)

Karl II. verwendete häufig Gelder für seine persönlichen Zwecke, welche zur Kriegführung vom Parlamente bestimmt waren. Dergleichen ungerechtfertigten Verwendungen wurde erst nach der Revolution ein Riegel dadurch vorgeschoben, daß das Parlament die alljährliche Bewilligung für die Land- und Seemacht einführte und für den König eine „Civil-Liste“ feststellte. Es wurde nämlich zwischen den militairischen Ausgaben der Regierung, welche als außerordentliche angesehen wurden, und den Ausgaben unterschieden, welche für die ordentlichen Bedürfnisse der Civil-Regierung erforderlich waren. Das Einkommen, welches zur Deckung der letzteren zu verwenden war, wurde Revenüe der Civil-Liste genannt; dieselbe bestand theils aus den Erträgen der noch unveräußert gebliebenen Kronländereien und theils aus Steuern, welche vom Parlamente für die Regierungszeit

---

er nur die alte Dienstgelder-Abgabe (quit-rent) zu reserviren gehabt habe. Alles auf diese Weise aufgekommene Geld sei dann mit vollen Händen verschleudert.

[1]) Vergl. S. 164, namentlich Anm. 1. Der Uebers.

des Königs bewilligt waren. Aus dieser Civil-Liste wurden die Ausgaben des königlichen Haushaltes und der Privat-Chatoulle, die Kosten der Erhaltung der königlichen Palläste, die Gehälter der Richter, der Minister, der Gesandten und andere Bedürfnisse für den Civildienst, jedoch mit Ausnahme der Zinsen der Nationalschuld, bestritten. Dieser Zustand dauerte bis zur Regierung Georg's III. fort, wo zuerst die meisten erblichen Revenüen der Krone der Staatskasse überwiesen wurden und der König dafür eine bestimmte Summe von dem Parlament zugewiesen erhielt.

Beim Regierungsantritte Georg's IV. wurde eine Civilliste für die Privat-Chatoulle, die Gehälter namentlich die Gesandten, der Richter und der Minister, für andere ähnliche Ausgaben und zur Bestreitung des königlichen Haushaltes vereinbart. Daneben wurden dem Könige die erblichen Revenüen aus Schottland und einige andere erbliche und zufällige Revenüen überlassen. Bei dem Regierungsantritte Wilhelm's IV. wurden diese Revenüen dem öffentlichen Einkommen durch die Akte 1 Wilhelm IV. cap. 25 zur Verwendung für die Civilliste überlassen; und zugleich wurde durch diese Akte eine andere wichtige Neuerung dadurch herbeigeführt, daß die für den König persönlich und den königlichen Haushalt bestimmten Summen von denen gesondert wurden, welche außerdem bisher in der Civilliste aufgeführt waren. Die letztere betraf nun nur noch die Privat-Chatoulle, die Gehälter und sonstigen Ausgaben für den königlichen Haushalt, die Spezial- und geheimen Fonds und die Pensionen. Gehälter und andere Ausgaben für die Minister und die Richter wurden direkt auf den Consolidated Fund angewiesen. (Vergl. S. 108 f.) Die Civilliste der Königin Victoria ist durch das Statut 1 Victoria cap. 2 festgestellt. Nach dieser Akte werden die erblichen Revenüen der Krone, mit Ausnahme der erwähnten, so lange die Königin lebt, an den Consolidated Fund abgeführt; die Rechte der Nachfolger der Königin sind aber dadurch unberührt geblieben.[1])

---

[1]) Außer den Einnahmen aus dem Herzogthum Lancaster, von welchen im Jahre 1859 rein 25,000 Pfund Sterling in die Privat-Chatoulle flossen, hat die Königin Viktoria als solche keine weiteren Einkünfte als die Civilliste. Aus dieser aber werden — abweichend von der Civilliste Wilhelm's IV. — keine Pensionen mehr bezahlt, sondern die Königin ist nach Weglassung des Pensions-Etats aus der Civilliste ermächtigt, jährlich 1200 Pfund Sterling Pensionen neu zu bewilligen. (Der frühere Pensions-Etat betrug 75,000 Pfund). — Die Civilliste der Königin Viktoria beträgt 385,000 Pfund Sterling, also ungefähr 2,310,000 Thaler in Golde. (May, Verfassungsgeschichte Band 1. Seite 170 f.) Der Uebers.

Blackstone bemerkt über die Civilliste, wie dieselbe sich in neueren Zeiten gestaltet hat: „Wenn man erwägt, wie die Krone verarmt und aller ihrer alten Revenüen verlustig geworden ist, so daß sie sich wesentlich auf die Liberalität des Parlaments verlassen muß, so könnte man leicht auf den Gedanken kommen, daß die Wage des Staates sich stark nach der demokratischen Seite hinüberneigen müsse, und daß der oberste Exekutiv-Magistrat weder Unabhängigkeit noch Macht genug behalten hat, den Lords und den Gemeinen gegenüber das Gegengewicht zu bilden, welches er nach der Absicht der Gründer unserer Verfassung sein sollte. Aber man muß dagegen bedenken, daß nach feststehendem, langen Gebrauche jeder unserer Fürsten in dem ersten Parlamente nach seinem Regierungsantritte einen wahrhaft königlichen Zuschuß zu seinen erblichen Revenüen für seine Lebenszeit bewilligt erhalten hat, und daß nie einer Veranlassung gehabt hat, das Parlament, außer in Fällen öffentlicher Bedrängniß für das ganze Königreich, um Hülfsgelder anzugehen.[1]) Dadurch erhält er jene verfassungsmäßige Unabhängigkeit, welche ihm allerdings bei dem Regierungsantritte zu fehlen scheint."

5. Handel. Die alten Prärogativrechte der Krone zur Regelung des Handels scheinen wesentlich verschieden gewesen zu sein, je nachdem der Handelsbetrieb zwischen englischen Unterthanen im Inlande oder von Ausländern in England, oder von englischen Unterthanen im Auslande in Frage stand.

Rücksichtlich des Handels zwischen englischen Unterthanen im Inlande nahmen mehrere der älteren Könige das Recht für sich in Anspruch, begünstigten Personen Monopole oder ausschließliche Berechtigungen zum Verkaufe gewisser Waaren zu ertheilen. Dergleichen Verleihungen wurden dann unter Elisabeth erneuert und im Uebermaße ausgedehnt; es wurde aber im vierundvierzigsten Regierungsjahre dieser Königin bei der berühmten Verhandlung über die Monopole ent-

---

[1]) Diese Bemerkung kann nur mit eigenem Vorbehalt als richtig angenommen werden; denn das Parlament hat bei mehreren Gelegenheiten große Summen außer der Civilliste zur Bezahlung der Bedürfnisse der Krone und zur Ausstattung der königlichen Familie votirt. Im Jahre 1769 brachte Lord North in dem Hause der Gemeinen eine Botschaft der Krone ein, wodurch dasselbe benachrichtigt wurde, daß die Ausgaben der Civilliste die Einnahmen überschritten hätten, und er beantragte die Bewilligung eines Zuschusses zur Deckung der aufgelaufenen Schulden. Im Jahre 1777 theilte Lord North eine ähnliche Botschaft mit. In beiden Fällen wurde der Krone ein Zuschuß bewilligt. — Aehnliche Zuschüsse hat das Parlament auch noch später gewährt.

schieden, daß sie dem gemeinen Rechte widersprächen. Im Jahre 1610 erließ Jakob I. die „Deklaration der Beschlüsse seiner Majestät", und erklärte darin, daß Monopole Dinge seien, die den Reichsgesetzen widersprächen. Noch bestimmter wurde dies in dem Statute 21 Jakob I. cap. 3 ausgesprochen, welches die Deklaration des Königs bestätigte. Diese Akte erklärte alle an einzelne Personen oder an Korporationen ertheilte Konzessionen zum alleinigen Verkaufe u. s. w. von Sachen im Königreiche oder in Wales für nichtig; ausgenommen wurden nur die neuen Manufakturen, auf welche den Erfindern Patente ertheilt waren, und einige andere patentirte Sachen.

Aber wenngleich die englischen Unterthanen nach dem gemeinen Rechte unabhängig von Konzessionen der Krone unter einander Handel treiben konnten, so durften sie dies doch nicht auf nicht autorisirten Marktplätzen; und Märkte durften nur da gehalten werden, wo die Krone sie konzessionirt hatte oder wo sie seit rechtsverjährter Zeit bisher gehalten waren.

Der auswärtige Handel mit England war noch lange nach der Eroberung hauptsächlich in den Händen von Ausländern; er war durch die den letzteren ertheilten Freibriefe geregelt. Schon sehr früh wurden Statute zum Schutze fremder Kaufleute in England erlassen. So z. B. bestimmte die Magna Charta Heinrich's III., daß alle Kaufleute, „wenn ihnen nicht ältere Verbotsgesetze entgegenständen", freies Geleit haben sollen, nach England zu kommen, dort zu verweilen und wieder hinauszugehen. Aehnliche Bestimmungen enthält das Statut 9 Eduard III. stat. 1 cap. 1 wegen der fremden und übrigen Kaufleute („marchantz alienz et denizeins et touz autres.") Viele andere Statute des vierzehnten und fünfzehnten Jahrhunderts regeln den Verkehr fremder Kaufleute in England, und zwar in einer Weise, die mit den modernen Freihandels-Doktrinen in merkwürdigem Gegensatze stehen.[1]) Aus derselben Periode rühren viele an Ausländer ertheilte Freibriefe und Konzessionen von Handelsprivilegien für England her. Die Engländer scheinen sich mit auswärtigem Handel erst um die Zeit Eduard's III. befaßt zu haben, wo den Bewohnern ver-

[1]) Z. B. 5 Heinrich IV. cap. 9: Das Geld, welches fremde Kaufleute für ihre Waaren einnehmen, sollen sie zum Ankaufe von englischen Produkten wieder verwenden; sie sollen ihre Waaren innerhalb des Quartals nach ihrem Eintritte in das Königreich verkaufen; kein Ausländer darf an einen anderen Ausländer verkaufen; fremde Kaufleute dürfen nur bei bestimmten Gastwirthen wohnen. — Aehnliche Vorschriften enthalten: 18 Heinrich VI. cap. 4 und 3 Heinrich VII. cap. 8.

schiedener englischer Städte Konzessionen zum Betriebe auswärtiger Fischereien ertheilt wurden.

Die Exporte aus England waren lange von der königlichen Prärogative und von verschiedenen Statuten betreffend den „Stapel" abhängig. Die Stapelpflichtigkeit gewisser Waaren bestand darin, daß dieselben nur an gewissen, ausschließlich dafür bestimmten Marktplätzen oder „Stapeln" feilgeboten werden durften. Zu diesen Produkten gehörten namentlich Wolle, Blei und Zinn. Die Einrichtung hatte den Zweck, den Verkehr mit fremden Kaufleuten und die Erhebung der Zölle zu erleichtern. Bis zum Statute 2 Eduard III. cap. 9 wurden die Stapelplätze kraft der königlichen Prärogative bestimmt. Dieses Statut aber hob die Stapelpflicht auf und verordnete: „daß die Stapelplätze jenseits des Meeres und diesseits, sowie die mit Rücksicht auf die Stapelpflicht bestimmten Strafen, wie dies Alles von Königen in vergangenen Zeiten angeordnet ist, aufhören sollen; und daß alle Kaufleute, Ausländer und Andere („alienz et privées") mit ihren Waaren gehen und kommen können, dem Inhalte der Magna Charta gemäß." Aber durch ein späteres Statut derselben Regierung (*Statutum de Stapulis*; 27 Eduard III. stat. 2) wurden neue Stapelgesetze eingerichtet und bestimmt, daß Jedermann an denselben Stapelwaaren sollte kaufen können, daß aber nur fremde Kaufleute sie sollten exportiren dürfen, während dies den Engländern, Wallisern und Irländern bei Strafe der Felonie verboten wurde. Unter Heinrich IV. verordnete dann das Parlament, daß Calais der einzige Stapelplatz sein sollte, und nach dem Verluste von Calais unter Maria kam der Stapel außer Gebrauch.

Die Konzessionirung von Korporationen zum Betriebe des auswärtigen Handels durch die Krone war schon bis dahin mehrfach vorgekommen, wurde aber fortan ein Hauptmittel zur Beförderung dieses Handels. So wurden die „Spekulirenden Kaufleute" („merchant adventurers") durch Patente Heinrich's IV., Heinrich's V. und Heinrich's VI. für den Handel nach Holland und den benachbarten Ländern konzessionirt; Philipp und Maria errichteten die Russische Kompagnie, und Elisabeth die Ostindische Kompagnie. Diese Gesellschaften hatten nach ihren Freibriefen verschiedene ausschließliche Privilegien; die Gültigkeit derselben wurde aber in dem berühmten „Prozesse der Monopole" (Ostindische Kompagnie wider Sandys) unter Karl II. — 1684 — ernstlich in Frage gestellt. In diesem Prozesse wurden die verfassungsmäßigen Rechte der Krone zur Regelung des inländischen und ausländischen Handels eingehend erörtert. Die Richter entschieden: es sei eine unveräußerliche Prärogative der Krone, zu bestimmen, daß Niemand mit Ausländern ohne Bewilligung des Königs Handel treiben dürfe; das oben erwähnte Monopol-Statut Jakob's I. beziehe sich nicht auf den Handel mit Ausländern; die Krone sei berechtigt gewesen, der Ostindischen Kompagnie ein ausschließliches Recht zu solchem Handel zu verleihen; und die Kompagnie könne ihr Recht gegen eine ohne ihre Erlaubniß nach Ost-Indien handelnde Person mit einer Klage verfolgen. Indessen wurde anerkannt, daß die Klauseln in dem Privilegium der Kompagnie, nach welchen den die Vorrechte der letzteren beeinträchtigenden Personen Strafen und Konfiskationen angedroht waren, ungültig seien.[1])

Das in diesem Prozesse erlassene Urtheil beruhete theilweis auf der königlichen Prärogative, Unterthanen das Weggehen über das Meer zu untersagen und sie nach dem Belieben der Krone zurückzurufen. Das „writ of ne exeat regno", welches durch diese Prärogative zu rechtfertigen gesucht ist, und ähnliche Verfügungen zur Verhinderung des Verlassens des Königreiches, sind alten Ursprungs; dennoch ist man zweifelhaft darüber, ob diese Verfügungen nicht bloße, mit dem gemeinen Rechte unverträgliche Usurpationen sind. Anfänglich wurden sie lediglich für politische Zwecke benutzt; aber schon lange wird davon keine andere Anwendung mehr gemacht, als daß dadurch Schuldner verhindert werden, sich den Ansprüchen ihrer Gläubiger durch die Flucht in das Ausland entziehen.[2])

Die ausschließlichen, der Ostindischen Kompagnie verliehenen

---

[1]) Der Beklagte berief sich auf das Statut 18 Eduard III. stat. 2 cap. 3, welches bestimmt: „daß die See allen Arten von Kaufleuten zum Transporte ihrer Waaren nach ihrem Belieben offen sein soll." Die Richter interpretirten diese Vorschrift in einem engen Sinne dahin, daß sie sich nur auf den Handel mit Wolle beziehe, von welchem in einem früheren Artikel des Statutes die Rede ist. — In dem Prozesse wurde auch anerkannt, daß der König das Prärogativrecht habe, zu Kriegszeiten, und wenn ansteckende Krankheiten zu befürchten seien, den Handel mit anderen Ländern zu verbieten. Auf dieser Prärogative beruhet das Quarantaine-Recht, welches aber jetzt durch Statute geregelt ist.

[2]) Das Recht der Krone, Unterthanen am Weggehen aus dem Königreiche zu verhindern, scheint in alten Zeiten zweifelhaft gewesen zu sein, so daß man in der Praxis schwankte. Briton sagt von der Zeit Eduard's I., daß damals kein Lord oder Ritter ohne Erlaubniß des Königs habe über das Meer gehen dürfen. Dagegen verbietet ein Statut Richard's II. Jedermann, in das Ausland zu gehen, mit Ausnahme der Lords und anderer vornehmen Personen. — Nach dem nur für eine bestimmte Zeit erlassenen Statute 13 Elisabeth cap. 3 ist denjenigen, welche das Königreich ohne Erlaubniß der Königin verlassen und auf Aufforderung nicht zurückkehren, Konfiskation ihres Vermögens angedrohet.

Rechte wurden von der Krone dadurch geschützt, daß sie keinem Handelsschiffe erlaubte, nach Ost-Indien zu segeln, wenn die Kompagnie nicht eingewilligt hatte. Im Jahre 1693 wurde der Kompagnie ein neuer Freibrief mit ausschließlichen Privilegien verliehen; aber in demselben Jahre focht das Haus der Gemeinen die Gültigkeit desselben an und beschloß, „daß es das Recht aller Engländer sei, nach Ost-Indien und jedem anderen Welttheile Handel zu treiben, wenn es nicht durch eine Parlaments-Akte verboten ist." Im Jahre 1698 wurde in Folge der Parlaments-Akte 9 und 10 Wilhelm III. cap. 44 eine andere Kompagnie inkorporirt und ihr das Recht verliehen, den ganzen und alleinigen Handel nach Ost-Indien zu betreiben.

Die von der Krone beanspruchte Befugniß, Monopole für auswärtigen Handel zu verleihen, ist seit der Regierung Wilhelm's III. niemals wieder geltend gemacht; wenn seitdem Monopole ertheilt sind, so ist dies unter der Autorisation von Parlaments-Akten geschehen. Auch hat die Legislatur verschiedene andere, mit den Monopolen verwandte Privilegien geschaffen oder anerkannt, wie das Verlagsrecht für Bücher, Muster und gewisse Kunstwerke, ebenso die schon durch das erwähnte Statut Jakob's I. anerkannten, durch Erfindungs-Patente geschützten Rechte.

Zu den Prärogativen der Krone, welche den Handel betreffen, gehören auch ihre Rechte in Ansehung der Blockade und des Embargo. Rücksichtlich des letzteren (der Festhaltung von Schiffen, die sich im Hafen befinden, kraft der Auktorität der Krone) ist viel darüber gestritten worden, ob die Prärogative von ausschließlich militärischer Natur ist. Ein ausgezeichneter Staatsrechtslehrer (Hargrave in der Vorrede zu dem „Staatsprozessen") hat die Ansicht aufgestellt, daß der König das Recht, Schiffe mit Embargo zu belegen, nicht nur in Zeiten des Krieges oder drohender Kriegsgefahr, sondern auch in Zeiten zu befürchtender Hungersnoth und bei ähnlichen Veranlassungen habe. Blackstone dagegen ist der Meinung, daß eine Proklamation, nach welcher in Friedenszeiten, wenn auch bei Theuerung, alle mit Getreide beladene Schiffe mit Embargo belegt werden sollen, dem Gesetze und namentlich dem Statute 22 Karl II. cap. 13 widerspreche; und darum — fügt er hinzu — hielten alle Diejenigen, welche eine solche Proklamation angerathen und derselben gemäß gehandelt hatten, es für nothwendig, daß ihnen durch die Parlaments-Akte 7 Georg III. cap. 7 Indemnität ertheilt wurde.

Es giebt jedoch eine Art des Embargo, welche ihrem Wesen nach nicht feindlich, aber dennoch unbedenklich ist, nämlich in dem Falle, wenn ein Kriegsschiff oder ein Kaper eines fremden Landes auf ein Schiff der mit jenem Lande im Kriegszustande lebenden Nation Jagd macht und es in einen neutralen Hafen verfolgt: dann hat der neutrale Staat das Recht, das verfolgende Schiff so lange in seinem Hafen festzuhalten, bis das verfolgte Schiff einen zu seiner Sicherheit genügenden Vorsprung gewonnen haben kann.

Zu den Handels-Prärogativen der Krone gehörte vor Alters auch die Regelung von Maß und Gewicht. In dieser Beziehung sind aber im Laufe der Zeit so viele parlamentarische Verordnungen ergangen, daß von einer königlichen Prärogative nicht mehr die Rede sein kann.

Die Prärogative zur Bestimmung von Häfen oder solchen Orten, wo Personen und Waaren ein- und ausgeschifft werden dürfen, kann füglich hier erwähnt werden, wenngleich dieselbe Prärogative theilweis auf einer fiskalischen, die Sicherung der Zölle betreffenden Grundlage, und theilweis auf den militärischen Rechten der Krone beruht. Nach dem Rechte des Mittelalters gehörten die schiffbaren Flüsse und die Häfen zu den Regalien und standen unter der Aufsicht und dem Schutze des Staatsoberhauptes. Schon unter König Johann kam es vor, daß Schiffe von Beamten des Königs mit Beschlag belegt wurden, weil sie an Orten, wo sich gesetzlich kein Hafen befand, gelandet waren. Die gesetzlichen Häfen wurden unzweifelhaft zuerst von der Krone bestimmt; denn in jedem Hafenorte befand sich ein Hafengericht („port mote"), und die Gerichtsbarkeit desselben kann nur von der königlichen Prärogative abgeleitet werden. Gegenwärtig steht das Recht, Häfen und Quais einrichten zu lassen, nach einer Parlaments-Akte[1]) den Kommissären des Schatzamtes zu. Die Errichtung von Baken, Leuchtthürmen, See-Marken ist ebenfalls ein kommerzielles Prärogativrecht der Krone, welches sie gegenwärtig durch die Admiralität und die Korporation des Trinitatis-Hauses[2]) ausübt.

6. Delegation der königlichen Auktorität. — „Franchises" oder „liberties" sind königliche Privilegien oder Abzweigungen der königlichen Prärogative in den Händen von Unterthanen. Sie beruhen entweder auf königlicher Verleihung oder auf unvordenklicher Verjährung, welche die Vermuthung stattgefundener Verleihung begründet. Natürlich kann die Krone keine Rechte delegiren, welche sie selbst nicht besitzt; z. B. kann die Krone nicht das Recht zur Be-

---

[1]) 16 und 17 Victoria cap. 107 s. 9.

[2]) Vergl. oben Buch 2, Kap. 11, bei der Erwähnung des Admiralitätsgerichts.

strafung von Kontraventionen gegen Zollvorschriften, welchen das Parlament nicht zugestimmt hat, verleihen. Jedoch können einzelne Berechtigungen durch Observanz erworben werden, welche den allgemeinen Rechtsbestimmungen entgegen sind; deshalb kann z. B. eine Municipal-Korporation kraft einer Observanz ausschließliche Handels-Privilegien haben, welche ihr durch Verleihung seitens der Krone nicht übertragen werden könnten. In solchen Fällen, sagt Coke, „fortior et potentior est vulgaris consuetudo quam regalis concessio".

Es ist zweifelhaft, ob es außer dem Rechte zur Peers-Kreirung noch andere Rechte giebt, welche die Krone nicht delegiren kann. Zuweilen sind das Begnadigungsrecht und das Recht zum Empfange von Gesandten als unübertragbar betrachtet; aber diese beiden Rechte sind schon vielfach und werden immer noch von der Krone delegirt. Vollmachten zur Ertheilung der königlichen Zustimmung zu Bills im Parlamente werden fortwährend an Kommissäre ertheilt; jedoch unterliegt die Uebertragbarkeit dieses Rechts, wie wir gesehen haben, gewissen Beschränkungen: sie ist nur rücksichtlich bestimmt bezeichneter Bills und nur nachdem sie im Parlamente durchgegangen sind, vorhanden. [1])

---

[1]) Vergl. Seite 42. — Das Recht zur Peers-Ernennung ist, so viel bekannt, nur Ein Mal und zwar von Karl I. im Jahre 1644 an Lord Herbert, bekannter unter dem Namen: Graf von Glamorgan, delegirt worden. Karl I. ließ damals ein Patent unter dem großen Siegel für Lord Herbert, Grafen von Glamorgan und Marquis von Worcester, ausfertigen, in welchem er ihm unter Anderem die folgende außerordentliche Vollmacht ertheilte: „Wir haben Euch mehrere Patente unter dem großen Siegel anvertraut, nach welchen edelgesinnten, nach Ehrentiteln verlangenden Personen solche Titel vom Marquis bis zum Baronet verliehen werden können, und wir geben Euch Vollmacht und Auktorität, dieselben zu datiren und ohne vorherige Einholung unserer Genehmigung darüber zu disponiren." Anscheinend ist von dieser Vollmacht kein Gebrauch gemacht; es ist sogar bezweifelt, daß sie jemals das große Siegel passirt ist. Nach der Restauration (1660) wurde das Patent auf Verlangen des Hauses zurückgezogen, weil es „die Peerie beeinträchtige." — In dem Prozesse gegen John Fowke, welcher des Komplotts gegen Warren Hastings angeklagt war, wurde die Frage erörtert, ob die Krone der Ostindischen Kompagnie das Recht delegiren könne, Gesandte zu empfangen. Ein Richter war der Ansicht, daß dieses Recht delegirt werden könne; die anderen aber ließen diesen Punkt unentschieden. — Nach dem bereits erwähnten Statute 27 Heinrich VIII. cap. 24 soll Niemand außer dem Könige das Recht haben, wegen Verraths, Felonie u. s. w. Begnadigung zu ertheilen. Dieses Recht ist jedoch in vielen Fällen z. B. an die Lords Lieutenants von Irland und an die Gouverneure der Kolonien delegirt worden. Die Lords Justices des Königreiches, welche der König für die Zeit seiner Abwesenheit aus dem Reiche zu seinen Stellvertretern ernennt, sind zuweilen mit der Vollmacht versehen worden, wegen aller Verbrechen

Die Zahl der franchises ist unbestimmt; sie können einzelnen Personen oder politischen Körperschaften ertheilt werden. Zu den wichtigsten, welche auf bereits betrachteten Prärogativen beruhen, gehören die Privilegien der Pfalzgrafschaften, der Korporationen, der Gerichtspflege in Ortsgerichten, das Recht zur Verhandlung von Prozessen, das Privilegium des Gerichtszwanges, welches umfangreicher ist, als das vorher erwähnte, weil es ein exclusives, die Kompetenz jeden anderen Gerichtes ausschließendes Recht ist, ferner das Vogteirecht d. h. die Exemtion von der Amtsgewalt des Grafschafts-Sheriffs, so daß nur der Beliehene und seine Beamten zu allen Amtsverrichtungen in dem betreffenden Bezirke berechtigt sind.

Die allgemeinste Delegation der Rechte der Krone liegt in der häufig vorgekommenen Ernennung von Lords Justices oder anderen Substituten durch den König zu dem Zwecke, daß sie die oberste Leitung der Regierung für die Zeit der Abwesenheit des Souverains übernehmen sollen. Wilhelm der Eroberer ernannte in solchen Fällen „custodes regni," und bis auf die neuere Zeit herab sind nicht selten solche Beamte von den englischen Fürsten ernannt worden. Abgesehen von einem oder zwei vereinzelten Fällen wurden diese Vollmachten stets unter dem großen Siegel und nicht unter Zuziehung des Parlaments ertheilt. Einen solchen Ausnahmefall bildet das Statut 2 Wilhelm und Maria sess. 1, cap. 6, durch welches die Königin ermächtigt wurde, während der Abwesenheit des Königs die Regierung zu führen; in diesem Falle nämlich schien eine Parlaments-Akte der angemessene Weg zu sein, weil die im Jahre vorher erlassene Bill of Rights erklärt hatte, daß, so lange der König und die Königin lebten, der erstere allein die königlichen Rechte ausüben sollte.[1])

Aus dem Falle des Jahres 1719, welcher den späteren zum Muster gedient hat, ergiebt sich, daß die Vollmachten sich erstreckten auf die Bewahrung des Friedens, die Bestrafung der Verbrechen, die Berufung, Abhaltung, Prorogirung und Auflösung von Parlamenten,

---

Begnadigung zu ertheilen; dies geschah z. B. im Jahre 1719. Die damalige Vollmacht enthielt übrigens Instruktionen, nach welchen sie von diesem Rechte nur im Nothfalle Gebrauch machen, in anderen Fällen aber nur die Strafvollstreckung bis dahin, daß der Entschluß des Königs kund gethan sein werde, aufschieben sollten.

[1]) Nach dem Statute 2 Georg II. cap. 27 wurde bestimmt, daß, wenn der König die Königin zur Regentin des Königreiches für die Zeit seiner Abwesenheit bestellen würde, die Königin das königliche Amt sollte ausüben dürfen, ohne daß sie einen Eid oder eine Erklärung abzulegen brauchte, wie sie sonst seitens jeder anderen dazu berufenen Person erforderlich sein würde.

die Abhaltung von Staatsraths-Sitzungen, die Erlassung von Proklamationen, die Autorisation Anderer zur Verhandlung mit Gesandten und Ministern anderer Staaten, die Abschliessung von Verträgen, die Verleihung von Benefizien (kirchlichen Aemtern), den Erlaß von Anweisungen betreffend das königliche Einkommen an das Schatzamt, die Aushebung, Verwendung und Befehligung der Armee, die Vollstreckung der Kriegsartikel, die Ertheilung von Instruktionen an die Admiralität, die Berufung zu und die Entlassung aus Aemtern, über welche die Krone zu verfügen hat, und die Begnadigung wegen aller strafbaren Handlungen. Aber gewöhnlich waren der Vollmacht Instruktionen beigefügt, nach welchen die Bevollmächtigten einige von den ihnen beigelegten Rechten (namentlich die auf die Begnadigungen und die Auflösung des Parlaments bezüglichen) nicht ohne spezielle Bewilligung des Königs ausüben sollten. In den hier in Bezug genommenen Fällen bezogen sich die Vollmachten nicht auf die Ertheilung der Zustimmung zu Bills im Parlamente und auf die Verleihung der Peerswürde.

Drittes Kapitel.

Der Titel zur Krone.[1])

Das jus coronae oder das Recht zur Thronfolge ist im Allgemeinen, aber nicht ganz, dasselbe Erbfolgerecht, wie es nach dem englischen Lehnrechte für die Erbfolge in Grundstücke gilt. Wie Grund-

---

[1]) Unter dem königl. Titel wird das erbliche Recht der königlichen Familie auf den Thron verstanden. Dieses Recht wird analog dem „Titel" an einem Grundstücke behandelt; denn die althistorische Grundlage desselben ist die Idee vom Domäneneigenthum am Boden. Wie die Erbfolge in Grundbesitz, so schließt auch das Recht des Thronfolgers sich unmittelbar und ipso jure an das Besitzrecht seines Vorgängers an. Daher die „solide Grundlage der Erblichkeit" der englischen Krone; daher aber auch der Grundsatz, daß das Erbrecht der königlichen Familie unter Anerkennung des Staats (durch Parlaments-Akte) geändert werden kann. Darum ist aber auch die Erblichkeit der Krone, „wenngleich eine weise, doch klärlich eine menschliche Institution," und nur ein theologisirender König „von mehr Gelehrsamkeit als Einsicht," wie Jakob I., konnte sich in England — um ferner mit Blackstone zu reden — „die phantastische und absurde Doktrin von einem göttlichen Rechte" der Fürsten von seinen Schmeichlern aneignen, welche seiner Dynastie zwei Mal verderblich geworden ist. Vergl. Blackstone I, 191 und 208 f. Gneist, Geschichte der Aemter S. 455. f. (2te Aufl.) Anm. des Uebers.

stücke, so wird auch die Krone in der Linealfolge an die Nachkommen des regierenden Souverains in der Weise vererbt, daß die männlichen Nachkommen die weiblichen und der ältere Sohn den jüngeren ausschließen. Sind männliche Nachkommen nicht vorhanden, so wird die Krone auf die weiblichen vererbt; aber unter diesen nur auf die älteste Tochter und ihre Kinder nach der Primogenitur-Ordnung. Hierin liegt einer der Unterschiede zwischen der Vererbung der Krone und der von Grundstücken; denn rücksichtlich der letzteren existirt kein Vorrecht der Erstgeburt unter Weibern, welche gemeinschaftlich erben. Früher gab es auch noch den anderen Unterschied zwischen der Vererbung der Krone und der von Grundstücken, daß bei der Thronfolge halbbürtige Geschwister einander beerbten, während bis zu dem Statute 3 und 4 Wilhelm IV. cap. 106 ein solches Erbrecht in Ansehung von lehnrechtlich besessenen Grundstücken (lands in fee-simple) nicht anerkannt war. So beerbte Maria ihren Halbbruder Eduard VI. und Elisabeth ihre Halbschwester Maria. Das erwähnte, neuere Statut begründete einen anderen Unterschied zwischen den beiden Erbrechten; denn nach demselben kann jetzt ein Ascendent seinen Descendenten beerben, während es eine Fundamental-Regel der lehnrechtlichen Erbfolge war, daß es in der aufsteigenden Linie kein Erbrecht gab, und diese Regel — nimmt man an — gilt in Ansehung der Thronfolge noch jetzt. Wenn also der Sohn einer regierenden Königin nach dem Tode seiner Mutter König wird und ohne Nachkommen bei Lebzeiten seines Vaters stirbt, so erbt letzterer den Thron seines Sohnes nicht; während wenn ein Grundbesitzer ohne Nachkommen bei Lebzeiten seines Vaters stirbt, der letztere nach dem neueren Rechte die Grundstücke seines Sohnes erbt. Ein anderer Unterschied zwischen der gewöhnlichen Erbfolge und der Thronfolge besteht endlich darin, daß sonst Erbberechtigte, welche sich zur katholischen Religion bekennen oder einen Katholiken oder eine Katholikin heirathen, nach der Bill of Rights von der Thronfolge ausgeschlossen sind.[1])

[1]) „Alle und jede Person oder Personen, welche sich mit dem römischen Stuhle oder der römischen Kirche versöhnen oder versöhnen werden oder mit demselben in Verkehr sind oder in Verkehr treten werden, oder sich zur katholischen Religion bekennen oder einen Papisten oder eine Papistin heirathen, sollen ausgeschlossen und für immer unfähig sein, die Krone und die Regierung dieses Reiches und Irlands und der dazu gehörigen Besitzungen oder eines Theiles derselben zu erben, zu besitzen oder zu führen, oder irgend ein königliches Recht, königliche Autorität oder Jurisdiktion darin zu haben, zu gebrauchen oder auszuüben. Und in all und jedem solchen Falle oder Fällen soll das Volk dieser Reiche von seiner Treupflicht entbunden sein, und wird hierdurch von derselben entbunden; und be-

Die lehnrechtliche Erbfolge hat sich zu verschiedenen Zeiten verschieden gestaltet, und sie war namentlich in England eine andere, als in den übrigen Ländern, in die das Lehnrecht Eingang gefunden hatte. Die hauptsächlichsten Eigenthümlichkeiten der englischen Lehnerbfolge bestanden in der strengeren Ausschließung halbbürtiger Verwandten, der weniger strengen Ausschließung der weiblichen Linie und in der gänzlichen Ausschließung der Eltern und entfernteren Ascendenten. Auch war das Primogeniturrecht in England von größerer Bedeutung als anderswo; denn wenngleich in anderen Ländern der älteste Sohn als Erbe das Lehn repräsentirte, so fiel doch in vielen Fällen ein Theil desselben oder ein darauf gelegter Lehnsstamm an die jüngeren Söhne. Aber auch in England veränderten sich die Grundsätze der Lehnfolge zuweilen. So war zur Zeit Heinrich's I. während einer kurzen Periode das Successionsrecht der Ascendenten anerkannt. Ferner drang das Repräsentationsrecht der Descendenten, kraft dessen sie an die Stelle ihrer weggefallenen Ascendenten treten, erst nach der Zeit König Johann's durch; so daß also z. B. als Richard I. kinderlos starb, ihm nicht Arthur, der Sohn seines vorverstorbenen ältesten Bruders (welcher nach Anerkennung des Repräsentationsrechts dazu berufen gewesen wäre), sondern Johann, ein jüngerer überlebender Bruder, folgte.[1])

---

sagte Krone und Regierung sollen dann geerbt und geführt werden von denjenigen protestantischen Personen, welche sie geerbt und geführt haben würden, wenn gedachte Person oder Personen, welche, wie vorbesagt, versöhnt sind, Verkehr halten, oder Bekenntniß ablegen, oder heirathen, verstorben wären.“ (1 Wilhelm und Maria sess. 2. cap. 2. s. 9.)

[1]) Zur Ergänzung des Obigen mögen folgende Grundsätze der englischen Erbfolge in Grundstücke, so weit sie auf die Thronfolge Anwendung finden, dienen: Wenn der Erblasser keine Descendenten hat, so sind seine Seitenverwandten zur Erbschaft berufen, sofern sie Blutsverwandte des Erwerbers des Lehns sind. Unter den Kollatoralen schließen diejenigen, welche von dem nächsten gemeinschaftlichen Ascendenten-Paare (also Halbbürtigkeit auch in den entfernteren Graden der Ascendenz ausgeschlossen) abstammen, die von anderen gemeinschaftlichen Ascendenten abstammenden Verwandten aus. Auch in der Seitenlinie gehen die männlichen Stämme den weiblichen vor, d. h. die Verwandten der männlichen Ascendenten schließen, ohne Rücksicht auf die Nähe der Verwandtschaft mit dem Erblasser, die Verwandten der weiblichen Ascendenten aus. Z. B. werden die Verwandten des Vaters in infinitum vor den Verwandten der Mutter berufen. Unter den in dieser Weise berufenen, gleich nahen Kollateralen gilt dann wieder das Repräsentationsrecht, der Vorzug der Männer vor den Weibern und unter mehreren Männern (bei der Thronerbfolge auch unter mehreren Weibern) der Vorzug der Primogenitur. Vergl. Blackstone II, Kap. 14. Anm. des Uebers.

Die Thronfolge-Ordnung ist niemals durch Statute vollständig bestimmt worden; sie beruhet deshalb nur auf Gewohnheitsrecht und den Grundsätzen der gewöhnlichen Erbfolge. In einem Statute Eduard's III., welches sich hauptsächlich auf die Rechte der außerhalb des Königreiches geborenen Unterthanen bezieht, ist gesagt: „Die Kinder der Könige von England sind zur Erbfolge nach ihren Vorfahren berufen, wo sie auch geboren sein mögen, in England oder anderswo." Natürlich ist diese älteste Bestimmung weit entfernt davon, eine vollständige Erbfolge-Ordnung zu enthalten. Das Statut, auf welchem gegenwärtig der Titel zur Krone beruhrt (12 und 13 Wilhelm III. cap. 2), beschränkt das Erbrecht für den Fall, daß Wilhelm III. und Anna ohne Nachkommen sterben, auf die Prinzessin Sophie von Hannover und ihre „Leibeserben, wenn sie Protestanten sind," überläßt aber dem bestehenden Rechte die Bestimmung, wer die „Leibeserben" sind.

Die Thronfolge nach Erbrecht ist auch mehrere Male vom Parlamente unterbrochen und dann wieder hergestellt. Wir haben bereits (S. 364. f.) die Absetzungen Eduard's II. und Richard's II. erwähnt. Nach der Absetzung des ersteren folgte ihm sein Sohn Eduard III. nach der gewöhnlichen Erbfolge-Ordnung. Der Nachfolger Richard's II. war Heinrich IV.; auch er behauptete, der Thronerbe zu sein; sein Titel war aber ein fingirter. Unter seiner Regierung machte das Parlament das Recht geltend, über die Thronfolge Bestimmung zu treffen; denn durch das Statut 7 Heinrich IV. cap. 2 wurde verordnet: „daß das Erbrecht auf die Krone und die Königreiche England und Frankreich und alle anderen Besitzungen des Königs sein und bleiben soll in der Person unseres Herrn des Königs und in seinen Leibeserben." Eine ähnliche Bestimmung über die Succession erließ das Parlament wegen Heinrich's VII. und seiner Erben: die Krone wurde nämlich durch eine Parlaments-Akte an Heinrich VII. und seine Leibeserben übertragen, während das Erbfolgerecht auf die Krone damals Elisabeth, der ältesten Tochter Eduard's IV., zustand. Unter Heinrich VIII. erließ das Parlament noch auffallendere Bestimmungen über die Succession. Durch eine Akte (25 Heinrich VIII. c. 12) wurde für den Fall, daß der König ohne männliche Nachkommenschaft stürbe, Maria von der Thronfolge ausgeschlossen und Elisabeth mit ihren Erben zu derselben berufen. Ein späteres Statut (28 Heinrich VIII. cap. 7) schloß sowohl Elisabeth wie Maria von der Succession aus, und enthielt die merkwürdige Vorschrift, daß, wenn dem Könige nicht noch Kinder geboren werden würden, er berechtigt sein sollte, seinen Nachfolger durch letzten Willen oder durch Patent zu bestimmen. Sieben Jahre später traf das Parlament wieder andere Anordnungen über die Succession mit einer anderen, merkwürdigen Neuerung; denn für den Fall, daß der Prinz, später Eduard VI., ohne Nachkommen stürbe, sollte nun die Krone an Maria, aber unter denjenigen näheren Bestimmungen, welche Heinrich VIII. durch letzten Willen oder durch Patent treffen würde, vererbt werden; wenn diese Bestimmungen nicht erfüllt würden, sollte die Krone an Elisabeth gelangen, und wenn auch diese die ihr in ähnlicher Art aufzuerlegenden Bedingungen nicht erfüllen würde, sollte die Krone auf die von dem Könige durch letzten Willen oder Patent zu bezeichnenden Personen übergehen.

Die der Krone in dieser Weise übertragene außerordentliche Gewalt zur Ernennung eines Thronfolgers ist niemals zur Anwendung gekommen; aber sie ist bemerkenswerth als ein Beweis für die Autorität, welche das Parlament rücksichtlich des königlichen Titels sich beilegt.

Gegen das Ende der Regierung Karl's II. wurde das Recht des Parlaments zur Aenderung der Thronfolge-Ordnung lange debattirt, als man eine Bill zu dem Zwecke, den präsumtiven Erben des Königs, späteren Jakob II., von der Succession auszuschließen, eingebracht hatte. Die Bill ging im Hause der Gemeinen durch, wurde aber von den Lords verworfen.

In der Revolution von 1688 erklärten beide Parlamentshäuser: Jakob II. habe abgedankt und der Thron sei dadurch erledigt; dann beschlossen sie: so lange Wilhelm und Maria lebten, sollten sie gemeinschaftlich, nach dem Tode eines von ihnen sollte der Ueberlebende die königliche Würde haben, aber auch schon während der Lebenszeit der Königin sollten die königlichen Rechte von Wilhelm allein ausgeübt werden. Gleichzeitig wurde die Succession zu Gunsten der Nachkommen Maria's, Anna's und Wilhelm's geordnet.[1])

[1]) „Die besagten, zu Westminster versammelten geistlichen und weltlichen Lords und Gemeinen beschließen, daß Wilhelm und Maria, Prinz und Prinzeß von Oranien, sein und erklärt sein sollen zum König und zur Königin von England, Frankerich und Irland nebst den dazu gehörigen Besitzungen, so daß besagter Prinz und besagte Prinzessin die Krone und die königliche Würde über besagte Königreiche und Besitzungen haben sollen für ihre Lebenszeit und die des Ueberlebenden von ihnen; und daß die alleinige und volle Ausübung der königlichen Gewalt allein dem besagten Prinzen von Oranien im Namen des besagten Prinzen und der besagten Prinzessin, so lange sie beide leben, zustehen soll; und daß nach beider Tode die besagte Krone und königliche Würde von besagten Königreichen und Besitzungen an die Leibeserben besagter Prinzessin übergehen soll, und im Falle sie

Dieser Fall der Unterbrechung der regelmäßigen Thronfolge-Ordnung unterscheidet sich in drei wichtigen Beziehungen von den früheren Fällen. Erstens war durch ausdrückliche Entsagung oder durch Tod eine Thronerledigung nicht eingetreten. Zweites war das Absetzungs-Urtheil (denn die erwähnten Resolutionen von 1688 enthielten ein solches) von beiden Parlamentshäusern, und nicht bloß von dem Hause der Lords ausgegangen, während letzteres bei den Absetzungen Richard's II. und Eduard's II. der Fall gewesen war. Drittens wich die Succession Wilhelm's III. von allen früheren seit der Eroberung eingetretenen dadurch ab, daß ein Erbrecht nicht zum Vorwande gemacht wurde. Jakob II. hatte keine anderen Nachkommen als seine Töchter Maria und Anna;[1]) nach der regelmäßigen Erbfolge würden also berufen gewesen sein: zuerst Maria und ihre Nachkommen; dann Anna und ihre Nachkommen; und dann erst Wilhelm und seine Nachkommen.[2]) Dennoch wurde durch Statut die königliche Gewalt schon für die Lebenszeit seiner Gemahlin Wilhelm allein übertragen, woraus deutlich erhellt, daß sein Titel ein parlamentarischer und kein erblicher war.

Gegen das Ende der Regierung Wilhelm's III. wurde die Succession in noch anderer Weise beschränkt. In der Revolutionszeit hatte nämlich das Parlament in Betreff der weiteren über die Nachkommenschaft Maria's, Anna's und Wilhelm's hinausgehenden Erbfolge keine beschränkende Bestimmungen getroffen; da es aber wahrscheinlich geworden war, daß keiner von allen Dreien Kinder hinterlassen würde, so beschloß man, für diesen Fall die Erbfolge zu Gunsten der Prinzeß Sophia von Hannover, einer Enkelin Jakob's I., der nächsten, nicht durch das Bekenntniß zur katholischen Religion unfähigen Blutsverwandten der königlichen Familie, zu ordnen. So wurde denn durch das Statut 12 und 13 Wilhelm III. cap. 2 bestimmt, daß in dem gedachten Falle die Prinzeß Sophia und ihre „Leibeserben, wenn sie Protestanten sind," succediren sollten. So gelangte die Krone an

---

ohne Nachkommenschaft stirbt, an die Prinzeß Anna von Dänemark und ihre Leibeserben, und wenn auch diese ohne Nachkommenschaft stirbt, an die Leibeserben des besagten Prinzen von Oranien." Bill der Rechte §. 2.

[1]) Der nicht lange vor der Revolution geborene Sohn Jakob's II. kam nicht in Frage, theils weil er für ein von den Jesuiten untergeschobenes Kind gehalten wurde, theils weil man darüber einig war, daß kein Katholik wieder König von England sein könne. Anm. des Uebers.

[2]) Wilhelm III. war nämlich der Sohn der ältesten Tochter Karl's I., Namens Maria, also der Neffe und zugleich der Schwiegersohn Jakob's II.

Georg I. als Erben der Prinzeß Sophia, welche selbst schon vor der Königin Anna gestorben war, und sie ist seitdem regelmäßig in der Descendenz dieses Königs vererbt worden.

Das Parlament hat wiederholt auch das Recht ausgeübt, während der Unmündigkeit oder Unfähigkeit des Königs die königliche Auktorität an Andere zu übertragen. Am öftersten ist dies durch Ernennung eines Protektors, Vormundes oder Regenten geschehen, wenn der präsumtive Thronfolger noch sehr jung war. Rechtlich kann der König nicht minderjährig sein, und deshalb giebt es nach gemeinem Rechte keinen legalen Vormund für ihn.[1] Mit Zustimmung des Parlaments ist aber schon sehr früh die königliche Gewalt mehrfach an Regenten oder Rathsversammlungen delegirt worden, wenn der König durch Unmündigkeit oder aus einem anderen Grunde an der persönlichen Ausübung der königlichen Auktorität behindert war. Diese Delegation mit Zustimmung des Parlaments darf nicht mit der anderen, im vorigen Kapitel erwähnten verwechselt werden, welche ein Ausfluß der königlichen Prärogative ist und nur in Fällen zeitweiser Abwesenheit des Königs aus England vorkommt.

In Statuten späterer Zeit kommen Bestimmungen über die Ausübung der königlichen Auktorität für den Fall jugendlichen Alters des Souverains mehrfach vor; sie weichen in Ansehung der Dauer der Vormundschaft von einander ab; in neuerer Zeit hat man gewöhnlich bestimmt, daß sie bis zum vollendeten achtzehnten Lebensjahre des Königs währen soll. So verordnete das Statut 24 Georg II. cap. 24, daß, wenn die Krone auf ein Kind des Prinzen von Wales unter achtzehn Jahren vererbt würde, die Prinzeß Wittwe Vormünderin und Regentin des Königreichs sein sollte. Eine ähnliche Bestimmung enthielt das Statut 5 Georg III. cap. 27 für den Fall der Vererbung der Krone an eines der Kinder Georg's III., wenn dieses noch nicht achtzehn Jahre alt sein sollte. Ebenso wurde durch das Statut 1 Wilhelm IV. cap. 2 vorgeschrieben, daß die Herzogin von Kent Regentin sein sollte, wenn ihre Tochter, die gegenwärtige Königin, vor vollendetem achtzehnten Lebensjahre den Thron besteigen sollte. Endlich wurde durch das Statut 3 und 4 Victoria cap. 52. Prinz Albert für den gleichen Fall zum Regenten statt des Nachfolgers der Königin ernannt.

---

[1] Coke theilt mit, daß Heinrich VI. im Parlamente gesessen hat, als er drei oder vier Jahre alt war, und dann wieder im sechsten und achten Jahre seiner Regierung.

Die zuletzt erwähnte Akte übertrug dem Prinzen Albert alle königlichen Rechte und Prärogative mit der einzigen Ausnahme, daß er keiner Parlaments-Akte, durch welche die Thronfolge verändert würde, seine Zustimmung sollte geben können.

Ein Mal, in dem Falle Georg's III., hat das Parlament einen Regenten wegen Geisteskrankheit des Königs ernannt, nämlich den Sohn des letzteren, Prinzen von Wales (späteren Georg IV.). Die betreffende Parlaments-Akte (51 Georg III. cap. 1) enthielt gewisse Beschränkungen des Regenten in Betreff der Verleihung von Peerieen und Aemtern und der königlichen Zustimmung zu Parlaments-Akten, welche in der Thronfolge und im Kirchen-Regimente Veränderungen herbeiführen sollten. Es ist bereits erwähnt (S. 43), wie dieses Statut eine fingirte königliche Zustimmung erhielt. Im folgenden Jahre wurden die erwähnten Beschränkungen theils durch Zeitablauf, theils durch das Statut 52 Georg III. cap. 8 beseitigt, und der Regent kam so in den Vollbesitz der Rechte der Krone.

Die Bestellung von Lords Justices oder custodes regni zu Substituten des Königs kraft der Prärogative wird nur für den Fall einer beabsichtigten, späteren Abwesenheit für zulässig erachtet. Für den anderen Fall, daß ein künftiger König zur Zeit seiner Thronbesteigung abwesend sein sollte, trifft das Parlament die erforderliche Bestimmung. Nach dem Statute 6 Anna cap. 7 wurden Lords Justices autorisirt, die Regierung zeitweilig fortzuführen, wenn zur Zeit des Todes der Königin ihr Nachfolger nicht im Königreiche sein sollte; die so ernannten Lords Justices verwalteten in Folge dessen nach Anna's Tode das ihnen übertragene Amt einige Wochen lang. Nach der gedachten Akte durften sie das Parlament nicht ohne Anweisung des Königs auflösen und zu keiner Bill die königliche Zustimmung ertheilen, nach welcher die Uniformitäts-Akte oder die Akte betreffend das schottische Kirchenregiment, geändert werden sollten. Eine ähnliche Akte wurde im Anfange der Regierung der Königin Victoria für den Fall erlassen, daß beim Tode der letzteren der Thronfolger außerhalb Landes sein sollte.

In den Ländern, wo die königliche Würde erblich ist, existirt gewöhnlich eine Form, mittels deren der Titel des neuen Königs zur Krone anerkannt wird. Höchst wahrscheinlich wurde bei den normannischen Königen ihre Regierungszeit erst von dem Tage ihrer Krönung berechnet.[1]) Indessen wurde doch aus verschiedenen rechtlichen

[1]) Sir Harris Nicolas („Geschichts-Chronologie") hat aus den Quellen starke

Gründen die Krone als sofort nach dem Tode eines Königs auf den Nachfolger übergehend betrachtet; diese Doktrin stand wenigstens sehr bald nach der Eroberung fest. Coke theilt mit: im ersten Regierungsjahre Jakob's I. hätten die gesammten Richter sich dahin ausgesprochen, daß die Krönung nur ein Zeichen der königlichen Würde und eine nationale Solennisation des erbrechtlichen Titels sei, und daß, wie aus vielen Präcedenzfällen hervorgehe, nach englischem Rechte ein Interregnum nicht eintreten könne.

Die Krönungs-Ceremonieen sind durch das Statut 1 Wilhelm und Maria stat. 1 cap. 6 bestimmt. Dasselbe erwähnt: Nach Recht und altem Gebrauch hätten die Könige und Königinnen bei ihrer Krönung sich eidlich verpflichtet, die Statute, Rechte und Gewohnheiten zu schützen und zu beachten; der Eid sei aber im Hinblick auf alte, jetzt unbekannte Gesetze und Konstitutionen in zweifelhaften Ausdrücken abgefaßt worden. Deshalb bestimmt die Akte, daß bei allen künftigen Krönungen der Eid in derselben bestimmten Form geleistet werden soll. Dieser Eid besteht aus drei Gelöbnissen: 1) das Volk nach den Statuten, Rechten und Gebräuchen von England zu regieren; 2) Recht und Gerechtigkeit in Milde administriren zu lassen; 3) die göttlichen Gesetze, das Evangelium, die reformirte protestantische Religion und die Rechte der Bischöfe, des Klerus und der Kirche zu schützen.[1])

Vielleicht ist kein Thema mehr besprochen worden, als die relativen Vorzüge der verschiedenen Verfassungsformen. In jeder europäischen Sprache sind zahlreiche Bücher lediglich darüber geschrieben, und gelegentlich ist es in unzähligen juristischen, historischen und volkswirthschaftlichen Abhandlungen berührt. Natürlich kann hier keine vollständige Uebersicht und Beurtheilung der ganzen Kontroverse gegeben werden; nur die wesentlichsten Streitpunkte und die hauptsächlichsten in Ansehung derselben geltend gemachten Gründe sollen kurz angegeben werden.

Gründe dafür beigebracht, daß die Regierungszeit der ältesten Könige, von Wilhelm I. bis Richard I., erst von der Krönung an berechnet wurde.

[1]) Vergl. S. 11. Aus Bracton ersieht man, daß der Krönungseid zur Zeit Heinrich's III. drei Gelöbnisse enthielt: Nach Möglichkeit den Frieden mit Gottes Kirche und allem christlichen Volke zu bewahren; Verbrechen und Unrecht zu verhindern; bei allen Urtheilen Recht und Milde walten zu lassen. — Als bei der Krönung Richard's I. der König den Eid geleistet hatte, beschwor ihn der Erzbischof feierlich, im Namen Gottes, die Krone nicht anzunehmen, wenn er nicht fest entschlossen wäre, Eid und Gelübde zu halten.

Diese Gründe sind von zweierlei Art: — historische und spekulative. Die letzteren beschränken sich darauf, aus der menschlichen Natur Folgerungen zu ziehen. Daraus ergiebt sich, daß diese Folgerungen nur Wahrscheinlichkeitsgründe und deshalb viel unsicherer sind, als die Schlüsse, welche aus der Geschichte abgeleitet werden. So hat man z. B. häufig versucht, aus der menschlichen Natur nachzuweisen, daß alle Oligarchieen und Demokratieen nicht von Bestand sein können, durch Monarchieen ersetzt werden, und daß die letzteren mehr Bestand haben. Aber man beweist damit zu viel; denn aus der Geschichte wissen wir, daß auch Monarchieen nicht nothwendig von Bestand sind, und daß sie ebenso gut durch Republiken ersetzt werden können, wie Republiken durch Monarchieen.

Die Vergleichung der Vorzüge verschiedener Verfassungsformen erfordert die Beurtheilung verschiedener selbständiger Fragen, welche nur kurz berührt werden sollen. Die wesentlichsten Vorzüge einer Regierung sind: Stätigkeit, Gerechtigkeit, Stärke und Volksthümlichkeit. So weit nicht diese Eigenschaften von einander abhängen, ergiebt sich in Ansehung einer jeden von ihnen eine besondere Beurtheilung. Zuweilen sind sie nahe mit einander verbunden, z. B. ist die Popularität einer Regierung eine von den Ursachen ihrer Stätigkeit; aber die Abhängigkeit ist keine durchgängige: eine Regierung kann unstätig sein aus Gründen, welche mit ihrer Popularität nichts gemein haben.

Die Stätigkeit der Regierung kann wieder eine zwiefache sein: gesichert entweder vor inneren Unruhen oder gegen Angriffe von außen. In beiden Fällen, besonders aber in dem ersteren, hängt ihre Stätigkeit viel mehr von ihrer Popularität, als von der bloßen Regierungsform ab, weil eine populäre Regierung von der großen Majorität des Volkes geschützt werden wird und deshalb widerstandsfähiger ist, als eine unpopuläre Regierung. Aber die Stätigkeit der Regierung ist nicht durchaus unabhängig von ihrer Form. Monarchische und absolute Regierungen können für militärische Zwecke regelmäßig mehr ausrichten als Republiken. Darum übertrug die römische Republik in Zeiten der Gefahr den Konsuln oder einem Diktator zeitweilig eine despotische Macht;[1]) darum hat unter ähnlichen Verhältnissen das englische Parlament die Vollmachten der Exekutive durch Suspendirung

[1]) „Das Recht des Senates zur Ernennung eines Diktators mit unumschränkter Gewalt und zur Uebertragung ähnlicher Befugnisse an die Konsuln, sowie das Recht, welches er sich zuweilen beilegte, furchtbare Akte willkürlicher Justiz zu vollbringen, waren Aushülfen, welche die Republik ohne Gefahr für ihre Sicherheit vielleicht nicht ganz hätte entbehren können." De Lolme.

der Habeas-Corpus-Akte und durch ähnliche Maßregeln erweitert. Außerdem hat die republikanische Regierungsform den Nachtheil, daß beim Wechsel der Regierungsorgane die Militärmacht nicht so vollständig unter der Kontrolle der Exekutive steht wie in einer Monarchie. Die Republik ist ferner der Gefahr ausgesetzt, daß ihr oberster Beamter sich selbst die absolute Gewalt anmaßt. Dies war das Ende der einzigen Republik, welche seit der normannischen Eroberung in England existirt hat, und dies ist das Schicksal vieler anderer Republiken alter und neuer Zeit gewesen.[1])

Die Kämpfe bei der Wahl des Präsidenten und anderer hoher Beamten einer Republik sind ebenfalls Ursachen ihrer Unstätigkeit; denn während dieser Kämpfe ist die Nation durch politischen Zwist

---

[1]) Der Amerikaner Kent in seinem 40 Jahre vor der Wahl des Präsidenten Lincoln geschriebenen „Kommentar über das amerikanische Recht" sagt: „Wenn die Ruhe und die Freiheiten dieser Nation jemals durch einen Kampf um die Gewalt gestört oder gefährdet werden sollten, so wird dies nur aus Veranlassung einer Präsidenten-Wahl geschehen. An dieser Frage wird vielleicht die Tüchtigkeit und Stärke unserer Verfassung geprüft werden. Wenn es uns gelingt, noch ferner ein halbes Jahrhundert lang den höchsten Beamten der Union mit Besonnenheit, Mäßigung und Redlichkeit zu wählen, so geben wir selbst unserem National-Charakter gewiß das werthvollste und beste Zeugniß, und empfehlen unsere republikanischen Institutionen, wenn nicht der Nachahmung, so doch gewiß der Achtung und Bewunderung des gebildeten Theiles der Menschheit. Die Erfahrung Europa's in alter und neuer Zeit ist der Ausführbarkeit einer redlichen und friedlichen Wahl des obersten Exekutiv-Beamten einer großen Nation durch das Volk nicht günstig. Es hat sich dort als unmöglich herausgestellt, die Wahl vor den bösen Einflüssen der Intriguen des Auslandes und innerer Unruhen, vor Gewaltthätigkeit und Bestechung zu bewahren; die Menschen haben vor den bösen Folgen der Volkswahl gewöhnlich bei einer erblichen Exekutive, als dem kleineren der beiden Uebel, Schutz gesucht. Die neueste und merkwürdigste Aenderung der Art ist in Frankreich im Jahre 1804 vorgekommen, wo der gesetzgebende Körper die Wahl-Monarchie in eine erbliche verwandelte aus dem anerkannten Grunde, weil der Wettstreit bei Volkswahlen zu Bestechungen und Gewaltthätigkeiten führe. Es ist eine merkwürdige Thatsache in der Geschichte Europa's, daß bei der ersten Theilung Polens (1773), wo die theilenden Mächte es für nützlich hielten, alle Mängel der schlechten Regierungsform zu begünstigen und zu bestätigen, von dem Polnischen Reichstage schlauer Weise gefordert wurde, daß Polen ein Wahlreich bleiben müsse." — Ferner: „Wir müssen abwarten, ob die Korrektive, welche die Verfassung gegen die gefahrvollen Seiten unseres Regierungs-Systems angeordnet hat, sich stets wirksam erweisen werden. Die Wahl des höchsten Exekutiv-Beamten für eine ganze Nation berührt so viele Interessen, regt von selbst die Volksleidenschaften so stark auf, und enthält so mächtige Versuchungen des Ehrgeizes, daß sie nothwendig zu einer gefährlichen Probe für die allgemeine Tüchtigkeit und zu einem Wagniß für die öffentliche Ruhe wird."

getheilt, welcher seine Folgen über den Konflikt hinaus erstreckt und eine große Minorität im Staate zu einer Opposition gegen die von der Majorität gewählten Regierungsorgane zusammenschaart.

Eine ganz andere Frage ist die wegen der Gerechtigkeit, Stärke und Popularität der Regierung. Die Popularität ist möglicherweise die Folge nicht der Gerechtigkeit und Stärke der Regierung, sondern der Ungebildetheit des Volkes und der erfolgreichen Bemühungen der Regierenden, dasselbe in einem Zustande unwissender Ruhe und Genügsamkeit zu erhalten. Solch ein Zustand der Gesellschaft wird freilich wohl ausnahmslos immer nur ein temporärer und exceptioneller sein. Die praktisch wichtige Frage ist aber die: Welche Regierungsweise ist am meisten geeignet, die Regierung gerecht und stark zu machen?

Bentham in seinem „Konstitutionellen Kodex" nimmt an, daß in der Republik die Interessen der Regierenden mit denen des Volkes identisch seien, wogegen dieselben in einer Monarchie vielfach mit einander in Konflikt kämen. Er giebt zu, daß in manchen Beziehungen auch in Monarchieen diese Interessen identisch seien; z. B. sagt er, es sei ein Interesse des Monarchen, daß seine Unterthanen nicht allein ihr Auskommen, sondern noch einen Ueberschuß hätten, weil sie dadurch im Stande wären, seinen Reichthum und seine Macht zu vermehren. In ähnlicher Weise habe der Monarch in der Regel das Interesse, daß sein Volk vor Angriffen von außen her sicher gestellt sei; aber er habe nicht das Interesse, meint Bentham, daß das Volk gegen die Mißbräuche seiner Beamten gesichert werde.

Aus dem gedachten Werke Bentham's geht hervor, daß darin die republikanische Regierungsform nicht mit der beschränkten Monarchie, wie sie jetzt in England existirt und in welcher die politische Verantwortlichkeit von der Krone auf die Minister übertragen ist, sondern mit einer Monarchie verglichen wird, in welcher der König die absolute Gewalt hat, seine Minister gegen den erklärten Wunsch der Nation beizubehalten. In der That giebt es trotz der Masse von Büchern, welche über die Theorie der Regierung geschrieben sind, kaum eines, welches einen direkten Vergleich zwischen der in England existirenden, eigenthümlichen Form monarchischer Regierung und der Republik anstellt. Deshalb können die von Bentham und ähnlichen Schriftstellern angestellten Vergleichungen, mögen sie richtig oder unrichtig sein, hier bei Seite gelassen werden: sie berücksichtigen den gegenwärtigen Zustand der englischen Verfassung nicht.

Wir haben gezeigt, wie die Minister von dem Parlamente abhängig geworden sind, und wie das anscheinend dem Absolutismus günstige, in Wahrheit aber die Kontrolle des Parlaments über die Exekutive sichernde Prinzip sich entwickelt hat, daß der König kein Unrecht thun kann. Wir haben gezeigt, daß dieser Grundsatz, der die Verantwortlichkeit der Minister der Krone dem Parlament gegenüber in sich schließt, schon in den ältesten Zeiten unserer Verfassung anerkannt ist, wenn er auch zu Zeiten, wo das Parlament schwach und korrumpirt war, bei Seite geschoben wurde. Mehrere Könige, vor und nach der Revolution von 1688, haben die Minister ohne Rücksicht auf die Wünsche des Parlaments wählen und sie zu Werkzeugen ihres eigenen Willens machen wollen. Der letzte Monarch, welcher so zu regieren versuchte, war Georg III.; aber gerade unter seiner Regierung wurde nach heftigem Kampfe der Grundsatz von neuem für die Dauer festgestellt, daß der Souverain gegen das Votum des Parlaments keine Minister beibehalten kann.

Die Zusammensetzung der Exekutive in England weicht daher von der aller anderer Verfassungen, soweit sie nicht dem englischen Muster folgen, gänzlich ab. Die oberste Regierungsgewalt ist in England bei einem Herrscher, dessen Titel nicht auf besonderer Wahl, sondern auf feststehender Regel — erblicher Succession, beruhet; außerdem giebt es für die Exekutive Minister, welche jener Herrscher ernennt, welche aber auf das Verlangen des Parlaments entlassen werden, da in diesem die Vertreter des Volkes vermöge ihrer fiskalischen Rechte eine in dieser Beziehung unwiderstehliche Gewalt haben. Man kann fragen: ob die Kontrolle über die Exekutiv-Beamten durch die Vertreter des Volkes nicht noch wirksamer sein würde, wenn die Exekutiv-Beamten gewählt würden? Dies ist das hauptsächlichste Argument derjenigen, welche die republikanische Staatsform vorziehen; aber eine genauere Prüfung ergiebt, daß die Annahme: direkte Wahl sei der Einwirkung des Volkes auf die Regierung günstig, auf einer Täuschung beruht.

Wenn die Exekutiv-Behörden aus direkter Wahl hervorgehen sollen, so müssen sie entweder ohne Beschränkung für einen bestimmten Zeitraum, oder in der Art gewählt werden, daß die ihnen anvertraute Gewalt jederzeit widerruflich ist. Im ersteren Falle sind die Behörden in dem bestimmten Zeitraume aller der Schranken ledig, welche ihnen in England in jedem Augenblicke entgegentreten können. Hier müssen verfassungsmäßig die Verwaltungs-Grundsätze sofort geändert werden, wenn sie vom Parlamente nicht gebilligt werden, während eine auf bestimmte Zeit gewählte Exekutive für diese Zeit eine Gewalt hat, die der einer Oligarchie viel näher steht: die öffentliche Meinung ist auf solche Behörden um so weniger von Einfluß, je entfernter der Zeitpunkt ist, wo ihre Gewalt aufhören soll. — Die zweite von den obigen Alternativen ist die, daß die Vollmacht der gewählten Verwaltung jederzeit widerruflich sein soll. Auf den Vorschlag, die Exekutive in dieser Weise zu gestalten, braucht nur erwidert zu werden, daß er noch niemals in der Regierung eines Staats in's Werk gesetzt ist. Die Römer wählten ihre Konsuln auf Ein Jahr; die Vereinigten Staaten von Amerika wählen ihre Präsidenten auf eine bestimmte Zahl von Jahren; ähnlich ist es bei allen anderen großen Republiken. Es ist auch handgreiflich, daß eine Bestimmung, nach welcher die Gewalt des Oberhauptes einer Republik allezeit widerruflich sein sollte, die mit den Kämpfen um die oberste Stelle im Staate verbundenen Uebel, welche von der republikanischen Verfassungsform unzertrennlich sind und häufig den Sturz der letzteren herbeigeführt haben, schon durch das öftere Eintreten derselben erheblich vermehren würde. [1])

In einer Verfassung wie die englische und in einer Republik haben die obersten Magistrate durchaus verschiedene Stellungen. In der englischen Verfassung ist der Souverain die vermittelnde und moderirende Gewalt zwischen den politischen Parteien im Staate; er kann nichts dadurch gewinnen, daß er sich zu einer derselben hält. Anders in der Republik: der oberste Magistrat muß schon in Folge seiner Wahl Eine Partei repräsentiren. Zugegeben, daß diese Partei die Majorität hat, so folgt doch daraus noch keineswegs, daß sie allein die Regierungsgewalt, exekutive und legislative, haben muß; die Minorität hat Anspruch auf Schutz ihrer Rechte, selbst wenn diese mit den Interessen der Majorität kollidiren. In einer Republik ist es rein unmöglich, daß das Staatsoberhaupt ganz unparteiisch ist, weil es mit der Verpflichtung in sein Amt eintritt, die Maßregeln seiner Partei zu fördern und ihr seine ganze Patronage zu gute kommen zu lassen.

Soll aber der Umfang der Befugnisse des Staatsoberhauptes klein und von geringer Bedeutung sein? In der politischen, wie in

[1]) Nach der Verfassung der Vereinigten Staaten von Amerika Art 1 § 3 hat nur der Senat über Anklagen gegen den Präsidenten, den Vice-Präsidenten u. s. w. zu entscheiden; und nach Art. 11 § 1 sollen sie ihrer Aemter entsetzt werden, wenn sie des Verraths, der Bestechung oder anderer Staatsverbrechen überführt sind. Aber es kommt dort nicht vor, daß eine Regierung resignirt, wenn ihre Politik die Billigung des Kongresses nicht mehr findet.

jeder anderen Maschinerie giebt es zwei Kräfte: die bewegende und die regulirende. Von der letzteren, der regulirenden Kraft, kann zweckmäßig ein sehr bedeutender Theil dem Staatsoberhaupte zur Verfügung gestellt werden. Das beweist die englische Geschichte. Der König beruft das Parlament, ernennt die Richter für ihre Lebenszeit und die Minister auf Zeit. Das ist nur ein Theil seiner umfangreichen Gewalten. Daß die Ausübung derselben verfassungsmäßigen Schranken unterliegt, hebt ihr Gewicht nicht auf. Die zuweilen aufgestellte Ansicht, daß die Gewalt eines englischen Königs unbedeutend sei, beruht auf einer oberflächlichen Anschauung der englischen Verfassung. Der einzig richtige Weg zur Erkenntniß jener Gewalt ist der, daß man erwägt, welche Folgen eintreten würden, wenn man das Amt des Königs abschaffte und alle anderen Aemter, wie sie nach der gegenwärtigen Regierungsform bestehen, mit denselben verfassungsmäßigen Beschränkungen beibehielte. Welches würden die Folgen in den Beziehungen zwischen der Exekutive und der Legislative sein? Die obersten Exekutiv-Beamten würden ferner unter der Kontrolle des Parlaments stehen; aber wer soll dann das Parlament berufen und auflösen? etwa dieselben Minister, welche von dem Parlamente abhängig sind, oder das Parlament selbst? Kann es bezweifelt werden, daß in Folge einer solchen Einrichtung entweder die Minister sich der Kontrolle des Parlaments entziehen würden, wie es nach dem Tode Karl's I. geschah, oder daß das Parlament seine Existenz ohne Ende verlängern und die Exekutiv-Gewalt selbst in die Hand nehmen würde? Die Vereinigung der Exekutiv- und der Legislativ-Gewalt in derselben Körperschaft bedeutet — wie wir aus der Geschichte, aus staatsrechtlichen Auktoritäten und aus abstrakten Gründen bereits nachgewiesen haben — die Vernichtung der ersten und wesentlichsten Vorbedingungen einer guten Regierung.

Der Vorzug der Bestellung des obersten Magistrats mittels einer von direkten oder parlamentarischen Wahlen unabhängigen Successions-Ordnung scheint unbestreitbar zu sein. Die Successions-Ordnung beruhet in England auf der Erblichkeit; aber es ist möglich, andere Successions-Methoden aufzustellen, ohne daß man auf Volks- oder parlamentarische Wahlen zurückzukommen braucht. So z. B. ist es vorgekommen, daß man dem regierenden Monarchen das Recht beilegte, seinen Nachfolger zu ernennen, wie dies bei Heinrich VIII. durch das Parlament geschah. Die Oberhäupter der englischen Kolonieen werden von der Krone ernannt; folglich haben die Kolonieen, welche parlamentarische Verfassungen besitzen, alle Vortheile der englischen Konstitution rücksichtlich des Verhältnisses der Legislatur zur Exekutive, außerdem aber noch den Vorzug, daß die Kolonial-Gouverneure durch eine dazu berechtigte Gewalt ernannt und abberufen werden können, und folglich die Kolonieen nicht der mit der erblichen Succession verbundenen Gefahr ausgesetzt sind, ein Oberhaupt an der Spitze zu haben, welches wegen moralischer, geistiger oder physischer Schwäche für sein Amt offenbar untauglich ist. — Erblichkeit der Succession ist also zur Erreichung jener Vortheile nicht durchaus nothwendig, wenn nur der Rechtstitel des Staatsoberhauptes auf einem bestimmten, sicheren Grundsatze beruhet, welcher die Uebelstände der Wahl oder der Bestreitbarkeit des Successionsrechts ausschließt. Aber auch davon sind jene Vortheile in hohem Grade abhängig, daß die Succession unbestritten ist. Wo der Rechtstitel der Krone ernstlich gefährdet worden ist, da sind stets die verfassungsmäßigen Schranken ihrer Autorität entweder mit Zustimmung des Parlaments oder aus reiner Willkür überschritten worden. Die Stabilität einer erblichen Monarchie beruhet zum größten Theile auf altgewohnter Anhänglichkeit an der regierenden Dynastie. Der Begründer einer neuen Dynastie, wie der Präsident einer Republik, hat stets die Opposition einer widerstrebenden Partei zu überwinden. Wenn, wie nach der Revolution von 1688, die neue Dynastie unter Zustimmung der großen Mehrheit des Volkes eingesetzt ist, so befindet sich unter den mit einer Unterbrechung der Successions-Ordnung verbundenen Uebelständen nicht nothwendig auch ein zeitweises Aufhören der Kontrolle des Parlaments über die Minister der Krone; aber aus diesem und aus anderen Fällen, in denen Dynastieen wechselten, geht hervor, daß die gesetzliche Gewalt des Parlaments dann am vollständigsten zur Geltung kommt, wenn das Successionsrecht am sichersten begründet ist.

Die gegen die erbliche Succession sprechenden Gründe sind augenscheinlich. Aber gerade ihre Augenscheinlichkeit sollte uns davon abhalten, sie ohne Prüfung gelten zu lassen. Unsere Zweifel an der Richtigkeit jener Gründe dürften wohl gerechtfertigt sein, wenn wir bedenken, daß das englische Volk während einer langen Reihe dynastischer Veränderungen und Kämpfe, welche durch seine praktische Einsicht und seine verständige Freiheitsliebe gekennzeichnet sind, dem Grundsatze der erblichen Succession mit Entschiedenheit den Vorzug gegeben hat.

Der am nächsten liegende Grund gegen die Erblichkeit der Succession ist der, daß bei derselben auf die Tauglichkeit oder Untauglichkeit der zu dem Amte des Königs berufenen Personen nicht gerücksichtigt wird. Dies muß zugegeben werden. Der Rechtstitel zur Krone ist oft gewissenlosen und tyrannischen Fürsten zugefallen, und wir haben gesehen, daß mehrere englische Könige ohne allen Zweifel die Verfassung umzustürzen versucht haben; auch haben wir gesehen, daß ein König durch Geisteskrankheit regierungsunfähig geworden ist. Wenn wir diese Uebelstände zugeben müssen, so geben wir zugleich zu, daß die englische, monarchische Verfassung nicht absolut vollkommen ist. Und wenn uns ferner entgegengehalten wird, daß dergleichen Uebelstände mit der republikanischen Verfassungsform nicht verbunden sind, so müssen wir ferner zugestehen, daß, wenn die Wahl redlich erfolgt und das Volk gut erzogen ist, in einer Republik zum obersten Magistrate ein Mann gewählt werden wird, für dessen Tüchtigkeit eine starke Präsumtion spricht. Aber auch die Art, wie in einer Republik der oberste Magistrat designirt wird, ist theoretisch nicht vollkommen. Das Volk kann bei seiner Wahl irren; oder, was gar nicht selten vorkommt, die Wahl kann auf einen Kandidaten fallen, den zwei mächtige politische Parteien durch ein Kompromiß aufgestellt haben. Bentham fragt triumphirend: ob wohl die Annahme möglich sei, daß eine Republik einen Wahnsinnigen zum Staatsoberhaupte wählen werde? Daß sie es wissentlich nicht thun wird, mag zugegeben sein; aber auch in einem Königreiche wird man wissentlich einen Wahnsinnigen zur Ausübung des königlichen Amtes auf Grund des Successionsrechts nicht zulassen. Wenn die Geisteskrankheit Georg's III. vor seiner Thronbesteigung eingetreten wäre, so würde wahrscheinlich das Parlament schon vorher einen Regenten bestellt haben; und der Fall, daß der oberste Magistrat nach dem Antritte seines Amtes geisteskrank wird, ist ebensowohl in einer Republik wie in einer Monarchie möglich. Man darf bei der Inbetrachtnahme der Möglichkeit, daß der Titel zur Krone einer ungeeigneten Persönlichkeit zufällt, nicht vergessen, daß in Fällen offenbarer Unfähigkeit das Parlament stets Abhülfe geschaffen hat. War der König wegen jugendlichen Alters unfähig, so hat das Parlament einen Protektor oder Regenten zur Ausübung der königlichen Gewalt während der Minderjährigkeit bestellt; im Falle geistiger Unfähigkeit des Königs ist dasselbe geschehen; und in Fällen, wo der Souverain durch schlechte Rathgeber vermocht ist, die Verfassung zu verletzen, hat das Parlament das Uebel durch Bestrafung dieser Rathgeber beseitigt, oder wo dieses Mittel sich als unzureichend erwies, den Thron für erledigt erklärt.

Die hier zu Gunsten der beschränkten Monarchie berührten Gründe enthalten bloße Andeutungen für eine eingehendere Prüfung. Nur eine allgemeine Bemerkung sei noch gestattet. Wenn eine solche Prüfung ein befriedigendes Resultat haben soll, so muß sie sich auf eine genaue Erörterung der Ursachen einlassen, aus denen große Republiken und Königreiche in Verfall gerathen und untergegangen sind, so weit nämlich diese Ursachen mit ihren Verfassungsformen in Verbindung stehen. Auch müssen dann die Folgen der Fehler in der Zusammensetzung und Verfassung der Exekutive und derjenigen der Legislatur sorgfältig von einander gesondert werden. Der Mangel dieser Sonderung ist die gewöhnliche Ursache von Trugschlüssen in der Argumentation derjenigen, welche die erbliche Monarchie bekämpfen. Sie nehmen meistentheils an, daß die schlechte Regierung eines Königreiches seinen Grund in der schlechten Verfassung der Exekutive, und nicht in der Legislatur habe; oder auch, daß die mangelhafte Verfassung der Legislatur die unvermeidliche Folge des königlichen Regiments sei. Und doch liegt überreicher historischer Beweis dafür vor, daß beide Annahmen unrichtig sind. Wir finden in der englischen Geschichte Beispiele, daß die Exekutive tüchtig und redlich, die Legislatur dagegen korrumpirt war: so zu Anfang der Regierung Wilhelm's III. Wir haben andererseits auch Beispiele, daß eine tüchtige und achtungswerthe Legislatur einer korrumpirten und willkürlichen Exekutive einen edlen Widerstand leistete: so in einzelnen Theilen der Zeit Jakob's I. und Karl's I. — Es beruhet deshalb gewiß auf einem Irrthum, wenn man das Gedeihen oder den Verfall einer Nation nur der Wählbarkeit oder Nicht-Wählbarkeit des Hauptes der Exekutiv-Gewalt zuschreibt, ohne, was sogar noch wichtiger ist, zu beachten, ob die Legislatur richtig geordnet ist; oder wenn man ohne weiteren Beweis annimmt, daß die fehlerhafte Verfassung der Legislatur eine Folge des nicht auf einer Wahl beruhenden Titels des Staatsoberhauptes sei.

Viertes Kapitel.

Die Entstehung und Sonderung der Verwaltungs-Aemter.

Die Verwaltungs-Aemter, welche wesentliche Theile der Verfassung bilden (vergl. Kap. 1) sind meistentheils durch die Prärogative entstanden und üben Prärogativ-Rechte der Krone aus. Diejenigen Verwaltungs-Aemter, welchen ihre Befugnisse nur durch Statute beigelegt wurden, sind verhältnißmäßig neuen Ursprungs und haben für den Verfassungs-Organismus nur insofern eine größere Bedeutung, als sie mit den älteren Prärogativ-Aemtern zusammenhängen.

Der Ursprung vieler Administrativ-Departements ist dunkel. Auch ihre Verfassung und ihre Funktionen in älterer Zeit können in manchen Fällen aus den Urkunden nur sehr unsicher erkannt werden; denn theils scheint man in gleichzeitigen Dokumenten die Funktionen der alten Staats-Departements als allgemein bekannt vorausgesetzt zu haben, theils traten in diesen Funktionen auf königliche Anordnung oder in anderer Weise nach und nach Veränderungen ein, ohne daß dieselben urkundlich bestätigt sind.

Ferner muß man bedenken, daß die Trennung der Verwaltung von den übrigen Funktionen der Regierung auf einer so scharfen politischen Betrachtung beruht, wie sie in den ältesten Zeiten der englischen Verfassung schwerlich angestellt ist.

Die normannischen Könige, wie ihre angelsächsischen Vorgänger, hatten behufs der Ausübung ihrer Prärogative einen engeren Rath zur Seite, welcher stets versammelt und, wenngleich ein Theil des großen Rathes der Nation, von letzterem geschieden war. Die Funktionen dieses permanenten Raths waren theils legislative, theils exekutive; erst im Laufe der Zeit wurden seine legislativen Rechte beschränkt. Auch als Exekutiv-Behörde hatte er, wie wir gesehen haben, umfangreiche richterliche Befugnisse, welche zum Theil noch bestehen.

In dem engeren Rathe saßen neben anderen Mitgliedern der Ober-Justiziar, der Kanzler und der Schatzmeister, welche ex officio dazu gehörten. Diese Drei waren unter den normannischen Königen die Minister der Krone für die Civil-Geschäfte, und ihre Amtsverrichtungen waren theils richterlicher, theils administrativer Natur.

Der Ober-Justiziar war der höchste Beamte und Minister des Königs; er folgte diesem dem Range nach unmittelbar und hatte eine allgemeine Civil- und Kriminal-Jurisdiktion. Außerdem aber hatte er auch administrative Befugnisse in dem engeren Rathe und im Schatzamte, wo ihm eine Kontrolle sogar über den Schatzmeister selbst zugestanden und wo er an der Verwaltung des königlichen Einkommens Theil genommen zu haben scheint. [1])

---

[1]) Nach dem ersten Anklage-Artikel gegen Hubert de Burgh, Grafen von Kent (unter Heinrich III., 1239) wurde von ihm Rechenschaft wegen aller, in den nächsten vierzehn Jahren nach dem Tode König Johann's gemachten Einnahmen des Königreichs gefordert, weil er „seitdem die Verwaltung derselben übernommen habe." De Burgh erwiderte: er sei zu jener Zeit Justiziar gewesen und die Be-

Der Kanzler, dessen Amt, wie in andern Ländern, schon vor der Eroberung existirte, hatte das königliche Siegel zu bewahren, unter welchem Anordnungen und Verleihungen der Krone ausgefertigt wurden. Zur normannischen Zeit verwaltete das Amt gewöhnlich einer der Kaplane des Königs. Er war dem Ober-Justiziar untergeordnet, bis die von letzterem in der Aula Regia ausgeübte Gerichtsbarkeit unter die verschiedenen besonderen Gerichtshöfe vertheilt wurde. Damals war dem Kanzler das königliche Handsiegel (Signet) in der Schatzkammer anvertraut, wo er gewöhnlich auch das Große Siegel verwahrt zu haben scheint, bis, wahrscheinlich um die Zeit Richard's I. oder Johann's, die Kanzlei von der Schatzkammer getrennt wurde.

Aus leicht begreiflichen Gründen erhielten von allen Verwaltungs-Aemtern die fiskalischen zuerst eine bestimmte Einrichtung. Unter Wilhelm I. gab es eine besondere mit einem Gerichte verbundene Behörde für die Verwaltung des königlichen Einkommens, welche nach dem Muster der Schatzkammer der Normandie eingerichtet war; ein Schatzmeister (Treasurer) und andere Beamte wurden darin zu diesem Zwecke angestellt. Wie die ersten Kanzler, so waren auch die ersten Schatzmeister meistens Geistliche, welche in dem Rechte des Landes erfahren waren. Nach der Eroberung versah eine Zeit lang der Ober-Justiziar viele Geschäfte, welche später ausschließlich dem Schatzmeister zufielen. Der Ober-Justiziar scheint überhaupt alle höchsten Staatsämter, richterliche wie administrative, monopolisirt zu haben; jedoch wurden um die Zeit König Stephan's die Aemter des Ober-Justiziars und des Schatzmeisters ganz getrennt.[1]) Um die Zeit König Johann's scheinen die oberen Beamten der Schatzkammer der Schatzmeister und die Kämmerer (Chamberlains) gewesen zu sein. Die letzteren waren hohe Beamte, welche die Schlüssel zu der Schatzkammer zu verwahren hatten; ihre Aemter aber wurden bald Sinecuren, weil sie durch Stellvertreter verwaltet wurden.[2]) Man hat die Vermuthung aufgestellt, daß es zu einer gewissen Zeit einen Schatzmeister der Schatzkammer neben und unter dem Lord Schatzmeister

---

amten, welche für die Reichs-Einnahmen verantwortlich wären, seien der Schatzmeister und die Kämmerer, und nicht der Justiziar.

[1]) Nigel, Bischof von Ely, welcher schon unter Heinrich I. fungirte, scheint der erste, von dem Ober-Justiziar unabhängige Schatzmeister gewesen zu sein. „Nigellus, Episcopus Eliensis, Hen. I. thesaurarius in temporibus suis, incomparabilem habuit scaccarii scientiam et de eadem scripsit optime." (Coke.)

[2]) Außer den Chamberlains of the Exchequer gab es noch andere Chamberlains, z. B. die des königlichen Haushalts (Kammerherrn).

von England gegeben habe; wenn aber zwei solche Aemter wirklich jemals neben einander bestanden haben, so sind sie jedenfalls sehr früh mit einander verbunden und so vereint geblieben, bis auch ein Lord Schatzmeister nicht mehr ernannt wurde und man, wie es heut zu Tage geschieht, seine Geschäfte mehreren Schatz-Kommissären übertrug.

Neben den drei Ministern gab es unter den normannischen Königen noch einige hohe Staatsbeamte, nämlich den Hoch-Constable (High Constable), den Marschall (Mareshal), und den Seneschal (Seneschal). Die Geschäfte des letzteren betrafen nur den königlichen Haushalt.[1])

Der Constable — Constabularius Regis oder Constabularius Angliae — scheint sowohl in England, wie in Frankreich (nächst dem Könige) der oberste Befehlshaber der Armee gewesen zu sein. Ganz klar ist freilich der Umfang seiner Amtsbefugnisse nicht. Er hatte außer seinen militärischen Pflichten im Kriege ähnliche Verpflichtungen am Hofe des Königs zur Friedenszeit und gewisse richterliche Befugnisse, welche unter Richard II. geordnet wurden. (Vergl. S. 282.) Das Amt bestand seit der Eroberung; durch das Attainder gegen Eduard, Herzog von Buckingham im dreizehnten Regierungsjahre Heinrich's VIII. wurde die Erblichkeit desselben beseitigt, und seitdem ist nie wieder ein Hoch-Constable, außer für gewisse Feierlichkeiten, z. B. Krönungen, ernannt worden. Der Marschall — Marescallus — war nächst dem Constable der Höchstkommandirende. Auch sein Amt war erblich und existirte schon zur Zeit der Eroberung. Damals hatte er die Disciplin in der Armee aufrecht zu erhalten, die Lager-Polizei wahrzunehmen und ähnliche Obliegenheiten. Die Heereseinrichtungen haben sich, wie wir später sehen werden, seit der Abschaffung des Lehnsverbandes so sehr verändert, daß die ältere Geschichte der militärischen Aemter für die Erkenntniß der Grundsätze der heutigen Heeresverfassung keine Ausbeute giebt.

Die Admiralität ist eines von den hohen Staatsämtern, welche seit der normannischen Periode bis jetzt bestehen. Spelman („Glossarium") sagt: das Amt des Admirals habe schon zur angelsächsischen Zeit bestanden; er giebt ein Verzeichniß der Admirale seit Heinrich III. Selden und Coke haben gleichfalls nachgewiesen, daß das Amt schon unter den ersten Königen der normannischen Dynastie existirt hat.[2])

[1]) „Seneschallus, idem quod Major domus." (Spelman, Glossarium.)

[2]) Aus dem von Spelman mitgetheilten Verzeichnisse der Admiräle geht hervor, daß unter Heinrich III. und während eines Theils der Regierung Eduard's I. nur ein Admiral für ganz England existirte; in einem anderen Theile der Regie-

Damals und noch lange nachher war der Admiral nicht nothwendig der Befehlshaber der Flotte, sondern ein Staatsbeamter, welcher die Marine-Angelegenheiten leitete und für die Seemacht des Königreiches zu sorgen hatte. Eine königliche Flotte, welche jederzeit für den Staatsdienst bereit gewesen wäre, gab es, wie wir später sehen werden, bis zur Zeit des Tudors nicht. Bis dahin bestand die Seemacht des Königs aus den Kauffahrern, welche für den Dienst gepreßt waren, oder aus Schiffen, welche Grafschaften und Städte in Folge einer Prärogative stellen und ausrüsten mußten, derselben Prärogative, aus welcher der Erlaß der unter Karl I. wieder hervorgesuchten Schiffsgeld-Ausschreibungen gerechtfertigt werden sollte.[1])

Die bisher erwähnten waren die sämmtlichen obersten Staatsämter, welche schon zur Zeit der Eroberung existirten und unter verschiedenen Modifikationen bis jetzt bestehen geblieben sind. Sollten wir dieselben nach ihren modernen Bezeichnungen noch einmal aufzählen, so sind es: der Staatsrath, die Kanzlei, die fiskalischen Aemter, die Aemter in der Flotte und im Landheere. Neben dem gleich zu erwähnenden Staatssekretariate bilden sie und die ihnen untergeordneten Aemter die ganze Central-Verwaltung des Reiches.

Das Amt der Staatssekretäre, als der obersten Minister der Krone, ist viel jüngeren Ursprungs. Bis Heinrich VIII. scheint der erste Sekretär des Königs nicht zu den obersten Staatsbeamten gehört zu haben, und die Bezeichnung: Staatssekretär ist noch später entstanden.

Viele Verrichtungen, welche jetzt den Staatssekretären zustehen, waren in älterer Zeit Sache des Kanzlers. Die Kanzlei war ursprünglich die Stelle, wo die königlichen Verleihungsbriefe unter Aufsicht des Kanzlers durch Schreiber ausgefertigt wurden. Der Kanzler selbst, wie erwähnt, regelmäßig einer der Kaplane des Königs, war wahrscheinlich zugleich Sekretär desselben. In den ältesten Zeiten der Civilisation entwarf der Kanzler die Befehle des Königs schriftlich und beglaubigte sie durch Beidruckung seines Siegels. Bei fortschreitender Civilisation wurde es häufig nöthig, die königlichen Befehle in einer weniger formellen Weise abzufassen, und zu diesem Zwecke bediente man sich in England, wie in den meisten Staaten des Kon-

rung Eduard's I. war das Amt unter drei Personen vertheilt: die Admiräle des Nordens, des Südens und des Westens; später gab es nur Admiräle des Nordens und des Westens und zuweilen nur Einen Admiral; so blieb es bis gegen das Ende der Regierung Eduard's IV., von wo an die Admiralität nicht mehr getheilt ist.

[1]) Vergl. oben Buch 3, Kap. 2 zu 4.

tinents eines Beamten, welchen man den ersten Sekretär des Königs nannte.

Die Geschichte des Staatssekretariats bleibt einem späteren Kapitel vorbehalten. Hier mag nur erwähnt werden, daß es jetzt fünf Staatssekretäre giebt: für das Innere, die auswärtigen Angelegenheiten, den Krieg, die Kolonieen und für Indien.

Diejenigen Aemter der Central-Verwaltung, welche wir nach unserem Plane zu betrachten haben sind: 1) Der Staatsrath und die mit ihm in Verbindung stehenden Departements. 2) Das Staatssekretariat und die mit demselben verbundenen Departements. 3) Die fiskalischen Aemter. 4) Die Aemter der Flotte und des Landheeres. Die Verwaltungsgeschäfte der Kanzlei (wohin z. B. der Erlaß der im ersten Buche erwähnten parlamentarischen Ausschreiben gehört) und einiger anderen Departements, so weit sie mit anderen Zweigen der Regierung nicht in Verbindung stehen, erscheinen nicht von genügendem staatsrechtlichen Interesse, um hier besonders besprochen zu werden. Betrachten wir die administrativen Prärogativrechte nach den oben (Kap. 2) erwähnten Beziehungen: öffentliche Vertheidigung, auswärtige Angelegenheiten, Revenüen, Handel und Franchises — so finden wir, daß alle daraus erwachsenden Geschäfte unter die obigen Departements vertheilt sind. Die Verwaltungsgeschäfte der öffentlichen Vertheidigung sind theils den Flotten- und militärischen Aemtern, theils den Staatssekretären zugewiesen. Die auswärtigen Angelegenheiten gehören zu dem Departement des Sekretärs für die auswärtigen Angelegenheiten. Das königliche Einkommen bildet die Geschäfte der fiskalischen Aemter. Der Handel gehört unter ein Departement des Staatsraths. Franchises der Städte und in England wohnender Personen gehören theils ebendahin, theils unter das Ministerium des Innern. Franchises für die Kolonieen gehören unter das Kolonial-Ministerium und gewisse Abtheilungen des Staatsraths.

Die einzelnen Verwaltungs-Departements haben theilweis ganz verschiedene Verfassungen. Einige, wie das Kabinet, das Schatzamt, die Admiralität und das Handelsamt, sind kollegialisch formirt; ihre Mitglieder haben nach der Absicht, welche bei Kreirung ihrer Aemter obgewaltet hat, gleiche Auktorität. In den beispielsweise angegebenen Departements ist jedoch in der Praxis diese Gleichstellung beseitigt, und die betreffenden Minister haben eine überwiegende Auktorität gewonnen: der erste Lord des Schatzes hat im Schatzamte und im Kabinet die höchste Auktorität, in der Admiralität der erste Lord der Admiralität, im Handelsamte der Präsident desselben. In dem Sekretariat für Indien steht dem Minister ein Kollegium zur Seite, dessen Mitwirkung für einige wenige Akte zur Gültigkeit derselben erforderlich, bei den meisten Amtshandlungen des Ministers aber entbehrlich ist. In anderen Departements, z. B. in den Ministerien des Innern, der auswärtigen Angelegenheiten und der Kolonieen, ist überhaupt nichts von einer kollegialischen Verfassung zu finden, sondern der betreffende Staatssekretär ist allein verantwortlich. Endlich finden wir in den Beziehungen des Staatssekretariats für den Krieg zu dem Oberbefehlshaber der Armee ein anderes eigenthümliches Verhältniß. Der für die Verwaltung des Kriegs-Departements vorzugsweise verantwortliche Beamte ist der Staatssekretär für den Krieg; aber in vielen wichtigen Zweigen dieser Verwaltung hat der Oberbefehlshaber eine fast unbeschränkte Autorität. Die Ursachen dieser Verschiedenheiten werden sich aus den folgenden Kapiteln ergeben.

Fünftes Kapitel.

Der Staatsrath und seine Abtheilungen.

Der Staatsrath, von dessen legislativen und richterlichen Funktionen bereits gehandelt worden, ist auch die höchste Verwaltungs-Behörde. Die in dieser Eigenschaft ihm obliegenden Geschäfte werden jetzt durch Abtheilungen wahrgenommen, von denen das Kabinet die oberste ist. Das Plenum des Staatsraths wird heut zu Tage selten versammelt; die Geschäfte, welche demselben früher oblagen, werden jetzt meistentheils vom Kabinet besorgt; und dieses besteht (wie wir gesehen haben) aus denjenigen Mitgliedern des Staatsraths, welche zur Zeit die vornehmlichsten Rathgeber der Krone sind. Vor der Ausscheidung des Kabinets aus dem Plenum des Staatsraths, und vor der Ausschließung des letzteren von den meisten Staatsgeschäften wurde ohne Berathung im Staatsrathe, dessen Mitglieder das Gesetz als die berufenen und verpflichteten Rathgeber der Krone betrachtete, von Seiten der Krone kein Beschluß über auswärtige oder über innere Angelegenheiten (Bündnisse, Erlaß von Staatsraths-Ordres, Proklamationen u. s. w.) gefaßt. — Zu den früher vom Staatsrathe besorgten allgemeinen Verwaltungsgeschäften gehörte ein großer Theil derjenigen, welche später den Staatssekretären zugewiesen wurden. So z. B. gingen in den Jahren 1443—44, unter Heinrich VI., Bewilligungen, welche jetzt nur das Ministerium eines Staatssekretärs passiren, durch den Staatsrath. Gesuche um Bewilligungen seitens der Krone mußten damals außer von dem Antragsteller noch von einem Lord des Staatsraths oder „einer anderen Person aus der Umgebung des Königs“ unterzeichnet sein. In Justizsachen wurden solche Gesuche an den Staatsrath eingereicht und von dort den betreffenden Gerichten zugesendet; Petitionen in Gnadensachen wurden entweder dem Staatsrathe zur Abgabe seines Gutachtens zugewiesen, oder sie wurden, wenn der König die Bewilligung ohne ein solches Gutachten ertheilte, dem Sekretär des Königs übergeben; dieser mußte der ihm ertheilten Anweisung gemäß ein Schreiben entwerfen, welches mit dem Handsiegel beglaubigt wurde und dann an den Geheimsiegel-Bewahrer, von diesem aber, mit dem Geheimsiegel[1]) versehen, an den Kanzler ging. Wenn aber der Geheimsiegel-Bewahrer nach dem Empfange des Schreibens „dafür hielt, daß die Sache von großer Wichtigkeit sei, so sollte er sich an die Lords des Staatsraths wenden und ihnen die Sache vortragen, damit der König ihren Rath hörte, bevor die Sache durchginge.“

Im Laufe der Zeit wurde der Staatsrath zur Erleichterung und Beförderung der Geschäfte in Abtheilungen (Committees) getheilt, welche viele von den, jetzt besonderen Departements zugewiesenen Geschäften besorgten. So gab es 1620—21 eine Staatsraths-Abtheilung für den Krieg, welche aus mehreren der ersten Rathgeber des Königs bestand; eine andere gleichzeitig bestehende Abtheilung war die für die auswärtigen Angelegenheiten. Nach der Restauration wurde, anscheinend unter Zustimmung des Königs, ein Plan zu einer systematischen Sonderung des Staatsraths in Abtheilungen entworfen, und wenigstens einige von diesen Abtheilungen traten in Wirksamkeit. Nach jenem Plane sollten eingerichtet werden: eine Abtheilung für „Auswärtige Angelegenheiten,“ welche auch mit Friedensrichtern und anderen Grafschafts-Beamten in Verbindung treten sollte; eine Abtheilung für „die Admiralität, Flotten- und Militär-Angelegenheiten,“ sofern diese für die Behandlung beim Staatsrathe ohne Eingriff in die Befugnisse besonderer Beamten geeignet erscheinen würden; eine Abtheilung für „Beschwerde-Petitionen,“ an welche alle Sachen verwiesen werden sollten, „welche Staatsakte im Rath betreffen;“ eine

[1]) Die Worte: Privy Seal sind theils mit Geheimsiegel, theils mit Privatsiegel in den folgenden Abschnitten wiedergegeben. Beide Ausdrücke finden sich bei deutschen Schriftstellern für jene englischen Worte. Es genügt die Erwähnung, daß beide synonym sind. Der Uebers.

Abtheilung für „Handel," für die Angelegenheiten der auswärtigen Pflanzungen, Irlands, Schottlands und der Kanal-Inseln. Die Staatssekretäre sollten zu allen Abtheilungen gehören, und — so lautet der Plan — „außer den ständigen Abtheilungen sollten nach Sr. Majestät Meinung und Absicht, wenn etwas Außerordentliches vorkommt, weshalb die Rathsertheilung erforderlich wird, sei es in Sachen des Schatzamtes oder anderer gemischter Natur, besondere Abtheilungen für solche Sachen bestellt werden, wie es bisher gebräuchlich gewesen ist; die Abtheilungen sollen ihre Berichte schriftlich erstatten, und letztere sollen Sr. Majestät am nächstfolgenden Sitzungstage des Staatsraths vorgetragen werden. Wenn dann eine Debatte entsteht, soll das jüngste Mitglied des Rathes zuerst sprechen, aber Niemand soll ein zweites Mal zum Worte gelassen werden."

Heut zu Tage sind die wichtigeren Versammlungen des Staatsraths als Verwaltungs-Behörde zweierlei Art: Versammlungen in Gegenwart der Königin im Rath, und Versammlungen des Kabinets ohne Beisein der Königin.

Die Fälle, in welchen die Königin selbst den Staatsraths-Sitzungen präsidirt, sind theils durch den Gebrauch, theils durch Statute bestimmt. Viele von den wichtigsten Staats-Akten des Souverains und auch einige andere, mehr formeller Natur werden so von der Königin im Rath vorgenommen. Dieses sind im rechtlichen Sinne die Akte der „Königin **im** Rath," nicht: der Königin und des Raths, d. h. ihre Auktorität und Gültigkeit kann nur von der Krone selbst abgeleitet werden. Zu den Staatsraths-Sitzungen, welchen die Königin präsidirt, werden gewöhnlich nur diejenigen Mitglieder entboten, welche zum Kabinet gehören.

Zu den wichtigeren Staatsangelegenheiten, über welche die „Königin im Rath" beschließt, gehören die Staatsraths-Befehle („Orders in Council"), welche nachher durch „Proklamation" veröffentlicht werden. Von derartigen Proklamationen, so weit sie legislativer Natur sind, haben wir schon im ersten Buche gehandelt (vergl. insbes. S. 23). Es giebt aber aber auch Akte der Königin im Rath, welche administrativer Natur sind. Dahin gehört die Wahl der Sheriffs für England und Wales und der Erlaß der Proklamationen über Krieg und Frieden.

Die Staatsrechtslehrer haben die Grenze zwischen den Prärogativrechten, welche im Staatsrathe in Vollzug gesetzt werden müssen, und denjenigen, welche auf den Rath einzelner Minister ausgeübt werden, nach allgemeinen Merkmalen niemals genau zu bestimmen vermocht. Der Unterschied beruhet theils auf alten Gebräuchen und theils, für einzelne Fälle, auf Parlaments-Akten. Im Allgemeinen kann man wohl sagen, daß die politischen Akte der Krone, welche von allgemeiner Wichtigkeit sind, im Staatsrathe, die minder wichtigen auf den Rath der einzelnen Minister vorgenommen werden. Zu den letzteren gehören z. B. die Ernennung und Anstellung von Beamten und Begnadigungen, zu den ersteren Proklamationen wegen Berufung, Prorogation und Auflösung des Parlaments.

Obgleich keine allgemeine gesetzliche Regel darüber existirt, welche Prärogativrechte nur im Staatsrathe ausgeübt werden können, so ist doch im Parlamente häufig erklärt worden, daß wichtige Staatsakte nicht ohne Anhörung des Staatsraths beschlossen werden sollten. Wir haben schon mehrere solche Fälle erwähnt, z. B. die Resolution des Parlaments unter Eduard II. und später unter derselben Regierung die Anklage der Despencers (S. 201), die Anklage de la Pole's unter Heinrich VI. wegen Abschließung eines Vertrages ohne Zustimmung des Staatsraths (S. 208), die Beschwerde der Gemeinen unter Karl I. darüber, daß er sich nur vom Herzoge von Buckingham leiten lasse und seinen Staatsrath nicht höre (S. 212.). Ferner war es ein Grund zur Anklage gegen den Lord Schatzmeister Danby (1678), daß er eine diplomatische Korrespondenz hinter dem Rücken des Staatsraths geführt habe; und ein Grund der Anklage gegen Lord Somers (1701), daß er dem Theilungs-Vertrage das große Siegel beigefügt, ohne den Staatsrath gehört zu haben.

Statute, Parlaments-Verhandlungen und alte Autoren über das englische Recht kennen Versammlungen des Staatsraths in Gegenwart des Souverains, nicht aber Kabinets-Raths-Sitzungen. Dies sind nur freie Versammlungen gewisser Mitglieder des Staatsraths, an welchen die Königin nicht Theil nimmt. Die in denselben stattgehabten Verhandlungen pflegen ihr jedoch von den gegenwärtig gewesenen Ministern mitgetheilt zu werden. Das Gesetz erkennt den Staatsraths-Mitgliedern, sofern sie ohne den Souverain Sitzung halten, keine anderen Befugnisse zu, als daß sie Angeschuldigte verhaften lassen (vergl. S. 381 ff.) und alle diejenigen Rechte ausüben können, welche nach Statuten den einzelnen Mitgliedern des Staatsraths zustehen.

Die Bedeutung der unter dem Präsidium der Königin stattfindenden Staatsraths-Sitzungen ist durch den Uebergang eines großen Theils der konsultativen Funktionen des Staatsraths an den Kabinetsrath erheblich geringer geworden. Hallam meint, daß seitdem auch die Verantwortlichkeit der Minister der Krone eine geringere geworden sei (vergl. S. 217.). Es kann jedoch nicht in Abrede gestellt werden, daß in Folge der größeren Oeffentlichkeit, mit welcher die Staatsgeschäfte jetzt betrieben werden, die Minister bei ihren der Krone ertheilten Rathschlägen gegenwärtig der Kontrolle der öffentlichen Meinung und des Parlaments mehr ausgesetzt sind, als früher; und dies darf bei Beurtheilung der Frage: ob die Verantwortlichkeit der Exekutive eine geringere geworden sei, nicht übersehen werden.

Gesetzlich gebührt der höchste Rang im Staatsrathe dem Präsidenten desselben; aber nach neuerem Gebrauche ist der erste Lord des Schatzes das oberste Mitglied des Staatsraths; auf ihm lastet der größte Theil der Verantwortlichkeit für die Verwaltung. Ihm steht insofern eine Obergewalt im Kabinette zu, als er verlangen kann, daß die Entscheidungen desselben mit seinen Intentionen in Uebereinstimmung seien oder daß im Falle einer unlöslichen Differenz entweder seine dissentirenden Kollegen im Kabinet resigniren oder das Kabinet sich auflöst.

Die Unterrichts-Abtheilung und das Handelsamt — beides „Committees" des Staatsraths — haben ihre besonderen Funktionen als Departements der Verwaltung.

Die Unterrichts-Abtheilung (Committee of the Privy Council on Education) wurde 1839 zum Zwecke der Vertheilung der jährlich vom Parlamente für den öffentlichen Unterricht in Großbritannien bewilligten Summen eingerichtet. Der vom Parlamente zur Disposition der Unterrichts-Abtheilung gestellte Geldbetrag ist alljährlich verschieden. Vor 1839 wurde dieses Geld vom Schatzamte vertheilt; dann aber wurde die neue Unterrichts-Behörde geschaffen, um das Schatzamt von der Last der Geschäfte zu befreien und eine bessere Verwendung der für den Unterricht bestimmten Fonds zu sichern. Diese Behörde besteht aus dem Lord Präsidenten und mehreren anderen Mitgliedern des Staatsraths. Da kein Schulvorstand verpflichtet ist, mit der Unterrichts-Abtheilung in Beziehung zu treten, und letztere keine Zwangsmittel irgend welcher Art zur Erreichung ihrer Zwecke hat, so wurde diese Behörde nicht durch Parlaments-Akte geschaffen, hat auch durch das Parlament keine weiteren Rechte übertragen erhalten, als diejenigen, welche ihr vermöge der jährlichen Appropriation einer Summe für Unterrichts-Zwecke zustehen. Durch das Statut 19 u. 20 Victoria cap. 116 ist die Königin ermächtigt, ein Mitglied des Staatsraths zum Vice-Präsidenten der Unterrichts-Abtheilung mit einem bestimmten Gehalte zu ernennen.[1])

Das Handelsamt (Board of Trade) heißt vollständiger: „Die Abtheilung von Ihrer Majestät Staatsrath für Handelssachen und auswärtige Pflanzungen." Diese Behörde besitzt, abweichend von der vorher erwähnten, umfangreiche Befugnisse zur Erzwingung ihrer Zwecke.

Vor der Zeit Cromwell's scheint ein Handelsamt als Regierungs-Behörde nicht bestanden zu haben. Cromwell ernannte im Jahre 1655 seinen Sohn Richard, mehrere Lords seines Staatsraths, mehrere Richter und einige Kaufleute zu Mitgliedern einer Kommission für Handel, welche erwägen sollte, wie Verkehr und Schifffahrt am besten gefördert und geregelt werden könnten.

Karl II. errichtete 1660 durch Patent einen „Handels-Rath"[2]) und bald darauf in demselben Jahre einen „Rath für die Auswärtigen Pflanzungen", wie die Kolonieen damals genannt wurden. Beide Behörden bestanden neben einander, standen aber in Kommunikation. Zu den Geschäften des Handels-Raths gehörte die Förderung der Schifffahrt und des Handels der Pflanzungen, so weit letztere mit den übrigen Besitzungen des Königs in Beziehungen standen; erforderlichenfalls sollte er mit dem „Rath für die Auswärtigen Pflanzungen" in Berathung treten. Dieser letztere sollte sich über den Zustand der auswärtigen Pflanzungen, ihre Gesetze und Regierungsweise informirt

---

[1]) Näheres über die Unterrichts-Abtheilung vergl. bei Gneist, Amts- und Verwaltungsrecht S. 747 ff. (2. Aufl.) — Das Wesen dieser Behörde ist nur verständlich, wenn man berücksichtigt, daß in England kein Schulzwang existirt. Die der Unterrichts-Abtheilung zur Disposition stehenden Mittel sind nur eine Beihülfe zu freiwilligen Unternehmungen von Lokalschulen für Kinder der handarbeitenden Klasse. Anm. des Uebers.

[2]) Es ist die Vermuthung aufgestellt worden, daß die Gründung des Handels-Rathes dem Lord Kanzler Clarendon zuzuschreiben sei. In seiner an die beiden Parlamentshäuser bei deren Vertagung im September 1660 gerichteten Rede theilte er ihnen mit: der König „beabsichtige, sofort einen Handels-Rath zu errichten, welcher aus hervorragenden Kaufleuten mehrerer Gesellschaften, einigen anderen vornehmen und erfahrenen Männern und zur größeren Ehre und Aufmunterung auch aus einigen Lords seines Staatsraths bestehen sollte." — John Evelyn theilt in seinen Memoiren mit, daß die Kommission für Handel und Pflanzungen im Mai 1671 wiederhergestellt sei, und daß er selbst dazu gehört habe. Das erste Geschäft derselben war, daß sie ein Cirkular an die Gouverneure mehrerer Kolonieen sendete, in welchem sie Mittheilungen über den Zustand derselben verlangte. Im October 1672 wurde diese Kommission ebenfalls in einen Handels-Rath umgewandelt.

halten, über Beschwerden aus den Kolonieen an den König berichten, durch „vorsichtige Mittel" es dahin zu bringen suchen, daß die Kolonieen gleichmäßigere Regierungen erhielten, die Ausführung der Schifffahrts-Gesetze, die Auswanderung und die Transportationen beaufsichtigen und die Verbreitung des Evangeliums in den Kolonieen befördern.

Im Jahre 1672 wurden beide Behörden mit einander vereinigt; die früheren Vollmachten derselben wurden widerrufen, und es wurde ein neuer Rath bestellt, welcher für die Wohlfahrt der Kolonieen und Pflanzungen, und für den Handel und die Schifffahrt aller Besitzungen des Königs, wo sie auch liegen möchten, mit einziger Ausnahme von Tanger, sorgen sollten. Diese Amtsvollmacht wurde aber 1675 widerrufen.

Wilhelm III. stellte diese Behörde im Jahre 1695 wieder her und beauftragte sie, sich über die allgemeinen Verhältnisse, die Rechtspflege und den Handel der Kolonieen zu informiren, die den Gouverneuren ertheilten Instruktionen zu prüfen, dem Könige im Rath Personen, welche zu Gouverneuren geeignet sein möchten, vorzuschlagen u. s. w. und gutachtlich über die Akte der legislativen Versammlungen der Kolonieen, welche zur königlichen Bestätigung eingingen, zu berichten. [1])

Unter der Königin Anna war der Handels-Rath nur berathende Behörde für Kolonial- und Handels-Sachen; die Minister scheinen von demselben Gutachten über Fragen der Auswanderung nach den Kolonieen und über beabsichtigte Handelsverträge mit fremden Ländern erfordert zu haben.

Die Kommissäre für Handel und Pflanzungen wurden seit Wilhelm III. bis 1781 stets bestellt. Im Jahre 1768 wurde das Amt des Staatssekretärs für die Kolonieen geschaffen; aber neben demselben fungirten jene Kommissäre in bisheriger Weise fort.

Im Jahre 1782 wurde aus Gründen, welche im folgenden Kapitel erwähnt werden sollen, das Amt des „dritten Staatssekretärs" oder „Staatssekretärs für die Kolonieen" durch das Statut 22 Georg III. cap. 82 abgeschafft; zugleich wurde das „gewöhnlich so genannte Amt für Handel und Pflanzungen" beseitigt, und bestimmt, daß „die bisher von den Kommissären für Handel und Pflanzungen

---

[1]) Im Jahre 1695 wurde in Folge der Klagen über ungenügenden Schutz des Handels ein Antrag in das Parlament eingebracht, nach welchem durch Parlaments-Akte ein Handels-Rath eingesetzt werden sollte. Der Antrag fand Widerstand, weil die Exekutive der Krone und nicht dem Parlament zustehe, und ging deshalb nicht durch.

verrichteten oder gesetzlich zu verrichtenden Geschäfte, und alle Auktorität, Gewalt und Jurisdiktion besagter Kommissäre nach den früheren Bestimmungen übertragen und ausgeübt werden soll durch eine Abtheilung oder Abtheilungen von Seiner Majestät Staatsrath, wie sie Seine Majestät anzuordnen und zu bestellen geruhen wird."

Seitdem hörte die Verwaltung der Kolonieen durch das Handelsamt auf; sie wurde, wie später erwähnt werden wird, auf andere Departements übertragen. Die übrigen Geschäfte des Handelsamtes wurden nach jener Akte durch eine Abtheilung des Staatsrathes besorgt, welche im Jahre 1786 durch eine Staatsraths-Ordre gehörig konstituirt wurde und welche seitdem als Handelsamt besteht.

Nachdem die Leitung der Kolonial-Angelegenheiten dem Staatssekretär für die Kolonieen übertragen war, bestanden die Geschäfte des Handelsamts nunmehr, streng genommen, nur noch in eigentlichen Handelssachen. Jedoch ist es gebräuchlich, daß der Staatssekretär für die Kolonieen dem Handelsamte die Bills der Kolonial-Legislaturen zur gutachtlichen Berichterstattung zuweist und danach seinen Beschluß faßt.

Seitdem dem Handelsamte die Verwaltung der Kolonieen abgenommen ist, hat auch der größte Theil seiner Exekutiv-Gewalt aufgehört, und seine Geschäfte sind wesentlich nur konsultative. Die zahlreichen Ex officio-Mitglieder der Abtheilung nehmen an ihren Geschäften thatsächlich längst nicht mehr Theil. Wenn Gesetzvorschläge der Kolonial-Legislaturen (ausgenommen die den Handel betreffenden) von dem Staatsrathe an diese Abtheilung zur gutachtlichen Aeußerung verwiesen werden, so geht der Bericht von dem Kolonial-Staatssekretär aus, welcher Mitglied der Abtheilung ist. Für alle anderen Fälle sind die aktiven Mitglieder der Abtheilung nur der Präsident und der Vice-Präsident derselben.

Der Präsident ist für dieses Departement der verantwortliche Minister. Es zerfällt in mehrere Unterabtheilungen, und an der Spitze einer jeden derselben steht ein Beamter, welcher wiederum dem Präsidenten verantwortlich ist. Diese Beamten sind für die Dauer angestellt, und sie wechseln — ungleich dem Präsidenten — nicht mit dem Kabinet.

Die Geschäfte des Handelsamtes sind sehr vielseitig. Viele Angelegenheiten, welche Handelsinteressen berühren, aber an sich zu anderen Departements gehören, gelangen an das Handelsamt entweder nur zur Information der Mitglieder des letzteren oder weil man ihren Rath zu haben wünscht. So z. B. sind die Kommunikationen mit dem Ministerium der auswärtigen Angelegenheiten über den Abschluß von Handelsverträgen, über Schwierigkeiten, welche aus den letzteren entstehen, über die Ausführung derselben u. s. w. sehr häufig. Mit dem Schatzamte tritt das Handelsamt in Verbindung, wenn es sich um Aenderungen in den Zollgesetzen, oder um Härten, die bei der Ausführung derselben hervortreten, oder um andere ähnliche Fragen handelt. Ebenso gehört die Entwerfung oder Prüfung von Bills oder Staatsraths-Ordres über Angelegenheiten seines Ressorts und die oben gedachten Sachen zu den Obliegenheiten des Handelsamts. Alle an die Königin im Rath von Gesellschaften oder einzelnen Personen gerichteten Gesuche um Verleihung von Korporationsrechten gehen an dasselbe.

Außerdem sind dem Handelsamte durch Statute gewisse Befugnisse in Ansehung einzelner inkorporirter Gesellschaften beigelegt. — Alle Akte der Kolonial-Legislaturen werden behufs Vorlegung bei der Königin dem Staatssekretär zugesendet. Diese Akte werden dann von dem Staatssekretär an den Clerk des Staatsraths befördert und so der Königin unterbreitet, welche die Verweisung an das Handelsamt befiehlt. Ein Theil der so verwiesenen Akte wird in der bereits erwähnten Weise von dem Kolonial-Staatssekretär begutachtet; aber alle Kolonial-Akte, welche in das eigentliche Ressort des Handelsamts einschlagen, müssen die formelle Billigung des Handelsamts haben, ehe sie die Zustimmung der Krone erhalten. Die Verordnungen der „Kron-Kolonieen" brauchen nicht nothwendig dem Handelsamte vorgelegt zu werden; aber diejenigen von ihnen, welche den Handel angehen, pflegen ihm dennoch zugewiesen zu werden.

Nach den Geschäfts-Ordnungen des Parlaments müssen gedruckte Exemplare der Bills, welche sich auf Eisenbahnen, Docks, Häfen und andere öffentliche Bauwerke beziehen, und alle Bills „wegen Inkorporation einer Gesellschaft oder Verleihung von Rechten an eine solche" bei dem Handelsamte vor der Einbringung in das Parlament niedergelegt werden; ebenso die Pläne und Risse von gewissen Bauwerken, welche durch solche Bills genehmigt werden sollen (vergl. S. 151.). Das Handelsamt oder die betreffenden Beamten berichten gutachtlich über die Eisenbahn-Bills, und die Gutachten gelangen an die für die Bills bestellten Ausschüsse.

Das statistische Büreau (statistical department) des Handelsamts sammelt aus öffentlichen und Privat-Quellen Nachrichten über den Umfang des Handels, der Manufakturen und die Produktion des Königreiches überhaupt. Die Berechnungen über die Einnahmen aus den Abgaben, Zöllen ꝛc. und den Umfang des Handels, welche das statistische Büreau aus den Mittheilungen anderer Departements zusammenstellt, werden alljährlich dem Parlamente vorgelegt.

Neben seinen konsultativen Funktionen stehen dem Handelsamte mehrere exekutive Befugnisse zu, welche ihm durch neuere Statute übertragen sind. Solche Befugnisse hat es z. B. auf Grund verschiedener Akte über die Handels-Schifffahrt,[1]) rücksichtlich der Handels-Marine und der Ausführung der Gesetze über den Seedienst auf Handelsschiffen, mit Einschluß der Anordnungen wegen Prüfung der Capitains und Untersteuerleute für Handelsschiffe, welche nicht bloß Küstenschifffahrt treiben, der Musterung der Matrosen und dergl. m. Es kann auch über gewisse Heuerstreitigkeiten summarisch entscheiden. Nach anderen Statuten hat das Schifffahrts-Departement des Handelsamtes auch verschiedene Amtspflichten wegen Anstellung von Inspektoren, welche über die Tüchtigkeit von Fluß-Dampfschiffen berichten müssen, ehe letztere Passagiere annehmen dürfen. Nach einem neueren Statute sind gewisse Rechte und Pflichten, betreffend die Häfen und den Schiffsverkehr, welche nach Lokal-Akten zu beurtheilen sind, der Admiralität abgenommen und dem Handelsamte zugewiesen; auch ist die Zustimmung des Handelsamtes erforderlich, wenn bei dem Parlamente auf Erlaß solcher Akte angetragen wird.[2])

Ein anderes Departement des Handelsamtes, das Eisenbahn-Departement, beaufsichtigt den Bau und Betrieb der Eisenbahnen und stellt Inspektoren an, welche über die Tüchtigkeit der Anlagen und der Betriebsmittel zu berichten haben, ehe die Bahnen eröffnet werden dürfen; diese Inspektoren haben auch die Ursachen vorgekommener Unglücksfälle festzustellen.[3])

Eine andere statutarische Befugniß des Handelsamtes betrifft die Aktien-Gesellschaften (joint-stock companies). Nach mehreren Parlaments-Akten können gewisse Handelsgesellschaften nach erfolgter Registrirung Korporationen werden. Die Geschäfte einer registrirten Handelsgesellschaft können auf den Antrag einer gewissen Zahl von Aktionären durch Inspektoren geprüft werden, welche das Handelsamt

---

[1]) 16 und 17 Victoria cap. 129; 17 und 18 Victoria cap. 104.

[2]) 25 und 26 Victoria cap. 69. (The Harbours Transfer Act. 1862.)

[3]) Die administrative Kontrolle der Eisenbahnen war ursprünglich durch das Statut 3 und 4 Victoria cap. 97 dem Handelsamte zugewiesen, wurde dann durch das Statut 9 und 10 Victoria cap. 105 einer besonderen Kommission übertragen, dann aber 1851 durch die Akte 14 und 15 Victoria cap. 64 dem Handelsamte zurückgegeben.

ernennt.[1]) — Die Statute über das Eigenthumsrecht an Mustern ermächtigen das Handelsamt, die Gebühren des Registrirungsbeamten (Registrar of Designs) zu bestimmen und die Zeitdauer des Schutzes gegen Nachbildung zu verlängern.[2]) — Endlich gehört auch noch zu den vielfältigen Geschäften des Handelsamtes die Leitung und Beaufsichtigung der Staats-Musterzeichnen-Schulen (Government Schools of Design) und einzelner Museen und Werkstätten für Zwecke der Kunst und Wissenschaft.

Sechstes Kapitel.

Das Staatssekretariat.

Es ist bereits erwähnt worden, daß der erste Sekretär des Königs bis zur Zeit Heinrichs VIII. noch nicht zu den hohen Staatsbeamten gehörte. Ein erster oder Ober-Sekretär existirte freilich schon viel früher; aber seine Funktionen waren untergeordnete im Vergleich mit denen, welche dem Sekretär zufielen, als er „Staatssekretär" wurde.

Das Amt eines Sekretärs des Königs wird schon unter Heinrich III. erwähnt, wo ein gewisser Maunsell, „Secretarius noster", beauftragt wurde, als Spezialgesandter über ein Bündniß mit Spanien und über andere wichtige Angelegenheiten zu verhandeln. Derselbe war Mitglied des Staatsraths. Obgleich aber der Sekretär öfter Staatsraths-Mitglied war, so blieb er doch bis zur Mitte des funfzehnten Jahrhunderts ein untergeordneter Beamter des königlichen Haushalts; erst seit Heinrich VI. wurde es Regel, daß der Sekretär zum Staatsrath gehörte.

In der älteren Zeit hatte, wie wir gesehen haben, der Kanzler die Geschäfte eines Staatssekretärs zu verrichten. Wahrscheinlich wurde ihm dies unmöglich, als er nach der Eroberung der oberste richterliche Beamte des Königreichs geworden war und dadurch seine Arbeiten sich bedeutend vermehrt hatten. Dennoch behielt er noch lange nachher Geschäfte bei, welche jetzt einem Staatssekretär obliegen. So z. B. finden wir, daß Kardinal Wolsey als Kanzler Heinrichs VIII. Funktionen hatte, welche denen eines heutigen Sekretärs für die auswärtigen Angelegenheiten sehr ähnlich sind: er hielt Besprechungen mit

---

[1]) The Companies Act 1862, 25 und 26 Victoria cap 89. s. 56.

[2]) 5 und 6 Victoria cap. 100. s. 14; 13 und 14 Victoria cap. 104. ss. 9. 10.

den Gesandten auswärtiger Höfe und führte die Korrespondenz mit den englischen Ministern im Auslande. Freilich wurde er, weil er diese Korrespondenz ohne Autorisation des Staatsraths gepflogen hatte, angeklagt, die dieser Behörde zustehenden Funktionen sich angemaßt zu haben.

Der erste Schritt zur Umwandelung des Sekretärs des Königs in einen verantwortlichen Staatsbeamten war nach Sir Harris Nicolas („Staatsraths-Urkunden“) der Erlaß von Regulativen des Staatsraths unter Heinrich VI. — wahrscheinlich 1443—44 —, nach welchen die in Folge von Petitionen erfolgten Bewilligungen des Königs urkundlich durch den Sekretär ausgefertigt und mit dem Siegel des Königs versehen werden sollten. Diese Urkunden sollten den Geheimsiegel-Bewahrer ermächtigen, die Bewilligungen unter dem Privatsiegel (Privy Seal, Geheimsiegel), und den Lord Kanzler, sie unter dem Großen Siegel auszufertigen.

Die Statute Heinrichs VIII. erwähnen den Sekretär des Königs mehrfach. Das Statut 27 Heinrich VIII. cap. 11 bestimmt sein Verfahren rücksichtlich königlicher Verleihungen und Bewilligungen; dieselben sollten nach einander mit dem Handsiegel (Signet), dem Privatsiegel und dem Großen Siegel beglaubigt werden. Das Statut 31 Heinrich VIII. cap. 10 bestimmt die Rangverhältnisse verschiedener „hoher Beamten des Reichs“; unter diesen wird „des Königs Ober-Sekretär“ erwähnt; er rangirt aber zuletzt. Sir Harris Nicolas nimmt an, daß der Anfang der Regierung Heinrichs VIII. die Zeit sei, wo der Sekretär des Königs ein Beamter von großer Bedeutung wurde, und daß bis dahin seine Stellung mehr der eines Privat-Sekretärs, als der der heutigen Staatssekretäre geglichen habe.

Unter Elisabeth, im Jahre 1601, wird der Sekretär zum ersten Male mit einem dem heutigen ähnlichen Titel bezeichnet: Robert Cecil wird „Unser erster Staatssekretär“ („Our principal Secretary of Estate”) genannt.

Lord Camden läßt sich in dem berühmten Urtheile in dem Prozesse Entick wider Carrington, in welchem über die Gesetzlichkeit der Verhaftungen durch einen Staatssekretär zu entscheiden war, über das Amt eines solchen so aus: — „Dieser Beamte ist in der That der Privat-Sekretär des Königs. Er ist der Bewahrer des Handsiegels, welches zu den Privatbriefen des Königs benutzt wird, und er beglaubigt das königliche Handzeichen, wenn er Verleihungs-Briefe an den Geheimsiegel-Bewahrer übersendet. Das Siegel wird in dem

„Articuli super Chartas" cap. 6[1]) erwähnt, und Lord Coke in seinem Kommentar, 2 Inst. 556, zu diesem Kapitel spricht sich über den Sekretär ebenso aus, wie ich es eben gethan habe. Er sagt: Der Sekretär habe vier Clerks unter sich, und das Gesetz gedenke in einzelnen Fällen des Handsiegels; ein „ne exeat regno" z. B. könne gültig sowohl unter dem Privatsiegel als auch unter dem Handsiegel ausgefertigt werden." „Es ist nicht schwer" — sagt er später — „sich die spätere große Bedeutung dieses königlichen Dieners zu erklären. Er wurde natürlich einflußreich, als alle Höfe Europa's residirende Gesandte bei sich zuließen; denn seitdem ging die ganze auswärtige Korrespondenz durch die Hände des Sekretärs, welcher folgeweise zu einem eingeweiheten und vertrauten Minister wurde." [2])

Zu einer größeren Auktorität gelangte jedoch der Staatssekretär erst nach der Restauration. Lord Clarendon in seiner Geschichte der Rebellion sagt bei Erwähnung der Staatssekretäre zu Anfang der Regierung Karls I.: sie seien „damals nicht Beamte von der Bedeutung gewesen, wie sie es seitdem geworden seien; sie hätten nur Depeschen nach den Beschlüssen des Staatsraths auszufertigen, nicht aber in den Sitzungen desselben die Leitung oder das Präsidium gehabt."

Indessen müssen doch die ersten Sekretäre schon früher eine große Gewalt erlangt haben. Heinrich VIII. und schon frühere Könige beauftragten sie mit wichtigen Verhandlungen. Sir William Cecil, später Lord Burleigh, und Walsingham erlangten unter Elisabeth als Staatssekretäre großen Einfluß und wurden von ihr zu Staatsgeschäften von der größten Wichtigkeit verwendet.

Unmittelbar nach der Restauration von 1660 wurde, wie bereits erwähnt, eine Abtheilung des Staatsraths für die auswärtigen Angelegenheiten bestellt, zu welcher der Staatssekretär gehörte; und schon vor der Revolution von 1688 scheint der Staatssekretär der ordent-

---

[1]) 28 Eduard I. stat. 3 cap. 6: „Daß fortan kein Erlaß, welcher das gemeine Recht betrifft, unter dem kleinen Siegel (le petit seal) ergehen soll."

[2]) Die Veränderung in dem diplomatischen Gebrauche der europäischen Höfe, nach welchem bis dahin Gesandtschaften nur auf einzelne Veranlassungen gesendet wurden, durch die Bestellung bei den fremden Höfen residirender Gesandten datirt seit dem westphälischen Frieden. (Wheaton, Völkerrecht.) — Allein die englische diplomatische Korrespondenz ging nachweisbar schon vor 1648 durch die Hände eines Staatssekretärs. So z. B. enthält eine im Staats-Archiv (State Paper Office) aufbewahrte, vom 9. December 1641 datirte Urkunde die Bemerkung: „Alle auswärtigen und irischen Depeschen gehen an den Sekretär Nicholas." —

liche diplomatische Minister der Krone geworden zu sein. Die Anklage-Artikel gegen den Lord Schatzmeister Danby (1678) enthielten auch die Beschuldigung, daß er mit fremden Ministern verhandelt und den englischen Gesandten im Auslande Instruktionen ertheilt habe, ohne mit den Staatssekretären und den übrigen Mitgliedern des Staatsraths zu kommuniziren, „gegen den erklärten Willen Seiner Majestät und des Parlaments.“ Nach der Revolution wurden die Verhandlungen über den „Theilungs-Vertrag“ unter größter Geheimhaltung geführt, und es wurde auf ausdrücklichen Befehl Wilhelms III. Anfangs Niemandem in ganz England etwas davon mitgetheilt, als nur dem Staatssekretär; selbst dem Lord Kanzler wurde nur eröffnet, daß Verhandlungen schwebten, als er die erforderliche Vollmacht für die mit der Verhandlung beauftragten Kommissäre mit dem Großen Siegel versehen sollte; sogar er erfuhr von dem Inhalte des Vertrages erst etwas, als derselbe abgeschlossen war.

Theilung des Staatssekretariats. — Wie groß auch die Zahl der Sekretäre sein mag, so bilden sie doch immer nur Eine Amtsstelle, und sie haben gleichen Rang und gleiche Auktorität. Jeder von ihnen ist im Allgemeinen zu jedem dem Staatssekretär zustehenden Akte berechtigt; denn die Theilung der Geschäfte beruhet nur auf Uebereinkommen. Wenn daher ein Staatssekretär, welcher Mitglied des Hauses der Gemeinen ist, von einem Departement des Staatssekretariats zu einem anderen übertritt, so verliert er dadurch seinen Platz im Unterhause nicht. Wenn ferner durch Parlaments-Akten den Staatssekretären Rechte beigelegt werden sollten, so hat man gewöhnlich den speziellen Sekretär, welcher diese Rechte ausüben sollte, nicht bezeichnet; erst in einigen neueren Statuten ist es ausgedrückt, daß die dadurch übertragenen Befugnisse von dem Sekretär dieses oder jenes Departements ausgeübt werden sollen.

Die erste Theilung des Sekretariats, welche uns urkundlich bekannt ist, kam unter Heinrich VI. vor. Im Jahre 1442 gab es nämlich zwei Sekretäre für die Angelegenheiten Frankreichs. Aus dem bereits citirten Statute 31 Heinrich VIII. cap. 10 (1539) geht hervor, daß damals nur Ein Sekretär existirte; aber noch in demselben oder im folgenden Jahre wurden zwei erste Sekretäre mit gleichen Rechten und Pflichten angestellt. Sie sollten zwei Siegel, welche als des Königs Handsiegel bezeichnet werden, führen, welche sie allen Kabinets-Reskripten (warrants) und Erlassen (writings) in inneren und auswärtigen Angelegenheiten, dem bestehenden Gebrauche gemäß, beidrücken sollten; auch mußten sie über ihre Geschäfte Akten halten, und jeder von ihnen sollte das Recht zur Einsicht der Akten des anderen haben. Ferner sollten sie an allen Staatsrathssitzungen Theil nehmen, und alternirend, je eine Woche, der eine die Sitzungen des Oberhauses, der andere die des Unterhauses besuchen. In dem ersten Theile der Regierung Elisabeths gab es nur Einen Sekretär, Sir William Cecil; später wurden zwei angestellt. So verwalteten im Jahre 1586 Sir Francis Walsingham und Davison das Amt zusammen, und sie werden in der Ermächtigung zu dem Prozesse gegen Maria Stuart in gleicher Weise als „Erste Sekretäre" bezeichnet.[1])

In den Jahren 1616—17 gab es drei erste Sekretäre. Das war jedoch eine Ausnahme von dem Gebrauche, nach welchem nur zwei angestellt wurden, bis im Jahre 1708 die Königin Anna in Folge der Vermehrung der Geschäfte einen dritten Sekretär ernannte, welcher, ebenso wie seine Nachfolger, der Staatssekretär für die schottischen Angelegenheiten hieß. Im Jahre 1746 kehrte man zu der älteren Praxis, nur zwei Sekretäre zu ernennen, zurück und blieb dabei bis 1768, wo in Folge der Vermehrung der Geschäfte für die Kolonieen und Pflanzungen ein dritter Sekretär für die Kolonieen angestellt wurde. Dies geschah nach der Verbindung der Partei des Herzogs von Bedford mit dem Ministerium des Herzogs von Grafton. Bis dahin waren die Kolonial-Geschäfte von dem Handelsamte besorgt worden.

In den Jahren 1780 und 1781 machte Burke im Hause der Gemeinen seine berühmten Vorschläge wegen Reform der Organisation der Civilbehörden. Durch den Einfluß des Ministeriums fielen dieselben, einschließlich des Antrages auf Abschaffung des Handelsamtes und des Amtes des Dritten Staatssekretärs. Im Jahre 1782 setzte aber Burke, der damals unter dem Ministerium Rockingham im Amte war, einen Theil seiner Ersparungs-Maßregeln durch: es wurde die

---

[1]) Es scheint, daß Davison thatsächlich dem anderen Sekretär, Walsingham, subordinirt war, da in der erwähnten Ermächtigung die Namen Davisons und Wolley's, des „Sekretärs für die lateinische Sprache", zuerst nicht enthalten waren, während die Namen Walsinghams und aller anderen hohen Staatsbeamten sich darin vorfanden; die Namen der ersteren wurden erst auf eine Vorstellung der Richter hinzugefügt, daß es zur Legalität des Auftrags nothwendig sei, daß der ganze Staatsrath an der Kommission Theil nehme. Sir H. Nicolas („Leben Davisons") sagt: zu der Zeit, wo Davison sein Amt antrat, „war es beschlossen, der Königin von Schottland den Prozeß zu machen, und die Vermehrung der Geschäfte, welche dadurch zu erwarten stand, war ein genügender Grund zur Anstellung noch eines Staatssekretärs."

Akte 22 Georg III. cap. 82 erlassen, welche das Amt des „Dritten Staatssekretärs, oder Sekretärs für die Kolonieen“ beseitigte.

Lange Jahre vorher hatte es zwei Sekretariats-Departements gegeben, welche man als das „Nördliche“ und das „Südliche“ bezeichnete, weil das erstere die diplomatische Korrespondenz mit den nördlichen, das zweite die mit den südlichen Staaten zu besorgen hatte. An die Stelle dieser Theilung des Sekretariats trat 1782 die Theilung in das Departement des Innern („Home Department”) und das Departement der auswärtigen Angelegenheiten („Foreign Department”). Die Kolonien und Pflanzungen wurden dabei dem Departement des Innern zugewiesen. Ebenso wurden beim Beginn des Krieges im Jahre 1793 die Geschäfte des Kriegs-Departements dem Ministerium des Innern übertragen, bis im Jahre 1794 ein besonderes Kriegs-Departement geschaffen und Dundas der erste Kriegs-Sekretär wurde. Das Kolonial-Departement blieb ein Zweig des Ministeriums des Innern bis 1801, wurde aber dann mit dem Kriegs-Departement verbunden.

Seit jener Zeit bis 1855 hat es stets drei Staatssekretäre gegeben: — einen für das Innere, den zweiten für die auswärtigen Angelegenheiten, und den dritten für Krieg und Kolonieen. Nach einer Bestimmung aus dem Jahre 1854 wurde dann ein besonderer vierter Sekretär für den Krieg bestellt, und im folgenden Jahre (18 Victoria cap. 10) wurde verordnet, daß drei Erste Staatssekretäre und drei Unterstaatssekretäre gleichzeitig im Hause der Gemeinen sollten sitzen dürfen. Endlich im Jahre 1858 wurde ein fünftes Staatssekretariat für Indien geschaffen und durch das Statut 21 und 22 Victoria cap. 106. s. 4 verordnet, daß vier erste Staatssekretäre und vier Unterstaatssekretäre gleichzeitig im Hause der Gemeinen sollen sitzen dürfen.

Es giebt hiernach gegenwärtig fünf Staatssekretäre: — für das Innere, für die auswärtigen Angelegenheiten, für die Kolonieen, für den Krieg und für Indien. Die Departements derselben wollen wir jetzt einzeln betrachten, jedoch mit Ausnahme des Kriegs-Departements, von welchem erst in dem achten Kapitel gehandelt werden soll.

Das Ministerium des Innern. (Home Department.) Die Befugnisse des Staatssekretärs des Innern beruhen theils auf der königlichen Prärogative, theils auf Statuten. Die administrativen Prärogativrechte, welche nach seinem Rathe ausgeübt werden, beziehen sich gegenwärtig sämmtlich auf die innere Verwaltung des Königreichs. Diese innere Verwaltung betrifft auch Irland — wo sie durch

Korrespondenz mit dem Lord Lieutenant von Irland oder durch den irischen Sekretär vermittelt wird — und die Kanal-Inseln.

Die Geschäfte dieses Departements lassen sich nach Klassen nicht genau angeben; indessen gehören zu denselben hauptsächlich folgende Sachen: die Polizei, königliche Verleihungen und Anstellungen und Beglaubigungen durch das Handsiegel.

Der Staatssekretär des Inneren übt eine allgemeine Aufsicht über die Polizei des Landes, d. h. den Theil der Regierung aus, welcher die Aufrechterhaltung des inneren Friedens des Landes, die Verhütung von Verbrechen, die Aufrechterhaltung der öffentlichen Ordnung und die öffentliche Gesundheitspflege bezweckt.

„Sache des Staatssekretärs des Inneren" — sagt Lord Campbell in dem Urtheile Harrison wider Bush — „ist besonders die Aufrechterhaltung des Friedens im Königreiche einschließlich der Aufsicht über die Rechtspflege, soweit die königliche Prärogative dabei interessirt. Patente, Freibriefe der Korporationen, Ermächtigungen zu Untersuchungen, Friedens-Kommissionen gehen durch seine Hände. Es ist seine Pflicht, darauf zu achten, daß die Urtheile der Kriminalgerichte unnachsichtlich vollstreckt werden, wenn sie nicht durch die königliche Prärogative der Gnade gemildert sind, und wesentlich durch seinen Rath soll die Ausübung dieser Prärogative geleitet werden. Deshalb steht er mit den Richtern, welche bei dem Central-Kriminalgerichte und bei den Assisen präsidiren, und mit den Magistraten im ganzen Königreiche in fortwährender Kommunikation." Der Staatssekretär hat übrigens, wie Lord Campbell gleichfalls bemerkt, keine direkte Befugniß, einen Magistrat abzusetzen; die Anstellung und Entfernung der Magistrate ist Sache des Lord Kanzlers als des für die Ausübung dieser Prärogative verantwortlichen Rathgebers der Krone.

Die Einrichtung der Polizeimannschaft, welche auf neueren Parlaments-Akten beruht, hat das alte System der Polizeiverwaltung in England fast ganz verdrängt. Einige von den gedachten Akten sind lokale, und sie verordnen die Anstellung von Friedens-Beamten für einzelne Städte und Bezirke; andere sind von allgemeinerer Geltung. So z. B. giebt die Städte-Ordnung von 1835 §. 76 den Municipal-Korporationen das Recht, Constables zur Aufrechterhaltung des Friedens in der betreffenden Stadt anzustellen; und die Akte 19 und 20 Victoria cap. 69 befiehlt den Friedensrichtern jeder Grafschaft, für eine genügende Polizeimacht zu sorgen.[1]) Die verschiedenen Parla-

---

[1]) Nach der Akte 3 und 4 Victoria cap. 88. ss. 27. 28 unterliegen die Re-

ments-Akte legen dem Staatssekretär bedeutende Machtbefugnisse zur Einwirkung auf die Constable-Einrichtungen bei; namentlich hat er in vielen Fällen die Dienst- und Besoldungs-Reglements zu erlassen oder zu bestätigen, und die Friedensrichter müssen ihm über bestimmte, den Constable-Dienst ihrer Distrikte betreffende Gegenstände Bericht erstatten.

Nach dem Statute 5 und 6 Wilhelm IV. cap. 38 stellt der Staatssekretär Inspektoren an, welche ihm über den Zustand der Gefängnisse und der Gefangenenschiffe zu berichten haben, und alle Hausordnungen für die Gefängnisse in England und Wales unterliegen danach seiner Bestätigung.

Der Sekretär des Inneren hat auch die Reglements zu erlassen, nach welchen den Zeugen, Privat-Anklägern und anderen bei Kriminal-Prozessen in ähnlicher Weise betheiligten Personen ihre Auslagen ersetzt werden. [1])

Ueber seine Mitwirkung bei Ausübung der Prärogative des Begnadigungsrechts durch den Souverain ist im 10. Kapitel des 2. Buches das Erforderliche bereits bemerkt worden.

Endlich steht ihm eine Menge von Befugnissen rücksichtlich verschiedener, durch Parlaments-Akte geschaffener Einrichtungen für die öffentliche Gesundheitspflege, in Betreff des Betriebes gewisser Gewerbe und Manufakturen und anderer Gegenstände der Gewerbe-Polizei zu, welche allzu mannigfaltig sind, als daß sie klassifizirt werden könnten. Nur einige mögen beispielsweise zur Veranschaulichung des Umfangs und der Verschiedenheit der Geschäfte des Ministeriums des Inneren angeführt werden. Es gehört dahin: die Bestätigung der Reglements für die Irrenhäuser in Städten und Grafschaften; die Feststellung der Instruktionen für die Inspektoren der Fabriken wegen Beachtung der Gesetze über die Arbeitszeit jugendlicher Arbeiter und der Bestimmungen zur Verhütung von Unglücksfällen durch die Maschinen; und die Anstellung von Inspektoren der Bergwerke zu ähnlichen Zwecken. [2])

Außer den polizeilichen Befugnissen des Ministers des Inneren hat derselbe eine andere Klasse von Geschäften, welche königliche Ver-

---

glements der Grafschafts-Richter über die Formationen der Grafschafts-Polizei, der Eintheilung der Polizei-Distrikte, und der Diäten der Constables der Bestätigung eines Staatssekretärs.

[1]) Vergl. Gneist, Kommunalverfassung S. 777. Der Uebers.

[2]) Vergl. Gneist, Kommunalverfassung S. 663. Der Uebers.

leihungen und Anstellungen und Beglaubigungen durch das Handsiegel betreffen.

Eine alte Verpflichtung des Sekretärs ist die zur Verwahrung des Handsiegels des Königs, welches zur Besiegelung aller Verleihungs- und Bewilligungs-Urkunden, die mit dem königlichen Handzeichen überschrieben sind, benutzt wird.

Schon in sehr alter Zeit pflegte der König jeden feierlichen Staatsakt dadurch zu beglaubigen, daß er der betreffenden Urkunde, je nach der Wichtigkeit der Sache, sein größeres oder kleineres Siegel beifügen ließ. Die Verantwortlichkeit für die Anheftung des Großen Siegels an solche Urkunden hat stets dem Kanzler des Königs, als dem höchsten Civil-Beamten des Königreichs, oder dem Groß-Siegel-Bewahrer obgelegen. Von Zeit zu Zeit hat die Legislatur Vorschriften zur Verhütung der Gefahr, daß die kleineren königlichen Siegel, nämlich das Privatsiegel und das Handsiegel, die Stelle des Großen Siegels usurpirten, erlassen und für den Gebrauch des Großen Siegels verschiedene Formalitäten bestimmt.[1])

Wenige Fälle ausgenommen, darf das Große Siegel nur gebraucht werden auf ausdrücklichen, dem Kanzler ertheilten Befehl des Königs. Dieser Befehl ergeht entweder direkt an den Kanzler mündlich oder schriftlich unter dem Hand- oder kleinen Siegel oder dem Privatsiegel, oder indirekt durch ein Schreiben unter dem Handsiegel, welches an den Privatsiegel-Bewahrer gerichtet wird; letzterer läßt dann den Königlichen Befehl dem Lord Kanzler durch ein Kabinets-Reskript unter dem Privatsiegel zugehen.

Es ist merkwürdig, daß die gegenwärtige Abstufung unter den Beamten, von denen immer einer den anderen kontrolliren soll, ehe einer königlichen Verleihung oder Bewilligung das Große Siegel beigefügt wird, erst unter Heinrich VIII. allgemein festgestellt wurde, wenngleich sie in gewissem Umfange schon früher existirte. Durch das Statut 27 Heinrich VIII. cap. 11 wurde bestimmt, daß die königlichen Verleihungen oder Bewilligungen, von gewissen Ausnahmen abgesehen, zuerst an den Sekretär des Königs oder einen Clerk des Handsiegelamtes gehen, daß dann ein Reskript unter des Königs Handsiegel an den Privatsiegel-Bewahrer, und darauf ein Reskript unter dem Privatsiegel an den Lord Kanzler oder Bewahrer des Großen Siegels erlassen werden sollte, damit letzterer dem Patente oder der

[1]) Vergl. auch Gneist, Geschichte der Aemter S. 522. (2. Aufl.)

sonstigen Urkunde, der ihm unter dem Privatsiegel ertheilten Anweisung gemäß, das Große Siegel beifügte.

Dieses Verfahren wird hinsichtlich der unter dem Großen Siegel ergehenden Verleihungen und Bewilligungen im Wesentlichen noch jetzt beobachtet. Einigen wichtigen Urkunden wird jedoch das große Siegel in Folge von Reskripten, welche vom Könige gezeichnet sind, ohne Mitwirkung des Privatsiegelamts und des Handsiegels beigefügt. Dahin gehören die Anstellungs-Patente für verschiedene Richter und Beamte in den gemeinrechtlichen Gerichtshöfen und die Kommissionen zur Eröffnung und Prorogirung des Parlaments, so wie zur Ertheilung der königlichen Zustimmung zu Bills.

Es giebt auch einige Kommissionen, welche unter dem Großen Siegel ausgefertigt werden und zu welchen die direkte Autorisation der Krone nicht erforderlich ist, die vielmehr auf Anordnung des Lord Kanzlers allein erlassen werden. Dahin gehören die Kommissionen zur Abhaltung von Rundreise-Sitzungen in England und Wales und einige andere, die Rechtspflege betreffende Kommissionen. Die an neue Peers ergehenden Einberufungs-Schreiben zum Parlamente werden auf schriftliche von dem Lord Kanzler an den Kron-Sekretär (vergl. S. 34) zu erlassende Verfügung ausgefertigt. Die Lords der Admiralität und gewisse andere hohe Staatsbeamte erlassen von dem Könige nicht gezeichnete Reskripte behufs Verleihung von Stellen in ihren Departements, welchen ebenfalls das Große Siegel beigefügt wird.

Nach einem verhältnißmäßig neuen, wahrscheinlich bald nach der Revolution von 1688 entstandenen, Gebrauche werden bills behufs Kronverleihungen mit einigen Ausnahmen, von den juridischen Beamten der Krone (dem Attorney-General und dem Solicitor-General) entworfen, und dann an das Staatssekretariat zur Einholung des königlichen Namenszuges abgegeben, worauf sie erst in gewöhnlicher Weise durch das Handsiegel-Büreau und das Privatsiegel-Büreau gehen.

Das königliche Handzeichen oder der Namenszug des Souverains wird in der Regel oben auf die linke Ecke des Instruments gesetzt, und wird, je nach dem Inhalte des letzteren, entweder von einem Staatssekretär oder von Lords des Schatzes kontrasignirt. Nach einem neueren Statute (14 und 15 Victoria, cap. 82, s. 2) wird der Befehl der Beifügung des Großen Siegels zu Verleihungen und Bewilligungen, mit wenigen Ausnahmen,[1]) jetzt durch Reskripte mit dem

---

[1]) Die Reskripte, nach welchen Erfindungs-Patente ertheilt wurden, gingen

königlichen Handzeichen unter Kontrasignatur eines Staatssekretärs und Beidruckung des Handsiegels ertheilt. Das Reskript wird dem Büreau des Lord Geheimsiegel-Bewahrers zugestellt, wo das Privatsiegel beigedruckt wird und durch das in dieser Weise beglaubigte Reskript wird der Lord Kanzler autorisirt, ein Patent unter dem Großen Siegel dem Inhalte des Reskripts gemäß auszufertigen.

Das Handsiegel-Büreau war früher, wenngleich es immer zum Staatssekretariat gehört hat, doch aus Gründen äußerer Zweckmäßigkeit davon getrennt; gegenwärtig aber werden die Geschäfte desselben im Ministerium des Innern und unter Aufsicht des Staatssekretärs des Innern verrichtet.

Zu den Anstellungs- und Verleihungs-Sachen, welche durch das Handsiegel-Büreau gehen, gehören die Ernennungen der Erzbischöfe und Bischöfe, die Präsentationen zu gewissen Dekaneien und zu den von der Krone zu vergebenden Pfründen.

Die Bestallungen für die Untersuchungs-Kommissionen, welche, wie bereits erwähnt, die Krone bei gegebenen Veranlassungen zur Untersuchung öffentlicher Einrichtungen und anderer Gegenstände von Wichtigkeit für die Gesellschaft ernennt, werden im Ministerium des Innern vorbereitet; das letztere führt auch seitens der Regierung die Korrespondenz mit den Kommissären.

Ein wichtiger Geschäftszweig des Ministeriums des Innern besteht in der Herbeischaffung von Informationen über verschiedene Gegenstände für das Parlament. Ein großer Theil der Berichte, welche durch Anträge im Parlament veranlaßt werden und welche innere Angelegenheiten des Landes betreffen, wird von dem Ministerium des Innern erfordert. Gedruckte Exemplare der Privat-Bills, welche Chausseen betreffen, müssen im Ministerium des Innern deponirt werden; das letztere begutachtet dieselben, und die Gutachten werden den Parlaments-Ausschüssen für dergleichen Bills vorgelegt.

Das Ministerium der auswärtigen Angelegenheiten. Die königliche Prärogative in Betreff der auswärtigen Angelegenheiten

---

früher durch das Handsiegel-Amt; seit dem Statute 15 und 16 Victoria, cap 83 werden sie von den „Kommissären für die Erfindungs-Patente" gesiegelt. — Das Statut 27 Heinrich VIII., cap. 11, betreffend die Form der Verleihungen seitens der Krone, anerkannte das Recht des Lord Schatzmeisters zum Erlaß von Reskripten wegen Ausfertigung von Patenten über Verleihungen und Bewilligungen, die er kraft seines Amtes gewähren kann. Dies ist durch jene neue Akte nicht aufgehoben. — Ueber die frühere Praxis, öffentliche Gelder auf Grund von Reskripten unter dem Privatsiegel zu verausgaben, vergl. das nächste Kapitel.

wird, wie andere Prärogativrechte, von der Königin entweder im Staatsrath oder auf den Rath einzelner Minister ausgeübt. Die Kriegserklärungen, Friedensschlüsse, Embargos sind bereits (in Kap. 2) erwähnt; auch haben wir gesehen, daß die auswärtigen Angelegenheiten früher vom Staatsrath geführt wurden (Kap. 5), und daß noch jetzt viele internationale Prärogativen von der Königin im Rath ausgeübt werden. (Vergl. S. 23 f.) Bei der Ausübung anderer internationaler Prärogativen ist der Staatssekretär für die auswärtigen Angelegenheiten der allgemeine und unmittelbare Geschäftsträger der Krone.

Dieser Sekretär ist besonders für die Verhandlungen mit fremden Staaten und die mit diesen abgeschlossenen Verträge verantwortlich. Er untersucht die Beschwerden britischer Unterthanen, welche im Auslande wohnen, und sorgt für die nöthige Abhülfe. Er hat darauf zu achten, daß die Verträge und das Völkerrecht beobachtet werden, wenn England dabei interessirt ist. Er korrespondirt mit den britischen Ministern und Konsuln im Auslande, empfängt ihre Depeschen und kommunizirt mit den Vertretern der auswärtigen Mächte in England. Er schlägt der Krone die Botschafter, Minister und Konsuln vor, welche Großbritannien im Auslande repräsentiren sollen, und kontrasignirt die Erlasse wegen ihrer Anstellung. — Er ertheilt britischen Unterthanen und Naturalisirten Pässe.

Der Kostenaufwand für die Diplomatie und die Ansprüche der auswärts beglaubigten Minister werden vom auswärtigen Amte kontrollirt und geprüft. Zur Kompetenz desselben gehören auch alle Fragen, welche die Immunitäten fremder Minister in England und der englischen Minister im Auslande betreffen.

Der erheblichste Theil der Geschäfte des auswärtigen Amts besteht in der diplomatischen Korrespondenz. Die Verantwortlichkeit des Sekretärs für die auswärtigen Angelegenheiten ist in gewisser Richtung aus der folgenden Stelle eines Briefes der Königin zu erkennen, welchen Lord John Russel am 3. Februar 1852 mittheilte. Die Königin verlangte zunächst, der Sekretär für die auswärtigen Angelegenheiten solle „bestimmt erklären, was er in einem gegebenen Falle vorschlägt, damit die Königin ebenso bestimmt weiß, wozu sie ihre königliche Zustimmung ertheilt; ferner aber, daß, wenn sie einmal zu einer Maßregel ihre Sanktion gegeben hat, der Minister die erstere nicht ändere oder modifizire. Geschieht dies, so muß sie ein solches Verfahren als einen Mangel an Aufrichtigkeit gegen die Krone betrachten, welches ordnungsmäßig durch Ausübung ihres verfassungsmäßigen Rechts zur Entlassung des Ministers zu ahnden ist. Sie erwartet, daß sie davon unterrichtet werde, was zwischen dem letzteren und den auswärtigen Ministern vorgeht, bevor wichtige, auf dergleichen Verhandlungen basirende Beschlüsse gefaßt werden; daß ihr ferner die auswärtigen Depeschen rechtzeitig zugehen, daß ihr auch die Entwürfe zu solchen behufs ihrer Genehmigung so früh zugesendet werden, daß sie von ihrem Inhalte Kenntniß nehmen kann, ehe sie abgesendet werden.“ [1])

Das Kolonial-Ministerium wurde als besondere Abtheilung des Staatssekretariats erst nach dem Anfange der Regierung Georgs III. konstituirt und war bis vor Kurzem mit dem Kriegs-Ministerium verbunden.

Bei der Einrichtung des Sekretariats für die Kolonieen wurden alle Stellen und Besoldungen, welche früher in dem Amte der Lords Kommissäre für Handel und Pflanzungen existirt hatten, ebenso alle Besoldungen der Beamten in Ostindien und den Kolonieen, welche früher bei dem Ministerium des Innern gezahlt waren, auf das Kolonial-Amt übernommen.

Der Staatssekretär für die Kolonieen ist das Organ der englischen Regierung in ihren Beziehungen zu den Kolonial-Regierungen. Die größeren Kolonieen haben meistentheils legislative Versammlungen, welche ganz oder zum Theil von denselben gewählt werden; die Kolonieen, welche keine legislative Versammlungen besitzen, haben exekutive Rathskollegien, die zur Erlassung von Verordnungen mit der Kraft von Kolonial-Gesetzen befugt sind. In allen Kolonieen giebt es Gouverneure und andere Beamte, welche die Krone auf den Rath des Kolonial-Sekretärs anstellt. Die Richter in den Kolonieen werden durch ein königliches, vom Kolonial-Amte auszufertigendes Reskript angestellt.

Der Kolonial-Sekretär erläßt Instruktionen für die gedachten Exekutiv-Beamten über alle Gegenstände der Kolonial-Regierung, welche von den Verwaltungs-Organen in England zu entscheiden sind. Alle Gesetze der Kolonial-Legislaturen können innerhalb einer bestimmten Frist von der Krone reprobirt werden. „Die Auktorität der Re-

[1]) Diesen Brief schrieb die Königin, als Lord Palmerston gegen den französischen Gesandten den Staatsstreich Louis Napoleons vom 2. Dezember 1851 gebilligt und, im Widerspruche mit einem von der Königin genehmigten Beschlusse des Kabinets, in einem Schreiben an den englischen Gesandten in Paris seine Ansichten zu Gunsten der Politik des Staatsstreichs auseinandergesetzt hatte. Vergl. May, Verfassungsgeschichte. Bd. 1, S. 111 f. Anm. des Uebers.

gierung in England über die Kolonieen," sagt Graf Grey, „kommt hauptsächlich in zweierlei Weise zur Erscheinung: erstens durch die Anstellung der Gouverneure, und zweitens durch Bestätigung oder Verwerfung von Maßregeln der Lokal-Regierungen, an deren Spitze diese Gouverneure stehen. Viel seltener kommt es vor, daß den Lokal-Regierungen von England aus Maßregeln vorgeschrieben werden." Deshalb werden alle Kolonial-Gesetze und Verordnungen im Kolonial-Amte geprüft, und über das Resultat dieser Prüfungen wird dem Kolonial-Sekretär berichtet. Diesem vorzugsweise liegt auch die Verantwortlichkeit für die dem Reichs-Parlamente vorgeschlagenen, die Kolonieen betreffenden Gesetze ob, als da sind: Gesetze wegen Einrichtung von Kolonial-Legislaturen, über den Verkauf von Kron-Ländereien in den Kolonieen und über den Schutz von Auswanderern.

Das Kolonial-Amt ist in mehrere Abtheilungen getheilt, von denen eine jede die Geschäfte einer Gruppe von Kolonieen besorgt. Die Depeschen aus den verschiedenen Kolonieen werden in diesen Abtheilungen und schließlich von dem Staats-Sekretär geprüft; der letztere allein ist für die darauf ertheilten Bescheide verantwortlich.

Das Kolonial-Land- und Auswanderungs-Amt ist eine dem Kolonial-Ministerium untergeordnete Behörde. Sie sorgt für die Beobachtung der zum Schutze der Auswanderer erlassenen Gesetze, welche insbesondere Vorschriften über den Transport derselben nach den Kolonien in gehörig konstruirten und verproviantirten Schiffen enthalten.

Das Ministerium für Indien wurde im Jahre 1858 durch das Statut 21 und 22 Victoria, cap. 106 geschaffen, welches die Regierung Indiens von der Ostindischen Kompagnie auf die Krone übertragen hat. Die Akte bestimmt, daß ein Staatssekretär alle die Regierung Indiens betreffenden Geschäfte übernehmen soll, welche bis dahin von der Kompagnie besorgt wurden; zugleich beseitigt sie die Aemter der Kommissäre für die indischen Angelegenheiten — gewöhnlich das Kontroll-Amt genannt — durch welche früher die Ausübung der politischen Rechte der Kompagnie seitens der Krone kontrollirt wurde. Die Akte schuf einen indischen Rath, welcher zunächst aus theilweis von der Krone, theilweis von der Kompagnie berufenen Mitgliedern bestand, während spätere Vakanzen in demselben theils von der Krone, theils durch Wahl des Rathes selbst besetzt werden sollen. Die Mitglieder sind lebenslänglich („während Wohlverhaltens") angestellt, können aber in Folge einer Adresse beider Parlamentshäuser abgesetzt werden. Der Rath besorgt unter der Leitung des Staats-

Sekretärs die in England wegen der Regierung Indiens vorzunehmenden Geschäfte und führt die Korrespondenz mit Indien. Aber jede Ordre oder Mittheilung an die Regierung in Indien muß von dem Staatssekretär gezeichnet werden, und mit einigen Ausnahmen ist für alle Akte des Raths die Bestätigung durch denselben erforderlich. Wenn jedoch der Staatssekretär eine Entscheidung trifft, welche mit der zu Protokoll erklärten Ansicht der Majorität des Raths in Widerspruch steht, so muß er seine Gründe gleichfalls schriftlich beurkunden. Die Finanzwirthschaft Indiens steht unter der Kontrolle des Staatssekretärs im Rath; er muß dem Parlament alljährlich vollständige Rechnung legen.

Der Staatssekretär für Indien ist regelmäßig Mitglied des Kabinets und resignirt mit den anderen Mitgliedern desselben, während der Rath, dessen Vorstand er ist, der Anstellung der Mitglieder desselben gemäß, permanent ist. Der Rath wurde eingesetzt, um jede willkürliche Handhabung der Befugnisse des Staatssekretärs zu verhindern. Im Allgemeinen kann letzterer freilich seine Entscheidung gegen die Majorität des Raths treffen; dieses Recht hat er jedoch nicht, wenn es sich darum handelt, der indischen Revenüe Lasten aufzuerlegen, und bei gewissen Amtsverleihungen. Das Statut von 1858 verordnet nämlich, daß die Ernennungen des General-Gouverneurs für Indien, der Gouverneure der Präsidentschaften und der Mitglieder ihres Raths durch den Staatssekretär unter Zustimmung der Majorität seines Raths erfolgen sollen. Ebenso verordnet die Akte, daß ohne solche Zustimmung von dem Staatssekretär aus den Revenüen Indiens nichts gewährt oder angewiesen werden soll.

Siebentes Kapitel.

Die fiskalischen Verwaltungs-Aemter.

Diejenigen Zweige der Verwaltung, welche die öffentlichen Einnahmen und Ausgaben betreffen, haben vor allen anderen unter der steten und aufmerksamsten Kontrolle des Parlaments gestanden. Diese Oberaufsicht begann fast gleichzeitig mit dem Entstehen der beiden Parlamentshäuser; unter den ältesten Statuten, welche die in der gegenwärtigen Weise eingerichtete Legislatur erlassen hat, befinden sich solche, die das Einnahme-Wesen der Schatzkammer ordnen. Diese alten Statute beziehen sich vorzugsweise auf die durch die Sheriffs eingehobenen Einnahmen. Diese waren nämlich die obersten Einnehmer der laufenden Revenüe, als dieselbe aus den Erträgen der Kronländereien und der Prärogativrechte bestand.[1]) Aber erst als die erblichen und Prärogativ-Revenüen so zusammengeschrumpft waren, daß sie verhältnißmäßig wenig in Betracht kamen, wurde die Kontrolle des Parlaments über die Verwendung der öffentlichen Gelder eine wirklich lebendige und wirksame. So lange die Krone sich vornehmlich aus ihren eigenen alten Revenüen unterhielt, beschränkte sich die parlamentarische Kontrolle wesentlich auf den Schutz der Schuldner der Krone gegen Bedrückungen. Wenn aber die Krone von dem Parlamente außerordentliche Bewilligungen verlangte, so bestimmte und kontrollirte das letztere auch die Verwendnung des bewilligten Geldes. Einzelne Beispiele davon sind im neunten Kapitel des ersten Buches angeführt worden; aber erst nach der Revolution von 1688 wurde das System der Appropriation der bewilligten Gelder vollständig ausgebildet. Um das heutige System der parlamentarischen Kontrolle über Einnahme und Ausgabe der öffentlichen Gelder zu verstehen, darf man das Wesen der fiskalischen Prärogative des Königs und die Methode der parlamentarischen Geldbewilligung — wie sie in früheren Kapiteln bereits erörtert sind — nicht außer Acht lassen.

Um die etwas verwickelte Materie der fiskalischen Aemter möglichst klar zu legen, wollen wir zunächst die ältere Organisation derselben, soweit dieselbe auf den gegenwärtigen Zustand von Einfluß geblieben ist, kurz betrachten. Die neuere Organisation ist eine so wesentlich andere geworden, daß die ältere Geschichte für das Verständniß des heutigen Zustandes nur in einer Richtung von Wichtigkeit ist, nämlich hinsichtlich der Unterscheidung zwischen „Treasury" (Schatzamt) und „Exchequer" (Schatzkammer).

Sehr früh wurde das Exchequer in mehrere Abtheilungen getheilt. Fast ganz selbständig neben den andern Theilen der Behörde bestand die Justiz-Abtheilung, welche wir schon im zweiten Buche

[1]) Nach dem Statute 51 Heinrich III. stat. 5 (1266) sollen die Sheriffs und die übrigen Einnehmer der Revenüe des Königs dem Schatzmeister und den Baronen der Schatzkammer Rechnung legen. Das Statut, welches als „les estatuz del Eschekere" bezeichnet wird, und welches Vorschriften über die Revenüe aus den Domainen des Königs enthält, ist wahrscheinlich aus der Zeit Eduards I. Das „statutum de vice-comitibus," 14 Eduard II., enthält Vorschriften über das Verfahren gegen die Sheriffs, welche das von ihnen eingenommene Geld nicht an die Schatzkammer abliefern. Andere alte Statute über die Organisation der Schatzkammer sind noch: 31 Eduard III., cap. 3 und 37 Eduard III., cap 4.

behandelt haben, und auf welche wir hier nicht zurückzukommen brauchen.[1]) Außerdem gab es eine anderweite Theilung zwischen dem „Thesaurus," der Ausgabe-Abtheilung und der Einnahme-Abtheilung — „inferius scaccarium" oder „Scaccarium de Recepta" oder „Recepta Scaccarii."[2])

In wie weit diese letztere Scheidung der heutigen zwischen Treasury und Exchequer entspricht, ist zweifelhaft. Aber außer Zweifel scheint es zu sein, daß sehr früh zwischen den Befugnissen des Schatzmeisters (Treasurer) und denen der Beamten des Exchequer unterschieden wurde; und diese Unterscheidung korrespondirt genau mit der heutigen Theilung der fiskalischen Amtsbefugnisse. Um dies klar zu machen, wollen wir in etwas der Schilderung des heutigen Exchequer und der Treasury, wie sie weiter unten folgt, vorgreifen. Das heutige Exchequer hat die öffentlichen, nach den Bestimmungen der Legislatur zu verwendenden Gelder zu verwahren und darauf zu achten, daß kein Geld in ungesetzlicher Weise aus dem Bestande verausgabt wird. Das Schatzamt (Treasury) hat die Anweisungen zur Zahlung und Verausgabung der öffentlichen Gelder an das Exchequer zu erlassen; das letztere kontrollirt unabhängig die ihm ertheilten Anweisungen und läßt die Zahlungen leisten, wenn an ihrer Gesetzlichkeit kein Zweifel ist. —

Diese Unterscheidung nun scheint sehr früh gemacht zu sein. Lord Somers hat in einem Urtheile,[3]) in welchem er sehr eingehend und mit vieler Gelehrsamkeit das Verfahren des Exchequer untersuchte, gesagt: seit den Zeiten König Johanns seien Zahlungen bei der Einnahme-Abtheilung des Exchequer nur auf Anweisungen unter dem Großen oder dem Privat-Siegel geleistet, und dasselbe Verfahren bestehe im Wesentlichen noch (zur Zeit der Urtheilsfällung — 1700 —). Seit der Zeit der Königin Elisabeth wurden die Zahlungen gewöhnlich durch allgemeine Erlasse unter dem Privatsiegel angewiesen; aber auf diese allgemeinen Erlasse wurde nur in Folge besonderer Befehle

---

[1]) Die Funktionen der Barone des Exchequer waren stets wesentlich richterliche; die Verwaltungsgeschäfte, welche sie vor Alters zu besorgen hatten, bestanden nur in der Abnahme und Dechargirung der Rechnungen über die königliche Revenüe; sie hatten nicht das Recht, Zahlungsanweisungen an das Exchequer zu erlassen.

[2]) Der Name: Scaccarium, Echiquier, Exchequer wird auf das getäfelte Tuch zurückgeführt, welches zu Rechnungsoperationen schachbrettartig über den Sitzungstisch ausgebreitet wurde. Gneist, Geschichte der Aemter. S. 194 (2. Aufl.) Anm. des Uebers.

[3]) Dieses Urtheil betraf den „Banker's case."

des Königs, welche vom Lord Schatzmeister oder später den Schatzkommissären kontrasignirt waren, Zahlung geleistet.

Das Verfahren war dabei das folgende: Der unter dem Privatsiegel ausgefertigte und an das Schatzamt (Treasury) adressirte Erlaß des Souverains enthielt die Autorisation zur Auszahlung der erforderlichen Summe. Dieser Erlaß wurde bei der Einnahme-Abtheilung des Exchequer eingetragen und verwahrt und durch Reskripte des Schatzamtes „in Wirksamkeit gesetzt.“ Diese Reskripte ermächtigten zum Erlasse von Zahlungs-Anweisungen an die Zähler (Tellers) des Exchequer, welche die öffentlichen Gelder unter ihrer besonderen Obhut hatten. Die Zahlungs-Anweisung wurde von den Beamten des Schatzamtes gezeichnet, und auf Präsentation bei dem Exchequer gaben die Zähler die in derselben bezeichnete Summe heraus. Die Akte 8 und 9 Wilhelm III., cap. 28 „wegen besserer Beobachtung des früher bei der Einnahme-Abtheilung des Exchequer stattgehabten Verfahrens“ schärft den Zählern ein, nie ohne solche Anweisung und „nur gegen Empfang einer Quittung für den König nach altem Verfahren und Gebrauche gedachter Einnahme-Abtheilung“ Geld herauszugeben.

So beruhte jede Verausgabung öffentlichen Geldes zuletzt immer auf einem königlichen Erlasse unter dem Großen oder dem Privatsiegel; das letztere wurde in späterer Zeit ausschließlich dazu gebraucht. Diese Erlasse basirten auf dem Prärogativrecht der Krone zur Kontrollirung der Ausgaben aus der königlichen Revenüe; und diese Prärogative ist, wie wir später sehen werden, bis auf den heutigen Tag bestehen geblieben.[1])

Der allgemeine Erlaß der Krone trat, wie erwähnt, erst durch

[1]) Die königliche Autorisation zur Verausgabung öffentlicher Gelder ist stets als wesentlich betrachtet worden. In dem alten Dialogus de Scaccario (wahrscheinlich aus dem Jahre 1178) heißt es ausdrücklich: „Thesaurarius et camerarii, nisi regis expresso mandato, vel praesidentis justiciarii, susceptam pecuniam non expendunt; oportet enim, ut habeant auctoritatem rescripti regis de distributa pecunia.“ Der hier erwähnte praesidens justiciarius war der für die Zeit der Abwesenheit des Königs ernannte custos regni oder Stellvertreter des Königs. — An die Stelle der Erlasse unter dem Privatsiegel sind gegenwärtig Anweisungen unter dem königlichen Handzeichen, welche von den Schatzkommissären kontrasignirt werden, getreten. — Während der Geisteskrankheit Georgs III. weigerten sich die Beamten des Privatsiegel-Büreaus, die Beifügung des Privatsiegels anzuordnen, weil kein von dem Könige gezeichneter Erlaß vorlag; und der Auditor des Exchequer weigerte sich, auf bloße Anweisungen des Schatzamtes Geld verausgaben zu lassen. Darauf erließen beide Parlamentshäuser Resolutionen, nach welchen das Exchequer autorisirt wurde, den Anweisungen des Schatzamtes Folge zu leisten. May, Verfassungsgeschichte Bd. 1, S. 148.

eine fernere schriftliche Autorisation des obersten fiskalischen Beamten, des Schatzmeisters, in Wirksamkeit. Eine solche schriftliche Autorisation scheint jedoch vor der Zeit Elisabeth's nicht erfordert zu sein.[1]) Vorher handelte der Schatzmeister persönlich in dem Exchequer, und deshalb war es nicht nöthig, daß er erst noch schriftliche Anweisung zur Ausführung des königlichen Erlasses ertheilte. Als es aber in Folge der Zunahme der übrigen Geschäfte des Schatzmeisters unmöglich wurde, daß er selbst immer gegenwärtig war und persönlich die Ausführung der königlichen Befehle anordnete, trat die Nothwendigkeit schriftlicher Verfügungen an seine Untergebenen ein. Wahrscheinlich war Lord Burleigh der erste Schatzmeister, welcher einen Sekretär zur Entwerfung seiner schriftlichen Anweisungen und Mandate an die Beamten der Einnahme-Abtheilung des Exchequer hatte. Indessen kam es bis zur Verlegung des Exchequer nach Oxford durch Karl I. (1643) noch vor, daß der Lord Schatzmeister und der Unterschatzmeister persönlich im Exchequer die Geschäfte besorgten und Urkunden zeichneten. Nach der Restauration war das Lokal des Schatzamts an einem Platze, welcher das „Cockpit"[2]) genannt wurde, und seitdem (1660) scheint der Schatzmeister sein Amt nicht mehr in dem Exchequer persönlich verwaltet zu haben.[3])

Dadurch ergab sich eine Trennung der beiden Aemter (Treasury und Exchequer), welche von erheblicher Bedeutung für die Verfassung wurde. Die Unabhängigkeit des Exchequer, welche jetzt von der Legislatur mit der größten Aengstlichkeit gewahrt wird, hätte kaum eintreten können, so lange das Exchequer mit dem Schatzamte vereinigt war und direkt unter der Kontrolle des letzteren stand. Indessen genügte doch die bloße Trennung der beiden Departements nicht zur Sicherstellung der für das Exchequer erforderlichen Unabhängigkeit. Wir haben einen handgreiflichen Beweis dafür in einem Vorgange, der sich einige Zeit nach der Trennung ereignete. Karl II.

---

[1]) Einer der Artikel der Anklage gegen den Herzog von Buckhingham (1626) beschuldigte ihn, daß er unter Jakob I. große Summen zu seinem eigenen Gebrauche auf Anweisungen unter dem Privatsiegel habe auszahlen lassen. Der Herzog hatte unter Jakob I. verschiedene Aemter bekleidet, aber nicht das des Lord Schatzmeisters, und die Gemeinen behaupteten, es liege in dem Gebrauche jener Anweisungen unter dem Privatsiegel ein Uebergriff in das Amt des Lord Schatzmeisters.

[2]) Cockpit in der nächsten Bedeutung ist der Kampfplatz für Hahnengefechte. Pit-place oder Cockpit-place ist der Platz, wo das erste Drury-Lane-Theater (Cockpit-Theatre) in London stand. Anm. des Uebers.

[3]) Vergl. auch Gneist, Geschichte der Aemter, S. 193 ff. (2. Aufl.) Der Uebers.

borgte nach der Restauration große Geldsummen von verschiedenen Banquiers und verpfändete dafür die öffentlichen Einkünfte; die Banquiers erhielten wegen Kapitals und Zinsen Zahlungsanweisungen auf das Exchequer. Als nun der König im Jahre 1672 in großer Geldverlegenheit war, beschloß er auf den Rath seiner Minister, sich durch einen Gewaltakt zu helfen, nämlich das Exchequer zu schließen und die Ausführung jener Zahlungsanweisungen zu inhibiren. Dieses Projekt wurde in einer Staatsraths-Sitzung vom 2. Januar 1672 entworfen, und vier Tage später stellten auf Verfügung des Schatzmeisters die Schatzbeamten die Zahlungen ein.

Später wurde die Unabhängigkeit des Exchequer dadurch gesichert, daß man den obersten Beamten desselben lebenslänglich („während Wohlverhaltens") anstellte. Schon lange vor jenen Vorgängen wurde der Schatzmeister in anderer Weise beschränkt. So wurde er zur normannischen Zeit von dem Ober-Justiziar kontrollirt, wie sich dies aus der bereits erwähnten Anklage gegen Hubert de Burgh ergiebt. Noch unter Heinrich III. wurde ein Beamter angestellt, welcher nach Madox'[1]) Annahme der erste Schatzkanzler (Chancellor of the Exchequer) war und welcher den Schatzmeister kontrolliren mußte; deshalb sollte er in der Einnahme-Abtheilung des Exchequer stets anwesend sein und ein Gegenbuch über alle dort vorkommenden Geschäfte führen. Wenn es richtig ist, daß der Schatzkanzler ursprünglich eine Schranke für den Schatzmeister bilden sollte, so haben jedenfalls seine Geschäfte längst diesen Charakter verloren. Nach einer im Jahre 1622 ertheilten Kommission sollte sogar der Lord Schatzmeister den Schatzkanzler vertreten; der letztere ist schon seit langer Zeit ein Beamter des Schatzamtes (Treasury) und trotz seines Titels nicht ein Beamter der heutigen Einnahme-Abtheilung des Exchequer.

Diese geschichtlichen Mittheilungen werden für unseren Zweck genügen. Wir wollen, um die schwierige Aufgabe einer durchsichtigen Beschreibung der einzelnen Aemter möglichst zu erreichen, eine allgemeine Darstellung des heutigen Systems der Verrechnung und Auszahlung der öffentlichen Gelder vorausschicken. Daraus werden sich der Zusammenhang unter den fiskalischen Aemtern und die gegenseitigen Befugnisse der einzelnen Beamten ergeben. Die allgemeine Darstellung zerfällt in drei Abschnitte: — 1) die Einnahme der öffent-

---

[1]) Madox ist der Verfasser eines berühmten älteren Werkes: „Geschichte und Alterthümer des Exchequer der Könige von England." Anm. des Uebers.

lichen Gelder, 2) die Ausgabe derselben, 3) die Rechnungsabnahme (Audit).

1. Die Einnahme (Receipt) der öffentlichen Gelder. Die Einnahme-Abtheilung des Exchequer ist seit alten Zeiten das Central-Büreau für die Vereinnahmung des öffentlichen Einkommens gewesen. Die Einnahmen aus den beiden hauptsächlichsten alten Quellen der königlichen Revenüe — der Kronländereien und den Prärogativ-Einkünften — wurden durch verschiedene Kron-Beamte eingesammelt; die vornehmlichsten von diesen waren in den Grafschaften die Sheriffs und die Fiskale (escheators) und in den Burgflecken die Bailiffs. Die von den Sheriffs eingesammelten Revenüen waren von zweierlei Art, nämlich erstens die Einkünfte aus den Kron-Domainen und zweitens gewisse Renten, welche „viscontiel rents" genannt wurden, weil der Sheriff (vicecomes) wegen des Eingangs derselben verantwortlich war. Außerdem gab es noch andere Kassenbeamte der Krone, wie die Fiskale (escheators), d. h. Einnehmer der unregelmäßigen und zufälligen Kron-Einkünfte, und die „custodes" oder Bailiffs in denjenigen Städten und Flecken, welche nicht zum Grafschafts-Verbande gehörten. Diese Kassenbeamten zahlten die von ihnen eingezogenen Gelder an das Exchequer, zogen jedoch gewisse Gebühren davon ab.[1])

Wie bereits erwähnt (Kap. 2), sind diese Einnahmen im Vergleich mit den von dem Parlamente bewilligten Steuern und Zöllen gegenwärtig unbedeutend. Die eingesammelten Einkünfte werden noch an das Exchequer eingezahlt; aber der Einsammlungs-Modus ist ein ganz anderer geworden. Die Sheriffs sind nicht mehr hauptsächlich die Einnehmer für die königlichen Revenüen; durch das Statut 3 und 4 Wilhelm IV. cap. 99. s. 12 ist ihnen die Einsammlung der viscontiel rents und der Einkünfte aus den Kronländereien abgenommen und den Kommissären für die Wälder, Forsten und Land-Revenüen übertragen. Zur Einsammlung der parlamentarischen Revenüen sind verschiedene Steuer- und Zoll-Einnehmer in Folge der

---

[1]) Coke sagt: „Escheator wird seit alter Zeit ein Beamter genannt, weil es sein Beruf ist, auf eingetretene Heimfälle (escheats), Lehnsvormundschafts-Abgaben und andere gelegentliche Fälle, in denen der Krone ein Einkommen zusteht, zu achten. In alter Zeit gab es nur zwei escheators in England, einen diesseits, den anderen jenseits des Trent, und diese hatten damals subescheators. Aber unter Eduard II. wurden die Aemter getheilt und in jeder Grafschaft mehrere lebenslängliche escheators angestellt" ꝛc.

betreffenden Statute angestellt; diese letzteren brauchen hier nicht besonders erwähnt zu werden.

Die Vereinnahmung der Revenüen bei dem Exchequer ist durch das Statut 4 und 5 Wilhelm IV. cap. 15, betitelt: „Eine Akte, betreffend die Regelung des Einnahme-Amtes von Seiner Majestät Exchequer zu Westminster" und einige spätere Statute geordnet. Die Bestimmungen jener ersten Akte, soweit sie die Verfassung des Exchequer und die Vereinnahmung der Revenüen betreffen, sind die folgenden.

Das Gesetz sollte gewisse Verbesserungen im Exchequer einführen, welche die in den Jahren 1830 und 1831 niedergesetzten Untersuchungs-Kommissionen vorgeschlagen hatten. Dasselbe reformirt die Verfassung des Exchequer durch Beseitigung der früheren Aemter und durch die Vorschrift, daß fortan ein General-Kontrolleur („Comptroller General") der Einnahme und Ausgabe des Exchequer, ein Assistent desselben („Assistant Comptroller") und eine Anzahl untergeordneter Beamten diese Behörde bilden sollen. Der General-Kontrolleur wird durch ein Patent unter dem großen Siegel lebenslänglich („während Wohlverhaltens") angestellt, kann jedoch in Folge von Adressen beider Parlamentshäuser von der Krone abgesetzt werden. Er darf kein anderes widerrufliches Nebenamt haben und muß sein Amt persönlich verwalten.

Das frühere System, nach welchem im Exchequer selbst die die öffentlichen Gelder aufbewahrt wurden, ist gänzlich abgeschafft. Alle Gelder, Papiere u. s. w., welche zur Zeit des Erlasses der Akte im Exchequer vorhanden waren, mußten „für Rechnung von Sr. Majestät Exchequer" an die Bank von England gezahlt werden, und alles künftig an das Exchequer zu entrichtende Geld sollte fortan an diese Bank auf das Kredit-Konto des Exchequer abgeführt werden. Die Bank muß täglich eine Berechnung der in dieser Weise bei ihr eingegangenen Zahlungen an das Exchequer und auch an das Schatzamt übersenden. Die für das Exchequer in der Bank befindlichen Gelder bilden einen allgemeinen Fonds, aus welchem die Bedürfnisse des öffentlichen Dienstes durch Zahlungen an die betreffenden Beamten befriedigt werden.

Die öffentlichen Einkünfte, welche für das Exchequer an die Bank von England abgeführt werden, begreifen alle größeren Revenüen des Königreichs, einschließlich der Zölle, der inländischen Revenüen und der Einnahmen des Post-Amtes unter sich; nur einige kleinere Einnahmen werden nicht an die Bank abgeführt.

Früher bildeten die parlamentarischen Steuern eine jede für sich einen besonderen Fonds; aber zur Vermeidung von Verwirrungen wurde es nöthig, die verschiedenen Fonds zu vereinigen. Diese Verschmelzung zu Einem Fonds für das ganze Königreich wurde durch Statute der Regierung Georgs III. bewirkt; sie bilden nun den bereits erwähnten (vergl. S. 168) konsolidirten Fonds.

Eine erhebliche Verbesserung in Betreff der an den konsolidirten Fonds zu leistenden Zahlungen ist durch ein neueres Statut (17 und 18 Victoria cap. 94) eingeführt worden. Früher wurden die Erhebungs-Kosten für die Zölle, die inländischen Revenüen und die Einnahmen des Post-Amtes aus den betreffenden Einkünften selbst entnommen; nur die Netto-Einnahmen, also nach verschiedenen Abzügen, wurden zum konsolidirten Fonds eingezahlt. Die erwähnte Akte erwähnt, es sei angemessen befunden worden, daß die Brutto-Einnahme nebst der Ausgabe unter die unmittelbare Kontrolle des Parlaments komme, und bestimmt, daß die Erhebungskosten nicht mehr aus den betreffenden besonderen Einnahmen, sondern nebst anderen in der Akte aufgestellten Unkosten aus besonders zu diesem Zwecke vom Parlamente zu bewilligenden Geldern bezahlt werden sollen.

2. Die Ausgabe der öffentlichen Gelder. Auch die Verausgabung der öffentlichen Gelder erfolgt nach den Vorschriften des erwähnten Statuts, welches die Anstellung des General-Kontrolleurs verordnet hat; kein für das Exchequer vereinnahmtes Geld kann ohne Mitwirkung des letzteren verausgabt werden. Das Exchequer muß bei Ertheilung der Zahlungsanweisungen für Dienstzweige, für welche das Haus der Gemeinen Mittel bewilligt hat, den Stand der Rechnung prüfen, weil es dafür verantwortlich ist, daß für jeden Dienstzweig nur die bewilligten Gelder ausgezahlt werden.

Diejenigen Summen, welche durch besondere Bewilligungen für die einzelnen Dienstzweige vom Parlamente appropriirt sind, können auch nur Ein Mal gezahlt werden; die Beträge dagegen, welche durch Statute dauernd als Lasten dem Staatseinkommen auferlegt sind (vergl. S. 168), werden periodisch stets von Neuem so lange gezahlt, wie die Akte es vorschreiben. Die Zahlungsanweisungen, welche das Exchequer ertheilt, sind für diese beiden Arten von Ausgaben verschieden. Die Anweisungen zu Zahlungen auf Spezial-Bewilligungen beruhen stets auf einer königlichen unter dem Handzeichen ertheilten, von den Schatz-Kommissären kontrasignirten Ordre. Diese königliche Ordre nimmt auf die Akte oder das Votum des Parlaments Bezug, durch welche die in der Ordre bezeichnete Summe bewilligt ist, und autorisirt den General-Kontrolleur für den Vorstands-Beamten des Dienstzweiges, für welchen das Geld bewilligt ist, einen Kredit auf Höhe des bewilligten Betrages zu notiren, und auf denselben nach den Anweisungen des Schatzamtes Zahlungen leisten zu lassen. Die königliche Ordre geht an das Exchequer, und hier muß der General-Kontrolleur zunächst prüfen, ob dieselbe der Bewilligung des Parlaments entspricht. In Wirksamkeit tritt aber, wenn letztes der Fall ist, die Ordre erst durch Reskripte des Schatzamtes, durch welche der General-Kontrolleur angewiesen wird, bestimmte Summen auf den in der Ordre bezeichneten Betrag an den betreffenden Beamten auszahlen zu lassen. Der General-Kontrolleur muß dann wieder diese Reskripte mit der königlichen Ordre vergleichen, um zu prüfen, ob die durch erstere angewiesenen Beträge die in der letzteren genannte Summe nicht überschreiten. Findet er die Sache in Ordnung, so erläßt er ein Mandat (Exchequer warrant), durch welches die Bank von England ermächtigt wird, dem bezeichneten Zahlungsempfänger auf Höhe der genannten Summen Kredite zu eröffnen.

In Ansehung der Beträge, welche dem Staatseinkommen dauernd als Lasten auferlegt sind, bedarf es einer königlichen Ordre nicht; im Uebrigen aber ist das Verfahren dasselbe.

Das Verfahren bei Auszahlung der jährlich vom Parlamente bewilligten Beträge kann in anderer Art so geschildert werden: — die Krone überträgt durch eine königliche Ordre dem Schatzamt die Befugniß, die bewilligten Gelder zu verwenden; das Reskript des Schatzamtes weist praktisch den Sekretär oder den Assistent-Sekretär des Schatzamtes an, zu Auszahlungen zu autorisiren; dieser Sekretär oder Assistent-Sekretär requirirt den General-Kontrolleur von Zeit zu Zeit, je nach Bedürfniß, die Bank von England zu ermächtigen, den Kassen-Beamten der Regierung die erforderlichen Kredite zu eröffnen.

Die Verantwortlichkeit dafür, daß die Zahlungen in gehöriger Weise geleistet werden, liegt hauptsächlich dem Schatzamt ob. Der General-Kontrolleur hat nicht das Recht der Prüfung, ob die Ansprüche, welche durch die Zahlungen befriedigt werden sollen, begründet sind, oder ob die gezahlten Gelder wirklich für die Dienstzweige, zu welchen man sie verausgabt, verwendet werden. Er hat lediglich zu verhindern, daß die Auszahlungen die Bewilligungen übersteigen, und darauf zu achten, daß die Zahlungsanweisungen auf die richtigen Beamten als Empfänger ausgestellt werden. Wenn derselbe Beamte Zahlungen für verschiedene Dienstzweige zu empfangen hat, so kann der General-Kontrolleur nicht verhindern, daß die Zahlungen durch einander für die verschiedenen Dienstzweige verwendet werden. Letzteres kommt auch wirklich vor. Vor dem Erlasse der Exchequer-Akte gab es verschiedene Kassen-Beamte für das Landheer, die Flotte, das Geschützwesen und die Civil-Dienstzweige; die Aemter derselben sind sämmtlich in dem Amte des General-Zahlmeisters (Paymaster-General) aufgegangen. Dadurch ist die Uebertragung von Zahlungen, welche für einen Dienstzweig geleistet sind, auf den anderen sehr erleichtert; neuerlich ist es vielfach im Departement des General-Zahlmeisters vorgekommen, daß Gelder, welche von dem General-Kontrolleur für einen Dienstzweig zur Verausgabung angewiesen waren, für andere Dienstzweige verwendet, und daß diese Abweichungen von dem ordentlichen Gange durch spätere Verrechnungen wieder ausgeglichen wurden.

Durch eine noch andere Schwierigkeit ist der General-Kontrolleur an einer wirksamen Kontrolle der gehörigen Verwendung seiner Anweisungen verhindert, nämlich dadurch, daß ein Theil der Zahlungen nothwendigerweise vorschußweise geleistet werden muß. Die von dem Exchequer angewiesenen Gelder sind nur theilweise zur Befriedigung schon vorhandener Staatsgläubiger, theilweise dagegen zu Vorschüssen oder Devisen („imprests") bestimmt, über deren Verwendung die Rechnungslegung erst später erfolgen kann. Solche Vorschüsse müssen z. B. zu dem Finanz-Kassenfonds („Treasury Chest Fund") gezahlt werden. Aus diesem Fonds werden nämlich die Mittel für den öffentlichen Dienst im Auslande entnommen, und diese Mittel müssen offenbar bereit gestellt sein, ehe sich der erforderliche Betrag und die Art der Verwendung genau übersehen läßt.

Aus diesen und anderen Gründen ist auch die Meinung laut geworden, daß die Kontrolle des Exchequer über die Verwendung der öffentlichen Gelder eine ungenügende sei; gewichtige Auktoritäten machten dem im Jahre 1857 zur Prüfung dieser Finanzfragen niedergesetzten Ausschusse den Vorschlag, das Exchequer gänzlich abzuschaffen und statt dessen der Oberrechnungs-Kammer (Board of Audit), welche unten weiter erwähnt werden wird, ausgedehntere Befugnisse beizulegen. Dieser Vorschlag wurde von dem Ausschusse nicht angenommen; der letztere empfahl aber in seinem Berichte verschiedene Vorschriften, welche bei Prüfung der Rechnungen beobachtet werden sollten. Seitdem sind die Befugnisse der Oberrechnungs-Kammer bei Prüfung der Frage: ob die Verwendungen den Voten des Parlaments gemäß erfolgt sind, erweitert, wie in dem nächsten Abschnitte ebenfalls bemerkt werden soll.

Eine andere neuere Maßregel zur Herbeiführung einer wirksameren Kontrolle über die Verwendung der öffentlichen Gelder ist die Akte von 1861, betreffend die Beschränkung und Ordnung des Finanz-Kassenfonds („Treasury Chest Fund"). Diese Akte erwähnt: der Fonds sei als ein Bank-Bestand zur leichteren Bewirkung von Zahlungen und zur Leistung zeitweiser Vorschüsse für den öffentlichen und den Kolonial-Dienst bestimmt gewesen; die Vorschüsse hätten aus Mitteln, welche vom Parlamente bewilligt oder anderweit zu den betreffenden Zwecken verwendbar gewesen seien, erstattet werden müssen. Dann verordnet die Akte: nur eine bestimmte Summe dürfe in dieser Weise benutzt werden; der vorhandene Ueberschuß müsse an den konsolidirten Fonds abgeführt werden; endlich die Rechnungen des Schatzamts-Fonds sollen von der Oberrechnungs-Kammer geprüft und dem Parlamente vorgelegt werden.

Der General-Kontrolleur legt dem Parlamente alljährlich Rechnung über alle dem Exchequer zur Disposition gestellten resp. für dasselbe eingezahlte Gelder und weist durch eine Balance zugleich nach, welcher Betrag für das Exchequer am Jahresschlusse in der Bank vorhanden war.

3. Die Rechnungsabnahme (Audit). Schon sehr früh kam es vor, daß das Parlament Revisoren der öffentlichen Rechnungen bestellte oder die Bestellung solcher beantragte. So z. B. wurden im Jahre 1340, unter Eduard III., gewisse Personen beauftragt, die Rechnungen über die Vereinnahmung und Verausgabung der vom Parlamente bewilligten Gelder abzunehmen. Im Jahre 1380 bestellte Richard II. auf den Antrag der Gemeinen Kommissäre zur Prüfung der Ausgaben des königlichen Haushalts. Im Jahre 1406, unter Heinrich IV., verlangten die Gemeinen, daß Revisoren mit der Prüfung der Rechnungen der Kriegs-Schatzmeister beauftragt werden möchten. Nach der Restauration Karls II. und später kam es häufig vor, daß durch Parlaments-Akte Spezial-Kommissäre mit Abnahme der öffentlichen Rechnungen betraut wurden.[1])

---

[1]) „Zu derselben Zeit bestätigte die Königin (Anna) eine Bill wegen Vorlegung und Prüfung der öffentlichen Rechnungen und sprach in der Thronrede ihr Einverständniß mit dieser Bill mit besonderem Nachdrucke aus. Unter der vorigen Regierung hatte zu demselben Zwecke sechs oder sieben Jahre lang eine Kommission bestanden; aber dieselbe war seit einigen Jahren eingegangen, weil die Kommissäre nie einen Mangel hatten entdecken können, und folglich ein bedeutender Aufwand für die Kommission ohne einen ersichtlichen Nutzen entstanden war. Es muß unentschieden gelassen werden, ob der Grund in der Unfähigkeit oder Bestechlichkeit

Im Jahre 1785 wurde durch die Akte 25 Georg III. cap. 52 eine dauernde Behörde von Kommissären zur Abnahme der öffentlichen Rechnungen an Stelle gewisser Beamten des Exchequer, welche bisher als Revisoren fungirt hatten, eingerichtet. Alle bisher im Exchequer geprüften Rechnungen sollten nunmehr in der neuen Oberrechnungs-Kammer (Audit Board) gelegt werden; insbesondere sollten auch die Beamten, denen Geld vorschußweise aus dem Exchequer (namentlich für den Heeres- und Flottendienst) gezahlt war, ihre Rechnungen an die neue Behörde einsenden. Nach späteren Statuten wurde derselben auch die Abnahme der Rechnungen über die Verwaltung der Wälder und Forsten, der Land-Revenüen und der öffentlichen Bauwerke übertragen.

Nach der Akte betreffend die Organisation des Exchequer, welche wir schon öfter citirt haben, soll der General-Kontrolleur vierteljährlich der Oberrechnungs-Kammer eine Nachweisung über alle für den öffentlichen Dienst ertheilten Mandate einsenden. Nach diesem Gesetze und anderen bereits angezogenen Vorschriften hatte die Oberrechnungs-Kammer die Befugniß, die Mandate zu prüfen, welche für den öffentlichen Dienst erlassen waren; sie hatte aber noch nicht das Recht, den Nachweis zu verlangen, wie die angewiesenen Beträge wirklich verwendet („appropriated") wären. Aus den bereits erwähnten Gründen konnte es vorkommen und kam es wirklich vor, daß Summen, welche von dem Exchequer für den einen Dienstzweig angewiesen waren, für den anderen verwendet wurden. Es gab also keine wirksame Rechnungs-Kontrolle über die Verwendung des öffentlichen Geldes. Dieser Mangel ist jetzt theilweise beseitigt durch das „Appropriation Audit" (Rechnungsnachprüfung).

Im Jahre 1832 wurde nämlich von Sir James Graham eine Akte (2 und 3 Wilhelm IV. cap. 40) eingebracht, nach welcher die jährlichen Rechnungen der Marine, nachdem sie von der Oberrechnungs-Kammer geprüft wären, dem Parlamente vorgelegt werden sollten.[1]) Dann wurde im Jahre 1846 eine Akte (9 und 10 Victoria cap. 92) erlassen, betreffend die Rechnungslegung über die Verwendung der

---

der Kommissäre, oder in der Integrität oder Geschicklichkeit derjenigen, welchen die Verwaltung der öffentlichen Gelder anvertraut war, gelegen hatte." — Burnet, Geschichte seiner Zeit. 1702.

[1]) Sir James Graham wies in einer damals im Unterhause gehaltenen Rede nach, daß es im Marine-Departement vielfach vorgekommen war, daß parlamentarische Bewilligungen zu solchen Marine-Zwecken verwendet worden, für welche keine Autorisation ertheilt war.

zum Dienst der Marine und des Landheeres bewilligten Gelder; nach derselben sollten alljährlich die Rechnungen über Einnahmen und Ausgaben für die Marine, das Landheer, das Kommissariat und das Geschützwesen „nach den Rubriken der Appropriations-Akte für das betreffende Jahr“ von der Oberrechnungs-Kammer abgenommen, und die Rechnungen nebst den Moniten dieser Behörde dem Parlamente vorgelegt werden.

Dieses System des appropriation audit wurde durch eine Akte aus dem Jahre 1861 (24 und 25 Victoria cap. 93) weiter ausgedehnt. Nach derselben sollen die Bestimmungen über die Rechnungslegung wegen der für den Heeres- und Flottendienst bewilligten Gelder auf die Ausgaben in den Departements der Zölle, der inländischen Revenüen und des Post-Amtes ausgedehnt werden; die Rechnungen über die Verwendung der von dem Parlamente für diese Dienstzweige bewilligten Gelder sollen ebenso von der Oberrechnungs-Kammer abgenommen und jährlich dem Parlamente vorgelegt werden.[1])

Was nun die Rechte und Pflichten der oberen fiskalischen Amtsstellen betrifft, so erübrigt noch die Erwähnung folgender Einzelnheiten.

Das Schatzamt. — Es ist bereits erwähnt, daß das Schatzamt von dem Exchequer zur Zeit der Restauration definitiv getrennt wurde. Die Praxis, das Amt des Lord Schatzmeisters in Kommission zu geben — d. h. Kommissäre zur Verwaltung dieses Amtes zu bestellen — entstand etwas früher. Es geschah dies zum ersten Male im Jahre 1612 durch Jakob I., welcher den Grafen von Northampton und vier Andere zu Schatzkommissären ernannte. Diese Praxis trug dazu bei, daß nunmehr schriftliche Mandate an die Beamten des Exchequer erlassen wurden, da letztere mündliche Anweisungen von einer Mehrheit von Personen nicht wohl empfangen konnten. Unter Karl II. und nach der Revolution wurde das Amt des Lord Schatzmeisters bald von einer einzelnen Person, bald von Kommissären verwaltet.[2]) Unter Anna waren Lord Godolphin, der Graf von Oxford

---

[1]) Nach dem neuen Gesetz 28 et 29 Vict. c. 93 soll bei der nächsten Vakanz das Amt des Comptroller General of the Exchequer dem Präsidenten der Oberrechenkammer lebenslänglich (quamdiu se bene gesserit) verliehen, und das Amt des Assistant Comptroller mit der Stelle eines Commissioner (Raths) der Oberrechenkammer verbunden werden. Anm. des Uebers.

[2]) Als Lord Southampton Schatzmeister war, erklärte Karl II. seinem Kanzler Clarendon: er sei entschlossen, keinen anderen Schatzmeister wieder zu ernennen, sondern, wie Cromwell gethan, das Amt in Kommission zu geben. Nach South-

und der Herzog von Shrewsbury nach einander Lord Schatzmeister; der letztgenannte war aber der letzte Lord High Treasurer. Seit dem Regierungsantritte Georgs I. (1714) ist das Amt des Schatzmeisters stets Kommissären anvertraut.

Die Zahl der Kommissäre ist zu verschiedenen Zeiten eine verschiedene gewesen. Nach der Consolidated Fund Act (56 Georg III. cap. 98), welche die Aemter der Lords High Treasures von Großbritannien und von Irland mit einander vereinigte, sollte die Zahl der Kommissäre vermehrt werden können.

Die Kommission wird durch ein Patent unter dem Großen Siegel ertheilt; es werden darin Kommissäre „zur Verwaltung der Aemter des Schatzmeisters des Exchequer von Großbritannien und des Lord High Treasurer von Irland" ernannt. Die Kommissäre werden ermächtigt, alle Rechte von Kommissären des Schatzmeisters unter den durch die Akte 56 Georg III. cap. 98 betreffend die Konsolidirung der Revenüen von Großbritannien und Irland vorgeschriebenen Modifikationen auszuüben. Nach dem Patente können „zwei oder mehrere von ihnen" gültig handeln und verfügen. Aehnlich ist durch ein neueres Statut (12 und 13 Victoria cap. 89) bestimmt, daß jede nach einer Parlaments-Akte oder einer anderen Vorschrift auszufertigende oder von den Kommissären zu unterschreibende Urkunde von zweien von ihnen gültig ausgefertigt oder unterschrieben werden kann.

Das Schatzamt besteht jetzt aus dem Ersten Lord des Schatzes, welcher als der oberste Verwaltungs-Beamte im Staate angesehen und gewöhnlich Premier-Minister genannt wird, dem Kanzler der Schatzkammer und drei jüngeren Lords.

Das Amt des Schatzkanzlers ist ein sehr altes und scheint in der bereits erwähnten Art als eine Schranke für den Schatzmeister geschaffen zu sein. Der Schatzkanzler war früher der erste Beamte sowohl des Schatzkammergerichts als der Einnahme-Abtheilung des Exchequer; gegenwärtig aber steht er mit dem ersteren nur sehr entfernt in Verbindung, und sein Amt hat mit den Geschäften der Einnahme-Abtheilung nichts mehr gemein.

Als das Schatzkammergericht noch als Billigkeitsgericht fungirte,

---

amptons Tode gab der König Clarendon seinen Entschluß, Schatzkommissäre zu ernennen, von neuem zu erkennen. Beide Male remonstrirte Clarendon nachdrücklich besonders deshalb, weil die Verantwortlichkeit für die Verwaltung des Amtes dadurch verringert werde und weil „die Würde der Person des Schatzmeisters" für den Dienst des Königs eine sehr nothwendige sei. —

bestand es aus dem Lord Schatzmeister, dem Schatzkanzler und den Baronen des Exchequer; die gemeinrechtliche Gerichtsbarkeit stand dagegen den Baronen allein zu. Noch 1735 saß Sir Robert Walpole als Richter in der Schatzkammer und fällte ein Urtheil in einer Sache, in welcher die Barone nach gleichen Stimmen getheilt waren. Heut zu Tage ist die einzige Gelegenheit, wo der Schatzkanzler seinen Sitz im Exchequer einnimmt, die alljährliche Ernennung des Sheriffs; dann sitzt er unter allen zu diesem Zwecke versammelten Richtern obenan.

Der Schatzkanzler ist einer der Lords des Schatzes. Wenn das Amt vakant ist, so werden die Siegel desselben dem zeitigen Chief Justice der King's Bench übergeben, welcher die richterlichen Pflichten des Amtes bis zur Ernennung eines Nachfolgers erfüllt. Wir haben schon bemerkt (Seite 173. 469), daß im Jahre 1757 Lord Mansfield länger als drei Monate locum tenens für den Schatzkanzler war. In derselben Lage befand er sich zehn Jahre später noch einmal. Ebenso verwaltete Lord Chief Justice Denman das Amt im Jahre 1834 einige Tage lang. Der Grund, aus welchem das Amt bei der Resignation des Schatzkanzlers dem Lord Chief Justice zur Verwaltung übertragen wird, besteht darin, daß in der Untersiegelung der Erlasse, welche täglich von dem Schatzkammerhofe ausgehen, und anderer Urkunden, für welche die Zeichnung des Schatzkanzlers erforderlich ist, keine Unterbrechung eintreten soll.

Schon seit längerer Zeit ist der Schatzkanzler zugleich Unter-Schatzmeister. Dieses Amt wird ihm durch ein besonderes, von dem des Schatzkanzlers unabhängiges Patent übertragen. Das Amt des Unter-Schatzmeisters existirt mindestens seit der Zeit Heinrichs VI. Dieser Beamte mußte der Krone über den Zustand der Finanzen gewisse Berichte erstatten, und gemeinschaftlich mit dem Schatzmeister die Mandate zu Auszahlungen aus dem Schatze erlassen, auch andere Akte gemeinsam mit dem Schatzmeister vornehmen. Er leistete einen Eid dahin: daß er dem Könige in dem Exchequer und der Einnahme-Abtheilung derselben dienen und die Vereinnahmung aller für den König an die letztere gezahlten Gelder, sowie die Verausgabung derselben anordnen und beaufsichtigen wolle.

Die wichtigsten Pflichten des Schatzkanzlers sind die parlamentarischen; er muß dem Hause der Gemeinen jährlich die Finanzlage des Königreichs darlegen und bei der Durchbringung der Geld- und Steuer-Bills in jenem Hause thätig sein. Seine exekutiven Amtsverrichtungen in dem Schatzamte sind nicht gerade bedeutend; er so wenig wie der Erste Lord des Schatzes sind häufig im Schatzkollegium gegenwärtig. Wenn jedoch wichtige allgemeine Regulative für Departements, welche dem Schatzamte subordinirt sind, erlassen werden sollen, so wird als selbstverständlich vorausgesetzt, daß sowohl der Erste Lord, als der Schatzkanzler um ihre Meinung gefragt werden müssen.

Die Obliegenheiten der jüngeren Lords des Schatzes sind wesentlich bloße Formalitäten.[1]) Die wichtigsten und schwersten exekutiven Verrichtungen im Schatzamte fallen den Sekretären zu. Nach dem Ernennungspatente sollen freilich die Befugnisse der verschiedenen Schatzkommissäre, wie erwähnt, gleich sein; aber praktisch sind die Rechte der jüngeren Lords bei weitem geringer als die des Ersten Lords und des Schatzkanzlers. Das Schatzamt tritt als Kollegium selten zusammen, und wenn es geschieht, so wird das letztere nur von den jüngeren Lords gebildet; der Erste Lord nimmt an den kollegialischen Sitzungen selten oder nie Theil, der Schatzkanzler hauptsächlich nur dann, wenn es sich um die Aufnahme einer Anleihe handelt.

Die Geschäfte des Schatzamtes, so weit sie hier zu betrachten sind, zerfallen in folgende drei Arten: 1) Diejenigen, welche sich auf die öffentlichen Gelder beziehen. 2) Die Kontrollirung anderer Departements. 3) Das Aemter-Vergabungsrecht.

1. In der ersten Beziehung mögen hier noch folgende Bemerkungen über die fiskalischen Geschäfte des Schatzamtes nachgetragen werden. Die Gelder zur Erhaltung des Militär- und Civildienstes werden, wie bereits bemerkt, durch Vermittelung des Schatzamtes gezahlt. Das letztere bestimmt nach manchen Statuten in vielen Fällen auch die Gehälter für neu kreirte Beamten in anderen Departements und die Zahl der Beamten, welche in neuen Zweigen des öffentlichen Dienstes anzustellen sind. Das Schatzamt hat auch die Ausgaben, welche bei gewissen Behörden entstehen, zu prüfen z. B. die Auslagen der Sheriffs, der Grafschaftsgerichte, die Kosten für Kriminal-Anklagen. Die Geschäfte des Schatzamtes, welche dergleichen Auslagen betreffen, werden hauptsächlich von dem Assistent-Sekretär besorgt.

Alle Civil-Gehälter, Jahrgelder und Gebühren, welche in England zu entrichten sind, ferner sämmtliche Zahlungen für das Landheer, die Flotte und das Geschützwesen werden auf spezielle Anwei-

---

[1]) Canning soll gesagt haben, die Verpflichtungen der jüngeren Lords des Schatzes beständen darin, „ein Haus zu machen, einen Hausstand zu halten und dem Minister Beifall zuzurufen."

sungen des Schatzamtes durch den General-Zahlmeister (Paymaster-General) abgeführt.[1])

2. Die Akte 56 Georg III., cap. 98, welche die Aemter der Lords High Treasurers von Großbritannien und von Irland mit einander verband, bestimmte, daß alle mit Einsammlung und Verwaltung des öffentlichen Einkommens beauftragten Beamten „in allen Beziehungen der Kontrolle dieses Lord High Treasurer oder der Kommissäre von Seiner Majestät Schatzamt unterliegen sollen.“ Die Zoll- und Steuer-Behörden und das Postamt sind deshalb dem Schatzamte als der obersten Central-Behörde untergeben. Das Forst-Departement (Office of Woods and Forests) hat eine Menge von Geschäften zu besorgen, welche früher dem Schatzamte unmittelbar oblagen; es ist aber ebenfalls dem letzteren untergeben. Ebenso sind die Kolonial- oder manche andere Aemter dem Schatzamte insofern untergeordnet, als letzteres ihre Ausgaben kontrollirt.

3. Das Schatzamt hat ein umfangreiches Recht zur Vergebung von kirchlichen und Civil-Aemtern. (Patronage.) Die kirchlichen Aemter, welche die Krone zu verleihen hat — mit Ausnahme der vom Lord Kanzler zu besetzenden — werden durchweg nach dem Vorschlage des Ersten Lords des Schatzes vergabt, und zu diesen gehören die höchsten Kirchen-Aemter; jedoch nimmt der Schatzlord niemals eine bedeutende Beförderung vor, ohne sich vorher des Einverständnisses des Souverains zu versichern. Die Anstellungen in den Fächern der Diplomatie und der Kolonieen geschehen durch die Staatssekretäre der auswärtigen Angelegenheiten und der Kolonieen; aber vor allen wichtigen Stellenbesetzungen konferiren sie darüber mit dem Ersten Lord des Schatzes.

Das Departement der Domainen und Forsten und der öffentlichen Arbeiten. Das königliche Einkommen bestand in alten Zeiten, wie bereits bemerkt, vorzugsweise aus Land-Renten. Die betreffenden Ländereien gehörten theilweis zu der alten, für die Krone bei der Eroberung reservirten Domaine, und theilweis waren sie später durch Konfiskationen und auf anderen Wegen erworben. Durch ver-

[1]) Nach dem Statute 4 und 5 Wilhelm IV., cap. 15 wurde ein Zahlmeister für die Zahlung der Gehalte und sonstigen Kosten des Civildienstes, welche früher einzeln im Exchequer gezahlt wurden, angestellt. Nach dem Statute 5 und 6 Wilhelm IV., cap. 35 wurden einem General-Zahlmeister alle Zahlungen für das Landheer, die Flotte und das Geschützwesen aufgetragen. Durch die Akte 11 und 12 Victoria cap. 55 wurden diesem General-Zahlmeister auch die Zahlungen für den Civildienst übertragen, und so die früheren zwei Aemter in eines vereinigt.

schwenderische Verleihungen seitens der Nachfolger des Eroberers wurde der Grundbesitz der Krone bedeutend vermindert, und das Parlament schritt oft ein, um die Wiedereinziehung solcher Verleihungen zu erwirken. Dergleichen Wiedereinziehungs-Akte wurden vom Parlament im zwölften, dreizehnten und vierzehnten Jahrhundert fast unter jeder Regierung erlassen. Unter Heinrich VIII. wurde dann der Grundbesitz der Krone durch die Einziehung der Klostergüter bedeutend vermehrt; ein großer Theil davon wurde aber von demselben Könige wieder veräußert. Die Königin Elisabeth disponirte über einen Theil der Domainen, um nicht genöthigt zu sein, das Parlament um Hülfsgelder anzugehen. Trotzdem war beim Regierungsantritte Jakobs I. die Krone noch im Besitze sehr bedeutender Ländereien, welche über ganz England verbreitet waren; die meisten angesehenen Familien der Nation waren, wie Burnet sagt, Pächter der Krone und viele Burgflecken existirten von solchen Pachtungen. Durch die Verschwendung Jakobs I. und seiner Nachfolger wurde der königliche Grundbesitz so reduzirt, daß nur ein verhältnißmäßig unbedeutender Theil übrig blieb; das Parlament schritt gegen die Veräußerungen in wirksamer Weise erst unter der Königin Anna ein, indem es verordnete, daß alle künftigen Verleihungen von Land durch die Krone nur für bestimmte Zeiten und unter strengen Bedingungen in Betreff der Reservirung von Renten erfolgen dürften.

Wir haben bereits erwähnt, daß das Einkommen der Krone jetzt fast durchweg mit dem übrigen öffentlichen Einkommen, aus dem die königliche Civilliste gezahlt wird, verschmolzen ist. Es kann hier nicht auf die vielfälligen Aenderungen eingegangen werden, welche durch Statute in den Aemtern zur Verwaltung der Kronländereien stattgefunden haben;[1]) es wird die Bemerkung genügen, daß die jetzige Administration der Land-Revenüe durch eine Akte aus dem Jahre 1810 (50 Georg III., cap. 65) geordnet ist, welche eine Behörde unter dem Namen: die Kommissäre für Seiner Majestät Wälder, Forsten und Land-Revenüe schuf. Im Jahre 1829 wurde dann eine fernere

---

[1]) Heinrich VIII. errichtete auf Grund einer Parlaments-Akte einen Hof der General-Aufseher über die Ländereien des Königs, eine Behörde, welche alle bisherigen mit der Land-Revenüe befaßten Aemter in sich vereinigen sollte; aber dieselbe wurde schon unter demselben Könige wieder abgeschafft. Später ging die Verwaltung der Land-Revenüen auf besondere Grafschafts- und Distrikts-Aufseher über, bis unter Jakob I. das Amt eines General-Aufsehers in ungefähr derselben Art, wie dieses Amt bis zur Einsetzung des Departements für die Wälder und Forsten bestand, geschaffen wurde.

Akte (10 Georg IV., cap. 50) erlassen, welche die Gesetzgebung über die Verwaltung der Kronländereien konsolidirte. Diese Akte beseitigte eine Menge älterer Bestimmungen über diesen Gegenstand und bestimmte, daß die Verwaltung des Erbgutes der Krone (mit Ausnahme der Patronatrechte) in England, Wales und Irland den Kommissären für die Wälder und Forsten und ihren Nachfolgern zustehen solle. Die Kronländereien in Schottland gingen durch ein späteres Statut (2 und 3 Wilhelm IV., cap. 112) in dieselbe Verwaltung über. Die Akte von 1829 gab den Kommissären ausgedehnte Befugnisse zum Verkaufe und zur Verpachtung von Kronländereien und bestimmte, daß die jährlichen Revenüen aus denselben, nach gewissen Abzügen, an den konsolidirten Fonds abgeführt werden sollten, so lange der König leben würde. Diese Uebertragung der Revenüen an den konsolidirten Fonds beruhete auf einer besondern Vereinbarung mit dem Könige, welche nur für seine Lebenszeit gelten sollte; dieselbe ist aber, wie wir gesehen haben, mit seinen Nachfolgern erneuert.

Einen bedeutenden Zuwachs zu ihren Geschäften erhielten die Kommissäre für die Wälder und Forsten in Folge der Akte 2 Wilhelm IV., cap. 1. Dieselbe übertrug ihnen die Oberleitung und Aufsicht über die öffentlichen Arbeiten und Gebäude, deren Kosten aus der Kron-Revenüe oder aus besonderen vom Parlamente bewilligten Mitteln gedeckt werden. Durch die Vereinigung des Departements für die Wälder und Forsten mit dem der öffentlichen Arbeiten ging auf diese neue Behörde die Pflicht zur Beaufsichtigung der Bauten und Reparaturen an den königlichen Palläften und an den Amtsgebäuden der Regierung, sowie die Verwaltung der öffentlichen Museen und Parks über.

Im Jahre 1851 trat eine andere wichtige Veränderung ein. Man fand, daß der Umstand, daß die öffentlichen Arbeiten unter derselben Kontrolle ständen, wie die Revenüen aus den Kronbesitzungen, dahin führte, daß diese Revenüen zu reichlich für öffentliche Arbeiten und Verbesserungen bemessen würden; man erwog, daß dem Exchequer die Fonds entzogen seien, welche ihm als Gegenleistung für die Civilliste zukämen, und daß dem Parlamente die Kontrolle über einen wichtigen Theil der öffentlichen Ausgaben vorenthalten werde. Um diese Uebelstände zu beseitigen, wurde das Departement der Wälder und Forsten wieder von dem der öffentlichen Arbeiten getrennt.[1]) Die Akte 14 und 15 Victoria cap. 42, welche die Trennung angeordnet

[1]) May, Verfassungsgeschichte Bd. 1, S. 175.

hat, läßt die Aemter der Kommissäre für die Wälder, Forsten und Domänen bestehen, entzieht aber den letzteren diejenigen Befugnisse, welche auf eine neue Behörde für Arbeiten und öffentliche Gebäude übertragen werden. Diese Behörde besteht aus einem ersten Kommissär, welcher für diese neben den Staatssekretären speziell ernannt wird, so wie dem Präsidenten und dem Vice-Präsidenten des Handelsamtes, welche ex officio zu der neuen Kommission gehören. Alle die öffentlichen Arbeiten und Gebäude betreffenden Geschäfte, welche in der erwähnten Art unter Wilhelm IV. der Behörde für Wälder und Forsten beigelegt waren, wurden nun der neuen Behörde für die Arbeiten übertragen. Zugleich erhielt die letztere gewisse Rechte in Ansehung der Verwaltung mehrerer öffentlicher Parks und die Befugnisse, welche nach mehreren Parlaments-Akten den Kommissären für Wälder und Forsten zum Zwecke der Anlegung gewisser neuer Straßen und Wege, so wie anderer öffentlicher Bauwerke in London und an anderen Orten übertragen waren. Es ist bereits bemerkt worden, daß nach der citirten Akte die Kommissäre für die Wälder und Forsten und die Behörde für öffentliche Arbeiten und Gebäude alljährlich Rechnung über ihre Einnahmen und Ausgaben legen müssen und daß diese von den Kommissären zur Prüfung der öffentlichen Rechnungen abgenommen werden.

Achtes Kapitel.

Militär- und Flotten-Aemter.

Das Mißtrauen, mit welchem die britische Verfassung für die Freiheit der Nation besorgt ist, tritt nirgends deutlicher hervor, als in der Gesetzgebung über das Halten einer Land- und Seemacht für das Königreich. Beim ersten Blicke erscheint es auch schwierig, die zwei dabei in Betracht kommenden Erfordernisse mit einander zu vereinigen: nämlich den absoluten Gehorsam des Landheeres und der Flotte gegen die Exekutivgewalt mit der verfassungsmäßigen Kontrolle der Legislatur. Das erste Erforderniß ist nothwendig für die Wirksamkeit der Land- und Seemacht, das zweite für die Freiheit des Volkes. Zum Theil haben wir schon erörtert, wie die englische Verfassung die beiden widerstrebenden Erfordernisse mit einander in Einklang gebracht hat; das gegenwärtige Kapitel ist zu einer näheren Betrachtung bestimmt.

Es leuchtet ein, daß den Freiheiten der Nation viel weniger Gefahr von einer Seemacht droht, als von einer Landmacht. In Folge dessen wird die erstere viel weniger mißtrauisch vom Parlamente kontrollirt, als die letztere: die erstere ist gesetzlich eine dauernde, während das Recht der Exekutive, ein Landheer zu halten, ein zeitlich beschränktes ist und alljährlich durch Parlaments-Akte erneuert werden muß.

Das englische Landheer in der Zeit nach der Eroberung bestand theils aus Lehnsmannen, theils aus dem posse comitatus. Die Lehnsmannen waren Vasallen oder Untervasallen der Krone und durch ihren Lehnsbesitz zur Heeresfolge im Inlande wie im Auslande verpflichtet. Das posse comitatus bestand aus den Einwohnern der Grafschaften, welche zur Aufrechthaltung des innern Friedens und zur Abwehr von Invasionen aufgeboten wurden, aber nicht zum Dienste im Auslande, im Allgemeinen sogar nicht einmal außerhalb ihrer Grafschaften verpflichtet waren.

Außer dieser durch die Verfassung bedingten Streitmacht gab es in der englischen Armee und in den Garnisonen seit der Eroberung allezeit Soldtruppen, aus Inländern und Ausländern bestehend. Dieselben empfingen ihren Sold theils aus der Privat-Chatoulle des Königs, theils aus den Lehnsrevenüen der Krone. Einzelne Könige insbesondere warben ausländische Söldner in ihren Fehden mit den großen Baronen. Seit Eduard III. wurde es gebräuchlich, daß die Könige mit den Unterthanen vergleichsmäßig die Stellung von Soldaten zu bestimmten Soldbeträgen verabredeten, und seitdem haben die meisten englischen Armeen aus Soldtruppen bestanden. Diese hielt man nur in Kriegszeiten; abgesehen von den Besatzungstruppen und den kleinen, die Leibwache des Königs bildenden Corps, welche letztere mehr zum Staat, als für militärische Zwecke gehalten wurden, gab es vor dem Bürgerkriege unter Karl I. in England kein stehendes Heer. Ein solches entstand eigentlich erst nach der Restauration; die ältesten Regimenter der heutigen stehenden Armee sind einige Garderegimenter, welche Karl II. errichtet und theilweise aus Corps der Bürgerkriege gebildet hat. Nach der Revolution von 1688 wurde die Heeres-Verfassung durch Mutiny-Akte reformirt und in dieser Weise hat, abgesehen von wenigen kurzen Zwischenräumen zwischen dem Erlöschen einer Mutiny-Akte bis zum Erlasse der anderen, die englische Armee seidem bestanden.[1])

---

[1]) Nach dem Statute 18 Eduard III. stat. 2. cap. 7 sollten Schwerbewaff-

Das System, nach welchem die Armee nur auf Grund zeitlich beschränkter Parlaments-Akte gehalten werden darf, wurde im Anfange der Regierung Wilhelms III. eingeführt.[1] Die zu derselben Zeit erlassene Bill der Rechte erklärte: „daß die Anwerbung oder das Halten eines stehenden Heeres im Königreiche zur Friedenszeit, ohne Zustimmung des Parlaments, ungesetzlich ist." Von dieser Zeit an erhob sich noch lange jedesmal eine heftige Opposition im Parlamente, wenn es sich darum handelte, die Vollmachten der Krone zum Halten eines stehenden Heeres zu erneuern. Im Jahre 1697 sendete der König eine Botschaft an das Parlament, in der er seine Meinung aussprach, daß ein stehendes Landheer eine Nothwendigkeit geworden sei; diese Botschaft wurde vom Hause der Gemeinen mit großem Mißvergnügen aufgenommen; es beschloß, daß ein großer Theil der Armee aufgelöst werden solle; endlich wurde die Stärke derselben auf 10,000 Mann festgestellt. Der König, welcher sehr an seinen nach England mitgebrachten Garden hing, sendete eine Botschaft an das Haus der Gemeinen: er werde diese Garden entlassen, „wenn das Haus sich nicht bereit finden lassen wolle, aus Rücksicht auf ihn einen Weg ausfindig zu machen, um sie länger in seinem Dienste zu erhalten, was seine Majestät sehr wohlwollend aufnehmen würde." Das Haus erwiderte fest, aber ehrfurchtsvoll: es könne nicht zustimmen, „ohne der Verfassung Gewalt anzuthun, zu deren Wiederherstellung und Erhaltung Ew. Majestät herüber kamen."

Auch unter den folgenden Regierungen fand die Erneuerung der Mutiny-Akte in beiden Parlamentshäusern heftigen Widerstand, weil die Gestattung von Kriegsrecht eine Beeinträchtigung der Freiheiten

---

nete (men-of-arms), Reiter (hoblers) und Bogenschützen, welche zum auswärtigen Dienste des Königs angeworben waren, von dem Tage an, wo sie die Grafschaft, in der sie angeworben waren, verlassen würden, bis zu ihrer Rückkehr vom Könige besoldet werden. — Nach dem Statute 25 Eduard III. stat. 5, cap. 7 soll Niemand zur Stellung von Schwerbewaffneten, Reitern oder Bogenschützen gezwungen werden — außer denen, welche unter solcher Bedingung Lehnsbesitz haben, es sei denn, daß durch allgemeine Zustimmung und Bewilligung im Parlamente anders verordnet wäre. — Aus dem Statute 18 Heinrich VI., cap. 18, 19 (1439) erhellt, daß damals die Krone Soldaten durch Hauptleute anwerben ließ, welche sich vertragsmäßig verpflichtet hatten, mit einer bestimmten Anzahl von Leuten zu dienen und diesen den Sold zu zahlen, so wie daß diese Hauptleute sich grober Mißbräuche dadurch schuldig machten, daß sie den Sold ihren Untergebenen herunterschroben.

[1]) Durch das Statut 1 Wilhelm und Maria, sess. 2, cap. 4: „Eine Akte, betreffend die Bestrafung der Offiziere und Soldaten, welche Meuterei anstiften oder aus dem Dienste ihrer Majestäten desertiren, und zur Bestrafung ungerechtfertigter Aushebungen."

Englands enthalte. Die Artikel der bis zum Anfange der Regierung Anna's erlassenen Akten waren der Zahl nach gering, und einige derselben waren schlecht gefaßt. Unter der Königin Anna wurden viele neue Artikel inserirt und bei hervortretendem Bedürfnisse sind später noch andere hinzugefügt, so daß die Mutiny-Akte jetzt ein umfangreiches Militär-Gesetzbuch ist.

Heut zu Tage wird bei den jährlichen Erneuerungen in der Akte selten eine Bestimmung geändert; nur wird in der Einleitungsformel (preamble) die Zahl der für das betreffende Jahr bewilligten Streitkräfte jedesmal besonders erwähnt. Dabei ist bemerkenswenswerth, daß die Akte keine Bestimmung darüber enthält, daß oder wie die Streitkräfte angeworben werden sollen — was stillschweigend der königlichen Prärogative überlassen wird —, daß vielmehr die Zahl der zu haltenden Truppen einfach erwähnt wird. Die Einleitungsformel wiederholt die Deklaration der Bill der Rechte wegen der Ungesetzlichkeit des Haltens eines stehenden Heeres in Friedenszeiten ohne Zustimmung des Parlaments, und ein anderer Passus derselben erinnert an die Bestimmung des Statutes 25 Eduard III. stat. 5, welche auch in der Petition der Rechte (3 Karl I.) einen Platz gefunden hat, nämlich: „daß Niemand an Leben oder Gliedern gestraft werden kann gegen die Bestimmungen der Magna Charta und gegen das Recht des Landes."

Die heutige Einleitungsformel zu der Mutiny-Akte lautet: — „Sintemal die Anwerbung oder das Halten eines stehenden Heeres in dem Vereinigten Königreiche von Großbritannien und Irland zu Friedenszeiten ohne Zustimmung des Parlaments ungesetzlich ist; Und sintemal es von ihrer Majestät und dem gegenwärtigen Parlamente für nothwendig erachtet wird, daß eine Streitmacht zur Sicherung des Vereinigten Königreiches, zur Vertheidigung der Besitzungen von ihrer Majestät Krone und zur Erhaltung des Gleichgewichts der Macht in Europa ferner gehalten werde, und daß die Stärke dieser Streitmacht bestehen soll aus . . . (folgt die alljährlich sich ändernde Zahl); Und sintemal Niemand in Friedenszeiten an Leben oder Gliedern innerhalb dieses Reiches nach Kriegsrecht oder in anderer Weise verurtheilt oder bestraft werden kann, als durch das Urtheil seiner Standesgenossen und nach den bekannten und feststehenden Gesetzen des Königreiches; es aber nichtsdestoweniger zur Erhaltung aller vorerwähnten Streitkräfte bei ihrer Pflicht nothwendig ist, daß strenge Disciplin aufrecht erhalten werde und daß Soldaten, welche Meuterei oder Aufruhr anstiften oder aus dem Dienste ihrer Majestät desertiren oder sich Verbrechen oder Vergehen gegen die Ordnung und die militärische Disciplin zu schulden kommen lassen, mit einer exemplarischeren und schleunigeren Strafe belegt werden, als es nach den gewöhnlichen Formen des Gesetzes zulässig sein würde: Deshalb sei hiermit verordnet," u. s. w.

Die Akte bestimmt dann, daß die Königin Kriegs-Artikel für das Heer soll erlassen dürfen, daß aber Niemand im Königreiche Strafen an Leib und Gliedern oder Strafarbeiten androhenden Kriegs-Artikeln unterworfen sein soll, wo dies die Akte nicht besonders zuläßt. Die letztere definirt dann bestimmt, welcher Kreis von Personen dahin gehört. Derselbe umfaßt: Ober- und Unteroffiziere und gemeine Soldaten (mit Ausnahme derjenigen, welche zu der indischen Armee gehören) und gewisse andere im Militärdienste befindliche Personen, einschließlich mehrerer Civil-Beamten, so lange sie bei der Armee oder in militärischen Anstalten Dienste thun. Die Miliz, die Yeomanry und die Freiwilligencorps stehen im Allgemeinen nicht unter der Mutiny-Akte; die letztere kann aber auf sie durch Parlaments-Akte für anwendbar erklärt werden.

Die Mutiny-Akte enthält ferner verschiedene Bestimmungen über die Organisation und das Verfahren der Kriegsgerichte, sowie über die militärischen Strafen. Wenn Verbrechen durch Zwangs-Strafarbeit (penal servitude) im Königreiche oder in einer Strafkolonie geahndet werden sollen, so müssen die betreffenden Urtheile durch die Militär-Behörde den Richtern der oberen Civil-Gerichtshöfe, welche auf diese Strafe erkennen dürfen, mitgetheilt werden; diese erlassen dann ein Resolut auf Vollstreckung der Strafe, und auf diese Weise werden diese kriegsrechtlichen Urtheile ebenso vollstreckt, als wenn sie von ordentlichen Gerichtshöfen erlassen wären. Dem Kriegssekretär liegt die Aufsicht über alle militärischen Gefängnisse und Gefangenen ob. Mehrere Bestimmungen betreffen die Anwerbung, den Transport und die Einquartierung der Soldaten. Die Mutiny-Akte macht ausdrücklich den Vorbehalt, daß durch ihre Vorschriften kein Offizier oder Soldat von der Verfolgung wegen Verbrechen oder Vergehen im ordentlichen Rechtswege (vor den gewöhnlichen Kriminalgerichten) eximirt sein soll; und jeder militärische Vorgesetzte, welcher den Beamten der Justiz oder gerichtlichen Polizei bei Verhaftung eines ihm untergebenen Offiziers oder Soldaten seinen Beistand versagt, soll kassirt werden.

Die durch die Mutiny-Akte autorisirten Kriegs-Artikel betreffen eine große Anzahl strafbarer Handlungen und bedrohen dieselben mit verschiedenen Strafen, welche nicht die Höhe von Strafen an Leben oder Gliedern erreichen. Diese Kriegsartikel werden von Zeit zu Zeit von der Krone allein revidirt, und weichen in Folge dessen wesentlich von den Flotten-Artikeln ab, welche direkt vom Parlamente erlassen werden und ein vollständiges Strafgesetzbuch für die Flotte enthalten. Blackstone sagt: „Woraus dieser Unterschied entstand und weshalb die Exekutiv-Gewalt, welche rücksichtlich der Flotte in angemessener Weise beschränkt ist, rücksichtlich des Landheeres so ausgedehnte Befugnisse hat, läßt sich nicht erkennen; der Grund kann nur in dem äußeren Umstande liegen, daß die Flotte eine dauernde Einrichtung ist und daß deshalb ein dauerndes Recht für sie angemessen erschien, während das Landheer nur von einem Jahre zum anderen stets neu geschaffen wird, so daß die Gefahr der Zulassung einer diskretionären Behandlung desselben geringer erscheint. Was man aber auch beim Erlasse der ersten Mutiny-Akte darüber gedacht haben mag, jedenfalls ist jener Unterschied durch die regelmäßige Erneuerung der Vollmacht zum Halten eines stehenden Heeres beim Beginn eines jeden Jahres inhaltsleer geworden." [1])

Die Armee-Angelegenheiten werden von zweierlei Aemtern besorgt, Civil-Aemtern und militärischen. Die ersteren vermitteln die Unterordnung der Armee unter die Exekutive und alle Beziehungen des Heeres zu der Civil-Regierung; die letzteren haben die unmittelbare, militärische Leitung der Armee.

Eine große Aenderung in der Organisation der Aemter für die Civil-Angelegenheiten der Armee trat in den Jahren 1854—55 ein. Für die Verwaltung dieser Angelegenheiten gab es bis dahin folgende Departements: das des Staatssekretärs für den Krieg und die Kolonieen — das des Kriegssekretärs — das Geschützwesen-Amt — das Kommissariat — und das Amt des Oberbefehlshabers.

Bis 1854 war, wie wir bereits bei Besprechung des Staatssekretariats bemerkt haben, der Staatssekretär für die Kolonieen zugleich Staatssekretär für den Krieg. Die Verfügungen der Regierung wegen Verwendung der bewaffneten Macht gingen den militärischen

---

[1]) Die alljährliche Erneuerung der Mutiny-Akte ist nicht selten ein Gegenstand des Lobes für Schriftsteller über die englische Verfassung geworden. Man kann aber wohl füglich bezweifeln, ob die verfassungsmäßige Freiheit irgendwie dadurch mehr gesichert ist, daß alle Klauseln der Mutiny-Akte alljährlich von neuem erlassen werden. Diese Ansicht scheint durch die Erwägung gerechtfertigt zu sein, daß die Flotte, trotz ihrer dauernden Mutiny-Akte, auch ihrer Stärke nach ebenso sehr unter der Kontrolle des Parlaments steht, als das Landheer.

Auktoritäten entweder durch diesen oder durch den Staatssekretär für das Innere zu; diese kommunizirten mit dem Oberbefehlshaber oder dem General-Feldzeugmeister über Alles, was die innere Vertheidigung des Landes oder den Schutz der auswärtigen Besitzungen betraf. Der Kolonial-Sekretär legte der Krone das Gutachten des Ministeriums über die zu haltende Militärmacht vor, und theilte dem Oberbefehlshaber die in Folge dessen ergangene Entscheidung mit. In Kriegszeiten korrespondirte der Staatssekretär für den Krieg und die Kolonieen mit den Offizieren, welche im Auslande kommandirten, und theilte ihnen die Verfügungen der Regierung mit.

Der Kriegssekretär (Secretary-at-War) hatte wesentlich finanzielle Geschäfte; er mußte die Armee-Voranschläge vorbereiten und dem Parlamente vorlegen und das Detail der Ausgaben für das Heer kontrolliren. Die Verausgabung der von dem Parlamente für die Armee bewilligten Summen wurde durch Reskripte des Kriegssekretärs an den General-Zahlmeister veranlaßt. Die Rechnungen der Regiments-Zahlmeister und der anderen mit Ausgaben für die verschiedenen Dienstzweige beauftragten Beamten wurden im Büreau des Kriegssekretärs geprüft und abgenommen.

Die finanziellen Geschäfte des Kriegssekretärs sind meist durch Statute bestimmt. Nach der Akte 23 Georg III. cap. 50 soll er Voranschläge von den jährlichen Ausgaben für die Armee aufstellen und, wenn dieselben genehmigt sind, Abschriften davon an den General-Zahlmeister übersenden; demselben soll er auch Nachweisungen über den Bestand der Offiziere und Gemeinen in jedem Truppentheile und die Anschläge über die Werbekosten und andere spezielle Ausgaben übermitteln. Der Zahlmeister eines jeden Regiments soll dem Agenten[1]) des Regiments die Rechnungen über die Ausgaben des letzteren zustellen; der Agent stellt die Jahresrechnungen über die Einnahmen und Ausgaben eines jeden im Inlande oder auswärts stationirten Corps auf und übersendet sie dann dem Kriegssekretär. Im Departement des letzteren werden diese Rechnungen geprüft und dann dem General-Zahlmeister mit einem Atteste über die Richtigkeit der darin enthaltenen Positionen zugestellt.

Außer diesen finanziellen Geschäften hatte der Kriegssekretär die

[1]) Die Agenten des Regiments sind die Vermittler zwischen dem General-Zahlmeister und dem Regimente; sie fungiren als Banquiers des Obersten unter dessen Verantwortlichkeit und zahlen den Sold an die Offiziere unmittelbar, an die Unteroffiziere und Gemeinen durch Vermittelung der Regiments-Zahlmeister. — Gneist, Geschichte der Aemter S. 398 (1. Aufl.). Anm. des Uebers.

gehörige Beobachtung der Militärgesetze zu überwachen und bei den Anstellungen in der Armee mitzuwirken. Diese Mitwirkung war jedoch fast nur eine formelle; der Vorschlag zur Besetzung der Stellen bei der Krone stand dem Oberbefehlshaber zu, welchem er auch jetzt noch zusteht. Ein Parlaments-Bericht aus dem Jahre 1837 theilt mit, daß lange Jahre hindurch der Streit zwischen dem Kriegssekretär und dem Oberbefehlshaber über den Umfang ihrer Rechte und Pflichten stets von neuem ausgebrochen sei.

Das Feldzeugamt (Ordnance Office) zerfiel in zwei Theile, nämlich erstens in die Abtheilung, welche der General-Feldzeugmeister (Master-General of the Ordnance) als Vorstand des Departements persönlich verwaltete, und zweitens in die Abtheilung, welche ein Kollegium mit dem gesetzlichen Titel: „Die Ober-Beamten von ihrer Majestät Geschützwesen“ bildete.

Der General-Feldzeugmeister leitete persönlich und ohne Theilnahme des Kollegiums Alles, was das Artillerie- und das Ingenieur-Corps betraf, in demselben Umfange, wie der Oberbefehlshaber die Leitung des übrigen Heeres hatte.

Unabhängig daneben waren die Civil-Verwaltungsgeschäfte, welche dem Kollegium oblagen, und welche die ganze Landarmee und die Flotte betrafen. Dieses Kollegium, zu dem der General-Feldzeugmeister als oberster Beamter gehörte, beschaffte das Kriegsmaterial — Geschütze, andere Waffen und Munition — für Armee und Marine, und hatte für die Aufbewahrung und Komplettirung der Vorräthe und Kleidungsstücke für die Armee zu sorgen. Ferner hatte es die Errichtung und Erhaltung von Festungswerken, Kasernen und anderen militärischen Baulichkeiten zu beaufsichtigen.

Die Befugnisse des Feldzeugamts-Kollegiums rücksichtlich der Erwerbung von Grundstücken für den öffentlichen Dienst sind in der Akte 5 und 6 Victoria cap. 94 zusammengefaßt worden. Dieselbe ermächtigte das Kollegium, auf dem Wege gütlicher Einigung oder durch Zwangsenteignung „Grundstücke, Gebäude, oder sonstige Erbgüter oder Gerechtigkeiten für den Dienst des Feldzeugamtes oder die Vertheidigung des Königreiches“ zu kaufen.

Das Kommissariat (Commissariat, Militärintendantur) war eine Abtheilung des Schatzamtes, und hatte für die Provision und Fourage der außerhalb des Königreiches stehenden Truppen, sowie für die Transportmittel zu sorgen. Bei ihren Ankäufen und dem Abschlusse von Verträgen überhaupt waren die Beamten des Kommissariats der unmittelbaren Aufsicht des Schatzamtes unterworfen; die

Kommissariats-Beamten auf auswärtigen Stationen korrespondirten direkt mit dem letzteren.

Die höchste Behörde des ganzen Landheeres, mit Ausnahme der Artillerie und des Ingenieur-Corps, war der Oberbefehlshaber (Commander-in-Chief); ihm stand die oberste Leitung bei Verwendung, Organisation, Instruktion und Aufrechterhaltung der Disciplin der Truppen zu. Er stand, wie wir gesehen haben, mit dem Kolonial-Staatssekretär und dem Staatssekretär für das Innere, besonders aber mit dem ersteren, in fortwährenden Beziehungen.

Die wichtigen Aenderungen in der Heeresverwaltung, welche 1854—55 eintraten, wurden hauptsächlich durch die öffentliche Meinung hervorgerufen, welche die Verpflegung und Behandlung der in dem Kriege gegen Rußland verwendeten britischen Truppen laut tadelte. Die schlechte Militärverwaltung war schon früher im gegenwärtigen Jahrhunderte im Parlamente und außerhalb desselben mehrfach der Gegenstand von Beschwerden gewesen; einmal, im Jahre 1837, hatte man deshalb schon eine Untersuchungs-Kommission niedergesetzt. Diese Kommission fand den wesentlichsten Fehler der Militärverwaltung in dem Mangel einer wirksamen Kontrolle über sämmtliche militärische Ausgaben des Landes durch eine einzige Behörde, welche sowohl für das Maß der Ausgaben als für die Art der Verwendung der vom Parlamente votirten Summen verantwortlich sein müßte.

Das Kriegs-Ministerium (War-Office). Die Aenderungen der Jahre 1854—55 bestanden in der Anstellung eines besonderen Staatssekretärs für den Krieg, der Vereinfachung der Civil-Verwaltung der Armee durch Uebertragung der Geschäfte der bisherigen verschiedenen Departements auf diesen Staatssekretär, und der Vereinfachung der militärischen Heeres-Administration durch eine ähnliche Uebertragung aller Geschäfte derselben auf den Oberbefehlshaber.

Der erste Staatssekretär für den Krieg wurde 1854 ernannt. Die Ernennungen sind seitdem stets durch Patent geschehen, Inhalts dessen diesem Staatssekretär die Verwaltung und obere Leitung aller das Landheer und das Artillerie- und Ingenieur-Wesen betreffenden Angelegenheiten mit Ausnahme des militärischen Befehls, der militärischen Disciplinargewalt über das Heer und der Anstellungen und Beförderungen in demselben übertragen wird.

Die Organisation des neuen Staatssekretariats geschah durch eine Staatsraths-Ordre vom 11. August 1854, in welcher gesagt war, das neue Kriegs-Departement sei „geschaffen wegen der hervorgetretenen Nothwendigkeit der Vereinigung und Verschmelzung aller Abtheilungen der bisher getrennten militärischen Verwaltung und Oberleitung unter Einem Staatssekretär." Die bisherige Trennung der Civil-Verwaltung, welche theils dem Staatssekretär für den Krieg und die Kolonieen, theils dem Kriegssekretär, theils dem Feldzeugamt und theils dem Kommissariate zugestanden hatte, hörte auf. Insbesondere wurde im Jahre 1855 das Amt des Kriegssekretärs mit dem des Staatssekretärs für den Krieg dadurch vereinigt, daß dem letzteren durch Kommission auch das Amt des Kriegssekretärs übertragen wurde. So entstand das gegenwärtige Kriegsministerium. Auf dieses gingen dann in demselben Jahre auch die Civil-Verwaltungsgeschäfte des Feldzeugamts-Kollegiums über; dieses Kollegium wurde abgeschafft. Dies geschah durch das Statut 18 und 19 Victoria cap. 117, durch welches alle statutarischen Rechte und Befugnisse, welche „den Ober-Beamten von ihrer Majestät Geschützwesen" zustanden, auf den Staatssekretär für den Krieg übertragen wurden.

Das Kommissariat ging nur theilweis in dem Kriegsministerium auf, weil die Geschäfte desselben doppelter Art waren: sie bezogen sich theils auf die Verproviantirung der Armee, theils waren sie rein finanzieller Natur. Rücksichtlich des ersteren Theils seiner Geschäfte steht das Kommissariat jetzt unter dem Kriegs-Ministerium, rücksichtlich des anderen Theils unter dem Schatzamte. Dem Kommissariat als Finanzbehörde steht die Verwaltung großer Geldsummen zu, welche es nach bestimmten Reglements an die Regiments-Zahlmeister, die Zeughaus- und andere Rechnungs-Beamte zu vertheilen hat. Die Beamten des Kommissariats, von denen einer oder einige bei jeder Station auf der ganzen Erde angestellt sind, legen am Ende eines jeden Monats direkt bei der Oberrechnungskammer (Audit office) über ihre Verwaltung und ihren Kassenbestand Rechnung. In Kriegszeiten werden alle Ausgaben für die im Felde stehenden Armeen durch die Beamten des Kommissariats vermittelt, mit Ausnahme jedoch derjenigen, welche in den ordentlichen parlamentarischen Voranschlägen vorgesehen sind.

Der Oberbefehlshaber (Commander-in-Chief). — Schon einige Zeit vor der Einrichtung des neuen Kriegs-Ministeriums wurde der militärische Oberbefehl über die Artillerie und das Ingenieur-Corps auch dem Commander-in-Chief[1]) übertragen. Um seine

---

[1]) Obgleich die Bezeichnung: Commander-in-Chief der Kürze wegen und im Anschlusse an den herrschenden Sprachgebrauch hier beibehalten ist, so ist sie doch der Strenge nach nicht korrekt. Denn seit einigen Jahren giebt es keinen

Stellung zu der Regierung richtig aufzufassen, muß man beachten, daß der Oberbefehlshaber, wenngleich nach dem Belieben der Krone absetzbar, doch praktisch ein ständigerer Beamter ist, als die politischen Minister der Krone. Er resignirt nicht, wenn das Ministerium geändert wird; und seine Absetzung würde von den Ministern nur dann bei der Krone beantragt werden, wenn eine dringende Nothwendigkeit dafür vorläge, z. B. wenn eine erhebliche Meinungsverschiedenheit zwischen ihm und dem Staatssekretär für den Krieg hervorträte.

Trotz der großen Wichtigkeit der Frage, in wie weit der Oberbefehlshaber der Exekutiv-Regierung (dem Ministerium) subordinirt ist, herrscht darüber große Unklarheit. Das Anstellungs-Patent des Staatssekretärs für den Krieg enthält, wie erwähnt, eine Reservation in Ansehung des militärischen Kommandos und der Disciplin der Armee und wegen der Anstellungen und Beförderungen in derselben. Es ist aber anscheinend keine klare Bestimmung darüber vorhanden, in wie weit diese Reservation die Einmischung des Staatssekretärs in Angelegenheiten der militärischen Disciplin und in Anstellungssachen ausschließt. Bei den Verhandlungen des Parlaments-Ausschusses von 1860 über die Militär-Organisation wurde von einer Seite behauptet, der Oberbefehlshaber müsse den Anweisungen des Staatssekretärs nachkommen; aber der Ausschuß war der Ansicht, der letztere habe nur eine nominelle Aufsicht über die Ordnungsmäßigkeit der Beförderungen in der Armee; er — so fährt der Bericht fort — „mischt sich nicht in die geschäftsmäßige, gewöhnliche Militär-Verwaltung der Armee. Diese wird den militärischen Auktoritäten überlassen, denen ein parlamentarischer Beamter, der Judge Advocate,[1]) mit seinen Rechts-

Commander-in-Chief mehr, sondern nur einen „General commanding the Forces". — Die Ernennung des Oberbefehlshabers geschah durch ein Patent unter dem großen Siegel, wonach er sein sollte „Commander-in-Chief aller und jeder Abtheilungen unseres Landheeres, welche in unserem Dienste im Vereinigten Königreiche von Großbritannien und Irland verwendet sind oder künftig verwendet werden", und wodurch zugleich angeordnet wurde, daß „alle Offiziere und Soldaten unseres Landheeres Euch als ihren Oberbefehlshaber anerkennen sollen." — Die am 15. Juli 1856 erfolgte Ernennung des „General commanding in Chief" wurde demselben lediglich durch ein Schreiben des Staatssekretärs notifizirt, wodurch ihm bekannt gemacht wurde, daß die Königin ihn zum Dienste eines Generals berufen habe, und wodurch er aufgefordert wurde, den Befehlen ihrer Majestät, des Commander-in-Chief und jedes anderen ihm vorgesetzten Beamten zu gehorchen.

[1]) Der Judge Advocate-General ist der General-Auditeur der englischen Armee. Er ist regelmäßig ein Unterhaus-Mitglied und wechselt mit dem jedesmaligen Ministerium. Vergl. Gneist, Gesch. der Aemter. S. 416. (1. Auflage.) Anm. des Uebers.

kenntnissen zur Seite steht. Die Armee erhält dadurch Sicherheit dafür, daß die Aemter-Vergabung sowohl in Ansehung der ersten Anstellungen als der Beförderungen, soweit sie nicht durch Stellenkauf und Dienstalter sich von selbst reguliren, nicht von politischen Rücksichten und den Bedürfnissen des jedesmaligen Ministeriums beeinflußt wird; auch wird dadurch die gute Folge herbeigeführt, daß der Charakter der täglich zur Anwendung kommenden Disciplinargewalt in der Armee sich nicht mit jedem Wechsel in dem Civil-Departement ändert. Ihr Ausschuß ist der Ansicht, daß jede Aenderung, welche jene Sicherheit und das darauf begründete Vertrauen der Armee stören möchte, für den Dienst nachtheilig sein würde, weil Zweifel und Mißvergnügen an die Stelle der Zuversicht treten würden." Während aber der Ausschuß das jetzige System billigt, nach welchem das Amt des Oberbefehlshabers ein ständigeres ist als das des Staatssekretärs für den Krieg, empfiehlt er die Aufstellung von Grundsätzen, welche „den Umfang der Amtsbefugnisse des Oberbefehlshabers" genauer bestimmen, sowie eine nähere Verbindung der beiden Departements, als sie gegenwärtig existirt. Hierüber bemerkt der Ausschuß: „Die Trennung giebt Veranlassung zu dem Glauben, daß zwei ganz gesonderte Departements neben einander bestehen; die öffentliche Meinung bekräftigt den Irrthum und führt so nothwendig zu einer getheilten Wirksamkeit, vielleicht sogar zu einem Antagonismus seitens der Militärs gegen die Befugnisse der ihnen vorgesetzten Civil-Behörde.

Flotten-Aemter. Bis zur Zeit Heinrichs VII. gab es in England keine permanente Kriegsflotte. Bis dahin stellten Städte und Grafschaften, wenn es der öffentliche Dienst erheischte, ihr Kontingent zu den auszurüstenden Schiffen, oder es wurden Schiffe für den königlichen Dienst gepreßt. Viele Urkunden beweisen, daß die Krone vor Alters häufig Vollmachten zum Pressen sowohl von Mannschaften als von Schiffen für den königlichen Dienst ertheilt hat. Diese Vollmachten waren entweder spezielle, an bestimmte Beamte gerichtet und aus Veranlassung gewisser Expeditionen ausgestellt, oder allgemeine, welche alle betreffenden Rechte der Admiralität auf Eine Person — dann Lord High Admiral genannt —, oder auf mehrere Admiräle, z. B. die des Nordens und des Westens übertrug. Folgendes sind Fälle, wo zum Pressen von Schiffen für bestimmte, einzelne Zwecke Spezial-Vollmachten ertheilt wurden: — Im funfzehnten Regierungsjahre Richards II. wurde ein Sergeant-at-arms ermächtigt, in gewissen Grafschaften so viele Schiffe, Boote und andere Fahrzeuge, auch so viele Matrosen festzunehmen und aufzubringen, als zu einer Expedition nach Irland, welche unter dem Oheim des Königs, dem Herzoge von Gloucester, unternommen werden sollte, nöthig sein würden. Im einundzwanzigsten Regierungsjahre Heinrichs VI. wurde an einen Sergeant-at-arms und andere Beamte ein Befehl erlassen, nach welchem sie für den Dienst des Königs alle zum Transporte von Menschen und Rossen tauglichen Fahrzeuge, so wie alle Matrosen in gewissen Grafschaften zu einer Expedition nach Aquitanien festnehmen sollten. Die allgemeinen Vollmachten für die High Admirals oder die Admiräle des Nordens und Westens ermächtigten dieselben, je nach Bedürfniß Schiffe, Matrosen und die sonst nöthigen Seemannschaften für die königlichen Seefahrten und Expeditionen aufzubringen. Dergleichen allgemeine Vollmachten kommen in großer Menge seit dem vierzehnten Jahrhunderte bis auf die Neuzeit herab vor. Es ist jedoch stets streitig geblieben, in welchem Umfange durch dergleichen Kommissionen die zwangsweise Festnahme von Schiffen und Matrosen gerechtfertigt wird.

Schon lange vor der Errichtung einer königlichen Flotte gab es in England einen hohen Staatsbeamten, dem die Bewachung der See anvertraut war — den Custos Maris. Dies war nicht nothwendig der Befehlshaber der Schiffe; er war nur allgemein den Marine-Angelegenheiten des Königreichs vorgesetzt und verwaltete die Rechtspflege in Seerechts-Sachen, wie letzteres gegenwärtig durch das Admiralitäts-Gericht geschieht.

Man nimmt gewöhnlich an, daß Heinrich V. zum ersten Male eine Kriegsflotte aufgestellt habe; indessen steht doch fest, daß schon Heinrich IV. im Jahre 1400 ein Kriegsschiff besaß. Im Jahre 1415 bestand die Kriegsflotte aus 27 Segeln. Nach dem Tode Heinrichs V. wurde aber das von ihm angenommene System, nach welchem eine Kriegsflotte errichtet werden sollte, von der Regierung wieder aufgegeben; einer der ersten Staatsraths-Beschlüsse unter Heinrich VI. betraf die Auflösung der Flotte und den Verkauf der großen Schiffe des Königs. Erst unter Heinrich VII. kam man auf jenes aufgegebene System zurück.

Dieser König schritt zur Bildung einer königlichen Flotte und einer allezeit für den Staatsdienst fertigen Seemacht, und Heinrich VIII. vervollständigte und verfolgte die Pläne seines Vaters durch Einrichtung von Werften, Erbauung von Kriegsschiffen und Erhebung des Flottendienstes zu einem besonderen Dienstzweige. Im dritten Jahre seiner Regierung wurde schon eine Flottenexpedition ganz auf Kosten des

Königs in's Werk gesetzt, obgleich mit Ausnahme eines einzigen alle dazu verwendeten Schiffe gemiethete waren. Unter Elisabeth gelangte die englische Flotte zu größerer Bedeutung; aber auch da noch forderte man Privatleute zur Ausrüstung von Schiffen auf, welche in Gemeinschaft mit den Schiffen der Königin gegen den Feind verwendet werden sollten. Auch unter den folgenden Regierungen wurde die königliche Flotte vergrößert, und zur Zeit der Republik wurde sie der Schrecken der Feinde Englands; ihre größere Tüchtigkeit scheint besonders dadurch verursacht zu sein, daß man von den Schiffskapitänen damals eine größere Geschicklichkeit und Erfahrung in der Nautik verlangte.

Es läßt sich schwer bestimmen, wann der Gebrauch entstanden ist, das Amt des Admirals in Kommission zu geben. Schon 1442 wurden Kommissäre zur Bewachung der See bestellt (avec certaines niefs et vesseaux nous avons assigneez pur un certain temps de garder la meer). Zweifelhaft aber ist es, ob das Amt der damaligen Kommissäre dem der heutigen Lords der Admiralität entspricht. Dagegen ist es sicher, daß unter Karl I. das Amt des Admirals in ähnlicher Weise wie heut zu Tage in Kommission gegeben wurde. Nach der Ermordung George Villiers, Herzogs von Buckingham, des damaligen Lord High Admiral, entstand die Frage, in welcher Weise dieses Amt fortan verwaltet werden sollte; durch eine vom 20. September 1628 datirte Kommission wurden der Lord Schatzmeister Weston, der Lord Ober-Kammerherr Graf von Lindsay und andere Personen mit der Verwaltung des Amtes des Lord High Admiral von England beauftragt. Später wurde unter derselben Regierung wieder ein Lord High Admiral ernannt: der Graf von Northumberland wurde es im Jahre 1639.

Nach der Restauration ernannte Karl II. seinen Bruder, den Herzog von York, zum Lord High Admiral. Derselbe blieb an der Spitze der Admiralität bis 1673, wo er in Folge der Verweigerung des Testeides resigniren mußte. Burnet in der Geschichte seiner Zeit theilt mit: der König habe nun die Admiralität einer Kommission anvertrauet, welche ganz aus Kreaturen des Herzogs bestanden habe, so daß das Amt im Erfolge doch in seinen Händen geblieben sei. Nachdem der Herzog als Jakob II. den Thron bestiegen hatte, verwaltete er das Amt des Lord High Admiral selbst, so daß es in der Person des Souveräns aufging. Nach der Revolution von 1688 wurde die Admiralität wieder in Kommission gegeben, und im Jahre 1690 wurde eine Akte erlassen, welche den bestellten Kommissären alle Rechte des Lord High Admiral übertrug.[1]) Im Jahre 1692 wurden viele Klagen über die Verwaltung der Admiralität laut; wahrscheinlich durch diese veranlaßt, beantragte das Haus der Gemeinen bei der Krone: „daß eine Admiralitäts-Kommission aus Personen bestellt werden möge, welche anerkanntermaßen etwas von den Marine-Angelegenheiten verstünden und daß für die Zukunft alle, die Flotten-Verwaltung betreffenden Anordnungen durch die so besetzte Admiralität gehen möchten."

Abgesehen von wenigen kurzen Zwischenzeiten ist das Amt des Lord High Admiral seitdem immer durch eine Kommission verwaltet worden. Die Zwischenzeiten waren die folgenden: Im Jahre 1700 war der Graf von Pembroke kurze Zeit Lord High Admiral. Einige Jahre später wurde das Amt dem Prinzen Georg von Dänemark, dem Gemahl der Königin Anna, verliehen. Burnet theilt mit: der Prinz habe die Admiralität mit Hülfe eines Raths-Kollegiums verwaltet, aber in so übeler Weise, daß dadurch eine parlamentarische Untersuchung veranlaßt sei, welche dann eine Adresse des Oberhauses an die Königin zur Folge gehabt habe. Im Jahre 1827 wurde der Herzog von Clarence zum Lord High Admiral ernannt; aber bald erwies sich die Verwaltung als eine so schlechte, daß die Admiralität wieder in Kommission gegeben wurde, und seitdem ist man ohne Unterbrechung dabei geblieben.[2])

Das Admiralitäts-Kollegium ist das Staats-Departement, welchem die Verwaltung der königlichen Flotte und der ganzen Seemacht des Reiches, wo sich dieselbe auch befinden mag, obliegt; es hat den Ober-

---

[1]) Das Statut 2 Wilhelm und Maria sess. 2, cap. 2 (1690) erwähnt: das Amt des Lord High Admiral sei mehrere Jahre lang durch Kommissäre der Krone verwaltet; es seien aber Zweifel über den Umfang der Rechte derselben entstanden; dann verordnet das Statut: „alle und jede Auktorität, Jurisdiktion und Befugniß, welche durch Parlaments-Akte oder in anderer Weise dem Lord High Admiral von England überwiesen, zugesprochen oder anvertraut sind," sollen auch den Kommissären zustehen. — Burnet theilt mit, daß die Veranlassung zu dieser Akte Zweifel darüber gewesen seien, ob das Recht über Leben und Tod, welches nach dem Kriegsrechte dem Lord High Admiral zustand, den Kommissären gleichfalls zukomme.

[2]) Die Ernennung des Herzogs von Clarence zum Lord High Admiral veranlaßte die Akte 7 und 8 Georg IV., cap. 65, welche bestimmt, daß die Rechte und Privilegien, welche durch Parlaments-Akte den Kommissären der Admiralität beigelegt seien, auch dem Lord High Admiral zustehen sollen, und daß die Unterschrift von zwei Mitgliedern seines Raths dieselbe Kraft haben soll, wie die Unterschrift von zwei Kommissären.

befehl über die königlichen Seesoldaten und die Aufsicht über alle Werften und Marine-Etablissements.

Die Rechte und Pflichten dieses Kollegiums zur Verwaltung des Amtes des Lord High Admiral sind in dem unter dem Großen Siegel ausgefertigten Patente, mittels dessen die Kommissäre ernannt werden, ausführlich aufgezählt. Folgendes ist eine auszugsweise Angabe des Inhaltes des Patents: die Königin beruft die namentlich bezeichneten sechs Personen, daß sie oder „zwei von ihnen" als Kommissäre verwalten sollen das Amt „unseres High Admiral des Vereinigten Königreiches von Großbritannien und Irland und der dazu gehörigen Besitzungen, Inseln und Territorien, sowie das Amt unseres High Admiral von Jamaica, Barbados, St. Christoph, Nevis, Montserrat, Bermudas und Antegoa in Amerika; und von Guinea, Binney und Angola in Afrika und den dazu gehörigen Inseln und Besitzungen; ebenso von allen unseren übrigen auswärtigen Pflanzungen, Besitzungen, Inseln und Territorien, wie sie auch heißen mögen, und von den dazu gehörigen Plätzen, so lange es uns beliebt." Die Kommissäre werden dann ermächtigt, Schiffe nach ihrem Ermessen repariren zu lassen und den Bau oder die sonstige Beschaffung von Schiffen nach den Anweisungen der Königin oder des Staatsraths anzuordnen. Alle Offiziere und Diener der Krone auf der Flotte und in der Marine sollen den ihr Amt betreffenden Befehlen der Kommissäre gehorchen. Ferner werden letztere ermächtigt, die Rechnungen über die Ausgaben für Schiffe und Schiffsvorräthe abzunehmen und solche zu beaufsichtigen — Marine-Reglements zu erlassen — die Admiralitäts-Einkünfte (Admiralty Droits) in gesetzlicher Weise zu verwenden — die vakant werdenden Aemter in der Marine zu besetzen — die zur Verwaltung der Civil-Departements des Seedienstes erforderlichen Beamten und die Inspektoren der Werften, sowie der übrigen Marine-Etablissements zu ernennen — Kontrakte über die Miethung von Schiffen und über die Lieferung von Schiffsvorräthen abzuschließen — und die nöthigen Gelder zur Bezahlung der Marine-Unkosten anzuweisen.

Bei einer Aenderung des Kabinets wird die alte Kommission aufgelöst und eine neue ernannt. Es kommt freilich vor, daß zu der neuen Kommission ein Marine-Beamter gehört, der auch Mitglied der älteren war, aber der Erste Lord der Admiralität, welcher Mitglied des Kabinets ist, und die meisten anderen Lords treten bei einer Aenderung des Ministeriums aus.

Sonst sind die Rechte und Pflichten der Admiralität größtentheils durch Statute bestimmt. Eine wichtige Aenderung in den Civil-Departements der Marine trat im Jahre 1832 dadurch ein, daß man mehrere Abtheilungen der Verwaltung, namentlich das Proviantamt, mit der Admiralität vereinigte. Durch das Statut 2 Wilhelm IV., cap. 40 wurden nämlich die statutarischen Befugnisse des bisherigen Marine-Kollegiums (Navy Board), so wie das Amt der Kommissäre zur Verproviantirung der Flotte und zur Versorgung siecher und verwundeter Seeleute, und der größte Theil der Geschäfte des Marine-Schatzmeisters der Admiralität übertragen; zugleich wurden die Ländereien und Gebäude, welche bisher von den erstgedachten beiden Kollegien verwaltet waren, der Admiralität zugewiesen. Die Akte bestimmte ferner, daß nicht mehr als fünf Admiralitäts-Kommissäre zu gleicher Zeit im Hause der Geminen sitzen dürften, und daß zwei von denselben zusammen alle Rechte der Admiralität ausüben könnten.

Durch Statute ferner ist die Admiralität ermächtigt: Anordnungen zu erlassen über Prisengelder und deren Vertheilung, nicht minder über die Verwendung des Erlöses aus dem Verkaufe von Schiffen und deren Zubehör, welche kraft der Zollgesetze oder als Sklavenhändler oder als Piraten kondemnirt sind; ferner aufzustellen, zu unterhalten und zu befehligen die zum Küstenschutze bestimmte bewaffnete Macht und die Zollkreuzer; endlich Hafen- und Molenbauten nach Vorschrift der hierüber erlassenen allgemeinen Parlaments-Akten zu beaufsichtigen.

Ueber die wichtigsten Geschäfte beschließt das versammelte Admiralitäts-Kollegium in regelmäßig stattfindenden Sitzungen, wenngleich, wie erwähnt, je zwei Kommissäre nach ihrem Patente und nach dem Statute zu allen Amtshandlungen berechtigt sind, und wenngleich es bei gegebener Veranlassung vorkommt, daß zwei Kommissäre ohne regelmäßige Zusammenberufung des Kollegiums Admiralitäts-Ordres erlassen. Nach dem Patente, welches die Mitglieder des Kollegiums beruft, wird kein Unterschied in dem Umfange der Befugnisse der einzelnen Kommissäre gemacht; aber dennoch kommt eine Abstimmung im Admiralitäts-Kollegium niemals vor, vielmehr steht es durch die Praxis fest, daß dem Ersten Lord der Admiralität die Entscheidung zukommt. Dieser Grundsatz wird dadurch aufrecht erhalten, daß die Aemter der Admiralitäts-Kommissäre nicht lebenslänglich, sondern auf so lange, als es der Krone beliebt, verliehen werden. Im Nothfalle würde also das Kabinet jene Auktorität des Ersten Lords der Admiralität dadurch aufrecht erhalten, daß es die Resignirung der übrigen Lords veranlaßte oder der Krone den Rath ertheilte, zum Zwecke der Entlassung des Ersten Lords die Kommission zu widerrufen. Regelmäßig überläßt jedoch der Erste Lord die Entscheidung technischer Fragen den technischen Mitgliedern der Admiralität.

Ein sehr beträchtlicher Theil der Geschäfte wird von den einzelnen Kommissären abgemacht. Zu diesem Zwecke ist die Admiralität in sechs Departements eingetheilt, welchen je ein Kommissär vorsteht. Der Erste Lord ist regelmäßig kein Seemann; in sein Departement fallen hauptsächlich die Fragen der Politik, die Flotten-Voranschläge, Beförderungen und neue Anstellungen. Die Geschäfte des Ersten technischen Lords (First Naval Lord) betreffen hauptsächlich die Vertheilung der Flotte und die Bemannung und Bewaffnung der Schiffe.

Die Organisation der Admiralität unterscheidet sich wesentlich von der der Militär-Departements. Die letzteren bilden kein Kollegium, sondern in Ansehung derselben verleiht die Krone einem Staatssekretär die höchste ministerielle Auktorität. In der Admiralität giebt es ferner kein Amt, welches dem des Oberbefehlshabers des Landheeres entspräche; es existirt da kein dauernd angestellter Beamter, dem das alleinige Ober-Kommando über alle anderen Flotten-Offiziere und die alleinige Leitung und Beaufsichtigung der Disciplin in der Flotte zustände. Neuerlich hat man eine Vergleichung beider Systeme angestellt: die Beweisverhandlungen, welche vor den Parlaments-Ausschüssen über die Organisation der Armee und des Admiralitäts-Kollegiums stattgefunden haben, ergeben, daß über die Vorzüge und die Mängel eines jeden der beiden Systeme die Meinungen sehr auseinander gehen.

Die Disciplin in der Marine wird durch gewisse Vorschriften und Artikel aufrecht erhalten, welche vom Parlamente zum ersten Male kurz nach der Revolution erlassen wurden, welche aber seitdem umgearbeitet und dann durch mehrere Statute später geändert sind. Gegenwärtig ist es die Akte 23 und 24 Victoria, cap. 123, mit einigen Aenderungen erneuert durch das Statut 24 und 25 Victoria, cap. 115, welche das Strafgesetzbuch für die Marine und zugleich die Bestimmungen über die Zusammensetzung und das Verfahren der Seekriegsgerichte enthält. Unter diesen Akten stehen alle zur Besatzung der in Dienst gestellten Schiffe gehörenden Mannschaften, die auf den Schiffen eingeschifften Landsoldaten und einige andere Personen. Die Seesoldaten der königlichen Flotte stehen, so lange sie auf dem Lande oder auf Kauffahrern einquartiert sind, nicht unter dem Seekriegsrechte. Zur Aufrechterhaltung der Disciplin unter den Seesoldaten wird auch eine jährliche Marine-Mutiny-Akte (Annual Marine

Mutiny Act) erlassen, durch welche die Admiralität ermächtigt wird, für die am Lande oder auf Kauffahrern oder auf Transportschiffen befindlichen Seesoldaten Kriegsartikel zu erlassen. Diese Marine-Mutiny-Akte ist im Uebrigen der Mutiny-Akte für das Landheer ganz ähnlich.

Neuntes Kapitel.

Die Lokal-Verwaltung.

Außer den Staatsbehörden, welchen die Administrativ-Gewalt in Ansehung der ganzen Nation zusteht, giebt es eine Menge von Provinzial- und Municipal-Behörden, denen die Lokal-Verwaltung zugewiesen ist. Diese Lokal-Behörden sind staatsrechtlich von der größten Bedeutung. In ihnen ist das Prinzip der Selbstregierung (selfgovernment) zu einer selbständigen, von dem in der Centralregierung ebenfalls anerkannten, gleichen Prinzip unabhängigen Entwickelung gelangt; aber das Selfgovernment in den Lokalbehörden giebt erst dem der Centralbehörden die erforderliche Stütze. Jede Municipalität ist in Angelegenheiten von allgemeinen Regierungsinteressen der Staatsregierung subordinirt; sie ist aber in den sie allein angehenden Angelegenheiten vollkommen unabhängig. Aus diesem Grundsatze erwächst offenbar die größtmöglichste, mit einem geordneten Staatswesen verträgliche Freiheit.

Der wichtigste Theil der Lokal-Regierung in England ist jetzt bei den Korporationen der Städte und Burgflecken — in nicht inkorporirten Städten bei den nach lokalen Parlaments-Akten eingesetzten Kommissären — und in den Grafschaften bei den zu ihren Sitzungen versammelten Friedensrichtern.[1])

Zur angelsächsischen Zeit war das Reich in abgegrenzte Verwaltungs-Bezirke nach Provinzen und Municipalitäten, welche ihre innere Verwaltung selbst besorgten, vollständig zertheilt. Coke sagt: das Reich sei von den alten Briten in Shires und Grafschaften, und diese seien wieder in Städte, Burgflecken und Bürgerschaften getheilt worden, so daß die Eintheilung in Shires und Grafschaften durch König

---

[1]) Ueber den Begriff der Inkorporirung der Städte vergl. Gneist, Kommunalverfassung, insbesondere S. 853 ff. — Inkorporirte Städte heißen: Cities und Boroughs, nicht inkorporirte: Towns. Konsequent wird aber dieser Sprachgebrauch nicht beobachtet. Anm. des Uebers.

Alfred nur eine Erneuerung und exaktere Bestimmung der älteren Eintheilung gewesen sei. Nach der Municipal-Organisation der Angelsachsen war die oberste richterliche und militärische Behörde in der Grafschaft der Graf (Eorl, Earl), welcher neben einem Bischofe oder einem anderen kirchlichen Würdenträger den Vorsitz in der Shyremote, dem Grafschaftsgerichte, hatte. Daneben hatte der Sheriff eine unabhängige Auktorität als Verwaltungsbeamter, indem er die richterlichen Urtheile vollstreckte und die für den Staat bestimmten Abgaben einsammelte.

Zur Zeit Eduards des Bekenners wurde das Land in Shires, Hundertschaften und Burgflecken eingetheilt; diesen Distrikten wurde ein königlicher Beamter, der Reeve genannt, vorgesetzt, dessen Verpflichtung hauptsächlich in der Friedensbewahrung bestand; in den Grafschaften wurden diese Reeves genannt: Shire-reeves, in den Burgflecken: Port-reeves.

Die politische Selbständigkeit der Grafschaften und Burgflecken wurde in Folge der Eroberung bedeutend beschränkt. Die Errichtung der Aula Regia und die derselben folgenden Aenderungen in der Gerichts-Organisation führten, wie wir gesehen haben, den Verfall der Grafschaftsgerichte herbei; die Earls verloren — abgesehen von den wenigen Pfalzgrafschaften, wo sie kraft königlicher Verleihung jura regalia hatten — zum großen Theile ihre lokalen obrigkeitlichen Befugnisse. Die bisher im versammelten Grafschaftsgerichte von den Freisassen gewählten Friedensbewahrer wurden unter Eduard II. durch königliche Friedensrichter ersetzt (vergl. S. 276) und um dieselbe Zeit verlor das Volk das Recht der Wahl der Sheriffs oder Shire-reeves; dieses Recht ging, wie bereits erwähnt ist, auf die Krone über.

Die Grafschaften haben das so verlorene Recht, ihre Obrigkeit selbst zu wählen, niemals wieder erlangt. Die Burgflecken dagegen erkauften von der Krone eine volksthümliche Organisation ihrer Behörden. Gegen vereinbarte Kron-Renten wurden einem Burgflecken nach dem anderen von den normannischen Königen Freibriefe verliehen, nach welchen den Bürgern die Burgflecken in „fee farm" (festes Lehn, Pacht-Lehn) gegeben und sie der Einmischung königlicher Staatsbürgermeister (provosts) bei der Einziehung der Abgaben für den König ledig wurden. Die so befreieten Städte nahmen dann ihre alte angelsächsische Municipal-Organisation mit gewählten Magistratspersonen wieder an und nannten dieselben entweder mit dem alten Titel: Burgh-reeves, Port-reeves, zuweilen auch Bailiffs oder, und zwar zum größten Theile, Mayors. Wenn die Einwohner einer inkorporirten oder einer nicht inkorporirten Stadt der Krone zur Zahlung einer Abgabe verpflichtet waren, so setzte sich dieser Stadtbeamte mit dem Exchequer in Verbindung; die Bürger gemeinschaftlich waren aber für die Zahlung der Abgabe verbindlich. Gewöhnlich sollte der privilegirte Burgflecken eine einzige höchste Magistratsperson wählen, welche den normannischen Titel: Mayor führen sollte; diese sollte den Baronen der Schatzkammer oder anderen Kronbeamten präsentirt und von ihnen bestätigt werden. Die oberste Regierungsgewalt der so konstituirten Städte war ursprünglich bei der Gesammtheit der gewerbtreibenden Bürgerschaft. „Diejenigen waren Mitglieder der Stadtgemeinde“ — sagt Madox — „welche einen bleibenden Wohnsitz in der Stadt hatten, dort Handel trieben, zu einer Hanse oder Gilde gehörten, dieselben Abgaben wie die übrigen Bürger zahlten und der Privilegien und Vorrechte der Stadt theilhaftig waren.“ Die Versammlung der Bürger besorgte die Regierungsgeschäfte des Gemeinwesens, erließ Ortsstatute (bye-laws) und schrieb Lokal-Steuern und Zölle aus, soweit sie gesetzlich dazu befugt war.

Aus vielen Freibriefen der älteren Könige erhellt, daß die Ertheilung der Privilegien in der Regel den Zweck hatte, die Lage der Städte zu verbessern, „d. h. den Bürgern zu größerer Wohlhabenheit zu verhelfen und sie in den Stand zu setzen, die jährlichen Abgaben für den König ohne eigenen Mangel und pünktlicher bezahlen zu können.“ (Madox.)

Aber der Umfang des Selfgovernment der Städte war ein sehr unbedeutender bis dahin, daß sie gesetzlich Korporationen wurden. Die erwähnten alten Friebriefe verliehen den Städten keine juristische Persönlichkeit; die erste Inkorporations-Charte scheint die im Jahre 1439 der Stadt Kingston-on-Hull von Heinrich VI. verliehene zu sein. Obgleich auch noch später einigen Städten Freibriefe ohne Verleihung von Korporationsrechten gewährt wurden, so wurde doch die Inkorporation von Städten bald so häufig, daß die neue Verleihung von Freibriefen in der alten Weise bald ganz in Wegfall kam. Die Wirkung der Inkorporation war, daß die betreffenden Municipalitäten wie Personen Rechte erwerben und sich verpflichten konnten, und Rechte, Privilegien und Vermögen als Korporationen, ohne Rücksicht auf den Wechsel der sie bildenden Personen, besaßen. Im Uebrigen wurden Verfassung und Privilegien der Städte und der Rechtsstand der Bürger durch die Inkorporation nicht geändert.

Bis zur Zeit der Tudors kommt unseres Wissens kein Fall vor, daß eine Stadt nach ihrer Verfassung einen kooptirten Gemeinderath hatte. Unter den späteren Tudors wurde die Lokal-Regierung in vielen Städten kleinen Gemeinderäthen übertragen, welche zuerst von der Krone ernannt, später aber durch Kooptation ergänzt wurden. Diesem ersten Schritte zur Vernichtung der politischen Unabhängigkeit der Städte folgten unter den Stuarts weitere Angriffe. Jakob I. und Karl I. schufen zur Vermehrung der Vertreter im Parlamente eine Menge von Parlaments-Burgflecken, für welche das Recht zur Abordnung von Repräsentanten zum Parlamente den kleinen Korporations-Kollegien übertragen wurde.

Karl II. ließ durch Quo warranto-Prozesse mehrere Städte ihrer Freibriefe für verlustig erklären, und er bewog andere durch die Androhung ähnlicher Prozesse zur Aufgabe ihrer Freibriefe gegen Verleihung anderer. Der Zweck dieses Verfahrens läßt sich aus Roger North's eifriger Vertheidigung desselben genügend erkennen. „Das Uebel", sagt er, „hatte seinen Grund in den Städten, welche ihre eigenen Friedensrichter und das Privilegium hatten, daß die Grafschaftsrichter „ne intromittant". Indem sie auf diese Weise jede Einmischung der Grafschaftsrichter ausgeschlossen, waren sie die regelmäßigen Asyle für alles Gesindel geworden, welches die Rechtspflege in den Quartal-Sitzungen fürchtete; und insbesondere für die Schreier und Aufwiegler, welche hier Schutz fanden." Der Haß des Hofes richtete sich besonders gegen die City von London, weil diese sich das Recht zur Wahl des Sheriffs bewahrt hatte, so daß der Hof außer Stande war, direkt auf die Zusammensetzung der Juries einzuwirken. (Vergl. S. 316.)

Nach der Revolution von 1688 übertrugen die neuen Freibriefe für die Städte die Stadtregierung meist gewählten Kollegien. Es ist behauptet worden, daß unter Wilhelm III. mehr geschehen sei, um die Usurpationen der Korporationen, die weit ausgedehnten Rechte der Gemeinderäthe und die Theilnahme der nur Schutzverwandten an den städtischen Angelegenheiten zu begünstigen, als in irgend einer anderen Periode der englischen Geschichte. Unter den späteren Regierungen wurde von der Prärogative zur Verleihung von Freibriefen weniger Gebrauch gemacht; die Mehrzahl der späteren Freibriefe enthielt nur Erläuterungen und Ergänzungen älterer Privilegien. Aber während auf der einen Seite diese späteren Freibriefe die Mißbräuche der Municipal-Korporationen nicht begünstigten, haben sie auf der anderen Seite auch wenig oder nichts zur Verbesserung der Stadtverfassungen beigetragen.

Die im Jahre 1833 zur Untersuchung des Zustandes der Municipal-Korporationen in England und Wales bestellten Kommissäre (aus deren Bericht die obigen Mittheilungen theilweis entnommen sind) kamen zu der Konklusion, daß „selbst da, wo diese Einrichtungen am wenigsten mangelhaft sind und in der besten Weise behandelt werden, dieselben dennoch den Bedürfnissen des heutigen Zustandes der Gesellschaft nicht genügen. In ihrem wirklichen Zustande bestehen sie, wo nicht als Quellen positiver Uebel, in der großen Mehrheit der Fälle für keinen Zweck allgemeinen Nutzens. Die Verkehrung der Stadtverfassungen zu politischen Zwecken hat veranlaßt, daß die Lokal-Interessen zu Gunsten von Parteizwecken geopfert sind; die letzteren wurden häufig durch Bestechung und Demoralisation der Wahlkörper verfolgt."

Ueber die Municipal-Korporationen von England enthält ein wichtiges und umfassendes Statut aus dem Jahre 1835 die wesentlichsten jetzt geltenden Bestimmungen. Diese Städteordnung führt den Titel: „Eine Akte zur Ordnung der Municipal-Korporationen in England und Wales." (5 und 6 Wilhelm IV. cap. 76). Dieses Gesetz beschränkt die Krone in der Prärogative zur Kreirung von Korporationen und Verleihung von Privilegien nicht, ordnet aber die Rechte und Privilegien fast aller Municipal-Korporationen, welche zur Zeit seines Erlasses existirten, und ermächtigt die Krone, die Bestimmungen der Akte auf Städte und Burgflecken auszudehnen, welche in Folge einer Petition der Gemeindeglieder (resident householders) später inkorporirt werden.

Die Befugnisse der Behörden inkorporirter Städte umfassen die Verwaltung der lokalen Sicherheits-Polizei, die Rechtspflege in Lokal-Gerichten, welche den höheren Gerichten subordinirt sind, und die Ausführung der Gesetze zur Aufrechterhaltung der öffentlichen Ordnung und der Gesundheitspflege. Die Akte überträgt die Municipal-Regierung einem aus Volkswahl hervorgehenden Gemeinderathe (Town Council). Wähler sind die Bürger (burgesses); das Bürgerrecht kann seit der Akte nicht mehr durch Schenkung oder Kauf erworben werden. Qualifizirt zur Theilnahme an den Kommunalwahlen sind — mit einigen Ausnahmen — alle Bürger männlichen Geschlechts, welche Inhaber eines eigenen Hausstandes sind, in der Stadt oder im Umkreise von sieben englischen (also etwa anderthalb deutschen) Meilen ihr persönliches Domizil haben, und zu der ordentlichen Ortsgemeindesteuer (Poor Rate) und der städtischen Gerichts- und Polizeisteuer (Borough Rate) beitragen. In großen Städten, welche in besondere Viertel (Quartiere, wards) zerfallen, wählen diese einzelnen Viertel für sich.

Die Mitglieder des Gemeinderaths sind: der Mayor (Bürgermeister), die Aldermen (Magistratsmitglieder) und die Councillors (Stadtverordnete, Gemeinderäthe im engeren Sinne). Für diese Personen sind besondere Vermögensqualifikationen, nach welchen sie zu den Steuern eingeschätzt sind, vorgeschrieben. Ein Drittel der Councillors, und zwar diejenigen, welche am längsten Mitglieder des Gemeinderaths gewesen sind, tritt alljährlich aus dem letzteren aus; an Stelle der Austretenden werden andere gewählt, die Austretenden können aber auch sofort wiedergewählt werden. Die Zahl der Aldermänner beträgt ein Drittel der Councillors; die Aldermänner werden von dem Gemeinderathe aus seinen Mitgliedern oder aus denjenigen Personen gewählt, welche zu Councillors qualifizirt sind. Von drei zu drei Jahren scheidet die Hälfte der Aldermänner, welche am längsten das Amt verwaltet hat, aus; die Austretenden können aber gleichfalls wiedergewählt werden. Der Gemeinderath wählt alljährlich aus den Aldermännern und den Councillors einen Mayor.

Der Gemeinderath hat alle legislativen und administrativen Funktionen, welche der Korporation zustehen. Er ernennt die Municipal-Beamten und kann auch allgemeine oder spezielle Deputationen (Ausschüsse, committees) bestellen. Eine solche Deputation ist die Polizeiverwaltungs-Kommission („Watch committee"), an deren Spitze der Mayor steht, und welche die Polizei dirigirt und Constables für die Stadt anstellt. Das städtische Pflasterungs-, Beleuchtungs- und Straßenreinigungswesen war zur Zeit der Einführung der Städteordnung größtentheils durch Lokal-Akte in der Weise geordnet, daß die Verwaltung dieser Dienstzweige besonderen Kuratoren oder Inspektoren übertragen war; die letzteren können nach der Städteordnung ihre Gewalten auf den Gemeinderath übertragen. Auf den letzteren sind auch andere ähnliche Gewalten, welche nicht auf Lokal-Akten beruhten, übergegangen. Der Gemeinderath kann auch zur Beseitigung von Uebelständen Ortsstatute (bye-laws) erlassen; dieselben unterliegen jedoch der Bestätigung durch einen Staatssekretär; er hat die Aufsicht über das Gemeindevermögen, kann die Ueberschüsse zum Nutzen der Stadt verwenden, kann städtische Steuern (Borough-rates) ausschreiben und hat eine beschränkte Gewalt zum Verkaufe und zur Verpachtung städtischer Grundstücke. Oeffentliche Bibliotheken und Museen, welche in Städten nach den Vorschriften der Akte 13 und 14 Victoria cap. 65 errichtet werden, stehen unter der Aufsicht des Gemeinderaths.

In vielen nicht inkorporirten Städten stehen die Amtsgeschäfte, welche in den Boroughs den Korporationen anvertraut sind, Lokal-Kommissären zu, welche nach Vorschrift von Lokal-Parlaments-Akten gewöhnlich von den steuerzahlenden Einwohnern gewählt werden. Dergleichen Parlaments-Akte giebt es in großer Menge. Ihre Bestimmungen sind verschieden; indessen kann man eine Uebersicht über die gemeinsamen Vorschriften durch die „Towns Improvement Clauses Act, 1847" gewinnen, welche nach Inhalt ihrer Einleitung erlassen ist, „um die Vorschriften in Eine Akte zusammenzufassen, welche in den Parlaments-Akten wegen der Pflasterung, Trockenlegung, Reinigung, Erleuchtung und Verschönerung der Städte und engbewohnten Distrikte gewöhnlich vorkommen, damit die Wiederholung dieser Vorschriften in einer jeden für eine solche Stadt oder einen solchen Distrikt zu erlassenden Akte entbehrlich, und damit eine größere Uebereinstimmung in den Vorschriften selbst gesichert wird." Nach dieser Akte sollen ihre Bestimmungen nur auf diejenigen Städte und Distrikte in England und Wales Anwendung finden, für welche sie künftig für einen Theil einer Lokal-Akte erklärt werden. Sie verleiht den Kommissären, Kuratoren oder anderen Personen oder Kollegien, welche nach Lokal-Akten mit der Ausführung der betreffenden Bestimmungen betraut sind, gewisse Rechte zur Anstellung von Beamten, zum Ankauf von Grundstücken, zur Anordnung der Pflasterung, Entwässerung und Beleuchtung der Stadt u. s. w. Die Spezial-Regulative („special orders") der Kommissäre sollen vorher gehörig bekannt gemacht werden, und wenn die Majorität der zur Theilnahme an der Wahl der Kommissäre berechtigten Steuerzahler ihren Widerspruch dagegen erklärt, so soll die Ausführung unterbleiben. Die Kommissäre können in gewissen Schranken General-Regulative wegen Aufbringung der Steuern (rates) zur Deckung der von ihnen angeordneten Ausgaben erlassen, vorbehaltlich der Appellation an die Distrikts-Friedensrichter und schließlich an die Quartal-Sitzungen; diese Appellation steht jeder betheiligten Person zu, welche unrichtig oder nicht in der gesetzlichen Weise eingeschätzt zu sein behauptet. Endlich haben die Kommissäre auch eine beschränkte Gewalt zur Erlassung von Ortsstatuten und zur Auferlegung von Strafen für Uebertretung derselben.

Die „Local Government Act, 1858" kann eingeführt werden: 1) in inkorporirten Städten durch einen Beschluß des Gemeinderaths;

2) in Ortschaften unter der Verwaltung von Improvement Commissioners, welche von den Steuerzahlern gewählt sind, durch diese Kommissäre; 3) in allen anderen Ortschaften, welche eine bekannte oder bestimmte Begrenzung haben, oder deren Begrenzung auf Antrag von einem Staatssekretär bestimmt wird, durch einen Beschluß der Steuerzahler. Der Zweck der Akte ist hauptsächlich: Regelung des Systems der Abzugskanäle, Straßenreinigung und Abfuhr des Unraths aus den Gebäuden, Neuanlage und Verbesserung von Straßen, Instandhaltung der öffentlichen Wege, Pflasterung der Ortsstraßen, Beschaffung des Wasserbedarfs und Durchführung ähnlicher polzeilicher Maßregeln. Wo die Akte eingeführt ist, wird sie durch Lokal-Behörden gehandhabt; diese sind: in inkorporirten Städten der Gemeinderath; in den betreffenden Ortschaften (oben ad 2) die Improvement Commissioners, und in anderen Ortschaften Lokal-Behörden, welche von den Steuerzahlern gewählt werden.

In den Grafschaften sind die höchsten Lokal-Verwaltungs-Behörden der Sheriff und die Friedensrichter. Die heut zu Tage bedeutendsten Geschäfte der Sheriffs, nämlich ihre Mitwirkung bei den Parlamentswahlen und die Vollstreckung gerichtlicher Urtheile und Verfügungen, sind bereits besprochen.

Die Civil-Verwaltung der Grafschaften, soweit dieselbe polizeiliche Geschäfte betrifft, liegt wesentlich den Grafschafts-Magistraten ob, welche, wie wir gesehen haben, von der Krone ernannt werden und praktisch ihr Amt lebenslänglich behalten. Die wichtigsten, eigentlichen Verwaltungs-Geschäfte der Grafschafts-Friedensrichter betreffen die Behandlung und Verwendung der Grafschaftssteuern („county rates").

Die ältesten Lokal-Steuern wurden in Städten und Grafschaften zur Deckung der ihnen auferlegten Bußen, zur Instandhaltung der Wege, Kanäle und zuweilen der Brücken erhoben. Auch wurden die Tagegelder der von den Städten abgeordneten Parlaments-Mitglieder durch städtische Steuern aufgebracht. Schon die ältesten Statute erwähnen bereits bestehende Lokal-Steuern. So z. B. ordnet das erste Statut von Westminster (1275) die Art der Aufbringung der den Grafschaften wegen ungerechtfertigter Urtheile und wegen anderer Rechtsverletzungen auferlegten Bußen (fines and amerciaments). — Vergl. Buch 3, Kap. 2 zu 1. —

Die Zwecke der Grafschaftssteuern in älterer Zeit waren — um die Worte eines Kommissions-Berichts über Lokal-Besteuerung aus dem Jahre 1843 zu gebrauchen — „die Beschaffung der Kosten für die Grafschaftsgerichte, die Grafschaftspolizei und die Grafschafts-Civil- und Militär-Verwaltung; ferner die Deckung der Geldbußen, die Aufbringung der Kosten zur Erhaltung der befestigten Plätze (welche jedoch zuweilen auch durch eine von den Grafschaften und anderen Bezirken erhobene Steuer, burgbote genannt, gedeckt wurden), der Gefängnisse und Brücken (wenn diese letzteren nicht ebenfalls durch eine in weiteren Kreisen aufzubringende Steuer, brukbote genannt, erhalten wurden), gelegentlich der Heerstraßen, Flußbetten, Kanäle; endlich zur Bezahlung der Tagegelder der Grafschaftsvertreter im Parlamente. Zuweilen ordneten Statute die Erhebung von Aufschlägen zu den gedachten Zwecken an. Die für den König aufzubringenden Hülfsgelder, Taxen und Subsidien wurden gewöhnlich zunächst den Grafschaften auferlegt und von diesen so erhoben, als wären es Grafschaftssteuern. Das erste Statut, welches die Grafschaftssteuern zu solchen Zwecken, wie sie jetzt durch dieselben verfolgt werden, bestimmt, war eine in Betreff der Erhebungs-Modalitäten freilich aufgehobene Akte aus dem zweiundzwanzigsten Regierungsjahre Heinrichs VIII.; sie ermächtigte die zu den General-Sitzungen versammelten Friedensrichter, alle „Beschädigungen an Brücken auf den öffentlichen Wegen" zu untersuchen und die zur Reparatur erforderlichen Gelder durch Steuerausschreibungen aufzubringen. Seitdem wurden immer neue Gegenstände bezeichnet, welche durch die Grafschaftssteuern beschafft werden sollten. Bis zum zwölften Regierungsjahre Georgs II., wo die Grafschaftssteuer konsolidirt wurde, sind in Folge dessen immer neue und besondere Abgaben zu verhältnißmäßig unbedeutenden Zwecken in einzelnen, geringen Beträgen erhoben."

Die Ausschreibung und Einziehung der Grafschaftssteuern in England und Wales erfolgt jetzt hauptsächlich nach den Vorschriften einer Akte aus dem Jahre 1852 (15 und 16 Victoria, cap. 81). Diese hat die älteren Statute aufgehoben und das bis dahin bestehende Recht konsolidirt und emendirt. Die Friedensrichter können danach einen Ausschuß ernennen, damit dieser die nöthigen Grundlagen für die richtige Einschätzung nach Maßgabe des steuerpflichtigen Vermögens beschaffe oder vorbereite. Diese Grundlagen enthalten eine Abschätzung des jährlichen Ertrages von allem Vermögen in der Grafschaft; allen steuerpflichtigen Personen steht die Einsicht derselben frei, und wer nicht richtig eingeschätzt zu sein behauptet, kann an die Quartal-Sitzung der Friedensrichter appelliren. Der Quartal-Sitzungshof ist berechtigt, in allen Fällen, „wenn die Umstände es nöthig machen," die Erhebung einer Grafschaftssteuer zu all den Zwecken anzuordnen, welche aus den Fonds oder Steuern der Grafschaft bezahlt werden müssen, und zwar geschieht dann die Ausschreibung nach Maßgabe jener Grundlagen, wie sie für die betreffende Zeit vorliegen. Wer durch die erfolgte Ausschreibung beschwert zu sein glaubt, sei es daß er das Vorhandensein ungleichmäßiger Vertheilung der Steuer oder die Uebergehung Steuerpflichtiger oder einen anderen Beschwerdegrund geltend macht, kann wiederum an die Quartal-Sitzungen appelliren. Die Vorsteher (guardians) der Kirchspiels-Vereine (unions of parishes), welche nach den Armengesetzen gewählt werden, sammeln die Grafschaftssteuer in der Union in derselben Weise ein, wie die Armensteuer, und führen sie dann an den Grafschafts-Rendanten (county treasurer) ab. In den Kirchspielen, welche zu keiner Union gehören, sammeln die Armenaufseher die Steuer ein. Alle Verhandlungen der Quartal-Sitzungen, welche die Einschätzung, Erhebung und Verwendung der Grafschaftssteuer betreffen, sind öffentlich.

Zahlreiche Statute bestimmen, was die Grafschaften bezahlen müssen und was davon durch die Grafschaftssteuer gedeckt werden muß. Eine Angabe der wesentlichsten Ausgabeposten wird zugleich die Art der Verwaltungsgeschäfte erkennen lassen, welche den Friedensrichtern in den Quartal-Sitzungen obliegen. Die Grafschaftssteuer wird vornehmlich verwendet zur Deckung der Kosten der Grafschafts-Constablerschaft, der Kosten der Strafverfolgung wegen Felonieen und wegen mancher Vergehen, zur Erbauung, Erhaltung und zu anderen Kosten der Grafschafts-Gefängnisse und Korrektionshäuser, zur Unterhaltung der darin befindlichen Gefangenen, zur Deckung des Transportes von Verbrechern nach den Detentionshäusern oder nach den Strafanstalten.[1])

Die Friedensrichter in den Quartal-Sitzungen können auch ihre

[1]) Die wichtigste Akte über die Gefängnisse ist das Statut 4 Georg IV., cap. 64, ausgedehnt durch 1 und 2 Victoria, cap. 56. Die ersterwähnte Akte ermächtigt die Friedensrichter in den Quartalsitzungen, Hausordnungen für die in ihren Bezirken befindlichen Gefängnisse zu erlassen, welche aber nach jener Akte von den justices of gaol delivery bestätigt werden mußten und jetzt nach der Prisons Regulation Act, (5 und 6 Wilhelm IV., cap. 38, s. 2) von einem Staatssekretär zu bestätigen sind. — Nach der Akte 19 und 20 Victoria 69 müssen die Friedensrichter jeder Grafschaft dafür sorgen, daß in der letzteren eine ausreichende Polizeimacht vorhanden ist; die Grafschafts-Constables stehen unter der Aufsicht der Friedensrichter, welche in dieser Beziehung wieder dem Staatssekretär subordinirt sind.

Grafschaft oder einen Theil derselben in Wegebezirke (highway districts) zur besseren Verwaltung der in denselben befindlichen Wege theilen; in diesen Bezirken wird dann eine besondere Wegebehörde (Local Highway Board) eingesetzt.

Die Grafschaftsbesteuerung bildet eine bemerkenswerthe Ausnahme von den sonst in Betreff der Besteuerung geltenden staatsrechtlichen Grundsätzen. Für die städtischen Steuern (borough rates) gilt die auch sonst durchgehende Regel, daß keine Steuer ohne die Zustimmung der Steuerzahler oder ihrer Vertreter erhoben werden kann; dasselbe gilt im Allgemeinen auch für die Parochial-Abgaben. In den Grafschaften dagegen hängt die Beurtheilung darüber: ob die Ausschreibung einer Steuer nothwendig und wie sie zu verwenden ist, von den durch königliche Kommission ernannten Friedensrichtern ab. Dabei ist es merkwürdig, daß viele von den ältesten Grafschafts-Steuern und Lasten unter der mehr oder weniger direkten Kontrolle des Volkes standen. So z. B. sollten die nach dem ersten Statute von Westminster aufzubringenden Geldbußen nach diesem Gesetze vor den reisenden Richtern (Justices in Eyre) durch Grafschaftsritter und andere angesehene Männer („des chivalers et des probes hommes") ausgeschrieben werden. Ein Statut Heinrichs VI. bestimmte zur Verhütung von Bedrückungen, deren sich die Sheriffs bei Ausschreibung von Beiträgen zu den Tagegeldern der zum Parlamente gewählten Grafschaftsritter schuldig machen möchten, daß diese Tagegelder im versammelten Grafschaftsgerichte in Gegenwart aller an den Verhandlungen theilnehmenden Personen ausgeschrieben werden sollten. Coke hat gezeigt, daß nach der Magna Charta die verfallenen Geldbußen — z. B. wegen unterlassener Reparatur von Brücken und Wegen — „per pares" reparirt und ausgeschrieben werden sollten. Noch direkter ist in den Statuten Heinrichs VIII. der Grundsatz anerkannt, daß dem Volke die Kontrolle über die Grafschafts-Steuern und Lasten zusteht. Das bereits erwähnte, die Reparatur der Brücken betreffende Statut bestimmt, daß die Constables und zwei Einwohner aus jedem beitragspflichtigen Flecken oder Kirchspiele von den Friedensrichtern zusammenberufen werden sollen, und daß mit ihrer Zustimmung der Betrag der auszuschreibenden Summe festzusetzen sei. Ein anderes Statut desselben Königs über die Erbauung von Grafschafts-Gefängnissen schreibt vor, daß die erforderlichen Summen bestimmt werden sollen von den Friedensrichtern unter Zustimmung „aller Hoch-Constables, Schulzen (tithing-men, Zehntschafts-Vorsteher) und Ortsvorsteher (boroughholders) einer jeden Hundertschaft, eines jeden Kreises (lathe) oder einer jeden Waffenbrüderschaft (wapentake) der Grafschaft, deren Friedensrichter sie sind," oder der Majorität derselben. Nach Heinrich VIII. scheint die Gesetzgebung über die Grafschaftssteuern sich immer mehr dahin geneigt zu haben, die Ausschreibung und Behandlung derselben in die Hände der Friedensrichter der Grafschaft zu legen; jedoch wurden die oben erwähnten Rechte der Grafschaftsbewohner in Ansehung der Grafschaftssteuern erst unter der Königin Anna durch Statut (1 Anna, stat. 1, cap. 18) beseitigt.

Namen- und Sachregister.

41**

*

Corrigenda.

Seite 9, Zeile 7 von unten statt: bestehendes Recht das allen, lies: bestehend das Recht aller.
„ 9, Zeile 5 von unten statt: denjenigen lies: derjenigen.
„ 17, Anm. oberste Zeile, statt: 5 lies: s.
„ 19, Anm. 2, Zeile 4, statt: betrachten lies: betrachtet.
„ 24, Zeile 9, ferner Anm. 2, Zeile 1 und 3, statt: im lies: in.
„ 27, Anm. 3, statt: cap. 7. seq. 4, 5 lies: cap. 7. ss. 4, 5.
„ 42, Zeile 4 von unten, statt: est il lies: il est.
„ 55, Anm. 1, Zeile 4, 5 statt: oder Manchester lies: oder Winchester.
„ 62, Zeile 2, statt: Privilegieen lies: Privilegien.
„ 66, Zeile 8, statt: dem Reste lies: des Restes.
„ 68, Absatz Zeile 2, statt: welchen lies: welchem.
„ 68, Zeile 3 von unten, statt: welchen lies: welcher.
„ 75, Zeile 13 von unten, statt: erlangte lies: verlangte.
„ 80, Zeile 14 von unten, statt: Vertreter lies: Vertretern.
„ 84, Absatz 1, Zeile 2, statt: gerichtete lies: gerichteten.
„ 97, Absatz 3, letzte Zeile, statt: Städt lies: Städte.
„ 98, Zeile 2, statt: dir lies: die.
„ 102, Zeile 22, statt: diese lies: diesen.
„ 105, Zeile 18, statt: Greenville lies: Grenville.
„ 106, Zeile 16, statt: empfohlenen lies: angefochtenen.
„ 106, letzte Zeile, statt: nach der Sitzungs-Periode lies: nach Anfang der Sitzungs-Periode.
„ 108, Zeile 7 von unten, statt: ihrer lies: ihre.
„ 108, Zeile 8 von unten, statt: und das lies: und daß.
„ 110, Zeile 16 von unten, statt: Abänderungsvorschläge lies: Abänderungsvorschlägen.
„ 112, Anm. 1, Zeile 2 und 6, statt: Chiltren lies: Chiltern.
„ 113, Zeile 6, statt: Entscheidung lies: Entscheidungen.
„ 123, Zeile 19, statt: amendements lies: amendments.
„ 127, Zeile 5, statt: des lies: der.
„ 136, Zeile 19, statt: Verlegung lies: Vorlegung.
„ 150, Zeile 8 von unten, statt: uns lies: aus.
„ 158, Zeile 7, statt: die lies: der.
„ 158, Anm. 2, Zeile 6, ist das Komma hinter: sich zu streichen.
„ 162, Absatz 1, Zeile 2, statt: erstreckt lies: erstrecken.
„ 169, letzter Absatz, Zeile 1, ist das Wort: wie zu streichen.
„ 205, Zeile 12, statt: letzten lies: besten.
„ 210, Zeile 6, statt: eine lies: einer.

Corrigenda.

Seite 224, Zeile 3 von unten, statt: was lies: war.
" 242, Anm., unterste Zeile, statt: öffetliche lies: öffentliche.
" 260, Anm. 3, Zeile 4, statt: Kings's lies: King's.
" 265, Zeile 7, hinter Jakob einzuschalten: I.
" 288, Anm. 1, Zeile 5, statt: poremtorischen lies: peremtorischen.
" 294, Anm. 1, Zeile 1, statt: ecclesiae lies: ecclesia.
" 302, Anm., Zeile 7, statt: zom lies: vom.
" 322, Absatz, Zeile 3, statt: wenn lies: wann.
" 363, Zeile 1, statt: welchen lies: welchem.
" 374, Zeile 9 von unten, statt: welchem lies: welchen.
" 409, Absatz 1, Zeile 4 von unten, statt: festgestellten lies: festgestellte.
" 423, Zeile 15, statt: Anklange lies: Einklange.
" 442, Zeile 7, statt: das Grundstück lies: des Grundstückes.
" 457, Absatz 2, Zeile 14, statt: gegen lies: wegen.
" 482, Anm., Zeile 12 von unten, statt: kleinen lies: kleine.
" 543, Absatz, Zeile 2, statt: die Gesandten lies: der Gesandten.
" 544, Anm., Zeile 1, statt: eigenem lies: einigem.
" 545, Zeile 7, statt: ertheilte lies: ertheilten.
" 548, Absatz 2, Zeile 7, statt: zu dem lies: zu den.
" 586, letztes Wort, statt: dem lies: den.